SONDERHEFT 40

DIE EUROPÄISIERUNG NATIONALER GESELLSCHAFTEN

KÖLNER ZEITSCHRIFT FÜR SOZIOLOGIE
UND SOZIALPSYCHOLOGIE

SONDERHEFTE
Begründet durch *René König*

Herausgegeben von
Jürgen Friedrichs, Karl Ulrich Mayer und *Wolfgang Schluchter*

DIE EUROPÄISIERUNG NATIONALER GESELLSCHAFTEN

HERAUSGEGEBEN VON
MAURIZIO BACH

WESTDEUTSCHER VERLAG

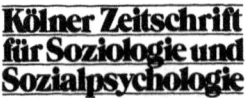
Kölner Zeitschrift für Soziologie und Sozialpsychologie

Begründet als „Kölner Zeitschrift für Soziologie" durch *Leopold von Wiese* (1948–1954)
Fortgeführt als „Kölner Zeitschrift für Soziologie und Sozialpsychologie" durch *René König* (1955–1985)

Herausgeber: Prof. Dr. *Jürgen Friedrichs*, Universität zu Köln, Prof. Dr. *Karl Ulrich Mayer*, Max-Planck-Institut für Bildungsforschung Berlin, und Prof. Dr. *Wolfgang Schluchter*, Universität Heidelberg

Beirat: Prof. Dr. *Marlis Buchmann*, ETH Zürich; Prof. Dr. *Hartmut Esser*, Universität Mannheim; Prof. Dr. *Ute Gerhard*, Frankfurt a.M.; Prof. Dr. *Siegwart Lindenberg*, Universität Groningen; Prof. Dr. *Michael Schmid*, Universität der Bundeswehr, München; Prof. Dr. *Wolfgang Streeck*, Max-Planck-Institut für Gesellschaftsforschung, Köln; Prof. Dr. *Gisela Trommsdorff*, Universität Konstanz

Redaktionssekretär: Dr. *Heine von Alemann*, Forschungsinstitut für Soziologie der Universität zu Köln

Zuschriften werden erbeten an: Redaktion der Kölner Zeitschrift für Soziologie und Sozialpsychologie, Forschungsinstitut für Soziologie, Lindenburger Allee 15, D-50931 Köln. Telefon: (0221) 470-2518; Fax: (0221) 470-2974; E-Mail: kzfss@uni-koeln.de; Internet: http://www.uni-koeln.de/kzfss/

Die KZfSS wird u.a. in den folgenden Informationsdiensten erfasst: *Social Science Citation Index* und *Current Contents* des Institute for Scientific Information; *sociological abstracts*; *psychological abstracts*; *Bulletin signalétique*; *prd*, Publizistikwissenschaftlicher Referatedienst; *SRM*, social research methodology abstracts; *SOLIS*, Sozialwissenschaftliches Literaturinformationssystem; Literaturdatenbank *PSYNDEX*; Referatedienst *Psychologischer Index* u.a.m.

Westdeutscher Verlag GmbH, Abraham-Lincoln-Straße 46, 65189 Wiesbaden,
Postfach 15 46, D-65173 Wiesbaden   www.westdeutschervlg.de

Geschäftsführer: Dr. Hans-Dieter Haenel
Verlagsleitung: Dr. Heinz Weinheimer
Gesamtleitung Produktion: Reinhard van den Hövel
Gesamtleitung Vertrieb: Heinz Detering
Gesamtleitung Anzeigen: Thomas Werner

Leserservice: Tatjana Hellwig; Telefon: (06 11) 78 78-151, Telefax: (06 11) 78 78-423
E-Mail: wv.service@bertelsmann.de

Abonnentenverwaltung: Ursula Müller; Telefon: (0 52 41) 80 19 65, Telefax (0 52 41) 80 96 20
E-Mail: Ursula.Mueller@bertelsmann.de

Marketing: Ronald Schmidt-Serrière, M.A.; Telefon: (06 11) 78 78-280, Telefax: (06 11) 78 78-439;
E-Mail: Ronald.Schmidt-Serriere@bertelsmann.de

Anzeigenleitung: Björn Jagnow; Telefon: (06 11) 78 78-324,
Telefax: (06 11) 78 78-430; E-Mail: Bjoern.Jagnow@bertelsmann.de

Anzeigendisposition: Monika Dannenberger; Telefon: (06 11) 78 78-148, Telefax: (06 11) 78 78-443
E-Mail: Monika.Dannenberger@bertelsmann.de

Es gilt die Anzeigenpreisliste vom 1. Januar 1998.

Produktion/Layout: Gabriele McLemore; Telefon: (06 11) 78 78-174, Telefax: (06 11) 78 78-468
E-Mail: Gabriele.McLemore@bertelsmann.de

Bezugsmöglichkeiten: Jährlich 4 Hefte. Jahresabonnement 2001: DM 195,–/öS 1424,–/sFr 173,–, Studentenabonnement gegen Studienbescheinigung DM 124,–/öS 905,–/sFr 110,–, Einzelheft DM 50,–/öS 365,–/sFr 46,50 (Versandkosten Inland DM 12,–/öS 88,–/sFr 11,50). Die angegebenen Bezugspreise enthalten die Mehrwertsteuer. Alle Preise und Versandkosten unterliegen der Preisbindung.

Die Bezugsgebühren enthalten die gültige Mehrwertsteuer. Abbestellungen müssen spätestens 3 Monate vor Ende des Kalenderjahres schriftlich erfolgen. Jährlich kann ein Sonderheft erscheinen, das nach Umfang berechnet und den Abonnenten des laufenden Jahrgangs mit einem Nachlass von 25 % des jeweiligen Ladenpreises geliefert wird. Bei Nichtgefallen kann das Sonderheft innerhalb einer Frist von 3 Wochen zurückgegeben werden.

© 2000 Westdeutscher Verlag GmbH, Wiesbaden

Der Westdeutsche Verlag ist ein Unternehmen der Fachverlagsgruppe BertelsmannSpringer.

Die Zeitschrift und alle in ihr enthaltenen einzelnen Beiträge und Abbildungen sind urheberrechtlich geschützt. Jede Verwertung außerhalb der engen Grenzen des Urheberrechtsgesetzes ist ohne Zustimmung des Verlags unzulässig und strafbar. Das gilt insbesondere für Vervielfältigungen, Übersetzungen, Mikroverfilmungen und die Einspeicherung und Verarbeitung in elektronischen Systemen.

Satz: ITS Text und Satz GmbH, Herford
Druck und Verarbeitung: Lengericher Handelsdruckerei, Lengerich
Gedruckt auf säurefreiem und chlorfrei gebleichtem Papier.

ISBN -13:978-3-531-13591-5   e- ISBN -13:978-3-322-80390-0
DOI: 10.1007/978-3-322-80390-0

INHALTSÜBERSICHT

I. Einleitung

Maurizio Bach:
Die Europäisierung der nationalen Gesellschaft? Problemstellungen und Perspektiven einer Soziologie der europäischen Integration 11

II. Institutionenbildung und Institutionenkonflikte in der EU

Paul Windolf:
Wer ist Schiedsrichter in der Europäischen Union? Der Konflikt zwischen Europäischem Gerichtshof und Bundesverfassungsgericht 39

Rainer Weinert:
Voluntarismus, Oligarchisierung und institutionelle Entkopplung. Institutionenbildung und Institutionenpolitik der Europäischen Zentralbank 68

Franz Traxler:
Das Tarifverhandlungssystem in der Wirtschafts- und Währungsunion: Von nationalen zu supranationalen Institutionen? 93

Thomas König und *Thomas Bräuninger:*
Europa am Scheideweg? Erweiterungen und die Handlungsfähigkeit der Union 112

Sonja Puntscher Riekmann:
Die Meister und ihr Instrument. Institutionenkonflikte und Legitimitätsprobleme in der Europäischen Union 130

III. Marktbildung, Konvergenz und Sozialintegration in Europa

Patrick Ziltener:
Regionale Integration im Weltsystem. Die Relevanz exogener Faktoren für den europäischen Integrationsprozess 155

Volker Bornschier:
Ist die Europäische Union wirtschaftlich von Vorteil und eine Quelle beschleunigter Konvergenz? Explorative Vergleiche mit 33 Ländern im Zeitraum von 1980 bis 1998 178

Richard Münch:
Strukturwandel der Sozialintegration durch Europäisierung 205

IV. Nationaler und europäischer Bürgerstatus

Thomas Faist:
Soziale Bürgerschaft in der Europäischen Union: Verschachtelte Mitgliedschaft   229

Theresa Wobbe:
Die Koexistenz nationaler und supranationaler Bürgerschaft. Neue Formen politischer Inkorporation   251

V. Politische Öffentlichkeiten in Europa

Jürgen Gerhards:
Europäisierung von Ökonomie und Politik und die Trägheit der Entstehung einer europäischen Öffentlichkeit   277

Klaus Eder und *Cathleen Kantner:*
Transnationale Resonanzstrukturen in Europa. Eine Kritik der Rede vom Öffentlichkeitsdefizit   306

Hans-Jörg Trenz:
Korruption und politischer Skandal in der EU. Auf dem Weg zu einer europäischen politischen Öffentlichkeit?   332

VI. Migration in Europa

Felicitas Hillmann:
Von internationalen Wanderungen zu transnationalen Migrationsnetzwerken? Der neue europäische Wanderungsraum   363

Verónica Tomei:
Grenzabbau und Neukonstruktion im europäischen Migrationsraum   386

VII. Gesellschaftstheoretische Perspektiven

Arndt Sorge:
Gesellschaftliche Effekte bei der Globalisierung von Handlungshorizonten in Europa   403

Mathias Bös:
Zur Kongruenz sozialer Grenzen. Das Spannungsfeld von Territorien, Bevölkerungen und Kulturen in Europa   429

Hans Geser:
Zuviel Gemeinschaft in der Gesellschaft? Europa in der Zwangsjacke entdifferenzierender kommunitaristischer Integration 456

Stefan Immerfall:
Fragestellungen einer Soziologie der europäischen Integration 481

Die Autorinnen und Autoren 504
English Summaries 508

I.
Einleitung

DIE EUROPÄISIERUNG DER NATIONALEN GESELLSCHAFT?

Problemstellungen und Perspektiven einer Soziologie der europäischen Integration

Maurizio Bach

Zusammenfassung: In diesem einleitenden Aufsatz zum Sonderheft „Die Europäisierung der nationaler Gesellschaften" werden Desiderate, Problemstellungen und Perspektiven der soziologischen Analyse der Europäisierung diskutiert. Im Mittelpunkt des Versuchs, Grundzüge eines konzeptionellen Bezugsrahmens zu skizzieren, stehen zwei prominente Forschungsprogramme der Makrosoziologie: das institutionenanalytische und die „territoriale" Strukturanalyse politisch-sozialen Wandels. Die entscheidende Frage nach der Zukunft des politischen und sozialen Vergesellschaftungsmodells des Nationalstaates wird damit in einer doppelten Perspektive beleuchtet: Einerseits mit Blick auf die Wechselwirkungen von institutioneller Differenzierung auf supranationaler Ebene (EU) und gesellschaftlichem Wandel; andererseits im Hinblick auf die integrationsinduzierte Restrukturierung sozialer und politischer Räume in Europa. Abschließend werden die Themenschwerpunkte des Bandes vorgestellt.

I. „Europa" – eine schwierige Bezugsebene der Makrosoziologie?

Im Laufe der vergangenen Jahrzehnte hat der Prozess der europäischen Einigung einen Entwicklungsstand erreicht, bei dem die politischen Systeme der Mitgliedstaaten der Europäischen Union als weitgehend europäisiert gelten können. In politischer und rechtlicher Hinsicht bedeutet *Europäisierung* ein kontinuierliches Schrumpfen des Bereichs relevanter politischer Regelungen, die von den Regierungen noch autonom gestaltet werden können, d.h. ohne dass jeweils übergeordneten politischen Leitideen, Zielbestimmungen und Rechtsnormen der Europäischen Union Rechnung getragen werden muss. Die nationalen Regierungen sind in zunehmendem Maße an Beschlüsse gebunden und Restriktionen unterworfen, die auf kollektive Entscheidungsprozesse der EU zurückzuführen sind.

Die Europäisierung ist zweifellos in den Bereichen am weitesten fortgeschritten, in denen das europäische Recht Vorrang gegenüber dem nationalen Recht genießt. Viele Staatsrechtler sehen mittlerweile die nationalen Rechtsordnungen, einschließlich des Verfassungsrechts, auf „Teilordnungen" des übergeordneten europäischen Rechtssystems reduziert und dadurch ihres ursprünglichen souveränen und allumfassenden gesellschaftlichen Geltungsanspruchs beraubt (vgl. Bogdandy 2000). Aber auch die ökonomische Integration mit ihrer spezifischen, der europäischen Marktvergesellschaftung geschuldeten „Interdependenzlogik" trägt das ihre zum fortschreitenden und irreversiblen Autonomieverlust der nationalen staatlichen Ebene bei. So gibt es inzwischen kaum mehr gesellschaftliche Handlungszusammenhänge, die sich der Sogwirkung des gemeinsamen Marktes und des Maastrichter Konvergenzregimes entziehen können.

Darüber hinaus begründen die in den Vertragsrevisionen von Maastricht (1991) und Amsterdam (1997) erweiterten materialen Integrationsziele – vom Grundrechtsschutz, einem nachhaltigen Umweltschutz, bis hin zur gemeinsamen Außen- und Sicherheitspolitik, von der Verteidigung sowie Innen- und Justizpolitik zur Arbeitsmarkt- und Gesundheitspolitik – eine potentielle Allkompetenz des europäischen Herrschaftsverbandes. Der dadurch normativ prinzipiell gerechtfertigten Zuständigkeitsausweitung der EU konnte bisher weder mit der Einführung der Subsidiaritätsnorm noch durch die gesicherten nationalen Vetomöglichkeiten im kollektiven Entscheidungsprozess effektiv Einhalt geboten werden.

Die Institutionenbildung ist somit auf europäischer Ebene weit fortgeschritten. Längst hat sich die EU zu einer relevanten und privilegierten Bezugsebene für zahlreiche politische und gesellschaftliche Akteure entwickelt. Besonders Brüssel hat sich als ein neues politisch-administratives Zentrum in Europa etabliert, in dem sich eine Fülle substanzieller Entscheidungs- und Kontrollkompetenzen, Ressourcen und einflussreicher Akteursnetzwerke bündeln (vgl. Bach 1999; Eichener 2000). Mit der zunehmenden Bedeutung der nationale Institutionengrenzen durchbrechenden „Politikverflechtung" und der Ausdifferenzierung des transnationalen Systems multipler politischer Bezugsebenen ist eine grundlegend neue Konstellation politischer Institutionen in Europa entstanden.

Veränderungen im Beziehungsgefüge von politischen Institutionen, sei es durch den Aufbau neuer, durch eine Rückentwicklung oder den Verfall alter Institutionen, gehen in der Regel Hand in Hand mit Prozessen gesellschaftlichen Wandels bzw. sind in einem allgemeineren Sinne selbst Ausdruck des sozialen Wandels (vgl. Lepsius 1990: 53ff.). Neue politisch-kulturelle Leitvorstellungen konkurrieren mit dem Deutungs- und Geltungsanspruch etablierter Ordnungen. Letztere geraten dadurch in Legitimationsnöte, oft auch unter Reformdruck. Andererseits können Prozesse der Deinstitutionalisierung überkommener Ordnungen unerwartet auch *windows of opportunity* und konkrete Handlungschancen für innovative und durchsetzungsfähige politische Entrepreneure eröffnen. Mit jeder Veränderung des relativen Gewichts einzelner Institutionen im gesamtgesellschaftlichen Ordnungsgefüge wandeln sich daher nicht nur die Macht-, sondern auch die Legitimitäts- bzw. die Sinnstrukturen und mit diesen die Stellung der jeweiligen Trägergruppen und Elitensegmente sowie deren Verhältnis zueinander.[1]

In der Forschung ist zwar umstritten, ob durch die Entwicklung der EU die Nationalstaaten in Europa tatsächlich an Macht und Einfluss eingebüßt haben oder ob sie im Gegenteil dadurch erst – als Reaktion auf veränderte Rahmenbedingungen staatlichen Handelns und auf den Strukturwandel des Staates selbst – in ihrem Bestand und ihrer Vorrangstellung gesichert wurden (vgl. Schmitter 1996, 1996a; Milward 1995; Moravscik 1998). Fest steht, dass das in Europa lange Zeit unbestrittene und in den Sozialwissenschaften kaum hinterfragte, aber dominierende nationalstaatliche Vergesellschaftungsmodell durch den Auf- und Ausbau der europäischen Ebenen vor gänzlich neuen Herausforderungen steht. Tatsächlich ist eine Entwicklung kompetitiver Staats-

---

1 Grundlegende Fragen des Institutionenwandels thematisieren: Lepsius (1990), Nedelmann (1995), Göhler (1997).

werdung in Gang gekommen (Leibfried und Pierson 1998; Bornschier 2000; Ziltener 1999), in deren Verlauf sich die gouvernementalen Entscheidungsarenen vervielfältigten und übernationale Rechtsordnungen die nationalen überwölbten. In zahlreichen materialen politischen Regelungsbereichen wurden darüber hinaus konkurrierende Kompetenzräume aufgebaut, mit der Folge, dass staatliche Institutionengrenzen und bürokratische Binnenhierarchien aufgebrochen, transnationale Verwaltungs- und Expertennetzwerke etabliert sowie parallele Mittelaufbringungs- und -verteilungskanäle (namentlich in der Agrar-, Regional-, Stadt-, Forschungs- und Studentenförderung) wirksam wurden. Auch greifen zunehmend doppelte administrative Implementations- und Kontrollhierarchien (so beispielsweise bei den europäischen Strukturfonds, aber auch bei der Fusionskontrolle). Im Ganzen gesehen, haben sich dadurch die Grundlagen der politischen Steuerung und des demokratischen Regierens in Europa tiefgreifend gewandelt. Staatliche Ordnung und Staatsgewalt haben eine neue Qualität angenommen, die mit herkömmlichen staats- und demokratietheoretischen, verfassungs- wie verwaltungsrechtlichen Auffassungen nicht mehr ohne weiteres in Einklang zu bringen ist (vgl. statt vieler: Jachtenfuchs und Kohler-Koch 1996; Leibfried und Pierson 1998; Lepsius 2000c).

In Anbetracht des Entwicklungstempos und der Reichweite, die das „Unternehmen Europa" in den vergangenen Jahrzehnten entfaltet hat, steht außer Frage, dass die Wirkungen der europäischen Integration nicht auf die politisch-administrativen Handlungsräume und Funktionseliten des bürokratisch-gouvernementalen Systems der EU allein begrenzt bleiben. Vielmehr ist davon auszugehen, dass darüber hinaus auch gesellschaftliche Strukturen der Mitgliedsstaaten in umfassenderer Weise von der freigesetzten Transformationsdynamik erfasst wurden. Das bleibt keineswegs nur auf die gemeinsame Agrarpolitik und die Strukturpolitik der Union begrenzt, in deren Rahmen beträchtliche finanzielle Mittel zur Umverteilung gelangen und infolgedessen das Einkommen, die Berufsperspektiven und die Einflussmöglichkeiten von bedeutenden gesellschaftlichen Gruppen und Akteuren, wie den Bauern, lokalen Unternehmen und Verwaltungen, bestimmt werden. Auch der extensiven Rechtsprechung des EuGH ist seit langem schon eine erhebliche gesellschaftliche Strukturwirkung zu verdanken. Durch sie werden teilweise neue Rechtsnormen, etwa beim Verbraucherschutz, der Regulierung von Finanzaktivitäten oder auf sozialpolitischem Gebiet begründet und auch grundlegende gesellschaftliche Wertfragen, wie die Gleichstellung der Geschlechter (zuletzt das bahnbrechende Urteil im Fall der Kampfeinsätze von Frauen bei der Bundeswehr), Menschen- und Bürgerrechte gemäß europäischer Standards verbindlich definiert (vgl. Weiler 1999).

Trotz der sich offenkundig zunehmend erweiternden gesellschaftlichen Wirkungsfelder der europäischen Integration blieben bisher die unmittelbaren und indirekten *gesellschaftlichen* Effekte der politischen und ökonomischen Einigung weitgehend unerforscht. So ist die europäische Integration für die Soziologie nach wie vor ein Randthema, und dies nicht nur im deutschsprachigen Raum. Infolgedessen entstammen die in der einschlägigen Literatur vorherrschenden Kriterien der wissenschaftlichen Beschreibung und Beurteilung der europäischen Einigung überwiegend Disziplinen wie der Rechts-, Wirtschafts- und Politikwissenschaft. Im Vordergrund stehen mithin staats- und verfassungsrechtliche Fragen (vgl. Bogdandy 2000), die Analyse von Wohlstandseffekten der Markterweiterung und Währungsunion (vgl. Hartwich 1998) bzw. demokratietheoretische Bewertungen der Entscheidungsprozesse des europäischen „Mehrebenensystems" (vgl. Scharpf 1999; Eichener 2000). Soziologisch aber blieb dieser einzigartige Prozess der politischen Systeminnovation und des Institutionenwandels auf europäischer Ebene bisher so gut wie unreflektiert. Eine umfassendere Problematisierung gesamtgesellschaftlicher Wirkungszusammenhänge, die mit der supranationalen Systembildung und den Prozessen der „Europäisierung" in institutioneller, sozialer und sozialräumlicher Hinsicht einhergeht, ist daher ein Desiderat der Forschung. Die Soziologie ist aufgefordert, sich verstärkt nach Maßgabe des disziplineigenen Problemverständnisses dieser Thematik anzunehmen.

Welchen Beitrag kann namentlich die Makrosoziologie, aber auch die politische Soziologie zur Klärung dieser wichtigen Fragen leisten? Mit welchen soziologischen Problemstellungen lässt sich die Dynamik der Europäisierung der nationalen Gesellschaften unter dem Gesichtspunkt des umfassenden sozialen und kulturellen Wandels in Europa erhellen? Mit welchen theoretischen und konzeptionellen Herausforderungen sieht sich das herkömmliche Gesellschafts- und Institutionenverständnis der Soziologie, in Anbetracht des im politischen Raum des integrierten Europas fortschreitenden Verschiebens und Verfließens territorialer Grenzen und der tendenziellen Aufhebung des geschlossenen Nationalstaates konfrontiert?

Vorauszuschicken ist, dass sich für die Soziologie der Komplex der Europäisierung als ein besonders diffiziler Gegenstand erweist. Das liegt zum einen am soziologischen Paradigma selbst, das primär gesellschaftliche Prozesse und nicht den Staat fokussiert. Üblicherweise betrachtet die Soziologie Gesellschaften und gesellschaftliche Beziehungen als staatslos und selbstreferentiell. Im übrigen sind die meisten soziologischen Fragestellungen, wie beispielsweise der Ungleichheits-, der Familien- oder Bildungsforschung, indifferent gegenüber politischen Ordnungen, auch wenn das von der Sache her nicht immer gerechtfertigt erscheint. Unter dieser Voraussetzung ist der politisch induzierte gesellschaftliche Wandel im Zuge der europäischen Einigung zunächst einmal soziologisch amorph.

„Europa" als Gegenstand eines Soziologieheftes versteht sich mithin keineswegs von selbst. Mit dieser Themenstellung kann weder unmittelbar an theoretische oder empirische Forschungstraditionen angeschlossen werden, noch ist die Europaforschung eine fest etablierte Forschungsrichtung in der soziologischen Arbeitsteilung. Selbst wo es um Institutionenfragen geht, steht die Soziologie vor speziellen Problemen der Kategoriebildung und der Analyse, weil ein soziologisches Institutionenverständnis sich nicht in deskriptiver Institutionenkunde erschöpfen kann. Der Politikwissenschaft fiel es demgegenüber freilich stets leichter, einen systematischen Zugang zu finden, sei es über die vergleichende Regierungslehre oder über die Staats- und Demokratietheorie. Mit dem vorliegenden Sonderheft wird somit auf soziologisch noch weitgehend unerschlossenes Gelände vorgedrungen. Der Bezug auf soziologische Problemstellungen ist es aber erst, der ein solch aufwendiges und anspruchsvolles Unternehmen zu rechtfertigen vermag, in Anbetracht einer Vielzahl von vorliegenden Sammelbänden aus benachbarten sozialwissenschaftlichen Teildisziplinen zum gleichen Themenkomplex. Eine soziologisch kompetente Analyse und Beurteilung der *gesellschaftlichen* Folgen der dynamisch voranschreitenden politischen und ökonomischen Europäisierung ist eine überfällige Aufgabe für eine an Diagnosen der Gegenwartsgesellschaften sich bewährende Makrosoziologie. Der Band möchte anregen, die gegenwärtige Europafrage in ihrem ganzen Facettenreichtum stärker als bisher auch soziologisch zu diskutieren. Die Öffnung neuer Forschungshorizonte, nicht die Bilanzierung einer bereits bestehenden Forschungsrichtung ist somit das Hauptanliegen dieses Kollektivwerkes.

In der Einleitung soll vor dem Hintergrund einer kritischen Bestandsaufnahme der einschlägigen Forschungen einerseits auf grundlegende Desiderate hingewiesen und andererseits das heuristische Potential makrosoziologischer Problemstellungen ausgelotet werden. Im Mittelpunkt stehen a) die Frage nach den Voraussetzungen und Effekten der politisch-institutionellen Integration für Prozesse der gesellschaftlichen Europäisierung, b) die Erklärungsprobleme und die Reichweite institutionenanalytischer Modellierungen. Schließlich sollen c) die analytischen Perspektiven sogenannter „territorialer" Ansätze für die Analyse der Restrukturierung der politischen und sozialen Räume im Zuge vielfältiger Grenzüberschreitungen und neuer Grenzziehungen in Europa angesprochen werden. Bei allen drei Problemperspektiven zeigt sich, dass die Vorstellung des geschlossenen Nationalstaates als bisher alternativlose Bezugseinheit der vergleichenden Sozialstrukturanalye und der soziologischen Institutionenforschung nicht aufrecht erhalten werden kann.

II. Das „europäische Gesellschaftsmodell" unter Wandlungsdruck

Eine grundlegende Frage lautet: Inwieweit und vor allem: in welchem spezifischen Sinne kann von einer Europäisierung der (europäischen) Gesellschaften im Zuge der politisch-ökonomischen Integration gesprochen werden? Geht man davon aus, dass Europa außer landesspezifischen sozialstrukturellen und kulturellen Differenzierungen auch ein unterscheidbares gesellschaftliches Integrations- und Modernisierungsmodell hervorgebracht hat – S. N. Eisenstadt spricht von der „Europäischen Modernität" (Eisenstadt 1979: 253ff.) –, dann geht es nicht nur darum, danach zu fragen, wie die Europäisierung die Gesellschaften der Mitgliedstaaten verändert, sondern auch, inwieweit mit der fortschreitenden europäischen Einigung die „europäische Gesellschaft" im Singular unter Wandlungsdruck geraten ist.

Dieses europäische Gesellschaftsmodell war a) durch eine hohe Kongruenz der kulturellen und politischen Identität der Bevölkerung des Territoriums gekennzeichnet; b) durch eine enge Beziehung zwischen dem politischen Zentrum einerseits, den Präferenzen des „Demos" und der sozialen Sicherheit der Bürger andererseits; schließlich c) durch eine starke Betonung der für alle Mitglieder der nationalen Gemeinschaft verbindlichen kollektiven Ziele und Gemeinwohlbestimmungen (vgl. Eisenstadt 1979: 254; Rokkan 2000; Flora 2000b: 161ff.).[2] Damit korrespondiert(e) die Idee des „orga-

---

2 Entscheidende Anstöße zur Neubewertung der Rolle des Nationalstaates im Hinblick namentlich auf seine sozialintegrativen Funktionen hat die neuere Debatte über die Folgen der Internationalisierung von Wirtschaft und Politik im Zeichen der „Globalisierung" gegeben. Das Hauptaugenmerk dieser Diskussion richtet sich aber vornehmlich auf die Risiken für die Errungenschaften der Demokratie und des Wohlfahrtsstaates (vgl. Held 1991; Habermas 1998, 1999; Kaufmann 1997; Streeck (Hg.) 1998; Offe 1998; Scharpf 1999; Klingemann und Neidhardt 2000).

nischen Staates" mit „natürlichen Grenzen", d.h. einer spezifischen „territorialisierten" Form der *nationalen* politischen Integration von Gesellschaft. Diese Form basiert auf einer, vom Mythos der mittelalterlichen Stadtgemeinde inspirierten, für großräumige Massengesellschaften aktivierten Metamorphose von „Gesellschaft" in „Gemeinschaft" als dominierendem kulturell-geographischen Ordnungsprinzip. Weitere Strukturmerkmale des „organischen Staates" sind die exklusive Souveränität auf einem gegebenen Territorium („Gebietshohheit"), die Trennung von Innen- und Außenpolitik als zwei separate Sphären staatlichen Handelns, schließlich die Vorstellung einer grundsätzlichen Konvergenz zwischen den Grenzen des Staates und denjenigen der Gesellschaft und der Kultur („*Container-Staat*", vgl. Agnew und Corbridge 1995: 84).

Stärker als für die Staaten anderer Weltregionen, deren nationales Selbstverständnis und Selbstbewusstsein (wie etwa im Falle der USA) als ungebrochen gilt, steht heute in Europa, insbesondere in Westeuropa das nationalgesellschaftliche Ordnungsmodell erstmals zur Disposition. Es erhebt sich die Frage, ob dieses politische Vergesellschaftungsmodell zum Untergang durch schleichenden Souveränitätsentzug, Fragmentierung der Kompetenzen und Entscheidungsprozesse, Entkopplung der Grenzen von Wirtschaft und Gesellschaft, „Entstaatlichung der Solidarität" (Streeck) und durch den Rückgang der Verpflichtungsfähigkeit im härter werdenden Wettbewerb der Systeme bestimmt ist. Mit anderen Worten: Welche Dissoziationen im gesellschaftlichen Gefüge der „nationalstaatlichen Triade ‚kollektive Identität' – politische Beteiligung – soziale Teilhabe" (Flora 2000b: 164) sind in Zukunft zu erwarten? Und umgekehrt: Welche neuen, unerwarteten Assoziationen von Wirtschaft, Politik, Kultur und Gesellschaft sind in einem zukünftigen Europa der offenen Binnengrenzen und der kollektiven Regierung absehbar?

Mit Bezug auf die europäische Integration wirft diese allgemeine Forschungsperspektive zunächst ein grundsätzliches Problem der Methode auf: das der diskriminierenden Zuschreibung von gesellschaftlichen Wirkungen auf die Integrationspolitik und ihre spezifische institutionelle Ausgestaltung. Zu klären ist dabei vor allem, welche gesellschaftlichen Effekte auf die Steuerungspraxis der europäischen Ebenen, mithin dem politischen Prozess der europäischen Kollektivregierung zugeschrieben werden können und bei welchen dies nicht möglich ist. Das erfordert nicht nur eine möglichst trennscharfe Unterscheidung zwischen politisch induzierten Prozessen einerseits und endogenen (bzw. exogenen) gesellschaftlichen Entwicklungen andererseits. Denn bekanntlich haben wir es in den Bereichen Wirtschaft, Wissenschaft, Kultur und Kommunikation gegenwärtig mit vielfältigen Prozessen der Transnationalisierung zu tun. Viele Phänomene können daher nicht oder höchstens nur indirekt in einen plausiblen Kausalitätszusammenhang mit dem politischen Prozess der europäischen Integration gestellt werden (siehe dazu Gerhards und Rössel 1999; Beisheim et al. 1999; Zürn 1998).

Daraus ergibt sich als eine unverzichtbare Voraussetzung für eine angemessene Problembestimmung hinsichtlich der Frage nach den beobachtbaren bzw. künftig zu erwartenden *gesellschaftlichen Effekten der politischen Integration*, dass das neue Herrschaftssystem der EU und dessen spezifische institutionelle Logik systematisch Berücksichtigung finden. Dabei geht es nicht zuletzt um den empirischen Nachweis einer soziostrukturellen Prägekraft des politisch-ökonomischen Einigungsprozesses: Kann von einer nennenswerten Veränderung zentraler gesellschaftlicher Strukturen in den Bezugsgesellschaften des EU-Systems, den Mitgliedsländern, als direkte oder indirekte Folge von sowohl regulativen wie distributiven Maßnahmen der supranationalen Steuerungsorgane und ihrer Umsetzung gesprochen werden? Zentrale Objekte der Forschung wären neben den direkt auf relevante soziale Gruppen durchschlagenden Politikfeldern der EU, wie die Agrarregulierung, die Unternehmens- und Regionalförderung oder auch die Ansätze einer europäischen Sozialpolitik,[3] beispielsweise auch das Gefüge sozialer Ungleichheit, die industriellen Beziehungen, die territorialen Zentrum-Peripherie-Relationen, die Bevölkerungs- und Familienstrukturen, die Berufs- und Qualifikationssysteme, die Institutionen sozialer Sicherheit oder auch die Konfessions- und Säkularisierungsmuster, also jene gesellschaftlichen Bereiche, die traditionell ein hohes Maß an landesspezifischer Varianz aufweisen. Die entscheidende Frage lautet: Ist eine Einwirkung der supranationalen Entscheidungen feststellbar oder muss im Gegenteil davon ausgegangen werden, dass diese und andere Kernstrukturen der sozialen Wirklichkeit von der Entwicklung der europäischen Integration weitgehend unberührt bleiben und sich ihnen gegenüber als indifferent erweisen? Mit anderen Worten: Inwieweit folgt der Einigungspolitik auch eine Europäisierung der europäischen Gesellschaften? Wie wirkt sich die europäische Integration gegebenenfalls auf die nationalgesellschaftlichen sozialstrukturellen Gegebenheiten aus? Ist die Europäische Union bereits als eine relevante Bezugsebene für die Analyse der Sozialstrukturen in den Mitgliedsländern zu betrachten und welche Folgen lässt eine solche Entwicklung, wenn sie denn nachweisbar ist, für den weiteren Fortgang der politischen Integration erwarten?

Die entsprechenden Befunde der vergleichenden Sozialstrukturforschung sind einhellig negativ: Wenn auch ein robuster Langzeittrend zur wachsenden Angleichung und Verflechtung der Wirtschafts- und Sozialstrukturen in Westeuropa, vornehmlich in den Kernbereichen der Wirtschaft, der Bildung, der Verstädterung, des Wohlfahrtsstaates, der Familienstruktur, der Bevölkerungsentwicklung usw. erkennbar ist – ein Prozess, der sich nach Hartmut Kaelble (1987) sozialhistorisch bis in das frühe 19. Jh. zurück verfolgen lässt –, so kann von der Emergenz einer europäischen Gesellschaft als endogenem Homogenisierungsprozess oder als Resultat der politischen Integration dennoch nicht gesprochen werden.

Der historische Vorlauf der sozialstrukturellen Konvergenz, der als eigener europäischer Weg der gesellschaftlichen Entwicklung (vgl. Kaelble 1987), der Modernisierung (vgl. Hradil und Immerfall 1997) oder auch des sozialen Wandels (vgl. Crouch 1999) beschrieben worden ist, hat die europäische Einigung mit ermöglicht, in dem dieser gemeinsame Entwicklungspfad die gesellschaftlichen Fundamente für die supranationale Institutionenbildung in Europa gelegt hat. Die Geschichte der sozialstrukturellen Konvergenz, welche die bestehende nationale und regionale Vielfalt der europäischen Gesellschaften überlagert, verläuft aber weitgehend unabhängig von der Entwicklung der politischen Integration. Beide entfalteten jeweils eine eigenständige Dynamik

---

3 Dazu liegt eine Fülle von Fallstudien vor, die hier nicht im Einzelnen aufgeführt werden sollen. Es sei nur auf exemplarische Arbeiten verwiesen, deren Forschungsdesign explizit soziologische Fragestellungen aufgreift: Tömmel (1994) für die Regionalpolitik; Rieger (1995) für die Agrarpolitik; Leibfried und Pierson (Hg., 1998) für die Sozialpolitik; Bornschier (2000) für die Sozial-, Regional- und Industriepolitik; Kourvetaris und Moschonas (1996) dagegen für eine umfassendere und politikfeldübergreifende Perspektive.

(Kaelble 1987: 157). Eine durch den politischen Einigungsprozess strukturierte europäische Gesellschaftsbildung ist nicht erkennbar. „To search for a European society being shaped by the formal process of European integration", resümiert Colin Crouch den Forschungsstand, „is therefore either a too easy negative task or a premature" (Crouch 1999: 395). Gleichwohl räumt der Autor ein: „It is too easy to point to all the ways in which the construction of an economic union has not yet produced much social integration; given how slow and deeply rooted social processes are, no one should expect anything to have happened yet. This is not to say that in the long run it will not do so. Despite the absence of force, the Union does have a gradually developing legal code and the European Court of Justice to administer it. This is slowly influencing a wide range of areas of life at the ordinary social rather than purely political level (for example gender relations). Also monetary union and further economic integration might be expected to have some homogenizing effects. To discuss this however would be to speculate" (ebd.).

Die am Zitatende angesprochenen Erkenntnisschranken sind indessen keineswegs allein den evidenten Grenzen der Prognosefähigkeit geschuldet; es kommen dabei vielmehr auch bestimmte Schwächen der soziologischen Konzeptualisierung zum Vorschein, wenn es darum geht, das Objekt einer Soziologie der europäischen Integration präziser zu bestimmen und entsprechende analytische Problemstellungen zu entwickeln. Vieles spricht dafür, dass hierbei vortheoretische Hintergrundannahmen des konventionellen „europäischen Gesellschaftsvergleichs" den Blick für bereits vonstatten gehende gesellschaftliche Europäisierungsprozesse verstellen. Verdinglichte Vorstellungen von der territorialen Bindung staatlicher Ordnung, zum Beispiel von staatlichen Grenzen und von der Kongruenz bzw. Koextension von Staat und Gesellschaft, haben sich in diesem Zusammenhang als hartnäckige *„epistemologische Blockierungen"* erwiesen. John Agnew bezeichnet diese Erkenntnisschranken treffend als „methodologischen Nationalismus". Die Sozialwissenschaften, führt er aus, „used the territories of modern statehood to serve as a fixed and reliable template for their investigations into a wide range of phenomena" (Agnew 1998: 50).

Besonders der „europäische Gesellschaftsvergleich" blieb auf diesen nationalstaatlichen Bezugsrahmen fixiert, mithin auf die Vorstellung einer geschlossenen und integrierten Gesellschaft als zentrale Analyseeinheit.[4] Dem unbestreitbaren Erkenntniszuwachs auf empirischem Gebiet, den wir der international vergleichenden und sozialhistorischen Sozialstrukturforschung verdanken, steht daher in konzeptioneller und methodischer Hinsicht eine Verfestigung der (in wachsendem Maße anachronistischen) Vorstellung des geschlossenen Nationalstaates gegenüber. Diese vermag den Prozessen der Transnationalisierung in Politik, Wirtschaft und Gesellschaft nicht mehr gerecht

---

4 In Wirklichkeit kann der europäische Nationalstaat lediglich in der historischen Periode von 1914 bis Mitte der 1950er Jahre als geschlossen bezeichnet werden. Erst die beiden Weltkriege, die Epoche des Faschismus und die Wiederaufbauzeit bewirkten eine zuvor nicht gekannte extreme Schließung der (autoritären) Staaten und ihrer Gesellschaften auf der Grundlage ökonomischer und binnenkultureller Autarkie, politischer Kontrolle der öffentlichen Meinung und hoher Migrationshürden. Erst die Westeuropapolitik der USA erreichte seit Ende der 1940er Jahre wieder eine allmähliche Öffnung der geschlossenen Nationalstaaten und eine zunehmende Liberalisierung der Märkte (zur Rolle der USA bei der Gründung der EGKS und der EG siehe *Ziltener* im Band).

zu werden. Das schlägt sich auch in einer verzerrten statistischen Abbildung gesellschaftlicher Prozesse nieder: Referenzgrößen der Ländervergleiche sind in aller Regel aggregierte Daten der nationalen Gesellschaften. Der Nationalstaat bildet die gängige nominale Rechnungseinheit der Sozialforschung. Hinzu kommt, dass das oben angesprochene spezifische Zurechnungsproblem, d.h. die Steuerungseingriffe, Kodifizierungsleistungen, Standardisierungsfunktionen und Privilegierungsstrategien der staatlichen Ebene und der politischen Ordnung zumeist nicht thematisiert werden (vgl. Schäfers 1999). Die Endogenisierung des sozialen Wandels in Europa, die Unterschätzung der Rolle politischer Institutionen im allgemeinen und der europäischen Organe im besonderen als eigenständig Modernisierung induzierende Träger des sozialen Wandels sind die Folge.[5] Die Dimension der Europäisierung kann damit weder in ihrer spezifischen institutionellen Dynamik noch in ihren gesellschaftlichen Wirkungszusammenhängen adäquat erfasst werden.

Als Zwischenergebnis der bisherigen Ausführungen lässt sich somit festhalten: Während hinsichtlich der zum Teil einschneidenden Transformationen der nationalen Rechts-, Politik- und Wirtschaftssysteme als Folge des Ausbaus der europäischen Gestaltungs- und Regulierungsbefugnisse in der einschlägigen Forschung keine Zweifel bestehen, sind aus soziologischer Sicht grundlegende theoretische Fragen ungeklärt und große Bereiche gesellschaftlicher Wirkungszusammenhänge der europäischen Institutionenbildung weitgehend unerforscht. Ein unverzichtbares Desideratum betrifft einerseits die nähere Bestimmung des Grades des integrationspolitisch induzierten sozialen Wandels in Europa, andererseits die konkrete empirische Erfassung der sozialstrukturellen Effekte der europäischen Einigung. So kann es beim derzeitigen Stand der Forschung keinesfalls als eine gesicherte und begründete Tatsache angesehen werden, wenn – wie etwa Richard Münch argumentiert – ein direkter Kausalzusammenhang zwischen der in Europa in den vergangenen Jahrzehnten beobachtbaren Hebung des allgemeinen materiellen Wohlstandsniveaus, der Versorgung mit Konsumgütern, der Zunahme des Reiseverkehrs, der Bildungsexpansion, des Ausbaus der Wohlfahrtssysteme, selbst der Verbesserung der individuellen Freiheits- und Entfaltungsrechte einerseits und dem „Zusammenwachsen Europas unter dem dynamischen Schub des EG-Binnenmarktes" andererseits unterstellt wird (Münch 1993: 10). Im Gegenteil ist es bisher eine empirisch völlig ungeklärte Frage, in welchem Maße und mit Bezug auf welche gesellschaftlichen Kontextbedingungen dies konkret der Fall ist. So viel kann aber der europäisch vergleichenden Sozialstrukturforschung entnommen werden: Die gesellschaftliche Durchschlagskraft der europäischen Einigung lässt sich nicht nach dem Muster der historischen Staatsbildung und Nationwerdung fassen. Zwar ist eine tendenzielle Angleichung der Sozialstrukturen in den westeuropäischen Ländern festzustellen. Dabei handelt es sich aber vornehmlich um endogene Prozesse des gesellschaftlichen Wandels. Ist

---

5 Aus dieser Sicht kann das von Hradil und Immerfall (1997) vertretene Forschungsprogramm, in dem den politischen Institutionen in der EU eine „nachhängende" Funktion im Modernisierungsprozess (ebd. 17) zugeschrieben und statt dessen die „vorwärtstreibende Kraft" in der sozio-kulturellen Ausdifferenzierung und dem Wandel der „subjektiven" Einstellungen und Lebensweisen gesehen wird, nicht überzeugen. Ein solcher Ansatz greift im Hinblick auf die Bestimmung von gesellschaftlichen Europäisierungsprozessen im Rahmen der EU entschieden zu kurz.

schon die Zurechenbarkeit dieser Entwicklung auf die politische Integration nach 1945 nicht stichhaltig, so erlauben die vorliegenden Befunde der komparativen Sozialforschung erst recht nicht den Schluss, die westeuropäischen Nationalgesellschaften fusionierten im Zuge der Integration zu einer neuen europäischen Gesellschaft im Sinne einer kulturell homogenisierten „gesellschaftlichen Gemeinschaft". Es stellt sich daher die Frage, in welchem alternativ-konzeptionellen Bezugsrahmen lassen sich die Muster der Differenzierung und Integration (auch die damit einhergehenden sozialen Verwerfungen), die für die Prozesse gesellschaftlicher Europäisierung im politisch-institutionellen Handlungskontext der EU spezifisch sind, fassen?

III. Perspektiven der soziologischen Institutionenanalyse

Als naheliegende Alternative zu der im vorangegangen Abschnitt kritisch erörterten komparativen Europaforschung bieten sich zunächst vor allem institutionensoziologische Theorieentwürfe an. Seitdem in jüngster Zeit in den Sozialwissenschaften ein neues Interesse an politischen Institutionen erwacht ist,[6] hat auch die sozialwissenschaftliche Europaforschung damit begonnen, sich „institutionalistische" Erklärungsansätze zunutze zu machen, um die Entwicklungsdynamik der europäischen Integration zu analysieren (vgl. statt vieler: Sandholtz und Stone Sweet (Hg.) 1998; Eichener 2000). Doch überwiegt bei den meisten dieser Studien ein institutionenkundliches, d.h. beschreibendes und auf Organisationsfragen eingeengtes Verständnis.[7] Ein anspruchsvolleres soziologisches Forschungsdesign zur Institutionenanalyse stünde hingegen vor der Aufgabe, das Wechselverhältnis von politischen Institutionen(neu)bildungen und gesamtgesellschaftlichem Wandel systematisch wie empirisch zu thematisieren und geeignete analytische Problemstellungen und Kategorien zu entwickeln.[8]

---

6 Für einen Überblick über den sog. „Neuen Institutionalismus" siehe Hall und Taylor (1996), Immergut (1998), Weinert (2000).
7 Zur Entwicklung der politikwissenschaftlichen Institutionentheorie siehe u.a.: March und Olsen (1989) und Göhler (1997).
8 Dazu grundlegend die Systematisierung des allgemeinen Forschungsprogramms zur soziologischen Institutionenanalyse durch M. Rainer Lepsius (siehe u.a. Lepsius 1990; 1991a; 1991b; 1995; 1997; 1999; 2000b; 2000c). Für Lepsius ist „die ,moderne Gesellschaft' ... das Produkt und zugleich der Produzent von spezifischen institutionellen Ordnungen. Integrationsgrad und Konfliktpotential, Stabilitätsbedingungen und Innovationsfähigkeit, individuelle Freiheit und kollektive Anpassungselastizität, das Ausmaß formaler Rationalität und materialer Wertverwirklichung werden unmittelbar durch die geltenden institutionellen Ordnungen einer Gesellschaft beeinflußt. Modernisierungspolitik ist der Versuch der planmäßigen und bewußten Gestaltung der zukünftigen Ordnung des menschlichen Zusammenlebens durch Institutionenreform und Institutionenneubildung" (1990: 53). Lepsius' Institutionenbegriff betont die kognitiven Dimensionen von institutionellen Ordnungen. Er sieht die spezifischen Eigenschaften von Institutionen nicht primär in der jeweiligen Organisationsform begründet, sondern in den verhaltensstrukturierenden Orientierungsleistungen von spezifischen Wertüberzeugungen und Leitideen; das heißt in spezifischen „soziale(n) Strukturierungen", „die einen Wertbezug handlungsrelevant werden lassen".

Mit Blick auf die institutionellen Prozesse der europäischen Einigung richtet sich der Fokus der soziologischen Institutionenanalyse im Wesentlichen auf folgende interdependente Analyseebenen:

a) auf die intendierten und eigendynamischen Prozesse der institutionellen Differenzierung im Zusammenhang der supranationalen Systembildung, d.h. auf die Bestimmung der zentralen Strukturmerkmale des neuen europäischen Verbandes und des von diesem erreichten Autonomie- bzw. Verselbständigungsgrades im Verhältnis zu den bestehenden nationalstaatlichen Institutionenordnungen;

b) auf die Prozesse und den Wirkungsradius der erfolgten Institutionalisierung der europäischen Ebene als neues politisches Bezugssystem für relevante gesellschaftliche Handlungsfelder und Akteure innerhalb der Nationalstaaten; mithin auf die Frage, in welchem Maße, in welchen spezifischen institutionellen Handlungsräumen und mit welchen Konsequenzen die verbandseigenen Leitideen und Handlungskriterien außerhalb der relativ kleinen Zirkel der transnationalen Funktionseliten in Politik und Wirtschaft bereits effektiv Verhaltensrelevanz und Verpflichtungskraft gewonnen haben;

c) auf die strukturellen Konflikte, die dem Konkurrenz- und Spannungsverhältnis insbesondere zwischen den bestehenden nationalen und den emergenten supranationalen politischen Systemen innewohnen sowie

d) auf die institutionalisierten Modi und Muster der fallweisen und prozeduralen Vermittlung der auftretenden Interessen- und Strukturkonflikte innerhalb des Systems bzw. auf die Prozesse der Externalisierung von konfliktträchtigen Kosten der Integration und Verteilungsproblemen in andere gesellschaftliche Systeme.

Es bedarf eines institutionenanalytischen Bezugsrahmens von mindestens einer solchen Komplexität, um die gesellschaftliche Reichweite und Tiefenwirkung der bereits erfolgten und künftig noch zu erwartenden Veränderungen des alten nationalstaatlich geprägten gesellschaftlichen Arrangements von Institutionen im Zuge der fortschreitenden Europäisierung zu erfassen und die damit einhergehenden Konflikt- wie Neuordnungspotentiale adäquat einschätzen zu können. Doch liegen bisher nur wenige Studien vor, die in diese Richtung weisen. Denkt man etwa an die einschlägigen Arbeiten von Lepsius, dann fällt auf, dass dabei das Niveau der heuristischen Problementwicklung außerordentlich hoch ist. Demgegenüber fehlt es an umfassenderen, problemspezifischen, aber auch systemübergreifenden Forschungen zum Institutionenkomplex der EU und seiner spezifischen Dynamik, die auf methodisch gesicherten empirischen Grundlagen ruhen.

Die Konzeptualisierung, die am solidesten in der makrosoziologischen Denktradition verankert ist und zugleich eine vielversprechende institutionentheoretische Heuristik anbietet, ist nach meinem Dafürhalten die herrschaftssoziologische. Angesichts der begrifflichen Unterbestimmtheit der EU, die in nebulösen Bezeichnungen wie „Gemeinschaft", „Union", „Staatenverbund", „Regime", „supranationale Föderation", Verband „sui generis" deutlich wird, bietet sich die Anwendung der Herrschaftskategorie Max Webers an. In dieser Perspektive lässt sich der institutionelle Auf- und Ausbau der EU als Ausdifferenzierung eines neuartigen Herrschaftsverbandes fassen, ohne dass durch den Bezug auf formale Kriterien der Staatlichkeit und der Staatsbildung die Strukturanalyse präjudiziert würde. Unter diesem Blickwinkel betrachtet, spricht vieles dafür, dass sich die EU „mit großer Eigendynamik zu einem umfassenden Herrschaftsverband" entwickelt (Lepsius 2000b: 292).

Zu den zentralen Strukturmerkmalen des neuen europäischen Herrschaftsverbandes gehören a) die Dominanz der Judikative als Integrationsfaktor und b) die bürokratisch-intergouvernementale Prägung des Meinungsbildungs- und Entscheidungsprozesses. Die zentrale Bedeutung des Rechts kommt darin zu Ausdruck, dass die EU auf der Grundlage freier Vertragsschließung zwischen den souveränen Mitgliedsländern durch Rechtsakte konstituiert wurde. Darüber hinaus basiert auch die Legitimität und Durchsetzungsfähigkeit ihrer Beschlüsse auf der bindenden Verpflichtungskraft des europäischen Rechts und der durch Verfahrensordnungen begründeten Rechtmäßigkeit. Hinzu kommt die in ihrer integrativen Bedeutung kaum zu überschätzende Rechtsprechung des EuGH. Auf Grund des Umstandes, dass die Feststellung der rechtlichen Grenzen der EU-Befugnisse eine Frage der Auslegung der Verträge ist und der EuGH das Auslegungsmonopol besitzt, kommt diesem supranationalen Organ eine juristische Kompetenz-Kompetenz zu (Weiler 1999: 321; Stone Sweet und Caporaso 1998). Daraus folgt, dass „Europa" in seiner jetzigen politischen und institutionellen Einheit nicht außerhalb dieses rechtlich konstruierten Herrschaftsverbandes existiert.

Das zweite herausragende Strukturmerkmal des europäischen Herrschaftsverbandes wird in der Vorrangstellung bürokratischer Entscheidungsfindung gesehen. Die Regierungsakteure, die im wesentlichen die europäische Politik tragen und vermitteln, bewegen sich in einem von öffentlicher und parlamentarischer Willensbildung weitgehend freigesetzten Institutionenraum. Gemeinsam mit der Kommission, einer neuartigen expertokratischen Behörde ohne demokratische Legitimation, bestimmen untereinander vernetzte nationale und supranationale Experten- und Verwaltungsstäbe die Ziele und die Rationalitätskriterien der europäischen Politik (Puntscher Riekmann 1998; Bach 1999). Damit hat die europäische Integration nicht nur ein demokratiefernes Herrschaftsgebilde mit eigendynamischer Zuständigkeitserweiterung hervorgebracht. Bei genauerer Betrachtung wohnt ihr darüber hinaus eine markante und vermutlich auch irreversible Tendenz zur endogenen Devolution demokratischer Strukturen und Verfahren inne. Diese Tendenz gelangt besonders darin zum Ausdruck, dass die aus der soziologischen Demokratieforschung wohlbekannten Pathologien und Paradoxien von Demokratien, wie u.a. Oligarchisierung, Bürokratisierung und Arkanisierung, akzentuiert und verstärkt werden (vgl. Bach 2000).

IV. Zur Restrukturierung territorialer Räume in Europa

Herrschaftsinstitutionen weisen spezifische räumliche Binnenstrukturen auf, die von eminenter soziologischer Bedeutung sind, da mit territorialen Grenzziehungen – vermittelt über vielfältige soziale Inklusions- und Exklusionsprozesse – meist auch Mitgliedschaftsräume intern strukturiert und kollektive Identitäten begründet werden.[9] Für eine Betrachtung der Zusammenhänge von „Grenzbildung" und „Strukturierung" territorialer Sozialverbände sind Stein Rokkans begriffliche Unterscheidungen besonders

---

9 Siehe dazu: Simmel (1908: 460ff.), Rokkan (2000), Agnew und Corbridge (1995).

aufschlussreich: „Jeder Studie über den Wandel in der Territorialstruktur", schreibt Rokkan, „muß eine Analyse der Interaktionen von zwei Typen von Raum, von Distanz sein: dem physischen Raum zum einen und dem sozialen und kulturellen Raum zum anderen ... Die Geschichte der Strukturierung menschlicher Gesellschaften läßt sich gewinnbringend als Interaktion zwischen geographischen Räumen und Mitgliedschaftsräumen untersuchen" (Rokkan 2000: 135; vgl. Flora 2000a; 2000b). Transformationen des einen „Raumes" bedingen entsprechende Veränderungen des anderen. Aus einer solchen „territorialen" Perspektive lassen sich zusätzliche wichtige analytische Gesichtspunkte für die Entwicklung soziologischer Problemstellungen herleiten. In erster Linie gehören dazu eine Analyse:

a) der intendierten und nicht-intendierten, auch „perversen" gesellschaftlichen Effekte von Grenzöffnungen;
b) eine systematische Berücksichtigung der Dialektik von Grenzabbau und Grenzerhalt bzw. -befestigungen im Rahmen der neuen territorialen Gesamtstrukturen;
c) eine Betrachtung der Inklusions- und Exklusionsstrategien im Hinblick auf die Formierung von kulturellen Identitäten im neuen territorialen Integrationsraum; schließlich
d) eine Untersuchung der Zusammenhänge von „Grenzziehungen" und internen Strukturierungen, d.h. konkreter des Wandels der Zentrum-Peripherie-Relationen und der territorialen Spaltungsstrukturen.

In der bisherigen Europaforschung hat die Frage der Restrukturierung sozialer und politischer Räume und kollektiver Identitäten als Folge territorialer, institutioneller und sozio-kultureller Grenzziehungen in Europa nur wenig Beachtung gefunden. Dabei gehört die Öffnung, Aufhebung, Fusion, Verschiebung und Befestigung, kurz: die Manipulation von Grenzen, namentlich von territorialen Staatsgrenzen, aber auch von anderen institutionellen und kognitiven Begrenzungen, seit Anbeginn zu den zentralen strategischen Gestaltungsinstrumenten der europäischen Politik. Mit der EU wurde ein neuer, die Mitgliedstaaten überwölbender territorialer Herrschafts- und Mitgliedschaftsraum geschaffen. Der Abbau und die Überwindung bestehender staatlicher Grenzen ist daher nicht nur als das Symbol der europäischen Einigung anzusehen; die Deinstitutionalisierung von Grenzen zwischen den Mitgliedstaaten bildet vielmehr den strategischen Kern der europäischen Integrationsprogrammatik.

Kein Handlungsfeld der supranationalen Politik offenbart die überragende Bedeutung von Entgrenzungsprozessen im Zusammenhang der europäischen Einigung deutlicher als das Projekt und die Verwirklichung des Binnenmarktes. In der Tat stellt die Binnenmarktpolitik einen einschneidenden Eingriff in die herkömmlichen nationalstaatlichen Grenzregimes der Mitgliedstaaten dar. Mit ihr betrieb die Europäische Kommission unter der Führung Jacques Delors' seit Mitte der achtziger Jahre, mit großem Geschick und beträchtlichem Erfolg, eine Politik der gezielten Deinstitutionalisierung von Staatsgrenzen, soweit sie sich als tarifäre oder nichttarifäre Hindernisse für eine freie Zirkulation von Waren, Kapitalien und Dienstleistungen erwiesen und die Wettbewerbsgleichheit auf dem europäischen Markt verzerrten. Grenzüberschreitungen von ökonomischen Gütern in einem zuvor in quantitativer wie qualitativer Hinsicht unbekanntem Ausmaß sind die Folge. Mit der damit einhergehenden Reduktion der Kosten von grenzüberschreitenden Wirtschaftstransaktionen wurden nicht nur gesamteuropäische Wohlstandseffekte beträchtlichen Ausmaßes erwartet und versprochen. Das programmatisch anvisierte „Europa ohne Grenzen" blieb indes nicht auf eine Restrukturierung des europäischen Wirtschaftsraums allein begrenzt. Dies wurde von den Konstrukteuren Europas stets nur als Etappenziel auf dem Weg zur Erfüllung der Idee der politischen Einheit des Kontinents angesehen. Unterdessen entfaltete die zunehmende Durchlässigkeit der Grenzen im binneneuropäischen Wirtschaftsverkehr eine Eigendynamik aufgrund von Interdependenzlogiken bzw. infolge der Freisetzung ungewollter Effekte. Die für die Rechtsprechung des EuGH grundlegenden Prinzipien der Wettbewerbsfreiheit, der „gegenseitigen Anerkennung" von Produktstandards und des Diskriminierungsverbots wurden zu universalen Standards des europäischen Rechtsraumes erhoben. Die Verwirklichung der Währungsunion konstituierte den neuen transnationalen Währungsraum in Europa mit der Folge einer unwiederbringlichen Aufhebung der traditionellen nationalen Geldstandards. Die mit dem Vertrag von Schengen erfolgte Ausdehnung der Grenzdurchlässigkeit auf Personen und die Einführung der Unionsbürgerschaft sind ebenso im unmittelbaren Zusammenhang mit der Liberalisierung der Grenzregimes zu sehen, wie auch die vielfältigen grenzüberschreitenden Kooperationsprojekte im Wirtschafts-, Verwaltungs- und Kulturbereich.

Mögen die zuletzt genannten Entgrenzungen noch politisch gewollt und auch für viele Protagonisten der Einigung willkommen gewesen sein, so zeitigen Grenzöffnungen in der EU darüber hinaus folgenreiche pathologische und „perverse" Effekte. Diese betreffen insbesondere die Binnenintegration nationalstaatlicher Ordnungen. Das hängt mit den fundamentalen sozialen Abgrenzungs- und Integrationsfunktionen von zwischenstaatlichen Grenzen und den dadurch territorial konstituierten gesellschaftlichen Bezugseinheiten zusammen (vgl. Simmel 1983: 467). Demgemäß stehen neben der allenthalben diagnostizierten Verschärfung von ökonomischer Konkurrenz und von Verteilungskonflikten in erster Linie die Folgewirkungen für die Funktionsfähigkeit und den institutionellen Bestand der wohlfahrtsstaatlichen Demokratien im Mittelpunkt des sozialwissenschaftlichen Forschungsinteresses.

Die mit der zunehmenden Grenzdurchlässigkeit im integrierten Europa einhergehende Absenkung der Exitkosten bei grenzüberschreitenden Transaktionen, so ein beachtenswertes Argument, verringert für besonders mobile soziale Akteure, wie transnational operierende Unternehmen und Investoren, die Bereitschaft, sich für das nationale Gemeinwohl zu engagieren und entsprechend „*Voice*" aufzubieten bzw. Loyalität zu wahren. Unter dieser Voraussetzung untergräbt das Schleifen protektionistischer Exithürden im Zuge der Marktöffnung, besonders wenn gleichzeitig neokorporatistische Arrangements und Anreize an systemischer Integrationskraft einbüßen (Scharpf 1999), die moralischen Grundlagen der Demokratie und des Wohlfahrtsstaates. Denn beide, Demokratie und Wohlfahrtsstaat, sind in sozialmoralischer Hinsicht extrem voraussetzungsvolle Vergesellschaftungsformen, insofern sie – wie Claus Offe argumentiert – „auf die Zufuhr von verpflichtenden Motiven angewiesen, die ihrerseits an die nationalstaatliche Form der politischen Integration gebunden sind" (Offe 1998: 105; vgl. Streeck 1998). Ein weiterer heuristischer Gesichtspunkt ergibt sich aus der auf historisch-soziologischen Studien zur Staatswerdung in Europa basierenden Erkenntnis, wonach territorialen Strukturierungen generell eine strukturprägende Dialektik von Grenzüberschreitungen und Grenzerhalt bzw. -befestigungen aufweisen. Nach Rokkan ist „die Geschichte eines jeden Territoriums ... im wesentlichen eine Geschichte der Erfolge und Fehlschläge in dem Konflikt zwischen Grenzabbau und Grenzverstärkung" (Rokkan 2000: 132). Im gegenwärtigen Europa sind damit die Probleme der Osterweiterung, der Befestigung der Außengrenzen, der Kontrolle illegaler Migration, aber auch der rechtlichen „Ausschlußwirkung" gegenüber Drittstaatenangehörigen verbunden.

Die Frage, wo genau die Außengrenze der EU im Osten dereinst verlaufen wird, ob entlang der Ostgrenze Polens oder derjenigen der Ukraine und Weißrusslands, ist nicht nur eine jener „Schicksalsfragen", die für die Staaten Mittel- und Osteuropas über Einschluss oder Ausschluss aus „Europa" entscheidet (Neumann 1998). Sie ist auch für die bestehende EU von größter politischer Brisanz, weil sie mit dem Problem der illegalen Migration und der Xenophobie verknüpft ist. Schon jetzt bilden die neuen Außengrenzen der EU zu Ost- und Südosteuropa das wichtigste Einfallstor für jährlich bis zu einer halben Million illegaler Einwanderer. Die meisten kommen aus Sri Lanka, Bangladesh, Afghanistan, Tschetschenien und Westafrika. In Deutschland und Österreich ist die Furcht verbreitet, dass ab dem Jahre 2003, sobald die EU ihre Türen für die erste Runde der neuen Bewerberstaaten öffnen wird, eine unübersehbare Welle von Flüchtlingen über Westeuropa rollen wird. Die prognostizierten Zahlen von Forschungsinstituten, die auch neue Migrationsmuster, wie „Grenz-Pendler", „Arbeits-Touristen" und temporäre Migranten festgestellt haben, sprechen zwar eher gegen ein solches Szenario (vgl. The Economist, v. 6.5.2000: 21ff.). Doch die EU-Bürger genießen intern das Recht der Freizügigkeit, und an den meisten Binnengrenzen gibt es, dank des Schengener Abkommens, keine Personenkontrollen mehr (vgl. Achermann et al. 1995). Es ist daher damit zu rechnen, dass die Beitrittskandidaten darauf beharren werden, dass sich nach erfolgtem Beitritt auch ihre Bürger ungehindert im EU-Raum bewegen, Arbeit suchen, studieren und sich niederlassen können. Einige Mitgliedsländer, namentlich Deutschland und Österreich, wehren sich offen dagegen und fordern angemessene „Übergangsfristen" – von zehn bis zwanzig Jahren! Gleichzeitig instrumentalisieren starke politische Kräfte die verbreiteten „Überfremdungs"-Ängste zur politischen Mobilisierung und schüren damit die xenophobischen Impulse (vgl. Miles und Thränhardt (Hg.) 1995).

Sind diese Entwicklungen als Gegenbewegungen zur europäischen Politik des Grenzabbaus und der Grenzüberschreitungen zu verstehen? Jedenfalls lässt sich die facettenreiche politische Mobilisierung der nationalen oder regionalen Kulturidentität, die sich – man denke an die italienische „Lega Nord" – bis zur Sezessionsdrohung steigern kann, als Bewegungen zum Erhalt und zur Festigung ethnischer und kultureller Grenzen interpretieren. Denn gemeinsam ist diesen Bewegungen ein Identitätsdiskurs, bei dem der Exklusionsmodus sozialer Integration zur Sicherung der Grenzen zwischen „Europa" und „Nichteuropa" aktiviert wird.[10]

---

10 Die Aufnahme von beitrittswilligen Ländern in das europäische Gemeinschaftssystem ist nicht nur an formale, sondern auch an materiale Kriterien geknüpft, die sich schon mehrfach als diskriminierend gegenüber Bewerberländern und ihren Kulturen erwiesen haben. Das problematische Kriterium ist der Grad des „Europäischseins", mithin der Zugehörigkeit zum europäischen Geschichts- und Kulturraum. Ein Beitrittsgesuch Marokkos aus dem Jahre 1986 wurde kurzerhand mit dem Hinweis darauf abgewiesen, dass dieses Land nicht als „europäisch" betrachtet werden könne (Neumann 1998: 400). Ähnliche Vorbehalte gibt es heute im Falle der

Daran wird deutlich, dass es der EU immer noch schwer fällt, anzuerkennen, dass die neue europäische Gesellschaft nur eine Einwanderergesellschaft sein kann. Statt dessen dominiert nach wie vor ein nationalistischer Identitätsdiskurs des Ausschlusses und der Festungsmentalität. Neue Grenzen werden territorial nach außen gezogen und als Bollwerke gegen illegale Migranten befestigt. Letztlich entscheiden über die Beitrittsperspektive für Länder wie Polen, die Ukraine oder Weißrussland deren Grenzsicherungskapazitäten im Kampf gegen illegale Einwanderer und grenzüberschreitende Kriminalität. Ländern, die nicht in der Lage sein werden, das Schengener Abkommen zur Sicherung der Außengrenzen und zur polizeilichen Zusammenarbeit in vollem Umfange umzusetzen, droht die Visumspflicht für deren Bürger bei Reisen nach Polen, Ungarn und in die Slowakei. Eine Verwaltungsmaßnahme könnte so zum Symbol für die definitive Abkopplung dieser Länder von Europa werden.

Durch die Wiederbelebung des nationalistischen Denkens und die politische Mobilisierung von Fremdenfeindlichkeit in vielen EU-Ländern erfahren die neuen Außengrenzen aber zugleich eine konfliktreiche Internalisierung. Sie reproduzieren sich als die „Festung Europa" in den Köpfen der Menschen. Denn in der Ausgrenzung der illegalen Einwanderer, der „Drittstaatenangehörigen", der „extracomunitari" spiegeln sich die EU-Außengrenzen als soziale Schranken im Binnenraum der neuen europäischen Gesellschaft wider.

Eine weitere Exklusionsdimension der gegenwärtigen europäischen Identitätspolitik wird offensichtlich, wenn man berücksichtigt, dass mit der Migrations- und Sicherheitsfrage im europäischen „Raum der Freiheit, der Sicherheit und des Rechts", in dem den Beitrittsstaaten die Freizügigkeit nur unter der Voraussetzung hermetisch geschlossener Außengrenzen gewährt wird, die Staatsbürgerschaftsfrage verknüpft ist. Die Unionsbürgerschaft ist an die Staatsbürgerschaft eines der Mitgliedsländer gebunden. Die Europäisierung der Bürgerrechte durch den Vertrag von Maastricht bedeutete zunächst vor allem eine Privilegierung der Marktbürger, d.h. der Arbeitnehmer und Freiberufler, die sich jetzt schon grenzüberschreitend auf dem Arbeitsmarkt bewegen, und auf die die Unionsbürgerschaft zugeschnitten wurde. Der Bezug auf die Freizügigkeitsnorm leistet somit letztlich einem „ökonomistischen Verständnis von Staatsbürgerschaft" Vorschub (Hansen 2000: 150).

Damit einher geht nicht nur eine Aushöhlung des universalistischen Gehalts von Bürgerrechten. Denn der europäische Staatsbürgerschaftsdiskurs enthält auch eine problematische ethno-kulturelle Dimension, die an die Verwurzelung in der europäischen Kultur und Geschichte, an das europäische kulturelle Erbe, letztlich an das Abstam-

---

Türkei. Allerdings lautet nach der Wende von 1989 die entscheidende Frage: Wo liegen die Grenzen Europas im Osten? Während des Kalten Krieges war der politische Raum des integrierten und potentiell integrierbaren Europas durch den eindeutigen Grenzverlauf zwischen Ost und West festgelegt. Die Identität der Europäer war dementsprechend eine prononciert westliche, anglo-amerikanisch dominierte. Unmittelbar jenseits des Eisernen Vorhanges begann der Einflussbereich Russlands. Mit der Öffnung der EU gegenüber Osteuropa, mit der Assoziation von Staaten Mittel- und Osteuropas und mit der Konkretisierung der Beitrittsperspektiven für eine erste Gruppe von osteuropäischen Transformationsländern ist eine grundlegend neue Situation entstanden. Die Frage nach der Ostgrenze Europas ist jetzt wieder die aus der Geschichte vertraute Frage: Wo beginnt Russland? Wo beginnt Asien? Und im Südosten: Wo liegt die Westgrenze des Balkans? (vgl. Neumann 1998).

mungsprinzip appelliert. Ein solcher primordialer Code der eurozentrischen Zugehörigkeitsdefinition erscheint nicht dazu geeignet, jene rund 17 Millionen in der EU lebenden Menschen, die dieses ethno-kulturelle Erbe für sich nicht in Anspruch nehmen können, etwa weil sie Farbige oder Muslime sind, als Vollbürger in die europäische Gesellschaft zu integrieren. Damit reproduziert sich auch im Staatsbürgerschaftsdiskurs der EU ein auf Exklusion zielender, nationalistischer Integrationsmodus, der auf einem essenzialistischen Verständnis von kollektiver Identität beruht und eine dauerhafte Grenze zwischen *Insidern* und *Outsidern* zu ziehen droht. Die EU bleibt damit in ihrem Identitätsdiskurs und in ihrer Identitätspolitik dem historischen Muster nationaler Vergemeinschaftung mit der für sie typischen ethnisch-kulturellen Integrationsrhetorik und dem nationalistischen Exklusionsmodus in hohem Maße verhaftet. Dies obgleich die systematische Abwertung des Nationalstaates als dominierende politische Ordnungsvorstellung die offizielle *raison d'être* des Einigungsprozesses darstellt. In diesem Zusammenhang spielen die vielfältigen neuen Grenzziehungen, die mit der „Vertiefung" und Erweiterung der EU einher gehen, eine entscheidende Rolle. Die Veränderung von politischen und sozialen Grenzen durch die EU, so lässt sich das Argument zusammenfassen, ist als zentrales Element einer europäischen Identitätspolitik zu betrachten, die sich überkommener nationalistischer und xenophobischer Integrationsmuster bedient, nicht zuletzt, um den vermeintlichen Legitimationsrisiken der Identitätslosigkeit zu entrinnen.

Ein weiteres vielversprechendes, bisher von der Soziologie vernachlässigtes Forschungsfeld eröffnet jene, ebenfalls von Rokkan ausgearbeitete heuristische Perspektive, die Grenzbildungen und interne „Strukturierungen" in Beziehung zueinander setzt. „Strukturierung" bedeutet für Rokkan, wie Flora gezeigt hat (Flora 2000a: 126ff.; 2000b: 152), vor allem die Herausbildung von Zentrum-Peripherie-Strukturen und einer damit verbundenen sozialen und räumlichen Hierarchisierung. Sie bedeutet sodann die Entwicklung von Spaltungsstrukturen, die größere Teile der Territorialbevölkerung erfassen.

Während Strukturbildungen dieser Art bisher in erster Linie mit Bezug auf die einzelstaatliche Ebene untersucht wurden, gilt es künftig, auch die europäische Bezugsebene zu berücksichtigen. Fragt man nach der Verschiebung von Zentrum-Peripherie-Relationen im integrierten Europa, dann gerät nicht nur das Brüsseler politisch-institutionelle Zentrum und die Veränderungen in der Stellung und dem Gewicht der nationalen politischen Zentren im polykephalen europäischen „Mehrebenensystem" in den Blick. Insofern die Internalisierung von sozialen Spaltungen ein wesentliches Element interner Strukturierungen darstellt, steht auch die Entwicklung möglicher gesamteuropäischer Spaltungen zur Debatte. Mit Flora lässt sich vermuten, dass „mit der Europäisierung der Spaltungen die national-territoriale Dimension gegenüber der Klassen-Dimension stärker" werden wird (Flora 2000a: 119).

Gleichzeitig lässt sich schon jetzt eine tiefgreifende Neustrukturierung der territorialen Ungleichheits- und Abhängigkeitsverhältnisse in den Mitgliedsländern feststellen, die direkt auf die europäische Politik zurückgeführt werden kann. Eine solche erfolgt beispielsweise in dem Maße, wie die regionalpolitischen Zielvorstellungen und operationellen Kriterien für die Verteilung von Strukturfondsmittel in Empfängerregionen an Bedeutung gewinnen. Ein neues europaweites Muster sozialer Ungleichheit beginnt die historisch gewachsenen Zentrum-Peripherie-Relationen in den einzelnen Ländern zu überlagern. Die mit den paktierten Leitkriterien der europäischen Struktur-, Regional- und Kohäsionspolitik begründete normative Selbstverpflichtung der Union zu einer Politik, die regionale ökonomische und soziale Disparitäten gezielt abbaut und gleiche Lebensverhältnisse in allen europäischen Regionen realisieren hilft, stimuliert Erwartungen, die sich auf eine Stärkung der eigenständigen sozialpolitischen Dimension der europäischen Ebene richten (Marks 1996; Anderson 1998). In diesem Zusammenhang entwickelt sich die Idee eines „Europas der Regionen" zum konstitutiven Element der Ordnungsvorstellung einer neuen „europäischen Gesellschaft", die sich als eine ebenfalls zur interregionalen Solidarität verpflichtete politische Gemeinschaft versteht. Vor diesem Hintergrund erscheinen die überkommenen regionalen Disparitäten in Europa, in erster Linie die zwischen den wohlhabenderen Staaten des Nordens und den südlichen Mitgliedstaaten mit Modernisierungsrückständen als Ausdruck einer prinzipiell nicht mehr hinnehmbaren sozialen Ungleichheit. Das Entwicklungsgefälle zwischen Regionen zu beheben oder auszugleichen, ist nicht mehr, wie in der Vergangenheit, vornehmlich eine Angelegenheit der nationalen Politik (Mezzogiornopolitik in Italien, Länderfinanzausgleich bzw. „Aufbau Ost" in Deutschland). Konnte man einst aus nationaler Sicht gegenüber den Problemen der sozialen Ungleichheit in den Nachbarländern indifferent sein, so werden diese mit zunehmender Europäisierung zu innereuropäischen, d.h. den Gesamtverband betreffenden Problemen. Das gilt in der Konsequenz freilich nicht nur für die Frage der regionalen Disparitäten, sondern in zunehmenden Maße auch für die Dysfunktionen der Arbeitsmärkte und die Probleme der Migrations- und Asylpolitik. Die europäische Regionalpolitik erscheint aber paradigmatisch für die Europäisierung sozialstruktureller Probleme im Zusammenhang mit territorialen sozialen Ungleichheiten. Eine Konsequenz davon ist, dass ein als „europäisch" bestimmtes Gemeinwohl zu einer handlungsrelevanten Bezugsgröße für die Verpflichtung zur und Forderung von effektiver grenzüberschreitender sozialer Solidarität wird. Die bevorstehende Osterweiterung wird dieses Problem sicher noch verschärfen.

V. Themenschwerpunkte des Sonderheftes

In den Beiträgen des vorliegenden Sonderheftes finden sich, bei unterschiedlichen Sachbezügen, Problemstellungen und Akzentsetzungen, vielfältige materiale Prozesse der gesellschaftlichen Europäisierung beleuchtet. Dabei bildet die EU als politischer Institutionenverband für nahezu alle Autoren dieses Bandes eine zentrale Bezugseinheit ihrer Analysen. „Europa" und die EU werden als neues und wichtiges Bezugsobjekt der Soziologie gleichsam ernst genommen. Obgleich sich die hier versammelten Arbeiten keinem einheitlichen theoretischen Bezugsrahmen zuordnen lassen, überwiegt ein soziologisches Problemverständnis, das nicht nur in den theoretisch-konzeptionellen Designs, sondern auch in den empirischen Objektbestimmungen zum Ausdruck kommt.

Eine weitere Gemeinsamkeit fast aller Beiträge besteht darin, die gesellschaftlichen Effekte der europäischen Integration und analoger Entwicklungen der Transnationalisierung systematisch und empirisch zu untersuchen. Institutionenanalytische Gesichtspunkte stehen im Vordergrund; aber auch „territoriale" Ansätze gelangen zur Anwendung, wobei sich interessante wechselseitige Anschlussmöglichkeiten ergeben. Deutlich wird dies beispielsweise daran, dass die Problematik von Grenzüberschreitungen, Grenzkonflikten und Grenzbefestigungen in mehreren Beiträgen im Zentrum der Argumentation steht. Dabei geraten sowohl Grenzen und Grenzüberschreitungen von territorialen Einheiten wie von Institutionen in das Blickfeld. „Europäisierung" konnte dadurch als neues Bezugsobjekt der soziologischen Analyse näher bestimmt und vor allem auch als neue und eigenständige Zuschreibungseinheit gesellschaftlicher Wirkungszusammenhänge herausgehoben werden. Insofern kann dieses Sonderheft als einer der ersten umfassenderen Versuche zur „Soziologisierung" des Forschungsfeldes der „europäische Integration" verstanden werden.

Die Beiträge stehen und sprechen jeweils für sich selbst (und die ihnen vorangestellten Autorenzusammenfassungen ermöglichen einen raschen Überblick über die inhaltlichen Schwerpunkte des Heftes). Im folgenden und abschließend seien daher die Themenkomplexe der einzelne Teile lediglich zusammenfassend vorgestellt.

Im Mittelpunkt von Teil II *„Institutionenbildung und Institutionenkonflikte in der EU"* stehen exemplarische Prozesse der Institutionalisierung von supranationalen Leitprinzipien und einer legitimen europäischen Suprematie der politischen Steuerung durch den EuGH (*Paul Windolf*), die EZB (*Rainer Weinert*), die Wirtschafts- und Währungsunion (*Franz Traxler*), die zentralen Entscheidungsorgane der EU – wie die Kommission (*Sonja Puntscher Riekmann*) und der Ministerrat (*Thomas Bräuniger* und *Thomas König*). Deutlich wird nicht nur die immense „Durchschlagskraft" und Gestaltungsmacht der europäischen Ebene, deren Autonomie und Definitionsmacht es gerechtfertigt erscheinen lassen, „Europa" als eine neue „legitime Ordnung" anzusehen. In den Fokus geraten auch spezifische Risiken und Konfliktpotentiale der Europäisierung nationaler Ordnungen. Diese ergeben sich beispielsweise aus der Neukodierung und dem zum Teil radikalen Paradigmenwechsel bisheriger institutionenpolitischer Legitimations- und Operationsstandards sowie aus der „Überlagerung und Verdrängung" nationaler Rechtskulturen und Demokratiestandards (vgl. *Puntscher Riekmann* und *Hans Geser* im Band). Beispielhaft ist die mit der Europäisierung der Geldpolitik erfolgte Abkehr von der verfassungsrechtlich kodifizierten Gleichrangigkeit der wirtschafts- und sozialpolitischen Ziele und die irreversible Befestigung von strukturellen Asymmetrien zwischen den Leitprinzipien der Geldwertstabilität einerseits und der Beschäftigungssicherung andererseits.

Die Beiträge in Teil III – *„Marktbildung, Konvergenz und Sozialintegration in Europa"* – stellen das europäische Einigungsprojekt in umfassendere Kontexte des politischen Weltsystems (*Patrick Ziltener*), der Weltwirtschaft (*Volker Bornschier*) und der „weltgesellschaftlichen Sozialintegration" (*Richard Münch*). Dabei gelangen in der Forschung selten berücksichtigte *exogene* Faktoren, die besonders für die Neulancierung des auf der Logik des Binnenmarktes gestützten Integrationsprojektes seit den 80er Jahren kausale Bedeutsamkeit erlangten, in das Blickfeld. Konnten mit der „neoliberalen" Strategie der Marktöffnung auch nachweisbar beträchtliche ökonomische Wachstums- und Konvergenzeffekte erzielt werden, so birgt die Logik der Binnenmarktintegration auch Anomiepotentiale. Damit wird die Frage nach den Chancen und Perspektiven für die Herausbildung einer neuen „organischen" Solidarität in Anbetracht der

Erhöhung der internationalen Arbeitsteilung und „offener Räume" (*Münch*) aufgeworfen.

Die mit dem Maastrichter Vertrag eingeführte Unionsbürgerschaft – der Schwerpunkt von Teil IV („*Nationaler und europäischer Bürgerstatus*") – begründet rechtlich einen neuen Mitgliedschaftsraum für die Bürger und definiert Kriterien der Inklusion wie der Exklusion. Damit entstand für die Staatsbürger der Mitgliedsländer eine Situation der dualen Bürgerschaft. Obwohl dem neugeschaffenen europäischen Bürgerstatus zunächst eine Strategie der symbolisch-rhetorischen Kompensation der demokratischen Legitimationsschwäche der EU zugrunde lag, darüber hinaus ein ökonomistisches Verständnis von „Marktbürgerschaft" eigen ist (Hansen 2000: 150), wohnt ihm ein erhebliches Emergenzpotential inne. Die europäische Staatsbürgerschaft könnte sich nicht nur zu einer postnationalen Staatsbürgerschaft entwickeln, bei der politische Rechte nicht mehr exklusiv nationalstaatliche Prärogative darstellen, sondern zu Gegenständen kollektiver Paktierungen der Mitgliedstaaten und der Rechtschöpfung supranationaler Organe werden. Als prinzipiell ausbaufähig erweist sich vielmehr auch die sozialrechtliche Komponente des Bürgerstatus. Mit der Differenzierung sozialpolitischer Zuständigkeiten auf der europäischen bzw. der nationalstaatlichen Ebene entsteht ein Nebeneinander von Arenen staatsbürgerlicher Rechte und Pflichten, die sich nicht mehr in den Ordnungsrahmen des nationalstaatlichen Mitgliedschaftsraumes und der „moralischen Ökonomie" des Wohlfahrtstaates einfügen lassen (vgl. Kaufmann 1997: 131ff.).

Der in kommunikations- und mediensoziologischer wie demokratietheoretischer Hinsicht gleichermaßen bedeutsamen Problematik der Institutionalisierung einer europäischen politischen Öffentlichkeit ist Teil V („*Politische Öffentlichkeiten in Europa*") gewidmet. Die Annahme war lange Zeit verbreitet, dass es der EU an einer funktionierenden politischen Öffentlichkeit fehle, auf die sich ein tragfähiges transnationales System intermediärer Institutionen mit europäischen Parteien, Verbänden, Körperschaften, auch zivilgesellschaftlichen Assoziationen stützen könne. Solange dies aber nicht der Fall ist, kann das etablierte europäische Regierungssystem zwei konstitutive demokratische Funktionen nicht in ausreichendem Maße erbringen: Erstens die Funktion der gesellschaftlichen Interessenvermittlung und zweitens die Funktion der sozialkommunikativen Rückkopplung von politischen Herrschaftspositionen und Entscheidungen an die Präferenzen der Bürger (vgl. Gerhards 1993; Endreß 1988). Die These vom Öffentlichkeitsdefizit steht heute erneut auf dem Prüfstand, seitdem die Forschergruppe um *Klaus Eder* eine alternative Position entwickelt hat (vgl. Eder et al. 1998). Die Autoren weisen auf die Existenz von neuartigen transnationalen Teilöffentlichkeiten hin, deren Publika sich aus den maßgeblichen Funktionseliten zusammensetze und deren legitimationsstiftendes Potential aus dem Zusammenspiel der Partizipation von Betroffenen und der Deliberation von Experten und Entscheidungsträgern erwachse. Inwieweit dieses Konzept von Öffentlichkeit begrifflich mit dem emphatischen, normativ stark „aufgeladenen" demokratietheoretischen Öffentlichkeitsbegriff, der öffentliche Debatten und Kontroversen als unverzichtbare Medien zur Selbstkonstitution, Selbstregierung und Selbstbeobachtung des *Demos* als *unteilbarem* Subjekt auffasst, vereinbar ist, ist eine offene Frage. Beide Positionen finden sich in diesem Abschnitt des Sonderheftes vertreten und mit entsprechenden empirischen Befunden untermauert (*Eder* und *Kantner* versus *Gerhards*).

„Die traditionelle Migrationsforschung", so resümiert Felicitas Hillmanns ihren Beitrag zum Teil VI (*„Migration in Europa"*), „ist am Ende des 20. Jahrhunderts mit ihren Fragen nach dem ‚Woher? Wohin?' und ... ihrer Auswertung von Sozialstruktur- bzw. Migrationsdaten weitgehend auf die nationalen Grenzziehungen zurück geworfen und konzentriert sich in ihrer Forschung bevorzugt auf die einzelnen nationalen Einheiten" (*Hillmann* im Band). Internationale Wanderungsprozesse in Europa weisen aber über die nationalen Grenzen hinaus. Sie erfordern nicht nur institutionelle Anpassungen nationalstaatlichen Handelns, sondern auch den Aufbau transnationaler Steuerungskompetenz. Der traditionell nationalstaatlich geprägte Umgang mit Zuwanderern erfährt eine Verlagerung seiner Inklusions- und Exklusionsmechanismen vom nationalen Binnenraum auf den neuen, rechtlich und bürokratisch konstituierten europäischen Wanderungs- und Asylraumraum. Die Dialektik von Grenzabbau, grenzüberschreitenden Wanderungen und institutionellen Anpassungsprozessen erweist sich als grundlegende Triebkraft der Neukonstruktion eines europäischen Migrationsraumes.

Das Objekt der traditionalen Makrosoziologie war überwiegend der Nationalstaat. Dieser Bezugsrahmen implizierte eine nicht näher problematisierte Kongruenz zwischen „Staat", „Gesellschaft" und „Kultur". Diese Objektzentrierung hat ferner dazu geführt, dass soziale Prozesse primär in den Grenzen des europäischen Nationalstaates analysiert wurden. Daraus resultierte eine implizite Fragmentierung der Struktur- und Entwicklungsprozesse, die auf territoriale Einheiten bezogen blieb. Die international vergleichende Forschung zur Sozialstruktur hat den nationalstaatlichen Untersuchungsrahmen nicht aufgehoben, ihn nur vervielfältigt. Mit der europäischen Integration lockert sich dieser Analyserahmen. Einerseits wird ein neuer supranationaler politischer Akteur in die Untersuchung einbezogen, andererseits fallen die nationalstaatlichen Grenzen als unterstellte Abgrenzungskriterien und Zurechnungsvermutungen. Damit unterliegt das Bezugssystems dessen, was in der Soziologie als „Gesellschaft" bezeichnet wird, einem grundlegenden Bedeutungswandel (vgl. Delanty 1995; Albrow 1998). Die Gesellschaft als Bezugsobjekt der Soziologie ist nicht mehr mit der nationalstaatlichen Analyseebene allein zu erfassen. Prozesse der De- und Transnationalisierung, des Grenzabbaus und der Grenzüberschreitungen einerseits, der subnationalen Fragmentierung andererseits erfordern eine angemessene Konzeptualisierung und empirische Erforschung von multiplen, national heterogenen, sich vielfach überlappenden sozial-politischen Raumstrukturen als neue Bezugseinheiten der soziologischen Reflexion. Der letzte Teil des Sonderheftes – *VII. Gesellschaftstheoretische Perspektiven* – beleuchtet diese Fragen aus unterschiedlichen theoretischen Blickwinkeln und gibt Anstöße für eine weiterführende Debatte über die verbliebene gesellschaftliche Strukturierungs- und Integrationskraft des herkömmlichen nationalstaatlichen Vergesellschaftungsmodells.

Literatur

Achermann, Alberto, Roland Bieber, Astrid Epiney und Ruth Wehner, 1995: Schengen und die Folgen. Der Abbau der Grenzkontrollen in Europa. München: C.H. Beck.
Agnew, John, 1998: Geopolitics. Re-Visioning World Politics. London: Routledge.
Agnew, John, und Stuart Corbridge, 1995: Mastering Space. Hegemony, Territory and International Political Economy. London/New York: Routledge.
Albrow, Martin, 1998: The Global Age. State and Society Beyond Modernitiy. Cambridge u.a.: Polity Press.
Anderson, Jeffrey J., 1998: Die „soziale Dimension" der Strukturfonds: Sprungbrett oder Stolperstein? S. 155–195 in: Stephan Leibfried und Paul Pierson (Hg.): Standort Europa. Europäische Sozialpolitik. Frankfurt a.M.: Suhrkamp.
Bach, Maurizio, 1999: Die Bürokratisierung Europas. Verwaltungseliten, Experten und politische Legitimation in Europa. Frankfurt a.M./New York: Campus.
Bach, Maurizio, 2000: Die europäische Integration und die unerfüllten Versprechen der Demokratie. S. 185–213 in: Hans-Dieter Klingemann und Friedhelm Neidhardt (Hg.): Zur Zukunft der Demokratie. Herausforderungen im Zeitalter der Globalisierung. WZB-Jahrbuch 2000. Berlin: Edition Sigma.
Beck, Ulrich (Hg.), 1998: Politik der Globalisierung. Frankfurt a.M.: Suhrkamp.
Beisheim, Marianne, Sabine Dreher, Gregor Walter, Bernhard Zangl und Michael Zürn, 1999: Im Zeitalter der Globalisierung? Thesen und Daten zur gesellschaftlichen und politischen Denationalisierung. Baden-Baden: Nomos.
Bogdandy, Armin von, 2000: A Bird's Eye View on the Science of European Law: Structures, Debates and Development Prospects of Basic Research on the Law of the European Union in a German Perspective, European Law Journal. Review of European Law in Context 6(3): 208–238.
Bornschier, Volker, 2000: State-Building in Europe. The Revitalization of Western Europe Integration. Cambridge u.a.: Cambridge University Press.
Crouch, Colin, 1999: Social Change in Western Europe. Oxford u.a.: Oxford University Press.
Delanty, Gerard, 1995: Inventing Europe: Idea, Identity, Reality. Basingstoke: Macmillan.
Eder, Klaus, Kai-Uwe Hellmann und Hans-Jörg Trenz, 1998: Regieren in Europa jenseits öffentlicher Legitimation? Eine Untersuchung zur Rolle von politischer Öffentlichkeit in Europa. S. 321–344 in: Beate Kohler-Koch (Hg.): Regieren in entgrenzten Räumen. Politische Vierteljahresschrift, Sonderheft 29. Opladen: Westdeutscher Verlag.
Eichener, Volker, 2000: Das Entscheidungssystem der Europäischen Union. Institutionelle Analyse und demokratische Bewertung. Opladen: Leske + Budrich.
Eisenstadt, Samuel Noah, 1979: Tradition, Wandel und Modernität. Frankfurt a.M.: Suhrkamp.
Endreß, Martin, 1988: Politische Öffentlichkeit und Legitimationsprozesse. Zur Soziologie der Demokratie, Soziologische Revue 21: 197–210.
Flora, Peter, 2000a: Einführung und Interpretation. S. 14–119 in: Stein Rokkan: Staat, Nation und Demokratie in Europa. Die Theorie Stein Rokkans. Frankfurt a.M.: Suhrkamp.
Flora, Peter, 2000b: Externe Grenzbildung und interne Strukturierung – Europa und seine Nationen. Eine Rokkan'sche Forschungsperspektive, Berliner Journal für Soziologie 10: 151–165.
Gerhards, Jürgen, 1993: Westeuropäische Integration und die Schwierigkeiten der Entstehung einer europäischen Öffentlichkeit, Zeitschrift für Soziologie 22: 96–110.
Gerhards, Jürgen und Jörg Rössel, 1999: Zur Transnationalisierung der Gesellschaft der Bundesrepublik. Entwicklungen, Ursachen und mögliche Folgen für die europäische Integration, Zeitschrift für Soziologie 28: 325–344.
Goddard, Victoria A., Joseph R. Llobera und Cris Shore (Hg.), 1994: The Anthopology of Europe. Identity and Boundaries in Conflict. Oxford/Providence, USA: Berg.
Göhler, Gerhard (Hg.), 1997: Institutionenwandel. Leviathan, Sonderheft 16. Opladen: Westdeutscher Verlag.
Habermas, Jürgen, 1998: Die postnationale Konstellation. Politische Essays. Frankfurt a.M.: Suhrkamp.

Habermas, Jürgen, 1999: Die Einbeziehung des Anderen. Studien zur politischen Theorie. Frankfurt a.M.: Suhrkamp.
Hall, Peter, und *Rosemary C. R. Taylor,* 1996: Political Science and the Three New Institutionalism, Political Studies 44: 936–57.
Hansen, Peo, 2000: „European Citizenship", or Where Neoliberalism Meets Ethnoculturalism. Analysing the European Union's Citizenship Discourse, European Societies 2: 139–165.
Hartwich, Hans-Hermann, 1998: Die Europäisierung des deutschen Wirtschaftssystems. Alte Fundamente, neue Realitäten, Zukunftsperspektiven. Opladen: Leske + Budrich.
Held, David (Hg.), 1991: Political Theory Today. Cambridge: Polity Press.
Hradil, Stefan, und *Stefan Immerfall* (Hg.), 1997: Die westeuropäischen Gesellschaften im Vergleich. Opladen: Leske + Budrich.
Immergut, Ellen M., 1998: The Theoretical Core of the New Institutionalism, Politics and Society 26: 5–34.
Jachtenfuchs, Markus und *Beate Kohler-Koch* (Hg.), 1996: Europäische Integration. Opladen: Leske + Budrich.
Kaelble, Hartmut, 1987: Auf dem Weg zu einer europäischen Gesellschaft. Eine Sozialgeschichte Westeuropas 1880–1980. München: Beck.
Kaufmann, Franz-Xaver, 1997: Herausforderungen des Sozialstaates. Frankfurt a.M.: Suhrkamp.
Klingemann, Hans-Dieter, und *Friedhelm Neidhardt* (Hg.), 2000: Zur Zukunft der Demokratie. Herausforderungen im Zeitalter der Globalisierung. WZB-Jahrbuch 2000. Berlin: Edition Sigma.
Kourvetaris, George A., und *Andreas Moschonas* (Hg.), 1996: The Impact of European Integration. Political, Sociological and Economic Changes. Westport, Connecticut/London: Praeger.
Leibfried, Stephan, und *Paul Pierson* (Hg.), 1998: Standort Europa. Europäische Sozialpolitik. Frankfurt a.M.: Suhrkamp.
Lepsius, M. Rainer, 1990: Interessen, Ideen und Institutionen. Opladen: Westdeutscher Verlag.
Lepsius, M. Rainer, 1991a: Die Europäische Gemeinschaft: Rationalitätskriterien der Regimebildung. S. 309–317 in: *Wolfgang Zapf* (Hg.): Die Modernisierung moderner Gesellschaften. Verhandlungen des 25. Deutschen Soziologentages in Frankfurt a.M./New York: Campus.
Lepsius, M. Rainer, 1991b: Nationalstaat oder Nationalitätenstaat als Modell für die Weiterentwicklung der Europäischen Gemeinschaft. S. 19–40 in: *Rudolf Wildenmann* (Hg.): Staatswerdung Europas? Optionen für eine Europäische Union. Baden-Baden: Nomos.
Lepsius, M. Rainer, 1995: Institutionenanalyse und Institutionenpolitik. S. 392–403 in: *Birgitta Nedelmann* (Hg.): Politische Institutionen im Wandel. Kölner Zeitschrift für Soziologie und Sozialpsychologie, Sonderheft 35. Opladen: Westdeutscher Verlag.
Lepsius, M. Rainer, 1997: Institutionalisierung und Deinstitutionalisierung von Rationalitätskriterien. S. 57–69 in: *Gerhard Göhler* (Hg.): Institutionenwandel. Leviathan, Sonderheft 16. Opladen: Westdeutscher Verlag.
Lepsius, M. Rainer, 1999: Die Europäische Union. Ökonomisch-politische Integration und kulturelle Pluralität. S. 201–222 in: *Reinhold Viehoff* und *Rien T. Segers* (Hg.): Kultur, Identität, Europa: Über die Schwierigkeiten und Möglichkeiten einer Konstruktion. Frankfurt a.M.: Suhrkamp.
Lepsius, M. Rainer, 2000a: Erwartungen an die Soziologie. S. 13–21 in: *Heinz Sahner* (Hg.): Soziologie als angewandte Aufklärung. Weniger als erwartet, aber mehr als zu befürchten war. Die Entwicklung der Nachkriegssoziologie aus der Sicht der frühen Fachvertreter. Baden-Baden: Nomos.
Lepsius, M. Rainer, 2000b: Die Europäische Union als rechtlich konstituierte Verhaltensstrukturierung. S. 289–305 in: *Horst Dreier* (Hg.): Rechtssoziologie am Ende des 20. Jahrhunderts. Gedächtnissymposion für Edgar Michael Wenz. Tübingen: Mohr Siebeck.
Lepsius, M. Rainer, 2000c: Die Europäische Union als Herrschaftsverband eigener Prägung. S. 203–212 in: *Christian Joerges, Yves Mény* und *J.H.H. Weiler* (Hg.): What Kind of Constitution for What Kind of Polity? Responses to Joschka Fischer. The Robert Schuman Centre for Advanced Studies at the European University Institute, Florence. Harvard Law School, Cambridge MA.

March, James G., und *Johan P. Olson*, 1989: Rediscovery Institutions. The Organizational Basis of Politics. New York: The Free Press.
Marks, Gary, 1996: Politikmuster und Einflußlogik in der Strukturpolitik. S. 313–343 in: *Markus Jachtenfuchs* und *Beate Kohler-Koch* (Hg.): Europäische Integration. Opladen: Leske + Budrich.
Miles, Robert, und *Dietrich Thränhardt* (Hg.), 1995: Migration and European Integration. The Dynamics of Inclusion and Exclusion. London: Pinter.
Milward, Alan S., 1995: The European Rescue of the Nation-State. London: Routledge.
Moravcsik, Andrew, 1998: The Choice for Europe. Social Purpose and State Power from Messina to Maastricht. New York: Cornell University Press.
Münch, Richard, 1993: Das Projekt Europa. Zwischen Nationalstaat, regionaler Autonomie und Weltgesellschaft. Frankfurt a.M.: Suhrkamp.
Nedelmann, Brigitta (Hg.), 1995: Politische Institutionen im Wandel. Kölner Zeitschrift für Soziologie und Sozialpsychologie, Sonderheft 35. Opladen: Westdeutscher Verlag.
Neumann, Iver B., 1998: European Identity, EU Expansion, and the Integration/Exclusion Nexus, Alternatives 23: 397–416.
Neumann, Iver B., 1999: Uses of the Other. „The East" in European Identity Formation. Manchester: University Press.
Offe, Claus, 1998: Demokratie und Wohlfahrtsstaat: Eine europäische Regimeform unter dem Streß der europäischen Integration. S. 99–136 in: *Wolfgang Streeck* (Hg.): Internationale Wirtschaft, nationale Demokratie. Herausforderungen für die Demokratietheorie. Frankfurt a.M./New York: Campus.
Puntscher Riekmann, Sonja, 1998: Die kommissarische Neuordnung Europas. Das Dispositiv der Integration. Wien: Springer.
Rieger, Elmar, 1995: Bauernopfer. Das Elend der europäischen Agrarpolitik. Frankfurt a.M./New York: Campus.
Rokkan, Stein, 2000: Staat, Nation und Demokratie in Europa. Die Theorie Stein Rokkans aus seinen gesammelten Werken rekonstruiert und eingeleitet von Peter Flora. Frankfurt a.M.: Suhrkamp.
Sandholtz, Wayne, und *Alec Stone Sweet* (Hg.), 1998: European Integration and Supranational Governance. Oxford: Oxford University Press.
Schäfers, Bernhard, 1999: Komparative und nicht-komparative Ansätze zur Analyse der Europäisierung der Sozialstrukturen. Berlin: Wissenschaftszentrum Berlin für Sozialforschung (WZB), Abteilung „Sozialstruktur und Sozialberichterstattung" im Forschungsschwerpunkt III.
Scharpf, Fritz W., 1999: Regieren in Europa. Effektiv und demokratisch? Frankfurt a.M./New York: Campus.
Schmitter, Philippe C., 1996: Examining the Present Euro-Polity with the Help of Past Theories. S. 1–14 in: *Gary Marks, Fritz W. Scharpf, Philippe C. Schmitter* und *Wolfgang Streeck:* Governance in the European Union. London u.a.: Sage.
Schmitter, Philippe C., 1996a: Imagining the Future of the Euro-Polity with the Help of New Concepts. S. 121–150 in: *Gary Marks, Fritz W. Scharpf, Philippe C. Schmitter* und *Wolfgang Streeck:* Governance in the European Union. London u.a.: Sage.
Simmel, Georg, 1908: Soziologie. Untersuchungen über die Formen der Vergesellschaftung. Berlin: Duncker & Humblot.
Stone Sweet, Alec und *James A. Caporaso*, 1998: From Free Trade to Supranational Polity: The European Court and Integration. S. 92–133 in: *Wayne Sandholtz* und *Alec Stone Sweet* (Hg.): European Integration and Supranational Governance. Oxford: Oxford University Press.
Streeck, Wolfgang (Hg.), 1998: Internationale Wirtschaft, nationale Demokratie. Herausforderungen für die Demokratietheorie. Frankfurt a.M./New York: Campus.
Streeck, Wolfgang, 1998: Einleitung: Internationale Wirtschaft, nationale Demokratie. S. 11–58 in: Ders.: Internationale Wirtschaft, nationale Demokratie. Herausforderungen für die Demokratietheorie. Frankfurt a.M./New York: Campus.
Tömmel, Ingeborg, 1994: Staatliche Regulierung und europäische Integration. Die Regionalpolitik der EG und ihre Implementation in Italien. Baden-Baden: Nomos.

Viehoff, Reinhold, und *Rien T. Segers* (Hg.), 1999: Kultur, Identität, Europa: Über die Schwierigkeiten und Möglichkeiten einer Konstruktion. Frankfurt a.M.: Suhrkamp.
Weiler, Joseph H. H., 1999: The Constitution of Europe. „Do the New Clothes Have an Emperor?" and Other Essays on European Integration. Cambridge u.a.: Cambridge University Press.
Weinert, Rainer, 2000: Politische Soziologie: Politische Institutionen. S. 196–206 in: *Richard Münch, Claudia Jauß* und *Carsten Stark:* Soziologie 2000: Kritische Bestandsaufnahme zu einer Soziologie für das 21. Jahrhundert. München: Oldenbourg.
Ziltener, Patrick, 1999: Strukturwandel der europäischen Integration: Die Europäische Union und die Veränderung von Staatlichkeit. Münster: Westfälisches Dampfboot.
Zürn, Michael, 1998: Regieren jenseits des Nationalstaates. Globalisierung und Denationalisierung als Chance. Frankfurt a.M.: Suhrkamp.

II.
Institutionenbildung und Institutionenkonflikte in der EU

WER IST SCHIEDSRICHTER IN DER EUROPÄISCHEN UNION?

Der Konflikt zwischen Europäischem Gerichtshof und Bundesverfassungsgericht

Paul Windolf

Zusammenfassung: In diesem Artikel wird die Rolle des Europäischen Gerichtshofs (EuGH) im Prozess der europäischen Integration analysiert. Zwei Hypothesen werden diskutiert: Einerseits wird behauptet, dass der EuGH in seinen Entscheidungen die Interessen der Nationalstaaten zu berücksichtigen hat. Andererseits wird argumentiert, dass der EuGH ein wichtiger Motor der europäischen Integration gewesen sei. Diese kontroversen Standpunkte werden anhand einer Reihe von Urteilen des EuGH und des Bundesverfassungsgerichts (BVerfG) dargestellt. Im Maastricht-Urteil hat das BVerfG die Vorrangstellung der nationalen Verfassung betont. Der EuGH hat auf diese und ähnliche Urteile durch eine flexible Anpassung seiner Rechtsprechung reagiert. Im zweiten Teil wird die Verrechtlichung der Geldpolitik innerhalb der Währungsunion und die Rolle des EuGH in diesem Prozess dargestellt.

I. Einleitung

Der Europäische Gerichtshof (EuGH) hat seit seiner Gründung eine in der Öffentlichkeit wenig bemerkte, trotzdem aber relativ wirkungsvolle Rolle im Prozess der europäischen Integration gespielt. In zahlreichen Urteilen hat er verbindliche Prinzipien für die Auslegung des Gemeinschaftsrechts formuliert und dabei nicht nur die direkte Anwendbarkeit, sondern auch den Vorrang des europäischen Rechts gegenüber nationalem Recht verteidigt (Weiler 1981).

Die Rechtsprechung des EuGH ist nicht immer auf Zustimmung gestoßen. Einige Urteile wurden als illegitimer „judicial activism", als „judge made law" oder als „juridification of politics" kritisiert.[1] Der EuGH habe häufig keine Rechtsauslegung, sondern eine de facto Rechtsetzung betrieben und damit seine Kompetenzen überschritten. Das Bundesverfassungsgericht (BVerfG) hat in verschiedenen Urteilen den Vorrang des Gemeinschaftsrechts in Frage gestellt und damit einen Konflikt mit dem EuGH ausgelöst.[2] Der französische *Conseil d'Etat,* der italienische *Corte Constituzionale* und das dänische Verfassungsgericht haben ebenfalls ihre Vorbehalte gegenüber einem uneingeschränkten Vorrang des Gemeinschaftsrechts artikuliert.[3] Der ehemalige französische

---

1 Zur Kritik siehe Rasmussen (1986; 1988); vgl. dazu auch Dehousse (1998: 114).
2 Es handelt sich um das „Solange I"-Urteil (BVerfG 37 (1975), S. 271–305) und das Urteil zum Maastricht-Vertrag (BVerfG 89 (1994), S. 155–213). Beide Urteile werden in den folgenden Abschnitten genauer besprochen; vgl. dazu Kumm (1999), Everling (1990).
3 Vgl. dazu die Übersicht in Ludet und Stotz (1990) und in Mattli und Slaughter (1998: 191). Eine englische Übersetzung des Urteils des dänischen Verfassungsgerichts zum Vertrag von

Premierminister Michel Debré bemerkte zu den Urteilen des EuGH: „J'accuse la Cour de Justice de mégalomanie maladive" (Mancini 1989: 595).

Diese Konflikte illustrieren das zentrale Thema dieses Beitrags: Es geht um die Frage, ob der EuGH eine *autonome* Rolle im Prozess der europäischen Integration spielen kann oder ob er sich in seinen Urteilen weitgehend an den Interessen der Mitgliedstaaten orientieren muss. Die Literatur zu diesem Thema ist umfangreich, und ich werde versuchen, die verschiedenen Antworten auf diese Frage in relativ schematischer Weise zwei „Schulen" zuzuordnen. Die Begriffe „institutioneller Supranationalismus" bzw. „intergovernmentalism" bezeichnen keine konsistenten und in sich geschlossenen Theorien, sondern es sind „Labels" für unterschiedliche Forschungsergebnisse und Interpretationen des europäischen Integrationsprozesses.

Die Vertreter eines *„institutionellen Supranationalismus"* argumentieren, dass der EuGH ein Motor der europäischen Integration gewesen sei und den „acquis communautaire" in den 70er Jahren verteidigt habe, als die Europäische Gemeinschaft in Stillstand und Sklerose zu versinken drohte.[4] Nach Ansicht dieser Autoren ist der EuGH in vielen Entscheidungen über den „Buchstaben" des Vertragstextes hinausgegangen und hat sich an einer teleologischen Interpretation der Verträge orientiert, um den Prozess der europäischen Integration zu beschleunigen.[5] Diese relativ hohe Autonomie des EuGH wird erklärt mit Hinweis auf die Legitimation, die den Gerichten auf Grund der Gewaltenteilung und der Professionalisierung des Rechts in den europäischen Gesellschaften zukommt. Die Richter des EuGH garantieren auf supranationaler Ebene ein fundamentales Prinzip moderner Demokratien (rule of law), und sie sind die Hüter der Verträge in der Europäischen Union.

Vertreter des *„intergovernmentalism"* vertreten die These, dass der EuGH an der kurzen Leine der Nationalstaaten gehalten wird und in seinen Urteilen vor allem die (ökonomischen) Interessen der großen Mitgliedstaaten vertreten habe.[6] Der Entscheidungsspielraum des EuGH sei relativ gering, weil die Richter von den Mitgliedstaaten berufen werden und nach Ablauf ihrer Amtszeit auch wieder abberufen werden können. Weiterhin steht den Mitgliedstaaten das Instrument der Vertragsänderung und des sekundären Gemeinschaftsrechts zur Verfügung, um Entscheidungen des EuGH zu revidieren.[7]

Maastricht (6. April 1998) findet sich unter:
http://www.um.dk/udenrigspolitik/europa/domeng/domeng.doc

4 Zum Begriff des „acquis communautaire" vgl. Pescatore (1981). Eine Übersicht über die Rechtsprechung des EuGH findet sich in Dehousse (1998) und Weiler (1999).

5 Die Rechtsauslegung des EuGH hat sich nicht immer, aber überwiegend an einer „teleologischen" Interpretation orientiert. Diese Interpretations-Methode berücksichtigt vor allem die Ziele, die in den Verträgen selbst formuliert werden. Zu den Zielen gehören u.a. der Gemeinsame Markt, die Freizügigkeit von Personen, Waren und Kapital und die „Union der Völker Europas"; vgl. dazu Beutler et al. (1993: 245ff.), Dehousse (1998: 96, 125), Böckenförde (1991: 54ff.).

6 Zu den Autoren, die dieser Richtung zugeordnet wurden, zählen z.B. Garrett (1995); Garrett et al. (1998). Moravcsik (1997, 1998) ordnet seine Position einer „liberal international relations theory" zu.

7 Mit dem „Barber Protokoll" (Protokoll zu Artikel 119 EWG-Vertrag, Anhang zum Vertrag von Maastricht) wurde z.B. ein Urteil des EuGH teilweise revidiert. Es ging in diesem Fall um die Revision eines Urteils, mit dem der EuGH einem (britischen) Kläger *rückwirkend* die

In der amerikanischen Rechtssoziologie werden die Vertreter dieser kontroversen Standpunkte als „internalists" bzw. „externalists" bezeichnet. Die „internalists" gehen davon aus, dass die Rechtsauslegung einer eigenen Logik folgt, die durch die spezifischen Formen logischen Schließens innerhalb der Jurisprudenz, durch die Entwicklung einer elaborierten Dogmatik und durch die Orientierung an bestimmten Methoden der Rechtsauslegung[8] bestimmt wird. Je länger ein Gericht die professionelle Interpretation eines bestimmten Gesetzes betreibt (Gewicht der bereits entschiedenen Präzedenzfälle) und je höher das Prestige des Gerichtes (Grad der Legitimation der Urteile), um so höher ist die Autonomie des Gerichtes. Die Urteile folgen in diesem Fall „a mode of intellectual discourse having its own internal dynamic" (Cushman 1998: 4f.).

Im Gegensatz dazu vertreten die „externalists" die Ansicht, dass sich ein Gericht in seinen Urteilen nicht allzu weit von der „herrschenden Mehrheit" entfernen kann. In allen modernen Demokratien haben die politischen Parteien Einfluss auf die Ernennung der Richter für die höchsten Gerichte. Wenn eine Partei sich über einen längeren Zeitraum an der Macht hält, kann sie einen hohen Anteil der Richter-Positionen mit Personen besetzen, die dem eigenen politischen Programm nahe stehen (Landfried 1992). Bezogen auf den EuGH besagt dieses Argument, dass jedes Mitgliedsland das Recht hat, einen Richter zu ernennen und dieser Richter langfristig gezwungen ist, die Interessen des Nationalstaates zu berücksichtigen. In diesem Fall ist das Gericht ein „agent", der durch die nationalen Regierungen kontrolliert wird und der in seinen Urteilen fundamentale nationalstaatliche Interessen nicht ignorieren kann.[9]

In Bezug auf das BVerfG argumentiert Preuss (1987: 10), dass dieses Gericht „selbst steuern kann, wann es sich in einen potenziellen Konflikt mit herrschenden politischen Kräften begibt ... und wann es einem derartigen Konflikt tunlichst ausweicht". Bei dieser Wahl zwischen Anpassung oder Konflikt hat das BVerfG einerseits die *Bewahrung* eines unverzichtbaren Kerns der Verfassungsordnung zu garantieren, andererseits die *Anpassung* des Verfassungsgesetzes an veränderte politische und soziale Strömungen zu ermöglichen. Preuss vertritt die These, dass das BVerfG sich als strategischer Akteur zwischen diesen beiden Optionen fallweise entscheiden muss, um die Bedingungen seiner „Selbstermöglichung und Selbstreproduktion" zu gewährleisten. Diese Überlegungen lassen sich auch auf den EuGH anwenden und sie zeigen, dass die bisher referierten theoretischen Alternativen tatsächlich *Handlungsoptionen* des EuGH sind. Der Erfolg und die politische Wirksamkeit des EuGH hängen von einer geschickten Wahl zwischen diesen beiden Optionen ab.

In den folgenden Abschnitten soll die Rolle des EuGH im Prozess der europä-

---

gleichberechtigte Zahlung von Renten zuspricht. Das Protokoll hebt die *Rückwirkung* dieses Urteils auf.

8 Dazu gehören z.B. die wörtliche Interpretation (es zählt nur der Wortlaut des Gesetzes), die systematische Auslegung (wichtig ist der rechtliche Kontext, in dem ein Gesetz steht), die historische Auslegung (der historische Entstehungszusammenhang ist wichtig) und die teleologische Auslegung (der „Zweck", der mit dem Gesetz verfolgt wird, ist wichtig); vgl. dazu Beutler et al. (1993: 245ff.).

9 Garrett et al. (1998: 149f.) bezeichnen die hier diskutierten Richtungen als „legal autonomy approach" (= internalists) bzw. „political power approach" (= externalists). Die Autoren entwickeln eine differenzierte Präferenzskala, mit deren Hilfe die Kosten gemessen werden sollen, die für den EuGH entstehen, wenn er ein kontroverses Urteil verkündet (S. 154ff.).

ischen Integration genauer dargestellt werden, wobei die Analyse sich vor allem auf vier Thesen konzentriert:
1. Durch die Rechtsprechung des EuGH wurde eine „Konstitutionalisierung" der Verträge bewirkt, d.h. die Verträge wurden zu einer Art Verfassungsrecht und der EuGH zu einem Verfassungsgericht, das in letzter Instanz über die „richtige" Auslegung und die Reichweite des europäischen Rechts entscheidet.
2. Der EuGH hat in seiner Rechtsprechung eine Reihe von Prinzipien entwickelt, die für die Auslegung des europäischen Rechts verbindlich sind und von den Mitgliedstaaten weitgehend akzeptiert wurden. Dazu gehören u.a. die direkte und unmittelbare Anwendbarkeit des europäischen Rechts in den Mitgliedstaaten (direct effect), die Vorrangstellung des europäischen Rechts gegenüber nationalem Recht (supremacy) und das Recht der europäischen Institutionen, ihre Kompetenzen innerhalb gewisser Grenzen auszudehnen, um ihre Aufgaben effizient erfüllen zu können (implied powers/effet utile).
3. Seit dem Maastricht-Vertrag hat sich die Kritik an den europäischen Institutionen verstärkt. Die Mitgliedstaaten haben auf die fortschreitende Erosion ihrer Souveränitätsrechte mit Gegenmaßnahmen reagiert, u.a. durch die vertragliche Fixierung des Subsidiaritäts-Prinzips; durch die Vorschrift, dass bei der Harmonisierung des Rechts nach Möglichkeit das Instrument der Richtlinie benutzt werden soll;[10] und schließlich durch verschiedene Urteile der nationalen Verfassungsgerichte (z.B. „Solange I"-Urteil und Maastricht-Urteil des BVerfG).
4. Durch die Währungsunion (Vertrag von Maastricht) wurde ein spezifisches Paradigma der Wirtschaftspolitik „verrechtlicht" und damit der richterlichen Überprüfung durch den EuGH unterstellt. Das Argument lautet, dass die bisherige „Offenheit" des Grundgesetzes der Bundesrepublik gegenüber unterschiedlichen Wirtschaftspolitiken durch den Vertrag von Maastricht eingeschränkt wurde. Ich bezeichne diesen Prozess als „Verrechtlichung" der Geldpolitik auf europäischer Ebene.

II. Die Konstitutionalisierung der Verträge

„Konstitutionalisierung" bezeichnet einen Prozess, durch den die Gemeinschaftsverträge zu einer Art *Verfassung* für die EU geworden sind (Stein 1981). Der Verfassungscharakter der Verträge bezieht sich zunächst auf die Autonomie und Geschlossenheit des europäischen Rechtssystems, und dieses Thema wird in diesem Abschnitt diskutiert. Weiterhin bezeichnet der Begriff aber auch bestimmte Prinzipien der Rechtsauslegung, die vom EuGH entwickelt wurden und die im nächsten Abschnitt erläutert werden.

---

10 Eine Richtlinie legt nur die *Ziele* einer Maßnahme fest und überlässt die Wahl der *Mittel* den Mitgliedstaaten; Verordnungen müssen direkt in den einzelnen Mitgliedstaaten (ohne Modifikation) angewandt werden. Im „Protokoll über die Anwendung der Grundsätze der Subsidiarität und der Verhältnismäßigkeit" (Vertrag von Amsterdam) heißt es in Absatz 6: „Die Rechtsetzungstätigkeit der Gemeinschaft sollte über das erforderliche Maß nicht hinausgehen. Dementsprechend wäre unter sonst gleichen Gegebenheiten eine Richtlinie einer Verordnung und eine Rahmenrichtlinie einer detaillierten Maßnahme vorzuziehen."

a) Noch bis ins ausgehende 19. Jahrhundert waren eine Reihe von Juristen der Meinung, dass jeder Staat – sofern er über ein Minimum an politischer Organisation verfügt – immer schon eine Verfassung „hat". Verfassung in diesem Sinne drückt die faktische Organisation des Gemeinwesens in seinen politischen und sozialen Institutionen aus. Daher konnten Monarchisten gegenüber bürgerlichen Reformparteien argumentieren, dass eine schriftliche Verfassung nicht erforderlich sei, weil der Staat in seinen konkreten Institutionen und in seinem Verwaltungsapparat bereits über eine Verfassung verfüge. Für diese Verfassungslehre bedeutete „Verfassung" die *historisch gewordene* Struktur der Staatsgewalt (Grimm 1991: 109ff.).

In diesem Sinn hat die Europäische Gemeinschaft keine Verfassung, da sie durch die Verträge überhaupt erst „konstituiert" wird. Die Gemeinschaft hat weder ein Staatsgebiet,[11] noch ein Staatsvolk, noch eine Staatsgewalt. Die Gemeinschaft reicht so weit, wie die Verträge reichen; sie hat in den Verträgen ihre Identität. „L'Europe d'aujourd'hui n'est qu'une construction juridique."[12]

Diese „construction juridique" kann zum abstrakten Bezugspunkt einer europäischen Identität werden, ebenso wie die nationalen Verfassungen zum Bezugspunkt des Verfassungspatriotismus geworden sind. Oberndörfer (1999) vertritt die These, dass ein auf die Institutionen und die Verfassung bezogener *politischer* Patriotismus die Identifizierung mit der Nation ersetzen und politische Integrationskraft erzeugen kann. Er stützt sich in seiner Argumentation vor allem auf die politischen Wirkungen der französischen und amerikanischen Verfassung. Die Prinzipien von Demokratie und Menschenrechten, die in diesen Verfassungen formuliert wurden, haben sich vom kulturellen Milieu, in dem sie entstanden sind, abgelöst und sind zu universellen politischen Gestaltungsprinzipien geworden. In den Gemeinschaftsverträgen haben sie eine neue „supranationale" Ausprägung erfahren.[13]

b) Wenn die Gemeinschaft durch Recht konstituiert wird, dann ist es wichtig festzustellen, *wo* die Grenzen dieses Rechts verlaufen und *wer* die Grenzen bestimmt. Identität ist an die Bestimmung von Grenzen gebunden. Das „Territorium" der Gemeinschaft wird durch die Kompetenzen begrenzt, die in den Verträgen an die europäischen Institutionen übertragen wurden. Jenseits davon beginnt die Souveränität der Nationalstaaten. Dies ist aber nur eine theoretische Bestimmung des Grenzverlaufs. In der politischen Praxis stellt sich die zentrale Frage, welche Institution befugt ist, über „Grenz"konflikte zu entscheiden, d.h. welche Institution hat in letzter Instanz die

---

11 Die Frage nach den „Grenzen" Europas wird nach dem Erweiterungsbeschluss von Helsinki (Dezember 1999) wieder kontrovers diskutiert. In Helsinki wurde auch der Türkei der Status eines potenziellen Beitrittslandes zugestanden. Weidenfeld kritisiert diesen Beschluss mit dem Hinweis, dass damit der Versuch aufgegeben wurde, eine europäische Identität auf „kultureller Grundlage" zu definieren; vgl. W. Weidenfeld: Die Achillesferse Europas (FAZ 31.1.2000, S. 11).
12 Thierry Bréhier (Le Monde, 15.6.1993, S. 11); vgl. dazu auch Hallstein (1973: 33): „Die Europäische Wirtschaftsgemeinschaft ist in dreifacher Hinsicht ein Phänomen des Rechts: Sie ist Schöpfung des Rechts, sie ist Rechtsquelle, und sie ist Rechtsordnung." Zuleeg (1994) bezeichnet die EU als „Rechtsgemeinschaft".
13 „The European Communities are viewed as the most promising attempt so far to extend the Rule of Law beyond the borders of the State, attempting to integrate effectively the Member States and its peoples into an autonomous legal order" (Kumm 1999: 355).

Kompetenz, die Grenzen zwischen der Gemeinschaft und den Nationalstaaten festzulegen.[14] Das Problem soll zunächst am Beispiel eines EuGH-Urteils verdeutlicht werden:

Der Realschüler Donato Casagrande, italienischer Staatsbürger, der seit seiner Geburt in Deutschland lebt, besucht die Fridjof-Nansen-Realschule in München. Der Bayerische Staat gewährt deutschen Schülern, deren Eltern ein geringes Einkommen haben, eine Ausbildungsförderung von bis zu 70 DM pro Monat. Casagrande wurde diese Förderung mit Hinweis auf die fehlende deutsche Staatsangehörigkeit verweigert. Casagrande klagt gegen diesen Beschluss mit Hinweis auf die Verordnung Nr. 1612/68, die vorschreibt, dass Angehörigen von Arbeitnehmern, die sich in einem anderen Mitgliedstaat aufhalten, ein Recht auf freien Zugang zu Bildungseinrichtungen *„unter den gleichen Bedingungen wie die Staatsangehörigen"* des Aufnahmelandes haben. Der Bayerische Staatsanwalt, der vor dem EuGH zu diesem Fall Stellung nimmt, weist den Anspruch von Casagrande mit der Begründung zurück, dass die Bildungspolitik in die *Zuständigkeit der Mitgliedstaaten fällt* und „bildungs- und kulturpolitische Fragen als solche nicht zum Regelungsbereich des EWG-Vertrags gehören".[15]

Ein zentrales Argument in diesem Rechtsstreit ist der Einwand des bayerischen Staatsanwalts, der behauptet, dass die Bildungspolitik außerhalb der Zuständigkeit der Gemeinschaft liegt und der EuGH hier „ultra vires" handelt, d.h. seine Machtbefugnisse überschreitet. Der Fall „Casagrande" illustriert also einen „Grenz"konflikt".

Die Bildungs- und Kulturpolitik ist ein wichtiger Bestandteil der nationalen Identität und daher ein besonders sensibler Gegenstand in Bezug auf die Frage, wo die Grenzen des europäischen und nationalen Rechts verlaufen. Wenn die Ausbildungsförderung in den Kompetenzbereich der Gemeinschaft fällt, dann ist der EuGH für den Fall Casagrande zuständig, und er handelt nicht „ultra vires". Andernfalls überschreitet er seine Kompetenzen. Aber wer entscheidet über diesen Kompetenz-Streit?

Mit dieser Frage wird das Problem der Kompetenz-Kompetenz thematisiert: Eine Institution verfügt über die Kompetenz-Kompetenz, wenn sie ihre eigenen und die Kompetenzen der zentralen politischen Organe eines Staates *autonom* festlegen kann. Eine verfassunggebende Versammlung verfügt z.B. über die Kompetenz-Kompetenz, weil sie die Zuständigkeiten des Parlaments und der Regierung definieren kann.[16]

Der historische Ursprung dieses Begriffs geht zurück auf den Konflikt zwischen dem Norddeutschen Bund (1867) und den deutschen Mitgliedstaaten. Es ging damals um die Frage, ob der Norddeutsche Bund die Kompetenz zu einer „unbegrenzten Selbsterweiterungsmacht bis hin zur Umwandlung des Bundes in einen Einheitsstaat" habe (Lerche 1995: 409). Es bestand Einigkeit darüber, dass der Norddeutsche Bund eine solche Kompetenz-Kompetenz nicht besaß. Der Begriff hatte also eine kritische

---

14 „Since the jurisdictional limits laid out in the European Treaties are notoriously difficult to identify with precision, the question of who gets to decide is of tremendous political importance for the relationship between the Community and the Member States" (Weiler 1999: 288).
15 EuGH, Slg. 1974, Rechtssache 9/74, S. 773, 775, 784.
16 Das Problem der Kompetenz-Kompetenz kann nicht losgelöst vom Verhältnis zwischen „pouvoir constituant" und „pouvoir constitué" diskutiert werden. Die Frage, in welcher Weise sich der „pouvoir constituant" selbst „konstituiert" und legitimiert, stellt sich auch im Hinblick darauf, wie eine „Kompetenz-Kompetenz" legitimiert wird; vgl. dazu Böckenförde (1991: 90–114), Lerche (1995), kritisch: Roellecke (1992).

Funktion: Er sollte vor einer unkontrollierten Kompetenzerweiterung des Zentralstaats warnen. Eine Kompetenz-Kompetenz des Norddeutschen Bundes wäre als potenzielle Bedrohung der Souveränität der deutschen Mitgliedstaaten betrachtet worden. Der Bund hätte seine Kompetenzen erweitern und den „Grenzverlauf" immer weiter in das Territorium der Mitgliedstaaten verlegen können.

Die Europäische Gemeinschaft verfügt über keine Kompetenz-Kompetenz. Diese liegt bei den Mitgliedstaaten, die die „Herren der Verträge" sind. Die Gemeinschaft kann nicht selbst ihre Kompetenzen erweitern, da sie nur über begrenzte Einzelermächtigungen verfügt (enumerated powers). Nur durch eine Vertragsänderung, der alle Mitgliedstaaten zustimmen müssen, können die Gemeinschafts-Kompetenzen erweitert werden. Eine erste Antwort auf die oben gestellte Frage lautet also, dass die Grenzen zwischen nationalem und europäischem Recht in den Verträgen durch die Mitgliedstaaten selbst definiert werden. Damit ist aber noch nicht die Frage beantwortet, wer als neutraler Schiedsrichter einen Grenzkonflikt schlichtet.

Die Grenzen zwischen der Gemeinschaft und den Nationalstaaten sind keine räumlichen Grenzen, sondern „Sinn"grenzen. In einem Prozess hermeneutisch-rechtlicher Auslegung muss entschieden werden, ob ein Konflikt dem nationalen oder dem europäischen Rechtssystem zugeordnet wird. Im Fall Casagrande hat der EuGH diese Auslegungs-Kompetenz beansprucht. Im Ergebnis wurde der Bayerische Staat gezwungen, sein Ausbildungsförderungsgesetz zu ändern und dabei das im EuGH-Urteil geforderte Prinzip der Gleichbehandlung zu beachten.

Das BVerfG (1994: 156) hat in seinem Urteil zum Vertrag von Maastricht diese Zuständigkeit des EuGH bestritten und sich selbst in letzter Instanz diese Kompetenz zugesprochen: „Das Bundesverfassungsgericht prüft, ob Rechtsakte der europäischen Einrichtungen und Organe sich in den Grenzen der ihnen eingeräumten Hoheitsrechte halten oder aus ihnen ausbrechen."[17] Mit diesem Urteil ist der Streit zwischen zwei Schiedsrichtern, die beide beanspruchen, für die Schlichtung von Grenzverletzungen zuständig zu sein, offen ausgebrochen (Heintzen 1994). Das BVerfG scheint davon auszugehen, dass die teleologische Interpretation des europäischen Rechts, d.h. eine an den politischen Zielen der Union orientierte Rechtsprechung, in einigen Fällen nicht mehr eine (legitime) Fortbildung des Rechts darstellte, sondern eine (nicht legitime) Vertragsänderung durch den EuGH.

Weiler (1999: 299f.) ist der Ansicht, dass speziell mit dem oben zitierten Teil des Maastricht-Urteils die europäischen Verträge verletzt wurden. Das BVerfG habe sich als nationales (und damit „parteiisches" Gericht) ein Recht zur „Selbstinterpretation" der Verträge zugesprochen und damit den Grundsatz, dass niemand Richter in eigener Sache sein darf, verletzt. Kirchhof, als Richter selbst an der Abfassung des Maastricht-Urteils beteiligt, bestreitet dies: „Würde der Europäischen Gemeinschaft die alleinige Streitentscheidungskompetenz zugewiesen, so fehlte es schon im Ansatz an einer Grundbedingung rechtlicher Streitentscheidung: der Waffengleichheit unter den strei-

---

17 Ähnlich argumentiert auch das Dänische Verfassungsgericht in seinem Urteil vom 6.4.98: „Danish courts must rule that an EC act is inapplicable in Denmark if ... it can be established that an EC act which has been upheld by the EC Court of Justice is based on an application of the Treaty which lies beyond the transfer of sovereignty ..." Quelle (dort S. 11): http://www.um.dk/udenrigspolitik/europa/domeng/domeng.doc.

tenden Parteien. ... Der Geltungs- und Gestaltungsanspruch des Verfassungsrechts bliebe faktisch unbeachtet, weil die Gemeinschaftsorgane an das [nationale, P.W.] Verfassungsrecht nicht gebunden sind" (Kirchhof 1998: 969).

Die praktischen Konsequenzen des Maastricht-Urteils können am Fall Casagrande illustriert werden: Hätte das Maastricht-Urteil bereits 1974 vorgelegen, dann hätte das bayerische Gericht den Rechtsstreit unter Berufung auf dieses Urteil dem BVerfG vorlegen können. Das BVerfG hätte in letzter Instanz entschieden, wo die Grenzen zwischen europäischem und nationalem Recht verlaufen und ob die europäischen Institutionen in diesem Fall aus den ihnen zugewiesenen Kompetenzen „ausgebrochen" sind.[18]

c) Für Luhmann (1993) ist Recht ein *autonomes* Subsystem der Gesellschaft, das sich selbst reproduziert und in einem eigenen Code kommuniziert (Recht/Unrecht). Auch die Gemeinschaft verfügt über ein autonomes Institutionen-System, das fortlaufend Recht generiert. Autonom ist das System, weil es bei der Rechterzeugung nicht auf Institutionen der Mitgliedstaaten angewiesen ist: Im Zusammenspiel von Kommission, Rat und Parlament wird in der Gemeinschaft sekundäres Recht unabhängig von den Institutionen und Verfahren der Mitgliedstaaten erzeugt.[19] Diese Autonomie gilt auch in Bezug auf die Auslegung des europäischen Rechts und die rechtliche Überprüfung von Entscheidungen. Die Gemeinschaft verfügt also über einen eigenen Kontrollapparat, der im Sinne eines kybernetischen Regelkreises dafür sorgt, dass das System sich innerhalb der festgelegten „Grenz"werte bewegt. Diese Funktion des „judicial review" begründet die Kernkompetenz des EuGH und erlaubt ihm, einerseits die Rechtsakte der Gemeinschaft auf ihre „Verfassungs"konformität hin zu überprüfen, andererseits innerhalb gewisser Grenzen die Integration der Gemeinschaft durch Rechtsfortbildung voranzutreiben (Richterrecht).

Die rechtspolitischen Konsequenzen dieses Autonomie-Anspruchs können an folgendem Beispiel illustriert werden: Im „Solange I"-Urteil aus dem Jahre 1974 hat das BVerfG sich selbst die Kompetenz zugewiesen, europäisches Recht auf seine Vereinbarkeit mit den Grundrechten zu überprüfen. Nicht zuletzt in Reaktion auf dieses Urteil

---

18 Das folgende Beispiel illustriert, dass der EuGH auf Grund der ihm vorgelegten Fälle gelegentlich in „Versuchung" geführt wird, aus den Verträgen „auszubrechen": Eine britische Einzelhandelskette klagte 1987/88 gegen das damals in Großbritannien gültige Ladenschlussgesetz, insbesondere gegen das Verbot der Öffnung an Sonn- und Feiertagen. Die Kläger beriefen sich auf Art. 28 EGV, der besagt: „Mengenmäßige Einfuhrbeschränkungen, sowie *alle Maßnahmen gleicher Wirkung* sind zwischen den Mitgliedstaaten verboten" [Hervorh. P.W.]. Die Kläger argumentierten, dass sie überwiegend Importware verkaufen und dass das Verbot, an Sonn- und Feiertagen die Geschäfte zu öffnen, einer indirekten Importbeschränkung gleichkäme (Dehousse 1998: 112f.). Der EuGH hat in diesem Fall der Versuchung, eine „Grenzverletzung" zu begehen, widerstanden und die Klage im Wesentlichen abgewiesen, und zwar mit der Begründung, dass die Ladenöffnungszeiten in den sozio-ökonomischen Bedingungen der einzelnen Mitgliedsländer begründet sind und der Rechtsstreit daher von den nationalen Gerichten entschieden werden müsse.

19 „Primäres" Recht sind die Verträge und die Vertragsänderungen, also z.B. die Römischen Verträge (1957), die Einheitliche Europäische Akte (1986), der Vertrag von Maastricht (1992) und der Vertrag von Amsterdam (1997). „Sekundäres" Recht sind im Wesentlichen Verordnungen und Richtlinien, die von den europäischen Institutionen im Rahmen der ihnen durch die Verträge zugewiesenen „begrenzten Einzelermächtigungen" verabschiedet werden.

hat der EuGH in seinen Entscheidungen auch überprüft, ob europäisches Recht im Einzelfall die Grundrechte der betroffenen Bürger verletzt. Der EuGH hat als Rechtsgrundlage für seine Urteile aber zunächst *nicht* die Grundrechts- bzw. Menschenrechtskataloge benutzt, die in den nationalen Verfassungen niedergelegt sind. Stattdessen hat er einen „europäischen" Grundrechtskatalog aus dem primären und sekundären Gemeinschaftsrecht auf dem Wege der Rechtsfortbildung entwickelt und damit die *Geschlossenheit und Autonomie* des europäischen Rechts gewahrt.[20]

In einem Urteil aus dem Jahre 1979 hat der EuGH dazu wie folgt Stellung bezogen: „Die Frage einer etwaigen Verletzung der Grundrechte durch eine Handlung der Gemeinschaftsorgane kann nur im Rahmen des Gemeinschaftsrechts selbst beurteilt werden. Die Aufstellung besonderer, von der Gesetzgebung oder Verfassungsordnung eines bestimmten Mitgliedstaats abhängiger Beurteilungskriterien würde die materielle Einheit und die Wirksamkeit des Gemeinschaftsrechts beeinträchten und hätte daher unausweichlich die Zerstörung der Einheit des Gemeinsamen Marktes und eine Gefährdung des Zusammenhalts der Gemeinschaft zur Folge."[21]

Die Autonomie des Rechtssystems gilt jedoch nicht für die Rechts*durchsetzung*: Hier ist die Gemeinschaft auf die Bürokratie und die ausführenden Organe der Mitgliedstaaten angewiesen.[22] Die Gemeinschaft verfügt weder über ein Finanzamt zur Steuereintreibung, noch hat sie eine eigene Polizei oder einen militärischen Apparat, der den Freistaat Bayern zwingen könnte, sein Ausbildungsförderungsgesetz zu ändern. Die Gemeinschaft ist eine juristische „Konstruktion".

Der EuGH ist – wie jedes andere Gericht – „unabhängig" und kann Urteile verkünden, auch wenn diese die Interessen eines Nationalstaats verletzen. Für die Durchsetzung dieser Urteile ist der EuGH aber auf die Mitgliedstaaten angewiesen. Diese Konstellation zwingt den EuGH einerseits zu einer engen Kooperation mit den nationalen Gerichten, andererseits zu einer Berücksichtigung der Folgekosten, die ein Urteil in einem Nationalstaat verursachen kann.

Der Prozess der „Konstitutionalisierung" des Gemeinschaftsrechts, der in diesem Abschnitt erläutert wurde, lässt sich zusammenfassend durch drei Prinzipien charakterisieren: Erstens, die Gemeinschaft erhält durch die Verträge eine quasi verfassungsmäßige Ordnung. Sie ist eine juristische „Konstruktion", durch die eine europäische *Identität* definiert wird. Zweitens, das System hat einen *Schiedsrichter* (EuGH), der Grenzkonflikte zwischen den Nationalstaaten und der Gemeinschaft schlichtet (judicial review). Drittens, das System verfügt über ein von den Mitgliedstaaten unabhängiges System der *Rechterzeugung*. Im nächsten Abschnitt werden einige Urteile des EuGH genauer analysiert, die bei der „Konstitutionalisierung" eine zentrale Rolle gespielt haben.

---

20 Vgl. dazu Zuleeg (1994: 546) und Weiler (1999: 110f.). Inzwischen wurden die europäischen Grundrechtstraditionen in die Verträge integriert. In Artikel 6, Abs. 2 EUV wird ausdrücklich auf die Europäische Menschenrechtskonvention und auf die „gemeinsamen Verfassungsüberlieferungen der Mitgliedstaaten als allgemeine Grundsätze des Gemeinschaftsrechts" verwiesen.
21 EuGH, Slg. 1979, Rechtssache 44/79, S. 3728 [3744].
22 „La mise en oeuvre et le contrôle du droit communautaire relèvent, dans une très large mesure, probablement à plus de 90%, des administrations et tribunaux nationaux" (Piris 1999: 609).

III. Das europäische Recht als „neue Rechtsordnung"

Beginnend mit einer grundlegenden Entscheidung aus dem Jahre 1962 (Van Gend & Loos) hat der EuGH schrittweise eine Reihe von Prinzipien ausgearbeitet, die das Gemeinschaftsrecht als eine „neue Rechtsordnung" qualifizieren und die in dieser Form in den Verträgen zunächst nicht enthalten waren. Hervorzuheben sind vor allem die Entscheidungen zur unmittelbaren Geltung des europäischen Rechts (direct effect), zum Vorrang des Gemeinschaftsrechts (supremacy) und zur Kompetenzerweiterung (implied powers).[23]

a) Unmittelbare Geltung (direct effect). Der Auslöser für diese Entscheidung war die Beschwerde einer niederländischen Firma (Van Gend & Loos), die gegen Zollabgaben vor einem niederländischen Gericht Klage erhob und sich dabei auf die EWG-Verträge berief. Die Römischen Verträge wurden zwischen den Mitgliedstaaten geschlossen, und es stellte sich die Frage, ob sich aus diesem primären Gemeinschaftsrecht unmittelbare Rechte für die *Bürger* ableiten lassen. Dass die EWG-Verträge die Mitgliedstaaten binden, war unbestritten (Völkerrecht). Die niederländische Regierung argumentierte jedoch, dass die Vorschrift des Vertrags (Artikel 25 EGV) „keine unmittelbare Wirkung in dem Sinne haben könne, daß sie den Einzelnen die Möglichkeit gebe, subjektive Rechte geltend zu machen" (EuGH, Slg. 1963, S. 17).

Der EuGH entschied, dass „die Europäische Wirtschaftsgemeinschaft eine neue Rechtsordnung des Völkerrechts darstellt, zu deren Gunsten die Staaten, wenn auch in begrenztem Rahmen, ihre Souveränitätsrechte eingeschränkt haben; eine Rechtsordnung, deren Rechtssubjekte nicht nur die Mitgliedstaaten, sondern auch die Einzelnen sind" (EuGH, Slg. 1963, S. 5f.).

Diese Entscheidung ist in verschiedener Hinsicht bemerkenswert: Zunächst re-interpretierte das Gericht in seiner Urteilsbegründung die Rechtsqualität der Verträge („eine neue Rechtsordnung"). Verträge, die zunächst dem Völkerrecht zuzuordnen sind, beginnen Merkmale eines föderalen Rechts innerhalb eines „auf Fortentwicklung angelegten mitgliedstaatlichen Verbundes" anzunehmen (BVerfG 1994: 200). Zweitens ging das Gericht über eine reine Textauslegung hinaus und orientierte sich an einer teleologischen Interpretation des Vertrags. Es berief sich dabei auf den „Geist, die Systematik und den Wortlaut" der bis zu diesem Zeitpunkt vorliegenden Verträge (EuGH, Slg. 1963, S. 24). Drittens sind die Akteure und die institutionelle Struktur zu beachten, in der dieses Urteil gefällt wurde: Eine niederländische Firma erhebt Klage vor einem niederländischen Gericht. (Die Firma kann nicht direkt vor dem EuGH klagen.) Das niederländische Gericht legt diesen Fall dem EuGH gemäß Artikel 234 EGV zum Vorabentscheid vor – wäre dazu aber nicht verpflichtet gewesen.[24] Der EuGH kann den Fall nicht selbst entscheiden, sondern kann ihn nur auf der Basis des europäischen

---

23 Ein weiteres Prinzip, das der EuGH in seiner Rechtsprechung präzisiert hat, ist die Regelungssperre (pre-emption), der die nationalen Gesetzgeber in den Bereichen unterliegen, die in die ausschließliche Kompetenz der Gemeinschaft fallen. Da dieses Prinzip eine untergeordnete Bedeutung hat, wird es hier nicht näher erläutert; vgl. dazu Weiler (1981: 277ff.).

24 Nur ein nationales Gericht, „dessen Entscheidungen selbst nicht mehr mit Rechtsmitteln des innerstaatlichen Rechts angefochten werden können", sind zur Vorlage verpflichtet (Art. 234 EGV).

Rechts „interpretieren". Das Urteil wird durch das *nationale* Gericht gefällt, das aber verpflichtet ist, seiner Entscheidung die Auslegung des EuGH zu Grunde zu legen.

Das hier beschriebene Verfahren verdeutlicht, dass der EuGH nicht direkt aktiv werden kann, sondern dass er auf die Kooperation der nationalen Gerichte angewiesen ist. Während der letzten Jahrzehnte hat der EuGH ein Netz von kooperierenden nationalen Gerichten geschaffen, die – gewissermaßen stellvertretend – für die Durchsetzung des europäischen Rechts in den Mitgliedstaaten zuständig sind. Diese Beziehung ist symbiotisch: Die niederen Gerichte werden auf dem Wege der Vorabentscheidung[25] zu Statthaltern des EuGH und können damit einen Prestigegewinn gegenüber höheren Gerichten verbuchen, umgekehrt werden sie vom EuGH für die Durchsetzung seiner Ziele eingesetzt.

Bemerkenswert an diesem Verfahren ist auch, dass die Bürger der Mitgliedstaaten die zentralen Akteure sind: Nur wenn Bürger oder Unternehmen Klage erheben und sich dabei auf europäisches Recht berufen, kann – über den Instanzenweg – der EuGH tätig werden. Dehousse (1998: 47) spricht von einem „invisible hand mechanism": Indem die Bürger in den Mitgliedstaaten ihre (ökonomischen) Interessen verfolgen, bewirken sie indirekt die Verdrängung des nationalen Rechts durch europäisches Recht und die damit verbundene Integration der Europäischen Union durch Recht. „The Court [=EuGH, P.W.] turned the ‚preliminary ruling system' of the EU from a mechanism to allow individuals to challenge *EC law* in national courts into a mechanism to allow individuals to challenge *national law* in national courts."[26]

Die Zahl der Fälle, die dem EuGH zur Vorabentscheidung vorgelegt werden, sind im vergangenen Jahrzehnt kontinuierlich angestiegen. Im Durchschnitt der Jahre 1990–95 haben deutsche Gerichte ca. 27 Fälle pro Jahr vorgelegt, französische Gerichte 15 Fälle, niederländische Gerichte 12 Fälle, usw. Fast drei Viertel der vorgelegten Fälle kommen von niederen Gerichten – erfolgen also auf einer freiwilligen Basis (Dehousse 1998: 32f.).

Diese Fälle sind das „Material", das dem EuGH zur Verfügung gestellt wird, und mit dessen Hilfe er seine integrationspolitischen Ziele verfolgen kann (Armstrong 1998). Die meisten Streitfälle sind wenig spektakulär, aber der EuGH benutzt sie als Instrument, um seine Interpretation der Verträge und des sekundären Gemeinschaftsrechtes zu „testen". Treffen die Entscheidungen auf Zustimmung, kann der EuGH bei ähnlich gelagerten Fällen seine Interpretation ausbauen und dezidierter formulieren, bis sie schließlich als Präzedenzfälle kanonisiert und für die nationalen Gerichte verbindlich werden.[27]

---

25 Die Vorabentscheidung nach Artikel 234 EGV soll dafür sorgen, dass das Gemeinschaftsrecht in allen Mitgliedstaaten gleich ausgelegt und angewandt wird, dass also ähnliche Fälle unter ähnlichen Umständen nach den gleichen Rechtsprinzipien beurteilt werden. Auf diese Weise sollen „nationale" Auslegungen des europäischen Rechts verhindert werden; vgl. dazu Weiler (1999: 309).

26 Alter (1998: 122). Das ‚preliminary ruling system' ist das Vorlageverfahren (Vorabentscheidung des EuGH) nach Artikel 234 EGV. Ein Beispiel für einen „challenge of national law" ist das in Fn 18 erwähnte Verfahren, in dem die Rechtmäßigkeit des *britischen* Ladenschlussgesetzes (zunächst) vor einem *britischen* Gericht unter Berufung auf *europäisches* Recht bestritten wird.

27 So hat der EuGH die Entscheidung „Van Gend en Loos" in späteren Entscheidungen auf

Werden die Entscheidungen von den Mitgliedstaaten kritisiert, hat der EuGH die Option, das Entscheidungsprinzip bei einem weiteren Streitfall abzuschwächen oder sogar zu revidieren. Der Gerichtshof ist ein strategischer Akteur im Gefüge der europäischen Institutionen, der die Erwartungen und Interessen der klagenden Bürger, der kooperierenden nationalen Gerichte und die Souveränität der Mitgliedstaaten bei seinen Entscheidungen zu beachten hat.

Es muss jedoch berücksichtigt werden, dass der Zugang zum EuGH selektiv ist. In den meisten Fällen kann der EuGH nur über eine Vorabentscheidung erreicht werden, und dies setzt bereits einen Prozess vor einem nationalen Gericht in erster oder zweiter Instanz voraus.[28] Galanter (1974: 98f.) unterscheidet zwischen „one-shotters" und „repeat players", die auf dem Feld der gerichtlichen Auseinandersetzung spielen können. Unter „repeat players" versteht Galanter Akteure, die Gerichte häufig anrufen, die die damit verbundenen Prozesskosten finanzieren können und die mit ihren Klagen langfristige Ziele verfolgen.[29] Dazu gehören vor allem die großen transnationalen Unternehmen, die den EuGH benutzen, um Handelshemmnisse aller Art zwischen den Mitgliedstaaten zu beseitigen. Diese Akteure sind die wichtigsten Kläger vor dem EuGH; es sind „Arbitrageure", die den Nutzen des europäischen Rechts gegenüber dem nationalen Recht abwägen und sich für diejenige Rechtsordnung entscheiden, die ihnen die größten Vorteile bietet.

Scharpf (1999) argumentiert, dass der EuGH mit seinen Entscheidungen zum Binnenmarkt hauptsächlich die „negative" Integration der Gemeinschaft vorangetrieben habe. Unter „negativer" Integration versteht man die Beseitigung von Handelshemmnissen, die einem voll integrierten Markt im Wege stehen, während die „positive" Integration durch aktive politische Interventionen erreicht wird (z.B. eine vergemeinschaftete Beschäftigungs- oder Umweltpolitik). Die negative Integration entspricht im Wesentlichen dem Programm neoliberaler Wirtschaftspolitik (Genschel 1998). Es sieht so aus, als ob der EuGH bei der Durchsetzung der negativen Integration auf geringen politischen Widerstand gestoßen ist. „Demgegenüber hängt die positive Integration vom Einvernehmen der nationalen Regierungen im Ministerrat und in immer größerem Maße auch von der Billigung durch das Europäische Parlament ab ...; sie ist also einer Kombination der Entscheidungshindernisse unterworfen, denen konsensuelle, intergouvernementale und pluralistische Politik ausgesetzt sind" (Scharpf 1999: 53). Diese „Entscheidungshindernisse" waren in vielen Fällen auch eine Entscheidungssperre für den EuGH.

Richtlinien ausgedehnt und den EU-Bürgern das Recht eingeräumt, sich vor nationalen Gerichten auf eine Richtlinie zu berufen, auch wenn diese noch nicht innerhalb der vorgeschriebenen Frist in nationales Recht umgesetzt wurde; vgl. dazu Dehousse (1998: 39f.)

28 Eine „natürliche oder juristische Person" kann nur dann vor dem EuGH direkt Klage erheben, wenn sie von einer Entscheidung/Verordnung usw. „unmittelbar und individuell" betroffen ist (Artikel 230 EGV).

29 Der Rechtsstreit, der zum „Solange II" Urteil des BVerfG führte, begann im Herbst 1976 mit der Klage einer Importfirma vor einem deutschen Verwaltungsgericht; das deutsche Verwaltungsgericht hat den Fall dem EuGH zur Vorabentscheidung vorgelegt (Artikel 234 EGV). Das endgültige Urteil wurde im Herbst 1986 durch das BVerfG gefällt. Insgesamt dauerte der Rechtsstreit 10 Jahre. Dieses Beispiel verdeutlicht, welche Transaktionskosten ein ausgebautes transnationales System des „judicial review" verursacht.

Die Grenzen der Autonomie des Gerichtshofs werden damit sichtbar: Der EuGH kann nur tätig werden, wenn er angerufen wird; er kann nicht aus eigener Initiative tätig werden. Die Zugangssperren zum EuGH – die in finanziellen, sozialen und institutionellen Hindernissen zu suchen sind – bewirken eine Selektion der Fälle und damit eine Selektion der sozialen und ökonomischen Problemlagen, die überhaupt durch den EuGH entschieden werden können.

b) Vorrang des Gemeinschaftsrechts (supremacy). Das Prinzip, dass das Gemeinschaftsrecht Vorrang vor nationalem Recht hat, ergibt sich zwangsläufig aus dem Prinzip der unmittelbaren Anwendbarkeit des EU-Rechts. Würden die Gerichte in den Mitgliedstaaten Gesetze anwenden, die dem europäischen Recht widersprechen, würde dies zur Delegitimierung und schließlich zur Erosion des Gemeinschaftsrechts führen. Es muss gelten: Europäisches Recht bricht nationales Recht.[30]

Der Vorrang des Gemeinschaftsrechts tritt nun in Konflikt mit der Idee der nationalstaatlichen Souveränität, vor allem dann, wenn dieses Prinzip auch in Bezug auf die nationalen Verfassungen gilt.[31] In den Verfassungen ist die politische Identität der Nationalstaaten schriftlich fixiert. Das Prinzip: europäisches Recht bricht auch nationales *Verfassungs*recht, muss als ein direkter Angriff auf die politische Identität traditionsbewusster Nationalstaaten erscheinen.

Berücksichtigt man jedoch, dass Verfassungstexte in der Regel sehr „offen" und allgemein formuliert sind, dann wird klar, dass es jedem Mitgliedstaat möglich wäre, diejenigen Teile des europäischen Rechts als „nicht verfassungskonform" erklären zu lassen, die für die eigenen Interessen besonders nachteilig sind.[32] Auch in Bezug auf nationales Verfassungsrecht gilt also, dass europäisches Recht Vorrang hat und in jedem Mitgliedstaat einheitlich ausgelegt und angewandt werden muss (Pescatore 1981: 631f.).

An einer Sequenz von Urteilen des BVerfG lässt sich der Konflikt zwischen nationalstaatlicher Souveränität und einem supranationalen Rechtssystem exemplarisch rekonstruieren. Das BVerfG hat zunächst das Problem des Grundrechtschutzes und in einer späteren Entscheidung das Problem des Demokratie-Defizits zum Anlass genommen, den Vorrang des europäischen Rechts und damit auch die letztinstanzliche Kompetenz des EuGH zu bestreiten. Diese Konflikte beinhalten nicht nur einen Streit über

---

30 Vgl. dazu Mancini (1989: 599). Kirchhof (1998: 967) sieht dies differenzierter: „So wenig das Recht der Vereinten Nationen das Recht der Europäischen Gemeinschaft bricht, so wenig könnte das Europäische Gemeinschaftsrecht das Recht der Mitgliedstaaten brechen, würde dieses nicht gerade die Geltung und Anwendung von Gemeinschaftsrecht im Mitgliedstaat anordnen." Mit anderen Worten: Erst das Zustimmungsgesetz zum Vertrag von Maastricht, das vom Bundestag verabschiedet wurde und das einen „Anwendungsbefehl" für europäisches Recht enthält, liefert die Legitimationsgrundlage dafür, das europäisches Recht „innerhalb gewisser Grenzen" Vorrang vor nationalem Recht hat.
31 Das Prinzip der „supremacy" ist in verschiedenen Urteilen des EuGH formuliert worden; vgl. dazu Dehousse (1998: 42ff.).
32 „Wenn die Bundesrepublik für sich in Anspruch nehmen würde, über die Anwendung des Gemeinschaftsrechts zu befinden, so müßte das jedem anderen Mitgliedstaat auch zugestanden werden. Die ... Mitgliedstaaten würden dann jeweils selbst nach den Kriterien ihrer unterschiedlichen Verfassungsregeln über die Anwendung des Gemeinschaftsrechts entscheiden" (Everling 1990: 199).

die „richtige" Auslegung des europäischen Rechts, sondern sie sind auch ein Kampf um die Vorrangstellung, das Prestige und den Einfluss eines nationalen Gerichts im Verhältnis zum EuGH.

Die Sequenz beinhaltet im ersten Fall (Grundrechte) drei Schritte: 1. Kompetenzaneignung durch das BVerfG, 2. Reaktion des EuGH auf das Urteil des BVerfG und 3. (Rück)übertragung der Kompetenz an den EuGH. Diese Abfolge soll zunächst dargestellt werden; es wird dann gefragt, ob mit dem Maastricht-Urteil eine ähnliche Sequenz eingeleitet wurde.

1. Im „Solange I"-Urteil hat sich das BVerfG die Kompetenz zugesprochen, in letzter Instanz über die Vereinbarkeit des europäischen Rechtes mit den Grundrechten zu entscheiden. *„Solange"* die Gemeinschaftsverträge keinen Katalog von Grundrechten enthalten, der dem Grundrechtskatalog des Grundgesetzes adäquat ist, wird das BVerfG die Vorschriften des europäischen Rechts in der vom EuGH gegebenen Auslegung *auf ihre Vereinbarkeit mit den im Grundgesetz enthaltenen Grundrechten überprüfen.*[33] Mit diesem Urteil wird nicht nur das Prinzip, dass europäisches Recht Vorrang vor nationalem Verfassungsrecht hat, durchbrochen, sondern auch die Stellung des EuGH als Schiedsrichter in „letzter" Instanz wird in Frage gestellt.

2. Der EuGH hat auf diese Herausforderung durch die systematische Berücksichtigung von Menschenrechten in seiner Rechtsprechung geantwortet. In der Art der Reaktion werden die relativen Machtverhältnisse zwischen dem (höchsten) nationalen Gericht und dem EuGH deutlich: Die Recht*durchsetzung* liegt in der Kompetenz der Mitgliedstaaten, und der EuGH ist auf die Kooperation der nationalen Gerichte angewiesen, um seine Rechtsauslegung durchsetzen zu können. Verliert der EuGH die Unterstützung dieser Gerichte (wie im Falle des Solange I-Urteils), bleiben seine Urteile weitgehend folgenlos.

3. Im „Solange II"-Urteil aus dem Jahre 1986 hat das BVerfG sein früheres Urteil (Solange I) zwar revidiert, aber nicht grundsätzlich auf seine Kompetenz verzichtet: Es heißt dort: *„Solange"* die Europäischen Gemeinschaften, insbesondere die Rechtsprechung des EuGH, einen wirksamen Schutz der Grundrechte gegenüber der Hoheitsgewalt der Gemeinschaften generell gewährleisten, der dem vom Grundgesetz gebotenen Grundrechtsschutz im Wesentlichen gleichzuachten ist, *wird das BVerfG seine Gerichtsbarkeit über die Anwendbarkeit von Gemeinschaftsrecht nicht mehr ausüben.*[34] Das Wort „solange" deutet an, dass das BVerfG auf diese Kompetenz nicht prinzipiell verzichtet, sondern sie nur aussetzt, und zwar „solange" die im Urteil genannten Bedingungen erfüllt sind. Es sieht so aus, als ob nicht der europäische Gesetzgeber, sondern das BVerfG dem EuGH Kompetenzen entzieht und – bei Wohlverhalten – wieder zuteilt.

Es stellt sich nun die Frage, ob das Maastricht-Urteil die erste Stufe in einer Sequenz von Aktion und Reaktion darstellt, die vom BVerfG im Fall der Grundrechte bereits

---

33 Vgl. BVerfG (1975: 271). Der Urteilstext wird hier nur paraphrasiert (Hervorh. P.W.). Die zentralen Teile des Urteils ergingen mit 5:3 Stimmen. Die Richter Rupp, Hirsch und Wand haben eine „abweichende Meinung" formuliert, in der sie darauf hinweisen, dass das „Gemeinschaftsrecht inhaltlich abweichenden Bestimmungen des nationalen Rechts vorgeht" und dass dieser Vorrang auch für Verfassungsrecht gilt (S. 295f.).
34 BVerfG (1987: 340); Urteil paraphrasiert (Hervorh. P.W.).

einmal mit Erfolg durchgespielt wurde. In diesem Fall könnte man vermuten, dass mit dem Maastricht-Urteil wiederum eine Verhaltensänderung des EuGH ausgelöst werden soll.

Der erste Urteilssatz, der hier interpretiert werden soll, lautet: „Das Bundesverfassungsgericht prüft, ob Rechtsakte der europäischen Einrichtungen und Organe sich in den Grenzen der ihnen eingeräumten Hoheitsrechte halten oder aus ihnen ausbrechen" (BVerfG 1994: 156). Damit spricht sich das BVerfG die Kompetenz zu, in letzter Instanz das europäische (sekundäre) Recht und die Auslegung dieses Rechts durch den EuGH daraufhin zu überprüfen, ob sie sich im Rahmen der begrenzten Einzelermächtigungen bewegen. Mit diesem Urteil bestreitet das BVerfG die ausschließliche Zuständigkeit des EuGH in Bezug auf europäisches Recht.

Viele Juristen sehen in diesem Urteilssatz eine Verletzung der Gemeinschaftsverträge, die dem EuGH die Funktion des Schiedsrichters im europäischen Rechtssystem zuweisen.[35] Bemerkenswert ist, dass das BVerfG sich diese Kompetenz auf unbegrenzte Zeit zuspricht. Zumindest fällt auf, dass eine zeitliche Begrenzung, die im „Solange I"-Urteil durch das Wort „solange" zumindest angedeutet wurde, hier fehlt. Man kann jedoch vermuten, dass der Urteilssatz Aufforderungs-Charakter hat: Der EuGH soll veranlasst werden, ein *verlässlicher* Grenzwächter zu werden, der Übertritte in Zukunft verhindert.[36]

Der zitierte Urteilssatz sollte jedoch nicht isoliert interpretiert, sondern im Kontext eines weiteren Urteilssatzes gesehen werden: „Vermitteln – wie gegenwärtig – die Staatsvölker über die nationalen Parlamente demokratische Legitimation, sind der Ausdehnung der Aufgaben und Befugnisse der Europäischen Gemeinschaften vom demokratischen Prinzip her Grenzen gesetzt."[37] Das BVerfG definiert hier also „Grenzen" der Integration, die im „Demokratie-Defizit" der Europäischen Union begründet sind. Der Zusammenhang zwischen diesen beiden Urteils-Sätzen kann durch die folgenden Überlegungen verdeutlicht werden:

Erstens, im Kontext des Gemeinsamen Marktes hatte die Europäische Gemeinschaft in den 80er Jahren durch Verordnungen und Richtlinien in immer weitere Lebensbereiche der Bürger eingegriffen und durch Harmonisierung bzw. wechselseitige Anerkennung versucht, alle Handelsbeschränkungen zwischen den Mitgliedstaaten zu beseitigen.[38] In vielen Fällen konnten berechtigte Zweifel angemeldet werden, ob diese

---

35 Vgl. dazu Weiler (1999: 286–323), Schwarze (1994), Frowein (1994).
36 Diese Interpretation unterstellt, dass das BVerfG und der EuGH in ihren Urteilen miteinander „kommunizieren" – ähnlich wie Politiker auf Pressekonferenzen mit ihren nicht anwesenden politischen Gegnern kommunizieren. Die Kommunikation wird durch „Öffentlichkeit" vermittelt, die als Verstärker benutzt wird.
37 BVerfG (1987: 156). Es heißt dort weiter, dass das Demokratieprinzip (Art. 38 GG) verletzt wird, wenn die auf die EU übertragenen Rechte (Souveränitätsverzicht) „nicht hinreichend bestimmbar festgelegt" sind.
38 Der EuGH hat in diesem Prozess eine zentrale Rolle gespielt. Ein wichtiges Urteil ist „Cassis de Dijon", in dem das Prinzip der *wechselseitigen Anerkennung* von Standards formuliert und von der Kommission sofort in praktische Integrationspolitik umgesetzt wurde (Alter und Meunier-Aitsahalia 1994; Sedemund 1987). Es heißt in diesem Urteil: „Es gibt somit keinen stichhaltigen Grund dafür zu verhindern, daß in einem Mitgliedstaat rechtmäßig hergestellt und in den Verkehr gebrachte alkoholische Getränke in die anderen Mitgliedstaaten eingeführt werden." Wenn in diesem Urteilssatz der spezielle Ausdruck „alkoholische Getränke" durch einen

Rechtsakte noch durch die Verträge gedeckt waren oder ob die Gemeinschaft bereits aus den ihr zugewiesenen Kompetenzen „ausgebrochen" war.

Zweitens, die Gemeinschaft besitzt keine Kompetenz-Kompetenz, d.h. sie kann ihre Kompetenzen nicht selbst erweitern. Es gilt das Prinzip der „enumerated powers". Diese Einzelermächtigungen können nur auf dem Wege der Vertragsänderung erweitert werden, die durch die nationalen Parlamente demokratisch legitimiert werden muss. Nationale Souveränitätsrechte können nach Ansicht des BVerfG nicht unbegrenzt übertragen werden, weil dem Verlust an Kompetenzen auf nationaler Ebene kein Zuwachs an demokratischer Legitimation auf der Ebene der Europäischen Union korrespondiert.[39]

Drittens, wenn die Gemeinschaft aus den ihr zugewiesenen Kompetenzen „ausbricht", verlässt sie den Boden demokratischer Legitimation. Sie ist in diesem Niemandsland weder durch die Mitgliedstaaten legitimiert (weil diese nur begrenzte Einzelermächtigungen erteilt haben), noch kann die Gemeinschaft diese Erweiterung selbst legitimieren (weil die Mitgliedstaaten die „Herren der Verträge" sind).

Das „Ausbrechen" aus den Verträgen wird also zum Problem, weil es dafür keine demokratische Legitimation gibt. Während das BVerfG im „Solange I"-Urteil als Hüter der Grundrechte aufgetreten ist, versteht es sich im Maastricht-Urteil als Hüter der Demokratie. Die *politische* Botschaft des Urteils lautet: Der europäischen Integration sind auf Grund des Demokratie-Defizits Grenzen gesetzt. Nur wenn dieses Demokratie-Defizit beseitigt wird, kann die Integration weiter voranschreiten. Die Problematik dieser Forderung kann hier nicht im Einzelnen analysiert werden, sie soll aber am Beispiel einer erweiterten Mitentscheidung des Europäischen Parlaments in ihren Konsequenzen verdeutlicht werden:

Exkurs I: Demokratie-Defizit. Die Funktionsweise der europäischen Institutionen beruht auf einer Balance zwischen nationalstaatlicher Legitimation (Rat) und direkter Legitimation durch die „Völker Europas" (Parlament). Lepsius (1991: 22) bezeichnet dies als die „doppelte Legitimationsbasis" der Gemeinschaft. Das BVerfG (1994: 182) präzisiert sein Demokratieverständnis in folgender Weise: „Zu dem ... nicht antastbaren Gehalt des Demokratieprinzips gehört, daß die Wahrnehmung staatlicher Aufgaben und die Ausübung staatlicher Befugnisse sich auf das Staatsvolk zurückführen lassen und grundsätzlich ihm gegenüber verantwortet werden." Eine genuin demokratische

---

allgemeinen Begriff (z.B. Waren und Dienstleistungen) ersetzt wird, ist das Prinzip der „wechselseitigen Anerkennung" präzise formuliert (EuGH, Slg. 1979, Rechtssache 120/78, S. 664).

39 Am 6.7.1998 hatte der Rat die sog. „Tabak-Werberichtlinie" verabschiedet, in der ein Verbot der Werbung für Tabakprodukte innerhalb des Binnenmarktes ausgesprochen wurde. Die Bundesrepublik Deutschland klagte vor dem EuGH gegen diese Richtlinie. Der EuGH erklärte die Richtlinie am 5.10.2000 für nichtig und berief sich in seiner Begründung u.a. auf das Prinzip der „enumerated powers". Der Gemeinschaftsgesetzgeber habe keine allgemeine Kompetenz zur Regelung des Binnenmarktes. Vielmehr beruhen „die Befugnisse der Gemeinschaft auf Einzelermächtigungen". Mit anderen Worten: Im Falle der Tabak-Werberichtlinie hat die Gemeinschaft ihre Kompetenzen überschritten, und der EuGH korrigiert mit seinem Urteil diese Grenzverletzung (Quelle: EuGH, Slg. 2000, Rs C376/98, 5. Okt. 2000).

Legitimation auf europäischer Ebene könnte also nur durch eine Ausweitung der Kompetenzen des Europäischen Parlaments erreicht werden.[40]

Eine hypothetische Frage kann die Konsequenzen dieser Erweiterung verdeutlichen: Wären die deutschen (oder französischen) Wähler bereit, sich dem Mehrheitsentscheid in einem europäischen Parlament zu beugen, in dem die deutschen (oder französischen) Abgeordneten nur eine Minderheit stellen, und in dem in Zukunft Abgeordnete aus 25 oder mehr „europäischen" Staaten vertreten sein werden? Weiler (1999: 83) bemerkt dazu: „People accept the majoritarian principle of democracy within a polity to which they see themselves als belonging."

Es bestehen erhebliche Zweifel, ob die „Union der Völker Europas" bereits eine solche „polity" ist. Die hypothetische Frage verweist auf die Grenzen des Mehrheitsprinzips, auf dem demokratische Entscheidungen beruhen. Die Machtbalance zwischen zwei Institutionen (Rat und Parlament) und die Kooexistenz von zwei Legitimations-Prinzipien ist möglicherweise nicht nur dysfunktional, sondern wirkt stabilisierend auf eine bisher unvollendete „Union der Völker Europas". Die „neue Rechtsordnung", von der der EuGH in Bezug auf die Gemeinschaft spricht, bedarf auch neuer Formen der Legitimation, die sich nicht mehr direkt aus den klassischen Demokratietheorien ableiten lassen.[41]

Zusammenfassend kann gesagt werden, dass das „supremacy"-Prinzip den Konflikt zwischen Rechtsordnungen, die auf verschiedenen Ebenen operieren, deutlich hervortreten lässt. Europäisches Recht überlagert die nationalen Rechtsordnungen und an den Schnittflächen bilden sich permanent Konfliktpotenziale. Der EuGH hat diese Konflikte eindeutig entschieden: Europäisches Recht bricht nationales Recht, und die Mitgliedstaaten können sich gegen die Konsequenzen des europäischen Rechts nicht durch die *nachträgliche* Verabschiedung von nationalem Recht schützen.[42]

Das BVerfG sieht diese Rechtsordnungen jedoch nicht in einer hierarchischen, sondern eher in einer konkurrierenden Beziehung: „Der EuGH entscheidet nach dem Maßstab des Gemeinschaftsrechts, nicht des Verfassungsrechts; das Verfassungsgericht grundsätzlich nach dem Maßstab des Verfassungsrechts, nicht des Gemeinschaftsrechts" (Kirchhof 1998: 966).

Das „supremacy"-Prinzip kollidiert nicht nur mit nationalstaatlicher Souveränität, sondern provoziert auch einen Konkurrenzkampf zwischen dem EuGH und den nationalen Verfassungsgerichten. Es geht um das Privileg und die damit verbundene Entscheidungsmacht, in letzter Instanz über die Auslegung und Anwendung europäischer Gesetze zu entscheiden und damit über einen immer größer werdenden Teil von Rechtsvorschriften, der die Lebensverhältnisse in den Nationalstaaten bestimmt.

---

40 Das BVerfG (1994: 182) räumt allerdings ein, dass das Demokratieprinzip im Rahmen unterschiedlicher Verfahren und Institutionen verwirklicht werden kann: „Dieser notwendige Zurechnungszusammenhang läßt sich auf verschiedene Weise, nicht nur in einer bestimmten Form, herstellen."

41 Neyer (1999: 391) bemerkt, „dass supranationales Regieren als Regieren ohne Regierung in einer nichtstaatlichen, aber gleichwohl ein hohes Maß an Regelungsbefolgung erzeugenden institutionellen Struktur verstanden werden muss". Mit dieser Bemerkung wird zwar nicht klar, was „supranationales Regieren" ist, aber der Autor hat sicherlich Recht, wenn er schreibt, dass „staatsorientierte Demokratietheorien" hier nicht weiterhelfen.

42 In Bezug auf europäisches Recht gilt nicht das Prinzip: Lex posterior derogat legi priori.

c) Implizite Kompetenzen (implied powers).[43] Die Europäische Union ist kein souveräner Staat mit unbegrenzter Gesetzgebungskompetenz; vielmehr gilt das Prinzip der begrenzten Einzelermächtigung: Die Gemeinschaft darf nur in solchen Bereichen tätig werden, die ihr durch die Verträge ausdrücklich zugewiesen werden.

Das BVerfG (1994: 209) hat im Maastricht-Urteil darauf hingewiesen, dass es einen deutlichen Unterschied gibt „zwischer einer Rechtsfortbildung innerhalb der Verträge ... und einer deren Grenzen sprengenden, vom geltenden Vertragsrecht nicht gedeckten Rechtsetzung". Daher dürfen die Kompetenzen, die der Gemeinschaft übertragen werden, keine Global-Kompetenzen sein, sondern sie müssen das „Erfordernis hinreichender gesetzlicher Bestimmtheit" erfüllen (ebd. 194).

Das Prinzip der impliziten Kompetenzen liegt an der „Grenze" zwischen legitimer Rechtsfortbildung durch den EuGH und einer Rechtsprechung, die eine Vertragsänderung impliziert und der Gemeinschaft mehr Rechte zubilligt, als in den Verträgen vorgesehen sind.[44] Der EuGH hat sich in verschiedenen Urteilen auf das Prinzip der „implied powers" berufen; hier soll die praktische Bedeutung des Prinzips am Beispiel der Europäischen Aktiengesellschaft illustriert werden:

Die Kommission versucht seit den frühen 60er Jahren, eine Verordnung für eine *Europäische Aktiengesellschaft* im Rat verabschieden zu lassen, mit der eine für alle Mitgliedstaaten verbindliche Unternehmensverfassung geschaffen würde. In diesem Kontext musste jedoch auch die Unternehmens-Mitbestimmung auf europäischer Ebene geregelt werden, da die Mitbestimmung in Deutschland ein integraler Bestandteil des Aktiengesetzes ist (Windolf 1992). Die Kompetenz, für die transnationalen Unternehmen eine einheitliche europäische Unternehmensform zur Verfügung zu stellen, „implizierte" also zwangsläufig die Kompetenz, eine europäische Richtlinie zur Unternehmens-Mitbestimmung zu verabschieden. Die Richtlinie ist bis heute am Widerstand einiger Mitgliedstaaten gescheitert, und daher gibt es auch keine Europäische Aktiengesellschaft.[45]

Das Prinzip der impliziten Kompetenzen hat im Vertrag eine rechtliche Grundlage, nämlich in Artikel 308 EGV: „Erscheint ein Tätigwerden der Gemeinschaft erforderlich, um im Rahmen des Gemeinsamen Marktes eines ihrer Ziele zu verwirklichen, *und sind in diesem Vertrag die hierfür erforderlichen Befugnisse nicht vorgesehen*, so erlässt der Rat einstimmig auf Vorschlag der Kommission und nach Anhörung des Europäischen Parlaments die geeigneten Vorschriften" (Hervorh. P.W.).

Bemerkenswert ist, dass die mit diesem Artikel autorisierte Erweiterung von Kompetenzen nicht an die Zustimmung, sondern nur an die „Anhörung" des Europäischen Parlaments gebunden ist.[46] Die „doppelte Legitimationsbasis", von der Lepsius (1991)

---

43 Das BVerfG (1994: 210) benutzt die Ausdrücke „inhärente Zuständigkeiten" bzw. „Vertragsabrundungskompetenz".

44 „If expansively applied, the implied-powers doctrine may have the de facto consequence of permitting the Community to legislate and act in a manner not derived from clear grants of power in the Treaty itself" (Weiler 1999: 51, 22ff.).

45 Artikel 137, Abs. 3 EGV schreibt vor, dass sekundäres Gemeinschaftsrecht, das die „Vertretung und kollektive Wahrnehmung der Arbeitnehmer- und Arbeitgeberinteressen, einschließlich der Mitbestimmung" zum Gegenstand hat, nur einstimmig im Rat verabschiedet werden kann.

46 Artikel 251 EGV (Verfahren der „Mitentscheidung") gibt dem Europäischen Parlament ein

spricht, ist im Bereich dieses Artikels also auf die indirekte Legitimation durch die Mitgliedstaaten (Rat) reduziert, und die Kompetenz-Erweiterung ist verfahrenstechnisch doppelt abgesichert: einmal durch die erforderliche Einstimmigkeit im Rat, zum anderen durch den Ausschluss des Parlaments vom Entscheidungsverfahren. Wir stoßen damit wieder auf das Problem des vom BVerfG monierten „Demokratie-Defizits", das im Folgenden aus der Perspektive der „implied-powers"-Problematik beleuchtet werden soll.

Exkurs II: Demokratie-Defizit. Eine Ursache für den Ausschluss des Parlaments in diesem sensiblen Bereich der Kompetenz-Erweiterung kann darin gesehen werden, dass sich die Interessenvertretung im Rat und im Parlament hinsichtlich ihres Organisationsniveaus unterscheidet. Im Rat sind die Mitgliedstaaten als Staaten vertreten, d.h. als *organisierte* Interessenvertreter. Die nationalen Regierungen haben das Problem der Interessenaggregation und -organisation (jeweils für eine Wahlperiode) gelöst und das Ergebnis kann als „nationales" Interesse präsentiert und verhandelt werden.

Das Parlament leidet hingegen an einer doppelten Fragmentierung: Es ist fragmentiert im Hinblick auf „nationale" Interessen und fragmentiert im Hinblick auf „Klassen"interessen (parteipolitische „cleavages"). Im Parlament sind ökonomische, soziale und nationale Interessen in noch relativ „roher" und unorganisierter Form vertreten.

Die Richtlinie zur Unternehmens-Mitbestimmung ist im Rat gescheitert, weil die britische (und die italienische) Regierung der Meinung waren, dass eine europäische Unternehmens-Mitbestimmung nicht im „nationalen" Interesse ist. Das Europäische Parlament hat die Richtlinie zur Unternehmens-Mitbestimmung hingegen unterstützt und damit einer (impliziten) Ausweitung der Gemeinschaftskompetenzen zugestimmt.

Die Konsequenzen, die sich aus diesem unterschiedlichen Abstimmungsverhalten ergeben würden, sollen durch die Annahme einer fiktiven Vertragsänderung verdeutlicht werden: Nehmen wir an, der Vertrag von Amsterdam hätte dem Europäischen Parlament nicht nur ein Veto-Recht zugestanden (Artikel 251 EGV), sondern hätte es zusätzlich in allen Bereichen europäischer Gesetzgebung auch mit der Macht ausgestattet, den Rat durch eine qualifizierte Mehrheit zu überstimmen.[47]

In diesem Fall hätte eine Mehrheit von *Abgeordneten* (im Parlament), die die Unternehmens-Mitbestimmung befürworten, einer Minderheit von *Staaten* (im Rat) eine europäische Mitbestimmung aufzwingen können, obwohl diese keine Mitbestimmung haben wollen. Das Beispiel verdeutlicht, dass eine „Letztentscheidungsbefugnis" des Parlaments wahrscheinlich keine praktikable Lösung ist, um das vom BVerfG monierte Demokratie-Defizit zu beseitigen. In der Gemeinschaft muss das Prinzip der Effizienz (Mehrheitsentscheidungen) mit dem Prinzip der Legitimation (Einstimmigkeit) verbunden werden, und dies kann nur durch eine komplexe Vernetzung konkurrierender Institutionen im Entscheidungsprozess gelingen.

Veto-Recht bei der Verabschiedung von sekundärem Gemeinschaftsrecht. Diese Mitentscheidung des Parlaments ist in Artikel 308 nicht vorgesehen.

47 Ress (1989: 647, 627) fordert z.B. die „Übertragung der Letztentscheidungsbefugnis" auf das Parlament, um die „Législation du Gouvernement" zu beenden und das Demokratiedefizit zu beseitigen.

IV. Gegenreaktionen (Subsidiarität)

Wenn das Prinzip der „implied powers" großzügig ausgelegt wird, kann es eine schnelle Expansion des europäischen Rechts in den Nationalstaaten bewirken, ohne dass dies durch die Verträge ausdrücklich legitimiert wäre.[48] Weiterhin ist zu berücksichtigen, dass mit der Einheitlichen Europäischen Akte (1986) das Mehrheitsprinzip bei Abstimmungen im Rat auf Bereiche ausgedehnt wurde, für die zuvor Einstimmigkeit erforderlich war. Beide Entwicklungen verstärken sich wechselseitig und verdeutlichen einerseits die Dynamik der europäischen Integration, andererseits aber auch die darin angelegten Konflikte.

Die Reaktionen der Nationalstaaten auf die Expansion des Gemeinschaftsrechts sind vielfältig: Der Luxemburg Kompromiss (1966) und das darin vereinbarte de facto Einstimmigkeitsprinzip sind eine frühe Reaktion;[49] das Maastricht-Urteil des BVerfG (das mit dem „Ziehen einer Notbremse" verglichen wurde) ist eine weitere Reaktion. Die folgenden Überlegungen beschränken sich auf das Subsidiaritätsprinzip, das in den Maastricht-Vertrag eingefügt wurde und das als Schranke für eine unkontrollierte Expansion der Gemeinschaft interpretiert werden kann (Dashwood 1996).

Das Subsidiaritätsprinzip hat seine Wurzeln in der katholischen Soziallehre und ist in den 30er Jahren von Pius XI in der Enzyklika *Quadragesimo Anno* programmatisch entwickelt worden. Im damaligen historischen Kontext war „Subsidiarität" ein Kampfbegriff, der von Kirchen und Gewerkschaften im Widerstand gegen faschistische Staaten genutzt wurde, um eine politische Kontrolle aller Lebensbereiche abzuwehren (Isensee 1968: 18ff.).

In der Europäischen Union wurde das Subsidiaritätsprinzip an drei Stellen in den Verträgen verankert: Es wurde zunächst im Vertrag von Maastricht in Artikel 5 EGV kodifiziert; es wurde weiterhin als ein besonders wichtiger Grundwert der Union in die Präambel des EU-Vertrages aufgenommen;[50] und es wurde schließlich im Vertrag von Amsterdam (1997) in einem Zusatzprotokoll genauer spezifiziert: In den Bereichen, die nicht in die ausschließliche Zuständigkeit der Gemeinschaft fallen, darf die Gemeinschaft nur tätig werden, wenn die Ziele auf nationaler Ebene nicht ausreichend verwirklicht werden können *und* nachweisbar ist, dass die Ziele auf europäischer Ebene besser erreicht werden können. Dabei sollte der Richtlinie gegenüber der Verordnung der Vorzug gegeben werden, d.h. die Wahl der Mittel, um ein Ziel zu erreichen, sollte dem Nationalstaat überlassen bleiben (Prinzip der Verhältnismäßigkeit).

---

48 Weiler (1999: 51) spricht in diesem Fall nicht von „implied powers", sondern von „expansion": „Expansion refers to the case in which the original legislation of the Community ‚breaks' jurisdictional limits."

49 Vgl. dazu Nicoll (1984). Großbritannien hat sich zuletzt im Dezember 1999 auf den „Luxemburg Kompromiss" und auf das „nationale" Interesse berufen, um eine Abstimmungsniederlage im Rat zu vermeiden; vgl. „Großbritannien blockiert Folgerechtrichtlinie" (FAZ 9.12.99, S. 20).

50 „... ENTSCHLOSSEN, den Prozeß der Schaffung einer immer engeren Union der Völker Europas, in der die Entscheidungen entsprechend dem Subsidiaritätsprinzip möglichst bürgernah getroffen werden, weiterzuführen," ...

Es ist zu vermuten, dass das Subsidaritätsprinzip für das BVerfG ein weites Betätigungsfeld eröffnet. Diese Vermutung stützt sich auf zwei Textstellen: Es wurde bereits darauf hingewiesen, dass das BVerfG für sich die Kompetenz beansprucht festzustellen, ob europäische Institutionen aus den ihnen zugewiesenen Kompetenzen „ausbrechen". Die zweite Textstelle bezieht sich auf das Protokoll zur Subsidiarität. Es heißt dort: „[D]ie Feststellung, daß ein Gemeinschaftsziel besser auf Gemeinschaftsebene erreicht werden kann, muß auf qualitativen oder – soweit möglich – auf quantitativen Kriteren beruhen."[51] Es ist bekannt, dass politische Maßnahmen sich hinsichtlich ihrer Wirkungen im Voraus nur selten „quantifizieren" lassen. Daher lässt sich auch nicht immer nachweisen, dass ein Gemeinschaftsziel „besser" auf Gemeinschaftsebene erreicht werden kann. Wenn ein Gericht einen strengen Maßstab anlegt, werden in Zukunft viele Maßnahmen mit dem Subsidiaritätsprinzip „unvereinbar" sein, und europäische Institutionen, die diese Maßnahmen veranlasst (oder zugelassen) haben, sind dann aus den ihnen zugewiesenen Kompetenzen „ausgebrochen".

Es ist auch denkbar, dass der EuGH selbst in Zukunft bei der Beurteilung von Zuständigkeitsfragen einen strengen Maßstab anlegt und darauf achtet, dass das Subsidiaritätsprinzip eingehalten wird. In diesem Fall könnte das Maastricht Urteil in Analogie zum „Solange I"-Urteil interpretiert werden, d.h. als eine (erfolgreiche) Aufforderung an den EuGH, Grenzverletzungen zu verhindern (vgl. Fn 39).

V. Die Verrechtlichung der Geldpolitik

Mit der Währungsunion wurde die Geldpolitik der Mitgliedstaaten auf Gemeinschaftsebene zentralisiert, verrechtlicht und – soweit justiziabel – einer gerichtlichen Kontrolle durch den EuGH unterstellt.[52] In den folgenden Abschnitten sollen zwei Thesen präzisiert werden: Erstens, die Währungsunion wurde möglich, weil seit Mitte der 80er Jahre eine Konvergenz der Wirtschaftspolitiken der wichtigsten Mitgliedstaaten zu beobachten ist (neoliberales Paradigma). Zweitens, mit dem Vertrag von Maastricht wurde das Ziel der Geldwertstabilität verfassungsrechtlich abgesichert und hat damit explizit den Rang eines Staatsziels erhalten (Janzen 1996: 40).

a) Politik-Paradigmen. Keynesianismus und Monetarismus sind zwei idealtypische Paradigmen, die nicht nur die Wirtschaftstheorie, sondern auch die Wirtschafts- und Sozialpolitik nach dem Zweiten Weltkrieg in den westlichen Industriestaaten geprägt haben. Hall (1993: 279) benutzt den Begriff des „Politik-Paradigmas", um die Voraussetzungen und Auswirkungen eines Wechsels in den grundlegenden Zielen und den Mitteln der Politik zu analysieren. Er argumentiert, dass nicht nur die Ziele und Mittel der Politik, sondern bereits die Wahrnehmung dessen, was überhaupt als „Problem" gilt, durch ein Politik-Paradigma bestimmt werden (z.B. Arbeitslosigkeit versus Infla-

---

51 Quelle: „Protokoll über die Anwendung der Grundsätze der Subsidiarität und der Verhältnismäßigkeit", Abschnitt 4 (Vertrag von Amsterdam).
52 Die Währungspolitik gehört (im Unterschied zur Verteidigungspolitik) zur „ersten" Säule und ist „vergemeinschaftet", d.h. für die Währungspolitik gilt das gesamte primäre und sekundäre Gemeinschaftsrecht (acquis communautaire).

tion). „Policymakers customarily work within a framework of ideas and standards that specifies not only the goals of policy and the kind of instruments that can be used to attain them, but also the very nature of the problems they are meant to be addressing".

Wissenschaftliche Paradigmen verlieren durch auftretende „Anomalien" ihre Legitimation und dies gilt auch für Politik-Paradigmen. Die „Stagflation" – d.h. das gleichzeitige und dauerhafte Auftreten von wirtschaftlicher Stagnation und hohen Inflationsraten – war eine Anomalie, die im Rahmen des Keynesianismus nicht mehr „erklärt" werden konnte und der gegenüber die Mittel der keynesianischen Wirtschaftspolitik versagten.

Der Amtsantritt von Margaret Thatcher (1979) markierte den Beginn eines Paradigmenwechsels in der Wirtschaftspolitik Großbritanniens, und zwar vom Keynesianismus hin zum Neo-Liberalismus/Monetarismus. Mit diesem Wechsel veränderten sich nicht nur die theoretischen Perspektiven, sondern auch die Zieldefinition der Wirtschaftspolitik: An die Stelle von Vollbeschäftigung, staatlicher Regulierung und Wohlfahrtsstaat traten Inflationsbekämpfung, Deregulierung und der „minimale Staat" (Nozick 1974: 26f.).

In Deutschland und Frankreich wurde dieser Paradigmen-Wechsel später, weniger eindeutig und weniger rigoros vollzogen: Mit der Ablösung der sozial-liberalen Koalition 1981 durch die Regierung Kohl wurden (vor allem von der Bundesbank) schrittweise keynesianische durch neoliberale Konzepte der Wirtschaftspolitik ersetzt (Inflationsbekämpfung). In Frankreich wurde diese Wende von Mitterand 1983/84 nach dem Austritt der Kommunisten aus der Koalition eingeleitet (Politik des „franc fort").

Die Veränderung in den Zielen und den Mitteln der Wirtschaftspolitik, die seit Mitte der 80er Jahre zu beobachten ist, beschreibt einen Prozess der Konvergenz in den wichtigsten westeuropäischen Staaten hin zu einem neuen Politik-Paradigma, dem Monetarismus und Neoliberalismus. McNamara (1998) weist darauf hin, dass diese Konvergenz eine der wesentlichen Gründe für den Erfolg des European Monetary System (EMS) nach 1985 war. Zwischen 1985 und 1992 waren die Währungen der Mitgliedstaaten stabil, d.h. kein Staat wurde zu einer Auf- bzw. Abwertung gezwungen, und damit war eine wesentliche Voraussetzung für die Währungsunion erfüllt, die im Vertrag von Maastricht vereinbart wurde.

Fixe Wechselkurse können zwischen den Staaten langfristig nur dann stabilisisiert werden, wenn die Unterschiede zwischen ihren Inflationsraten nicht zu groß sind. Wächst diese Differenz, ist das Land mit der höheren Inflationsrate gezwungen, den Wechselkurs anzupassen, um seine außenwirtschaftliche Wettbewerbsfähigkeit zu erhalten (Abwertung). Mit dem Wechsel des Politik-Paradigmas wurde die Preisstabilität in den wichtigsten Mitgliedsländern der Gemeinschaft zum dominanten Ziel der Wirtschaftspolitik. Dies war eine wichtige Voraussetzung für die politische Durchsetzbarkeit der Währungsunion im Vertrag von Maastricht.

b) Verrechtlichung. Bourdieu hat in mehreren Artikeln in „Le Monde" das Regime „Tietmeyer", d.h. die Geldpolitik der Deutschen Bundesbank, kritisiert. Er argumentiert, dass die Bundesbank einseitig das Ziel der Geldwertstabilität verfolge, und dies unter Vernachlässigung anderer wirtschafts- und sozialpolitischer Ziele (z.B. Sozialstaat, Vollbeschäftigung). Auf Grund der ökonomischen Hegemonialstellung der BRD in

Westeuropa zwinge die Bundesbank ihre Politik auch den anderen Partnerländern auf.[53]

Im Vertrag von Maastricht wurde das Regime „Tietmeyer" zur offiziellen Geld- und Währungspolitik der Gemeinschaft deklariert. Moravcsik (1998: 379ff.) hat in einer detaillierten Analyse nachgewiesen, dass die Bundesrepublik in den Verhandlungen zum Maastricht-Vertrag ihre stabilitätspolitischen Ziele in Bezug auf die Währungsunion weitgehend durchsetzen konnte. Die Deutsche Bundesbank diente als Modell für die institutionelle Ausgestaltung der europäischen Zentralbank.

Artikel 105 EGV lautet: „Das vorrangige Ziel des Europäischen Systems der Zentralbanken ist es, die Preisstabilität zu gewährleisten." Artikel 108 EGV schreibt vor, dass die Europäische Zentralbank von den nationalen Regierungen und den übrigen Institutionen und Organen der Gemeinschaft unabhängig sein soll, d.h. sie darf von diesen Organen Weisungen weder einholen noch entgegennehmen. Die Europäische Zentralbank erhält damit einen autonomen Status, und ihre Geldpolitik ist parlamentarischer Kontrolle entzogen. Im Grundgesetz der Bundesrepublik ist das Ziel der Preisstabilität und die Unabhängigkeit der Europäischen Zentralbank seit 1992 in der Verfassung verankert.[54]

Preisstabilität als Staatsziel und die Unabhängigkeit der Europäischen Zentralbank sind damit verfassungsrechtlich abgesichert, und zwar einmal auf Europäischer Ebene (Vertrag von Maastricht) und zum anderen auf der Ebene des Grundgesetzes. Der Vertrag von Maastricht kann nur einstimmig geändert werden und für eine Änderung des Grundgesetzes ist eine Zwei-Drittel-Mehrheit von Bundestag und Bundesrat erforderlich.

Koenig (1993: 664) bezeichnet dieses Regime als währungspolitische Nebenregierung: „Bedeutet die Einrichtung einer unabhängigen Zentralbank bereits eine Durchbrechung des Prinzips parlamentarischer Regierungsverantwortung, sowie des grundsätzlichen Verbots ministerial- oder regierungsfreier Räume, so bedarf eine solche währungspolitische "Nebenregierung" nicht nur einer besonderen Organlegitimation, sondern auch der gerichtlichen Kontrolle." Es stellt sich jedoch die Frage, ob die Geld- und Währungspolitik, die nicht ohne Grund dem parteipolitischen Einfluss entzogen und als „Expertokratie" institutionalisiert wurde, durch Gerichte kontrolliert werden kann. Sofern sich diese Kontrolle auf eine *inhaltliche* Überwachung der Geld- und Währungspolitik beziehen sollte, wäre sie unsinnig: Eine kompetente Expertokratie würde durch eine (in Bezug auf die Geldpolitik) inkompetente Expertokratie ersetzt. Die gerichtliche Kontrolle wird sich also auf eine „Rechtsaufsicht" beschränken müssen. Dies ist nicht ohne Wert, geht aber an dem Problem, das hier diskutiert wird, vorbei:

Im Grundgesetz werden Bund und Länder darauf verpflichtet, „bei ihrer Haushaltswirtschaft den Erfordernissen des gesamtwirtschaftlichen Gleichgewichts Rechnung zu

---

53 Die Artikel sind wiederveröffentlicht in Bourdieu (1998: 51ff.).
54 Mit dem 38. Gesetz zur Änderung des Grundgesetzes (21.12.1992) wurde Artikel 88 GG durch den folgenden (zweiten) Satz ergänzt: „Ihre Aufgaben und Befugnisse [= Bundesbank, P.W.] können im Rahmen der Europäischen Union der Europäischen Zentralbank übertragen werden, die unabhängig ist und dem vorrangigen Ziel der Sicherung der Preisstabilität verpflichtet."

tragen" (Art. 109). Das BVerfG hat erklärt, dass eine genauere Definition dessen, was unter einem „gesamtwirtschaftlichen Gleichgewicht" zu verstehen ist, durch das im Stabilitätsgesetz formulierte „magische Viereck" gegeben wird: Stabilität des Preisniveaus, hoher Beschäftigungsstand, außenwirtschaftliches Gleichgewicht und angemessenes Wirtschaftswachstum.[55] Diese vier Ziele wurden jedoch nicht in das Grundgesetz aufgenommen, „um dieses für künftige Fortentwicklungen der wirtschaftswissenschaftlichen Erkenntnis offenzuhalten" (BVerfG 1989: 338). Im Kontext des Vertrags von Maastricht hat der verfassungsändernde Gesetzgeber diese Zurückhaltung aufgegeben: Die Preisstabilität wurde als „Staatsziel" ins Grundgesetz aufgenommen, nicht jedoch die übrigen im Stabilitätsgesetz genannten Teilziele.

Durch den Vertrag von Maastricht wurde ein *Ungleichgewicht* zwischen an sich gleichrangigen Zielen der Wirtschaftspolitik rechtlich kodifiziert. Das Ziel der Bundesregierung, eine politische Garantie für die Stabilität der Währungsunion zu erhalten, konnte nur um den Preis einer „Verrechtlichung" der Geldpolitik erreicht werden. Die Bundesregierung hat den Vertrag benutzt, um die anderen Mitgliedsländer der Währungsunion – insbesondere jene, die verdächtigt werden, hohe Haushaltsdefizite und Inflationsraten leichtfertig in Kauf zu nehmen – durch präzise Vorgaben zu disziplinieren und einer supranationalen Sanktionsgewalt zu unterstellen.[56] Aber diese Art der Disziplinierung hat paradoxe Folgen. Durch die Verrechtlichung der Geldpolitik haben *alle* Mitgliedstaaten die Autonomie über einen wichtigen Parameter der Wirtschaftspolitik verloren.

Die Beschäftigungspolitik, die noch im Stabilitätsgesetz den gleichen Rang wie die Geldpolitik hat, wurde nicht vergemeinschaftet und auch nicht grundgesetzlich abgesichert. Die Verträge gehen hier über eine bloße „Koordination" der nationalen Beschäftigungspolitiken nicht hinaus. Art. 127 EGV legt ausdrücklich fest, dass die „Zuständigkeit der Mitgliedstaaten [für die Beschäftigungspolitik, P.W.] zu beachten ist". Eine Harmonisierung der Rechts- und Verwaltungsvorschriften der Mitgliedstaaten (auf dem Gebiet der Beschäftigungspolitik) wird in Art. 129 EGV ausgeschlossen. Der Bundesrat hat in seiner Stellungnahme zum Vertrag von Amsterdam folgendes zu Protokoll gegeben: „Der Bundesrat bekräftigt, daß die primäre Zuständigkeit der Mitgliedstaaten für die Beschäftigungspolitik durch das Beschäftigungskapitel nicht beeinträchtigt werden darf."[57]

Die Trennung von Geldpolitik und Beschäftigungspolitik ist aus der Perspektive eines neoliberalen Politik-Paradigmas konsequent: Es gehört zu den Aufgaben des Staates, für die Geldwertstabilität zu sorgen; es ist aber nicht Aufgabe der Regierung, Vollbeschäftigung herzustellen. Daher konnte die Geldwertstabilität als „Staatsziel" in die

---

55 Vgl. Stabilitätsgesetz (1967), Zuck (1975). Im Grundgesetz wurde vor 1992 nur der Begriff „gesamtwirtschaftliches Gleichgewicht" verwendet, die vier Teilziele wurden nicht in das Grundgesetz aufgenommen.
56 Vgl. dazu die Konvergenzkriterien und die Sanktionen, die vorgesehen sind, wenn ein Staat gegen diese Kriterien verstößt. Quelle: „Protokoll über die Konvergenzkriterien" und „Protokoll über das Verfahren bei einem übermäßigen Defizit" (Vertrag von Maastricht).
57 „Beschäftigungskapitel" meint hier: Titel VIII, Beschäftigung, mit den Artikeln 125–130, Vertrag von Amsterdam. Quelle: 10. Stellungnahme des Bundesrates zum Vertragsgesetz, BR-Drs. 784/94, Beschluss vom 28. Nov. 1997.

Verträge aufgenommen werden, während die Vollbeschäftigung eine „Koordinationsaufgabe" bleibt.

Wie sich in Zukunft das Verhältnis zwischen dem EuGH und der Europäischen Zentralbank gestalten wird, kann aus heutiger Perspektive noch nicht beurteilt werden, da die Währungsunion erst begonnen hat. Zu beachten ist jedoch die parallele Kodifizierung der Preisstabilität in den Gemeinschaftsverträgen *und* im Grundgesetz. Daraus können sowohl der EuGH als auch das BVerfG Zuständigkeiten für die Geld- und Stabilitätspolitik ableiten. Sie können die Europäische Zentralbank mit den ihnen zur Verfügung stehenden Mitteln auf eine konsequente Verfolgung des Ziels der Preisstabilität verpflichten.

Im Maastricht-Urteil hat das BVerfG (1994: 202) seine „Zuständigkeit" bereits angemeldet. Es argumentiert dort, dass die in den Protokollen festgelegten Stabilitätskriterien „nicht durch bloße Mehrheitsentscheidung unterlaufen" werden dürfen – obwohl der Vertrag in Artikel 121 EGV eindeutig Mehrheitsentscheidungen zulässt.

VI. Recht und Politik

Der EuGH interpretiert nicht nur europäisches Recht, sondern gestaltet auch die Gemeinschaftspolitik. Die Beeinflussung der Politik durch Rechtsprechung wird von vielen Juristen abgelehnt, weil ein „judicial activism" als latente Verletzung des Prinzips der Gewaltenteilung betrachtet wird.[58] Es stellt sich die Frage, warum die meisten Urteile des EuGH trotzdem ohne Widerspruch akzeptiert werden und die Mitgliedstaaten nur in wenigen Fällen versucht haben, die Rechtsprechung des EuGH durch Vertragsänderung zu korrigieren. Wenigstens drei Antworten können auf diese Frage gegeben werden:

a) Tertius gaudens. Die Beziehung zwischen den europäischen Institutionen ist durch einen strukturellen Konflikt geprägt, der als Gegensatz von supranationalen und zwischenstaatlichen Formen der Interessenvertretung charakterisiert werden kann. Scharpf (1985) hat argumentiert, dass die faktisch praktizierte Einstimmigkeits-Regel im Rat eine Selbst-Blockierung der Gemeinschaft bewirkt. In diesem Konflikt spielt der EuGH häufig den Schiedsrichter zwischen nicht einigungsfähigen Mitgliedstaaten. Die Rolle des „tertius gaudens" ist strukturell bedingt und wächst dem EuGH auf Grund seiner „neutralen" Position im Gefüge der Institutionen zu. In vielen Fällen haben die Urteile des EuGH die Nicht-Einigung im Rat ersetzt.[59]

Der „tertius gaudens" ist nicht immer ein unparteiischer Schiedsrichter, häufig verfolgt er bei der Konfliktschlichtung eigene Interessen (Simmel 1968: 82f.). Dies gilt

---

58 In Bezug auf das BVerfG bemerkt Landfried (1992: 63): „As the Federal Constitutional Court has only a limited democratic legitimacy, it is detrimental to a democracy when such a Court frequently makes policy and, with a dense network of constitutional interpretations, reduces the political alternatives of future generations."

59 Das Urteil im Fall ‚Cassis de Dijon' illustriert diese These. Viele Verhandlungen zur Harmonisierung (die häufig von wenigen Mitgliedstaaten blockiert wurden) konnten durch die wechselseitige Anerkennung von Standards erfolgreich beendet werden; vgl. dazu Alter und Meunier-Aitsahalia (1994).

auch für den EuGH: Die Richter haben eine spezifische Konzeption der europäischen Integration entwickelt, an der sie sich orientieren („une certaine idée de l'Europe") und die nicht immer mit den Interessen und „Ideen" der Nationalstaaten übereinstimmt.

b) Credible commitment. Moravcsik (1998: 73ff.) interpretiert den Souveränitätsverzicht der Nationalstaaten und die Übertragung von Kompetenzen an die Gemeinschaft als ein „credible commitment", das die Mitgliedstaaten eingegangen sind, um sich wechselseitig besser kontrollieren zu können. Die Mitgliedstaaten antizipieren, dass der kollektive Nutzen einer Kooperation im Rahmen der Gemeinschaft höher ist als der Nutzen, den jeder Staat alleine erreichen könnte. Für Moravcsik ist der Souveränitätsverzicht (pooled sovereignty) ein institutionalisiertes *Mittel,* um eine langfristige Kooperation zwischen rationalen Egoisten abzusichern. Indem die Mitgliedstaaten Kompetenzen in jenen Bereichen auf die Gemeinschaft übertragen, in denen eine Kooperations-Rente zu erwarten ist, sichern sie sich kollektiv gegen den „free rider" ab. Inzwischen umfasst dieses „credible commitment" die Gesamtheit des primären und sekundären Gemeinschaftsrechts, das während der vergangenen fünfzig Jahre von den Mitgliedstaaten verabschiedet wurde (acquis communautaire).

Im Völkerrecht gilt für internationale Verträge das Prinzip der Reziprozität, d.h. ein Staat ist an die Erfüllung von Verträgen nur gebunden, wenn die anderen Staaten sich ebenfalls an den Vertrag halten. In verschiedenen Urteilen hat der EuGH festgestellt, dass dieses Prinzip *nicht* für die Gemeinschaft gilt, d.h. eine (vermeintliche) Vertragsverletzung eines Mitgliedstaates ist kein legitimer Grund für andere Staaten, die Erfüllung von vertraglichen Verpflichtungen ihrerseits zu verweigern (Pescatore 1981: 628). Es gilt das Prinzip „pacta sunt servanda" und dies zunächst unabhängig davon, wie die anderen Vertragspartner sich verhalten.

Der EuGH geht davon aus, dass die vertraglichen Vereinbarungen Ergebnis und Ausdruck eines Interessenausgleichs zwischen den Staaten sind. Jede Vertragsverletzung würde den Ausgleich unterschiedlicher Interessen in Frage stellen und zu einer ungleichen Verteilung von Vorteilen und Verpflichtungen führen, die in den Verträgen vereinbart wurden. Indem der EuGH in seiner Rechtsprechung den „acquis communautaire" verteidigt, hat er gleichzeitig das „credible commitment" der Mitgliedstaaten gestärkt und die Kooperation rationaler Egoisten auf Dauer abgesichert.

c) Entlastungsfunktion. Das BVerfG hat in der Vergangenheit häufig „politische" Entscheidungen getroffen, und zwar auf Antrag der im Bundestag vertretenen Parteien (z.B. Finanzausgleich zwischen den Ländern). Es stellt sich die Frage, warum Parteien ein politisches Problem, das zum Kern ihrer Aufgaben gehört, nicht selbst lösen, sondern an ein Gericht delegieren, zu dessen Funktionen die Politikgestaltung gerade *nicht* gehört.

Eine Antwort wurde bereits mit dem Hinweis auf die Rolle des „tertius gaudens" gegeben: Nicht einigungsfähige Parteien können sich häufig zumindest darauf einigen, die Dienstleistung eines professionellen Schlichters in Anspruch zu nehmen. Eine weitere Antwort kann darin gesehen werden, dass das Gericht eine Entlastungsfunktion für politische Parteien hat, insbesondere dann, wenn es um die Lösung besonders kontroverser Probleme geht (z.B. Schwangerschaftsabbruch).

Das Gerichtsurteil erscheint als eine unparteiische, gerechte und über den Interessen der Parteien schwebende Lösung. Der Schiedsspruch wird durch eine unabhängige Institution gefällt, die zumindest im formalen Sinne von „Politik" getrennt und nur dem „Gesetz" verpflichtet ist. Im Urteil wird der Anschein erweckt, als ob die Prinzipien der formalen Gerechtigkeit (rule of law) mit den Prinzipien der materiellen Gerechtigkeit (Würdigung des Einzelfalls) versöhnt werden könnten.

Auch der EuGH erfüllt in einem gewissen Umfang eine Entlastungsfunktion für die Mitgliedstaaten. In vielen Urteilen hat er die Gleichbehandlung von Mann und Frau und die Nicht-Diskriminierung von Angehörigen anderer Mitgliedstaaten eingefordert. Er hat damit den Regierungen eine Legitimation zur Verabschiedung von Gesetzen geliefert, die hohe Kosten verursachten und ohne einen durch den EuGH ausgeübten Zwang nur schwer durchsetzbar gewesen wären (vgl. den Fall „Casagrande").

Literatur

Zitierte Entscheidungen des Bundesverfassungsgerichts:
Solange I-Urteil, BVerfG 37 (1975), S. 271–305 (29. 5.74).
Solange II-Urteil, BVerfG 73 (1987), S. 339–388 (22.10.86).
Haushaltsdefizit, BVerfG 79 (1989), S. 311–357 (18. 4.89).
Maastricht-Urteil, BVerfG 89 (1994), S. 155–213 (12.10.93).
Zitierte Entscheidungen des Europäischen Gerichtshofes:
Van Gend & Loos, Sammlung 1963, Rs 26/62, S. 5–30 (5. 2.63).
Casagrande, Sammlung 1974, Rs 9/74, S. 773-784 (3. 7.74).
Cassis de Dijon, Sammlung 1979, Rs 120/78, S. 649–665 (20. 2.79).
Liselotte Hauer, Sammlung 1979, Rs 44/79, S. 3727–3751 (13.12.79).

Alter, Karen, 1998: Who Are the ‚Masters of the Treaty'?: European Governments and the European Court of Justice, International Organization 52: 121–147.
Alter, Karen, und *Sophie Meunier-Aitsahalia,* 1994: Judicial Politics in the European Community: European Integration and the Pathbreaking ‚Cassis de Dijon' Decision, Comparative Political Studies 26: 535–561.
Armstrong, Kenneth, 1998: Legal Integration: Theorizing the Legal Dimension of European Integration, Journal of Common Market Studies 36: 155–174.
Beutler, Bengt, et al., 1993: Die Europäische Union: Rechtsordnung und Politik. Baden-Baden: Nomos.
Böckenförde, Ernst-Wolfgang, 1991: Staat, Verfassung, Demokratie. Frankfurt a.M.: Suhrkamp.
Bourdieu, Pierre, 1998: Contre-feux. Paris: Raisons d'agir.
Cushman, Barry, 1998: Rethinking the New Deal Court. Oxford: Oxford University Press.
Dashwood, Alan, 1996: The Limits of European Community Powers, European Law Review 21: 113–128.
Dehousse, Renaud, 1998: The European Court of Justice. London: Macmillan Press.
Everling, Ulrich, 1990: Brauchen wir „Solange III"?, Europarecht 25: 195–227.
Frowein, Jochen, 1994: Das Maastricht-Urteil und die Grenzen der Verfassungsgerichtsbarkeit, Zeitschrift für ausländisches öffentliches Recht und Völkerrecht 54: 1–15.
Galanter, Marc, 1974: Why the „Haves" Come Out Ahead: Speculations on the Limits of Legal Change, Law and Society 9: 95–160.
Garrett, Geoffrey, 1995: The Politics of Legal Integration in the European Union, International Organization 49: 171–81.
Garrett, Geoffrey, et al., 1998: The European Court of Justice, National Governments, and Legal Integration in the European Union, International Organization 52: 149–176.
Grimm, Dieter, 1991: Die Zukunft der Verfassung. Frankfurt a.M.: Suhrkamp.

Genschel, Philipp, 1998: Markt und Staat in Europa, Politische Vierteljahresschrift 39: 55–79.
Hall, Peter, 1993: Policy Paradigms, Social Learning, and the State: The Case of Economic Policymaking in Britain, Comparative Politics 25: 275–296.
Hallstein, Walter, 1973: Die Europäische Gemeinschaft. Düsseldorf: Econ.
Heintzen, Markus, 1994: Die „Herrschaft" über die europäischen Gemeinschaftsverträge: Bundesverfassungsgericht und Europäischer Gerichtshof auf Konfliktkurs?, Archiv des öffentlichen Rechts 119: 564–589.
Isensee, Josef, 1968: Subsidiaritätsprinzip und Verfassungsrecht. Berlin: Duncker & Humblot.
Janzen, Dietmar, 1996: Der neue Artikel 88 Satz 2 des Grundgesetzes. Berlin: Duncker & Humblot.
Kirchhof, Paul, 1998: Die Gewaltenbalance zwischen staatlichen und europäischen Organen, Juristen Zeitung 53: 965–974.
Koenig, Christian, 1993: Institutionelle Überlegungen zum Aufgabenzuwachs beim Europäischen Gerichtshof in der Währungsunion, Europäische Zeitschrift für Wirtschaftsrecht 4: 661–666.
Kumm, Mattias, 1999: Who Is the Final Arbiter of Constitutionality in Europe?, Common Market Law Review 36: 351–386.
Landfried, Christine, 1992: Judicial Policy-Making in Germany: The Federal Constitutional Court, West European Politics 15: 50–67.
Lepsius, M. Rainer, 1991: Nationalstaat oder Nationalitätenstaat als Modell für die Weiterentwicklung der Europäischen Gemeinschaft. S. 19–40 in: *Rudolf Wildenmann* (Hg.): Staatswerdung Europas? Baden-Baden: Nomos.
Lerche, Peter, 1995: „Kompetenz-Kompetenz" und das Maastricht-Urteil des Bundesverfassungsgerichts. S. 409–424 in: *Jörn Ipsen* (Hg.): Verfassungsrecht im Wandel. Köln: Heymann.
Ludet, Daniel, und *Rüdiger Stotz,* 1990: Die neue Rechtsprechung des französischen Conseil d'Etat zum Vorrang völkerrechtlicher Verträge, Europäische Grundrechte Zeitschrift 17: 93–98.
Luhmann, Niklas, 1993: Das Recht der Gesellschaft. Frankfurt a.M.: Suhrkamp.
Mancini, Federico, 1989: The Making of a Constitution for Europe, Common Market Law Review 26: 595–614.
Mattli, Walter, und *Anne-Marie Slaughter,* 1998: Revisiting the European Court of Justice, International Organization 52: 177–209.
McNamara, Kathleen, 1998: The Currency of Ideas: Monetary Politics in the European Union. Ithaca: Cornell University Press.
Moravcsik, Andrew, 1997: Taking Preferences Seriously: A Liberal Theory of International Politics, International Organization 51: 513–553.
Moravcsik, Andrew, 1998: The Choice for Europe. Ithaca: Cornell University Press.
Neyer, Jürgen, 1999: Legitimes Recht oberhalb des demokratischen Rechtsstaates? Supranationalität als Herausforderung für die Politikwissenschaft, Politische Vierteljahresschrift 40: 390–414.
Nicoll, N., 1984: The Luxembourg Compromise, Journal of Common Market Studies 23: 35–43.
Nozick, Robert, 1974: Anarchy, State, and Utopia. New York: Basic Books.
Oberndörfer, Dieter, 1999: Nationale Identität und republikanischer Patriotismus. Stuttgart: SWR2 (Manuskript).
Pescatore, Pierre, 1981: Aspects judiciaires de l'"acquis communautaire", Revue trimestrielle de droit européen 17: 617–651.
Piris, Jean-Claude, 1999: L'Union européenne a-t-elle une constitution? Lui en faut-il une?, Revue trimestrielle de droit européen 35: 599–635.
Preuss, Ulrich, 1987: Politik aus dem Geiste des Konsenses: Zur Rechtsprechung des Bundesverfassungsgerichts, Merkur 41: 1–12.
Rasmussen, Hjalte, 1986: On Law and Policy in the European Court of Justice. The Hague: Martinus Nijhoff.
Rasmussen, Hjalte, 1988: Between Self-Restraint and Activism: A Judicial Policy for the European Court, European Law Review 13: 28–38.
Ress, Georg, 1989: Über die Notwendigkeit der parlamentarischen Legitimierung der Rechtsetzung der Europäischen Gemeinschaft. S. 625–684 in: *Wilfried Fiedler* und *Georg Ress* (Hg.): Verfassungsrecht und Völkerrecht: Gedächtnisschrift für Wilhlem Karl Geck. Köln: Heymanns.

Roellecke, Gerd, 1992: Verfassungsgebende Gewalt als Ideologie, Juristen Zeitung 47: 929–934.
Scharpf, Fritz W., 1985: Die Politikverflechtungs-Falle, Politische Vierteljahresschrift 26: 232–256.
Scharpf, Fritz W., 1999: Regieren in Europa: Effektiv und demokratisch? Frankfurt a.M.: Campus.
Schwarze, Jürgen, 1994: Europapolitik unter deutschem Verfassungsrichtervorbehalt, Neue Justiz 48: 1–5.
Sedemund, Jochim, 1987: „Cassis de Dijon" und das neue Harmonisierungskonzept der Kommission. S. 37–54 in: *Jürgen Schwarze* (Hg.): Der Gemeinsame Markt: Bestand und Zukunft in wirtschaftsrechtlicher Perpektive. Baden-Baden: Nomos.
Simmel, Georg, 1968 (1908): Soziologie: Untersuchungen über die Formen der Vergesellschaftung. Berlin: Duncker & Humblot.
Stein, Eric, 1981: Lawyers, Judges, and the Making of a Transnational Constitution, American Journal of International Law 75: 1–27.
Weiler, Joseph, 1981: The Community System: The Dual Character of Supranationalism, Yearbook of European Law 1: 267–306.
Weiler, Joseph, 1999: The Constitution of Europe. Cambridge: Cambridge University Press.
Windolf, Paul, 1992: Mitbestimmung und „corporate control" in der Europäischen Gemeinschaft. S. 120–142 in: *Michael Kreile* (Hg.): Die Integration Europas. Sonderheft 23 der Politischen Vierteljahresschrift. Opladen: Westdeutscher Verlag.
Zuck, Rüdiger, 1975: Wirtschaftsverfassung und Stabilitätsgesetz. München: Goldmann.
Zuleeg, Manfred, 1994: Die Europäische Gemeinschaft als Rechtsgemeinschaft, Neue Juristische Wochenschrift 47: 545–549.

VOLUNTARISMUS, OLIGARCHISIERUNG UND INSTITUTIONELLE ENTKOPPLUNG

Institutionenbildung und Institutionenpolitik der Europäischen Zentralbank

Rainer Weinert

Zusammemfassung: Mit der europäischen Währungsunion, der Europäischen Zentralbank und der Einführung des Euro wurde in der europäischen Integration ein qualitativer Sprung vollzogen. Ausgehend von neueren Ansätzen der „designing institutions" (Offe, Goodin), wird die Bildung der EZB anhand der Dimensionen Evolution, Kontingenz und Intention behandelt. Eine Analyse der Organisationsstruktur der EZB zeigt, dass die wahrscheinliche Entwicklung eine hoch zentralisierte „Eurofed" sein wird. Die Folgen für die EU werden als Voluntarismus, Oligarchisierung und institutionelle Entkopplung gefasst. Entscheidend ist der Aspekt der Freisetzung von Geldpolitik auf europäischer Ebene. Die nationalen Zentralbanken agieren in dem Dreieck von Geldpolitik (Zentralbanken), staatlicher Finanzpolitik (Finanzminister) und Lohnpolitik (Systeme der Arbeitsbeziehungen), auf suprastaatlicher Ebene fehlen jedoch Institutionenbildungen in der Finanz- und Lohnpolitik. Diese institutionelle Entkopplung der EZB und deren Verortung außerhalb des EU-Institutionensystems führt zu einer Asymmetrie zugunsten von Geldpolitik. Im Ergebnis wird sich eine eigenständige, hoch autotomisierte suprastaatliche Zentralbank des Wirtschaftsblocks Europa etablieren, die ohne historisches Vorbild ist. Damit wird eine Politisierung der Integration Europas in Zukunft wahrscheinlich.

I. Einleitung

„Fragen des Geldwesens und des Geldwerts" trafen nach Schumpeter schon immer auf das leidenschaftliche Interesse des ‚Geldbürgers'. Dies erkläre sich daraus, „daß sich im Geldwesen eines Volkes alles spiegelt, was dieses Volk will, tut, erleidet, ist ... Der Zustand des Geldwesens eines Volkes ist ein Symptom aller seiner Zustände" (Schumpeter 1970: 1). So befremdlich diese Sätze des großen Nationalökonomen für moderne europäischen Gesellschaften auch klingen mögen, der Verlauf der extrem wertdramatisierten und hysterisierten Debatte um die Einführung des Euro scheint doch Schumpeters Sicht in vielem zu bestätigen.[1] Schumpeter dürfte insofern recht haben, da sich offenbar die Geldbürger in modernen Gesellschaften im hohen Maße über „Geld" und damit auch über die Geldpolitik definieren (Pepermans 1999). Die Rationalität einer solchen Betrachtung besteht darin, dass 1. die Geldpolitik typischerweise und im Unterschied zu anderen Politikbereichen in ihren Auswirkungen regelmäßig fast alle Geldbürger erfasst, 2. Auswirkungen geldpolitischer Maßnahmen querschnitthaft sämtliche Politikbereiche tangieren und 3. handelt es sich bei der Geldpolitik um einen hoch po-

---

1 In dieser Hinsicht ist die sog. Euro-Klage sehr aufschlussreich, vgl. Hankel et al. (1998: 58ff.).

litisierten Bereich, in dem nicht nur unterschiedliche Schulen aufeinander prallen, sondern auch parteipolitische Konzepte (Schmidt 1983: 276f.). Wird der „Hüter der Geldwertstabilität", die Zentralbank, auf suprastaatliche Ebene verpflanzt, werden vergleichbare Politisierungen, wie wir sie aus den nationalstaatlichen Kontexten kennen, auch dort wahrscheinlich. So verwundert es auch nicht, dass die Bildung der Europäischen Zentralbank (EZB) von zeitgleichen, intensiven Europadiskussionen in allen EU-Mitgliedstaaten begleitet war, dass die nationalen Ratifizierungsprozesse zu enormen politischen Mobilisierungen führten, die in Dänemark im ersten Anlauf scheiterten, während sich Großbritannien mit dem „opt-out"-Vorbehalt einen späteren Beitritt offen hält.

Dennoch existiert in der Literatur hinsichtlich der Analyse der EZB eine bemerkenswerte Lücke: Betrachtet man sich einerseits einschlägige (überwiegend politikwissenschaftliche) Sammelbände und Gesamtdarstellungen über die EU nach dem Vertrag von Maastricht, wird hier die Errichtung der EZB eher randständig behandelt und bleibt unteranalysiert (vgl. Kreile 1992; Mazey und Richardson 1993; Streeck 1994, 1998; Eichener und Voelzkow 1994; Jachtenfuchs und Kohler-Koch 1996; Marks et al. 1996; König, Rieger und Schmitt 1996, 1997).[2] Auf der anderen Seite stimmen (fast) sämtliche (monetär-)ökonomischen Abhandlungen in der Einschätzung überein, dass sich die Währungsunion nicht ökonomisch, sondern nur politisch begründen lasse (für viele: Grahl 1997; Thomasberger 1993: 242) – und man damit disziplinär gewissermaßen nur bedingt zuständig sei.[3] Stimmt man dieser Einschätzung zu, dass sich die Etablierung der EZB nur aus politischen Konstellationen heraus begründen lasse, dann ist die Soziologie am Zuge. Die Begründung liefern der Vertrag von Maastricht und die Verlagerung der geldpolitischen Kompetenz auf europäische Ebene, die eine entscheidende Zäsur in der europäischen Einigung markieren. Bis Mitte der 80er Jahre dominierten in der EU Regulierungssachverhalte, bei denen eine hohe Übereinstimmung erreicht werden konnte, wie bei der Marktöffnung, oder solche Gegenstände, bei denen es zwar unterschiedliche Meinungen gab, aber das Interesse an gemeinsamen Lösungen überwog, während der Anteil umstrittener Sachverhalte gering war (Scharpf 1998: 161). Dieses Bild ändert sich in der Post-Maastricht-Ära maßgeblich. Schon gegen Ende der 80er Jahre war die EU „deeply involved in areas much closer to the

---

2 In einigen Sammelbänden überwiegen Beiträge von Praktikern, vgl. Besters und Gleske (1991) sowie Gleske (1996). Eine Ausnahme bilden die Beiträge von Klaus Busch (1994 und 1996) und John T. Woolley (1992 und 1994). Interessant ist der Beitrag von Engelmann, Knopf, Roscher und Risse (1997), die die Debatten um die Einführung einer einheitlichen Währung in Deutschland, Frankreich und England unter dem Aspekt nationaler Identitätskonstruktionen thematisieren. Dies ist aber nur ein Aspekt, der in die Analyse der Institutionenbildung mit einbezogen werden muss.

3 Am interessantesten sind die angelsächsischen „political-economy"-Beiträge (Eichengreen, Frieden und Hagen 1995 und 1995a). In soziologischer Perspektive bleiben aber auch diese Zugänge unbefriedigend, weil die ökonomische Theoriebildung nach wie vor Probleme hat, Prozesse der Machtbildung konsistent zu integrieren. Der Machtbegriff wird de facto im „trade off-Theorem" verflüchtigt. „A framework in which governments trade off objectives along different dimensions seems more appropriate than vague invocations of power politics" (Eichengreen und Frieden 1994: 10).

everyday lives of its citizens and that were more highly politicized" (Martin 1998: 129). Dieser Kontext wird durch die Europäisierung der Geldpolitik weiter verschärft.

Gleichwohl ist aus soziologischer Sicht der Forschungsstand äußerst unbefriedigend, zumal mit dem Bedeutungszuwachs der Geld- und Währungspolitik für moderne Gesellschaften Zentralbanken zu zentralen politischen Institutionen aufgestiegen sind. Dies gilt auch für die Gründung der Europäischen Zentralbank, die diese Entwicklung fortschreibt und verschärft. In der soziologischen Forschung existieren eine Reihe von Ansätzen, die für die Analyse der EZB herangezogen werden können. Das betrifft insbesondere das seit etwa zwei Jahrzehnten neu erwachte Interesse an politischen Institutionen. Hier bieten sich sowohl institutionenanalytische Ansätze an, die überwiegend auf der Basis von rational choice-Ansätzen argumentieren (wie Powell und Di Maggio; Jepperson 1991), als auch „kritische Institutionentheorien", die sich etwa in der Auseinandersetzung mit klassischen Institutionentheorien entwickelt haben; hier wären die Arbeiten von Karl-Siegbert Rehberg (1990) und Gerhard Göhler (1994 und 1997) zu erwähnen. Allerdings spielen Zentralbanken oder „Geld" in diesen Ansätzen interessanterweise keine Rolle. Dagegen habe ich an anderer Stelle (Weinert 1999) einen Vorschlag zur Analyse von Zentralbanken als politischen Institutionen entwickelt, der an neuere handlungstheoretische Institutionenanalysen anknüpft.

Betrachtet man sich die Institutionengenese der EZB, so erscheint diese als eine gezielte Top-down-Strategie, die einer dezidierten politisch-ökonomischen Zielvorstellung folgt, die, so wird vielfach befürchtet, in ihrem Kern neoliberal ausgerichtet sei. Hier scheine sich ein bestimmtes, normativ geladenes *institutional design* durchgesetzt zu haben. Vor diesem Hintergrund bietet es sich an, neuere Beiträge über „designing institutions" für die Analyse heranzuziehen (Goodin 1996; Bobrow und Dryzek 1987). Diesen Zugang verknüpfe ich (in Abschnitt II) mit anderen, ähnlich argumentierenden Ansätzen, wie etwa dem von Birgitta Nedelmann (1995). Anschließend (Abschnitt III) skizziere ich den Prozess der Institutionenbildung sowie die Organisationsstruktur der EZB (Abschnitt IV). Sodann diskutiere ich einige Folgeprobleme der Institutionenbildung und der Institutionenpolitik der EZB (Abschnitt V). Hier bietet es sich an, klassische Fragestellungen der Theorien des sozialen Wandels exemplarisch anzuwenden, die nach Form, Tempo, Raum und den Entwicklungskriterien, die in diesem Prozess dominant werden, fragen (Nedelmann 1999). Im Kontext der Rekonstruktion der Institutionenbildung vertrete ich drei Thesen: 1. Die europäische Wirtschafts- und Währungsunion (EWWU) ist ein hoch voluntaristisches Projekt der Substituierung von Marktprozessen durch Verträge und Regelbindung; 2. die Institutionalisierung der europäischen Zentralbank ist ein Prozess der Oligarchisierung, der seinen Ursprung *nicht* in der europäischen Integration hat, sondern in der endogenen Entwicklungsdynamik moderner Zentralbanksysteme und 3. verändert sich mit der Etablierung der EZB für die Mitgliedsländer das Bezugssystem dessen, was „Gesellschaft" ist, weiter, indem bestehende nationalstaatliche Arrangements aus den Angeln gehoben werden, was vor allem durch die Europäisierung der Geldpolitik und gleichzeitigem Verbleib der Fiskal- und Lohnpolitik in den nationalen Handlungsarenen sichtbar wird. Diesen Prozess nenne ich *institutionelle Entkopplung*. Ein solches *institutional design* auf europäischer Ebene, das von nationalstaatlichen Akteuren (wie dem Staat und den Verbänden) freigesetzt ist, muss diese Entkopplungsdynamik allerdings in problematischer Weise verschärfen und damit das europäische Demokratieproblem.

II. Designing Institutions

Institutionenbildungen „by design" sind allgemein selten vorfindlich und bilden eine ausgesprochen unwahrscheinliche Variante sozialen Wandels (Offe 1996: 207). Das trifft aber nicht für die Entwicklung der europäischen Integration zu. Die Entwicklung von den Römischen Verträgen bis zum Vertrag von Maastricht lässt sich als eine Abfolge von Institutionenbildungen „by design" beschreiben: die Kommission, der Rat, das Parlament, der Gerichtshof, der Soziale Dialog, die Euro-Betriebsräte etc. und jetzt die Zentralbank. Ausgangspunkt sind immer nationalstaatliche ‚Vorbilder‘, die jedoch innerhalb des institutionellen Arrangements der EU eine Eigenprägung erfahren, die sich dezidiert von den nationalstaatlichen Mustern unterscheidet. Die Europäische Zentralbank macht hier keine Ausnahme. Sie erscheint sogar als politische Institution ‚aus einem Guss‘, eine optimale Organisationsform auf suprastaatlicher Ebene, in der sie durch das ‚Festzurren‘ des Rationalitätskriteriums Geldwertstabilität auf EU-Ebene sowohl den Ansprüchen der integrierten internationalen Finanzmärkte Rechnung trägt, als auch der Sicherung nationaler Partizipationschancen im „Europäischen System der Zentralbanken" (ESZB).

Das Bedürfnis, Institutionen nach bestimmten Vorstellungen zu konstruieren und umzusetzen, ist nicht neu, sondern so alt wie das politische Denken überhaupt. In der neueren Diskussion sind für meine Zwecke vor allem die Beiträge von Goodin und Offe bemerkenswert.[4] Goodin (1996: 31) versteht unter design, „the creation of an actionable form to promote valued outcomes in a particular context". Das Beste, was einem Institutionenbildner passieren könnte, ist eine „well-designed institution, in particular, would be one that is both internally consistent and externally in harmony with the rest of the social order in which it is set" (ebenda: 37). In dieser soziologischen Perspektive wäre der beispiellose Erfolg des „Modells Bundesbank" nicht ausschließlich ein Erfolg rigider Geldwertstabilitätspolitik, entscheidend sei vielmehr, dass diese Norm „exists in the context of institutional cohesion, national solidarity, and social harmony" (McNamara und Jones 1996: 17). Diese Einbettung in Demokratie und Wohlfahrtsstaat ermögliche gleichzeitig die „Zufuhr von verpflichtenden Motiven" (Offe 1998: 105), die bislang an den Nationalstaat gebunden waren. Aus dieser Konzeptualisierung folgt, dass man „gute Institutionen" nicht auf pragmatischem Wege entwickeln kann, sondern nur bei einem hohen Legitimationsglauben geltend gemachter Handlungsmaximen. Eine andere, wesentliche Funktion von Institutionen ist je-

---

4 In einem weiter gefassten Sinne sind natürlich die idealtypisch gedachten Institutionalisierungsprozesse von Max Weber ebenso unter diesem Begriff fassbar, vgl. dazu Lepsius (1997). Ohne den Begriff des institutional design zu explizieren, spielt er doch in verschiedenen aktuellen Theorien eine, wie mir scheint, nicht unerhebliche Rolle, das betrifft rational choice-Analysen (Knight 1993) ebenso wie die Institutionalisierungsprozesse internationaler Beziehungen (Ruggie 1998). Kritisch sehen March und Olsen (1989: 56ff.) dieses Konzept, in dem sie im Grunde das Konzept der „bounded rationality" weiter entwickeln.

doch eine negative: „[T]hey encourage the self-imposition, on the part of social actors, of behavioral disciplines that curb "opportunistic" modes af action" (Offe 1996: 200). Je nachdem, welche Akzente gesetzt werden, werden die Freiheitsgrade von Institutionen hervorgehoben (Gehlen, Schelsky etc.) oder deren konservativer Bias betont. In der neueren Literatur ist diese Dichotomisierung weitgehend überwunden und es wird versucht, beide Aspekte zu berücksichtigen, die als „discipline and license" (Offe), „the two faces of institutions" (Olsen) oder „freedom within constraint" (Jepperson) modelliert werden. Hinsichtlich der Institutionenbildung ist nunmehr entscheidend, dass sie einem doppelten Test standhalten müssen: „making sense" und „being fit for its mission" (Offe 1996: 201). Den ersten Aspekt wollen wir anhand der Institutionenbildung der europäischen Zentralbank überprüfen, den zweiten anhand der Folgeprobleme für die EU.

III. Institutionenbildung

Wir können drei Typen bzw. Usprünge sozialen Wandels unterscheiden (Goodin 1996: 24ff.): Evolution, Kontingenz und Intention. Bei der *Evolution* wird an der klassischen und neueren Begrifflichkeit der Modernisierungstheorie angeknüpft (Zapf 1969; Müller und Schmid 1995). Zwar sei die klassische Theorie sozialen Wandels hinsichtlich ihrer Vorhersagekraft überschätzt worden (Müller und Schmid 1995: 21), gleichwohl übt sie nach wie vor erheblichen Einfluss auf die neueren Institutionentheorien aus (Weinert 1997). In dieser klassischen Perspektive entwickeln sich Institutionen, sie emergieren, werden entdeckt oder verbreiten sich. Solche subjektfreien Betrachtungen haben den Vorteil, dass ihnen nach der Etablierung eine Art gesellschaftliche Notwendigkeit zugebilligt wird und der Aspekt der gezielten Institutionenbildung vernachlässigt werden kann, nämlich „to obscure their origins in intentional action of concrete individuals and groups" (Offe 1996: 215). Insofern empfiehlt es sich bei Institutionenbildungen und -wandel zusätzlich den Aspekt interessengeleiteten „designer activism" einzubeziehen. Unter *Kontingenz* verstehen wir sozialen Wandel „by accident" und damit Prozesse, die einer hohen Unbestimmtheit unterliegen (Goodin 1996: 24). Ob und inwieweit derartige Prozesse „krassen Wandels" (Clausen 1994) konsistent in die Theoriebildung integriert werden können, ist allerdings höchst umstritten (Mayntz 1996). Unter *Intention* wird „intentional intervention" zentraler Akteure verstanden, als „deliberate interventions of purposive, goal-seeking agents" (Goodin 1996: 25). Der Nachteil solcher Institutionenbildungen besteht darin, dass diese keine imaginierte Kraft gesellschaftlicher Notwendigkeit geltend machen können, sondern ständig dem Vorwurf des Voluntarismus oder Subjektivismus ausgesetzt sind, was wiederum zu ständigen Neuanpassungen der Institutionenerfinder führt.

Sozialer Wandel lässt sich idealtypisch nach diesen Dimensionen differenzieren. Häufig wird man jedoch auf eine Kombination dieser Dimensionen treffen, die für die Institutionenbildung entscheidend gewesen ist. Das trifft auch für die Bildung der EZB zu. Wir wollen hierzu thesenhaft die wichtigsten Entwicklungsmomente umreißen.

1. Evolution

Die Dimension der Evolution lässt sich in drei Entwicklungsstränge unterteilen, in einen institutionellen, einen ökonomischen und einen integrationspolitischen.

a) Institutioneller Aspekt. Unter institutioneller Evolution verstehe ich die sukzessive Veränderung der Bedeutung von Zentralbanken innerhalb moderner Geldökonomien. In der zweiten Hälfte des 20. Jahrhunderts sind Zentralbanken zu politischen Hauptinstanzen moderner Gesellschaften aufgestiegen, deren Entscheidungen massive Effekte auf die Handlungsfähigkeit des Staates sowie auf tarifpolitische Entscheidungen der Interessenverbände haben (Goodman 1991; Weinert 1999). Trotz dieses allgemeinen Bedeutungszuwachses sind die Organisationsstrukturen der Zentralbanken in den großen westeuropäischen Gesellschaften heterogen geblieben, obwohl sich seit den 70er Jahren unter dem Einfluss monetaristischer Theorien in der Ökonomie die institutionalisierte Freisetzung zentralbanklichen Handelns weitgehend durchgesetzt hat.

b) Ökonomischer Aspekt. Für diesen Aspekt ist die relative Freisetzung des Rationalitätskriteriums Geldwertstabilität aus dem Ensemble jener makroökonomischen Ziele bedeutsam, die in Deutschland nach dem Stabilitätsgesetz von 1967 eine optimale Zielkombination von Preisniveaustabilität, Vollbeschäftigung, außenwirtschaftlichem Gleichgewicht bei stetigem Wirtschaftswachstum intendierten. Diese kombinierten Zielorientierungen als dem „magischen Viereck" hatten in der einen oder anderen Form in fast allen westeuropäischen Gesellschaften Gültigkeit (Mooslechner 1990). Die Relation dieser Makroziele wurden im Zuge der 70er Jahre einer Neugewichtung unterzogen, vor allem das Verhältnis zwischen Banken, Geld- und Fiskalpolitik (ebenda: 235).[5] Dieser Wandel hatte massive Auswirkungen auf die europäischen Ökonomien. Preisniveaustabilität rückte in der Zielhierarchie gegenüber Wirtschaftswachstum und Vollbeschäftigung an die erste Stelle, während sich parallel Wachstumsschwäche und Arbeitsloigkeit verschärften (Weinert 1999).

In Europa wurde in den 70er Jahren das Europäische Währungssystem (EWS) errichtet. Geplant als ein symmetrisches System von Wechselkursen, kristallisierte sich schnell ein asymmetrisches Leitwährungssystem unter der Vorherrschaft der D-Mark und institutionell: der Bundesbank heraus. In einer solchen asymmetrischen Struktur werden die Anpassungslasten dem Defizitland aufgebürdet, nicht dem Überschussland.[6] Mit der DM als Leitwährung transformierte die Bundesrepublik das EWS in eine Zone restriktiver Wirtschaftspolitik, während Defizitländer wie Frankreich oder Italien gezwungen wurden, Wachstums-, Produktivitäts- oder Inflationsdifferenzen zur Bundesrepublik durch Abwertungen auszugleichen (Herr und Voy 1989: 144).

---

5 Als ein zentraler Indikator für diese Entwicklung kann der Übergang zur Festlegung von Geldmengenzielen gefasst werden. Nach dem Zusammenbruch des Bretton Wood-Systems erfolgte dieser Strategiewandel in der Bundesrepublik und in den USA 1974, in Frankreich 1976 und in Großbritannien 1977, vgl. Kettl (1986: 144).

6 Es gibt natürlich andere ökonomische Sichtweisen, die vor allem darauf hinweisen, dass der Eintritt in das EWS freiwillig erfolgte und die Führungsrolle der D-Mark ökonomisch akzeptiert worden sei, so Krägenau und Wetter (1993).

c) Integrationspolitischer Aspekt. 1985 übernahm Jaques Delors das Amt des Präsidenten der Kommission, mit dessen Initiativen eine neue Dynamisierung des europäischen Integrationsprozesses eingeleitet wurde (Bach 1995; Ross 1995). Diese allgemeine Dynamisierung ist eine wesentliche Bedingung für den Prozess, der zur Einheitlichen Europäischen Akte und zum Vertrag von Maastricht führte. Für diese Dynamisierungsperiode gilt, dass eine eigenständige, pfadabhängige europäische Integrationspolitik verfolgt wurde, die auf globale Veränderungen reagierte, sie aber gleichzeitig auch mitprägte (Woolcock, Hodges und Schreiber 1991). Das zentrale Dokument dieser Entwicklung ist der Delors-Report von 1989 (Krägenau und Wetter 1993: 146–157).

2. Kontingenz

Der Weg zu einer euopäischen Zentralbank wurde schlagartig durch die Kontingenz des Zusammenbruchs der sozialistischen Gesellschaften und der Herstellung der deutschen Einheit beflügelt. Die Dynamisierung des Integrationsprozesses in seiner gegenwärtigen Form ist eine unmittelbare Folge der deutschen Einheit (Kohler-Koch 1991). Vor allem der französische Staatspräsident Mitterand drängte auf eine schnelle Realisierung einer einheitlichen europäischen Währung. „And this is ironic, since in December 1989 Chancellor Kohl obtained support for German unification from EC partners, and in particular from France, in exchange for his own support for EMU" (Giovannini 1995: 291). Es war vor allem die deutsche Einheit, die der europäischen Währungsunion den letzten und entscheidenden „powerful blow" (ebenda; Dyson und Featherstone 1996: 331) versetzte. Dieses Ereignis ist kontingent, nicht jedoch das Bedürfnis Frankreichs und der kleineren EWS-Staaten, die Dominanz der DM-Währung zu brechen.

Intention. Der intentionale Aspekt bezieht sich auf die Errichtung einer europäischen Zentralbank. Diese Entscheidung war nicht selbstverständlich, da sich noch andere Alternativen anboten, die Einführung des ECU als Parallelwährung zu den weiterhin gültigen nationalen Währungen und die unveränderte Fortführung des EWS. Theoretisch denkbar wäre noch das freie Floaten der Währungen gewesen, was aber einem Zerfall des europäischen Währungssystems gleichgekommen wäre (Wolf 1999: 206f.) Nachdem die deutsche Seite die Gründung der europäischen Zentralbank akzeptiert hatte, beharrte man im Gegenzug zu dieser grundlegenden Weichenstellung auf der Durchsetzung des institutionellen Arrangements der Bundesbank. In den folgenden Verhandlungen kam deshalb dem Statut der EZB wesentliche Bedeutung zu sowie den Konvergenzkriterien im Rahmen des Stabilitätspaktes, während die französische Seite die Bedeutung der europäischen Lösung betonte (Wolf 1999).

Der intentionale Aspekt bestand nicht in einer von vornherein ausgemachten Sache im Sinne eines klaren, zielbewussten *institutional design*, vielmehr war dieser das Ergebnis einer bilateralen Paktierung. In dieser kontingenten Situation erging das Angebot der deutschen Seite, die europäische Integration voranzutreiben, um historisch vorgeprägten Ressentiments zwischen Deutschland und Frankreich sowie den anderen Mitgliedstaaten keine Chance zu geben.[7] Von französischer Seite wurde dies mit der For-

---

7 1989 hatte Alain Minc das französische Unbehagen an der Dominanz Deutschlands und der

derung nach der Europäisierung der Geldpolitik beantwortet. Um die nationale Zustimmung zu erhalten, dramatisierten die beiden Regierungen in der Folgezeit Einzelaspekte des Gesamtvertrages, schlossen jedoch apriori das Scheitern des Gesamtvertragswerks aus.

Diese Institutionenbildung stößt in der Literatur nach wie vor auf ein breites Interesse, das sich primär auf die Zuschreibungsproblematik zurückführen lässt, welche der erwähnten Dimensionen die entscheidende gewesen ist. Dieser Vorgang wird daher ausgiebig genutzt, um die Tragfähigkeit gängiger Integrationstheorien zu überprüfen (Merkel 1999; Wolf 1999). Allgemein akzeptiert ist nur der Umstand, dass der Vertrag von Maastricht ohne die deutsche Einheit nicht zu realisieren gewesen wäre, zumindest was die Dynamisierung dieses Prozesses angeht (Wolley 1992 und 1993, Andrews 1993). Andere heben wiederum die integrationspolitische Dimension hervor, derzufolge der bis 1989 erreichte Stand der europäischen Integration eine solche Entscheidung notwendig machte (Ross 1995). Aber auch hier gibt es nicht unerhebliche Unterschiede in der Entscheidungszuschreibung. In einer neueren Studie analysiert Andrew Moravcsik (1999: 291) die Bedeutung von „entrepreneurial leadership" für die zentralen Entscheidungen der europäischen Integration seit den Römischen Verträgen und kommt beim Maastrichtvertrag zu dem Ergebnis, dass der Einfluss von Jacques Delors in der Literatur überschätzt werde, der von *central bankern* wie Karl-Otto Pöhl dagegen weitaus größer und der von den Staatsoberhäuptern Deutschlands und Frankreichs entscheidend gewesen sei (Moravcsik 1999: 291).

Aber auch diese Position wird bestritten. So meint beispielsweise Barry Eichengreen (1996: 167), dass die „chill winds of competition" primär nicht einer unilateralen Evolution der Integrationsdynamik geschuldet, sondern eine Reaktion auf die hohe Arbeitslosigkeit gewesen sei und der allgemeinen Befürchtung, gegenüber den Wirtschaftsblöcken Japans und den USA ins Hintertreffen zu geraten. Entscheidend seien also außer-europäische Entwicklungen gewesen. Diese Initiative sei zwar bewusst intendiert gewesen, habe jedoch politische und ökonomische Konsequenzen gehabt, die nicht antizipiert worden waren (ebenda; Andrews 1993: 118). Entscheidend sei die zunehmende Integration der internationalen Kapitalmärkte gewesen sowie der Zusammenbruch der kommunistischen Herrschaftssysteme (Andrews 1993: 108). Als Lösung bot sich nur eine Überwindung des DM-Blocks unter der Herrschaft der Bundesbank an. In dieser Perspektive hing alles von Deutschland als dem „crucial player" ab (Sandholtz 1993: 133; Garret 1994: 49; Woolley 1992, 1994), denn Deutschland war das einzige Land, das bei einer solchen Regulierung währungspolitischen Einfluss verlieren würde (Eichengreen und Ghironi 1995: 19). So sprachen nicht nur ökonomische und finanzpolitische Aspekte für eine Stärkung der EU, sondern auch die Notwendigkeit, das nunmehr vereinigte Deutschland über die Währungsunion stärker einzubinden. Solche weitgehenden politischen Ziele würden erfahrungsgemäß nicht direkt angegan-

---

Bundesbank in einem in Frankreich viel beachteten Buch gewissermaßen stellvertretend für die französische *ruling class* artikuliert und prophezeit: Wenn Deutschland 1992 als eine Etappe zur weiteren europäischen Integration begreife, dann müsste es in eine einheitliche makroökonomische Politik einwilligen, mit einer gemeinsamen Währung und massiven Haushaltsanstrengungen.

gen, sondern via Geld: „and money once again served as the main instrument" (Tsoukalis 1997: 164).

Im Vertrag von Maastricht bündeln sich bestimmte endogene Entwicklungsfaktoren wie die europäische Einigungsdynamik, die bis zu den Gründungsvätern mit ihrer Idee, durch eine stärkere wirtschaftliche Verflechtung eine politische Kooperation zu induzieren, zurückzuführen ist. Daneben wirken exogene Faktoren, die sich aus der Konkurrenz der drei Wirtschaftsblöcke Europa, USA und Japan ergeben sowie der zunehmenden Integration der internationalen Finanz- und Kapitalmärkte, mit der wiederum der Bedeutungszuwachs der Zentralbanken verknüpft ist. Eine nicht zu unterschätzende Rolle spielt die breite *politische* Unzufriedenheit der Defizitländer mit dem EWS. Dennoch war die Herstellung einer europäischen Währungsunion bis zum Herbst 1989 kein „pressing problem" (Kingdon). Das entscheidende „policy window of opportunity" (Kingdon 1984: 173) war die Dimension des Zusammenbruchs kommunistischer Herrschaftssysteme. Dieses kontingente Ereignis ermöglichte eine Kopplung unterschiedlicher Interessen und Konzepte für eine europäische Währung, die wiederum nur auf der Basis des erreichten hohen Integrationsniveaus möglich war. Diese Kopplung wiederum erforderte eine Paktierung auf höchster Ebene zwischen den Staatsoberhäuptern Deutschlands und Frankreichs, nur so ließ sich jener „powerful blow" für die Währungsunion erreichen, von dem Giovannini so erstaunt berichtet. Insofern empfiehlt es sich, zwischen diesen Entwicklungen zu differenzieren und nicht auf eine Dimension zu verkürzen.[8] Es ist gerade das Aufeinandertreffen dieser drei Dimensionen, die in dieser Form nicht antizipierbar war (Merkel 1999: 337).

IV. Die Organisation der Europäischen Zentralbank

Mit dem Vertrag von Maastricht und den Amsterdamer EU/EG-Verträgen von 1995 ist ein neuer Vertrag über die Europäische Union zustande gekommen, der gleichzeitig ein neues Nievau europäischer Integration markiert. Der Kern der Verträge von Maastricht besteht in der Herstellung der Europäischen Wirtschafts- und Währungsunion und der Zentralbank. Mit der EZB tritt neben dem Ministerrat, der Kommission, dem Parlament, dem Gerichtshof und dem Rechnungshof eine neue europäische Institution, die ohne historisches Vorbild ist. Sie ist den allgemeinen Charakteristika europäischer Institutionenbildungen verhaftet, insbesondere der Ausdifferenzierung der Leitidee Geldwertstabilität auf europäischer Ebene (Weinert 1999a: 225). Ich fasse kurz die Ziele und Aufgaben des Europäischen Systems der Zentralbanken (ESZB) zusammen und die Regelung der Unabhängigkeit, um abschließend zu fragen: „Who will run the ESCB" (Goodhart 1995: 318).

---

8 Einer solchen (zudem hoch spekulativen) Vereinfachung erliegen beispielsweise Engelmann, Knopf, Roscher und Risse (1997), wenn sie die Entscheidung für die EWWU länderübergreifend als durch eine gemeinsame Vision eines integrierten Europas bestimmt sehen möchten. Ziltener (1999: 134) wiederum deklariert die unterschiedlichen Entwicklungen sämtlich als „Euromonetarismus". Wenn es in Europa einen eigengeprägten Monetarismus gab, dann bestensfalls einen teutonischen.

Die Regelungen zur EWWU und zur EZB sind im EG-Vertrag in den Artikeln 105–109 geregelt sowie im Protokoll zum EU-Vertrag über die Satzung des Europäischen Systems der Zentralbanken und der Europäischen Zentralbank. Das ESZB hat drei Ziele, das „vorrangige Ziel" ist die Sicherstellung der Geldwertstabilität (Art. 105 EG-Vertrag und Art. 2 der Satzung); es unterstützt die allgemeine Wirtschaftspolitik der Gemeinschaft mit der Einschränkung, soweit das nicht zur Beeinträchtigung des Preisstabilitätsziels führt; schließlich operiert das ESZB „mit dem Grundsatz einer offenen Marktwirtschaft mit freiem Wettbewerb" (Art. 2 der Satzung). Vor dem Hintergrund dieser Ziele spezifiziert Art. 3 der Satzung die Aufgaben: Festlegung und Ausführung der Geldpolitik der Gemeinschaft, Durchführung der Devisengeschäfte, Haltung und Verwaltung der offiziellen Währungsreserven der Mitgliedsstaaten sowie Förderung des reibungslosen Funktionierens der Zahlungssysteme. Hinzu treten beratende und weitere Aufgaben (Art. 4 – 6).

Die Unabhängigkeit der EZB und des ESZB ist gleich in mehreren Artikeln festgelegt worden; so besitzt die EZB eigene Rechtspersönlichkeit (Art. 106 Abs. 2), EZB und ESZB sind von Weisungen von Organen der Gemeinschaft und den Regierungen der Mitgliedsstaaten unabhängig (Art. 107 EG-Vertrag und Art. 7 der Satzung), hinsichtlich der Information der anderen EU-Einrichtungen ist die EZB nur zur Vorlage eines Jahresberichtes verpflichtet (Art. 109b EG-Vertrag). Die EZB ist jedoch frühzeitig dazu übergegangen, Monatsberichte und einen Jahresbericht zu veröffentlichen. Schließlich hat die EZB das ausschließliche Recht der Ausgabe von Banknoten (Art. 105a EG-Vertrag).

Das ESZB setzt sich aus der EZB und den nationalen Zentralbanken zusammen (Art. 106 EG-Vertrag). Der EZB-Rat besteht aus den Mitgliedern des Direktoriums des EZB und den Präsidenten der nationalen Zentralbanken (Art. 109a EG-Vertrag und Art. 10 der Satzung). Das Direktorium wiederum besteht aus dem Präsidenten, dem Vizepräsidenten und vier weiteren benannten Mitgliedern; die Amtszeit des Präsidenten beträgt, wie wir mittlerweile alle wissen, acht Jahre (Art. 106, Abs. 2b EG-Vertrag). Im EZB-Rat hat jedes Mitglied eine Stimme, bei Stimmengleichheit gibt die des Präsidenten den Ausschlag (Art. 10.2. der Satzung). Die Ratssitzungen sind nicht öffentlich, es besteht keine Pflicht zur Information der Öffentlichkeit über die Ergebnisse von Beratungen (Art. 10.4. der Satzung). Das Direktorium der EZB ist der organisatorische Kern der EZB (Art. 11 der Satzung); die Mitglieder werden auf Vorschlag der Regierungen gewählt, das Direktorium erfüllt die laufenden Geschäfte der EZB und bereitet die Sitzungen des EZB-Rates vor. Die Mitglieder nehmen diese Aufgaben hauptamtlich wahr. Die nationalen Zentralbanken sind nunmehr Bestandteil des ESZB (Art. 14 der Satzung) und müssen gemäss den Richtlinien der EZB handeln. Dadurch wird beispielsweise die Entlassung eines Präsidenten einer nationalen Zentralbank erschwert, die Wahrnehmung anderer Aufgaben kann vom ESZB-Rat unterbunden werden (Art. 14.4. der Satzung). Nicht unwichtig ist die Regelung, dass mit der Erreichung der dritten Stufe ein Wirtschafts- und Finanzausschuss gebildet wird, der die Wirtschafts- und Finanzlage der Mitgliedsländer zu beobachten hat und Stellungnahmen abgeben kann (Art. 109c, Abs. 2 EG-Vertrag).

Sowohl mit den Regelungen im EG-Vertrag als auch mit der EZB-Satzung ist der EZB ein herausgehobener Status zugewiesen worden. Die Abgrenzung des Geltungskontextes ist scharf und eindeutiger als beispielsweise im Bundessbankgesetz.⁹ Normativ hat die Leitidee einen stärkeren Ausdruck gefunden als in den nationalen Gesetzen (Goodhart 1995: 305). Die Satzung enthält weder Spezifizierungen der Maßnahmen und *outcomes*, für die die EZB verantwortlich ist, noch wem gegenüber sie verantwortlich ist. Dies ist allerdings keine Besonderheit der europäischen Regelung, sondern zeichnet die Statuten der Bundesbank ebenso aus wie die der Federal Reserve Bank (Giovannini 1995a: 341). Diese Offenheit und Vagheit verleiht den Zentralbanken normativ eine große Autonomie und einen großen Handlungsspielraum, der in sich auch nicht weiter spezifiziert ist. Die Besonderheit des ESZB besteht darin, dass auf Grund der politischen Schwäche des europäischen Parlaments bei gleichzeitiger strikter Grenzsetzung hinsichtlich politischer Einflussnahme auf das ESZB, die Europäische Zentralbank eine größere Unabhängigkeit genießt als die nationalen Vorläufer (ebenda).

Außerhalb der alleinigen Kompetenz der EZB liegt nur die Zuständigkeit des Rates (Art. 109 Abs. 1 und 2), Vereinbarungen über ein Wechselkurssystem mit Drittländern zu treffen. Dieser Artikel hat Befürchtungen genährt, dass die EZB durch diese Regelung in ihrer Geldpolitik beeinträchtigt werden könnte und deshalb eine Kompetenzverlagerung in die alleinige Zuständigkeit des ESZB notwendig sei (Gleske 1996: 108; Garret 1994: 63). Derartige Befürchtungen sind jedoch unbegründet, da das Recht des Rates mehrfach eingeschränkt ist, denn eine Entscheidung des Rates kann nur „einstimmig auf Empfehlung der EZB oder der Kommission und nach Anhörung der EZB in dem Bemühen, zu einem mit dem Ziel der Preisstabilität im Einklang stehenden Konsens zu gelangen ..." (Art. 109, Abs. 1) erfolgen.

Die Struktur der EZB folgt zwar im hohen Maße dem „Modell Bundesbank", was jedoch nicht zu einer Renationalisierung oder gar Germanisierung europäischer Geldpolitik führen wird. Denn geldpolitisch konstituiert sich die europäische Währung als die eines Wirtschaftsblocks, die neben den Dollar tritt. Diese Struktur unterscheidet sich grundsätzlich von der des EWS mit der Ankerwährung D-Mark, die auf Grund der hohen Exportabhängigkeit der deutschen Wirtschaft in Abhängigkeit vom Dollar operierte. Das ist ökonomisch der zentrale Unterschied zwischen EZB und der Bundesbank. Soziologisch ist die Dimension der „Organisation von Kompetenz" entscheidend: die EZB agiert als suprastaatliche Institution, die Bundesbank als nationalstaatliche.¹⁰

Auffällig ist in dem Vertragswerk die monströse Formulierung „Europäisches System der Zentralbanken (ESZB)", die bewusst gewählt wurde, um den Stellenwert der nationalen Zentralbanken hervorzuheben und nicht, was funktional näher gelegen hätte, von einer „Eurofed" zu sprechen, zumal in einigen wichtigen Regelungen nicht so

---

9 Nach dem Bundesbankgesetz hat die Bundesbank die Wirtschaftspolitik der Bundesregierung zu unterstützen, nach dem EG-Vertrag unterstützt die ESZB die Wirtschaftspolitik der Gemeinschaft „soweit dies ohne Beeinträchtigung des Zieles der Preisstabilität möglich ist", Art. 105 Abs. 1 EG-Vertrag, vgl. Groeben, Thiesing und Ehlermann (Bd. 3, 1997).
10 Nicht unwichtig ist zudem die Tatsache, dass unter dem Aspekt der „D-Mark" und deren außergewöhnlicher Wertschätzung durch die Deutschen die religiösen Züge des westdeutschen Kapitalismus besonders ausgeprägt waren, die in dieser Ausprägung innerhalb der EU singulär geblieben sind, vgl. dazu Deutschmann (1999).

sehr die Bundesbank, sondern die Federal Reserve Bank Pate gestanden hat (Goodhart 1995: 304). Das amerikanische System ist jedoch hoch zentralisiert, ein Eindruck, den man bewusst vermeiden wollte. Von faktischer Relevanz wird diese Vertragserhöhung dauerhaft nicht sein. Das lässt sich aus dem Abstimmungsverfahren schließen, wonach jedes Mitglied nur eine Stimme hat. Ein theoretisch alternatives Abstimmungsverfahren wäre eine Gewichtung nach der Leistungsfähigkeit der nationalen Währungen gewesen, die die Abstimmungsprozeduren und Entscheidungsfindung ökonomisch wie administrativ enorm erleichtert hätte. Europapolitisch war diese Alternative verschlossen.

Was für eine Entwicklung wird diese Konstruktion nehmen? Der Abstimmungsmodus *one-member-one-vote* wird zu einer herausgehobenen Bedeutung der Mitglieder des Direktoriums unter der Leitung des EZB-Präsidenten gegenüber den Präsidenten der nationalen Zentralbanken führen. Die Möglichkeit regelmäßiger face-to-face-Kommunikation zwischen den berufenen Direktoriumsmitgliedern, der Festlegung der Geschäftsordnung und dem Führen des „Apparates" der EZB, wird zu einer Dominanz des Direktoriums führen. Von entscheidender Bedeutung für diese Entwicklung wird sein, dass die (bislang noch bescheidenen) Stäbe der berufenen Direktoriumsmitglieder erheblich ausgeweitet werden und eine spezifisch europäische Fachkompetenz akkumulieren, während parallel dazu die Stäbe der nationalen Zentralbanken an Bedeutung verlieren. Die Macht der Zentralbanken geht auf die EZB über. Die Willensbildung und Entscheidungsfindung in der EZB wird organisationsintern nach Präsident, den berufenen Direktoriumsmitgliedern und den Präsidenten der nationalen Zentralbanken hierarchisiert werden. Ein solcher Zentralisierungsprozess setzte sich seit 1913 in den USA und in Deutschland seit 1957 ebenfalls durch. Mit diesen historischen Erfahrungen ist für die Entwicklung der ESZB ein Entwicklungskorridor in Richtung auf eine hochzentralisierte „Eurofed" vorgezeichnet (Goodhart 1995: 318f.; Weinert 1999: 351).

V. Institutionenpolitik

Der Begriff der Institutionenpolitik wird in der Literatur unterschiedlich verwendet (Bach 1996: 178; Rieger und König 1997). Ich verstehe hierunter die bewusste Einflussnahme auf den Institutionalisierungsgrad der Leitidee (Lepsius 1995: 400). In unserem Falle also Geldwertstabilität. Deren Hüter ist von nun an die Europäische Zentralbank. Erreichte Institutionalisierungsgrade sind jedoch immer prekär, um sie wird ein mehr oder weniger heftiger politischer Kampf ausgetragen. Birgitta Nedelmann (1995) hat dafür den Begriff Flexibilitätsmanagement eingeführt. Die EZB kann als paradigmatischer Anwendungsfall für diesen politischen Kampf gefasst werden.[11]

---

11 Kurz nach Verabschiedung des Maastricht-Vertrages protestierten über 60 Ökonomen öffentlich gegen diese Verträge; dem folgte wenige Tage später ein Gegen-Aufruf. Danach setzte eine explosionsartige Literaturvermehrung ein. Die beiden Aufrufe und die unterschiedlichen Positionen sind enthalten in: Bofinger, Collignon und Lipp (1993); vgl. auch: Cafruny und Rosenthal (1993), Padoa-Schioppa (1995), Giovannini (1995), Holzmann (1996).

1. Voluntarismus

Die Errichtung der EWWU ist ein extrem voluntaristischer Akt, ein Versuch, durch vertragliche Regelungen und Vertragsstrafen (wie beim Stabilitätspakt) den Marktmechanismus substituieren zu können. Zwar muss man nicht Hayeks Position spontaner Ordnungen teilen, es darf jedoch bezweifelt werden, ob ökonomische Eigendynamiken durch Verträge außer Kraft gesetzt werden können. In ökonomischer Perspektive ist die Art der europäischen Währungsintegration selbst ein Ausdruck eines grundlegenden Wandels von Marktbeziehungen: von der Spontaneität der Entwicklung der Marktkräfte hin zum Glauben an die Omnipotenz der Geldpolitik (Thomasberger 1993: 232). In deren Folge reüssierten in der ökonomischen Theoriebildung Institutionen- und Vertragstheorien.[12] Da das internationale Währungssystem mit dem Zusammenbruch des Bretton Woods-Systems über keinen marktendogenen Sanktionsmechanismus (nämlich über Gold) mehr verfügt, der die Konvertibilität zu sichern vermag, trat die glaubwürdige Stabilisierung von Währungsverhältnissen an diese Stelle. Diese vermögen jedoch die Lücke nicht aufzufüllen, da Verträge immer auch gebrochen werden können, weshalb die neue Struktur von geldpolitischen Dilemmatasituationen und Glaubwürdigkeitsproblemen geprägt sei (ebenda). Die neoklassische Theorie reagierte auf diese Entwicklung mit einer Rigidisierung vorab festgelegter Verpflichtungen auf feste Regeln (Kydland und Prescott 1977; Barro und Gordon 1983; Cukierman 1992) in der Hand normativ freigesetzter *conservative central bankers*. Die Glaubwürdigkeit solcher Festlegungen ist umso höher, je höher der Grad der politischen Autonomie und der funktionellen Unabhängigkeit der Zentralbank ist. Allein die prinzipielle Freisetzung der Zentralbanken von politischen Restriktionen wie Wahlen oder dem Abwägen verschiedener realwirtschaftlicher Ziele („trade-off"-Problem) ist zwingende Voraussetzung für die Etablierung eines funktionalen Äquivalents des entschwundenen marktendogenen Sanktionsmechanismus. Dieser geldpolitische Glaube bestimmt auch die europäische Währungsunion. In dieser Struktur ist die Anpassungsfähigkeit der EZB als des zentralen organisatorischen Trägers des Teil-Rationalitätskriteriums Geldwertstabilität eingeschränkt und die Vermittlungselastizität mit anderen konfligierenden Rationalitätskriterien (wie Beschäftigungssicherung) auf Grund deren fehlender bzw. unterentwickelter ‚Europäisierung' minimiert. Dieses Modell unterstellt de facto, dass die weiterhin national agierenden Akteure der Fiskal- und Nominallohnfestsetzung den internationalen Zusammenhang des Währungssystems als für sich bindend erklären. Zwar wird über die Konvergenzkriterien, den Stabilitätspakt und durch ‚freiwillige' Sozialpakte Druck auf die Regierungen der Mitgliedsländer und die Tarifparteien ausgeübt, aber eine Reproduktion des Goldmechanismus darf bezweifelt werden (Thomas-

---

12 In einer quantitativen politikwissenschaftlichen Analyse über Wechselkursentwicklungen kommt Markus Freitag (1999) zu dem Ergebnis, dass diese sowohl von ökonomischen wie politisch-institutionellen Faktoren bestimmt würden. Das hat aber die neoklassische Theorie nicht bezweifelt, sondern im Gegenteil deren Gewährleistung normativ eingefordert. Freitag knüpft an diese ökonomischen Theorien an, anstatt deren Normen selbst zum Gegenstand der Analyse zu machen. Das Ergebnis ist *conventional wisdom*: starke Währungen hingen von unabhängigen Zentralbanken, stabilen Regierungen, friedlichen Arbeitsbeziehungen und Konkordanzdemokratie ab.

berger 1993: 237). John Grahl hat davor gewarnt, die extrem abstrakten ökonomischen Modelle über die Notwendigkeit der Unabhängigkeit von Zentralbanken, die zudem von einer Reihe simplifizierender Annahmen geprägt seien, im politischen Geschäft für bare Münze zu nehmen (Grahl 1997: 132f.).[13] Aber genau das ist mit der EWWU praktiziert worden. Dabei muss es grundsätzlich fraglich bleiben, ob es in der Praxis beispielsweise so etwas wie einen unwiderruflich fixierten Wechselkurs überhaupt geben kann. Im Falle wachsender ökonomischer Spannungen in den Mitgliedsländern dürfte immer die Versuchung bestehen, den Weg einer „impliziten Rücktrittsklausel" zu wählen (Smithin 1995: 86).

An dieser Stelle wird das Problem der Europäischen Union nach Maastricht deutlich: es ist ihre bisherige Erfolgsgeschichte. Das Problem besteht ja nicht in den Märkten bzw. der Marktlogik, sondern in einer politischen Integrationsstrategie, die sich ausschließlich auf die Marktintegration verlässt. Auch die Entwicklung des Nationalstaates beruhte zunächst auf Marktintegration als Freisetzung des Rationalitätskriteriums Rentabilität. Aus den Folgen dieser ungehemmten Freisetzung der Marktlogik bildeten sich Oppositionskräfte, die (nach heftigen Konflikten) zur Institutionalisierung von Sozialintegration führten. Mit der Funktionsausweitung der EU und der Währungsunion sowie der bisherigen institutionellen Schwäche von Sozialpolitik entsteht die Gefahr einer Konfliktakkumulation, ohne dass mit Kompetenzen und Ressourcen ausgestattete Institutionen zur Einbindung unterschiedlicher Interessen zur Verfügung stehen. Damit ist eine zentrale Säule der Legitimitätsbeschaffung moderner Gesellschaften unterinstitutionalisiert. Denn für die westeuropäischen Gesellschaften gilt, dass Sozialpolitik „ein zentrales Instrument für die soziale Integration und die Legitimation der politischen Ordnung" ist (Lepsius 1996: 41).

Es zeigt sich, dass mit dem Vertrag von Maastricht ein Integrationsniveau erreicht wurde, auf dem ein vergleichbarer Prozess der Sozialintegration erforderlich wird, um sich nicht ausschließlich den Antinomien des Währungssystems auszuliefern. In der Literatur wird jedoch allgemein eine derartige Entwicklung als unrealistisch betrachtet. Erwartet wird eher ein voranschreitender Prozess der De-Institutionalisierung (Streeck 1991: 346).

2. Oligarchisierung

Mit der Bildung der EZB haben sich die Regierungen der Mitgliedsstaaten und die nationalen Systeme der Interessenvermittlung der Geld- und Kreditpolitik der Europäischen Zentralbank zu fügen (Lepsius 1991: 24). Dadurch entsteht auf europäischer Ebene eine Asymmetrie von Marktintegration und Sozialregulierung, die Befürchtungen nährt, die europäische Einigung unterliege einem „neoliberal bias". Die Europäisierung der Geldpolitik setzt mit der extremen Autonomisierung der Zentralbank einen Prozess der Oligarchisierung auf suprastaatlicher Ebene fort, der schon die Entwicklung auf nationalstaatlicher Ebene prägte. Trotz seiner vordemokratischen Provenienz konnte sich dieses Konzept weitgehend autonomisierter Zentralbanken in parlamenta-

---

13 Neuere Analysen bezweifeln auch theorieimmanent die Versprechungen der Zentralbankautonomie, so Prast (1996); vgl. auch Levy (1995) und de Carvalho (1995).

risch-repräsentativen Demokratien erfolgreich etablieren. In den USA hat die Entwicklung dazu geführt, dass heute „the stability of the financial system will depend on swift and wise actions by a few persons" (Pierce 1990: 162). Insofern ist das Oligarchisierungsproblem im Kontext der Freisetzung von Zentralbanken nicht neu. Als Problem moderner Gesellschaften wurde es in verschiedenen Entwicklungstadien diagnostiziert: von Michels (1925) für die sich entwickelnden Großorganisationen der Arbeiterbewegung, von Claus Offe (1972) implizit auf Grund schleichender Entdemokratisierungs- und Entpolitisierungsprozesse, von Bobbio (1988) als strukturelle Pathologien und Defizite moderner Ordnungen, vor allem dem Fortbestehen von Oligarchien, dem unkontrollierten Einfluss von Experten auf die Politik sowie die Bürokratisierung der politischen Systeme insgesamt. Auch für Bauman (1992: 243) sind Expertokratien und deren Forderung nach Unabhängigkeit, verbunden mit der Versicherung der Selbstgenügsamkeit und moralischer Immunität (Bauman 1992: 265) ein fragwürdiges Charakteristikum der Moderne. Wenn dem so ist, worin besteht dann die Besonderheit der Zentralbank in der EU? Sie besteht in der Radikalisierung der (vermutlich) „irreversible(n) Tendenz zur endogenen Devolution demokratischer Strukturen und Verfahren in den nationalen politischen Bezugssystemen" (Bach 2000; Vobruba 1999), in dem Fehlen bzw. Außerkraftsetzen hergebrachter institutionalisierter *checks and balances*. Die politischen EU-Instanzen sind aus zentralen Fragen der Definition und Implementierung von Geldpolitik ausgeschlossen, während die Zentralbank selbst einer rigiden Selbstbindung auf ein Ziel hin unterworfen wurde (Teivainen 1997: 65). Werden Glaubwürdigkeit und Berechenbarkeit einer politischen Institution innerhalb eines komplexeren institutionellen Arrangements normativ überzogen, schrumpft der faktische Handlungspielraum der anderen. Insofern muss die extreme Ausgestaltung der Autonomie der EZB als ein zentraler Beleg der Entpolitisierung von Politik und der Überantwortung an demokratisch nicht kontrollierte „Herrschaft der Wenigen" gewertet werden (Teivainen 1997: 69).[14] Die Etablierung der EZB und deren politische Folgen reihen sich damit in den Prozess der systematischen Privilegierung jener gouvernementalen und korporativen Akteure ein, die über systemrelevante Ressourcen verfügen, und forciert den Prozess der Elitenfusion und Oligarchisierung auf europäischer Ebene, der demokratischer Elitenkonkurrenz entgegensteht (Bach 2000). Die Währungsunion kann als ein wichtiger Schritt in Richtung einer post-parlamentarischen suprastaatlichen Institutionenordnung begriffen werden, deren demokratidefizitäre Systemeigenschaften massive Legitimationsprobleme für die Mitgliedsländer aufwerfen dürfte (Bach 1999a: 216f.).

---

14 Dass eine weitgehende Autonomisierung von Zentralbanken ein demokratiepolitisches Problem heraufbeschwört, ist keinesfalls neu und wurde sogar vom Erfinder des Monetarismus, Milton Friedman, explizit eingeräumt (Friedman 1962: 227). Die post-Friedmansche Theorie folgte dieser Warnung jedoch nicht, vielmehr war der einmal freigesetzte Geist aus der Flasche eines übersteigerten Autonomiebedürfnisses nicht mehr einfangbar. Im Übrigen wird dieses Problem in der angelsächsischen Literatur seit langem ausführlich und sehr viel unaufgeregter diskutiert als in der deutschsprachigen, vgl. dazu: Weinert (1999).

3. Die EZB und das Mehrebenensystem der EU

Mit der Organisationsstruktur des ESZB und dem wahrscheinlichen Entwicklungskorridor in Richtung einer zentralisierten „Eurofed" gewinnen wir wichtige Aufschlüsse über die EZB in Relation zu den etablierten EU-Instanzen. Die Europäische Gemeinschaft kann als ein neues Organisationsmodell in der europäischen Geschichte überhaupt betrachtet werden, da hier ein suprastaatliches Regime mit bindender Regulierungskompetenz den Nationalstaat überwölbt (Kohler-Koch 1989). Insofern ist die EWG/EG/EU „die große Innovation in der europäischen Geschichte des 20. Jahrhunderts" (Lepsius 1993: 254). Geprägt wird die EU durch die EU-Kommission als dem institutionellen Zentrum (Bach 1995: 376; Lepsius 1991; Ludlow 1991). Zwar liegt die Entscheidungskompetenz beim Ministerrat, der das zentrale Verhandlungsgremium der Mitgliedsländer und das höchste Entscheidungsorgan ist, dieser kann jedoch nur das beschließen, was die Kommission vorlegt. Die andere politische Institution, das europäische Parlament, hat nach dem Vertrag von Maastricht und Amsterdam erweiterte Befugnisse erhalten und als institutioneller Akteur an Bedeutung gewonnen, dessen Entscheidungsbefugnisse sind jedoch nach wie vor sehr beschränkt (Lepsius 1993: 20; Bach 1999: 102; Bach 2000). Die Vorbereitung der Gesetzgebung vollzieht sich in kleinen Netzwerken zwischen den Stäben der Kommission und den Bürokratien der Mitgliedsländer. Willensbildung und Entscheidungsfindung können deshalb als Ergebnis der „kooperierenden Bürokratien und Expertenstäbe" gefasst werden (Lepsius 1993: 257).

Der hohe Grad der politischen Autonomie und der funktionellen Unabhängigkeit der Zentralbank durchbricht diese Struktur zumindest partiell: die europäische Zentralbank steht *nicht im* Mehrebenensystem, sondern *außerhalb*. Die Vermittlung der EZB zur gesamten institutionellen Struktur der EU ist schwach und politische Einflussnahme Dritter normativ unzulässig. Es gibt keine systematischen Vermittlungsinstanzen zwischen Zentralbank und Kommission, Rat oder Parlament. Auch das Bestreben der politisch-administrativen Funktionselite der Kommission, die Willensbildung und Entscheidungsfindung in arkanisierten Netzwerken zu bewerkstelligen (Bach 1995: 384), bricht sich an der Sonderstellung der EZB und der dramatisierten Handlungsmaxime Preisstabilität als zentralem Bestandteil des EG-Vertrages. Damit werden die hergebrachten Handlungs- und Verfahrensroutinen der Kommissions-Bürokratie in dieser Hinsicht außer Kraft gesetzt. Normativ sind diese Effekte jedoch erwünscht. Die europäische Zentralbank ist die „monetary government" der EU (Rehman: 1997: 321). Der autonomisierte Status würde jedoch dann entwertet, „unless the right individuals are appointed to the responsible positions in which they can prudently control price levels" (ebenda). Diese „right individuals" sind jene *conservative central bankers,* von denen die eigentliche Entwicklung der Politik der Zentralbanken abhängt. Diese Gruppe ist in sich hoch homogenisiert und durch ein dezidiertes Sonderbewusstsein geprägt, das sich über die ubiquitäre Geltungskraft der ausdifferenzierten Handlungsmaxime Geldwertstabilität definiert (Weinert 1999). Dieses Sonderbewusstsein, gekoppelt mit der EZB als „monetary government", dürfte nur bedingt tauglich für die Normen jener transnationalen Funktionselite sein, die den europäischen Integrationsprozess administriert (Bach 1992). Da offen ausgetragene interinstitutionelle Konflikte tabuiert und

Vermittlungsprozesse unterinstitutionalisiert sind, werden sich erhebliche Unsicherheiten über die faktischen Geltungsansprüche bei den unterschiedlichen Funktionseliten ausbreiten, so weit es geldpolitische Angelegenheiten und deren (nichtintendierte) Effekte angeht.

4. Institutionelle Entkopplung oder: von der Politik-Verflechtungsfalle zur Politik-Entflechtungsfalle

Vor dem Hintergrund der Autonomisierung etwa der Bundesbank oder der Federal Reserve Bank ist die entsprechende Regelung bei der EZB nicht das Charakteristikum dieser Institution. Die nationalen Zentralbanken agieren jedoch in dem Dreieck von staatlicher Finanzpolitik (Finanzministerium), Lohnpolitik (Tarifvertragsparteien) und Geldpolitik (Zentralbanken). Die Notenbanken waren Bestandteil des politischen Systems, der politischen Kultur und der Systeme intermediärer Interessenorganisation. Dies führte beispielsweise zu regelmäßigen Kontroversen über die Geldpolitik, entweder zwischen Regierung und Zentralbank (wie in der Bundesrepublik) oder zwischen Parlament und Zentralbank (wie in den USA) (Weinert 1999). Suprastaatliche Institutionenbildungen in der Finanz- und Lohnpolitik fehlen jedoch auf EU-Ebene, sodass wir es mit einem Prozess institutioneller Freisetzung der Geldpolitik zu tun haben. Auf EU-Ebene gibt es keine Regierung, keinen Finanzminister, auch keine starken Gewerkschaften und Arbeitgeberorganisationen. Damit fehlen auf EU-Ebene jene Akteure, die als politisches Gegengewicht zur autonomisierten Geldpolitik wirken könnten. Diese Funktion müssten Kommission und Ministerrat wahrnehmen. Aber eine Einflussnahme auf die europäische Geldpolitik ist ihnen untersagt. Auch die sonst üblichen Verfahren arkanisierter Willensbildung in und zwischen den Stäben der Kommissions-Bürokratie wird diese Abspaltung der EZB von den anderen EU-Strukturen kaum substituieren können. Diesen Prozess bezeichne ich als *institutionelle Entkopplung*.

Dieses Problem ist in der Soziologie nicht neu und lässt sich im Grunde bis auf Durkheim zurückverfolgen. Nach Nedelmann (1999) wurde jedoch das Durkheimsche Konzept der Interessenvermittlung durch Institutionalisierung intermediärer Gruppen, also durch Initiierung der „Pushenergie" von unten, auf den Kopf gestellt. Heute werde die „Pushenergie" von „oben", von den Funktionseliten der supranationalen Regime mobilisiert. Anstatt Durkheimsche Gruppenprozesse auf allen Ebenen vermittelnd einzuschalten, in denen über die Einführung einer Europäischen Währungsunion debattiert und deliberiert worden wäre, wird die fertige Problemlösung nach einem sorgfältig ausgetüftelten Zeitplan „von oben" „nach unten" vermittelt und dem einzelnen Individuum buchstäblich in die Tasche geschoben (ebenda: 219; ähnlich Offe 1998: 113). Institutionelle Entkopplung kann wiederum zu anomischen Erscheinungen führen, wenn die institutionelle Vermittlung schwach oder diffus ist und damit gesellschaftliche Integration gefährdet wird. Das kann bei suprastaatlichen Institutionen wie der EZB der Fall sein, weil die EU kein mit Ressourcen ausgestattetes System von *checks and balances* kennt, das in den Nationalstaaten durch Regierungen, Parlamente und Verbände zumindest potenziell zur Verfügung steht. Der Wandel herkömmlicher Adressaten lässt Fragen der institutionellen Zuständigkeit und Kompetenzen zunehmend intransparent und kompliziert werden. Diese Intransparenz könnte der EU in der Geldpolitik dann zum Verhängnis werden, wenn sie von einer Rezession heimgesucht würde: Wer wäre dann für was zuständig? Die EZB verhielte sich vermutlich normkonform, also dem Preisstabilitätsziel verhaftet, was zweifellos die Arbeitslosenzahlen in den Mitgliedsländern steigen lassen würde; den nationalen Finanzministern wären auf Grund des Stabilitätspaktes die Hände gebunden und die nationalen intermediären Organisationen ohnehin machtlos (Grahl 1997: 149–152; Soskice 1999). Die nationalen Funktionseliten wären handlungsbeschränkt, aber die europäischen Funktionseliten ebenfalls, gleichzeitig gäbe es keine politische Instanz, die in der Lage wäre, so etwas wie europäisches Krisenmanagement zu initiieren und zu organisieren. Damit fehlte eine politische Instanz, die das Gesamtsystem legitimieren könnte. In solchen Krisensituationen entsteht die Gefahr, dass sich die Restriktionen bürokratischer Handlungsbeschränkungen verschärfen: Jede EU-Institution tritt den Rückzug in den eigenen Kompenzraum an. Oder anders ausgedrückt: diese Entwicklung wäre dann das Ergebnis einer Politik-*Ent*flechtungsfalle.

Denn man kann diese Struktur und deren erwartbare Effekte als gegenläufige Entwicklung zur „Politikverflechtungsfalle" betrachten. Scharpf (1985 und 1994) versteht bekanntlich darunter eine Entscheidungsstruktur von zwei oder mehreren Ebenen, die systematisch verknüpft sind, und die auf Grund der institutionellen Eigenlogik problem-unangemessene Lösungen produziert und nicht in der Lage ist, aus sich heraus diese Entscheidungslogik zu durchbrechen. Die Politik-*Ent*flechtungsfalle resultiert aus dem Herauslösen mindestens einer Institution bzw. einer Ebene aus einem bestehenden institutionellen Arrangement und deren Freisetzung von systematischen Verflechtungen. Interessanterweise ist in beiden Fällen das Ergebnis identisch: die Produktion problem-unangemessener Entscheidungen und – auf Grund mangelnder Kompetenzen –, die Unfähigkeit, diese institutionelle Entkopplung aufzulösen. Derartige Probleme treten für suprastaatliche Regime wie die EU erst dann auf, wenn ein hohes Niveau der Integration erreicht ist. Auch hier zeigt sich, dass die hier skizzierten Probleme der Europäischen Union Ergebnis des Erfolgs der ungeheuren Integrationsdynamik seit Mitte der 80er Jahre darstellen. Damit werden aber auch die Grenzen der bisherigen Integrationslogik sichtbar.

Dieses Problem wird vor allem dann deutlich, wenn man der Frage nachgeht, über welche (potenziellen) institutionalisierten Gegenkräfte die EU gegenüber der EZB verfügt. Wenn, wie wir gesehen haben, die Kommission und der Rat ausfallen, bleibt nur das Parlament übrig. Das EU-Parlament ist jedoch schwach und seine Kompetenzen sind beschränkt (Williams 1991). Die Frage, um die es hier geht, ist aber nicht eine der formalen Zuständigkeiten, sondern eine Frage, ob das Parlament die Kraft findet, bestimmte Kompenzen an sich zu ziehen. So verfügt das Parlament über die Möglichkeit der Einrichtung parlamentarischer Ausschüsse, um so eine öffentliche Willensbildung über europapolitische Geldpolitik voranzutreiben. Die Herstellung einer europapolitischen Öffentlichkeit wäre zweifellos ein wirksames Instrument, um auf die Geldpolitik Einfluss zunehmen, weil es letzlich „die öffentliche Meinung (ist), die die demokratische Kontrolle über das geldpolitische Management einer Notenbank ausübt" (Gleske 1996: 114). Die Herstellung parlamentarischer Öffentlichkeit ist bis heute ein wichtiges Instrument des amerikanischen Kongresses gegenüber der Federal Reserve

Bank. Die Interventionsversuche sind sachlich zwar immer gescheitert, gleichwohl ist die Herstellung parlamentarischer Öffentlichkeit und Kontrolle ein ganz zentrales Entwicklungsmoment des politischen Systems in den USA (Woolley 1984; Kettl 1986) – und unterscheidet sich unter diesem Aspekt diametral vom politischen System in Deutschland. Eine mögliche Schließung der hier diagnostizierten institutionellen Entkopplung dürfte also nur durch den Aktivismus des europäischen Parlaments möglich sein, nicht durch die von der Kommissions-Bürokratie favorisierte arkanisierte Netzwerk-Diplomatie.

VI. Schlussbemerkung

Mit der Etablierung der EZB hat die Integration der EU einen neuen, bisher nicht gekannten Grad erreicht. Der Autonomisierungsgrad der EZB ist hoch, das Flexibilitätsmanagement optimal. Damit wird sich auf EU-Ebene relativ schnell eine genuine europäisierte Geldpolitik etablieren. Dieser ‚unerhörte' Vorgang wirft eine Reihe analytischer und politischer Probleme auf: Welche Effekte wird der Umstand haben, dass in kurzer Zeit knapp 300 Millionen EU-Bürger ein und dieselbe Währung in ihren Taschen haben werden? Wirkt das auf die EU-Integration förderlich, hinderlich oder indifferent? Welche Geldpolitik wird die EZB verfolgen? Auch hier ist das Spektrum in der Literatur weit gespannt. Das sind völlig neue Fragen, die sich in der bisherigen Logik der EU-Integrationsdynamik so gar nicht stellten. Weitgehende Übereinstimmung herrscht jedoch darüber, dass mit Maastricht eine Schwelle erreicht wurde, deren Überschreiten einer zusätzlichen demokratischen Legitimation bedarf (Peters 1992: 90; Harden 1996; Merkel 1999: 327).

Wenn wir an die Offeschen Ausgangsfragen des „making sense" und „being fit for the mission" anknüpfen, so zeigt dieser Beitrag, dass es durchaus Sinn macht, eine europäische Zentralbank zu etablieren. Hierfür lassen sich eine Reihe außereuropäischer Gründe und solche anführen, die aus der bisherigen Integrationsdynamik selbst resultieren. Erwartbar war dieses Ergebnis gleichwohl nicht. Ganz anders fällt die Antwort auf die Frage nach dem „being fit for the mission" aus, also der Frage nach dem institutional design der EZB und der erwartbaren Politik. Dieses „being fit for the mission" darf bezweifelt werden, die Gründe wurden in Abschnitt V entfaltet. Entscheidend in meiner Analyse sind die Aspekte der Freisetzung von Geldpolitik, die institutionelle Entkopplung der EZB und deren Verortung außerhalb des Mehrebensystems.

Was bedeuten diese Ergebnisse für die weitere europäische Integration? Da Geldpolitik ohnehin hoch politisiert ist, wird die Verpflanzung der Zentralbank auf EU-Ebene ebenfalls von einer Politisierung erfasst werden und damit die Konflikthäufigkeit der weiteren europäischen Integration insgesamt erhöhen. Der Grad bislang (vor allem in den Kernländern) gewährter unbefragter politisch-moralischer Dignität des europäischen Einigungsprozesses (Kielmansegg 1996: 47) nimmt ab, die Konflikthäufigkeit über Ausrichtung, Dynamik und den ‚Sinn' weiterer Integrationsschritte zu. Ein zentraler Grund für diese Annahme ist die strukturelle Asymmetrie zwischen Geldwertstabilität und Beschäftigungssicherung, die durch den hohen Autonomisierungsgrad der

EZB eintritt. Die Frage wird sich spätestens bei einer Rezession stellen, wenn Wohlfahrtsverluste eintreten und sich europaweit die Frage der „Verteilungsgerechtigkeit" stellt (Scharpf 1998: 165). In einem solchen Falle dürften massive Versuche, die Institutionalisierung von Beschäftigungssicherung durchzusetzen, zunehmen. Da diese unwahrscheinlich ist, erhöhen sich die strukturellen Verzerrungen zu Gunsten marktförmiger Interessen. Absehbar ist daher eine Konfliktverschärfung über die Ausrichtung europäischer Institutionalisierungsprozesse insgesamt. In einer solchen Konfliktverschärfung liegt aber gewissermassen auch eine Chance für die weitere Entwicklung. Es eröffnet sich die Chance eines europaweiten öffentlichen Diskurses über Geschwindigkeit und Ausrichtung von Institutionalisierungsprozessen, der nicht nur der eher entpolitisierten Trennung zwischen Suprastaatlichkeit und Nationalstaatlichkeit bzw. Regionalisierung folgt, sondern die den Sozialwissenschaften vertrauten politisch-ideologischen Implikationen zwischen links und rechts in den Vordergrund rücken lässt (Genschel 1998). Diese Konfliktverschärfung wird unmittelbar das Selbstverständnis und den Handlungsraum der EZB betreffen.

Sir Alan Walters, der ehemalige ökonomische Chefberater Margret Thatchers, meinte einmal, dass „the immense power of a Central Bank of Europe will have to be counterbalanced by a central political authority of equal or greater weight" (Walters 1992: 26). Was bei ihm als politisches Horror-Szenario gedacht ist, wäre in der hier vorgetragenen Perspektive eine echte Chance für Europa.

Literatur

Andrews, David M., 1993: The Global Origins of the Maastricht Treaty on EMU: Closing the Window of Opportunity. S. 107–123 in: *Alan W. Cafruny* und *Glenda G. Rosenthal* (Hg.): The State of the European Community. Vol. 2: The Maastricht Debates and Beyond. Boulder, Co.: Lynne Rienner Publishers.
Bach, Maurizio, 1995: Ist die europäische Einigung irreversibel? Integrationspolitik als Institutionenbildung in der Europäischen Union. S. 368–391 in: *Birgitta Nedelmann* (Hg.): Politische Institutionen im Wandel. Sonderheft 35 der Kölner Zeitschrift für Soziologie und Sozialpsychologie. Opladen: Westdeutscher Verlag.
Bach, Maurizio, 1997: Transnationale Institutionenpolitik: Kooperatives Regieren im politisch-administrativen System der Europäischen Union. S. 178–199 in: *Thomas König, Elmar Rieger* und *Hermann Schmitt* (Hg.): Europäische Institutionenpolitik. Frankfurt a.M.: Campus.
Bach, Maurizio, 1999: Die Bürokratisierung Europas. Verwaltungseliten, Experten und politische Legitimation in Europa. Frankfurt a.M.: Campus.
Bach, Maurizio, 1999a: Institutionenwandel und Demokratie im integrierten Europa. S. 216–217 in: *Hermann Schwengel* (Hg.): Grenzenlose Gesellschaft? 29. Kongress der Deutschen Gesellschaft für Soziologie in Freiburg im Breisgau 1998. Band II/2 Ad-hoc-Gruppen, Foren. Pfaffenweiler: Centaurus-Verlagsgesellschaft.
Bach, Maurizio, 2000: Europäische Integration und die Zukunft der Demokratie. In: WZB-Jahrbuch 2000 [im Druck].
Barro, Robert J., und *David B. Gordon*, 1983: Rules, Discretion and Reputation in a Model of Monetary Policy, Journal of Monetary Economics 12: 101–121.
Bauman, Zygmunt, 1992: Moderne und Ambivalenz. Hamburg: Junius.
Bester, Hans, und *Leonhard Gleske*, 1991: Zur Diskussion um eine europäische Währungsunion. S. 199–223 in: *Rudolf Wildenmann* (Hg.): Die Staatswerdung Europas. Optionen für eine Europäische Union. Baden-Baden: Nomos.

Bobrow, Davis B., und *John S. Dryzek*, 1987: Policy Analysis by Design. Pittsburgh: University of Pittsburgh Press.
Bobbio, Noberto, 1988: Die Zukunft der Demokratie. Berlin: Rotbuch.
Bofinger, Peter, Stefan Collignon und *Ernst-Moritz Lipp* (Hg.), 1993: Währungsunion oder Währungschaos? Wiesbaden: Gabler.
Busch, Andreas, 1994: Central Bank Independence and the Westminster Model, West European Politics 17, January: 53–72.
Busch, Andreas, 1996: Wirtschaft und Währung. S. 292–299 in: *Beate Kohler-Koch* und *Wichard Woyke* (Hg.): Die Europäische Union, Band 5 des Lexikon der Politik. München: C.H. Beck.
Cafruny, Alan W., und *Glenda G. Rosenthal* (Hg.), 1993: The State of the European Community. Vol. 2: The Maastricht Debates and Beyond. Boulder, Col.: Lynne Rienner Publishers.
Carvalho, Fernando Cardim de, 1995: The Independence of Central Banks: A Critical Assessment of the Arguments, Journal of Post Keynesian Economics 18: 159–175.
Clausen, Lars, 1994: Krasser sozialer Wandel. Opladen: Leske + Budrich.
Cukierman, Alex, 1992: Central Bank Strategy, Credibility, and Independence: Theorie and Evidence. Cambridge,MA/London: MIT Press.
Deutschmann, Christoph, 1999: Die Verheißung des absoluten Reichtums. Zur religiösen Natur des Kapitalismus. Frankfurt a.M: Campus.
Dyson, Kenneth, und *Kevin Featherstone*, 1996: EMU and Economic Governance in Germany, German Politics 5: 325–355.
Eichener, Volker, und *Helmut Voelzkow* (Hg.), 1994: Europäische Integration und verbandliche Interessenvermittlung. Marburg: Metropolis.
Eichengreen, Barry, 1996: Globalizing Capital. A History of the International Monetary System. Princeton: Princeton University Press.
Eichengreen, Barry, und *Jeffry Frieden*, 1994: The Political Economy of European Monetary Unification: An Analytical Introduction. S. 1–23 in: *Barry Eichengreen* und *Jeffry Frieden* (Hg.): The Political Economy of European Monetary Unification. Boulder, Col.: Westview Press.
Eichengreen, Barry, Jeffry Frieden und *Jürgen von Hagen*, 1995: The Political Economy of European Integration: Introduction S. 1–10 in: *Dies.* (Hg.): Politics and Institutions in an Integrated Europe. Berlin/Heidelberg: Springer.
Eichengreen, Barry, Jeffry Frieden und *Jürgen von Hagen* (Hg.), 1995a: Monetary and Fiscal Policy in an Integrated Europe. Berlin/Heidelberg: Springer.
Eichengreen, Barry, und *Fabio Ghironi*, 1995: European Monetary Unification: The Challenges Ahead. CEPS, discussion paper No. 1217, July.
Engelmann, Daniela, Hans-Joachim Knopf, Klaus Roscher und *Thomas Risse*, 1997: Identity Politics in the European Union: The Case of Economic and Monetary Union (EMU). S. 105–132 in: *Petri Minkkinen* und *Heikki Patomäki* (Hg.): The Politics of Economic and Monetary Union. Boston/Dordrecht: Kluwer.
Fischer, Stanley, 1995: Central-Bank Independence Revisited, American Economic Review 85: 201–206.
Freitag, Markus, 1999: Politisch-institutionelle Ursachen unterschiedlicher Währungsentwicklungen im internationalen Vergleich, Politische Vierteljahresschrift 40: 93–115.
Friedman, Milton, 1962: Should there be an Independent Monetary Authority? S. 219–243 in: *L.B. Yeager* (Hg.): In Search of a Monetary Constitution. Cambridge: Harvard University Press.
Garret, Geoffrey, 1994: The Politics of Maastricht. S. 47–65 in: *Barry Eichengreen* und *Jeffry Frieden* (Hg.): The Political Economy of European Monetary Unification. Boulder, Col.: Westview Press.
Genschel, Philipp, 1998: Markt und Staat in Europa, Politische Vierteljahresschrift 39: 55–79.
Giovannini, Alberto, 1995: Is EMU falling apart? S. 287–298 in: *Ders.* (Hg.): The Money Debate in Europe. Cambridge/MA: MIT Press.
Giovannini, Alberto, 1995a: Central Banking in a Monetary Union: Reflections on the Proposed Statute of the European Central Bank. S. 331–366 in: *Ders.* (Hg.): The Money Debate in Europe. Cambridge/MA: MIT Press.

Gleske, Leonhard, 1996: Das zukünftige Europäische System der Zentralbanken im Vergleich zu den nationalen Systemen der USA und Deutschlands. S. 99–116 in: *Thomas König, Elmar Rieger* und *Hermann Schmitt* (Hg.): Das europäische Mehrebenensystem. Frankfurt a.M.: Campus.
Göhler, Gerhard, 1994: Politische Institutionen und ihr Kontext. S. 19–46 in: *Ders.* (Hg.): Die Eigenart der Institutionen. Zum Profil politischer Institutionentheorie, Baden-Baden: Nomos.
Göhler, Gerhard, 1997: Wie verändern sich Institutionen? Revolutionärer und schleichender Institutionenwandel. S. 21–56 in: *Ders.* (Hg.): Institutionenwandel. Sonderheft 16 des Leviathan. Opladen: Westdeutscher Verlag.
Goodhart, Charles, 1995: A European Central Bank. S. 304–329 in: *Ders.* (Hg.): The Central-Bank and The Financial System. London: Macmillan.
Goodin, Robert E., 1996: Institutions and their Design. S. 1–53 in: *Ders.* (Hg.): Theory of Institutional Design. Cambridge: Cambridge University Press.
Grahl, John, 1997: After Maastricht: A Guide to European Monetary Union. London: Lawrence and Wishart.
Groeben, Hans von der, Jochen Thiesing und *Claus-Dieter Ehlermann* (Hg.), 1997: Kommentar zum EU/EG-Vertrag, Bd. 3, 5. neubearb. Auflage. Baden-Baden: Nomos.
Goodman, John B., 1991: The Politics of Central Bank Independence, Comparative Politics 23: 329–349.
Hankel, Wilhelm, Wilhelm Nölling, Karl A. Schachtschneider und *Joachim Strabatty,* 1998: Die Euro-Klage. Warum die Währungsunion scheitern muß. Reinbek: Rowohlt.
Harden, Ian, 1996: Democracy in the European Union. S. 132–143 in: *Paul Hirst* und *Sunil Khilnani* (Hg.): Reinventing Democracy. Oxford: Blackwell Publishers.
Herr, Hansjörg, und *Klaus Voy,* 1989: Währungskonkurrenz und Deregulierung der Weltwirtschaft. Marburg: Metropolis.
Holzmann, Robert (Hg.), 1996: Maastricht: Monetary Constitution without a Fiscal Constitution? Baden-Baden: Nomos.
Jachtenfuchs, Markus, und *Beate Kohler-Koch* (Hg.), 1996: Europäische Integration. Opladen: Leske + Budrich.
Jepperson, Ronald L., 1991: Institution, Institutional Effects, and Institutionalism. S. 143–163 in: *Walter W. Powell* und *Paul J. DiMaggio* (Hg.): The New Institutionalism in Organizational Analysis. Chicago: University of Chicago Press.
Kettl, Donald F., 1986: Leadership at the Fed. New Haven/London: Yale University Press.
Kielmansegg, Peter Graf, 1996: Integration und Demokratie. S. 47–71 in: *Markus Jachtenfuchs* und *Beate Kohler-Koch* (Hg.): Europäische Integration. Opladen: Leske + Budrich.
Kingdon, John W., 1984: Agendas, Alternatives, and Public Policies. Boston: Little, Brown and Company.
Knight, Jack, 1993: Institutionen und gesellschaftlicher Konflikt. Tübingen: Mohr Siebeck.
König, Thomas, Elmar Rieger und *Hermann Schmitt* (Hg.), 1996: Das europäische Mehrebenensystem. Frankfurt a.M.: Campus.
König, Thomas, Elmar Rieger und *Hermann Schmitt* (Hg.), 1997: Europäische Institutionenpolitik. Frankfurt a.M.: Campus.
Kohler-Koch, Beate, 1989: Zur Empirie und Theorie internationaler Regime. S. 17–85 in: *Dies.* (Hg.): Regime in den internationalen Beziehungen. Baden-Baden: Nomos.
Kohler-Koch, Beate, 1991: Die Politik der Integration der DDR in die EG. S. 23–56 in: *Dies.* (Hg.): Die Osterweiterung der EG. Baden-Baden: Nomos.
Krägenau, Henry, und *Wolfgang Wetter,* 1993: Europäische Wirtschafts- und Währungsunion. Vom Werner-Plan zum Vertrag von Maastricht. Baden-Baden: Nomos.
Kreile, Michael (Hg.), 1992: Die Integration Europas. Sonderband 23 der Politischen Vierteljahresschrift. Opladen: Westdeutscher Verlag.
Kydland, Finn E., und *Edward C. Prescott,* 1977: Rules rather than Discretion: The Inconsistency of Optimal Plans, Journal of Political Economy 85: 473–491.
Lepsius, M. Rainer, 1991: Nationalstaat oder Nationalitätenstaat als Modell für die Weiterentwicklung der Europäischen Gemeinschaft. S. 19–40 in: *Rudolf Wildenmann* (Hg.): Die Staatswerdung Europas. Optionen für eine Europäische Union. Baden-Baden: Nomos.

Lepsius, M. Rainer, 1993: Die Europäische Gemeinschaft und die Zukunft des Nationalstaates. S. 249–264 in: *Ders.* (Hg.): Demokratie in Deutschland. Göttingen: Vandenhoeck & Ruprecht.
Lepsius, M. Rainer, 1995: Institutionenanalyse und Institutionenpolitik. S. 392–403 in: *Birgitta Nedelmann* (Hg.): Politische Institutionen im Wandel. Sonderheft 35 der Kölner Zeitschrift für Soziologie und Sozialpsychologie. Opladen: Westdeutscher Verlag.
Lepsius, M. Rainer, 1996: Die Rolle der Sozialpolitik in der Bonner Republik und in der DDR. S. 41–50 in: *Helga Grebing* und *Hans O. Hemmer* (Hg.): Soziale Konflikte, Sozialstaat und Demokratie in Deutschland. Essen: Klartext.
Lepsius, M. Rainer, 1997: Institutionalisierung und Deinstitutionalisierung von Rationalitätskriterien. S. 57–69 in: *Gerhard Göhler* (Hg.): Institutionenwandel. Sonderheft 16 des Leviathan. Opladen: Westdeutscher Verlag.
Levy, David A., 1995: Does an Independent Central Bank Violate Democracy?, Journal of Post Keynesian Economics 18: 189–210
March, James G., und *Johan P. Olsen,* 1989: Rediscovering Institutions. The Organizational Basis of Politics. New York: Collier Macmillan.
Marks, Gary, Fritz W. Scharpf, Philippe C. Schmitter und *Wolfgang Streeck,* 1996: Governance in the European Union. London: Sage.
Mayntz, Renate 1996: Gesellschaftliche Umbrüche als Testfall soziologischer Theorie. S. 141–153 in: *Lars Clausen* (Hg.): Gesellschaften im Umbruch. Verhandlungen des 27. Kongresses der Deutschen Gesellschaft für Soziologie in Halle an der Saale 1995. Frankfurt a.M.: Campus Verlag.
Martin, Lisa L., 1998: Economic and Political Integration and Response. S. 129–157 in: *Barry Eichengreen* und *Jeffry Frieden* (Hg.): Forging an Integrated Europe. Ann Arbor: The University of Michigan Press.
Mazey, Sonia, und *Jeremy Richardson* (Hg.), 1993: Lobbying in the European Community. Oxford: Oxford University Press.
McNamara, Kathleen R., und *Erik Jones,* 1996: The Clash of Institutions: Germany in European Monetary Affairs, German Politics and Society 14: 5–30.
Merkel, Wolfgang, 1999: Die Europäische Integration und das Elend der Theorie, Geschichte und Gesellschaft 25: 302–338.
Michels, Robert, 1925: Soziologie des Parteiwesens. Untersuchungen über die oligarchischen Tendenzen des Gruppenlebens. Stuttgart: Alfred Kröner.
Minc, Alain, 1989: Die deutsche Herausforderung. Hamburg: Hoffmann und Campe.
Mooslechner, Peter, 1993: Die Zentralbank als politische Institution – Im Spannungsfeld politischer Un/Abhängigkeit, finanzieller In/Stabilität und in/aktiver Wirtschaftspolitik. S. 229–240 in: *Hajo Riese* und *Heinz-Peter Spahn* (Hg.): Geldpolitik und ökonomische Entwicklung. Ein Symposion. Regensburg: transfer verlag.
Moravcsik, Andrew, 1999: A New Statecraft? Supranational Entrepreneurs and International Cooperation, International Organization 53: 267–306.
Müller, Hans-Peter, und *Michael Schmid,* 1995: Paradigm lost? Von der Theorie sozialen Wandels zur Theorie dynamischer Systeme. S. 9–55 in: *Dies.* (Hg.): Sozialer Wandel. Modellbildung und theoretische Ansätze. Frankfurt a.M.: Suhrkamp.
Nedelmann, Birgitta, 1995: Gegensätze und Dynamik politischer Institutionen. S. 15–40 in: *Dies.* (Hg.): Politische Institutionen im Wandel. Sonderheft 35 der Kölner Zeitschrift für Soziologie und Sozialpsychologie. Opladen: Westdeutscher Verlag.
Nedelmann, Birgitta, 1999: Prozesse der Institutionalisierung und Deinstitutionalisierung in der Politik. S. 217–220 in: *Hermann Schwengel* (Hg.): Grenzenlose Gesellschaft? 29. Kongress der Deutschen Gesellschaft für Soziologie in Freiburg im Breisgau 1998. Band II/2 Ad-hoc-Gruppen, Foren. Pfaffenweiler: Centaurus-Verlagsgesellschaft.
Offe, Claus, 1972: Strukturprobleme des kapitalistischen Staates. Frankfurt a.M.: Suhrkamp.
Offe, Claus., 1996: Designing Institutions in East European Transitions. S. 199–226 in: *Robert E. Goodin* (Hg.): Theory of Institutional Design. Cambridge: Cambridge University Press.

Offe, Claus, 1998: Demokratie und Wohlfahrtsstaat: eine europäische Regimeform unter dem Streß der europäischen Integration. S. 99–136 in: *Wolfgang Streeck* (Hg.): Internationale Wirtschaft, nationale Demokratie. Herausforderungen für die Demokratietheorie. Frankfurt a.M.: Campus.
Padoa-Schioppa, Tommaso, 1995: Key Questions on Economic and Monetary Union. S. 55–68 in: *William J. Adams* (Hg.): Singular Europe. Economy and Polity of the European Community after 1992. Chicago: University of Michigan Press.
Peters, Guy, 1992: Bureaucratic Politics and the Institutions of the European Community. S. 75–122 in: *Alberta M. Sbragia* (Hg.): Euro-Politics. Institutions and Policymaking in the „New" European Community. Washington D.C.: The Brookings Institution.
Pierce, James L., 1990: The Federal Reserve as a Political Power. S. 151–164 in: *Thomas Mayer* (Hg.): The Political Economy of American Monetary Policy. Cambridge: Cambridge University Press.
Pepermans, Roland, 1999: Hofstede's Cultural Dimensions and a Psychological Perspektive on European Countries Awaiting the Euro 85–101 in: *Wim Meeusen* (Hg.): Economic Policy in The European Union. Current Perspektives. Cheltenham: Edward Elgar.
Powell, Walter W., und *Paul J. DiMaggio* (Hg.): The New Institutionalism in Organizational Analysis. Chicago: University of Chicago Press.
Prast, Henriette M., 1996: Commitment Rather than Independence: An Institutional Design for Reducing the Inflationary Bias of Monetary Policy, Kyklos 49: 377–405.
Rehberg, Karl-Siegbert, 1990: Eine Grundlagentheorie der Institution: Arnold Gehlen. S. 115–144 in: *Gerhard Göhler, Kurt Lenk* und *Rainer Schmalz-Bruns* (Hg.): Die Rationalität politischer Institutionen. Baden-Baden: Nomos.
Rehman, Scheherazade S., 1997: The Path to European Economic and Monetary Union. Boston/Dordrecht: Kluwer.
Rieger, Elmar, und *Thomas König,* 1997: Einleitung: Perspektiven und Probleme europäischer Institutionenpolitik. S. 11–41 in: *Thomas König, Elmar Rieger* und *Hermann Schmitt* (Hg.): Europäische Institutionenpolitik. Frankfurt a.M.: Campus.
Ross, George, 1995: Jacques Delors and European Integration. Cambridge: Polity Press.
Ruggie, John Gerard, 1998: Constructing the World Polity. Essays on International Institutionalization. London/New York: Routledge.
Sandholtz, Wayne, 1993: Monetary Bargains: The Treaty on EMU. S. 125–142 in: *Alan W. Cafruny* und *Glenda G. Rosenthal* (Hg.): The State of the European Community. Vol. 2: The Maastricht Debates and Beyond. Boulder, Col.: Lynne Rienner Publishers.
Scharpf, Fritz W., 1985: Die Politikverflechtungsfalle. Europäische Integration und deutscher Föderalismus im Vergleich, Politische Vierteljahresschrift 26: 323–356.
Scharpf, Fritz W., 1994: Optionen des Föderalismus in Deutschland und Europa. Frankfurt a.M.: Campus.
Scharpf, Fritz W., 1998: Demokratie in der transnationalen Politik. S. 151–174 in: *Wolfgang Streeck* (Hg.): Internationale Wirtschaft, nationale Demokratie. Herausforderungen für die Demokratietheorie. Frankfurt a.M.: Campus.
Schmidt, Paul-Günther, 1983: Die Zentralbank in der Demokratie, Jahrbuch für Neue Politische Ökonomie 2: 271–305.
Schumpeter, Joseph A., 1970: Das Wesen des Geldes. Göttingen: Vandenhoeck & Ruprecht.
Smithin, John, 1995: Geldpolitik und Demokratie. S. 73–96 in: *Claus Thomasberger* (Hg.): Europäische Geldpolitik zwischen Marktzwängen und neuen institutionellen Regelungen. Zur politischen Ökonomie der europäischen Währungsintegration. Marburg: Metropolis.
Soskice, David, 1999: The Political Economy of EMU. Rethinking the Effects of Monetary Integration on Europe. WZB-discussion paper FSI 99-302.
Streeck, Wolfgang, 1991: More Uncertainties: German Unions Facing 1992, Industrial Relations 30: 317–349.
Streeck, Wolfgang (Hg.), 1994: Staat und Verbände. Sonderband 25 der Politischen Vierteljahresschrift. Opladen: Westdeutscher Verlag.
Streeck, Wolfgang (Hg.), 1998: Internationale Wirtschaft, nationale Demokratie. Herausforderungen für die Demokratietheorie. Frankfurt a.M.: Campus.

Teivainen, Teivo, 1997: The Independence of the European Central Bank: Implications for Democratic Governance. S. 55–75 in: *Petri Minkkinen* und *Heikki Patomäki* (Hg.): The Politics of Economic and Monetary Union. Boston/Dordrecht: Kluwer.
Thomasberger, Claus, 1993: Europäische Währungsintegration und globale Währungskonkurrenz. Tübingen: J.C.B. Mohr.
Tsoukalis, Loukas, 1997: The New European Economy Revisited. Oxford: Oxford University Press.
Vobruba, Georg, 1999: Währungsunion, Sozialpolitik und das Problem einer umverteilungsfesten europäischen Identität, Leviathan 27: 78–94.
Walters, Alan, 1992: The Brussels Leviathan. S. 24–29 in: *Patrick Minford* (Hg.): The Cost of Europe. Manchester/New York: Manchester University Press.
Weinert, Rainer, 1997: Institutionenwandel und Gesellschaftstheorie. Modernisierung, Differenzierung und Neuer Ökonomischer Institutionalismus. S. 70–93 in: *Gerhard Göhler* (Hg.): Institutionenwandel. Sonderheft 16 des Leviathan. Opladen: Westdeutscher Verlag.
Weinert, Rainer, 1999: Ideologie, Autonomie und institutionelle Aura. Zur politischen Soziologie von Zentralbanken, Kölner Zeitschrift für Soziologie und Sozialpsychologie 51: 339-363.
Weinert, Rainer, 1999a: Die politische Bedeutung der Vorbildfunktion der deutschen Bundesbank für die Europäische Zentralbank. S. 224–227 in: *Hermann Schwengel* (Hg.): Grenzenlose Gesellschaft? 29. Kongress der Deutschen Gesellschaft für Soziologie in Freiburg im Breisgau 1998. Band II/2 Ad-hoc-Gruppen, Foren. Pfaffenweiler: Centaurus-Verlagsgesellschaft.
Wildenmann, Rudolf (Hg.), 1991: Die Staatswerdung Europas. Optionen für eine Europäische Union. Baden-Baden: Nomos.
Williams, Shirley, 1991: Sovereignty and Accountability in the European Community. S. 155–176 in: *Robert O. Keohane* und *Stanley Hoffmann* (Hg.): The New European Community. Decisionmaking and Institutional Change. Boulder, Col.: Westview Press.
Wolf, Dieter, 1999: Integrationstheorien im Vergleich. Funktionalistische und intergouvernementalistische Erklärung für die Europäische Wirtschafts- und Währungsunion im Vertrag von Maastricht. Baden-Baden: Nomos.
Woolcock, Stephen, Michael Hodges und *Kirstin Schreiber,* 1991: Britain, Germany and 1992. The Limits of Deregulation. London: Pinters Publishers.
Woolley, John T., 1984: Monetary Politics. The Federal Reserve and the Politics of Monetary Policy. Cambridge: Cambridge University Press.
Woolley, John T., 1992: Policy Credibility and the European Monetary Institutions. S. 157–190 in: *Alberta M. Sbragia* (Hg.): Euro-Politics. Institutions and Policymaking in the „New" European Community. Washington, D.C.: The Brookings Institution.
Woolley, John T., 1994: Linking Political and Monetary Union: The Maastricht Agenda and German Domestic Politics. S. 67–86 in: *Barry Eichengreen* und *Jeffry Frieden* (Hg.): The Political Economy of European Monetary Unification. Boulder, Col.: Westview Press.
Zapf, Wolfgang (Hg.), 1969: Theorien sozialen Wandels. Köln: Kiepenheuer & Witsch.
Ziltener, Patrick, 1999: Strukturwandel der europäischen Integration. Die Europäische Union und die Veränderung von Staatlichkeit. Münster: Westfälisches Dampfboot.

DAS TARIFVERHANDLUNGSSYSTEM IN DER WIRTSCHAFTS- UND WÄHRUNGSUNION: VON NATIONALEN ZU SUPRANATIONALEN INSTITUTIONEN?

Franz Traxler

Zusammenfassung: In der Wirtschafts- und Währungsunion (WWU) hat das Tarifsystem die Hauptlast der Anpassung an ökonomische Ungleichgewichte zwischen den Mitgliedsländern zu tragen. Dabei koexistiert die supranationale Geldpolitik mit einer nach wie vor national angeleiteten Tarifpolitik. Vor diesem Hintergrund untersucht dieser Aufsatz drei Fragen. Inwieweit unterscheiden sich die nationalen Tarifsysteme in ihrer Anpassungsfähigkeit an die Anforderungen der WWU? Der Umstand, dass es signifikante Unterschiede in der nationalen Anpassungsfähigkeit tatsächlich gibt, deutet darauf hin, dass sich die ökonomische Ungleichheit innerhalb der WWU eher noch verstärken wird. Die zweite Frage betrifft das Verhältnis zwischen der nationalen und supranationalen Dimension der Tarifpolitik. Da selbst eine hohe Anpassungsfähigkeit der nationalen Systeme aus supranationaler Sicht zu suboptimalen Ergebnissen führen kann, ergibt sich ein Bedarf an supranationaler Koordinierung der Tarifpolitik. Die Frage der Aussicht auf Realisierung solcher supranationaler Institutionen wird abschließend diskutiert. In der einschlägigen Debatte dominiert die Auffassung, dass allein ein elaboriertes eurokorporatistisches System diese Koordinierungsfunktion übernehmen könnte, das freilich keine Realisierungschancen hat. Dagegen wird hier die These vertreten, dass die im Entstehen begriffenen, „weichen", netzwerkförmigen Institutionen unter bestimmten Voraussetzungen für eine effektive Koordinierung ausreichen könnten.

I. Einleitung

Im Rahmen der Wirtschafts- und Währungsunion (WWU) verlieren deren Mitgliedsländer die Möglichkeit, mit den Mitteln der Geld- und Währungspolitik Ungleichgewichte in der Leistungsfähigkeit ihrer Volkswirtschaften auszugleichen. Die Folge ist, dass der Arbeitsmarkt die Hauptlast künftiger Anpassungsleistungen bei solchen Ungleichgewichten zu tragen haben wird, wobei grundsätzlich zwei Optionen arbeitsmarktpolitischer Anpassungsprozesse gegeben sind: transnationale Mobilität und lohnpolitische Responsivität. Angesichts der geringen Mobilität in Europa (vgl. z.B. Keller 1997), die auch in Zukunft auf Grund kultureller und politischer Schranken kaum zunehmen wird, verbleibt de facto als Anpassungsparameter nur die Lohnpolitik. Dies umso mehr, als auf Grund der budgetären Restriktionen auch von der Fiskalpolitik kaum nennenswerte Anpassungshilfen zu erwarten sind. Responsivität wird der Lohnpolitik durch die WWU in zweierlei Hinsicht abverlangt. Zum einen sind lohninduzierte Preissteigerungen, die höher als die durchschnittliche Inflationsrate in der WWU sind, zu vermeiden; zum anderen hat die Lohnpolitik den Veränderungen in der Produktivität Rechnung zu tragen, die gerade auch durch den im Zuge der WWU beschleunigten Strukturwandel ausgelöst werden.

Lohnpolitische Responsivität in diesem Sinn umfasst eine diskretionäre und eine strukturelle Komponente. In diskretionärer Hinsicht geht es um die Entscheidungen der lohnpolitischen Akteure auf der Grundlage der jeweiligen Verhandlungssituation und der institutionellen Rahmenbedingungen. Verhandlungssituation wie Rahmenbedingungen schränken den Handlungsspielraum der Akteure ein. Die Beschränkungen der Verhandlungssituation sind kontingent; sie ergeben sich namentlich aus dem „ökonomischen Datenkranz" und den aktuellen Kräfteverhältnissen zwischen den Akteuren. Hingegen setzen die Institutionen der Lohnbildung strukturelle Schranken, indem sie systematisch bestimmte Strategien und Lösungen wahrscheinlicher als andere machen. Insofern definieren sie auch die strukturelle Responsivität der Lohnbildung gegenüber den Herausforderungen der WWU. Sie ist das Thema der folgenden Analyse. Die maßgebende Institution ist diesbezüglich das Tarifverhandlungssystem. Dies liegt an dem Umstand, dass in (West)Europa die Lohn- und Arbeitsbedingungen überwiegend durch Tarifverträge geregelt werden. Im ungewichteten Durchschnitt jener neun Länder der WWU, für die Daten verfügbar sind, stehen mehr als 80 Prozent aller Arbeitnehmer unter der Geltung eines Tarifvertrages (Traxler 1996). Dabei ist zu berücksichtigen, dass in den einzelnen Mitgliedsländern über die Tarifpolitik entschieden wird und sich die nationalen Tarifsysteme erheblich voneinander unterscheiden. Daraus leiten sich zwei Fragen ab:

a) Inwieweit unterscheiden sich die nationalen Tarifsysteme auch in ihrer strukturellen Responsivität gegenüber den Anforderungen der WWU? Aus gesamteuropäischer Perspektive sind drei alternative Szenarios denkbar: 1. alle Systeme sind nicht responsiv; 2. die Systeme unterscheiden sich stark in ihrer Responsivität; 3. alle Systeme sind responsiv (vgl. *Tabelle 1*).

b) Inwieweit ergibt sich aus der transnationalen Institutionalisierung der Geldpolitik ein analoger Bedarf an transnationalen tarifpolitischen Institutionen? Variiert dieser Bedarf mit den drei Szenarios?

Tabelle 1: Die strukturelle Responsivität der nationalen Tarifsysteme in der WWU: Drei alternative Szenarios

Szenario		Risiken im Fall der Absenz transnationaler Koordinierung der Tarifpolitik
1	Kein System ist responsiv	Inflationäre Tarifabschlüsse
2	Die Systeme divergieren in ihrer Responsivität	Wachsende sozioökonomische Ungleichgewichte in Verbindung mit inflationären oder deflationären Tendenzen
3	Alle Systeme sind responsiv	Kompetitives Lohndumping

Im Folgenden werden zunächst die Szenarien hinsichtlich ihrer gesamteuropäischen Implikationen für die Tarifpolitik betrachtet. Im Anschluss daran wird untersucht, ob sich die nationalen Tarifsysteme in ihrer strukturellen Responsivität voneinander unterscheiden und welches Szenario demzufolge das wahrscheinlichste ist. Auf dieser Grundlage werden die daraus resultierenden Perspektiven einer Europäisierung der Tarifinstitutionen erörtert.

II. Lohnpolitik und WWU: Drei Szenarien

In der WWU ist die Geldpolitik der einzige wirtschaftspolitische Parameter, der in Form der Europäischen Zentralbank (EZB) der Disposition einer strikt supranationalen Institution unterliegt. Aus monetaristischer Sicht ist mit der Geldpolitik ein hinreichend effektives Instrument bereitgestellt, Preisstabilität zu sichern, sodass Einkommenspolitik und damit die Kooperation der Tarifparteien als Mittel der Inflationseindämmung als irrelevant gelten können. Dieses Instrument kann umso wirkungsvoller eingesetzt werden, je unabhängiger die Zentralbank von anderen Akteuren ist (vgl. z.B. Alesina und Summers 1993; Cukierman 1992). Da die EZB der deutschen Bundesbank nachempfunden ist, kennzeichnet sie ein vergleichsweise hohes Maß an Unabhängigkeit.

Die Geldpolitik der EZB erhält besonderes Gewicht in Szenario Eins, wenn es allen nationalen Tarifsystemen an struktureller Responsivität mangelt. Unter diesen Umständen könnte eine restriktive Geldpolitik jene Lohndisziplin erzwingen, die im Einklang mit den Stabilitätszielen der EZB steht. Es ist davon auszugehen, dass die EZB ihre Unabhängigkeit nützen wird, relativ ambitionierte Stabilitätsziele zu setzen, um auf diese Weise ihrer Geldpolitik das Basisvertrauen der Märkte zu sichern. Szenario 1 impliziert insofern eine außerordentlich konfrontative Konstellation zwischen Geld- und Lohnpolitik. Das Defizit an struktureller Responsivität generiert im Verhältnis zum Stabilitätsziel der EZB „exzessive" Lohnzuwächse, auf die sie mit restriktiven Maßnahmen zur Durchsetzung ihres Stabilitätsziels reagiert, die ihrerseits mit realwirtschaftlichen Kosten (in Bezug auf Wirtschaftswachstum und Beschäftigung) verbunden sind (vgl. z.B. Hall 1994; Hall und Franzese 1997). Auf den ersten Blick verbindet sich mit diesem Szenario kein Bedarf an einer Europäisierung der Tarifpolitik. Geboten scheint vielmehr die Reform der nationalen Tarifsysteme zur Sicherstellung ihrer Responsivität, um die realwirtschaftlichen Kosten stabilitätsorientierter Geldpolitik zu reduzieren. Eine solche Einschätzung verkennt jedoch die jeder responsiven Lohnpolitik inhärenten Kooperationsprobleme der beteiligten Akteure, die sich aus der Unsicherheit über die Strategien der jeweils anderen Akteure ergeben. Ist ein Lohnabschluss responsiv, ohne wirtschaftlich bedeutend genug zu sein, die Erreichung des Stabilitätsziels sicherstellen zu können, so verschlechtert dies die komparative Position der betreffenden Arbeitnehmer dann, wenn die anderen Abschlüsse so irresponsiv sind, dass die Lohnpolitik insgesamt das Stabiliätsziel verfehlt: Sie verzeichnen Einkommenseinbußen durch den niedrigeren Lohnabschluss und haben gleichzeitig den Nachteil, die Preisauftriebstendenzen im Gefolge der übrigen Abschlüsse mitzutragen. Dies stellt die Rationalität einer stabilitätsorientierten Lohnpolitik in Frage. Dieses Kooperationsdilemma lässt sich nur dann überwinden, wenn die beteiligten Akteure darauf bauen können, dass sich auch hinreichend viele andere Akteure so verhalten, dass das Stabiliätsziel erreicht werden kann. Unter der Bedingung von WWU und Szenario 1 setzt dies nicht nur die Stärkung der strukturellen Responsivität der nationalen Tarifsysteme, sondern auch die transnationale Koordinierung ihrer Lohnpolitiken voraus.

Im zweiten Szenario divergieren die nationalen Systeme in ihrer Responsivität. Dadurch verstärken sich die wirtschaftlichen Ungleichgewichte zwischen den Mitgliedsländern, ein Umstand, der die Formulierung eines Geldmengen- bzw. Inflationsziels für den Bereich der WWU insgesamt erschwert. Die Gesamteffekte dieses Szenarios hängen vor allem davon ab, wie sich die strukturelle Responsivität der nationalen Tarifsysteme konkret zum wirtschaftlichen Gewicht ihrer Lohnabschlüsse verhält. Eine insgesamt stabilitätsorientierte Lohnbildung lässt sich nur erwarten, wenn eine begrenzte Zahl von Tarifsystemen sowohl responsiv als auch wirtschaftlich so bedeutend ist, dass einerseits eine Verständigung auf eine gemeinsame, koordinierte Stabilitätspolitik keine Probleme bereitet und andererseits durch die koordinierten Lohnabschlüsse das Stabilitätsziel ohne Kooperation der übrigen Tarifsysteme realisiert werden kann. Andernfalls nähert sich Szenario 2 der Situation von Szenario 1 an. Für die EZB ist aus den oben skizzierten Gründen davon auszugehen, dass sie angesichts der besonders großen Unwägbarkeiten dieses Szenarios im Zweifelsfall eher der restriktiveren geldpolitischen Option – auch um den Preis negativer realwirtschaftlicher Konsequenzen – den Vorzug geben wird.

Das dritte Szenario scheint für die WWU keinerlei Probleme aufzuwerfen. Erweisen sich alle Tarifsysteme als responsiv, können Konflikte mit der Geldpolitik als unwahrscheinlich gelten. Aber auch unter diesen Bedingungen bleibt das transnationale Koordinierungsproblem, das aus der wechselseitigen Ungewissheit der Tarifparteien über die je spezifischen, nationalen Lohnpolitiken erwächst, virulent. Im Unterschied zu Szenario 1 liegt das Risiko von Koordinierungsdefiziten im Falle von Szenario 3 nicht in inflationären, sondern in deflationären Fehlanpassungen. Sind alle Tarifsysteme responsiv, ohne dass ihre Strategien akkordiert werden, wächst die Verlockung, die Lohnpolitik als Parameter zur Verbesserung der komparativen Wettbewerbsposition in der WWU in Dienst zu nehmen. Es droht der Wettlauf zu kompetitiven Absenkungen der Lohn- und Arbeitsstandards (Schulten 1998).

Die Schlussfolgerung aus diesen Überlegungen ist, dass unter jedem der drei alternativen Szenarios der Aufbau transnationaler Institutionen zur Koordinierung der Lohnpolitik geboten ist. Die wesentliche Ursache dafür ist, dass die WWU die sozioökonomische Interdependenz der nationalen Tarifpolitiken in einem Ausmaß erhöht, dass selbstgenügsame Strategien nur um den Preis einer merklichen Schlechterstellung aller beteiligten Akteure aufrechterhalten werden können. Die transnationale Koordinierung der Lohnpolitik stellt an die nationalen Tarifsysteme analoge Anforderungen wie die Geldpolitik der EZB: Responsivität im Sinne der Befähigung zur bewussten Akkordierung der eigenen lohnpolitischen Entscheidungen mit den Entscheidungen externer Akteure. Im Zusammenhang damit stellt sich die Frage, inwiefern die Tarifsysteme der Mitgliedsländer der WWU hinsichtlich dieser Befähigung divergieren.

III. Tarifsystem, strukturelle Responsivität und wirtschaftliche Leistungsfähigkeit

In letzter Instanz bemisst sich die strukturelle Responsivität von Tarifsystemen an ihren wirtschaftlichen Effekten. Tarifsysteme, die befähigt sind, die Lohnbildung in Einklang mit der wirtschaftlichen Entwicklung zu bringen, sollten zu günstigeren Ergebnissen in Bezug auf Beschäftigung, Inflation und Wirtschaftswachstum führen als Systeme, denen es an dieser Befähigung mangelt. Diese Frage nach den Leistungseffekten der Tarifsysteme ist Gegenstand intensiver wissenschaftlicher Debatten. Dabei besteht weitgehende Übereinstimmung hinsichtlich der Vorzüge von Tarifsystemen, in deren Rahmen die Lohnpolitik gesamtwirtschaftlich koordiniert wird. Beträchtliche Auffassungsunterschiede lässt die einschlägige Literatur jedoch hinsichtlich der Effekte jener Tarifsysteme erkennen, die diesen Koordinierungsgrad nicht erreichen. In der Tradition des Korporatismusansatzes stehende Arbeiten gehen von einem linearen, positiven Zusammenhang zwischen Koordinierungsgrad und Leistungseffekten aus (vgl. z.B. Cameron 1984). Eine prominente Gegenposition vertreten Calmfors und Driffill (1988), denen zufolge sowohl hochzentralisierte als auch hochdezentralisierte Tarifsysteme die günstigste Leistungsbilanz aufweisen, während mittlere Zentralisationsgrade am ungünstigsten sind. Beide Positionen können empirische Evidenz durch einschlägige Studien für sich in Anspruch nehmen. Ebenso aus empirischer Analyse leitet allerdings die OECD (1997) die skeptische Schlussfolgerung ab, dass sich alternative Tarifsysteme in ihrem ökonomischen Leistungsprofil nicht signifikant voneinander unterscheiden.

Diese beachtliche Spannweite in den theoretischen Ansätzen und empirischen Befunden resultiert aus grundlegenden methodischen Schwächen, die die Debatte generell kennzeichnen. Deren wesentlicher Mangel ist, dass so gut wie alle empirischen Studien die Institutionen des Tarifsystems in direkte (Kausal)Beziehung zu makroökonomischen Leistungsindikatoren wie Inflation und Beschäftigung setzen, während der Einfluss der Tarifinstitutionen auf die Arbeitskostenentwicklung außerhalb der Betrachtung bleibt. Dies ist inkonsistent, da Tarifsysteme nur über ihre Regulierung der Arbeitskosten nachhaltigen Einfluss auf Inflation und Beschäftigung nehmen können (Therborn 1987).

Die Re-Analyse der einflussreichsten Studien zu diesem Thema lässt keinerlei signifikanten Effekt des Tarifsystems auf die Arbeitskosten erkennen (Traxler und Kittel 2000). Es wäre allerdings voreilig, daraus auf die ökonomische Irrelevanz der institutionellen Eigentümlichkeiten des Tarifsystems zu schließen. Vielmehr lassen sich die negativen Ergebnisse der Re-Analyse auf Validitätsprobleme bei der Messung der Tarifsysteme zurückführen. Eine dieser Schwachstellen ist die unzureichende Differenzierung zwischen dem Koordinierungsgrad und dem Zentralisierungsgrad von Tarifsystemen. Deren Zentralisationsgrad ergibt sich aus der Aggregatebene, auf der die Tarifverträge formal abgeschlossen werden. Hingegen hängt der Koordinierungsgrad eines Tarifsystems davon ab, in welchem Ausmaß die einzelnen Tarifabschlüsse aufeinander abgestimmt sind (Soskice 1990). Die Unterscheidung ist deshalb wichtig, weil der Koordinierungsgrad nicht notwendigerweise mit dem Zentralisationsgrad identisch ist. In mehreren OECD-Ländern (z.B. Japan, Österreich, Deutschland) werden die Tarifverträge ohne jede zentrale Absprache auf betrieblicher bzw. sektoraler Ebene vereinbart, sind aber dennoch gesamtwirtschaftlich koordiniert. In diesen Fällen ergibt sich der Koordinierungseffekt aus der Lohnführerschaft eines speziellen Sektors (im Normalfall die Metallindustrie), an dessen Abschlüssen sich die übrigen Sektoren orientieren. In anderen Fällen (z.B. Niederlande) gibt es zentrale Absprachen, die ungeachtet ihrer Unverbindlichkeit und des Verzichts auf konkrete Verhandlungsvorgaben einen übergreifenden Orientierungsrahmen für die sektoralen Abschlüsse bilden. Aus steuerungstheoretischer Sicht ignoriert daher die Gleichsetzung von Zentralisation und Koordinierung nicht-hierarchische Koordinierungsformen. Es wird stillschweigend unterstellt, dass Koordinierung allein durch Hierarchie bewerkstelligt werden kann.

Die Gleichsetzung von Zentralisation und Koordinierung verwehrt auch die Einsicht in die Komplexität von Koordinierungsprozessen. Tarifpolitische Koordinierung ist in horizontaler wie vertikaler Hinsicht zu leisten (Moene et al. 1993). In horizontaler Hinsicht liegt das Koordinierungsproblem in der Akkordierung der verschiedenen, für je spezifische Kategorien von Arbeitnehmern (z.B. Arbeiter, Angestellte) und von Arbeitgebern (z.B. Branchen) getätigten Tarifabschlüsse. Die vertikale Koordinierung betrifft die Sicherung der Folgebereitschaft der Basis gegenüber ihren Repräsentanten, die die Tarifverträge vereinbaren (Crouch 1993). Das Kernproblem ist in diesem Zusammenhang daher die Einbindung der Betriebsparteien. Zwischen horizontaler und vertikaler Koordinierung ist vor allem deshalb zu unterscheiden, weil sie in einem Konkurrenzverhältnis zueinander stehen. Je mehr Gruppen in horizontale Koordinierungsprozesse eingebunden werden, desto mehr entfernen sich die tarifpolitischen Kompromissformeln von den speziellen Interessen der einzelnen Gruppen. Deren Loyalität wird dadurch ungewiss. Je mehr umgekehrt die Tarifparteien ihren Abschluss an den unmittelbaren Interessen der eigenen Basis orientieren, desto wahrscheinlicher wird deren Loyalität; desto schwieriger wird aber auch die Akkordierung dieses Abschlusses mit den Abschlüssen anderer Gruppen.

Eine dritte konzeptionelle Schwachstelle herkömmlicher Studien besteht in der notorischen Vernachlässigung der Rolle des Staates in der Lohnpolitik, obwohl gerade diesbezüglich die nationalen Tarifsysteme beachtliche Unterschiede aufweisen (Traxler 1998).

Aus all dem folgt, dass das Tarifsystem als ein mehrdimensionales Konzept zu begreifen ist. Auf diesen Tatbestand hat auch die komparative Analyse Bedacht zu nehmen. Dass demgemäß im Hinblick auf das Tarifsystem zwischen qualitativ unterschiedlichen Dimensionen zu unterscheiden ist, macht die in der einschlägigen Forschung gängige Praxis, Tarifsysteme ordinal nach ihrem Zentralisationsgrad zu messen, obsolet. Denn es gibt kein theoretisches Argument, aus dem sich die Überlegenheit zentralisiert-hierarchischer Koordinierung gegenüber nicht-hierarchischer Koordinierung via Lohnführerschaft ableiten ließe. Ebenso wenig lässt sich die ordinalen Zentralisationsmaßen implizite Annahme aufrechterhalten, die nationalen Unterschiede im lohnpolitischen Engagement des Staates wären ökonomisch unerheblich. Unangemessen ist es auch aus den oben skizzierten Gründen, den Grad horizontaler und vertikaler Koordinierung mittels ein- und derselben Skala zu messen.

In einer neueren Studie zu den ökonomischen Effekten nationaler Tarifsysteme für 20 OECD Länder von 1970 bis 1990, die vom Autor gemeinsam mit Bernhard Kittel durchgeführt wurde, wurde diesen Messproblemen Rechnung getragen (Traxler und Kittel 2000). Auf der Basis von jährlichen Beobachtungen der nationalen Lohnrunden und unter Bezugnahme auf die Differenzierung zwischen hierarchischer und nichthierarchischer Koordinierung und die Unterschiede staatlichen Engagements konnten 6 Hauptmuster *horizontaler* Koordinierung identifiziert werden: 1. unkoordinierte (dezentralisierte) Tarifsysteme; 2. Lohnführerschaft eines Sektors; 3. staatlich-autoritative Koordinierung (in Form staatlicher Lohnkontrollen); 4. intraverbandliche Koordinierung der Lohnpolitik durch die Dachverbände der Tarifparteien; 5. interverbandliche Koordinierung auf der Grundlage zentraler Abkommen zwischen den Dachverbänden; 6. staatlich flankierte Koordinierung (in deren Rahmen der Staat als dritte Partei an den Koordinierungsbemühungen der Dachverbände teilnimmt). Die *vertikale* Koordinierungsfähigkeit der Tarifsysteme wurde daran gemessen, ob das Arbeitsrecht in die Lage versetzt, die Regelungsadressaten rechtswirksam auf die Tarifvereinbarungen zu verpflichten. In diesem Zusammenhang sind zwei Rechtsgarantien zentral: die rechtliche Erzwingbarkeit von Tarifverträgen und die Friedenspflicht für die Dauer ihrer Geltung. Davon ausgehend wurde die vertikale Koordinierungsfähigkeit auf einer dichotomen Skala gemessen. Danach ist die vertikale Koordinierungsfähigkeit hoch, wenn beide Rechtsgarantien gegeben sind; und sie ist niedrig, wenn eine oder beide nicht bestehen.

Regressionsanalysen, die diese beiden Skalen horizontaler und vertikaler Koordinierung als Prädiktoren für die Arbeitskostenentwicklung (unter Berücksichtigung einer Reihe von Kontrollvariablen) verwenden (Traxler und Kittel 2000), zeigen für diese Koordinierungsvariablen einen signifikanten Effekt (*Tabelle 2*). Danach erweisen sich gesamtwirtschaftlich koordinierte Tarifsysteme nur dann als überdurchschnittlich responsiv (im Sinne unterdurchschnittlicher Lohnstückkostensteigerungen), wenn sie das vertikale Koordinierungsproblem lösen können. Dies ist auf dreierlei Weise möglich. In der ersten Variante staatlich-autoritativer Koordinierung wird die Folgebereitschaft der Betriebsparteien erzwungen. Dieser Koordinierungsmechanismus ist allerdings weniger responsiv als die beiden anderen, freiwilligen Formen effektiver Koordinierung. Zu ihnen zählt zum einen die Lohnführerschaft, die auf einem dezentralisierten Koordinierungsmodus aufbaut, sodass a priori vergleichsweise geringe Probleme vertikaler Koordinierung entstehen. In der anderen Variante freiwilliger, hochresponsiver Koordinierung fällt die Schlüsselrolle den Dachverbänden in unterschiedlichen Konstellationen zu: Ihre Koordinierungsaktivitäten können sich auf ihren eigenen (d.h. den intraverbandlichen) Bereich beschränken; sie können sich auf bipartistische (d.h. interverbandliche) Absprachen mit den Gegenverbänden stützen; oder sie erfolgen in Konzer-

Tabelle 2: Der Zusammenhang zwischen Tarifsystem und lohnpolitischer Responsivität

Respon-sivität*	*Zentralisation des Tarifsystems*		
	niedrig	mittel	hoch
hoch		sektorale Lohnführerschaft	zentrale Koordinierung** in Kombination mit hoher vertikaler Koordinierungsfähigkeit
mittel	unkoordiniert-dezentralisierte Tarifsysteme		staatlich-autoritative Koordinierung
niedrig			zentrale Koordinierung** in Kombination mit defizienter vertikaler Koordinierungsfähigkeit

* Gemessen an der komparativen Fähigkeit zur Kontrolle der Entwicklung der Lohnstückkosten.
** Freiwillige Akkordierung der Lohnpolitik auf der Grundlage intraverbandlicher, interverbandlicher oder staatlich flankierter Koordinierungsaktivitäten der Dachverbände der Tarifparteien.
Quelle: Traxler und Kittel (2000).

tierung mit der Regierung und fallen somit in die Kategorie staatlich geförderter Koordinierung. Die Effektivität dieser drei Varianten dachverbandlicher Koordinierung hängt entscheidend davon ab, ob durch das Arbeitsrecht Hilfen zur vertikalen Koordinierung bereitgestellt werden. Ist diese Hilfe gegeben, zählt die zentrale, dachverbandliche Koordinierung zusammen mit der Lohnführerschaft zu den Tarifsystemen höchster Responsivität. Mangelt es hingegen an vertikaler Koordinierungsfähigkeit, sind Koordinierungsversuche der Dachverbände am wenigsten in der Lage, die Lohnkostenentwicklung zu kontrollieren. In Abhängigkeit von Rechtshilfen zur vertikalen Koordinierung verzeichnen daher Tarifsysteme, deren Lohnpolitiken durch die Dachverbände konzertiert werden, entweder das beste oder das schlechteste Leistungsprofil. Die Ursache dafür sind die enormen Probleme der Interessenvereinheitlichung, die gerade in zentralisierten, d.h. auf der Federführung der Dachverbände aufbauenden Koordinierungssystemen entstehen, und die ohne staatliche Koordinierungshilfen nicht bewältigt werden können.

Gelingt es nicht, das Problem vertikaler Koordinierung zu lösen, erweisen sich unkoordinierte (dezentralisierte) Tarifsysteme als die zweitbeste Wahl. Ähnlich wie im Fall der Lohnführerschaft und der staatlich-autoritativen Koordinierung ist die Responsivität unkoordinierter Tarifsysteme weitgehend unabhängig von staatlichen Garantien vertikaler Koordinierung.[1] Dies liegt daran, dass Probleme vertikaler Koordinierung im Rahmen staatlich-autoritativer Koordinierung durch verbindliche Vorgaben der Behörden gelöst werden; im Zusammenhang mit Lohnführerschaft durch deren dezentralisierten Koordinierungsmodus entschärft werden; und im Fall unkoordinierter Tarifsysteme überhaupt entfallen.

Von herkömmlichen Studien weichen diese Ergebnisse in zweierlei Hinsicht ab. Zum einen betonen sie in Bezug auf zentralisierte Verhandlungssysteme die Kontingenz ihrer Koordinierungsfähigkeit. Horizontalen Akkordierungsbemühungen auf Dachverbandsebene ist dauerhaft nur dann Erfolg beschieden, wenn rechtliche Rahmenbedingungen deren Umsetzung auf den nachgelagerten Ebenen begünstigen. Die zweite Differenz betrifft unkoordinierte Tarifsysteme. Sie werden vielfach als Königsweg zu erhöhter Responsivität der Lohnbildung verstanden, weil sie einerseits im Anschluss an Calmfors und Driffill (1988) als funktional äquivalent zu zentralisierten Systemen und andererseits als leichter implementierbar als diese gelten (OECD 1994). Die oben skizzierten Befunde relativieren die Effektivität unkoordinierter Lohnbildung. Dass sie nicht die ihnen zugeschriebene Responsivität erreicht, ist auf das Zusammenwirken von Arbeits- und Produktmärkten im Prozess der Lohnbildung zurückzuführen. Empirische Studien zu den Effekten unkoordinierter Lohnbildung am Beispiel Großbritanniens zeigen, dass die Lohnentwicklung in den Unternehmen maßgeblich von deren Wettbewerbsposition auf den Produktmärkten abhängt, sodass gewerkschaftlich organisierte und unorganisierte Firmen in vergleichbarer Position sich in ihren Lohnzuwächsen kaum unterscheiden (Brown et al. 1995). Daraus folgt, dass nicht nur die Arbeits-, sondern auch die Produktmärkte zu disorganisieren wären, um die erhofften

---

[1] Im europäischen Kontext sollte die Bedeutung dieser Garantien für die Lohnführerschaft nicht unterschätzt werden. Unter jenen OECD Ländern, in denen sich Lohnführerschaft als Koordinierungsmodus dauerhaft etablieren konnte, sind für die beiden europäischen Fälle (Deutschland, Österreich) solche Garantien gegeben.

Effizienzgewinne aus marktgesteuerter Allokation lukrieren zu können – eine Aufgabe, vor der angesichts fortdauernder „Mergermania" wohl auch die entschiedensten Verfechter des Neoliberalismus zu resignieren gezwungen sind.

Neuere empirische Studien betonen auch die Bedeutung der sektoralen Zusammensetzung der Wirtschaft für die Responsivität der Lohnbildung. Dabei wird davon ausgegangen, dass starke Gewerkschaften des öffentlichen Sektors die Responsivität verringern, da sie die negativen Effekte „überzogener" Lohnzuwächse infolge mangelnder weltwirtschaftlicher Exponiertheit externalisieren können (Garrett und Way 1995; Franzese 1997). Auch für diese Studien lässt sich ein Validitätsproblem konstatieren, da sie die Stärke der Gewerkschaften des öffentlichen Sektors an deren Mitgliederanteil an den Gewerkschaftsmitgliedern insgesamt und am Anteil des öffentlichen Sektors an der Gesamtbeschäftigung messen. Weder das eine noch das andere steht in zwingendem Zusammenhang mit der Verhandlungsmacht der Gewerkschaften dieses Sektors. Eine Re-Analyse, in deren Rahmen die Gewerkschaftsstärke des öffentlichen Sektors anhand jenes Mitgliederanteils gemessen wurde, den die drei größten Gewerkschaften des Sektors innerhalb des bedeutendsten Dachverbandes an dessen Gesamtmitgliederanzahl verzeichnen, konnte die These eines signifikanten Effekts der sektoralen Zusammensetzung nicht bestätigen (Kittel 1997). In ähnlicher Weise zeigt die Überprüfung der Responsivität alternativer Lohnregelungssysteme im öffentlichen Sektor keine systematischen Unterschiede, sondern deutet auf hohe Kontingenz in den Leistungseffekten dieser Systeme hin (Traxler 1998).

Insgesamt lässt sich daher festhalten, dass es nicht Unterschiede in der sektoralen Zusammensetzung sind, sondern die institutionelle Ausstattung des Tarifsystems ist, die zu signifikanten Unterschieden in der Befähigung zur Steuerung der Lohnkostenentwicklung führt. Dabei hängen die Leistungseffekte davon ab, in welchem Ausmaß einerseits Koordinierungsprobleme innerhalb des betreffenden Tarifsystems anfallen und in welchem Umfang Rechtsgarantien zu deren Bewältigung bereitstehen.

IV. Die komparative Responsivität der Tarifsysteme in der WWU

Aus der oben skizzierten Analyse lässt sich auf die innerhalb der WWU gegebene Responsivität der Lohnpolitik schließen. Dies erfordert, die Tarifpraxis in den Mitgliedsländern der WWU nach den in *Tabelle 2* aufgelisteten Kategorien von Tarifsystemen zu klassifizieren. *Tabelle 3* dokumentiert diese Klassifikation für alle WWU Länder mit Ausnahme Luxemburgs.[2] Zur Interpretation ist anzumerken, dass das Tarifsystem einiger Länder im Zeitablauf Veränderungsprozessen unterworfen war, sodass sich auch die Zugehörigkeit zu den Kategorien nach *Tabelle 2* änderte. *Tabelle 3* verbucht daher jene Kategorie von Tarifsystem, das für das betreffende Land innerhalb der betrachteten

---

2 In Frankreich beruht die Koordinierung der Lohnpolitik auf der Lohnführerschaft des öffentlichen Sektors (Redor 1997). Insofern handelt es sich um einen staatlich-autoritativen Modus, da die Koordinierung nicht auf freiwilligen Vereinbarungen zwischen den Tarifparteien des privaten Sektors aufbaut. Autoritativ ist dieser Modus nicht zuletzt auch deshalb, weil in Frankreich die Löhne für den öffentlichen Sektor nicht selten einseitig durch den Staat, d.h. ohne Vereinbarung mit den Gewerkschaften, gesetzt werden.

Tabelle 3: Die strukturelle Responsivität der Tarifsysteme der Mitgliedsländer der WWU

Die strukturelle Responsivität alternativer Tarifsysteme*	Mitgliedsländer**
1 hohe Responsivität: sektorale Lohnführerschaft zentrale Koordinierung* in Kombination mit hoher vertikaler Koordinierungfähigkeit	Deutschland, Österreich Finnland, Niederlande
2 mittlere Responsivität: unkoordinierte Tarifsysteme staatlich-autoritative Koordinierung	– Frankreich
3 niedrige Responsivität: zentrale Koordinierung in Kombination mit defizienter vertikaler Koordinierungsfähigkeit	Belgien, Irland, Italien, Portugal, Spanien

* Siehe *Tabelle 2*.
** Klassifikation der Länder nach dem im Zeitraum von 1980 bis 1990 jeweils am längsten bestehenden Tarifsystem.

Zeitspanne am längsten Bestand hatte. Aus demselben Grund lässt sich aus der Klassifikation nicht direkt deren komparative Lohnstückkostenentwicklung ableiten. Wesentlich ist, dass alle Änderungen im Zeitablauf nur die horizontale Dimension lohnpolitischer Koordinierung betrafen, während die vertikale Koordinierungsfähigkeit für alle Länder stabil blieb. An ihr scheidet sich demgemäß die Responsivität des Tarifsystems vieler Länder. Charakteristischerweise gehören nahezu alle Länder, die langfristig den Hartwährungsblock in Europa bildeten, der Gruppe mit der höchsten Responsivität an. Durch den permanenten Aufwertungsdruck, der auf diesen Ländern vor der WWU lastete, wurden an deren Tarifparteien besonders hohe Anforderungen bezüglich der Abstimmung der Lohnpolitik mit Erfordernissen wirtschaftlicher Wettbewerbsfähigkeit gestellt. Insgesamt lässt *Tabelle 3* hinsichtlich der lohnpolitischen Responsivität eine außerordentlich hohe Varianz der nationalen Tarifsysteme innerhalb der WWU erkennen. Szenario Zwei (*Tabelle 1*) ist daher die wahrscheinlichste unter den drei alternativen Konstellationen. Es ist davon auszugehen, dass jene Länder, die die Kombination zentraler Formen horizontaler Koordinierung und defizienter vertikaler Koordinierungsfähigkeit kennzeichnet, auf Grund der damit verbundenen geringen Responsivität unter starken Reformdruck geraten werden. Angesichts der gravierenden Koordinierungs- und Einigungsprobleme in diesen Tarifsystemen sind relevante Reforminitiativen primär von staatlicher Seite zu erwarten.

Im Prinzip stehen dem Staat drei Optionen einer Institutionenreform des Tarifsystems offen. Die erste Option besteht in der Normierung jener Rechtsgarantien, die die vertikale Koordinierungsfähigkeit der Tarifparteien stützen, sodass die betreffenden Länder von der (leistungsschwächsten) Gruppe drei in die (am stärksten responsive) erste Gruppe wechseln würden. Dabei handelt es sich um ein sehr weitreichendes und konfliktträchtiges Reformvorhaben, weil es die Handlungsspielräume der Tarifparteien einer sehr grundlegenden Revision unterziehen würde. Analoge Implementierungsprobleme treten in Verbindung mit der zweiten Option auf: der Disorganisierung der Lohnbildung mit dem Ziel, unkoordinierte Tarifverhältnisse herzustellen. Auch dies würde einen relativen Zuwachs an Responsivität mit sich bringen, da die betreffenden Länder unter diesen Umständen von Gruppe drei in Gruppe zwei aufrücken würden. Ein solches neoliberales Reformprojekt kollidiert mit der tiefverwurzelten Tradition horizontaler Koordinierung in diesen Ländern und würde insbesondere auf den entschiedenen Widerstand der Gewerkschaften stoßen. Wie die britischen Erfahrungen der Ära Thatcher zeigen, stellten sich die positiven Effekte solcher Reformen überdies erst langfristig ein. Im Vergleich dazu liegt der Vorzug staatlich-autoritativer Intervention in der kurzfristigen Wirksamkeit. Sie provoziert wahrscheinlich auch geringere Widerstände bei den Tarifparteien als die beiden anderen Optionen, da sie die Tarifparteien in die Lage versetzt, die volle Verantwortung für die Lohnmäßigung auf die staatlichen Stellen überzuwälzen. Davon abgesehen würden sich für die Tarifparteien selbst keine gravierenden Veränderungen in den Rahmenbedingungen ergeben.

Vergleicht man diese Strukturanalyse mit der Entwicklung der 90er Jahre, so lässt sich festhalten, dass in nahezu allen Ländern Westeuropas in Reaktion auf die WWU die (horizontalen) Koordinierungsbemühungen seitens der Dachverbände intensiviert wurden. Dies führte zu einer Renaissance korporatistischer Einkommenspolitik und sozialer Paktierungen (Fajertag und Pochet 1997; Ferner und Hyman 1998). Das eigentliche Kernproblem, die vertikale Koordinierung, wurde dabei zum Thema von Reformvereinbarungen in Italien (1993), Frankreich (1995) und Spanien (1997), die allesamt auf eine verstärkte Artikulation (d.h. Synchronisierung) der verschiedenen Lohnverhandlungsebenen abzielen. In keinem dieser Fälle kam es allerdings zur positivrechtlichen Normierung jener Garantien, die im Lichte der oben skizzierten Befunde als entscheidende Faktoren vertikaler Koordinierungsfähigkeit gelten können. In Belgien geriet die Lohnpolitik seit Ende der 80er Jahre unter staatlich-autoritative Kontrolle, nachdem die Zugehörigkeit zum Hartwährungsblock Anpassungserfordernisse früher als in den meisten anderen Ländern mit geringer Responsivität akut werden ließ und wiederholte Bemühungen des Staates um ein freiwilliges Arrangement scheiterten.

V. Probleme und Tendenzen transnationaler Lohnkoordinierung

Das Problem einer „Europäisierung" der Tarifpolitik im Sinne transnationaler Koordinierung umfasst einen funktionalen und einen genetischen Aspekt. In funktionaler Hinsicht stellt sich die Frage, welcher Zugewinn an Steuerungsfähigkeit für die Wirtschafts- und Sozialpolitik in Europa ein solches Koordinierungsprojekt grundsätzlich erwarten lässt. Im Einklang mit den oben angestellten Überlegungen (*Tabelle 1*) lässt sich ein Bedarf an transnationaler Koordinierung für jedes der drei Szenarien festhalten. Kommt sie nicht zustande, sind ökonomisch wie auch sozial suboptimale Ergebnisse für den Gesamtbereich der WWU zu erwarten. Dabei sind die konkreten Kosten im Falle eines Koordinierungsdefizits für das am wahrscheinlichsten eintretende Szenario Zwei am schwierigsten abzuschätzen. Angesichts der beachtlichen Inhomogenität in der lohnpolitischen Responsivität der nationalen Tarifsysteme dürften die sozioökonomischen Ungleichgewichte zwischen den Ländern der WWU noch zunehmen. Es ist eine Frage des kontingenten Zusammenwirkens von Lohn- und Geldpolitik, ob daraus eher inflationäre oder deflationäre Risiken entstehen.

Es versteht sich von selbst, dass der Bedarf an den Steuerungsleistungen transnationaler Koordinierung in keiner Weise die Entstehung entsprechender Institutionen gewährleistet, die diese Leistungen zu erbringen vermögen. Dies führt zum genetischen Aspekt des Problems. Die bestehenden Institutionen des Europäischen Sozialen Dialogs scheinen kaum in der Lage, diese Aufgabe zu übernehmen. Die durch das Sozialprotokoll des Vertrags von Maastricht begründeten, quasi-korporatistischen Verhandlungsprozeduren schließen Lohnfragen explizit aus ihrem Zuständigkeitsbereich aus. Darüber hinaus ist ihr Design für transnationale Lohnkoordinierung denkbar ungeeignet. Bislang wurden in diesem Rahmen nur intersektorale Fragen geregelt. Der Abschluss zentralisierter Makroabkommen dieses Zuschnitts würde im Zusammenhang mit Fragen lohnpolitischer Koordinierung Probleme der Interessenvereinheitlichung in einem Maße aufwerfen, die sich jeder Form verstetigter Kompromissbildung, wie sie für die Tarifpolitik unerlässlich ist, entziehen. Im Vergleich dazu wären die Koordinierungsprobleme im Rahmen des sektoralen Sozialdialogs weniger gravierend; allerdings ist diese Ebene kaum entwickelt (Keller und Sörries 1999).

Hinzu kommt, dass die Arbeitgeberseite dem Projekt gesamteuropäischer Institutionen der Arbeitsbeziehungen generell mit Skepsis begegnet. Ihr intersektoraler Verband, UNICE, zeigt nur unter unmittelbarem Druck der Kommission Bereitschaft, in Verhandlungen mit dem Europäischen Gewerkschaftsbund (EGB) einzutreten. Die sektoralen Euroverbände der Unternehmer verstehen sich im Regelfall als wirtschaftspolitische Lobbies und nicht als Arbeitgeberverbände, sodass es in Arbeitsmarktfragen den Gewerkschaften auf sektoraler Ebene an verbindlichen Verhandlungspartnern mangelt. Ebenso wenig wie der intersektorale und der sektorale Sozialdialog eignet sich der Europäische Betriebsrat als Kristallisationspunkt transnationaler Lohnkoordinierung. Abgesehen davon, dass diesem Betriebsrat nur Informations-, jedoch keine Verhandlungsrechte zukommen, ist sein Aktionsspielraum auf das Unternehmen beschränkt und bleibt somit hinter jenen Koordinierungsanforderungen zurück, wie sie die Akkordierung von Lohn- und Geldpolitik mit sich bringt.

Einen bemerkenswerten Schritt in Richtung einer solchen Akkordierung markiert der Beschluss des Kölner Gipfels von 1999, einen makroökonomischen Dialog zur gemeinsamen Diskussion von Fragen der Lohn-, Geld- und Fiskalpolitik einzurichten. Als dessen Teilnehmer sind die Repräsentanten der intersektoralen Euroverbände der Arbeitnehmer und Arbeitgeber, die EZB (unter Beteiligung von Notenbanken außerhalb der WWU), der Mitgliedstaaten und der Kommission vorgesehen. Vorläufige Überlegungen zur Umsetzung dieses Beschlusses definieren den Dialog als unverbindliches Gesprächsforum ohne expliziten Koordinierungsauftrag (Economic Policy Committee 1999). Einem solchen Auftrag steht realpolitisch auch der oben skizzierte Widerstand der Arbeitgeberseite gegenüber einer Europäisierung der Arbeitsbeziehungen entgegen. Ebenso wenig ist ein Koordinierungsinteresse der EZB zu vermuten, der daran gelegen sein muss, ihre formale Unabhängigkeit auch in Praxi zu beweisen. Selbst wenn ein dezidiertes Koordinierungsinteresse der maßgebenden Akteure bestünde, wäre der makroökonomische Dialog nicht mehr als ein Baustein im erforderlichen Institutionengefüge. Denn auch im europäischen Kontext ist die horizontale Akkordierung durch vertikale Koordinierung zu ergänzen.

Diesbezüglich stellt sich die Ausgangssituation für die europäischen Dachverbände noch ungünstiger als für ihre Pendants auf nationaler Ebene dar. Sie sind zumeist mit weniger Ressourcen als ihre nationalen Mitgliedsverbände ausgestattet, die wenig Neigung zeigen, Kompetenzen und Einfluss an die europäischen Organisationen abzutreten. Hinzu kommt die Inkohärenz der Struktur der nationalen Mitgliedsverbände ebenso wie der nationalen Systeme der Arbeitsbeziehungen insgesamt, die jede Interessenaggregation auf europäischer Ebene ungemein erschwert. Besonders gravierend sind diese Strukturprobleme auf Arbeitgeberseite. So stehen z.B. die sektoralen Euroverbände der Unternehmer außerhalb des intersektoralen Verbandes, UNICE. In letzter Instanz bedürfen europäische Beschlüsse der Umsetzung durch die nationalen Akteure. In dieser Hinsicht ist an die Defizite an vertikaler Koordinierungfähigkeit in einer Reihe von nationalen Tarifsystemen zu erinnern (*Tabelle 3*).

Aus all dem folgt, dass die Diskrepanz zwischen dem Bedarf und den verfügbaren Kapazitäten transnationaler Koordinierung der Lohnpolitik beachtlich ist. Orientiert man sich am Argumentationsfundus der Korporatismustheorie, so kommt man nicht umhin, einem solchen Projekt jedwede Realisierungschance abzusprechen: Danach wäre nur ein kohärentes System eurokorporatistischer Institutionen, bestehend aus zentralisierten Verhandlungs- und Konzertierungsforen und aus hoch konzentrierten, monopolartigen Verbänden in der Lage, solche Koordinierungsfunktionen zu übernehmen. Es versteht sich von selbst, dass es zur Etablierung eines solchen Systems auf europäischer Ebene nicht kommen wird. Diese Einschätzung zu den Realisierungschancen transnationaler Koordinierung ist allerdings nur dann plausibel, wenn die ihr zu Grunde liegende These vom notwendigen Zusammenhang zwischen korporatistischen Strukturen und öffentlichen Steuerungsfunktionen empirisch zutreffend ist. Die oben skizzierten Befunde zur lohnpolitischen Responsivität der nationalen Tarifsysteme stehen im Gegensatz zu dieser These. Für den Aufbau eines europäischen Koordinierungssystems lassen sich aus diesen Befunden Lehren in mehrfacher Hinsicht ziehen:

- Die gesamtwirtschaftliche Koordinierung der Lohnpolitik ist nicht mit einer Zentralisation des Verhandlungssystems gleichzusetzen. Dieser Punkt ist im europäischen Kontext aus zwei Gründen hervorzuheben. In struktureller Hinsicht würde Zentralisierung, d.h. der Abschluss von europäischen Tarifverträgen, die Steuerungskapazitäten der Euroverbände zweifellos überfordern. In sachlicher Hinsicht bietet die Kombination von Makrokoordinierung und dezentraler Verhandlungsführung die einzige Möglichkeit, zwei unterschiedliche Anforderungen, die sich aus der WWU an die Lohnpolitik ergeben, kompatibel zu machen: die Kontrolle über die (aggregierte) Entwicklung des Lohnniveaus unter Bedachtnahme auf die Geldpolitik sowie die Flexibilisierung der Lohnstruktur im Einklang mit dem inter- und intrasektoralen Strukturwandel. Ein instruktives Beispiel für die erfolgreiche Kombinierung dieser beiden Funktionen ist Österreich, dessen lohnpolitische Makrokoordinierung zu den effektivsten in der OECD zählt und dessen sektorale Lohndifferentiale größer als in den meisten anderen Ländern sind.
- Freiwillige Lohnkoordinierung bedeutet nicht unbedingt bilaterale Koordinierung, wie der Fall der intraverbandlichen Koordinierung, die allein durch eine Seite der beiden Arbeitsmarktparteien geleistet werden kann, erkennen lässt. Auch dies ist angesichts der Widerstände der Arbeitgeber, in Verhandlungen mit den Gewerkschaf-

ten einzutreten, wesentlich für den Aufbau eines europäischen Koordinierungssystems. Die Lasten dieses Aufbaus haben die Gewerkschaften zu tragen.
- Gesamtwirtschaftliche Koordinierung erfordert nicht die umfassende Beteiligung aller Gruppen und Sektoren. Auch die effektiven Systeme nationaler Lohnkoordinierung weisen im Regelfall „Koordinierungslücken" auf. Oft ist es eine relativ kleine Kerngruppe, die die Lasten des Koordinierungsprozesses trägt. Besonders deutlich wird dies am Beispiel der Lohnführerschaft: Sowohl in Österreich als auch in Deutschland liegt der Anteil der lohnpolitisch federführenden Metallindustrie an der Gesamtbeschäftigung deutlich unter 20 Prozent. Dieser Befund steht in Einklang mit neueren Arbeiten zur Theorie kollektiven Handelns (Granovetter 1978; Oliver und Marwell 1988; Oliver et al. 1985), die im Gegensatz zu Olson (1965) von der (realistischeren) Annahme der Interdependenz individuellen Handelns ausgehen. Diese Arbeiten zeigen, dass eine relativ kleine, „kritische Masse" ausreichen kann, das Trittbrettfahrerproblem großer Gruppen lösen zu können. Unter bestimmten Voraussetzungen (z.B. hohe Heterogenität der Interessen und Ressourcen) steigen danach sogar die Aussichten erfolgreicher Koordinierung mit der Gruppengröße. Dies bedeutet, dass die Größe und Komplexität der WWU als solche der transnationalen Koordinierung der Lohnpolitik keine strukturelle Schranke setzt.

Insgesamt führen diese Überlegungen zu dem Schluss, dass eine transnationale Koordinierung der Lohnpolitik auf der Grundlage nicht-hierarchischer, netzwerkförmiger Koordinierungsmechanismen möglich ist. Solche Koordinierungsmechanismen lassen sich am ehesten in Form einer Kombination von intraverbandlicher Koordinierung durch den EGB und Lohnführerschaft herstellen. Infolge der bestehenden Widerstände der Arbeitgeber wäre eine Koordinierung dieser Art zumindest in ihren Anfangsphasen gewerkschaftsgestützt, informal und implizit, im Gegensatz zu konventionellen Institutionen zum Abschluss von Vereinbarungen zwischen den Arbeitsmarktparteien. Aber auch diese eingeschränkte Form der Koordinierung würde ein komplexes, mehrstufiges Verfahren der Interessenaggregation begründen, dessen Effektivität davon abhängig ist, ob es gelingt, ein stimmiges System der Arbeitsteilung der verschiedenen Aggregatstufen zu entwickeln. Da es selbst innerhalb der Gewerkschaften schwierig ist, Übereinstimmung über *materielle* Fragen auf gesamteuropäischer Ebene zu erzielen, ist es nahe liegend, die transnationale Koordinierung auf prozedurale Themen zu konzentrieren. Die Verhandlungen über materielle Angelegenheiten würden demnach in voller Verantwortung der nationalen Gewerkschaftsorgane verbleiben. Prozedurale Koordinierung bedeutet, dass auf europäischer Ebene gemeinsame Kriterien und Spielregeln für die nationalen Akteure formuliert werden. Von entscheidender Bedeutung ist diesbezüglich die generelle Regelung des Verhältnisses zwischen Tarifabschluss und Produktivität. Eine solcherart „produktivitätsorientierte" Tarifformel würde einerseits die transnationale Koordinierung der Tarifpolitik sicherstellen und den Verhandlungsführern in den Mitgliedsstaaten hinreichend Spielraum einräumen, ihre Abschlüsse an die jeweiligen wirtschaftlichen Gegebenheiten anzupassen. Das Grundprinzip europäischer Lohnkoordinierung wäre dementsprechend, dass mit wachsendem Aggregatniveau die Bedeutung *prozeduraler Koordinierung* im Verhältnis zu *Verhandlungen* und *Vereinbarungen* über *materielle* Fragen zunehmen würde.

Auch wenn die Realität der Lohnpolitik von dieser Form netzwerkförmiger Koordinierung noch weit entfernt ist, lassen sich dennoch Anpassungsprozesse in diese Richtung erkennen, die sowohl von Entwicklungen in den Mitgliedsländern als auch in der EU selbst ausgehen. In den Mitgliedsländern ist diesbezüglich die oben erwähnte Revitalisierung korporatistischer Einkommenspolitiken hervorzuheben. Dabei handelt es sich zunächst um eine in Hinblick auf europäische Koordinierungsprojekte zwiespältige Entwicklung. Auf der einen Seite lässt sich das institutionelle Koordinierungspotential nationaler Lohnpolitik, das auf diese Weise auf- bzw. ausgebaut wurde, für transnationale Koordinierungsvorhaben nutzbar machen. Auf der anderen Seite zielen diese nationalen Einkommenspolitiken tendenziell auf die kompetitive Absenkung der komparativen Arbeitskosten ab. Insofern stehen sie in ihren *inhaltlichen* Zielsetzungen in klarem Gegensatz zu den Anliegen gesamteuropäischer Koordinierung. Die Frage ist, welches der beiden Momente in Zukunft überwiegt. Unzweifelhaft ist, dass die Kosten kompetitiven Lohndumpings mit der WWU zunehmen werden. So konnten z.B. die kleineren Nachbarländer der Bundesrepublik ihre Wettbewerbsposition vor der Implementierung der WWU dadurch verbessern, dass sie ihre Lohnsteigerungen unter jenen in Deutschland hielten. Wettbewerbsrelevante Anpassungsreaktionen der deutschen Tarifparteien mussten nicht befürchtet werden, da forcierte Lohnzurückhaltung in der Bundesrepublik im Regelfall durch Aufwertungstendenzen der Deutschen Mark neutralisiert wurde. Ein solches Szenario wird durch die WWU ausgeschlossen. Dementsprechend wachsen die deflationären Risiken kompetitiver Lohnpolitik. Die Einsicht in diesen Zusammenhang (die sich möglicherweise erst im Verlaufe eines Prozesses von „trial and error" einstellen wird) mag den Anstoß dafür geben, bestehende nationale Koordinierungspotentiale in ein gesamteuropäisches Projekt einzubringen.

Entsprechende Initiativen wurden seitens des EGB und seiner Gewerkschaftsausschüsse bereits gesetzt. Am weitesten fortgeschritten sind dabei die transnationalen Koordinierungsbemühungen des Europäischen Metallgewerkschaftsbundes (Gollbach und Schulten 1999; Hoffmann und Hoffmann 1997). Dessen Mitgliedsverbände haben sich auf gemeinsame Verhandlungsprinzipien für die Tarifpolitik geeinigt. Darüber hinaus befinden sich transnationale Koordinierungsnetzwerke benachbarter Regionen im Aufbau, in deren Rahmen u.a. die Teilnahme von Repräsentanten aus den jeweils benachbarten Regionen an den Tarifverhandlungen des Partnerlandes vorgesehen ist.

VI. Die Geldpolitik als Problem und Teil der Lösung des Problems transnationaler Lohnkoordinierung

Die oben skizzierten Entwicklungstendenzen belegen, dass ein System netzwerkförmiger Institutionen transnationaler Lohnkoordinierung durchaus Realisierungschancen besitzt. Aus dem *Aufbau* eines solchen Systems ergibt sich jedoch keineswegs zwingend dessen *Effektivität* im Sinne strukturell responsiver Lohnpolitik. Aus der einschlägigen Forschung sind vielfältige Beispiele nationaler Konzertierungsprozesse bekannt, die an ihren einkommenspolitischen Zielen scheiterten. Unter diesen Gegebenheiten stellt der radikale Bruch mit Koordinierungspraktiken (wie ihn der Thatcherismus nach Misslingen des Social Contract in Großbritannien vollzog) eher den Ausnahmefall dar. Im

Gegensatz dazu werden Koordinierungsaktivitäten in der Regel selbst dann fortgesetzt, wenn ihre Effektivität unzureichend ist.

Wie *Tabelle 3* erkennen lässt, ist es ein Charakteristikum aller Mitgliedsländer der WWU, dass deren Tarifsysteme auf gesamtwirtschaftliche Koordinierung der Lohnbildung abstellen.[3] Dabei ist anzumerken, dass es sich in einer Reihe dieser Länder im Grunde nur um *Versuche* (horizontaler) Koordinierung handelt, denen es an (vertikaler) Koodinierungs*fähigkeit* mangelt. Ein transnationales Netzwerk lohnpolitischer Koordinierung vermag dieses strukturelle Steuerungsdefizit nicht aufzuheben, da es nur darauf ausgelegt sein kann, die tarifpolitischen Strategien in den Mitgliedsländern mit gemeinsamen, supranationalen Zielen abzustimmen. Im Hinblick auf die Umsetzung dieser Ziele bleibt es an die Steuerungsfähigkeit der nationalen Systeme gebunden.

Im Einklang mit den oben angestellten Überlegungen ist dieses Problem deshalb zu relativieren, weil die Effektivität lohnpolitischer Koordinierung keine „flächendeckende" Beteiligung aller tarifpolitischen Akteure, sondern lediglich einer „kritischen (Mindest)Masse" unter ihnen erforderlich macht. Gleichwohl ist angesichts der polarisierten Verteilung der lohnpolitischen Steuerungskompetenzen innerhalb der WWU ungewiss, ob eine solche kritische Masse für das europäische Koordinierungsprojekt tatsächlich aufgeboten werden kann. Von den zehn in *Tabelle 3* aufgelisteten Ländern gehören mit einer einzigen Ausnahme alle übrigen einer der beiden Extremgruppen hoher bzw. niedriger struktureller Responsivität an (*Tabelle 2*). Unter den großen Ländern ist lediglich das Tarifsystem der Bundesrepublik strukturell responsiv. Italien und Spanien sind der Gegengruppe defizienter Responsivität zuzurechnen. Da in Frankreich die Lohnkoordinierung auf autoritativen Interventionen des (National)Staats beruht, ist unsicher, ob sich dieses System in einen transnationalen Koordinierungsverbund einbinden lässt. In Anbetracht der fortschreitenden Privatisierung ist zudem anzunehmen, dass der gesamtwirtschaftliche Wirkungsgrad staatlicher Lohnregulierung langfristig abnehmen wird. Ohne staatliche Koordinierungsvorgaben würde es dem Tarifsystem Frankreichs an freiwilliger (vertikaler) Koordinierungsfähigkeit mangeln, sodass es sich entweder zu einem Fall nicht responsiver Lohnkoordinierung (Gruppe Drei) oder unkoordinierter Lohnbildung (Gruppe Zwei) entwickeln würde. In beiden Fällen wäre es unzweifelhaft nicht Bestandteil der transnational koordinierungsfähigen „Masse" innerhalb der WWU.

Verfehlt die innerhalb der WWU abrufbare Masse an koordinierungsfähigen, responsiven Tarifsystemen jenes kritische Mindestmaß, das sie in die Lage versetzt, die angepeilten makroökonomischen Aggregateffekte ohne Beteiligung der anderen Tarifsysteme zu realisieren, verbleibt zur Durchsetzung des Stabilitätsziels als Steuerungsparameter nur die Disziplinierung der Lohnpolitik durch die Geldpolitik der EZB. Da die Notwendigkeit der transnationalen Lohnkoordinierung sich aus den sozioökonomischen Kosten ergibt, die aus der Asynchronität einer supranationalen Geldpolitik und nationalen Lohnpolitiken zu erwarten sind, scheint damit die Analyse zum Ausgangspunkt der Argumentation zurückzukehren. Eine solche Interpretation verkennt, dass

---

3 Innerhalb Westeuropas finden sich nur zwei Länder, deren Lohnpolitik für eine relevante Zeitspanne keiner Koordinierungspraxis unterworfen war: Großbritannien seit 1980 und Schweden von 1995 bis 1998. In Finnland kam es wiederholt zum Zusammenbruch jeglicher Koordinierungsaktivitäten im Verlauf einzelner Tarifrunden.

die verfügbare Masse an effektiver, lohnpolitischer Koordinierungsfähigkeit nicht unabhängig von der Geldpolitik ist. Bezogen auf die Situation der WWU bedeutet dies, dass die supranationale Geldpolitik nicht nur transnationale Koordinierungsprobleme für die Lohnpolitik begründet, sondern auch zu deren Lösung beizutragen vermag. Dies gilt insbesondere für dezentralisierte, auf sektoraler Lohnführerschaft aufbauende Koordinierungssysteme, denen im Kontext der WWU besondere Bedeutung zukommt. Unsere komparativen Analysen weisen darauf hin, dass Systeme sektoraler Lohnführerschaft ihre hohe strukturelle Responsivität erst im Zusammenwirken mit einem Hartwährungsregime erlangen (Traxler et al. 2001): Die Reagibilität der Lohnkostenentwicklung gegenüber der Geldpolitik ist im Fall der sektoralen Lohnführerschaft höher als in nahezu allen anderen Tarifsystemen nach *Tabelle 2*,[4] wobei bei diesem Typus von Tarifsystem die Responsivität der Lohnpolitik durch ein Hartwährungsregime unter vergleichsweise geringen realwirtschaftlichen Kosten sichergestellt werden kann. Dies unterstreicht, dass die Geldpolitik in der Lage ist, die tarifpolitisch koordinierungsfähige Masse in einem relevanten Umfang zu verbreitern. Anders wäre es nicht möglich, dass in Ländern wie Österreich und Deutschland die Tarifabschlüsse für eine klare Minderheit der Arbeitnehmer gesamtwirtschaftliche Koordinierungseffekte entfalten.

Unter der Bedingung sektoraler Lohnführerschaft ergeben sich aus der Interaktion zwischen der Tarifpolitik des Leitsektors und der Geldpolitik emergente Koordinierungsleistungen, die den formalen Geltungsbereich dieser Abschlüsse deutlich überschreiten. Gelingt in der WWU der Aufbau eines Kernbereichs transnational koordinierter, responsiver Tarifpolitik, der in seiner Interaktion mit der Geldpolitik zur Realisierung des Stabilitätsziels beizutragen vermag, so wäre dies unter geringeren ökonomischen und sozialen Folgekosten möglich, als die Durchsetzung dieses Stabilitätsziels unter der Voraussetzung eines ausschließlich in nationalen Bezügen verfangenen Lohnbildungsprozesses.

Literatur

Alesina, Alberto, und *Lawrence H. Summers,* 1993: Central Bank Independence and Macroeconomic Performance: Some Comparative Evidence, Journal of Money, Credit and Banking 25: 151–162.
Brown, William, Paul Marginson und *Janet Walsh,* 1995: Management: Pay Determination and Collective Bargaining. S. 123–150 in: *Paul K. Edwards* (Hg.): Industrial Relations. Oxford: Blackwell.
Calmfors, Lars, und *John Driffill,* 1988: Bargaining Structure, Corporatism and Macroeconomic Performance, Economic Policy 6: 13–61.
Cameron, David, 1984: Social Democracy, Corporatism, Labor Quiescence and the Representation of Economic Interests in Advanced Capitalist Countries. S. 143–178 in: *John H. Goldthorpe* (Hg.): Order and Conflict in Contemporary Capitalism. Studies in the Political Economy of Western European Nations. Oxford: Clarendon Press.
Crouch, Colin, 1993: Industrial Relations and European State Traditions. Oxford: Clarendon Press.

---

4 Dies liegt vor allem an dem oben erwähnten Umstand, dass im Normalfall die Lohnführerschaft durch die Metallindustrie, d.h. einem weltwirtschaftlich außerordentlich exponierten Sektor, wahrgenommen wird.

Cukierman, Alex, 1992: Central Bank Strategy, Credibility, and Independence. Cambridge: MIT Press.
Fajertag, Giuseppe, und Philippe Pochet, 1997: Social Pacts in Europe. Brüssel: ETUI.
Ferner, Anthony, und Richard Hyman, 1998: Introduction: Towards European Industrial Relations? S. XI–XXVI in: Anthony Ferner und Richard Hyman (Hg.) Changing Industrial Relations in Europe. Oxford: Blackwell.
Franzese, Robert J., 1997: Monetary Policy and Wage/Price Bargaining: Macro-Institutional Interactions in the Traded, Public and Sheltered Sectors. Ann Arbor: The University of Michigan, unveröffentlichter Aufsatz.
Garrett, Gary, und Christopher Way, 1995: The Sectoral Composition of Trade Unions, Corporatism, and Economic Performance. S. 38–61 in: B. Eichengreen, J. Frieden und J. von Hagen (Hg.): Monetary and Fiscal Policy in an Integrated Europe. Berlin: Springer.
Gollbach, Jochen, und Thorsten Schulten, 1999: Cross-border Collective Bargaining Networks in Europe: Discussion Paper No. 71. Düsseldorf: WSI.
Granovetter, Mark, 1978: Threshold Models of Collective Behavior, American Journal of Sociology 83: 1420–43.
Hall, Peter A., 1994: Central Bank Independence and Coordinated Wage Bargaining: Their Interaction in Germany and Europe, German Politics and Society 31: 1–23.
Hall, Peter A., und Robert J. Franzese, 1997: Mixed Signals: Central Bank Independence, Coordinated Wage-Bargaining, and European Monetary Union, unveröffentlicher Aufsatz.
Hoffmann, Jürgen, und Reiner Hoffmann, 1997: Globalization – Risks and Opportunities for Labor Policy in Europe, DW P97.04.01 (E), ETUI.
Keller, Berndt, 1997: Europäische Arbeits- und Sozialpolitik. München: Oldenbourg.
Keller, Berndt, und Bernd Sörries, 1999: The Sectoral Social Dialogues: New Opportunities or more Impasses?, Industrial Relations Journal 30: 330–344.
Kittel, Bernhard, 1997: The Impact of Trade Unions on Economic Performance: Theoretical Elegance and Empirical Ambiguity. Paper prepared for the 48th Annual Conference of the Political Studies Association of the United Kingdom, Keele University, April 7–9, 1997.
Moene, Karl O., Michael Wallerstein und Michael Hoel, 1993: Bargaining Structure and Economic Performance. S. 63–131 in: Robert J. Flanagan, Karl O. Moene und Michael Wallerstein (Hg.): Trade Union Behavior, Pay-Bargaining, and Economic Performance. Oxford: Clarendon Press.
O'Donnell, Rory, und Colm O'Reardon, 1997: Ireland's Experiments in Social Partnership 1987–96. S. 79–95 in: Giuseppe Fajertag und Philippe Pochet (Hg.): Social Pacts in Europe. Brüssel: ETUI.
OECD, 1994: The OECD Jobs Study. Evidence and Explanations. Part II The Adjustment Potential of the Labour Market. Paris: OECD.
OECD, 1997: Economic Performance and the Structure of Collective Bargaining. S. 64–92 in: OECD Employment Outlook. Paris: OECD.
Oliver, Pamela E., und Gerald Marwell, 1988: The Paradox of Group Size in Collective Action: II. A Theory of the Critical Mass, American Sociological Review 53: 1–8.
Oliver, Pamela E., Gerald Marwell, und Ruy Teixeira, 1985: A Theory of the Critical Mass. I. Interdependence, Group Heterogeneity, and the Production of Collective Action, American Journal of Sociology 91: 522–556.
Olson, Mancur, 1965: The Logic of Collective Action. Cambridge, MA: Harvard University Press.
Redor, Dominique, 1997: Does the Public Sector Lead the Wage Evolution in the French Economy?, Labour 11: 351–372.
Regini, Marino, 1998: Different Trajectories in 1990s Europe: De-Regulation vs. Concertation, Paper presented at the International Sociological Association XIV World Congress, Montreal, July 26 – August 1, 1998.
Schulten, Thorsten, 1998: Collective Bargaining in Metal Industry under the Conditions of European Monetary Union. S. 207–224 in: Timo Kauppinen (Hg.): The Impact of EMU on Industrial Relations in European Union. Helsinki: Finnish Industrial Relations Association.
Soskice, David, 1990: Wage Determination: The Changing Role of Institutions in Advanced Industrialized Countries, Oxford Review of Economic Policy 6: 36–61.

Therborn, Göran, 1987: Does Corporatism Really Matter? The Economic Crisis and Issues of Political Theory, Journal of Public Policy 7: 259–284.

Traxler, Franz, 1996: Collective Bargaining and Industrial Change: A Case of Disorganization? A Comparative Analysis of 18 OECD Countries, European Sociological Review 12,3: 271–287.

Traxler, Franz, 1998: Der Staat in den Arbeitsbeziehungen. Entwicklungstendenzen und ökonomische Effekte im internationalen Vergleich, Politische Vierteljahresschrift 39: 235–260.

Traxler, Franz, und *Bernhard Kittel,* 2000: The Bargaining System and Performance: A Comparison of 18 OECD Countries, Comparative Political Studies 33: 1154–1190.

Traxler, Franz, Bernhard Kittel und *Sabine Blaschke,* 2001: National Labour Relations in Internationalized Markets. Oxford: Oxford University Press.

EUROPA AM SCHEIDEWEG?

Erweiterungen und die Handlungsfähigkeit der Union

Thomas König und Thomas Bräuninger

Zusammenfassung: Die anstehende Erweiterung um die Staaten Mittel- und Osteuropas hat große Blockade- und Umverteilungsbefürchtungen unter den fünfzehn Mitgliedstaaten ausgelöst, denen mit einer Institutionenreform entgegnet werden soll. Demgegenüber rief der 1995 erfolgte Beitritt Finnlands, Österreichs und Schwedens keinerlei Befürchtungen und Anstrengungen zu einer Reform hervor. In diesem Beitrag soll den Gründen für die unterschiedliche Erwartungshaltung gegenüber Beitritten nachgegangen werden. Zum Vergleich wird das Kernkonzept auf die Entscheidungsfindung in der europäischen Agrar- und Beschäftigungspolitik angewendet. Die Größe des Kerns ermöglicht Aussagen über die Blockadegefahr, seine Lage lässt Rückschlüsse auf die Umverteilungsgefahr unter einstimmigen und mehrheitlichen Entscheidungsregeln zu. Es zeigt sich, dass die Erweiterung um Finnland, Österreich und Schweden keine nachteiligen Effekte in der europäischen Agrar- und Beschäftigungspolitik – weder für die Mitglied- noch Beitrittsstaaten – mit sich brachte. Dagegen ist mit einschneidenden Veränderungen in beiden Politikbereichen im Zuge der anstehenden Erweiterung zu rechnen, die insbesondere die haushaltspolitische Einnahmeseite der Union betreffen werden.

I. Erweiterung und Institutionenreform

Ist die Europäische Union am Scheideweg? Kann die Staatengemeinschaft mit 20 oder 27 Mitgliedern fortbestehen oder muss eine tief greifende Institutionenreform neue Wege für die europäische Integration finden? Diese Fragen werden seit geraumer Zeit im Vorfeld der anstehenden Erweiterungen der Europäischen Union in Wissenschaft, Öffentlichkeit und Politik gestellt. Aber warum werden im Vorfeld der Beitritte ost- und mitteleuropäischer Staaten Blockade- und Umverteilungsbefürchtungen laut, während sich die 1995 erfolgte Erweiterung um Finnland, Österreich und Schweden fast unbemerkt vollzog? Aus Sicht der großen Mitgliedstaaten erhöht der anstehende Beitritt kleiner und armer mittel- und osteuropäischer Länder ihr zukünftiges Überstimmungsrisiko unter der Mehrheitsregel, die in der europäischen Gesetzgebung vermehrt angewendet wird (König 1997). Im Zuge der Erweiterung wendet sich Deutschland insbesondere gegen eine Erhöhung der Haushaltsausgaben, während die südeuropäischen Mitgliedstaaten einen Abbau der Kompensationszahlungen ablehnen, die sie über die Struktur- und Kohäsionsfonds für ihren Beitritt erhielten. Möchte man diesen Befürchtungen grundsätzlich beggnen, dann ließen sich die anstehenden Erweiterungsrunden letztlich nur über eine Revitalisierung des Einstimmigkeitsprinzips bewältigen. Dieser Weg würde jedoch die Handlungsfähigkeit der Union reduzieren, da ein Konsens von 20 oder 27 Mitgliedstaaten unwahrscheinlich erscheint.

Die 15 Mitgliedstaaten haben nicht zuletzt aus diesem Grund frühzeitig einen unmittelbaren Zusammenhang zwischen Institutionenreform und anstehenden Erweiterungsrunden hergestellt. Die Schwierigkeiten dieses Vorhabens traten bereits auf der Amsterdamer Regierungskonferenz (1997) zu Tage, auf der sich die Mitgliedstaaten weder auf eine Ausweitung des Mehrheitsentscheids noch über eine Neuverteilung der Stimmengewichte im Ministerrat einigen konnten. Das siebte Amsterdamer Protokoll hält jedoch in Artikel 2 fest, dass „spätestens ein Jahr bevor die Mitgliederzahl zwanzig überschreitet, eine Konferenz der Mitgliedstaaten mit dem Ziel zusammentreten soll, die Vertragsvorgaben für die Komposition und die Wirkungsweise der Institutionen in umfassender Weise zu überarbeiten". Aber warum ausgerechnet „zwanzig"? Haben nicht Frankreichs „Politik des leeren Stuhls" oder das neuerliche britische BSE-Veto gezeigt, dass die intergouvernementale Effektivität des europäischen Institutionengefüges schon im kleineren Mitgliederkreis einer hohen Blockadegefahr ausgesetzt ist? Oder werden Erweiterungsängste von einigen Staaten nur mit dem Ziel geschürt, eine Neuverteilung der Stimmengewichte zu erreichen?

In der Vergangenheit haben viele Studien die Wirkungsweise der europäischen Institutionen und die Gründe für ihre Wahl erforscht. Tsebelis (1994) hat mit seiner These, das Europäische Parlament übe seit der Einheitlich Europäischen Akte (1987) konditionale Agenda-Setzungsmacht in der europäischen Gesetzgebung aus, der konzeptionellen Demokratiedefizit-Literatur eine analytische Grundlage gegeben, auf der sich die Auswirkungen der Reformen von Maastricht und Amsterdam vergleichen lassen (Garrett und Tsebelis 1996; Crombez 1996, 1997; Steunenberg et al. 1999). Tatsächlich haben die bisherigen Reformen, insbesondere der Übergang vom Einstimmigkeits- zum Mehrheitsentscheid im Ministerrat und die Einbeziehung des Europäischen Parlaments, signifikant den europäischen Gesetzgebungsprozess verändert (König und Schulz 1997). Obwohl alle Autoren betonen, dass nur Analysen über das Zusammenwirken zwischen institutionellen Vorgaben einerseits und Akteurspräferenzen andererseits Aufschluss über die Reformauswirkungen geben können, wurde dem Zusammenhang zwischen Institutionenreform und Erweiterung des Mitgliederkreises der Europäischen Union bisher wenig Aufmerksamkeit geschenkt.

Diese Vernachlässigung ist aus vielen Gründen erstaunlich. Zum einen dokumentiert sich die Erfolgsgeschichte der Europäischen Union an der Ausdehnung ihres Geltungsbereichs, die sich aber nicht nur über ihre inhaltliche Vertiefung, sondern auch über ihre geografische Erweiterung vollzogen hat. Repräsentierten die ursprünglichen sechs Gründungsstaaten den westeuropäischen Kontinent, so umfasst die heutige Union fast alle Staaten West-, Süd- und Nordeuropas. Zum anderen waren schon frühere Erweiterungen Ausgangspunkt für institutionelle Reformen. Beispielsweise hatte die so genannte Süderweiterung, die mit dem Beitritt Griechenlands (1981) sowie Portugals und Spaniens (1986) in zwei Schritten erfolgte, Anlass zur Reform des Einstimmigkeitsprinzips gegeben, das schließlich mit der Ratifikation der Einheitlich Europäischen Akte (1987) eingeschränkt wurde. Ganz im Gegensatz dazu hat der 1995 erfolgte Beitritt Finnlands, Österreichs und Schwedens keine Diskussionen über eine Absenkung des Mehrheitskriteriums oder eine Neuverteilung der Stimmengewichte im Ministerrat ausgelöst. Vor diesem Hintergrund stellt sich die Frage, warum die Erweiterungen der Union sehr unterschiedliche Erwartungen und Reaktionen hervorrufen.

In diesem Beitrag soll den Gründen für die unterschiedliche Bewertung von Beitritten mit Blick auf die Veränderung der Blockade- und Umverteilungsgefahr unter den Mitgliedstaaten nachgegangen werden. In der Untersuchung sollen die Blockade- und Umverteilungseffekte des 1995 erfolgten Beitritts von Finnland, Österreich und Schweden den voraussichtlichen Auswirkungen eines Beitritts der Tschechischen Republik, Estlands, Ungarns, Polens und Sloweniens (erste Runde) sowie Bulgariens, Zyperns, Lettlands, Maltas, Rumäniens und der Slowakei (zweite Runde) gegenüber gestellt werden. Für die Bewertung der Ergebnisse ist zwischen einer Mess- und Analyseproblematik zu unterscheiden. Problematisch erscheint, die Präferenzen nicht nur der aktuellen, sondern auch der zukünftigen Mitgliedstaaten zu erfassen. Zu diesem Zweck werden in diesem Beitrag sozioökonomische Messindikatoren verwendet. Als Analyseinstrument wird das Kernkonzept verwendet, das Aussagen über die Veränderung der Blockade- und Umverteilungsgefahr erlaubt. Es zeigt sich, dass die Veränderung der Blockade- und Umverteilungsgefahr Rückschlüsse auf die unterschiedlichen Erwartungshaltungen gegenüber vorangegangenen und anstehenden Erweiterungsrunden zulässt.

II. Blockade- und Umverteilungsgefahr

Ziel des Beitrags ist ein Vergleich der Gründe für unterschiedliche Erwartungshaltungen gegenüber Erweiterungen der Europäischen Union. Primärer Bezugspunkt hierfür ist die kollektive Entscheidungsfindung der Mitgliedstaaten und deren Veränderung durch Beitritte. Zur Untersuchung werden erstens die Präferenzen der Akteure erfasst und zweitens die Kriterien der Entscheidungsfindung definiert. Sind beide Elemente bekannt, dann lassen sich vermittels des räumlichen Modells kollektiven Entscheidens Aussagen über Blockade- und Umverteilungsgefahren treffen (Krehbiel 1996; König und Bräuninger 1997, 1998). Unter Blockadegefahr soll die Wahrscheinlichkeit verstanden werden, den Status quo einer bestehenden politischen Regulierung nicht verändern zu können. Umverteilungsgefahr bezeichnet dagegen die Wahrscheinlichkeit, dass sich eine Veränderung als nachteilhaft für einzelne Akteure erweist. Auf Grund der konstitutionellen Vorgabe eines Beitrittskonsenses aller Mitgliedstaaten können sich beide negativ auf die Zustimmung zu Erweiterungen auswirken, wenn ihre Veränderung zu Lasten aller bzw. einzelner Mitgliedstaaten ausfallen wird.

In der Vergangenheit haben Anwendungen des räumlichen Modells kollektiven Entscheidens die Diskussion über die Auswirkungen der europäischen Institutionenreformen belebt. Mit seiner Hilfe lassen sich die sehr komplexen Verfahrensregeln europäischer Entscheidungsfindung auf die Frage reduzieren, ob und gegebenenfalls welcher Akteur seine Position durchzusetzen vermag. Bisherige Anwendungen haben Vereinfachungen insbesondere hinsichtlich der Akteurszahl, der Dimensionalität von Politik, der Funktion von Akteurspräferenzen und der Lage dieser Positionen vorgenommen (Hix 1999: 90).[1] Trotz dieser Vereinfachungen findet eine kontroverse Diskus-

---

1 So werden erstens qualifizierte Mehrheiten von fünf aus sieben Akteuren an Stelle des geltenden Quorums von 62 aus 87 Stimmen verwendet. Zweitens gehen die meisten Anwendungen von einem eindimensionalen Politikraum aus, der lediglich Positionsangaben zu mehr oder we-

sion über die Auswirkungen der jüngsten Reformen statt, die mit der Einführung des Kooperationsverfahrens (1987) begannen und mit der Einführung (1993) und Veränderung des Kodezionsverfahrens (1999) ihre Fortsetzung finden. Zum einen wird debattiert, ob das Europäische Parlament und die Kommission gemeinsam die extreme integrative Position (Tsebelis 1994; Tsebelis und Garrett 1999), eine mittlere (Steunenberg 1994) oder eine wenig integrative Position (Crombez 1996, 1997) inne haben. Nähmen Kommission und Parlament extreme Positionen ein, dann würde ihnen ihr Agenda-Setzungsrecht Manipulationsmöglichkeiten gegenüber einer (qualifizierten) Mehrheit der Mitgliedstaaten einräumen (König 1997: 195). Zum anderen wird die relative Bedeutung von Agenda- und Vetomacht unterschiedlich eingeschätzt: Während einige Autoren die Gestaltungsmacht des Europäischen Parlaments im Kooperationsverfahren betonen, gehen andere von einem wachsenden parlamentarischen Einfluss im Kodezisionsverfahren aus, das dem Parlament in seiner neuesten Fassung eine absolute Vetomacht zugesteht.

Während sich diese Debatte auf die relative Bedeutung von Agenda- und Vetomacht unter verschiedenen Verfahrensvorgaben konzentriert, sollen im Folgenden die Auswirkungen von Erweiterungen des Mitgliederkreises auf die Blockade- und Umverteilungsgefahr abgeschätzt werden. Dabei soll weder für die Lage des Status quo noch für Kommission und Parlament davon ausgegangen werden, dass in einer Union mit 20 oder 27 Mitgliedern eine bestimmte, fixe Interessenkonfiguration vorherrschen wird. Hinsichtlich des institutionellen Zusammenspiels zwischen Kommission, Parlament und Ministerrat wird folglich eine Vereinfachung auf die Mitgliedstaaten vorgenommen, bezüglich der Anzahl an Akteuren und der Dimensionalität von Politik jedoch eine realistischere Anwendung angestrebt. Für die Untersuchung von Erweiterungseffekten wird unterstellt, dass sich europäische Politikinhalte durch eine budgetäre Input- und eine verteilungspolitische Output-Dimension auszeichnen. Der Input-Dimension unterliegt die Frage, wie hoch das Budget der Union ausfallen soll, während die Output-Dimension die Relevanz eines Politikbereichs bei der Mittelverteilung darstellt. Gegenüber einem eindimensionalen Politikkonzept wirft diese Zweidimensionalität allerdings große analytische Probleme auf, da stabile Politikergebnisse bzw. Koalitionen unwahrscheinlich und dadurch eindeutige Aussagen über die Durchsetzungsfähigkeit einzelner Akteure kaum möglich sind (Hinich und Munger 1997: 64).

Zur Untersuchung ein- oder mehrdimensionaler Politik kann das Kernkonzept verwendet werden, dessen räumliche Eigenschaften Aussagen über Blockade- und Umverteilungsgefahren erlauben. Der Kern umfasst alle Status quo-Punkte, die nicht verändert werden können, da keine Alternative die Zustimmung einer ausreichenden Gesetzgebungsmehrheit findet. Im räumlichen Modell hat der Kern damit zwei stabile Eigenschaften: Erstens ist er intern stabil, d.h. es ist keine Veränderung einer Politikposition möglich, die im Kern liegt; zweitens ist der Kern extern stabil, d.h. zu jeder Politikposition außerhalb des Kerns gibt es mindestens eine Alternative innerhalb, die überlegen

---

niger Integration erlaubt. Drittens werden Idealpositionen der Akteure mit euklidischen Präferenzen angenommen, die politische Ergebnisse vorziehen, die eine geringere Distanz zu ihrer Idealposition haben. Viertens wird oftmals eine spezifische Konfiguration unterstellt, bei der die Präferenzen der Akteure sich entlang der Positionen von 1–7 mit einem Status quo aufreihen, der die geringste Integrationsstufe anzeigt.

ist. Insofern enthält der Kern alle Politikergebnisse, die bezüglich sämtlicher Gesetzgebungsmehrheiten Pareto-optimal sind. Im Fall von Einstimmigkeit entspricht der Kern demnach der so genannten Paretomenge, die als kleinste konvexe Menge der Idealpositionen aller Akteure sämtliche Alternativen enthält, die Pareto-optimal für alle Akteure sind.

Auf Grund seiner internen und externen Stabilität können mit dem Kernkonzept zwei Aussagen auch für den Fall von zwei- und mehrdimensionalen Mehrheitsentscheiden getroffen werden: Erstens, ist der Status quo außerhalb des Kerns, dann werden die Politikergebnisse innerhalb des Kerns liegen, da mindestens eine Politikposition innerhalb des Kerns von einer ausreichenden Akteursmehrheit vorgezogen wird; zweitens, liegt der Status quo innerhalb des Kerns, dann ist kein Politikwechsel möglich, da sich ansonsten mindestens ein Akteur einer Gewinnkoalition schlechter stellen würde (Hinich und Munger 1997: 61). Aus diesem Grund kann davon ausgegangen werden, dass alle Mitgliedstaaten ein Interesse daran haben, innerhalb des Kerns zu liegen. Ist ein Mitgliedstaat im Kern enthalten, dann kann er jede Veränderung des Status quo blockieren, die nicht zu seinen Gunsten ausfällt. Dadurch hat ein Kernmitglied die Gewissheit, dass jede Status quo-Änderung ihn besser stellt. Geht man davon aus, dass der Status quo für zukünftige Regelungen nicht bekannt ist und folglich überall liegen kann, dann vermag erstens die Größe des Kerns als Maß für die Blockadegefahr, zweitens seine Lage als Maß für die Umverteilungsgefahr zu dienen.

Abbildung 1: Paretomenge und Kern im zweidimensionalen Politikraum

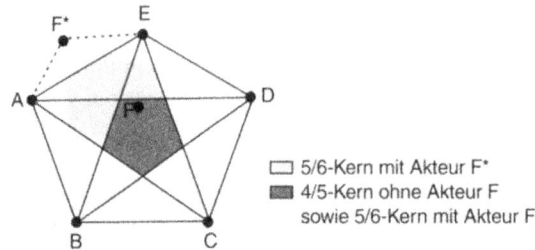

Abbildung 1 veranschaulicht das Kernkonzept und die Aussagen, die eine Anwendung für den Beitritt eines Akteurs zu einer Akteursgruppe erlaubt. Dargestellt ist ein zweidimensionaler Politikraum, in dem fünf Akteure A-E Politikpositionen mit euklidischen Präferenzen einnehmen. Gemäß dem räumlichen Modell wird unterstellt, dass Akteure Politikergebnisse bevorzugen, die näher an ihren Idealpositionen liegen. Gegenüber Einstimmigkeit, unter der lediglich Politikergebnisse verändert werden könnten, die außerhalb der fünfeckigen Raute der Paretomenge liegen, verringert eine qualifizierte Mehrheitsregel mit einem Quorum von beispielsweise $q=4/5$ die Blockadegefahr: Der Kern reduziert sich dann auf die dunkelgrau schraffierte Zone, in der keine Veränderung des Status quo möglich ist. Mit der Verkleinerung gegenüber der Paretomenge steigt jedoch die Gefahr für jeden einzelnen Akteur, bei einer Entscheidung überstimmt zu werden. Im Beispiel verteilt sich dieses Risiko in gleichem Maße auf alle fünf Akteure. Diese Situation kann sich durch den Beitritt eines sechsten Akteurs in Abhängigkeit von dessen Politikposition verändern. Verfolgt der neue Akteur F eine

Idealposition, die innerhalb des bisherigen Kerns liegt, dann verändert sich bei einer Mehrheitshürde von $q=5/6$ weder die Blockade- noch die Umverteilungsgefahr. Demgegenüber kann sich die Größe und Lage des Kerns ändern, wenn der sechste Akteur F* außerhalb oder auch innerhalb der ursprünglichen Paretomenge der Fünfer-Gruppe liegt. Im extremen Fall kann sogar der Kern verschwinden, sodass die Blockadegefahr aufgehoben und die Umverteilungsgefahr randomisiert wird.

Aus dieser Veranschaulichung lassen sich zwei generelle Rückschlüsse auf die Erwartungshaltung gegenüber Beitritten ziehen. Der erste Rückschluss rekurriert auf die Größe des Kerns, die von der Lage der Politikpositionen und der Höhe des Entscheidungskriteriums abhängt. Offensichtlich vergrößert sich der Kern unter Einstimmigkeit, wenn die Akteurspositionen heterogener werden, während bei Mehrheitsvorgaben eine Vergrößerung, eine Verkleinerung oder keine Veränderung des Kerns in Betracht zu ziehen sind. Aus diesem Grund ist zu vermuten, dass der Beitritt Finnlands, Österreichs und Schwedens keine Veränderung des Kerns mit sich brachte, während eine Vergrößerung Anlass zur Besorgnis über eine steigende Blockadegefahr im Fall der anstehenden Erweiterungsrunden geben würde. Der zweite Rückschluss betrifft die Umverteilungsgefahr, da die Lage des Kerns Aufschluss über den Ausgang zukünftiger Regelungen gibt. Verändert sich die Lage des Kerns in eine bestimmte Richtung, dann ist mit einer einseitigen Verschiebung von Regelungen bei Mehrheitsentscheiden zu rechnen. Daher ist für die Erweiterung von 1995 anzunehmen, dass sich die Lage des Kerns nicht einseitig verschoben hat, während die Befürchtung insbesondere der großen Staaten begründbar wäre, wenn sich der Kern durch die anstehenden Erweiterungen von ihren Positionen entfernen würde.

Mit dem räumlichen Modell kollektiven Entscheidens lassen sich folglich Rückschlüsse auf unterschiedliche Erwartungshaltungen gegenüber Beitritten ziehen. Angesichts der Zentralität der Politikpositionen fehlt bislang eine empirische Fundierung der Debatte über die Bedeutung von Agenda- und Vetomacht in der europäischen Gesetzgebung, die auf der Grundlage des räumlichen Modells kollektiven Entscheidens geführt wird. Nur wenige Studien erfassen diese Politikpositionen in systematischer Weise, sodass sich das Modell auf die Entscheidungsfindung in der Europäischen Union anwenden lässt (Bueno de Mesquita und Stokman 1994; König 1997). Noch schwieriger erscheint jedoch die Bestimmung der Politikpositionen zukünftiger Mitgliedstaaten, die seit dem Ende des Ost/West-Konflikts eine Phase der wirtschaftlichen und gesellschaftlichen Transformation durchleben. Während viele bisherige Modellanwendungen auf die europäische Entscheidungsfindung eine konzeptionelle Bestimmung der Akteurspositionen vornahmen, soll in diesem Beitrag eine Alternative für die Messung dieser Positionen vorgestellt werden.

III. Messung struktureller Positionen in der Agrar- und Beschäftigungspolitik

Die meisten Szenarien über die anstehenden Erweiterungen fokussieren sich entweder auf die wirtschaftliche Leistungskraft der Beitrittskandidaten (von Hagen 1997; Mayhew 1999) oder die Erweiterungsstrategie, die von der Kommission gegenüber den Kandidaten eingeschlagen wird (Pederson 1994; Preston 1997). Obwohl allen Antragstellern der Status eines formalen Kandidaten gegeben wurde, hat die Kommission in ihrer Agenda 2000 sehr differenzierte Kriterien für einen „Klub"-Beitritt aufgestellt (Soveroski 1997). Dieser Beitrittskatalog enthält nicht nur Vorgaben für die ökonomische Entwicklung und die Funktionsfähigkeit der Marktwirtschaft in diesen Ländern, sondern schreibt auch ein beachtliches Maß an sozialen Standards, eine ausreichende Kontrolle über Staatsschulden und Inflation, ein modernes Fiskalsystem und eine Verwaltungskapazität vor, welche die Implementation europäischer Gesetze bewältigen kann (Baldwin 1994: 155). Hintergrund für diesen Katalog ist, dass aus heutiger Sicht der Beitritt aller ost- und mitteleuropäischen Kandidaten die Bevölkerung der Europäischen Union um 30 Prozent, das Bruttosozialprodukt jedoch nur um 4 Prozent erhöhen würde.

Betrachtet man den Haushalt der Union, die Strukturfonds und die Gemeinsame Agrarpolitik, dann stellen die Risiken und Kosten der anstehenden Erweiterungen nicht nur ein Problem für die Beitrittskandidaten, sondern auch für die derzeitigen Mitgliedstaaten dar (Mayhew 1999: 263). Der europäische Agrarsektor und die ärmeren Regionen erhalten momentan etwa 80 Prozent aller Unionsausgaben, und da die mittel- und osteuropäischen Staaten fast alle arm und agrarisch geprägt sind, würde eine unveränderte Gemeinsame Agrarpolitik eine Haushaltserhöhung um ungefähr 40 Milliarden Euro erfordern. Darüber hinaus würde eine Ausdehnung der Strukturfonds auf diese Regionen weitere jährliche Kosten von 28 Milliarden Euro nach sich ziehen (Baldwin 1995: 477). Eine solche Etaterhöhung erscheint zur Zeit jedoch nicht durchsetzbar, sodass im Fall einer Erweiterung mit einer Umverteilung der Mittel zu rechnen ist. Diese Situation lässt sich mit zwei Dimensionen darstellen: auf der einen Dimension stellt sich die Input-Frage nach dem Beitrag, den die Mitgliedstaaten für den Unionshaushalt zu leisten haben, auf der anderen die Output-Frage nach der Höhe der Haushaltsmittel, die dem jeweiligen Politikbereich zufließen sollen.

Um diese Dimensionen aufspannen zu können, sollen jeweils zwei Indikatoren für die Präferenzbestimmung der Staaten herangezogen werden: Die erste (Input-)Dimension bemisst den Wohlstand über das Bruttosozialprodukt pro Kopf, aus dem sich ein großer Anteil des mitgliedstaatlichen Inputs am Unionshaushalt ergibt; die (Output-) Dimension soll die relative Wichtigkeit des jeweiligen Sektors in den nationalen Volkswirtschaften abbilden. Zur Zeit finanzieren von den insgesamt vier Einnahmequellen die über das Bruttosozialprodukt erzielten Beiträge etwa die Hälfte des Unionshaushalts.[2] Auf dieser Input-Dimension wird unterstellt, dass ein Mitgliedstaat mit niedrigem Bruttosozialprodukt eine Erhöhung, mit hohem Bruttosozialprodukt eine Verringerung des Unionshaushalts befürwortet.

Laut *Tabelle 1*, welche die Entwicklung des Bruttosozialprodukts pro Kopf in den fünfzehn Mitgliedstaaten und den zwölf mittel- und osteuropäischen Beitrittsstaaten darstellt, unterscheiden sich Mitgliedstaaten von Beitrittskandidaten auf der Input-Dimension folgendermaßen: Ausgenommen Zypern sind erstens alle Mitgliedstaaten wohlhabender als die Beitrittskandidaten; zweitens besteht auch noch 1996 unter den Mitgliedstaaten ein beachtlicher Unterschied mit einem Bruttosozialprodukt von

---

2 Da die genauen Bruttosozialproduktzahlen im Rahmen des Haushaltsverfahrens festgelegt werden, wird diese Einnahmequelle auch als Instrument für den Ausgleich des Haushalts eingesetzt (Nugent 1994: 343).

Tabelle 1: Bruttosozialprodukt pro Kopf ($US)

	1990	1991	1992	1993	1994	1995	1996	1997
EU-12								
Belgien	19664	20099	22364	21238	22936	26957	26404	23800
BR Deutschland	..	21490	24451	23579	25160	29568	28732	25494
Dänemark	25946	26015	28451	26963	29064	34605	34932	32178
Frankreich	21071	21050	23045	21670	22976	26402	26323	23760
Griechenland	8160	8690	9537	8884	9462	10975	11737	..
Irland	12986	13102	14687	13722	15105	17917	19466	20494
Italien	19287	20276	21442	17268	17792	19019	21152	19915
Luxemburg	27091	28174	32150	32259	36098	42225	40835	..
Niederlande	18972	19257	21210	20490	21943	25717	25521	23084
Portugal	6986	7936	9579	8473	8900	10545	10959	10270
Spanien	12667	13583	14801	12255	12356	14269	14797	13530
Ver. Königreich	16947	17509	18064	16203	17466	18890	19614	21802
EU-15								
Finnland	27037	24209	21110	16670	19223	24652	24506	23315
Österreich	20645	21295	23663	22872	24426	28775	28384	25548
Schweden	26844	27773	28560	21312	22599	26192	28468	25724
EU-20								
Estland	5078	3633	2737	2646	2692	3227	2981	3211
Polen	1547	2000	2199	2236	2402	3079	3485	3510
Slowenien	..	6324	6271	6446	7233	9420	9469	9165
Tsch. Republik	3041	2356	2709	3019	3859	4926	5483	5050
Ungarn	3189	3233	3608	3751	4044	4366	4432	4503
EU-27								
Bulgarien	2377	1268	1215	1279	1160	1560	1176	1213
Lettland	4676	4141	2416	2055	2143	2483	2061	2242
Litauen	3561	3961	3034	1635	1567	1854	2128	2587
Malta	6529	6980	7593	6746	7275	8747	8994	8861
Rumänien	1650	1244	1102	1158	1233	1448	1379	1545
Slowakei	2923	2051	2213	2251	2574	3263	3510	3615
Zypern	8179	8321	9711	9091	9912	11502	11362	10987

.. Keine vergleichbaren Angaben verfügbar.
Quelle: United Nations 1999.

$ 10.959 in Portugal und $ 40.835 in Luxemburg, während die Beitrittskandidaten sogar eine geringere Spanne von $ 1.176 (Bulgarien) bis zu $ 11.362 (Zypern) aufweisen. Drittens verzeichnen die westlichen Staaten eine kontinuierliche Aufwärtsentwicklung ihres Bruttosozialprodukts, während mit dem Ende des Ost-West-Konflikts die meisten Beitrittskandidaten, aber auch das stark vom Osthandel abhängige Finnland offensichtlich in eine Depressionsphase gerieten, von der sie sich nur langsam erholten.

Bei den Output-Dimensionen wird davon ausgegangen, dass ein Mitgliedstaat, in dem der nationale Sektor eine hohe Bedeutung hat, für einen großen Anteil am Unionshaushalt eintritt. Hier wird zwischen der Agrar- und der Beschäftigungspolitik unterschieden. Letztere wird über den Anteil der Arbeitslosenquote gemessen, während

Tabelle 2: Anteil des Agrarsektor am Bruttosozialprodukt (Prozent)

	1990	1991	1992	1993	1994	1995	1996	1997
EU-12								
Belgien	1,8	1,8	1,7	1,6	1,5	1,2	1,2	..
BR Deutschland	..	1,4	1,3	1,2	1,1	1,0	1,1	..
Dänemark	4,3	4,0	3,8	3,5	3,6	4,0	..	..
Frankreich	3,4	3,0	2,8	2,3	2,4	2,4	2,3	..
Griechenland	11,3	12,6	11,2	10,5	11,2	10,7	..	..
Irland	8,0	7,4	7,8	7,3	6,3	5,8	..	..
Italien	3,2	3,4	3,1	3,0	2,9	2,9	2,8	..
Luxemburg	1,7	1,3	1,3	1,1	1,0	1,0	..	..
Niederlande	4,0	3,9	3,6	3,1	3,3	3,1	..	..
Portugal	6,4	5,2	4,3	3,8	4,0	3,9	..	..
Spanien	4,6	4,1	3,5	3,5	3,3	3,0	3,5	..
Ver. Königreich	1,9	1,8	1,9	1,8	1,8	1,9	1,8	..
EU-15								
Finnland	6,4	5,6	5,1	5,2	5,6	4,5	4,0	..
Österreich	3,1	2,7	2,4	2,2	2,3	1,5	1,4	..
Schweden	2,9	2,5	2,3	2,1	2,2	2,2^a	..	..
EU-20								
Estland	16,6	17,9	13,1	11,0	10,2	8,1	7,7	..
Polen	8,3	6,6	6,6	6,6	6,1	6,4	..	..
Slowenien	..	5,5	5,4	5,2	4,6	4,6	4,5	..
Tsch. Republik	7,3	5,6	5,7	6,2	..	6,2^a	..	..
Ungarn	14,5	8,9	7,5	6,8	7,1	7,1	6,9	..
EU-27								
Bulgarien	17,7	15,5	11,7	10,0	11,6	12,7	14,5	..
Lettland	21,9	23,1	17,6	11,8	9,5	10,8	9,0	..
Litauen	27,1	16,7	14,3	14,9	11,0	11,9	12,4	..
Malta	3,5	3,3	3,1	3,2	..	3,2^a	..	..
Rumänien	20,3	18,3	17,9	20,7	19,9	20,6	19,5	..
Slowakei	7,4	5,7	5,3	6,1	6,7	5,6	5,2	..
Zypern	6,9	6,2	5,7	5,7	5,2	5,2^a	..	..

.. Keine vergleichbaren Angaben verfügbar. a. Daten von vorhergehendem/n Jahr/en.

Quelle: United Nations 1999.

die Relevanz des Agrarsektors aus seinem Bruttosozialproduktanteil an der Gesamtwirtschaft folgt.

Nach *Tabelle 2* besteht ein beachtlicher Unterschied hinsichtlich des Anteils des Agrarsektors, da viele mittel- und osteuropäischen Staaten weiterhin stark agrarisch geprägt sind. In Bulgarien, Lettland, Litauen und Rumänien wurden 1995 noch mehr als zehn Prozent des Bruttosozialprodukts im Agrarsektor erwirtschaftet. Unter den Mitgliedstaaten nimmt Griechenland eine Außenseiterrolle ein, wohingegen Belgien, Deutschland und Luxemburg mittlerweile den geringsten Anteil ihres Bruttosozialprodukts aus der Landwirtschaft erzielen. Zusammengefasst bleiben die Unterschiede zwischen Mitgliedstaaten und Beitrittskandidaten – trotz einiger Trends und Ausnahmen – wie beim Bruttosozialprodukt über die Zeit hinweg recht stabil.

Tabelle 3: Arbeitslosigkeitsraten (Prozent)

	1990	1991	1992	1993	1994	1995	1996	1997
EU-12								
Belgien	7,2	7,0	7,7	8,2	9,7	9,3	9,6	12,7
BR Deutschland	..	7,2	8,7	10,4	11,4	12,9	8,8	11,1
Dänemark	..	..	..	8,0	7,0	6,9	8,1	
Frankreich	8,9	9,4	10,3	11,6	12,3	11,6	12,3	12,6
Griechenland	7,0	7,7	8,7	9,7	9,6	10,0	10,3	10,4
Irland	12,9	14,7	15,1	15,7	14,7	12,2	11,9	10,8
Italien	11,0	10,9	11,4	10,2	11,3	12,0	12,1	12,1
Luxemburg	..	1,4[a]	1,6[a]	2,1[a]	2,7[a]	3,0[a]	3,3[a]	3,3
Niederlande	7,5	7,0	5,5	6,2	6,8	7,1	6,6	6,2
Portugal	4,7	4,1	4,1	5,5	6,7	7,1	7,2	7,1
Spanien	16,3	16,4	18,4	22,7	24,2	22,9	22,2	22,1
Ver. Königreich	6,8	8,4	9,7	10,3	9,6	8,6	8,2	6,1
EU-15								
Finnland	3,4	7,5	13,0	17,7	18,2	17,0	16,1	14,7
Österreich	3,2	3,5	3,7	4,3	3,6	3,7	4,1	6,4
Schweden	1,6	3,0	5,2	8,2	8,0	7,7	8,0	8,1
EU-20								
Estland	..	..	..	2,1	1,9	1,8	2,1	..
Polen	6,1	11,8	13,6	16,4	16,0	14,9	13,6	..
Slowenien	4,7	8,2	11,5	14,4	14,4	14,1	13,9	..
Tsch. Republik	0,3	2,6	,1	3,0	3,3	3,0	3,1	..
Ungarn	0,8	8,5	12,3	12,1	10,4	10,4	10,5	..
EU-27								
Bulgarien	11,5	15,6	13,2	15,8	14,0	11,4	11,1	..
Lettland	..	..	,9	4,6	6,4	6,4	7,0	..
Litauen	..	0,3	1,3	4,4	3,8	6,1	7,1	..
Malta	..	3,6[a]	4,0[a]	4,5[a]	4,0[a]	3,6[a]	3,7[a]	4,4[a]
Rumänien	..	3,0	8,2	10,4	10,9	9,5	6,3	..
Slowakei	0,6	6,6	11,4	12,7	14,4	13,8	12,6	..
Zypern	..	3,0[a]	1,8[a]	2,6[a]	2,7[a]	2,6[a]	3,1[a]	..

.. Keine vergleichbaren Angaben verfügbar.

Quelle: United Nations 1998 (a). United Nations 1999 (sonst).

Die Gemeinsame Agrarpolitik wird oft als Beispiel für eine Integration zitiert, die Umverteilungen zu Gunsten eines ökonomischen Sektors auf Kosten der Gemeinschaft vornimmt. Im Gegensatz dazu fiel die bisherige Beschäftigungspolitik unter eine Integration, der im Wesentlichen die Koordination verschiedener Beschäftigungsinstrumente oblag. Die Beschäftigungspolitik gewinnt aber nicht nur mit der Einführung der Währungsunion, sondern auch mit der im Amsterdamer Vertrag bekundeten Aufwertung der Sozialpolitik eine größere Bedeutung. Mit dem Amsterdamer Vertrag stellt sich die Union in Titel VII die Aufgabe einer aktiven Beschäftigungspolitik, die in Artikel 2 die Erreichung einer hohen Beschäftigungsquote als ein „gemeinsames Ziel" definiert, das auch bei der Formulierung von Politikinitiativen in anderen Politikbereichen zu berücksichtigen sei. Zwar wird dem Beschäftigungsabschnitt im Vertragstext kein besonderer Stellenwert beigemessen, doch unterstreicht die Aufnahme dieses Titels den Versuch, eine Wirtschafts- und Sozialgemeinschaft über die Sicherung individueller Beschäftigungsrechte zu schaffen (Langrish 1998: 18). Dabei gehen die Mitgliedstaaten und Beitrittskandidaten von sehr unterschiedlichen Voraussetzungen aus, wenn man die Entwicklung ihrer Arbeitslosenquoten als Indikator für die Wichtigkeit der Beschäftigungspolitik heranzieht.

Mitgliedstaaten und Beitrittskandidaten verzeichnen sehr unterschiedliche Entwicklungen ihrer Arbeitslosenraten (*Tabelle 3*). Von den zwölf Beitrittskandidaten haben lediglich Estland, Malta, Zypern und die Tschechische Republik geringe Arbeitslosenquoten wie auch Bulgarien, Polen und Rumänien wohl tendenziell eine beschäftigungspolitische positive Kehrtwende vollziehen. Allerdings weisen auch weiterhin fünf der zwölf Kandidaten eine Arbeitslosenrate von über zehn Prozent aus. Eine vergleichbare Differenzierung lässt sich gleichfalls für die fünfzehn Mitgliedstaaten vornehmen. Luxemburg und Spanien bilden hier die Eckpunkte der Arbeitslosenstatistik, in deren Spanne alle Beitrittskandidaten liegen. Im Vergleich zur Agrarpolitik lässt sich für den beschäftigungspolitischen Indikator festhalten, dass keine grundlegende Unterscheidung zwischen Mitgliedstaaten einerseits und Beitrittskandidaten andererseits getroffen werden kann. Welche Konsequenzen daraus für die agrar- und beschäftigungspolitische Entscheidungsfindung unter den Mitgliedstaaten folgen, soll über den Vergleich einer Union der zwölf, fünfzehn, zwanzig und siebenundzwanzig Mitglieder verdeutlicht werden.

IV. Erweiterungen im Vergleich

Viele Debatten über eine Vergrößerung des Mitgliederkreises der Europäischen Union lassen sich auf die Frage nach einer optimalen Klubgröße reduzieren (Mueller 1999). Im Allgemeinen werden Klubs für die Herstellung von öffentlichen Gütern wie z.B. kollektiver Sicherheit, Umweltressourcen etc. benötigt, denen in vielen Fällen eine geographische Dimension unterliegt. Bei einigen öffentlichen Gütern wie z.B. freiem Handel wird davon ausgegangen, dass eine Vergrößerung des Mitgliederkreises immer positive Effekte für alle Beteiligten hat, während andere Umverteilungen zu Lasten entweder von alten oder neuen Mitglieder erfolgen können. Klubs werden jedoch über ihre freiwillige Mitgliedschaft legitimiert, sodass für die Vergrößerung des Mitgliederkreises drei Möglichkeiten zu unterscheiden sind: Erstens erscheint eine Vergrößerung, von der sich neue und alte Mitglieder ein Besserstellen erwarten, unproblematisch; zweitens, wenn nur die alten Mitglieder von einer Vergrößerung profitieren, dann müssen diese Kompensationen an die neuen Mitglieder entrichten; drittens, wenn die alten Mitglieder negative Erwartungen gegenüber einer Kluberweiterung hegen und nur die neuen Mitglieder davon profitieren, dann müssten letztere Ausgleichszahlungen als „Eintrittsgelder" entrichten, um den freiwilligen Charakter des Klubs zu erhalten. Ausgeschlossen wäre dagegen eine Klubvergrößerung, wenn alle Seiten negative Erwartungen hegten.

Zur Untersuchung dieser Möglichkeiten werden die Auswirkungen der letzten und kommenden Erweiterungsrunden auf die Blockade- und Umverteilungsgefahr in zwei Politikbereichen bei einstimmiger und mehrheitlicher Entscheidungsgrundlage verglichen. Auf Grund der unterschiedlich weit fortgeschrittenen Beitrittsverhandlungen und Wahrscheinlichkeiten, die Beitrittskriterien erfüllen zu können, wird davon ausgegangen, dass diese Erweiterung in zwei Runden erfolgen wird: die erste Runde wird voraussichtlich Estland, Polen, die Tschechische Republik, Ungarn und Slowenien, die zweite Runde Bulgarien, Lettland, Litauen, Malta, Rumänien, die Slowakei und Zypern einschließen. Für die qualifizierte Mehrheitsentscheidung im Ministerrat lassen sich die Stimmengewichte der Beitrittsstaaten aus der einwohnerbasierten Formel berechnen, die der bisherigen Vergabepraxis unterliegt (Lane et al. 1995). Eine Fortführung dieser Vergabepraxis hätte zur Folge, dass Polen acht, die Tschechischen Republik und Ungarn jeweils fünf, Estland und Slowenien je zwei, Rumänien sieben, Bulgarien vier, Litauen und die Slowakei je drei, Zypern, Lettland und Malta je zwei Stimmen erhalten werden (König und Bräuninger 1997, 1998). Wenn das qualifizierte Mehrheitskriterium bei einem Stimmenanteil von 71,2 Prozent bestehen bliebe, dann wären nach der ersten Erweiterungsrunde 77 von 109 Stimmen und nach der zweiten 94 von 132 Stimmen für eine Entscheidung zu erbringen.

In den *Abbildungen 2a* und *2b* sind die Positionen der siebenundzwanzig europäischen Staaten für den Agrarsektor abgebildet, die aus dem (z-standardisierten) Bruttosozialprodukt und dem (z-standardisierten) Anteil des Agrarsektors abgeleitet sind.[3] Es wird folglich davon ausgegangen, dass diese Indikatoren die Positionen der Staaten bezüglich einer europäischen Agrarpolitik indizieren, die auf der horizontalen Dimension der Höhe des EU-Haushalts, auf der vertikalen Dimension dessen Verteilung für agrarpolitische Zwecke unterliegt. Demnach würde beispielsweise Luxemburg eine große europäische Haushaltsdisziplin und geringe Ausgaben für den europäischen Agrarsektor favorisieren, während Griechenland oder Rumänien für hohe Agrarausgaben bei gleichzeitig hohem EU-Haushalt einträten. Die Veränderung der Paretomenge zeigt bei Einstimmigkeit, die Veränderung des Kerns bei qualifizierter Mehrheit an, ob und wie eine Erweiterung die Blockade- und Umverteilungsgefahr beeinträchtigt. *Abbildung 2a* beantwortet die Frage nach den agrarpolitischen Veränderungen, die auf den Beitritt Finnland, Österreichs und Schwedens Mitte der 90er Jahre erfolgten.

Nach *Abbildung 2a* liegen die Beitrittsstaaten von 1995, Finnland, Österreich und Schweden, innerhalb der Paretomenge der damaligen zwölf Mitgliedstaaten, die von Luxemburg, Deutschland, Belgien, Großbritannien, Spanien, Portugal, Griechenland und Dänemark im agrarpolitischen Input- und Output-Raum aufgespannt wird. Schweden liegt sogar am Rande des Kerns einer qualifizierten Mehrheit, die unter den zwölf Mitgliedstaaten noch einen Stimmenanteil von 54 der insgesamt 76 Stimmen vorsah. In der Folge verkleinerte sich der Kern unter den 15 Staaten, dargestellt durch die hellgrau schraffierte Fläche, sogar geringfügig. Für die Agrarpolitik hat folglich der 1995 erfolgte Beitritt keine wesentliche Veränderung der Blockade- und Umverteilungsgefahr mit sich gebracht.

---

3 Aus Gründen der Vergleichbarkeit werden sowohl für die 1995 erfolgte Erweiterung von zwölf auf 15 als auch die beiden bevorstehenden Erweiterungsrunden auf 20 bzw. 27 Mitglieder die strukturellen Positionen der Staaten durch die jeweiligen Indikatoren für das Jahr 1995 abgeschätzt.

Abbildung 2: Politische Blockade in der Agrarpolitik

a) Erweiterung von EU-12 zu EU-15

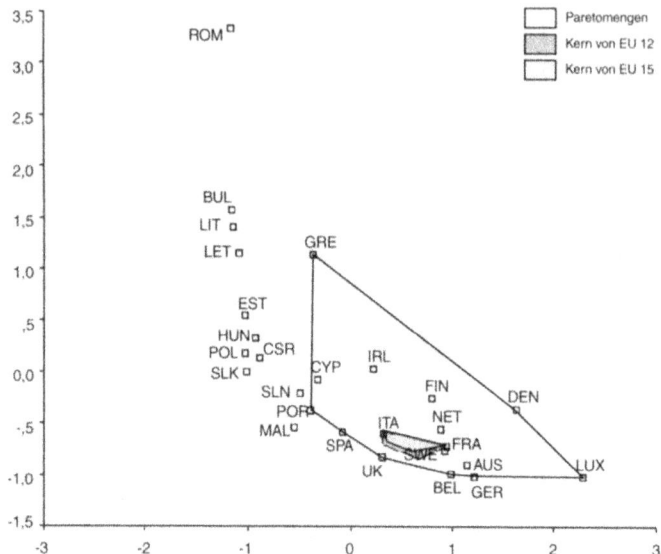

b) Erweiterung von EU-20 zu EU-27

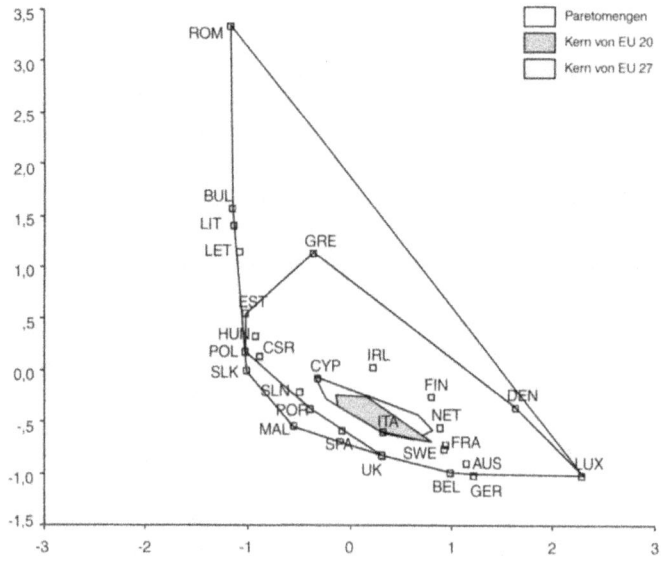

Abkürzungen: Belgien (BEL), BR Deutschland (GER), Dänemark (DEN), Frankreich (FRA), Griechenland (GRE), Irland (IRE), Italien (ITA), Luxemburg (LUX), Niederlande (NET), Portugal (POR), Spanien (SPA), Ver. Königreich (UK), Finnland (FIN), Österreich (AUS), Schweden (SWE), Estland (EST), Polen (POL), Slowenien (SLN), Tsch. Republik (CSR), Ungarn (HUN), Bulgarien (BUL), Lettland (LET), Litauen (LIT), Malta (MAL), Rumänien (ROM), Slowakei (SLK), Zypern (CYP).

Abbildung 2b zeigt die agrarpolitischen Veränderungen, die sich mit den anstehenden Erweiterungsrunden um die Länder Ost- und Mitteleuropas erwarten lassen. Gegenüber *Abbildung 2a* würde die Paretomenge insbesondere durch den Beitritt Polens und Estlands auf der haushaltspolitischen Dimension vergrößert, während Griechenland nach wie vor die Extremposition auf der agrarpolitischen Dimension einnimmt. Verglichen mit einer Union von fünfzehn Mitgliedstaaten würde sich aber auch die Größe und die Lage des Kerns verändern. Bei qualifizierten Mehrheitsentscheiden würde sich die Kerngröße gegenüber der heutigen Situation fast verdreifachen, sodass eine erhöhte Blockadegefahr für die Agrarpolitik anzunehmen ist. Darüber hinaus würde sich die Lage des Kerns von den Positionen Deutschlands und Frankreichs entfernen, die folglich mit einer höheren Umverteilungsgefahr bei qualifizierten Mehrheitsentscheiden rechnen müssen. Demgegenüber könnten Italien, Spanien und Portugal von dieser Verschiebung des Kerns profitieren. Durch die zweite Erweiterungsrunde ist eine weitere Vergrößerung der Paretomenge zu erwarten, da vor allem Rumänien die haushaltspolitische Disziplin verändern würde. Für Mehrheitsentscheide kann ebenfalls eine Vergrößerung des Kerns vorhergesagt werden, jedoch würde sich der Kern in beide Richtung ausdehnen, was etwa Frankreich und den Niederlanden zugute käme. Zwar würde sich die allgemeine Blockadegefahr erhöhen, die Umverteilungsgefahr für diese Mitgliedstaaten aber verringern. Insofern muss die Fürsprache Frankreichs für den Beitritt des romanischen Rumäniens nicht notwendig auf eine ähnliche kulturelle Ausrichtung zurückgeführt werden.

Die Agrarpolitik, die nach wie vor mehr als 50 Prozent der Haushaltsausgaben der Union verschlingt, hat sicherlich eine zentrale Bedeutung für die Erweiterungserwartungen der Mitglied- und Beitrittstaaten. Während die Agrarpolitik durch einen negativen Zusammenhang zwischen dem Anteil von Agrarsektor und Wohlstand charakterisiert ist, wird die beschäftigungspolitische Situation weniger durch das Bruttosozialprodukt pro Kopf bestimmt. Spanien hat unter allen Staaten die höchste Arbeitslosenquote, wohingegen die meisten Beitrittskandidaten unterdurchschnittliche Arbeitslosenraten besitzen. *Abbildung 3* zeigt die Situation in der Beschäftigungspolitik, der ebenfalls die haushaltspolitische Einnahmen- und eine beschäftigungspolitische Ausgabendimension unterliegen. Es wird folglich angenommen, dass Staaten mit vergleichsweise geringem Wohlstand eine Erhöhung des EU-Haushalts, Staaten mit hoher Arbeitslosenquote einen hohen Ausgabenanteil für eine europäische Beschäftigungspolitik anstreben.

Nach *Abbildung 3a* hat der 1995 erfolgte Beitritt die Paretomenge um die Positionen Österreichs und Finnlands geringfügig erweitert, sodass sich die Blockadegefahr unter Einstimmigkeit geringfügig erhöht hat. Dagegen konnte der Kern, wie die hellgrau schraffierte Fläche anzeigt, auch in diesem Politikbereich mit der Erweiterung verkleinert werden. Hatten zuvor Frankreich und Großbritannien den Kern einer qualifizierten Mehrheit begrenzt, so ist die Union der fünfzehn Mitgliedstaaten eher in der Lage, den beschäftigungspolitischen Status quo zu verändern. Diese Verringerung der Blockadegefahr fand allerdings einseitig statt, sodass insbesondere Griechenland, Portugal und Großbritannien die damit verbundenen (haushaltspolitischen) Umverteilungsgefahren zu tragen hatten. In jedem Falle hat der Beitritt Finnlands, Österreichs und Schwedens die Blockadegefahr reduziert.

Nach *Abbildung 3b* würde die erste Erweiterungsrunde die Paretomenge um die

Abbildung 3: Politische Blockade in der Beschäftigungspolitik
a) Erweiterung von EU-12 zu EU-15

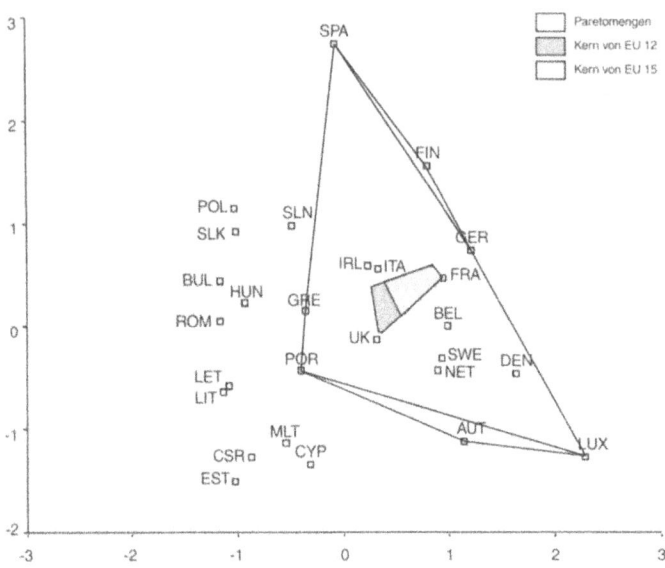

b) Erweiterung von EU-20 zu EU-27

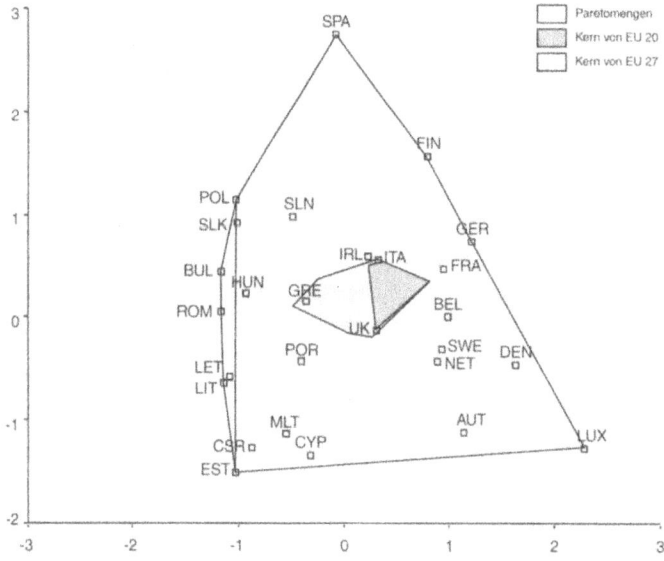

Abkürzungen: vgl. *Abbildung 2.*

Positionen Estlands und Polens auf der haushaltspolitischen Dimension vergrößern, während Spanien nach wie vor die extreme beschäftigungspolitische Position einnähme. Die Größe des Kerns würde sich gegenüber einer Union mit fünfzehn Mitgliedstaaten nahezu verdoppeln, seine Lage sich in Richtung einer geringeren haushaltspolitischen Disziplin verschieben. Die zweite Erweiterungsrunde würde diesen Trend noch verstärken: die Paretomenge wäre dann durch Litauen, Rumänien und Bulgarien zusätzlich begrenzt, der Kern einseitig bis hin zu Griechenland ausgedehnt. Damit ist anzunehmen, dass sich die beschäftigungspolitische Blockadegefahr durch beide Erweiterungsrunden erhöht und die Umverteilungsgefahr zu Lasten der Staaten ansteigt, die eine haushaltspolitische Disziplin favorisieren.

V. Ausblick

Bislang werden die anstehenden Erweiterungsrunden um die Staaten Mittel- und Osteuropas vornehmlich unter einer normativen und weniger einer empirischen Perspektive behandelt. Während alle Staaten fast einhellig die historische Chance betonen, die Teilung Europas überwinden zu können, betrachten die Mitgliedstaaten die Erweiterung auf 20 oder 27 Staaten mit Skepsis. Ganz im Gegensatz zum Beitritt von Finnland, Österreich und Schweden werden Befürchtungen gegenüber einer weiteren Vergrößerung des Mitgliederkreises geäussert, welche die europäische Integration stoppen bzw. ihre Ausrichtung tief greifend ändern könne. Inwieweit diese Befürchtungen nachzuvollziehen sind, macht der Vergleich der Veränderung der Blockade- und Umverteilungsgefahren deutlich. Es zeigt sich, dass gegenüber Erweiterungen sehr unterschiedliche Erwartungen bestehen können, die nicht nur aus der Erhöhung der Anzahl an Mitgliedstaaten, sondern aus dem Zusammenspiel von Akteurspräferenzen und institutionellen Vorgaben resultieren. Beitritte wie der von Finnland, Österreich und Schweden können keinerlei Auswirkungen auf die Funktionsweise der europäischen Integration haben oder sogar ihre Handlungsfähigkeit erhöhen, ohne gleichzeitig die Umverteilungsgefahren zu steigern. Im Gegensatz dazu machen die voraussichtlichen Kernverschiebungen, die durch den Beitritt der Länder Ost- und Mitteleuropas erfolgen würden, die Notwendigkeit einer Institutionenreform deutlich.

Von zentraler Bedeutung sind folglich die Präferenzen der Akteure, wobei die Tauglichkeit der hier vorgenommenen Messung bezweifelt werden kann. Es wurden zwar zwei unterschiedliche Politikbereiche herangezogen, doch stellt sich zum einen die Frage, ob nicht in anderen Politikbereichen andere Ergebnisse zustande kämen, die einen Ausgleich für die erhöhte agrar- und beschäftigungspolitische Blockade- und Umverteilungsgefahr erbringen könnten. Zum anderen wirft die Verwendung der strukturellen Messindikatoren Fragen nach ihrer Aussagekraft für die Abbildung von mitgliedstaatlichen Politikpositionen in der europäischen Entscheidungsfindung auf. Für die Untersuchung wurde unterstellt, dass die mitgliedstaatlichen Positionen immer durch eine haushaltspolitische Input-Dimension und eine zweite, politikbereichsspezifische Output-Dimension gekennzeichnet sind. Des Weiteren wurde davon ausgegangen, dass die Staaten auf der europäischen Ebene Positionen einnehmen, die ihren nationalen Bedingungen entsprechen. Um diese Annahmen zufriedenstellend rechtfertigen zu können, müsste das Abstimmungsverhalten der Mitgliedstaaten bspw. im Ministerrat empirisch untersucht werden. Allerdings wären auch dann noch Annahmen über das Abstimmungsverhalten der Beitrittskandidaten zu treffen, wenn der Ministerrat eines Tages seine Verhandlungstüren öffnen wird.

Geht man jedoch davon aus, dass die strukturellen nationalen Bedingungen taugliche Messindikatoren für staatliche Positionen sind, dann erlaubt der Vergleich der Größe des Kerns und seiner Lage differenzierte Rückschlüsse auf die Erwartungshaltung gegenüber Beitritten zu ziehen. Zum einen zeigt sich, dass trotz der zu erwartenden Veränderungen die Staaten Mittel- und Osteuropas weder in der Agrar- noch in der Beschäftigungspolitik die Ausreißerpositionen auf der inhaltlichen Output-Dimension einnehmen würden. Diese Positionen werden von den Mitgliedstaaten Griechenland in der Agrar- und von Spanien in der Beschäftigungspolitik vertreten. Dagegen würden die meisten Beitrittskandidaten extreme Positionen auf der haushaltspolitischen Input-Dimension haben. Im Vergleich zum Beitritt Finnlands, Österreichs und Schwedens sind dadurch nicht nur Veränderungen bei Einstimmigkeit, sondern auch bei qualifizierten Mehrheitsentscheiden zu erwarten. Gegenüber dem Beitritt von 1995 ist von einer Erhöhung beider Gefahren insbesondere für die Gründungsstaaten der Union auszugehen.

Diese Entwicklung macht deutlich, warum der auf der Amsterdamer Konferenz protokollierten Institutionenreform ein besonderer Stellenwert zukommt. Soll die Freiwilligkeit der Unionsmitgliedschaft erhalten bleiben, dann müssen Kompensationszahlungen an die Verlierer der Erweiterungsrunden entrichtet werden. Wer aber sind die Verlierer der anstehenden Erweiterung? Zum einen kommen hierfür die Gründungsstaaten in Frage, die mit einer Erhöhung ihres Haushalts-Inputs für die Erfüllung von zukünftigen EU-Aufgaben rechnen müssen. Zum anderen müssen aber auch die Beitrittskandidaten Kosten aufbringen, da sich ihr momentaner Status quo in Richtung des EU-Kerns verschieben wird. Geht man davon aus, dass der europäische Status quo bereits im Kern liegt, dann müssen die Beitrittskandidaten vor allem mit einer strikteren Haushaltsdisziplin rechnen, während sich die bereichsspezifische Ausgabenstruktur nur geringfügig verändern wird. Dabei macht die Entwicklung des Bruttosozialprodukts, des Agrarsektoranteils und der Arbeitslosenraten seit dem Ende des Ost-West-Konflikts deutlich, dass die Unterschiede zwischen den Staaten noch längere Zeit fortbestehen werden.

Literatur

Baldwin, Richard E., 1994: Towards an Integrated Europe. London: Centre for Economic Policy Research.
Baldwin, Richard E., 1995: The Eastern Enlargement of the European Union, European Economic Review 39: 474–81.
Bueno de Mesquita, Bruce Stokman und *Frans N. Stokman* (Hg.), 1994: European Community Decision Making. Models, Applications, and Comparisons. New Haven: Yale University Press.
Crombez, Christophe, 1996: Legislative Procedures in the European Community, British Journal of Political Science 26: 199–228.
Crombez, Christophe, 1997: The Co-Decision Procedure in the European Union, Legislative Studies Quarterly 22: 97–119.
European Union/Commission, 1997: Agenda 2000 (COM(1997)2000 Vol. II).
European Union/Commission, 1998: Regular Report of the Commission on Cyprus' progress towards accession (COM(1998)710, 04.11.1998).
European Union/Commission, 1999b: Report updating the Commission's Opinion on Malta's Application for Membership (COM(1999)69 final, 17.02.1999).

Garrett, Geoffrey, und *George Tsebelis*, 1996: An Institutional Critique of Intergouvernmentalism, International Organization 50: 269–299.
Hagen, Jürgen von, 1997: Wirtschaftspolitische Aspekte der Osterweiterung der EU. in: *Thomas König, Elmar Rieger* und *Hermann Schmitt* (Hg.): Europäische Institutionenpolitik, Mannheimer Jahrbuch für europäische Sozialforschung, Bd. 2. Frankfurt a.M.: Campus.
Hinich, Melvin J., und *Michael C. Munger*, 1997: Analytical Politics. Cambridge: Cambridge University Press.
Hix, Simon, 1999: The Political System of the European Union. Houndmills: Macmillan.
König, Thomas, 1997: Europa auf dem Weg zum Mehrheitssystem. Gründe und Konsequenzen nationaler und parlamentarischer Integration. Opladen: Westdeutscher Verlag.
König, Thomas, und *Heiner Schulz*, 1997: The Efficiency of Legislative Decision Making in the European Union. Berkeley, Cal.: Center for German and European Studies Working Paper 1.54, University of California.
König, Thomas, und *Thomas Bräuninger*, 1997: Europäische Integration: Institutionenpolitik zwischen Parlamentarismus und Intergouvernementalismus. S. 267–288 in: *Thomas König, Elmar Rieger* und *Hermann Schmitt* (Hg.): Europäische Institutionenpolitik. Mannheimer Jahrbuch zur Europäischen Sozialforschung, Bd. 2. Frankfurt a.M.: Campus:.
König, Thomas, und *Thomas Bräuninger*, 1998: The Inclusiveness of European Decision Rules, Journal of Theoretical Politics 10: 125–41.
Krehbiel, Keith, 1996: Institutional and Partisan Sources of Gridlock. A Theory of Divided and Unified Government, Journal of Theoretical Politics 8: 7–40.
Lane, Jan-Erik, Reinert Mæland und *Sven Berg*, 1995: The EU Parliament: Seats, States and Political Parties, Journal of Theoretical Politics 7: 395–400.
Langrish, Sally, 1998: The Treaty of Amsterdam: Selected Highlights, European Law Review 23: 3–19.
Mayhew, Alan, 1999: Recreating Europe. The European Union's Policy towards Central and Eastern Europe. Cambridge: Cambridge University Press.
Mueller, Dennis C., 1999: Constitutional Issues Regarding European Union Expansion. Wien: Unveröffentlichtes Manuskript.
Nugent, Neill, 1994: The Government and Politics of the European Union, 3. Aufl. Houndmills: Macmillan.
Ordeshook, Peter C., 1986: Game Theory and Political Theory. Cambridge: Cambridge University Press.
Pederson, Thomas, 1994: European Union and the EFTA countries. Enlargement and Integration. London: Pinter.
Preston, Chris, 1997: Enlargement and Integration in the European Union. New York: Routledge.
Soveroski, Marie, 1997: Agenda 2000: An Appraisal of the Commission's Blueprint for Enlargement. Maastricht: European Institute of Public Administration.
Steunenberg, Bernard, 1994: Decision Making Under Different Institutional Arrangements: Legislation by the European Community, Journal of Institutional and Theoretical Economics 150: 642–669.
Steunenberg, Bernard, Dieter Schmidtchen und *Christian Koboldt*, 1999: Strategic Power in the European Union: Evaluating the Distribution of Power in Policy Games, Journal of Theoretical Politics 11: 339–366.
Tsebelis, George, 1994: The Power of the European Parliament as a Conditional Agenda Setter, American Political Science Review 88: 128–142.
Tsebelis, George, 1996: More on the European Parliament as a Conditional Agenda Setter: Response to Moser, American Political Science Review 90: 839–844.
Tsebelis, George, und *Geoffrey Garrett*, 1999: Why Resist the Temptation to Apply Power Indices to the European Union?, Journal of Theoretical Politics 11: 291–308.
United Nations, 1999: World Development Indices. New York: United Nations.
United Nations/Commission for Europe, 1998: Trends in Europe and North America. 1998 Statistical Yearbook of the UN/ECE. Geneva: United Nations.

DIE MEISTER UND IHR INSTRUMENT

Institutionenkonflikte und Legitimitätsprobleme in der Europäischen Union*

Sonja Puntscher Riekmann

„We are the wise men",
José Maria Aznar

Zusammenfassung: Bisher war die europäische Integration ein Prozess mit offenem Ausgang. Die Diskussion über ihre Finalität wurde weitgehend vermieden. Man setzte auf eine Evolution der neuen Einheit aus der Zusammenarbeit in einzelnen Politikbereichen und schuf dafür ein Machtdispositiv, das wir aus den Zentralisierungsprojekten des Ancien Régime kennen: die kommissarische Verwaltung. Aus dem Handeln dieses Dispositivs ist über die Jahrzehnte eine neue Rechtsordnung, der Binnenmarkt und schließlich die Wirtschafts- und Währungsunion entstanden. Eine europäische Form von Staatlichkeit zeichnet sich ab. Und so ist es nicht erstaunlich, dass sich heute eine Debatte um die Finalität der Union entfaltet. Doch mit ihr einher geht ein Institutionenkonflikt, der seine Ursache in der ursprünglichen Konstruktion hat, in der die nationalen Exekutiven sich des Instruments der kommissarischen Verwaltung bedienten, das sie nun nach den großen Weichenstellungen der 80er und 90er Jahre wieder dem eigenen exklusiven Machtanspruch unterordnen wollen. Dieser Artikel zeichnet einmal die Geschichte und die Funktionen dieses besonderen Machtdispositivs nach, zeigt seine Grenzen auf und problematisiert schließlich den Machtanspruch der Mitgliedstaaten als eine Wende der Renationalisierung, die nur scheinbar der Demokratisierung der Union dient.

I. Einleitung: Von der kommissarischen Verwaltung zur europäischen Föderation der Nationalstaaten?

Die politische Debatte um das Ziel und die künftige Form der Europäischen Union hat in der Mitte des Jahres 2000 eine neue Dynamik erreicht, die von der Intervention wichtiger politischer Akteure der Mitgliedstaaten getragen wird. Die Frage nach den treibenden Kräften der Integration stellt sich damit in gewohnter Brisanz. Staatspräsidenten und Minister präsentieren wieder in aller Öffentlichkeit Vorschläge zur Reorganisation der europäischen Institutionen. Dabei gibt die deutsch-französische Achse wie in alten Zeiten den Ton an, den andere reaktiv aufnehmen. Doch auffällig ist in dieser Debatte die doppelte Abwesenheit der Europäischen Kommission: weder als Subjekt noch als Objekt der Reformpläne spielt sie eine Rolle. Während der deutsche Außenminister Joschka Fischer in einer viel beachteten Rede an der Berliner Humboldt Universität mit dem Titel „Vom Staatenverbund zur Föderation – Gedanken über die Fi-

---

* Ich danke meinen Kollegen Bedanna Bapuly, Monika Mokre und Peter Slominski für wertvolle Anregungen.

nalität der europäischen Integration" (12. Mai 2000)[1] offen von einer „Krise der ‚Monnet Methode'" spricht, deren Funktionieren wesentlich von einer starken Kommission abhängt, erwähnt der französische Staatspräsident Jacques Chirac in seiner Rede vor dem deutschen Bundestag zum Thema „Notre Europe" dieses supranationale Organ mit keinem Wort (27. Juni 2000).[2] Elemente einer gemeinsamen Souveränität sind für Chirac die Europäische Zentralbank, der Europäische Gerichtshof und die qualifizierte Mehrheit im Rat. Dagegen skizzieren beide, Fischer und Chirac, eine Zukunft Europas, in der sie auf eine Renaissance der Mitgliedstaaten als Machtfaktor der Integration setzen.

Ob Fischer von einem Gravitationszentrum oder Chirac von einer Pioniergruppe als Motor einer künftigen Vertiefungsstrategie spricht, immer meinen sie Nationalstaaten und deren Regierungen als Promotoren der Einheit. Und in dieser Logik stehen dann auch jene institutionellen Lösungsangebote, die entweder den Rat als künftige Regierung Europas (Fischer)[3] oder ein neues Sekretariat des Rates zur Überwachung der Kohärenz nationaler Politiken anvisieren (Chirac). Keiner fordert die Abschaffung der Kommission, aber ihre geringe Relevanz in den Reformvorschlägen zeugt von einem tiefergehenden institutionellen Problem, das seine Wurzeln in den großen Integrationssprüngen zwischen 1986 und 1993 hat. Alle inneren und äußeren Verschiebungen in der europäischen Tektonik – vom Zerfall des Sowjetimperiums bis zur deutschen Wiedervereinigung – waren zwar wichtige „windows of opportunity" für die Vertiefung der Gemeinschaft in dieser Phase, aber die konkreten Sprünge waren nicht

---

[1] siehe: http://www.auswaertiges-amt.de/6_archiv/99/r/R990112a.htm, kontrolliert am 21.7.2000.

[2] siehe: http://www.presidence-europe.fr/pfue/menu-long-defaut6.htm?rubrique=00405&nav=6, kontrolliert am 21.7.2000.

[3] Allerdings erwägt Fischer auch ein zweites Modell, in dem man, „ausgehend von der heutigen Kommissionsstruktur, zur Direktwahl eines Präsidenten mit weitgehenden exekutiven Befugnissen" übergeht. „Man kann sich aber auch verschiedene Zwischenformen dazu denken" (S. 5). Welche diese sein könnten, wird nicht ausgeführt. Wie sehr es Fischer auf die Rolle des Nationalstaates ankommt, zeigen auch seine Ausführungen zur neuen Föderation: „die bisherige Vorstellung eines europäischen Bundesstaates, der als neuer Souverän die alten Nationalstaaten und ihre Demokratien ablöst, erweist sich als ein synthetisches Konstrukt jenseits der gewachsenen europäischen Realitäten. Die Vollendung der europäischen Integration lässt sich nur dann erfolgreich denken, wenn dies auf der Grundlage einer Souveränitätsteilung von Europa und Nationalstaat geschieht." Und weiter: „Ein europäisches Parlament muss deswegen immer ein Doppeltes repräsentieren: ein Europa der Nationalstaaten und ein Europa der Bürger. Dies wird sich nur dann machen lassen, wenn dieses europäische Parlament die unterschiedlichen nationalen politischen Eliten und dann auch die unterschiedlichen nationalen Öffentlichkeiten tatsächlich zusammenführt". Widersprüchlich erscheinen dann aber konkretere Ausführungen dazu: „Das lässt sich meines Erachtens erreichen, wenn dieses europäische Parlament über zwei Kammern verfügt, wobei eine Kammer durch gewählte Abgeordnete besetzt wird, die zugleich Mitglieder der Nationalparlamente sind. So wird es keinen Gegensatz zwischen nationalen Parlamenten und europäischem Parlament, zwischen Nationalstaat und Europa geben. Bei der zweiten Kammer wird man sich zwischen einem Senatsmodell mit direktgewählten Senatoren der Mitgliedstaaten oder einer Staatenkammer analog unseres Bundesrates zu entscheiden haben." Die Kumulation von nationalem und europäischem Mandat ist zunächst einmal ein Rückschritt in die Zeiten vor 1979, als das EP zum ersten Mal direkt gewählt wurde, während der Verweis auf die Modelle der deutschen Bundeskammer und des US-Senats angesichts der grundlegenden konstitutionellen Unterschiede an Beliebigkeit grenzt.

zuletzt das Ergebnis der konzeptiven und organisatorischen Kraft der Delors-Kommission. Doch heute, nach dem Rücktritt der Santer-Kommission unter dem Druck parlamentarischer Korruptionsvorwürfe und der bis jetzt glanzlosen Vorstellung von Romano Prodi, würde niemand mehr das Organ als *den* „Motor der Integration" feiern (vgl. Ross 1995). Prodis Versuch, gemeinsam mit drei Weisen Leitlinien für die laufende Regierungskonferenz zu erarbeiten, wurde angeblich vom spanischen Premier José Maria Aznar mit den Worten quittiert: „We are the wise men" (Financial Times, 18.1. 2000). Auch dass die Vorschläge der Weisen weit hinter den Erwartungen zurückgeblieben sind, die Prodi in seinen verschiedenen Antrittsreden geweckt hatte, könnte man als Unterwerfungsakt gegenüber dem Rat interpretieren. Bestätigt diese Entwicklung nun jene Integrationstheoretiker, die immer schon im Intergouvernementalismus das Alpha und Omega des Einigungsprozesses wähnten, während die alten und neuen Funktionalisten einmal mehr diskreditiert sind? Und ist meine eigene These von der kommissarischen Verwaltung Europas endgültig aus dem theoretischen Feld geschlagen?

Dieser Artikel will Antworten auf diese Fragen geben. Vorweg sei festgehalten, dass die weidlich sterile Auseinandersetzung zwischen Intergouvernementalisten und Neofunktionalisten hier nicht mehr interessiert (vgl. Schmidt 1996; Puntscher Riekmann 1998: 47–62). Es ist Pollack durchaus zuzustimmen, wenn er behauptet: „The EC's supranational organizations can serve, and have served, as the engines of the integration process, but only within the limits established by the preferences of the member governments, by the decision rules governing their conduct, by their possession of information, and by their ability to manipulate transnational coalitions. Supranational autonomy and influence ... is not a simple binary matter of ‚obedient servants' or ‚runaway Eurocracies', but rather varies along a continuum between the two points" (Pollack 1998: 218). Auf diesem Kontinuum ist auch meine These, dass die europäische Integration durch das Instrument der kommissarischen Verwaltung entstanden ist, anzusiedeln (vgl. Puntscher Riekmann 1998).

In der Tat ist die neue Gemeinschaft das Ergebnis des Willens der Regierungen *und* der Fähigkeit der supranationalen Organe, diesen Willen für die Konstruktion Europas zu benutzen. Vor allem die Kommission und – etwas weniger spektakulär, aber nicht minder effektiv – der EuGH sind zu Recht als Motoren der europäischen Integration bezeichnet worden, aber sie sind nicht die Herren der Verträge. Diese supranationalen Organe sind auf unterschiedliche Weise Instrumente der Regierungen, dem eigenen Kooperationswillen Substanz zu verleihen durch die Ausarbeitung von Programmen, die Formulierung von Gesetzesinitiativen, die Überwachung des Respekts gegenüber der neuen Rechtsordnung. Diese Aufgabenstellungen machen sie zu mächtigen Instrumenten, die durchaus eine Tendenz zur Verselbstständigung entfalten können. Es gibt in der Geschichte der europäischen Integration immer wieder Beispiele dafür: die Kommissionen unter der Präsidentschaft von Hallstein und Delors etwa, aber auch die Strategien des EuGH zur konstitutionellen Fortentwicklung der Gemeinschaft. Jedoch von de Gaulles Politik des „leeren Stuhles" in den 60er Jahren bis zur heutigen Demontage der Kommission demonstrieren die Mitgliedstaaten eindrucksvoll, wer die Herren der Verträge sind. Und trotzdem ist zumindest für die Vergangenheit nicht zu leugnen, dass ein Gutteil des Integrationsfortschritts dem alltäglichen „mikrophysikalischen" Handeln der Kommission und des EuGH zuzuschreiben ist. Und es bleibt eine offene Frage, wie weit die Mitgliedstaaten sich ihrer supranationalen Instrumente begeben können, ohne den Zerfall des Einigungswerkes zu riskieren.

Es ist nun die *erste* Intention dieses Artikels, diese Instrumente und ihre Praktiken zu beschreiben, die *zweite* ist es, ihre Transformation durch die Rückwirkungen der hervorgebrachten Resultate zu analysieren, und die *dritte*, daraus Schlüsse zu ziehen, die heutige Entwicklungen zu erhellen vermögen. Abschließend soll gezeigt werden, dass ohne eine autonome und demokratisch legitimierte Machtbasis supranationaler Organe das Europäische Einigungswerk nicht gelingen kann, zumindest wenn wir die Geschichte vergangener Integrationsprojekte als Maßstab nehmen. Denn es ist eine gefährliche Illusion, der intergouvernementalen Zusammenarbeit alle Kraft und Legitimität zuzuschreiben.

II. Das Machtdispositiv der kommissarischen Verwaltung

Der Begriff der kommissarischen Verwaltung bedarf der Erklärung. Er meint eine besondere, in der Regel kleine und flexible Bürokratie, die „quer" (Bach 1994: 126) zu den existierenden Administrationen der Mitgliedstaaten jene „leise Revolution durch Verwaltungsverfahren" (Bach 1992) in Gang setzt, aus der die neue Ordnung entstehen soll. Der kommissarische Charakter dieser Bürokratie resultiert aus ihrem Auftrag, ihrer außergewöhnlichen *commissio*, unterschiedliche Ordnungssysteme in eine neue Einheit zu verschmelzen. Diesem Auftrag sollte im europäischen Einigungsprojekt zunächst die Hohe Behörde und danach die Kommission gerecht werden. Obgleich ursprünglich nicht dafür geschaffen, sollte auch der EuGH durch seine rechtsfortbildenden, integrationsfreundlichen Judikate Teil dieses Machtdispositivs werden.[4] Die institutionelle Entscheidung der Gründungsväter schuf das Instrument für die Realisierung der Methode Monnets, der in seinen Memoiren ihre Form beschreibt: „Eine kleine Equipe, die sich die Erfahrungen von höchst kompetenten und mit den einschlägigen Bereichen direkt vertrauten Menschen zunutze macht – so haben wir den (französischen) Modernisierungsplan geschaffen. Die Frage war nun, wie wir das Prinzip der Modernisierungskommissionen auf die europäische Organisation anwenden konnten, wie man ein so komplexes Ensemble mit einem leichten Apparat regieren konnte, der genau über die Realitäten und Bedürfnisse aller interessierten Parteien informiert ist" (Monnet 1976: 475, dt. SPR). An anderer Stelle hat Jean Monnet den Mangel an Vorbildern für ein solches Dispositiv beklagt (Monnet 1976: 425) und damit den Glauben genährt, supranationale Organe wie die Hohe Behörde seien etwas gänzlich Neues.

Doch dies ist, wie zu zeigen sein wird, ein Mythos. Ihn zu stürzen, ist ein Anliegen dieses Artikels, weil die Betonung des Neuen und Außergewöhnlichen des europäischen Institutionengefüges mit erheblichen Problemen für das Verständnis der vergangenen und heutigen Konflikte und Legitimationskrisen einhergeht (vgl. Puntscher

---

4 Über die Intentionalität der Mitgliedstaaten bei der Einrichtung des EuGH herrschen unterschiedliche Auffassungen (vgl. Shapiro 1999: 330).

Riekmann 1998: 41). Es ist von großem heuristischen Wert, für das europäische Einigungswerk eine Vergleichsebene zu finden, um seine Dynamiken besser einschätzen zu können, um manche Entwicklungen als das Resultat einer Logik und nicht eines Zufalls zu erkennen. Um die Logik der europäischen Integration zu begreifen, scheint es mir notwendig zu sein, sich eine zunächst simple Frage zu stellen: *Wie* macht man das? Dies ist eine Reduktion der Frage von Lindberg und Scheingold (1970: V) „Once an enterprise like the EC is launched, what accounts for its subsequent growth, stabilisation or decline?" auf ihren technischen Kern. Und da die europäische Integration nicht das erste Integrationsprojekt der Geschichte ist, lässt sich daran eine zweite notwendige Frage anschließen: *Wie* wurde das in anderen, vergangenen Projekten gemacht?

Es ist die zentrale These dieses Artikels, dass im europäischen Integrationsprojekt das Machtdispositiv der kommissarischen Verwaltung zur Geltung kam, das wir aus den Staatswerdungsprojekten als die Integrationsleistungen der Moderne par excellence kennen. Diese These gewinnt aber erst dann an Plausibilität, wenn man einen radikalen Blickwechsel vornimmt und sich von der Fixierung auf die Tatsache, dass dieses Integrationsprojekt etwas noch nie Dagewesenes sei, befreit. Denn Integration als die Verwandlung von disparaten Ordnungen in eine neue ist keine Erfindung der Europäer nach 1945. Sie erscheint nur deshalb als neu, weil es sich um einen ersten Versuch handelte, *Nationalstaaten* einer Einheit zuzuführen. Nach Jahrhunderten der Konsolidierung nach innen und der Abgrenzung nach außen war in den Köpfen der Menschen ein Bild des Staates als nahezu natürliches Gebilde entstanden. Doch war denn die Geschichte der Nationalstaaten als die allmähliche und schwierige Integration von verschiedenen territorialen Ordnungen in eine staatliche tatsächlich das einfachere Unternehmen gewesen? Die Geschichte lehrt uns etwas anderes. Und wenn wir uns die Frage stellen, *wie*, das heißt mit welchen Mitteln und Techniken die Könige oft in jahrhundertelangen Prozessen den modernen Zentralstaat schufen, dann werden wir in den meisten dieser Integrationsprojekte ein Instrument entdecken, das man als Vorläufer der europäischen Organe Kommission und EuGH bezeichnen kann.

Empirische Grundlage dieser These ist die Analyse der Instrumente und Praktiken zur Schaffung des modernen Staates als ein Ordnungskonzept, das die Instabilitäten des Feudalsystems überwinden sollte. Auffällig ist, dass sich die Könige des Instrumentes einer besonderen Bürokratie bedienten, um dieses Konzept zu realisieren. Auch diese Bürokratie stand quer zu den regulären Administrationen sowohl der Territorialfürsten als auch des Königs. Sie sollte die unterschiedlichen politischen, rechtlichen und ökonomischen Ordnungssysteme der Territorialfürsten in ein neues und idealiter einheitliches verwandeln. Dafür erfanden die französischen Könige die Intendanten und die spanischen die corregidores, der preußische Große Churfürst die Steuerräte, dafür funktionalisierten die englischen Könige die alten Justices of Peace.[5] Immer ging es

---

5 Wie aus diesen wenigen Angaben ersichtlich wird, bezieht sich meine Analogie auf verschiedene Epochen der europäischen Geschichte, denn der Prozess der Staatswerdung beginnt nicht überall gleichzeitig. Während die spanische Integration nach 1492, also nach abgeschlossener Reconquista, ihren Anfang nimmt, beginnt jene Frankreichs in systematischerer Form erst mit Heinrich IV., also an der Wende vom 16. zum 17. Jahrhundert und etwa zur selben Zeit wie die Integrationsversuche der englischen Könige. Preußen wird diesem Muster erst in der zweiten Hälfte des 17. und Österreich in der zweiten Hälfte des 18. Jahrhunderts folgen. Die Inte-

darum, dem neuen königlichen Recht in den Provinzen Geltung zu verschaffen. Dies gelang selten durch einen einfachen Octroi, meist musste die Akzeptanz dieses Rechts durch kompromissreiche Verhandlungen und nachfolgende Überwachung sichergestellt werden. Denn der neue Staat als Idee und als Praxis war nicht in dem Augenblick legitim, in dem eine Dynastie siegreich aus dem „Monopolmechanismus" (Elias) hervorgegangen war. Die Akzeptanz des Königs bedeutete nicht automatisch die Akzeptanz seiner zentralisierenden Strategien. Die „Peripherie" wurde erst allmählich von der neuen *raison d'état* und mithin von der *raison d'être* des neuen Zentrums überzeugt. Das Königtum sollte dem Frieden dienen. Indem die Fürsten diese Funktion an den König delegierten, hatten sie aber nicht auch schon die Preisgabe ihrer Rechtsetzungsbefugnisse und Gerichtsbarkeiten, schon gar nicht jene ihrer Steuer- und Zollhoheiten im Auge gehabt. Daher setzte das neue und in seiner Legitimität noch prekäre Zentrum das Instrument der kommissarischen Verwaltung ein, um die „Peripherie" in den Sog der neuen Ordnungsvorstellungen zu ziehen (vgl. Puntscher Riekmann 1998: 65–188).

Die Geschichte der europäischen Integration als Praxis hat in der Geschichte der Integration von Provinzen zu Staaten ihr Analogon. Ob das Resultat das Gleiche sein wird, ob also die Europäische Union das vollkommene Pendant des Nationalstaates auf höherer Stufe sein wird (vgl. Münch 1998), bleibt jedoch eine offene Frage, und kann auch hier, allen aktuellen Debatten um eine europäische Föderation zum Trotz, nicht gültig beantwortet werden. Was sich aber mit hoher Plausibilität behaupten lässt, ist eine bemerkenswerte Kontinuität in der Verwendung eines besonderen bürokratischen Instruments zur Herstellung der neuen Einheit. Die supranationalen Organe der Kommission und des EuGH erfüllen die Funktionen der alten Intendanzsysteme, indem sie auf ihre je eigene Weise als Hüter und Wächter der Verträge und der Einhaltung des seit den 50er Jahren beständig wachsenden Sekundärrechtes auftreten. Der Kommission kommt zugleich eine wichtige Rolle in der Vorbereitung und Verhandlung von neuen Rechtsetzungsakten zu, in der sie mal politischer Unternehmer, mal diplomatischer Vermittler zwischen nationalen Regierungen und deren Administrationen ist. Ohne das beständige Wirken von Kommission und EuGH wäre die europäische Integration wohl ebenso wenig Realität geworden wie die Nationalstaaten ohne den Einsatz der *commissarii*, die Otto Hintze als wesentliches Instrument der königlichen Zentralisierungsprojekte definierte (Hintze 1910/1970).

Die Analogie zwischen den beiden historischen Integrationsprojekten gewinnt an weiterer Plausibilität, wenn wir die Praktiken der darin verwendeten Instrumente in Relation zu den verfolgten Zielen und Zwecken setzen. Denn die Einheit soll nicht nur dem Frieden, sondern auch der Prosperität der neuen Gemeinschaft dienen. Darin sollen die ökonomischen und kulturellen Kräfte zu neuer Blüte gelangen. Daher ist die Staatswerdung wie die europäische Integration untrennbar mit dem Schaffen von Binnenmärkten verknüpft, ist die wirtschaftliche Integration Zweck und Hebel der politischen, ist das Gewinnen der wichtigsten ökonomischen Akteure conditio sine qua non für das gesamte Unternehmen. Die zweite Seite der Einheitsidee ist die Modernisierung der Verhältnisse. Gemeinhin erkennen wir diese Dialektik von pazifizierender

---

grationsprojekte Deutschlands und Italiens des 19. Jahrhunderts sind dann nur mehr der Nachvollzug eines allseits hegemonialen Konzeptes, dem die multinationale Reichsidee der K.u.K-Monarchie nicht gehorcht. Dies führt auch zu ihrem Zerfall.

Einheitspolitik und Prosperität als Leistung des modernen Zentralstaates, aber sie ist in Wahrheit weit älteren Datums und bildete auch den Kern der römischen Reichsidee. Sie wird in der zweiten Hälfte des 20. Jahrhunderts zum europäischen Leitbild par excellence.[6]

Doch wie Einheit und Modernisierung in Einklang zu bringen seien, ja was den einzelnen Gliedern (Staaten, Regionen, Interessengruppen) und in welcher Form als modernisierungswürdig gilt, ist keine ausgemachte Sache. So verlockend das Bild eines Binnenmarktes mit einheitlichen (oder wenigstens konvergierenden) Standards erscheinen mag, konkrete Maßnahmen zu seiner Realisierung können nicht einfach von den verschiedenen existierenden Normen, Institutionen und Strukturen abstrahieren.

1. Die Praktik des Wissens

Wer eine neue Einheit will, muss zunächst einmal *wissen*. Er muss Kenntnis über die unterschiedlichen Realitäten erhalten, die er in einer neuen einheitlichen Ordnung „aufheben" möchte. Doch das Erlangen von exaktem und für dieses Projekt nützlichem Wissen ist keine einfache Angelegenheit, zumal die Könige wie die europäische Gemeinschaft[7] abhängig sind vom Auskunftswillen der „Peripherie". Moderne bürokratisch-rationale Herrschaft beruht mehr als alle anderen Formen auf einem gut selektierten und systematisierbaren Wissen, das aus einem organisierten Kommunikationsprozess gewonnen werden muss. Eine bürokratische Herrschaft, die sich gar die politische Neuordnung eines Territoriums zum Ziel setzt, muss darin eine weit größere Meisterschaft entwickeln als jene eines stabilen Nationalstaates. Dies wusste Jean Monnet als er schrieb: „Ein essentieller Teil der Aktionen der Hohen Behörde wird in der Summe jener Informationen bestehen, die zu sammeln in ihrer Macht steht und die zu publizieren ihre Pflicht sein wird" (Monnet 1976: 477, dt. SPR).

Die Bedeutung der Informationsfrage wächst proportional zur Größe der Integrationsvorhaben (vgl. Puntscher Riekmann 1998: 86ff.). Die Geschichte des Europäischen Statistischen Amtes (Eurostat) ist noch zu schreiben. Doch ohne viel Phantasie kann man sich vorstellen, auf welche Schwierigkeiten vor allem in den ersten Jahrzehnten dieses Amt gestoßen sein muss, um brauchbare Angaben aus den Mitgliedstaaten zu erhalten, ganz zu schweigen von der Durchsetzung neuer und einheitlicher Erhebungsmethoden. Bekannt ist dagegen der steinige Weg, den die Kommission auf der Suche nach korrekten Angaben über die mitgliedstaatliche Subventionspolitik zu beschreiten hatte (vgl. ebda: 104f.).

Ein besonderes Kapitel der europäischen „Wissenspolitik" wurde mit dem Projekt der Wirtschafts- und Währungsunion aufgeschlagen. Denn nicht zuletzt die Sorge Deutschlands, durch die Währungsunion mit hoch verschuldeten und inflationsanfälligen Nationalökonomien in eine Destabilisierungsspirale zu geraten, bedingte jene Maastricht-Kriterien, deren Erfüllung nur dann gemessen werden konnte, wenn die Mitgliedstaaten bereit waren, ihre Daten einigermaßen ungeschönt an das Zentrum weiter-

---

6 Zum Konzept der europapolitischen Leitbilder vgl. Schneider (1977).
7 Auf die unterschiedliche Natur dieser beiden Souveräne bzw. auf die Problematik der Definition der supranationalen Gemeinschaft als Souverän werde ich zurückkommen.

zugeben. Es war dieses Projekt, das die Hochblüte der kommissarischen Verwaltung an der Wende von den 80er zu den 90er Jahren begründete. Das in Artikel 99, Absatz 3 EGV festgelegte Verfahren zur multilateralen Überwachung der einzelstaatlichen Wirtschaftspolitiken auf der Grundlage von Angaben, welche die Mitgliedstaaten an die Kommission zu übermitteln haben, führt nicht automatisch zum Erfolg. Daher die Klage des Kommissionspräsidenten Delors in seinem Bericht an das Europäische Parlament, dass „the ministers haven't yet been open and frank enough with each other to make it work" (Ross 1995: 87). Gerade die gegenseitige Überwachung kommt ohne das Instrument der kommissarischen Verwaltung nicht aus, weil Mitgliedstaaten wenig über ihre Partner wissen (vgl. Schmidt 1997: 24).[8]

Informationen erhält das neue Zentrum kaum je durch eine einfache Befehlsausgabe. Daher jene Strategien der Kommission, die dezentralen Verwaltungen in ihre Projekte einzubinden. Denn sowohl für das Einholen von Wissen wie zur Durchsetzung europäischer Politik ist die Kommission auf die nationalen Akteure angewiesen. Ein wichtiges Instrument dafür wurde die Komitologie. Diese seltsame Einrichtung mit ihren komplexen Verfahren zur Implementierung europäischer Verordnungen in den Mitgliedstaaten, die der Rat durch seinen Komitologiebeschluss von 1987 formalisiert hat (das Ausschusswesen selbst ist weit älteren Datums), war mehr oder weniger offen zur besseren Kontrolle der Kommission durch die nationalen Bürokratien erdacht worden (vgl. Peters 1992: 81; Vos 2000: 20f.). Doch unübersehbar ist, dass die Komitologie zu einer doppelsinnigen Einrichtung wurde, in der nationale Beamte allmählich ihre Funktion der Repräsentanz nationaler Interessen mit jener, sich am europäischen interadministrativen Diskurs aktiv zu beteiligen, verschmolzen (vgl. Joerges 2000: 311–338; Puntscher Riekmann 1998: 175). Und die Kommission funktionalisierte die Komitologie gerade für ihre Informations- und Expertisezwecke (vgl. Vos 2000: 19), die sich in diesem „Interstitium der Macht" meist besser befriedigen lassen als durch offizielle und formalisierte Informationskanäle (vgl. Puntscher Riekmann 1998: 173; Middlemas 1995: passim).

Doch die Wissensmängel des neuen Zentrums sind damit keineswegs ausgeräumt. Vor allem in Hinblick auf die korrekte Implementierung des EG-Rechts tappen die supranationalen Organe oft im Dunkeln. Die Überwachung des Vollzugs einer Richtlinie beschränkt sich für die Kommission meist auf die Notifizierung der formalen Umsetzung durch die nationalen Gesetzgeber. Allfällige Mängel werden oft erst dann erkannt, wenn Rechtssubjekte diese vor den Gerichten zum Gegenstand eines Rechtsstreites erheben.[9]

---

[8] Vgl. dazu auch Hayes-Renshaw und Wallace (1997: 187): „(Member states) look at the concerns of other member states primarily to assess the negotiability and sustainability of particular outcomes, and they have incomplete knowledge of the particular topic as it manifests itself across the EU. ... By contrast, the Commission is supposed to take a broad focus, and to make up for what it may lack in central vision by the range of its peripheral vision. The Commission is expected to be conversant with each issue as it affects each of 15 countries, as well as with the aggregate implications. As a target of so many lobbies and so much special pleading, it often has considerable, if diffuse, expertise."

[9] Vgl. dazu die wichtigen Implementationsstudien von Siedentopf und Ziller (1988); aus einem an der Österreichischen Akademie der Wissenschaft unter meiner Leitung durchgeführten Projekt zum Thema „Die Implementierung des EG-Rechts in Österreich" erfahren wir anhand

Die gesamte Problematik ist den Historikern der staatlichen Integrationsprojekte wohl bekannt. Intendanten, Kommissare, maîtres des requêtes, corregidores, Steuerräte und justices of peace: Ihre oberste Aufgabe war es, das Zentrum über die Zu- und Missstände der zu integrierenden Provinzen zu informieren. Als „reportorial bureaucracy" werden sie in der Geschichtsschreibung bezeichnet, und Richelieu hat ihre Aufgaben mit den Verben „sich erkundigen, beobachten, entdecken, lernen" beschrieben (vgl. Puntscher Riekmann 1998: 91). Fischer und Lundgreen liefern für die hier behauptete Analogie alter und moderner Integrationspraktiken ein anschauliches Bild aus der Epoche Colberts: „The regular correspondence between Colbert (as comptroller-general, the head of the financial administration) and his *intendants* shows how the decisions were taken: (1) instructions or circular letters of the comptroller-general requested investigation and report on a given issue from the *intendants*; (2) the *intendants* investigated and submitted a report or survey; (3) the reports were studied by the subcommittees and bureaus of the councils; (4) a draft (of an ordinance to be issued or of a policy to be followed) was submitted to the councils of the state for decision; (5) the outcome decided upon was communicated to the provincial *intendants* for execution" (Fischer und Lundgreen 1975: 501).

Überwacht wird alles von der königlichen und seigneuralen Justiz über die Straßenverwaltung bis zu den Kreditaufnahmen der Kommunen. So kann es nicht verwundern, dass der berühmte spanische Jurist und corregidor des 16. Jahrhunderts Castillo de Bobadilla diesen kommissarischen Typus als wichtigsten Herrscher nach dem König bezeichnet hat (vgl. Puntscher Riekmann 1998: 95). Zumindest hinsichtlich seines Wissens ist das keine Übertreibung.

2. Die Praktik des Modernisierens

Die korrekte Erfüllung des Informationsauftrages durch die Kommissare ist von eminenter Bedeutung für das neue Zentrum, das nicht einfach ein Territorium nach einem Muster verwalten, sondern zugleich die Verhältnisse korrigieren und modernisieren will. Auch darin gibt es eine Kontinuität zwischen den Integrationsprojekten von einst und jetzt: Die neue Ordnung soll besser und gerechter, innovativer und wachstumsfördernder sein, als die alte es war. Es soll nicht nur der Friede nach innen gefördert werden, es sollen die Grundlagen für neues Ansehen in der Welt, mithin für eine neue Außenpolitik geschaffen werden. Die Idee des Fortschritts, ökonomisch und wissenschaftlich-technisch, wird mit dem Projekt der Einheit verknüpft. Dafür müssen die alten Verhältnisse, Institutionen und Strukturen, korrigiert werden. Korrekturen erfordern Deregulierungen und neue einheitliche Regulierungen. Das Projekt des Binnenmarktes wiederholt das Projekt der Könige in den avanciertesten Staaten Europas, Märkte zu schaffen, neue Kommunikations- und Transportwege zu eröffnen, Preisbindungen abzuschaffen, Produktionsstandards zu harmonisieren, kompatible Ausbildungssysteme einzurichten. Frappierend sind die Parallelen zwischen den Projekten der Europäischen Kommission – von der Marktliberalisierung über die Technologieoffensi-

---

von ausgewählten Rechtsbereichen, wie groß die qualitativen Unwägbarkeiten des Umsetzungsprozesses sein können.

ven bis zur jüngsten Idee einer europäischen Wissenschaftsgesellschaft – und den Plänen Colberts. Dafür mussten damals die Zollhoheiten der Territorialfürsten aufgehoben, ihre Steuerrechte beschnitten und ihre Gerichtsbarkeitssysteme vereinheitlicht werden (vgl. Puntscher Riekmann 1998: 112ff.). All das hat Jahrhunderte gedauert und kam in manchen Staaten erst im 20. zu einer relativen Vollendung. Otto Hintze hat überzeugend beschrieben, wie wichtig in diesem Prozess die Figur des *Kommissarius* gewesen war:[10] „In diesem Kampf um die Durchsetzung einer neuen Staatsordnung ist der Kommissarius das wirksamste Instrument der Staatsgewalt geworden: ohne eine *jus quaesitum* an seiner Stellung, ohne Verbindung mit den lokalen Mächten des Widerstands, ohne Fesseln verjährter Rechtsanschauungen und herkömmlicher Amtswaltung, nur ein Werkzeug des höheren Willens, der neuen Staatsidee, dem Fürsten unbedingt ergeben, von ihm bevollmächtigt und abhängig, nicht mehr ein *officier*, sondern nur ein *fonctionnaire*, stellt er einen neuen, dem Geiste der absolutistischen Staatsräson entsprechenden Typus des Staatsdieners, der zwar in dieser Schärfe und Einseitigkeit das alte Beamtentum nicht völlig verdrängt, aber doch durch die Verschmelzung mit ihm nach langem Kampfe eine tief greifende Veränderung in seinem Wesen hervorgebracht hat, die bis zur Gegenwart fortwirkt" (Hintze 1910/1970: 273).

Welche Veränderungen für das staatliche Beamtentum durch den Einsatz der modernen Kommissare die Folge sein werden, kann noch nicht gültig beurteilt werden und sollte Inhalt der künftigen Bürokratieforschung sein. Verändert wird jedenfalls der Blick jener Beamten, die ständig im europäischen Deliberationsprozess stehen, indem er sich nicht mehr ausschließlich auf den nationalen Kontext richten kann, sondern zugleich auch jenen der Partner berücksichtigen muss, um zu tauglichen Ergebnissen zu kommen. In welchem Ausmaß sie dadurch zu Trägern der Europaidee, der neuen *raison d'union*, werden, bleibt ebenfalls eine offene Frage. Dieser Idee verpflichtet sind jedenfalls die Akteure der europäischen kommissarischen Verwaltung, die man als das „Gewissen der Union" beschrieben hat (vgl. Nugent 1999: 141).

Modernisieren lässt sich am besten mit einem Dispositiv aus „irregulärem" Personal, denn das reguläre hat Bindungen und Loyalitäten gegenüber den tradierten Institutionen. Doch damals wie heute gilt, dass die Figur des Kommissarius ein Instrument ohne originäre Legitimität ist. Wenn wir die Analogie (oder gar Kontinuität) zwischen alter und neuer kommissarischer Verwaltung akzeptieren, dann kann die Definition, die Jean Bodin, der französische Staatstheoretiker des 16. Jahrhunderts, für die königlichen Aufträge an die Kommissare formuliert hat, Erklärungen für die heutige institutionelle Problematik liefern: „Eine Kommission erhält man durch Gunst und auf Widerruf, der Herrscher kann sie zurückverlangen, wann er will" (Bodin, zitiert nach Puntscher Riekmann 1998: 178). Es ist ein wichtiges Symbol, dass die Siegel der französischen Könige auf den Patenten, die sie an ihre reguläre Verwaltung richteten, eine andere Farbe trugen als jene, die für die irreguläre Verwaltung der Kommissare bestimmt waren (ebda.). Die Macht der Kommissare zu beschneiden war für die Könige relativ leicht, jene der regulären Bürokratie direkt anzutasten, ein oft aussichtsloses Unterfangen. Die kommissarische Verwaltung diente einer raffinierten königlichen Strate-

---

10 Und ebenso wichtig waren für meine eigenen Untersuchungen die Arbeiten Carl Schmitts (1928/1989) vor allem zu den Anfängen des modernen Souveränitätsgedankens und den damit einhergehenden Staatskonstruktionen.

gie, die tradierten Verhältnisse zu reformieren, und konnte zugleich als Sündenbock funktionalisiert werden, wenn sich allzu großer Widerstand regte.

In der Regel war die kommissarische Verwaltung auch im Ancien Régime stets darauf bedacht, zumindest bis zu einem gewissen Grad ein Einvernehmen mit den überkommenen Institutionen herzustellen, nur in äußersten Fällen mit Drohgebärden zu operieren, den Einsatz von Gewalt auszuschließen. Ihre Aufgabe war es, allmählich und vorsichtig die Macht des neuen Zentrums auszuweiten, indem man für die Reformen den Konsens der provinzialen Mächte suchte und dann die Zugeständnisse der Peripherie überdehnte. Heute würde man diese Strategie als das Schaffen von Spill-over-Effekten bezeichnen. Ein Meister der Überdehnung war zum Beispiel Colbert, der, ausgehend von einigen die Wasser- und Forstverwaltung vereinheitlichenden Rechtsakten, das gesamte Recht der Schifffahrt und des Handels reformierte. Es entstanden fünf große Rechtstexte sowohl zum Zivil- als auch zum Strafrecht in diesen Bereichen. Damit dies gelingen konnte, mussten sich die Intendanten gegenüber den Provinzialmächten zugleich „empfänglich und gebieterisch" (*dociles et impérieux*) zeigen, um zu ihrem Ziel zu gelangen. Sie mussten die existierenden Interessen der Peripherie als legitim anerkennen und das Interesse des Zentrums nachdrücklich, aber in einem Gestus der „relativen Interesselosigkeit" vertreten (Le Roy Ladurie 1991: 159 und 227f.).

Heute wie damals ist es die Aufgabe dieser besonderen Bürokratie, Breschen in die geronnenen Strukturen zu schlagen. So hat auch Jean Monnet das Imperativ ihres Handelns beschrieben: „eine Bresche in die nationalen Souveränitäten schlagen" (Monnet 1976: 429, dt. SPR). Und in derselben Metaphorik schrieb der Kommissionspräsident Roy Jenkins 1977 in sein Tagebuch: „(We) had to be prepared to go against them (governments) and to blaze a trail to a greater extent than we had done previously, however much this offended people, and that the obvious direction of this was towards monetary union" (Jenkins 1989: 135).

Eine wirkungsvolle Bresche schlug die Kommission mit dem Instrument des Wettbewerbsrechts, dessen Kontrolle der Hohen Behörde mit dem Vertrag zur Gemeinschaft von Kohle und Stahl von 1951 und der Kommission in den Römischen Verträgen von 1957 zugestanden worden war. Vor dem Hintergrund der Wiedererrichtung europäischer Märkte war die Wettbewerbspolitik wohl ein idealer Punkt, an dem in den Schutzwall der nationalen Souveränität eine breite und nicht mehr zu schließende Bresche geschlagen werden konnte. In diesem Bereich konvergierten unterschiedliche Interessen: das allgemeine Credo einer liberalen Marktordnung mit spezifischen Modernisierungsinteressen nationaler Regierungen und beide mit den Interessen der Kommission an der Ausdehnung ihrer Macht. Trotzdem sollte die Durchsetzung der europäischen Wettbewerbspolitik lange Zeit ein schwieriges Unternehmen bleiben. Die Klage der Kommission in ihrem ersten Wettbewerbsbericht von 1972, „that the EEC policy has the positive role of contributing towards the actual establishment of a new economic system, but it remains the case that in the absence of common policies in other areas, competition rules can only have a negative effect" (Allen 1977: 92), behält ihre Gültigkeit mindestens bis zum Binnenmarkt, in manchen Bereichen bis auf den heutigen Tag.

Was hier angedeutet wird, ist eine Strategie der Überdehnung von Macht durch Ausweitung des Handelns auf weitere Politikfelder, die Suche nach einem Punkt, an dem die „negative" Integration in eine „positive" umschlagen würde. Man darf sich also diesen Prozess keinesfalls als linearen und unaufhaltsamen vorstellen. Denn überall dort, wo Interessen der Mitgliedstaaten ignoriert werden, ist der Widerstand programmiert: „To go too far beyond the centre of gravity even in Council business subject to qualified majority voting, is to court trouble" (Ludlow 1991: 102). Vor allem die Erfolge der Kommission gegenüber der Subventionspolitik der Mitgliedstaaten bleiben lange Zeit äußerst gering, während sie sich gegenüber Privatunternehmen besser durchsetzen kann. Dabei sind diese Erfolge auch der Unterstützung des EuGH geschuldet, der stets bereit ist, „to interpret the Treaty of Rome in a far-reaching way and invariably to support the Commission" (Allen 1977: 93).[11] Aus der Praxis zur Durchsetzung des europäischen Wettbewerbsrechts kann das Fazit gezogen werden, dass „in the absence of political will for a major advance in European integration which the creation of common industrial, social and regional policies would imply, the Commission is forced to make inroads into national policy-making where it can" (ebd.).

3. Die Praktik des Überlagerns und Verdrängens von Recht

Diese Integrationspraktik ist vornehmlich eine des Europäischen Gerichtshofs und wurde vom deutschen Bundesverfassungsgericht im Fall Lütticke eindrucksvoll beschrieben: „Seit dem Inkrafttreten des Gemeinsamen Marktes müssen die deutschen Gerichte auch solche Rechtsvorschriften anwenden, die zwar einer eigenständigen außerstaatlichen Hoheitsgewalt zuzurechnen sind, aber dennoch auf Grund ihrer Auslegung durch den Europäischen Gerichtshof im innerstaatlichen Raum unmittelbare Wirkung entfalten und *entgegenstehendes nationales Recht überlagern und verdrängen*: denn nur so können die den Bürgern des Gemeinsamen Marktes eingeräumten subjektiven Rechte verwirklicht werden" (zitiert nach Hummer et al. 1994: 97, Hervorheb. v. SPR).[12]

Überlagerung und Verdrängung sind anschauliche Kernbegriffe jener komplexen Mikrophysik des europäischen Verwandlungsprozesses, der hier nicht in legalistischen, sondern in machttheoretischen Kategorien beschrieben wird.

In Versuchen der konstitutionellen Neuordnung hat das Recht zwei, ebenfalls komplementäre Aspekte: Es ist Objekt und zugleich Instrument der Transformation. Auch

---

11 Der EuGH hat diese Strategie jedoch nicht ad infinitum in derselben Intensität weiter verfolgt, denn wie Shapiro richtig bemerkt „Once the dragon of open protectionism and discrimination was slain, of course, the ECJ could not go on slaying it over and over again" (Shapiro 1999: 341). Doch ist es zugleich falsch, dem Gericht eine neue Praxis des „judicial restraint" zu attestieren, denn in Wahrheit ist sein Maßhalten auch ein Luxus, den man sich angesichts vergangener Erfolge leisten kann. Nun können die Entscheidungen nuancierter, kompromissreicher, in Rücksicht auf spezifische Situationen und Interessen gefällt werden (vgl. ebd.: 341f.).

12 Aber schon 1964 hatte der EuGH selbst in der Causa Costa/ENEL judiziert: „Aus all dem folgt, daß dem vom Vertrag geschaffenen, somit aus einer autonomen Rechtsquelle fließenden Recht wegen dieser seiner Eigenständigkeit keine wie immer gearteten innerstaatlichen Rechtsvorschriften vorgehen können, wenn ihm nicht sein Charakter als Gemeinschaftsrecht aberkannt und wenn nicht die Rechtsgrundlage der Gemeinschaft selbst in Frage gestellt werden soll" (zitiert nach Hummer et al. 1994: 88).

die europäische Neuordnung begann als rechtsetzende Praxis, indem man gesetzgebende und überwachende Institutionen an ihren Anfang setzte. Der Grundsatz, Recht als zentrales Agens (vgl. Dehousse und Weiler 1990: 243) der Integration einzusetzen, gilt nicht nur in einem funktionalistischen, sondern auch in einem normativen Sinne (vgl. Joerges 1996: 106f.). Dies ist keine Spezialität der Europäischen Gemeinschaft, sondern Merkmal aller Integrationsprojekte, die oft emphatische Betonung der Bedeutung des Rechts im europäischen hat jedoch auch programmatischen Charakter: „Sollte man das Wesen der Europäischen Gemeinschaft in einem einzigen Begriff zusammenfassen, so wäre wohl keiner treffender als der der Rechtsgemeinschaft" (Grunewald 1991: 15).[13]

Die Meilensteine der europäischen Rechtsprechung bestehen nicht nur in der Auslegung einfacher Gesetze, sondern in veritablen Konstitutionsakten. „If one were asked to synthesize the direction in which the case law produced in Luxemburg has moved since 1957, one would have to say that it coincides with the making of a constitution for Europe", schreibt der EuGH-Richter Federico Mancini zu Beginn der 90er Jahre (Mancini 1991: 177). Betrachtet man die wesentlichen Ergebnisse, nämlich die Etablierung des Vorranges von europäischem vor nationalem Recht, die unmittelbare Wirkung des Gemeinschaftsrechts und unter bestimmten Bedingungen auch der Richtlinien in den Mitgliedstaaten und die Erhebung des Einzelnen zum Klageberechtigten,[14] so kann man nicht umhin, dem Europäischen Gerichtshof eine verfassungsbildende Strategie zu attestieren. Kein völkerrechtlicher Akt besitzt eine Neuordnungskraft, die jener des Gemeinschaftsrechts vergleichbar wäre. Doch dieses Recht ist zugleich besonderen Ursprungs: „Stripped of its legal attributes, the account of the transformation of the EC legal system is a classic story of bureaucratic politics in response to the creation of a new political institution"(Alter 1996: 480). Das Recht, das diese bürokratische Politik hervorbringt, ist Juristenrecht.

Damit ist ein zentraler Punkt der neuzeitlichen politischen Geschichte berührt: die Macht der Juristen in Neuordnungsprozessen. Dieses Phänomen ist nicht nur eine auffallende Erscheinung in demokratischen Rechtsstaaten, wie Löwenstein behauptet (Löwenstein 1959: 243), sondern auch wesentliches Merkmal der europäischen Reichsgründungen und Staatswerdungen mindestens seit dem Mittelalter. Der Romanist Paul Koschaker hat dies in seinem Buch „Europa und das Römische Recht" detailliert be-

---

13 Den Begriff hatte Walter Hallstein im Jahre 1962 geprägt. Vgl. auch Di Bucci und Di Bucci (1991: 146) sowie Shapiro (1980), zit. nach Burley und Mattli (1993: 45): „The Community (is presented) as a juristic idea; the written constitution as a sacred text; the professional commentary as a legal truth; the case law as the inevitable working out of the correct implications of the constitutional text; and the constitutional court as the disembodied voice of right reason and constitutional teleology."

14 Vgl. Burley und Mattli (1993: 41): „By 1965, a citizen of a community country could ask a national court to invalidate any provision of domestic law found to conflict with certain directly applicable provisions of the treaty. By 1975, a citizen of an EC country could seek the invalidation of a national law found to conflict with self-executing provisions of community secondary legislation, the ‚directives' to national governments passed by the EC Council of Ministers. And by 1990, community citizens could ask their national courts to interpret national legislation consistently with community legislation in the face of undue delay in passing directives on the part of national legislatures."

schrieben (1966: 70f.). Die Politik der deutschen Kaiser, die seit dem 11. Jahrhundert ihr Reich als Nachfolge des *Imperium Romanum* zu konstruieren versuchten, gründete sich auch auf die Hilfe der Glossatoren des *Corpus iuris*, auf jene Juristen, die in Bologna an der Auslegung und Systematisierung des Justinianischen Kodex und der Digesten arbeiteten. Die Glossatoren wurden zu den „natürlichen Bundesgenossen" vor allem der staufischen Kaiser, weil für jene das römische Recht nie aufgehört hatte, „Repräsentant der Universalität des Imperiums" zu sein (vgl. Koschaker 1966: 70ff.): „Die Legisten – sie fallen auf Jahrhunderte mit den Juristen überhaupt zusammen – waren die Anhänger des Reichs und der Reichsidee, weil das römische Recht als kaiserliches Recht Reichsrecht war" (ebd.: 72). Die Kaiser erhofften von den Legisten Unterstützung im Kampf gegen das Papsttum, in dem sie ihr Reichskonzept von der päpstlichen Investitur lösen und auf das Erbe des römischen Reichs und des autoritativen *Corpus iuris* gründen wollten. Wie sehr der Kampf um die Macht immer auch ein Kampf um das Recht ist, zeigte sich gerade dann, als die Reichsidee an Kraft verlor wie in Frankreich, wo als erstes die Lehre des römischen Rechts verboten wurde (vgl. ebd.: 76).

Dagegen beabsichtigte Heinrich VIII. von England, durch die exklusive Anwendung des römischen Rechts seine Zentralisierungspolitik auf eine neue autoritative Grundlage zu stellen. Ohne Erfolg. Dabei scheiterte die Einführung des römischen Rechts im 16. Jahrhundert nicht an einer englischen Abneigung gegen das fremde Recht oder die Romidee, sondern an einem mächtigen Juristenstand, der seit rund drei Jahrhunderten an der Festigung seiner Organisation und des *common law* als Juristenrecht gearbeitet hatte. Die Übernahme des römischen Rechts hätte den Austausch des herrschenden Juristenrechts gegen ein anderes bedeutet (vgl. Koschaker 1966: 214f.). Dabei war der Angriff des römischen Rechts auf die englische Tradition nicht nur gefährlich geworden, weil er das Siegel der königlichen Autorität trug, sondern auch, weil der König eine Reihe von Innovationen im Bereich der Gerichtsbarkeit und der Rechtsschulen schuf (vgl. ebd.: 217f.). Jedoch nützte all dies nichts, denn in Wahrheit konnte das neue Recht nur durch die Tore der Praxis eindringen und diese waren durch den englischen Juristenstand gut bewacht. Dazu kam, dass das Parlament unter der Führung des einflussreichen Juristen Edward Coke „den Verfassungskampf gegen die Krone im Namen der supremacy des *common law* erfolgreich durchführte" (ebd.: 219).

Die Beschäftigung mit dem Juristenrecht im Mittelalter und der frühen Neuzeit ist vor allem deshalb interessant, weil es damals wie heute um die Schaffung einer neuen Rechtsordnung durch das Werk von Juristen ging, die weniger Rechtstheoretiker als Lehrer, Gutachter, Advokaten und Richter waren. Die neuen Rechtsordnungen entstanden nicht einfach durch kaiserliche, königliche oder päpstliche Dekrete, sie waren Ergebnisse einer langwierigen Praxis der Juristen, die sich auch permanent mit den älteren Rechtsordnungen auseinandersetzen mussten. Bedeutsam ist außerdem, dass Juristenrecht dort relevant ist, wo die Politik nach Zentralisierung strebt. Denn, so schreibt Koschaker über die von ihm untersuchten Epochen, „Juristenrecht drängt nach Zentralismus. Juristen, die an der Rechtserzeugung mitwirken, trifft man daher an derjenigen Stelle, wo sich das politische Machtzentrum des betreffenden Gemeinwesens befindet" (Koschaker 1966: 178).

III. Die Mitgliedstaaten erobern ihre Macht zurück

Die kommissarische Verwaltung ist ein mächtiges Instrument, dem die Tendenz zur Verselbstständigung innewohnt. Ihre Erfolge verstärken die Tendenz. Richelieu hat diese Gefahr in seinem politischen Testament beschrieben, moderne Principal-Agent-Theoretiker verweisen darauf (vgl. Pollack 1998). Damals wie im europäischen Kontext hat diese Gefahr eine zusätzliche Dimension: Der Erfolg der kommissarischen Verwaltung bedeutet nicht nur einen Machtzuwachs für diese selbst, sondern eine Veränderung der Machtverhältnisse überhaupt. Denn Erfolg heißt in diesem Falle immer auch eine Vertiefung und Festigung der Integration, mithin die Vereinheitlichung der Bedingungen politischen und ökonomischen Handelns (oder den Zwang dazu). Heute impliziert er eine wachsende Einschränkung der mitgliedstaatlichen Autonomie in zweierlei Hinsicht: zuerst der Autonomie, Probleme als nationale zu definieren und durch nationale Maßnahmen zu lösen; dann aber auch der Autonomie, sie durch intergouvernementale Zusammenarbeit zu bewältigen.

Im aktuellen Institutionenstreit geht es den nationalen Regierungen wesentlich um die Wiederherstellung des zweiten Typs von Autonomie. Es geht nicht um die Infragestellung des Integrationsprozesses, sondern darum, das Heft in der Hand zu behalten (Mitterrand), um den ersten Autonomieverlust zu kompensieren. Wenn Souveränität schon geteilt werden muss, dann mit seinesgleichen und nicht mit einer höheren Autorität. In dieser Haltung gerieren sich die Staats- und Regierungschefs wie die Reichsfürsten im Heiligen Römischen Reich, jenem institutionellen Monstrum (Pufendorf 1667/1994), über das die gewählten Kaiser niemals wirklich autonom zu regieren vermochten und das sie im Dreißigjährigen Krieg endgültig verloren. Dass es danach bis zum Jahre 1806 als Fiktion noch fortbestand, ist nur eine Ironie der Geschichte. Die machtpolitischen Verhältnisse der heutigen Union sind jenen ähnlich und zugleich von ihnen verschieden, denn erstens können wir keineswegs von einer Europäischen Union als Fiktion sprechen (wir können es auch in Bezug auf das Heilige Römische Reich nur retrospektiv) und zweitens lädt sich die Rückeroberung der Definitions- und Entscheidungsmacht durch die nationalen Exekutiven an der demokratischen Frage auf.

Es mag paradox klingen, aber die Renaissance der „Reichsfürsten" im europäischen Integrationsprozess speist sich nicht zuletzt aus der Debatte um das Demokratiedefizit der Union. Diese Debatte in einer renationalisierenden Wendung zu führen, ist der erste Geniestreich der Staats- und Regierungschefs. Sie zu funktionalisieren für die Reinthronisierung des intergouvernementalistischen Prinzips, ist der zweite. Und hinter den neuen Verfassungsdebatten verbirgt sich ein dritter, der auf die Errichtung eines Gravitationszentrums (manche assoziieren damit die Idee eines Direktoriums) zielt, um Integration als ein Hegemonieprojekt der Gründungsstaaten zu betreiben. Dies erscheint gerade Deutschland und Frankreich umso dringlicher, je näher die Osterweiterung und damit eine weitere Diffusion ihrer Macht droht. Dabei geht es weniger um die Erhaltung des Rates als oberste Entscheidungsinstanz. Denn der Rat ist ja selbst ein Gemeinschaftsorgan und zur Zusammenarbeit im Sinne eines europäischen Interesses vertraglich verpflichtet (Artikel 10 und 218 EGV).[15] Er ist darüber hinaus in der ers-

---

15 „Die Mitgliedstaaten treffen alle geeigneten Maßnahmen allgemeiner und besonderer Art zur

ten Säule an das Initiativrecht der Kommission und in vielen Bereichen (vgl. Nugent 1999: 368f.) an das Mitbestimmungsrecht des Europäischen Parlaments gebunden. Die aktuellen Vorstöße scheinen vielmehr auf einen Intergouvernementalismus innerhalb der Union, aber außerhalb der Gemeinschaftsverfahren zu setzen. Es ist die Welt des Europäischen Rates und seiner Gipfelpolitik, die gestärkt werden soll. Zu dieser Welt gehören auch die Intergouvernementalen Konferenzen zur Vertragsrevision, in denen die Mitgliedstaaten in der Tat das Heft in der Hand haben, während Kommission und Europäisches Parlament darin eher die Rolle der Zaungäste spielen. Auch die aktuelle Österreich-Causa kann in diesem Lichte interpretiert werden. Bei allem Verständnis für die Reaktionen der 14 EU-Partner auf die Regierungsbeteiligung der extremen Rechten in Österreich in der Sorge um deren Signalwirkung für andere Staaten, so ist doch das Zustandekommen der Absprachen über die Maßnahmen (sowohl hinsichtlich ihrer Einhelligkeit als auch in ihrer Geschwindigkeit) höchst bemerkenswert. Hilfreich dürfte dafür die Einrichtung direkter Kommunikationsschienen zwischen den Staats- und Regierungschefs gewesen sein, die man beim informellen Gipfel in Pörtschach während der österreichischen Ratspräsidentschaft beschlossen hatte.[16]

Doch dies ist nur das äußere und jüngste Zeichen eines Kräftemessens zwischen den Mitgliedstaaten und den Gemeinschaftsorganen, das in dem großen europäischen Transformationsprozess seit 1950 den Bewegungen eines Pendels folgt und keineswegs zu Gunsten der supranationalen Ordnung entschieden ist. Jean Monnet und mit ihm die Funktionalisten glaubten zumindest in den ersten beiden Jahrzehnten an die unaufhaltsame Wirkung des kommissarischen Machtdispositivs. Und sie hatten insofern Recht, als ohne dessen koordinierende und moderierende Funktion die Zusammenarbeit von Regierungen wohl immer wieder an der „Anarchie" der Staatenwelt seine Grenzen gefunden hätte. Was sie aber übersahen, waren sowohl der instrumentelle Charakter der kommissarischen Verwaltung als auch die Tatsache, dass die Mitgliedstaaten dieses Instrument gegen sich selbst einsetzen mussten, um den Integrationsprozess voranzutreiben. Dies unterscheidet die kommissarische Verwaltung des Ancien Régime von jener des heutigen Europa. Die Intendanten und Kommissare waren Instrumente des Königs und Souveräns zur Transformation der Ordnungen in den ihm unterworfenen Provinzen in eine neue Einheit, die heutige kommissarische Verwaltung wurde von demokratisch gewählten Repräsentanten eingesetzt, um im Namen des „immer engeren Zusammenschlusses der europäischen Völker" (Präambel EGV) – und angesichts gravierender Informationsdefizite über den je Anderen – die eigene Kooperation zu ermöglichen und sicherzustellen. Aber aus der Kooperation ging und geht eine neue verbindliche Rechtsordnung hervor, die Vorrang vor nationalen Rechtsordnungen

---

Erfüllung der Verpflichtungen, die sich aus diesem Vertrag oder aus Handlungen der Organe der Gemeinschaft ergeben. Sie erleichtern dieser die Erfüllung ihrer Aufgabe. Sie unterlassen alle Maßnahmen, welche die Verwirklichung der Ziele des Vertrages gefährden könnten." Dieser als Artikel 5 schon im EWG-Vertrag von 1957 verankerte Grundsatz über Pflichten und Aufgaben der Mitgliedstaaten diente denn auch dem EuGH in einer Vielzahl von Urteilen, um Differenzen zwischen nationalen und supranationalen Interessen zu Gunsten der letzteren zu entscheiden (vgl. Blanquet 1994).

16 Diesen Hinweis verdanke ich Helen Wallace. Diese Interpretation übersieht allerdings nicht, dass ein Vorgehen auf der Grundlage des EG/EU-Rechts nicht möglich gewesen wäre (vgl. dazu Pernthaler und Hilpold 2000).

genießt und die man auch dann nicht ignorieren kann, wenn man unter dem Druck einer besonderen Verhandlungssituation und entgegen nationalen Interessen einem Rechtsakt zugestimmt hat. Denn diese Rechtsordnung konstituiert Rechte der Einzelnen und nicht nur der Staaten.[17] Auch wenn all dies niemals vertraglich fixiert wurde, sondern „nur" aus der Judikatur des EuGH hervorgegangen ist, niemand wird es heute ernsthaft wagen, den Vorrang des europäischen Rechts und die Autorität des Gerichtshofs in Zweifel zu ziehen.

In Zweifel ziehen kann man nur das schwächste, weil abhängigste Glied in der Machtkette: die Kommission. Ihre Schwäche resultiert allerdings nicht aus einer Hierarchie der Organe, sondern aus ihrer politischen Funktionalisierbarkeit. Ihre Verwendung als Sündenbock hat Tradition (vgl. Hayes-Renshaw und Wallace 1997: 179f.). Das einst schwächere Organ, das Europäische Parlament, hat gerade im Zuge der Debatte um das Demokratiedefizit kontinuierlich an Rechten gewonnen. Es heute wieder zu diskreditieren, hieße vor aller Augen das zentrale Element der Demokratie selbst in Frage zu stellen. Im Machtkampf mit der Legislative zieht die Exekutive es allemal vor, die Abgeordneten analog zu den Entwicklungen in den Nationalstaaten durch Fraktionszwang zu disziplinieren. Die Kommission dagegen lässt sich unter dem wohlfeilen Vorwurf des Bürokratismus kritisieren. Dabei ist dieser Vorwurf nicht nur angesichts der geringen Größe der Kommission problematisch. Auch die Stärke, die der Kommission aus dem formal nur ihr zuerkannten Initiativrecht im Gesetzgebungsprozess erwachsen war, vermochte sie nie gegen den Willen der Mitgliedstaaten bzw. des Rates einzusetzen. Auch wenn Gesetzesinitiativen wesentlich im Schosse der Kommission konzipiert wurden, mussten sie immer schon auf ihre Verträglichkeit mit den nationalen Interessen und seit den 80er Jahren auch verstärkt mit jenen der Mehrheiten im Europäischen Parlament hin geprüft worden sein. Daher konnten die großen Integrationssprünge der Delors-Kommission nur gelingen, weil sie (bei allen Widerständen, die es im Detail gegeben haben mag) in einer spezifischen Phase mit spezifischen nationalen Interessen konvergierten.

IV. Fazit

Die Auseinandersetzungen um die Finalität und die Form der Union sind nicht zu Ende. Ob die Vorstellungen von Joschka Fischer und Jacques Chirac gangbare Wege sind, ist eine offene Frage. Konstatiert wird hier eine Wende im Diskurs, die in einer Zurückstufung der Kommission nach dem Ende der Delors-Ära ihren ersten konkreten Ausdruck fand. Der seit den Maastricht-Referenda in Dänemark und Frankreich abnehmende „permissive Konsens" der Völker zu aller europäischen Politik motiviert die Herren der Verträge weniger zu einer breiten Debatte über die europäische Demokratie als vielmehr zur Suche nach Argumenten, um ihr eigenes Handeln auf supranationaler Ebene als einzig legitimes zu definieren. Wenn das gelänge, wäre dem Machtanspruch der nationalstaatlichen Exekutiven ein endgültiger Sieg beschieden. Sie wären tatsächlich die ungezähmten Fürsten und Souveräne des europäischen Integrationspro-

---

17 Zum bahnbrechenden Urteil des EuGH in der Causa van Gend & Loos vgl. Hummer, Simma, Vedder und Emmert (1994: 39ff.).

zesses. Denn wir wissen aus einer Reihe von Studien, dass die nationalen Parlamente aus verschiedenen Gründen außer Stande sind, ihre Regierungen und deren europapolitisches Handeln wirksam zu kontrollieren.[18] In der Tat haben gerade jene Regierungen, die der Vertiefungsdynamik bremsend gegenüber standen, ihre Abwehrhaltung immer dann aufgegeben, wenn sie Europa für die Wiedergewinnung von Leadership funktionalisieren konnten (vgl. Cole und Drake 2000).

Die Integration durch kommissarische Verwaltung ist wahrscheinlich an ihr praktisches Ende angelangt. Die Kommission kann die Aufgaben, die ihr mit den Integrationsfortschritten seit der Einheitlichen Europäischen Akte übertragen wurden (oder die sie in ihren Überdehnungsstrategien an sich gezogen hat), bei gleich bleibenden Ressourcen nur schwer erfüllen. In den populistischen Klagen über den Brüsseler Moloch wird verkannt, dass die Kommission über keine eigene politische Legitimität verfügt und daher stets zum Sündenbock stilisiert werden kann, wenn dies politischen Akteuren der Mitgliedstaaten opportun erscheint. In dem von Ambiguitäten geprägten institutionellen Design der Union pendelt gerade sie zwischen Macht und Ohnmacht, während die Regierungen je nach Belieben Kompetenzen delegieren und auch wieder zurücknehmen können.

Dies ist jedoch kein simples Plädoyer für die Stärkung der Kommission, wohl aber eines für die Klärung der europäischen konstitutionellen Frage. Dies setzt die Klärung einer anderen Frage voraus: Wer ist der Souverän der Europäischen Union? Die Regierungen, die diese Rolle für sich beanspruchen, sind lediglich die Repräsentanten der nationalen Souveräne. Letztere haben bisher die allergeringste Rolle im Integrationsprozess gespielt. Wie sie einzubinden seien, darüber lohne es nachzudenken. Ebenso über die Frage, welche intermediären Strukturen dafür notwendig seien. Dies impliziert eine Analyse der Rolle der Parteien, mithin ihrer Europäisierung, um die Parlamentarisierung der europäischen Politik auf eine neue Stufe zu stellen. Der wesentliche Unterschied zwischen den Integrationsprojekten der Könige und jenem der Union liegt darin, dass heute der Thron „leer" ist. Diese Vakanz bedingt, dass verschiedene Akteure mit mehr oder weniger Recht ihre Ansprüche darauf anmelden. Die Kommission, unterstützt durch den EuGH, hat in einigen Phasen für sich erfolgreich die Rolle des Statthalters arrogiert. Dies wollen die Staats- und Regierungschefs nun rückgängig machen. Doch ihr Anspruch ist ebenso fragwürdig, denn der erste Repräsentant der demoi, der wahren, aber verborgenen Souveräne, ist das Parlament. Aber das Europäische Parlament bedarf eines funktionierenden europäischen Parteiensystems, um diese Repräsentanz garantieren zu können. Die Abwesenheit der Parteien aus der aktuellen Verfassungsdebatte ist ein Problem des europäischen Integrationsprozesses, das erst allmählich zum Objekt politikwissenschaftlicher Analysen wird.[19] Noch kann nicht entschieden werden, ob die Parteien willens und fähig sind, sich diesen Themen zu stellen und jene intermediären Leistungen zu vollbringen, die sie einst zu einem Bindeglied zwischen dem Souverän und dem politischen Establishment machten. Wären sie dazu in der Lage, so könnte dies ihre Rolle in Europa stärken, und der wahre Souverän, die Demoi der Mitgliedstaaten, könnte auf den Thron zurückkehren, der ihm alleine zu-

---

18 Dies gilt auch für Österreich, in dem das Parlament sich auf besondere verfassungsrechtliche Mitsprachemöglichkeiten in der Europapolitik berufen kann (vgl. Puntscher Riekmann 2000).
19 Vgl. dazu etwa Gaffney (1996), Hix und Lord (1997) und Marks (1999).

steht. Dann könnte die Debatte darüber beginnen, welche Machtverteilung zwischen den supranationalen Organen und welche Kompetenzverteilung zwischen den Ebenen der europäischen *Polity* demokratiepolitisch sinnvoll und praktikabel sind.

Literatur

Allen, David, 1977: Policing or Policy-Making? Competition Policy in the European Communities. S. 91–112 in: *Helen Wallace, William Wallace* und *Carole Webb* (Hg.): Policy-Making in the European Communities. London/New York/Sydney/Toronto: John Wiley & Sons.

Alter, Karen J., 1996: The European Court's Political Power, West European Politics 19, 3: 458–487.

Bach, Maurizio, 1992: Eine leise Revolution durch Verwaltungsverfahren. Bürokratische Organisationsprozesse in der Europäischen Gemeinschaft, Zeitschrift für Soziologie 21, 1: 16–30.

Bach, Maurizio, 1994: Transnationale Integration und institutionelle Differenzierung: Tendenzen der europäischen Staatswerdung. S. 109–130 in: *Volker Eichener* und *Helmut Voelzkow* (Hg.): Europäische Integration und verbandliche Interessenvermittlung. Marburg: Metropolis.

Bach, Maurizio, 1999: Die Bürokratisierung Europas. Verwaltungseliten, Experten und politische Legitimation in Europa. Franfurt a.M./New York: Campus.

Blanquet, Marc: L'article 5 du traité C.E.E.: Recherche sur les obligations de fidélité des états membres de la communauté. Paris: Librairie générale de droit et de jurisprudence.

Burckhardt, Jacob, 1978: Weltgeschichtliche Betrachtungen. Stuttgart: Kröner.

Burley, Anne-Marie, und *Walter Mattli*, 1993: Europe Before the Court: A Political Theory of Legal Integration, International Organization 47, 1: 41–76.

Cole, Alistair, und *Helen Drake*, 2000: The Europeanization of the French Polity: Continuity, Change and Adaptation, Journal of European Public Policy 7, 1: 26–43.

Corbett, Richard, 1993: The Treaty of Maastricht. Essex: Longman.

Dehousse, Renaud, und *Joseph H. Weiler*, 1990: The Legal Dimension. S. 242–260 in: *Willam Wallace* (Hg.): The Dynamics of European Integration. London/New York: Pinter Publishers.

Di Bucci, Vittorio, und *Michaela di Bucci*, 1991: Der Gerichtshof und das Rechtsschutzsystem der Europäischen Gemeinschaft. S. 144–206 in: *Moritz Röttinger* und *Claudia Weyringer* (Hg.): Handbuch der europäischen Integration. Strategie – Struktur – Politik im EG-Binnenmarkt. Wien: Manz.

Elias, Norbert, 1936/1982: Über den Prozeß der Zivilisation. Bd. II, Wandlungen der Gesellschaft. Frankfurt a.M.: Suhrkamp.

Featherstone, Kevin, 1994: Jean Monnet and the „Democratic Deficit" in the European Union, Journal of Common Market Studies 32: 149–170.

Fischer, Wolfram, und *Peter Lundgreen*, 1975: The Recruitment and Training of Administrative and Technical Personnel. S. 456–561 in: *Charles Tilly* (Hg.): The Formation of National States in Western Europe. Princeton, N.J.: Princeton University Press.

Gaffney, John, 1996: Introduction: Political Parties and the European Union. S. 1–30 in: *John Gaffney* (Hg.): Political Parties and the European Union. London/New York: Routledge.

Glaab, Manuela, 1999: Die Bürger in Europa. S. 603–617 in: *Werner Weidenfeld* (Hg.): Europa-Handbuch. Gütersloh: Verlag Bertelsmann Stiftung.

Grande, Edgar, 1996: Demokratische Legitimation und europäische Integration, Leviathan 3: 339–360.

Griller, Stefan, 1996: Ein Staat ohne Volk? Zur Zukunft der Europäischen Union. IEF Working Paper 21. Wien: Forschungsinstitut für Europafragen.

Grimm, Dieter, 1995: Does Europe Need a Constitution?, European Law Journal 1: 282–302.

Grunwald, Jürgen, 1991: Die EG als Rechtsgemeinschaft. S. 15–42 in: *Moritz Röttinger* und *Claudia Weyringer* (Hg.): Handbuch der Europäischen Integration. Wien: Manz Verlag.

Haas, Ernst B., 1958: The Uniting of Europe: Political, Social, and Economic Forces 1950–1957. Stanford: Stanford University Press.

Hayes-Renshaw, Fiona, und Helen Wallace, 1997: The Council of Ministers. London: Macmillan Press.
Heller, Hermann, 1934/1983: Staatslehre. 6. rev. Auflage. Tübingen: J.C.B. Mohr.
Hintze, Otto, 1910/1970: Der Commissarius und seine Bedeutung in der allgemeinen Verfassungsgeschichte. S. 242–274 in: Otto Hintze: Staat und Verfassung. Gesammelte Abhandlungen zur allgemeinen Verfassungsgeschichte. Hg. v. Oestreich, G., 3. durchges. u. erw. Auflage. Göttingen: Vandenhoeck & Ruprecht.
Hix, Simon, und Christopher Lord, 1997: Political Parties in the European Union. New York: St. Martin's Press.
Höffe, Otfried, 1999: Demokratie im Zeitalter der Globalisierung. München: C.H. Beck.
Hummer, Waldemar, Bruno Simma, Christoph Vedder und Frank Emmert, 1994: Europarecht in Fällen, 2. Auflage. Baden-Baden: Nomos.
Jenkins, Roy, 1989: European Diary, 1977–81. London: Collins.
Joerges, Christian, 1996: Taking the Law Seriously: on Political Science and the Role of Law in the Process of European Integration, European Law Journal 2, 2: 105–135.
Joerges, Christian, 2000: „Good Governance" Through Comitology? S. 311–338 in: Christian Joerges und Ellen Vos (Hg.): EU Committees: Social Regulation, Law and Politics. Oxford/Portland: Hart Publishing.
Kielmansegg, Peter Graf, 1996: Integration und Demokratie. S. 47–71 in: Markus Jachtenfuchs und Beate Kohler-Koch (Hg.): Europäische Integration. Opladen: Leske + Budrich.
König, Thomas, Elmar Rieger und Hermann Schmitt (Hg.), 1998: Europa der Bürger? Voraussetzungen, Alternativen, Konsequenzen. Frankfurt a.M.: Campus.
Koschaker, Paul, 1966: Europa und das römische Recht, 4. unveränderte Auflage. München/Berlin: Rehm.
Le Roy Ladurie, Emmanuel, 1991, L'Ancien Régime I (1610–1715). Paris: Hachette.
Lehne, Stefan, 1999: Institutionenreform 2000, Integration 4: 221–230.
Lindberg, Leon N., und Stuart A. Scheingold, 1970: Europe's Would-Be Polity. Englewood Cliffs, N.J.: Prentice Hall.
Lipset, Seymour Martin, 1959: Political Man. The Social Bases of Politics. New York: Doubleday & C.
Lodge, Juliet, 1997: Strengthening the European Parliament and its Alternatives. S. 167–191 in: Eugen Antalovsky, Josef Melchior und Sonja Puntscher Riekmann (Hg.): Integration durch Demokratie. Neue Impulse für die Europäische Union. Marburg: Metropolis.
Löwenstein, Karl, 1959: Verfassungslehre, Tübingen: J.C.B. Mohr.
Ludlow, Peter, 1991: The European Commission. S. 85–132 in: Robert O. Keohane und Stanley Hoffmann (Hg.): The New European Community. Decisionmaking and Institutional Change. Boulder/San Francisco/Oxford: Westview Press.
Majone, Giandomenico, 1994: The Rise of the Regulatory State, West European Politics 17: 1–41.
Mancini, Federico G., 1991: The Making of a Constitution for Europe. S. 177–194 in: Robert O. Keohane und Stanley Hoffmann (Hg.): The New European Community. Decisionmaking and Institutional Change. Boulder/San Francisco/Oxford: Westview Press.
Marks, Gary, Fritz W. Scharpf, Philippe Schmitter und Wolfgang Streeck, 1996: Governance in the European Union. London: Sage.
Marks, Gary, 1999: The Past in the Present: A Cleavage Theory of Party Response to European Integration. Conference Paper, EUR/8 presented at the 1999–2000 European Forum conference „Multi-level Party Systems": Europeanization und the Reshaping of National Political Representation.
Meyer, Christoph, 1999: Political Legitimacy und the Invisibility of Politics: Exploring the European Unions's Communication Deficit, Journal of Common Market Studies 37: 617–639.
Middlemas, Keith, 1995: Orchestrating Europe. The Informal Politics of European Union, 1973–1995. London: Fontana Press.
Monnet, Jean, 1976: Mémoires. Paris: Fayard.
Mueller, Dennis C., 1997: Federalism und the European Union: A Constitutional Perspective, Public Choice 90: 255–280.

Münch, Richard, 1998: Globale Dynamik, lokale Lebenswelten. Der schwierige Weg in die Weltgesellschaft. Frankfurt a.M.: Suhrkamp.
Nugent, Neill, 1999: The Government und Politics of the European Union. Houndmills/Basingstoke: The Macmillan Press.
Offe, Claus, 1998: Demokratie und Wohlfahrtsstaat: Eine Europäische Regimeform unter dem Stress der europäischen Integration. S. 99–136 in: *Wolfgang Streeck* (Hg.): Internationale Wirtschaft, nationale Demokratie. Herausforderungen für die Demokratietheorie. Frankfurt a.M./ New York: Campus.
Pernthaler, Peter, und *Peter Hilpold,* 2000: Sanktionen als Instrument der Politikkontrolle – der Fall Österreich, Integration 2: 105–119.
Peters, Guy B., 1992: Bureaucratic Politics and the Institutions of the European Community. S. 75–122 in: *A. M. Sbragia* (Hg.): Euro-Politics. Institutions und Policymaking in the „New" European Community. Washington, D.C.: The Brookings Institution.
Pollack, Mark A., 1998: The Engines of Integration? Supranational Autonomy und Influence in the European Union. S. 217–249 in: *Wayne Sandholtz* und *Alec Stone Sweet* (Hg.): European Integration und Supranational Governance. Oxford: Oxford University Press.
Pufendorf, Samuel von, 1667/1994: De Statu Imperii Germanici/Die Verfassung des Deutschen Reiches. Hg. u. übers. *Horst von Denzer.* Frankfurt a.M./Leipzig: Insel.
Puntscher Riekmann, Sonja, 1997: Demokratie im supranationalen Raum. S. 69–110 in: *Eugen Antalovsky, Josef Melchior* und *Sonja Puntscher Riekmann* (Hg.): Integration durch Demokratie. Neue Impulse für die Europäische Union. Marburg: Metropolis.
Puntscher Riekmann, Sonja, 1998: Die kommissarische Neuordnung Europas. Das Dispositiv der Integration. Wien/New York: Springer Verlag.
Puntscher Riekmann, Sonja, 2000: Power Sharing und Demokratie. Handlungsspielräume nationaler Politik in der erweiterten EU. S. 361–380 in: *Anton Pelinka, Fritz Plasser* und *Wolfgang Meixner* (Hg.): Die Zukunft der österreichischen Demokratie. Trends, Prognosen und Szenarien. Wien: Signum.
Reif, Karlheinz, 1984: National Electoral Cycles und European Election 1979 und 1984, Electoral Studies 3: 244–255.
Risse-Kappen, Thomas, 1996: Exploring the Nature of the Beast: International Relations Theory und Comparative Policy Analysis Meet the European Union, Journal of Common Market Studies 34: 53–80.
Rosenau, James, und *Ernst-Otto Czempiel* (Hg.), 1995: Governance without Government. Order und Change in World Politics. Cambridge: Cambridge University Press.
*Ross, George,*1995: Jacques Delors und European Integration. Cambridge: Polity Press.
Scharpf, Fritz W., 1996: Democratic Policy in Europe, European Law Journal 2: 136–155.
Schmidt, Susanne K., 1996: Sterile Debates und Dubious Generalisations: An Empirical Critique of European Integration Theory Based on the Integration Processes in Telecommunications und Electricity. Max-Planck-Institut für Gesellschaftsforschung. Discussion Paper 96/5. Köln.
Schmidt, Susanne K., 1997: Behind the Council Agenda: The Commission's Impact on Decisions. Max-Planck-Institut für Gesellschaftsforschung. Discussion Paper 97/4. Köln.
Schmitt, Carl, 1928/1989: Die Diktatur. Von den Anfängen des modernen Souveränitätsgedankens bis zum proletarischen Klassenkampf. Berlin: Duncker & Humblot.
Schmitter, Philippe, 1996: Examining the Present Euro-Polity with the Help of Past Theories. S. 1–14 in: *Gary Marks* et al. (Hg.): Governance in the European Union. London: Sage.
Schneider, Heinrich, 1977: Leitbilder der Europapolitik 1: Der Weg zur Integration. Bonn: Europa Union Verlag.
Shapiro, Martin, 1999: The European Court of Justice. S. 321–347 in: *Paul Craig* und *Gráinne De Búrca* (Hg.): The Evolution of EU Law. Oxford: Oxford University Press.
Siedentopf, Heinrich, und *Jacques Ziller,* 1988: L'Europe des Administrations? La mise en ouvre de la législation communautaire dans les Etats membres, 2 vol. Brüssel: Bruylant.
Smith, Julie, und *William Wallace,* 1995: Democracy or Technocracy. European Integration und the Problem of Popular Consent. S. 137–157 in: *Jack Hayward* (Hg.): The Crisis of Representation in Europe, West European Politics 18, Special Issue.

Vos, Ellen, 2000: EU Committees: The Evolution of Unforeseen Institutional Actors in European Product Regulation. S. 19–47 in: *Christian Joerges* und *Ellen Vos* (Hg.): EU Committees: Social Regulation, Law und Politics. Oxford/Portland: Hart Publishing.
Weiler, Joseph H. H., 1999: The Constitution of Europe. „Do the New Clothes Have an Emperor?" und Other Essays on European Integration. Cambridge: Cambridge University Press.
Wessels, Wolfgang, 1992: Staat und (westeuropäische) Integration. Die Fusionsthese, Politische Vierteljahresschrift, Sonderheft 23, Die Integration Europas: 36–61.

III.
Marktbildung, Konvergenz und Sozialintegration in Europa

REGIONALE INTEGRATION IM WELTSYSTEM

Die Relevanz exogener Faktoren für den europäischen Integrationsprozess

Patrick Ziltener

Zusammenfassung: Während für außereuropäische Integrationsprozesse exogene Faktoren immer zentral berücksichtigt worden sind, wurde der europäische Integrationsprozess fast ausschließlich durch endogene Integrationsmechanismen und innere Kontextfaktoren zu erklären versucht. Anhand zweier wichtiger Etappen des europäischen Integrationsprozesses, seiner Initiierung auf der Grundlage eines „transatlantischen Elitenpaktes" und seiner Neulancierung in den frühen 80er Jahren, wird gezeigt, dass auch für diesen exogene Faktoren als entscheidende Determinanten wirkten, nämlich der politische Einfluss der Hegemonialmacht USA und die über die europäischen transnationalen Unternehmen vermittelte Weltmarktkonkurrenz. Schlussfolgerung ist, dass die Integrationstheorie und Integrationsforschung einer Ergänzung durch eine weltsystemtheoretische Makroperspektive bedarf.

I. Einleitung

Der seit den frühen 80er Jahren revitalisierte europäische Integrationsprozess stellt eine einzigartige Herausforderung für die soziologische Theorie und empirische Forschung dar. Die europäische Integration verändert nachhaltig Wirtschaftsräume und Nationalstaaten in Europa, so wie sie sich nach der Weltwirtschaftskrise und im Verlaufe der Diffusion der keynesianisch-korporatistischen Regulationsweise in der Nachkriegszeit herausgebildet haben. Nicht in der Krise dieser Strukturen und Institutionen in den 70er Jahren, aber bei deren Restrukturierung und Reorientierung seit den 80er Jahren spielen die EU-Institutionen eine Schlüsselrolle (vgl. Ziltener 1999). Auch wenn inzwischen die Vorstellung von einer Entwicklung hin zu einem „europäischen Bundesstaat" kaum mehr vertreten wird, so ist doch unbestritten, dass ein Ende dieses EU-induzierten Transformationsprozesses nicht absehbar ist und dass die Frage nach dessen Charakter und „Fluchtpunkt" größte Aufmerksamkeit verdient.

Dieser Aufsatz möchte einen Beitrag zu den Bemühungen um eine umfassende sozialwissenschaftliche Integrationstheorie liefern. Er plädiert für die Verbindung der die Integrationsforschung dominierenden „Mikroperspektive" mit einer (weltsystemtheoretischen) „Makroperspektive". Die Bedeutung exogener Faktoren für den europäischen Integrationsprozess ist bisher nur selten empirisch nachgewiesen und unzureichend theoretisch verarbeitet worden. Eine systematische Evaluierung dieser Faktoren müsste man am ehesten in der Umgebung jener Theorieansätze finden, die den Begriff des Weltsystems resp. der Weltgesellschaft ins Zentrum stellen (Abschnitt III). Im IV. Abschnitt wird die zentrale Bedeutung exogener Faktoren für zwei entscheidende Etappen des europäischen Integrationsprozesses rekonstruiert, seine Initiierung auf der Grundlage eines „transatlantischen Elitenpaktes" (Abschnitt IV.1) und seine Neulancierung in den 80er Jahren (Abschnitt IV.2). Schlussfolgerung des Artikels ist, dass exogene Faktoren sowohl als Integrationsmechanismen als auch als Kontextfaktoren integrationstheoretisch systematisch zu berücksichtigen sind.

II. Mechanismen und Kontextfaktoren der europäischen Integration

> „Der Aufbau Europas wurde lange Zeit in nahezu geheimer Diplomatie vorangetrieben, abgeschottet von der öffentlichen Meinung in den Mitgliedstaaten. Es war die Methode der Gründerväter der Gemeinschaft, eine Art aufgeklärtes Despotentum. Kompetenz und geistige Unabhängigkeit wurden als ausreichende Legitimation zum Handeln, die Zustimmung der Bevölkerung im nachhinein als ausreichend erachtet. Das Erfolgsgeheimnis bestand darin, eine nach innen gerichtete Dynamik zu erzeugen, Integrationswiderstände durch Bündelung verschiedener wirtschaftlicher Interessen auszuräumen und Entscheidungen über umfassende Verhandlungspakete herbeizuführen."
> *Jacques Delors* (1993: 3), Präsident der EU-Kommission 1985–1994

Seit dem „Abbruch" der Bemühungen um eine Integrationstheorie aus neofunktionalistischer Sicht in den 70er Jahren gab es keine Versuche mehr, eine umfassende sozialwissenschaftliche Theorie der Mechanismen und Kontextfaktoren regionaler Integrationsprozesse zu entwickeln. Eine solche *Integrationstheorie* müsste systematisch den Zusammenhang zwischen gesellschaftlichen Prozessen (ökonomischen, politischen, kulturellen, auf nationaler, subnationaler und globaler Ebene) und der Genese politischer Institutionen und Programme auf regionaler (europäischer) Ebene sowie deren „Rückwirkungen" auf diese Prozesse aufzeigen können. Jenseits des traditionsreichen soziologischen Begriffes der (sozialen) Integration soll unter (politischer) *Integration* der Prozess der Genese von Institutionen und politischen Programmen auf europäischer Ebene, die Herausbildung einer neuen „Bezugsebene Europa" (Lepsius 1991a), verstanden werden. *Integrationstheorie* sind demnach theoretische Aussagen über die den Integrationsprozess befördernden oder behindernden Mechanismen und Kontextfaktoren, über Bedingungen, Triebkräfte, Verlaufsformen und Widersprüche des Integrationsprozesses, über die (Rück-)Wirkungen auf die anderen gesellschaftlichen Ebenen, Prozesse und Räume.

Integrationstheoretische Ansätze und Argumente können entsprechend ihrer analytischen Foci entlang mehrerer Achsen klassifiziert werden. Hier soll zwischen einer *Mikro- und Makroperspektive* unterschieden werden. Unter ersterer sollen diejenigen Ansätze subsumiert werden, die sich auf das politische System auf europäischer Ebene konzentrieren und deren Ergebnisse sich weitestgehend aus dem Zusammenwirken der „Brüsseler" Akteure erklären. Der zentrale oder die zentralen Integrationsmechanismen werden *endogen* verortet, innerhalb des europäischen politischen Mehrebenensystems. Als relevante Kontextfaktoren werden die inneren betrachtet. Eine Makroperspektive stellt demgegenüber *exogene Integrationsmechanismen*, also externe Akteure oder Prozesse, die nicht als konstitutive Elemente des (politischen) Integrationsprozesses betrachtet werden können, sowie äußere Kontextfaktoren in den Vordergrund.

Während Integrationsmechanismen als eigentliche „Produktionsstätten" politischer Integrationsprozesse verstanden werden können, etwa im Sinne der von Delors im Eingangszitat zu diesem Abschnitt beschriebenen „Methode Jean Monnet", sind Kontextfaktoren die Determinanten der Konstituierung des *Integrationsinteresses* von Akteuren. *Kontext*faktoren sind also sehr wohl integrationsrelevante Faktoren, können aber nicht als Elemente des (politischen) Integrationsprozesses verstanden werden. Dies schließt nicht aus, dass ihnen Kausalität zugeschrieben werden kann, aber eben nur *vermittelt*, vor allem über politische Interessenvermittlungsprozesse auf nationaler und supranationaler Ebene. Unter *äußeren Kontextfaktoren* sind Einflussgrößen auf globaler Ebene (ökonomisches, politisch-militärisches, kulturelles Weltsystem) zu verstehen, unter *inneren* die nationalen Gesellschaften in der EU, in deren Rahmen sich nach wie vor zentral Interessen formieren und politische Integrationsprojekte formuliert werden. Die National*staaten* sind in mehrerer Hinsicht konstitutiv für den Integrationsprozess: Sie stellen die Implementationsorgane, aber auch die Legitimationsverfahren, auf denen die europäische Integration im Ganzen ruht. Nach Lepsius stellen sie die „erforderlichen Puffer" dar, „die die EG von nationalen Emotionen und Protesten, regionalen Krisen und Beschäftigungsschwankungen abschirmen. Die Nationalstaaten übernehmen, soweit sie funktionstüchtig bleiben, gewissermaßen die Funktion von Filtern, die die Legitimität der EG stützen" (Lepsius 1991b: 38).

Und es sind die nationalen politischen Systeme, die die unbestreitbar mächtigsten Akteure des regionalen Integrationsprozesses generieren, die (nationalen) Regierungen. Zentraler Integrationsmechanismus ist die Aushandlung und die Unterzeichnung von Verträgen durch Regierungen, eine Tatsache, auf der die – allerdings reduktionistische – Argumentation der neorealistischen Integrationstheorie aufbaut (Moravcsik 1993, 1998, 1999).

Politikwissenschaftliche wie soziologische Beiträge zur Integrationstheorie und -forschung haben sich vorwiegend mit den endogenen Integrationsmechanismen[1] und inneren Kontextfaktoren der europäischen Integration beschäftigt. Die europäische Integration ist von Soziologen/-innen als ein durch eine Vielzahl von *Asymmetrien und Asynchronitäten*, durch den unterschiedlichen Entwicklungsstand *sozialer und systemischer Integration* charakterisierter Prozess beschrieben worden (Lepsius 1991b; Gerhards 1993; Münch 1993; Immerfall 1997; Habermas 1998; Boje et al. 1999; Buchmann 1999; Therborn 1999). Die meisten Beiträge orientierten sich an der Frage, ob und inwieweit von europäischer *Gesellschafts*bildung gesprochen werden kann, insbesondere

---

[1] In den Kern der Debatte um die relevanten Integrationsmechanismen sind vor allem Lepsius und Bach gestoßen. Lepsius forderte 1991 zur soziologischen Analyse der „Entstehung und Funktion von supranationalen Steuerungsebenen" auf, als notwendige Ergänzung der vergleichenden Erforschung der Struktur und Entwicklung der westeuropäischen Nationalstaaten. Das Neue an der EU sei die „Herausbildung einer neuen Bezugsebene" im Sinne einer „die einzelnen Staaten übergreifenden Entscheidungs- und Steuerungsebene, die bestimmte Teilbereiche aus der Kompetenz der Staaten herauslöst und auf eine eigenständige Ebene überträgt" (Lepsius 1991a: 309). Nach der Bachschen These des bürokratischen Charakters des Integrationsprozesses sind wir konfrontiert mit einem „epochalen Prozess einer technokratischen Regimebildung", getragen von einer „expertokratischen Funktionselite".

als strukturelle Voraussetzung für die weitere Entwicklung der europäischen Integration als europäischer Staatsbildung. Nur selten galten Überlegungen der Frage, ob gesellschaftliche Veränderungen als *Folge* der europäischen Integration analysiert werden müssen.[2]

Soziologische Überlegungen sind in die disziplinenübergreifende sozialwissenschaftliche Erforschung verschiedener Aspekte und Kontextfaktoren des Integrationsprozesses eingeflossen; eine Theorie der „Entstehung und Funktion von supranationalen Steuerungsebenen" (Lepsius) *als Verbindung einer Mikro- und Makroperspektive* im genannten Sinn wurde nicht anvisiert.

III. Regionale Integration und Weltsystemtheorie

Die Vernachlässigung des internationalen Kontextes des europäischen Integrationsprozesses war eine der zentralen Schwächen der älteren Integrationstheorie (vgl. George 1996: 57ff, 281ff.). Schmitter (1996a: 13) stellte fest, dass die Entwicklung der europäischen Integration ab Mitte der 70er Jahre stärker auf „external trends and shocks" als auf die postulierten neofunktionalistischen Integrationsmechanismen zurückgeführt werden muss. Eine Theorie regionaler Integrationsprozesse aus weltsystemtheoretischer Perspektive müsste solche Faktoren zentral thematisieren; in diesem Abschnitt soll rekonstruiert werden, ob und wie weit es eine solche „weltsystemtheoretische Integrationstheorie" gibt.

Für die *Weltsystemtheorie* ist die Vorstellung methodologisch zentral, dass mit der kapitalistischen Weltökonomie ein System entstand, das nicht mehr nur von einem Akteur gestaltet werden konnte und somit eine Eigenlogik hat, die als äußerer Zwang auf seine Elemente wirkt.[3] In dieser Perspektive ist das Weltsystem die angemessene „analytische Bezugsgröße"; einzelne Elemente werden von der Evolution der Strukturen des gesamten Systems her betrachtet. Damit gibt sie das Verfahren auf, „als Analyseeinheit entweder den souveränen Staat oder den unschärferen Begriff ‚nationale Gesellschaft' zu nehmen"; Wallerstein argumentiert vielmehr, „dass beide nicht als soziale Systeme gelten können, dass man aber nur angesichts von sozialen Systemen von sozialem Wandel sprechen kann. Das einzige soziale System [ist] in diesem Schema das Weltsystem" (Wallerstein 1986: 18; vgl. dazu Chase-Dunn und Hall 1997: 11ff.).

Staaten sind nach Wallerstein (1983: 218ff.) neben Klassen, ethno-nationalen Statusgruppen und Haushalten einer der vier grundlegenden Institutionentypen der Weltökonomie. Aus der Diskrepanz zwischen weltweiter ökonomischer Einheit und nationalstaatlicher Vielheit des Weltsystems ergibt sich eine der drei für die Weltsystemtheorie zentralen, permanenten Antinomien (*economy-polity-antinomy*, vgl. Chase-Dunn 1981). Staaten können, entsprechend der strukturellen Rolle, die das jeweilige Land zu einer bestimmten Zeit in der Weltwirtschaft spielt, als zentral, peripher oder semiperi-

---

2 Als Beispiel dafür mögen die Thesen Schäfers' (1999) zur Analyse der „Europäisierung der Sozialstrukturen" (verstanden als „Gesamtheit aller Prozesse, die zu Veränderungen führen, weil es die Bezugebene Europa gibt"), dienen.

3 Zum Theoriehintergrund und zur Kritik an der Weltsystemtheorie siehe Skocpol (1977), Janowitz (1977), Blaschke (Hg., 1983), Imbusch (1990), Shannon (1996).

pher charakterisiert werden, „und zwar insofern, als die politischen Strukturen des Staates tendenziell von den Bedürfnissen der beherrschenden [Wirtschafts-]Zonen bestimmt werden" (Hopkins und Wallerstein 1979: 174).

Gegenüber den Theorien, die Faktoren wie interne politische Konflikte als Determinante von Staatlichkeit in den Vordergrund rücken, betonen weltsystemtheoretische Ansätze die *externen Faktoren*.[4] Staatlichkeit entwickelt sich in Abhängigkeit davon, welche wirtschaftliche Tätigkeiten in dem von ihr umfassten Raum die bestimmenden sind.

Diese Tätigkeiten werden aber auch politisch beeinflusst, „manchmal aufgrund von Veränderung der politischen Grenzen, häufiger jedoch aufgrund bewussten staatlichen (oder staatlich gestützten privaten) Handelns an bestimmten Wendepunkten in den Zyklusmustern der Weltwirtschaft", und zwar indem Staaten „in den natürlichen Gang des Weltmarktmechanismus ‚eingreifen' – um Monopole zu schaffen oder abzuschaffen, Produktionsaktivitäten zu subventionieren oder zu verteuern, die erzeugten Güter zu vernichten oder durch Zölle zu schützen" (Hopkins und Wallerstein 1979: 174).

Daraus leiten Hopkins und Wallerstein (1979: 174) ab, dass die Stärke von Staaten, verstanden als „Fähigkeit, ihre Politik gegen Widerstand im Innern und Opposition von außen durchzusetzen", eine entscheidende Variable im Prozess des zyklischen Funktionswandels in der Weltwirtschaft ist. Die Stärke des Staatsapparates verändert sich mehr oder minder direkt mit dem Grad der „Zentralität" (ebd.; vgl. Wallerstein 1983: 218f.). In diesem Sinne verfügen Staaten über (aufwärts- oder abwärtsgerichtete) Mobilität.

Aus weltsystemtheoretischer Sicht ist der europäische Integrationsprozess in erster Linie als Prozess im Zusammenhang mit globaler Hegemoniebildung thematisiert worden. Hopkins und Wallerstein (1979: 175ff.) bestimmen *Hegemonie* als Muster innerhalb des Zentrums des Weltsystems, in dem ein Staat im Verhältnis zu anderen Zentrumsstaaten hinsichtlich der Leistungsfähigkeit gleichzeitig in den drei Hauptwirtschaftsbereichen (Produktion, Handel, Finanzen) dominant ist (vgl. Chase-Dunn und Hall 1997: 94ff.). Der Gegenbegriff ist derjenige der *Rivalität*; dies ist der Fall, wenn in diesen Bereichen keine eindeutige Dominanz festzustellen ist. Da Hegemonie die Überlegenheit einer Macht in Bezug auf jeden Aspekt des Marktes bedeutet, besteht die Hauptfunktion des Staatsapparates der Hegemonialmacht darin, die Marktmechanismen im Weltsystem möglichst offen zu halten. In einer Periode des Niedergangs einer Hegemonialmacht, insbesondere wenn diese mit einer weltwirtschaftlichen Abwärtsbewegung gekoppelt ist, versuchen andere relativ starke Staaten, merkantilistische Barrieren aufzubauen, wenn möglich unter Einschluss einer eigenen Einflusszone („Zollgebiet").

Die EU wird aus weltsystemtheoretischer Sicht interpretiert als Manifestation der Existenz eines (west)europäischen Zentrums um den „Kern" Deutschland und Frank-

---

4 Dass die Art und das Ausmaß der Einbindung des Territoriums in das Weltsystem dessen Staatlichkeit stärker prägt als innere Faktoren, wurde von mehreren Autoren (Cameron 1978; Boli-Bennett 1980; Schmidt 1982; Bornschier 1988: 283f.) zumindest für einen Zusammenhang empirisch nachgewiesen: Je stärker die Außenhandelsorientierung, und damit die Eingliederung in die direkte Weltmarktkonkurrenz, desto höher die Staatsquote und desto größer der Teil der staatlichen Ressourcen, der zur sozialstaatlichen Redistribution verwendet wird.

reich herum (George 1991: 68); den europäischen Institutionen wird geringe Bedeutung zugemessen.[5]

Eine Situation verschärfter Rivalität der Zentrumsstaaten, verbunden mit der tendenziellen Auflösung der ursprünglich von der Hegemonialmacht gestalteten internationalen Regime, wird, so das Argument der Weltsystemtheorie, politische Versuche zur Folge haben, abhängige ökonomische Zonen um die einzelnen Zentren zu schaffen. Diese werden dabei relativ geschlossen gegenüber Durchdringungsversuchen rivalisierender Zentren gestaltet. Zu Schlüsselelementen werden dabei ein hoher Grad innerer Handelsverflechtung, innerer Wechselkursstabilität (unter Umständen die Schaffung einer einheitlichen Währung) und die Konstruktion politischer und ideologischer Verbindungen zur Konsolidierung dieser Beziehungen und des Ausschlusses von Drittparteien aus dieser Zone. Die Existenz einer ökonomischen Zone um ein Zentrum bedeutet nicht, dass die wirtschaftlichen Aktivitäten der Unternehmen sich auf diese Zone beschränken. Die Situation ist auf Grund expansionistischer Tendenzen nicht stabil; der ständige Druck, weitere geographische Gebiete in die eigene Zone zu inkorporieren und mittels Handel oder Direktinvestitionen in die Zone rivalisierender Zentren einzudringen, führt zu politischen Spannungen. „The political authorities within the economic zone will become caught up in what amounts to an attempt to integrate the world economy around a single core, and economic and political tensions will grow between the rival cores and their dependent economic zones" (George 1991: 55f.).

Auch weltsystemtheoretische Arbeiten verweisen auf historisch-kulturelle Faktoren als Hindernisse für Integrationsprozesse.[6]

Obwohl in den 60er und 70er Jahren das Verhältnis USA-Westeuropa und die Funktion des europäischen Integrationsprozesses in diesem Zusammenhang kontrovers diskutiert wurden,[7] bleibt das Verhältnis zwischen europäischer Integration und der „atlantischen Integration" zur Zeit der US-Hegemonie in der Weltsystemtheorie weitgehend ungeklärt.[8] Heute wird die europäische Integration fast ausschließlich als *In-*

---

5 „By focussing attention on the structure of the world economy, and on the existence of rival economic cores within that world economic structure, it denies the fundamental importance of the concept of the European Community itself" (George 1991: 68).

6 „At any point in time national sentiments, language and cultural differences make supranational integration difficult, as is well illustrated by the EEC. These "historical" factors may be traced back to the long-run processes of state-formation and nation-building, and these processes have themselves been conditioned by the emergence of the commodity economy over the past 500 years" (Chase-Dunn 1989: 150).

7 Siehe die Debatte in Westeuropa im Anschluss an Servan-Schreibers *Die amerikanische Herausforderung* (1968).

8 Am weitesten sind diesbezügliche Überlegungen im Umfeld des Ansatzes der *Globalen Politischen Ökonomie* entwickelt worden; siehe v.a. die Arbeiten van der Pijls (1983, 1984, 1998). Nach van der Pijl war die „intra-europäische Integration" in den 50er und 60er Jahren ein Aspekt der „Atlantischen Integration". Als solche übernahm sie in den 50/60ern Funktionen der „Amerikanisierung" Westeuropas, nämlich indem sie die Einführung fordistischer Massenproduktion und -konsumtion erleichterte und die westeuropäischen Ökonomien dem US-amerikanischen Kapital öffnete. Grundlage dafür war der Interessenausgleich zwischen einer atlantisch orientierten *corporate-liberal* und einer ein „euronationales Konzept" vertretenden *state-monopolist* Bourgeoisie in Westeuropa.

strument der europäischen Staaten in der gegenwärtigen Hegemonialauseinandersetzung betrachtet.[9] Für George (1991: 59) können alle signifikanten Fortschritte des Integrationsprozesses verstanden werden als Antwort auf die Dominanz der USA, ihren Abstieg als Hegemonialmacht, und die Versuche seit den 80er Jahren, diesen Prozess wieder umzukehren.

Bornschier hat das Argument von regionalen Integrationsprozessen als Strategie in der Triadenkonkurrenz am weitesten entwickelt (Bornschier 1998, 1999, 2000). Er unterscheidet zwei Kräfte, die sich von Anfang an im System der Neuzeit gegenüberstehen: das Territorialprinzip, bezogen auf eine soziale Gruppe in einem Territorium, und die kapitalistische Logik der freien Ausnutzung von wirtschaftlichen Chancen auf Märkten, die im Kern immer transterritorial waren (Bornschier 1998: 254ff.). Diesen Prinzipien entsprechen zwei ideologische Ausformungen: Nationalismus und Liberalismus. Die daraus resultierende Spannung bestimmt die konkrete Ausformung von kapitalistischer Entwicklung und von Staaten. Nicht nur den ökonomischen Akteuren, sondern auch den Staaten als Teilnehmern des Weltgeschehens wird durch den Wettbewerb auf dem Weltmarkt eine Verhaltenslogik aufgezwungen, die den möglichen Handlungsspielraum einschränkt. Weltwirtschaft ist aber wesentlich auch „das Ergebnis von privat-organisationellen Strategien, die durch hohe Konzentration und Zentralisierung möglich werden und die diese Marktkräfte modifizieren und schwächen", und von Versuchen verschiedener ökonomischer Gruppen, „Einfluss auf den Staat zu nehmen, um über staatsherrschaftliche Eingriffe die Kräfte der Weltwirtschaft zu beeinflussen" (Bornschier 1980a: 26). Staaten sind in ihrem Handeln immer am stärksten beeinflusst worden durch die Verhältnisse, die außerhalb ihrer territorialen Herrschaft lagen. In der Folge sind dem Staat eine Reihe von Funktionen aufgezwungen worden durch ein System, das immer größer gewesen ist als jeder einzelne Staat. Sie konkurrieren im Rahmen der Weltwirtschaft wesentlich über den staatlich bereitgestellten Produktionsfaktor ‚soziale Ordnung'. Für Bornschier ist die resultierende (zwischen-)staatliche Verhaltenslogik mit derjenigen vergleichbar, der Firmen in einem Markt ausgesetzt sind: Staaten können im Wettbewerb kooperieren, strategische Allianzen bilden oder sogar fusionieren. Der europäische Integrationsprozess ist danach eine *außeninduzierte „Fusion" von Staaten unter dem Druck der Triadenkonkurrenz* (Bornschier 1998: 364ff.). Die Einheitliche Europäische Akte (EEA) von 1985 war dabei die „entscheidende Schaltstelle auf dem Weg der europäischen Wirtschaftsintegration in Richtung auf eine neue und zusätzliche Staatsform in Europa" (ebd.). An die Arbeit von Sandholtz und Zysman (1989) anknüpfend hat Bornschier die These eines „Elitenpaktes" zwischen transnationalen Wirtschaftsinteressen und dem supranationalen „politischen Unternehmer", der Kommission, weiter entwickelt und auf das Theorem der Protektionsrenten bezogen: Die europäischen Konzerne fragten die Vorteile der Standorte ihrer Konkurrenten in den USA und Japan, ein großer homogener „Heimmarkt" und strategische Planung in der Technologieförderung, bei der Kommission nach (Bornschier 2000). Als Kausalmechanismus für den Integrationsschub der 80er Jahre kann

---

9 Vgl. Wallerstein (1979: 60): „Der wirtschaftliche Aufstieg Westeuropas, der einerseits notwendig geworden war, um den US-Exporten und -Investitionen Märkte zu verschaffen, andererseits, um dem militärischen Vorstoß der UdSSR zu begegnen, bedeutete über Zeit, dass die Staatsstrukturen Westeuropas kollektiv ebenso stark wurden wie die der USA."

also „Nachfrage und Angebot von Staatsleistungen" gelten. Darüber hinaus wird eine Reihe integrationsrelevanter Kontextfaktoren genannt. Die Konvergenz nationaler Wirtschaftspolitiken war eine Folge der Zersetzung des Nachkriegs-Gesellschaftsmodells, die ehemals zentralen Theorien wie der Keynesianismus wurden durch neoliberale und angebotsorientierte Doktrinen ersetzt.[10] Der relative Abstieg der USA als Hegemonialmacht, verknüpft mit dem genannten Prozess, führte zu einer Krise der internationalen Regulation, der internationalen Regimes. Auch wenn der Einfluss dieser Determinanten des europäischen Integrationsprozesses in den Arbeiten Bornschiers nicht in allen Fällen gleich umfassend empirisch nachgewiesen wird, handelt es sich doch um einen komplexen theoretischen Erklärungsansatz für den Integrationsschub der 80er Jahre aus Weltsystemperspektive.

Dennoch erstaunt es, dass in weltsystemtheoretischen Arbeiten dem europäischen Integrationsprozess insgesamt wenig Aufmerksamkeit geschenkt wurde. Denn ob die „Bündelung" des Gewichts der europäischen Ökonomien und Staaten und seine Transformation in politische Handlungsfähigkeit gelingt, oder ob sie auf Grund interner Widersprüche nicht zustande kommt – und in diese Richtung deutet die Diskussion –, dies wird entscheidende Konsequenzen für die Triadenkonkurrenz haben. Die inzwischen breit akzeptierte These, dass das gegenwärtige Weltsystem die Logik der Abfolge einzelstaatlicher Hegemonien transzendiert habe (vgl. Goldfrank 1999; Bornschier 1999), müsste das Interesse an Prozessen regionaler (wie globaler) Integration verstärken. Die ökonomischen Verflechtungen zwischen Nordamerika, Japan und Europa, aber auch die politisch-militärischen Interdependenzen haben ein Ausmaß erreicht, das „rivalisierende Interessen" in historisch neue Austragungsformen lenken dürfte[11] – auch ein Prozess, in dem neben internationalen auch supranationale Institutionen an Bedeutung gewinnen werden.

IV. Hegemonialmacht und Weltmarktkonkurrenz

Zur Beantwortung der Frage der Relevanz exogener Faktoren für den europäischen Integrationsprozess wurden weltsystemtheoretische Ansätze auf diesbezügliche theoretische Argumente hin geprüft. In diesem Abschnitt soll anhand zweier entscheidender historischer Etappen des europäischen Integrationsprozesses die Relevanz zweier exogener Faktoren, nämlich des „externen Föderators" und der Triaden- resp. Weltmarktkonkurrenz, explorativ untersucht werden.

---

10 Vgl. dazu Ziltener (2000a).
11 Junne (1999: 116) spricht von „managed rivalry": „State intervention will increase again in the aftermath of neo-liberalism. Different traditions will ensure that state activities take different forms in the different trade blocs, which will lead to a new generation of trade conflicts."

1. Die Initiierung des westeuropäischen Integrationprozesses

> „... we know that there is no possibility of Europe becoming the kind of an economy that will make it a great factor of strength in the Atlantic community unless we break down the barriers between those seventeen political sub-divisions with which we are working ... so that you can have a single market, or something close to it, in which you can have large-scale manufacturing because you have a large market in which to sell."[12]
> *Paul Hoffmann*, Leiter der US-Economic Cooperation Administration (ECA), 1950

Die neofunktionalistische Theorie betonte für den Fall des europäischen Integrationsprozesses das Fehlen eines *federalizer* oder eines *catalytic agent*, worunter Haas (1971: 4) eine kolonialisierende Elite, einen militärischen Eroberer oder einen Hegemonie anstrebenden Staat verstand. Diese Eingrenzung und der analytische Ausschluss der Faktoren Souveränität, militärischer Macht und Machtgleichgewichte[13] führten zu dieser Einschätzung. Allerdings beziehen sich diese Aussagen auf das „innere" Funktionieren des einmal in Gang gesetzten Integrationsprozesses und nicht auf dessen Initiierung.

Für Integrationsforschung, die Prozesse außerhalb Europas berücksichtigt, steht die Frage der externen Akteure im Vordergrund. Mols (1996: 36) spricht davon, dass „es praktisch keine regionale Integration ohne die Mitwirkung externer Föderatoren" gebe; dies sei „ein eindeutiger Konvergenzpunkt in der Integrationsliteratur". Das lässt sich für die auf die europäische Integration bezogene Literatur nicht sagen, weder was politische noch was wirtschaftliche Akteure betrifft.

Historische Forschung hat das Ausmaß, in dem die US-amerikanische Regierung an der Initiierung und Ausgestaltung des westeuropäischen Integrationsprozesses beteiligt war, ans Licht gebracht.[14] Die US-Westeuropapolitik nach dem Zweiten Weltkrieg fügte sich ein in den Aufbau eines „amerikanozentrischen Systems" als einer asymmetrischen Kooperationsstruktur, in der die USA einige Anpassungen an die Bedürfnisse ihrer Alliierten vornahmen, während sie andererseits Anpassungsleistungen von ihnen verlangten (Keohane 1984: 182). Das Interesse an einem regionalen Integrationsprozess ergab sich aus dem Kontext des Kalten Krieges (vgl. George 1996: 57ff.). Die Gesellschaften und politischen Systeme Westeuropas waren zu stabilisieren und ihre Volkswirtschaften nach US-amerikanischem Vorbild zu modernisieren, um den „Westen" in der Systemkonkurrenz zu stärken. Institutionen auf europäischer Ebene sollten die Zahl der Verhandlungspartner in Westeuropa reduzieren und die Risiken eines Wiederauflebens nationalistischer Politiken minimieren.

Die Wirtschaftshilfe der USA nach dem zweiten Weltkrieg war an bestimmte Bedingungen geknüpft, die in bilateralen Verträgen der Empfängerländer mit den USA

---

12 Die *Economic Cooperation Administration* war die von der amerikanischen Regierung geschaffene Behörde, die mit der Durchführung des Marshallplans beauftragt war. Aussage im *US-Senate Foreign Relations Comittee*; zitiert nach van der Pijl (1983: 286).
13 „The study of regional integration is concerned with tasks, transactions, perceptions, and learning, not with sovereignty, military capability, and balances of power" (Haas 1971: 4).
14 Dazu Milward (1984), Schröder (1994); aus diplomatiegeschichtlicher Perspektive vor allem Winand (1993), biographisch orientiert Duchêne (1994).

festgelegt wurden. Neben landesspezifischen handelspolitischen Konzessionen wurde darin der Modus der Nutzung der Mittel des *European Recovery Program (ERP)*[15] festgelegt; hier ist vor allem wichtig, dass die Empfängerländer auf eine verstärkte innereuropäische Kooperation verpflichtet wurden. Die amerikanischen Planer sahen in der Fragmentierung Westeuropas den zentralen Grund für dessen ökonomische Rückständigkeit, wie sie sich in den vergleichsweise niedrigen Wachstumsraten der Produktion und der Produktivität ausdrückten. Ihres Erachtens nach konnte es nur einem ökonomisch integrierten Westeuropa gelingen, ausreichende Skalenerträge und genügend Dynamik hervorzubringen, die eine Entwicklung in Richtung eines prosperierenden Wirtschaftsraumes auch nach dem Auslaufen der US-Hilfe gewährleisten würde.[16]

Die Politik der US-Regierung entsprach nicht in jeder Hinsicht den Interessen der US-Wirtschaft. Die US-Industrie stand politischen Integrationsprozessen skeptisch gegenüber und favorisierte den britischen Vorschlag einer europäischen Freihandelszone (Winand 1993: 119). Zur Verhinderung eines potentiell protektionistischen westeuropäischen Blockes sah die US-Regierung Freihandelsvereinbarungen auf internationaler Ebene vor.

Die US-amerikanischen Pläne ließen sich auf Grund des anhaltenden Widerstandes integrationsskeptischer Länder nicht direkt implementieren, insbesondere weil Großbritannien die angebotene Führungsrolle im Vereinigungsprozess nicht übernehmen wollte. Klar war auch, dass zu direkte Einflussnahme zu nationalen Gegenreaktion führen würde, sodass der Weg des „sanften Druckes" (Knüpfung von Bedingungen an Hilfeleistungen) und die Mobilisierung der öffentlichen Meinung über wichtige europäische Politiker eingeschlagen wurde. Winand (1993) beschreibt detailliert das damalige Netzwerk von „europäischen" Politikern wie Jean Monnet und den sog. *American Europeanists* in der US-Politik und Wirtschaft als „the Euro-American intelligentsia for the uniting of Europe" und zeichnet nach, wie dieses in häufigen transatlantischen Kontakten Interessen abstimmte und wichtige Projekte formulierte, normalerweise jenseits der offiziellen Regierungskanäle.[17] Den Höhepunkt erreichte dieser transatlantische Elitenpakt während der Amtsperiode von US-Außenminister John Foster Dulles (1953–1959), als dieser mit Monnet, Adenauer und dem ersten Kommissionspräsidenten Hallstein enge Kontakte pflegte.

Erfolgreiche US-amerikanische Einflussnahme kann nicht nur indirekt, im Sinne einer Erhöhung der Integrationsbereitschaft der beteiligten Akteure, sondern auch di-

---

15 *European Recovery Program* war der offizielle Titel des sog. Marshallplans. Folgendes beruht auf van der Wee (1984), Hogan (1987), Armstrong, Glyn und Harrison (1984), Herbst, Bührer und Sowade (Hg., 1990), Holman und van der Pijl (1993).
16 Dazu das Eingangszitat dieses Abschnittes; vgl. auch Hogan (1984: 3ff.), van der Wee (1984: 503). Pelkmans (1992: 3) verweist darauf, dass nicht ökonomische Theorien über die zu erwartenden Folgen wirtschaftlicher Liberalisierungsprozesse im Verhandlungsprozess, der zum Abschluss des EWG-Vertrages führte, wichtig waren, sondern OEEC-Produktivitätsvergleiche zwischen US- und westeuropäischen Unternehmen.
17 „A simple lunch between, say, Jean Monnet, who then headed the Action Committee for the United States of Europe, Kennedy, and Under Secretary George Ball or White House Adviser McGeorge Bundy, probably did more to promote the views of Jean Monnet and his fellow European "conspirators" than any *official* visit by European statesmen" (Winand 1993: XV); vgl. dazu auch Monnet (1980: 345ff., 585ff.).

rekt nachgewiesen werden, nämlich auf die Ausgestaltung der Gründungsverträge. Die US-Regierung drängte auf starke supranationale Elemente im Vertrag über die Europäische Gemeinschaft für Kohle und Stahl (EGKS), sie stellte eine Verbindung zwischen dessen Ausgestaltung mit möglichen Krediten an die neue Behörde her (Winand 1993: 52).[18] Wichtige Passagen des EGKS-Vertrages entstanden in Zusammenarbeit mit US-amerikanischen Diplomaten und Experten der US-Botschaft in Paris (ebd.: 21ff.). Neben dem oft erwähnten Einfluss französischer regulatorischer Konzepte auf den Schuman-Plan ist der EGKS-Vertrag auch stark von der US-amerikanischen Anti-Trust-Gesetzgebung, insbesondere dem *Clayton Act* geprägt.[19] Im ersten Vertragsentwurf war sogar ein generelles Kartellverbot ohne Ausnahmen vorgesehen, was sich dann aber so nicht verwirklichen ließ. Die Bedeutung der entsprechenden Bestimmungen darf aber nicht unterschätzt werden; es handelt sich um etwas für Europa historisch Neues (vgl. Duchêne 1994: 215), den Beginn einer europäischen Wettbewerbspolitik nach US-amerikanischem Vorbild (vgl. Majone 1991). Auch im Vertrag zur Gründung der Europäischen Wirtschaftsgemeinschaft (EWG) sind Elemente einer Anti-Kartell-Politik nach US-amerikanischem Vorbild zu finden; Art. 85 und 86 des EWG-Vertrages gleichen stark Art. 1 und 2 des *Sherman Act*. Die Ausgestaltung des europäischen Gerichtshofes (EuGH) ist in vielem beeinflusst vom US-*Supreme Court*.

Die Initiierung des (west)europäischen Integrationsprozesses ist auf einen „transatlantischen Pakt" zwischen den *nationalen*, vorwiegend *politischen* Eliten Westeuropas und der Hegemonialmacht USA zurückzuführen. Das Interesse der USA an einer Integration eines wirtschaftlich erholten Westeuropas in den westlichen Block unter US-Führung traf auf das Interesse der Eliten Westeuropas an einer ökonomischen Modernisierung und gesellschaftlichen Stabilisierung. Der effektive, direkte und indirekte Einfluss der USA auf Initiierung und Ausgestaltung des Integrationsprozesses in der westeuropäischen Literatur – nicht nur in den Memoiren beteiligter Politiker, etwa denjenigen Jean Monnets (1980), sondern auch in politikwissenschaftlichen Arbeiten – häufig verdrängt und lange vernachlässigt, lässt sich belegen. Die Interessen der Hegemonialmacht können nicht nur als äußerer Kontextfaktor der europäischen Integration

---

18 Aus Sicht der USA war die EGKS ein wichtiger Schritt weg vom Besatzungsregime in der Ruhr-Stahlproduktion. So sollte die Grundlage für einen *take off* der Automobilproduktion, der Leitbranche fordistischer Ökonomien, gelegt werden. Der bereits zitierte Paul Hoffman, selber aus der amerikanischen Automobilindustrie kommend und *European Cooperation Administrator*, sagte vor US-Senatoren: „Henry Ford introduced us to that new principle, and when he did so, he started a revolution that we are still benefiting by, and I think the Schuman Plan may have that result in Europe" (zitiert nach Holman und van der Pijl 1993: 6); vgl. Djelic (1998).

19 Duchêne (1994: 213) beschreibt die „kartellkritische" Wendung Monnets als Überraschung für viele in den Prozess involvierte politische Akteure. Die Beteiligung US-amerikanischer Experten wird in der Person eines Harvard-Juristen, Robert R. Bowie, der die antikartellistischen Artikel verfasst habe, benannt (ebd.). Monnet (1980: 375) selber behauptet rückblickend, dass ihm eine Antitrustgesetzgebung „für die Stärkung Frankreichs notwendig erschien", und dass dafür damals – „wenn ich mich recht erinnere" – juristischer Rat bei einem französischen Rechtsprofessor eingeholt wurde. An anderer Stelle beschreibt er explizit die US-amerikanische Opposition gegen eine kartellistische Ausgestaltung der EGKS (384f.) oder eine protektionistische Abschirmung des Gemeinsamen Marktes (586).

gewertet, vielmehr muss die US-Regierung in den ersten fünfzehn Jahren nach dem Zweiten Weltkrieg in ihrer Funktion als „externer Föderator" gesehen werden.

In den 50/60er Jahren funktionierte die EG dort optimal, wo sie Funktionen für nationale politische Eliten übernahm bei der Problemlösung im Rahmen nationaler Modernisierungsstrategien. Die europäischen Institutionen *assistierten* in den 50/60er Jahren den (erfolgreichen) nationalen Entwicklungswegen.[20] Den Nationalstaaten kamen die wichtigsten und meisten Staatsfunktionen zu, auch die Förderung weltmarktorientierter Großunternehmen, der sog. *national champions*. Zu einer Neuaufteilung dieser Funktionen kam es im Verlaufe des Integrationsschubes der 80er Jahre.

2. Der Integrationsschub seit den 80er Jahren

> „The European market must serve as the unified ‚home' base necessary to allow European firms to develop as powerful competitors in world markets"
> Memorandum des *European Roundtable of Industrialists (ERT)* an EG-Kommissar E. Davignon, Juni 1983.

a) Der neue transnationale Elitenpakt. In den 70er Jahren waren die transnationalen Konzerne in Westeuropa vor allem mit der Abwehr einer ihren Interessen zuwiderlaufenden Gesetzgebung auf europäischer Ebene beschäftigt.[21] Unter dem Eindruck der Krise der 70er Jahre und der Weltmarkterfolge japanischer Unternehmen fand in der EG-Kommission eine strategische Reorientierung statt. Der belgische EG-Kommissar Etienne Davignon, ab 1976 für den Bereich Industrie und Gemeinsamer Markt zuständig, war diesbezüglich Vordenker und maßgeblich Mitgestalter. Die Förderung europäischer transnationaler Unternehmen wurde als zentraler Hebel zur Steigerung der Wettbewerbsfähigkeit Westeuropas gesehen. Von der Seite der Unternehmen her wurde der Wandel bemerkt und begrüßt; die direkte Lobbying-Tätigkeit in Brüssel stieg an, und die europäischen Institutionen wurden als wichtige strategische Ansprech- und Bündnispartner „entdeckt". Die nationalen Anti-Krisenstrategien der 70er Jahre mit ihren protektionistischen Elementen und ihrer fragmentierenden Wirkung auf den Gemeinsamen Markt waren von einer Reihe von europäischen transnationalen Konzernen zunehmend als Hindernisse für die Steigerung ihrer Wettbewerbsfähigkeit auf dem Weltmarkt wahrgenommen worden.

Auf Davignons Initiative hin kam es 1980, nach Vorbild von *business roundtables* in den USA, zur Gründung eines ersten sog. *Roundtable* aus Vertretern europäischer Großunternehmen aus dem Bereich der Informationstechnologie[22] als bevorzugtem

---

20 Den Begriff des *Assistierens* verwendet George (1991: 59); etwas genauer könnte man von *Komplementarität und Absicherung* sprechen, die europäische Ebene in dieser Zeit also als eine die nationale Staatlichkeit komplementierende Ebene verstehen (Ziltener 1999). Ähnlich verstehen Busch und Puchala (1976) die damalige EG, nämlich als „symbiotisch und komplementär" zu den Nationalstaaten; vgl. auch Ross (1992: 52).

21 Eine tendenziell gegen die transnationalen Konzerne gerichtete Politik gab es in dieser Zeit auch in der UNO und in der OECD (vgl. Green 1993: 6).

22 Es handelt sich um die damals zwölf auf diesem Gebiet größten europäischen Firmen, nämlich Siemens, Nixdorf, Olivetti, Thomson CSF, GEC, ICI, AEG, Plessey, Philips, CGE, CII-Honeywell Bull, STET (Parker 2000); vgl. dazu auch Sandholtz (1992).

Gremium zur Aushandlung politischer Initiativen auf europäischer Ebene.[23] 1984 wurde als Ergebnis dieser Kooperation das *European Strategic Programme for Research and Information Technologies (ESPRIT)* verabschiedet, das als „Flaggschiff" der gesamten europäischen F&E-Politik deren Ziele und Verfahren seither maßgeblich prägt (vgl. Grande und Häusler 1994). Das Gebiet der europäischen Forschungs- und Technologiepolitik war das erste, auf dem, einige Zeit vor der eigentlichen *take off*-Phase des Integrationsschubs, ein qualitativer Durchbruch neuer transnationaler Kooperationsformen stattfand.

Nach Green (1993: 4f.) begannen führende Industrielle damit zum ersten Mal in der Geschichte der EU „to take an active role in promoting a European political solution to their business concerns". Bornschier (2000) belegt, dass Westeuropa in der Triadenkonkurrenz nicht mit der *Zahl* transnationaler Konzerne untervertreten ist, sondern dass deren *Größe* im Vergleich mit den US-amerikanischen und japanischen deutlich abfällt: Sie sind nach Vermögenswerten im Schnitt halb so groß wie ihre Konkurrenten (vgl. auch Bergesen und Fernandez 1999). Aus dieser Situation lässt sich das Interesse an einer Steigerung der Skalenerträge mittels der Schaffung eines großen „Heimmarktes" gut erklären.

Die Zusammenarbeit Kommission – transnationale Unternehmen traf in den frühen 80er Jahren auf Initiativen nationaler Regierungen, die aus der Sorge um ein mögliches Abgehängtwerden im Bereich der Hochtechnologie, insbesondere in Reaktion auf die SDI-Initiative der US-amerikanischen Regierung, ihre Bereitschaft zur Kooperation auf europäischer Ebene deutlich erhöht hatten.

b) Das Binnenmarkt-Projekt. 1982 begann Volvo-Chef Gyllenhammar, eine Initiative zur Förderung des Wachstums, der industriellen Entwicklung und der Infrastruktur zu propagieren, die er *„Marshall Plan for Europe"* nannte. Insbesondere rief er die europäische Industrie zur transnationalen Kooperation auf. In Kooperation mit Davignon betrieb er die Schaffung eines allgemeiner ausgerichteten europäischen Roundtables von Großunternehmern. 1983 traf sich eine kleine Gruppe europäischer Industrieller und zwei Kommissare, mit Unterstützung der sozialistischen französischen Regierung, in Paris. Die Unternehmer kamen aus den Firmen Fiat, Olivetti, Unilever, Volvo, ICI, Nestlé, ASEA, BSN, Thyssen, Shell, Philips, Compagnie de St.Gobain, Renault, Lafarge Coppée, Bósch, Ciba-Geigy und Siemens (ebd. 1993: 13). Das Pressecommuniqué gab als ersten Punkt der stattgefundenen Diskussion „the lack of a homogeneous Euro-market" bekannt (ebd.: Anm. 54). Daneben standen von Anfang an Projekte zur Verbesserung der Infrastruktur in Europa auf der Tagesordnung (Transport, Telekommunikation etc.)

1984 erstellte Wisse Dekker vom Philips-Konzern ein Thesenpapier (Europe 1990; vgl. Dekker 1985), das dann durch den *Roundtable of European Industrialists (ERT)* ge-

---

23 Vor dem britischen *House of Lords Select Committee on the European Communities* berichtete Davignon später, dass er bei seinem Amtsantritt das völlige Fehlen von Anreizen zur transnationalen Kooperation zwischen Unternehmen feststellte: „There was no incentive for cross-border co-operation. Every state had programmes, and very often they were good, but because they were of a national nature there was no incentive for cross-border co-operation" (zitiert nach Parker 2000).

billigt wurde. Seine Vorschläge zielten auf den Abbau aller tariflichen und nicht-tariflichen Handelshindernisse in Westeuropa, also der Bildung eines einheitlichen Marktes für Güter, Dienstleistungen, Kapital und Arbeitskräfte, sowie die Öffnung des öffentlichen Beschaffungswesens und die Harmonisierung der indirekten Steuern. Sie bildeten das Kernstück des „Weißbuches" (COM(85) 310 final), das 1985 von der Kommission dem Rat vorgelegt wurde (Green 1995; Fielder 2000). Darauf, dass in vieler Hinsicht neben der britischen auch die US-amerikanische Politik das 1992-Programm ordnungspolitisch beeinflusst hat, ist verschiedentlich hingewiesen worden.[24] Möglich wurde dessen Durchsetzung auf Grund der wirtschaftspolitischen Konvergenz der westeuropäischen Regierungen in den frühen 80er Jahren.[25]

c) Europäische Politik zur Schaffung weltmarktkonkurrenzfähiger Unternehmen. Die strategische Orientierung der Kommission hob sich aber von den vor allem in den USA und Großbritannien zum Zuge gekommenen wirtschaftspolitischen Konzepten ab. Nicht nur ein deregulierter europäischer „Heimmarkt" und verstärkter Wettbewerb, auch kritische Größe und Innovationsfähigkeit waren in der Auffassung der Kommission (1988) die Voraussetzungen für weltmarktkonkurrenzfähige europäische Unternehmen. Diese drei Faktoren sah sie in einem bestimmten Zusammenhang: „The relationship between competition and innovation is not linear and indeed there exists an optimal level of competition beyond which competition has an adverse effect on innovation because of the difficulty of allocating gains and the greater risks which obtain in highly competitive markets. The optimum market structure from the standpoint of innovation ought rather to promote strategic rivalry between a limited number of firms."[26]

Die Kommission entwickelte und systematisierte ihren strategischen Ansatz im Dokument *Industriepolitik in einem offenen und wettbewerbsorientierten Umfeld: Ansätze für ein Gesamtkonzept*[27] vom Oktober 1990. Sie reagierte damit auch auf die Kritik, der europäischen Politik mangele es an einem angemessenen konzeptionellen Rahmen.

---

24 Wegner (1991: 90) beschreibt dies als Neuorientierung nach den Misserfolgen mit makroökonomischen Stimulierungsprogrammen, als die Hoffnung wuchs, dass man „durch eine mikroökonomisch ausgerichtete Deregulierungsaktion großen Stils – ähnlich wie in den USA und Großbritannien – die Leistungs- und Anpassungsfähigkeit der europäischen Volkswirtschaften steigern könnte". Vgl. Colchester und Buchan (1990: 27): „The campaign tied in – or at least the barrier-breaking parts of it did – with the new fashion for liberal economic policies that had flowed in from President Reagan's America and Thatcherite Britain"; vgl. Swann (1988); Majone (1990).

25 Relative Konvergenz der Problembeschreibung, der ordnungspolitischen Grundorientierungen, insbesondere der nationalen Wirtschaftspolitiken, ist eine notwendige, aber nicht hinreichende Bedingung für politische Integration. Die Bedeutung relativer Konvergenz in den frühen 80er Jahren als Voraussetzung für die Revitalisierung des politischen Integrationsprozesses ist breit akzeptiert. Für Cameron (1992: 58f.) hat der allgemeine „rightward shift in the ideological center of gravity" die Einigung auf ein Integrationspaket um das Binnenmarktprojekt als Kern ermöglicht; „essential precondition for reform was the convergence of economic policy prescriptions of ruling party coalitions" (Moravcsik 1991: 21); vgl. auch Sandholtz und Zysman (1989: 108ff.); Schmitter (1996a: 6).

26 „The Economics of 1992", European Economy No. 35, March 1988, Zitat von S. 129.

27 KOM (90) 556, in: EG Bulletin, Beilage 3/1991.

Ausgangspunkt des Konzeptes ist die Feststellung, dass das Umfeld für die europäische Industrie deshalb schwieriger geworden ist, weil der Wettbewerb auf dem Weltmarkt und innerhalb des Binnenmarktes „immer globaler und gleichzeitig unerbittlicher" wird (ebd.: 9). Um in diesem Wettbewerb bestehen zu können, müsse die EU im technologischen Wettbewerb an vorderer Stelle stehen, hohe Produktivitätsgewinne erzielen, ausreichend in Ausbildung investieren und den raschen strukturellen Wandel akzeptieren, denn zu einer industriellen Strategie gebe es keine Alternative, wenn Europa sein hohes Wohlstandsniveau erhalten wolle. Die Erhaltung des Rentabilitätsniveaus für die europäischen Firmen müsse oberstes Gebot sein; gleichzeitig müssten die Konsequenzen daraus „auf dem Gebiet der Lohn- und Steuerentwicklung ... voll anerkannt werden" (ebd.: 9).

Die Kommission hält fest, dass die Hauptverantwortung für die industrielle Wettbewerbsfähigkeit bei den Unternehmen selbst liege; dem Staat komme die Aufgabe zu, klare und berechenbare Rahmenbedingungen und Perspektiven für ihre Tätigkeit anzubieten und darüber hinaus als „Katalysator und innovativer Wegbereiter" tätig zu sein. Das Konzept basiert auf der Schaffung und Erhaltung eines „wettbewerbsorientierten Umfeldes" durch den europäischen Binnenmarkt und durch weltweiten Freihandel. Europäische Institutionen haben in diesem Zusammenhang Funktionen zu übernehmen bei der Schaffung integrierter europäischer Transport- und Kommunikationsnetze, der Vernetzung von Energiesystemen und Ausbildungsinstitutionen (*transeuropäische Netze*). Des Weiteren sollen Politiken zur Beschleunigung der industriellen Anpassung (ebd.: 20) implementiert werden, womit in erster Linie die „Förderung der technologischen Kapazität der Gemeinschaft" gemeint ist. Dies soll geschehen durch „ein Zusammengehen von Unternehmen, öffentlicher Hand und Forschern", um zu „einem sehr hohen Niveau globaler Wettbewerbsfähigkeit zu finden" (ebd.: 21).

Aus strategischen Gründen verzichtete die Kommission in ihrem Weißbuch *Wachstum, Wettbewerbsfähigkeit und Beschäftigung*[28] vom Dezember 1993 auf den vor allem in Großbritannien und Deutschland als Reizwort fungierenden Begriff der Industriepolitik. Damit reagierte sie auch auf die heftige Debatte um das Dossier „Industriepolitik" (Art. 130 EU-Vertrag) in und nach der Maastrichter Regierungskonferenz.

Zentraler Begriff der Kommissionsstrategie ist inzwischen derjenige der „Politik der industriellen Wettbewerbsfähigkeit", wie er mit der Mitteilung vom September 1994[29] eingeführt wurde. Darin nennt sie folgende Aktionsschwerpunkte: Förderung der immateriellen Investitionen, z.B. durch steuerliche Anreize für Investitionen von Unternehmen und Privatpersonen in die Weiterbildung, Entwicklung der industriellen Zusammenarbeit, etwa durch die Finanzierung großer Forschungs- und Entwicklungsprojekte und die Förderung des Technologietransfers zu Gunsten kleinerer und mittlerer

---

28 EG Bulletin, Beilage 6/1993.
29 *Mitteilung der Kommission über eine Politik der industriellen Wettbewerbsfähigkeit für die Europäische Union vom 14.9.1994*; KOM (94) 319. Das Weißbuch versteht sich als „Reflexionsgrundlage und Wegweisung für die Entscheidungen, die wir auf dezentraler, nationaler und Gemeinschaftsebene zu treffen haben, um eine tragfähige Basis zu schaffen für die Entwicklung unserer Volkswirtschaften, so dass sie für den internationalen Wettbewerb gerüstet sind und ... Millionen notwendiger Arbeitsplätze entstehen".

Unternehmen durch die Strukturfonds der EU, die Gewährleistung eines fairen Wettbewerbs und die Modernisierung der öffentlichen Unternehmen.

d) Die Zukunft des transnationalen Elitenpaktes. Es erscheint, zwanzig Jahre nach der Gründung des ersten *Roundtable*, als unwahrscheinlich, dass diese neuen Kooperationsformen zwischen transnationalen Unternehmen und europäischen Institutionen nur eine befristete Übergangsphase auf dem Weg zu einem umfassenden korporatistischen europäischen Interessenvermittlungssystem sind (vgl. Streeck und Schmitter 1991). Vielmehr dürften sich die transnationalen wirtschaftlichen Akteure (in Form flexibler, spezifischer *pressure groups* und nicht etwa als zentralisierte Euro-Verbände) auf Dauer als den Integrationsprozess maßgeblich (mit)bestimmende Akteure etabliert haben. Zwar gibt es bezüglich der zentralen Stellung bestimmter *Roundtables* Anzeichen dafür, dass sich diese im Verlaufe der letzten zehn Jahre insgesamt etwas abgeschwächt hat, vor allem auf Grund der „proliferation of voices" in Brüssel und der Absicht der Kommission, weitere Interessen einzubeziehen[30]. In vielen Bereichen ist, wie auf dem Gebiet der Informationstechnologieförderung, eher eine Verbreiterung als eine Abschwächung dieser Kooperationsformen feststellbar (Parker 2000).

Der *European Roundtable of Industrialists (ERT)*, dessen Initiative entscheidendes Gewicht bei der Schaffung eines einheitlichen europäischen Binnenmarktes zukam, ist nach wie vor eine der einflussreichsten Interessenorganisationen in Brüssel. Er hat erfolgreich seine Basis (Anzahl, Einzugsbereich und gegenseitige Verflechtung der repräsentierten Unternehmen, Nollert 2000b) und den Bereich seiner Aktivitäten ausgebaut und verfügt nach wie vor über hervorragende Einflusskanäle. Allerdings gilt auch für ihn, dass die zunehmende Verbreiterung der europäischen Akteurslandschaft insgesamt sein Gewicht etwas relativierte.

e) Regionale Integration als Reaktion auf Weltmarktkonkurrenz. Das Interesse seitens wirtschaftlicher Akteure an europäischen Institutionen wurde in der älteren Debatte vor allem aus dem binneneuropäischen ökonomischen Verflechtungsgrad abgeleitet; man dachte dabei vor allem an ein wachsendes Interesse an einer keynesianisch orientierten europäischen Politik resp. -koordination und auch an den Zusammenhang mit der Konkurrenz Westeuropa – USA (Ziltener 1999: 36ff.). In der neofunktionalistischen Theorie waren wirtschaftliche Interessengruppen von Anfang an neben supranationalen die zweite Kategorie „theoretisch privilegierter" Akteure. Allerdings sollte sich auch hier das Integrationsinteresse aus der zunehmenden Verflechtung der nationalen Räume infolge des Gemeinsamen Marktes ergeben.

Dass die beiden Kernprojekte europäischer Politik der 80er Jahre, die Forschungs- und Technologiepolitik und die Schaffung eines europäischen Binnenmarktes, so wie sie durch die Kooperation Kommission – transnationale Konzerne ausgearbeitet wurden, auf „Außendruck", nämlich die US-amerikanische und japanische Konkurrenz

---

30 Z.B. weist Nollert (2000a) für den Politikbereich der Biotechnologieförderung nach, dass die Kommission von Anfang an versucht hat, die Interessen auf diesem Gebiet mittels der Bildung europäischer Dachorganisationen zu kanalisieren. Dies gestaltete sich jedoch angesichts des geringen Zentralisierungsgrades der entsprechenden Interessenvereinigungen und wegen des fehlenden „internen" Interessenvermittlungsverfahrens jedoch als schwierig.

reagierten, ist evident und mehrfach überzeugend rekonstruiert worden.³¹ Im Gegensatz zur neofunktionalistischen Integrationstheorie stellt sich die Entwicklung der 80er Jahre so dar, dass aus Gründen des Weltmarktdrucks die transnationalen Konzerne auf die Schaffung eines einheitlichen europäischen Binnenmarktes drängten, und viele wirtschaftliche Verflechtungen dann, *nach* Beschlussfassung durch die politischen Institutionen, aber bereits in *Vorwegnahme* seiner Implementierung, getätigt wurden.³² Diese Entwicklung ist integrationstheoretisch noch nicht verarbeitet worden.

Mitglieder der EG-Kommission entdeckten im Verlaufe der 70er Jahre für die Institutionen auf europäischer Ebene die Chance, sich angesichts immer weniger greifender nationaler wirtschaftspolitischer Strategien als Wahrer der Interessen westeuropäischer Unternehmen auf dem Weltmarkt neue Legitimation geben zu können. Neues Kernkonzept der Kommissionspolitik wurde die Schaffung und Sicherung der „industriellen Wettbewerbsfähigkeit" Europas in der Triadenkonkurrenz.

Unter IV.1 ist das Ausmaß, in dem die damalige Hegemonialmacht an der Initiierung und Ausgestaltung des westeuropäischen Integrationsprozesses beteiligt gewesen ist, rekonstruiert worden. Für den Integrationsschub seit den 80er Jahren wurde ein direkter Einfluss eines externen Föderators m.W. nicht nachgewiesen. Hingegen lässt sich der Druck der USA für die außenwirtschaftliche Öffnung des „neuen Europa" belegen, die Kampagne gegen eine *fortress Europe*.³³ Auch auf die Ost- und Südosterweiterungspläne der EU scheinen die USA erfolgreich Einfluss genommen zu haben.³⁴

Exogenen Faktoren kommt ein zentraler Stellenwert bei der Erklärung der Ursachen des Integrationsschubs seit den 80er Jahren zu. Weltmarktvermittelter Wettbewerbsdruck und die Konkurrenz zwischen Staaten und Wirtschaftsräumen waren entscheidende Determinanten der Konstituierung des Integrationsinteresses von wirtschaftlichen und politischen Akteuren. Es handelt sich aber nicht, wie im Falle der politischen Einflussnahme eines „externen Föderators", um Integrations*mechanismen*, sondern um (äußere) *Kontextfaktoren*, wie eingangs definiert. „Außendruck" setzt sich nur über politisch vermittelte, diskursive Prozesse in Integrationsinteresse und Institutionenbildung um.

Die Konstruktion des nach wie vor äußerst wirkungsmächtigen Diskurses der „industriellen Wettbewerbsfähigkeit", dessen Kern die These, dass nur die europäische Integration die Konkurrenzfähigkeit der europäischen Unternehmen und Volkswirtschaften sichern könne, darstellt, geht im Kern auf ein Bündnis westeuropäischer Großun-

---

31 Siehe insbes. Sandholtz und Zysman (1989) und Bornschier (2000). Keohane und Hoffmann (1990) sprechen von der „political economy hypothesis". Diese thematisiert die wachsende „technologische Lücke", die im Vergleich mit den USA und Japan träge wirtschaftliche Erholung in Westeuropa nach der Rezession im Gefolge des zweiten Erdölschocks, den Nettokapitalabfluss aus Westeuropa in die USA, die These der abnehmenden Konkurrenzfähigkeit der westeuropäischen Ökonomien usw.
32 Die Kommission schätzt als Folge des Binnenmarktprojekts eine Verdreifachung der Unternehmenszusammenschlüsse und Übernahmen von Firmen und eine Verdoppelung der Beteiligungen europäischer Firmen bei Fusionen und Übernahmen in der ganzen Welt (Weißbuch der EU-Kommission: *Wachstum, Wettbewerbsfähigkeit, Beschäftigung* (KOM (93) 700 endg.), S. 3; vgl. Windolf (1993); Nollert (2000b).
33 Siehe etwa Dekker (1989); Delors (1991).
34 Vgl. International Herald Tribune, 13.12.1999, *EU opens a ‚New Chapter'*.

ternehmer mit der EU-Kommission zurück. Auf dieser Grundlage und flankiert von entsprechenden wissenschaftlichen Gutachten konnten in den 80er und 90er Jahren politische Programme und Institutionenbildung auf europäischer Ebene als notwendige und angemessene Strategien definiert und den politischen Oeffentlichkeiten erfolgreich kommuniziert werden. Wenig Beachtung findet die Tatsache, dass die Verstärkung und Ausdehnung der wirtschaftlichen Konkurrenz, oft als „Globalisierung" beschrieben, entscheidend durch die europäische Integration mitbefördert wurde und wird.[35]

V. Schluss

Regionale Integration ist ein multidimensionaler Prozess, in dem eine Reihe von Integrationsmechanismen und Kontextfaktoren berücksichtigt werden müssen. Lindberg formulierte es 1971: „political integration as a multidimensional phenomenon requiring multivariate measurement". Das Problem, das sich einer solchen Perspektive stellt, ist von Zimmerling (1991: 93) zutreffend beschrieben worden, nämlich dass „von den modernen Integrationstheoretikern eine ständig wachsende Anzahl von unabhängigen Variablen ausgemacht [wurde], die vermutlich für den Verlauf von Integration (mit-)verantwortlich sind, ohne dass jedoch die kausalen Zusammenhänge zwischen diesen Variablen und der unabhängigen Variable ‚politische Integration' näher bestimmt wurde". Die vorgeschlagene Unterscheidung zwischen Integrationsmechanismen und Kontextfaktoren könnten dazu einen klärenden Beitrag liefern.

Während für außereuropäische Integrationsprozesse exogene Faktoren immer zentral berücksichtigt worden sind, wurde der europäische Integrationsprozess fast ausschließlich durch endogene Integrationsmechanismen und innere Kontextfaktoren zu erklären versucht. Anhand zweier wichtiger Phasen des europäischen Integrationsprozesses, seiner Initiierung auf der Grundlage eines „transatlantischen Elitenpaktes" und seiner Neulancierung in den 80er Jahren, wurde gezeigt, dass auch für diesen exogene Faktoren als entscheidende Determinanten wirkten.

Der Einfluss der Hegemonialmacht gehört zweifellos zu den zentralen Faktoren. Das Verständnis regionaler Integrationsprozesse als „ausschließendem Instrument" der beteiligten Staaten in Zeiten hegemonialer Rivalität, so wie es vor allem von der Weltsystemtheorie im englischsprachigen Raum vertreten wird, muss allerdings erweitert werden: Regionale Integration kann auch Element einer Globalstrategie der Hegemonialmacht sein. Für die Initiierungsphase des westeuropäischen Integrationsprozesses gibt es dafür einige Evidenzen, aber auch für die These, dass der Integrationsschub der 80er Jahre insgesamt eher Teil eines globalen wirtschaftlichen Öffnungs- und Liberalisie-

---

35 Wegner (1991: 201) verweist darauf, dass „die Aktionen zur Vollendung des Binnenmarktes ... als Test- und Laborfälle zur Lösung schwieriger Liberalisierungsaufgaben" dienten, „die auf neuen Feldern – wie den Dienstleistungen – auch in der gleichzeitig laufenden Uruguay-Runde gefunden werden mussten." Nach Tsoukalis (1993: 302f.) gab es den Zusammenhang zwischen europäischer Integration und globaler Liberalisierung schon in den 60er Jahren: „As the Kennedy Round more than twenty years earlier, the intra-European liberalization process has acted as a catalyst for multilateral trade negotiations, as the Community's trading partners tried to minimize the trade diversion effects arising from internal EC decisions."

rungsprozesses als „ausschließendes Instrument" war. Dies ist durchaus kompatibel mit der Erklärung des Integrationsschubes als Ergebnis der „Nachfrage und Angebot von Staatsleistungen".

Regionale Integrationsprozesse gehören zu den zentralen Makroprozessen im gegenwärtigen Weltsystem. Die die Integrationstheorie dominierende Mikroperspektive weltsystemtheoretisch zu erweitern, sollte Aufgabe der Soziologie sein, deren traditionelles Objekt, die (nationale) Gesellschaft, sich gerade auch auf Grund regionaler Integrationsprozesse in Auflösung befindet.

Literatur

Armstrong, Philip, Andrew Glyn und *John Harrison,* 1984: Capitalism since World War II: The Making and the Breaking of the Great Boom. London: Fontana.
Bach, Maurizio, 1999: Die Bürokratisierung Europas. Verwaltungseliten, Experten und politische Legitimation. Frankfurt a.M.: Campus.
Bergesen, Albert, und *Roberto Fernandez,* 1999: Who Has the Most Fortune 500 Firms? A Network Analysis of Global Economic Competition. S. 151–173 in: *Volker Bornschier* und *Christopher Chase-Dunn* (Hg.): The Future of Global Conflict. London: Sage.
Blaschke, Jochen (Hg.), 1983: Perspektiven des Weltsystems. Materialien zu Immanuel Wallersteins ‚Das moderne Weltsystem'. Frankfurt a.M./New York: Campus.
Boje, Thomas P., Bart van Steenbergen und *Sylvia Walby,* 1999: Introduction. S. 1–18 in: *Dies.* (Hg.): European Societies: Fusion or Fission? London: Routledge.
Boli-Bennett, John, 1980: Global Integration and the Universal Increase of State Dominance. S. 77–107 in: *Albert Bergesen* (Hg.): Studies of the Modern World System. New York: Academic Press.
Bornschier, Volker, 1980a: Transnationale Wirtschaft im Weltsystem. S. 19–37 in: *Guido Hischier, René Levy* und *Werner Obrecht* (Hg.): Weltgesellschaft und Sozialstruktur. Festschrift zum 60. Geburtstag von Peter Heintz. Diessenhofen: Rüegger.
Bornschier, Volker, 1980b: Multinationale Konzerne, Wirtschaftspolitik und nationale Entwicklung im Weltsystem. Frankfurt a.M./New York: Campus.
Bornschier, Volker, 1988: Westliche Gesellschaft im Wandel. Frankfurt a.M./New York: Campus.
Bornschier, Volker, 1989: Legitimacy and Comparative Economic Success at the Core of the World System: an Exploratory Study, European Sociological Review 5, 3: 215–230.
Bornschier, Volker, 1998: Westliche Gesellschaft. Aufbau und Wandel. Zürich: Seismo.
Bornschier, Volker, 1999: Hegemonic Transitions, West European Unification, and the Future Structure of the Core. S. 77–98 in: *Volker Bornschier* und *Christopher Chase-Dunn* (Hg.): The Future of Global Conflict. London: Sage.
Bornschier, Volker, 2000: Western Europe's Move Toward Political Union. S. 3–37 in: *Ders.* (Hg.): State-building in Europe. The Revitalization of European Integration. Cambridge: Cambridge University Press.
Bornschier, Volker, und *Christopher Chase-Dunn* (Hg.), 1999: The Future of Global Conflict. London: Sage.
Buchmann, Marlis, 1999: European Integration: Disparate Dynamics of Bureaucratic Control and Communicative Participation. S. 53–65 in: *Thomas P. Boje, Bart van Steenbergen* und *Sylvia Walby* (Hg.): European Societies: Fusion or Fission? London: Routledge.
Busch, Peter, und *Donald Puchala,* 1976: Interests, Influence and Integration: Political Structure in the European Communities, Comparative Political Studies, 9, 3: 235–254.
Cameron, David R., 1978: The Expansion of the Public Economy: A Comparative Analysis, American Political Science Review 72, 4: 1243–1261.

Cameron, David R., 1992: The 1992 Initiative. Causes and Consequences. S. 23–74 in: Alberta M. Sbragia (Hg.): Europolitics. Institutions and Policymaking in the „New" European Community. Washington: Brookings.
Chase-Dunn, Christopher, 1981: Interstate System and Capitalist World Economy: One Logic or Two?, International Studies Quarterly 25, 1: 19–42.
Chase-Dunn, Christopher, 1989: Global Formation. Structures of the World-economy. Cambridge, MA: Blackwell.
Chase-Dunn, Christopher, und Thomas D. Hall, 1997: Rise and Demise. Comparing World-Systems. Boulder, CO: Westview.
Colchester, Nicholas, und David Buchan, 1990: Europower. The Essential Guide to Europe's Economic Transformation in 1992. New York: Times Books/Random House.
Dekker, Wisse, 1985: Europa 1990. Vortrag im Centre for European Policy Studies in Brüssel, 13.4.1985.
Dekker, Wisse, 1989: The American Response to Europe 1992, Foreign Affairs 2: 2–12.
Djelic, Marie-Laure, 1998: Exporting the American Model. The Post-War Transformation of European Business. Oxford: Oxford University Press.
Delors, Jacques, 1991: The Role of the European Community in the Future World System. S. 39–50 in: Armand Clesse und Raymond Vernon (Hg.): The European Community after 1992: A New Role in World Politics? Baden-Baden: Nomos.
Delors, Jacques, 1993: Entwicklungsperspektiven der Europäischen Gemeinschaft, Aus Politik und Zeitgeschichte B 1: 3–9.
Duchêne, François, 1994: Jean Monnet. The First Statesman of Interdependence. New York/London: Norton.
EU-Kommission, 1985: Weißbuch ‚Completing the Internal Market' (COM (85) 310 final). Brüssel.
EU-Kommission, 1990: Industriepolitik in einem offenen und wettbewerbsorientierten Umfeld: Ansätze für ein Gesamtkonzept (KOM (90) 556 endg.), EG Bulletin, Beilage 3/1991.
EU-Kommission, 1993: Weißbuch ‚Wachstum, Wettbewerbsfähigkeit, Beschäftigung' (KOM (93) 700 endg.), EG Bulletin, Beilage 6/1993.
EU-Kommission, 1994: Mitteilung der Kommission über eine Politik der industriellen Wettbewerbsfähigkeit für die Europäische Union vom 14. 9. 1994 (KOM (94) 319). Brüssel.
Fielder, Nicola, 2000: The Origins of the Single Market. S. 75–92 in: Volker Bornschier (Hg.): State-building in Europe. The Revitalization of European Integration. Cambridge: Cambridge University Press.
George, Stephen, 1991: European Political Cooperation: a World Systems Perspective. S. 52–69 in: Martin Holland (Hg.): The Future of European Political Cooperation. Essays on Theory and Practice. Basingstoke: Macmillan.
George, Stephen, 1996: Politics and Policy in the European Union. Oxford: Oxford University Press (Third Edition).
Gerhards, Jürgen, 1993: Westeuropäische Integration und die Schwierigkeiten der Entstehung einer europäischen Öffentlichkeit, Zeitschrift für Soziologie 22: 96–110.
Goldfrank, Walter L., 1999: Beyond Cycles of Hegemony: Economic, Social and Military Factors. S. 66–76 in: Volker Bornschier und Christopher Chase-Dunn (Hg.): The Future of Global Conflict. London: Sage.
Grande, Edgar, und Jürgen Häusler 1994: Industrieforschung und Forschungspolitik. Staatliche Steuerungspotentiale in der Informationstechnik. Frankfurt a.M./New York: Campus.
Green-Cowles, Maria L., 1993: Setting the Agenda for a New Europe: A Story of the Roundtable of European Industrialists (ERT), Paper presented for The Political Economy of European Community High Technology Policy panel at the 34th Annual International Studies Association Conference. Acapulco, Mexico.
Green-Cowles, Maria L., 1994: The Politics of Big Business in the European Community: Setting the Agenda for a New Europe. Diss. American University, Washington, D. C.
Green-Cowles, Maria L., 1995: Setting the Agenda for a New Europe: The ERT and EC 1992, Journal of Common Market Studies 33, 4: 501–526.

Haas, Ernst B., 1958: The Uniting of Europe. Political, Social, and Economic Forces 1950–1957. Stanford: Stanford University Press.
Haas, Ernst B., 1971: The Study of Regional Integration: Reflection on the Joy and Anguish of Pretheorizing. S. 3–42 in: *Leon N. Lindberg* und *Stuart A. Scheingold* (Hg.): Regional Integration. Theory and Research. Cambridge, MA: Harvard University Press.
Habermas, Jürgen, 1998: Die postnationale Konstellation. Frankfurt a.M.: Suhrkamp.
Herbst, Ludolf, Werner Bührer und Hanno Sowade (Hg.), 1990: Vom Marshall-Plan zur EWG. Die Eingliederung der Bundesrepublik Deutschland in die westliche Welt. München: Oldenbourg.
Hogan, Michael J., 1989: The Marshall Plan: America, Britain, and the Reconstruction of Western Europe, 1947–1952. Cambridge: Cambridge University Press.
Holman, Otto, und Kees van der Pijl, 1993: Restructuring the Ruling Class and European Unification. Working Paper No. 28, Department of International Relations & Public International Law. University of Amsterdam, Amsterdam.
Hopkins, Terence K., und *Immanuel Wallerstein*, 1979: Grundzüge der Entwicklung des modernen Weltsystems. Entwurf für ein Forschungsvorhaben. S. 151–200 in: *Dieter Senghaas* (Hg.): Kapitalistische Weltökonomie. Kontroversen über ihren Ursprung und ihre Entwicklungsdynamik. Frankfurt a.M.: Suhrkamp.
Imbusch, Peter, 1990: ,Das moderne Weltsystem'. Eine Kritik der Weltsystemtheorie Immanuel Wallersteins. Marburg: Verlag Arbeit & Gesellschaft.
Immerfall, Stefan, 1997: Soziale Integration in den westeuropäischen Gesellschaften – Werte, Mitgliedschaften, Netzwerke. S. 139–173 in: *Stefan Hradil* und *Stefan Immerfall* (Hg.): Die westeuropäischen Gesellschaften im Vergleich. Opladen: Leske + Budrich.
Janowitz, Morris, 1977: A Sociological Perspective on Wallerstein, American Journal of Sociology 82: 1090–1097.
Junne, Gerd, 1999: Global Cooperation or Rival Trade Blocs? S. 99–118 in: *Volker Bornschier* und *Christopher Chase-Dunn* (Hg.): The Future of Global Conflict. London: Sage.
Keohane, Robert O., 1984: After Hegemony. Cooperation and Discord in the World Political. Economy. Princeton, NJ: Princeton University Press.
Lepsius, M. Rainer, 1991a: Die Europäische Gemeinschaft; Rationalitätskriterien der Regimebildung. S. 309–317 in: *Wolfgang Zapf* (Hg.): Die Modernisierung moderner Gesellschaften. Verhandlungen des 25. Deutschen Soziologentages 1990. Frankfurt a.M./New York: Campus.
Lepsius, M. Rainer, 1991b: Nationalstaat oder Nationalitätenstaat als Modell für die Weiterentwicklung der Europäischen Gemeinschaft. S. 19–40 in: *Rudolf Wildenmann* (Hg.): Staatswerdung Europas? Optionen für eine Europäische Union. Baden-Baden: Nomos.
Lepsius, M. Rainer, 1992: Zwischen Nationalstaatlichkeit und europäischer Integration. S. 180–192 in: *Beate Kohler-Koch* (Hg.): Staat und Demokratie in Europa. 18. Wissenschaftlicher Kongress der Deutschen Vereinigung für Politische Wissenschaft. Opladen: Leske + Budrich.
Lindberg, Leon N., 1963: The Political Dynamics of European Economic Integration. Stanford: Stanford University Press.
Lindberg, Leon N., 1971: Political Integration as a Multidimensional Phenomenon Requiring Multivariate Measurement. S. 45–127 in: *Leon N. Lindberg* und *Stuart A. Scheingold* (Hg.): Regional Integration. Theory and Research. Cambridge, MA: Harvard University Press.
Lindberg, Leon N., und *Stuart A. Scheingold* 1970: Europe's Would-Be Polity. Englewood Cliffs, NJ: Prentice Hall.
Majone, Giandomenico, 1990: Deregulation or Reregulation? Regulatory Reforms in Europe and the United States. London: Pinter.
Majone, Giandomenico, 1991: Cross-National Sources of Regulatory Policymaking in Europe and the United States, Journal of Public Policy 1: 79–106.
Milward, Alan S., 1984: The Reconstruction of Western Europe 1945–51. Berkeley: University of California Press.
Schröder, Holger, 1994: Jean Monnet und die amerikanische Unterstützung für die europäische Integration 1950–1957. Bern: Haupt.
Mols, Manfred, 1996: Integration und Kooperation in zwei Kontinenten. Das Streben nach Einheit in Lateinamerika und in Südostasien. Stuttgart: Franz Steiner Verlag.

Monnet, Jean, 1980: Erinnerungen eines Europäers. München: Deutscher Taschenbuch Verlag.
Moravcsik, Andrew, 1991: Negotiating the Single European Act: National Interests and Conventional Statecraft in the European Community, International Organization 45, 1: 19–56.
Moravcsik, Andrew, 1993: Preferences and Power in the European Community. A Liberal Intergovernmentalist Approach, Journal of Common Market Studies 31, 4: 473–524.
Moravcsik, Andrew, 1998: The Choice for Europe: Social Purpose and State Power from Messina to Maastricht. Ithaca, NY: Cornell University Press.
Moravcsik, Andrew, 1999: A New Statecraft? Supranational Entrepreneurs and International Cooperation, International Organization 53, 2: 267–306.
Münch, Richard, 1993: Das Projekt Europa. Zwischen Nationalstaat, regionaler Autonomie und Weltgesellschaft. Frankfurt a.M.: Suhrkamp.
Nollert, Michael, 1997: Verbändelobbying in der Europäischen Union – Europäische Dachverbände im Vergleich. S. 107–136 in: *Ulrich von Alemann* und *Bernhard Weßels* (Hg.): Verbände in vergleichender Perspektive: Beiträge zu einem vernachlässigten Feld. Berlin: Edition Sigma.
Nollert, Michael, 2000a: Biotechnology in the European Union: A Case Study in Political Entrepreneurship. S. 210–243 in: *Volker Bornschier* (Hg.): State-building in Europe. The Revitalization of European Integration. Cambridge: Cambridge University Press.
Nollert, Michael, 2000b: Lobbying for a Europe of Big Business: The European Roundtable of Industrialists. S. 187–209 in: *Volker Bornschier* (Hg.): State-building in Europe. The Revitalization of European Integration. Cambridge: Cambridge University Press.
Parker, Simon, 2000: Esprit and Technology Corporatism in European Technology Policy. S. 93–121 in: *Volker Bornschier* (Hg.): State-building in Europe. The Revitalization of European Integration. Cambridge: Cambridge University Press.
Pijl, Kees van der, 1983: Imperialism and Class Formation in the North Atlantic Area. Dissertation. Amsterdam.
Pijl, Kees van der, 1984: The Making of an Atlantic Ruling Class. London: Verso.
Pijl, Kees van der, 1998: Transnational Classes and International Relations. London/New York: Routledge.
Ross, George, 1992: Confronting the New Europe, New Left Review, 191: 49–68.
Sandholtz, Wayne, 1992: High-Tech Europe. The Politics of International Cooperation. Berkeley: University of California Press.
Sandholtz, Wayne, und *John Zysman* 1989: 1992: Recasting the European Bargain, World Politics XLII/1: 95–128.
Schäfers, Bernhard, 1991: Einführung zum Plenum: Westeuropäische Integration oder Desintegration? S. 303–308 in: *Wolfgang Zapf* (Hg.): Die Modernisierung moderner Gesellschaften, Verhandlungen des 25. Deutschen Soziologentages 1990. Frankfurt a.M./New York: Campus.
Schäfers, Bernhard, 1999: Komparative und nicht-komparative Ansätze zur Analyse der Europäisierung der Sozialstrukturen. Discussion Paper FS III 99–407. Wissenschaftszentrum Berlin für Sozialforschung (WZB), Berlin.
Schmidt, Manfred, 1982: Wohlfahrtsstaatliche Politik unter bürgerlichen und sozialdemokratischen Regierungen. Ein internationaler Vergleich. Frankfurt a.M./New York: Campus.
Schmitter, Philippe C., 1996a: Examining the Present Euro-Polity with the Help of Past Theories. S. 1–14 in: *Gary Marks, Fritz W. Scharpf, Phillippe C. Schmitter* und *Wolfgang Streeck* (Hg.): Governance in the European Union. London: Sage.
Schmitter, Philippe C., 1996b: Imagining the Future of the Euro-Polity with the Help of New Concepts. S. 121–150 in: *Gary Marks, Fritz W. Scharpf, Phillippe C. Schmitter* und *Wolfgang Streeck* (Hg.): Governance in the European Union. London: Sage.
Shannon, Thomas R., 1996: An Introduction to the World-System Perspective. Boulder, CO: Westview.
Skocpol, Theda, 1977: Wallerstein's World Capitalist System: A Theoretical and Historical Critique, American Journal of Sociology, 82: 1075–1090.
Streeck, Wolfgang, und *Philippe C. Schmitter*, 1991: From National Corporatism to Transnational Pluralism: Organized Interests in the Single European Market, Politics & Society 19/1: 133–164.

Swann, Dennis, 1988: The Economics of the Common Market. London: Penguin (Sixth Edition).
Therborn, Göran, 1995: European Modernity and Beyond. The Trajectory of European Societies 1945 – 2000. London: Sage.
Therborn, Göran, 1999: ‚Europe' as Issues of Sociology. S. 19–29 in: *Thomas P. Boje, Bart van Steenbergen* und *Sylvia Walby* (Hg.): European Societies: Fusion or Fission? London: Routledge.
Tsoukalis, Loukas, 1993: The New European Community. The Politics and Economics of Integration. Oxford: Oxford University Press (Second Revised Edition).
Wallerstein, Immanuel, 1979: Aufstieg und künftiger Niedergang des kapitalistischen Weltsystems. Zur Grundlegung vergleichender Analyse. S. 31–67 in: *Dieter Senghaas* (Hg.): Kapitalistische Weltökonomie. Kontroversen über ihren Ursprung und ihre Entwicklungsdynamik. Frankfurt a.M.: Suhrkamp.
Wallerstein, Immanuel, 1983: Die Zukunft der Weltökonomie. S. 215–229 in: *Jochen Blaschke* (Hg.): Perspektiven des Weltsystems. Materialien zu Immanuel Wallersteins ‚Das moderne Weltsystem'. Frankfurt a.M./New York: Campus.
Wallerstein, Immanuel, 1986: Das moderne Weltsystem: Kapitalistische Landwirtschaft und die Entstehung der europäischen Weltwirtschaft im 16. Jahrhundert. Frankfurt a.M.: Syndikat.
Wee, Herman van der, 1984: Der gebremste Wohlstand. Wiederaufbau, Wachstum, Strukturwandel 1945–1980, Geschichte der Weltwirtschaft im 20. Jahrhundert, Bd. 6. München: Deutscher Taschenbuch Verlag.
Wegner, Manfred, 1991: Die Entdeckung Europas. Die Wirtschaftspolitik der Europäischen Gemeinschaft. Ein Grundriss. Baden-Baden: Nomos.
Winand, Pascaline, 1993: Eisenhower, Kennedy, and the United States of Europe. New York: St. Martin's Press.
Windolf, Paul, 1993: Codetermination and the Market for Corporate Control in the European Community, Economy and Society, 22/2: 137–158.
Zimmerling, Ruth, 1991: Externe Einflüsse auf die Integration von Staaten. Freiburg/München: Alber.
Ziltener, Patrick, 1999: Strukturwandel der europäischen Integration. Die Europäische Union und die Veränderung von Staatlichkeit. Münster: Westfälisches Dampfboot.
Ziltener, Patrick, 2000a: Tying up the Luxembourg Package – Prerequisites and Problems of its Constitution. S. 38–72 in: *Volker Bornschier* (Hg.): State-building in Europe. The Revitalization of Western European Integration. Cambridge: Cambridge University Press.
Ziltener, Patrick, 2000b: EC Regional Policy: Monetary Lubricant for Economic Integration? S. 122–151 in: *Volker Bornschier* (Hg.): State-building in Europe. The Revitalization of Western European Integration. Cambridge: Cambridge University Press.
Ziltener, Patrick, 2000c: EC Social Policy: The Defeat of the Delorist Project. S. 152–186 in: *Volker Bornschier* (Hg.): State-building in Europe. The Revitalization of Western European Integration. Cambridge: Cambridge University Press.

IST DIE EUROPÄISCHE UNION WIRTSCHAFTLICH VON VORTEIL UND EINE QUELLE BESCHLEUNIGTER KONVERGENZ?

Explorative Vergleiche mit 33 Ländern im Zeitraum von 1980 bis 1998

Volker Bornschier

Zusammenfassung: Lieferte die Europäische Wirtschaftsgemeinschaft und spätere Europäische Union mit ihrer supranationalen Gestaltung von wachstumsrelevanten Politikfeldern den Mitgliedstaaten einen wirtschaftlichen Vorteil, der sich nicht durch die Ausstattung der Mitgliedsländer mit produktiven Faktoren erklären lässt? Und beschleunigte die EU-Mitgliedschaft die wirtschaftliche Konvergenz – das Aufschließen der weniger entwickelten Länder durch höhere Wachstumsraten? Um diese Fragen explorativ zu beantworten, wird die klassische Methode des Ländervergleichs mit 33 souveränen Staaten über den Zeitraum 1980 bis 1998 als Benchmark angewandt. Mit Blick auf die EWG und spätere EU werden jene Politikfelder berücksichtigt, die auf suprastaatlichem Niveau die Parameter für die nationalen Wirtschaften beeinflussen. Diese sind: Marktschaffung (Vertiefung und Erweiterung), Forschungs- und Technologiepolitik sowie die Regional-, Struktur- und Kohäsionspolitik. Wir finden, dass die EU jene Politikfelder effektiv gestaltete, die im Ländervergleich dem Wirtschaftswachstum nachweislich förderlich sind. Der direkte positive Wachstumsbeitrag der (nach Länge gewichteten) EU-Mitgliedschaft, den wir ermitteln, ist allerdings für den Zeitraum 1986–1993 zu relativieren, da die weitgehende Öffnung der Grenzen auch zu wirtschaftlicher Strukturbereinigung sowie Konzentration und damit per saldo zu geringerer Kapitalbildung führte. Weiter ermitteln wir mit unseren Indikatoren, die nach durchschnittlicher Produktivität bereinigt sind, keine Technologielücke der EU gegenüber den USA im Zeitraum 1985–1997. Schließlich finden wir, dass die EU ihren weniger entwickelten Mitgliedern im Untersuchungszeitraum half, schneller aufzuschließen, als dies ansonsten zu erwarten wäre.

I. Einleitung

Zwei Forschungsfragen sind leitend für die Untersuchungen in diesem Artikel:
– Lieferte die Europäische Wirtschaftsgemeinschaft und spätere Europäische Union mit ihrer supranationalen Gestaltung von wachstumsrelevanten Politikfeldern den Mitgliedsstaaten einen wirtschaftlichen Vorteil – zusätzliche Wachstumsimpulse, die sich nicht durch die Ausstattung der Mitgliedsländer mit produktiven Faktoren erklären lassen?
– Beschleunigte die EU-Mitgliedschaft die wirtschaftliche Konvergenz – das Aufschließen der weniger entwickelten Länder durch höhere Wachstumsraten? Die Beantwortung dieser Frage ist unabhängig von der erstgenannten. Die Union könnte nämlich das Wachstum aller Mitglieder gleichermaßen beeinflussen, wodurch die Konvergenz nicht ausgeprägter wäre als sie ansonsten zu erwarten wäre.

Um diese und die im Titel dieses Artikels übergreifend formulierte Frage explorativ zu beantworten, bedienen wir uns der klassischen Methode des Ländervergleichs mit 33 souveränen Staaten als Benchmark. Die Ausgestaltung dieses Vergleichs von Mitgliedsländern mit Nichtmitgliedsländern wird weiter hinten dargestellt.

Mit Blick auf die EWG und spätere EU untersuchen wir jene Politikfelder, die auf suprastaatlichem Niveau die Parameter für die nationalen Wirtschaften beeinflussen und deren Wandel seit den 1980er Jahren wir an anderer Stelle detailliert untersucht und erklärt haben (Bornschier 2000a). Diese sind: Marktschaffung (Vertiefung und Erweiterung), Forschungs- und Technologiepolitik sowie die Regional-, Struktur- und Kohäsionspolitik.

Die Frage, ob die europäische Integration in diesen drei Politikbereichen wirtschaftlich bedeutsam war, lässt sich in zwei Teile gliedern:
– Einmal interessiert, ob die Politiken in folgendem Sinne relevant waren: Hatten sie zum Ziel, jene Faktoren günstig zu beeinflussen, die dem Wirtschaftswachstum nachweislich förderlich sind – so wie wir das mit dem klassischen Ländervergleich empirisch ermitteln können?
– Dann stellt sich – selbst wenn die erste Frage positiv beantwortet wird – immer noch die nächste: Waren die spezifischen Maßnahmen und Ausgestaltungen auch wirtschaftlich wirkungsvoll?

Dieser zweite Punkt lässt sich in diesem Artikel sicherlich erst explorativ beantworten, und zwar aus zwei Gründen: Die Wirkkraft solcher Ausgestaltungen von Politikfeldern hängt bei der Methode des Ländervergleichs und dem damit angewendeten Benchmarking auch davon ab, was die anderen Bereitsteller von politischen Ordnungsleistungen und Regulierungen, also die Konkurrenten der EU in der politischen Weltökonomie, gleichzeitig unternehmen. Deswegen müsste nicht nur die Politik der EU, sondern auch die der anderen Fälle im Ländervergleich berücksichtigt werden. Auf diese Informationen können wir noch nicht zurückgreifen. Aber drei Gründe sprechen dafür, dass wir auch schon jetzt gewisse empirische Schlussfolgerungen mit unseren Untersuchungen ziehen können.

1. Bei der Marktschaffung (Beseitigung von Handelshemmnissen und Vergrößerung des gemeinsamen Marktes) ist das europäische Integrationsprojekt von Anfang an, also bereits mit der EWG von 1958, eindeutig weiter gegangen als andere Integrationsprojekte in der politischen Weltökonomie, etwa die NAFTA.
2. Bei der Forschungs- und Technologiepolitik liegen die Verhältnisse anders. Technologiepolitik ist in der politischen Praxis und in der sozialwissenschaftlichen Analyse seit längerem als eine Wettbewerbsressource erkannt worden. Diese Politiken finden in einem kompetitiven Milieu statt. Wir können deshalb nicht allein die Anstrengungen der EU untersuchen, weil die Maßnahmen aus logischen Gründen sich nur dann in komparativen ökonomischen Erfolg umsetzen, wenn die EU mehr und bessere Förderung als die Konkurrenten in der Triade unternimmt. Wir wollen deshalb die Frage stellen, ob die EU-Technologiepolitik in dem Sinne wirkungsvoll war, dass sie half, im Wettbewerb mit den beiden anderen Triadenmitgliedern ein Zurückfallen beim Technologieeinsatz ihrer Mitgliedsländer zu verhindern. Selbstverständlich sind nach wie vor nationale (und in diesem Rahmen natürlich auch private) Anstrengungen und Ressourcen wichtig für den Aufbau des Technologiekapitals der Mitgliedsländer, aber die EU hat dazu beigetragen, diese Anstrengungen zu bündeln und zu ergänzen (vgl. weiter hinten).

3. Bei der Regional-, Struktur- und Kohäsionspolitik wiederum sind die Anstrengungen der EU recht eigentlich ohne Vorbild, weil es sich um Maßnahmen des Wohlstandsausgleichs zwischen formell souverän bleibenden Staaten handelt. Sicherlich, für den Ausgleich innerhalb von Nationalstaaten (etwa zwischen den Staaten der USA oder den Regionen in Japan) mag mehr Aufwand betrieben worden sein, aber dies ist beim Vergleich von souverän bleibenden Nationalstaaten nicht von Belang. Allerdings stellt sich hier ein anderes Problem bei der Beurteilung der Konvergenzbemühungen der EU. Der Konvergenzeffekt beim Wachstum im Ländervergleich gilt heute als solide empirisch abgestützt für entwickeltere Länder, und er erweist sich in diesem Rahmen als sehr kraftvoll. Deshalb stellt sich hier die Frage, ob der Aufwand, den die EU betrieb, durch den Erfolg (nochmals beschleunigte Konvergenz) gerechtfertigt wird. Diese schwierige Frage müssen wir aber erst einmal in diesem Artikel ausklammern.

Schließlich sind unsere Untersuchungen auch deshalb explorativ, weil bedeutsame Veränderungen bei der Ausgestaltung der drei Politikfelder erst im Verlauf der 1980er oder soga. erst der 1990er Jahre richtig zu greifen begannen, weshalb wir diese Effekte also auf absehbare Zeit nicht vollumfänglich empirisch beurteilen können.

II. Warum sollten Mitgliedsländer Nutzen aus der Integration ziehen und eine ausgeprägtere Konvergenz aufweisen?

1. Die drei Politikfelder und die Hypothesen

a) Marktschaffung und Markterweiterung in Europa. Die Beseitigung von Handelshemmnissen in Märkten und die Ausdehnung des Marktes hat eine allseitige Wohlstandsvermehrung zur Folge, und zwar sind die Argumente folgende: Ein größerer Markt führt über die Wachstumschancen der Unternehmen zu Effizienzgewinnen (economies of scale). Diese Effizienzgewinne pflanzen sich dadurch fort, dass die Effizienzgewinne der Institutionalisierung von Forschung und Entwicklung förderlich sind, über höhere Gewinne die Kapitalbildung begünstigen und über höhere Löhne zu einer Konsumerhöhung führen. Diese Folgen begünstigen wiederum das Wachstum der Unternehmen sowie Neugründungen und beschleunigen die Absorptionsfähigkeit von Wissen im Produktionsprozess. Dadurch liegt die resultierende wirtschaftliche Wachstumsrate dauerhaft über jener, die ansonsten – bei keiner oder geringerer Beseitigung von Handelshemmnissen und ohne Marktausdehnung – zu erwarten wäre.

Gegenüber dem Außenhandel (über die nationale Grenze hinweg) führt ein gemeinsamer Markt zusätzlich zu den erwähnten Folgewirkungen zu einer erhöhten Wirtschaftlichkeit in Folge von vereinheitlichten Regelungen und politischen Rahmensetzungen (economies of common governance). Unternehmen und Konsumenten können außerhalb ihres eigenen Staates, aber innerhalb des gemeinsamen Marktes Waren absetzen oder beziehen, Investitionen tätigen oder Arbeit anbieten, ohne durch verschiedene Regulierungen und politische Rahmensetzungen behindert zu werden. Diesen Vorteil genießen Mitglieder der europäischen Integration – selbst bei gleicher Bedeutung des Außenhandels über die nationalstaatliche Grenze hinweg – ungleich aus-

Tabelle 1: Marktschaffung und Markterweiterung in Europa, 1945 – 2000[1]

Vertrags-abschluss	Inkraft-setzung	Maßnahme	beteiligte Länder
1944	1948	Marktschaffung: Benelux-Zollunion	B, NL, LUX
1951	23.7.1952	Marktschaffung: gemeinsamer Markt für Kohle und Stahl (EGKS-Vertrag) 1.5.1953 implementiert	EG 6 (D, F, Benelux, I)
1957	1.1.1958	Marktschaffung: gemeinsamer Markt für Industriegüter; gemeinsame Agrarpolitik 1.1.1959 erste 10 Prozent Zollsenkung 1962–66 Einigung über Agrarmarkt-, Finanz- und Wettbewerbsordnung 1.7.1968 Vollendung Zollunion 1.7.1977 Vollendung interner Zollabbau (EG 9)	EG 6 (D, F, Benelux, I)
1959	3.5.1960	Marktschaffung: EFTA (Freihandelszone)	EFTA 7 (GB, DK, P, SW, NW, Ö, CH)
1972	1.1.1973	Markterweiterung: EG-Beitritt von GB, IRL, DK	EG 9 (D, F, Benelux, I, GB, IRL, DK)
1972/1973	1973	Marktschaffung/-erweiterung: Freihandelsabkommen EG – EFTA-Länder	EG 9 und EFTA (P, SW, NW, IS, Ö, CH, später plus NW, FIN)
1979	1.1.1981	Markterweiterung: EG-Beitritt von GR	EG 10 (D, F, Benelux, I, GB, IRL, DK, GR)
1985/86	1.7.1987	Marktschaffung resp. -vertiefung: Programm zur Schaffung eines einheitlichen europäischen Binnenmarktes bis 31.12.1992 Mitte 1995 sind rund 90 Prozent der Maßnahmen von den Mitgliedstaaten umgesetzt	EG 12 (D, F, Benelux, I, GB, IRL, DK, GR, SP, P)
1985	1.1.1986	Markterweiterung: EG-Beitritt von SP, P	EG 12 (D, F, Benelux, I, GB, IRL, DK, GR, SP, P)
	3.10.1990	Markterweiterung: Eingliederung der DDR in die BRD und damit in die EG	EG 12
1992	1.1.1994	Markterweiterung: EWR-Vertrag Integration in Binnenmarkt, F&E-, Kohäsionspolitik; nicht integriert: Agrar-, Außenhandels-, Wirtschafts- und Währungspolitik	EG 12 plus FIN, SW, NW, IS, Ö, FL
1994	1.1.1995	Markterweiterung: EU-Beitritt von FN, SW, Ö	EG 15 (D, F, Benelux, I, GB, IRL, DK, GR, SP, P, FIN, SW, Ö)
ab 1991 resp. 1998		Osterweiterung: „Europäische Abkommen"; Beitrittsverhandlungen	

Anmerkung: Zu berücksichtigen sind unterschiedlich lange Übergangszeiten in den Beitrittsverträgen; bspw. dreieinhalb Jahre (sechs Jahre für Finanzbestimmungen) im Falle der Erweiterung von 1973; fünf Jahre (sieben Jahre für Personenverkehr und bestimmte Agrarprodukte) im Falle des Beitrittes von GR; sieben Jahre (zehn Jahre für bestimmte Agrarprodukte und Fischerei) im Falle des Beitrittes von SP, P; Ausnahmeregelungen für die „neuen Bundesländer" u.a. in den Bereichen Landwirtschaft, Verkehr, Binnenmarkt bis 31.12.1995.

---

[1] Die Materialien der *Tabelle 1* und der *Zusammenstellungen 1* und *2* stammen aus dem Forschungsprojekt des Autors zur Beschleunigung der europäischen Integration (Bornschier 2000a), bei dem Patrick Ziltener mitarbeitete und als Projektkoordinator in einem größeren Team wirkte. Ihm dankt der Autor für die übersichtlichen Zusammenstellungen zu den drei Politikfeldern.

geprägter als Nichtmitglieder, werden doch zwei Drittel des Außenhandels der EU-Staaten innerhalb der EU abgewickelt (Zahlen für 1996).

Der Prozess der sukzessiven Marktschaffung, Marktvertiefung und Markterweiterung lässt sich am besten tabellarisch als Integrationsgeschichte vorführen (*Tabelle 1*).

Das Binnenmarktprojekt, das im Integrationsschub der 1980er Jahre mit dem Ziel vorangebracht wurde, die zwischenstaatlichen Schranken wirtschaftlicher Tätigkeit in der Gemeinschaft gänzlich abzubauen, stellt an sich kein neues Integrationsziel dar. Seit der Gründung der EWG stand dies unter der Bezeichnung des Gemeinsamen Marktes auf der Agenda. Die verschiedenen Etappen der Realisierung stellen mehr eine kontinuierliche Beseitigung von Schranken wirtschaftlicher Betätigung und Vergrößerung des Marktes dar, als dies in *Tabelle 1* aufscheint, weil die zahlreichen Übergangsregelungen und Implementierungszeiten häufig bis zum nächsten Integrationsschub reichten.

Ohne Zweifel haben die wohlfahrtssteigernden Effekte der Marktintegration über die Zeit zugenommen, denn über die Zeit nahm diese Integration zu. Wenn wir die Hypothese der Fortpflanzungseffekte der Wohlfahrtsgewinne heranziehen, dann müssen unabhängig von dieser Verstärkung über die Zeit jene Mitgliedsländer höhere Wohlfahrtsgewinne aufweisen, die schon länger bei der europäischen Integration mitmachen.

b) Forschungs- und Technologiepolitik. An der Schwelle zu den 1980er Jahren initiierten die Architekten der europäischen Technologiepolitik Maßnahmen, um Europa bei den Leadsektoren des neuen technologischen Stils (Telematik und Biotechnologie) zukunftsfähig und mit Blick auf Japan und die USA konkurrenzfähig zu erhalten (Bornschier 2000a: Kap. 1, 4, 8). Die Gestaltung dieses Politikfeldes im historischen Abriss soll im Folgenden kurz wiedergegeben werden (vgl. *Zusammenstellung 1*).

Zusammenstellung 1: Forschungs- und Technologiepolitik

Basis für die Entwicklung einer gemeinschaftlichen Forschungs- und Technologiepolitik waren neue Kooperationsformen zwischen der EU-Kommission und europäischen transnationalen Unternehmen. Die Wurzeln der F&E-Politik der EU reichen in die späten 1970er Jahre (Sandholtz 1992). Parker (2000) und Nollert (2000) belegen für die Bereiche der Informations- und Biotechnologie die wichtige Rolle der Kommission, die erfolgreiche Wahrnehmung ihrer Initiativfunktion. Insbesondere wurde auf dem Gebiet der Technologiepolitik zum ersten Mal die Kooperation zwischen der Kommission und einem sog. *Roundtable*, dem *European Information Technology Industry Roundtable (EITIRT)* institutionalisiert. Diese neue Kooperationsform erwies sich sehr erfolgreich und wurde deshalb zum strategischen Vorbild für viele weitere Projekte der Kommission. 1983 verabschiedete der Rat das 1. Forschungsrahmenprogramm (1984–1987), das den Durchbruch europäischer Funktionen auf diesem Politikfeld bedeutete. In der Folge kam es zu einer strategischen Neuorientierung der Aktivitäten der EG und zu einer beträchtlichen Ausweitung über sektorale Tätigkeiten hinaus. 1984 wurde das *European Strategic Programme for Research and Information Technologies (ESPRIT)* verabschiedet. Es war nicht nur das (erste) Resultat der engen Zusammenarbeit der Kommission mit einem *Roundtable*, dem EITIRT, sondern prägte als „Flaggschiff" der gesamten europäischen F&E-Politik deren Ziele und Verfahren seither maßgeblich (vgl. Grande und Häusler 1994). Mit der EEA wurde die Forschungs- und Technologiepolitik vertraglich verankert (Art. 130 f-q EG-Vertrag). Vorgesehen wurden Mehrheitsabstimmungen bei einzelnen Forschungsprojekten (Art. 130 q), während bei der Verabschiedung von Rahmenprogrammen im Rat Einstimmigkeit gilt. Das 2. Forschungsrahmenprogramm für den Zeitraum 1987–1991 mit einem Gesamtvolumen von 5.4 Mrd. ECU brachte die neuen Prioritäten der europäischen Forschungs- und Technologiepolitik zum Ausdruck. Der Anteil der Energieforschung, für den im 1. Forschungsrahmenprogramm noch fast die Hälfte vorgesehen war, wurde drastisch reduziert. Im Zentrum standen nun die Informations- und Kommunikationstechnologien sowie die Biotechnologie. Der Maastrichter Vertrag verallgemeinerte den Auftrag der Kommission zur Förderung der Forschungs- und Technologiepolitik (Art. 130 f-p); mit dem neuen Art. 130f wurde die EU ermächtigt, über den industriellen Bereich hinaus „alle Forschungsmaßnahmen zu unterstützen, die auf Grund anderer Kapitel dieses Vertrages für erforderlich gehalten werden". Das 3. Rahmenprogramm (1990–1994) wurde bereits im Dez. 1992 von 5.7 auf 6.6 Mrd. ECU aufgestockt. Das 4. Rahmenprogramm stellte insgesamt Mittel in Höhe von 12.3 Mrd. ECU (plus eine Reserve von 1 Mrd.) für den Zeitraum von 1994 – 1998 zur Verfügung. Aufbauend auf die neue Schwerpunktsetzung des *Weissbuches zu Wachstum, Wettbewerbsfähigkeit und Beschäftigung* (Kommission 1993) werden die Bereiche Telekommunikation, Information und Innovation ins Zentrum gestellt.

Wenn Indikatoren für das Technologiekapital einen empirisch erkennbaren Einfluss auf die Höhe der wirtschaftlichen Wachstumsrate haben, dann waren diese Politikinitiativen und -ausgestaltungen des Politikfeldes richtig und zeitgemäß. Aber die Konkurrenten der EU blieben nicht tatenlos. Wir werden prüfen, ob sich durch diese kompetitive Forschungs- und Technologiepolitik die Wettbewerbssituation der Europäischen Union in der politischen Weltökonomie veränderte.

c) Regional-, Struktur-, Kohäsionspolitik. Von Anfang an hatte die europäische Integration – also auch schon vor dem Integrationsschub der 1980er Jahre – implizit und explizit die Frage des Zusammenhaltes in der Gemeinschaft politisiert. Wir belegen dies mit einer Kurzbeschreibung der historischen Etappen in der *Zusammenstellung 2*.

Zusammenstellung 2: Regional-, Struktur-, Kohäsionspolitik

Der EGKS-Vertrag von 1951 sah finanzielle Mittel vor für Regionen mit Problemen, die sich aus wirtschaftlichem Strukturwandel ergeben (Umstellungshilfen). Im EWG-Vertrag von 1957 taucht die regionalpolitische Dimension in verschiedenen Zusammenhängen auf: In der Präambel wurde eine regionalpolitische Zielformulierung aufgenommen (the member states are „anxious to strengthen the unity of their economies and to ensure their harmonious development by reducing the differences existing between the various regions and the backwardness of the less favoured regions"). Bezüglich der Mittel zur Zielerreichung wurden aber keine EG-Funktionen festgelegt; es wurde weitgehendes Vertrauen auf den Marktmechanismus als solchen gelegt.

Die auf Grund der Römischen Verträge etablierten *Fonds* hatten in ihrer Tätigkeit von Anfang an eine regionalpolitische Dimension: Der Europäische Ausrichtungs- und Garantiefonds für die Landwirtschaft (EAGFL, engl. European Agricultural Guidance and Guarantee Fund, EAGGF), 1962 eingesetzt, vergab Mittel zur Modernisierung von Agrargebieten. Die Europäische Investitionsbank (European Investment Bank, EIB) gewährte Darlehen und Bürgschaften für die Finanzierung unter anderem von Investitionsvorhaben, die zur Erreichung des erwähnten Gemeinschaftszieles der harmonischen Entwicklung beitragen. Konkret waren das vor allem Infrastrukturprojekte. Als Bank folgt die EIB den üblichen wirtschaftlichen Grundsätzen der Kreditvergabe. Der Europäische Sozialfonds (ESF) wurde 1960 geschaffen, zur Finanzierung von Umsiedlungs- und Umschulungsmaßnahmen, und zunehmend zu einem Instrument europäischer Arbeitsmarktpolitik entwickelt.

Die Einrichtung eines Europäischen Regionalfonds (EFRE) war Teil einer Paketlösung, die die erste Erweiterungsrunde der EG (Dänemark, Großbritannien und Irland) sowie das Projekt einer

Währungsunion umfasste. Das 1969 beschlossene Projekt einer Währungsunion war nur durchzusetzen mit flankierenden Ausgleichszahlungen. Besonders Italien, das wiederholt das Instrument der Wechselkursanpassung zur Stärkung der Wettbewerbsfähigkeit seiner exportorientierten Industrie benutzt hatte, erhob Forderungen in dieser Richtung. Es formierte sich eine *pressure group* aus den Beitrittsländern Großbritannien und Irland sowie Italien, im Bündnis mit den supranationalen Akteuren, mit deutlich unterschiedlichen Motiven hinter der Forderung nach einem gemeinschaftlichen Finanzausgleich. Auf dem Gipfel von Paris 1972 wurde mit dem Ziel der Behebung struktureller und regionaler Ungleichgewichte in der Gemeinschaft die Einrichtung des Europäischen Regionalfonds beschlossen. Der Fonds wurde auf den 1.1.1975 eingesetzt, ohne explizite vertragliche Verankerung einer gemeinschaftlichen Regionalpolitik. EFRE-Gelder gibt es für produktive und Infrastruktur-Investitionen (Verkehr, Tourismus, Telekommunikation, Energie, Gesundheits- und Bildungswesen). Mit einem festen Verteilungsschlüssel für die Gelder wurde dem Prinzip des *juste retour* gefolgt, also dem Anspruch der Mitgliedstaaten auf ein ausgeglichenes Zahlungs-/Empfangs-Verhältnis, und nicht eine nach übergeordneten Kriterien formulierte Regionalpolitik aufgebaut.

Mit der Süderweiterung der EG war ein weiterer Ausbau der gemeinschaftlichen Regionalpolitik absehbar. Unter dem Begriff der „*Kohäsion*" schlug die Kommission in der Regierungskonferenz von 1985, mit sektoriell unterschiedlichem Erfolg, ein ambitiöses Paket sozial- und regionalpolitischer flankierender Maßnahmen vor (vgl. Ziltener 2000a). Ergebnis war der Art. 23 der EEA (Art. 130 a-e des EG-Vertrages). Damit wurde die gemeinschaftliche Regionalpolitik explizit vertraglich verankert und als integraler Teil der Gemeinschaftspolitik akzeptiert. Art. 130a enthält eine allgemeine Zielformulierung, nach der die EG ihre Politik zur Stärkung ihres wirtschaftlichen und sozialen Zusammenhalts entwickelt und weiterhin verfolgt, um eine harmonische Entwicklung der Gemeinschaft als Ganzes zu fördern. Konkretisiert wird dies durch die Bestimmung des Zieles, den Abstand zwischen den verschiedenen Regionen und den Rückstand der am wenigsten begünstigsten Gebiete zu verringern. Mit dem ersten sog. *Delors-Paket* von 1988 wurden im Rahmen einer komplexen finanzpolitischen Paketlösung die regionalpolitischen „Versprechen" der EEA eingelöst (Verdoppelung der Mittel bis 1993).

Die Strukturpolitik der Gemeinschaft orientierte sich nach einer Reform, die auf den 1. Januar 1989 in Kraft trat, auf fünf vorrangige Ziele:
1. Die Förderung von Regionen mit Entwicklungsrückstand (Aktionsziel des EFRE, ESF, EAGFL). Ein solcher Rückstand wird dann als gegeben betrachtet, wenn das BIP je Einwohner einer Region nicht mehr als 75 Prozent des Gemeinschaftsdurchschnittes beträgt. Ziel der Intervention ist die Erschließung des regionalen Entwicklungspotenzials mittels Investitionshilfen, der Schaffung resp. Modernisierung der Infrastruktur etc. Vier Fünftel der Mittel des EFRE sind für diesen Kreis von Regionen bestimmt. Von dem auf Grund dieses Zieles bis 1993 vorzunehmenden Mitteleinsatz des EFRE wurden rund 16 Prozent griechischen, 33 Prozent spanischen, 25 Prozent italienischen, 18 Prozent portugiesischen und 6 Prozent irischen Regionen fest zugesichert.
2. Die Umstellung von Regionen, die von rückläufiger industrieller Entwicklung schwer betroffen sind (Aktionsziel des EFRE, ESF). Dies wird dann als gegeben betrachtet, wenn die industrielle Beschäftigung deutlich rückläufig ist und die Arbeitslosigkeit über dem EG-Durchschnitt liegt.
3. Die Bekämpfung der Langzeitarbeitslosigkeit, insbesondere
4. die Erleichterung der Eingliederung von Jugendlichen in das Erwerbsleben (beides Aktionsziele des ESF).
5. Beschleunigte Anpassung der Agrarstrukturen sowie die Förderung der Entwicklung des ländlichen Raumes (Aktionsziel des EAGFL). Voraussetzung ist ein hoher Anteil landwirtschaftlich Beschäftigter an der regionalen Gesamtbeschäftigung, ein niedriges Einkommensniveau in der Landwirtschaft und zudem eine unterdurchschnittliche regionale gesamtwirtschaftliche Leistung.

In der Maastrichter Regierungskonferenz von 1991 knüpften die peripheren Länder die Forderung nach einer Aufstockung der Ausgleichszahlungen an die Zustimmung zur Währungsunion. Ein neuer Fonds wurde beschlossen, der *Kohäsionsfonds* (seit 1993) für Mitgliedstaaten, deren BIP pro Kopf weniger als 90 Prozent des EU-Durchschnitts beträgt. Dieser trägt nicht nur wie im Falle des Regionalfonds die Hälfte (maximal 75 Prozent in Ziel-I-Regionen) zur Finanzierung von Investitionen bei, sondern bis zu 90 Prozent (Bereiche: Umwelt, Infrastruktur). Die für die Verwirklichung der Beschlüsse von Maastricht notwendigen Budgetentscheidungen wurden im Dezember 1992 als *Delors-II-Paket* verabschiedet. Als Ergebnis der Verhandlungen mit den EFTA-Staaten ist als sechstes Ziel die Förderung von Regionen mit außerordentlich geringer Bevölkerungsdichte hinzugekommen (< 8 Einwohner/km²). Die entsprechenden Regionen Skandinaviens werden als Ziel-1-Region gefördert.

Der schubweise Ausbau der Regionalpolitik schlug sich einerseits im Gemeinschaftshaushalt nieder: die Ausgaben im Rahmen der Strukturfonds stiegen von 4,8 Prozent des Haushaltes im Jahre 1975 über 9,1 Prozent im Jahre 1987 bis auf 28 Prozent im Jahre 1992. Entsprechend den Beschlüssen von Maastricht waren für 1999 gar 35 Prozent der gemeinschaftlichen Ausgaben für die Regionalpolitik projektiert. Der *1. Bericht über den wirtschaftlichen und sozialen Zusammenhalt in der EU* (1983–1993) beziffert die Summe der im Berichtszeitraum ausgeschütteten Mittel auf rund 100 Milliarden ECU. Für die vier EFTA-Länder wurden für 1995–1999 5.9 Mrd. ECU vorgesehen.

Im Verlauf der 80/90er Jahre fand auch eine Reihe von *qualitativ* bedeutenden Verschiebungen statt. Es kam zu einer vertraglichen Verankerung der Regionalpolitik in der EEA und zu mehreren wichtigen Reformen der politischen Ausgestaltung. Dies führte insgesamt zur Weiterentwicklung und Transformation des Transfersystems zwischen Nationalstaaten (*juste retour*) der 70er Jahre in Richtung eines europäischen strukturpolitischen Steuerungsinstruments, das weitgehend supranational definierten Kriterien und Zielsetzungen folgt (Ziltener 2000b). Nach wie vor trägt die gemeinschaftliche Regionalpolitik aber einen „hybriden" Charakter.

Ohne Zweifel gehören Kohäsion und Konvergenz seit langem zu den ideologischen Schlüsselbegriffen der Europäischen Gemeinschaft. Dass dies nicht nur Rhetorik war, belegen die diesbezüglichen Programme und Aufwendungen in *Zusammenstellung 2*. Doch waren diese Maßnahmen auch wirkungsvoll? Wir werden mit unserem Ländervergleich prüfen, ob der Konvergenzeffekt in Ländern der Europäischen Union tatsächlich stärker war, als er auch ansonsten zu erwarten gewesen wäre. Der Aufwand, der dafür betrieben wurde, und die kumulierten spezifischen Zuwendungen an einzelne Mitgliedsländer werden wir, wie bereits bemerkt, in diesem Artikel noch nicht untersuchen.

2. Beschreibung der Auswahl der Zeitperiode, der Schätzgleichung für das Wirtschaftswachstum, der verwendeten Indikatoren und des Samples von 33 souveränen Staaten

Wir vergleichen in diesem Artikel ein Sample von 33 OECD- und Schwellenländern über den Zeitraum von Ende 1980 bis Ende 1998. Dieser Zeitraum ist aus zwei Gründen mit Bedacht so gewählt worden: Er schließt einerseits den bemerkenswerten Ausbau der westeuropäischen Integration ein, sowohl was die Ausweitung auf zuletzt 15 Länder als auch die Vertiefung der Integration mit Blick auf übernationale Regulierung betrifft: das Binnenmarktprojekt, die Technologieförderung und die Regionalpolitik. Unter den 33 im Vergleich eingeschlossenen Ländern befinden sich nur 14 der 15 Mitglieder der Europäischen Union, da Luxemburg in den Quellen datenmäßig zusammen mit Belgien erfasst wurde. Andererseits macht es im Ländervergleich mit genügender Zahl von Fällen wenig Sinn, kürzere Zeitperioden zu betrachten. Einmal sind die kurzfristigen Konjunkturen über Länder hinweg nicht dermaßen eng gekoppelt, dass wir echte Wachstumsunterschiede und nicht nur Unterschiede wegen phasenverschobener Konjunkturzyklen betrachten. Dann wollen wir die Nachhaltigkeit des Wachstums zur erklärungsbedürftigen Variable machen. So hatten etwa die lateinamerikanischen Länder in den 1980er Jahren ihr „wirtschaftlich verlorenes Jahrzehnt", während einige von ihnen in den 1990er Jahren dann plötzlich wieder bemerkenswerte Wachstumsraten aufwiesen, und die asiatischen Schwellenländer hatten in den 1980er Jahren z.T. sehr bemerkenswerte Wachstumsraten. Diese Wachstumseuphorie wurde dann mit der asiatischen Krise seit 1997 wieder auf den Boden der Wirklichkeit zurückgeholt. Um diese angesprochenen Probleme weitgehend zu neutralisieren, machen wir das ausgesprochen langfristige Wirtschaftswachstum zum Gegenstand dieser explorativen Untersuchung.

a) Das Wachstumsmodell und die Schätzgleichung für den Ländervergleich. Wir führen ein Bündel von Variablen ein, welches Merkmale des sozialen Kontextes und der sozial geschaffenenen Ressourcen (C) repräsentieren soll, um die Beeinflussung des wirtschaftlichen Ergebnisses im Aggregat (Y) jenseits der unbestrittenen klassischen Produktionsfaktoren Kapital (K) und Arbeit (L) zu modellieren.

Wachstum von Y = f (Wachstum von K, Wachstum von L, C)

C hat die Bedeutung einer Beeinflussung der wirtschaftlichen Gesamtleistung (Y), die nicht mit den veränderten Mengeneinsätzen von Kapital (K) und Arbeit (L) zu erklären ist. Die sozial geschaffenen Ressourcen wie beispielsweise die Ausbildung der Beschäftigten und Unternehmer (ein Element von C) oder der sozial geschaffene Kontext durch Firmenorganisation oder durch Institutionen der Streitschlichtung oder durch Werthaltungen und Motivation der ökonomisch Aktiven (Elemente von C) oder die Mitgliedschaft in der supranationalen europäischen Integration (ebenfalls ein Element von C) hat einen potentiellen Einfluss auf das wirtschaftliche Wachstum.

Aus dem Bündel an sozialen Kontextfaktoren (C) betrachten wir hier fünf, deren Beitrag zum Wirtschaftswachstum einmal plausibel ist und in der Literatur auch bereits diskutiert wird:

C = f (¥, T, B, S, M)

¥ umfasst die im Aggregat einer Gesellschaft durchschnittlich vorhandenen Kräfte, die auf einen Wohlstandsausgleich zwischen Gesellschaften hinwirken. Wir werden das empirisch mit dem Durchschnittseinkommen operationalisieren und umkehren: Abstand zum höchsten Wert im Sample als Index für die Konvergenzkräfte. T soll einen Index für das Technologiekapital symbolisieren. B repräsentiert einen Index für das im Aggregat der ökonomisch Aktiven durchschnittlich vorhandene Bildungskapital (Menge und Qualität). S indiziert einen Index für die im Aggregat der ökonomisch Aktiven vorhandene Befähigung zu Sozialkapitalbildung. M symbolisiert die (gewichtete) EU-Mitgliedschaft.

Die Schätzgleichung, die der Tabelle 3 mit dem Haupttest zu Grunde liegt, können wir schreiben als:

$$d\log Y_t = b_0 + b_1\, d\log K_t + b_2\, d\log L_t + b_3 \log ¥ + b_4 \log T + b_5 \log B + b_6 \log S + b_7 \log M + e_t$$

hierbei ist e_t das Residuum der Regression, außerdem ist d der Vorwärtsdifferenzen-Operator (dX gleich $X_{t+1} - X_t$). Die übrigen Größen wurden weiter oben bereits definiert.

Die Wachstumsraten werden bei dieser Schätzgleichung aus den ersten Differenzen der Logarithmen berechnet (zeitstetige Wachstumsraten), und die Elemente von C sind logarithmiert. Diese Gleichung kann mit dem linearen Verfahren der kleinsten Abweichungsquadrate geschätzt werden, was bei der erweiterten Cobb-Douglas-Funktion, aus der sich die Schätzgleichung ableiten lässt, nicht der Fall ist; diese erweiterte Cobb-Douglas-Funktion würde lauten:

$$Y_t = K_t^{b_1}\, L_t^{b_2}\, ¥^{b_3 t}\, T^{b_4 t}\, B^{b_5 t}\, S^{b_6 t}\, M^{b_7 t} \exp(b_0 t + v_t) \quad [\text{mit } e_t \text{ gleich } dv_t]$$

b) Auswahl des Samples von 33 souveränen Staaten. Die Grundgesamtheit – OECD-Länder, Schwellenländer, Transformationsländer und große Entwicklungsländer – ist definiert durch den Einschluss in die Datensammlungen des World Competitiveness Reports und der World Values Surveys. Aus diesen 49 Ländern wurden die Transformationsländer ausgeschlossen, für die infolge der revolutionären Abkehr vom planwirtschaftlichen Staatssozialismus keine sinnvolle Untersuchung des Wirtschaftswachstums von 1980 bis 1998 möglich ist. Die verbleibenden 38 Länder umfassen noch die großen Wirtschaften der Volksrepublik China, Indiens, Indonesiens und Nigerias. Ein Blick auf den Entwicklungsstand dieser Länder – gemessen an der nach Kaufkraftparitäten bereinigten Wirtschaftsleistung pro Kopf (1990) offenbart sofort überdeutlich, dass deren Entwicklungsstand dermaßen weit vom Restsample entfernt ist, dass sie ausgeschlossen werden müssen, wenn es darum geht, die Mitgliedsländer der Europäischen Union mit vergleichbaren Ländern zu kontrastieren. Südafrika liegt mit Blick auf die Wirtschaftsleistung pro Kopf etwas über diesen vier ausgeschlossenen Entwicklungsländern, wenngleich immer noch deutlich entfernt von den ärmsten Ländern der OECD-Welt. Dieser Fall wird schon auf Grund der Tatsache des Apartheidregimes während der Betrachtumsperiode ausgeschlossen.

Das verbleibende Sample der 33 Fälle umfasst nur noch wenige Länder, die nicht zur OECD-Welt gehören. Das vergleichsweise ärmste Land im Sample ist Argentinien, dessen Wohlstand pro Kopf nur 60 Prozent des Wertes der ärmsten EU-Mitglieder, nämlich Griechenland und Portugal, ausmacht. In diesem schlussendlich ausgewählten Testsample der 33 Länder besteht fast keine Korrelation mehr zwischen dem Entwicklungsstand und der Mitgliedschaft in der EU (r=.30). Wir haben also ein Testsample ausgewählt, das im Durchschnitt den EU-Mitgliedschaftsländern entwicklungsmäßig entspricht. Allerdings streut das Kontrastsample nach Entwicklungsstand mehr als das Testsample der EU-Länder, d.h. es umfasst einerseits reichere Länder als selbst die reichsten EU-Länder, aber andererseits auch solche, die etwas unter den ärmsten der EU liegen.

Die *Zusammenstellung 3* beschreibt die bei den statistischen Tests verwendeten Variablen.[2]

---

[2] *Konvergenz:* Der Wert für Taiwan wurde auf Grund von Informationen im Fischer Weltalmanach und bei Maddison (1995) geschätzt.

Zusammenstellung 3: Die verwendeten Variablen

Wirtschaftswachstum   d log Y = log Y 1998 − log Y 1980

Quelle: World Development Indicators (1999), World Bank, auf CD-ROM (Werte für 1998 sind Schätzungen des IMF).

Kapitalstockwachstum   d log K = log K 1993 − log K 1985
(Realkapital)

Quelle: Mark Herkenrath (1999), nach dem Verfahren in Bornschier und Heintz (1979) unter Berücksichtigung von Abschreibungen. Die Daten vor 1985 und ab 1994 liegen noch nicht vor. Länderunterschiede z.B. bei den Abschreibungspraktiken verursachen keine Verzerrungen, solange solche Unterschiede über die Zeit fortbestehen, da wir hier die Veränderungsraten berücksichtigen.

Arbeitskräftewachstum   d log L = log L 1997 − log L 1980

Quelle: World Development Indicators (1999), World Bank, auf CD-ROM.
Bemerkung: Die Problemematik dieses Indikators, dass der variable Arbeitseinsatz nicht berücksichtigt ist (Arbeitslänge und Teilzeitarbeit), wird durch die Tatsache stark neutralisiert, dass wir die Wachstumsraten betrachten. Für die Prädiktoren des Kapitalstockwachstums verwenden wir auch das durchschnittliche jährliche Bevölkerungswachstum zwischen 1980 und 1990 (Quelle: World Development Report 1999/2000).

Konvergenz   log BIP pro Kopf 1990

= reale nach Kaufkraftparitäten bereinigte Wirtschaftsleistung (BIP) pro Kopf in $ zu internationalen Preisen von 1985 nach Summers und Heston (The Penn World Table Mark 5.5).
Umkodiert: Differenz zum Maximalwert mal −1.
Für ausgewählte Fragen benutzen wir auch die entsprechenden Angaben für 1997 (Quelle: World Development Report 1999/2000).

Technologiekapital   log Technologiekapital, Durchschnitt für 1985–1995

Operationalisierung: Wissenschaftler und Ingenieure in F&E pro Million Einwohner über den Zeitraum 1985–1995. *Quelle:* Weltentwicklungsbericht 1999/2000: 266f.
Für ausgewählte Fragen benutzen wir zudem auch Informationen zur Computerdichte (Home computers) und zur Verbreitung der Internet Hosts (Quelle: World Development Report 1999/2000).

Technologiekapital: Angaben fehlen für fünf Fälle im Sample. Schätzung der fehlenden Werte für Chile, Hongkong, Schweiz auf Grund der Regression auf Internet Host Dichte im gleichen Weltentwicklungsbericht (Korrelation .86). Der Wert für Taiwan wurde geschätzt auf Grund der Ausgaben für F&E, Angaben nach Word Competitiveness Report (1992: 555, 1995: 651). Island wurde der Durchschnittswert der westeuropäischen Länder zugeordnet.
Bildungsqualität: Angaben fehlen für vier Fälle. Schätzverfahren: Kanada und Island haben bei den Einzelkomponenten Angaben, geschätzt durch Regression des Indexes auf diese Einzelkomponenten. Argentinien und Chile wurde der Mittelwert für das Gesamtsample zugeordnet.
Offenheit der nationalen Wirtschaft: Die fehlenden Angaben in der Quelle für Deutschland (1980) und Island sowie Taiwan (jeweils für 1980 und 1996) wurden berechnet nach verschiedenen Jahrgängen des Fischer Weltalmanachs.
Marktgröße, national: Zwei Fälle mussten geschätzt werden. Taiwan auf Grund von Angaben im World Competitiveness Report 1992, Island nach Informationen im Fischer Weltalmanach.

Bildungsqualität   log Bildungsqualität 1992

Ist ein subjektiver Indikator, faktoranalytisch ermittelt aus: Beurteilung des Umfangs und der Qualität der Grundschulen, der „economic literacy" und der „computer literacy". Die zu Grunde liegenden Items stammen aus dem World Competitiveness Report, der diese spezifischen Items erstmals 1992 erhob. Die Daten wurden von Leicht (1999) ermittelt und finden sich auch bei Bornschier (2000b).

Sozialkapitalindex   Sozialkapitalindex = (log Vertrauen + log Toleranz)/2 1981 und/oder 1990

Vertrauen: „Generally speaking, would you say that most people can be trusted, or that you can't be too careful in dealing with people?"
Quelle: World Values Surveys. Prozentzahl der Antworten: „Can be trusted" (ohne Berücksichtigung der „don't know"). Hier übernommen von Knack und Keefer (1997), welche die Angaben von 1981 und/oder 1991 verwenden.
Toleranz: Faktorscores des Hauptfaktors einer Faktorenanalyse von verschiedenen Testfragen.
Quelle der Grunddaten: World Competitiveness Reports. Die Faktorenanalyse basiert auf den Durchschnitten der Items für die Jahre 1989, 1990, 1991. Die Daten wurden von Leicht (1999) ermittelt und finden sich auch bei Bornschier (2000b), der eine ausführliche Untersuchung mit diesem Sozialkapitalindex unternimmt.

Offenheit der nationalen   log Handelsanteil am BIP, Durchschnitt für 1980 und 1996.
Wirtschaft

Der Handelsanteil misst die Exporte und die Importe als Anteil der gesamten Wirtschaftsleistung.
Quelle: Weltentwicklungsbericht 1998/1999: 272f.

Marktgröße national   log BIP, Durchschnitt für 1980 und 1997

Die gesamte Wirtschaftsleistung (BIP) ist nach Kaufkraftparitäten bereinigt, in Mrd. US-$ und die Angaben stammen aus dem Weltentwicklungsbericht (1998/1999: 234f.).

EU-Dummy

Diese Dummy-Variable erhält den Wert 0 für die 19 Nichtmitglieder im Sample von N=33 und den Wert 1 für die Mitglieder (letzte Erweiterungsrunde von 1995 wurde berücksichtigt). Von den 15 Mitgliedern der EU sind nur 14 im Sample, da Luxemburg in den Angaben für Belgien enthalten ist.

EU-Mitgliedsjahre

Diese Variable berücksichtigt die Zahl der Mitgliedschaftsjahre in der EU bzw. der EWG. Die Benelux-Integration wurde nicht berücksichtigt, weil sie nur eine kleine Marktausdehnung brachte: Niederlande und Belgien, Luxemburg ist datenmäßig bei den Quellen in Belgien eingeschlossen. Ebenfalls wurde nicht die Europäische Vereinigung für Kohle und Stahl berücksichtigt, da sie nur eine sektorale Integration zur Folge hatte. Begonnen wird bei der Zählung mit der EWG im Jahre 1958. Die maximale Zahl der Mitgliedsjahre bis 1997 beträgt 40 und die minimale Zahl 3. Vor der Logarithmierung wurde eine 1 für alle Länder und zusätzlich eine 6 für Mitglieder addiert, sodass nach Logarithmierung Nichtmitglieder den Wert 0 erhalten und Mitglieder im Minimum den Wert 1.
Zu beachten ist, dass dem Jahr der formellen Aufnahme in die EU z.T. etliche Zeit der Verhandlungen vorausgingen, d.h. die Perspektive der zukünftigen Mitgliedschaft beeinflusste die Akteure z.B. bereits Jahre vor der Aufnahme von Schweden, Finnland und Österreich in die Union Anfang 1995.

EU-jüngstens beigetreten
Diese Variable ist durch Umkehrung der Mitgliedschaftsjahre gebildet worden, wobei die jünsten Mitglieder die höchsten Werte und die ältesten die tiefsten Werte erhalten. Nach der Logarithmierung haben die ältesten Mitglieder den Wert 1 und die übrigen Mitglieder einen um so höheren Wert, je später sie beitraten. Selbstverständlich haben die Nicht-Mitglieder auf dieser Variablen wiederum den Wert 0.

3. Das Vorgehen bei den empirischen Tests

Die neuen (logarithmierten) Differenzenmodelle in ländervergleichenden Studien (z.B. Firebaugh und Beck 1994; Benhabib und Spiegel 1994; Graff 1996; Bornschier 2000b) haben sicherlich interessante Ergebnisse zur Diskussion gestellt. Sie suchen das Wirtschaftswachstum u.a. durch das Wachstum des Realkapitaleinsatzes zu erklären. Dies ist allerdings eine typische ex post-Betrachtung, die mit Blick auf das Wirtschaftswachstum auch etwas langweilig und teils tautologisch ist: Die Wirtschaft wuchs, weil der Kapitalstock wuchs. Warum aber wuchs der Kapitalstock? Mindestens ebenso interessant sind deshalb Merkmale einer Gesellschaft, die das Wirtschaftswachstum neben und unabhängig vom Realkapital in der nachfolgenden Periode beeinflussten. Solche eher beständigen Merkmale erlauben dann eine echte Prognose.

In diesem Artikel wählen wir die folgende Abfolge von Untersuchungen. Zunächst demonstrieren wir kurz in Abschnitt III, dass es beim modernen Wirtschaftswachstum in der Tat zuvorderst auf die Realkapitalbildung ankommt, allerdings eine ex post-Größe, die sicherlich auch vom Wachstum selbst beeinflusst wird. Im anschließenden Abschnitt IV wagen wir eine ex ante-Prognose für das Realkapitalwachstum. Im Anschluss daran bauen wir in Abschnitt V die beiden ex ante- und ex post-Modellelemente zusammen, um einen Überblick über die relevanten Prädiktoren des Wirtschaftswachstums von 1980 bis 1998 zu gewinnen. Gehört die Mitgliedschaft in der Europäischen Union zu den relevanten Variablen? Hatte sie einen direkten Einkommenseffekt? Ist ein solcher Wachstumsbeitrag, wenn er denn erkennbar ist, eher einem einmaligen Effekt, einem Push gleichsam, ähnlich oder sind eher dauerhaft höhere Wachstumsbeiträge eine Folge der EU-Mitgliedschaft gewesen? Diese sicherlich schwierige Frage gehen wir hier explorativ an, indem wir die drei verschiedenen, oben beschriebenen Maße für die Mitgliedschaft in ihrer Wirkung kontrastieren, wodurch erste Schlussfolgerungen möglich werden.

In den folgenden Abschnitten VI-VIII kommen wir dann zu den Untersuchungen, inwieweit im Zeitabschnitt 1980–1998 die EU jene Variablen beeinflusste, welche als zentrale Prädiktoren für das Wirtschaftswachstum empirisch ausgewiesen wurden. Das nicht unerwartete Resultat aus dem Gesamtmodell, dass nämlich das Wachstum des Kapitalstocks der wichtigste ex post-Prädiktor für das Wirtschaftswachstum ist, steht denn auch am Anfang. Beeinflusste die Europäische Union mit ihrer gewandelten Politik seit den 1980er Jahren die Wachstumsrate der Kapitalbildung? Dies untersuchen wir in Abschnitt VI. In Abschnitt VII geht es um die Frage, wo die Mitgliedsländer der EU im Vergleich zu den übrigen Ländern bei Indikatoren für das Technologiekapital liegen. Hier ist insbesondere der Technologiewettlauf in der Triade der Focus. Schließlich untersuchen wir in Abschnitt VIII, ob die Europäische Union die Konvergenz beschleunigte oder ob die ärmeren Mitgliedsländer das gleiche Konvergenzmuster wie die nach Entwicklungsstand vergleichbaren, aber nicht zur EU gehörigen Länder aufwiesen. Die nachfolgende *Abbildung 1* fasst das Vorgehen noch einmal übersichtlich zusammen.

Abbildung 1: Wirtschaftswachstum 1980–1998 in Abhängigkeit vom Kapitalstockwachstum 1986 bis Ende 1993

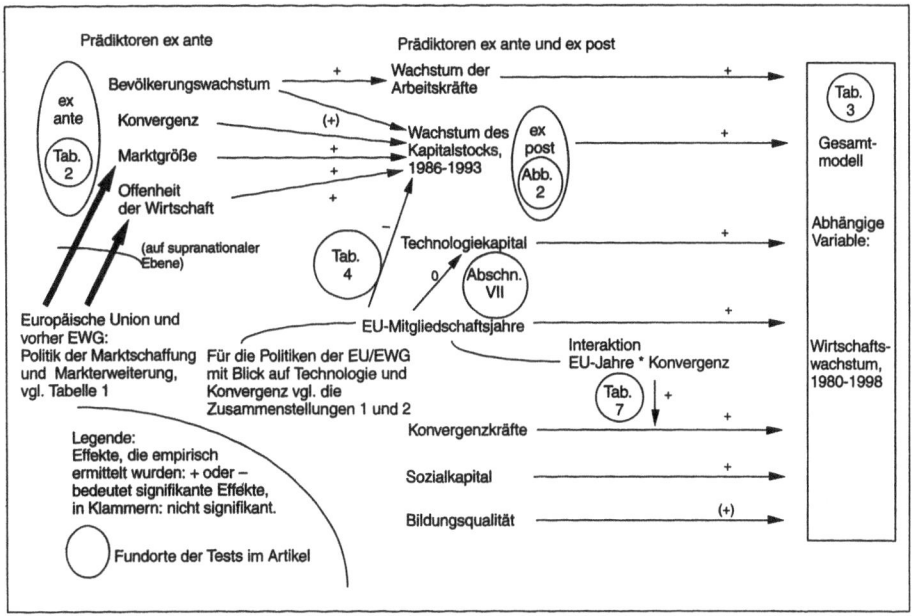

III. Wirtschaftswachstum 1980–1998 in Abhängigkeit vom Kapitalstockwachstum 1986 bis Ende 1993

Die hohe korrelative Entsprechung zwischen beiden Wachstumsraten – gesamte wirtschaftliche Leistung und Kapitalstock – ist in der *Abbildung 2* sichtbar und drückt sich in einer beachtlichen gemeinsamen Varianz aus (R-Quadrat = .69).

Die überragende Rolle des Realkapitals für das Einkommenswachstum im Ländervergleich wird dadurch relativiert, dass wir etwa in der eng zusammen liegenden Gruppe der EU-Mitglieder kaum eine Korrelation ausmachen können. Es müssen also noch weitere Variablen eine Rolle für das Wachstum spielen. Auf sie werden wir in Abschnitt V eingehen. Es handelt sich bei der obigen Gegenüberstellung der beiden Wachstumsraten um eine ex post-Analyse. Am Ende der Betrachtungsperiode wissen wir, dass es auf das Kapitalwachstum ankam. Wovon war dieses aber abhängig? Dazu kommen wir im nächsten Abschnitt.

Abbildung 2: Wirtschaftswachstum und Kapitalstockwachstum

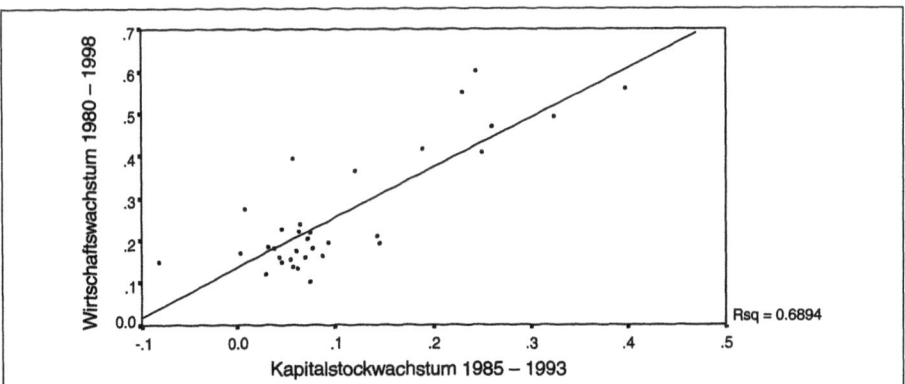

Die hohe korrelative Entsprechung zwischen beiden Wachstumsraten – gesamte wirtschaftliche Leistung und Kapitalstock – ist in der *Abbildung 2* sichtbar und drückt sich in einer beachtlichen gemeinsamen Varianz aus ($R^2 = .69$).

IV. Die Determinanten der Kapitalexpansion – eine ex ante-Betrachtung

Welche Variablen, deren Werte wir bereits vorher kannten, haben im Vergleich *nationaler* Wirtschaften effektiv die Beschleunigung der Kapitalbildung gefördert? Wir vermuten, dass dies wegen der Skaleneffekte vor allem die Offenheit der nationalen Wirtschaft (Handelsanteil am BIP) und – diese konstant gesetzt – die Marktgröße, der wirtschaftliche Umfang des nationalen Regelungsraumes (BIP, korrigiert nach Kaufkraftparitäten) waren. Hinzu kommt noch der positive Einfluss der besonderen Anstrengungen bei der Kapitalbildung der Nachzügler. Theoretisch sollte das in etwa bekannte Bevölkerungswachstum ex ante ebenfalls einen positiven Einfluss haben. Dieser Effekt ist in unserem Sample erwartungsgemäss positiv, aber nicht signifikant. Ein Grund dafür konnte darin liegen, dass Bevölkerungswachstum und Konvergenz korrelieren ($r=.59$).

Wir haben bei diesem Schritt nicht die EU-Mitgliedschaft mitberücksichtigt, denn die EWG und spätere EU ist mit ihrem Programm der Marktschaffung ja den beiden Prädiktoren: wirtschaftliche Größe des politischen Regelungsraumes und Offenheit der Wirtschaft logisch vorgelagert (vgl. mehr dazu in Abschnitt VI).

Die Ergebnisse sind eindeutig. Die nationale Marktgröße und besonders die wirtschaftliche Offenheit der nationalen Wirtschaft, gemessen am Handel, sind zwei wichtige und signifikante Prädiktoren des Kapitalstockwachstums. Hinzu kommen noch Erklärungsbeiträge bei geringerem Entwicklungsstand. Diese Variablen, die wir ex ante kennen, vermögen zusammen 40 Prozent der Unterschiede bei der Kapitalbildung zu erklären, die dann ihrerseits das Wirtschaftswachstum stark beeinflusst (vgl. *Abbildung 2*).

Damit kommen wir zur ersten, empirisch abgestützten Schlussfolgerung: Die EU-Politik der Markterweiterung und der Förderung der wirtschaftlichen Offenheit, die

Tabelle 2: Wachstum des Kapitalstocks als abhängige Variable. Eine ex ante-Analyse. Multiple Regressionsschätzungen nach dem OLS-Verfahren

Prädiktoren	Wachstum des Kapitalstocks zwischen Ende 1985 und Ende 1993 Gleichung 1 (N=33)			
	b	beta	t	p
Bevölkerungswachstum	nicht signifikant, deshalb ausgeschlossen			
Marktgröße national	0,08	0,46	2,67	0,01
Offenheit der nationalen Wirtschaft	0,28	0,81	4,54	0,00
Konvergenz	0,22	0,50	3,43	0,00
Konstante	−0,64		3,77	0,00
R-Quadrat, korrigiert	0,40			

Anmerkung: Nationale Marktgröße und Offenheit der nationalen Wirtschaft korrelieren signifikant negativ (r = −.56).

mit den Stichworten „Gemeinsamer Markt" und „Binnenmarkt" umschrieben ist (vgl. *Tabelle 1*) war in dem Sinne ganz offensichtlich relevant und richtig, als sie jene Voraussetzungen auf supranationalem Niveau zu verbessern trachteten, welche die Kapitalbildung im Ländervergleich nachweislich erheblich beschleunigen.

V. Das Gesamtmodell für die Erklärung des Wirtschaftswachstums 1980 bis 1998 und der direkte Beitrag der EU-Mitgliedschaft

Den wichtigsten Erklärungsbeitrag, und zwar größenordnungsmässig noch etwas vor dem Wachstum des Realkapitals, liefert der Konvergenzeffekt, der bereits gut erforscht ist und sich als äußerst robust erweist (z.B. Bornschier 1989, 1996, 2000b; Barro und Sala-i-Martin 1995; Weede 1996; Weltbank 1998: 198). Das Arbeitskräftewachstum liefert erst einen signifikanten Beitrag bei Berücksichtigung der sozialen Kontextfaktoren. Das Technologiekapital, das gemessen an der Durchschnittsproduktivität (stellvertretend gemessen· durch den Entwicklungsstand, reales BIP pro Kopf 1990, korrigiert nach Kaufkraftparitäten) über- oder unterdurchschnittlich verfügbar ist, hat ebenfalls einen substantiellen Effekt. Sodann hat das Sozialkapital einen positiven Effekt, der sich in den bisherigen Untersuchungen als robust erwiesen hat (vgl. Bornschier 2000b sowie Leicht 1999; Knack und Keefer 1997). Die Bildungsqualität wirkt leicht positiv, ist aber bei weitem nicht signifikant. Dies mag daran liegen, dass fünf der 33 Variablenwerte geschätzt werden mussten. Die Mitgliedschaft in der supranationalen europäischen Integration ist in *Tabelle 3* allerdings jene Variable, der unser besonderes Interesse gilt.

Der direkte Effekt der Dauer der EU-Mitgliedschaft ist im Gesamtmodell des Wirtschaftswachstums von 1980 bis 1998 statistisch klar signifikant. Bei verschiedenen Samplevariationen bleibt dieser Effekt vergleichsweise erstaunlich stabil. Dies wurde getestet, indem sukzessive jeweils eins der ärmeren Länder im Sample ausgeschlossen wurde.

Tabelle 3: Die Erklärung des Wirtschaftswachstums zwischen 1980 und Ende 1998 – das Gesamtmodell (Multiple Regressionsschätzungen nach dem OLS-Verfahren. Die erste Gleichung schließt das Wachstum der Produktionsfaktoren Kapital und Arbeit ein, die zweite schließt zusätzlich die sozial gestalteten Kontextfaktoren für den Einsatz der Faktoren ein)

	Wirtschaftswachstum zwischen 1980 und Ende 1998							
	Gleichung 1 (N=33)				Gleichung 2 (N=33)			
Prädiktoren	b	beta	t	p	b	beta	t	p
Realkapitalwachstum	1,04	0,73	6,21	0,00	0,99	0,70	8,48	0,00
Arbeitskräftewachstum	0,41	0,18	1,54	0,13	0,77	0,34	2,30	0,03
Konvergenz					0,51	0,81	5,42	0,00
Technologiekapital					0,15	0,51	3,37	0,00
Bildungsqualität					0,09	0,08	0,88	0,39
Sozialkapital					0,05	0,38	4,30	0,00
EU-Jahre					0,06	0,30	2,68	0,01
Konstante	0,11		3,74	0,00	–0,60		3,57	0,00
R-Quadrat, korrigiert	0,69				0,86			

Anmerkung: Marktgröße und wirtschaftliche Offenheit haben keinen zusätzlichen Effekt. Sie vermitteln ihren Einfluss als Bestimmungsgrößen des Kapitalstockwachstums.

Es handelt sich in *Tabelle 3* um den direkten Effekt der Dauer der Mitgliedschaft; auf die indirekten kommen wir noch zu sprechen. Wir haben allerdings drei vorher eingeführte Variablen für die Mitgliedschaft. Wenn die Mitgliedschaft in der Europäischen Union eher nur einen einmaligen Wachstumsschub bewirkt, dann müsste der Effekt bei jenen Ländern, die bereits länger dabei sind, geringer sein. Das Gegenteil ist empirisch der Fall, wie die Ergebnisausschnitte in *Tabelle 3.1* zeigen. Dies stützt unsere These, dass die positiven Wirkungen der Economies of scale und Economies of common governance sich dynamisch fortpflanzen und damit zu einem dauerhaft höheren Wohlstandseffekt führen; und dieser ist konsequenterweise höher, je länger ein Nationalstaat bereits Mitglied der EWG bzw. der EU war.

Tabelle 3.1: (Ausschnitt aus den Ergebnissen) Unterschiede der Ergebnisse je nach Operationalisierung der EU-Mitgliedschaft (vgl. Liste der Variablen)

	beta	p (in Prozent)
EU-Jahre	0,30	1
EU-Dummy	0,26	4
EU-jüngstens beigetreten	0,17	19 (n.s.)

Damit erhalten wir einen weiteren gehaltvollen Befund: Bei längerer EU-Mitgliedschaft ist ein stärkerer direkter, und zwar positiver Effekt in statistisch signifikanter Höhe nachzuweisen. Dies deuten wir so, dass die Vorteile der Mitgliedschaft sich dynamisch fortpflanzen und deshalb zu einem Wohlstandseffekt in Abhängigkeit von der Länge der Mitgliedschaft führen, vermutlich eher kontinuierlich sind und nicht bloß in einem einmaligen Beitrag, einem temporären Wachstumsschub bestehen. Auch wenn dies vorläufige Ergebnisse sind, so widersprechen sie dem klassischen Wachstumsmodell à la Solow-Swan sowie den darauf aufbauenden empirische Arbeiten (früh etwa Cecchini 1988; neuerdings Vanhout 1999), die nur einen temporären Wachstumsschub infolge der Integration vorhersagen. Nachher soll nach dieser Lehrmeinung das Wachstum wieder zur früheren Gleichgewichtsrate zurückkehren. Eher kontinuierliche Effekte wie wir finden hingegen Henrekson et al. (1997).

VI. *Wie beeinflusste die EU-Politik der übernationalen Marktschaffung die Kapitalbildung der Mitgliedsländer, also auf nationalem Niveau?*

Der gemeinsame Markt und die weitere Öffnung der – vor dem Binnenmarktprojekt trotz EWG faktisch immer noch in manchen Hinsichten (Dienstleistungen und Investitionen) abgeschotteten – nationalen Märkten in Westeuropa, hervorgebracht durch die Revitalisierung der EU in den 1980er Jahren, war, wie wir heute wissen, ein Erfolg. Damit schuf die EU jene Voraussetzungen, die langfristig zu einer beschleunigten Kapitalbildung führen dürften (vgl. *Abschnitt IV*). Kurzfristig sind die Effekte der Marktausweitung theoretisch aber nicht so positiv für die gesamte Kapitalbildung, wie dies häufig unterstellt wird. Dies liegt am Konzentrationsprozess der Konzerne, welchen die EU ja gleichsam nicht nur implizit, sondern auch explizit mit einlud, um die für den internationalen Wettbewerb nötigen kritischen Größen zu erreichen (Bornschier 2000a: Kap. 1). Das mit dem Binnenmarkt akzentuiert fortgesetzte Projekt des Gemeinsamen Marktes führte theoretisch also zu zwei gegenläufigen Effekten: Einerseits bewirkte es Kapitalvernichtung – etwa wenn bei Fusionen und Firmenübernahmen überflüssige Doppeltätigkeiten verschwinden (downsizing) –, andererseits begünstigte es eine Kapitalneubildung infolge von verstärkten Skaleneffekten und Economies of common governance.

Weil wir die Kapitalbildung in dieser Studie nur über den Zeitraum 1986 bis Ende 1993 messen (für die Zeit ab 1993 müssen wir die Kapitalstöcke noch berechnen), dürften die negativen Effekte der Strukturbereinigung auf das Wachstum der Kapitalstöcke in den Mitgliedsländern relativ stark ausgeprägt sein – auch als Folge der Vorwegnahme des Abschlusses des Binnenmarktprojektes und der Aufnahme neuer Mitglieder. Tatsächlich finden wir über diesen Zeitabschnitt einen statistisch abgesicherten, negativen Effekt der EU-Mitgliedschaft auf die Kapitalbildung.

Wenn wir jene Variablen einschließen, die ex ante einen signifikanten Einfluss auf die Kapitalbildung hatten (vgl. *Abschnitt IV*) und die EU-Mitgliedschaftsvariable hinzufügen, dann finden wir für EU-Mitgliedschaftsjahre einen negativen Effekt, der mit einer hohen Wahrscheinlichkeit von einem Null-Effekt verschieden ist.

Eine weitere Schlussfolgerung lautet: Der positive direkte Wachstumsbeitrag der EU-Mitgliedschaft auf das Wirtschaftswachstum, den wir mit *Tabelle 3* abgewiesen haben, muss verrechnet werden mit dem indirekten negativen Effekt – vermittelt über die ungünstige Beeinflussung des Kapitalstockwachstums (*Tabelle 4*), dem wichtigen Prädiktor des Wirtschaftswachstums. Wir wollen hier diese Verrechnung nicht vornehmen, weil wir nicht wissen, ob die Beeinträchtigung des Kapitalstockwachstums infolge von Strukturbereinigung auch nach 1993 anhält. Dies ist die entscheidende empirische

Tabelle 4: Wachstum des Kapitalstocks als abhängige Variable: Wie wirkte die EU-Mitgliedschaft darauf? Die signifikanten ex ante Prädiktoren aus Abschnitt II und EU-Mitgliedsjahre (Multiple Regressionsschätzungen nach dem OLS-Verfahren)

Prädiktoren	Wachstum des Kapitalstocks zwischen Ende 1985 und Ende 1993 N=33			
	b	beta	t	p
Arbeitskräftewachstum	positiver Effekt, aber nicht signifikant, deshalb ausgeschlossen			
Marktgröße national	0,09	0,53	3,88	0,00
Offenheit der nationalen Wirtschaft	0,30	0,86	6,15	0,00
Konvergenz	0,16	0,38	3,15	0,00
EU-Jahre*	–0,07	–0,49	4,34	0,00
Konstante	–0,65		4,84	0,00
R-Quadrat, korrigiert	0,63			

* Die EU-Variable ist angepasst, d.h. sie enthält nur Fälle, die über den Zeitraum 1986-1993 bereits Mitglieder waren.

Frage, die wir im Moment allerdings wegen der fehlenden Daten noch nicht beantworten können. Sie gehört unseres Erachtens zuoberst auf die Forschungsagenda, um zu klären, ob per saldo die EU-Mitgliedschaft dem Wachstum förderlich ist.

VII. Eine Technologielücke mit Blick auf die Konkurrenten in der Triade?

Die meisten Indikatoren, die für die Messung von Technologiekapital herangezogen werden können, korrelieren im Ländervergleich hoch mit der Durchschnittsproduktivität – ersatzweise gemessen mit dem realen Einkommen pro Kopf, bereinigt nach Kaufkraftparitäten. Deshalb benutzen wir diese Durchschnittsproduktivität als Referenz. Im technischen Sinne bedeutet dies: Wir residualisieren unsere Indikatoren für Technologiekapital nach dem Entwicklungsstand. Das scheint uns der einzig vertretbare Weg zu sein, um Länder mit unterschiedlichem Entwicklungsstand hinsichtlich ihres Technologiekapitals unverzerrt vergleichen zu können.

Wir wollen Folgendes prüfen: Ergab sich zwischen Mitte der 1980er und 1990er Jahre eine Technologielücke der EU im Vergleich zu den beiden Wettbewerbern in der Triade: USA und Japan? Dies hatten die Architekten der europäischen Technologiepolitik immer als Bedrohung an die Wand gemalt, wenn Europa sich nicht aufraffen sollte, gemeinsam den Weg für den neuen technologischen Stil zu ebnen (Bornschier 2000a: Kap. 1).

Diese Frage kann angegangen werden, indem wir verschiedene Indikatoren für das Technologiekapital mit der Durchschnittsproduktivität voraussagen. Gemessen an dieser Voraussage können die Triadenmitglieder über, bei der oder unter den Schätzwerten liegen. Wir beginnen mit unserem bereits verwendeten Indikator: Wissenschaftler und Ingenieure in Forschung und Entwicklung pro Million Einwohner über den Zeitraum 1985–1995. Im Anschluss daran verwenden wir zusätzliche Indikatoren: die

Computerdichte sowie die Verbreitung des Internetzugangs. Informationen hierzu sind für den Ländervergleich erst ab 1996 bzw. 1997 erhältlich. Wir gehen nun die Befunde für drei mögliche Indikatoren für das Technologiekapital durch (vgl. *Tabellen 5.1 bis 5.3* sowie *Tabelle 5.4*).

Tabelle 5.1: Technologiekapitalindex 1: Wissenschaftler und Ingenieure in F & E pro Million Einwohner im Zeitraum 1985 bis 1995

Region	Residuale der Regression auf die Durchschnittsproduktivität 1990*	Zusammenfassendes Ergebnis für Technologiekapital 1
Japan	+0,30	> als mit der Durchschnittsproduktivität vorausgesagt
USA	−0,10	= wie mit der Durchschnittsproduktivität vorausgesagt
EU-Durchschnitt**	−0,01	= wie mit der Durchschnittsproduktivität vorausgesagt

* Wir verwenden hier nur jene Fälle, für welche die Werte beim Technologieindikator nicht geschätzt werden mussten. Das gilt für alle drei Technologieindikatoren, weswegen wir die Schätzung nicht mit dem vollen Sample von 33 Fällen durchführen können.
** EU-Durchschnitt für die 14 Mitgliedsländer in unserem Sample, ungewichtet.

Wir ermitteln folgenden Befund: Korrigiert nach der Durchschnittsproduktivität liegt das Technologiekapital (1985–1995) der EU-Mitgliedsländer etwa beim Wert für die USA. Der Wert für Japan liegt dagegen klar über dem der beiden Konkurrenten in der Triade.

Tabelle 5.2: Technologiekapitalindex 2: Personal Computer pro 1000 Personen 1997

Region	Residuale der Regression auf die Durchschnittsproduktivität 1997	Zusammenfassendes Ergebnis für Technologiekapital 2
Japan	−0,16	< als mit der Durchschnittsproduktivität vorausgesagt
USA	−0,05	= wie mit der Durchschnittsproduktivität vorausgesagt
EU-Durchschnitt*	+0,01	= wie mit der Durchschnittsproduktivität vorausgesagt

* EU-Durchschnitt für die 14 Mitgliedsländer in unserem Sample, ungewichtet.

Tabelle 5.3: Technologiekapitalindex 3: Internet Hostrechner pro 10.000 Personen, 1997

Region	Residuale der Regression auf die Durchschnittsproduktivität 1997	Zusammenfassendes Ergebnis für Technologiekapital 3
Japan	−0,40	< als mit der Durchschnittsproduktivität vorausgesagt
USA	−0,07	= wie mit der Durchschnittsproduktivität vorausgesagt
EU-Durchschnitt*	+0,01	= wie mit der Durchschnittsproduktivität vorausgesagt

* EU-Durchschnitt für die 14 Mitgliedsländer in unserem Sample, ungewichtet.

Die Zusammenfassung der Ergebnisse für die drei Indikatoren des Technologiekapitals erfolgt in *Tabelle 5.4.*:

Tabelle 5.4.: Vergleich der Indikatoren des Technologiekapitals nach Regionen

	Japan	USA	EU-Durchschnitt
1 Manpower F & E	>	=	=
2 Computerdichte	<	=	=
3 Internetzugang	<	=	=

Legende: > größer, = gleich, < kleiner als die Prognose auf Grund der Durchschnittsproduktivität.

Die Befunde, dass 1. Japan bei zwei der drei Indikatoren für Technologiekapital im Triadenvergleich schlecht abschneidet, 2. EU-Europa dreimal bei den Werten liegt, die auch für die USA ermittelt werden, kontrastieren offensichtlich mit anderen Kennziffern, die häufig in der Presse zu finden sind: die Aufwendungen für F&E in Prozent des BIP (nicht korrigiert nach Entwicklungsstand). Diese Zahlen versuchen den *Aufwand*, also die *Kosten* für Forschung und Entwicklung in der Triade vergleichbar zu machen (vgl. *Tabelle 6*):

Tabelle 6: Forschungs- und Entwicklungsaufwendungen in Prozent des BIP

	1988	1994	1997
EU-15	2,02	1,94	1,90
USA	2,78	2,52	2,71
Japan	2,66	2,63	2,89

Quelle: Eurostat. Pressemitteilungen, hier nach NZZ, 20/21.11.99, S. 22.

Der *Aufwand* für F&E lag in der EU über diese Jahre tiefer als in den USA und in Japan. Über die Zeit nahm dieser Unterschied noch zu. Vom Aufwand für F&E allerdings auf die Produktivität von Technologiekapital schließen zu wollen, ist nicht sinnvoll. Unsere drei Indikatoren dürften daher besser in der Lage sein, den technologischen Stand gemessen an der Produktivität (Durchschnittseinkommen korrigiert nach Kaufkraftparitäten) zu ermitteln. Und unsere Schlussfolgerung lautet: EU-Europa wies gemessen am Forschungspersonal für F&E, Computerdichte und Internetzugang – korrigiert nach Entwicklungsstand – ziemlich ähnliche Werte auf wie die USA. Von einer Technologielücke kann jedenfalls auf Grund dieses uns vorliegenden Zahlenmaterials keine Rede sein. Japan lag nur bei einem unserer drei Technologieindikatoren vor beiden Konkurrenten, hatte aber seit längerem einen großen Aufwand für F&E betrieben. Daraus konnte Japan in den 1990er Jahren allerdings keine wirtschaftlichen Vorteile ziehen, jedenfalls nicht mit Blick auf die aggregierten japanischen Wachstumszahlen. Das sehen wir, wenn wir die durchschnittliche Wachstumsrate der gesamten wirtschaftlichen Leistung (BIP) von 1990–1998 in der Triade betrachten (Quelle IMF): EU-Europa (Länderdurchschnitt) 2,3 Prozent, USA 2,4 Prozent, Japan 1,6 Prozent.

Unsere Schlussfolgerung auf Grund der Daten und Ergebnisse in diesem Artikel: Die Technologiepolitik der Europäischen Union war nach unserem bisherigen Untersuchungsstand in dem Sinne effektiv, als sie früh (bereits im Wechsel von den 1970er zu den 1980er Jahren) jene Ressource politisierte, die auch empirisch erkennbar von wirtschaftlichem Vorteil war. Diese supranationale Hilfe war auch in dem Sinne wirkungsvoll, dass sich beim Technologieeinsatz keine Lücke gegenüber den USA auftat, wie das die Architekten der neuen Politik an der Schwelle zu den 1980er Jahren noch befürchteten und dann durch Maßnahmen auf Unionsebene zu verhindern trachteten. Dass Japan beim Einsatz für F&E einen höheren Aufwand sowohl in den 1980er als auch in den 1990er Jahren betrieb, ist an unseren Daten erkennbar, aber ein entsprechend höherer wirtschaftlicher Nutzen war im Aggregat der japanischen Wirtschaft über die 1990er Jahre nicht erkennbar.

VIII. Beschleunigte Konvergenz bei EU-Mitgliedschaft?

Die detailliertere Untersuchung des Konvergenzeffektes (zu Konvergenzkräften im Detail vgl. Bornschier 2000b) widmet sich der zweiten, eingangs erwähnten und die Forschung leitenden Frage. Von Anfang an hat die europäische Integration – also auch schon vor ihrem neuerlichen Aufbruch in den 1980er Jahren – implizit oder explizit die Frage des Zusammenhaltes in der Gemeinschaft politisiert. Waren anfangs besonders Maßnahmen im Rahmen der gemeinsamen Agrarpolitik die zentralen Mittel, um die damals drohende Kluft zwischen dem Agrarsektor und der sich entwickelnden Industriegesellschaft nicht uferlos wachsen zu lassen, so kamen im Verlauf – besonders in den 1980er Jahren – neue Politiken hinzu, die auch budgetmässig zunehmend das weitgehend mitbestimmten, was die EU finanzmäßig bewerkstelligen kann: Kohäsions-, Sozial- und Regionalfonds (vgl. weiter vorne die *Zusammenstellung 2*). War dadurch der Konvergenzeffekt in Ländern der Europäischen Union stärker als er auch ansonsten zu erwarten gewesen wäre?

Um diese Frage explorativ anzugehen, führen wir eine statistische Interaktion in unserem Wachstumsmodell ein. Zunächst gehen wir vom Schlussmodell des Wachstums aus *Abschnitt V*, zu dem wir die Interaktion: EU-Mitgliedsjahre*Konvergenz hinzufügen. Das Ergebnis in *Tabelle 7* weist einen statistisch gesicherten Interaktionseffekt auf.

Tabelle 7: Modell wie in Tabelle 3 (Gleichung 2) plus die unten stehende Interaktion mit den Basiseffekten

Effekte von	Ausschnitt mit dem zusätzlichen Modellteil		
	beta	t	p
Konvergenz	0,69	4,54	0,00
Konvergenz*EU-Jahre	0,25	2,12	0,04
EU-Mitgliedsjahre	0,11	0,80	0,45

Die Schlussfolgerung ist folgende: Bei den weniger entwickelten EU-Mitgliedern war die Konvergenz ausgeprägter als bei weniger entwickelten Nichtmitgliedern. Das wird mit unserem Datenmaterial statistisch abgesichert erkennbar. Dieses Ergebnis betrifft wohlbemerkt den gesamten Zeitraum 1980–1998. Ob in Unterperioden andere Verhältnisse galten, müssen noch zukünftige Analysen prüfen.

Die beschleunigtere Konvergenz bei Mitgliedschaft in der EU könnte nun einerseits Folge von Skaleneffekten sein, von denen die weniger entwickelten Mitgliedsländer durch den gemeinsamen Markt profitieren. Andererseits kann sie aber auch von den Transfers, welche in diese Länder fließen, herrühren. Wir vermuten, dass beides eine Rolle spielt, den Transfers aber eine nicht zu unterschätzende Bedeutung zukommen sollte, nicht zuletzt wegen der zahlreichen Transfer-Instrumente.

Wenn die Konvergenzbeschleunigung hauptsächlich Folge des größeren Marktes der Gemeinschaft wäre, dann müsste die Interaktion Konvergenz*EU-Mitgliedsjahre noch signifikanter werden, wenn wir mit der Handelsquote gewichten. Die Mitgliedsländer profitieren vom gemeinsamen Markt in dem Ausmaß mehr, als sie mehr Handel über ihre nationale Grenze hinweg treiben, wovon im Durchschnitt der EU-Länder der größte Teil mit anderen Mitgliedsländern abgewickelt wird und in den 1990er Jahren auf ungefähr zwei Drittel zu stehen kommt. Wir führen also eine Interaktion zweiten Grades ein: Konvergenz*EU-Mitgliedsjahre*Offenheit. Weil dabei auch die Interaktionen ersten Grades und alle Basiseffekte eingeführt werden müssen, gelangen wir an die Grenze der statistischen Auswertungsmöglichkeiten in unserem Sample von 33 Ländern. Viele der neu eingeführten Variablen sind nun nicht mehr signifikant. Deshalb bereinigen wir das Modell und schließen alle insignifikanten Variablen aus.

Wenn wir die Schlussgleichung von all jenen Größen bereinigen, die im Gesamtmodell nicht signifikant sind, dann entsteht in *Tabelle 7.1* ein interessantes Bild. Zuerst einmal verdrängt Konvergenz*Offenheit als Prädiktor die ungewichteten Variablen Konvergenz und Offenheit. Das heisst mit anderen Worten, dass für alle Länder der Konvergenzeffekt von der wirtschaftlichen Offenheit abhängig ist, was plausibel erscheint. Weiter hat dann die Mitgliedschaft in der EU darüber einen zusätzlichen, nur knapp nicht signifikanten Wachstumsbeitrag, also einen die Konvergenz beschleunigenden Effekt.

Tabelle 7.1: Interaktionseffekte zweiten Grades. Die Basiseffekte von EU-Mitgliedsjahre und Offenheit wurden jeweils anfangs in die Gleichung mit eingeführt. Nachher wurde die Schätzgleichung bereinigt (alle klar insignifikanten Prädiktoren ausgeschlossen)

Effekte von	Ausschnitte aus den Ergebnissen		
	beta	t	p
Konvergenz	nicht mehr im Modell		
Konvergenz*Offen	0,75	4,94	0,00
Offen*EU-Jahre	nicht mehr im Modell		
Konvergenz*Offen*EU-Jahre	0,17	1,88	0,07
EU-Jahre	nicht mehr im Modell		
Offen	nicht mehr im Modell		

Dieser Befund kann folgendermaßen interpretiert werden. Bei stärkerer Marktöffnung nach außen ist der Konvergenzeffekt *allgemein* ausgeprägter, *zusätzlich* haben die EU-Länder noch eine Beschleunigung bei der Konvergenz erfahren. Diese Ergebnisse müssen in zukünftigen Studien noch konsolidiert werden, indem die Transferleistungen explizit in die Variablenoperationalisierungen einbezogen werden. Das erfordert noch Arbeit bei der Datenbeschaffung und Indikatorbildung.

Unsere vorläufige Schlussfolgerung auf Grund des bisherigen Untersuchungsstandes lautet: Die stärkere Konvergenz der ärmeren und immer noch durch relativ mehr Agrarproduktion gekennzeichneten Länder der Europäischen Union ist wahrscheinlich zusätzlich zum Marktzugangseffekt auch auf die Transfers (Gemeinsame Agrarpolitik, Kohäsions-, Struktur- und Regionalfonds) zurückzuführen, wodurch ein Wohlstandsausgleich schneller als bei den reinen Kräften der Konvergenz – und unter Kontrolle des Ausmaßes des Handels über die nationale Grenze hinweg – zustandekam. Auch mit Blick auf den intendierten Wohlstandsausgleich in der Gemeinschaft ist der diesbezüglichen Politik der Union nach unseren bisherigen Befunden Wirksamkeit zu attestieren.

IX. Schlussfolgerungen und kurze Diskussion mit Ausblick

Die EU hat mit ihrem Binnenmarktprojekt in den 1980er Jahren jene Parameter auf supranationalem Niveau abermals verbessert, die sich in unserem Vergleich mit 33 Nationalstaaten als eine gute Voraussetzung für beschleunigte Kapitalbildung erweisen: die größere Offenheit der Wirtschaft und die wirtschaftliche Größe des politischen Regelungsraumes. Im Zeitraum 1986 bis 1993 profitierte allerdings die aggregierte Kapitalbildung in den Mitgliedsländern der Union noch nicht davon, weil die geöffneten Grenzen zu einer Strukturbereinigung und Konzentration führten, die auch Kapital vernichteten. Per saldo wuchs nämlich der Kapitalstock in EU-Ländern bis Ende 1993 weniger stark als in den übrigen Ländern. Eine sinnvolle Interpretation erscheint mir, dies als ein Übergangsphänomen zu deuten. Der strenge Test hierzu steht aber noch aus und muss die Kapitalbildung nach 1993 im Ländervergleich untersuchen.

Die Technologiepolitik der Union war nach unseren Ergebnissen in dem Sinne wirkungsvoll, als die an der Schwelle zu den 1980er Jahren weit verbreitete Befürchtung, Europa werde im Hightech-Wettlauf abgehängt, nicht eingetreten ist – jedenfalls so weit wir das mit unseren hier verwendeten Indikatoren ergründen konnten.

Weiter hatte die Politik der Kohäsion und Konvergenz mit ihrem hohen Stellenwert in der Union nicht bloß den Charakter von Wunschdenken oder ideologischem Kitt. Entsprechend den nicht unerheblichen Aufwendungen für dieses Politikfeld beschleunigte die EU-Mitgliedschaft auch tatsächlich die Konvergenz unter den Mitgliedsländern im Zeitraum 1980–1998, war mithin ausgeprägter als dies sowieso der Fall gewesen wäre. Dies dürfte nicht zuletzt auch auf die Maßnahmen des Wohlfahrtsausgleichs durch Transfers in der Union zurückzuführen gewesen sein. Die Verrechnung von diesbezüglichen Kosten mit dem Nutzen müssen weitere Forschungen klären.

Schließlich hatte die EU-Mitgliedschaft auch einen günstigen *direkten* Effekt auf das Wirtschaftswachstum von Ende 1980 bis Ende 1998. Der Saldo-Effekt der EU-Mitgliedschaft auf das Wirtschaftswachstum ist allerdings noch zu ermitteln, denn dem positiven direkten Wachstumsbeitrag stand ein negativer Beitrag gegenüber, vermittelt über die geringere Kapitalbildung bis 1993. Mit anderen Worten: Der positive direkte Effekt wurde gleichsam zum Teil verschenkt durch die auch offiziell im Politikpaket erwünschte Strukturbereinigung des Kapitals, weswegen diese zentrale Quelle von Wirtschaftswachstum in den Ländern der Union etwas weniger vorhanden war.

Die bisherigen Ergebnisse sprechen eher für einen dauerhaft höheren Beitrag zum Wachstum durch Mitgliedschaft in der Europäischen Union, was der klassischen ökonomischen Wachstumstheorie nach dem Solow-Swan Modell widerspricht, die auch der berühmten Studie von Paolo Cecchini (The Costs of Non Europe) zu Grunde lag. Jemand könnte dagegen einwenden, dass der Integrationschub der 1980er Jahre für alle Mitglieder einen Wachstumsschub brachte, wobei es vorläufig noch gar nicht erwiesen sei, ob dieser nicht nur temporärer Natur war. Dem ist Folgendes zu entgegnen: Diejenigen Länder, die am längsten bei der Integration bereits mitmachten, profitierten nach unseren Ergebnissen stärker als die erst in den 80er und 90er Jahren beigetretenen Länder. Das kann u.E. nur so gedeutet werden, dass die früheren Runden der Markterweiterung bereits positive Effekte bewirkten, die sich auch in der Wachstumsphase 1980–1998 fortpflanzten, mithin also dauerhaft eine höhere Wohlstandsvermehrung zur Folge hatten. Der positive direkte Wachstumsbeitrag der Unionsmitgliedschaft misst in unserem Verständnis so etwas wie den Beitrag zur erhöhten gesamten Faktorproduktivität durch Vergemeinschaftung, der umso größer war, je länger ein Land bereits Mitglied war.

Kommen wir kurz zum Vergleich mit Ergebnissen der wenigen vergleichbaren Studien. Unser Befund widerspricht dem von Vanhout (1999), dessen Studie allerdings Mängel vorgeworfen werden können. Er untersucht das aggregierte Wachstum der jeweils integrierten Länder. Aus der Tatsache, dass dies bis 1974 beim oder leicht über dem langfristigen Trend lag, danach bis 1990 darunter, folgert er, dass die Integration nur einen temporären Wachstumsschub – wie von der neoklassischen Wachstumstheorie behauptet – bewirkte. Seine Folgerung ist aus zwei Gründen unzulässig: Einmal war das Wachstum im Zeitraum vor 1972 fast doppelt so hoch wie von 1972 bis 1992 (vgl. Maddison 1995, zur langen Welle des Wachstums im keynesianischen Gesellschaftsmodell vgl. auch Bornschier 1988, 1996). Dann kontrollierte er nicht die unterschiedlichen Wachstumstrajektorien der jeweils neuen Mitglieder.

Wegen dieser Einwände stellt das Ergebnis von Vanhout (1999) kaum eine Gegenevidenz dar. Die direkten wohlfahrtsvermehrenden Effekte der Mitgliedschaft sind bisher noch wenig mit einem unserer Studie vergleichbaren Design untersucht worden: De Melo et al. (1992) untersuchen in einem Sample von 101 Ländern für den Zeitraum 1960–72 und 1973–85 den Einfluss von Mitgliedschaft bei Integrationsprojekten auf das Wirtschaftswachstum. Sie finden keine Effekte, messen die Mitgliedschaft allerdings nur als Dummy-Variable und führen in dem großen Sample mit einem erheblichen Entwicklungsspektrum nicht genügend Kontrollvariablen ein. Landau (1995) findet ebenfalls keine Effekte der Mitgliedschaft, allerdings in einem sehr kleinen Sample von 17 OECD-Ländern über den Zeitraum 1950–1990, Mitgliedschaft wird wiederum nur als Dummy gemessen. Baldwin und Seghezza (1996: 19) berichten ebenfalls über insignifikante Ergebnisse mit Dummy-Variablen für Mitgliedschaft. Studien also, die Mitgliedschaft nur als Dummy-Variable messen, fanden bisher keine Effekte. Eine Ausnahme ist die Arbeit von Henrekson et al. (1997). Sie finden wie wir dauerhafte

Effekte der Wohlstandsvermehrung, obwohl sie Mitgliedschaft nur grob mit einer Dummy-Variable messen (zusätzlich berücksichtigen sie auch noch Mitgliedschaft in der EFTA), und zwar in einem Panel Regression Design von 1975–1985 für OECD Länder. Sie führen zahlreiche Kontrollvariablen ein, weswegen ihre Ergebnisse als vergleichsweise robust eingestuft werden können. Die Ergebnisse der Studie von Henrekson und Mitautoren und der unsrigen weisen in die gleiche Richtung, deshalb kann die Vermutung eines Wohlfahrtseffektes durch EU-Mitgliedschaft vorläufig aufrecht erhalten werden. Die Mitgliedschaft in der EU sollte allerdings wie in unserer Studie nach Dauer gewichtet werden, dann werden, wie wir nachweisen konnten (*Tabelle 3.1*), die Effekte deutlicher.

Zum Fragezeichen im Titel dieses Artikels ist abschließend Folgendes zu sagen: Die Länder der Union haben die Turbulenzen der 1980er und 1990er Jahre, die sich auch aus dem Übergang zum neuen technologischen Stil (vgl. Bornschier 1988, 1996) ergaben, mit einem vergleichbar guten Wachstumsausweis hinter sich gebracht. Mit Europa muss die Welt weiterhin rechnen. Und das ist nicht schlecht so – lebt doch der Fortschritt vom Wettbewerb der Systeme.

Wie immer am Ende eines Berichtes aus der laufenden Forschung darf der Hinweis auf die Vorläufigkeit der Ergebnisse nicht fehlen. Diese explorative Studie hatte vor allem den Zweck, den Rahmen für jene vertiefenden Analysen abzustecken, die nicht etwa nur die Datenqualität optimieren wollen, sondern auch die verschiedenen aus wirtschaftssoziologischer Sicht relevanten Beeinflussungen des nationalen Wachstums durch Mitgliedschaft in supranationalen Verbünden weniger aggregiert und spezifischer operationalisiert testen sollen. Drei Fragen stehen hierbei aus unserer Sicht im Vordergrund: die Kapitalbildung in den Ländern der Union in neuerer Zeit, die Rolle des größeren Marktzugangs gegenüber der Rolle von Transfers beim beschleunigteren Konvergenzeffekt der EU-Länder und schließlich die nähere Erforschung und Zurechnung des direkten Wachstumseffektes durch Mitgliedschaft in der Europäischen Union.

Literatur

Baldwin, Richard E., und *Elena Seghezza,* 1996: Growth and European Integration: Towards an Empirical Assessment. Centre for Economic Policy Research, London. Discussion Paper No. 1393.
Benhabib, Jess, und *Mark M. Spiegel,* 1994: The Role of Human Capital in Economic Development. Evidence from Aggregate Cross-country Data, Journal of Monetary Economics 34: 143–173.
Barro, Robert J., und *Xavier Sala-i-Martin,* 1995: Economic Growth. New York: McGraw-Hill.
Bornschier, Volker, und Peter *Heintz,* 1979: Compendium of Data for World System Analysis. Zürich: Soziologisches Institut der Universität Zürich, Sondernummer des Bulletins.
Bornschier, Volker, 1988: Westliche Gesellschaft im Wandel. Frankfurt a.M./New York: Campus.
Bornschier, Volker, 1989: Legitimacy and Comparative Economic Success at the Core of the World System, European Sociological Review 5,3: 215–230.
Bornschier, Volker, 1996: Western Society in Transition. New Brunswick und London: Transaction Publishers (deutsche und chinesische Übersetzungen nach dieser amerikanischen Neuausgabe, beide 1998).
Bornschier, Volker, 2000a: Western Europe's Move Toward Political Union. Und: The State of the European Union. Kap. 1 und 10 in: *Ders.* (Hg.): Statebuilding in Europe – the Revitalisation of Western European Integration. Cambridge: Cambridge University Press.

Bornschier, Volker, 2000b: Befähigung zu Sozialkapitalbildung und wirtschaftlicher Erfolg im entwickelten Kapitalismus – neue Evidenzen aus Ländervergleichen 1980 bis 1997, Schweizerische Zeitschrift für Soziologie 26,2.
Cecchini, Paolo, 1988: EUROPA '92. Der Vorteil des Binnenmarktes. Baden-Baden: Nomos.
De Melo, J., C. Montenegro und *A. Panagariya,* 1992: Regional Integration Old and New: Issues and Evidence. Mimeo. Washington, D.C.: World Bank.
Firebaugh, Glenn, und *Frank D. Beck,* 1994: Does Economic Growth Benefit the Masses? Growth, Dependence, and Welfare in the Third World, American Sociological Review 59: 631–653.
Graff, Michael, 1996: Die Bedeutung der Bildung im Prozess der wirtschaftlichen Entwicklung, Kölner Zeitschrift für Soziologie und Sozialpsychologie 48,2: 274–295.
Grande, Edgar, und *Jürgen Häusler,* 1994: Industrieforschung und Forschungspolitik. Staatliche Steuerungspotentiale in der Informationstechnik. Frankfurt a.M./New York: Campus.
Henrekson, Magnus, Johan Torstenson und *Rasha Torstenson,* 1997: Growth Effects of European Integration, European Economic Review 41: 1537–1557.
Herkenrath, Mark, 1999: Transnationale Konzerne und nachholende Entwicklung. Ein empirisch-quantitativer Ländervergleich. Universität Zürich: Soziologisches Institut, Lizentiatsarbeit.
Knack, Stephen, und *Philip Keefer,* 1997: Does Social Capital Have an Economic Payoff? – A Cross-Country Investigation, Quarterly Journal of Economics 112,4: 1251–1288.
Landau, Daniel, 1995: The Contribution of the European Common Market to the Growth of its Member Countries: An Empirical Test, Weltwirtschaftliches Archiv 131,4.
Leicht, Michael, 1999: A Reformed European Model – Social Capital as Competitive Advantage. Dissertation an der Philosophischen Fakultät der Universität Zürich, September.
Maddison, Angus, 1995: Monitoring the World Economy 1820–1992. Paris: OECD.
Nollert, Michael, in Zusammenarbeit mit *Nicola Fielder,* 2000: Lobbying for a Europe of Big Business: The European Roundtable of Industrialists. In: *Volker Bornschier* (Hg.): Statebuilding in Europe. The Revitalization of Western European Integration. Cambridge: Cambridge University Press.
Nollert, Michael, 2000: Biotechnology in the European Union: A Case Study in Political Entrepreneurship. In: *Volker Bornschier* (Hg.): Statebuilding in Europe. The Revitalization of Western European Integration. Cambridge: Cambridge University Press.
Parker, Simon, 2000: Esprit and Technology Corporatism in European Technology Policy. In: *Volker Bornschier* (Hg.): Statebuilding in Europe. The Revitalization of Western European Integration. Cambridge: Cambridge University Press.
Sandholtz, Wayne, 1992: High-Tech Europe. The Politics of International Cooperation. Berkeley: University of California Press.
Vanhout, Patrick, 1999: Did the European Unification Induce Economic Growth? In Search of Scale Effects and Persistent Changes, Weltwirtschaftliches Archiv 135,2: 193–220.
Weede, Erich, 1996: Legitimacy, Democracy and Comparative Economic Growth Reconsidered, European Sociological Review 12,3: 217–225.
World Bank, 1998: Weltentwicklungsbericht 1998/1999. Washington, D.C.
World Bank, 1999: World Development Indicators CD-ROM. Washington, D.C.
World Competitiveness Report, verschiedene Jahrgänge.
World Value Survey, verschiedene Surveys.
Ziltener, Patrick, 1999: Strukturwandel der europäischen Integration. Die Europäische Union und die Veränderung von Staatlichkeit. Münster: Westfälisches Dampfboot.
Ziltener, Patrick, 2000a: Tying up the Luxembourg Package – Prerequisites and Problems of its Constitution. In: *Volker Bornschier* (Hg.): Statebuilding in Europe. The Revitalization of Western European Integration. Cambridge: Cambridge University Press.
Ziltener, Patrick, 2000b: EC Regional Policy: Monetary Lubricant for Economic Integration? In: *Volker Bornschier* (Hg.): Statebuilding in Europe. The Revitalization of Western European Integration. Cambridge: Cambridge University Press.

STRUKTURWANDEL DER SOZIALINTEGRATION DURCH EUROPÄISIERUNG

Richard Münch

Zusammenfassung: Welcher Strukturwandel der Sozialintegration vollzieht sich im Prozess der Europäisierung? Unter Europäisierung wird ein Solidaritätswandel verstanden, der nationale Solidaritäten zurückdrängt und transnationale Solidaritäten in den Vordergrund schiebt. Dieser Prozess wird von den Modernisierungseliten vorangetrieben, die transnationale Netzwerke bilden. Die positive Seite dieser Entwicklung besteht in einer weitreichenderen Integration, die negative Seite ist die Auflösung des nationalen Wohlstandsverbundes. Die neue Struktur solidarischer Beziehungen bedeutet einen neuen Schub der Herausbildung organischer Solidarität und der Schwächung von mechanischer Solidarität. Dabei können sich anomische Erscheinungen, soziale Konflikte und nationalistische Gegenbewegungen ausbreiten. Der Verlust an nationalstaatlicher Repräsentativdemokratie kann weder durch deren Übertragung auf die europäische Ebene noch durch die stärkere Rückbindung europäischer Entscheidungsprozesse an die nationalen Parlamente wettgemacht werden. Dieser Prozess der Europäisierung ist ein Teil des umfassenderen, weiterführenden Prozesses der Globalisierung. Eine den alten europäischen Wohlfahrtsstaaten entsprechende starke Sozialintegration Europas wäre ein Hindernis auf dem Weg zu einer umfassenderen weltgesellschaftlichen Sozialintegration.

Der europäische Wohlfahrtsstaat ist zum Leitbild der gelungenen Bändigung des Kapitalismus geworden. Mit der Marktöffnung durch den Europäischen Binnenmarkt und der Verlagerung politischer Kompetenzen auf die Ebene der Europäischen Union sowie darüber hinaus durch den Weltmarkt und globale Freihandelsabkommen wird der europäische Wohlfahrtsstaat an Integrationskraft verlieren. Die Frage ist jetzt, wie soziale Integration unter den neuen Bedingungen überhaupt noch möglich ist. Die Optimisten setzen auf die Europäische Sozialunion und auf weltweit verbindliche Sozialstandards, die Skeptiker sehen im nationalen Wohlfahrtsstaat weiterhin die entscheidende Einheit der sozialen Integration und hoffen deshalb auf mehr Effizienz und Effektivität nationalstaatlicher Wohlfahrtspolitik durch Reformen. In diesem Beitrag soll nachgewiesen werden, dass beide Denkrichtungen den sich vollziehenden Strukturwandel der Solidarität und den dadurch erzwungenen, noch nicht richtig realisierten Wandel der Gerechtigkeit nicht zureichend zur Kenntnis nehmen. Dieser Strukturwandel lässt weder auf europäischer noch auf nationaler Ebene eine Politik des sozialen Ausgleichs im bisher in den europäischen Wohlfahrtsstaaten geübten Umfang zu. National geschlossene Solidarität wird durch offene Solidarität in der Mehrebenennetzwerkgesellschaft verdrängt, Resultatsgleichheit wird ein Stück weit durch Chancengleichheit und Gerechtigkeit als Fairness zurückgedrängt. Dieser Wandel ist nicht einfach der Entfesselung des Kapitalismus geschuldet, sondern auch der Verwirklichung des moralischen Universalismus. Sozialintegration in offenen Räumen äußert sich in der Zugänglichkeit von Netzwerken für jedermann/frau, Demokratie in offenen Räumen in der Offenheit von Verfahren.

I. Negative und positive Solidarität

Die mit der europäischen Integration und der Globalisierung einhergehende Marktöffnung verändert die Grundlagen der sozialen Integration. Mit Emile Durkheim können wir grundsätzlich zwei Dimensionen der sozialen Integration unterscheiden: negative Solidarität und positive Solidarität (Durkheim 1992: 166–184), denen aus der Sicht der Rechtsphilosophie negative und positive Freiheit korrespondieren (Kant 1956; Höffe 1999: 40–57).

Negative Solidarität bedeutet eine Akkordierung der Handlungsrechte von Personen in einer Weise, die Konflikte vermeidet. Die unzweideutige Festlegung des Eigentums an einer Sache vermeidet den Streit um deren Nutzung. Jede konfliktfreie Bestimmung von Handlungsrechten drückt eine negative Solidarität aus. Die Menschen können so wie Himmelskörper ihre Bahnen ziehen, ohne sich gegenseitig ins Gehege zu kommen, sagt Durkheim (1992: 168). Diese negative Solidarität ist jedoch nur eine Seite einer Medaille, deren andere Seite die positive Solidarität ist. Ohne dieses Gegenstück ist negative Solidarität überhaupt nicht möglich. Die positive Solidarität, die der Festlegung von Handlungsrechten entspricht, besteht in der gegenseitigen Anerkennung genau solcher Rechte und in der gemeinsamen Unterhaltung von Rechtsinstanzen, die über die gegenseitige Respektierung der Rechte wachen.

In der Diskussion über die europäische Integration und die Öffnung des Weltmarktes wird der Begriff „negative Integration" verwendet, um die Form der Integration zu kennzeichnen, die sich aus dem Abbau von Handelshemmnissen ergibt. Mit dem dadurch erleichterten Waren-, Dienstleistungs- und Kapitalverkehr ergeben sich interessengeleitete grenzüberschreitende Beziehungen. Als positive Integration wird das staatlich-regulierende Eingreifen in die Marktbeziehungen zum Zwecke der Kontrolle unerwünschter Nebeneffekte wie z.B. zu große Ungleichheit, soziale, ökologische und technische Risiken bezeichnet. Zu Durkheims Begriffen besteht insofern eine Parallelität, als negative Integration wie negative Solidarität auf der Gewährung von privaten Freiheitsrechten, insbesondere Rechten am Eigentum, beruht und positive Integration wie positive Solidarität sich auf Kooperation zum Zwecke der gemeinsamen Gestaltung der Handlungsräume stützen (Tinbergen 1965; Scharpf 1998b; Jachtenfuchs 1998).

Die positive Solidarität beinhaltet immer eine Form der Zusammenarbeit. Sie äußert sich darin, dass die Menschen

1. gegenseitig Handlungsrechte anerkennen und sich entsprechend Spielräume der freien Interessenverwirklichung zubilligen:
   – zivile Rechte,
   – politische Rechte,
   – soziale Rechte,
   – kulturelle Rechte;
2. Konflikte nach rechtlich festgelegten Verfahren friedlich bewältigen;

3. gemeinsam getragene rechtliche Instanzen unterhalten, die Regelabweichungen erfolgreich sanktionieren.

Das Integrationsmedium der positiven Solidarität, die der negativen Solidarität korrespondiert, ist das Recht. Als Indikatoren dieser Form der positiven Solidarität kann man den Umfang und die Geltungssicherheit des Zivilrechts und den Umfang sowie die Durchsetzungskraft der Zivilgerichtsbarkeit betrachten. Wir können hier von rechtlicher Solidarität sprechen.

Eine von der rechtlichen Solidarität zu unterscheidende Form der positiven Solidarität äußert sich in

4. kollektiver Verbundenheit, insbesondere in
   – dichter Arbeitsteilung,
   – gemeinsamem republikanischem Bürgersinn,
   – enger sozialer Zusammenarbeit,
   – gemeinsamer kultureller Lebenswelt;
5. umfangreicher Bereitschaft zur Teilung des erwirtschafteten Wohlstands mit allen Mitgliedern der Gesellschaft;
6. Priorität des Kollektivs vor dem Individuum;
7. Priorität des eigenen Kollektivs vor anderen Kollektiven.

Das Integrationsmedium dieser Form der positiven Solidarität ist das Zusammengehörigkeitsgefühl. Wir können sie als emotionale Solidarität bezeichnen. Als Indikatoren emotionaler positiver Solidarität können gelten: Dichte der Arbeitsteilung, politischer Konsens, Höhe des Sozialbudgets und kulturelle Homogenität.

Je mehr Punkte von (1) bis (7) erfüllt sind und je vollständiger sie verwirklicht werden, umso stärker ist eine Gesellschaft integriert.
– Je stärker die soziale Integration in den Punkten (4) bis (7) ausgeprägt ist, umso enger sind die Spielräume für die individuelle Interessenverwirklichung definiert, umso geringer fällt die persönliche Wahlfreiheit aus.
– Je größere Spielräume der individuellen Wahlfreiheit belassen werden, umso größer wird die Zahl nicht korrigierbarer negativer externer Effekte sein.
– Mit wachsenden Spielräumen der individuellen Interessenentfaltung verteilen sich die Lebenschancen nach dem individuellen Leistungsvermögen ungleicher, wobei sich Ungleichheiten fortlaufend in dem Sinne kumulieren, dass vergangene Erfolge/Misserfolge zukünftige Erfolge/Misserfolge programmieren.
– Zu viel soziale Integration schließt eine Gesellschaft nach außen ab, engt die individuellen Handlungsspielräume ein und unterdrückt Innovationen.
– Zu wenig soziale Integration lässt keine Kooperation aufkommen, wo sie benötigt wird, führt zu einem Mangel an Infrastrukturen, überlässt die weniger Leistungsfähigen sich selbst und erzeugt Krisenherde der Entfremdung, Hoffnungslosigkeit und Anomie (Regellosigkeit), die sich in Kooperationsverweigerung, Zynismus, Leistungsverweigerung und Kriminalität äußern.

II. Die Grundlagen der Integrationskraft des Nationalstaates

Der Nationalstaat ist in der Moderne zur zentralen Einheit einer starken sozialen Integration mit einer entsprechenden Einbettung der negativen in eine umfassende positive Solidarität geworden:
- Die Nation ist eine historisch gewachsene und/oder politisch konstruierte Gemeinschaft mit einem Zusammengehörigkeitsgefühl, das nach innen Differenzen zwischen kleineren Gemeinschaften (Ethnien, Konfessionen, Regionen, Klassen, Schichten etc.) überwindet und sich nach außen gegenüber anderen Nationen abgrenzt.
- Der Staat ist ein Herrschaftsverband, der für ein abgegrenztes Territorium mit Erfolg das Gewaltmonopol beansprucht.
- Der Nationalstaat verbindet nationale Zusammengehörigkeit und territoriale Herrschaft. Die Schnittstelle zwischen beiden bildet das Staatsangehörigkeitsrecht (Deutsch 1966; Anderson 1988; Gellner 1991; Hobsbawm 1991; Meinecke 1962; Smith 1986).

Die Integrationskraft des Nationalstaats ist historisch-genetisch in folgenden Prozessen gewachsen:
- Herausbildung größerer Territorialherrschaften durch Einverleibung und/oder Unterwerfung kleinerer Territorialherrschaften in kriegerischen Auseinandersetzungen,
- erfolgreiche Behauptung der etablierten Territorialherrschaften gegen Konkurrenten,
- Inklusion der Massen in die Kriegsführung und in deren Gefolge in die Herrschaftsausübung: Der Kampf gegen äußere und innere Feinde bringt die Nation als solidarische Einheit in das Bewusstsein der Massen. Die Gewährung von Freiheit, Gleichheit und Brüderlichkeit schafft eine Verbindung zwischen Nation, Rechtsstaatlichkeit, Demokratie und Wohlfahrtsstaatlichkeit. Die geeinte Nation ist die kollektive Ressource, aus der die Nationalstaaten ihre Handlungsfähigkeit und ihre Kraft der Gestaltung und Integration der Gesellschaft mittels Gesetzgebung, Steuererhebung und Umverteilung schöpfen.
- Innere Homogenisierung durch:
  - politisch-administrative Durchdringung aller Regionen,
  - rechtliche Vereinheitlichung,
  - kulturelle Homogenisierung durch einheitliche Amtssprache, Schulbildung und Massenkommunikation,
  - Umstrukturierung von nebeneinander bestehenden Regionen in ein Verhältnis von Zentrum und Peripherie, verschiedentlich: interne Kolonisierung (Münch 1993: 15– 33).

Der auf Rechtsstaatlichkeit, Demokratie und Wohlfahrtsstaatlichkeit verpflichtete Nationalstaat durchbricht alle partikularen Gruppenbande und stellt die soziale Integration auf die gegenseitige Respektierung individueller ziviler, politischer und sozialer Rechte und ihre jeweilige Koordination durch objektives Recht um. An die Stelle von partikularen Gemeinschaftsgefühlen treten vertraglich gestaltbare, objektiv-rechtlich koordinierte und administrativ geregelte Beziehungen. Das Recht verdrängt als Integrationsfaktor partikular-gemeinschaftliches Zusammengehörigkeitsgefühl (Parsons 1971).

Der Nationalstaat ersetzt jedoch nicht nur partikular-gemeinschaftliche Solidarität durch Recht, sondern schafft auch eine neue solidarische Einheit, ohne die er mit dem Recht nicht so tiefgreifend und umverteilend in die Gesellschaft eingreifen könnte. Nationale Solidarität ist die nicht-rechtliche Grundlage einer sonst durch das Recht integrierten Gesellschaft, so wie das Recht die nicht-kontraktuelle Grundlage des Vertrags ist – wie Durkheim gemeint hat – und der Vertrag das bindende Element der arbeitsteiligen Gesellschaft mit ihrer marktwirtschaftlichen Ordnung. In den Begriffen Durkheims wurde die auf wachsender Arbeitsteilung beruhende organische Solidarität in den Wohlfahrtsstaaten in eine ausgeprägte mechanische Solidarität eingebettet. Ihre mechanische Solidarität äußert sich im Grad der Marktunabhängigkeit (Dekommodifizierung) des individuellen Lebensstandards (Esping-Andersen 1990). Sie ist in den sozialdemokratisch geformten skandinavischen Wohlfahrtsstaaten am stärksten ausgeprägt, in den konservativ gestalteten kontinentaleuropäischen etwas schwächer, am schwächsten in den liberal verfassten, insbesondere in den USA.

III. Globale Konkurrenz, internationale Arbeitsteilung und die Auflösung nationaler Solidarität

Wie Durkheim gezeigt hat, führen Bevölkerungswachstum, Ausbau der Verkehrswege, technische Verbesserung der Transportmittel, Beschleunigung des Verkehrs und die Entwicklung der Kommunikationstechnologien zur Verdichtung menschlichen Zusammenlebens mit einer entsprechenden Schrumpfung der Distanzen. Dadurch muss sich eine wachsende Bevölkerungsmenge denselben Raum mit seinen knappen Ressourcen teilen. Dementsprechend nimmt der Kampf um knappe Ressourcen zu. Er kann nur dadurch überwunden werden, dass einerseits die Produktivität gesteigert wird, also aus denselben Ressourcen mehr Produkte (Güter und Dienstleistungen) mit immer geringerem Aufwand erstellt werden können, und sich andererseits die Menschen immer weiter in den dafür erforderlichen Qualifikationen und Tätigkeiten spezialisieren. Es wächst dabei die Menge und die Vielfalt der angebotenen Güter und Dienstleistungen. Die internationale Arbeitsteilung überwindet den tödlichen Kampf um knappe Ressourcen und wird zur Grundlage der grenzüberschreitenden sozialen Integration (Durkheim 1992: 314–342). Daraus folgt, dass jenseits der global wachsenden Inklusion der Menschen in die Erwerbsarbeit soziale Integration nicht möglich ist. Die Spaltung zwischen Erwerbstätigen und Erwerbslosen ist ein fundamentales Problem der europäischen Wohlfahrtsstaaten.

Je mehr sich die Verdichtung des menschlichen Zusammenlebens beschleunigt, und sich dadurch die Konkurrenz verschärft, umso mehr wird der Umbruch zur Dauererscheinung, sodass die Arbeitsteilung eine anomische (ungeregelte) Form annimmt:
1. Die Qualifikation eines Teils der Erwerbstätigen wird nicht mehr gebraucht, sie können jedoch nicht in derselben Geschwindigkeit neue marktgerechte oder sogar markterschließende Qualifikationen erwerben. Strukturell verursachte Arbeitslosigkeit wird zu einem Dauerproblem.
2. Die Ungleichheit der Einkommen aus Erwerbstätigkeit nimmt zu und erreicht die kritische Grenze, jenseits derer das Erwerbseinkommen der am schlechtesten Quali-

fizierteren zum Lebensunterhalt oder gar zur Führung eines allgemein als würdig erachteten Lebens nicht mehr ausreicht.
3. Die Wirtschaftsdynamik spült Glücksritter nach oben und Versager nach unten. Die Spielregeln des legalen Erwerbs verlieren an Geltungskraft, was sich in einer steigenden Rate von Eigentumsdelikten zeigt.
4. Die Gesellschaft differenziert sich stärker in Erfolgreiche, Mitspielende mit nur mäßigem Erfolg, Resignierte ohne Erfolg, Delinquenten auf der Suche nach dem Erfolg mit illegitimen Mitteln und Fundamentalisten, die sich gegen die beschleunigte Modernisierung stemmen.

Der Nationalstaat hat die dynamischen Kräfte der sich verschärfenden Konkurrenz durch seine Integrationspolitik gebändigt. Er hat Umbrüche durch Subventionen verlangsamt, für die soziale Abfederung von Strukturbrüchen gesorgt, durch Bildung, Ausbildung, Weiterbildung, Umschulung und Arbeitsbeschaffungsmaßnahmen neue Chancen für Erwerbstätigkeit eröffnet, durch Umverteilung, soziale Absicherung, Mitbestimmungs-, Betriebsverfassungs- und Arbeitsrecht den sozialen Frieden gesichert. Im nationalen Wohlfahrtsverbund war es so möglich, aus spezifischen Standortvorteilen nicht nur einen Gewinn für die Elite der Wertschöpfung zu ermöglichen, sondern für alle Erwerbstätigen und sogar für die nicht erwerbstätigen Menschen. Auf diese Weise konnte ein hohes *kollektiv geteiltes* Wohlstandsniveau erreicht werden, das in hoher Kaufkraft der gesamten Bevölkerung bestand sowie in einer begrenzten Spannweite zwischen den höchsten und den niedrigsten Einkommen und in umfassenden staatlichen Leistungen, die allen Bevölkerungsschichten in gleicher Weise zugute kamen (z.B. staatlich finanzierte Bildung, Infrastruktur, Kultureinrichtungen, Freizeitanlagen und dgl.) ausgedrückt in einer Staatsquote von mehr als 50 Prozent (Anteil der Staatsausgaben am Bruttoinlandsprodukt).

Das hohe Wohlstandsniveau und dessen kollektive Teilung in den Wohlfahrtsstaaten ging jedoch einher mit einem großen Maß der Ungleichheit und der Desintegration der Weltgesellschaft mit entsprechend wachsenden Krisenerscheinungen in Gestalt von Überschuldung von Entwicklungsländern, Hungersnöten, Armut, Krieg und Bürgerkrieg sowie Massenwanderung. Obwohl der Handel und die internationale Arbeitsteilung längst in großem Maß über die Grenzen der Nationalstaaten hinausgehen, ist es den Wohlfahrtsstaaten bisher gelungen, aus dieser Entwicklung einen *kollektiv geteilten* Nutzen zu ziehen, sodass sich die Wohlstandszuwächse der Weltwirtschaft wie auch der Handel und die Arbeitsteilung überhaupt auf sie konzentriert haben, d.h. auf die Welt der OECD-Mitgliedsländer. Nur den Aufsteigern in Südostasien ist mit hohen Wachstumsraten das Eindringen in die Welt der dynamisch wachsenden Volkswirtschaften gelungen (Reich 1991).

Die Wohlfahrtsstaaten haben ein relativ hohes Maß der mechanischen Solidarität von Inseln des Wohlstands in eine mehr und mehr von grenzüberschreitender Arbeitsteilung geprägte Welt hinübergerettet. Sie verfügten über eine in sich sehr verdichtete, arbeitsteilige Volkswirtschaft, deren Außenbeziehungen noch zu kollektiven Gewinnen geführt haben, weil sie im Wohlstandsverbund geteilt wurden. Die Wertschöpfungsketten blieben noch überwiegend auf die jeweiligen Volkswirtschaften beschränkt. Je weiter sich der europäische Markt und der Weltmarkt öffnen, umso weniger wird sich dieser nationale Wohlstandsverbund noch aufrecht erhalten lassen:

Das Kapital sucht sich die günstigsten Standorte und prämiert eine Standortpolitik, die vorwiegend auf Leistungssteigerung und weniger auf Umverteilung und soziale Absicherung nach Bedarf ausgerichtet ist. Die Qualifizierung der Erwerbsbevölkerung, um sie für Investoren attraktiv und beschäftigbar zu machen, geht vor Umverteilung und sozialer Absicherung. Die Standortkonkurrenz um Kapital erzwingt insofern eine auf Honorierung von Leistungen und nicht auf Umverteilung und soziale Absicherung nach Bedarf ausgerichtete Standortpolitik.

Standortkonkurrenz schlägt von der nationalen auf die regionale, lokale und individuelle Ebene durch und lockert dadurch die nationalen Bande der kollektiven Solidarität. In dem Bemühen, Investoren anzuziehen, sind die Ebenen unterhalb des Nationalstaats jetzt mehr darauf angewiesen, sich selbst attraktiv zu machen und treten dadurch in eine schärfere Konkurrenz zu anderen Erwerbstätigen, Gemeinden, Städten und Regionen. Ausgleichszahlungen und Umverteilungen auf höherer Ebene stellen sich mehr als zuvor als Schwächung der eigenen Wettbewerbsfähigkeit dar. Die Starken lassen sich weniger gern zu Ausgleichszahlungen motivieren, weil sie jetzt selbst härterer Konkurrenz ausgesetzt sind. Die nationale Kollektivsolidarität schwächt sich ab und differenziert sich stärker aus in reichere und ärmere Regionen, Städte, Gemeinden, Schichten und Berufsgruppen (Danziger und Gottschalk 1994). Standortpolitik ist insofern eine Sache, die sich auf mehreren Ebenen abspielt und die eher differenzierend als integrierend wirkt. Deshalb kann sie kaum als gemeinsame Strategie eines „nationalen Wettbewerbsstaats", die alle Gruppierungen einbindet, begriffen werden. Es lässt sich schlichtweg kaum noch ein einheitliches „nationales Interesse" definieren.

Die kosmopolitisch orientierte Intelligenz wird zum Träger der erweiterten internationalen Arbeitsteilung, die sich über die bisherigen Schranken der nationalstaatlich organisierten kollektiven Solidarität hinwegsetzt. Ihr steht die Gruppe der Modernisierungsverlierer gegenüber, die den Verlust nationaler Solidarität als Bedrohung für ihre eigene Position sehen und deshalb zur Quelle nationalistischer Gegenbewegungen gegen die Globalisierung werden (Husbands 1992; Coakley 1992; Gurr 1993; Betz 1994). Dazwischen steht die Mehrheit der Unentschiedenen, die nur zögernd im Zug der Globalisierung mitfahren, aber an der Sicherheit nationalstaatlicher kollektiver Solidarität festhalten wollen.

IV. Der Wandel der Gerechtigkeit

Die sozialen Verhältnisse entfernen sich von den bisher geltenden Maßstäben der Gerechtigkeit. Die Maßstäbe selbst verlieren an allgemeinverbindlicher Geltung. Sie waren darauf ausgerichtet, möglichst gleiche Lebensverhältnisse für alle zu schaffen und soziale Differenzierung nur auf einem stetig höher werdenden Niveau zuzulassen. Das bedeutete, dass der Staat in großem Umfang selbst Leistungen für alle erbracht hat und dass die ungleichen Resultate ungleicher Leistungen auf dem Markt durch staatliche Umverteilung bis zu einem allgemein akzeptierten Grad ausgeglichen wurden. Wenn dem Staat der Handlungsspielraum durch die wachsende Faktormobilität, insbesondere des Kapitals, und die korrespondierende Differenzierung der Solidarität – nach oben zu Europa und der Welt hin, nach unten hin zu Regionen, Stadt, Gemeinde und einzelnen Individuen – eingeengt wird, kann er nicht mehr im gewohnten Umfang für eine Annäherung der Lebensverhältnisse an die bisher geltenden Gerechtigkeitsmaßstäbe sorgen. Er gerät von zwei Seiten zugleich unter Beschuss: Die Wettbewerbsstarken klagen über die Fesseln, die er ihnen immer noch anlegt, die Wettbewerbsschwachen über die neue soziale Kälte, die sich über die Gesellschaft legt. Nach einer Allensbach-Befragung ist die Meinung, dass sich Leistung auszahlt, zwischen 1986 und 1997 von 61 auf 50 Prozent gesunken, nachdem sie von 1977 bis 1986 von 56 auf 61 Prozent gestiegen war. Dabei nimmt die Auffassung, dass sich Leistung lohne, mit dem sozialen Status, d.h. mit der Wettbewerbfähigkeit, von unten nach oben zu, nämlich von 34 auf 55 Prozent im Jahre 1997 (Noelle-Neumann und Köcher 1997: 992–993).

Im meinungsbildenden öffentlichen Diskurs mehren sich die Stimmen, dass der Wohlfahrtsstaat die Gesellschaft mit seiner Herstellung von möglichst gleichen Lebensbedingungen eingeschnürt und bewegungsunfähig gemacht habe. Auf einem niedriger angesetzten Sockel gleicher Lebensbedingungen soll der Entlohnung nach Leistung und der sozialen Absicherung nach persönlicher Sparquote, dementsprechend der Differenzierung von Lebensverhältnissen mehr Raum gegeben werden, um für mehr Dynamik und Innovationsbereitschaft zum Nutzen der ganzen Gesellschaft zu sorgen. Dementsprechend soll die Staatsquote auf ein niedrigeres Niveau gesenkt werden. Gleichheit soll sich weniger in gleichen Resultaten trotz ungleicher Leistungen äußern und mehr in der proportionalen Entlohnung von Leistungen und in gleichen Chancen im Wettbewerb um Einkommen und Status. Der Staat soll sich darauf konzentrieren, durch bestmögliche Bildung, Ausbildung, Fortbildung und Umschulung die Wettbewerbsfähigkeit jedes Einzelnen zu fördern. Das Sozialsystem soll kein Auffangnetz sein, in dem viele hängen bleiben, sondern ein Trampolin, das jeden Einzelnen vorübergehend Gestrauchelten wieder in die Höhe hebt. Gerechtigkeit soll als Fairness verstanden werden, d.h. als Sicherstellung, dass alle unter gleichen Bedingungen am Wettbewerb teilnehmen können und alle aus dem Wettbewerb wegen des beschleunigten Wachstums einen größeren Nutzen ziehen, als wenn der Wettbewerb eingeschränkt würde. Weil der ökonomische Wettbewerb sich mit ständig erweiterter und differenzierter Produktionsleistung und mit dem Austausch der vermehrten Leistungen paart, wird er nicht als Nullsummenspiel verstanden, sondern als ein Spiel mit wachsender Gewinnsumme, von der für alle zunehmend mehr abfällt (Durkheim 1992: 344–366).

V. Strategien der Sozialintegration: Neoliberalismus,
Rettung des Wohlfahrtsstaats und Europäische Sozialunion

Die Debatte über die angemessene Strategie, um die Herausforderungen der Globalisierung zu bewältigen, wird von folgenden Positionen geprägt:
– Die Strategie der Marktöffnung verspricht sich vom offenen Weltmarkt neue Chancen des Weltwirtschaftswachstums durch Nutzung der komparativen Kostenvorteile der wachsenden internationalen Arbeitsteilung und eine heilsame Beschränkung der Staatstätigkeit auf die Sicherung der Wettbewerbsfähigkeit von Unternehmen und nichtselbständigen wie auch selbständigen Erwerbstätigen (Monopolkommission 1998; Berthold 1997).

– Die Strategie der Rettung des Wohlfahrtsstaats will durch alte und/oder neue Formen der sozialen Absicherung das Auffangnetz für die Wettbewerbsschwächeren verbessern, durch Verteilung der gleichen Arbeitsmenge auf mehr Köpfe, durch Anreize für Erwerbslosigkeit in Gestalt von Auszeiten und Grundsicherung und durch Anreize für unentgeltliche Bürgerarbeit den Wettbewerbsdruck aus dem Arbeitsmarkt herausnehmen (Hirsch 1995; Altvater und Mahnkopf 1996; Streeck 1998a; Scharpf 1998a).

– Die Strategie der Bildung einer Europäischen Sozialunion und einer sozial integrierten Weltgesellschaft will das Niveau der von den Wohlfahrtsstaaten erreichten Sozialintegration auf die Ebene der Europäischen Union und in ferner Zukunft auf die Ebene der Weltgesellschaft heben (Held 1995; Habermas 1998; Beck 1998: 61–66).

Alle drei Strategien sagen etwas Richtiges, erweisen sich aber als zu einseitig und letztlich unrealistisch:

Die Strategie der Marktöffnung übersieht oder bagatellisiert die anomischen Konsequenzen des fortlaufend beschleunigten Strukturwandels. Schöpferische Zerstörung sichert einerseits die Wettbewerbsfähigkeit von Unternehmen, andererseits macht sie den Strukturwandel und damit die ständige Freisetzung von nicht mehr brauchbaren Arbeitskräften zur Dauererscheinung (Schumpeter 1993: 134–142). Ein Gleichgewicht von Angebot und Nachfrage kann sich auf dem Arbeitsmarkt nur auf Kosten einer Flexibilität der Erwerbstätigen einstellen, die hohe Einkommenseinbußen und den ständigen Wechsel des Arbeitsplatzes und des Wohnortes mit entsprechender Destabilisierung von Familien und Nachbarschaften impliziert. Die soziale Ungleichheit kann ein Ausmaß annehmen, das soziale Krisenherde in großem Umfang entstehen lässt.

Neben den sozialen Risiken vernachlässigt die Strategie der Marktöffnung ökologische, kulturelle und politische Risiken. Mit der internationalen Arbeitsteilung, der Produktmenge und der Produktvielfalt wachsen das Verkehrsaufkommen, der Ressourcenverbrauch, der Abfall, die Belastung durch Schadstoffe und Lärm, die heute schon ein kritisches Niveau erreicht haben, wie z.B. die Voraussagen über den zu erwartenden Klimawandel deutlich machen. In kultureller Hinsicht ist damit zu rechnen, dass die globale Konsumkultur alle Lebensbereiche immer tiefer durchdringt und immer weniger Platz für die authentische Fortführung kultureller Traditionen jenseits ihrer eigenen Vermarktung lässt.

Die Strategie der Rettung des Wohlfahrtsstaates setzt voraus, dass dem Nationalstaat noch genug Handlungsspielraum zur Verfügung steht, sodass er sich ein Stück weit aus dem Prozess des schärfer werdenden globalen Wettbewerbs ausklinken kann, um Schutzräume aufzurichten, die zumindest einem Teil der Bevölkerung ein Leben ohne den Stress der ständigen Verbesserung der eigenen Wettbewerbsfähigkeit ermöglichen. Diese Strategie müsste die zunehmende Weltmarktintegration abbremsen oder sogar ein Stück weit zurücknehmen und die wachsende Differenzierung der Solidaritäten nach oben und unten zwangsweise unterbinden, um zu jener Konzentration der Arbeitsteilung auf die eigene Volkswirtschaft und jener kollektiven Solidarität zurückzufinden, aus der sich die Gestaltungskraft der Wohlfahrtsstaaten gespeist hat. Weil sich aber die Entwicklung nicht einfach zurückdrehen lässt, ist diese Strategie zum Scheitern verurteilt.

Die Strategie der Herausbildung einer europäischen Sozialunion und in fernerer

Zukunft einer sozial integrierten Weltgesellschaft muss darauf setzen, dass auf diesen Ebenen eine Tiefe der Sozialintegration wie in den alten Wohlfahrtsstaaten erreicht werden kann. Dagegen spricht jedoch die Tatsache, dass auf dem europäischen und erst recht auf dem globalen Markt eine viel größere Heterogenität von Interessen auf einen Nenner gebracht werden muss, das wirtschaftliche Leistungsniveau so weit auseinanderklafft und die Solidaritäten so differenziert sind, dass weitgehend nur die fortwährende Abstimmung von Einzelinteressen in formalen Verfahren möglich ist, aber keine durchdringende Gestaltung der Verhältnisse nach einheitlichen Maßstäben. So würden z.B. einheitliche Sozial- und Umweltstandards die ungleiche wirtschaftliche Leistungskraft der einzelnen Länder fortschreiben und weiterhin die Ungleichheit noch vergrößern. Für weitreichenden Finanzausgleich fehlt die dafür erforderliche grenzüberschreitende kollektive Solidarität auf europäischer und globaler Ebene. Sie mag mit der zunehmenden grenzüberschreitenden Arbeitsteilung, politischer Meinungs- und Willensbildung mit europaweiten Parteizusammenschlüssen, Interessenverbänden und Öffentlichkeiten ein Stück weit wachsen, wird aber nie die Tiefe nationalstaatlicher Solidarität erreichen können, zumal alle Zeichen auf eine Differenzierung von Solidaritäten hindeuten. Europäische und globale Solidarität wird der größeren Differenzierung von Solidaritäten nicht mehr als einen formalen Rahmen geben können, innerhalb dessen die differenzierten Solidaritäten koordiniert, aber nicht so „aufgehoben" werden können, dass sie sich ganz dem europäischen oder globalen „Gemeinwohl" unterordnen.

Politisch kann die Handlungsschwäche der Nationalstaaten nicht durch eine ähnlich durchdringende politische Gestaltung auf europäischer und globaler Ebene ausgeglichen werden, weil die Interessen auf diesen Ebenen nicht in gleichem Maße gebündelt werden können. Die wachsende Heterogenität der Interessen lässt nur noch das Abstecken von Spielräumen der Interessenverwirklichung zu, und zwar auf allen Ebenen der Politik, von der lokalen über die regionale, nationale und europäische bis zur globalen Ebene, und in allen Phasen, von der Programmformulierung über die Programmgestaltung bis zur Implementation und zur Nutzung des Rechtsstreits für die punktuelle Interessenabstimmung. Politik wird zum andauernden Wettbewerb von Einzelinteressen um Spielräume ihrer Verwirklichung und ist zur Herausbildung eines interessen*integrierenden* Gemeinwohls nicht mehr fähig. Sie entfernt sich vom Modell des *gesellschaftsgestaltenden* europäischen Wohlfahrtsstaates und nähert sich der *konfliktmoderierenden* liberalen Demokratie der USA. Die Teilhabe der Bürger an der Politik wird dort nicht durch große Volksparteien, Großverbände und repräsentative Meinungsbildung in den Medien *vermittelt*, sondern erfolgt durch eine Vielzahl größerer, kleinerer und kleinster Interessenorganisationen unter jeweiliger Mobilisierung der Öffentlichkeit durch Nutzung der Massenmedien, vom Kongresslobbyismus über die Einflussnahme auf die politische Regulierung durch Regulierungsbehörden und Behördenentscheidungen bis zum Rechtsstreit. Dabei kommt es weniger darauf an, dass alle Einzelinteressen im Gemeinwohl durch allgemeines Gesetz aufgehoben werden, sondern viel mehr darauf, dass sie alle eine faire Chance haben, im politischen Wettbewerb ein Stück weit zum Zuge zu kommen.

Was allein als realistische Strategie übrig bleibt, ist eine vernünftige Kombination der drei für sich genommen illusionären Strategien mit einem klaren Blick für ihre

Grenzen. Die Marktöffnungsstrategie ist angesichts des ohnehin fortschreitenden globalen Wettbewerbs unvermeidlich und in dem Umfang richtig, in dem Desintegration und Anomie vermieden werden können. Die Strategie der Rettung des Wohlfahrtsstaates ist in dem Maße zutreffend, in dem sie hilft, die desintegrativen und anomischen Tendenzen des sich verschärfenden Wettbewerbs in sozialverträglichen Grenzen zu halten. Die Strategie der Herausbildung einer europäischen Sozialunion und einer sozial integrierten Weltgesellschaft ist so weit angemessen, als es darum geht, der globalen Konkurrenz und der wachsenden internationalen Arbeitsteilung eine tragfähige Ordnung zu geben. Dabei wird es in erster Linie um faire Wettbewerbs- und Austauschverhältnisse und um die Kontrolle der negativen externen sozialen, ökologischen und kulturellen Effekte des globalen Wirtschaftsverkehrs gehen. Die Sozialintegration wird sich auf Fairness im Sinne von Chancengleichheit konzentrieren müssen, europa- und weltweit sowie auch national, aber nicht gleiche Lebensbedingungen schaffen können, wie dies innerhalb der hoch entwickelten Wohlfahrtsstaaten möglich war.

Die sich erweiternde und differenzierende internationale Arbeitsteilung ist das Vehikel, das die partikulare Solidarität der Nationalstaaten durchbricht und den Aufbau einer weltweiten organischen Solidarität der arbeitsteiligen Kooperation ermöglicht. Sie vermeidet auf dem enger werdenden Raum den Krieg aller gegen alle und setzt an dessen Stelle den friedlichen Austausch von immer weiter differenzierten und spezialisierten Leistungen. Ein Ausklinken aus diesem wachsenden Netzwerk durch Nichtteilnahme an der Arbeitsteilung verlangt ein Festhalten an partikularer nationalstaatlicher Solidarität. Im weltweiten arbeitsteiligen Geflecht sind solche Inseln des Partikularismus allerdings auf Dauer nicht überlebensfähig. Weil der Staat ein Stück weit aus der Gestaltung der Gesellschaft zurücktritt, muss die Selbstorganisation der Gesellschaft gestärkt werden. Die in den Wohlfahrtsstaaten bisher vorherrschende exklusive Zusammenarbeit des Staates mit ausgewählten Großverbänden in der Bestimmung des Gemeinwohls wird einem offeneren Verfahren des Ausgleichs einer größer gewordenen Zahl von Interessen Platz machen müssen. Dabei wird es weniger auf die stellvertretende Definition des *Gemeinwohls* als vielmehr auf einen fairen *Interessenausgleich* ankommen.

VI. Sozialintegration durch Rechtsprechung: die wachsende Bedeutung der Gerichte

Es ist in der Debatte über die europäische Integration unbestritten, dass es sich dabei um einen in erster Linie von der Etablierung des Binnenmarktes und der Sicherung des freien Wettbewerbs innerhalb dieses Marktes beherrschten Prozess handelt. Die Frage, in welcher Weise die Marktintegration durch die politische und rechtliche Integration ergänzt werden kann, muss damit rechnen, dass diese Integration auf Grund der ganz anderen strukturellen Gegebenheiten nicht dem Muster nationalstaatlicher Integration der europäischen Wohlfahrtsstaaten folgen kann. Wohlfahrtsstaatliche Integration mit einer umfassenden Garantie gleicher Lebensbedingungen für alle ist auf ein Ausmaß der strukturellen Homogenität und der „mechanischen" Solidarität angewiesen, das auf supranationaler, europäischer Ebene auf absehbare Zeit nicht zu realisieren ist. Umfang und Eingriffstiefe der Gesellschaftsgestaltung können auf der Ebene der

Europäischen Union nicht das von den hoch entwickelten europäischen Wohlfahrtsstaaten gesetzte Niveau erreichen. In dem Maße, in dem sich die Politik in der Gesellschaftsgestaltung durch Gesetzgebung zurückhält, erhalten die Bürger neue Spielräume der eigenverantwortlichen Lebensgestaltung, die sie häufiger in Konflikte über die Reichweite ihrer Rechte geraten lässt und die nicht alle in gleicher Weise für sich nutzen können. Dementsprechend wächst den Gerichten im Verhältnis zur Gesetzgebung eine bedeutendere Rolle der Sozialintegration durch Streitschlichtung, durch Gewährleistung von rechtlicher Gleichheit, Chancengleichheit und Fairness zu.

Die Verlagerung der sozialen Integration von der Gesetzgebung zur Rechtsprechung lässt sich sehr gut am Beispiel der USA beobachten. Dort leisten die Gerichte einen erheblichen Teil der sozialen Integration durch ihre Rechtsprechung, die in den europäischen Wohlfahrtsstaaten durch Gesetzgebung und entsprechende gestaltende Eingriffe in die Gesellschaft erfolgt. Soziale Integration durch Rechtsprechung ohne ein umfassendes System von Sozialgesetzen zielt auf die Koordination von subjektiven, durch die Verfassung garantierten Rechten. Das bedeutet vor allem den Abbau von Diskriminierung. Das prägnante Beispiel dafür ist der Beitrag, den die Gerichte, in letzter Instanz der Supreme Court, in den USA zur Reduktion der Diskriminierung – zunächst der Schwarzen und in der Folge einer Vielzahl anderer Minderheiten und der Frauen – beigesteuert haben. Die Integration durch Rechtsprechung bedeutet in den USA vor allem den Abbau von Hindernissen und entsprechend ungleichen Chancen zur Wahrnehmung individueller Rechte. Betrachten wir die Situation in der Europäischen Union, dann ist hier eine ganz ähnliche Entwicklung zu beobachten. Mit der Wendung der Integrationspolitik von der vollständigen rechtlichen Harmonisierung zum Prinzip der gegenseitigen Anerkennung von Produktnormen ist dem Europäischen Gerichtshof eine umso stärkere Rolle der Integration zugefallen. Die Logik dieser Integrationsleistung geht in die Richtung des Abbaus von Marktzugangschancen durch diskriminierende nationale Regulierungen. Die vergleichsweise geringe sozialpolitische Aktivität der Europäischen Union hat zur Folge, dass der Europäische Gerichtshof auch in diesem Politikfeld eine wichtige Rolle spielt. Naturgemäß kann die entsprechende Integrationsleistung des Europäischen Gerichtshofs nicht in der Gewährung kollektiver Sicherheit bestehen, sondern allein in dem Schutz individueller Rechte vor Diskriminierung. Insofern laufen die immer zahlreicher gewordenen Entscheidungen des Europäischen Gerichtshofs im Feld der sozialen Absicherung auf den Abbau der diskriminierenden Behinderung der Mobilität von Arbeitnehmern hinaus, indem ihnen die Inanspruchnahme von Versicherungsleistungen außerhalb des Heimatlandes und der Zugang zu Versicherungsleistungen im Aufenthaltsland gerichtlich zugesprochen wurde (Leibfried und Pierson 1998b: 64–78, 88–89; Streeck 1998b: 381; Keller und Sörries 1997, 1998, 1999).

Die Herausbildung einer „Gerichtsdemokratie", wie sie schon von Tocqueville in den USA beobachtet wurde, hat natürlich ihre positiven und ihre negativen Seiten (Tocqueville 1976: 111). Positiv zu Buche schlägt dabei, dass den Bürgern mehr Handlungsspielräume belassen werden und die auftretenden Konflikte bezüglich der Wahrnehmung ihrer Rechte von Fall zu Fall und immer wieder neu ausgetragen werden, sodass eine verhältnismäßig flexible Sozialintegration zu Stande kommt. Die negative Seite zeigt sich darin, dass nur zahlungskräftige, anwaltlich gut vertretene Interessen zum Zuge kommen. Es kann jedoch nicht behauptet werden, dass Sozialintegration durch die allgemeine Gesetzgebung des europäischen Wohlfahrtsstaates in jeglicher Hinsicht einen inklusiveren Charakter hat. Das neokorporatistische Arrangement der Gesetzesvorbereitung hat dort zu einer Privilegierung von Mehrheitsinteressen gegenüber Minderheitsinteressen, etwa von Ausländern, Arbeitslosen und Umweltschützern geführt. Dagegen ist das starke Rechtssystem der USA ein wichtiges Vehikel des Schutzes von Minderheiten gegen die Mehrheit. Selbstverständlich können Gerichte niemals die ganze Last der Sozialintegration tragen. In dem Maße, in dem sich der Staat in der Gesellschaftsgestaltung zurückhält, fällt ihnen jedoch ein größeres Gewicht in der Wahrnehmung dieser Aufgabe zu. Sie können diese Aufgabe jedoch nur auf ihre Weise wahrnehmen, nämlich in der Gewährleistung von rechtlicher Gleichheit, prozeduraler Verfahrensgerechtigkeit und Fairness.

VII. Transnationale Vergemeinschaftung durch Arbeitsteilung und Individualisierung

Im Zuge der Europäisierung und darüber hinaus der Globalisierung muss die nationalstaatliche Integration zwangsläufig ein Stück ihrer Geschlossenheit aufgeben, um dem Wachsen der transnationalen Integration auf europäischer und globaler Ebene Platz zu machen und zugleich den Regionen, Kreisen und lokalen Gemeinden neuen Raum für subnationale Solidarität und Identität zu geben. Die nationalstaatliche Integration ging einher mit der Differenzierung zwischen Binnen- und Außenmoral: Starke Solidarität und Gerechtigkeit nach innen, schwache Solidarität und Gerechtigkeit nach außen. Durch die Erweiterung und Differenzierung von Solidaritäten oberhalb und unterhalb des Nationalstaats in einer globalen Mehrebenennetzwerkgesellschaft wird die Differenzierung von Binnen- und Außenmoral ein Stück weit abgebaut und durch eine Angleichung der sozialen Beziehungen und Rechtsverhältnisse nach innen und außen ersetzt. Das Eigene verliert ein Stück seines Vorrangs gegenüber dem Fremden, das Fremde ein Stück seiner Fremdheit, das Eigene ein Stück seiner Vertrautheit. Dieser Strukturwandel von Solidarität und Gerechtigkeit wiederholt auf einer neuen Entwicklungsstufe den Vorgang, den schon Max Weber im Übergang von der partikularen Brüderlichkeitsethik zur formalen Rechtlichkeit in der ersten Phase der Herausbildung des modernen Kapitalismus gesehen hat (Weber 1924: 303–304). Der Partikularismus nationalstaatlicher Integration und Gerechtigkeit löst sich tendenziell im Universalismus transnationaler Integration auf.

Erleichtert wird dieser Prozess der transnationalen Integration durch die internationale Arbeitsteilung. Auf diesem Wege vermehren sich die transnationalen Beziehungen, während sich die nationalen Beziehungen immer weiter differenzieren. Es entsteht ein transnationales Netzwerk aus vielen einzelnen Fäden und Punkten, in dem sich die Aufteilung der Welt in relativ geschlossene nationale Kollektive in einem langfristigen Prozess auflöst. Zwischen den Nationen ergeben sich durch einzelne Beziehungen und den Austausch von Gütern, Dienstleistungen und Informationen immer mehr Gemeinsamkeiten, während sie sich intern immer mehr differenzieren und pluralisieren. Esskulturen werden z.B. aus ihrer territorialen Verankerung herausgezogen und in aller Welt verfügbar. Dadurch bilden sich gemeinsame transnationale Esskulturen, während die nationalen Esskulturen intern vielfältiger werden. Es zeigt sich überall die gleiche Pluralität. Dementsprechend verlieren nationale Kulturen und Identitäten ihre Geschlossenheit. Die Frage, ob sie in einer supranationalen, europäischen Einheit integriert werden können, wird obsolet. Die kulturelle Integration Europas erfolgt nicht auf dem Weg der Integration nationaler Kulturen und Identitäten, sondern auf dem Weg der Entnationalisierung von Kulturen und Identitäten und der dadurch ermöglichten vielfältigen Überkreuzungen, individuellen Lebensstile und individuellen Beziehungen über bisherige Grenzen hinweg. Die Träger der europäischen Kultur werden nicht Nationen, sondern transnationale Netzwerke von Individuen sein, für die nationale Zugehörigkeit eine unter vielen Zugehörigkeiten ist und die sich über nationale Grenzen hinweg so leicht vereinigen wie innerhalb dieser Grenzen (Durkheim 1992: 185–190).

Nationale Institutionen der kulturellen Reproduktion lösen sich aus ihrer historischen Verankerung und öffnen sich für transnationale Prozesse der kulturellen Reproduktion. Sie werden in diesem Prozess durch transnationale Institutionen und Netzwerke unterstützt. Das gilt für Wissenschaft, bildende Kunst, Literatur und Musik schon lange und heute in einem zunehmenden Maße. Der europäische Studentenaustausch setzt z.B. einen Prozess der Herausbildung eines europäischen Curriculums in Gang, allein schon um die Anerkennung von im Ausland erbrachten Studienleistungen zu erleichtern, und wenn es sich nur um die immer großzügigere Anerkennung unterschiedlicher Arten von Studienleistungen handelt. Die Menschen werden dadurch aus ihrer nationalkulturellen Umklammerung befreit, erweitern ihren Horizont und können ihre Individualität umso mehr entfalten. In diesem Sinne gehen Europäisierung und Individualisierung Hand in Hand. Natürlich hat diese Entwicklung das zunehmende Auseinanderleben von mobilen Europäern (und Kosmopoliten) und immobilen Nationalisten zur Folge. Transnationale Integration ist ohne ein gewisses Maß der nationalen Desintegration nicht zu haben. Im Sinne von Schumpeter nehmen die transnationalen Eliten in diesem Prozess die unternehmerische Rolle der schöpferischen Zerstörung wahr. Sie bauen Neues auf, indem sie Altes zerstören, mit allen negativen Begleiterscheinungen von gesellschaftlicher Anomie und entsprechenden nationalistischen Gegenbewegungen (Schumpeter 1993: 134–142).

VIII. Soziale Sicherheit in offenen Netzwerken: die aktive Zivilgesellschaft

Die Diskussion über die Zukunft des Wohlfahrtsstaates ist zu sehr von der Frage beherrscht, wie sich dessen Errungenschaften in die globale Moderne hinüberretten lassen. Dabei wird der Blick zu stark von den alten Institutionen geprägt und wird nicht frei für die neue Problemstellung. Es geht weniger um nationalstaatliche Integration und mehr um transnationale Integration. Dabei wird Inklusion durch Kollektivsolidarität mehr und mehr durch die Inklusion des einzelnen Individuums in Netzwerke verdrängt. Die Herausbildung einer globalen, arbeitsteiligen Netzwerkgesellschaft schlägt dann von oben auch auf die unteren Ebenen der Vergesellschaftung durch. Das heißt, dass sich die nationalstaatliche Kollektivsolidarität in einem Netzwerk auflöst, das von der lokalen bis zur globalen Ebene reicht. Inklusion ergibt sich in dieser globalen

Netzwerkgesellschaft nicht mehr durch die kollektive Absicherung jeglicher Risiken, sondern durch die Öffnung und Differenzierung des Netzwerks für jeden und jede individuelle Person sowie für jeden speziellen Bedarf der Unterstützung. Für den Einzelnen äußert sich die Qualität der Integration weniger in kollektiven Garantien und mehr in den Zugangschancen, die sich in einem offenen und differenzierten Netzwerk bieten, weniger in der bürokratischen Verwaltung des Rückzugs aus der Gesellschaft und mehr in der unterstützenden Aktivierung des einzelnen Individuums durch Selbsthilfegruppen. Es geht um die Entwicklung einer offenen und differenzierten transnationalen Zivilgesellschaft. Die angemessene Antwort auf die Integrationsprobleme der globalen Moderne ist weder der offene Weltmarkt allein noch die Rettung des nationalen Wohlfahrtsstaates noch die europäische Sozialunion, sondern die offene und differenzierte Mehrebenennetzwerkgesellschaft, die sich von der lokalen bis zur globalen Ebene erstreckt.

Der von den Errungenschaften des nationalen Wohlfahrtsstaates beherrschte sozialwissenschaftliche Diskurs hat diese völlig neue Problemstellung der sozialen Integration überhaupt noch nicht richtig in den Blick genommen. Er ist zu sehr auf die Frage fixiert, wie sich die Errungenschaften des nationalen Wohlfahrtsstaates unter den Bedingungen des europäischen Binnenmarktes und des zunehmend offeneren Weltmarktes auf nationaler Ebene bewahren und auf europäischer, ja sogar globaler Ebene erweitern lassen. Dabei wird dem de facto stattfindenden Strukturwandel der Solidarität nicht zureichend Rechnung getragen. Die Solidaritätsbeziehungen reichen selektiv über die nationalen Grenzen hinaus und differenzieren sich innerhalb dieser Grenzen, sodass ein weitreichenderes und verzweigteres Geflecht entsteht, das sich nicht mehr in ein System kollektiver Sicherheit zwingen lässt, wie es von den nationalen Wohlfahrtsstaaten geschaffen wurde. An die Stelle der allein durch den zugeschriebenen oder erworbenen Status der nationalen Zugehörigkeit verbürgten Sicherheit wird eine Form der Absicherung treten, die mehr Gewicht auf die Befähigung und Qualifizierung des einzelnen Individuums setzt, die Chancen wahrzunehmen, die ein offenes und weit verzweigtes Netzwerk mit vielen Zugängen zu reziproker Unterstützung durch eine Vielzahl von mehr oder weniger dauerhaften Assoziationen bietet (Evers und Olk 1996).

IX. Demokratie in offenen Netzwerken: Offenheit, Transparenz, Revidierbarkeit, Mehrstufigkeit und Subsidiarität

Wie sich der Wohlfahrtsstaat zu einem Wohlfahrtspluralismus wandeln wird, so wird sich auch die nationalstaatliche Repräsentativdemokratie in einem vielschichtigeren System von Arenen der politischen Entscheidungsfindung verändern (Münch 1998: 363–414). Auch hier versperrt der herrschende Diskurs über das Demokratiedefizit der Europäischen Union die Sicht auf die neuen Realitäten. Er ist zu sehr auf die Übertragung des nationalstaatlichen Modells der Repräsentativdemokratie auf die Europäische Ebene fixiert. Es wird nach dem europäischen Demos, nach der europäischen Öffentlichkeit, nach dem europäischen Verbands- und Parteiensystem gesucht und die Einrichtung einer europäischen Regierung gefordert, die einem mit allen notwendigen Rechten ausgestatteten Parlament sowie einer aus dem Ministerrat hervorgehenden zweiten Kammer verantwortlich sein soll (Reif 1992, 1993a, 1993b; Wildenmann 1991; Jachtenfuchs und Kohler-Koch 1996; Kohler-Koch 1998). Dabei ist die nationale Repräsentativdemokratie nicht nur durch die Verlagerung von immer mehr Kompetenzen nach Brüssel, dadurch aber erst recht, eine Fiktion. Auch in der nationalen Repräsentativdemokratie ist der politische Entscheidungsprozess nicht auf *eine* öffentliche Meinungsbildung und *eine* daraus gespeiste Gesetzgebung durch das Parlament konzentriert. Es geht nur begrenzt um die Herausbildung eines Gemeinwohls, zumal es keinen homogenen Demos gibt, dem ein solches „Gemeinwohl" zugerechnet werden kann. Vielmehr gilt es, eine Vielzahl von Wertvorstellungen und Interessen aus einer Pluralität von situativ variierenden Gruppierungen einzubeziehen und in bindende Entscheidungen umzusetzen. Dafür ist am ehesten ein mehrstufiges Verfahren in einer Mehrzahl von Arenen geeignet, in denen situative Koalitionen und Kompromisse gebildet werden können. Die Legitimation dieser Entscheidungen ergibt sich faktisch nicht aus ihrer Verwirklichung eines ohnehin nicht definierbaren Gemeinwohls, sondern aus der Offenheit des Verfahrens und der Tatsache, dass alle nicht zum Zuge gekommenen Interessenten auf die Veränderbarkeit der Entscheidungen vertrauen. Dieses Vertrauen kann insbesondere dadurch erhalten werden, dass es keine Konzentration der detaillierten Ausarbeitung von Gesetzeswerken auf die parlamentarische Entscheidung gibt, sondern im Parlament nur ein Rahmen gesetzt wird, der dann in weiteren Verfahren durch Regulierungsagenturen, Verwaltungen und Gerichte in offenen Verfahren mit weiteren Partizipationschancen in einer Vielzahl von kleinen, spezifizierten Entscheidungen konkretisiert wird. Außerdem kann auch das parlamentarische Verfahren selbst durch die Verteilung auf verschiedene Ausschüsse und Unterausschüsse offener gestaltet werden. Am weitesten ist diese mehrstufige Differenzierung einer Pluralität von Arenen im amerikanischen Regierungssystem ausgeprägt (Jauß 1999; Münch et al. 2001, Kap. VI und VII, 4). Durch diese Mehrstufigkeit und Differenzierung der Entscheidungsverfahren ergibt sich eine Disaggregation von Interessen, sodass Großkonflikte in eine Vielzahl kleinerer und damit leichter zu bewältigende Konflikte kleingearbeitet werden. Die Konflikte werden dabei aus ideologischen Grundsatzdebatten herausgezogen und einer deliberativen, an der Sache orientierten Problemlösung zugänglich gemacht. Es sind somit zwei konvergierende Motive, aus denen sich die Zustimmung zu Entscheidungen speist: das Vertrauen in die Offenheit der Verfahren und die Veränderbarkeit von Entscheidungen sowie die aus der Kleinarbeitung von Konflikten in sachliche Einzelfragen und -entscheidungen resultierende Einsicht in die sachliche Richtigkeit von Problemlösungen. Da indessen nicht alle an diesem Verfahren beteiligt sein können, sondern nur Repräsentanten des vorhandenen Spektrums von Interessen, bedarf es zusätzlich des Vertrauens der nichtbeteiligten Bürger in ihre Repräsentanten in diesen Verfahren. Es geht dabei nicht nur um Regierungsmitglieder und Abgeordnete des Parlaments, sondern ebenso um Experten und Vertreter der verschiedensten Arten von Interessen. Diese müssen sich auf ein zweifaches Vertrauen stützen können: erstens auf das Vertrauen derjenigen Interessenten, die sie vertreten, und zweitens auf das Vertrauen der anderen, dass sie ihre Tätigkeit in Anerkennung der anderen Interessen und mit einem Blick auf die Integrierbarkeit der verschiedenen Interessen im Ganzen ausüben.

Mit der Herausbildung der Ebene europäischer Entscheidungsbildung hat sich diese Tendenz der nationalen Entscheidungsprozesse verstärkt. Die durchaus beachtliche Problemlösungsfähigkeit der Europäischen Union stützt sich ganz wesentlich auf das Verfahren der Mehrstufigkeit und Pluralisierung der Arenen und die damit verbundene Vermeidung von ideologisierten Großkonflikten und die Kleinarbeitung zu einer Vielzahl von kleinen Konflikten mit disaggregierten Interessen und Zuwendung zu sachlichen Problemlösungen. Das ist insbesondere im Bereich des Umweltschutzes, des Arbeitsschutzes und der Produktsicherheit zu beobachten (Eichener 1996; Joerges 1996; Joerges und Neyer 1998; Gehring 1999).

Diese Tendenz setzt sich noch dadurch fort, dass die subnationalen Einheiten in dem ganzen Prozess an Bedeutung gewinnen und die Mehrstufigkeit und Pluralität der Entscheidungsverfahren erhöhen. Es können in solchen Verfahren viele kleine Probleme gelöst werden, „große" Probleme und Großkonflikte werden dagegen ausgeblendet. Politische Regulierung verliert dadurch an Tiefe, gewinnt aber an Problemlösungsfähigkeit in vielen kleinen Einzelschritten. Aus der Sicht einer stark am nationalen Wohlfahrtsstaat orientierten normativen Messlatte können die Ergebnisse dieser Regulierungspraxis als nicht Pareto-optimal erscheinen und auf zu starke „Politikverflechtung" mit entsprechender Gefangenschaft in Spielen mit zwangsläufig „nachteiligem" Ausgang für alle Spieler zurückgeführt werden (Scharpf 1996a, 1996b, 1998). Dabei handelt es sich allerdings um eine Messlatte, die angesichts der strukturellen Vorgaben als utopisch bezeichnet werden muss (Jachtenfuchs 1998).

Es kann hier nicht um eine demokratische „Reinwaschung" der Europäischen Union gehen. Gemessen an der nationalstaatlichen Repräsentativdemokratie wird sie auf unabsehbare Zeit erhebliche „demokratische Defizite" aufweisen. Die daraus vielfach gezogene Konsequenz des umso rigoroseren Festhaltens an nationaler Demokratie muss sich jedoch den Vorwurf gefallen lassen, gegenüber der europäischen und darüber hinaus globalen Wirtschaftsverflechtung die Augen zu verschließen. Eine nationale Demokratie in transnationalen Märkten hat überhaupt nicht mehr den erforderlichen Entscheidungsspielraum, um auf Grund demokratischer Willensbildung handeln zu können. An einer Forcierung transnationaler Integration und einer entsprechenden Kompetenzverlagerung auf die supranationale Ebene führt deshalb kein Weg vorbei. Die strukturellen Gegebenheiten der neuen politischen Einheit lassen jedoch eine Übertragung des Modells der nationalen Repräsentativdemokratie auf diese Einheit nicht zu. Deshalb ist es umso dringender geboten, zu einer realistischen Einschätzung möglicher Formen der Demokratisierung europäischer Entscheidungsprozesse zu gelangen. Sie sollen keinesfalls mit den tatsächlichen Prozessen gleichgesetzt werden. Weil die Entscheidungsprozesse mehr als auf der nationalen Ebene nach Funktionen und Sektoren getrennt ablaufen, tritt die Herausbildung eines funktionen- und sektorenübergreifenden Gemeinwohls gegenüber der bloßen Summierung partikularer Entscheidungen noch weiter in den Hintergrund als in den Nationalstaaten. In den Kommissionen zur Vorbereitung und Nachbereitung von Entscheidungen sitzen Experten unter Ausschluss der Öffentlichkeit unter sich, zudem häufig eine einseitige Selektion von Experten der Industrie und der etablierten wissenschaftlichen Großorganisationen (Komitologie). In der Repräsentativdemokratie ist es in erster Linie die Funktion des Parlaments, solchen Tendenzen der funktionalen und sektoralen Zersplitterung und der Expertenherrschaft entgegenzuwirken. Allerdings gelingt es auch den nationalen Parlamenten nur in einem sehr begrenzten Maß, diese Rolle wirksam zu spielen. Die dem Parlament zugedachte repräsentative Herausbildung des Gemeinwohls ist oft genug nicht mehr als eine schöngefärbte Verbrämung einer Interessen- und Machtkonstellation.

Aus der unzureichenden Funktionserfüllung des Parlaments kann natürlich nicht geschlossen werden, dass dann gleich auf ein solches Organ verzichtet werden soll. Ein schlecht funktionierendes Parlament ist immer noch besser als gar keines. Man wird sich aber bei der Gestaltung demokratischer Entscheidungsprozesse nicht auf die Repräsentativfunktion des Parlaments allein verlassen können. Es kann nur eine Instanz in einem System der gegenseitigen Kontrollen sein, wie es am prägnantesten in den USA zu finden ist. Umso wichtiger ist deshalb die „Demokratisierung" der Entscheidungsverfahren vor und nach der Befassung des Parlaments durch ihre Öffnung für ein breiteres Spektrum von Interessen und Expertensichten. Je weniger es auf Grund von struktureller Heterogenität möglich ist, überhaupt ein „Gemeinwohl" zu bestimmen, umso wichtiger werden Kriterien wie die Offenheit von Verfahren, ihre Mehrstufigkeit, ihre Transparenz, die Revidierbarkeit von Entscheidungen, die Subsidiarität von Entscheidungsebenen und die Vielzahl von Arenen und Teilöffentlichkeiten. Das gilt selbst für das Parlament, das sich dementsprechend – wie es am ausgeprägtesten in den USA verwirklicht ist – in eine Vielzahl von konkurrierenden und auch öffentlich tagenden Ausschüssen und Unterausschüssen differenziert, sodass das Plenum in seiner integrierenden Rolle an Gewicht verliert. Man mag für eine Stärkung des Plenums plädieren. Das kann jedoch nicht mehr als ein Gegengewicht gegen die unvermeidliche Differenzierung der Ausschussarbeit sein.

Auch für die europäischen Entscheidungsprozesse mag man sich eine Stärkung des Parlaments, insbesondere der Plenardebatten wünschen. Das kann jedoch nur ein Element in einem komplexen Prozess sein, der sich nicht mehr auf die eine Funktion der repräsentativen Meinungs- und Willensbildung mit einem „europäischen Parteien- und Verbändesystem" und einer „europäischen Öffentlichkeit" reduzieren lässt. Genauso wenig reicht die Strategie einer stärkeren Beteiligung der nationalen Parlamente an den EU-Entscheidungen aus. Auch sie ist nur begrenzt möglich und allenfalls ein kleines Element in dem komplexen Verfahren. Gewänne sie zu viel Gewicht, dann würde entweder der Handlungsspielraum der Regierungen so weit eingeschränkt, dass sich auf europäischer Ebene nichts mehr bewegt, oder die nationalen Parlamente, bzw. ihre Vertreter in den entsprechenden Beratungen, würden ihre Unabhängigkeit von der Regierung verlieren und zu bloßen Organen der Legitimationsbeschaffung degradiert. Besser ist deshalb die Beschränkung der nationalen Parlamente auf die öffentliche Diskussion entscheidender europäischer Fragen.

X. Schlussbemerkungen

Wir sind hier der Frage nachgegangen, welcher Strukturwandel der Sozialintegration sich im Prozess der Europäisierung vollzieht. Dabei wird unter Europäisierung ein in erster Linie von der Logik der Binnenmarktintegration forcierter Prozess des Solidaritätswandels verstanden, der nationale Solidaritäten zurückdrängt und transnationale

Solidaritäten in den Vordergrund schiebt. Dieser Prozess kann im Schumpeterschen Sinne als schöpferische Zerstörung begriffen werden. Er wird von den Modernisierungseliten vorangetrieben, die transnationale Netzwerke bilden und gleichzeitig auf die Lockerung nationaler Bande hinwirken. Die positive Seite dieser Entwicklung ist das Erreichen einer viel weitreichenderen Integration. Die negative Seite ist die Auflösung des nationalen Wohlstandsverbundes, der einer stärkeren Differenzierung solidarischer Beziehungen weichen muss. Zumindest für eine Übergangszeit breiten sich anomische Erscheinungen, soziale Konflikte und nationalistische Gegenbewegungen aus. Die neue Struktur weitreichenderer, weiter verzweigter und differenzierterer solidarischer Beziehungen bedeutet einen neuen Schub der Herausbildung organischer Solidarität und der Schwächung von mechanischer Solidarität sowie des entsprechenden Gerechtigkeitsbewusstseins im Sinne von gleichen Lebensbedingungen. An die Stelle von exklusiver Zusammengehörigkeit und Gerechtigkeit gleicher Lebensbedingungen im nationalen Kollektiv treten offene Netzwerke individueller Beziehungen und Gerechtigkeit als Fairness. Das Zurücktreten der staatlichen Gesellschaftsgestaltung durch Gesetzgebung bedarf dann der Kompensation durch die gerichtliche Sicherung individueller Rechte und durch eine aktive Zivilgesellschaft. Der Verlust an nationalstaatlicher Repräsentativdemokratie kann weder durch deren Übertragung auf die europäische Ebene noch durch die stärkere Rückbindung europäischer Entscheidungsprozesse an die nationalen Parlamente wettgemacht werden. Vielmehr bedarf es einer stärkeren Gewichtung von Elementen einer liberalen Konkurrenzdemokratie auf mehreren Ebenen, die sich nicht durch die repräsentative Definition eines längst zur Fiktion gewordenen „Gemeinwohls" auszeichnet, sondern durch Offenheit, Transparenz, Revidierbarkeit, Mehrstufigkeit und Subsidiarität von Entscheidungsverfahren.

Der im dargelegten Sinne begriffene Prozess der Europäisierung ist ein Teil des umfassenderen, weiterführenden Prozesses der Globalisierung. Er wirkt einerseits wie die Globalisierung öffnend in Bezug auf nationale Kollektivsolidaritäten, andererseits aber auch schließend, indem der transnationalen Verflechtung in gewissem Umfang Grenzen gesetzt werden, d.h. die organische Solidarität in eine jetzt differenziertere und schwächere mechanische Solidarität eingebettet wird. Die sich herausbildende organische Solidarität transnationaler Arbeitsteilung über die Grenzen Europas hinaus weist ihrerseits die europäische Kollektivsolidarität auf lange Sicht in ihre Schranken. Eine den europäischen Wohlfahrtsstaaten entsprechende starke Sozialintegration Europas wäre ein Hindernis auf dem Weg zu einer umfassenderen weltgesellschaftlichen Sozialintegration.

Literatur

Altvater, Elmar, und *Birgit Mahnkopf,* 1996: Grenzen der Globalisierung. Ökonomie, Ökologie und Politik in der Weltgesellschaft. Münster: Westfälisches Dampfboot.
Anderson, Benedict, 1988: Die Erfindung der Nation. Frankfurt a.M./New York: Campus.
Beck, Ulrich, 1998: Wie wird Demokratie im Zeitalter der Globalisierung möglich? Eine Einleitung. S. 7–66 in: *Ulrich Beck* (Hg.): Politik der Globalisierung. Frankfurt a.M.: Suhrkamp.
Berthold, Norbert, 1997: Der Sozialstaat im Zeitalter der Globalisierung. Tübingen: Mohr Siebeck.
Betz, Hans-Georg, 1994: Radical Right-Wing Populism in Western Europe. New York: St. Martin's Press.

Coakley, John (Hg.), 1992: The Social Origins of Nationalist Movements. The Contemporary West European Experience. London: Sage.
Danziger, Sheldon, und *Peter Gottschalk* (Hg.), 1994: Uneven Tides. Rising Inequality in America. New York: Russel Sage Foundation.
Deutsch, Karl W., 1953 (1966): Nationalism and Social Communication. Cambridge, MA: M.I.T. Press.
Durkheim, Emile, 1992: Über soziale Arbeitsteilung. Studie über die Organisation höherer Gesellschaften. Frankfurt a.M.: Suhrkamp (1893/1973. De la division du travail social. Paris: Presses Universitaires de France).
Eichener, Volker, 1996: Die Rückwirkung der europäischen Integration auf nationale Politikmuster. S. 73–108 in: *Markus Jachtenfuchs* und *Beate Kohler-Koch* (Hg.): Europäische Integration. Opladen: Leske + Budrich.
Esping-Andersen, Gøsta, 1990: The Three Worlds of Welfare Capitalism. Cambridge: Polity Press.
Evers, Adalbert, und *Thomas Olk* (Hg.), 1996: Wohlfahrtspluralismus. Vom Wohlfahrtsstaat zur Wohlfahrtsgesellschaft. Opladen: Westdeutscher Verlag.
Gehring, Thomas, 1999: Bargaining, Arguing and Functional Differentiation of Decision-Making: The Role of Committees in European Environmental Process Regulation. In: *Christian Joerges* und *Ellen Vos* (Hg.): EU-Committees: Social Regulation, Law and Politics. Oxford/Portland: Hart Publications.
Gellner, Ernest, 1991: Nationalismus und Moderne. Berlin: Rotbuch.
Gurr, Ted Robert, 1993: Minorities at Risk. A Global View of Ethnopolitical Conflicts. Washington: United States Inst. of Peace Press.
Habermas, Jürgen, 1998: Die postnationale Konstellation. Frankfurt a.M.: Suhrkamp.
Held, David, 1995: Democracy and Global Order. Cambridge: Polity Press.
Hirsch, Joachim, 1995: Der nationale Wettbewerbsstaat. Staat, Demokratie und Politik im globalen Kapitalismus. Berlin/Paris: Ed. ID-Archiv.
Hobsbawm, Eric J., 1991: Nationen und Nationalismus. Mythos und Realität seit 1780. Frankfurt a.M./New York: Campus.
Höffe, Otfried, 1999: Demokratie im Zeitalter der Globalisierung. München: Beck.
Husbands, Christopher T., 1992: The Other Face of 1992: The Extreme-Right-Explosion in West Europe, Parliamentary Affairs 45,3: 267–289.
Jachtenfuchs, Markus, 1998: Entgrenzung und politische Steuerung. S. 235–245 in: *Beate Kohler-Koch* (Hg.): Regieren in entgrenzten Räumen. Opladen: Westdeutscher Verlag.
Jachtenfuchs, Markus, und *Beate Kohler-Koch,* 1996: Europäische Integration. Opladen: Leske + Budrich.
Jauss, Claudia, 1999: Politik als Verhandlungsmarathon. Baden-Baden: Nomos.
Joerges, Christian, 1996: Das Recht im Prozeß der europäischen Integration. S. 73–108 in: *Markus Jachtenfuchs* und *Beate Kohler-Koch* (Hg.): Europäische Integration. Opladen: Leske + Budrich.
Joerges, Christian, und *Jürgen Neyer,* 1998: Von intergouvernementalem Verhandeln zur deliberativen Politik: Gründe und Chancen für eine Konstitutionalisierung der europäischen Komitologie. S. 207–233 in: *Beate Kohler-Koch* (Hg.): Regieren in entgrenzten Räumen. Opladen: Westdeutscher Verlag.
Kant, Immanuel, 1956 (1797): Die Metaphysik der Sitten. Werke in sechs Bänden. Bd. IV, hg. von *W. Weischedel.* Frankfurt a.M.: Insel Verlag.
Keller, Berndt, und *Bernd Sörries,* 1997: The New Dialogue: Procedural Structuring, First Results and Perspectives, Industrial Relations Journal. European Annual Review: 77–98.
Keller, Berndt, und *Bernd Sörries,* 1998: The Sectoral Social Dialogue and European Social Policy: More Phantasy, Fewer Facts, European Journal of Industrial Relations 4: 331–348.
Keller, Berndt, und *Bernd Sörries,* 1999: The New European Social Dialogue: Old Wine in New Bottles?, Journal of European Social Policy 9: 111–125.
Kohler-Koch, Beate (Hg.), 1998: Regieren in entgrenzten Räumen. Sonderheft 29 der Politischen Vierteljahrsschrift. Opladen: Westdeutscher Verlag.

Leibfried, Stephan, und *Paul Pierson* (Hg.), 1998: Wohlfahrtsstaaten: Der Sozialstaat in der Europäischen Mehrebenenpolitik. S. 58–99 in: *Dies.* (Hg.): Standort Europa. Europäische Sozialpolitik. Frankfurt a.M.: Suhrkamp.

Meinecke, Friedrich, 1962 (1907): Weltbürgertum und Nationalstaat. In: *Ders.*: Meinecke Werke. Bd. 5, hg. von *Hans Herzfeld* et al. Stuttgart: Koehler.

Monopolkommission der Bundesregierung, 1998: Systemwettbewerb. Sondergutachten der Monopolkommission gemäß § 24 b Abs. 5 Satz 4 GWB. Bonn.

Münch, Richard, 1993: Das Projekt Europa. Zwischen Nationalstaat, regionaler Autonomie und Weltgesellschaft. Frankfurt a.M.: Suhrkamp.

Münch, Richard, 1998: Globale Dynamik, lokale Lebenswelten. Der schwierige Weg in die Weltgesellschaft. Frankfurt a.M.: Suhrkamp.

Münch, Richard, Christian Lahusen, Markus Kurth, Claudia Borgards, Carsten Stark und *Claudia Jauß,* 2001. Democracy at Work. Westport, CT: Greenwood Press.

Noelle-Neumann, Elisabeth, und *Renate Köcher,* 1997: Allensbacher Jahrbuch der Demoskopie 1993–1997, Bd. 10. München: Verlag für Demoskopie.

Parsons, Talcott, 1971: The System of Modern Societies. Englewood Cliffs/N.J.: Prentice Hall.

Reich, Robert, 1991: The Work of Nations. New York: Vintage Books.

Reif, Karl-Heinz, 1992: Wahlen, Wähler und Demokratie in der EG. Die drei Dimensionen des demokratischen Defizits, Aus Politik und Zeitgeschichte 19: 43–52.

Reif, Karl-Heinz, 1993a: Das Demokratiedefizit der EG und die Chancen seiner Verringerung, Politische Bildung 93,3: 37–62.

Reif, Karl-Heinz, 1993b: Ein Ende des ‚Permissive Consensus'. Zum Wandel europapolitischer Einstellungen in der öffentlichen Meinung der EG-Mitgliedsstaaten. S. 24–40 in: *Rudolf Hrbeck* (Hg.): Der Vertrag von Maastricht in der wissenschaftlichen Kontroverse. Baden-Baden: Nomos.

Scharpf, Fritz W., 1996a: Politische Optionen im vollendeten Binnenmarkt. S. 109–140 in: *Markus Jachtenfuchs* und *Beate Kohler-Koch* (Hg.): Europäische Integration. Opladen: Leske + Budrich.

Scharpf, Fritz W., 1996b: Negative and Positive Integration in the Political Economy of European Welfare States. S. 15–39 in: *Gary Marks, Fritz W. Scharpf, Philippe C. Schmitter* und *Wolfgang Streeck* (Hg.): Governance in the European Union. London: Sage.

Scharpf, Fritz W., 1998a: Jenseits der Regime-Debatte: Ökonomische Integration, Demokratie und Wohlfahrtsstaat in Europa. S. 321–349 in: *Stephan Lessenich* und *Ilona Ostner* (Hg.): Welten des Wohlfahrtskapitalismus. Der Sozialstaat in vergleichender Perspektive. Frankfurt a.M.: Campus.

Scharpf, Fritz W., 1998b: Die Problemlösungsfähigkeit der Mehrebenenpolitik in Europa. S. 121–144 in: *Beate Kohler-Koch* (Hg.): Regieren in entgrenzten Räumen. Opladen: Westdeutscher Verlag.

Schumpeter, Joseph A., 1993 (1950): Kapitalismus, Sozialismus und Demokratie. Tübingen/Basel: Francke.

Smith, Anthony D., 1986: The Ethnic Origins of Nations. Oxford: Blackwell.

Streeck, Wolfgang, 1998a: Industrielle Beziehungen in einer internationalisierten Wirtschaft. S. 169–202 in: *Ulrich Beck* (Hg.): Politik der Globalisierung. Frankfurt a.M.: Suhrkamp.

Streeck, Wolfgang, 1998b: Vom Binnenmarkt zum Bundesstaat? Überlegungen zur politischen Ökonomie der europäischen Sozialpolitik. S. 369–421 in: *Stephan Leibfried* und *Paul Pierson* (Hg.): Standort Europa. Europäische Sozialpolitik. Frankfurt a.M.: Suhrkamp.

Tinbergen, Jan, 1965: International Economic Integration, 2. Auflage. Amsterdam/London/New York: Elsevier.

Tocqueville, Alexis de, 1976 (1835/40): Über die Demokratie in Amerika. München: Deutscher Taschenbuch Verlag (franz. Original: De la démocratie en Amérique. Paris: Gallimard, 1951).

Weber, Max, 1924: Wirtschaftsgeschichte. Aus den nachgelassenen Vorlesungen, hg. von *S. Hellman* und *M. Palyi.* München: Duncker & Humblot.

Wildenmann, Rudolf (Hg.), 1991: Staatswerdung Europas? Optionen für eine Europäische Union. Baden-Baden: Nomos.

IV.
Nationaler und europäischer Bürgerstatus

SOZIALE BÜRGERSCHAFT IN DER EUROPÄISCHEN UNION: VERSCHACHTELTE MITGLIEDSCHAFT*

Thomas Faist

Zusammenfassung: Die soziale Dimension der Bürgerschaft bietet einen strategisch günstigen Ausgangspunkt zur Analyse von Mitgliedschaft in der Europäischen Union (EU), weil sie gemeinhin als eines der Felder gilt, in denen die Mitgliedstaaten fast ungebrochen Priorität vor suprastaatlichen Regelungen genießen. Der erste Teil dieses Beitrags analysiert die verschiedenen Funktionen sozialer Bürgerschaft innerhalb des Mehrebenensystems in der EU. Zweitens geht es um die Mehrebenenpolitik, die den Rahmen für soziale Bürgerschaft in der EU bildet. Drittens rücken zwei bekannte Paradigmen der Analyse von Mitgliedschaft in politischen Gemeinschaften in den Mittelpunkt, residuale und postnationale Bürgerschaft. Diese können allerdings die neue Qualität von Bürgerschaft im europäischen Mehrebenensystem nicht adäquat erfassen. Demgegenüber bezieht sich das Konzept verschachtelte Bürgerschaft zum einen auf sich ergänzende und wechselseitig beeinflussende politische Entscheidungsebenen hinsichtlich Bürgerschaft und zum anderen auf die permanente Weiterentwicklung der Normen, Regeln und Institutionen in der EU. Viertens wird gezeigt, dass mit Hilfe dieses Konzepts die unfruchtbare Dichotomie zwischen den Hoffnungen auf die Entwicklung eines europäischen Wohlfahrtsstaats nach einzelstaatlichem Vorbild und den Befürchtungen einer weitgehenden Entkoppelung von ökonomischer und sozialstaatlicher Integration überwunden werden kann. Soziale Bürgerschaft in der EU kann als „projet" (Sartre) aufgefasst werden, das ein ganz Europa einschließendes Verständnis demokratischer Prinzipien und substanzieller sozialer Rechte nicht allein aus vergangenheitsbezogenen Vorstellungen kultureller Homogenität gewinnt, sondern sich vorwiegend an der Entwicklung von sozialen und anderen bürgerschaftlichen Rechten in Gegenwart und Zukunft orientiert.

I. Einleitung

Soziale Rechte, Sozialpolitiken und dazugehörige Institutionen gründen auf solidarischen und reziproken Bindungen zwischen Bürgern.[1] Dabei variieren, je nach wohlfahrtsstaatlichem System, Art und Ausmaß der „subjektiven öffentlichen Rechte" (Jellinek 1964), die Mitglieder einer politischen Gemeinschaft gegenüber dem treuhänderisch diese Bindungen verwaltenden Staat einfordern können. Angesichts einer immer weiter voranschreitenden Mobilität von Gütern, Kapital, Dienstleistungen und Arbeit in der Europäischen Union (EU) stellt sich die Frage der sozialen Sicherung nun auch für suprastaatliche Mehrebenennetzwerke des Regierens, wenn auch unter neuen Vorzeichen. Interpretiert man die wirtschaftliche und politische Integration der Mitgliedstaaten der EU auf dem Hintergrund der Erfahrungen staatlicher Expansion in der So-

---

* Ich möchte vor allem Carsten Ullrich und Jürgen Gerdes für konstruktive Kritik danken.
1 Begriffe wie ‚Bürger' sollen in diesem Beitrag immer auch die weibliche Form mit einschließen.

zialpolitik, so sollten nicht nur Rechte auf wirtschaftliche Tätigkeit und Mobilität, sondern auch soziale Rechte und damit soziale Bürgerschaft über die Grenzen traditioneller Wohlfahrtsstaaten hinausreichen. Schließlich entwickelten sich moderne Wohlfahrtsstaaten als Reaktion auf die von Bürgern erfahrenen Risiken – beispielsweise in puncto Gesundheit, Alter, Arbeitslosigkeit und Pflege (vgl. Polanyi 1957). Es ist allerdings umstritten, ob überhaupt und wie soziale Bürgerschaft[2] auf suprastaatlicher Ebene in Europa gedacht und konzeptualisiert werden kann.

Die für soziale Bürgerschaft konstitutiven Sozialpolitiken und sozialen Rechte bilden einen jener Bereiche der europäischen Integration, in dem der Einfluss der Mitgliedstaaten immer noch als vorherrschend gilt. Die Regelungen zur europäischen Sozialpolitik befassen sich hauptsächlich mit Politiken und Institutionen zur Sicherung der Rechte von Personenkategorien in spezifischen Politikfeldern. Dazu gehören die für alle Mitgliedstaaten gültige Anerkennung sozialversicherungspflichtiger Beschäftigungszeiten von Wanderarbeitnehmern in anderen Ländern, die Gleichstellung von Männern und Frauen im Berufsleben und grundsätzlich gleiche Standards für Arbeitsbedingungen, Gesundheitsschutz und Berufssicherheit für Arbeitnehmer. Viele dieser Regelungen können als Ausfluss der „negativen Koordination" von Integration in der EU gelten, also der Beseitigung von Hindernissen, die neben dem freien Fluss von Gütern, Kapital, Dienstleistungen auch die Freizügigkeit des Produktionsfaktors Arbeit sichern. In diesem Sinne warnen einige Stimmen vor einer immer weiter zunehmenden Entkoppelung von ökonomischer Integration und sozialstaatlicher Sicherung, weil der in rasantem Tempo verlaufenden ökonomischen Integration keine gleichermaßen sozialpolitische und sozialrechtliche Weiterentwicklung zur Seite steht (vgl. Streeck 1996: 64). Demgegenüber betonen andere Stimmen Anzeichen für eine „positive Koordination" in der EU. Diese gedämpft optimistischen Töne verweisen auf erste Ansätze einer suprastaatlichen Politikverflechtung mit einem Potenzial für föderale Weiterentwicklungen auf mehreren Regierungsebenen (vgl. Kaufmann 1997: 133). Und diese Analysen verweisen darauf, dass wir es hier auf EU-Ebene nicht einfach mit einem Abbild Mitgliedstaatlicher Sicherungen als Mix redistributiver, distributiver und regulativer Politiken zu tun haben (Leibfried und Pierson 1997), sondern auf regulative Formen von Sozialpolitik und sozialen Rechten stoßen (Majone 1994).

Die erste der damit aufgeworfenen Fragen lautet nun, welches Konzept sozialer Bürgerschaft die sozialpolitischen und sozialrechtlichen Entwicklungen der letzte Jahrzehnte in der EU am besten erfasst. Der ‚residuale' Ansatz, der eine schwach bis gar nicht ausgeprägte soziale Bürgerlichkeit auf der EU-Ebene ausmacht, entspricht ganz den Kritikern, die Aspekte negativer Integration betonen. Hier ist bemerkenswert, dass die Rechte als ‚Marktbürger' – in den Rollen als Konsument, Arbeiter, Unternehmer, Händler – sowohl am umfassendsten als auch rechtlich am differenziertesten ausgeprägt sind (Shaw 1997: Teil IV). Und spiegelbildlich gesehen passt eine ‚postnationale' Vorstellung, die eine immer stärkere Konvergenz von suprastaatlich und einzelstaatlich garantierten Rechten postuliert, zu einer extremen Version der positiven Integration.

---

[2] Volle Mitgliedschaft in Staaten wird in der Regel mit dem Begriff Staatsbürgerschaft gekennzeichnet. Allerdings gibt es auch Mitgliedschaft in staatsähnlichen politischen Organisationen wie z.B. der EU. Daher ist im Folgenden vom umfassenderen Begriff der Bürgerschaft (*citizenship*) die Rede.

Die hier vertretene Auffassung lautet hingegen, dass ein Ansatz ‚verschachtelter' Bürgerschaft (*nested citizenship*)[3] geeignet ist, den föderalen Mehrebenencharakter des EU-Regierungsnetzwerks und der auf den einzelnen Ebenen vorfindlichen Rechte für Bürger zu konzeptualisieren. Dieses Mehrebenensystem besteht aus einer Mischung regionaler, staatlicher, interstaatlicher und genuin europäischer Einrichtungen. Rechte für Personen werden auf mehreren Ebenen garantiert, die ineinander greifen und damit verschachtelt sind.

Die zweite Frage lautet dann, auf welcher sozial-moralischen und kulturellen Grundlage ein weiterer Ausbau von sozialer Bürgerschaft auf europäischer Ebene vorstellbar ist. Die EU begann als eine merkantile Art der Mitgliedschaft – und zwar für die Mitgliedstaaten und nicht deren Bürger. Doch seit Maastricht gibt es eine EU-spezifische Form der Bürgerschaft. Alle Bürger der Mitgliedstaaten sind nun auch Unionsbürger und damit prinzipiell berechtigt, sich in jedem Mitgliedstaat aufzuhalten, obwohl die Bestimmungen immer noch die Kategorie der Beschäftigten privilegieren. Unionsbürger, die außerhalb ihres eigenen Landes in der EU leben, können an ihrem Wohnsitz bei Kommunalwahlen wählen bzw. gewählt werden und an den Wahlen zum Europäischen Parlament teilnehmen (Artikel 17–21 EG-A; zitiert nach EU- und EG-Vertrag 1997). Besonders interessant ist Bürgerschaft in der EU deshalb, weil zwar die Staatsbürgerschaft der Mitgliedstaaten als Grundlage dient; aber es existiert eben nicht, wie auf der einzelstaatlichen Ebene, eine eigene, europäische An- und Zugehörigkeit, die mit Staatsangehörigkeit und den dazugehörenden Regelungen ihres Erwerbs vergleichbar wäre. Gewöhnlich geraten Ideen wie ein gemeinsames europäisches Kulturerbe oder das Prinzip der Subsidiarität in den Mittelpunkt von Diskussionen, welche Merkmale der Zugehörigkeit als Grundlage für Bürgerschaft thematisieren. Demgegenüber lautet die hier vertretene These, dass gerade die weitere Entwicklung von sozialer Bürgerschaft auf europäischer Ebene ein gegenwarts- und zukunftsorientiertes Projekt ist, das seine Dynamik aus der Schaffung gemeinsamer sozialer Rechte bezieht. Will man dabei die sich entwickelnde, verschachtelte Bürgerschaft im EU-Mehrebenensystem von der Unionsbürgerschaft unterscheiden, kann man von europäischer Bürgerschaft reden.

Der erste Teil dieser Analyse erörtert die grundlegenden Charakteristika sozialer Bürgerschaft (Abschnitt II). In einem zweiten Schritt wird die EU als ein Mehrebenennetzwerk des Regierens und sozialer Rechtsansprüche beschrieben (Abschnitt III). Weiter geht es um die Frage, welches Konzept sozialer Bürgerschaft die Realität multipler Regierungsebenen in einem föderativen und suprastaatlichen Netzwerk am besten charakterisiert: residuale, postnationale oder verschachtelte Bürgerschaft (Abschnitt IV). Der letzte Teil (Abschnitt V) schließlich verteidigt das hier favorisierte Konzept verschachtelter Bürgerschaft gegenüber Positionen, die unbegründet eine zu starke Hoffnung auf europäische Sozialpolitik setzen bzw. zu große Befürchtungen hinsichtlich der Aushöhlung sozialstaatlicher Standards durch Europäisierung hegen.

---

3 Diese Definition schließt sich an Tsebelis' (1995) Definition und Konzeptualisierung von *nested games* an, ein Beitrag zur sozialwissenschaftlichen Spieltheorie.

II. Die Dimensionen sozialer Bürgerschaft

Bürgerschaft ist ein umstrittenes und vor allem auch normatives Konzept (Walzer 1989). Daher gibt es keine autoritativen Definitionen. Die aristotelische Denktradition begreift Bürgerschaft als einen Ausdruck der vollen Mitgliedschaft von Personen in einem Staat unter dem Vorzeichen gleicher politischer Freiheit; ob als Regierende oder Regierte (Aristoteles 1998: III.1274b32–1275b21). Bürgerschaft besteht dabei aus zwei Dimensionen – Status und Bindungen. Ein bürgerschaftlicher Status beinhaltet erstens sämtliche Rechte und Pflichten der Mitglieder eines politischen Gemeinwesens. Die zweite Dimension von Bürgerschaft bezieht sich auf die Bindungen der Bürger untereinander und der Bürger zum Staat. So haben nach Rousseau Bürger eine doppelte Verpflichtung – „einmal als Mitglied des Souverän gegenüber den Einzelindividuen und als Mitglied des Staates gegenüber dem Souverän" (Rousseau 1995: 76).[4] Bürgerschaft bezieht sich demnach auf kontinuierliche Serien von Transaktionen zwischen Bürgern im Rahmen eines politischen Gemeinwesens. Bürgerschaft meint insbesondere die Institutionalisierung wechselseitiger Verpflichtungen und Solidaritäten von Mitgliedern einer politischen Gemeinschaft – ähnlich einem sozialen Vertrag (vgl. Dahrendorf 1992: 116). Staaten und Regierungsinstitutionen gewährleisten dabei treuhänderisch Netze der Solidarität und Reziprozität in einer politischen Gemeinschaft.

Im Großen und Ganzen bietet sich hinsichtlich der mit Bürgerschaft als Status verbundenen Rechte und Pflichten die bekannte Differenzierung von T. H. Marshall zwischen zivilen, politischen und sozialen Rechten an.[5] Dabei müssen wir nicht notwendigerweise der evolutionären Auffassung zustimmen, nach der soziale Rechte die zeitlich letzte und am höchsten entwickelte Dimension der Bürgerschaft sind. Heutzutage verfügen beispielsweise Immigranten mit gesichertem Aufenthaltsstatus als Wohnbürger (*denizens*) in entwickelten Wohlfahrtsstaaten der OECD weitreichende soziale Rechte, die denen der Bürger nahe kommen (Hammar 1990). Jedoch haben diese Wohnbürger zunächst in der Regel keine politischen Rechte und gelten nicht als volle Staatsbürger der jeweiligen Staaten. Dieser Fall ist aber normalerweise ein Übergangsphänomen, bis

---

4 Diese Bindungen können auch als rechtlich kodifiziert gedacht werden, so etwa im Prinzip der Staatsangehörigkeit (*nationality*). Während (Staats-)Bürgerschaft hauptsächlich die gleiche politische Freiheit gemäß den Prinzipien der Französischen Revolution bedeutet, bezieht sich (Staats-)Angehörigkeit auf die Zugehörigkeit zu einem auch vorstaatlich zu denkenden Gemeinwesen – besonders die Nation. Staatsangehörigkeit manifestiert sich beispielsweise in Zuschreibungsregeln wie dem Territorialprinzip (*ius soli*), dem Abstammungsprinzip (*ius sanguinis*) und dem Sozialisations- bzw. Niederlassungsprinzip (*ius domicili*). Historisch gesehen implizierte Staatsangehörigkeit nicht automatisch auch politische Partizipation. Das komplexe Wechselverhältnis von (Staats-)Angehörigkeit und (Staats-)Bürgerschaft läßt sich auch darin erkennen, dass es Personengruppen gab, die Bürgerrechte wie das Wahlrecht hatten, aber nicht Staatsangehörige waren (z.B. im britischen Commonwealth). Demgegenüber existierten Kategorien, die Staatsangehörige waren, aber nicht die vollen Bürgerrechte genossen (z.B. Sklaven in den USA oder Personen ‚nicht-arischer' Abstammung in Deutschland während der Nazi Diktatur).

5 Vgl. dazu schon ein halbes Jahrhundert zuvor Jellinek (1964), der in seiner Klassifikation der subjektiven öffentlichen Rechte zwischen negativen Rechten des Unterlassens des Staates, positiven Rechten der Leistungen des Staates für Bürger und aktiven Rechten der Anerkennung des Staates, für Bürger wirksam sein zu können, unterschied.

Tabelle 1: Dimensionen der Bürgerschaft

Bereiche der Formalisierung von Rechten und Pflichten	Dimensionen voller Mitgliedschaft	
	Status Rechte und Pflichten von Bürgern (formal)	*Bindungen* der Bürger untereinander und zum politischen Gemeinwesen (sozial-relational)
konstitutionell	Staaten / suprastaatliche, föderative Netzwerke des Regierens	‚Wir-Gefühle': ‚Nationalität'; ‚Supranationalität'
politisch-institutionell	politische Maßnahmen und Programme: regulativ, distributiv und redistributiv	öffentliche Anerkennung von Kultur, Lebensstilen, Religion, Ethnizität

die Nachkommen der Immigranten die vollständige Bürgerschaft in all ihren Dimensionen in der zweiten oder dritten Generation erwerben. Durch neu eingewanderte Immigranten wird die Ausgangssituation allerdings reproduziert. Es gilt also, dass die Träger sozialer Rechte nicht automatisch und notwendigerweise volle Bürger sind. Soziale Rechte beruhen primär auf Niederlassung und nicht auf Staatsangehörigkeit (Faist 1995a: Kap. 1).

Analysen von Bürgerschaft können dabei im Fadenkreuz von zwei bedeutenden Zusammenhängen gesehen werden (vgl. *Tabelle 1*): einmal die getroffene Unterscheidung zwischen Status und Bindungen (horizontal) und zum anderen die Differenzierung von verfassungsmäßigem und politischem Bereich (vertikal). Auf der horizontalen Ebene gibt es eine „doppelte Kodierung" der Bürgerschaft (vgl. Habermas 1999): Der Zugang zu einem rechtlich garantierten Status impliziert in der Regel immer eine – wenn auch nicht unbedingt die volle – Mitgliedschaft in einer politisch definierten Gemeinschaft. Diese doppelte Kodierung ist an dieser Stelle deshalb zentral, weil sozialpolitische Analysen oft dazu tendieren, den Fokus nur auf den Zugangsaspekt zu richten und den Aspekt der Zugehörigkeit zu ignorieren. Aber insbesondere die anspruchsvollen, redistributiv wirkenden sozialen Rechte und entsprechende Politiken erfordern reziproke Bindungen zwischen Bürgern (Beispiel: ‚Generationenvertrag' in der Rentenversicherung) und in der Regel sogar eine Basis in solidarischen Bindungen (Beispiel: Sozialhilfe als Mischung aus Versorgung und Fürsorge). Hinsichtlich der vertikalen Ebene erfordern garantierte Rechte und Pflichten im konstitutionellen Bereich bekanntermaßen eine Implementierung durch Politiken im institutionellen Bereich und deren Durchsetzung, damit Bürgerschaft gehaltvoll wird.

Um Vorstellungen von sozialer Bürgerschaft adäquat untersuchen zu können, müssen ihre verschiedenen Funktionen unterschieden und in der folgenden Analyse im Hintergrund mitbedacht werden:

1. Der *Versorgungsaspekt:* Soziale Bürgerschaft bedeutet den berechtigten Anspruch auf ein bestimmtes Paket sozialer Grundgüter, z.B. Schulbildung, Berufsausbildung und soziale Dienste.
2. Der *Sicherheitsaspekt* betrifft die gewährleisteten Leistungen im Hinblick auf Arbeitsverhältnisse und typische Lebensrisiken – Arbeitslosigkeit, Alter, Krankheit – und ermöglicht den Bürgern ein lebenswertes Leben gemäß den kulturellen Standards der jeweiligen politischen Gemeinschaft.

3. Der *Qualifikationsaspekt:* Es ist umstritten, in welchem Maße soziale Rechte überhaupt zum Kern jeglicher Bürgerschaft, die gleiche politische Freiheit voraussetzt, gehören. Am einen Ende befinden sich diejenigen, die soziale Rechte als nicht konstitutiv für die Herstellung gleicher politischer Freiheit betrachten (Van Gunsteren 1998: 104– 106). Am anderen Ende argumentieren Kritiker, dass erst soziale Rechte eine vom Markt unabhängige Existenz via politischer Partizipation garantieren und damit von den Zwängen ökonomischer Determination befreien (Plant 1992: 16). Unumstritten ist jedoch seit den griechischen Theoretikern, dass ein rudimentäres Maß an sozio- ökonomischen Ressourcen allen Bürgern zur Verfügung stehen muss, damit sie überhaupt am politischen Geschehen teilzunehmen vermögen.
4. Der *Legitimationsaspekt:* Soziale Bürgerschaft steigert die Stabilität und Legitimität des jeweiligen politischen Systems, indem sie das Vertrauen der Menschen in die Regierungsfähigkeit der politischen Akteure und die Effektivität staatlicher Politik stärkt. Sozialpolitik war historisch nicht nur ein Thema des Klassenkampfes, sondern ebenso ein Mittel der Staatskunst (Flora 1986), d.h. also eine bedeutende Quelle der Massenlegitimation.

III. Europäische Sozialpolitik und soziale Rechte in einem föderativen Mehrebenensystem

Als ein substanzielles Mehrebenensystem reicht die EU eindeutig über den Status eines interstaatlichen Regimes hinaus, das nur schwach ausgeprägte Standards aufweist (vgl. Jachtenfuchs und Kohler-Koch 1996). Und dies, obwohl sich die EU nicht in eine kohärente suprastaatliche Institution wandelte, wie es die frühen Funktionalisten voraussahen (Haas 1958). Die EU ist ein suprastaatliches und föderatives Regierungsnetzwerk mit einer Mischung aus interstaatlichen und gemeinsamen Einrichtungen. In diesem Multiebenen-Regierungssystem werden die Spielregeln für die Formulierung von Institutionen und Politiken ständig weiterentwickelt und neu definiert. Selbst die sozialpolitischen Maßnahmen der EU und damit korrespondierende soziale Rechte haben sich in der Zeit zwischen der Verabschiedung der Europäischen Sozialcharta im Jahre 1989 und dem Vertrag von Amsterdam im Jahre 1997, der mehr sozialpolitische Entscheidungen einer qualifizierten Mehrheitsentscheidung im Ministerrat unterwarf, weiter fortentwickelt. Das bedeutet, dass die Beziehungen zwischen den Mitgliedstaaten, den Staaten und ihren Bürgern und zwischen den föderalen Regierungsinstitutionen einem ständigen Wandel unterworfen sind.

Europäische Sozialpolitik und die Generierung von sozialen Rechten vollzieht sich auf verschiedenen Ebenen und in verschiedenen Arenen, in denen neben den Staaten und EU-Institutionen auch Interessengruppen und Sozialpartner wie Gewerkschaften und Unternehmerverbände agieren. Beispielsweise waren politische Prozesse, an denen die Sozialpartner beteiligt sind, traditionell auf die Mitgliedstaaten beschränkt. Inzwischen sind aber neuere Entwicklungen transstaatlicher Sozialpartnerschaft insbesondere in Politikbereichen erkennbar, in denen die EU explizite Kompetenzen hat. Es zeigt sich, dass etwa die EU-Kommission – als eine der quasi-gesetzgebenden Instanzen – die Bildung von umfassenden politischen Netzwerken fördert. An diesen themenzentrierten Netzwerken sind nicht nur Staaten, sondern auch Nichtregierungsorganisationen wie die Sozialpartner beteiligt. Prominente Akteure in diesem Rahmen sind die European Trade Union Confederation (ETUC), das European Centre of Enterprises with Public Participation (CEEP) für die Arbeitgeber im öffentlichen Sektor und die Union of Industrial Corporations in Europe (UNICE) im Privatsektor, die sich aus Repräsentanten einzelstaatlich organisierter Verbände zusammensetzen. Allerdings erstreckt sich die quasi-legislative Kompetenz dieser Sozialpartner nicht auf Kernbereiche der Sozialpolitik wie Sozialversicherung, sondern auf Gebiete wie Arbeitsschutz und Gesundheit am Arbeitsplatz, Arbeitsbedingungen und Gleichberechtigung der Geschlechter. Nur für diese letzteren Bereiche gelten auch Mehrheitsentscheidungen im Ministerrat (für das Beispiel Entsendung von Arbeitnehmer in Europa vgl. Faist et al. 1999: Kap. 7); in den Kernbereichen gilt weiterhin das Einstimmigkeitsprinzip (vgl. Keller und Sörries 1999).

Nichtsdestotrotz gibt es also inzwischen einige Politikbereiche, innerhalb derer die einzelnen Mitgliedstaaten nicht einfach bereits erreichte Standards und damit auch soziale Rechte zurücknehmen können. Beispiele umfassen die Richtlinie zu den Europäischen Betriebsräten aus dem Jahre 1994, die Richtlinie zu atypischer Arbeit von 1991 (Gesundheit und Sicherheit am Arbeitsplatz), die Richtlinie zur Mutterschaft von 1992, die Richtlinie zum Elternurlaub von 1996 und die Richtlinie zu Teilzeitarbeit von 1997. Bei den letzten beiden Richtlinien waren die Sozialpartner beteiligt (Falkner 1998: 114–145).

IV. Modelle sozialer Bürgerschaft in der EU: residual, postnational und verschachtelt

Selbstverständlich gibt es keine Autoren, die ausschließlich und einseitig nur eine einzige der im Folgenden dargestellten Perspektiven vertreten. Allerdings hat die hier in stilisierter Weise vorgenommene Analyse den Vorteil, dass die Stärken und Schwächen der einzelnen Modelle so zum Vorschein kommen.

1. Residuale soziale Bürgerschaft

Beobachter, die von der EG bzw. EU vorwiegend als einem Zusammenschluss autonomer und souveräner Staaten mit nur gering ausgestatteter suprastaatlicher Kompetenz sprechen – Intergouvernementalisten – behaupten in der Regel, dass soziale Rechte auf der Ebene der EU schwach ausgeprägt sind (vgl. Moravscik 1999). Das Thema einer europäischen sozialen Bürgerschaft hat insofern keine hohe Priorität. In einer zugespitzten Variante geht der Ansatz der residualen Mitgliedschaft davon aus, dass soziale Bürgerschaft in der EU nur eine Art virtueller Qualität besitze – ähnlich der virtuellen Realität des Internets. Demnach üben positiv koordinierte, also marktkorrigierende Sozialpolitik und soziale Rechte auf der Ebene der EU keinen wesentlichen Einfluss auf die Beseitigung von sozialen Risiken und Ungleichheiten aus. Die residuale Perspektive bezieht ihre besondere Attraktivität aus dem Umstand, dass sie die so genannte *spillover*-These ablehnt. Die funktionalistische *spillover*-Idee sieht die Politik der europäischen Integration als Prozess einer interstaatlichen Marktintegration, der systemimmanent auf Grund eines steigenden politischen Regelungsbedarfs hin zur Bildung eines supranationalen Wohlfahrtsstaates führen sollte. Die residuale Perspektive verweist demgegenüber auf die geringe Ausprägung von Sozialstaatlichkeit in der EU.

Drei Argumente stützen das residuale Modell: Erstens konzentriert sich die EU vorwiegend auf Aktivitäten, die marktbildend wirken oder Marktkompatibilität fördern sollen. So garantiert die EU beispielsweise die grenzüberschreitende Bewegungsfreiheit von Arbeitnehmern.[6] Die EU ist demnach nicht in erster Linie marktkorrigierend tätig, betreibt also keine redistributive Politiken und gewährt keine damit einhergehenden Rechtsansprüche für Personen gegenüber ‚Brüssel'. Auch erhebt die EU keine direkten Steuern oder Beiträge, die ein sozialpolitisches Budget finanzieren könnten. Und die Ausgaben der EU für Sozialpolitik sind aus einzelstaatlicher Sicht sehr minimal: nur 0,7 Prozent des EU-Haushalts waren im Durchschnitt in den 1990er Jahren für sozialpolitische Maßnahmen vorgesehen. Allerdings fließen 80 Prozent der Ausgaben der EU in Bereiche, die indirekt sozialpolitisch wirksam sein können, nämlich die gemeinsame Agrarpolitik und in Struktur- bzw. Sozialfonds (Leibfried und Pierson 2000: 33).

Zweitens erfassen die Regelungen der EU nur einige wenige sozialpolitische Bereiche. Diese betreffen den Aspekt geschlechtlicher Gleichberechtigung – „gleicher Lohn für gleiche Arbeit" – (Artikel 141 EG-A[7]), Gesundheit und Sicherheit am Arbeitsplatz und Migration innerhalb der EU. Die Relevanz dieser Regelungen für die Risikoabsicherung von Bürgern ist im Vergleich mit den klassischen Sozialversicherungen und der Sozialhilfe eher gering. Auch die Verträge von Maastricht (1992) und von Amsterdam (1997) brachten in dieser Hinsicht keine gravierenden Veränderungen. Nur einige sozialpolitische Bereiche sind nunmehr zusätzlich einer qualifizierten Mehrheitsentscheidung unterworfen, z.B. Fragen der Information und Konsultation von Arbeitnehmern in multinationalen Firmen. Zentrale Themen wie Tarifverhandlungen verbleiben weiterhin außerhalb der EU-Kompetenz, so etwa Fragen der Lohnhöhe, des Streikrechts und der gewerkschaftlichen Rechte. Kurz, die EU-Kommission verfügt auch nach dem Vertrag von Amsterdam über keine wirklich weit tragenden Kompetenzen in der Sozial- und Arbeitsmarktpolitik, wie sie etwa in der gemeinsamen Geld- und Währungspolitik (Artikel 104–111 EG-A) verbindlich festgeschrieben sind. Darüber hinaus können die suprastaatlichen Akteure in Bereichen wie Beschäftigungspolitik keinerlei Sanktionsmechanismen gegenüber den Mitgliedstaaten geltend machen, sondern müssen sich auf Mechanismen wie Austausch von Informationen beschränken.

Selbst wenn man drittens die Struktur- und Regionalfonds sowie die gemeinsame Agrarpolitik in einer umfassenderen Perspektive als Sozialpolitik versteht, ändert sich der Befund nicht wesentlich. Die ungleich verteilten Auswirkungen des europäischen

---

6 Die Freizügigkeit für Arbeitnehmer im Vertrag von Rom (1957) geht auf Italiens Einfluss zurück. Italien war zu der Zeit der größte Exporteur von Arbeitskräften in der EU. Nebenbei bemerkt lag die durchschnittliche Mobilität von Arbeitnehmern in der EU in den 1990er Jahren bei nur 1,7 Prozent (*Eureport social* 1998, 6, 3: 11). Das entspricht der weltweiten Rate der geographischen Mobilität (Faist 2000a: 3–6).

7 Diese geschlechtsorientierte Bestimmung kann auf Frankreichs Intervention in den späten 1950er Jahren zurückgeführt werden. Zu der Zeit galt sie jedoch eher als Mahnung und wurde erst zwei Jahrzehnte später wirklich berücksichtigt.

Marktes sollen durch zeitlich begrenzte Struktur- und Kohäsionsfonds ausgeglichen werden. Sicherlich versetzen diese Maßnahmen beispielsweise die mediterranen Mitgliedstaaten in die Lage, ihre Infrastruktur im Verkehrswesen, in sozialen Diensten und im Umweltschutz zu verbessern (Brunn 1996). Jedoch führen solche Subventionen zu einem geringeren Niveau der realen Besteuerung innerhalb der subventionierten und durch relativ starke Einkommensungleichgewichte geprägten Regionen. Erfahrungen aus dem italienischen Mezzogiorno legen nahe, dass so die ohnehin besser gestellten Personen zusätzlich begünstigt werden (vgl. Majone 1994). Nur individuelle, soziale Teilhaberechte versprechen einen realen Ressourcentransfer an benachteiligte Personen in den ärmeren Regionen der EU.

Kritisch kann zum residualen Ansatz angemerkt werden, dass der Vertrag von Amsterdam die EU-Bürgerschaft durch eine formale Erklärung gestärkt hat. Einmal bezieht die EU inzwischen die grundlegenden Menschenrechte ein, gemäß der Europäischen „Konvention zum Schutze der Menschenrechte und Grundfreiheiten" (Rom 1950). Darüber hinaus gelten auch die fundamentalen Rechte der Europäischen Sozialcharta des Europarats (Turin 1961) und der Europäischen Sozialrechtscharta (1989). In der Sozialrechtscharta kommen auch praktische, auf das Arbeitsverhältnis bezogene soziale Rechte (Artikel 136–145 EG-A) zum Tragen. Weit schwerer wiegt noch der Einwand, dass das residuale Modell soziale Bürgerschaft nur an suprastaatlich gewährten Rechten festmacht und die EU als Mehrebenensystem außer Acht lässt.

2. Postnationale soziale Bürgerschaft

Während das Konzept der residualen Bürgerschaft die Keime institutionalisierter, effektiver und individueller Rechte im Rahmen der EU weitgehend unterschlägt, baut das Konzept postnationale Bürgerschaft auf die wachsende Relevanz von genuin trans-, inter- und suprastaatliche Politiken und Rechten. Bei diesem Konzept der postnationalen Bürgerschaft geht man explizit der Frage nach, wie sich inter- und suprastaatliche Regelungen auf Bürgerrechte auswirken.

Die Postnationalisten führen drei Argumente ins Feld: Erstens haben sich Menschenrechten den Staatsbürgerrechten und den damit verbundenen sozialen Rechten angenähert. Verteidiger dieses Ansatzes argumentieren, dass liberal-demokratische Wohlfahrtsstaaten im Verlauf der letzten Jahrzehnte mehr und mehr dazu übergegangen sind, die Grund- und Menschenrechte von Personen unabhängig von deren Staatsbürgerschaft anzuerkennen (Jacobson 1995). Zweitens haben interstaatliche Diskurse über Menschenrechte und die suprastaatliche Einrichtungen wie die EU dazu geführt, dass Kategorien von Personen Rechte zustehen, die (noch) keine Staatsbürger, wohl aber niedergelassene Wohnbürger sind (Dörr und Faist 1997). Dazu zählen die so genannten Drittstaatsangehörigen, die eine Staatsbürgerschaft eines Landes außerhalb der EU besitzen. Das bedeutet konkret, dass beispielsweise suprastaatliche Institutionen wie der Europäische Gerichtshof (EuGH) in vielen Bereichen ziviler und sozialer Rechte gleiche Standards für alle Einwohner innerhalb der EU garantieren. Aus diesem Grunde, so ließe sich folgern, gibt es heute im Hinblick auf soziale Rechte und die soziale Bürgerschaft wenig Unterschiede zwischen dauerhaft ansässigen Nicht-Staatsbürgern (Wohnbürgern) einerseits und Staatsbürgern der EU-Mitgliedstaaten andererseits.

Bezeichnenderweise enthält der Begriff postnationaler Bürgerschaft – wenn wir ihn vom weit weniger anspruchsvollen einer ‚postnationalen Mitgliedschaft' (Soysal 1994) differenzieren – einen inhärenten Widerspruch. Erstens gibt es keine suprastaatlichen Institutionen, die den Status einer formellen Bürgerschaft unabhängig von der Bürgerschaft in einem souveränen Staat verleihen. Dies gilt auch für die EU. Die EU-Bürgerschaft gilt nicht für Bürger aus Drittländern. Zweitens lassen die postnationalen Vorstellungen offen, worin sich deren Aussagen von konkurrierenden Thesen unterscheiden. Eine einfachere Erklärung der Verleihung sozialer Rechte an Drittstaatler mit verstetigter Aufenthalts- und Arbeitserlaubnis würde etwa davon ausgehen, dass liberal-demokratische Staaten spätestens seit dem 19. Jahrhundert zivile Rechte in ihre Verfassungen aufnehmen und soziale Rechte an Wohnbürger gewähren – schon lange bevor postnationale Diskurse begannen. Denn ein verstetigter Aufenthalt bzw. Niederlassung und nicht Staatsbürgerschaft ist das grundlegende Kriterium für die Gewährung sozialer Rechte. Dies ist ein sehr altes sozialstaatliches Prinzip, das schon zu einer Zeit galt, als selbst die Nation im Sinne eines solidarischen Kollektivs der sozialen Risikoabsicherung noch nicht funktionierte (vgl. Reidegeld 1998).

3. Verschachtelte soziale Bürgerschaft

Das Modell verschachtelte Bürgerschaft geht davon aus, dass es ein interaktives System von politischen Prozessen und Maßnahmen einerseits und sozialen Rechten andererseits auf substaatlicher, staatlicher, interstaatlicher und suprastaatlicher Ebene gibt. Die Verbindungen von Regierungsnetzwerken auf mehreren Ebenen sind Schauplatz für die Entstehung neuer Rechte geworden. Die EU wird wahrscheinlich auch in absehbarer Zukunft kein Wohlfahrtsstaat im traditionellen Sinne werden. In der EU hat sich vielmehr ein komplexes Netzwerk überschneidender Institutionen und damit verbundenen sozialen Rechten für alle niedergelassenen Personen ausgebildet, in dem die Mitgliedstaaten eine zentrale, aber keineswegs exklusive Rolle spielen.

Ein wohlfahrtsstaatliches Regierungsnetzwerk ist auf vier Ebenen entstanden – substaatlich, suprastaatlich, staatlich und interstaatlich: Erstens befasst sich die EU im gemeinsamen und im interstaatlichen Bereich mit Gesundheits- und Sicherheitsbestimmungen und mit Arbeitsbedingungen. Schon 1955 einigten sich die Vertreter der Mitgliedstaaten der Europäischen Wirtschaftsgemeinschaft (EWG) in Messina auf die Harmonisierung sozialer Standards bezüglich Wochenarbeitszeit, Bezahlung von Überstunden und Urlaubsregelungen, sowie auf die Koordination der Sozialpolitik und die Freizügigkeit von Arbeitskräften (Moravcsik 1999: 141–142). Zweitens liegen Systeme sozialer Sicherheit und vor allem sozialer Dienste im alleinigen Zuständigkeitsbereich der jeweiligen Mitgliedstaaten und teilweise auch substaatlicher, d.h. regionaler Instanzen. Die meisten konventionellen Bereiche der Sozialpolitik bleiben also, selbst wenn einzelstaatliche Souveränität und Autonomie im Rahmen der EU nur eingeschränkt gelten, weiterhin ein Prärogativ der Mitgliedstaaten. Drittens gibt es heute deutlich sichtbare gemeinsame Bereiche, die durch die intergouvernementalen Schwerpunkte der EU definiert werden. Die Zuständigkeitsbereiche überschneiden sich in solchen Gebieten wie der Beschäftigungspolitik, wo ein Austausch und jährliche Berichte über die so genannten „besten Praktiken" existieren (Artikel 125–130 EG-A). Dies ist dementsprechend die föderalste Komponente des suprastaatlichen Regierungsnetzwerks.

Als erstes Charakteristikum verschachtelter Bürgerschaft treten die unterschiedlichen Ebenen der Mitgliedschaft hervor: Die politischen Akteure – die Mitgliedstaaten, die Europäische Kommission, der Ministerrat, Lobbygruppen, Vereinigungen von Bürgern – werden in die Aktivitäten auf unterschiedlichen Ebenen mit einbezogen. Verschachtelte Bürgerschaft bedeutet, dass die europäische Bürgerschaft nicht auf die EU-Bürgerschaft beschränkt werden kann. Vielmehr umfasst sie alle wesentlichen Regierungsebenen hinsichtlich sozialer Rechte. Interessant ist dabei, dass seit dem Vertrag von Maastricht der EU in gewisser Weise zwei Arten von ‚Bürgern' angehören, nämlich die einzelnen Mitgliedstaaten und deren Bürger. Verschachtelte Bürgerschaft bedeutet nun, dass sowohl individuelle als auch kollektive Bürger agieren.

Zweitens sind Strategie und institutionelles Design in einem gerade erst entstehenden Regierungssystem wie der EU von besonderer Relevanz: Die politischen Akteure handeln innovativ. Sie versuchen durch ihr Handeln die zur Verfügung stehenden Optionen zu erweitern, sodass sich etwa eine neue Option gegenüber einer gegenwärtig existierenden Praxis durchzusetzen vermag. Die politischen Akteure versuchen so, die Anzahl der Alternativen zu vergrößern. Dadurch schaffen sie neue Spielregeln und damit auch eine zusätzliche Dimension für Sozialpolitik und soziale Bürgerschaft. Diese Entwicklungen sind nicht nur durch die Erweiterung der EU-Kompetenzen, z.B. durch qualifizierte Mehrheitsentscheidungen im Ministerrat, sondern auch durch das Handeln von kollektiven Akteuren wie dem EuGH, der Europäische Kommission und den einzelstaatlichen Regierungen gekennzeichnet.

Das Konzept verschachtelte Bürgerschaft findet sich in ähnlicher Weise bereits im Zusammenhang der Diskussion um „multiple Bürgerschaft" (Marks 1997: 35) – also einer Bürgerschaft auf mehreren Regierungsebenen. Und Elizabeth Meehan nähert sich dem Begriff der verschachtelten Bürgerschaft an, wenn sie über die sich neu herausbildende Bürgerschaft der EU schreibt, sie sei „neither national nor cosmopolitan, but ... multiple in the sense that the identities, rights and obligations associated ... with citizenship are expressed through an increasingly complex configuration of common Community institutions, states, national and transnational voluntary associations, regions, alliances of regions" (Meehan 1993: 1). Verschachtelte Bürgerschaft geht noch einen Schritt weiter: Im Unterschied zum Konzept der multiplen Bürgerschaft gibt es keine einfache Koexistenz verschiedener Ebenen. Es handelt sich hier nicht nur um ein vielschichtiges System im Sinne einer ‚Russischen Puppe', die keine Verbindungen zwischen den einzelnen Teilen kennt. Verschachtelte Bürgerschaft ist daher kein einfaches Abbild des Mehrebenensystems des Regierens auf Rechte, Pflichten, Zugehörigkeiten und Praktiken von Bürgerschaft.

Vielmehr behandelt die Konzeption der verschachtelten Bürgerschaft explizit die Beziehungen zwischen den einzelnen Ebenen, die nicht einfach als übereinander liegend gesehen werden können. Verschachtelte Bürgerschaft ist ein Kompositum und impliziert ein föderatives Element: Idealtypisch gesehen schließt die europäische Bürgerschaft die Mitgliedschaften auf der Ebene der national bzw. multinational verfassten

Mitgliedstaaten ein; ebenso wie die Mitgliedschaft auf regionaler und kommunaler Ebene. Europäische Bürgerschaft als verschachtelte Mitgliedschaft ist dabei nicht rein additiv als Mehrebenenbürgerschaft, sondern kumulativ zu denken. Auf Grund der immer enger werdenden Politik- und Rechtsverflechtung der verschiedenen Ebenen ziehen Neuregelungen auf einer Ebene potentiell immer Anpassungen auf den anderen nach sich; insbesondere von der suprastaatlichen und interstaatlichen Ebene nach ‚unten'. Die von ‚unten' nach ‚oben', von den Regionen bzw. Kollektivakteuren wie den Sozialpartnern zu suprastaatlichen und interstaatlichen Institutionen verlaufende Richtung ist im Hinblick auf die Schaffung individueller Rechtsansprüche nicht ganz so stark ausgeprägt; wohl aber in Bezug auf die Wahrung kollektiver Besitzstände und Rechte – was etwa die Lobbyaktivitäten deutscher Bundesländer in Brüssel nahe legen.

V. Zur weiteren Entwicklung einer europäischen Bürgerschaft

Die Mechanismen der ‚negativen' Integration verstärken die Spannung zwischen grenzübergreifender Freiheit ökonomischen Handelns auf der einen Seite und der geschützten Sphäre der sozialen Staatsbürgerschaft auf der anderen Seite. Dies trägt dazu bei, dass sich verschachtelte Bürgerschaft nicht problemlos in Richtung einer wirklich föderalen Bürgerschaft entwickelt. EU-Politiken reduzieren die Souveränität von Mitgliedstaaten. Die Europäische Kommission und insbesondere der EuGH haben im Laufe der Zeit immer liberalere Definitionen dessen durchgesetzt, was ein ‚Arbeitnehmer' ist. Heutzutage fällt darunter fast jeder EU-Bürger, der in einem anderen Mitgliedstaat genuin wirtschaftliche Aktivitäten wahrnimmt. Dies macht es für die Mitgliedstaaten in der Regel fast unmöglich, den Zugang zu Arbeitsmärkten für Bürger aus anderen EU-Staaten zu beschränken – etwa im Hinblick auf die Entsendung von Arbeitnehmern. Das Recht der Einbürgerung wird also von EU-Staaten durchaus auch dazu benutzt, ihre Arbeitsmärkte vor den teilweise immer liberaleren Zumutungen durch die EU zu schützen. Das Beispiel der Freizügigkeit verdeutlicht diesen Zusammenhang schlaglichtartig: Falls sich beispielsweise Italien plötzlich entscheiden würde, alle nordafrikanischen Immigranten über Nacht einzubürgern, dann hätten diese Neubürger als verschachtelte Bürger sofort das Recht, in anderen Mitgliedstaaten der EU Arbeit aufzunehmen.

Ein drittes Merkmal verschachtelter Bürgerschaft ist, dass im Unterschied zu Staatsbürgerschaft in föderalen politischen Systemen wie der Bundesrepublik die EU als politisches Steuerungszentrum aber nicht als die höchste Ebene zu denken ist, die Priorität gegenüber den untergeordneten Systemen genießt. Die suprastaatliche Ebene in der EU ist im Hinblick auf die allmähliche Ausbildung von Kompetenzen auf der höchsten Ebene noch am ehesten mit der bundesstaatlichen Dimension in den USA des gesamten 19. und zu Anfang des 20. Jahrhunderts vergleichbar. Ein Element sticht dabei besonders ins Auge, die Rolle von Gerichten als Katalysator von politischer Entwicklung über die Einzelstaaten in den USA bzw. die Mitgliedstaaten in der EU hinaus. Der Vergleich sollte allerdings nicht zu weit getrieben werden. Während sich die USA in dem angegebenen Zeitraum adäquat als ‚state of courts and parties' (Skowronek 1982) beschreiben lässt, fällt in der EU das letztgenannte Element vor allem auf

Grund der schwachen Position des Europäischen Parlaments (EP) als treibender Motor suprastaatlicher Vereinigung weitestgehend weg.

Auch die substaatlichen Ebenen sind im Hinblick auf soziale Bürgerschaft in der EU nicht so stark ausgeprägt wie in traditionellen föderalen Systemen. In einigen Regionen innerhalb der Mitgliedstaaten gibt es bereits ansatzweise Entscheidungskompetenzen hinsichtlich sozialpolitischer Maßnahmen, z.B. in den autonomen Regionen Spaniens. Und Ähnliches könnte in Zukunft auch für die Devolution in Schottland und Wales gelten. Auch wenn damit bislang noch keine eigenständige Gewährung sozialer Rechte verbunden ist, scheint dies ein realistisches zukünftiges Szenario in regional fragmentierten Gesellschaften wie Italien zu sein. Einen kleinen, wenn auch leicht überschätzter und kritisch zu beleuchtender Beitrag zur Rolle von Regionen für europäische Bürgerschaft spielen die Struktur- und Sozialfonds, welche die Beziehung zwischen der EU-Kommission und den betroffenen substaatlichen Institutionen gestärkt haben (vgl. Pollack 1995).

Die Eigenschaften einer verschachtelten Bürgerschaft und die damit eng verbundene grenzüberschreitende Portabilität von sozialen Rechten wird am Beispiel deutscher Rentner und deren Pflegebedarf außerhalb der Bundesrepublik deutlich. Im Durchschnitt lebten in den letzten zwanzig Jahren ca. 30.000 deutsche Rentner das ganze Jahr über in Spanien. Mit steigender Aufenthaltsdauer entwickelte sich zwar nicht die Krankenversorgung per se zu einem Problem – diese war durch die regionalen spanischen Institutionen in Kooperation mit den deutschen Krankenversicherungen geregelt –, sondern die zunehmenden Fälle dauerhafter Pflegebedürftigkeit unter diesen im EU-Ausland lebenden Rentnern (Seiler 1994). Um soziale Dienstleistungen und neuerdings die Pflegeversicherung in Anspruch nehmen zu können, mussten die Rentner bisher nach Deutschland zurückkehren. Die Situation veränderte sich entscheidend, als der EuGH entschied, dass Ansprüche der Pflegeversicherung innerhalb der EU über die Grenzen der Mitgliedstaaten hinweg gelten (Sieveking 1998). Die Bundesrepublik Deutschland musste die vom EuGH angemahnte grenzüberschreitende Übertragbarkeit sozialer Rechte implementieren. Dieses Beispiel verdeutlicht, dass relevante suprastaatliche Akteure die Parameter für zulässige sozialpolitische Maßnahmen beeinflussen können, während es gleichzeitig den einzelnen Wohlfahrtsstaaten überlassen bleibt, die notwendigen neuen Regelungen zu formulieren und umzusetzen.[8]

Aus einer Perspektive, welche die Anforderungen von Wohlfahrtsstaatlichkeit und sozialer Staatsbürgerschaft von Einzelstaaten auf das supra- und interstaatliche Regierungsnetzwerk EU überträgt, werden schnell vermeintliche Defizite der formalen Mitgliedschaft in der EU deutlich (*Tabelle 2*). Darüber hinaus können diese Defizite argumentativ von Skeptikern auch so gewendet werden, dass auf Grund der hohen Anforderungen an eine soziale Bürgerschaft eine Entwicklung hin zu einer Art europäischer Bürgerschaft unmöglich sei. Beide Perspektiven haben etwas gemein: sie betrachten das einzelstaatliche Modell als den einzig möglichen Bezugspunkt. Das Konzept verschachtelte Bürgerschaft vermag diese überzogenen Hoffnungen und Befürchtungen zu entdramatisieren. Die zentrale These lautet, dass soziale Bürgerschaft in der EU als nicht

---

8 Selbst in Fällen von assoziierter Mitgliedschaft lassen sich derartige Prozesse beobachten; etwa bei Arbeits- und Aufenthaltsrechten für türkische Arbeitnehmer in der EU auf der Grundlage verschiedener Assoziationsratsbeschlüsse (Faist 1995b: 44).

Tabelle 2: Die Defizite der sozialen Bürgerschaft in der EU

Bereiche der Formalisierung von Rechten	Dimensionen voller Mitgliedschaft	
	Status	*Bindungen*
konstitutionell	demokratisches Defizit und Legitimationsdefizit 1: Partizipation der Bürger	Solidaritätsdefizit
politisch-institutionell	soziales Defizit und Legitimationsdefizit 2: effektive soziale Rechte und Maßnahmen	kulturelles Defizit

so anspruchsvoll aufzufassen ist, wie es Autoren behaupten, die entweder die Defizite auf der Ebene der EU beklagen oder die argumentieren, dass es unmöglich sei, einzelstaatliche Modelle auf die Ebene der EU zu übertragen. Es steht nicht ein- für allemal fest, was für eine Art von Regierungssystem die EU darstellt und welche Form von Mitgliedschaft und Rechten wirksam sind. Es gilt nun zu verdeutlichen, in welchem Verhältnis in einem Konzept verschachtelter Bürgerschaft die EU-Bürgerschaft und die Bürgerschaften der jeweiligen Mitgliedstaaten im Rahmen einer europäischen Bürgerschaft zueinander stehen und welche Chancen dabei für die Weiterentwicklung einer europäischen Bürgerschaft bestehen.

Die von den Euro-Optimisten und Euro-Skeptikern ausgemachten Defizite der EU sollen hier nur kurz erwähnt werden, um dann den möglicherweise weitreichenderen Einwänden der Euro-Skeptiker entgegenzutreten. Die Euro-Optimisten benennen vier wesentliche Defizite: sozialpolitische, demokratische, solidarische und kulturelle; legitimatorische Defizite sind dabei übergreifend. Die ersten beiden Aspekte sind in der einschlägigen Literatur schon eingehend bearbeitet worden (vgl. Böhner 1998). Das Konzept residualer Mitgliedschaft konzentriert sich auf die „sozialen Defizite", wobei ein Mangel an vollen sozialen Rechten auf der Ebene der EU beklagt wird: „The policy-making capacities of the Union have not been strengthened nearly as much as capabilities at the level of member states have declined" (Scharpf 1999: 220). Das demokratische Defizit ist deshalb relevant, weil die Schwäche des Europäischen Parlaments, die Abwesenheit eines europäischen Demos und die nicht direkt demokratisch legitimierten Prozeduren der EU-Exekutive alle auf eine wichtige Tatsache hindeuten: Ohne ein wirklich demokratisches Gefüge kann die Qualifikationsfunktion der sozialen Bürgerschaft nicht erfüllt werden. An die demokratischen und sozialen Defizite knüpfen spezifische Formen von „Legitimationsdefiziten" an. Legitimation gründet sich zum Teil auf demokratische Prozeduren, die mit dem Vertrauen des Demos in die herrschenden Eliten korrespondieren, und zum Teil auch auf deren politische Leistungen und Erfolge. Messen wir die EU an üblichen demokratischen Standards, so klafft eine Lücke zwischen vergleichsweise hoher technokratischer Effizienz und niedriger demokratischer Legitimation durch einen europäischen Demos.

Darüber hinaus sind auch die reziproken und möglicherweise solidarischen Bindungen zwischen den Bürgern zu berücksichtigen. Ohne ein Gefühl der Zugehörigkeit – einer wichtigen Dimension von Bürgerschaft (vgl. *Tabelle 1*) – ist die solidarische und kulturelle Fundierung von sozialen Rechten der Bürgerschaft und politischen

Maßnahmen im Sinne einer doppelten Kodierung nicht denkbar. Damit rücken das Solidaritätsdefizit und das kulturelle Defizit in den Mittelpunkt der Analyse.

1. Das Solidaritätsdefizit

Werden die Voraussetzungen für Solidarität von den einzelnen Wohlfahrtsstaaten auf die EU extrapoliert, so ergibt sich eine verzerrte Wahrnehmung. Das liegt daran, dass regulative politische Maßnahmen auf der Ebene der EU solidarische Bindungen unter Bürgern nicht in dem Maße voraussetzen wie die eher (re)distributiven einzelstaatlichen Maßnahmen. Aber Euro-Skeptiker präsupponieren, dass ein Aufbau von Ressourcen auf der EU-Ebene analog zu den Mitgliedstaaten unbedingt notwendig, jedoch unmöglich sei. Sie nehmen an, dass es bisher keine paneuropäische gemeinschaftliche Solidarität im starken Sinn gibt oder in absehbarer Zukunft geben wird. Für eine umfassende soziale Bürgerschaft wäre ein solches Wir-Gefühl mit damit einhergehenden generalisierten Reziprozitäten und diffusen Solidaritäten ihrer Meinung nach aber notwendig. Ein von allen Bürgern geteiltes ‚nationales' Gemeinschaftsgefühl (Miller 1993) sei eine wichtige Voraussetzung für die Mobilisierung von Ressourcen, die für die Reduzierung sozialer Ungleichheiten erforderlich sind. Solche ‚nationalen Identitäten' entwickelten sich in der Vergangenheit langsam in Form von Solidaritätsgemeinschaften, als sich alte Bindungen in der Phase des frühen, neuzeitlichen Kapitalismus auflösten. Der nationalstaatlich organisierte Wohlfahrtsstaat ersetzte diese Gemeinschaften mit neuen Reziprozitäts- und Solidaritätsbeziehungen, die dauerhafter und umfassender waren und großen sozialen Risiken vorbeugen konnten (vgl. Tennstedt 1981: 166). ‚Nation' bedeutet dabei eine politische Gemeinschaft, die durch eine gemeinsame Herkunft, mindestens jedoch durch das Minimum einer gemeinsamen Sprache, einer gemeinsamen Kultur und einer gemeinsamen Geschichte charakterisiert ist (Habermas 1998: 402).

Reziproke und solidarische Bürgerschaft in Gestalt weitreichender wohlfahrtsstaatlicher Maßnahmen in Nationen ist in moralischer Hinsicht sehr anspruchsvoll, weil Sicherheit für Personen im Lebensverlauf u.a. durch Gegenseitigkeit und Redistribution hergestellt werden soll. Als Beispiel für Reziprozität von Jungen und Alten kann der Generationenvertrag in der Altersversorgung gelten. Darüber hinaus haben redistributive Maßnahmen wie soziale Umverteilung in der Krankenversicherung Klassenkonflikte entschärft. In dieser Hinsicht stellt sich die Nation als eine derart anspruchsvolle politische und soziale Gemeinschaft dar, dass es unmöglich erscheint, etwas Ähnliches auf europäischer Ebene zu schaffen.

Es ergeben sich zwei Probleme mit dieser einfachen Projektion von Reziprozität und Solidarität von einer einzelstaatlichen auf eine suprastaatliche Ebene: Erstens ist fraglich, ob man ein dem Wohlfahrtsstaat entsprechendes solidarisches Kollektiv auf suprastaatlicher Ebene überhaupt benötigt, um die für eine „positive Koordination" notwendigen sozialen Rechte in der EU zu etablieren. Die vorläufige Antwort lautet, dass ein solches solidarisches Kollektiv wahrscheinlich nicht erforderlich ist, da die Sozialpolitik der EU vorwiegend regulativen Charakter hat. Erst in einem weiteren Sinne kann sie auch als redistributiv bezeichnet werden, wie beispielsweise im Fall von Sozialfonds oder Agrarpolitik. Für Bürgerschaft sind diese Politiken jedoch nicht so relevant, weil sie keine explizit individuellen Ansprüche beinhalten.

Zweitens geht das Argument der Euro-Skeptiker fahrlässig mit der komplexen Weise um, die ‚Nationalität' bei der moralischen Anerkennung von Ansprüchen spielt. Die Nation ist am ehesten ein kontextueller Hintergrund und daher den Bürgern nicht immer direkt gegenwärtig. Beispielsweise antworteten pflichtversicherte Mitglieder der gesetzlichen Krankenversicherung (GKV) in einer qualitativen Untersuchung überwiegend, dass es vorrangig die bisher geleisteten Beiträge sind, die einen Anspruch auf Leistungen rechtfertigen sollten. Erst nach weiterem Insistieren der Interviewer benannten sie zusätzliche Aspekte wie etwa die Zugehörigkeit zu einer politischen Gemeinschaft (Ullrich 2000: 184–197, 268). Darüber hinaus sollte nicht übersehen werden, dass die ‚Nation' nicht immer ein solch bedeutendes Solidarkollektiv war. Die Geschichte der Sozialpolitik in Europa zeigt, dass wohlfahrtsstaatliche Institutionen zuerst entstanden und sich erst anschließend Wir-Gefühle auf der Basis solcher Einrichtungen entwickelten. Vergleichende Studien der wohlfahrtsstaatlichen Entwicklung in den USA, Deutschland, Frankreich und Großbritannien belegen diese These: „(C)ollective action produced both a collectivity capable of coordinating the actions of its members effectively and a collective good which corresponds to this level of integration, but can not exist apart from it" (de Swaan 1988: 4; vgl. Lepsius 1999: 206). In Europa und Nordamerika haben zentralstaatliche und föderale Sozialversicherungen die kleineren solidarischen Gemeinschaften nur allmählich durch größere ersetzt. Ein Beispiel für diese Entwicklung ist die deutsche Krankenversicherung: In den 1880er Jahren ersetzte die Gesetzgebung Bismarcks schrittweise die zuvor bestehenden Vereinigungen gegenseitiger Hilfe (Frevert 1984).

In der Realität sind wohl weder Institutionen vor möglichen Solidaritäten und Reziprozitäten, noch diese vor den Institutionen entstanden. Die kausale Beziehung gestaltet sich wohl am ehesten wechselseitig. Festzuhalten bleibt aber, dass solidarische Ressourcen sich in einer Vielfalt unterschiedlicher wohlfahrtsstaatlicher Institutionen und den korrespondierenden sozialen Rechten in den Mitgliedstaaten der EU entwickelt haben. Bürger als Regierende und Regierte beziehen sich in starkem Maße auf diese spezifischen historischen Formen der Risikoabsicherung. Kurz, der Aufbau von Reziprozität und Solidarität auf suprastaatlicher Ebene nach Muster und Maß einzelstaatlicher Vorbilder stellt schlicht nicht die eigentliche Frage dar. Dies bedeutet wiederum nicht, dass politische Maßnahmen auf der Ebene der EU etwa keine wichtigen Funktionen für die soziale Bürgerschaft ausüben würden. Politische Maßnahmen im Bereich der Geschlechterproblematik oder der Migration tragen beispielsweise durchaus zur qualifizierenden Funktion sozialer Rechte bei, da sie nicht nur die Funktionen der Versorgung und der Risikoabsicherung erfüllen, sondern ebenso die Ressourcen und das Selbstbewusstsein von Personen erhöhen.

2. Das kulturelle Defizit

Würde also der nationale Wohlfahrtsstaat als einzig denkbarer Rahmen für soziale Bürgerschaft aufgefasst, so wäre die Aufgabe der weiteren Entwicklung einer europäischen

Bürgerschaft schier unlösbar: „European integration must recreate what exists on the level of the nation state, but this is impossible because Europe is devoid of a cultural framework independent of the nation state" (Delanty 1996: 6), Dieses Argument meint im Wesentlichen, dass ein europäischer kultureller Rahmen fehle, was in der schwach ausgebildeten öffentlichen Sphäre und einem kaum vorfindbaren ‚Wir-Gefühl' auf EU-Ebene deutlich wird. Eine gemeinsame Kultur oder Zivilisation, so wird angenommen, sei die Basis für eine gemeinsame Bürgerschaft.

Offensichtlich existieren staatsähnliche Traditionen auf europäischer Ebene, wenn überhaupt, nur in schwacher und wenig überzeugender Form. Allerdings überlagern und ergänzen sich im Sinne verschachtelter Bürgerschaft die multiplen Ebenen von Mitgliedschaft und Zugehörigkeitsgefühlen. So lässt sich etwa empirisch eine Europäisierung ‚nationaler' Selbstverständnisse beobachten, wie dies beispielsweise in großem Umfang unter deutschen Bürgern geschehen ist. Der deutsche Fall steht dabei in starkem Kontrast zu Mitgliedstaaten wie Großbritannien, wo sich weiterhin nationale Identität teilweise und gerade angesichts voranschreitender Integration in Abgrenzung zu Europa und zur EU definiert. Auch wenn sich nur eine Minderheit der Bürger in Europa als „Nur-Europäer" fühlt, so zeigen repräsentative Untersuchungen, dass eine beträchtliche Mehrheit die EU als Schutz für und nicht als Bedrohung der eigenen nationalen Identität wahrnimmt. Entsprechend war eine Mehrheit der Befragten des Eurobarometer der Ansicht, dass sich die nationale Identität mit der europäischen Identität durchaus vereinbaren lässt (Immerfall und Sobisch 1997: 33; basierend auf dem Eurobarometer Nr. 38, 1992). Und eine große Minderheit der Bürger der EU-Mitgliedstaaten – 1998 waren es immerhin ca. 38 Prozent – geht davon aus, dass es eine kulturelle europäische Identität gibt, die von allen Europäern geteilt wird (Europäische Kommission 1999: 60; basierend auf dem Eurobarometer Nr. 50, 1998).

Auch bei einer verschachtelten Bürgerschaft ist es vonnöten, dass gemeinsame Anteile auf der europäischen Ebene existieren. T. H. Marshall, intellektueller Pate des Konzepts der sozialen Bürgerschaft, fand eine in diesem Sinn prägnante Formulierung: „Der Staatsbürgerstatus setzt ... ein unmittelbares Gefühl der Mitgliedschaft in einer Gemeinschaft auf der Grundlage der Loyalität gegenüber einer Kultur, die von allen geteilt wird (voraus)" (Marshall 1992: 62). Dies bedeutet, dass sich in modernen Gesellschaften gemeinsame Kulturen oder Zivilisationen entwickelt haben, denen alle Mitglieder der jeweiligen Gesellschaft gleichermaßen verpflichtet sind. Kurz, es bedarf ‚kollektiver Repräsentationen' (Durkheim) in Form gemeinsamer Ideen, Vorstellungen, Wertungen und Symbole.

Die Frage ist nun, welche kollektiven Repräsentationen notwendig sind, um eine europäische Bürgerschaft voranzutreiben (vgl. Weiler 1997: 118). Eine Möglichkeit wäre, sich auf eine weit verbreitete Vorstellung eines kulturellen Europas zu beziehen, die dem Ansatz einer gemeinsamen Kultur entspräche. Konzeptionen gemeinsamer Kultur übertreiben jedoch den Bezug auf Vergangenheit und Tradition. Beispiele dafür sind das Europa eines wiederbelebten Christentums (Novalis 1983); die Tradition der Aufklärung und der universell gültigen Menschenrechte; ein Europa der ‚nationalen Charaktere' (Johann Gottfried Herder und Ortega y Gasset). Auf alle diese Vorschläge lautet die enttäuschende Antwort, dass Europa nicht auf derartig einheitliche und eigentümliche kulturelle Tradition zurückgreifen kann (vgl. Lepsius 1999: 220).

Vielleicht gibt es aber zumindest allgemein akzeptierte Ideen, an denen sich eine gemeinsame soziale Bürgerschaft in der EU ausrichten könnte. Der offensichtlichste Fall ist das Prinzip der Subsidiarität. Politiker beziehen dieses Prinzip, ursprünglich Teil der katholischen Soziallehre, häufig auf die Aufteilung von Zuständigkeits- und Einflussbereichen zwischen der EU, den Mitgliedstaaten und anderen Regierungsebenen. Im Wesentlichen sieht die katholische Soziallehre vor, dass Probleme, die auf unteren Ebenen und in kleineren Einheiten gelöst werden können, auch dort entschieden und bearbeitet werden sollten. So zumindest scheint Subsidiarität in den päpstlichen Erlässen *Rerum Novarum* und *Quadragesimo Anno* artikuliert und wurde dergestalt von EU-Präsidenten wie Jacques Delors wieder aufgenommen. Das Subsidiaritätsprinzip ist auch gemäß dem Vertrag über die Europäische Union die Grundlage aller politischen Entscheidungen und Maßnahmen (Artikel 5 EG-A). Insofern bestärkt es das Denken in einem Mehrebenensystem. Letztlich handelt es sich hier jedoch um ein vages und schwieriges Konzept, das unterschiedlich interpretiert wird und höchst ambivalent ist (van Kersbergen und Verbeek 1994).

Ohnehin kann auf Grund der Veränderungen in der kulturellen Zusammensetzung der Gesellschaften Europas eine gemeinsame Kultur statischer Ausprägung – Kultur als *hardware* – oder gar eine unangefochtene kulturelle Homogenität nicht mehr als Grundlage für soziale Solidarität dienen. Hier seien nur einige Aspekte angedeutet: Neben einer zunehmenden Pluralität an Lebensstilen und vielfältigen Prozessen der „Individualisierung" haben sich auf Grund interstaatlicher Migration in europäischen Städten unterschiedliche plurikulturelle Zusammensetzungen ergeben. Es entstehen transstaatliche Räume, die diese Städte auch mit Regionen außerhalb der EU verbinden (vgl. Faist 2000b). Darüber hinaus lässt sich im Kontext der verschiedenen und regelmäßig wiederbelebten substaatlichen ethnisch-regionalen und städtisch-lokalen Kulturen Europas eine Erneuerung regionaler, kollektiver Identitäten ausmachen. Denken wir nur an entsprechende Gruppen in Schottland, in der Bretagne, in Flandern, im Baskenland, in Katalonien und in Korsika (vgl. García 1994).

Das Konzept einer gemeinsamen Kultur muss angesichts dieser Vielfalt zwar nicht völlig aufgegeben werden. Es verlangt jedoch nach einer Ergänzung durch eine Konzeption der Bürgerschaft als gemeinsames Projekt. Um im Bild der Computersprache zu bleiben: Dafür werden Ansätze benötigt, die Kultur auch als eine menschliche *software* sehen, eine Art flexibel einsetzbaren Werkzeugkasten (Swidler 1986). Dann geht es darum, die jeweiligen Strukturen von kollektiven Repräsentationen herauszufiltern, die für eine europäische Bürgerschaft in Frage kommen. Das ist eine sinnvolle Ergänzung von Kultur als *hardware*, weil der Prozess der europäischen Integration ergebnisoffen ist.

Eine wesentliche Eigenschaft eines gemeinsamen Projekts, in dem sich verschachtelte Bürgerschaft entwickelt, ist die Vorstellung einer gemeinsamen Zukunft und einer gemeinsamen Gegenwart. Die meisten Argumente im Namen einer gemeinsamen Kultur messen der Erinnerung an ein geteiltes Erbe und eine gemeinsame Tradition eine zu große Bedeutung für die Bildung moderner Kultur bei. Die Aussicht auf eine gemeinsame Zukunft oder die Existenz einer gemeinsamen Gegenwart werden dagegen vernachlässigt. Als ein offensichtliches Gegenbeispiel lässt sich hier jedoch die Französische Revolution anführen, die als zentrales Symbol des französischen Nationalbewusstseins wiederholt dazu herangezogen wurde, um die Vergangenheit mit einer gegenwarts- und zukunftsorientierten politischen Perspektive zu verbinden. Für das Verständnis gegenwärtiger und sich entwickelnder sozialer Bürgerschaft in Europa sind Vorstellungen einer gemeinsamen Kultur, die sich eher an Gegenwart und Zukunft orientieren, von überragender Bedeutung. Eine Konzeption eines gemeinsamen Projektes spielt nicht nur für Aspekte sozialer Bürgerschaft, sondern auch für zivile, politische und kulturelle Aspekte der Bürgerschaft in politischen Gemeinschaften und Regierungsnetzwerken eine Rolle.

An Stelle einer gemeinsamen Kultur ist es daher nützlicher, von einem gemeinsamen Projekt verschachtelter Bürgerschaft zu sprechen, um so die erst in der Entstehung begriffene dynamische Herausbildung gemeinsamer Elemente in Europa zu erfassen. Eine gemeinsame Gegenwart und eine gemeinsame Zukunft können hier gleichermaßen als leitende kulturelle Grundlage dienen. Dies wäre eher eine Vision im Sinne von Sartres Idee von gemeinsamen Projekten (*projet*), die durch sich vereinigende und nach authentischer Freiheit strebende Gruppen getragen werden (Sartre 1985).[9] Wenn man Sartres Gedanken über menschliche Freiheit auf transstaatliche Bürgerschaft überträgt, kann man sagen, dass verschachtelte Bürgerschaft durch die Teilnahme an dem gemeinsamen Projekt zur Gestaltung „subjektiver öffentlicher Rechte" auf europäischer Ebene erreicht werden kann.

So tautologisch es auf den ersten Blick klingen mag: die beste Versicherung für die Entwicklung reziproker und solidarischer Beziehungen unter Bürgern in Europa sind nicht abstrakte Ideen wie ein gemeinsamer Kulturkreis, sondern das Projekt der Entwicklung sozialer, ziviler und politischer Rechte an sich, die wiederum eine europäischen Bürgerschaft fördern können. In diesem Punkt kann im Sinne einer historischen Parallele durchaus auf die Entwicklung bestehender Wohlfahrtsstaaten zurückgegriffen werden, in denen die Institution Staatsbürgerschaft überhaupt erst eine rechtlich regulierte Solidarität unter Bürgern ermöglichte. Normativ gesehen bedeutet verschachtelte Bürgerschaft dann vor allem auch, dass diese früheren Erfahrungen in eine sich entwickelnde politische Kultur, in ein gemeinsames Projekt europäischer Bürgerschaft, einfließen. Aus dieser Sicht ist es allerdings fragwürdig, dass EU-Bürgerschaft letztlich allein von der Definition der Staatsbürgerschaft in den Mitgliedstaaten abhängt. Denn damit wären immer noch die niedergelassenen Wohnbürger ohne Staatsangehörigkeit eines EU-Landes ausgeschlossen.

VI. Schlussbetrachtung

Mit Hilfe des Konzepts verschachtelte Bürgerschaft können einerseits unrealistische Erwartungen an einen neuen Wohlfahrtsstaat auf EU-Ebene im Sinne postnationaler Bürgerschaft und andererseits fehlgeleitete Annahmen über die Marginalität des sozialen Aspekts europäischer Bürgerschaft als nur residuale Mitgliedschaft zurechtgerückt werden. Der weitere Ausbau sozialer Bürgerschaft ist Teil eines gemeinsamen Projekts der Weiterentwicklung von Menschenrechten, zivilen und politischen Rechten. Dabei

---

9 Diesen Hinweis verdanke ich Dieter Senghaas.

sind soziale Rechte insbesondere auf Grund ihres Qualifikationsaspekts für gleiche politische Freiheit zentral. Sozialen Rechten kommt darüber hinaus eine wichtige Rolle zu, weil sie eine besondere Form von Legitimität schaffen: Die Entwicklung sozialer Rechte in einem föderativen Mehrebenennetzwerk schafft eine höhere Akzeptanz des Prozesses der europäischen Integration. Soziale Rechte tragen aber wohl langfristig nur dann zur demokratischen Legitimation suprastaatlicher Instituten bei, wenn die Bindungen zwischen Staat und Bürgern durch erhöhte Mitspracherechte von Bürgern auf EU-Ebene gefestigt werden. Das heißt konkret, dass im Hinblick auf Mitgliedschaft in der EU die bisherige Privilegierung kollektiver Akteure wie der Mitgliedstaaten aufgehoben und die Rechte von Bürgern stärker berücksichtigt werden.

Die Entwicklung europäischer, sozialer Bürgerschaft als Projekt kann dabei nicht auf regulatorische Politiken und symbolische Versatzstücke wie Flagge, Pass, Führerschein, Hymne und Aktionen wie beispielsweise das „Europäische Jahr gegen Rassismus" (1997) beschränkt bleiben. Denn Bürgerschaft erschöpft sich bei weitem nicht in den Beziehungen zwischen Bürgern und (supra- bzw. sub-)staatlichen Institutionen. Es sind vielmehr auch die reziproken und solidarischen Beziehungen der Bürger untereinander in einer Zivilgesellschaft, die eines weiteren Ausbaus bedürfen.

Literatur

Aristoteles, 1998: Politik, übersetzt und herausgegeben von *Olof Gigon*. München: Deutscher Taschenbuch-Verlag (dtv).
Böhner, Martina Martha, 1998: Integration und Legitimität in der Europäischen Union. Über Prozesse des Legitimitätserwerbs. Baden-Baden: Nomos.
Brunn, Gerhard (Hg.), 1996: Region und Regionsbildung in Europa: Konzeptionen der Forschung und empirische Befunde. Baden-Baden: Nomos.
Dahrendorf, Ralf, 1988: Citizenship and the Modern Social Contract. S. 112–125 in: *Richard Holme* und *Michael Elliot* (Hg.), 1688–1988. Time for a New Constitution. London: Macmillan.
Delanty, Gérard, 1996: Inventing Europe: Idea, Identity, Reality. Houndmills: Macmillan Press.
Dörr, Silvia, und *Thomas Faist*, 1997: Institutional Conditions for the Integration of Immigrants in Welfare States: A Comparison of the Literature on Germany, France, Great Britain, and the Netherlands, European Journal of Political Research 31, 4: 401–426.
EU- und EG-Vertrag. Konsolidierte Fassungen im Rahmen des Vertrages von Amsterdam, mit einem Vorwort von *Jacques Santer* und einer Einführung von *Angela Bardenhewer*. Baden-Baden: Nomos.
Europäische Kommission, 1999: Eurobarometer. Die öffentliche Meinung in der Europäischen Union. Bericht Nr. 50. Brüssel: Generaldirektion X.
Faist, Thomas, 1995a: Social Citizenship for Whom? Young Turks in Germany and Mexican Americans in the USA. Aldershot: Avebury.
Faist, Thomas, 1995b: Transnationale Arbeitsmärkte und soziale Rechte in Europa, Zeitschrift für Sozialreform 34, 1: 36–47, und 34, 2: 108–122.
Faist, Thomas, Klaus Sieveking, Uwe Reim und *Stefan Sandbrink*, 1999: Ausland im Inland. Die Beschäftigung von Werkvertragsarbeitnehmern in der Bundesrepublik Deutschland. Baden-Baden: Nomos.
Faist, Thomas, 2000a: The Volume and Dynamics of International Migration and Transnational Social Spaces. Oxford: Oxford University Press.
Faist, Thomas, 2000b: Jenseits von Nation und Post-Nation. Transstaatliche Räume und Doppelte Staatsbürgerschaft, Zeitschrift für Internationale Beziehungen 7, 1: 109–144.

Falkner, Gerda, 1998: EU Social Policy in the 1990s: Towards a Corporatist Policy Community. London: Routledge.
Flora, Peter, 1986: Introduction. S. vii–xxxvi in *Peter Flora* (Hg.): Growth to Limits: The Western European Welfare States Since World War II, Vol. 1: Sweden, Norway, Finland, and Denmark. Berlin: de Gruyter.
Frevert, Ute, 1984: Krankheit als politisches Problem 1770–1880. Soziale Unterschichten in Preußen zwischen medizinischer Polizei und staatlicher Sozialversicherung. Göttingen: Vandenhoeck & Ruprecht.
García, Soledad (Hg.), 1994: European Identity and the Search for Legitimacy. London: Pinter/RIIA.
Haas, Ernst B., 1958: The Uniting of Europe: Political, Social and Economic Forces 1950–1957. London: Stevens.
Habermas, Jürgen, 1998: The European Nation-State: On the Past and Future of Sovereignty and Citizenship, Public Culture 10, 2: 397–416.
Habermas, Jürgen, 1999: Die postnationale Konstellation. Frankfurt a.M.: Suhrkamp.
Hammar, Tomas, 1990: Democracy and the Nation-State. Aliens, Denizens and Citizens in a World of International Migration. Aldershot: Avebury.
Immerfall, Stefan, und *Andreas Sobisch,* 1997: Europäische Integration und europäische Identität. Die Europäische Union im Bewußtsein ihrer Bürger, Aus Politik und Zeitgeschichte B 10: 25–37.
Jachtenfuchs, Markus, und *Beate Kohler-Koch,* 1996: Regieren im dynamischen Mehrebenensystem. S. 15–44 in: *Dies.* (Hg.): Europäische Integration. Opladen: Westdeutscher Verlag.
Jacobson, David, 1995: Rights Across Borders: Immigration and the Decline of Citizenship. Baltimore: Johns Hopkins University Press.
Jellinek, Georg, 1964 (1919): System der subjektiven öffentlichen Rechte. Aalen: Scientia Verlag, Neudruck der 2. Auflage.
Kaufmann, Franz-Xaver, 1997: Herausforderungen des Sozialstaates. Frankfurt a.M.: Suhrkamp.
Keller, Berndt, und *Bernd Sörries,* 1999: The New European Social Dialogue: Old Wine in New Bottles?, Journal of European Social Policy 9, 2: 111–125.
Kersbergen, Kees van, und *Bertjan Verbeek,* 1994: The Politics of Subsidiarity in the European Union, Journal of Common Market Studies 32, 2: 215–236.
Leibfried, Stephan, und *Paul Pierson* (Hg.), 1997: Standort Europa. Europäische Sozialpolitik. Frankfurt a.M.: Suhrkamp.
Leibfried, Stephan, und *Paul Pierson,* 2000: Social Policy. In: *Helen Wallace* und *William Wallace* (Hg.): Policy-Making in the European Union. Oxford: Oxford University Press, chapter 7 (fourth edition).
Lepsius, M. Rainer, 1999: Die Europäische Union. Ökonomisch-politische Integration und kulturelle Pluralität. S. 201–222 in: *Reinhold Viehoff* und *Rien T. Segers* (Hg.): Kultur Identität Europa. Über die Schwierigkeiten und Möglichkeiten einer Konstruktion. Frankfurt a.M.: Suhrkamp.
Majone, Giandomenico, 1994: The Rise of the Regulatory State in Europe, West European Politics 17, 1: 77–101.
Marks, Gary, 1997: A Third Lens: Comparing European Integration and State Building. S. 23–44 in: *Jytte Klausen* und *Louise Tilly* (Hg.): European Integration in Social and Historical Perspective. From 1850 to the Present. Lanham: Rowman & Littlefield.
Marshall, T. H., 1992: Bürgerrechte und soziale Klassen. Frankfurt a.M.: Campus.
Meehan, Elizabeth, 1993: Citizenship and the European Community. London: Sage.
Miller, David, 1993: In Defence of Nationality, Journal of Applied Philosophy 10, 1: 3–16.
Moravcsik, Andrew, 1999: The Choice for Europe. Social Purpose & State Power from Messina to Maastricht. Ithaca: Cornell University Press.
Novalis (Georg Philipp Friedrich von Hardenberg), 1983 (1798): Die Christenheit oder Europa. S. 325–346 in: *Novalis*: Werke in einem Band. Berlin/Weimar: Aufbau-Verlag.
Plant, Raymond, 1992: Citizenship, Rights and Welfare. S. 15–29 in: *Anna Coote* (Hg.): The Welfare of Citizens: Developing New Social Rights. London: Rivers Oram Press.

Pollack, Mark A., 1995: Regional Actors in an Intergovernmental Play: The Making and Implementation of EC Structural Policy. S. 361–390 in: *Carolyn Rhodes* und *Sonia Mazey* (Hg.): The State of the European Union.Vol. 3. Building a European Policy? Harlow: Lynne Rienner.

Polanyi, Karl, 1957 (1944): The Great Transformation: The Political and Economic Origins of our Time. Boston: Beacon Press.

Reidegeld, Eckart, 1996: Staatliche Sozialpolitik in Deutschland. Opladen: Westdeutscher Verlag.

Rousseau, Jean-Jacques, 1995 (1762): Vom Gesellschaftsvertrag oder Prinzipien des Staatsrechts. S. 61–208 in: Politische Schriften, 2. unveränderte Auflage. Paderborn: Schöningh.

Sartre, Jean-Paul, 1985 (1960): Critique de la raison dialectique. Paris: Gallimard.

Scharpf, Fritz W., 1999: Regieren in Europa. Effektiv und demokratisch? Frankfurt a.M./New York: Campus.

Seiler, Diana, 1994: Sozialpolitische Aspekte der internationalen Mobilität von Rentnern – insbesondere von deutschen Rentnern in Spanien. Frankfurt a.M.: Peter Lang.

Shaw, Josephine, 1997: Citizenship of the Union: Towards Post-National Membership? Jean Monnet Working Paper No. 6/97. Firenze: European University Institute.

Sieveking, Klaus, 1998: Der Europäische Gerichtshof als Motor der sozialen Integration der Gemeinschaft, Zeitschrift für Sozialreform 43, 3: 187–208.

Skowronek, Stephen, 1982: Building a New American State. The Expansion of National Administrative Capacities, 1877–1920. New York: Cambridge University Press.

Soysal, Yasemin N., 1994: The Limits of Citizenship. Chicago: University of Chicago Press.

Streeck, Wolfgang, 1996: Neo-Voluntarism: A New European Social Policy Regime?. S. 64–94 in: *Gary Marks, Fritz W. Scharpf, Philippe C. Schmitter* und *Wolfgang Streeck* (Hg.): Governance in the European Union. London: Sage.

Swaan, Abram de, 1988: In Care of the State. Health Care, Education and Welfare in Europe and the USA in the Modern Era. Cambridge: Polity Press.

Swidler, Ann, 1986: Culture in Action: Symbols and Strategies, American Sociological Review 51, 3: 273–288.

Tennstedt, Florian, 1981: Sozialgeschichte der Sozialpolitik in Deutschland. Vom 18. Jahrhundert bis zum Ersten Weltkrieg. Göttingen: Vandenhoeck & Ruprecht.

Tsebelis, George, 1995: Nested Games. Rational Choice in Comparative Politics. Berkeley: University of California Press.

Ullrich, Carsten G., 2000: Solidarität im Sozialversicherungsstaat. Die Akzeptanz des Solidaritätsprinzips in der Gesetzlichen Krankenversicherung. Frankfurt a.M.: Campus.

Van Gunsteren, Herman R., 1998: A Theory of Citizenship. Organizing Plurality in Contemporary Democracies. Boulder, CO: Westview Press.

Walzer, Michael, 1989: Citizenship. S. 211–220 in: *Terence Ball, James Farr* und *Russell L. Hanson* (Hg.): Political Innovation and Conceptual Change. Cambridge: Cambridge University Press.

Weiler, Joseph H. H., 1996: European Neo-constitutionalism: In Search of Foundations for the European Constitutional Order, Political Studies 44: 517–533.

DIE KOEXISTENZ NATIONALER UND SUPRANATIONALER BÜRGERSCHAFT

Neue Formen politischer Inkorporation

Theresa Wobbe

Zusammenfassung: Die Koexistenz der nationalen und europäischen Bürgerschaft enthält Hinweise auf einen Wandel der Formen politischer Inkorporation. Als emergentes Phänomen fordert die Koexistenz verschiedener Bürgerschaftsinstitutionen Diskussionen heraus über die soziologische Makrokategorie der Gesellschaft, insbesondere über das Verhältnis von Nationalstaat, polity und Gesellschaft. In diesem Beitrag wird zunächst das klassisch moderne Konzept der nationalen Bürgerschaft als Assoziation von Recht, Identität und Territorium rekapituliert. Dann wird gezeigt, wodurch die neuen Komponenten der Unionsbürgerschaft sich vom nationalstaatlichen Mitgliedschaftsmodell unterscheiden, und in welchem Kontext des Wandels die Unionsbürgerschaft steht. Im dritten Schritt soll ein weltgesellschaftlicher Erklärungsrahmen vorgeschlagen werden, der die Veränderung politischer Inkorporation in einer institutionalistischen Perspektive konzeptualisiert. Die These des Beitrags ist, dass die nationale und die supranationale Bürgerschaft Formen politischer Mitgliedschaft und Integrationsangebote enthalten, die transnationale Bedingungen reflektieren.

I. Einleitung

Seit dem Vertrag von Maastricht verstärkte sich die Diskussion über das Demokratiedefizit und das legitime Regieren in der EU. Die unzureichende Demokratisierung der Union ist dabei unter anderem in der unvollständigen Gewaltenteilung, in der mangelnden Transparenz der Verfahren und in einer Gesetzgebung gesehen worden, die nicht auf parlamentarischer Grundlage erfolgt. Die Bezugsgröße für diese Diskussion bildete das Modell des Nationalstaats, insbesondere spezifische Erfahrungen mit der Stabilität nationalstaatlicher Institutionen (Haupt 1993). In verschiedenen Studien ist der neue und innovative Charakter der Institutionenbildung (Bach 1995, 2000; Bogdandy 1993; Lepsius 1995; Rieger 1995) und die Formation des Mehrebenensystems europäischer Politik untersucht worden (Jachtenfuchs und Kohler-Koch 1996). Maurizio Bach hat daher zu bedenken gegeben, ob das „Schlagwort vom *Demokratiedefizit* den Blick auf die historische Einzigartigkeit des Regimes der Europäischen Gemeinschaft eher" verstelle (Bach 2000: 63), und ob nicht „jeder Vergleich mit einem herkömmlichen Staatsverband nationalen und vor allem demokratischen Typs zu Fehlschlüssen" (ebd.: 153) führen müsse. Auch im Fall der Unionsbürgerschaft handelt es sich um ein emergentes Phänomen, das mit dem Maßstab einer nationalen Institution nicht angemessen erfasst wird, das auf der Grundlage bisherigen theoretischen Wissens nicht hinreichend zu erklären ist.

Dieser Beitrag beschäftigt sich mit einem spezifischen Ausschnitt des Phänomens der Supranationalität, nämlich mit der Institution der Bürgerschaft, und zwar mit der Koexistenz von nationaler und europäischer Bürgerschaft. Die EU-Bürgerschaft kann mit dem Modell der bekannten nationalstaatlichen Institution der Staatsangehörigkeit nicht angemessen verstanden werden. Denn das historisch Neue besteht darin, dass die EU-Bürgerschaft ohne einen Staat institutionalisiert worden ist und eine nationale Bürgerschaft nicht ersetzt. Aus diesem Sachverhalt ergeben sich Fragen wie die, welche Außengrenze mit dieser Bürgerschaft gezogen wird, wie sich diese vom klassischen Modell der nationalen Bürgerschaft unterscheidet, und welche Implikationen die Unterschiede schließlich für die Integrationsfunktion haben, die der nationalen Bürgerschaft in der klassischen soziologischen Theorie zugesprochen wird.

Die folgenden Überlegungen gehen davon aus, dass diese und ähnliche Fragen, die den Wandel politischer Inkorporation betreffen, angemessen diskutiert werden können, wenn man zwischen Gesellschaft, *polity* und Nationalstaat unterscheidet. Die Koexistenz der nationalen und supranationalen Bürgerschaft soll dabei auf einen umfassenderen Rahmen des Wandels der Formen politischer Mitgliedschaft bezogen werden.

Zunächst soll das klassisch moderne Konzept der Staatsbürgerschaft, wie es von Thomas Marshall und Talcott Parsons formuliert worden ist, rekapituliert und mit dem Befund gegenwärtiger soziologischer Analysen zur Bürgerschaft kontrastiert werden. Anschließend wird dargelegt (Abschnitt II), wodurch sich die neuen Komponenten der Unionsbürgerschaft vom nationalstaatlichen Mitgliedschaftsmodell unterscheiden, und in welchem Kontext weiterer Veränderungen die Unionsbürgerschaft situiert werden sollte (Abschnitt III). Die These des Beitrags ist, dass die Koexistenz nationaler und europäischer Bürgerschaft auf Veränderungen politischer Inkorporation verweist, die transnationale Bedingungen reflektieren. Darunter wird hier allerdings nicht das *Ende* des Staatsbürgers oder der *Niedergang* des Nationalstaats verstanden. Das Argument lautet vielmehr, dass sich die Relevanzebenen zwischen verschiedenen Formen der Mitgliedschaft verschieben und damit eine spezifische Dynamik und Prozessrichtung verbunden ist. Im folgenden Teil (Abschnitt IV) soll daher ein theoretischer Zugang genutzt werden, der es erlaubt, Nationalstaaten im weltpolitischen System aufzufassen. Ausgehend von Niklas Luhmanns differenzierungstheoretischer These zur modernen Gesellschaft als Weltgesellschaft wird ein Erklärungsrahmen vorgeschlagen, der den Wandel politischer Inkorporation in einer institutionentheoretischen Perspektive diskutiert.

II. Die klassisch moderne Konzeptualisierung nationaler Bürgerschaft

Die Staatsbürgerschaft übernahm im Zuge der Nationalstaatsbildung in Europa die Funktion der Inkorporation und Integration, als sie andere, historisch frühere Mitgliedschafts- und Angehörigkeitsmodelle beerbte. In der Form der vereinheitlichten Mitgliedschaft stand die Angehörigkeit zum Staat am Ende eines Konzentrationsprozesses, in dem das Nebeneinander und die Rangfolge verschiedener Angehörigkeitsverhältnisse überwunden wurden (vgl. Grawert 1973, 1984). In der deutschen Rechts- und Verfassungsgeschichte bildete die Zeit um 1800 eine Grenzscheide, denn erst nach dem Zusammenbruch des Alten Reichs und im Zuge der damit verbundenen Auflösung der politischen Ständeordnung wurden allgemein geltende Staatsangehörigkeitsnormen erlassen.[1] Der Weg von der ständischen Gliederung zur Einheitlichkeit des Untertanenverbandes verlief über die Landesherrschaft und den Ausbau des Territorialstaats.

Insgesamt weist dieser Prozess neue Grade der Formalisierung sowie Entpersonalisierung auf und lässt sich als ein Wandel von Rechtsnormen in Richtung auf zunehmende funktionale Spezifizierung und Abstraktionssteigerung rekonstruieren (Wobbe 1997). Die persönliche Zugehörigkeit zu einem Stand, einer Körperschaft oder einem Verband wird als Grundprinzip der Sozial- und Rechtsordnung außer Kraft gesetzt. Im Zuge historisch langer und regional ungleichzeitiger Prozesse wird die regional-lokale, partikulare Mitgliedschaft zu den Ständen durch eine Mitgliedschaft ersetzt, die für alle Bewohner des Staatsgebietes als Bürger eine direkte, unmittelbare Beziehung zum Staat herstellt.

Die Monopolisierung legitimer Gewaltsamkeit durch den politischen Verband, also den Staat, geht einher mit der Rationalisierung der Regeln für deren Anwendung (vgl. Weber 1972). Als Mitgliederverband, Territorialstaat und Verfassungsstaat verleiht der moderne Staat die Staatsangehörigkeit durch eigenes Recht, in Deutschland auf Grund des Reichs- und Staatsangehörigkeitsgesetzes (Grawert 1973, 1984, 1987; Gosewinkel 1995). Nach dem Völkerrecht steht es jedem Staat frei, die Bedingungen für den Erwerb und den Verlust durch innerstaatliches Recht zu regeln (Kimminich 1993).

Die soziologische Klassik rekonstruierte den Prozess des *nation-building* (Bendix 1964) und die Herausbildung der zentralen Institutionen des Nationalstaates als einen Entwicklungstrend der Universalisierung von Rechten und entsprechender Integrationsmechanismen. Für Parsons (1985) stellt die Staatsbürgerschaft das Beispiel der *societal community*, der gesellschaftlichen Gemeinschaft dar, die im Gesellschaftssystem die Funktion der Sozialintegration wahrnimmt. Mit der Kategorie der Inklusion bezeichnet er die Teilhabe an einer normativ legitimierten Struktur der Anerkennung.

Der Trend der modernen Gesellschaft zur Differenzierung auf der Grundlage eines generalisierten Wertekonsensus wird im politischen Bereich für Parsons an der Bürgerschaftsinstitution manifest. Bei der historischen Rekonstruktion seiner Überlegungen zur Bürgerschaft stützt er sich im Wesentlichen auf den wegweisenden Beitrag von Thomas H. Marshall „Citzenship and Social Classes", der 1949 erstmals veröffentlicht wurde. Im Unterschied zum ethnisch ausgeweiteten Nationalbewusstsein, das Parsons' zufolge keinen Ersatz für die Religion bereitstellen konnte, wird die Staatsbürgerschaft zur wichtigsten Basis der Einbeziehung und wechselseitigen Anerkennung. Die modernisierungstheoretische Perspektive ist hier unverkennbar. Danach bilden in der frühen modernen Gesellschaft ethnische, religiöse und territoriale Faktoren noch eine Grundlage der Solidarität. „In den vollständig modernen Gesellschaften ist jedoch auf keiner dieser Grundlagen die Einheit mehr notwendig, weil der gemeinsame Status des Bürgers eine ausreichende Grundlage für nationale Solidarität schafft" (Parsons 1985: 34).

---

[1] Am Allgemeinen Preußischen Landrecht wird dieser Übergang augenscheinlich. Denn hier greifen ständische und staatsbürgerliche Rechte noch ineinander, die als unterschiedliche Rechtsverhältnisse und Rangfolgen in die Kodifikation eingegangen sind (vgl. Grawert 1973: 123ff.).

Für T. H. Marshall (1992) stellt die Staatsbürgerschaft eine neue Form der Mitgliedschaft dar, die auf der Grundlage der Loyalität gegenüber der Kultur einen Anerkennungszusammenhang für alle Mitglieder der nationalstaatlichen Gesellschaft erzeugt, insbesondere das Wahlrecht und das Nationalbewusstsein sind die Indikatoren hierfür (Marshall 1992: 62f.).[2] Marshall rekonstruiert diese Entwicklung der territorialen Vereinheitlichung und funktionalen Trennung sozialgeschichtlich. Als *Verschmelzung* bezeichnet er die territoriale Fusion in der Form des Nationalstaats und den Übergang von lokal zu national definierten Rechten (ebd.: 41). Als *Trennung* beschreibt er die funktionale Herausbildung eigener Institutionen für die Staatsbürgerrechte, nämlich die bürgerlichen Rechte (Gerichtswesen, Gewaltenteilung, Rechtsformen), die politischen Rechte (Wahlrecht, Parteien, Partizipationssystem), die sozialen Rechte (Bildungssystem, soziale Dienste etc.). Am Beispiel der englischen Sozialgeschichte rekonstruiert Marshall die Entflechtung aus lokalen und partikularen Institutionen, die zuvor soziale und politische Funktionen vereinigt hatten.

Parsons und Marshall nehmen eine spezifische Entwicklung in Richtung auf einen umfassenden Status an. Verlief die Entwicklung der Institutionen, in denen sich die verschiedenen Staatsbürgerrechte bildeten, lange auf getrennten Wegen und „mit eigener Geschwindigkeit" (Marshall 1992: 42), so konstatiert Marshall für die zweite Hälfte des 20. Jahrhunderts, dass „sich die drei Läufer wieder Seite an Seite" bewegen (ebd.). Die „moderne Tendenz in Richtung Gleichheit" stellt für ihn „die letzte Phase der Entwicklung des Staatsbürgerstatus" (ebd.: 39) dar. D.h. für Marshall wie für Parsons ist der Bürgerstatus als umfassender, finaler Status in der Trias von bürgerlichen, politischen und sozialen Rechten verwirklicht, die im Rahmen des Wohlfahrtsstaats nach 1945 möglich wurde (vgl. Stichweh 1998b).

Marshalls und Parsons' Überlegungen zur Staatsbürgerschaft, ihre Vorstellungen vom nationalen Wohlfahrtsstaat und seiner Integrationsfunktion, beziehen sich auf national- und wohlfahrtsstaatlich verfasste politische Gemeinwesen unmittelbar nach dem Zweiten Weltkrieg und somit auf einen spezifischen historischen Kontext.[3] Ihre Überlegungen beinhalten ein klassisch modernes Konzept, das die Dimension der nationalen Identität mit dem Recht verbindet und diese Assoziation zur entscheidenden Grundlage sozialer Integration macht. Die Legitimationsquelle von Rechten erwächst in diesem Konzept aus der Staatsangehörigkeit, d.h. universale Rechte werden im Rahmen des Nationalstaats erworben. Diesem Konzept liegt ein Gesellschaftsmodell zu Grunde, dessen Außengrenze räumlich-territorial bestimmt ist und dessen interne Kohärenz über einen gemeinsamen Wertekonsens hergestellt wird (vgl. Luhmann 1997: 27ff., 78ff.).

Niklas Luhmann nimmt in seiner politischen Theorie des Wohlfahrtsstaats ebenfalls Bezug auf Marshall. Für seine Bildung des Begriffs der Inklusion lehnt er sich an

---

2 Die Beschäftigung mit den Staatsbürgerrechten vor allem in Bezug auf den Wohlfahrtsstaat geht auf dieses Konzept von Marshall zurück, vgl. zur Übersicht das bibliographische Nachwort von Elmar Rieger in der deutschen Ausgabe von Marshalls Aufsatz (1992: 189–195).

3 Jo Shaw (1998: 256) betont den historischen Kontext der wohlfahrtsstaatlichen Formulierung von Rechten: „Under this view (Marshalls', T.W.), the welfare state of the postwar era appears to represent a final stage of achievement of citizenship rights". Marshall selbst sah seine Rekonstruktion der Bürgerrechte „eindeutig mehr durch die Geschichte als durch die Logik bestimmt" (Marshall 1992: 40).

Marshalls Aufsatz über Staatsbürgerrechte an, und wie Parsons knüpft er an die von Marshall bestimmten drei Phasen an, die er als Binnendifferenzierung des politischen Systems formuliert. Im Unterschied zu seinen beiden Vorgängern verwendet Luhmann indes kein normatives Modell der sozialen Integration. Bei ihm meint Inklusion, die in der modernen differenzierten Gesellschaft die Sozialintegration ersetzt, „die Einbeziehung der Gesamtbevölkerung in die Leistungen der einzelnen gesellschaftlichen Funktionssysteme" (Luhmann 1981: 25). Inklusion entsteht in dem Maße, wie die ständisch geschichtete Gesellschaft sich auflöst und an ihre Stelle neue Zugangsregeln zu den Funktionssystemen treten. Bei Luhmann ist die Staatsbürgerschaft eine Form der politischen Inklusion, welche die Einbeziehung in das Funktionssystem der Politik bezeichnet (vgl. Stichweh 1998b), jedoch nicht einen Wertekonsensus enthält, über den nationale Solidarität hergestellt wird. Mit anderen Worten unterstellt Luhmanns Auffassung politischer Inklusion nicht eine Kongruenz von Recht, Identität und Nation. Sein gesellschaftstheoretisches Konzept geht über die klassisch moderne Ineinssetzung von Gesellschaft und Nationalstaat hinaus (Luhmann 1970a, 1970b, 1971, 1997, 2000).

Was unterscheidet nun die Konzeptualisierung der Staatsbürgerschaft bei Marshall und Parsons von den Vorstellungen in gegenwärtigen soziologischen Analysen der Bürgerschaft? Neuere Untersuchungen kommen zu dem Ergebnis, dass die Staatsbürgerschaft als Klammer für nationale Solidarität auch empirisch problematisch geworden ist. Diese Studien beobachten eine Entkoppelung von nationaler Zugehörigkeit und institutioneller Einbindung, und zwar einen tief greifenden Wandel des Verhältnisses von Identität, Territorium und Rechten (Cohen 1999; Held 1995; Jacobson 1996; McNeely 1998; Shaw 1998; Soysal 1994, 1996). In diesem Zusammenhang wird die Emergenz der neuen Institution der europäischen Bürgerschaft (Meehan 1993; Preuß 1995; Preuß und Requejo 1998; Shaw 1998; Wiener 1998) diskutiert und entsprechende neue Formen der Mitgliedschaft, deren Legitimationsquelle nicht mehr allein der Nationalstaat ist.

Anders als Marshall, demzufolge die Entfaltung der Staatsbürgerrechte mit dem Prozess der territorialen Homogenisierung und der Zugehörigkeit zum Nationalstaat einherging, beschreiben diese Studien einen umgekehrten Vorgang, nämlich einen Prozess der Deterritorialisierung und Dissoziation. Der gegenwärtige Wandel der Staatsbürgerschaft manifestiert sich in der Bedeutung grenzüberschreitender Handlungen, in der zunehmenden Abhängigkeit von internationalen Rechtsinstituten auf europäischer und globaler Ebene sowie in der Inkongruenz von Territorium und Identität. Die EU hat seit 1992 in dem Vertrag von Maastricht mit dem doppelten Status der nationalen und der europäischen Bürgerschaft entscheidende Schritte in diese Richtung bereits getan (Closa 1992; Shaw 1998; Wiener 1998).

Nationalstaatliche Gemeinwesen entstanden in Europa, indem die politische Gemeinschaft sich auf einer gemeinsamen territorialen Basis herausbildete (Bendix 1964; Schulze 1994; Schieder 1985). Diese territoriale und institutionelle Aggregation von politischer Herrschaft, rechtlicher Verfassung und gesellschaftlicher Selbstdefinition löst sich auf. Die Dissoziation geht mit der Verringerung der Steuerungskapazität des Nationalstaats einher, „weil die Reichweite seines Handelns territorial begrenzt, die Adressaten seiner Politik aber transnational beweglich oder gar exterritorial verankert sind"

(Jachtenfuchs und Kohler-Koch 1996: 22). Insbesondere die Migration hat in Europa zu der Situation geführt, dass ein relevanter Teil der Wohnbevölkerung nicht zur Gruppe der Staatsangehörigen zählt und somit auch nicht an den Verfahren von Gesetzen beteiligt sind, die sie betreffen.

In den letzten Jahrzehnten haben viele westeuropäische Länder ihre Staatsangehörigkeitsbestimmungen reformiert, während im Zuge der europäischen Integration die Unions-Bürgerschaft institutionalisiert worden ist. Diese Prozesse werden in der Literatur unterschiedlich gedeutet und erklärt (vgl. Feldblum 1998). Einige Positionen argumentieren, dass das traditionale Konzept der nationalen Staatsbürgerschaft sich auflöst und postnationale Trends entstehen, wobei unterschiedliche Auffassungen über die postnationalen Entwicklungen bestehen (Bauböck 1994; Hammar 1990; Soysal 1994). Demgegenüber sehen andere Positionen in der europäischen Nachkriegsentwicklung eine Ausnahme, veranschlagen die Migration als ein Randproblem und behaupten im Gegenteil eine hohe Persistenz des nationalen Bürgerschaftsmodells (Brubaker 1994; Joppke 1998b, 1999a, 1999b). Im Folgenden sollen zunächst die neuen Komponenten der Unions-Bürgerschaft diskutiert werden, um im Anschluss wieder auf die Frage der Erklärung zurückzukommen.

III. Die Koexistenz nationaler und supranationaler Bürgerschaft

Bezogen auf die klassische Auffassung von Staatsbürgerschaft stellt die Existenz der europäischen Bürgerschaft ein Paradox dar. Für Marshall und Parsons bildete die Staatsbürgerschaft den gemeinsamen Status der Mitglieder eines politischen Gemeinwesens in der Form des nationalen Territorialstaates und zog damit die Außengrenze. Die EU kann indes nicht als ein Staat angesehen werden, und die EU-Bürgerschaft gründet nicht auf der Mitgliedschaft in einer europäischen Nation, sondern auf der Zugehörigkeit zu den Mitgliedstaaten. Sie ist also weder durch Nationalität bestimmt, noch ersetzt sie die nationale Identität. Die Mehrebenen-Mitgliedschaft der Europäischen Unionsbürgerschaft verknüpft auf nationaler Grundlage erworbene Rechtsansprüche mit der Legitimationsquelle des supranationalen Status.

Für die Unionsbürgerschaft ist zunächst einmal charakteristisch, dass sie auf keiner geschriebenen Verfassung beruht. Alle Rechte dieser Bürgerschaft sind in den EU-Verträgen enthalten oder sie sind durch Entscheidungen des Europäischen Gerichtshofes geschaffen worden (vgl. Meehan 1993; Reich 1997, 1999; Wiener 1998). Für die Unionsbürgerschaft trifft damit zu, was auch den Unterschied anderer EU-Institutionen und Organisationen zu nationalstaatlich demokratisch verfassten Verfahren ausmacht: „Mit Bedacht sieht das europäische Vertragswerk keine Gesetze, sondern nur ‚Verordnungen' und ‚Richtlinien' vor, was auch dem vorwiegend regulativen und administrativen Charakter der europäischen Rechtsschöpfung entspricht" (Bach 2000: 153f.; vgl. Grimm 1995; Habermas 1996: Teil III; La Torre 1998; Lepsius 1995). Die bürgerlichen und politischen Rechte sind weitgehend in den Verträgen, die sozialen Rechte in der Sozial-Charta festgehalten, wobei die letzteren vor allem auch durch Verwaltungshandeln und die Entscheidungen des Europäischen Gerichtshofes entwickelt werden.

Die Koexistenz nationaler und supranationaler Bürgerschaft

Die Unionsbürgerschaft ist mit dem Vertrag von Maastricht 1992 (Vertrag über die Europäische Union: EU-Vertrag 1998) eingeführt und um weitere Rechte ergänzt worden (Closa 1992). Neben einem von Erwerbstätigkeit unabhängigen Aufenthaltsrecht haben Unionsbürger in allen Mitgliedstaaten das Wahlrecht zum Europäischen Parlament und das Kommunalwahlrecht, in Drittstaaten den diplomatischen Schutz durch andere EU-Staaten und ein Petitionsrecht beim Europäischen Parlament und dem von ihm eingesetzten Bürgerbeauftragten (Art. 18–22 EU-Vertrag). Staatsbürger eines Mitgliedstaats können in anderen Mitgliedstaaten unter Berufung auf übergeordnetes Gemeinschaftsrecht zunehmend Rechte geltend machen und gegebenenfalls vor dem Europäischen Gerichtshof einklagen (vgl. Reich 1999).

Im Unterschied zur nationalen Bürgerschaft erfüllt die Unionsbürgerschaft die grundlegenden Kriterien (vgl. Grawert 1973: 232ff.) für eine Rechtsbeziehung zwischen Staat und Staatsangehörigem nicht (Hobe 1993; Hoffmann 1998a). Denn sie ist von der Bürgerschaft der Mitgliedstaaten abhängig und über deren Staatsangehörigkeit vermittelt: „Unionsbürger ist, wer die Staatsangehörigkeit eines Mitgliedstaats besitzt" (Art. 17 EU-Vertrag). Der ergänzende und weitgehend indirekte Charakter dieser neuen Form der Bürgerschaft wird mit dem Amsterdamer Vertrag (1997, seit Mai 1999 in Kraft) noch einmal ausdrücklich formuliert: „Die Unionsbürgerschaft ergänzt die nationale Staatsbürgerschaft, ersetzt sie aber nicht" (Art. 17 EU-Vertrag). Die Unionsbürgerschaft stellt also einen indirekten Status der Mitgliedschaft dar. Das Kriterium der Unmittelbarkeit zwischen Staatsangehörigen und Union ist in der Form der Unionsbürgerschaft nicht gegeben.

Des weiteren bezieht sich die europäische Bürgerschaft im Unterschied zur nationalen Staatsangehörigkeit nicht auf einen Nationalstaat, sie knüpft weder an ein eigenes Hoheitsgebiet noch an eine eigene Identität an. In Art. 17 heißt es: „Die Union achtet die nationale Identität ihrer Mitgliedstaaten". Da der Vertrag nicht von einem Staatsterritorium der Union, sondern vom Hoheitsgebiet der Mitgliedstaaten spricht, existiert keine Rechtsbeziehung zwischen den Unionsbürgern und einem Territorium der Union. Schließlich beinhaltet die Unionsbürgerschaft keine einzigartige und exklusive Rechtsbeziehung, wie sie im Fall der nationalen Staatsbürgerschaft existiert.

Die Unionsbürgerschaft ist also nach den Kriterien und mit dem Konzept der nationalen Bürgerschaft nicht angemessen zu beschreiben. Auch für sie gilt, was für die anderen Institutionen des europäischen Systems bereits festgehalten worden ist: Die Nationalstaatlichkeit gibt die Leitorientierung für eine Institutionenbildung ab, welche sich gegenüber eben dieser Staatlichkeit verselbständigt und perspektivisch deren Grundlagen demontiert (Bach 2000: 87).

Für die Beschreibung dieser emergenten Form politischer Mitgliedschaft sind verschiedene historische und internationale Vergleiche gewählt worden (vgl. de Groot 1998; Hobe 1993; Hoffmann 1998a, 1998b). Stephan Hobe unterstreicht die Parallele zum Indigenat des Norddeutschen Bundes (1867–1870), das später in die Verfassung des Deutschen Reiches übernommen worden ist.[4] Das Indigenat knüpfte an die Ver-

---

4 Der Wortlaut des Art. 3 der Verfassung des Norddeutschen Bundes lautet: „Für den ganzen Umfang des Bundesgebietes besteht ein gemeinsames Indigenat mit der Wirkung, dass der Angehörige (Unterthan, Staatsbürger) eines jeden Bundesstaates in jedem anderen Bundesstaate als Inländer zu behandeln und demgemäß zum festen Wohnsitz, zum Gewerbebetriebe, zu öf-

schiedenheit der Rechtspositionen der Landesangehörigen in den einzelnen Bundesstaaten an und sollte dazu führen, dass die Angehörigen jedes Bundesstaats als Inländer behandelt wurden (vgl. dazu Grawert 1973: 175ff.; 200ff.). Auch auf der europäischen Ebene wird durch die Anknüpfung an diese Verschiedenheit der staatlichen Rechte „eine Inländerbehandlung für alle europäischen Bürger überall im Gebiet der Union in Bezug auf bestimmte Rechte wie Aufenthalt und namentlich Wahlrecht festgelegt" (Hobe 1993: 259).

Rainer Hoffmann spricht im Fall der gleichzeitigen nationalen und europäischen Bürgerschaft von „a special kind of an *Indigénat*, a ‚European *Indigénat*'" (Hoffmann 1998a: 163). Das entscheidende gemeinsame Merkmal des Indigenats und der Unionsbürgerschaft liegt ihm zufolge darin, dass „both legal statuses provide for a right to take up residence on the territory of all the ‚Member States' and to be treated there, as regards most economic rights, as if they were citizens of that ‚Member State'" (ebd.: 163).

Die Unionsbürgerschaft stellt gegenüber dem nationalstaatlichen Bürgerschaftsmodell daher ein gewisses Paradox dar. Denn sie bildet sich auf der Basis der nationalen Staatsangehörigkeit und lehnt sich in der Genese an das Konzept der Nation an. Sie unterscheidet sich von diesem indes, da sie die Kriterien der Staatlichkeit (Unmittelbarkeit, Personalität, Kontinuität, Ausschließlichkeit, Effektivität) in der Verknüpfung von Recht, Identität, Nation nicht erfüllt, sondern als indirektes und abgestuftes Mitgliedschaftsmodell neue Komponenten einführt. Dieser neue Charakter besteht allerdings nicht nur in der Verselbstständigung gegenüber der nationalen Ebene. In der Verschränkung von nationaler, supranationaler und internationaler Ebene liegt eine weitere neue Dimension. Die Einführung der Unionsbürgerschaft reflektiert dementsprechend die Verschiebung von Relevanzebenen der Mitgliedschaft vor allem unter zwei Gesichtspunkten.

1. Die Unionsbürgerschaft verleiht allen Mitgliedern der EU-Staaten, unabhängig von ihrem Wohnort, bestimmte Rechte gegenüber der Gemeinschaft und den Mitgliedstaaten. Damit erhalten die Bürger der EU einen legalen Status, der nicht auf einer gemeinsamen europäischen Nation gründet. In ihrer Prozessrichtung entkoppelt diese Form der indirekten Mitgliedschaft politische Inkorporation von der Nationalität und etabliert eine neue direkte Rechtsbeziehung zwischen den Bürgern und den Organen der Gemeinschaft. Es handelt sich somit um die Koexistenz verschiedener Mitgliedschaften mit nationalem und supranationalen Bezug, nicht aber um doppelte, duale oder multiple Staatsangehörigkeit.

Artikel 19 des EU-Vertrags formuliert die Gleichstellung zwischen den EU-Bürgern, d.h. jeder EU-Bürger befindet sich in einem Mitgliedstaat unter denselben Bedingungen wie die Staatsangehörigen dieses Landes. Beim Europäischen Gerichtshof hat Generalanwalt Leger die Perspektive der Unionsbürgerschaft weitgehend ausgelegt: „In letzter Konsequenz soll dieser Begriff eine völlige Gleichstellung der Unionsbürger

---

fentlichen Ämtern, zur Erwerbung von Grundrechten, zur Erlangung des Staatsbürgerrechts und zum Genusse aller sonstigen bürgerliche Rechte unter denselben Voraussetzungen wie der Einheimische zuzulassen, auch in Betreff der Rechtsverfolgung und des Rechtsschutzes demselben gleich zu behandeln ist" (nach Hobe 1993: Fn. 49).

unabhängig von ihrer Nationalität ermöglichen" (nach Reich 1999: 426; Shaw 1998: 248f.). In dieser Auslegung wird eine politische Partizipation auf der Grundlage der Gleichheit zwischen Staatsangehörigen und Nicht-Staatsangehörigen-EU-Bürgern anvisiert, die neue Komponenten der Institutionalisierung politischer Rechte einführen könnte (Wiener 1998: 284).

2. Die Mitgliedstaaten haben sich das exklusive Recht vorbehalten, die Bedingungen der Staatsangehörigkeit weiterhin selbst zu bestimmen. Allerdings wird dieses Recht nicht ohne Kontrolle ausgeübt, sondern mit Rücksicht auf die Gemeinschaftsprinzipien der EU und das internationale Recht (vgl. O'Keeffe und Bavasso 1998: 259; Oliveira 1998). Dies ist der Zusammenhang, in dem sich ebenfalls Orientierungshorizonte verschieben und Relevanzebenen, die durch Mitgliedschaft miteinander verknüpft sind. Die souveränen Mitgliedstaaten sind in der Verleihung der Staatsangehörigkeit an das Gemeinschaftsrecht und das internationale Recht gebunden: So etwa, wenn Staatsangehörigkeitsregeln das Gemeinschaftsrecht verletzen, wie die Ausbürgerung aus rassischen oder religiösen Gründen, oder wenn Staaten Staatsangehörigkeitsgesetze und -maßnahmen erlassen, die gegen fundamentale Menschenrechte verstoßen (Hoffmann 1998a).

Im Hinblick auf die nationale Bürgerschaft stellt die Unionsbürgerschaft eine Form der Mitgliedschaft dar, die in die Richtung eines gleichen Rechtsstatus weist, der sich gegenüber der nationalen Zugehörigkeit verselbständigt. Hieraus ergeben sich wiederum Bindungen an das Gemeinschaftsrecht und das internationale Recht, die den Handlungsradius von Nationalstaaten beschränken. Unionsbürger sind auf Grund ihres Rechtsstatus durch die Grundrechte und internationales Recht geschützt. Mit welchen Modellen kann diese neue Form der Mitgliedschaft beschrieben werden?

Für Hobe und Hoffmann kommt die Unionsbürgerschaft als Beispiel einer abgestuften Integration (Hoffmann 1998a: 163) dem *Indigenat* in der deutschen Rechtstradition am nächsten. Denn es handele sich hier um den Fall, dass Staaten ihre Staatsangehörigkeit aufrecht erhalten, aber den Angehörigen der anderen Staaten auch einen legalen Status garantieren wollen. Das *Indigenat* sei auf den Prozess der europäischen Integration zu beziehen, da es die Koexistenz verschiedener Mitgliedstatu berücksichtige, die durch die Verschränkung nationaler und supranationaler Ebenen entstanden sind. Die Struktur der mit der Unionsbürgerschaft beschriebenen Rechtsbeziehung ist für Hobe die des *europäischen Indigenats* in dem Sinne eines „Gleichstellungsstatus der Europabürger" (Hobe 1993: 267).

Das historische Konzept des *Indigenats* weist als Form der Inkorporation wiederum die grösste Ähnlichkeit zu dem des *denizenship* auf. Denn in beiden Fällen wird ein Status zwischen dem der Staatsangehörigen und dem der Ausländer beschrieben, und in beiden Fällen bildet die Ortsorientierung des Wohnorts bzw. des Aufenthalts die ausschlaggebende Komponente.[5] Im Unterschied zum Status der Staatsangehörigkeit

---

5 Garot (1998) diskutiert den Unterschied zwischen *residence* und *domicile* und macht darauf aufmerksam, dass im internationalen Recht *residence* bislang noch nicht genauer definiert worden ist, obwohl diese Bezeichnung gerade auch im Zusammenhang mit *free movement* grundlegend ist. *Residence* ist Garot zufolge bislang von Fall zu Fall geklärt, doch nicht grundlegend präzisiert worden. Daher liegen keine Bestimmungen vor, die dem EU-Recht dienen könnten. Obwohl *residence* eine entscheidende begriffliche Komponente der Unionsbürgerschaft ist, hat

stellt der des *Indigenats* und des *denizenship* nicht eine Mitgliedschaft auf Grund nationaler Zugehörigkeit dar, sondern eine gleiche Rechtsstellung von Nicht-Staatsangehörigen auf Grund des langen Aufenthalts in einem Gemeinwesen.

Der Mitgliedstatus des *denizenship* ist von Hammar (1990: 15) für Personen konzipiert worden, „who are foreign citizens with a legal and permanent resident status".[6] Der *denizen* ist ein Einwohner, der einen langfristigen legalen Niederlassungsstatus hat und unter verschiedenen Gesichtspunkten Mitglied eines Gemeinwesens ist, ohne über die vollen politischen Partizipationsrechte zu verfügen. Als *denizen* ist die Mitgliedschaft nicht über Nationalität, sondern über einen gesicherten Aufenthaltsstatus bestimmt, als Einwohner (*resident*) verfügt ein *denizen* über weitgehend gleiche Rechte wie die Staatsangehörigen. *Denizens* haben einen Status zwischen *citizens* und Ausländern. Sie sind in den Wohlfahrtsstaat inkorporiert und können z.T. politische Rechte etwa auf kommunaler Ebene wahrnehmen. Der Status des *denizen* reflektiert in Europa eine Entwicklung, die sich von einem vollendeten und homogenen Status, der auf den nationalen Territorialstaat bezogen ist, in Richtung auf ortsbezogene und abgestufte Mitgliedstatu bewegt.

Die ortsorientierte Komponente der Unionsbürgerschaft bezieht sich zum einen auf die Freizügigkeit der Angehörigen der EU-Mitgliederstaaten. Die Marktmobilität in Europa, insbesondere im Rahmen der EU, hat die Entwicklung von einem gemeinsamen Wirtschaftsraum zu einer politischen Union ermöglicht. Das Aufenthaltsrecht in der gesamten Union, das ursprünglich einen wirtschaftlichen Zweck hatte, ist zu einem politischen Recht geworden. Im Laufe dieser Entwicklung weiteten sich die Rechtsansprüche der Freizügigkeit von Arbeitnehmern und der Niederlassungsfreiheit von Selbständigen (Art. 39ff. und 43ff. EU-Vertrag) zu Rechten aus, die von ihrem wirtschaftlichen Bezug getrennt wurden und eine Bürgerschaft begründeten (Hobe 1993; Meehan 1993).

Das aktive und passive Europa- und Kommunalwahrecht stellt einen Grenzfall zwischen nationaler und supranationaler Mitgliedschaft dar, nämlich „eine erste und nicht unwesentliche Auflockerung der bisher vorhandenen fast vollständigen Mediatisierung des Marktbürgers durch seinen Heimatstaat in seinem Verhältnis zur Europäischen Union" (Hobe 1993: 255). Die Artikel 17–22 EU-Vertrag enthalten die entscheidenden politisch partizipativen Rechte für Unions-Bürger und deren Zugang zum Stimmrecht. Für Bürger, die keine Staatsangehörigen ihres Aufenthaltslandes sind, wird es durch diesen Artikel erstmals möglich, auf der kommunalen Ebene an Wahlen in dem Land ihres Aufenthalts teilzunehmen.[7] Die Staatsangehörigkeit zum Mitgliedstaat

---

die Europäische Kommission keine Definition ausgearbeitet, sondern überlässt diese den Mitgliedstaaten.

6 Denizen ist ein englischer Begriff, der bis in die 1840er Jahre benutzt wurde für „an alien to whom the sovereign has by letters of patent under the prerogative granted the status of a British subject", dem aber nicht erlaubt war, „to hold public office or obtain a grant of land from the Crown" (Hammar 1990: 14). Hammar benutzt diese Bezeichnung für „denizens as privileged aliens who were not full citizens" (ebd.) nicht als historischen, sondern technischen Begriff.

7 1994 betraf dies insgesamt 5 Mio. Bürger, von denen die Italiener (1,2 Mio.), die Portugiesen (840.000) und die Iren (630.000) die drei größten Gruppen waren. Die am meisten davon betroffenen Länder waren Deutschland (3 Mio.), Frankreich (1,3 Mio.) und Großbritannien (880.000) (nach Wiener 1998: 302, Anm. 3).

bleibt zwar die Vorbedingung, aber mit dem Vertrag von Maastricht wurde „the notion of ‚place'" als neue Komponente eingeführt, „to identify where to practice this right" (Wiener 1998: 289).

Die ortsorientierte Komponente birgt zum anderen Erweiterungsmöglichkeiten für die Angehörigen von Drittstaaten. Denn Drittstaatler erhalten nicht als Bürger, aber als Personen „mit Wohnort oder satzungmäßigem Sitz in einem Mitgliedstaat" das Recht, Petitionen an das Europäische Parlament und Beschwerden an den Bürgerbeauftragten zu richten (Art. 194–195 EU-Vertrag; vgl. Oliveira 1998). Die bereits existierenden abgestuften Rechte für Personen, die keine Staatsangehörigen der Mitgliedstaaten sind, wird als ein Beispiel für „the dynamic policy development" (Shaw 1998: 297; vgl. Marin und O'Connell 1999) der Union angesehen. Im Rahmen der EU-Politik betrifft dies vor allem das Prinzip der Freizügigkeit innerhalb des gemeinsamen Marktes, nämlich die dauernde bzw. zeitlich begrenzte Möglichkeit für alle in der EU lebenden Personen, sich im gemeinsamen Markt zu bewegen.

Bemerkenswert ist nun, dass auch in den nationalen Kontexten der Mitgliedstaaten die wachsende Marktmobilität, insbesondere in ihrer Form der Arbeitsmigration, dynamische Prozesse angestoßen hat. Parallel zur Entwicklung der Unionsbürgerschaft haben in den Mitgliedstaaten unterschiedliche Reformulierungen von Staatsangehörigkeitsgesetzen und Einbürgerungsregelungen stattgefunden (Feldblum 1998; Joppke 1998a, 1999a). Das reformierte Staatsangehörigkeitsgesetz der Bundesrepublik Deutschland ist ein Beispiel dafür, dass – wie bei der Unionsbürgerschaft – die Komponenten des Ortsbezugs und der Aufenthaltsdauer als neue Elemente institutionalisiert worden sind.

Im Unterschied zum Grundsatz der Abstammung als Einbürgerungsprinzip sieht das reformierte Gesetz den Erwerb der Staatsangehörigkeit nun ebenfalls bei Geburt auf dem Territorium der Bundesrepublik Deutschland vor (vgl. zum folgenden Wobbe und Otte 1999). Ist ein Elternteil über acht Jahre in Deutschland und verfügt über einen qualifizierten Aufenthaltsstatus, erhält das Kind automatisch die deutsche Staatsangehörigkeit. Bis spätestens zum 23. Lebensjahr wird die doppelte Staatsbürgerschaft hingenommen. Die Einführung von *ius soli*-Elementen ist der bislang deutlichste Bruch mit dem vormals hoch institutionalisierten Herkunftsprinzip (Abstammung, *ius sanguinis*) (vgl. Beauftragte 1999). Der Grundsatz der Abstammung, der 1913 mit dem Reichs- und Staatsangehörigkeitsgesetz (Brubaker 1994) etabliert wurde, blieb bis Anfang der 90er Jahre weitgehend unangefochten, sodass Einbürgerungen von Migranten zwar im Prinzip möglich, aber deutlich als Ausnahme konzipiert waren (vgl. Wobbe und Otte 2000).

Die weitestgehende Neuerung des Gesetzes dokumentieren die Kriterien der Kompetenz der deutschen Sprache und des Bekenntnisses zur Verfassung als Bedingung für die Einbürgerung. Hierdurch sind in Deutschland erstmals die neuen Komponenten Ortsbezug und Aufenthaltsdauer institutionalisiert worden, mit denen der Rechtsanspruch auf Personen erweitert wird, die weder durch das Element der Consanguinität noch das der Kultur qualifiziert sind. Diese Reform stellt insofern eine Reinstitutionalisierung dar, als neben dem Kriterium der Abstammung das des Aufenthalts und des Alters eingeführt und auf diese Weise der veränderten Struktur der Wohnbevölkerung Rechnung getragen wurde (vgl. Wobbe und Otte 2000).

Nicht nur in der Koexistenz nationaler und supranationaler Bürgerschaft in Europa manifestiert sich eine Dynamik von Zugehörigkeit und Inkorporation, die verschiedene und abgestufte Grade sowie neue Komponenten der Mitgliedschaft enthält. Das deutsche Beispiel legt nahe, dass diese Dynamik auch im Rahmen nationaler Staatsangehörigkeitsregeln wirksam ist und zur supranationalen Ebene in Wechselwirkung steht.[8]

Die Erwartungen hinsichtlich eines deutlichen Ausbaus der Unionsbürgerrechte haben sich mit dem Vertrag von Amsterdam zwar nicht erfüllt. Und die Bewertungen des politisch-partizipativen Potenzials der Unionsbürgerschaft fallen gewiss unterschiedlich aus (vgl. Preuß 1995; Reich 1997; Rossas und Antola 1995). Die postnationale Prozessrichtung dieser Institution – die sich von der nationalstaatlichen Form der Mitgliedschaft löst –, wird indes weitgehend betont, nämlich „to be *en route* to suggesting or describing a form of post-national membership which is radically different to a (nation)-statist concept of citizenship" (Shaw 1998: 296; vgl. ebenfalls Closa 1992; Feldblum 1998; Meehan 1993; Hobe 1993; Preuß 1995; Shaw 1997; Wiener 1998). Die postnationale Form der Mitgliedschaft entkoppelt politische Inkorporation und Nationalität. Wie im Folgenden argumentiert wird, impliziert dieses Verständnis postnationaler Mitgliedschaft keineswegs das Ende bzw. die Dysfunktionalität des Nationalstaats und seiner Bürgerschaftsinstitution. Die These ist vielmehr, dass nationale Bürgerschaft als einziger und spezifischer Status sich wandelt und daneben weitere Formen der Mitgliedschaft treten, deren Rechte nicht ausschließlich auf Grund von Staatsangehörigkeit legitimiert sind.

Welche Bedeutung haben diese Veränderungen für die Bürgerschaftsinstitution, die bei Marshall und Parsons die Integrationsfunktion im Nationalstaat zu erbringen hat? Welche Faktoren bewirken den Strukturwandel des Nationalstaats und ändern die Legitimationsgrundlage von politischen Institutionen und Bürgerrechten? Im folgenden Abschnitt werden theoretische Ansätze aus der Soziologie genutzt, die diese Dynamik über eine binnenorientierte Perspektive hinaus im globalen Erwartungshorizont konzipieren.

IV. Der Nationalstaat in der Weltgesellschaft

In der soziologischen Forschung liegt inzwischen eine Bandbreite von Studien vor, die sich mit globalen Problemen, also mit Phänomenen der Weltgesellschaft beschäftigen.[9]

---

8 Auf der Ebene staatlicher Politik bezog sich die Reformdiskussion des Staatsangehörigkeitsrechts sowie des Einwanderungs- und Asylrechts in den 90er Jahren explizit auf Standards und Vorgaben der EU. Die Konvergenzen und Divergenzen in der Prozessrichtung der Gesetzesreformen westeuropäischer Länder diskutieren unter dem Gesichtspunkt der Migration Feldblum (1998) und Joppke (1998b, 1999a, 1999b). Die Untersuchung der Einbürgerungswünsche von Migranten gibt Hinweise darauf, dass der Unterschied im Status des EU-Bürgers und des Nicht-EU-Bürgers auf die Einstellungs- und Handlungsebene Effekte hat (vgl. Wobbe und Otte 2000; Söhn 2000).

9 Weit verbreitet ist die Vorstellung von Globalisierung als einem weltweiten Prozess der Entgrenzung (Giddens 1990; Robertson 1992), insbesondere werden ökonomische Globalisierung und soziale Spaltung (Altvater und Mahnkopf 1997), globale Finanzmärkte und *global cities* (Sassen 1996), ökonomisch-politische Herrschaftsstrukturen (Wallerstein 1974) sowie interna-

Im Unterschied zu Globalisierungsansätzen beschränken sich Konzepte der Weltgesellschaft nicht auf ein Funktionssystem wie das der Politik oder der Ökonomie. Sie postulieren vielmehr eine emergente Ebene der Sozialorganisation, die nicht eine Addition, sondern eine Transzendierung von Nationalstaaten darstellt. Die Vorstellung von der Weltgesellschaft enthält den Gedanken, dass eine weltweite Dynamik existiert, die für die Interaktion und Kommunikation individueller und kollektiver Akteure einen Erwartungshorizont darstellt. Danach existiert eine globale Ebene der Sozialorganisation, ein umfassendes soziales System, das Nationalstaaten transzendiert und auf diese zurückwirkt (Heintz 1982; Luhmann 1997; Meyer et al. 1997; dazu Wobbe 2000).

Die Staatsangehörigkeit stellt für Konzepte der Weltgesellschaft einen interessanten Fall dar, um die Frage zu untersuchen, wie sich die Reproduktionsmechanismen und -bedingungen von Institutionen im globalen Erwartungshorizont verändern. Denn die Staatsangehörigkeit befindet sich an der Schnittstelle von zwei Ebenen der Sozialorganisation: Sie stellt eine Institution des Nationalstaates dar, der selbst wiederum Segment der Weltgesellschaft ist. Die Staatsangehörigkeit ist daher ein gutes Beispiel für „Prozesse des Spannungstransfers" (Heintz 1982: 30f.), nämlich dafür, wie sich die Relevanzen verschiedener Systemebenen verschieben, die durch Mitgliedschaft miteinander verknüpft sind.

Im Unterschied zu anderen Studien (Albrow 1998; Beck 1997, 1998) steht bei weltgesellschaftlichen Ansätzen daher nicht die Schwächung des Nationalstaates im Vordergrund, sondern die Wechselwirkung zwischen verschiedenen Systemen, die im Fall der Bürgerschaft die Form globaler, regionaler und nationaler Bezüge annehmen. In dieser Sicht besteht für die politische Soziologie konzeptionell das innovative Potenzial weltgesellschaftlicher Analysen wohl darin, den Nationalstaat als einen Adressaten der Weltgesellschaft zu konzipieren und den Staat entsprechend als eine zentrale Organisationsform aufzufassen, die übergreifende globale Prozesse generiert (Meyer 1980; Luhmann 1998, 2000).

Für Luhmann (vgl. Wobbe 2000: 40ff.) entwickelt sich Weltgesellschaft über funktionale Differenzierung, die Systembildung der Organisation und über Verbreitungsmedien. Auf Grund der Binnendifferenzierung der Teilsysteme stellen nicht mehr territoriale Einheiten den Bezugsrahmen dar, sondern das Gesamt der Kommunikation. Die moderne Gesellschaft ist daher, gestützt auf die primäre Form funktionaler Differenzierung, nach' Luhmann nur als Weltgesellschaft zu denken. Entsprechend ist für ihn ein räumlicher Gesellschaftsbegriff „theoretisch nicht mehr satisfaktionsfähig" (Luhmann 1997: 31).

Das weltpolitische System ist – wie auch Weltwirtschaft, Weltwissenschaft, Weltmedien oder weltweite Familienbeziehungen – auf der Basis von Funktionsdifferenzierung ein Subsystem des Gesellschaftssystems, dessen Teilsysteme global operieren. Intern differenziert sich das weltpolitische System segmentär (als Zweitdifferenzierung) in

---

tionale Beziehungen (Brock et al. 1996; Zürn 1998) behandelt. Sassen (1998: 345) resümiert die zuweilen reduktionistische Diskussion über Globalisierung treffend: „Der aktuellen Diskussion um Globalisierung liegen zwei Vorstellungen zu Grunde: Zum einen die eines Nullsummenspiels, in dem die globale Ökonomie das gewinnt, was der Nationalstaat verliert, und umgekehrt. Zum anderen jene, dass es sich bei allem, was auf einem nationalen Territorium geschieht – sei es ein Geschäftsvorgang oder eine juristische Entscheidung – um ein nationales Ereignis handelt."

Territorialstaaten, d.h. in gleichartige und gleichrangige Teile. Auf der Grundlage dieser Binnendifferenzierung setzen sich nach Luhmann weltweite Trends durch, wie die Einbeziehung der Gesamtbevölkerung in das Hoheitsgebiet des Staates, wohlfahrtsstaatliche Verpflichtungen, Rechtsnormen etc.

Nationalstaaten haben in dieser Perspektive die Funktion, globalisierende Einflüsse auf der Ebene der kollektiv bindenden Entscheidungen zu limitieren bzw. für die eigenen regionalen Bedingungen zu adaptieren (Luhmann 1998). Unter weltpolitischen Bedingungen sieht Luhmann also die Funktion von Nationalstaaten in ihrer organisierenden Fähigkeit, intern und extern effektiv und durchsetzungsfähig zu sein. Der Nationalstaat erweist sich als Schubkraft globalisierender Entwicklungen, indem er zu Standardisierungen beiträgt und damit weltgesellschaftliche Perspektiven durchsetzt. Luhmanns Argument lautet, dass Nationalstaaten als Teile der Weltgesellschaft in Bezug auf die Form ihrer Staatlichkeit und auf ihre organisierende Kommunikationskompetenz gleich sind, während sie sich intern in der Realisierung der Politikfunktion unterscheiden.

Hier liegt eine enge Koppelung zum *World Society*-Konzept vor, das Luhmanns differenzierungstheoretisches Argument institutionentheoretisch plausibilisiert, insbesondere auf dem Gebiet der Rechtsnormen (vgl. Wobbe 2000: 26ff., 40ff., 66ff.). Auf Grund dieses Forschungsschwerpunkts erweist sich das *World Society*-Konzept für Diskussionen über Bürgerschaft und Mitgliedschaftsmodelle als anregend. Die Weltgesellschaft ist John W. Meyer zufolge nach einem Bauplan konzipiert, dessen Komponenten aus hochgradig formalisierten Verfahren bestehen, die dazu in der Lage sind, Autorität und Legitimität zu erlangen (Meyer et al. 1997). Offensichtlich bildet Max Webers Verständnis von Ideen als Weichensteller und dessen Konzept der Rationalitätssteigerung in der Moderne (Weber 1972; vgl. Lepsius 1990) hier einen Referenzrahmen, d.h. die Weltgesellschaft wird als ein soziales System mit gemeinsamen kulturellen Regeln aufgefasst, die Legitimität erhalten.

Diesen Grundgedanken erweitert Meyer durch kognitive und konstruktivistische Ansätze, um zweierlei erklären zu können, nämlich die globale und universale Legitimität der Rationalitätskriterien Fortschritt, Gleichheit, Gerechtigkeit sowie deren Diffusion in einem weltweiten Rahmen (Strang und Meyer 1993). Für die Erklärung dieser globalen Isomorphie nutzt er Ergebnisse der institutionalistischen Organisationsforschung (Powell und DiMaggio 1991; vgl. Hasse und Krücken 1999), die verschiedene Mechanismen unterscheidet, die bei der Diffundierung und Implementierung weltweiter Regeln wirksam werden. Diese sind normativer Druck, Imitation oder Zwang. Insbesondere der letzte Mechanismus, der sich in der Bindung an Verträge und insgesamt in Rechtsnormen manifestiert, ist für Bürgerrechte und Integration (Lockwood 1971; Fuchs 1999; Rottleuthner 1999) interessant.

Dieser neo-institutionalistische Ansatz interessiert sich dafür, wie Organisationen ihre Legitimität herstellen, nämlich Strategien der *Angemessenheit* entwickeln und durch *taken-for-granted scripts*, Handlungsschemata und Routinen zu Isomorphie und Standardisierung beitragen. Der Nationalstaat stellt unter diesem Gesichtspunkt eine entscheidende Strukturform für die institutionelle Ordnung der Weltgesellschaft dar. Er ist Adressat von Erwartungen in Form internationaler Organisationen, weltregionaler Zusammenschlüsse und internationaler bzw. supranationaler Rechtsregime auf dem

Gebiet von Politik, Bildung, Umwelt etc. (Meyer 1980). Er greift diese Erwartungen auf, institutionalisiert sie und erzeugt dadurch mit seiner eigenen Autorität zugleich weltgesellschaftliche Normen. M.a.W. der Nationalstaat wird gewissermaßen zum Vollzugsorgan weltgesellschaftlicher Anforderungen und trägt zu deren Generierung bei.[10]

Die Forschungsgruppe von Meyer hat die globale Entwicklung von Nationalstaat und *citizenship* und die Differenzierung von Rechtsnormen in verschiedenen Studien bearbeitet (vgl. Wobbe 2000). John Boli zeigt in seiner Analyse der historischen Entwicklung (1870–1970) von Bürgerrechten, dass die sozialen Rechte seit 1930 in nationale Verfassungen aufgenommen wurden und nach 1945 ein rasches Wachstum aufweisen (Boli 1987). Die Ausdehnung der sozialen Rechte und ihre Differenzierung zu wohlfahrtsstaatlichen Berechtigungen (*entitlements*) vollzog sich in der zweiten Hälfte des 20. Jahrhunderts darüber, dass die Konzepte des Individuums und der Menschenrechte als globale Norm universalisiert und in der Form nationaler Wohlfahrtsregime institutionalisiert wurden (zum Menschenrechtsregime vgl. Donnelly 1993). Zu den entscheidenden Faktoren dieser strukturellen Veränderung zählt nach Boli die Entkolonialisierung und die damit verbundene Veränderung der internationalen Ordnung nach 1945.

Elizabeth McEneaney und Francisco Ramirez stellen einen Konnex zwischen der Entkolonialisierung und der Universalisierung von Bürgerrechten für Frauen her. Entgegen der verbreiteten Annahme, wonach nationale Faktoren wie z.B. Frauenbewegungen maßgeblich für die Erlangung der Bürgerrechte von Frauen gewesen sind, zeigen neuere Studien, dass die Implementierung von Frauenrechten eingebettet ist in übernationale Zusammenhänge (Ramirez und McEneaney 1997). Umgekehrt habe daher die Entkolonialisierung „constituted a window of opportunity for women's suffrage legislation" (Ramirez, Soysal und Shanahan 1997: 742; vgl. auch Berkovitch 1999).

Yasemin Soysal wendet in ihrer Studie „*Limits of Citizenship*" (1994) den Erklärungsansatz des *World-Society*-Konzepts erstmals auf den Wandel der Bürgerschaftsinstitutionen in Europa an. Ihre These lautet, dass globale Entwicklungen nach 1945 die klassischen Prinzipien der Staatsangehörigkeit in Frage gestellt haben und dass postnationale Modelle politischer Mitgliedschaft entstehen (Soysal 1994: 9, 139ff.; 1996: 182). Es sind ihr zufolge im Wesentlichen globale Faktoren, die nach 1945 Effekte auf die Formen politischer Inkorporation haben, nämlich die Restrukturierung der internationalen politischen Ordnung im Rahmen der Entkolonialisierung, der Wandel des internationalen Arbeitsmarktes und der Migration, die Entstehung weltweiter sozialer Bewegungen und die Globalisierung von Rechtsnormen.

Ihre These beruht auf der Beobachtung, dass Bewohner in den Leistungszusammenhang wohlfahrtsstaatlicher Institutionen und damit in Rechtsansprüche einbezogen

---

10 Vgl. hierzu z.B. die Politik internationaler Organisationen in Bezug auf die ökonomischen Rechte von Frauen im Bereich von Arbeitsmarkt- und Berufsregelungen (Berkovitch 1999) sowie insgesamt den weltweiten Trend zur Gleichheitsnorm. Staatliche Institutionen, die sich mit Frauenfragen und Gleichstellung befassen, existieren nicht nur in Deutschland oder der EU, sondern sind in den letzten 20 Jahren zu einem weltweiten Phänomen geworden: 1994 waren es lediglich 15 Länder, die noch keine Frauenministerien oder Gleichstellungsbüros etabliert hatten (Berkovitch 1999: 163). Zum gesamten Komplex des internationalen Menschenrechtsregimes vgl. Donnelly (1993), Herzka (1995).

sind, „that constitute the basis of citizenship" (Soysal 1994: 12; vgl. Jacobson 1996 für Mexiko und die USA). Obwohl also ein relevanter Teil der Wohnbevölkerung nicht den Status eines vollen Staatsbürgers hat, verfügt er über wichtige Komponenten staatsbürgerlicher Rechte. Dieser Sachverhalt indiziert Soysal zufolge den Übergang vom nationalen zum *post-nationalen Modell* politischer Mitgliedschaft: „The dissociation of nations from the state and identity from rights within a postnational scheme projects multiple levels of participation in a polity" (Soysal 1994: 165f.).

Demzufolge entstehen verschiedene Formen der Mitgliedschaft, die postnational sind, 1. weil sie nicht mehr ausschließlich durch den Nationalstaat, sondern auch durch supra- und subnationale sowie globale Autoritäten legitimiert werden; 2. weil sie nicht mehr einen einheitlichen legalen Status, sondern eine Pluralität von Statuspositionen aufweisen.[11] Die Grenzen der Bürgerschaft wandeln sich in dieser Sicht von einem umfassenden Status, der über Nation und Identität bestimmt ist, zu einem legalen Status, der über universalistisch orientierte Rechte geltend gemacht wird (vgl. als Überblick Boli 1998). Damit bildet nicht mehr allein der klassische Bürgerschaftsstatus der Gleichheit auf der Basis von nationaler Mitgliedschaft – wie bei Marshall und Parsons – die Grundlage der Legitimation, sondern überlagernd, verknüpfend oder konkurrierend ebenfalls ein universaler Personenstatus (Soysal 1996; vgl. Shaw 1998: 270f.).

Da der universale Personenstatus nicht über Staatsangehörigkeit legitimiert ist, können sich die daran orientierten Rechte der Kontrolle des Nationalstaats entziehen, ohne dass dieser Trend allerdings zu seinem Niedergang führt.[12] Denn der Nationalstaat wird als Akteur aufgefasst, der globale Rechtsnormen umsetzt und implementiert, d.h. er ist die Organisation, die über die infrastrukturelle Ausstattung verfügt, um exogene und endogene Erwartungen kollektiv bindend umzusetzen.

Die institutionalistische These des Wandels der Mitgliedschaft stützt sich also 1. auf die wachsende Legitimität globaler Rechtsnormen, die nicht ausschließlich durch die nationale *polity* gerechtfertigt werden; 2. auf das organisationssoziologische Argument, wonach weltweite Standards vor allem durch die Mechanismen des normativen Drucks, der Imitation und des Zwangs diffundiert werden (Powell und DiMaggio 1991). Insofern erweitert diese These den theoretischen Diskurs über Bürgerrechte und politische Inkorporation für eine innovative soziologische Perspektive.

Allerdings haben sowohl systemtheoretische als auch institutionalistische Weltgesellschaftsansätze die Wechselwirkung von globalen und lokalen, internen und externen Faktoren bislang nicht untersucht. Dieses systematische und empirische Desiderat zeigt sich auch in Bezug auf den europäischen Zusammenhang. Als weltregionales Gebilde stellt die EU eine eigene Systemebene zwischen der Weltgesellschaft und den einzelnen

---

11 Andere Autoren sprechen in diesem Zusammenhang von *world citizenship* bzw. *world citizenry* (Boli 1998: 382); dabei wird der Erwartungshorizont der Weltgesellschaft und die Korrelation von Weltbürgerschaft und Menschheit betont. In ähnlicher Absicht spricht Richard Falk (1994) von *global citizenship* und bestimmt verschiedene soziale und kulturelle Typen des *world citizens*.

12 Hier unterscheidet sich Soysals postnationale Mitgliedschaft von den Überlegungen Rainer Bauböcks (1994: 210ff., 216ff.). Dieser unterscheidet postnationale Phänomene, für die der Nationalstaat irrelevant ist, von transnationalen Phänomenen, die sich neben dem Nationalstaat entwickeln, aber diesen voraussetzen (vgl. Feldblum 1998).

Nationalstaaten dar. Die Entscheidungen und Verfahren im Rahmen der Union haben unterschiedliche Effekte auf die Politik und die Infrastruktur der Mitgliedstaaten. Im Hinblick auf die Frage nach Bürgerschaft und Mitgliedschaft erlauben komparativ angelegte Studien zur Migration Einblick in diese Dynamik interner und externer Faktoren.

Miriam Feldblum erforscht nationale Staatsangehörigkeitsgesetze und -strategien in einem europäischen Rahmen. Sie untersucht anhand verschiedener nationaler *citizenship*-Konzepte, ob von Transformationen der Bürgerschaftsinstitutionen während der letzten Jahrzehnte in Westeuropa gesprochen werden kann. Sie ist zu dem Ergebnis gekommen, „that national citizenship is being reconfigured in two distinct directions" (Feldblum 1998: 232). Zum einen beobachtet sie einen *postnationalen* Trend, nämlich Entwicklungen, „that move beyond the formal state, or where the state is no longer the sole site for citizenship" (ebd.). Zum anderen identifiziert sie *neonationale* Trends, nämlich Entwicklungen, „whose effects are to reconfigure cultural, national, and transnational boundaries to ensure closure" (ebd.). Der erste Trend erhält in den Reformen des Staatsangehörigkeitsgesetzes in Belgien, Niederlande und Deutschland Evidenz, indem dort Einbürgerung erleichtert worden ist und ortsbezogene Kriterien eingeführt worden sind. Den zweiten Trend plausibilisiert Feldblum an den Reformen, die in Frankreich und Großbritanien die kultur-nationale Komponente gestärkt haben. Unter Berücksichtigung dieser Dynamik, die unterschiedliche Prozessrichtungen aufweist, legen Feldblum zufolge Konzepte der Unionsbürgerschaft durchaus eine Basis „for a more generalized post-national membership" (Feldblum 1998: 260).

Wie auch Oliveira (1998) macht Feldblum in ihrer Analyse dabei auf die europäische Mehrebenenpolitik aufmerksam, die für Bürgerschaft und politische Inkorporation entscheidend ist. Diese Ebenen stehen in einem gegenläufigen spannungsreichen Wechselverhältnis und haben aus der Perspektive verschiedener Gruppen durchaus unterschiedliche Bedeutung. Für Unionsbürger, also Angehörige der Mitgliedstaaten, sind vor allem die politischen Konzepte der Unionsbürgerschaft sowie die Europäische Kommission, das Parlament und der Europäische Gerichtshof von Bedeutung. Für Drittstaatler stellt sich der Einfluss dagegen vor allem über intergouvermentale und staatszentrierte politische Entscheidungen im Bereich der Immigrations- und Asylpolitik dar.

Insbesondere angesichts dieser verschiedenen Einflussebenen und -faktoren werden unterschiedliche Positionen in Bezug auf postnationale Trends formuliert. Christian Joppke stellt auf der Basis seiner vergleichenden Immigrationsstudien die These einer postnationalen Form der Mitgliedschaft grundsätzlich in Frage. Er wendet ein, dass *denizens* „second-class members" (Joppke 1998b: 25; vgl. Marin 1998) seien, und fragt weiter, ob *denizenship* als postnationales Modell nicht eine neue Mitgliedschaft, sondern vielmehr einen Ausnahmefall darstelle. Bei seinem Einwand ist allerdings zu berücksichtigen, dass Joppke (vgl. auch Joppke 1999b) eine Auffassung von postnationaler Mitgliedschaft hat, die nahezu identisch mit dem Status des *denizen* ist. Demgegenüber benutzt Soysal, aber auch Feldblum (1998), Shaw (1998), Wiener (1996, 1998) u.a. postnationale Mitgliedschaft als ein deskriptives Modell, um verschiedene gegenwärtige Wandlungsprozesse zu beschreiben.

Im Gegensatz zu Soysals Konzept stellt für Joppke (1999) darüber hinaus die internationale europäische Ordnung nach 1945 nicht etwa einen allgemeinen Trend, sondern eine Ausnahmekonstellation dar. Insgesamt weist er auf der Grundlage eines Vergleichs zwischen der Migration in den Vereinigten Staaten und in Europa auf die unterschiedlichen Konzepte der Migration und der Einbürgerung hin. Schließlich lehnt er Soysals Annahme über globale Normen und die politische Bedeutung von Menschenrechtsregimen und Internationalen Organisationen für die Legitimat des universalen Personenstatus ab (Joppke 1999a: 264).

V. Ausblick

Weltgesellschaftskonzepte erweitern den Diskurs über Bürgerschaft und politische Mitgliedschaft auf den globalen Erwartungshorizont und damit auf exogene Faktoren. Die Differenzierungstheorie und das World-Society-Konzept öffnen hierbei die Perspektive auf Nationalstaaten als Segmente des weltpolitischen Systems, die eine Strukturähnlichkeit aufweisen und globalisierende Entwicklungen an ihre Bedingungen adaptieren. Daher können mit diesem theoretischen Instrumentarium die Verschiebungen zwischen Relevanzebenen analysiert werden, die durch Mitgliedschaft verknüpft sind. Institutionalistische Weltgesellschaftsansätze plausibilisieren den Vorgang mit Hilfe der Organisationssoziologie. Auf diese Weise kann der Nationalstaat in Bezug auf übergreifende institutionelle Handlungsschemata und Regeln, insbesondere in Form von Rechtsnormen, lokalisiert werden.

Der weltgesellschaftliche Ansatz ist bisher nicht systematisch auf den europäischen Rahmen bezogen worden. Die EU stellt gewiss den Fall eines weltregionalen Systems dar, an dem 1. die Interferenz von externen und internen Faktoren in Bezug auf die Rechtsstatu von Unionsbürgern sowie Drittstaatern, und 2. die Politik der Mitgliedstaaten gegenüber diesen beiden Gruppen untersucht werden sollte. Komparative Studien über Migration enthalten, wie oben dargelegt, Hinweise darauf, dass exogene und endogene Faktoren in der EU sozial relevant sind: „Overlapping citizenship rights can extend from subnational to transnational levels, and cut across several categories of citizens and foreigners" (Feldblum 1998: 238). Diese Prozessrichtung enthält Integrationspotenziale, die globale Veränderungen reflektieren.

Mit der differenzierungstheoretischen Perspektive lässt sich die Inkongruenz von Nationalstaat, *polity* und Gesellschaft erklären. Die zunehmende räumliche Mobilität und kommunikative Flexibilität von Personen kann immer weniger durch ein Modell politischer Mitgliedschaft repräsentiert werden, das auf der Assoziation von Recht, Identität und Territorium, also auf einem räumlich basierten Gesellschafts- und Integrationskonzept beruht.

Die EU-Bürgerschaft macht den Wandel der nationalen Bürgerschaft offensichtlich. Denn sie trägt nicht nur der veränderten Mobilität Rechnung. Vielmehr ist die Mobilität selbst der entscheidende Motor auf dem Weg vom *Marktbürger* zum *Unionsbürger*, und zwar durch die „gradual *de facto* extension of citizenship" (Shaw 1998: 307). In diesem Prozess vom *Marktbürger zum Unionsbürger* ist das besondere Merkmal der Genese der europäischen Bürgerschaft zu sehen. Die Einführung der Unionsbürgerschaft selbst kann als ein Schritt betrachtet werden „towards the dissociation of EC law of persons from its original economic focus in favour of a wider notion of the individual's position in society" (Hoffmann 1998a: 154).

Die Unionsbürgerschaft markiert daher den entscheidenden Wechsel „from the economic to the constituional role of the individual" (O'Keeffe und Bavasso 1998: 262) und „reflects the interaction between the notions of both citizenship and nationality" (ebd.: 255). Insofern ist es diese *composite structure* (ebd.) der Unionsbürgerschaft, die ein Instrument der Integration darstellt. Sie schafft eine Gleichheit der Unionsbürger und erhält zugleich deren kulturelle, nationale und religiöse Verschiedenheit. Gleichwohl stellen die verschiedenen Rechte für Unionsbürger und Drittstaater (vgl. Marin und O'Connell 1999) in der EU nicht einfach eine Ausweitung entlang der klassischen Staatsangehörigkeit dar. Daher lässt sich die postnationale Form auch als *fragmentierte Bürgerschaft* (Wiener 1996, 1998), *dispersed citizenship* (Feldblum 1998) oder *composite structure* (O'Keeffe und Bavasso 1998) bezeichnen.

Diese Argumente über den Wandel der Bürgerschaft in postnationaler Perspektive müssten in weiteren Studien geprüft werden. So wäre es sicherlich weiterführend, die EU-Bürgerschaft in Beziehung zu anderen nationalen Bürgerschaftsinstitutionen der Union zu untersuchen, um Aussagen über die Persistenz nationaler Kulturen und Rechtstraditionen machen zu können. Ein anderer Gesichtspunkt betrifft die empirische Analyse des *claims making* von sozialen Bewegungen in einem transnationalen Kontext und die Frage, in welchem Maß der Nationalstaat einen Adressaten für subnationale Bewegungen darstellt.[13]

Wie in diesem Beitrag dargelegt, sind nationale und supra-nationale Bürgerschaftsinstitutionen Beispiele für einen Wandel des Konzepts der politischen Mitgliedschaft. Die postnationalen Konzepte der Mitgliedschaft beinhalten nicht mehr ausschließlich eine aktive Teilnahme im Rahmen der nationalen *polity*, wie Parsons und Marshall sie konzipierten. Bürgerschaft erhält zunehmend die Bedeutung eines legalen Status, der über internationale Institutionen, insbesondere Rechtsregime legitimiert und standardisiert wird. Gerade die EU als supranationales Rechtssystem, das Rechte an Individuen verleiht, bietet einen geeigneten Kontext (vgl. Shaw 1997, 1998; Stichweh 1998a).

Die integrativen Koordinaten für transnationale Prozesse bilden insbesondere Rechtsnormen, die durch standardisierte Verfahren legitimiert sind und auf der supranationalen und globalen Ebene durch Rechtsregime und kollektive Akteure wie Regierungs- und Nicht-Regierungsorganisationen institutionalisiert werden. In diesem globalen Erwartungshorizont ist die symbolische Referenz für den universalen Personenstatus nicht mehr ausschließlich der territoriale Nationalstaat, sondern eher „die Vorstellung einer gemeinsamen Zugehörigkeit zur »Menschheit«" (Stichweh 1998a: 175), die in der Universalisierung der Bürgerrechte besteht und durch die Menschenrechte nationalstaatliche Souveränität begrenzt (Cohen 1999).

---

13 Das Ergebnis eines Ländervergleichs lautet: „the nation-state continues to be by far the most important frame of reference for the identities, organizations, and claims of ethnic minorities, and national authorities remain the almost exclusive adressees of the demands of minorities" (Koopmanns und Statham 1999: 688f.). Dieses Resultat spricht indes nicht zwingend gegen das Argument einer post-nationalen Perspektive. Im Gegenteil, in einer weltgesellschaftlichen Sicht nutzen subnationale soziale Bewegungen den Nationalstaat, um globale Erwartungen zu adressieren (vgl. Meyer et al. 1997).

Wenn die Weltgesellschaft als ein Sozialsystem aufgefasst wird, das aus sich selbst heraus Unterscheidungen erzeugt, dann stellen nationale, weltregionale und globale Systemebenen interne Differenzierungen dar. In dieser theoretischen Perspektive lässt sich die Entwicklung der Bürgerschaftsinstitutionen als Dissoziation von Person und Bürger, von nationaler und supranationaler Legitimationsquelle rekonstruieren. Als Steuerungsmechanismen bilden Rechtsnormen und -verfahren bei dieser Verschiebung der Relevanzen von Systemebenen eine entscheidende Rolle.

Literatur

Albrow, Martin, 1998: Abschied vom Nationalstaat. Staat und Gesellschaft im Globalen Zeitalter. Frankfurt a.M.: Suhrkamp.
Altvater, Elmar, und *Birgit Mahnkopf,* 1997: Grenzen der Globalisierung. Ökonomie, Ökologie und Politik in der Weltgesellschaft. Münster: Westfälisches Dampfboot.
Bach, Maurizio, 1995: Ist die Europäische Einigung irreversibel? Integrationspolitik als Institutionalisierung in der Europäischen Union. S. 368–391 in: *Birgitta Nedelmann* (Hg.): Politische Institutionen im Wandel. Opladen: Westdeutscher Verlag.
Bach, Maurizio, 2000: Die Bürokratisierung Europas. Verwaltungseliten, Experten und politische Legitimation in Europa. Frankfurt a.M./New York: Campus.
Bauböck, Rainer, 1994: Transnational Citizenship: Membership and Rights in International Migration. Aldershot: Edward Elgar.
Beauftragte der Bundesregierung für die Belange der Ausländer, 1999: Das neue Staatsangehörigkeitsrecht. Einbürgerung: fair, gerecht, tolerant. Berlin.
Beck, Ulrich (Hg.), 1998: Perspektiven der Weltgesellschaft. Frankfurt a.M.: Suhrkamp.
Beck, Ulrich, 1997: Was ist Globalisierung? Frankfurt a.M.: Suhrkamp.
Bendix, Reinhard, 1964: Nation-Building and Citizenship. Studies of Our Changing Social Order. New York/London: Wiley.
Berkovitch, Nitza, 1999: From Motherhood to Citizenship. Women's Rights and International Organizations. Baltimore: John Hopkins University Press.
Bogdandy, Armin von (Hg.), 1993: Die europäische Option. Eine interdisziplinäre Analyse über Herkunft, Stand und Perspektiven der europäischen Integration. Baden-Baden: Nomos.
Boli, John, 1987: Human Rights or State Expansion? S. 133–149 in: *Thomas George* et al. (Hg.): Institutional Structure: Constituting State, Society, and the Individual. Newbury Park/Calif.: Sage.
Boli, John, 1998: Rights and Rules: Constituting World Citizens. S. 371–393 in: *Connie L. McNeely* (Hg.): Public Rights, Public Rules: Constituting Citizens in the World Polity and in National Policy. New York: Garland.
Brock, Lothar et al., 1996: Weltgesellschaft: Identifizierung eines „Phantoms", Politische Vierteljahresschrift 7: 5–26.
Brubaker, Roger W., 1994: Staats-Bürger. Frankreich und Deutschland im historischen Vergleich. Hamburg: Hamburger Edition.
Closa, Carlos, 1992: The Concept of Citizenship in the Treaty on European Union, Common Market Law Review 29: 1137–1169.
Closa, Carlos, 1998: Supranational Citizenship and Democracy: Normative and Empirical Dimensions. S. 415–433 in: *Massimo La Torre* (Hg.): European Citizenship. An Institutional Challenge (European Forum 3). The Hague/London/Boston: Kluwer Law International.
Cohen, Jean L., 1999: Changing Paradigms of Citizenship and the Exclusiveness of the Demos, International Sociology 14: 245–268.
Donnelly, Jack, 1993: International Human Rights. Boulder: Westview Press.

EU-Vertrag, 1998: Europäischer Unionsvertrag. EG-Vertrag in den Fassungen von Maastricht und Amsterdam mit Protokollen, Schlußakten und Erklärungen. Textausgabe, hg. und mit einer Einführung versehen von *Daniel-Erasmus Khan.* 4., aktualisierte und erweiterte Aufl. Stand: 1. Januar 1998. München: C.H. Beck.

Falk, Richard, 1994: The Making of Global Citizenship. S. 127–140 in: *Bart von Steenbergen* (Hg.): The Condition of Citizenship. London: Sage.

Feldblum, Miriam, 1998: Reconfiguring Citizenship in Western Europe. S. 231–270 in: *Christian Joppke* (Hg.): Challenge to the Nation-State. Immigration in Western Europe and the United States. Oxford/New York: Oxford University Press.

Friedrichs, Jürgen, und *Wolfgang Jagodzinski* (Hg.), 1999: Soziale Integration. Sonderheft 39 der Kölner Zeitschrift für Soziologie und Sozialpsychologie. Opladen: Westdeutscher Verlag.

Fuchs, Dieter, 1999: Soziale Integration und politische Institutionen in modernen Gesellschaften. S. 147–178 in: *Jürgen Friedrichs und Wolfgang Jagodzinski* (Hg.): Soziale Integration. Sonderheft 39 der Kölner Zeitschrift für Soziologie und Sozialpsychologie. Opladen: Westdeutscher Verlag.

Garot, Marie-José, 1998: A New Basis for European Citizenship: Residence? S. 229–248 in: *Massimo La Torre* (Hg.): European Citizenship. An Institutional Challenge (European Forum 3). The Hague/London/Boston: Kluwer Law International.

George, Thomas et al. (Hg.), 1987: Institutional Structure: Constituting State, Society, and the Individual. Newbury Park/Calif.: Sage.

Giddens, Anthony, 1990: The Consequences of Modernity. Cambridge: Polity Press.

Gosewinkel, Dieter, 1995: Staatsbürgerschaft und Staatsangehörigkeit, Geschichte und Gesellschaft 21: 533–556.

Grawert, Rolf, 1973: Staat und Staatsangehörigkeit. Verfassungsgeschichtliche Untersuchung zur Entstehung der Staatsangehörigkeit. Berlin: Duncker & Humblot.

Grawert, Rolf, 1984: Staatsangehörigkeit und Staatsbürgerschaft, Der Staat 23: 179–204.

Grawert, Rolf, 1987: Staatsvolk und Staatsangehörigkeit. S. 663–690 in: *Josef Isensee* und *Paul Kirchhof* (Hg.): Handbuch des Staatsrechts, Bd. 1. Heidelberg: C.F. Müller Juristischer Verlag.

Grimm, Dieter, 1995: Does Europa Need a Constitution?, European Law Journal 1: 282–302.

Groot de, Gerard-René, 1998: The Relationship between the Nationality Legislation of the Member States of the European Union and European Citizenship. S. 115–147 in: *Massimo La Torre* (Hg.): European Citizenship. An Institutional Challenge (European Forum 3). The Hague/London/Boston: Kluwer Law International.

Habermas, Jürgen, 1996: Die Einbeziehung des Anderen. Studien zur politischen Theorie. Frankfurt a.M.: Suhrkamp.

Hammar, Tomas, 1990: Democracy and the Nation State: Aliens, Denizens and Citizens in a World of International Migration. Aldershot: Avebury.

Hasse, Raimund, und *Georg Krücken,* 1999: Neo-Institutionalismus. Bielefeld: transcript.

Haupt, Volker, 1993: Über den Bau demokratischer Institutionen im Prozeß der europäischen Einigung. S. 217–235 in: *Armin von Bogdandy* (Hg.): Die europäische Option. Eine interdisziplinäre Analyse über Herkunft, Stand und Perspektiven der europäischen Integration. Baden-Baden: Nomos.

Heintz, Peter, 1982: Die Weltgesellschaft im Spiegel von Ereignissen. Diessenhofen: Rüegger.

Held, David, 1995: Democracy and the Global Order: from the Modern State to the Cosmopolitan Governance. Cambridge: Polity Press.

Herzka, Michael, 1995: Die Menschenrechtsbewegung in der Weltgesellschaft. Bern/Berlin: Peter Lang.

Hobe, Stephan, 1993: Die Unionsbürgerschaft nach dem Vertrag von Maastricht. Auf dem Weg zum europäischen Bundesstaat?, Der Staat 32: 245–268.

Hoffmann, Rainer, 1998a: German Citizenship Law and European Citizenship: Towards a Special Kind of Dual Nationality? S. 149–165 in: *Massimo La Torre* (Hg.): European Citizenship. An Institutional Challenge (European Forum 3). The Hague/London/Boston: Kluwer Law International.

Hoffmann, Rainer, 1998b: Overview of Nationality and Citizenship in International Law. S. 5–15 in: *Síofra O'Leary* und *Telja Tiilikainen* (Hg.): Citizenship and Nationality Status in the New Europe. London: The Institute for Public Policy Research Sweet & Maxwell.
Jachtenfuchs, Markus, und *Beate Kohler-Koch* (Hg.), 1996: Europäische Integration. Opladen: Leske + Budrich.
Jacobson, David, 1996: Rights Across Borders: Immigration and the Decline of Citizenship. Baltimore: Johns Hopkins University Press.
Joppke, Christian (Hg.), 1998a: Challenge to the Nation-State. Immigration in Western Europe and the United States. Oxford/New York: Oxford University Press.
Joppke, Christian, 1998b: Immigration Challenges the Nation State. S. 5–46 in: *Christian Joppke* (Hg.): Challenge to the Nation-State. Immigration in Western Europe and the United States. Oxford/New York: Oxford University Press.
Joppke, Christian, 1999a: Immigration and the Nation-State. The United States, Germany, and Great Britain. Oxford/New York: Oxford University Press.
Joppke, Christian, 1999b: Einwanderung und Staatsbürgerschaft in den USA und in Deutschland, Kölner Zeitschrift für Soziologie und Sozialpsychologie 51: 34–54.
Kimminich, Otto, 1993: Einführung in das Völkerrecht. 5. Auflage. Tübingen/Basel: Francke Verlag.
Koopmanns, Ruud, und *Paul Statham*, 1999: Challenging the Liberal Nation-State? Postnationalism, Multiculturalism, and the Collective Claims Making of Migrants and Ethnic Minorities in Britain and Germany, American Journal of Sociology 105: 652–696.
La Torre, Massimo (Hg.), 1998: European Citizenship. An Institutional Challenge (European Forum 3). The Hague/London/Boston: Kluwer Law International.
Lepsius, M. Rainer, 1990: Interessen, Ideen und Institutionen. Opladen: Westdeutscher Verlag.
Lepsius, M. Rainer, 1995: Institutionenanalyse und Institutionenpolitik. S. 392–403 in: *Birgitta Nedelmann* (Hg.): Politische Institutionen im Wandel. Opladen: Westdeutscher Verlag.
Lippolis, Vincenzo, 1998: European Citizenship: What it is and what it could be. S. 317–325 in: *Massimo La Torre* (Hg.): European Citizenship. An Institutional Challenge (European Forum 3). The Hague/London/Boston: Kluwer Law International.
Lockwood, David, 1971: Soziale Integration und Systemintegration. S. 124–137 in: *Wolfgang Zapf* (Hg.): Theorien des sozialen Wandels. Köln/Berlin: Kiepenheuer & Witsch.
Luhmann, Niklas, 1970a: Soziale Aufklärung. S. 66–91 in: *Ders.*: Soziologische Aufklärung 1. Aufsätze zur Theorie sozialer Systeme. Opladen: Westdeutscher Verlag.
Luhmann, Niklas, 1970b: Gesellschaft. S. 137–153 in: *Ders.*: Soziologische Aufklärung 1. Aufsätze zur Theorie sozialer Systeme. Opladen: Westdeutscher Verlag.
Luhmann, Niklas, 1971: Die Weltgesellschaft. S. 51–71 in: *Ders.*: Soziologische Aufklärung 2. Aufsätze zur Theorie der Gesellschaft. Opladen: Westdeutscher Verlag.
Luhmann, Niklas, 1981: Politische Theorie im Wohlfahrtsstaat. Reihe: Analysen und Perspektiven. Hg. von *W. Bergsdorf* und *W. Dettling*. München: Günter Olzog.
Luhmann, Niklas, 1997: Die Gesellschaft der Gesellschaft. 2 Bde. Frankfurt a.M.: Suhrkamp.
Luhmann, Niklas, 1998: Der Staat des politischen Systems. Geschichte und Stellung in der Weltgesellschaft. S. 345–380 in: *Ulrich Beck* (Hg.): Perspektiven der Weltgesellschaft. Frankfurt a.M.: Suhrkamp.
Luhmann, Niklas, 2000: Die Politik der Gesellschaft. Hg. von *André Kieserling*. Frankfurt a.M.: Suhrkamp.
Marin, Rubio Rut, 1998: Equal Citizenship and the Difference that Residence makes. S. 210–227 in: *Massimo La Torre* (Hg.): European Citizenship. An Institutional Challenge (European Forum 3). The Hague/London/Boston: Kluwer Law International.
Marin, Rubio Rut, und *Rory O'Connell*, 1999: The European Convention and the Relative Rights of Resident Aliens, European Law Journal 5: 4–22.
Marshall, Thomas H., 1992 (1949): Staatsbürgerrechte und soziale Klassen. S. 33–94 in: *Ders.*: Bürgerrechte und soziale Klassen: Zur Soziologie des Wohlfahrtsstaates. Hg., übersetzt und mit einem Vorwort versehen von *Elmar Rieger*. Frankfurt a.M./New York: Campus.

McNeely, Connie L., 1998: Constituting Citizens: Rights and Rules. S. 3–37 in: *Ders.* (Hg.): Public Rights, Public Rules: Constituting Citizens in the World Polity and in National Policy. New York: Garland.
Meehan, Elizabeth, 1993: Citizenship in the European Community. London: Sage.
Meyer, John W. et al., 1997: World Society and the Nation-State, American Journal of Sociology 103: 144–181.
Meyer, John W., 1980: The World Polity and the Authority of the Nation-State. S. 109–137 in: *Albert Bergesent* (Hg.): Studies of the Modern World System. New York: Academic Press.
O'Keefe, David, und *Antonio Bavasso*, 1998: Fundamental Rights and the European Citizen. S. 251–265 in: *Massimo La Torre* (Hg.): European Citizenship. An Institutional Challenge (European Forum 3). The Hague/London/Boston: Kluwer Law International.
Oliveira, Castro Alvaro, 1998: The Position of Resident Third-Country Nationals: Is it Too Early to Grant Them Union Citizenship? S. 185–199 in: *Massimo La Torre* (Hg.): European Citizenship. An Institutional Challenge (European Forum 3). The Hague/London/Boston: Kluwer Law International.
Oliveira, Castro Alvaro, und *Hans Ulrich Jessurun*, 1995: Union Citizenship: Pie in the Sky? S. 58–84 in: *Allan Rossas* und *Antola Esko* (Hg.): A Citizen's Europe. In Search of a New Order. London: Sage.
Parsons, Talcott, 1985: Das System moderner Gesellschaften. Mit einem Vorwort von *Dieter Claessens*. Weinheim/München: Juventa Verlag.
Powell, Walter, und *Paul J. DiMaggio* (Hg.), 1991: The New Institutionalism in Organizational Analysis. Chicago: Chicago University Press.
Preuß, Ulrich K., 1995: Problems of a Concept of European Citizenship, European Law Journal 1: 267–281.
Preuß, Ulrich K., und *Farran Requejo*, 1998: European Citizenship, Multiculturalisms, and the State. Baden-Baden: Nomos.
Ramirez, Francisco O., und *Elizabeth McEneaney*, 1997: From Women's Suffrage to Reproduction Rights? Cross-National Considerations, International Journal of Comparative Sociology 38: 6–24.
Ramirez, Francisco O., Yasemin Soysal und *Suzanne Shanahan*, 1997: The Changing Logic of Political Citizenship: Cross-National Acquision of Women's Suffrage Rights 1890–1990, American Sociological Review 62: 735–745.
Reich, Norbert, 1997: A European Constitution for Citizens: Reflections on the Rethinking of Union and Community Law, European Law Journal 3: 131–164.
Reich, Norbert, 1999: Bürgerrechte in der Europäischen Union. Subjektive Rechte von Unionsbürgern und Drittstaatsangehörigen unter besonderer Berücksichtigung der Rechtslage nach der Rechtssprechung des EuGH und dem Vertrag von Amsterdam. Baden-Baden: Nomos.
Rieger, Elmar, 1995: Politik supranationaler Integration. Die Europäische Gemeinschaft in institutionentheoretischer Perspektive. S. 349–367 in: *Birgitta Nedelmann* (Hg.): Politische Institutionen im Wandel. Sonderheft 35 der Kölner Zeitschrift für Soziologie und Sozialpsychologie. Opladen: Westdeutscher Verlag.
Robertson, Roland, 1992: Globalization: Social Theory and Global Culture. London: Routledge.
Rossas, Allan, und *Antola Esko* (Hg.), 1995: A Citizen's Europe. In Search of a New Order. London: Sage.
Rottleuthner, Hubert, 1999: Recht und soziale Integration. S. 398–415 in: *Jürgen Friedrichs* und *Wolfgang Jagodzinski* (Hg.): Soziale Integration. Sonderheft 39 der Kölner Zeitschrift für Soziologie und Sozialpsychologie. Opladen: Westdeutscher Verlag.
Sassen, Saskia, 1996: Metropolen des Weltmarkts. Die neue Rolle der Global Cities. Frankfurt a.M./New York: Campus.
Sassen, Saskia, 1998: Zur Einbettung des Globalisierungsprozesses: Der Nationalstaat vor neuen Aufgaben, Berliner Journal für Soziologie 8: 345–357.
Schieder, Theodor, 1985: Typologie und Erscheinungsformen des Nationalstaats in Europa. S. 119–137 in: *Heinrich August Winkler* (Hg.): Nationalismus. 2. Auflage. Königstein: Athenäum.
Schulze, Hagen, 1994: Staat und Nation in der Europäischen Geschichte. München: C.H. Beck.

Shaw, Jo, 1997: The Many Pasts and Futures of Citizenship in the European Union, European Law Review 22: 554–572.
Shaw, Jo, 1998: Citizenship of the Union: Towards Post-National Membership? S. 237–347 in: Collected Courses of the Academy of European Law VI. Book 1. European Community Law. The Hague: Martinus Nijhof Publishers.
Söhn, Janina, 2000: Die Entscheidung zur Einbürgerung. Die Bedeutung von Staatsbürgerschaft für AusländerInnen in der Bundesrepublik Deutschland. Unveröffentl. Diplomarbeit am Institut für Soziologie der Freien Universität Berlin. Berlin.
Soysal, Yasemin N., 1994: Limits of Citizenship. Migrants and Postnational Membership in Europe. Chicago: University of Chicago Press.
Soysal, Yasemin N., 1996: Staatsbürgerschaft im Wandel. Postnationale Mitgliedschaft und Nationalstaat in Europa, Berliner Journal für Soziologie 6: 181–189.
Stichweh, Rudolf, 1998a: Differenz und Integration in der Weltgesellschaft. S. 173–189 in: *Hans-Joachim Giegel* (Hg.): Konflikt in modernen Gesellschaften. Frankfurt a.M.: Suhrkamp.
Stichweh, Rudolf, 1998b: Zur Theorie der politischen Inklusion, Berliner Journal für Soziologie 8: 539–547.
Strang, David, und *John W. Meyer,* 1993: Institutional Conditions for Diffusion, Theory and Society 22: 487–511.
Wallerstein, Immanuel, 1974: The Modern World-System. New York: Academic Press.
Weber, Max, 1972: Wirtschaft und Gesellschaft. Grundriß der verstehenden Soziologie, 5. Auflage. Tübingen: J.C.B. Mohr (Paul Siebeck).
Wiener, Antje, 1996: (Staats)Bürgerschaft ohne Staat, Prokla 26: 497–513.
Wiener, Antje, 1998: ‚European' Citizenship Practice: Building Institutions of a Non-State. Oxford: Westview Press.
Wobbe, Theresa, 1997: Soziologie der Staatsbürgerschaft. Vom Gehorsam zur Loyalität, Staatswissenschaften und Staatspraxis 8: 205–225.
Wobbe, Theresa, 2000: Weltgesellschaft. Bielefeld: transcript.
Wobbe, Theresa, und *Roland Otte,* 1999: De-Instutionalization or Re-Institutionalization of Citizenship? Expectations of Migrants regarding Naturalization in Germany. Vortrag, 34th World Congress of the International Institute of Sociology, Tel Aviv, Israel, July 11–15, 1999.
Wobbe, Theresa, und *Roland Otte,* 2000: Politische Institutionen im gesellschaftlichen Wandel: Einbürgerung in Deutschland zwischen Nachfrage der Migranten und staatlichem Angebot, Zeitschrift für Soziologie 29 (im Erscheinen).
Zürn, Michael, 1998: Regieren jenseits des Nationalstaates. Frankfurt a.M.: Suhrkamp.
Zürn, Michael, und *Dieter Wolf,* 1999: European Law and International Regimes: The Features of Law Beyond the Nation State, European Law Journal 5: 272–292.

V.
Politische Öffentlichkeiten in Europa

EUROPÄISIERUNG VON ÖKONOMIE UND POLITIK UND DIE TRÄGHEIT DER ENTSTEHUNG EINER EUROPÄISCHEN ÖFFENTLICHKEIT*

Jürgen Gerhards

Zusammenfassung: Der Aufsatz analysiert die Entwicklung von Ökonomie, Politik und Öffentlichkeit der Bundesrepublik für den Zeitraum 1950 bis 1995 unter dem Gesichtspunkt der Globalisierung bzw. Transnationalisierung dieser drei Bereiche. Die empirischen Analysen der Systeme Ökonomie und Politik zeigen, dass es einen moderaten Prozess der Transnationalisierung der Volkswirtschaft gibt, der sich aber nicht als Globalisierungs-, sondern in erster Linie als ein Europäisierungsprozess erweist, der zugleich durch einen parallel laufenden Prozess der Europäisierung der Politik begleitet wird. Anders verläuft hingegen die Entwicklung der massenmedialen Öffentlichkeit. Diese bleibt weitgehend nationalstaatlich verhaftet; über andere Staaten und über Europa wird in der medialen Öffentlichkeit der Bundesrepublik im Zeitverlauf nicht zunehmend mehr berichtet, europäische Institutionen spielen als mediale Sprecher kaum eine Rolle. Damit ergibt sich aber eine Inkongruenz zwischen einer Europäisierung der Ökonomie und der politischen Entscheidungen einerseits und einer medialen Darstellung und Vermittlung europäischer Politik andererseits; eine europäisierte Politik ist der Kontrolle durch eine weiterhin nationalstaatlich verankerte Öffentlichkeit davongelaufen. Die Ursachen für das empirisch diagnostizierte Öffentlichkeitsdefizit werden zum Schluss des Beitrags diskutiert.

In einem Treffen der Staats- und Regierungschefs der 15 Mitgliedsländer der EU in Helsinki am 10. und 11. Dezember 1999 hat der Europäische Rat beschlossen, Beitrittsverhandlungen mit Bulgarien, Lettland, Litauen, Malta, Rumänien, Slowakei und der Türkei aufzunehmen, nachdem 1998 bereits Beitrittsverhandlungen mit den Ländern Estland, Polen, Slowenien, Ungarn, Tschechien und Zypern aufgenommen worden waren. Damit ist eine Erweiterung der EU um insgesamt 13 Länder vorgesehen. Geht man von der Prämisse aus, dass die Schwierigkeiten einer Integration in einem proportionalen Verhältnis zu den Unterschieden zwischen EU-Ländern einerseits und Beitrittskandidaten andererseits stehen, dann kann man erwarten, dass die Osterweiterung der EU eine nicht gerade leichte Aufgabe werden wird. Nicht nur besteht zwischen manchen Beitrittskandidaten (z.B. Rumänien und Bulgarien) und den 15 EU-

---

* Im ersten Teil dieses Beitrags beziehe ich mich auf Daten und Analysen, die ich zusammen mit Jörg Rössel erhoben und ausgewertet habe (Gerhards und Rössel 1999). Die Daten über die Entwicklung der Medienberichterstattung in der Bundesrepublik sind mir von Hans Matthias Kepplinger zur Verfügung gestellt worden. Ich bedanke mich ganz herzlich für diese keineswegs selbstverständliche Überlassung noch nicht publizierter und mit sehr großem Aufwand erhobener Informationen. Der Beitrag geht zurück auf einen Vortrag, den ich auf der von Barbara Baerns organisierten internationalen Konferenz „Communication in Europe: Practice and Research" (28.–31. Oktober 1999, Berlin) gehalten habe. Jörg Rössel hat das Manuskript dankenswerterweise kommentiert.

Ländern ein großes ökonomisches Gefälle mit Folgen u.a. für mögliche Wanderungsbewegungen, nicht nur gibt es z.B. zwischen Griechenland und der Türkei einen schwelenden außenpolitisch-militärischen Konflikt, nicht nur sind die demokratischen Traditionen in den Ländern recht unterschiedlich bzw. nur schwach entwickelt, mit der Türkei wird zudem zum ersten Mal ein Land der EU beitreten, dessen Religionskultur anders, nämlich islamisch geprägt ist.

Der Europäische Rat hat in Helsinki aber nicht nur eine Erweiterung beschlossen, sondern auch die Vertiefung der Integration weiter vorangetrieben. Die Größe und Zusammensetzung der Kommission, die Stimmenverteilung im Rat und der Bereich der Abstimmungen mit qualifizierter Mehrheit sollen verändert bzw. ausgedehnt werden. Die als „institutionelle Reform" bezeichnete Vertiefung soll die Handlungsfähigkeit der EU erhöhen, sie bedeutet aber zugleich eine weitere Kompetenzallokation auf der Ebene der EU auf Kosten der Souveränität der Einzelstaaten. Die Bürger der Mitgliedstaaten werden in Zukunft noch mehr unmittelbar den Beschlüssen der EU und weniger den jeweiligen Nationalstaaten unterworfen sein.

Angesichts der mit der Erweiterung und Vertiefung der EU verbundenen dramatischen Veränderungen und erwartbaren Konflikte muss man sich wundern, in welch geringem Maße die Öffentlichkeit auf die Beschlüsse des Europäischen Rats reagiert hat. Zwar wurde in den Medien wie über jedes europäische Gipfeltreffen ausführlich berichtet, eine breite Debatte über Vor- und Nachteile einer Erweiterung und Vertiefung, über mögliche Konflikte, Entscheidungsblockaden, Wanderungsbewegungen etc. gab es nicht. Die Aufmerksamkeit der medialen Öffentlichkeit richtete sich schnell auf neue Themen, als das Gipfeltreffen vorbei war. Obwohl die Beschlüsse zur Erweiterung und Vertiefung weit reichende Folgen für die Bürger der Mitgliedsländer der EU haben werden, lässt sich die öffentliche Informationsvermittlung zur und die Diskussion über diese Folgen als defizitär bezeichnen. Um dieses am Beispiel der Beschlüsse von Helsinki skizzierte Öffentlichkeitsdefizit in der EU geht es in dem folgenden Beitrag.

Der theoretische Zugang zur Analyse des Öffentlichkeitsdefizits der EU, den ich wähle, ist eine makrosoziologische Perspektive des Wandels nationalstaatlich verfasster Gesellschaften, die in der Literatur unter dem Begriff der Globalisierung abgehandelt wird. Ich betrachte die Entwicklung der Öffentlichkeit im Zusammenspiel mit der Entwicklung anderer Teilbereiche der Gesellschaft, vor allem der Ökonomie und der Politik. Dieser breite und allgemeine Zugang mag auf den ersten Blick als ein Umweg erscheinen, ermöglicht aber vielleicht insgesamt ein besseres Verständnis des Öffentlichkeitsdefizits der EU.

Ich werde in einem ersten Schritt erläutern, was man sinnvollerweise unter Globalisierung bzw. Transnationalisierung verstehen kann. Ich werde in einem zweiten Schritt analysieren, in welchem Ausmaß sich die Ökonomie im Zeitverlauf (1950–1996) transnationalisiert hat und in welchem Maße sie der Politik davongelaufen ist. Die Ergebnisse werden zeigen, dass es in der Tat einen moderaten Prozess der Transnationalisierung der Volkswirtschaft gibt, dieser sich aber in erster Linie als ein Europäisierungsprozess erweist, der durch einen parallel laufenden Prozess der Europäisierung der Politik begleitet wird. Im dritten Kapitel werde ich der Frage nachgehen, in welchem Ausmaß sich die massenmediale Öffentlichkeit transnationalisiert bzw. europäisiert hat und eine europäisierte Politik der Kontrolle durch eine weiterhin national verankerte Öffentlichkeit davongelaufen ist. Die Ergebnisse werden zeigen, dass die Entwicklung einer europäisierten Öffentlichkeit in der Tat dem Prozess der Europäisierung der Politik hinterherhinkt; über Europa wird in der medialen Öffentlichkeit der Bundesrepublik im Zeitverlauf nicht zunehmend mehr berichtet, europäische Institutionen spielen als mediale Sprecher kaum eine Rolle. Damit ergibt sich aber eine Inkongruenz zwischen einer Europäisierung der politischen Entscheidungen einerseits und einer medialen Darstellung und Vermittlung europäischer Politik andererseits. Im vierten Abschnitt gehe ich auf die Ursachen für das empirisch diagnostizierte Öffentlichkeitsdefizit ein, um schließlich im abschließenden fünften Abschnitt mögliche Veränderungen des Öffentlichkeitsdefizits in der Zukunft zu diskutieren.

I. Globalisierung und Transnationalisierung: Eine Begriffsklärung

Moderne Gesellschaften fertigen häufig Beschreibungen über sich selbst an, indem sie die Strukturmerkmale der jeweiligen Gesellschaft betonen und auf einen markanten Begriff bringen. Etiketten wie Industriegesellschaft, Spätkapitalismus oder nachindustrielle Gesellschaft sind Versuche der Selbstbeschreibung der Gesellschaft aus den vergangenen Dekaden, postmoderne Gesellschaft, Informationsgesellschaft oder Wissensgesellschaft sind Begriffe der Selbstbeschreibung aus der jüngeren Vergangenheit und Gegenwart. Fragt man nach der dominanten Selbstbeschreibung der Gesellschaft der Gegenwart, dann stößt man schnell auf den Begriff der Globalisierung (vgl. Beck 1997) Globalisierung bezeichnet die Vorstellung, wir lebten in einer globalisierten Welt bzw. seien auf dem Weg in die Richtung einer globalisierten Gesellschaft. Fast in jeder politischen Grundsatzdebatte findet man den Verweis auf Probleme und Herausforderungen, die durch Globalisierungsprozesse ausgelöst werden, kein Parteiprogramm und keine Wahlkampfrede kann das Thema mehr übergehen, die Sozialwissenschaften verzeichneten in den letzten Jahren, wie eine kleine Zitationsanalyse zeigt (vgl. Gerhards und Rössel 1999), einen regelrechten Globalisierungsboom.

Die Konjunktur des Themas Globalisierung ist – wie häufig bei Modethemen – verbunden mit einer Krisensemantik. Das Beunruhigungspotential, das Globalisierungsprozessen zugeschrieben wird, resultiert vor allem aus angenommenen Steuerungsproblemen für das politische System. Während die Politik – und damit die politische Steuerung – weiterhin nationalstaatlich verhaftet und begrenzt ist, hat sich die Ökonomie, aber auch andere Bereiche der Gesellschaft, aus den nationalstaatlichen Grenzen befreit und sich globalisiert, so die häufig formulierte Vermutung. Die vormals existierende *Kongruenz* (Held 1995) zwischen ökonomischen Grenzen des Wirtschaftens und den politischen Grenzen der Regulierung ist aufgehoben: Unternehmungen investieren dort, wo die Konditionen für eine gute Rendite am besten sind, zahlen hingegen ihre Steuern dort, wo die Steuerquote am geringsten ist; die Finanzmärkte entziehen sich, so die Vermutung, immer mehr einer an nationalstaatliche Grenzen gebundenen Politik, sind aber zugleich in der Lage, mit ihren Krisen die Politik ins Schleudern zu bringen.

Ich beschränke meine Ausführungen auf eine Analyse der drei Bereiche Politik,

Ökonomie und politische Öffentlichkeit der Bundesrepublik Deutschland und frage, wie das Verhältnis dieser drei Bereiche zueinander theoretisch zu bestimmen ist und in welchem Maße diese drei Bereiche sich globalisiert haben. Dazu ist es zuvörderst notwendig, den Begriff der Globalisierung genauer zu bestimmen. Drei Spezifikationen scheinen angebracht zu sein.

a) Der Begriff der Globalisierung wird im Folgenden ersetzt durch den der Transnationalisierung (de Swann 1995), andere Autoren sprechen von Denationalisierung der Gesellschaft (Zürn 1998; Beisheim et al. 1999). Dieser Begriffswechsel hat den Vorteil, dass man einen Ausgangspunkt für Prozessentwicklungen definiert – nämlich nationalstaatlich verfasste Gesellschaften – und zugleich den Bezugspunkt der Entwicklung offen hält und damit nicht begrifflich präjudiziert, ob sich Gesellschaften empirisch globalisieren, europäisieren oder amerikanisieren.

b) Ich gehe des Weiteren davon aus, dass sich nationalstaatlich verfasste Gesellschaften in ihrer Binnenstruktur am besten als in verschiedene Teilbereiche differenziert begreifen lassen: Ökonomie, Politik, Öffentlichkeit, Wissenschaft und Kunst u.a. bilden entsprechend unterschiedliche Teilsysteme einer nationalstaatlichen Gesellschaft. Für die Frage nach der Globalisierung der Gesellschaft hat der Rekurs auf das Konzept der Differenzierung in unterschiedliche Sphären den Vorteil, dass man verschiedene Grade und Niveaus der Transnationalisierung je nach Bereich unterscheiden und nach dem Verhältnis der Bereiche zueinander fragen kann.

c) Transnationalisierung wird in Anlehnung an frühe Arbeiten von Karl Deutsch (1956, 1959) als ein relationaler Begriff definiert, der die Interaktionen oder Transaktionen innerhalb eines Nationalstaats in das Verhältnis zu Interaktionen und Transaktionen mit außerhalb des Nationalstaats liegenden Einheiten setzt. Ein solche Begriffsfestlegung hat den Vorteil, dass sie der Tatsache Rechnung trägt, dass sich neben einer transnationalen Kommunikation im selben Zeitraum gleichzeitig die Binnenkommunikation erhöht haben kann, was in einer absoluten Messung von Transnationalisierungsprozessen nicht zum Ausdruck käme.

Transnationalisierung wird zusammenfassend als das Verhältnis zwischen Außeninteraktion und Binneninteraktion eines sozialen Teilbereichs einer Gesellschaft definiert. Die Prozesskategorie Transnationalisierung einer Gesellschaft würde also bedeuten, dass sich die Teilbereiche einer nationalstaatlich verfassten Gesellschaft im zunehmenden Maße transnationalisiert haben, die jeweiligen Anteile der grenzüberschreitenden Interaktionen zugenommen haben, wobei offen ist, welches der Zielort der grenzüberschreitenden Interaktionen ist.

II. Transnationalisierung der Ökonomie und der Politik als Europäisierungsprozess

Eine Kongruenz zwischen Ökonomie und Politik ist für das politische System aus einem zweifachen Grund bedeutsam.

a) Eine erfolgreiche Ökonomie sichert die Ressourcen in Form von Einkommen und Vermögen der Bürger. Hohes Einkommen und Vermögen der Bürger als Folge einer erfolgreichen Volkswirtschaft wird von den Bürgern häufig der Politik als Verursacher attribuiert. Dies wiederum führt zu einer Wertschätzung des politischen Systems im

Allgemeinen und der Regierung, die die Amtsgeschäft leitet, im Konkreten. Über diesen Weg wird u.a. die Legitimität des politischen Systems insgesamt wie auch die Legitimität der konkreten Herrschaftsträger gesichert. Insofern sind das politische System insgesamt wie auch die konkreten Herrschaftsträger von einer gut funktionierenden Ökonomie abhängig. Fritz Scharpf bezeichnet diesen Wirkungszusammenhang als die Output-Legitimität des politischen Systems (Scharpf 1975). Entsprechend wird die Politik versuchen, Rahmenbedingungen zu schaffen, die wohlstandsfördernd sind. Sie kann dies aber nur, wenn die Akteure einer Volkswirtschaft sich einer politischen Steuerung nicht entziehen bzw. entziehen können. Eine Kongruenz von Politik und Ökonomie ist dafür eine notwendige Bedingung.

b) Eine erfolgreiche Ökonomie schafft weiterhin die Bedingungen der Möglichkeit der Abschöpfung von Ressourcen via Steuererhebung durch den Staat. Die Verfügung über Steuern ist die conditio sine qua non der Handlungsfähigkeit des Staates, da eine politische Steuerung der Gesellschaft im hohen Maße ressourcenabhängig ist, und diese zuerst durch die Ökonomie produziert werden müssen, damit sie im zweiten Schritt durch die Politik abgeschöpft und zur politischen Gestaltung verwendet werden können. Dies verlangt aber die Möglichkeit, dass die Politik auch einen Zugriff auf die Ökonomie hat und Steuern erheben kann. Bei einer Nicht-Kongruenz zwischen Volkswirtschaft und Politik besteht die Möglichkeit der Abwanderung bzw. der Drohung mit einer Abwanderung – und dies für unterschiedliche Gruppierungen der Gesellschaft im unterschiedlichen Maße.

Die mit der Globalisierungsthese verbundene Krisendiagnostik unterstellt nun, 1. dass sich die Ökonomie im Zeitverlauf transnationalisiert hat und 2. dass die Politik dieser Entwicklung nicht gefolgt ist. Beiden Thesen soll im Folgenden empirisch nachgegangen werden.

1. Transnationalisierung der Wirtschaft

Zusammen mit Jörg Rössel habe ich entlang der erläuterten Definition des Transnationalisierungsbegriffs versucht, für einige Teilbereiche der Gesellschaft – Kunst, Wissenschaft, Ökonomie und Politik – den Grad und die Entwicklung von Transnationalisierungsprozessen in den letzten 40 Jahren zu bestimmen. Ich konzentriere mich im Folgenden auf den Bereich der Ökonomie und auf die Transaktionen, die die Grenze der nationalstaatlich verfassten Gesellschaft der Bundesrepublik von außen nach innen überschreiten. Ähnlich wie andere Teilsysteme auch ist die Ökonomie im Innenverhältnis segmentär differenziert. Deswegen scheint es sinnvoll zu sein, von einer Binnendifferenzierung des ökonomischen Systems zu sprechen und zwischen Arbeitsmarkt, Gütermarkt, Investitionsmarkt und Aktienmarkt zu unterscheiden.

Die Entwicklung der verschiedenen Teilbereiche der Ökonomie und deren Transnationalisierungsniveau findet sich in der *Abbildung 1* abgebildet.[1] Das Niveau der

---

[1] Die Angaben sind den Statistischen Jahrbüchern, der Kapitalmarktstatistik der Deutschen Bundesbank und den Monatsberichten der Deutschen Bundesbank entnommen.

Abbildung 1: Transnationalisierung der Wirtschaft

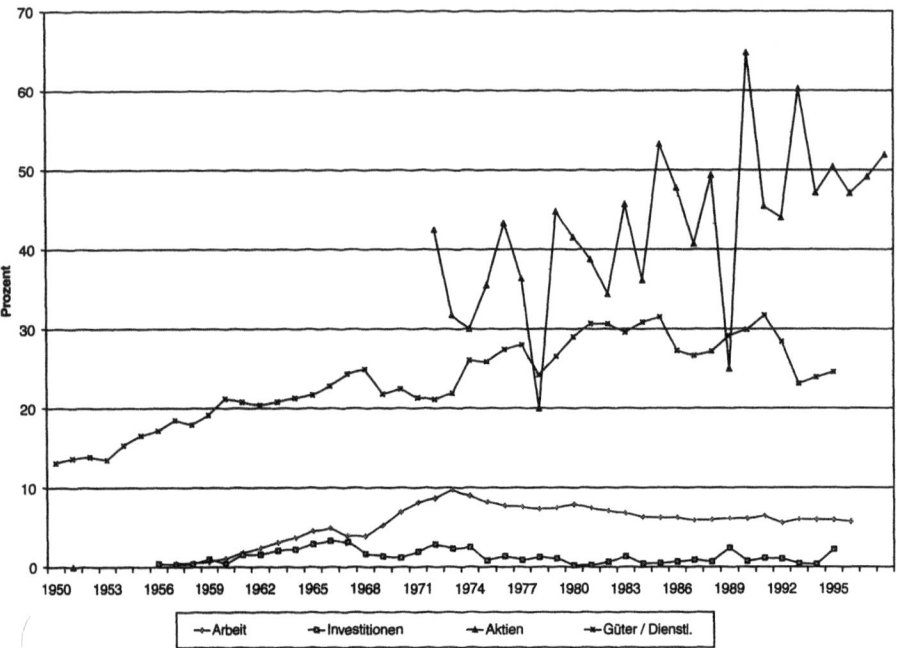

Transnationalisierung kann von 0 bis zu 100 Prozent variieren: Bei 0 Prozent bleibt der jeweilige Bereich vollkommen nationalstaatlich geschlossen, es finden also keine Außeninteraktionen statt, bei 100 Prozent liegt eine vollständige Transnationalisierung vor.

Das niedrigste Transnationalisierungsniveau weist der *Markt für Investitionen* auf. Die Internationalisierung der Produktion haben wir durch den prozentualen Anteil der ausländischen Direktinvestitionen in Deutschland an den gesamten Investitionen berechnet. Zum letzten Erhebungszeitpunkt 1996 lag der Prozentsatz bei 2,21 Prozent. Umgekehrt formuliert: 98 Prozent der direkten Investitionen sind inländische Investitionen. Für den *Arbeitsmarkt* haben wir den prozentualen Anteil von ausländischen Arbeitnehmern an der Gesamtzahl der Beschäftigten in Deutschland für die Jahre 1955 bis 1996 berechnet. Der Anteil an ausländischen Arbeitnehmern betrug zum letzten Erhebungszeitpunkt 1996 5,72 Prozent. Auch der Arbeitsmarkt ist also ganz dominant nationalstaatlich bestimmt. Höher ist das Niveau der Transnationalisierung im Bereich Güter und Dienstleistungen. Für den *Markt für Güter und Dienstleistungen* haben wir den Anteil der Summe der Importe von Gütern und Dienstleistungen am Bruttosozialprodukt berechnet. 1995 betrug dieser Anteil 24,6 Prozent. Um schließlich Transnationalisierungsprozesse auf dem *Finanzmarkt* zu messen, wurde das Verhältnis des Absatzes ausländischer Aktien in der Bundesrepublik zum Gesamtabsatz von Aktien in der Bundesrepublik berechnet. Der Anteil von ausländischen Aktien am gesamten Aktienabsatz in der Bundesrepublik betrug 1996 51,9 Prozent.

Die *Abbildung 1* ermöglicht zwei Auswertungen. Zum einen kann man die verschiedenen Märkte miteinander vergleichen: Dieser Vergleich zeigt, dass die verschiedenen Teilbereiche des ökonomischen Systems einen recht unterschiedlichen Grad der Transnationalisierung aufweisen. Der personengebundene Arbeitsmarkt und die Direktinvestitionen (Verlagerung von Firmen) stehen am unteren Ende der Skala, Märkte für Güter liegen in der Mitte, die Finanzmärkte liegen am oberen Ende der Skala; außer von den Aktienmärkten kann man wohl nicht von einer Transnationalisierung der Volkswirtschaft sprechen, da die Mehrzahl der Interaktionen nationalstaatlich begrenzt bleibt.[2] Zum anderen ermöglicht die *Abbildung 1* für jeden der ökonomischen Bereiche, die Entwicklung über die Zeit zu verfolgen. Vergleicht man nur die Anfangs- und Endpunkte der Entwicklung, dann sieht man, dass sich die Ökonomie – mit Ausnahme der ausländischen Direktinvestitionen in Deutschland – in der Tat zunehmend transnationalisiert hat. Der Prozess selbst erfolgt in der Regel – mit Ausnahme des Finanzmarktes, der immer eine hohe Volatilität aufweist – recht langsam und stetig, die Steigerungsraten sind in allen drei Bereichen relativ gering. Gemessen an den Turbulenzen in der öffentlichen Debatte über Transnationalisierungsprozesse verläuft die faktische Entwicklung eher kontinuierlich, wenn auch in Richtung einer zunehmenden Transnationalisierung.

Die Tatsache, dass grenzüberschreitende Interaktionen und Transaktionen stattfinden, sagt aber noch nichts darüber aus, woher diese Transaktionen kommen, welches der Ursprung der Transaktionen ist. Wir haben für alle von uns analysierten Bereiche bestimmt, welches der Bezugspunkt des jeweiligen Transnationalisierungsprozesses ist: Wo kommen die Güter her, die importiert werden, wo die Arbeitskräfte und wo die Investitionen und Aktien etc.? Wir haben also versucht, die Richtung des Transnationalisierungsprozesses der Ökonomie genauer zu bestimmen. Dazu haben wir untersucht, in welchem Ausmaß die verschiedenen transnationalen Kommunikationen und Transaktionen im Bereich der Wirtschaft sich erstens auf die Länder der EU und zweitens auf Europa insgesamt konzentrieren. *Tabelle 1* zeigt die Ergebnisse.

Tabelle 1: Grad der Europäisierung der verschiedenen Bereiche der Wirtschaft in Prozent

	Arbeit (1995)	Handel (1996)	Investitionen aus dem Ausland (1996)	Investitionen in das Ausland (1996)
EU	32,15	64,0	49,05	62,42
Europa	87,8	71,6	62,58	66,1
Nicht-Europa	12,2	28,4	37,42	33,9

Ca. ein Drittel der in Deutschland erwerbstätigen ausländischen Staatsbürger kommen aus EU-Ländern, aus Europa insgesamt, inklusive der Türkei, die ja ein Beitrittskandidat der EU ist, stammen 87,8 Prozent. Nahezu zwei Drittel der Importe von Gütern

---

2 Es fehlt hier der Raum, um auf die Ursachen für den unterschiedlichen Grad der Transnationalisierung der verschiedenen Märkte einzugehen. Ein Hinweis muss genügen: Die Transaktionskosten für eine transnationale Kommunikation von Personen und Dienstleistungen bzw. die Verlegung von Unternehmen sind höher als die von Gütern und diese sind höher als die von Aktien und dies erklärt mit die unterschiedlichen Niveaus der Transnationalisierung der verschiedenen Märkte.

und Dienstleistungen kommen aus EU-Ländern, aus Europa insgesamt kommen sogar 71,6 Prozent. Betrachtet man die ausländischen Direktinvestitionen in Deutschland, so kommen immerhin fast die Hälfte aus EU-Ländern und fast zwei Drittel aus Europa. Von den deutschen Direktinvestitionen ins Ausland entfallen fast zwei Drittel auf die EU bzw. etwas mehr als zwei Drittel auf Gesamteuropa.[3] Leider können wir für die Aktienmärkte keine Daten über die nationale Herkunft der in Deutschland verkauften ausländischen Aktien vorlegen. Ein Hinweis auf eine mögliche Europäisierung des Aktienmarktes ist allerdings die Tatsache, dass die Entwicklung der Aktienkurse zunehmend mit Hilfe europäischer Indizes gemessen wird. Insgesamt zeigt sich also ein Bild der wirtschaftlichen Transnationalisierung, welches sich in weiten Bereichen als Europäisierung mit starker Konzentration auf die EU beschreiben lässt (vgl. Hirst und Thompson 1998).

Ich ziehe eine erste Zwischenbilanz. 1. Der Zeitvergleich zeigt uns, dass die Ökonomie auf den Märkten für Güter- und Dienstleistungen, Aktien und zum Teil auch auf dem Arbeitsmarkt Trends in Richtung einer Zunahme der Transnationalisierung aufweist; allerdings läuft dieser Prozess im Unterschied zu der politischen und wissenschaftlichen Debatte über Globalisierungsprozesse recht langsam und kontinuierlich und nicht schnell und sprunghaft. 2. Transnationalisierungsprozesse im Bereich der Ökonomie sind keine Globalisierungsprozesse, sondern in erster Linie Europäisierungsprozesse.

2. Transnationalisierungsprozesse der Politik

Die Krisendiagnose, die mit der Globalisierungsthese verbunden ist, geht davon aus, dass Transnationalisierungsprozesse die Steuerungsfähigkeit der Politik der Gesellschaft insofern unterlaufen, als die politische Regelung an den nationalstaatlichen Grenzen Halt machen muss, die Interaktionen der anderen Teilsysteme hingegen zunehmend grenzüberschreitend verlaufen (Held 1995; Zürn 1998; Habermas 1998b). Eine mögliche Antwort auf die durch die Transnationalisierung der Ökonomie entstehenden politischen Steuerungsprobleme besteht nun darin, dass sich das politische System selbst transnationalisiert und die Kompetenz für kollektiv verbindliche Entscheidungen auf eine höhere Ebene transnationaler Institutionen verlagert wird. Die Chancen für eine politische Steuerung transnationaler Interaktionen steigen entsprechend dann, wenn auch die Politik sich transnationalisiert und zwar in Richtung einer Europäisierung, weil dies ja gerade der Zielhorizont der Transnationalisierung der Ökonomie ist.[4] Eine

---

[3] Der größte Anteil an nichteuropäischen Investitionen nach Deutschland und von deutschen Investitionen in das nichteuropäische Ausland kommt aus den bzw. geht in die USA. Direktinvestitionen in so genannte Billiglohnländer machen nur einen geringen Anteil an den gesamten deutschen Direktinvestitionen aus.

[4] Dass sich eine Transnationalisierung der Politik nicht nur als Europäisierung ereignet hat, sondern sich darüber hinaus in einer Vielzahl von internationalen Abkommen und Regelungen manifestiert, zeigt Michael Zürn (1998a) für die Bereiche äußere Sicherheit, wirtschaftliche Regulierung und Umweltpolitik.

Europäisierung der Politik könnte die Kongruenz ökonomischer und politischer Räume wieder herstellen.

Dies scheint nun mit der zunehmenden Integration der Europäischen Union aber gerade der Fall zu sein. Die Staaten der EU haben einen Teil der nationalen Souveränitätskompetenzen auf die EU übertragen, die Nationalstaaten und die Bürger sind den Beschlüssen unmittelbar unterworfen, Europarecht bricht nationales Recht; die Kommission überwacht die Implementierung der Beschlüsse und der europäische Gerichtshof kann die Mitgliedstaaten bei Nichtbefolgung sanktionieren (Lepsius 1990). So hat der Europäische Gerichtshof z.B. am 11. Januar 2000 entschieden, dass das deutsche Waffendienstverbot für Frauen, wie es im Grundgesetz in Artikel 12a festgeschrieben ist, gegen Europarecht verstößt.[5] Die Bundesrepublik ist damit verpflichtet, den Artikel 12a nicht mehr anzuwenden, sie muss sich der europäischen Entscheidung beugen – ein Beispiel für die mit der europäischen Integration verbundene Aufgabe nationalstaatlicher Souveränitätsrechte.

Das Ausmaß der Delegation von Souveränitätsrechten von den Mitgliedstaaten auf die EU kann man wiederum versuchen, empirisch zu bestimmen. Will man auch hier beim Prinzip einer relationalen Messung bleiben, muss man die europäische Entscheidungskompetenz in Relation zur nationalen Entscheidungskompetenz setzen. Marianne Beisheim et al. (1999) haben in einem groß angelegten Projekt verschiedene Indikatoren der Transnationalisierung unterschiedlicher Bereiche der Gesellschaft erhoben. Für den Bereich der Politik haben sie u.a. das Verhältnis von nationalen Entscheidungen zu europäischen Entscheidungen berechnet. In *Abbildung 2* ist das Verhältnis zwischen Gesetzen und Beschlüssen der EU (Richtlinien, Entscheidungen und Verordnungen des Rats der Europäischen Union) zu den vom Bundestag verabschiedeten Gesetzen im Zeitverlauf abgebildet. Die Zeitreihe der erhobenen Daten reicht leider nur bis 1989.

Die *Abbildung 2* zeigt, dass das Verhältnis von nationalstaatlichen Entscheidungen und EU-Entscheidungen im Zeitverlauf sich zunehmend zu Gunsten der EU verschoben hat, ein Indikator für die Verlagerung von politischen Souveränitätsrechten vom Nationalstaat auf die EU.[6] Neben einer Erhöhung des Anteils der europäischen Entscheidungen im Verhältnis zu den nationalstaatlichen Entscheidungen manifestiert sich der Ausbau der EU in der Schaffung eines neuen politischen Institutionensystems. Wolfgang Wessels (1997: 267) hat verschiedene Indikatoren zur Messung des Kompetenzzuwachses der EU berechnet.

Wie *Tabelle 2* zeigt, ist nicht nur der Anteil der europäischen Entscheidungen im Verhältnis zu den nationalen Entscheidungen gestiegen, parallel hat auch ein gewaltiger Ausbau der europäischen politischen Institutionen stattgefunden, der sich in der Men-

---

5 Anlass der Gerichtsentscheidung war eine Klage der Klägerin Tanja Kreil, die bei der Bundeswehr Dienst an der Waffe machen wollte. Dieses Ansinnen wurde vom Verteidigungsministerium und von deutschen Gerichten abgewiesen mit dem Verweis auf den Artikel 12a des Grundgesetzes, in dem unter Absatz 4 geschrieben steht: „Sie (die Frauen, J.G.) dürfen auf keinen Fall Dienst mit der Waffe leisten".

6 Dass es sich bei den europäischen Entscheidungen in erster Linie um Beschlüsse handelt, die Fritz Scharpf (1996) als Regelungen zur negativen Integration bezeichnet hat, darauf kann hier nur hingewiesen werden. Eine plausible Typologie von unterschiedlichen politischen Regelungen entwickelt Michael Zürn (1998a).

Abbildung 2: Transnationalisierung der Politik[1]

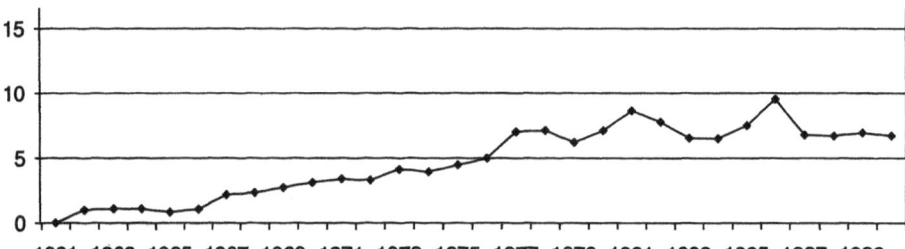

1 Zahl der Rechtsakte in der EG im Verhältnis zur Zahl der verabschiedeten Gesetze in der Bundesrepublik

Tabelle 2: Entwicklung der EU von 1990 bis 1995

	1960	1975	1990	1994
Anzahl der Räte	7 (1967)	12	22	21
Anzahl der Ausschüsse des Rats	10 (1962)	91	224	263
Anzahl der Sitzungen des Rats	44	67.5	138	98
Anzahl höherer Beamte der Kommission	521 (1961)	2087	3642	4682
Interessengruppen in Brüssel	174		500	1998 (1995)

Quelle: Wolfgang Wessels (1997); dort finden sich auch Verweise auf die Primärquellen.

ge der Fachministerien (Räte), der Fachbeamten und der Interessengruppen manifestiert.

Ist die Politik durch vermeintliche Globalisierungsprozesse der Ökonomie also überfordert? Die empirischen Befunde zeigen, dass sich die Politik in dieselbe Richtung transnationalisiert hat wie die Ökonomie, ja sie hat zu einer Europäisierung der Ökonomie selbst entscheidend beigetragen. Für beide Bereich bedeutet Transnationalisierung in erster Linie Europäisierung. Durch diese Kongruenz von Politik und Ökonomie mögen Steuerungsprobleme gelöst werden können, zumindest sind die Bedingungen der Möglichkeit für eine solche Lösung geschaffen.

III. Die Trägheit der Entwicklung einer europäischen bzw. europäisierten nationalen Öffentlichkeit

Eine demokratische Verfasstheit des politischen Systems bedeutet, dass die Herstellung von kollektiv verbindlichen Entscheidungen an die Interessen und Willensbildungsprozesse der Staatsbürger gekoppelt ist. Eine solche Kopplung erfolgt bekanntlich vor allem und in erster Linie durch die Wahl. Die Staatsbürger wählen in periodischen Abständen diejenigen, die dann Herrschaftspositionen einnehmen können und befugt sind, für die in einem Territorium lebenden Staatsbürger allgemein verbindliche Entscheidungen zu verabschieden und durchzusetzen, die aber zugleich bei der nächsten Wahl von den Herrschaftspositionen wieder entlassen werden können, wenn die Bürger sich nicht hinreichend repräsentiert fühlen.

Damit die Bürger überhaupt eine Wahlentscheidung treffen und beim nächsten Mal revidieren können, müssen sie die Möglichkeit haben, sich über die Repräsentanten und deren Konkurrenten und deren Handlungen und Programme hinreichend zu informieren. Die Möglichkeit, sich hinreichend zu informieren, wird von Robert Dahl (1989: 111f.) entsprechend als eines der Kriterien eines demokratischen Prozesses genannt und als „enlightened understanding" bezeichnet: „Each citizen ought to have adequate and equal opportunities for discovering and validating (within the time permitted by the need for a decision) the choice on the matter to be decided that would best serve the citizen's interests" (Dahl 1989: 112). Genau diese Funktion der Informationsvermittlung, der Meinungsbildung und der Kontrolle kommt einer politischen Öffentlichkeit zu.[7] Wir wissen nun aus einer Vielzahl an Studien, dass vor allem die Massenmedien die zentralen Institutionen der Informationsvermittler zwischen Bürger und Politik darstellen und dass die Bürger von dieser Möglichkeit auch hinreichend Gebrauch machen: Über 80 Prozent der Bürger der Bundesrepublik informieren sich tagtäglich über Politik über eines der Medien Fernsehen, Rundfunk und Zeitung, viele nutzen sogar mehrere Medien täglich, um sich über Politik zu informieren (vgl. Berg und Kiefer 1996: 183). Die Massenmedien bilden insofern die wichtigsten Informationsquellen der Bürger über Politik.

Damit existiert auf nationalstaatlicher Ebene eine Kongruenz zwischen Staatsbürgern, Herrschaftsträgern und Öffentlichkeit. Ein Kongruenz von Herrschaftsträgern und Bürgern liegt insofern vor, als diejenigen, die die Herrschaftsträger wählen dürfen, auch diejenigen sind, die den Beschlüssen der Herrschaftsträger unterworfen sind. Eine Kongruenz zwischen Öffentlichkeit und Politik liegt insofern vor, als die Medien über die Herrschaftsträger und deren Konkurrenten informieren und insofern die Bürger sich auf der Basis dieser Informationen ihr Urteil bilden können. An anderer Stelle habe ich diesen Politik- und Öffentlichkeitskreislauf als Responsivität erster und zweiter Ordnung bezeichnet (vgl. Gerhards 1999).

Mit der Transnationalisierung der Politik im Sinne einer Verlagerung von Herrschaft von den Nationalstaaten auf die EU kann dieses Kongruenzverhältnis ins Wanken geraten sein, was sich in einem Demokratiedefizit einerseits und in einem Öffentlichkeitsdefizit andererseits manifestieren kann. Das Demokratiedefizit der EU besteht darin, dass der Adressat von Herrschaftsbeschlüssen der EU nicht identisch ist mit dem „demos", der die Herrschaftspositionen ausgewählt hat: Der Europäische Rat als Versammlung der Regierungschefs der Länder und der Rat der Europäischen Union beste-

---

7 Die Funktionsbestimmung von Öffentlichkeit wird hier bewusst „minimalistisch" gehalten, weil sie in dieser Form Konsens in fast allen Modellen von Öffentlichkeit ist. Anspruchsvollere Konzepte von Öffentlichkeit sehen Öffentlichkeit als einen Kommunikationszusammenhang, in und über den sich die Identität einer demokratischen Staatsbürgerschaft erst konstituiert (vgl. Habermas 1996: 189f.).

hend aus den Fachministern der Länder sind nicht unmittelbar von einem europäischen Volk gewählt, sondern sind indirekt legitimiert über die nationalen Wahlen – Arthur Benz (1998: 350) spricht von einer gouvermentalen Repräsentation –, während aber die Bürger der EU unmittelbar den Beschlüssen des Rats und der Kommission unterworfen sind. Dieses Verhältnis der Nicht-Kongruenz wird in der Literatur bekanntlich als Demokratiedefizit der EU diskutiert (vgl. für viele andere und systematisch zusammenfassend Benz 1998).

Ein davon zu unterscheidendes Öffentlichkeitsdefizit besteht dann, wenn politische Entscheidungen immer häufiger nicht von den Nationalstaaten, sondern von der EU gefällt werden, die Berichterstattung der Öffentlichkeit aber nationalstaatlich verhaftet bleibt und nicht oder nur im geringen Maße von den europäischen Entscheidungen und Diskussionen berichtet; die Folge wäre, dass die Bürger nicht oder nicht ausreichend von den Entscheidungen und Diskussionen informiert werden, die sie aber unmittelbar betreffen. Ein „enligthened understanding" im Sinne Dahls wäre damit nur mangelhaft möglich. Ich konzentriere mich im Folgenden allein auf eine Analyse eines möglichen Öffentlichkeitsdefizits.

Dass sich politische Entscheidungen von der Ebene der Nationalstaaten auf die europäische Ebene verlagert haben, habe ich im letzten Abschnitt zu zeigen versucht. Ob sich die Öffentlichkeit in ihrer Berichterstattung ebenfalls europäisiert hat, ist eine empirisch offene Frage. Man kann sich zwei verschiedene Modelle einer europäischen Öffentlichkeit vorstellen: 1. das Modell einer länderübergreifenden europäischen Öffentlichkeit und 2. die Vorstellung einer Europäisierung der nationalen Öffentlichkeit (vgl. Gerhards 1993; für eine weitere Differenzierung vgl. van de Steeg 1999).[8]

1. Das Modell einer länderübergreifenden europäischen Öffentlichkeit

Unter einer länderübergreifenden europäischen Öffentlichkeit kann man sich ein einheitliches Mediensystem vorstellen, dessen Informationen und Inhalte in den verschiedenen Ländern der EU rezipiert werden. Ebenso wie in den einzelnen Nationalstaaten die Mediensysteme über die Regionen und Länder hinweg die Territorialstaaten integrieren, ähnlich würde ein europäisches Mediensystem über die Nationalstaaten hinweg die Mitgliedstaaten Europas integrieren (Gerhards 1993: 100).

Eine Prognose darüber, ob sich eine europäische Öffentlichkeit entwickeln wird, ist ein schwieriges Unterfangen (vgl. Kleinsteuber 1995). Ein Vergleich mit der Entstehung einer nationalen Öffentlichkeit, wie sie sich in Deutschland im 19. Jahrhundert entwickelt hat, könnte helfen, zumindest die Parameter ausfindig zu machen, die für die Entstehung und Ausdehnung von öffentlichen Räumen generell ursächlich verantwortlich sind. Die Entstehung einer nationalen, massenmedial vermittelten Öffentlich-

---

8 Marianne van de Steeg (1999) unterscheidet eine nationale von einer europäischen Öffentlichkeit. Der Typus einer nationalen Öffentlichkeit ist weiter differenziert in drei Modelle, die von einer isolierten bis zu einer die nationalstaatlichen Grenzen überschreitenden Öffentlichkeit reichen. Den Typus einer europäischen Öffentlichkeit differenziert sie weiter in zwei Modelle: ein einheitliches europäisches Mediensystem einerseits und eine transnationale europäische Öffentlichkeit andererseits.

keit hing von einer Vielzahl von ineinander verschachtelten Ursachenfaktoren ab (vgl. historisch Wehler 1987a: 303–331; 1987b: 520–546; aus systemtheoretischer Perspektive Blöhbaum 1994; Gerhards 1994: 85ff.). Fünf Faktoren scheinen von besonderer Relevanz gewesen zu sein.

a) Zum einen mussten die *politischen Rahmenbedingungen* so beschaffen sein, dass die Verbreitung von Informationen und Meinungen nicht durch politische Regulierungen eingeschränkt oder verboten wurde. Gerade für die deutsche Entwicklung in der ersten Hälfte des 19. Jahrhunderts ist die Gängelung einer sich entwickelten Öffentlichkeit durch die politische Zensur ein konstitutives Moment gewesen. „Öffentliche Kritik wurde unterdrückt. Gegen den Verbotsanspruch anonymer Zensoren gab es keine glaubwürdige Appelationsinstanz. Politische Pressekommentare wurden kastriert, lesenswerte Romane dem Leser vorenthalten. Die Strafen ruinierten manche private Existenz, trieben Intellektuelle in die Emigration, schüchterten Verleger ein" (Wehler 1987b: 542).

Im Hinblick auf die Entstehungsbedingungen einer europäischen Öffentlichkeit dürften die für die Gegenwart geltenden politischen Restriktionen keine erklärungskräftige Rolle spielen. Die Meinungs- und Pressefreiheit ist in allen Ländern der europäischen Union fest institutionalisiert (Sievert 1998: 72ff.), eine Zensur findet nicht statt. Die Kommission hat mit ihrer zwar umstrittenen, aber letztlich durchgesetzten Medienpolitik, Medienprodukte als Dienstleistungen zu begreifen und damit unter das Gebot der Warenverkehrsfreiheit zu stellen, die Bedingungen eines europäischen Marktes geschaffen, der aus der Klammer einer politisch-ökonomischen Regelung zunehmend entlassen ist (Tonnenmacher 1995; Sievert 1998: 78ff.). Die politischen Hemmnisse einer europäischen Öffentlichkeit sind also als recht gering einzustufen.

b) Die Entstehung und Entwicklung einer nationalen Öffentlichkeit war zum Zweiten von der *technischen Entwicklung zur Herstellung von Druckerzeugnissen und der Infrastruktur zu deren Verbreitung* abhängig. Die Entstehung der Presse war gebunden an die Entwicklung der Druckerpresse, die Entwicklung der modernen Presse an die Erfindung der Schnellpresse und den Rotationsdruck. „Die mit Druckzylinder und Dampfmaschine ausgestattete Schnellpresse, die in einer Stunde 1.200, ja schließlich bis zu 1.800 Bogen auf beiden Seiten, d.h. fabulöse 57.600 Buchseiten druckte, setzte sich trotz der Investitionskosten seit den 20er Jahren rasch durch. Gab es 1820 in Preußen erst 516, waren es 1830 = 709, 1840 = 1.109 und 1848 schon 1.275 Druckmaschinen, ein gut 150 %iger Anstieg in knapp dreißig Jahren" (Wehler 1987b: 523). Zugleich hatte sich die Infrastruktur zur Verbreitung von Informationen verbessert. Die Entwicklung des Boten- und Postdienstes war insofern eine Voraussetzung der Entwicklung der Presse, als sie die Verbreitung der Erzeugnisse ermöglichte. Die Entwicklung der Eisenbahn und dann später des Telegraphen stellt insofern eine weitere Verbesserung dar, als die Erschließung des Raumes beschleunigt, zugleich die Kosten der Verbreitung gesenkt werden konnten.

Prüft man, in welchem Maße die technischen Bedingungen der Produktion und der Vermittlung heute ein Hindernis für die Entstehung einer europäischen Öffentlichkeit darstellen, wird man auch hier konstatieren müssen, dass die Bedingungen relativ günstig sind. Vor allem die Infrastruktur der Übermittlung von Informationen hat sich durch die weltweit vernetzte Satellitentechnik und die Computertechnologie revolutioniert: Die Übermittlung von Texten und Bildern ist insofern perfektioniert, als dass alle Raumgrenzen in Sekunden zu überwinden und die Kosten der Übermittlung zugleich niedrig geworden sind.

c) Die Entstehung einer nationalen Öffentlichkeit hing weiterhin von der Schaffung eines lesenden und diskutierfähigen *Publikums* ab. Die durch die Entwicklung des Schulwesens und der Universitäten ab dem Ende des 18. Jahrhunderts voranschreitende Alphabetisierung der Bevölkerung bildet eine notwendige Bedingung der Teilhabe an einer sich entwickelten Öffentlichkeit. Die Alphabetisierung sank zwischen 1800 und 1848 kontinuierlich bis auf ca. 20 Prozent ab. Erst dadurch wurde die Bedingung der Möglichkeit geschaffen, Druckerzeugnis zu lesen und zu rezipieren und damit an einer sich entwickelnden Öffentlichkeit zu partizipieren (Hardtwig 1985: 106ff.). Hinzu kam eine aus den Ideen der Aufklärung gespeiste hohe Motivation, die Bedingungen der Möglichkeit auch zu realisieren; das Lese- und Informationsbedürfnis stieg. „Von der wiederholten intensiven Lektüre erfolgte der Übergang zur extensiven neuen Lektüre, getragen von einem prinzipiell unendlichen großen Lesebedürfnis. Im frühen Vormärz las mehr als ein Viertel der erwachsenen Bevölkerung, mehr als die Hälfte des männlichen Anteils, regelmäßig politische Zeitungen, Lokalblätter, Zeitschriften" (Wehler 1987b: 522).

Die Fähigkeit des Publikums, an einer europäischen Öffentlichkeit in seiner jeweiligen Muttersprache zu partizipieren, ist heute in allen Ländern der EU fast vollständig gegeben. Allerdings fehlt es an einer durchgehenden Alphabetisierung in einer einheitlichen lingua franca. Die besten Voraussetzungen dafür bietet sicherlich die englische Sprache; die Fähigkeit, Englisch zu sprechen, variiert zwischen den verschiedenen Ländern der EU und je nach Schicht und Bildung erheblich, bleibt insgesamt betrachtet aber doch relativ gering (vgl. die Daten in Gerhards 1993: 100); ähnlich wie der Alphabetisierungsprozess entlang der Schichtpyramide von oben nach unten verlaufen ist, ähnlich kann man vermuten, dass sich der Anteil der Personen, die Englisch lesen und schreiben können, auch entlang der Schichtpyramide von oben nach unten erweitern wird; man kann davon ausgehen, dass sich der Anteil derer, die in Englisch kommunizieren können werden, in den nächsten 20 Jahren erhöhen wird. Veränderungen im Schulsystem [frühere Einführung der ersten und zweiten Fremdsprache; Ausbau der zweisprachigen Schulen (Euro-Schulen)], die Vergrößerung des internationalen Schüler- und Studentenaustauschs werden dazu beitragen. Trotzdem wird die Mehrheit der Bevölkerung in den verschiedenen Staaten nicht in der Lage sein, flüssig in der lingua franca Englisch zu kommunizieren. Insofern wird es für die Mehrheit der Bevölkerung keine sprachlich einheitliche europäische Öffentlichkeit geben. Dies gilt sicherlich nicht für eine im Zeitverlauf größer werdende Elite (vgl. Kaelble 1997: 56ff.); dieses Teilsegment bildet heute schon das Publikum einer in Ansätzen existierenden europäischen medialen Öffentlichkeit.

d) Neben politischen Rahmenbedingungen, technischen Voraussetzungen und der Entstehung eines kompetenten Publikums hing die Entstehung einer nationalen Öffentlichkeit weiterhin von der *Ausdifferenzierung von Medienunternehmern und Journalisten* in Form von Verlegern und von Schriftstellern ab, die die Verbreitung von Informationen und Meinungen besorgten. Dabei ist das Verhältnis zwischen einem nachfragendem Publikum und der Entstehung von Anbietern als eine Relation der wechselseitigen Bedingtheit zu begreifen. Das Sammeln und Publizieren von Informationen und Meinungen wurde praktiziert, weil es Gewinne abwarf. Es konnte Gewinn einbringen, weil es ein nachfragendes Publikum gab und zudem eine Infrastruktur der Distribution und eine Technik der kostengünstigen Produktion. Wehler beschreibt in seinen Analysen des frühen 19. Jahrhunderts, wie sich aus dieser Bedingungskonstellation ein dichtes Netz an Verlegern, Buchhändlern, Schriftstellern, dann Journalisten entwickelte, zu Beginn eher auf der Basis einer Nebentätigkeit, dann zunehmend als Hauptberuf, es dann zu Professionalisierungsprozessen kam und Berufsverbände gegründet wurden.

Auch im Hinblick auf die Ausdifferenzierung von Medienunternehmern einer europäischen Öffentlichkeit sind die Bedingungen nicht schlecht beschaffen. Große Medienunternehmen, die zum Teil transnational agieren, sind grundsätzlich in der Lage, für eine Herstellung einer europäischen Öffentlichkeit zu sorgen, wenn sich diese denn lohnen würde. Der Rentabilität sind aber durch das Publikum enge Grenzen gesetzt. Die Informationsvermittlung ist sowohl in der Presse als auch im Rundfunk (wenn auch schwächer), auf die sprachliche Kompetenz der Sprecher angewiesen. Europaweit agierende Medien müssten in die verschiedenen Sprachen übersetzt werden, was zu kostspielig wäre. Die Produktion in der lingua franca Englisch ist nur partiell rentabel und konzentriert sich vor allem auf ein wirtschaftliches und politisches Elitepublikum, nicht aber auf die Masse der Bürger. Die Aktivitäten der Medienanbieter in diesem Bereich haben sich sicherlich in den letzten 20 Jahren erheblich verstärkt und ausgedehnt und zu einem Angebot an transnationalen Medien geführt, die auf der Ebene der Eliten zu einer Herstellung einer europäischen Öffentlichkeit beitragen können. Die Kompetenzen und Motivationen der großen Menge der Bevölkerung, sich in einer anderen als der Muttersprache zu informieren, wird aber, so die Vermutung, gering bleiben. Mit der Erhöhung der Zahl der Sprachen bei der Erweiterung der EU wird sich dieses Problem eher noch verschärfen. Einer der wichtigsten Hinderungsgründe der Entstehung einer einheitlichen europäischen Öffentlichkeit ist und bleibt also die Sprachenvielfalt: „Europa ist keine Kommunikationsgemeinschaft, weil Europa ein vielsprachiger Kontinent ist – das banalste Faktum ist zugleich das elementarste" (Kielmansegg 1996: 55).

e) Schließlich hing die Entstehung einer nationalen politischen Öffentlichkeit von der Entstehung *von kollektiven Akteuren,* vor allem von Vereinen ab, die als *Sprecher* über die Medien zu einem Publikum sprechen wollten. Das 19. Jahrhundert ist als das Jahrhundert der Vereine bezeichnet worden (Siemann 1990: 261, mit Bezug auf Dieter Langewiesche 1988). An die Stelle von ständischen Korporationen traten zunehmend freiwillige, durch eine Satzung geregelte Assoziationen. Die Organisationsform der freien Assoziation war selbst wiederum die Institutionalisierung einer Idee, nämlich Ausdruck eines liberalen Weltbildes, „welches die Emanzipation von allen traditionalen Fesseln, die sich auf dem Forum der Vernunft nicht mehr rechtfertigen ließen, verlangte. Das autonome, geistig und materiell selbständige und selbstverantwortlich handelnde Individuum wurde als normatives Ideal anvisiert, für das es in schlechthin allen Lebenssphären die Bedingungen der Möglichkeit einer freien Entfaltung aktiv zu schaffen galt" (Wehler 1987b). Umgekehrt diente der Vergesellschaftungstypus der Assoziation der Einübung von demokratischen Idealen, indem Entscheidungen an Verfahren der Willensbildung und Mehrheitsfindung gebunden wurden (Hardtwig 1985: 122).

Der Prozess der Entstehung einer nationalen Öffentlichkeit ist insofern eng verwoben mit dem Prozess der Demokratisierung. Protestbewegungen, Interessengruppen, Vereine und Parteien, die die Selbstorganisation der Bürger institutionalisieren wollten, suchten die Zustimmung der Bürger und wollten diese für die Demokratie mobilisieren. Die Gründung eigener Medien und die Benutzung existierender Medien war der Weg, das Publikum zu erreichen; diese enge Verbindung zwischen Demokratisierung und der Entstehung einer Öffentlichkeit zeigt sich symptomatisch an der Entwicklung der Presse während der Revolution von 1848/49. Die Auflagen der existierenden Zeitungen und vor allem die Neugründungen schnellten innerhalb kürzester Zeit in die Höhe: In Preußen gab es 1847 404, zwei Jahre später bereits 622 Zeitungen, Intelligenz- und Volksblätter; in Österreich erhöhte sich die Zahl im selben Zeitraum von 79 auf 215 (vgl. Siemann 1985: 117; dort auch weitere statistische Informationen). Die enge Verquickung von Parteien und Interessengruppen und einer expandierenden Medienöffentlichkeit zeigt sich auch an der Tatsache, dass einige Parteien in Preußen die Namen von Zeitungen hatten. Die Konservativen, die sich um die Berliner „Neue Preußische Zeitung", die so genannte „Kreuzzeitung" versammelten, hieß „Kreuzzeitungspartei", die liberal-konservativen Abgeordneten, die sich um das „Preußische Wochenblatt" scharten, erhielten den Namen „Wochenblatt-Partei" (Siemann 1990: 259). Jeder Schritt einer weiteren Demokratisierung hat zugleich die Ausdehnung einer nationalen Öffentlichkeit forciert. Mit der Institutionalisierung der Demokratie wurde zugleich die Bedeutung und das Gewicht einer nationalen Öffentlichkeit entscheidend gesteigert, ja erst hergestellt und dies aus strukturellen Gründen. In Demokratien sind die gewählten Vertreter und ihre Parteien von den Wahlentscheidungen der Bürger abhängig. Sie müssen als Sprecher für sich und ihre Programme und in Konkurrenz zu anderen politischen Unternehmern werben und sie tun dies via Öffentlichkeit. Ist eine Demokratie erst einmal institutionalisiert, dann erzeugt dies in der Folge einen Bedarf an Öffentlichkeit, Demokratie und Öffentlichkeit sind wechselseitig ineinander verzahnt. Die territorialen Grenzen der Öffentlichkeit sind entsprechend meist identisch mit den territorialen Grenzen der Demokratie, weil die gewählten Vertreter des jeweiligen Volkes ihr kommunikatives, öffentliches Verhalten an dem „demos" orientiert, von dem sie gerade gewählt und abhängig sind.

Auf europäischer Ebene ist diese Bedingung gerade nicht gegeben und sicherlich – neben dem Sprachenproblem – eines der wichtigsten Hemmnisse der Entstehung einer europäischen Öffentlichkeit. Das viel diskutierte Demokratiedefizit der EU ist eine der Ursachen (und nicht die Folge) des Öffentlichkeitsdefizits der EU. Der Europäische Rat und der Rat der Europäischen Union sind nicht unmittelbar von einem europäischen Volk gewählt. Sie sind den verschiedenen nationalen demoi gegenüber verantwortlich, und an diese richtet sich entsprechend auch ihre Aufmerksamkeit. Als Sprecher in den Medien wollen sie ihr nationalstaatlich spezifisches Publikum erreichen und nicht ein europäisches Volk.

2. Die Vorstellung einer Europäisierung der nationalen Öffentlichkeit

Die zweite Option einer europäischen Öffentlichkeit besteht in einer Europäisierung der nationalen Öffentlichkeiten. Diese Modellvorstellung ist grundsätzlich realistischer als die Entstehung einer länderübergreifenden europäischen Öffentlichkeit, weil sie die Überwindung der Sprachenunterschiede nicht als Bedingung enthält. Unter einer Europäisierung der nationalen Öffentlichkeiten soll: a) die Thematisierung europäischer Themen und Akteure in den nationalen Öffentlichkeiten einerseits und b) die Bewertung der Themen und Akteure unter einer nicht-nationalstaatlichen Perspektive andererseits verstanden werden (Gerhards 1993: 102).[9]

a) Der empirische Wissensstand über den Grad und vor allem die Entwicklung einer Europäisierung nationaler Öffentlichkeiten ist sehr gering. Holger Sievert (1998) gibt mit seiner Dissertation den besten Überblick über den Forschungsstand; er hat selbst jeweils zwei Nachrichtenmagazine aus den Ländern Deutschland, Niederlande, Österreich, Frankreich und England untersucht. Die Aufmerksamkeit der einzelnen Medien für das je eigene Land schwankt zwischen 61 und 81 Prozent (Sievert 1998: 232); die zweitwichtigste Aufmerksamkeit erhalten Länder außerhalb der EU, erst an dritter Stelle rangieren die Länder Europas (inklusive europäische Länder außerhalb der EU); die mediale Aufmerksamkeit für die EU (nicht für die einzelnen Länder der EU) selbst liegt bei 1 bis 5,3 Prozent aller Artikel (Sievert 1998: 282). Länderunterschiede werden von Sievert allein beschrieben, nicht aber erklärt. Zudem und für unsere Fragestellung entscheidend ist die Tatsache, dass die von Sievert erhobenen Daten keine Analyse der Entwicklung der medialen Aufmerksamkeit für Europa ermöglichen.

Wir haben selbst bis dato keine Zeitreihen der medialen Öffentlichkeit erhoben, die den Grad der Transnationalisierung und Europäisierung der Öffentlichkeit bestimmen helfen könnten, können aber dankenswerterweise auf Daten zurückgreifen, die Hans Mathias Kepplinger erhoben und zur Analyse der Politikdarstellung in den Medien der Bundesrepublik ausgewertet hat (Kepplinger 1998). Kepplinger hat die Berichterstattung über Politik in den Qualitätsmedien der *Frankfurter Allgemeinen Zeitung*, der *Süddeutschen Zeitung* und der *WELT* für die Zeit von 1951 bis 1995 rekonstruiert.[10] Kepplinger unterscheidet in seiner Analyse u.a. unterschiedliche Themen der Berichterstattung. Die verschiedenen Themengebiete wurden für die folgenden Auswertungen zu drei Oberkategorien aggregiert: 1. Innere Angelegenheiten Deutschlands (inklusive Themen deutsch-deutscher Beziehungen), 2. Themen aus dem Bereich europäischer Beziehungen und 3. Themen aus dem Bereich anderer internationaler Beziehungen. *Abbildung 3* zeigt die Entwicklung der drei Themengebiete im Zeitverlauf.

---

9 Holger Sievert (1998) spricht von einer Europäisierung der nationalen Öffentlichkeiten nicht nur dann, wenn eine Berichterstattung über Europa in den verschiedenen nationalen Medien stattfindet, sondern wenn zugleich die Mediensysteme, die Medieninstitutionen, und die Medienakteure in den verschiedenen Ländern ähnlich strukturiert und damit synchronisiert sind. Er beschreibt dann in einem sehr aufwendigen und informativen Verfahren, in welchem Maße dies in den verschiedenen Ländern der EU der Fall ist.

10 Grundgesamtheit war der gesamte Politikteil der drei Zeitungen sowie die Rubrik mit gemischten Meldungen („Aus aller Welt"). Ausgewählt wurden alle Artikel von der Titelseite und jeder zweite Artikel von den anderen Seiten.

Abbildung 3: Europa als Thema der bundesrepublikanischen massenmedialen Öffentlichkeit

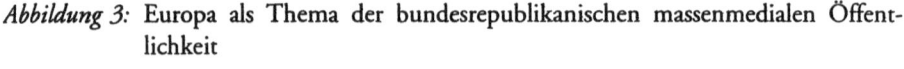

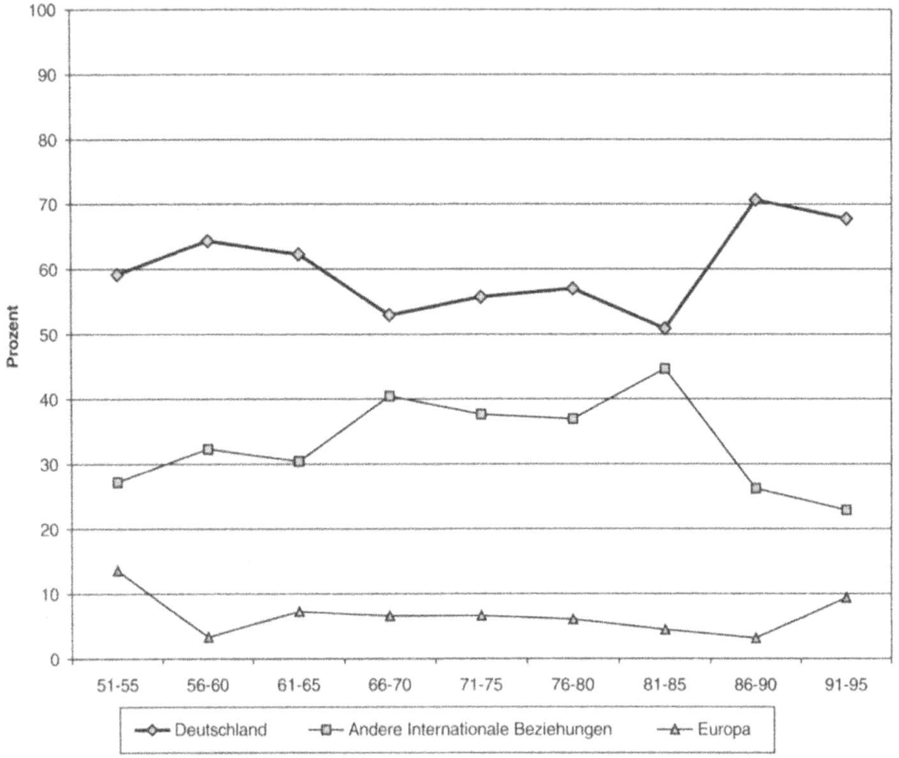

Durchschnittlich sind 60,4 Prozent der Themen, über die in den analysierten Medien berichtet wird, Themen, die sich mit inneren Angelegenheiten der Bundesrepublik beschäftigen, 39,6 Prozent sind also transnationale Themen.[11] Dieses sehr hohe Niveau der Transnationalisierung der medialen Öffentlichkeit ist der Tatsache geschuldet, dass allein Qualitätszeitungen ausgewertet wurden; deren transnationale Orientierung weit höher ist als die von durchschnittlichen Tageszeitungen. Bereits Karl Deutsch (1959) verweist auf Studien, die zeigen, dass die Aufmerksamkeit von Elite- Zeitungen (Times und New York Times) für internationale Angelegenheiten mit 40 Prozent weit über dem Anteil normaler Zeitungen liegt, die ca. 9 Prozent ihrer Aufmerksamkeit dem Internationalen widmen. Insofern sind die durchschnittlichen Werte für den Grad der Transnationalisierung der von Kepplinger analysierten Zeitungen nicht gut zu interpretieren; wir konzentrieren uns im Folgenden allein auf die Entwicklung im Zeitverlauf.

Betrachtet man im ersten Schritt das Verhältnis von innerdeutschen Themen zu den transnationalen Themen (europäische *und* außereuropäische Themen), dann zeigt

---

11 Eine Auswertung der Themen der Fernsehberichterstattung der „Tagesschau" der ARD zeigt, dass 84,3 Prozent der Themen auf innere Angelegenheit der Bundesrepublik bezogen waren, 15,7 Prozent also transnationale Themen fokusierten (Meckel: 1994: 291).

sich im Zeitverlauf keine klare Entwicklungsrichtung. Im Zeitraum 1960 bis 1985 nimmt der Anteil der transnationalen Themen zwar langsam zu, sodass man von einer leichten Zunahme einer Transnationalisierung der bundesrepublikanischen Öffentlichkeit sprechen kann, ab 1986 (genau: ab 1989 mit dem Mauerfall und der im folgenden Jahr beschlossenen Wiedervereinigung) gibt es aber einen kräftigen Anstieg der nationalen Themen auf Kosten der transnationalen Themen, ja die nationale Fixierung der Öffentlichkeit erreicht eine in der Geschichte der Bundesrepublik bis dahin nicht gekannte Höhe.[12] Zumindest für die Zeit ab 1986 entwickelte sich die bundesrepublikanische Öffentlichkeit in die umgekehrte Richtung als die Ökonomie und die Politik, die Aufmerksamkeit der Öffentlichkeit fixiert sich auf die inneren Angelegenheiten, während sich die ökonomischen Handlungen und die politischen Entscheidungen transnationalisieren.

Etwas anders sieht die Entwicklung aus, wenn man die europäischen Themen im Verhältnis zu den anderen transnationalen Themen und den innerdeutschen Themen betrachtet. Die europäischen Themen sind von allen drei Themengebieten diejenigen, die die geringste Medienaufmerksamkeit erhalten. Ihr durchschnittlicher Anteilswert über die Jahre liegt bei 6,9 Prozent. Die mediale Beschäftigung mit Europa ist im Zeitraum 1961 bis 1990 kontinuierlich, wenn auch nur leicht zurückgegangen, um dann in der letzten Zeitphase wieder auf das Niveau von 1961/1965 zurückzukehren. Insgesamt aber zeigt sich ein relativ gleich bleibendes Niveau der Bearbeitung von europäischen Themen in der nationalen medialen Arena der Bundesrepublik. Während sich das politische Handeln der Herrschaftsträger also im Zeitverlauf zunehmend transnationalisiert und vor allem europäisiert hat, hinkt die Öffentlichkeit dieser Entwicklung hinterher und bleibt weiterhin nationalstaatlich verhaftet. Eine Europäisierung der nationalen Öffentlichkeit der Bundesrepublik kann also auf der Basis der von Kepplinger erhobenen Daten nicht festgestellt werden.[13]

b) Themen der medialen Berichterstattung können von verschiedenen Sprechern kommuniziert werden. Der Maastrichter Vertrag kann z.B. vom Bundeskanzler, vom Premierminister Englands oder von einem Kommissar der Europäischen Kommission thematisiert werden. Werden Themen von nationalen Akteuren thematisiert, dann ist die Wahrscheinlichkeit höher, dass die Meinungsbildung zu den Themen unter einer nationalstaatlichen Interessenperspektive erfolgt, als wenn Themen von europäischen Akteuren wie dem europäischen Parlament oder der Kommission bearbeitet werden, weil die nationalen Akteure im höheren Maße den Restriktionen nationaler Politik, die europäischen Akteure hingegen stärken den Strukturbedingungen des europäischen Politikfeldes unterworfen sind. Die von Kepplinger durchgeführte Inhaltsanalyse enthält

---

12 Da ich Intervalle von jeweils fünf Jahren gebildet habe, ist die graphische Darstellung vor allem der der Zeitphase 1986/1990 etwas irreführend. Die Zunahme der innenpolitischen Themen in dieser Phase geht in erster Linie auf die Jahre 1989 und 1990 zurück.
13 Dabei muss man bedenken, dass das Kategoriensystem von Hans Mathias Kepplinger nicht für die hier analysierte Fragestellung ausgelegt war, sodass die hier getroffenen Interpretationen mit Vorsicht zu lesen sind. So wurde in der Datenerhebung von Kepplinger z.B. jeweils nur das wichtigste Thema eines Artikels kodiert. Es ist aber möglich, dass sich eine zunehmende Transnationalisierung und Europäisierung der Öffentlichkeit zuerst und vor allem in den Sekundär- und Tertiärthemen eines Artikels zeigt.

neben den Themen auch eine Klassifikation der Sprecher von Stellungnahmen (falls ein Berichtanlass auf eine Stellungnahme eines Sprechers zurückzuführen war). Für die folgende Auswertung wurden alle möglichen Urheber von Stellungnahmen dichotomisiert in Sprecher der europäischen Institutionen (Europäisches Parlament, Ministerrat, Kommission, Gerichtshof) einerseits und alle anderen Urheber von Stellungnahmen, seien es nationale oder außereuropäische Sprecher, andererseits. Wir hatten eine Europäisierung der nationalen Öffentlichkeiten definiert durch zwei Merkmale: die Thematisierung europäischer Themen in den nationalen Öffentlichkeiten einerseits und die Bewertung der Themen unter einer nicht-nationalstaatlichen sondern europäischen Perspektive andererseits. Wir operationalisieren das zweite Bestimmungselement einer Europäisierung der nationalen Öffentlichkeit durch die Menge der europäischen Akteure, die als Sprecher in den Medien zu Wort kommen. *Abbildung 4* gibt deren Anteil an der Gesamtanzahl der Sprecher im Zeitverlauf wieder.

Abbildung 4: Akteure der EU als Urheber von Stellungnahmen (ohne „Andere")

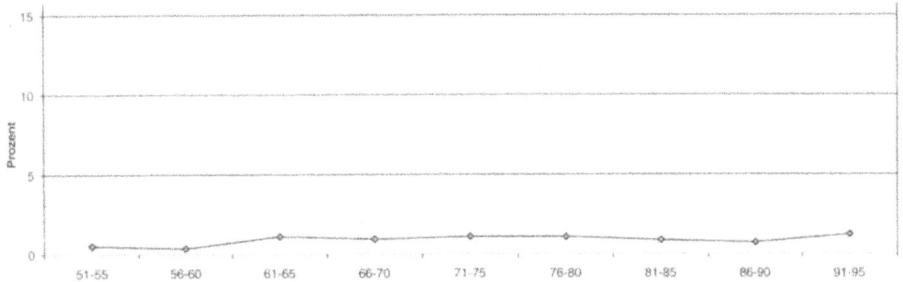

Der Anteil der Urheber von Stellungnahmen, die den Institutionen der EU zuzuordnen sind, liegt im Durchschnitt bei 0,9 Prozent und schwankt im Zeitverlauf zwischen 0,5 und 1,2 Prozent. Eine klare Entwicklungsrichtung im Zeitverlauf ist nicht festzustellen, die Bedeutung der europäischen Institutionen als Urheber von Stellungnahmen bleibt konstant gering und damit fast bedeutungslos. Auch im Hinblick auf die zweite Dimension einer Europäisierung der nationalen Öffentlichkeit, der Meinungsbildung zu europäischen Themen aus einer europäischen statt einer nationalen Perspektive, lässt sich im Zeitverlauf keine Zunahme einer europäischen Meinungsbildung bilanzieren.[14] Auch hier hinkt eine Europäisierung der Öffentlichkeit den Europäisierungsprozessen von Politik und Ökonomie hinterher. Allerdings gilt hier mehr noch als bei der Analyse der Themen, dass der benutzte Indikator eine recht schwache Operationalisierung des theoretischen Konstrukts darstellt und insofern die Interpretationen als weitgehend hypothetisch zu gelten haben. Es bedarf genauerer Untersuchungen, um zu prüfen, ob die hier gezogenen Schlussfolgerungen empirisch bestätigt werden können.

---

14 Der höhere Anteil an europäischen Themen im Vergleich zu den europäischen Sprechern lässt den Schluss zu, dass die Thematisierung von europäischen Themen in erster Linie durch die nationalen Akteure erfolgt. Diese werden die Themen dominant unter einer nationalstaatlichen Interessenperspektive bearbeiten.

IV. Mögliche Ursachen für das Öffentlichkeitsdefizit der EU

Wenn sich der vorläufige Eindruck bestätigen sollte, dass die nationale Öffentlichkeit weitgehend nationalstaatlich fixiert geblieben ist und sich nicht europäisiert hat, dann stellt sich die Frage, welches die Ursachen für diesen Befund sind. Die Medienaufmerksamkeit und die Meinungsbildung zu Themen hängt generell von drei Faktoren ab: der Motivation für Öffentlichkeitsarbeit und den PR-Aktivitäten von kollektiven Akteuren (1), dem Nachrichtenwert der Informationen (2) und schließlich den journalistischen Aktivitäten (3). Bezüglich aller drei Faktoren lassen sich im Hinblick auf die Berichterstattung über europäische Politik und die Meinungsbildung zu Europa Defizite diagnostizieren.

1. Die Öffentlichkeitsorientierung der Kommission ist aus strukturellen Gründen recht schwach ausgebildet. Die Kommissare werden nicht von den Bürgern Europas gewählt; sie benötigen in erster Linie die Rückendeckung der jeweiligen nationalen Regierung, von denen sie vorgeschlagen wurden, sie bedürfen aber nicht der Unterstützung einer Wählerschaft der Bürger. Damit entfällt für die Kommissare die Notwendigkeit, sich über die Öffentlichkeit vermittelt um die Zustimmung der Bürger bemühen zu müssen, eine strukturell angelegte Öffentlichkeitsabstinenz der Kommission ist die Folge.[15] Hinzu kommt, dass die Ausarbeitung der Vorschläge im Gesetzgebungsverfahren, in der die Kommission ja das Initiativrecht hat, unter Ausschluss der Öffentlichkeit geschieht, der Vorschlag selbst wird – dem Kollegialprinzip folgend – von der Kommission als ganzer vertreten. Sowohl die Nicht-Öffentlichkeit der Ausarbeitung der Vorschläge als auch das Kollegialprinzip der Kommission sind Faktoren, die eine öffentliche Orientierung der Kommission nicht gerade begünstigen. Schließlich ist die Öffentlichkeitsarbeit der Kommission nicht hinreichend homogenisiert und synchronisiert, zum Teil auch nicht professionell genug organisiert (Gramberger und Lehmann 1995; Meyer 1999). Christoph Olaf Meyer berichtet, dass sich der Etat für Öffentlichkeitsarbeit in der Zeit von 1992 bis 1998 zwar von 34,9 Millionen auf 102,5 Millionen verdreifacht hat, dass die Strukturdefizite in der Öffentlichkeitsarbeit, die vor allem in einer fragmentierten Struktur der Öffentlichkeitsarbeit bestehen, aber nicht behoben wurden. Ähnlich fällt die Diagnose im Hinblick auf die Professionalität der Öffentlichkeitsarbeit der Kommission von Marc R. Gramberger und Ingrid Lehmann (1995; Gramberger 1997) aus.

Das institutionalisierte Gegengewicht zur Kommission und zum Ministerrat, das europäische Parlament, verfügt zwar über eine stärkere Öffentlichkeitsorientierung, ist aber mit schwachen Einflussmöglichkeiten ausgestattet und nur begrenzt in der Lage, Entscheidungen und Entscheidungsabsichten des geschlossenen Arkanbereichs der europäischen Politik in die Öffentlichkeit zu transportieren. Zwar sind die Rechte des Europaparlaments erweitert worden, das Parlament bleibt aber weiterhin im Vergleich zur Kommission und zum Ministerrat eine relativ schwache Institution.

Der Europäische Rat und der Rat der EU haben ein strukturell stärkeres Interesse

---

15 Dass die Öffentlichkeitsneigung der Kommissare dabei individuell nochmals unterschiedlich ist, hat der vormalige Kommissar für Wettbewerb, Karel van Miert, mit seiner starken Außenorientierung gezeigt (vgl. Meyer 1999).

an einer Öffentlichkeitsarbeit als die Kommission, dieses ist aber nationalstaatlich und nicht europäisch orientiert. Die Regierungschefs und die jeweiligen Minister sind nicht von einem europäischen Wahlvolk, sondern von den Bürgern eines Landes gewählt und müssen sich diesen gegenüber verantworten und vor diesen für sich und ihre Politik werben. Dies macht die Betonung nationaler Interessen auf Kosten einer europäischen Orientierung wahrscheinlich. Die Pressekonferenzen und das Presse-Briefing sind entsprechend nationalstaatlich organisiert (vgl. Gerhards 1993).

2. Die Europäische Union ist von verschiedenen Autoren als ein dynamisches Mehrebenensystem (vgl. Jachtenfuchs und Kohler-Koch 1996) beschrieben worden. Damit ist gemeint, dass es eine Pluralisierung von Steuerungsebenen gibt, die von den Regionen, über die Nationalstaaten bis hin zu den verschiedenen Institutionen der EU reichen. Verflechtungsbeziehungen dieser Art lassen keinen eindeutigen Akteur, der für Entscheidungen zuständig ist und dem Verantwortung zugerechnet werden kann, erkennen (Lepsius 1997); eine für eine Medienresonanz so wichtige Personalisierung der Politik wird dadurch erschwert. Die Intensität, mit der die Medien im Herbst 1999 auf die Ernennung von Javier Solana zum Generalsekretär und hohen Vertreter für die gemeinsame Außen- und Sicherheitspolitik reagiert haben und ihn zum „Mister Europa" gekürt haben, ließ das Defizit an Personalisierung europäischer Politik deutlich erkennen.

Zudem sind die sehr komplexen, durch Verwaltungsrationalität bestimmten Abstimmungsprozesse der EU (Bach 1999) kaum zu durchschauen und damit nicht sonderlich medienwirksam; sie lassen viele Nachrichtenfaktoren vermissen, an denen sich die Medien in ihrer Selektion von Informationen orientieren. Die EU bleibt damit letztlich konturlos und überkomplex, und dies erschwert eine mediale Berichterstattung über die EU.

Im Hinblick auf eine Dominanz einer nationalstaatlich orientierten Meinungsbildung zu Europa ist der Nachrichtenfaktor der Relevanz sicherlich von besonderer Bedeutung (Schulz 1997: 71). Die Auswahl von Themen und Meinungen erfolgt u.a. nach dem Kriterium der Tragweite und der Betroffenheit für das mediale Publikum. Man kann vermuten, dass die Definition von Relevanzen im Hinblick auf außernationale Ereignisse über Jahrzehnte durch ein nationales Interessen-Deutungsmuster geprägt wurde und dass dieses auch für die Meinungsbildung über Europa weiterhin mit prägend ist. Brüssel wird als ferner und letztendlich fremder Ort wahrgenommen bzw. so von den nationalen politischen Eliten interpretiert.

3. Schließlich hängt die Berichterstattung über Themen von den journalistischen Aktivitäten ab.[16] Ob diese in Brüssel anders und schwächer sind als in Berlin und in anderen Hauptstädten, dazu liegen für den gegenwärtigen Zeitpunkt nach meiner Kenntnis keine empirischen Informationen vor (für England vgl. Morgan 1995). Für den Beginn der 90er Jahre konnte ich in einer kleinen Feldstudie feststellen, dass die Repräsentanz der bundesrepublikanischen Medien in Brüssel recht schwach ausgebildet war

---

16 Holger Sievert (1998: 113f.) berichtet von einer Untersuchung, die zeigt, dass die Berichterstattung über die EU in ausgewählten europäischen Zeitungen zu 65 Prozent von eigenen redaktionellen Mitarbeitern der jeweiligen Zeitungen erfolgt und nicht von Nachrichtenagenturen.

(Gerhards 1993), entsprechend den Rechercheaktivitäten der Journalisten enge personelle Grenzen gesetzt waren. Für eine dominant nationalstaatlich orientierte Meinungsbildung konnte festgestellt werden, dass die Brüsseler Korrespondenten untereinander vor allem nach Nationen vernetzt und vergemeinschaftet sind und nicht nach politisch-ideologischen Orientierungen, die quer zu den Nationen gelagert sind. Dieser nach Nationen versäulte Vergemeinschaftungsmodus unterstützt wahrscheinlich eine nationalstaatlich orientierte Meinungsbildung.

V. Bilanz der Ergebnisse und Ausblick

Ich hatte Transnationalisierung definiert als das Verhältnis zwischen Binneninteraktion und Außeninteraktion eines sozialen Teilbereichs einer Gesellschaft und im Anschluss an diese Definition versucht, die Entwicklung der Bereiche Ökonomie, Politik und Öffentlichkeit für die Geschichte der Bundesrepublik zu rekonstruieren. Die Analysen haben gezeigt, dass die Ökonomie auf den Märkten für Güter- und Dienstleistungen, Aktien und zum Teil auch auf dem Arbeitsmarkt Trends in Richtung einer Zunahme der Transnationalisierung aufweisen; allerdings läuft dieser Prozess recht langsam und kontinuierlich und nicht schnell und sprunghaft; zudem sind Transnationalisierungsprozesse im Bereich der Ökonomie keine Globalisierungsprozesse, sondern in erster Linie Europäisierungsprozesse.

Auch für den Bereich der Politik lassen sich Transnationalisierungsprozesse feststellen; die empirischen Befunde zeigen, dass sich die Politik in dieselbe Richtung transnationalisiert hat wie die Ökonomie. Der europäische Einigungsprozess bedeutet eine kontinuierliche Verlagerung von nationalen Souveränitätsrechten auf die Institutionen der EU. Durch diese Kongruenz von Politik und Ökonomie können Steuerungsprobleme gelöst werden, zumindest sind die Bedingungen der Möglichkeit für eine solche Lösung geschaffen. Anders verhält sich die Entwicklung der medialen Öffentlichkeit. Auch wenn die empirische Datenlage hier dürftiger ist, sprechen die Befunde für eine nationale Verhaftung der medialen Öffentlichkeit: Über Europa wird in der medialen Öffentlichkeit der Bundesrepublik im Zeitverlauf nicht zunehmend mehr berichtet, europäische Institutionen spielen als mediale Sprecher kaum eine Rolle. Damit ergibt sich eine Inkongruenz zwischen einer Europäisierung der politischen Entscheidungen einerseits und einer medialen Darstellung und Vermittlung europäischer Politik andererseits. Es gehört zu den Kernmerkmalen von Demokratien, dass die Bürger über die Herrschaftsträger und deren Handlungen und Vorhaben informiert werden. Einer Verlagerung von Herrschaftsbefugnissen von den Nationalstaaten auf die EU scheint nun in keiner Weise einer Veränderung des Aufmerksamkeitsfokus der Medien zu entsprechen: Die Öffentlichkeit hinkt einer Transnationalisierung der Politik hinterher, sie bleibt nationalstaatlich verhaftet, während sich die Politik europäisiert hat.

Ich möchte zum Abschluss auf zwei mögliche Einwände gegen die hier formulierte Argumentation eingehen: a) der eine Einwand ist theoretischer, b) der andere empirischer Natur.

a) Ich habe implizit die Frage der Entstehung einer europäischen Öffentlichkeit an dem Modellfall einer nationalen Öffentlichkeit entwickelt und die Struktur einer nationalen Öffentlichkeit auch als Bewertungsmaßstab gewählt. Damit, so der mögliche Einwand, wird aber die Hürde der Bemessung und Bewertung zu hoch gelegt, sodass man fast zwangsläufig zu einer Defizitdiagnose kommen muss. Klaus Eder, Kai-Uwe Hellmann und Hans-Jörg Trenz (1998) formulieren die These, dass es auf europäischer Ebene zur Entwicklung von anderen, aber *funktional äquivalenten* Formen der Öffentlichkeit gekommen ist und kommen wird. Diese sind dadurch gekennzeichnet, dass sie a) thematisch zentriert sind (issue-spezifisch oder politikfeldspezifisch), b) vor und mit einem Expertenpublikum oder einem Interessengruppenpublikum (Netzwerke organisierter Gruppierungen) stattfinden und c) auf Entscheidungsverfahren der EU mehr oder weniger direkt bezogen sind. Die Autoren illustrieren dieses Modell einer europäischen Öffentlichkeit am Beispiel des Themas Migrationspolitik und der um dieses Issue entstandenen Kommunikationsnetzwerke von Gruppierungen, die die Interessen der Angehörigen der Nicht-EU-Staaten formulieren.

Es scheint mir wenig überzeugend zu sein, dass solche Formen der Verfahrensöffentlichkeit vor und mit einem kleinem Fachpublikum ein funktionales Äquivalent für eine massenmediale Öffentlichkeit darstellen können und werden. Das Kernmerkmal einer demokratischen Öffentlichkeit besteht darin, dass potenziell *alle* Bürger sich informieren und ihre Meinung bilden können.[17] Eine solche Inklusion der freien und gleichen Bürger in den öffentlichen Diskurs – so der von Eder, Hellmann und Trenz (1998: 322) selbst formulierte Standard – lässt sich aber allein massenmedial und nicht über eine Präsenzöffentlichkeit von Eliten realisieren.

b) Die empirischen Analysen der massenmedialen Öffentlichkeit enden mit dem Jahr 1995. Seitdem kann sich die Aufmerksamkeit für europäische Themen verändert haben. Schon die Ratifizierungen des Maastrichter Vertrages hatte in den Ländern, in denen im Unterschiede zur Bundesrepublik das Volk direkt befragt wurde, in den jeweiligen nationalen Öffentlichkeiten zu einer enormen Medienresonanz geführt. Die Ablehnung des Maastrichter Vertrags durch das Referendum der Dänen und die knappe Zustimmung der Franzosen hatte innerhalb der europäischen Institutionen das Interesse für eine verbesserte Öffentlichkeitsarbeit geweckt.[18] Im Dezember 1993 hatte der Rat und die Kommission ein Reglement erlassen, nach dem der öffentliche Zugang zu Dokumenten der Kommission und des Rats in Zukunft geregelt werden sollte.[19] Die Kommission hat zudem ihre Öffentlichkeitsaktivitäten in den 90er Jahren, vor allem ab 1994 verstärkt; dies zeigt sich zum einen in der Menge der Haushaltsmittel, die für die Informationspolitik ausgegeben wurden (Gramberger 1997: 270), zum anderen in einer durch den für Information zuständigen Kommissar Pinheiro eingeleiteten Professionalisierung der Öffentlichkeitsarbeit.

Neben der Maastricht-Krise war es die Einführung der Europäischen Währungsunion in elf Staaten einerseits und die Vorwürfe wegen Betrugs und Missmanagement

---

17 Entsprechend betont Robert Dahl in der oben zitierten Textstelle, dass *jeder* Bürger die Gelegenheit haben muss, sich zu informieren.

18 Marc R. Gramberger (1997) macht in seiner sehr gründlich recherchierten Dissertation über die Entwicklung der Öffentlichkeitsarbeit der Kommission die Maastricht Krise für einen fundamentalen Wandel der Öffentlichkeitsarbeit der Kommission verantwortlich.

19 Dass die erlassenen Regeln aber den Zugang zu Dokumenten nicht sonderlich verbessert haben, hat ein Test des „Guardian" gezeigt (Tumber 1995: 515).

gegen die von Präsident Santer geleitete Kommission andererseits, die – ohne dass wir darüber über Daten verfügen – zu einer starken Resonanz in der nationalen Öffentlichkeit der Bundesrepublik geführt haben. Man kann diese Beispiele auf die Strukturbedingungen hin befragen, die eine erhöhte Medienresonanz ausgelöst haben, um Hypothesen für die zukünftige Entwicklung einer europäischen Öffentlichkeit zu formulieren.

Die Tatsache, dass in den Ländern, in denen es zum Maastrichter Vertrag ein Referendum gab, zugleich eine breite öffentliche Debatte stattfand, zeigt nochmals, in welchem Maße das Demokratiedefizit und das Öffentlichkeitsdefizit der EU ineinander verzahnt sind und sich wechselseitig verstärken. Denn in den Momenten, in denen die Mitbestimmungsmöglichkeiten der Bürger für europäische Belange groß war, war auch die öffentliche Debatte über Europa groß. Insofern kann man vermuten, dass eine stärkere Demokratisierung der EU zugleich zu einer Europäisierung der Öffentlichkeit führen wird:[20] Eine Erweiterung der unmittelbaren Entscheidungsmacht der Bürger zwingt die politischen Akteure zu einer Legitimation ihrer Handlungsoptionen vor den Bürgern. Ähnlich wie auf nationaler Ebene eine Demokratisierung die Ausdehnung und Stärkung von Öffentlichkeit erzeugt hat, kann man erwarten, dass eine Demokratisierung der EU die Entstehung einer europäischen Öffentlichkeit beflügeln würde.[21]

Der Fall des durch öffentlichen Druck erzwungenen Rücktritts der Santer-Kommission am 16. März 1999 ist insofern ein instruktiver Fall, weil hier andere Strukturparameter der Erzeugung einer medialen Öffentlichkeit über Europa von Bedeutung waren. Christoph Olaf Meyer (2000) hat den Fall rekonstruiert. Die Medienresonanz ist vor allem auf Veränderungen in der Zusammenarbeit Brüsseler Journalisten zurückzuführen. Die Verfehlungen der Kommission wurden durch eine Allianz einer multinational zusammengesetzten Gruppe von Journalisten auf die Agenda gesetzt, die in Form eines investigativen Journalismus nach verschwundenen Geldern der EU in Luxemburg recherchierte, Informationen austauschte, ihre Veröffentlichungen in den jeweiligen Heimatzeitungen koordinierte, dadurch flächendeckend die Medienagenda bestimmte, Intermedia-Agenda-Setting-Effekte auslöste, und durch Gruppenbildung sich gegenüber Sanktionen von Seiten ihrer Heimatredaktionen und der Kommission schützte. Hinzu kam eine enge Kooperation der Journalisten mit einigen Abgeordneten des Europaparlaments, was den Druck auf die Kommission erhöhte. Ob diese fallspezifische Allianz der strukturell „Schwachen", von Journalisten aus verschiedenen Ländern einerseits und Journalisten und Parlamentariern andererseits, aber dauerhaften Bestand haben wird und damit zu einer Europäisierung der Öffentlichkeiten beitragen wird, bleibt abzuwarten.

---

20 Dies ist keine normative Aussage, sondern eine Hypothese. Dass eine Demokratisierung der EU wiederum von Voraussetzungen und mit vielen Folgeproblemen verbunden ist, haben u.a. Peter Graf Kielmansegg (1996), Joseph Weiler (1989; 1991) und Fritz W. Scharpf (1998) gezeigt.
21 Umgekehrt argumentiert Dieter Grimm (1995) in seiner Verneinung der Frage „Braucht Europa eine Verfassung?" Eine Verfassung setzt ein homogenes europäisches Staatsvolk voraus. Dieses wiederum kann sich erst u.a. durch die Existenz einer europaweiten Öffentlichkeit konstituieren. Da diese empirisch nicht gegeben ist, macht auch eine Verfassung keinen Sinn (vgl. kritisch zu Grimm Habermas 1996).

Insgesamt zeigen unsere Analysen, dass der empirische Wissensstand zum Thema Transnationalisierung im Allgemeinen und zur Frage der Europäisierung nationaler Öffentlichkeit im Speziellen sehr gering ist. Auch in diesem Beitrag basiert die Argumentation auf schmalem empirischem Material. Vor allem fehlen ländervergleichende Untersuchungen. Das Ausmaß der Berichterstattung über Europa und die Meinungsbildung zu Europa wird in den verschiedenen nationalen Öffentlichkeiten recht unterschiedlich sein. Über Varianzen in der abhängigen Variable (unterschiedliche Aufmerksamkeit für Europa in den Ländern einerseits, unterschiedliche Grade einer nationalstaatlichen Meinungsbildung zu Europa andererseits) ließen sich auch mögliche Ursachenfaktoren genauer bestimmen – Herausforderungen für zukünftige Forschungen.[22]

Literatur

Altvater, Elmar, und *Birgit Mahnkopf,* 1997: Grenzen der Globalisierung. Ökonomie, Ökologie und Politik in der Weltgesellschaft. Münster: Westfälisches Dampfboot.
Bach, Maurizio, 1999: Die Bürokratisierung Europas: Verwaltungseliten, Experten und politische Legitimation in Europa. Frankfurt a.M.: Campus.
Beck, Ulrich, 1997: Was ist Globalisierung? Irrtümer des Globalismus – Antworten auf Globalisierung. Frankfurt a.M.: Suhrkamp.
Beisheim, Marianne, Sabine Dreher, Gregor Walter, Bernhard Zangl und *Michael Zürn,* 1999: Im Zeitalter der Globalisierung? Thesen und Daten zur gesellschaftlichen und politischen Denationalisierung. Baden-Baden: Nomos.

---

22 Ich möchte einige Hypothesen formulieren, die Forschungen zur empirischen Erklärung unterschiedlicher Grade der Europäisierung nationaler Öffentlichkeiten anleiten könnten.
H 1: Je stärker ein Mediensystem privatisiert ist, desto höher ist die Bedeutung von Nachrichtenfaktoren zur Selektion von Nachrichten, desto geringer ist die Aufmerksamkeit für die EU.
H 2: Je mehr Journalisten in Brüssel akkreditiert sind und je besser ihre Ressourcenausstattung ist, desto höher ist die Aufmerksamkeit für europäische Themen innerhalb der Medien, die sie vertreten.
H 3: Je mehr ein Land zentrale Positionen innerhalb der EU besetzt hat (z.B. EU-Ratspräsidentschaft), desto höher ist die Aufmerksamkeit für die EU in diesem Land.
H 4: Je mehr die Bürger über die EU selbst entscheiden können, desto höher ist die Aufmerksamkeit der Medien für die EU (Beispiel: Frankreich und Dänemark während des Referendums zum Maastrichter Vertrag).
H 5: Je stärker große Parteien oder Interessengruppen innerhalb eines Nationalstaats eine weitere Integration der EU ablehnen, desto mehr Öffentlichkeitsarbeit werden sie für ihre Position zu Europa betreiben und desto höher ist die Aufmerksamkeit für die EU (Beispiel: Front National in Frankreich).
Auch im Hinblick auf die Meinungsbildung zu Europa lassen sich einige Hypothesen formulieren.
H 6: Je höher der ökonomische Nutzen eines Landes durch die Mitgliedschaft in der EU ist, desto positiver werden sich die nationalen Eliten zur EU äußern und um so positiver ist die Darstellung der EU in den Medien des Landes.
H 7: Je stärker das Nationalbewusstsein in einem Mitgliedsland ist, desto negativer ist die Darstellung der EU.
H 8: Je stärker rechte Parteien in einem Mitgliedsland sind, desto stärker ist die Ablehnung der EU in den Medien des Mitgliedslandes.

Beisheim, Marianne, Sabine Dreher, Gregor Walter und *Michael Zürn,* 1997: Globalisierung – Rhetorik oder Realität? Zum Stand der Denationalisierung in der G-7 und in der Bundesrepublik. S. 96–108 in: *Werner Fricke* (Hg.): Jahrbuch Arbeit und Technik. Bonn: Dietz.
Benz, Arthur, 1998: Ansatzpunkte für ein europäisches Demokratiekonzept. S. 345–369 in: *Beate Kohler-Koch* (Hg.): Regieren in entgrenzten Räumen. Sonderheft 29 der PVS. Opladen: Westdeutscher Verlag.
Berg, Klaus, und *Marie-Luise Kiefer,* 1996: Massenkommunikation V. Eine Langzeitstudie zur Mediennutzung 1964–1995. Baden-Baden: Nomos.
Blöbaum, Bernd, 1994: Journalismus als soziales System. Geschichte, Ausdifferenzierung und Verselbständigung. Opladen: Westdeutscher Verlag.
Dahl, Robert A., 1989: Democracy und its Critics. New Haven/London: Yale University Press.
Deutsch, Karl W., 1956: Shifts in the Balance of Communication Flows: A Problem of Measurement in Intenational Relations, Public Opinion Quarterly 20: 143–160.
Deutsch, Karl W., 1959: The Propensity to International Transactions, Political Studies 7: 137–154.
Duchesne, Sophie, und *André-Paul Frognier,* 1995: Is there a European Identity? S. 193–226 in: *Oskar Niedermayer* und *Richard Sinnott* (Hg.): Public Opinion und Internationalized Governance. Oxford: University Press.
Eder, Klaus, Kai-Uwe Hellmann und *Thomas Schmidt,* 1998: Regieren in Europa jenseits der öffentlichen Kommunikation? Eine Untersuchung zur Rolle von politischer Öffentlichkeit in Europa. S. 321–344 in: *Beate Kohler-Koch* (Hg.): Regieren in entgrenzten Räumen. Sonderheft 29 der PVS. Opladen: Westdeutscher Verlag.
Elias, Norbert, 1973: Was ist Soziologie? München: Juventa.
Garrett, Geoffrey, 1995: Partisan Politics in the Global Economy. Cambridge: Cambridge University Press.
Garrett, Geoffrey, 1995: Capital Mobility, Trade, and the Domestic Politics of Economic Policy, International Organization 49: 657–687.
Gerhards, Jürgen, 1993: Westeuropäische Integration und die Schwierigkeiten der Entstehung einer europäischen Öffentlichkeit, Zeitschrift für Soziologie 22: 96–110.
Gerhards, Jürgen, 1999: Wie responsiv sind die Massenmedien? Theoretische Überlegungen und empirische Ergebnisse zum Verhältnis von Medien und Politik. 145–173 in: *Jürgen Gerhards* und *Ronald Hitzler* (Hg.): Eigendynamik und Rationalität sozialer Prozesse. Festschrift zum 65. Geburtstag von Friedhelm Neidhardt. Opladen: Westdeutscher Verlag.
Gerhards, Jürgen, und *Jörg Rössel,* 1999: Zur Transnationalisierung der Gesellschaft der Bundesrepublik. Entwicklungen, Ursachen und mögliche Folgen für die europäische Integration, Zeitschrift für Soziologie 28: 325–344.
Gramberger, Marc R., 1997: Die Öffentlichkeitsarbeit der Europäischen Kommission 1952–1996. PR zur Legitimation von Integration? Baden-Baden: Nomos.
Gramberger, Marc R., und *Ingrid Lehmann,* 1995: UN und EU: Machtlos im Kreuzfeuer der Politik? Informationspolitik zweier internationaler Organisationen im Vergleich, Publizistik 40: 186–204.
Grimm, Dieter, 1995: Braucht Europa eine Verfassung? München: Carl Friedrich von Siemens Stiftung.
Guttmann, Robert, 1996: Die Transformation des Finanzkapitals, Prokla – Zeitschrift für kritische Sozialwissenschaft 26: 165–195.
Habermas, Jürgen, 1996: Braucht Europa eine Verfassung? Eine Bemerkung zu Dieter Grimm. S. 185–191 in: *Ders.:* Die Einbeziehung des Anderen. Frankfurt a.M.: Suhrkamp.
Habermas, Jürgen, 1998a: Die postnationale Konstellation und die Zukunft der Demokratie, Blätter für deutsche und internationale Politik, Heft 7: 804–817.
Habermas, Jürgen, 1998b: Jenseits des Nationalstaates? Bemerkungen zu Folgeproblemen der wirtschaftlichen Globalisierung. S. 67–84 in: *Ulrich Beck* (Hg.): Politik der Globalisierung. Frankfurt a.M.: Suhrkamp.
Hardtwig, Wolfgang, 1985: Vormärz. Der monarchische Staat und das Bürgertum. München: Deutscher Taschenbuch Verlag.

Held, David, 1995: Democracy und the Global Order. From the Modern State to Cosmopolitan Governance. Stanford: University Press.
Hirst, Paul, und *Grahame Thompson,* 1996: Globalization in Question. The International Economy und the Possibilities of Governance. Cambridge: Polity Press.
Hirst, Paul, und *Grahame Thompson,* 1998: Globalisierung? Internationale Wirtschaftsbeziehungen, Nationalökonomien und die Formierung von Handelsblöcken. S. 85–133 in: *Ulrich Beck* (Hg.): Politik der Globalisierung. Frankfurt a.M.: Suhrkamp.
Hoffmann, Jürgen, 1997: Gewerkschaften in der „Globalisierungsfalle"?, Prokla – Zeitschrift für kritische Sozialwissenschaft 27: 77–95.
Jachtenfuchs, Markus, und *Beate Kohler-Koch,* 1996: Einleitung: Regieren im dynamischen Mehrebenensystem. S. 15–44 in: *Beate Kohler-Koch* (Hg.): Europäische Integration. Opladen: Westdeutscher Verlag.
Kaelble, Hartmut, 1997: Europäische Vielfalt und der Weg zu einer europäischen Gesellschaft. S. 27–68 in: *Stefan Hradil* und *Stefan Immerfall* (Hg.): Die westeuropäischen Gesellschaften im Vergleich. Opladen: Leske + Budrich.
Kepplinger, Hans Mathias, 1998: Die Demontage der Politik in der Informationsgesellschaft. Freiburg und München: Alber.
Kielmansegg, Peter Graf, 1996: Integration und Demokratie. S. 47–71 in: *Markus Jachtenfuchs* und *Beate Kohler-Koch* (Hg.): Europäische Integration. Opladen: Leske + Budrich.
Kleinsteuber, Hans J., 1995: Faktoren der Konstitution von Kommunikationsräumen: Konzeptionelle Gedanken am Beispiel Europa. S. 41–50 in: *Lutz Erbring* (Hg.): Kommunikationsraum Europa. Konstanz: Oelschlaeger.
Langewiesche, Dieter, 1988: Liberalismus in Deutschland. Frankfurt a.M.: Suhrkamp.
Lepsius, M. Rainer, 1990: Der europäische Nationalstaat: Erbe oder Zukunft. S. 256–268 in: *Ders.:* Interessen, Ideen und Institutionen. Opladen. Westdeutscher Verlag.
Lepsius, M. Rainer, 1997: Bildet sich eine kulturelle Identität in der Europäischen Union?, Blätter für deutsche und internationale Politik 8: 948–955.
Mann, Michael, 1997: Hat die Globalisierung den Siegeszug des Nationalstaates beendet? Prokla – Zeitschrift für kritische Sozialwissenschaft 27: 113–141.
Meckel, Miriam, 1994: Fernsehen ohne Grenzen? Europas Fernsehen zwischen Integration und Segmentierung. Opladen: Westdeutscher Verlag.
Meyer, Christoph Olaf, 1999: Political Legitimacy und the Invisibility of Politics: Exploring the European Union's Communication Deficit, Journal of Common Market Studies 37: 617–639.
Meyer, Christoph Olaf, 2000: Die Europäisierung politischer Öffentlichkeit: Länderübergreifender investigativer Journalismus und der Rücktritt der EU-Kommission. Vortrag auf dem Kongress: Transnationale Kommunikation in Europa: Berlin, 29.10.1999.
Morgan, David, 1995: British Media und European Union News. The Brussels News Beat and its Problems, European Journal of Communication 10: 321–341.
Münch, Richard, 1993: Das Projekt Europa. Zwischen Nationalstaat, regionaler Autonomie und Weltgesellschaft. Frankfurt a.M.: Suhrkamp.
Perraton, Jonathan, David Goldblatt, David Held und *Anthony McGrew,* 1998: Die Globalisierung der Wirtschaft. S. 134–168 in: *Ulrich Beck* (Hg.): Politik der Globalisierung. Frankfurt a.M.: Suhrkamp.
Scharpf, Fritz W., 1975: Demokratietheorie zwischen Utopie und Anpassung, 2. Auflage. Konstanz: Universitätsverlag Konstanz.
Scharpf, Fritz W., 1996: Politische Optionen im vollendeten Binnenmarkt. S. 109–140, in: *Markus Jachtenfuchs* und *Beate Kohler-Koch* (Hg.): Europäische Integration. Opladen: Leske + Budrich.
Scharpf, Fritz W., 1998: Demokratie in der transnationalen Politik. S. 228–253, in: *Ulrich Beck* (Hg.): Politik der Globalisierung. Frankfurt a.M.: Suhrkamp.
Schmitter, Philippe C., 1996: Imaging the Future of the Euro-Polity with the Help of New Concepts. S. 119–150 in: *Gary Marks, Fritz W. Scharpf, Philippe C. Schmitter* und *Wolfgang Streeck* (Hg.): Governance in the European Union. London: Sage.
Schulz, Winfried, 1997: Politische Kommunikation. Theoretische Ansätze und Ergebnisse empirischer Forschung. Opladen: Westdeutscher Verlag.

Siemann, Wolfram, 1985: Die deutsche Revolution von 1848/49. Frankfurt a.M.: Suhrkamp.
Siemann, Wolfram, 1990: Gesellschaft im Aufbruch. Deutschland 1849–1871. Frankfurt a.M.: Suhrkamp.
Sievert, Holger, 1998: Europäischer Journalismus. Opladen: Westdeutscher Verlag.
Steeg, Marianne van de, 1999: A Case for an European Public Sphere. An analysis of the Dutch und Spanish newspaper debates on EU enlargement with the Central Eastern European Countries to suggest elements of a transnational European public sphere. Vortrag auf dem Kongress „Transnationale Kommunikation in Europa". Berlin, 29.10.1999.
Streeck, Wolfgang, 1998: Vom Binnenmarkt zum Bundesstaat? Überlegungen zur politischen Ökonomie der europäischen Sozialpolitik. S. 369–421 in: *Stephan Leibfried* und *Paul Pierson* (Hg.): Standort Europa. Sozialpolitik zwischen Nationalstaat und Europäischer Integration. Frankfurt a.M.: Suhrkamp.
Swaan, Abraham de, 1995: Die soziologische Untersuchung der transnationalen Gesellschaft, Journal für Sozialforschung 35: 107–120.
Tonnemacher, Jan, 1995, Ökonomische Determinanten eines „Kommunikationsraumes Europa" am Beispiel Fernsehen. S. 51–55 in: *Lutz Erbring* (Hg.): Kommunikationsraum Europa. Konstanz: Oelschlaeger.
Tumber, Howard, 1995: Marketing Maastricht: The EU und News Management, Media, Culture und Society 17: 511–519.
Wehler, Hans-Ulrich, 1987a: Deutsche Gesellschaftsgeschichte. 1. Band. Vom Feudalismus des Alten Reichs bis zur defensiven Modernisierung der Reformära. 1700–1815. München: Beck.
Wehler, Hans-Ulrich, 1987b: Deutsche Gesellschaftsgeschichte. 2. Band. Von der Reformära bis zur industriellen und politischen „Deutschen Doppelrevolution". 1815–1845/49. München: Beck.
Weiler, Joseph H. H., 1989: Europäisches Parlament, europäische Integration, Demokratie und Legitimität. S. 73–94 in: *Otto Schmuck* und *Wolfgang Wessels* (Hg.): Das Europäische Parlament im dynamischen Integrationsprozeß: Auf der Suche nach einem zeitgemäßen Leitbild. Bonn: Europa-Union-Verlag.
Weiler, Joseph H. H., 1991: Problems of Legitimacy in Post 1992 Europe, Außenwirtschaft 46: 411–456.
Welzmüller, Rudolf, 1997: Zu den Folgen der Globalisierung für die nationalen Güter-, Finanz- und Arbeitsmärkte, Aus Politik und Zeitgeschichte 33/34: 20–28.
Wessels, Wolfgang, 1997: An Ever Closer Fusion? A Dynamic Macropolitical View on Integration Processes, Journal of Common Market Studies 35: 267–299.
Zimmer, Jochen, 1993: Europas Fernsehen im Wandel. Probleme einer Europäisierung von Ordnungspolitik und Programmen. Frankfurt a.M.: P. Lang.
Zürn, Michael, 1998: Regieren jenseits des Nationalstaates. Globalisierung und Denationalisierung als Chance. Frankfurt a.M.: Suhrkamp.
Zürn, Michael, 1998a: Gesellschaftliche Denationalisierung und Regieren in der OECD-Welt. S. 91–120 in: *Beate Kohler-Koch* (Hg.): Regieren in entgrenzten Räumen. Sonderheft 29 der Politischen Vierteljahresschrift. Opladen: Westdeutscher Verlag.

TRANSNATIONALE RESONANZSTRUKTUREN IN EUROPA

Eine Kritk der Rede vom Öffentlichkeitsdefizit

Klaus Eder und Cathleen Kantner

Zusammenfassung: In den Debatten um das Öffentlichkeitsdefizit der Europäischen Union hat sich die These durchgesetzt, die Europäer redeten in Bezug auf europäische Themen chronisch „aneinander vorbei". Wir argumentieren, dass diese These durch die herkömmlichen Fallstudien nicht belegt wird. Im Anschluss an einen diskurstheoretisch-pragmatistischen Öffentlichkeitsbegriff schlagen wir vor, politische Kommunikation als Kommunikation gleicher Themen unter gleichen Relevanzgesichtspunkten zu operationalisieren. Anhand dreier Fallstudien illustrieren wir, dass in Europas Medien solche politische Kommunikation zu europäischen Themen in der Tat stattfindet. Den Grund dafür sehen wir darin, daß die fortschreitende ökonomische und rechtliche Integration Europas einen Handlungsraum und damit Bedarf für zunehmende politische Kommunikation geschaffen hat. Von dieser Ebene politischer Kommunikation ist die institutionelle Ebene zu unterscheiden, auf der die Funktionsfähigkeit von Öffentlichkeit als watch-dog der Politik zur Debatte steht. Diese Funktion kann erst erfüllt werden, wenn die öffentliche Deliberation nicht mehr vor der Entscheidung halt macht. Das Öffentlichkeitsdefizit – so unsere Schlussfolgerung – besteht nicht auf der Ebene der politischen Kommunikation, sondern auf der Ebene der Anbindung öffentlicher Kommunikation an die institutionellen Entscheidungsprozesse der Europäischen Union.

I. Das europäische Öffentlichkeitsdefizit

Die Frage nach den Konstitutionsbedingungen europäischer Öffentlichkeit wird vielfach in einer Weise gestellt, die in Aporien führt. Ausgehend von Öffentlichkeitsbegriffen, die entweder zu eng an die kulturellen oder aber zu eng an die institutionellen Merkmale nationaler Öffentlichkeiten anschließen, wird öffentliche politische Kommunikation für die transnationale europäische Ebene dort gesucht, wo sie nicht zu finden sein wird: Sie wird sich in absehbarer Zeit *nicht* in starken vorpolitischen Identitäten oder europäischen politischen „Mythen" kristallisieren und sie wird höchstwahrscheinlich *nicht* genau dieselben organisatorischen Formen reproduzieren, die aus den verschiedenen nationalen politischen Systemen bekannt sind. Im Rahmen eines auf eine politische Union zusteuernden Europa entsteht etwas, das ähnlichen Mechanismen folgt wie die politische Kommunikation im Nationalstaat, das aber unsere bisherigen institutionellen Traditionen möglicherweise relativieren wird.

Wir wollen herausfinden, wie politische Kommunikation in einer transnationalen und vielsprachigen Öffentlichkeit abläuft. Wenn wir prüfen wollen, ab wann sie als demokratietheoretisch relevante öffentliche Kommunikation zählen kann, und wenn wir beobachten wollen, welche institutionelle Gestalt Öffentlichkeit in einem transnationalen politischen System annimmt, dann dürfen wir den konzeptionellen Rahmen nicht so fassen, dass alles, was nicht ins nationale Modell passt, durch unser analytisches Raster hindurch fällt.

Wir vertreten die These, dass es in Europa bereits transnationale politische Kommunikation gibt. Dafür werden wir in diesem Aufsatz Belege anführen. Wir werden dafür argumentieren, dass sich die Schwierigkeiten transnationaler öffentlicher Kommunikation *nicht* zu einem *qualitativen* Unterschied zur politischen Kommunikation in Nationalstaaten aufrechnen lassen. Im Unterschied zu den Europaskeptikern sehen wir nicht, dass die EU-Bürger aus *prinzipiellen* inhaltlichen und institutionellen Gründen unfähig zu politisch relevanter öffentlicher Kommunikation seien. Das erreichte Niveau der europäischen politischen Kommunikation – sowohl im Hinblick auf die Kommunikationsdichte als auch bezüglich der Konvergenz der Deutungsmuster – geht längst weit über die Charakteristika normaler außenpolitischer Berichterstattung hinaus, welche die europäischen Nachbarn nur aus der Beobachterperspektive wahrnimmt. Wir reden in Europa bereits aus der Teilnehmerperspektive über die Konflikte, die „uns" betreffen. Wir setzen uns bereits „miteinander" mit solchen Konflikten auseinander.

Die pauschale Unterstellung eines Öffentlichkeitsdefizits ist empirisch nicht gedeckt und theoretisch unfruchtbar. Denn sie weicht der Frage nach den emergenten Eigenschaften transnationaler Öffentlichkeit aus. Man könnte nun die Behauptung eines Öffentlichkeitsdefizits normativ wenden und argumentieren, dass das, was an europäischer Öffentlichkeit existiert, nicht dem Maßstab demokratischer Öffentlichkeit entspricht. Doch selbst in dieser Hinsicht erscheint uns die Rede vom Öffentlichkeitsdefizit korrekturbedürftig, könnte es doch sein, dass sich im Prozess der Europäisierung Formen demokratischer Öffentlichkeit herausbilden, die dem am nationalen Modell normativ geschulten Blick entgehen könnten.

In dreierlei Hinsicht bedarf die Analyse europäischer Öffentlichkeit also der Korrektur: in empirischer, theoretischer und normativer Hinsicht. Um diese Korrektur zu begründen, werden im Folgenden zunächst drei theoretische Modelle einer empirischen Bestimmung von Öffentlichkeit diskutiert, die mit unterschiedlichen Konsequenzen für die Beschreibung normativer Defizite europäischer Öffentlichkeit verbunden sind. Daran schließen empirische Beobachtungen zur Opportunitätsstruktur von öffentlicher Kommunikation und zur Strukturierung von kollektiven Meinungs- und Willensbildungsprozessen in Europa an. Schließlich werden einige methodische Implikationen theoretisch angeleiteter Öffentlichkeitsforschung diskutiert.

II. Drei Öffentlichkeitsbegriffe

1. Inhaltlich festgelegte Bestimmungen des Öffentlichkeitsbegriffs

In den letzten Jahren versuchten eine Reihe von Autoren, die Chancen der Herausbildung einer europäischen Öffentlichkeit mit historischen oder ideengeschichtlichen Studien zu beurteilen. Sie suchten nach übereinstimmenden historischen Erfahrungen und Traditionen, Geschichtserzählungen und Gründungsmythen.[1] Die Suche nach diesen

---

1 Dies kennzeichnet insbesondere die „gepflegte" Kommunikation über Europa, die jenseits der

Elementen erklärt sich aus einem Öffentlichkeitsbegriff, der auf kulturelle Gemeinsamkeiten der Angehörigen einer Gemeinschaft abstellt. Öffentlichkeit wird hier zwar nicht mehr an substanzielle, primordiale Identitäten gebunden. Allerdings werden sehr starke inhaltliche Bestimmungen der Beschreibung und Analyse dessen, was als öffentliche Kommunikation gelten kann, erhoben. Es wird unterstellt, dass Kommunikation nur auf der Grundlage vorreflexiv geteilter historischer Erinnerung, der Reflexion mehr oder weniger enthobener politischer Mythen und Symbole sowie starker primordialer, kultureller oder quasi religiöser Identitäten möglich sei. Diese Unterstellung ist in Bezug auf moderne Gesellschaften problematisch.[2] Die Möglichkeit der Kommunikation zwischen Akteuren hängt nicht notwendig davon ab, dass sie bereits solche „heißen" Überzeugungen teilen. Geteilte historische Erfahrungen, Traditionen, Geschichtsbilder und Mythen erleichtern ohne Zweifel die Verständigung; sie sind jedoch keine notwendigen Voraussetzungen für politische Kommunikation. Der Öffentlichkeitsbegriff, der solchen Studien zu Grunde liegt, differenziert nicht genügend zwischen den Begriffen öffentlicher politischer Kommunikation und dem Begriff kollektiver Identität.

Auf ähnliche Weise differenzieren auch die meisten Arbeiten der empirischen Umfrageforschung für den Gegenstand europäischer öffentlicher Meinung nicht hinreichend zwischen kommunizierten Inhalten und der Existenz öffentlicher Kommunikation. Sie scheinen aus dem Fehlen einer eindeutigen europäischen Mehrheitsmeinung zu vielen wichtigen Themen zu schließen, dass es keine europäische politische Kommunikation gäbe. Wenn unterschiedliche Akteure unterschiedliche Meinungen und Einstellungen äußern, heißt das aber noch nicht, dass sie *nicht* Kommunikationsteilnehmer in einem gemeinsam geteilten öffentlichen Raum sind. Übereinstimmende Meinungen können vorhanden sein, ohne dass kommuniziert wurde und verschiedene Meinungen können bestehen bleiben, obwohl oder gerade weil Kommunikation stattfindet. Es ist immerhin denkbar, dass die Akteure ihre divergierenden Positionen in der Auseinandersetzung miteinander geschärft haben. Wenn keine Kommunikation stattfindet, kann kein Dissens auftreten. Dissens ist deshalb gerade ein Indikator für Kommunikationsprozesse. Sind die dem Dissens zu Grunde liegenden Gründe den Kommunikationsteilnehmern auch noch bekannt und einsichtig, muss die Verständigung bereits als relativ weit fortgeschritten bewertet werden. Solch ein *koordinierter Dissens* setzt anspruchsvolle Kommunikationsprozesse voraus, sodass es unangemessen wäre, ihn aus dem Feld der untersuchungswürdigen Phänomene auszuschließen. Ansät-

---

politischen Geschichte und Sozialgeschichte vor allem mit Elementen der Ideengeschichte, Kunstgeschichte oder Altertumsgeschichte arbeitet. Diese „Beschwörung" der europäischen Geschichte erzeugt oft mehr Ambivalenzen als stolz zu berichtende Gemeinsamkeiten. Vermutlich sind solche symbolischen Formen nur noch bedingt für die Konstruktion kollektiver Gemeinsamkeiten tauglich. Vgl. zu diesen Versuchen Morin (1987), Hale (1993), Münkler (1995) sowie die weiteren Beiträge zu Delgado und Lutz-Bachmann (1995). Zur Diskussion dieser Versuche siehe auch Eder (1999, 2000).

2 In Bezug auf Europa werden z.T. Homogenitätsanforderungen aufgestellt, die in den 80er Jahren niemand für die nationale Öffentlichkeit zu postulieren gewagt hätte. Auch nationale Diskurse sind sehr heterogen: Haben BILD-, TAZ-, FAZ- und ZEIT-Leser die gleichen Meinungen, teilen sie Mythen und Symbole? Nein, aber sie wissen durchaus, was zur gegebenen Zeit die wichtigen Themen in der öffentlichen Diskussion sind und unter welchen Relevanzgesichtspunkten sie jeweils zu bewerten sind. Niemand würde ernstlich bestreiten, dass hier öffentliche Kommunikation stattfindet.

ze, die stattfindende Kommunikation allein über übereinstimmende Meinungen und Einstellungen messen, können Konfliktsituationen nur mehr als Abweichung von einer idealisierten Homogenitätsnorm wahrnehmen.

Der inhaltlich bestimmte Öffentlichkeitsbegriff führt in empirischen Untersuchungen notwendig zu entmutigenden Ergebnissen: So kann man darauf hinweisen,[3] dass europäische Fragen in den Mitgliedsnationen in der Regel nach je eigenen Präferenzen bewertet werden und dass die Einstellungen zu bestimmten Problemen innerhalb Europas beträchtlich variieren. Allerdings, das wird gelegentlich hinzugefügt, variieren sie auch innerhalb der Nationen stark. Quer zu den nationalen Öffentlichkeiten gibt es offenbar beträchtliche Überlappungen zwischen Teilöffentlichkeiten ähnlicher ideologischer oder themenspezifischer Ausrichtung. Man kann mit diesen inhaltsorientierten Instrumenten letztlich nicht beurteilen, ob konflikthafte öffentliche Kommunikation in Europa stattfindet, oder ob die nationalen Diskurse, wie oft behauptet, hermetisch gegeneinander abgeriegelt sind. Man sieht es den Differenzen eben nicht ohne weiteres an, ob sie aus konfliktbearbeitender Kommunikation oder aber gegenseitiger Nicht-Wahrnehmung resultieren.

Um Aussagen darüber treffen zu können, woher welche Unterschiede und Gemeinsamkeiten rühren, muss die Analyse den Fokus von der Frage, ob bestimmte Überzeugungen geteilt werden, zu der Frage verlagern, ob tatsächlich kommuniziert wird und was tatsächlich kommuniziert wird. Innerhalb Europas gibt es zwar nicht zu unterschätzende politisch-kulturelle Unterschiede.[4] Diese sind aber trotz des Sprachenproblems keinesfalls inkommensurabel. Die Mitgliedstaaten gehören alle demselben politischen Raum an, der sich mit der Erweiterung der Kompetenzen der EU permanent erweitert und strukturiert. Und alle sind einem demokratischen Modus politischer Problemlösung verpflichtet[5] – nur mit im Detail unterschiedlichen Methoden, die sie in ihren politischen Systemen institutionalisiert haben.

Wenn weder Nationalität noch andere vorpolitisch begründete Identitäten Inkommensurabilität bewirken, kann der Mechanismus der Brückenkonstruktion in den Blick genommen werden. Kommunikation findet über „unterschiedliche Paradigmen" hinweg einen möglichen Ausgangspunkt im Gegenstand der Kommunikation, an dem sich öffentliche Diskurse entzünden. Der amerikanische Pragmatismus Deweyscher Prägung (Kettner 1998; Kantner 1997) hat Öffentlichkeit in einer heterogenen politi-

---

3 Diese Beobachtungen bleiben in der Regel auch impressionistisch. Es gibt noch keine großen Studien zum europapolitischen Agenda-Setting, zur Rahmenanalyse („framing") und zu Responsivität in Europa, weder auf der Ebene von Meinungen und Einstellungen noch auf der Ebene der Medienberichterstattung. Das Eurobarometer fragt generelle Einstellungen zu Europa ab sowie einzelne Themen, die nicht über längere Zeiträume weiterverfolgt werden. Wie Noelle-Neumann (1993: 26f., 32, 34) schon 1993 bemängelte, kann man auf der Grundlage der vorliegenden Daten nicht beurteilen, welche Themen in welchen Ländern wann höchste Prioritäten besaßen und wie stark mögliche Abweichungen der Deutungen zu diesen Themen innerhalb Europas sind.
4 Gerhards (1993) hat dies für den Bereich der Massenkommunikation beschrieben, Kielmansegg (1996) für die durch unterschiedliche demokratische Traditionen bedingten Schwierigkeiten bei der Einigung auf ein Institutionendesign für Europa.
5 Dies ist nicht zuletzt eine Bedingung für die Aufnahme in die EU. Bereits die Aufnahme von Mitgliedsländern schafft also erste Homogenitäten.

schen Gemeinschaft ohne autoritäres Zentrum in dieser Weise definiert: An konkreten Problemen der Gesellschaft werden Differenzen kommunikativ und praktisch abgearbeitet. Der Pragmatismus geht darüber hinaus davon aus, dass problemorientiertes Kommunizieren und Handeln gemeinsame Horizonte und Erfahrungen und damit Gemeinschaft schafft. Die gemeinsam übernommene Verantwortung für angestrebte Problemlösungen generiert Solidarität. Die Geschichte gemeinsam bewältigter sozialer Problemlagen konstituiert im Laufe der Zeit eine demokratische politische Tradition und ein Kollektivbewusstsein, welches einem demokratischen Gemeinwesen angemessen ist. Damit dies geschehen kann, sind für Dewey jedoch zivilgesellschaftliche und politische Institutionen von ausschlaggebender Bedeutung, mittels derer die spontanen Öffentlichkeiten sich organisieren und politische Entscheidungen beeinflussen können. Bringen uns an der organisatorischen Infrastruktur europäischer politischer Kommunikation orientierte Ansätze dem Phänomen näher?

2. Institutionell festgelegte Bestimmungen des Öffentlichkeitsbegriffs

Die Geschichte der Herausbildung nationaler demokratischer Öffentlichkeiten hat gezeigt, dass öffentliche Kommunikation auf rechtliche Institutionalisierung, politischen Schutz und komplexe organisatorische Infrastrukturen angewiesen ist. Klassische politikwissenschaftliche Ansätze, die Öffentlichkeit als intermediäre Institution zwischen der Gesellschaft der Bürger und dem Staat begreifen, systemtheoretische Ansätze, die Öffentlichkeit als (autopoietisches) intern ausdifferenziertes System der Gesellschaft betrachten, und medienwissenschaftliche Theorien, die sich den durch moderne Massenmedienlandschaften geprägten organisatorischen Strukturen von Öffentlichkeiten zuwenden, rücken institutionelle Aspekte in den Vordergrund ihrer Studien zur europäischen Öffentlichkeit. Öffentlichkeit wird als ausdifferenzierte organisationelle Infrastruktur politischer Institutionen und Medienorganisationen beschrieben, die folgende Funktionen für moderne Gesellschaften erfüllt: Zum einen dienen Öffentlichkeiten der Repräsentation des gesellschaftlichen Interessenspektrums im Prozess der Meinungs- und Willensbildung; zum anderen dienen sie der Identitätsbildung einer Gesellschaft.

„Über Öffentlichkeit vermittelt beobachten sich Bürger, Interessengruppen und politische Entscheidungsträger wechselseitig und die Gesellschaft insgesamt. Öffentlichkeit ist gleichsam der Bildschirm, auf dem sich die Akteure wechselseitig beobachten und ihre Handlungen an diesen Beobachtungen orientieren. In dieser intermediären Funktion dient Öffentlichkeit erstens der Vermittlung von Interessen, indem die auf dem Bildschirm erscheinenden Interessen der Bürger von den Entscheidungsträgern aufgenommen und in Politiken transformiert werden. Öffentlichkeit dient zweitens der Konstitution einer Identität der Gesellschaft, indem Bürger über Öffentlichkeit vermittelt dauerhaft die Gesellschaft beobachten, an ihr teilhaben und sie als die ihre begreifen" (Gerhards 1993: 98).

An dieser Beschreibung ist richtig, dass sie auf institutionelle Prozesse aufmerksam macht. Irreführend ist jedoch die Vorstellung, dass der Einfluss von öffentlichen Diskursen sich schlicht über „Beobachtung" an die Entscheidungsträger vermittle. Um öffentlichen Diskursen politischen Einfluss zu garantieren, verlassen sich demokratische

Verfassungsstaaten auf ein System von Institutionen und Verfahren, welche die vielfach gefilterte Transformation öffentlicher Meinungsbildungsprozesse in administrative Willensbildungsprozesse strukturieren. Wahlverfahren und andere Partizipationsrechte, Gesetzgebungs- und Konfliktbearbeitungsverfahren übernehmen diese Rolle. Die Vermittlung von Interessen, also die erfolgreiche Konfliktregulierung in komplexen modernen Gesellschaften, erfolgt nicht schon in der Öffentlichkeit bzw. den Öffentlichkeiten der politischen Laienkommunikation. Zur Bewältigung dieser Aufgaben gibt es spezialisierte Verhandlungs- und Entscheidungssysteme. Öffentliche Diskurse haben oft einen polarisierenden Effekt. Darum ist es auch fraglich, ob allein durch die Beobachtung des „Spektakels" öffentlicher Diskurse Identitäten entstehen. Erst durch die Möglichkeit der Übernahme einer Teilnehmerperspektive, die eine besondere soziale Beziehung zwischen Kommunikationsteilnehmern herstellt, stellen sich Fragen der gegenseitigen Anerkennung der Teilnehmer, der gemeinsamen Orientierung auf etwas (ein bestimmtes Thema) und der Horizontverschränkung. Erst unter Berücksichtigung dieser Aspekte generiert Medieninformation Diskurse und kollektive Identitäten, einen gemeinsam geteilten Kommunikationszusammenhang.

Ausgehend von der Spiegelmetapher,[6] der an den Funktionsbedürfnissen eines legitimationsbedürftigen politischen Systems orientierten Funktionsbeschreibung und der kommunikationstheoretisch in die Irre führenden Beschreibung aller Kommunikationsprozesse als Beobachtungen, gibt es keine andere empirische Forschungsstrategie, als anhand der Funktionsweise nationaler Medien die relative Aufmerksamkeit für europäische Themen und den Informationsgrad der Bürger über Europa zu messen sowie die organisatorischen Mechanismen der Massenkommunikation und ihre Effekte auf Publikum und Politik zu beschreiben.[7] Damit verschiebt sich der Fokus des analytischen Blicks vom *demokratischen Prozess* zum *Organisationsfeld der Medien*. Theoretisch wurde jedoch nicht geklärt, ob eine bestimmte Struktur der Medienlandschaft genauso fundamental für die Funktionsweise von Öffentlichkeit ist wie die Institutionen des demokratischen Rechtsstaates. Wir argumentieren, dass sie es nicht sind. Die in der Literatur beschriebenen Probleme a) der Entstehung einer die nationalstaatlichen Öffentlichkeiten überlagernden eigenständigen europäischen Öffentlichkeit und b) der Europäisierung der jeweiligen nationalen Öffentlichkeiten sind schwerwiegend, aber technisch lösbar:

a) Die Entstehung einer europäischen Öffentlichkeit scheitert – so Gerhards – an spezifischen organisatorischen Trägheitsmomenten (Gerhards 1993: 100–102). Die Europäisierung der *Presse* misslinge, da an einem zentralen Produktionsort fertig gestellte Presseprodukte wegen der weiten Transportwege zu teuer wären. Dieses Argument rechnet nicht mit der technischen Kreativität der Medienmacher. Für gewöhnlich gibt es, wo ein Bedarf wahrgenommen wird, bald auch Lösungen für leidige Organisations-

---

6 In systemtheoretischer Perspektive sind die Medien nichts als ein Spiegel, in dem sich die Entscheidungsträger wechselseitig beobachten, um ihre Handlungen – ohne mühseliges gegenseitiges Überzeugen – strategisch aufeinander abzustimmen (Luhmann 1971: 181).
7 Gerhards (1993) bezieht auch ein gesamteuropäisches Interesse, eine den nationalstaatlichen Rahmen transzendierende Gemeinwohlperspektive in seine Studie zur europäischen Öffentlichkeit mit ein. Diese inhaltliche Festlegung fällt unter die oben ausgeführte Kritik.

probleme.⁸ Die Organisation auch „gemeinsamer" europäischer Medien ist ein empirisches Problem und bleibt dem Erfindungsgeist der Produzenten sowie den Bedürfnissen der Leserschaft überlassen. Am Beispiel des *Fernsehens*, das teilweise besser gestellt ist, da hier einige Organisationsprobleme entfallen, lassen sich jedoch Zweifel an der Nachfrage nach europäischen Medienangeboten illustrieren. Über Satellit oder Kabel könnten TV-Produktionen europaweit billig übertragen werden; die politische Deregulierung des Fernsehmarktes in Europa ermöglicht den freien Dienstleistungsverkehr im gemeinsamen Binnenmarkt. Transnationale Programme funktionieren allerdings in der Tat nicht. Sie erreichen nicht das gesamte europäische Publikum und scheitern finanziell an der geringen Nachfrage. Kulturelle Identifikationsmöglichkeiten müssen geboten, kulturspezifische Wahrnehmungen und eingespielte Sehgewohnheiten müssen berücksichtigt werden. Das entscheidende Argument ist jedoch, dass europäische Kommunikation in Presse und Fernsehen am Sprachenproblem scheitert. Für egalitäre politische Kommunikation ist es unerlässlich, dass jeder in seiner Muttersprache an der Kommunikation teilnehmen kann. Somit scheint es durchaus plausibel, dass europaweite Medienangebote, die Mehrsprachigkeit erfordern, nur die gebildeten Schichten erreichen werden. Für nach dezentralen Baukastenprinzipien gefertigte Medienangebote gilt dieser Einwand nicht.

Diese in der Medienproduktion durchaus schwerwiegenden Probleme sind kein Beleg dafür, dass keine europäische Kommunikation stattfindet oder dass sie dauerhaft an technischen Problemen scheitern müsse. Kenntnis von und Auseinandersetzung mit „fremden" Positionen muss sich nicht notwendigerweise in einem geteilten Mediensystem vollziehen. Wenn „nationale" Medien europäische Themen so darstellen, dass die relevanten Positionen vertreten sind und verständlich werden, findet Kommunikation über sprachliche Grenzen hinweg statt. Eine Kommunikationsgemeinschaft setzt nicht voraus, dass man die selben Medien nutzt oder die Nachrichten zur gleichen Uhrzeit sieht. Wenn die Hausfrau die Nachrichten im SAT 1 Frühstücksfernsehen hört, ihr Mann dagegen erst um 20:15 Uhr die Tagesschau sieht, würde niemand unterstellen, sie gehörten nicht der gleichen deutschen Öffentlichkeit an – selbst wenn sie so gut wie nie über Politik miteinander reden.

Vielleicht wird es tatsächlich kein einheitliches europäisches Fernsehprogramm geben. Prinzipiell sind jedoch durchaus Medienangebote über Sprachgrenzen hinweg vorstellbar. Aber brauchen wir sie notwendigerweise? Es gibt keinen systematischen Grund dafür, dass europäische öffentliche Kommunikation auf zentralisierte Medien angewiesen sein sollte. Die Verbreitung wichtiger Themen und Diskurse ist durchaus dezentra-

---

8 Zwei Beispiele: Türkische Zeitungen in Westeuropa haben ihre Redaktionen in der Türkei. Per Internet gehen die fertigen Produkte an Druckereien in Deutschland und Frankreich, um vor Ort vertrieben zu werden. Der Transportaufwand ist derselbe wie bei jeder anderen Tageszeitung. Einige dieser Zeitungen lassen einmal in der Woche von Diaspora-Redaktionen eine „Europa-Seite" verfassen. Auch internationale Modezeitungen funktionieren nach dezentralen Baukastenprinzipien. Der Hauptteil wird in der Zentrale zusammengestellt, während die stark kulturabhängigen Texte (z.B. lokale Stars, Psychotests und Flirttips) in lokalen Redaktionen geschrieben werden, die auch den Hauptteil in die Landessprache übersetzen. Die kulturelle Diversität bleibt so gewahrt, obwohl ein großer gemeinsamer Themenbereich kommuniziert wird. Es gibt keinen prinzipiellen Einwand gegen die Möglichkeit, dass Tageszeitungen auch so funktionieren könnten.

lisiert denkbar. In der amerikanischen Öffentlichkeit (ebenso wie in der italienischen oder deutschen) gibt es auch nicht die *eine* Tageszeitung, den *einen* zentralen Nachrichtensender, aus dem sich alle Kommunikation speist und den die Nation zur gleichen Stunde anschaut.

b) Eine dezentralisierte Variante europäischer politischer Kommunikation könnte man sich nun als Europäisierung der nationalen Öffentlichkeiten vorstellen. Auch hier macht Gerhards spezifische Trägheitsmomente aus (Gerhards 1993: 102–107). Beim institutionellen Vergleich europäischer und nationaler Öffentlichkeiten als Mediensysteme wird deutlich, dass europäische Themen nicht die gleiche Aufmerksamkeit wie nationale Themen erhalten und zudem stark gefiltert in die Kommunikation Eingang finden. Informationen aus Brüssel genügen kaum den Kriterien der Selektivität der Medien. Europäische Politik besteht im Verwaltungshandeln und das ist langweilig, weil die dramatisierenden Aspekte, also Konflikt, Werte, Dramatik, Personalisierung und unmittelbare Betroffenheit des Publikums, wenig ausgeprägt sind. Kommission und Ministerrat arbeiten unter Ausschluss der Öffentlichkeit, öffentliche Kontroversen werden oft vermieden, Kommissare werden nicht gewählt und sind kaum als Personen in den nationalen Öffentlichkeiten präsent. Das Institutionengefüge in Brüssel verfügt über keine machtvolle institutionalisierte parlamentarische Opposition und es gibt in Brüssel auch keine außerparlamentarische Opposition und keine Gegenöffentlichkeiten. Darüber hinaus ist die Informationspolitik gegenüber den Journalisten nationalstaatlich versäult. Jeder Korrespondent erhält die wesentlichen Informationen von den Fachbeamten seines eigenen Landes bereits auf die Problemlagen und Ziele der eigenen Vertretung zugerichtet.[9] Dadurch sei bei dem, was in Europa medial kommuniziert wird, selbst wenn die Agenda europapolitischer Themen EU-weit vereinheitlicht wäre, immer mit einem nationalen Bias zu rechnen.

Das schließt aber gerade nicht eine Thematisierung europäischer Themen in den jeweiligen nationalen Medien aus. In Abwandlung einer Pointe von Luhmann kann man mit Fug und Recht behaupten, dass wir vielleicht aus Erfahrung wissen, dass es am *Gardasee* schön ist; alles, was wir als Bürger über *Europa* wissen, wissen wir jedoch aus den Medien. Dies gilt nicht nur für die Fakten (etwa die Ereignisse), sondern auch für deren Deutung (etwa als skandalös, undemokratisch, für uns oder nur die anderen ökonomisch sinnvoll usw.). Solche Deutungen, solche Relevanzgesichtspunkte, sind mehr als nur Ausdruck nationalstaatlicher Perspektiven. Denn die Diskursteilnehmer nehmen hier eine Perspektive im Gespräch über Europa ein, in der Meinung und Herkunft entkoppelt sind, weil Akteure bereit sind, legitime Interessen der anderen Seite anzuerkennen und sich durch gute Gründe überzeugen zu lassen. Sie sprechen nicht mehr nur in der neutralen Beobachterperspektive über „die in Brüssel", „die Spanier" etc., als habe das alles nichts mit ihnen zu tun. Sie nehmen eine *Teilnehmerperspektive* ein.

---

9 „Durch diese national versäulte Struktur der Informationsgebung werden nationale Perspektiven unmittelbar in ihre je spezifische nationale Öffentlichkeit übertragen, ohne dass transnationale Perspektiven vermittelt werden. Die Korrespondenten passen sich dieser Struktur an, weil in ihren Heimatredaktionen und bei ihrem Publikum nationale Effekte europäischer Beschlüsse und eine nationale Perspektive auf das Geschehen eine höhere Aufmerksamkeit genießen als eine europäische Perspektive" (Gerhards 1993: 106).

Aus der Kritik am organisatorisch definierten Öffentlichkeitsbegriff folgt, dass zunächst die in bereits institutionalisierten Interaktionen stattfindenden Kommunikationsprozesse untersucht werden müssen. Die organisatorisch-technischen Formen einer medialen Massenkommunikation werden sich finden und sie werden wahrscheinlich anders aussehen, als wir es bisher gewohnt sind. Kontingente empirisch-praktische Organisationsprobleme sollten nicht zu prinzipiellen Hindernissen der Herausbildung einer europäischen Öffentlichkeit, ja sogar der Europäisierung der nationalen Öffentlichkeiten dramatisiert werden. Ausschlaggebend ist, welche Themen in welcher Weise kommuniziert werden, nicht welche organisatorischen Lösungen sich abzeichnen.

3. Eine diskurstheoretische Bestimmung des Öffentlichkeitsbegriffs

Empirisch weisen beide Varianten, der inhalts- und der institutionenorientierte Öffentlichkeitsbegriff, darauf hin, dass es im Bereich europäischer politischer Kommunikation eine Reihe von Problemen gibt: Es gibt unterschiedliche Interessen, unterschiedliche Überzeugungen (epistemische Probleme), es gibt hermeneutische Probleme (Nichtverstehen) und es gibt technische Schwierigkeiten bei der Organisation massenmedialer Kommunikation. Alle diese Probleme treten auch im Nationalstaat auf und werden dort mit mehr oder weniger Erfolg gemeistert. Diese Punkte sprechen also nicht prinzipiell gegen die Existenz einer europäischen Öffentlichkeit. Die in der institutionellen Bestimmung des Öffentlichkeitsbegriffs mitlaufende Beobachtung eines Mangels an demokratischen Partizipationschancen auf europäischer Ebene ist letztlich der Punkt, der die Rede vom Öffentlichkeitsdefizit untermauert. Dieser Punkt bleibt jedoch unterbelichtet. Statt dessen setzen beide Varianten als Bedingung gelingender öffentlicher Kommunikation bereits voraus, was im Prozess politischer Kommunikation erst entsteht: Mehrheiten in einem Raum konkurrierender politischer Meinungen und organisatorische Formen, die dieses Feld strukturieren. Gesucht wird ein Öffentlichkeitsbegriff, der die Kommunikationsprozesse in den Vordergrund stellt, ohne für konfligierende Meinungen und organisatorische Fragen blind zu sein. Ein diskurstheoretischer Öffentlichkeitsbegriff, von dem wir im Anschluss an Dewey, Habermas und Peters[10] ausgehen, kann die Stärken der inhaltlichen und der institutionellen Konzeptionen integrieren, ohne ihre Schwächen zu übernehmen.

Von den *inhaltlich bestimmten Konzeptionen* kann man lernen, dass Kommunikation sich auf Inhalte bezieht und dass Diskussionsteilnehmer in der Kommunikation keine gleichgültige, hypothetische Einstellung in Bezug auf ihre vorgängigen Werte und Interessen einnehmen können. In der Teilnehmerperspektive werden Überzeugungen vertreten und nicht suspendiert. Allerdings heißt das nicht, dass Kommunikation nur auf der Grundlage weit reichender Übereinstimmung in den Meinungen und Einstellungen möglich ist. Auch eine gemeinsame Sprache muss nicht vorausgesetzt werden. Moderne Massenmedien bewerkstelligen bereits im Nationalstaat, dass in einer sehr heterogenen Öffentlichkeit – die auch eine vielsprachige Öffentlichkeit sein könn-

---

10 Siehe dazu Dewey (1996), Habermas (1996), Peters (1994). Dazu jetzt auch Peters (1998), der den Zusammenhang von Transnationalisierung und normativem Öffentlichkeitsbegriff zum Thema macht.

te – alle wichtigen Themen und Deutungen zirkulieren. So können Kommunikationsteilnehmer voneinander lernen und dabei ihr Vokabular erweitern und bereichern, also z.B. ein Verständnis dafür entwickeln, dass das Wort „Föderalismus" bei den französischen Nachbarn eine andere Bedeutung hat und man diesem Umstand Rechnung zu tragen hat. Öffentlichkeit als nicht staatlich organisierte *politische Kommunikation* kann so – zunächst – unter Abstraktion von institutionellen Komponenten untersucht werden.

Von der *institutionellen Konzeption* von Öffentlichkeit können wir lernen, dass öffentliche Kommunikation in modernen Gesellschaften medial und organisationell auf Rückendeckung angewiesen ist. Allerdings heißt das nicht, dass technische Probleme nicht durch überraschende Lösungen überwunden werden könnten. Zentral ist dagegen der rechtliche Aspekt, weil allein rechtlich institutionalisierte Partizipationschancen eine handlungsrelevante Verbindung zwischen Reden und Entscheiden herstellen. Nur so wird sicher gestellt, dass die Ergebnisse der Meinungsbildungsprozesse als Input ins politische System der Entscheidungsfindung transportiert werden. Dies wiederum motiviert öffentliche Kommunikation und organisatorisches Lernen. Öffentlichkeit als in *demokratischen Verfahren* zur Genese von Legitimität administrativer Macht dienendes Netz von Kommunikation bedarf der rechtlichen Institutionalisierung durch vielfältige Partizipationsmöglichkeiten, starke intermediäre Organisationen, intensive Kommunikation zwischen Öffentlichkeiten sowie Experten aus Wissenschaft und Verwaltung. Unter diesen Aspekten ist Öffentlichkeit in der Europäischen Union bislang unterinstitutionalisiert.

Die Phänomene, deren Beschreibung die Diagnose eines unbehebbaren Öffentlichkeitsdefizits der EU untermauern sollen, sind größtenteils auf der Ebene öffentlicher Kommunikation angesiedelt und nicht auf der Ebene demokratischer Verfahren. Darum muss sich die diskurstheoretische Analyse zunächst dieser Ebene zuwenden und zeigen, dass es bereits in relevantem Ausmaß kollektive Meinungsbildungsprozesse in Europa gibt. Nach diesem diskurstheoretischen Öffentlichkeitsbegriff ist entscheidend, ob in einem anonymen Massenpublikum *zur gleichen Zeit die gleichen Themen unter gleichen Relevanzgesichtspunkten* (Habermas 1996: 190) kommuniziert werden, ob also in diesem anonymen Massenpublikum Prozesse der Meinungs- und Willensbildung über strittige Themen in Gang kommen. Es ist *nicht entscheidend,* ob jeweils die gleichen Meinungen' und Einstellungen vertreten werden oder ob im Bereich der Meinungsbildung ein Konsens erreicht wurde.

Die empirische Grundlegung eines diskurstheoretischen Öffentlichkeitsbegriffs kann an die klassischen, im 19. Jahrhundert entstandenen Vorstellungen von Öffentlichkeit als einem Netzwerk bürgerlicher Gruppen anknüpfen. Das Funktionieren dieser Gruppen erforderte Lesefähigkeit, gute persönliche Kontakte, einen gemeinsamen Feind – meist den Zensor – und vor allem Zielvorstellungen, insbesondere die Idee, durch solche Kommunikation die anderen zu Bürgern zu erziehen. Dieses schon fast romantische Modell hat im 20. Jahrhundert einen Prozess der Entzauberung durchlaufen. Das bürgerliche Publikum wurde zum Massenpublikum, die Netzwerke wurden sehr heterogen und über große Räume verstreut. Die Fähigkeit, das Kommunizierte zu dekodieren, wurde zunehmend weniger anspruchsvoll. Die Leser und Zuhörer wurden immer weniger professionell, die Produzenten bzw. Sender immer professioneller. Die

Medienmacher ihrerseits wurden zu Konkurrenten um den Markt der Zuhörer und Zuschauer. Erziehungsziele gibt es keine mehr, dafür aber Unterhaltungsziele. Die Europäisierung von Öffentlichkeit setzt diesen Prozess nur fort. Es ist nicht zu erwarten, dass die europäische Einigung all das rückgängig macht, was die nationale Formierung einer politischen Öffentlichkeit in Gang gesetzt hat. Im Gegenteil, wir vermuten eher eine Verstärkung dieses Prozesses. So ist angesichts des Potentials an Zuhörern in Europa (370 Millionen!) nicht zu erwarten, dass die Konkurrenten um diesen Zuhörermarkt sich auf den nationalen Markt beschränken werden. Die Konkurrenz wird wachsen. Das Auseinanderfallen von Publikumskompetenz und Kommunikationsmacherkompetenz wird zunehmen. Und das Ziel der Erziehung wird sich in Programmplanungsstrategien zur Bindung von Publikum an Sender und Medienkonzerne transformieren. Diese europäische Öffentlichkeit wird bereits gemacht.

Dass dieser auf einer diskurstheoretischen Konzeption von Öffentlichkeit beruhende empirische Blick Erfolg versprechend ist, wollen wir im Folgenden anhand einiger Beispiele illustrieren.[11]

III. Die Konstruktion europäischer Themen

1. Einige Fallbeispiele

Im Rahmen eines diskurstheoretischen Öffentlichkeitsverständnisses geht es letztlich um die Frage, ob und in welchem Maße in Europa bereits demokratische Meinungsbildungsprozesse in Gang gekommen sind. Die theoretische Idee ist die, dass mit der Ausbildung solcher Meinungsbildungs- oder gar Willensbildungsprozesse die Formierung und Strukturierung europäischer Öffentlichkeit einhergeht. Der damit verbundene empirische Blick sucht zu fassen, wo und in welchem Maße sich gemeinsam geteilte Problemdefinitionen und Relevanzkonstruktionen bilden. Ob in den Mitgliedstaaten die gleichen europäischen Themen zur gleichen Zeit kommuniziert werden, müsste durch umfassende Agenda-Setting-Studien (durch Meinungsumfragen oder Auswertung der Presse) überprüft werden.[12] Dabei dürfte die Frage nach der mehr oder weniger ausgeprägten Übereinstimmung der Relevanzgesichtspunkte der interessanteste und zugleich am schwersten nachzuweisende Punkt sein. Nur mit umfangreichen qualitativen Studien ließe sich die häufig wiederholte Vermutung überprüfen, dass die Europäer in Bezug auf europäische Themen permanent „aneinander vorbei" reden.[13] Wir vermuten,

---

11 Dies ersetzt natürlich nicht umfassende empirische Studien zu Agenda-Setting- und Rahmungsprozessen in Europa. Doch es gibt Hinweise auf eine produktive Reorientierung der empirischen Forschung zur Öffentlichkeitsformierung in Europa.

12 Da die europäische Agenda durch europäische Großereignisse, auftretende Konflikte zwischen Mitgliedstaaten u.ä. bestimmt wird und oft durch Akteure der europäischen Institutionen bzw. nationalen Vertretungen gesetzt wird, ist zu vermuten, dass beträchtliche Übereinstimmungen der europäischen Agenden in den Medien der Mitgliedstaaten zu beobachten sein werden. Dabei wird es freilich im Ranking der jeweiligen Themen gewisse nationale, regionale oder durch politische Lager verursachte Unterschiede geben.

13 Ein methodisches Instrumentarium zur Überprüfung dieser Frage stellen rahmenanalytische Ansätze zur Verfügung. Wenn unter „Relevanzgesichtspunkten" nicht die geäußerten Meinun-

dass diese Hypothese nur in Ausnahmefällen verifiziert werden kann. Dies wird durch die Beobachtung gestützt, dass in den letzten zehn Jahren viele europäische Themen an prominenter Stelle in den Medien vertreten waren. Deshalb erscheint es paradox, dass die Soziologie gerade zu dem Zeitpunkt, an dem die Medien europäische Themen immer stärker aufgreifen und nationale Diskussionen europäisiert werden, in dem Moment also, wo man in Europa anfängt, Konflikte in der Öffentlichkeit argumentativ auszutragen, behauptet, dass es keine europäische Kommunikation gäbe.

Bereits die deutsche Wiedervereinigung war ein Thema, bei dem ein Mitgliedstaat in seiner Innenpolitik auf die Ängste in der öffentlichen Meinung anderer Mitgliedsländer Rücksicht nehmen musste. Die Kritik an den datenschutzrechtlich und asylpolitisch umstrittenen Regelungen im Schengener Abkommen (Schengen II) und im Maastrichter Vertrag, an die sich die Debatte um die „Festung Europa" anschloss, sind weitere Beispiele. Hier ging es um Menschenrechte und „Innere Sicherheit" in Europa. Schließlich finden sich Debatten um Staatsbürgerschaft, Informationspolitik, Korruption, die allesamt die Rechte von Bürgern gegenüber den Europäischen Institutionen betreffen. Auch hier hat sich eine breite europäische Resonanz entwickelt. Unter der europäischen Begrifflichkeit „Inclusion and Citizenship"[14] hat sich ein weites Themenfeld von Problemen der Grenzziehung nach außen und Mitgliedschaftskriterien nach innen etabliert und ausdifferenziert. Die Europäisierung von Mitgliedschaftsproblemen kennzeichnete auch die Debatten um die Osterweiterung oder die Rolle der Türkei, den Kosovo-Krieg und die Regierungsbeteiligung der FPÖ (Haider) in Österreich. Dass nationale Wahlergebnisse bzw. der (mangelnde) Respekt vor diesen zum transnationalen Stammtischthema werden konnten, zeigt, wie weit fortgeschritten diese Prozesse sind und wie sich die öffentliche Kommunikation von den Vorgaben der offiziellen Verlautbarungen zu emanzipieren beginnt.

Dies ist auch bei Fragen der politischen Regelung der Folgen sozialer Exklusion, sei es Arbeitsloser, Frauen oder ethnischer Minoritäten, der Fall. Soziale Ängste im Zusammenhang der Währungsunion sorgten 1998 für länderübergreifende Debatten. So gab es vorübergehend einen regen Austausch von Zeitungsartikeln deutscher und französischer Zeitungen.[15] Europäische Währungspolitik oder Fusionskontrolle sind inzwischen fast Normalthemen des politischen Alltagsdiskurses in Europa geworden. Selbst der Emotionalisierungsgrad hat sich an diesen „kalten" Themen gewaltig steigern lassen. Schwierigkeiten bereitet die Problematik distributiver Politik, die in nationalen

---

gen verstanden werden, sondern die diesen unterschiedlichen Meinungen zu Grunde liegenden Problemdeutungen, dann folgt daraus eine zweistufige Rahmenanalyse: eine Analyse der Primärrahmungen („frames") und eine der Sekundärrahmungen („masterframes") von politischen Themen. Die Sekundärrahmungen umfassen diejenigen Deutungsanteile, die unterschiedliche Primärrahmungen miteinander teilen. Zur Rahmenanalyse vgl. Gamson (1988, 1992), Gamson et al. (1992), Iyengar (1992), Iyengar und Kinder (1987) und Weiß (1989).

14 Zu diesem Themenbereich findet sich eine ausgedehnte Literatur. Der Zusammenhang von Inklusion und Citizenship steht im Zentrum der Aufsätze in Eder und Giesen (2000). Zum Thema Europäische Staatsbürgerschaft siehe die Beiträge zu La Torre (1998), insbesondere den Beitrag von Weiler.

15 Französische Beiträge zur Währungsunion und zur Festlegung der Politik der EZB auf das Ziel der Preisstabilität argumentierten häufig sehr rücksichtsvoll gegenüber den Deutschen, so etwa mit großem Verständnis für deren fast traumatische Angst vor Inflation.

Wohlfahrtsstaaten den zentralen Politikbereich darstellt.[16] Auch neuere Kollektivgutprobleme[17] wie Umwelt und Gesundheit, etwa die mit der Nahrungsmittelproduktion verbundenen Gesundheits- und Umweltrisiken (etwa gentechnische Risiken) tauchen – genau wie auf den nationalen Agenden – in regelmäßigen Abständen als europäische Themen auf.

Wie sich Resonanzen auf diese von europäischen Institutionen besetzten Themenfelder ausbilden und zur Formierung einer europäischen Öffentlichkeit beitragen, soll im Folgenden erläutert werden. Wir werden drei Beispiele europäischer politischer Kommunikation skizzieren, anhand derer sich die Problematik mehr oder weniger übereinstimmender Relevanzgesichtspunkte illustrieren lässt.

1. Das Thema *„Festung Europa"*, das sich mit der Etablierung des Schengen-II-Prozesses zu einem Fokus der kritischen politischen Diskussion über Europa entwickelt hatte,[18] hat inzwischen Verstärkung dadurch erhalten, dass die kritisierten Europäischen Institutionen selber begonnen haben, ihre Öffentlichkeit in Europa zu organisieren. Als die Europäische Kommission das Jahr gegen den Rassismus ausrief und europaweit organisierte, löste dies einen öffentlichen Diskurs aus, der sich auf Menschenrechte berief. Die Vergemeinschaftung des Dritten Pfeilers (zu dem Inneres/Justiz/Migration gehören) wurde an eine universalistisch begründete Legitimität gebunden. Die symbolische Inszenierung eines antirassistischen Europas und die Kooptation transnationaler antirassistischer Akteure in das europäische Institutionensystem (Favell 1998; Eder, Hellmann und Trenz 1998; Trenz 1999) war zugleich Legitimationspolitik europäischer Institutionen. Die „Europäisierung" von Öffentlichkeit ging in diesem Politikfeld einher mit der Mobilisierung von Legitimationsressourcen.

Als die Regierungsvertreter der Mitgliedstaaten der Europäischen Union nach der Regierungskonferenz in Tampere an die Öffentlichkeit traten, um zu verkünden, dass es nun an den Bau eines sicheren und gerechten Europas ginge und dass zu diesem Zwecke „Innere Sicherheit" und „justice" (Justiz und Gerechtigkeit) europaweit hergestellt werden müssten, reagierte die Presse in Europa mit kurzer, aber allgemein geteil-

---

16 Die vermutete Gefährdung des Wohlfahrtsstaats durch unterstellte neo-liberale Politikorientierungen der Europäischen Kommission erzeugt eine europaweite Resonanz. Diese Europäisierung sozialer Themen und sozialpolitischer Diskurse ist bislang trotz der hohen Relevanz dieser Themen in der Öffentlichkeit wenig zum Gegenstand sozialwissenschaftlicher Analysen gemacht worden. Zur kontroversen Debatte vgl. Lesch (2000) und Kasten und Soskice (2000).

17 Bei der Besetzung solcher Kollektivgutprobleme genießt Europa eine hohe Legitimität. Im gemeinsamen Binnenmarkt gibt es ohne übergreifende Regelungen Trittbrettfahrer. Das impliziert, dass umfassendere politische Systeme eher dazu in der Lage sind, nationenübergreifende Probleme wie Umwelt oder Gesundheitsrisiken der Logik nationalen Trittbrettfahrens zu entwinden. Dazu sind Regulierungsinstanzen notwendig. Als solche versuchen gerade europäische Institutionen sich darzustellen und zu verstehen. Ihre wissenschaftliche Rationalisierung hat etwa Majone mit seiner theoretischen Idee von Europa als einem regulatorischen Staat par excellence geliefert (Majone 1996).

18 Das war zunächst das Ergebnis des Protests kleiner, teilweise schon transnational vernetzter Brüsseler NGOs und Menschenrechtsorganisationen gegen die restriktive intergouvernementale Regelung von Asyl-, Einwanderungs- und Kriminalitätsbekämpfungspolitik und gegen die nationalen Regierungen, die diesen Prozess forcierten und dabei versuchten, eine „Neue Staatsräson" durchzusetzen (Wolf 1999). Die Mobilisierung einer Öffentlichkeit gegen das Schengener Abkommen wurde auch schon vom Europaparlament unterstützt.

ter Aufmerksamkeit. Im Gegensatz zu Schengen wurde die europäische innenpolitische Agenda nun zu einem öffentlichen Ereignis. Dass die „Festung Europa" sicherer und zugleich „gerechter" werden könnte, stieß bei vielen Bürgern in Europa auf Resonanz.[19] In der Debatte bildete sich zugleich eine sie selbst organisierende Begrifflichkeit.[20] Der europäische Intergouvernementalismus trat an die Öffentlichkeit. Eine Debatte um die sicheren Außengrenzen wurde ausgelöst, in der die Deutschen und Österreicher nun die Italiener beschuldigten, ihre Außengrenzen nicht sichern zu können. Im transnationalen Kommunikationsraum wurde nationale Politik, hier die Grenzen des Nachbarn, zum Gegenstand innenpolitischer öffentlicher Kommunikation durch Staatsbürger *anderer* Mitgliedstaaten. Die Europäische Kommission und die unterzeichnenden Regierungsvertreter konnten so mit der Verschärfung von Regelungen nicht nur permissiven, sondern auch moralischen Konsens mobilisieren.

Dieses Beispiel zeigt, wie das Thema innere Sicherheit nicht mehr nur als ein Problem der jeweils „anderen" Nationen in Europa, sondern der Andere als Teil eines europäischen Problems gesehen wird. Die Teilnehmerperspektive wird zunehmend unvermeidbar. Die Auseinandersetzung mit der Position der Regierungen der europäischen Nachbarn ist in Europa normal geworden. Dies mag den Grad des Strittigen erhöhen, was theoretisch durchaus zu erwarten ist, da erst die Teilnehmerperspektive den Zwang erzeugt, die eigenen Interessen und Identitäten lautstark zu verteidigen.[21]

Im Bereich von Migration und Innerer Sicherheit fallen die Ansichten der Bürger nicht mehr nur mit nationalen Interessen zusammen. Die Bevölkerung ist in jedem Land hinsichtlich dieser Fragen gespalten.[22] Nur solange die europäischen Bürger keinen Dissens artikulierten, gelang Legitimation über die schweigende Mehrheit. Seit sie Dissens artikulieren, wird der permissive Konsens thematisiert – die schweigende Mehrheit wird zur bisweilen lautstarken Öffentlichkeit. Lautstärke findet sich auf der einen Seite in den Zirkeln transnationaler oder subnationaler antirassistischer Gruppen, die anfingen, die Kritiker restriktiver Regelungen transnational zu vernetzen sowie die Öffentlichkeit zu informieren (und gegebenenfalls zu mobilisieren) (Trenz 1999). Auf der anderen Seite ist ein breites Publikum in Europa durchaus empfänglich für die Sicherheitsphilosophie nationaler und intergouvernementaler Regelungen und die wechselseitigen Anklagen nationaler Sicherheitsdefizite. Dass dieser Strukturierungsprozess auf beiden Seiten der Starthilfe durch die PR-Strategen europäischer Institutionen be-

---

19 Dass diese Europäisierung auch zur Entlastung nationaler Innenpolitik beigetragen haben mag, zeigt nur, dass nationale Interessen gegen ihre Intention zur Europäisierung einer Debatte beitragen. Europäisierung entlastet nationale Regierungen von innenpolitischen Rücksichten auf nationale Öffentlichkeiten. Die Kontrolle der Sicherheitsagenda wird für Politikakteure leichter. Zugleich können Sicherheitsbedürfnisse in der Bevölkerung mobilisiert und damit diffuse gesellschaftliche Widerstände reduziert werden. Der Hinweis auf international agierende Mafia und auf transnational organisierte Schlepperbanden trägt zum kollektiven Wahrnehmungsmuster bei, dass hier Europa zu handeln hat.
20 Begriffspolitik gehört – was empirisch weiter zu überprüfen wäre – zu den auffälligsten Merkmalen der sich ausbildenden europäischen Öffentlichkeit.
21 Man mag argumentieren, dass diese Teilnehmerperspektive schon immer die europäischen Staaten untereinander gekennzeichnet hat (Kleinsteuber und Rossmann 1994; Kaelble 1987, 1997). Der Unterschied ist allerdings, dass diese Teilnehmerperspektive nun im Rahmen pazifizierender Institutionen stattfindet, also koordinierter (und nicht mehr wilder) Dissens ist.
22 Vgl. Eurobarometer 47.1 (1997: 2).

durfte, zeigt aber auch, dass öffentliche Kommunikation einer institutionellen „Reibungsfläche" bedarf.

2. Ein weiteres Beispiel ist der *Korruptionsfall* (1999), der von einem Beamten der Europäischen Kommission zunächst durch Mobilisierung des europäischen Parlaments, dann über die Medien und schließlich in einem in mehreren Sprachen veröffentlichten Buch in die Öffentlichkeit getragen wurde (van Buitenen 1999). Korruption erzeugt eine Struktur öffentlicher Resonanz, die wir mit einem emphatischen Begriff von Öffentlichkeit verbinden. Im Falle des Korruptionsskandals in der Kommission ging es um die öffentliche Anprangerung einer supranationalen Institution bzw. ihrer Vertreter, die von nationalen wie transnationalen Akteuren getragen wurde. Auf die Attacke und die damit verbundene „Veröffentlichung" des Innenlebens der Kommission folgte deren öffentliche Reue. Als Romano Prodi sich an die Spitze der Antikorruptionskampagne zu stellen suchte, traten die Kommissare aus dem Schatten ihrer Arkanpraxis heraus und rechtfertigten bzw. geißelten sich öffentlich. Die Veröffentlichung des Korruptionsfalls und seine institutionelle Bearbeitung waren wiederum Gegenstand öffentlicher Kritik. Dies lieferte dem Europäischen Parlament eine besondere Profilierungschance.

Dieses An-Die-Öffentlichkeit-Gehen lieferte schließlich auch der Presse ein „heißes" Thema. Wenn in diesem Zusammenhang ein besseres Recht auf Information gefordert wird, dann ist das eher Ausdruck gepflegter medialer Kommunikation. Weniger gepflegte europäische Medienkommunikation findet sich in der Presse, wenn gute alte nationale Vorurteile mobilisiert werden. Dies war etwa der Fall, als in der spanischen und in der deutschen Öffentlichkeit reziproke Kommentierungen kommuniziert wurden: die Spanier beschuldigten die Deutschen, nur einen für ihre partikularen Interessen schädlichen Kommissar los werden zu wollen;[23] die Deutschen warfen den Spaniern vor, nicht zu wissen, was rechtsstaatliche Verhältnisse seien (vgl. Trenz in diesem Band). In den jeweiligen Medien waren diese Positionen gar nicht ohne Verweis aufeinander darstellbar. Die Spanier bestanden z.B. darauf, dass sie sehr wohl Korruption für verwerflich halten, dass sich der Beschuldigte jedoch nicht persönlich bereichert habe.[24]

Was diesen Fall aufschlussreich macht, ist zunächst einmal die starke (zeitlich allerdings begrenzte) Medienberichterstattung. Die dabei mitlaufenden Diskussionen thematisieren das Problem der demokratischen Kontrolle der EU und Forderungen nach mehr Transparenz. Zum ersten Mal waren auch Kommissare als *Personen* öffentlich präsent. Offensichtlich ging es nicht mehr um ein Thema, das die Europäer von außen, als Beobachter verfolgten, sondern um ein Thema, bei dem sie materielle wie moralische Interessen verteidigten. Das Thema wurde also sowohl unter ökonomischen als auch unter ethischen Gesichtspunkten diskutiert, wobei auf der Metaebene ein Streit um die relative Gewichtung beider Aspekte ausgetragen wurde. Im Licht des vom Par-

---

23 Immerhin gab es derzeit Diskussionen zur Reduktion der Beitragszahlungen. Eine Entscheidung zur Umverteilung der Strukturfonds stand an und dadurch fühlten sich die Spanier bedroht (vgl. Trenz in diesem Band).
24 Ein Argument, das auch deutsche Politiker gebrauchen, wenn sie in argumentative Nöte geraten, das also kaum pauschal als Beweis für unterschiedliche Kulturen gelten kann.

lament und vom neuen Kommissionsvorsitzenden eingeforderten gemeinsamen Interesses an der Integrität des Institutionensystems der EU wurde der Streit zu Gunsten des ethischen Relevanzgesichtspunktes beigelegt. Über materielle Interessen können sich jetzt die neuen Kommissare auseinander setzen.

3. Ein besonders aufschlussreicher Fall ist der *BSE-Skandal.* Als die Kunde von BSE-verseuchtem Fleisch ihre Runde machte, machte sie an den nationalen Grenzen nicht Halt. Dort, wohin diese Waren transportiert und verkauft wurden, entstand eine heftige Debatte um Risiken und Möglichkeiten der Vermeidung des Risikos. Deutschland, ausgezeichnet durch ein hohes, über Jahrzehnte hin eingeübtes ökologisches Risikobewusstsein, hätte am liebsten die Grenzen geschlossen. Als Belgien als Durchlaufland auch noch in den Verdacht kam, an BSE zu verdienen, kochte die öffentliche Meinung hoch. Die EU wurde aufgefordert, gegen Mitgliedsländer vorzugehen. Frankreich schloss seine Grenzen gegen britisches Rindfleisch (und hielt sie am längsten dicht). Die übrigen Mitgliedsländer zogen mehr oder weniger nach. Die Kommission versuchte, in einem schwierigen Akt des Interessenausgleichs – unter Zuhilfenahme von Expertenkommissionen – eine Lösung des Problems, und wurde dafür noch mehr attackiert.[25]

Ist das ein Fall der Europäisierung von Öffentlichkeit? Zunächst ist eine differenzielle Mobilisierung von öffentlicher Aufmerksamkeit in den Mitgliedsländern zu beobachten. Diese öffentliche Meinung hat eine nationale Struktur und das gleich in doppelter Hinsicht: Sie folgt einer jeweils national geprägten Kultur der Risikowahrnehmung und sie artikuliert unterschiedliche nationale Interessenlagen. Die Briten reagierten anders als die Belgier und Italiener oder Franzosen anders als die Deutschen. Dennoch stritt man über das gleiche relevante Issue. Die massenmediale Resonanz dieses Problems verstärkte den Diskurs über BSE mit unterschiedlichen Attributionen von Schuld, nationaler Interessenverfolgung oder anderer böser Absichten. Es kam zum Streit über die angemessene Deutung des Problems: Geht es um Gesundheit oder um den Protektionismus der eigenen Landwirte? Es kam zu einer Koordination dieser nationalen Stimmen; es kam zu koordiniertem Dissens. Es kam selbst zu Konsens auf der Ebene von kollektiven Akteuren: Verbraucherverbände und Umweltakteure aus den Mitgliedstaaten der EU betraten die Bühne des BSE-Diskurses und klagten gemeinsam an. Sie nutzten nationale Resonanzen, um gemeinsame Aktionen und Forderungen zu formulieren, die vor allem an die EU als solche adressiert waren. Im Gegenzug erfolgte die Mobilisierung von Expertenöffentlichkeit in den EU-Institutionen. Dies hatte einen weiteren Effekt, nämlich die Kompetenz von europäischem Parlament und Kommission im Bereich der Lebensmittelkontrollpolitik zu stärken. Insbesondere das europäische Parlament entdeckte für sich die Rolle des Informationsbeschaffers und Zensurwächters.

Der BSE-Skandal erzeugte also eine doppelte Öffentlichkeit, eine von den nationalen Kulturen hervorgebrachte und eine von den europäischen Institutionen selber erzeugte Experten- und Verbandsöffentlichkeit. Dass diese Öffentlichkeit in sich durch Konfliktlinien gekennzeichnet war, gehört zu den Merkmalen von Öffentlichkeit als

---

25 Zum BSE-Skandal siehe die Forschungsarbeiten von Joerges und Neyer (1997) sowie Neyer (1999).

solcher. Die besondere Eigenschaft des BSE-Falls als eines Umweltrisikos förderte diese Transnationalisierung von Öffentlichkeit. Es ging um ein Kollektivgut (Gesundheit), dessen Sicherung nicht mehr an nationalen Grenzen Halt macht.

Am BSE-Fall lassen sich also ebenfalls Elemente einer Europäisierung von Öffentlichkeit ablesen. Die symbolische Inszenierung des BSE-Skandals sowie die institutionelle Eigenresonanz der Europäischen Kommission führten zu einer hochdifferenzierten Lagerung von öffentlicher Kommunikation im transnationalen europäischen Raum. Auch wenn man den Eindruck gewinnen kann, dass viel von dieser Kommunikation inszenierte öffentliche Symbolpolitik war, ändert es nichts daran, dass hier transnational im gleichen Zeitraum das gleiche Thema in der öffentlichen Kommunikation gehalten wurde. Dabei konkurrierten wieder zwei mögliche Relevanzgesichtspunkte: Gesundheit und Ökonomie. Die Diskussion ermöglichte die Repräsentation dieser beiden möglichen Perspektiven auf den Gegenstand der Auseinandersetzung in den Medien. So wurde öffentlich nachvollziehbar und einsichtig, dass neuerdings die jeweiligen Ansprüche im transnationalen Raum als legitime Ansprüche gerechtfertigt werden müssen und dass jede Seite die als legitim erkannten Ansprüche der anderen Seite respektieren muss. Das galt bisher nur im nationalen Rahmen!

Die drei dargestellten Fälle können nur mit Gewalt als Beispiele dafür herangezogen werden, dass man in Europa „aneinander vorbei redet". Die Kontrahenten wissen bereits sehr viel voneinander; sie haben eine Vorstellung von den ökonomischen oder außenpolitischen Interessen des anderen; sie kennen die Geschichte des anderen; sie wissen um Punkte, wo der Gegner leicht beschämt werden kann. Vor diesem Hintergrund gemeinsamer Überzeugungen und gegenseitiger Erwartungen kann sich der Streit entwickeln. Dabei respektieren die Kontrahenten bei aller Polemik dennoch Tabus. An bestimmten Stellen geht man ganz bewusst nicht zu weit, liefert beruhigende Erklärungen oder baut dem anderen Brücken. Die Diskussion ist nicht darauf angelegt, den Gegner zu vernichten. Dennoch vertreten die Akteure ihre jeweiligen Interessen und Überzeugungen mit Engagement und geben sie nicht leichthin auf. Gerade hinter diesem vermeintlichen „Aneinandervorbeireden" verbirgt sich also eine konstruktive Auseinandersetzung über ein zu lösendes Problem bzw. der Streit über die relevanten Gesichtspunkte der Bewertung des Problems. Natürlich geht es immer auch darum, ob partikulare ökonomische Interessen oder partikulare Identitäten auf dem Spiel stehen. Es geht aber immer auch um moralische Verantwortung gegenüber der Gesamtheit, die selbst in der härtesten Polemik die Argumente der anderen mitreflektiert. Hier sind unterschiedliche Positionen in koordiniertem Dissens aufeinander eingestellt.

2. Gibt es europäische Themen? Eine rhetorische Frage

Zwei erste Schlussfolgerungen lassen sich ziehen. Die Erste bezieht sich auf die *funktionalen Aspekte* europäischer Öffentlichkeit. Die bloße freie Kommunikation scheint stärker entwickelt zu sein, als bisher angenommen wurde. Die skizzierten Beispiele illustrieren die These, dass man in Europa nicht „aneinander vorbei" redet. Nationale Grenzen überspannende öffentliche Kommunikation gibt es in Europa bereits in Bezug auf eine ganze Reihe von Themen. Es werden Probleme als im europäischen Rahmen zu behandelnde auf die Agenda gesetzt, es wird ausgehandelt, welche Gesichtspunkte bei einem Thema Priorität haben, es werden Lösungen diskutiert und im Lichte der für relevant gehaltenen Gesichtspunkte bewertet.

Der zweite Gesichtspunkt betrifft den *Ort europäischer Öffentlichkeit*. Europäische Öffentlichkeit im Sinne transnationaler Kommunikation von gleichen Themen zur gleichen Zeit unter gleichen Relevanzgesichtspunkten entsteht dort, „wo nationale (oder gar subnationale) Öffentlichkeiten supranationale Institutionen als relevante Objekte öffentlicher Kommunikation (und Kritik) adressieren" bzw. dort, „wo in transnationalen Kommunikationsräumen nationale Institutionen zum Gegenstand öffentlicher Kommunikation werden". Man darf also europäische Öffentlichkeit nicht auf den Fall reduzieren, „wo in transnationalen Räumen supranationale Institutionen adressiert werden" (Eder 2000: 176). Diese Beobachtung macht sensibel für die besonderen Formen, die die Europäisierung politischer Kommunikation beinhaltet: Europäische Öffentlichkeit bildet sich auf der Doppelebene von nationaler und transnationaler Kommunikation, wo in der Regel nationale Institutionen von transnationalen Akteuren oder transnationale Akteure von nationalen Institutionen öffentlich thematisiert werden.

Die Frage nach der Existenz europäischer Öffentlichkeit erweist sich also als eine rhetorische Frage. Die empirische Frage ist eine ganz andere: Wo kristallisiert sich europäische politische Kommunikation? Welche besonderen Opportunitäten liefert „Europa" für die Kristallisation politischer Kommunikation? Dieser Frage nach der Opportunitätsstruktur für die Formierung einer europäischen Öffentlichkeit soll im Folgenden nachgegangen werden.

IV. Europa als Opportunitätsstruktur für kollektive Willensbildungsprozesse

Ein Bedarf an öffentlicher Kommunikation stellt sich ein, sobald Menschen durch die Folgen der Handlungen anderer betroffen sind. Ein geteilter Handlungsraum ist die Basis für öffentliche Kommunikation. Je dichter das Netz der Interaktionen zwischen den Menschen und Gruppen von Menschen in diesem Raum gewebt ist, desto stärker wird auch das Interesse an der Regelung der auftauchenden Interessenkonflikte über die von einzelnen Gruppen erzeugten Folgen für andere Gruppen (Dewey 1996). Im Prozess der Vollendung des Binnenmarktes hat sich die Anzahl solcher Betroffenheiten und daraus resultierender Konflikte dramatisch erhöht. Ob es um die Qualität von Nahrungsmitteln, die Sicherung von Grenzen oder die Kriminalitätsbekämpfung geht, keine territoriale Einheit kann sich weiterhin wirksam gegen die Folgen von Entscheidungen der supranationalen Institutionen oder anderer Mitgliedstaaten in den vergemeinschafteten Politikfeldern immunisieren. Über die ökonomischen Vergesellschaftungsprozesse hinaus hat sich in Europa ein immer einheitlicher werdender Rechtsraum herausgebildet, innerhalb dessen die Akteure heute lernen, ihre Konflikte auszutragen oder an politische Institutionen des Mehrebenensystems heran zu tragen. Diese Tatsache trägt entscheidend zur Stimulierung öffentlicher Kommunikation bei.

1. Die Bedeutung transnationaler Rechtsräume

Es mag dahingestellt bleiben, ob Europa eine neue und besondere Form politischer Herrschaft darstellt oder nicht. In jedem Fall handelt es sich bereits um ein System, das Rechte und Pflichten seiner Bürger über rechtliche Regelungen maßgeblich bestimmt. Damit verdoppelt sich der Adressat von Rechtssicherheit. Einerseits ist weiterhin die nationale Ebene in der Verantwortung. Andererseits wird auch die transnationale Ebene zum Ort, wo die positiven und negativen Rechte von Staatsbürgern festgelegt werden.[26] Diese Verlagerung zeigt sich besonders an der Abhängigkeit, die die nationale Gesetzgebung inzwischen kennzeichnet: Jede nationale Gesetzgebung ist einem *Notifikationszwang* unterworfen, muss also vorab der Kommission mitgeteilt werden, die Gesetzgebungsabsichten auf ihre Kompatibilität mit EU-Recht überprüft (von Bogdandy 2000). Damit eröffnen sich Interventionsmöglichkeiten in nationale Gesetzgebungsverfahren. Die Rolle der Kommission als einem neuartigen Typus von Gesetzgeber wird gestärkt. Die Vergemeinschaftung von Recht, die zwar in den unterschiedlichen Regelungsbereichen mit unterschiedlichen Geschwindigkeiten erfolgt, die ihrerseits mit besonderen prozeduralen Regelungen zu tun haben, ist zu einem sich selbst verstärkenden Prozess geworden. Hinzu kommt die Ausdifferenzierung von gerichtlichen Strukturen auf europäischer Ebene, insbesondere des *EuGH*, die die rechtliche Kontrolle des europäischen Rechtssetzungsprozesses übernehmen und nationale Gerichte wie Gesetzgeber wiederum unter Anpassungsdruck setzen können.[27]

Die Europäisierung des Rechts bietet eine besondere Opportunitätsstruktur für öffentliche Debatten. Der geteilte Rechtsraum zwingt die Teilnehmer, wenn sie bestimmte Fragen verregelt oder gerade nicht geregelt haben wollen, bzw. wenn sie sie national anders lösen wollen als die anderen, immer wieder „zueinander". Sie müssen die anderen dazu bringen einzusehen, dass ihr Vorschlag der beste sei oder zumindest ihre Interessen als legitim gelten können. Diese Kommunikationsprozesse finden nicht nur zwischen involvierten Experten statt, sondern werden auch in den Medien geführt. Das Mediensystem reagiert auf die europäischen Formen issuespezifischer Öffentlichkeiten, die sich im Umfeld von Politiknetzwerken ausbilden, indem es sich im Bezug auf Europa neu formiert. Bereits die Institution des Journalistenfrühstücks mit relevan-

---

26 Der Output an Entscheidungen der Europäischen Institutionen hat sich von 248 innerhalb der zehn Jahre von 1952 bis 1962 auf 15.271 innerhalb der fünf Jahre von 1993 bis 1998 erhöht. Bis 1998 hatte sich die Summe legaler Akte (aller Verbindlichkeitsgrade von der Verordnung bis zur unverbindlichen Empfehlung) auf insgesamt 52.799 erhöht (Maurer, Wessels und Mittag 2000: 3).

27 Die Europäisierung des Rechts wird von der Europäisierung des juristischen Diskurses begleitet, der sich zu einem Expertendiskurs ausdifferenziert und Züge einer „vierten Gewalt" annimmt. Der Begriff „vierte Gewalt" wird im europäischen Kontext nicht für die Medien verwandt, sondern für die sich zwischen die klassischen Gewalten (Gesetzgebung, Exekutive, Judikative) und die mediale Öffentlichkeit schiebenden unabhängigen Institutionen (Majone 1994). Die Institutionalisierung dieser „vierten Gewalt" stellt eine weitere Opportunität für öffentliche Debatten dar. Sie erregt Misstrauen und wird so zur Projektionsfläche für öffentliches Reden. Eine solche Rolle spielt etwa die EZB. Die Abkürzung „BUBA" (in Erinnerung an die „Bundesbank", die ihr als Modell diente) hat Konturen eines mächtigen, zugleich bewunderten und gefürchteten Monsters angenommen. Sie ist zu einer europäischen Metapher geworden, die in den Medien im Zuge der Einführung des Euro eine zentrale Rolle spielte.

ten Politiknetzwerkakteuren deutet hier eine Form an, die sich von der Form der journalistischen Belagerung von politischen Akteuren auf nationaler Ebene abhebt.

Somit kann festgehalten werden: Weil es sehr viele regelungsbedürftige politische *Konflikte* im europäischen Binnenmarkt gibt, gibt es einen Trend zu stärkerer politischer Kommunikation in Europa. Dabei entsteht in Europa ein *Publikum*, das zuhört. Dieses Publikum ist noch kein politischer Akteur im Sinne der Demokratietheorie. Es ist ein potentieller Träger eines kollektiven Meinungsbildungsprozesses. Daraus ergibt sich eine Umkehrung der bislang dominierenden Perspektive in der Forschungsliteratur. Anstatt das Ergebnis eines Prozesses zum Maßstab einer analytischen Perspektive zu machen, gehen wir davon aus, dass wir uns in der Situation der Herstellung von Bedingungen kollektiver Meinungs- und Willensbildungsprozesse in Europa befinden. Wir haben es mit der Einübung in transnationale Meinungsbildungsprozesse zu tun, deren Träger, Ressourcen und Möglichkeiten untersucht werden sollten. Es geht also nicht um das *opus operatum* einer europäischen Öffentlichkeit, sondern um den *modus operandi* der Herstellung einer europäischen Öffentlichkeit.

Die rechtliche Integration Europas fördert also politische Kommunikation gleicher Themen zur gleichen Zeit und unter gleichen Gesichtspunkten. Das sind notwendige, aber noch keine zureichenden Bedingungen für europäische Meinungs- und Willensbildungsprozesse. Diese politische Kommunikation hat noch nicht das Integrationsniveau der nationalen Öffentlichkeiten erreicht. Es gibt *quantitativ* mehr Missverständnisse, Dissense, Unterschiede und Unberechenbarkeiten als im eingespielten nationalen Rahmen mit erprobten institutionellen Arrangements. Die Veränderungen zu messen, nicht Zustände in Querschnittsanalysen zu vergleichen, ist Aufgabe empirischer Forschungen. Die Opportunitätsstrukturen, die sich mit der rechtlichen Integration Europas ausbilden, lassen eine hohe und theoretisch spannende wie empirisch variantenreiche Veränderungsdynamik erwarten.

2. Fallstricke der normativen Analyse

Öffentlichkeit in einem normativ anspruchsvollen Sinne impliziert über das Faktum öffentlicher Kommunikation hinaus, Kommunikation mit einer kritischen oder affirmativen Absicht, die ihrerseits an einem rechtlich geregeltem Einfluss auf politische Entscheidungsprozesse orientiert ist. Modelle politischer Öffentlichkeit entkommen nicht dem Zwang, diesen drei Ebenen zugleich gerecht zu werden. Wo die zweite und/ oder dritte Ebene analytisch gekappt werden, sollten wir von reduktionistischen Modellen politischer Öffentlichkeit reden.[28]

Allerdings enthält der Versuch, einen nicht-reduktionistischen Zugriff auf politische Öffentlichkeit durchzuhalten, einige Verführungen bereit. Die stärkste dieser Verführungen ist, die normative Komponente von Öffentlichkeit zum Kriterium von Öffentlichkeit und die ideale Selbstbeschreibung von Öffentlichkeit zum empirischen Maß ihrer Existenz zu machen. Eine solche Versuchung kennzeichnet das, was wir normati-

---

28 Der Versuch, diesen Verzicht empiristisch hochzujubeln und empirische gegen normative Analyse zu setzen, geht hier fehl. Denn es geht um die angemessene Konzeptualisierung eines Gegenstandsbereichs, der auch starke ihn konstituierende normative Komponenten hat.

ves Benchmarking nennen. Es ist die methodische Strategie des Vergleichs von Öffentlichkeit mit einem idealtypischen normativen Modell. So läuft der Vergleich europäischer Öffentlichkeit mit einem der Idee der Moderne entnommenen normativen Ideal von Öffentlichkeit das Risiko, ein Nichts dort sehen zu müssen, wo sich abweichend von der idealen Beschreibung reale Wirklichkeiten öffentlicher Kommunikation ausmachen lassen. Die beschriebenen Phänomene europäischer öffentlicher Kommunikation erscheinen unter dieser Optik als nicht kritisch genug.[29] Normatives Benchmarking ist als methodisches Verfahren also risikoreich. Es unterstellt eine ideale Welt, der die empirische Welt nur zu leicht zum Opfer fällt.[30]

Eine entschärfte Form des normativen Benchmarking ist nationales Benchmarking. An Stelle eines normativen Ideals wird eine konkrete historische Wirklichkeit als empirische Vergleichsfolie ausgezeichnet. Das empirische Ideal ist also eine „Idealisierung" der historischen Erfahrung der Formierung einer spezifischen nationalen Öffentlichkeit. Die Verführung dieses Vergleichs liegt darin, aus dem Fehlen einiger nationaler Eigenschaften zu schließen, dass es keine europäische Öffentlichkeit geben werde. Dies ist aber nichts anderes, als den Vorteil der Tradition zu reklamieren und das Neue am Alten zu messen. Das Verführerische dieser Strategie ist, nationale Formen „typisierend" aufzuwerten. Das dahinter liegende methodische Problem ist, die vielen nationalen Formen auf einen Nenner zu bringen, der Vergleichbarkeit herstellen könnte. Der Ausweg aus diesem Problem ist die Enthistorisierung des nationalen Modells zu einem idealtypischen Modell. Die Strategie des idealtypischen Vergleichs in der empirischen Analyse europäischer Öffentlichkeit ist eine Versuchung, der dann zu widerstehen ist, wenn es keine theoretischen Gesichtspunkte gibt, die vor der normativen Analyse das Allgemeine vom Besonderen zu unterscheiden erlauben. Der Teufel liegt in der Unterstellung der Allgemeinheit (nicht notwendig: normativen Richtigkeit) der Indikatoren, die idealtypische Modelle versprechen.

Um diesen Versuchungen zu entgehen, haben wir eine theoretisch angeleitete komparative Strategie vorgeschlagen, die politische Öffentlichkeit als einen Kommunikationszusammenhang besonderer Art konzeptualisiert. Öffentlichkeit entsteht, wenn strittige Themen als gemeinsame identifiziert und unter gleichen Relevanzgesichtspunkten kommuniziert werden. Das impliziert Partizipation der von Entscheidungen – anderer Akteure, nationaler oder supranationaler Instanzen – Betroffenen an der Diskussion. Die Konstruktion von Betroffenheit über nationale und sprachliche Grenzen hinweg wird dabei durch geltendes Recht forciert. Dies sind die nichtkontingenten Pa-

---

[29] Das lässt sich auch noch mit der für Intellektuelle typischen kritischen Skepsis gegenüber der Idee europäischer Öffentlichkeit zusammenbringen. Die Favorisierung „freier und kritischer" Kommunikation lässt die Anbindung dieser Kommunikation an die Europäischen Institutionen als „Deformation" erscheinen.

[30] Das Risiko besteht vor allem darin, strategische Kommunikation, PR-Inszenierung, Vermachtung und Kommerzialisierung als unvereinbar mit einer „hehren" Öffentlichkeit zu denunzieren. Habermas hatte diese Position im „Strukturwandel der Öffentlichkeit" vertreten. Jedoch hat auch er sie längst revidiert (vgl. Vorwort zur Neuausgabe 1990). Das darf allerdings nicht zur Prämisse generalisiert werden, dass *alle* politische Kommunikation grundsätzlich strategische Kommunikation, PR-Inszenierung, Vermachtung, und/oder Kommerzialisierung ist. Ein diskurstheoretischer Begriff ist gegen solche Reduktionismen gefeit, wie er auch gegenüber einer Überhöhung des Außerinstitutionellen gefeit ist.

rameter für die empirische Identifikation von Öffentlichkeit. Sekundär ist dagegen die konkrete organisatorische Ausgestaltungen dieser Öffentlichkeit. Die organisatorischen Formen der Medienlandschaft sind variabel. Ob jene Kommunikationen mit dem Anspruch auf kritische Distanzierung oder affirmative Bestätigung von herrschaftlichen Entscheidungen vorgetragen werden und ob es schon gelingt, Resonanz in Herrschaftsinstitutionen zu erzeugen, ist von institutionellen Rahmenbedingungen abhängig, die Entscheidungen zurechenbar und demokratisch kontrollierbar machen. Damit ist die starke normative Komponente des Öffentlichkeitsbegriffs als konstitutives Element der Besonderheit dieser Kommunikationszusammenhänge in deren Verfahren eingebaut. In dieser Hinsicht genügt europäische politische Kommunikation heute nicht den normativen Ansprüchen. Dennoch werden bereits europäische Konfliktsituationen öffentlich ausgetragen und gemeinsame Überzeugungen durch öffentliches Reden hergestellt.

Eine solche europäische Öffentlichkeit lässt sich durchaus als Stimme des „Volkes" verstehen. Sie impliziert nicht, dass dieses „Volk" kulturell oder staatlich konstituiert sein muss. Ein solches „Volk" wird vielfach im Prozess der europäischen Einigung, jenem Prozess der Etablierung der evolutionär bislang vermutlich komplexesten Form politischer Herrschaft, erzeugt. Viele kleine „Demoi" (Abromeit und Schmidt 1988) entstehen in Europa. Sie werden bisweilen zu einem großen Demos aggregiert, wie etwa die Eurodebatte gezeigt hat. Das „Volk" äußert sich also auf unterschiedlichen Aggregationsniveaus. Es gibt keinen Primat eines national definierten Volkes mehr.

V. Öffentlichkeitsforschung ohne self-fulfilling prophecy

Unsere Ausgangshypothese war, dass es in Europa bereits transnationale politische Kommunikation gibt. Diese Beobachtung widerspricht der herrschenden soziologischen (und auch feuilletonistischen) Beschreibung, die ein Öffentlichkeitsdefizit in Europa diagnostiziert, das nicht auf der Ebene der politischen Institutionen, sondern bereits auf der Ebene von Kommunikationsprozessen angesetzt wird. Wir vermuten den Grund dafür in einer theoretischen Weichenstellung, die mit einem kontraproduktiven normativen wie empirischen Zugriff auf das Phänomen einer europäischen Öffentlichkeit verbunden ist. Wir haben einige Korrekturen am Öffentlichkeitsbegriff vorgeschlagen, die theoretische, empirische und normative Folgen haben:

1. *Theoretische Schlussfolgerungen:* Eine wichtige Weichenstellung ist die Auflösung der – Verwirrung stiftenden – synonymen Verwendung der Begriffe „Öffentlichkeit" und „politische Kommunikation". Wird der Begriff „Öffentlichkeit" auf Phänomene öffentlicher politischer Kommunikation angewandt, ist die entscheidende Frage, ob in einem anonymen Massenpublikum zur gleichen Zeit die gleichen europapolitischen Themen unter den gleichen Relevanzgesichtspunkten kommuniziert werden. Dieser normativ wie historisch abstrahierte Öffentlichkeitsbegriff erlaubt es, sich dem analytisch zu nähern, was wir als europäische Öffentlichkeit bezeichnen. „Öffentlichkeit" im Sinne „öffentlicher politischer Kommunikation" formiert sich bereits in Europa. Empirische Analysen von Öffentlichkeit in Europa sollten zu zeigen versuchen, welche Dichte europapolitischer Kommunikation in einem anonymen Massenpublikum erreicht worden ist bzw. welche Veränderungsraten diese Dichte aufweist.

Europäische Öffentlichkeit im Sinne transnationaler Kommunikation von gleichen Themen zur gleichen Zeit unter gleichen Relevanzgesichtspunkten entsteht überall dort, wo in transnationalen Kommunikationsräumen nationale (oder gar subnationale) Öffentlichkeiten supranationale Institutionen als relevante Objekte öffentlicher Kritik adressieren bzw. dort, wo nationale Institutionen zum Gegenstand europäischer öffentlicher Kommunikation werden. Man darf also europäische Öffentlichkeit nicht auf den sehr speziellen Fall reduzieren, dass sich paneuropäische Bewegungen an supranationale Institutionen wenden.

Von der Ebene der Kommunikationsphänomene ist die strukturelle Ebene zu unterscheiden, auf der Anforderungen an die Funktionsfähigkeit von Öffentlichkeit als *watch-dog* der Politik gestellt werden können. Diese Funktion kann nicht in frei flottierender Kommunikation erfüllt werden. Sie kann erst dann mit einiger Regelmäßigkeit erfüllt werden, wenn die öffentliche Deliberation nicht mehr vor ihrem liberalen Sinn, der Entscheidung, Halt macht.[31] Öffentlichkeit – im normativen Vollsinn des Wortes – gibt es erst, wenn Partizipationsmöglichkeiten etabliert sind.

2. *Empirische Ergebnisse:* Auf der empirischen Ebene schließen wir uns der Diagnose an, dass es im Bereich europäischer politischer Kommunikation eine Reihe von strukturellen Problemen gibt, die eine deutliche *quantitative* Differenz zu nationalen Öffentlichkeiten markieren. Es gibt unterschiedliche Interessen und unterschiedliche Überzeugungen (epistemische Probleme), es gibt hermeneutische Probleme (Nichtverstehen) und es gibt technische Schwierigkeiten bei der Organisation massenmedialer Kommunikation über Sprachgrenzen hinweg. Solange sich die Analyse jedoch mit der Beschreibung solcher Schwierigkeiten begnügt, wird ihr Pessimismus zur sich selbst erfüllenden Prophezeiung.

Die drei dargestellten Fälle (Migration, Korruptions- und BSE-Skandal) illustrieren jedoch, dass man in Europa trotz aller Schwierigkeiten nicht mehr „aneinander vorbei redet". Die Kontrahenten tragen ihre Konflikte in einer ausdifferenzierten medialen Öffentlichkeit vor einem breiten Hintergrund gemeinsam geteilter Überzeugungen und gegenseitiger Erwartungen aus. Selbstverständlich vertreten sie dabei ihre jeweiligen Interessen und Überzeugungen mit Engagement. Aber selbst in der schärfsten Polemik werden die Argumente der anderen mitreflektiert. Hier sind unterschiedliche Positionen in koordiniertem Dissens aufeinander eingestellt. Die zahlreichen Schwierigkeiten europäischer öffentlicher Kommunikation lassen sich somit *nicht* zu einer *qualitativen* Differenz zur politischen Kommunikation in Nationalstaaten aufrechnen. Allein der Aspekt des Mangels an demokratischen Partizipationschancen auf europäischer Ebene untermauert die Rede vom Öffentlichkeitsdefizit.

3. *Normative Implikationen:* An diesem Mangel an rechtlich garantierten Partizipationsmöglichkeiten mag es auch liegen, dass europäische politische Kommunikation zunächst eher „zahm" ist. Ihr Kritikpotential und ihre zivilgesellschaftliche Mobilisierungsfähigkeit werden durch fehlende Partizipationsmöglichkeiten auf der europäischen Ebene eingeschränkt und auf die demokratisch verantwortlichen Ebenen des National-

---

31 Diese Formulierung gebrauchte Dahrendorf zur Beschreibung der zahnlosen öffentlichen Kritik in autoritären politischen Systemen (Dahrendorf 1965: 461).

staats konzentriert.³² Dass es dennoch bereits demokratiefähige Resonanzen bei den europäischen Bürgern gibt, dafür spricht auch, dass die Institutionen sich um diese Resonanz zu kümmern beginnen. So versucht die Europäische Kommission, öffentliche Resonanz für effektive Politik strategisch zu nutzen. So organisieren kollektive Akteure, NGOs und Bewegungsorganisationen Gegenstimmen, die ihrerseits wieder mit öffentlicher Resonanz rechnen müssen. Das Resultat ist ein hochdynamisches System öffentlicher Kommunikation, das sich nicht mehr mit der – der nationalen Öffentlichkeit abgeschauten – „intermediären" Stellung zwischen Gesellschaft und Staat fassen lässt. Es ist ein System der Differenzierung und Verknüpfung von Ebenen der Kommunikation, das sich unkalkulierbar entwickelt und das die Akteure, Sprecher der Institutionen wie Sprecher des Publikums, mit Überraschungen konfrontiert. Diese europäische Öffentlichkeit ist in der Tat bereits sehr lebendig.

Literatur

Abromeit, Heidrun, und *Thomas Schmidt,* 1998: Grenzprobleme der Demokratie: konzeptionelle Überlegungen. S. 293–320 in: *Beate Kohler-Koch* (Hg.): Regieren in entgrenzten Räumen (PVS Sonderband 22). Opladen: Westdeutscher Verlag.
Bogdandy, Armin von, 2000: Information und Kommunikation in der Europäischen Union: föderale Strukturen in supranationalem Umfeld. S. 133–194 in: *Wolfgang Hoffmann-Riem* und *Eberhard Schmidt-Aßmann* (Hg.): Verwaltungsrecht in der Informationsgesellschaft. Baden-Baden: Nomos.
Buitenen, Paul van, 1999: Unbestechlich für Europa. Gießen: Brunnen-Verlag.
Dahrendorf, Ralf, 1965: Gesellschaft und Demokratie in Deutschland. München: Piper.
Delgado, Mariano, und *Matthias Lutz-Bachmann* (Hg.), 1995: Herausforderung Europa. Wege zu einer europäischen Identität. München: Beck.
Dewey, John, 1996: Die Öffentlichkeit und ihre Probleme. Bodenheim: Philo.
Eder, Klaus, 1999: Integration durch Kultur? Das Paradox der Suche nach einer europäischen Identität. S. 147–179 in: *Reinhold Viehoff* und *Rien T. Segers* (Hg.): Kultur, Identität, Europa. Über die Schwierigkeiten und Möglichkeiten einer Konstruktion. Frankfurt a.M.: Suhrkamp.
Eder, Klaus, 2000: Konstitutionsbedingungen einer transnationalen Gesellschaft in Europa. Zur nachholenden Modernisierung Europas. S. 87–102 in: *Wolfgang Heyde* und *Thomas Schaber* (Hg.): Demokratisches Regieren in Europa? Baden-Baden: Nomos.
Eder, Klaus, 2000: Zur Transformation nationalstaatlicher Öffentlichkeit in Europa. Von der Sprachgemeinschaft zur issuespezifischen Kommunikationsgemeinschaft, Berliner Journal für Soziologie 10: 167–284.
Eder, Klaus, und *Bernd Giesen* (Hg.), im Druck: European Citizenship between National Legacies and Postnational Projects. Oxford: Oxford University Press.
Eder, Klaus, Kai-Uwe Hellman und *Hans Trenz,* 1998: Regieren in Europa jenseits öffentlicher Legitimation? Eine Untersuchung zur Rolle von politischer Öffentlichkeit in Europa, Politische Vierteljahresschrift 39: 321–344.
Europäische Kommission (EK), 1997: Eurobarometer 47.1. Brüssel.

---

32 Hierzu liefert die jüngere Bewegungsforschung zunehmend Evidenz. Auch hier erweist sich die Bindung an nationale Erfahrungen mit sozialen Bewegungen bisweilen als Anlass zu pessimistischen Diagnosen (Rucht 2000). Zur jüngeren transnationalen Forschung, die im Kontext von Globalisierungsprozessen eher pessimismusfrei betrieben wird, vgl. vor allem della Porta et al. (1999), Keck und Sikking (1997) und Smith et al. (1997). Zur Europäisierungsproblematik siehe besonders Tarrow (1998) und Imig und Tarrow (2000).

Favell, Adrian, 1998: A Politics that is Shared, Bounded, and Rooted? Rediscovering Civil Political Culture in Western Europe, Theory and Society 27: 209–236.

Favell, Adrian, 1998: The Europeanisation of Immigration Politics. European Integration Online Papers 2: http://eiop.or.at/eiop/texte/1998-010.htm.

Gamson, William A., 1988: The 1987 Distinguished Lecture: A Constructionist Approach to Mass Media and Public Opinion, Symbolic Interaction 11: 161–174.

Gamson, William A., 1992: Talking Politics. Cambridge: Cambridge University Press.

Gamson, William A., David Croteau, William Hoynes und *Theodore Sasson,* 1992: Media Images and the Social Construction of Reality, Annual Review of Sociology 18: 373–393.

Gerhards, Jürgen, 1993: Westeuropäische Integration und die Schwierigkeiten der Entstehung einer europäischen Öffentlichkeit, Zeitschrift für Soziologie 22: 96–110.

Habermas, Jürgen, 1990 (1962): Strukturwandel der Öffentlichkeit. Untersuchungen zu einer Kategorie der bürgerlichen Gesellschaft. Frankfurt a.M.: Suhrkamp.

Habermas, Jürgen, 1996: Braucht Europa eine Verfassung? Bemerkungen zu Dieter Grimm. S. 185–191 in: *Ders.*: Die Einbeziehung des Anderen. Frankfurt a.M.: Suhrkamp.

Hale, John, 1993: The Renaissance Idea of Europe. S. 46–63 in: *Soledad García* (Hg.): European Identity and the Search for Legitimacy. London: Pinter Publishers.

Imig, Doug, und *Sidney Tarrow,* 2000: Political Contention in a Europeanising Polity. West European Politics (special issue on „Europeanised Politics").

Iyengar, Shanto, 1992: Is Anyone Responsible? How Television Frames Political Issues. Chicago, IL: University of Chicago Press.

Iyengar, Shanto, und *Donald R. Kinder,* 1987: News That Matter: Television and American Opinion. Chicago, IL: University of Chicago Press.

Joerges, Christian, und *Jürgen Neyer,* 1997: Transforming Strategic Interaction into Deliberative Problem-Solving. European Comitology in the Foodstuffs Sector, Journal of European Public Policy 4: 609–625.

Kaelble, Hartmut, 1987: Auf dem Weg zur einer europäischen Gesellschaft? Eine Sozialgeschichte Westeuropas 1889–1980. München: Beck.

Kaelble, Hartmut, 1997: Europäische Vielfalt und der Weg zu einer europäischen Gesellschaft. S. 27–68 in: *Stefan Hradil* und *Stefan Immerfall* (Hg.): Die westeuropäischen Gesellschaften im Vergleich. Opladen: Leske + Budrich.

Kantner, Cathleen, 1997: Deweys pragmatistischer Begriff der Öffentlichkeit und seine Renaissance in aktuellen Debatten, Berliner Debatte Initial 8: 119–129.

Kasten, Gabriele, und *David Soskice,* 2000: Möglichkeiten und Grenzen europäischer Beschäftigungspolitik, Aus Politik und Zeitgeschichte B 14–15: 23–31.

Keck, Margaret E., und *Kathryn Sikkink,* 1998: Activists Beyond Borders: Advocacy Networks in International Politics. Ithaca, NY: Cornell University Press.

Keck, Margaret E., und *Kathryn Sikkink,* 1998: The Transnational Advocacy Networks in the Movement Society. S. 217–238 in: *David S. Meyer* und *Sidney Tarrow* (Hg.): The Social Movement Society. Lanham: Rowman und Littlefield.

Kettner, Matthias, 1998: John Deweys demokratische Experimentiergemeinschaft. S. 44–66 in: *Hauke Brunkhorst* (Hg.): Demokratischer Experimentalismus. Politik in der komplexen Gesellschaft. Frankfurt a.M.: Suhrkamp.

Kielmansegg, Peter Graf, 1996: Integration und Demokratie. S. 47–71 in: *Markus Jachtenfuchs* und *Beate Kohler-Koch* (Hg.): Europäische Integration. Opladen: Leske + Budrich.

Kleinsteuber, Hans J., und *Torsten Rossmann,* 1994: Europa als Kommunikationsraum: Akteure, Strukturen und Konfliktpotentiale der europäischen Medienpolitik. Opladen: Leske + Budrich.

La Torre, Massimo (Hg.), 1998: European Citizenship: An Institutional Challenge. The Hague: Kluwer.

Lesch, Hagen, 2000: Brauchen wir eine europäische Beschäftigungspolitik?, Aus Politik und Zeitgeschichte B 14–15: 3–14.

Luhmann, Niklas, 1971: Öffentliche Meinung. S. 9–34 in: *Ders.*: Politische Planung. Aufsätze zur Soziologie von Politik und Verwaltung. Opladen: Westdeutscher Verlag.

Majone, Giandomenico, 1990: Preservation of Cultural Diversity in a Federal System: The Role of the Regions. S. 67–76 in: *Mark Tushnet* (Hg.): Comparative Constitutional Federalism. New York: Greenwood.
Majone, Giandomenico, 1994: The European Community: An Independent Fourth Branch of Government? S. 23–43 in: *Gert Brüggemeier* (Hg.): Verfassungen für ein ziviles Europa. Baden-Baden: Nomos.
Majone, Giandomenico, 1994: The Rise of the Regulatory State in Europe, West European Politics 17: 77–101.
Majone, Giandomenico (Hg.), 1996: Regulating Europe. London: Routledge.
Maurer, Andreas, Wolfgang Wessels und *Jürgen Mittag*, 2000: Europeanisation in and out of the EU System: Trends, Offers and Constraints (Paper for the DFG-workshop „Linking EU and National Governance" Mannheim 1–3 June 2000).
Morin, Edgar, 1987: Penser l'Europe. Paris: Gallimard.
Münkler, Herfried, 1995: Die politische Idee Europa. S. 9–27 in: *Mariano Delgado* und *Matthias Lutz-Bachmann* (Hg.): Herausforderung Europa – Wege zu einer europäischen Identität. München: Beck.
Neyer, Jürgen, 1999: Supranationales Regieren in EG und WTO. Soziale Integration jenseits des demokratischen Nationalstaates und die Bedingungen ihrer Möglichkeit. S. 33–65 in: *Jürgen Neyer, Dieter Wolf* und *Michael Zürn* (Hg.): Recht jenseits des Staates. Bremen: ZERP Diskussionspapier 1/99.
Noelle-Neumann, Elisabeth, 1993: Europa in der öffentlichen Meinung. S. 11–44 in: *Wolfgang Glatzer* (Hg.): Einstellungen und Lebensbedingungen in Europa. Frankfurt a.M.: Campus.
Peters, Bernhard, 1994: Der Sinn von Öffentlichkeit. S. 42–76 in: *Friedhelm Neidhardt* (Hg.): Öffentlichkeit, öffentliche Meinung, soziale Bewegungen. Sonderheft 34 der Kölner Zeitschrift für Soziologie und Sozialpsychologie. Opladen: Westdeutscher Verlag.
Peters, Bernhard, 1998: Nationale und transnationale Öffentlichkeiten – eine Problemskizze. S. 661–674 in: *Claudia Honegger, Stefan Hradil* und *Franz Traxler* (Hg.): Grenzenlose Gesellschaft? Verhandlungen des 29. Kongresses der Deutschen Gesellschaft für Soziologie. Band 1. Opladen: Leske + Budrich.
Peters, B. Guy, 1994: Agenda-setting in the European Community, Journal of European Public Policy 1: 9–26.
Porta, Donatella della, Hans-Peter Kriesi und *Dieter Rucht* (Hg.), 1999: Social Movements in a Globalizing World. London: Macmillan.
Rucht, Dieter, 2000: Zur Europäisierung politischer Mobilisierung, Berliner Journal für Soziologie 10: 185–202.
Smith, Jackie, Charles Chatfield und *Ron Pagnucco* (Hg.), 1997: Transnational Social Movements and Global Politics: Solidarity Beyond the State. Syracuse: Syracuse University Press.
Tarrow, Sidney, 1998: Power in Movement. Social Movements, Collective Action and Politics. 2. Auflage. Cambridge: Cambridge University Press.
Trenz, Hans-Jörg, 1999: Anti-Rassismus Kampagnen und Protestmobilisierung in Europa, Forschungsjournal Neue Soziale Bewegungen 12: 78–84.
Weiß, Hans-Jürgen, 1989: Öffentliche Streitfragen und massenmediale Argumentationsstrukturen. Ein Ansatz zur Analyse der inhaltlichen Dimension im Agenda Setting-Prozeß. S. 473–489 in: *Max Kaase* und *Winfried Schulz* (Hg.): Massenkommunikation. Theorien, Methoden, Befunde. Sonderheft 30 der Kölner Zeitschrift für Soziologie und Sozialpsychologie. Opladen: Westdeutscher Verlag.
Wessels, Wolfgang, Andreas Maurer und *Jürgen Mittag* (Hg.), 2000: Fifteen into one? The European Union and Member States. Manchester: Manchester University Press.
Wolf, Klaus Dieter, 1999: Defending State Autonomy. Intergovernmental Governance in the EU. S. 230–247 in: *Beate Kohler-Koch* und *Rainer Eising* (Hg.): The Transformation of Governance in the European Union. London: Routledge.

KORRUPTION UND POLITISCHER SKANDAL IN DER EU

Auf dem Weg zu einer europäischen politischen Öffentlichkeit?

Hans-Jörg Trenz

Zusammenfassung: Mit dem Befund eines Defizits an massenmedialer Öffentlichkeit in Europa bleibt das Problem der Politikvermittlung in der EU weiterhin unbewältigt. Die funktionalen, sich entlang der Schnittstellen des EU-Mehrebenensystems ausdifferenzierenden Kommunikationszusammenhänge vermögen bestenfalls zwischen den Routineoperationen des Verwaltungsapparates und seinen spezifischen Fachpublika zu vermitteln. Eine integrative Abbildung des ausdifferenzierten Mehrebenensystems bzw. der Anschluss an generalisierbare Massenkommunikation kann durch solche sektoralen Teilöffentlichkeiten jedoch nicht geleistet werden. Diese Defizitthese wird anhand einer Fallstudie zum Korruptionsskandal der Europäischen Kommission im Jahre 1999 kritisch überprüft. Der für eine Skandalisierung europäischer Politik zu beanspruchende erhöhte Kommunikationsbedarf kann von den europäischen Akteuren über Mechanismen der symbolischen Mobilisierung zumindest kurzfristig befriedigt werden, um damit eine Rückkoppelung sektoraler Fachöffentlichkeiten an die Allgemeinheit an spezifischen kritischen Punkten des politischen Prozesses zu gewährleisten. An die Stelle der massenmedialen europäischen Gesamtöffentlichkeit treten dabei andere generalisierte (in diesem Sinne symbolische) Vermittlungsstrategien, die eine Moralisierung und Dramatisierung europäischer Politik in den nationalen Medienöffentlichkeiten vorantreiben.

I. Zur Konstitution politischer Öffentlichkeit in Europa:
Schaupolitische Inszenierung oder gesellschaftliche Subpolitik?

1. Politikvermittlung im Mehrebenensystem.
Zur Sektoralisierung von Öffentlichkeit in Europa

Das historisch gewachsene Verhältnis zwischen Öffentlichkeit und Nationalstaatlichkeit ist bislang kaum ernsthaft von der Forschung hinterfragt worden, erscheint doch die Unverzichtbarkeit nationaler Öffentlichkeit für die Funktionsweise von Demokratie wie auch für die Konstitution integrativer Kommunikations- und Erfahrungshorizonte einer politisch konstituierten Gemeinschaft als hinlänglich begründet. Gemäß dem traditionellen Modell projiziert sich Öffentlichkeit auf ein Kollektiv, das nicht nur durch faktische Zuhörerschaft und Teilnahme an öffentlicher Kommunikation, sondern auch durch strukturellen Zusammenhalt und eine kollektive Vorstellung von Zugehörigkeit hervortreten muss (Peters 1999: 662). In der empirischen Umfrageforschung wird dieses Kollektiv als Publikum, in der normativ geleiteten Demokratietheorie als Demos behandelt. Die Einheitlichkeit von Öffentlichkeit soll dabei durch eine gemeinsame Sprache und Kultur gewährleistet werden, die sich in einem kollektiven Reservoire an geteilten (in diesem Sinne eben öffentlichen) Meinungen und Einstellungen niederschlägt. Für die Diffusion und Vermittlung der Kommunikation stehen wiederum geeignete Medien zur Verfügung, die jeweils die Gesamtheit des Publikums ansprechen und damit eine dauerhafte Zuhörerschaft und potenzielle Einbindung aller dem Kollektiv zugehörigen Akteure garantieren können.

Aus dieser konzeptionellen Engführung ergibt sich die allgemein zu Grunde gelegte These eines gleichzeitigen und logisch untrennbaren Demokratie- *und* Öffentlichkeitsdefizits in Europa. Die dabei vorgenommene Fokussierung auf staatlich gefasste Medienöffentlichkeiten impliziert letztendlich eine Gleichsetzung von Öffentlichkeit mit nationalen, durch Massenmedien repräsentierten Sprach- und Kulturgemeinschaften, was dann mit Bezug auf Europa zwangsläufig zu negativen Schlüssen führen muss und Autoren wie z.B. Grimm (1995: 44) zu der Feststellung veranlasst haben, dass es auf Grund des in der Sprachenvielfalt begründeten Fehlens eines europäisierten Kommunikationssystems „auf längere Sicht weder eine europäische Öffentlichkeit noch einen europäischen politischen Diskurs geben wird".

Das damit postulierte Abhängigkeitsverhältnis der Öffentlichkeit von einem Kollektiv lässt sich allerdings aus dem klassischen Verständnis bürgerlicher Öffentlichkeit als ein intermediäres, nach allen Seiten offenes Kommunikationsfeld (Habermas 1990) als auch aus der systemischen Perspektive von Öffentlichkeit als ein Spiegel gesellschaftlicher Selbstbeobachtung (Luhmann 1992, 1998) nur bedingt herleiten. Aus soziologischer Perspektive kann Öffentlichkeit noch am ehesten als eine intersubjektiv geteilte, kommunikativ konstituierte Sphäre wechselseitiger Beobachtungen erschlossen werden (Habermas 1992: 436f.; Peters 1999), die sich herkömmlichen Begriffen von sozialer Ordnung und Mitgliedschaft entzieht und eben dadurch an kontingente Situationen anschlussfähig bleibt.[1]

Der Versuch, politische Öffentlichkeit als die sich im Zuge der Entstehung moderner Herrschaftsformen herausbildende Sphäre der Kommunikation von für politisch relevant erachteten Inhalten, Meinungen und Stellungnahmen territorial (oder staatlich) einzugrenzen bzw. auf eine bestimmte politische oder kulturelle Gemeinschaft festzulegen, droht demnach durch die politische Räume und Verständigungshorizonte durchdringende Dynamik öffentlicher Kommunikationsprozesse beständig unterlaufen zu werden. Ähnlich wie bei den Sprechern, die in öffentliche Kommunikationszusammenhänge eintreten können, handelt es sich auch beim Publikum um eine unabwägbare und instabile Größe, deren Zusammensetzung stark von den Themen, die jeweils zur Sprache kommen, sowie der Art ihrer Inszenierung im öffentlichen Raum abhängt (Neidhardt 1994: 318; Gerhards und Neidhardt 1990). Das Publikum ist deshalb auch nicht mit der Gesamtheit der Bürger identisch, sondern zerfällt in viele kleine Einheiten, die verschiedenen Themen unterschiedliche Grade von Aufmerksamkeit zuwenden. Überhaupt ist das Publikum als soziales Kollektiv nur schwach profiliert, weshalb es auch nicht erforderlich ist, weitreichende Solidaritäts- oder Identitätsforderungen an es heranzutragen. Die grundsätzliche Unabgeschlossenheit des Publikums durchbricht vielmehr bestehende politische Räume und Verständigungshorizonte.

---

1 Ebenso wie Öffentlichkeit im Luhmannschen Sinne kein System darstellt, sondern einen all-inklusiven Rahmen für Prozesse gesellschaftlicher Selbstbeobachtung absteckt (Hellmann 1997; Luhmann 1992, 1998).

Was aber hält das Publikum zusammen? Allgemein gilt: „Betroffenheit motiviert zum Eintritt ins Publikum" (Neidhardt 1994: 318). Als Ergebnis europäischer Entscheidungspolitik konstituieren sich jeweils spezifische Publika einer unbestimmten Zahl von Personen, die sich in irgendeiner Form von den zur Entscheidung stehenden Maßnahmen angesprochen fühlen. Wie das Publikum, so ist auch Betroffenheit im transnationalen Raum variabel und setzt immer voraus, dass sich viele eben auch nicht von europäischer Politik betroffen fühlen. Das Publikum kann also nicht mehr mit Bezug auf eine staatliche oder territoriale Einheit definiert werden, sondern muss aus dem Kreis derer herausgelöst werden, die ein materielles oder ideelles Interesse am jeweiligen issue bekunden (Abromeit und Schmidt 1998: 314). Issue- oder politikfeldspezifische Teilöffentlichkeiten werden damit zum Ort, an dem eine gesellschaftliche Teilhabe und Mitbestimmung am Prozess des europäischen Regierens erstritten werden kann.

Es liegt deshalb nahe, die Konstitutionsbedingungen einer europäischen Öffentlichkeit nicht, wie es die traditionelle Öffentlichkeitsforschung unterstellte, an die homogenisierenden Wirkungen eines europäischen bzw. europäisierten massenmedialen Kommunikationssystems zu binden (Gerhards 1993), sondern vielmehr an die multiorganisationelle und dynamische Netzwerkstruktur des EU-Mehrebenensystems anzupassen und akteurs- bzw. verfahrensspezifisch auszudifferenzieren. Das zu erwartende Ergebnis ist eine parallel zu den Routineoperationen des Verwaltungshandelns laufende Sektoralisierung öffentlicher Kommunikationsprozesse in der Form hochspezialisierter Netzwerke, durch die politische Entscheider, Experten und Vertreter von Betroffenen in ein dauerhaftes Kommunikations- und Austauschverhältnis gestellt werden und in unterschiedlichem Grade an der Gestaltung europäischen Regierens beteiligt sind. Die institutionalisierte Einbindung von Regelungsadressaten in die bereichsspezifischen EU-Entscheidungsprozesse ist mittlerweile in zahlreichen Fallstudien beschrieben und normativ etwa im Sinne eines „deliberativen Supranationalismus" oder einer „funktionalen Repräsentation" ausgewertet worden (Benz 1998b, 1998c; Eder, Hellmann und Trenz 1998; Neyer 1999; Zürn 1999; Schmalz-Bruns 1999). Die Leistung solcher sektoraler Teilöffentlichkeiten für eine Koordination und Legitimation des EU-Verwaltungshandelns steht solange außer Frage, wie ein Routinemodus der Problemverarbeitung im europäischen politischen System gewährleistet werden kann und Entscheidungsprozesse nach etablierten Mustern ablaufen, die ein Minimum an Transparenz und Beteiligungsoffenheit nach außen garantieren, ohne durch erhöhte öffentliche Aufmerksamkeit und Konfliktualisierungen (wie etwa im vorliegenden Fall des EU-Korruptionsskandals) gestört zu werden (Peters 1993: 344ff.).

Der Befund eines sich in den Routineoperationen des EU Regierungssystems abzeichnenden „Strukturwandels von Öffentlichkeit in Europa" (Eder, Hellmann und Trenz 1998) lässt allerdings die Frage offen, wie die Integration solcher sektoralen Teilöffentlichkeiten vorgestellt werden kann. Zwar verhalten sich diese Teilöffentlichkeiten funktional zur Komplexität und Dynamik des europäischen Mehrebenensystems. Durch ihre Differenzierung werden sie der Fragmentierung europäischer Gesellschaften gerecht und können sich an die gegebene Systemkomplexität anpassen. Defizitär stellt sich dagegen ihr Außenbezug und Anschluss an generalisierbare Massenkommunikation dar. Integration durch Öffentlichkeit, schreibt Bernhard Peters, setzt jedoch voraus, „dass die verschiedenen Differenzierungslinien durchlässig bleiben für die

Diffusion von Themen, Informationen und Argumenten. ... Wichtige Themen müssen eine Chance haben, von größeren Kommunikationskreisen diskutiert zu werden. Wichtige Ideen oder Argumente müssen in größere Öffentlichkeiten diffundieren können" (Peters 1999: 663f.). Für die Herstellung sektorübergreifender Kommunikationszusammenhänge bedarf es der Bereitstellung von Themen zur öffentlichen Debatte sowie der Ausbildung der für ihre Darstellung und Verbreitung notwendigen Strukturen in Form eines massenmedialen Kommunikationssystems.

2. Transnationale Resonanzstrukturen: Das Problem der Integration fragmentierter Teilöffentlichkeiten

Die in diesem Zusammenhang zu verfolgende Hypothese lautet, dass sich die im europäischen Feld als sektorale Öffentlichkeiten gekennzeichneten Akteurskonstellationen nicht nur aufeinander, sondern zunehmend auch nach außen auf ein externes und unspezialisiertes Publikum abbilden lassen. Sie erzeugen Resonanz (im Sinne von nach außen wahrnehmbarer Kommunikation) und reagieren auf die externen Resonanzen eines diffusen Publikums. Die Vorstellung einer losen Kopplung zwischen den nach unterschiedlichen Verhandlungs- und Kommunikationslogiken operierenden Arenen (Benz 1998a: 565), die sich in unserem Modell sektoraler Teilöffentlichkeiten abzuzeichnen beginnt, wird also durch die Herstellung einer weiteren Kopplung zu einem diffusen Publikum ergänzt, und es ist gut möglich, dass nur über die Möglichkeit dieser erweiterten Kopplung die differenzierte Mehrebenenstruktur der EU überhaupt zusammengehalten werden kann. Um von der Wirkung transnationaler Resonanzstrukturen sprechen zu können, muss vorausgesetzt werden, dass Meinungen und Interessen über sprachliche und lebensweltliche Kontexte hinaus wahrnehmbar und vermittelbar sind. Zur Strukturierung im transnationalen Raum bedarf es allerdings nicht der Entstehung eines neuen Kollektivs, sondern lediglich der wechselseitigen Ausrichtung bestehender gesellschaftlicher und systemspezifischer Wahrnehmungsschemata und Kommunikationsraster in Hinblick auf die Fixierung gemeinsamer Beobachtungspositionen und Ableitung kollektiver Handlungseffekte. Die EU bildet, wie bereits vielfach angemerkt, den institutionellen Rahmen (man könnte auch sagen die Opportunitätsstruktur), der solche Vermittlungs- und Integrationserfolge im Sinne einer kommunikativen Verdichtung von Relevanz- und Bedeutungsstrukturen nach innen bei gleichzeitiger Abgrenzung nach außen wahrscheinlich werden lässt.

Gleichwohl ist zu bemerken, dass das Vermittlungs- und Integrationsproblem durch die am eigenen normativen Maßstab gemessenen defizitären Leistungen sektoraler Teilöffentlichkeiten kaum gelöst werden kann. Der für eine öffentlichkeitswirksame Darstellung und Vermittlung von Politik zu beanspruchende erhöhte Kommunikationsbedarf lässt sich weder durch einen deliberativen Supranationalismus (Joerges und Neyer 1997; Eriksen 1999; Schmalz-Bruns 1999; Neyer 1999) noch durch eine funktionale Repräsentation in gouvernementalen, parlamentarischen oder assoziativen Strukturen (Benz 1998b, 1998c) zum Zwecke einer breitenwirksamen Legitimation befriedigen. Die Vermutung liegt deshalb nahe, dass sich die europäischen Akteure kommunikativ-massenmedial (d.h. nach außen) anders verhalten, als sie dies in ihren selber geschaffenen Milieus auf supranationaler Ebene zu tun pflegen. Die Legitimationsbeschaffung nach außen funktioniert über spezifische Verbindungslinien und Übersetzungsmechanismen, die einen Anschluss an gesamtgesellschaftliche Kommunikationszusammenhänge gewährleisten können und damit eine Chance eröffnen, die sektoralen, funktional differenzierten Systemrationalitäten in ihre lebensweltlichen Kontexte einzubetten (Habermas 1992: 426ff.; Peters 1993: 348). Öffentlichkeit stellt sich dann als der intermediäre Bereich dar, der zwischen der expressiven Schaupolitik europäischer Akteure und den komplementären, in unterschiedlichen Publika zu verortenden gesellschaftlichen Resonanzen zu vermitteln vermag.

Das Problem der Integration von Teilöffentlichkeiten stellt sich damit sowohl aus dem Kontext eines erhöhten Kommunikations- und Vermittlungsbedürfnisses konfligierender Akteure auf der europäischen Regierungsebene, als auch aus dem Kontext gesellschaftlicher Beobachtungspositionen als Resonanzboden europäischer Politik. Um das Problem der Integration sektoraler Teilöffentlichkeiten lösen zu können, benötigen wir einen allgemeinen Kommunikationszusammenhang mit umfassender Reichweite zur Vermittlung solcher Gesamtbilder, in dem die jeweils gültigen Legitimationsideen und Ordnungsvorstellungen ausgehandelt werden können. Dass dieser nicht eine europäische massenmediale Öffentlichkeit ist und es auch in naher Zukunft nicht sein wird, ist uns durch die vielfach beklagten strukturellen Barrieren in der Herausbildung eines einheitlichen europäischen Kommunikationssystems zur Genüge vor Augen geführt worden. Wir postulieren deshalb, dass an die Stelle der massenmedialen europäischen Gesamtöffentlichkeit andere Mechanismen der generalisierten (in diesem Sinne symbolischen) Politikvermittlung treten werden, die sich nationaler massenmedialer Öffentlichkeiten als Übersetzungsmechanismus bedienen, um den Anschluss von sektoralen Fachöffentlichkeiten an die Allgemeinheit an spezifischen kritischen Schnittpunkten des politischen Prozesses herstellen zu können.

Eine im Folgenden auszutestende Möglichkeit besteht darin, die integrativen Leistungen von Öffentlichkeit als Lernprozesse zu beschreiben, die sich im Zuge der Dynamik transnationaler Resonanz bezüglich gemeinsamer konfliktiver oder konsensualer Themenbezüge entfalten. Der durch das Stichwort „Europäisierung" zu bezeichnende Prozess der wechselseitigen Ausrichtung und Orientierung kann demnach als Lernen der beteiligten Akteure instrumentalisiert werden.[2] Lernen vollzieht sich in unterschiedlichen Formen der Kopplung zwischen den einzelnen Ebenen des Mehrebenensystems bzw. zwischen den sich dort bewegenden Akteuren und ihrem Publikum. Diese Kopplungen werden durch gegenseitige Beobachtungen aufrecht gehalten, ihr Medium ist Kommunikation und öffentlicher Diskurs. Sie führen einen Zustand der losen Verflechtung herbei, den wir in der Form von europäisierten Öffentlichkeiten beschreiben können.

Solche Lernprozesse sollen bezüglich des EU-Korruptionsskandals an verschiedenen Stellen des politischen Prozesses verortet werden. Aus der Innenperspektive erscheinen sie als Lernen des politischen Systems und der involvierten Akteure und Institutionen, aus der Außenperspektive als Lernen unter Bedingung von Öffentlichkeit. Lernen des

---

2 Für eine ausführliche Behandlung von Europäisierung als Lernprozess siehe Trenz und Eder (2000).

Systems geschieht durch Anpassung, Sozialisation und strategische Projektion von Handeln bzw. Kommunikation auf das Publikum.³ Lernen unter Bedingungen von Öffentlichkeit erfolgt unter Berücksichtigung der sich im Zuge wechselseitiger Beobachtung entfaltenden Kontingenz und der damit verbundenen Erfahrung einer prinzipiellen Unberechenbarkeit transnationaler Resonanzeffekte.⁴ Im Zuge der Ausweitung europäischer Kommunikationszusammenhänge unter Einbeziehung eines diffusen Publikums postulieren wir dabei einen als Indikator für kollektive Lernprozesse charakteristischen Wechsel des Kommunikationsmodus von deliberativen bzw. interessengeleiteten Aushandlungsprozessen zu symbolisch vermittelten ethischen und moralischen Diskursen mit hohem Abstraktions- und Verallgemeinerungsgrad.

3. Popularisierung und Dramatisierung:
Zur schaupolitischen Darbietung europäischer Politik

Moderne, auf Massenkommunikation basierende Gesellschaften greifen auf symbolische Politik als eine Strategie der Visualisierung von Macht im Sinne der Erzeugung institutioneller Eigenresonanz nach außen zurück (Edelmann 1976; Sarcinelli 1989). Im Falle der symbolischen Schaupolitik handelt es sich um eine Form der Politikvermittlung, die – im Gegensatz zur instrumentellen Entscheidungspolitik – weniger auf Sachlichkeit und Information als auf Appellation und Persuasion angelegt ist (Sarcinelli 1989). Symbolische Schaupolitik versteht sich damit als eine Darbietungsform, die expressiv in Bezug auf ein Publikum wirksam ist oder wirksam sein soll (Käsler 1991: 26). Die schaupolitische Qualität liegt dabei in der Verdichtung von Bedeutung durch Symbolik mit dem Zwecke, das knappe Gut öffentliche Aufmerksamkeit (Luhmann 1983, 1998) durch Popularisierung und Dramatisierung der dargebotenen Zusammenhänge zumindest kurzfristig zu binden und daraus Beifall oder allgemeine Zustimmung zu ziehen, die in der Form von Legitimationsgewinnen im politischen Prozess verwertet werden können.⁵

Auch europäisches Regieren bildet entgegen aller strukturell angelegten Defizite keine Ausnahme von dieser modernen Massendemokratien inhärenten Logik der Politikvermittlung. In dem Maße wie die EU als eigenständiger Herrschaftsapparat in Erscheinung tritt, wird sie auf solche Visualisierungen der Macht angewiesen sein. Gleichzeitig ist zu unterstellen, dass diejenigen, die sich diesem neuen Herrschaftsappa-

---

3 Lernprozesse als eine Art europäische Sozialisierung der politischen Elite sind bereits frühzeitig in der Form eines „political spillover" als Motor der europäischen Integration thematisiert worden (vgl. Haas 1958: 297).
4 In einer Abwandlung der Luhmannschen Terminologie ließe sich der erste Fall entweder als selbstreferenzielles Zusammenspiel der Akteure im Feld (Sozialisation) oder als Fremdbezug durch Antizipation eines weitgehend passiven Publikums, der zweite Fall als reflexive Beobachtung des beobachtenden (in diesem Sinne aktiven) Publikums aufschlüsseln (Luhmann 1992, 1998).
5 Als symbolisch sind dabei solche Operationen zu bezeichnen, die die Einheit des Getrennten vollziehen (Luhmann 1998: 107), hier also die Einheit des strukturell und institutionell differenzierten europäischen Regierungsapparates zu suggerieren und das dynamische Mehrebenensystem im Verhältnis zu seiner Umwelt darstellbar und vermittelbar zu machen.

rat unterwerfen oder oppositionär entgegenstellen, den Prozess der Visualisierung Europas stützen bzw. erweitern werden. Die europäische Entscheidungspolitik wird um eine europäische Schaupolitik ergänzt, die den Perzeptionsbedingungen eines allgemeinen Publikums Rechnung trägt. Symbolische Mobilisierung verhält sich damit in gewisser Weise komplementär zu den sich analog ausbildenden Formen segmentärer, fachbereichsspezifischer Teil- und Expertenöffentlichkeiten. Gegen die Notwendigkeit einer zunehmenden Differenzierung und Fragmentierung ermöglichen sie eine neue Verdichtung und Diffusion Europa spezifischer Themen, Ideen oder Argumente in umfassendere Öffentlichkeiten.

Die Einsicht in die Notwendigkeit, solche kommunikativen Integrationsleistungen erbringen zu müssen, garantiert noch nicht den Erfolg dieses Unternehmens. Die kommunikative Infrastruktur, auf die transnationale Akteure zum Zwecke der Inszenierung einer europäischen Schaupolitik zurückgreifen können, bleibt beschränkt (Gerhards 1993). In Ermangelung eines europäischen massenmedialen Kommunikationssystems kann für die Visualisierung Europas keine einheitliche Arena besetzt werden, in der sich europäische Entscheidungsakteure und ihr Publikum direkt gegenüberstehen können. Auch die vielverheißende und von der Kommission aktiv unterstützte Verbreitung neuer globaler Informationstechnologien[6] wird dieses Defizit vorerst kaum kitten können. Als Kommunikationsarenen für symbolische Politik stehen damit lediglich die massenmedialen, nationalstaatlich organisierten Öffentlichkeiten in den einzelnen Mitgliedsländern zur Verfügung. Im Zuge der symbolischen Mobilisierung Europas ist deshalb mit einer Verlagerung von Kommunikation in die nationalen Arenen zu rechnen, die sozusagen eine „Europäisierung" durch gemeinsame europäische Diskurse und Themenbezüge erfahren. Interessant und für die Dynamik europäischer Integration sicherlich von großer Bedeutung ist damit die zunehmende Konfliktualisierung europäischer Politik in den nationalen politischen Arenen und die daraus resultierende Vernetzung lokaler, nationaler und transnationaler Öffentlichkeiten über gemeinsame, symbolisch verdichtete Thematiken.

Im Folgenden wird der Korruptionsskandal der Kommission als eine solche symbolische Übersetzungsstrategie beschrieben, die als inszeniertes transnationales mediaevent einen Transfer europäischer Diskurse in nationale Kommunikationsräume ermöglicht und damit in besonderer Weise auf die Mobilisierung transnationaler Publika angelegt ist. Der Fall spiegelt unterschiedliche symbolische Verdichtungen durch primär an das Publikum gerichtete Schaupolitik wider. Als öffentlicher Konfliktführer tritt dabei, vielleicht erstmalig in der Geschichte der EU, das Europäische Parlament in Erscheinung. Verdichtung von Bedeutung wird erreicht durch eine Dramatisierung der dargestellten Zusammenhänge und Anpassung an die Vermittlungslogiken des massenmedialen Kommunikationssystems. Solche Verdichtungssymbole ermöglichen es, Europa in einem transnationalen Kommunikations- und Erfahrungskontext zu thematisieren. Der politische Skandal mahnt insbesondere die moralischen Tugenden einer demokratischen, dem Bürger verpflichteten Verwaltungskultur an. Die Aushandlung des jeweils gültigen Images ist dabei selber Gegenstand symbolischer Mobilisierung. Es fin-

---

6 Siehe hierzu jüngst den von der Generaldirektion Informationsgesellschaft vorgelegten Aktionsplan „Europe. An Information Society for all." Communication on a Commission initiative for the Special European Council of Lisbon 23 and 24 March 2000.

den sich immer auch Akteure, die dem offiziellen Europabild entsprechende Negativimages entgegenstellen und das Vertrauen in die Institutionen durch die Empörung über ein korruptes Europa erschüttern. Die dialektische Wirkung zwischen Mobilisierung von oben und Mobilisierung von unten, zwischen moralischem Elitismus und emotionalem Populismus, zwischen Akklamations- und Resonanzeffekten soll dabei in der Anklage des Parlaments und in den Exkulpationsstrategien der Kommission herausgearbeitet werden.

II. Der politische Skandal als Ausdruck der Moralisierung europäischer Politik

Visualisierungen der Macht sind immer auch eine Herausforderung für die Visualisierung des Protestes gegen die Macht. Bemüht sich z.B. die Kommission durch die Verbreitung von Schlagworten wie „Europa der Bürger" darum, ein positives Image ihrer selbst aufzubauen (Piepenschneider 1995), so muss sie sich in Zukunft auch an den darin implizierten normativen Ansprüchen bzw. an der idealen Geltung der propagierten institutionellen Ordnung messen lassen. Solange sich politische Herrschaft als legitim ausweisen muss, liegt die Notwendigkeit nach „Selbstkonsekration" von Amtsträgern in der Logik der Repräsentation begründet, mit der sich die politischen Repräsentanten einer gesellschaftlichen Moral unterwerfen, die sie selber für Legitimationszwecke monopolisiert haben (Bourdieu 1989). Es ist demnach als die Tragik der Macht bezeichnet worden, an ihren selbstgesetzten Ansprüchen scheitern zu können (Neckel 1989: 65). Der politische Skandal markiert das Ereignis, mit dem die beanspruchte Legitimität der politischen Verantwortlichen an ihren eigenen Voraussetzungen zusammenbricht.

Der politische Skandal erzielt seine akklamatorische Wirkung in der kollektiven Empörung über die Verletzung gesellschaftlicher Normen, Werte und Ordnungsvorstellungen (Beule und Hondrich 1990: 144). Die Inszenierung des Skandals setzt voraus, dass Öffentlichkeit erfolgreich sensibilisiert und in polarisierender Weise gegen einen bestimmten Akteur aufgebracht wurde, dem eine besonders schwerwiegende Übertretung gemeinsamer Prinzipien und Verhaltensregeln vorgeworfen werden kann. Der politische Skandal bezieht sich damit auf eine mobilisierte Öffentlichkeit bzw. auf die erfolgreich aktivierten Resonanzstrukturen eines jeweils angesprochenen (oder sich angesprochen fühlenden) Skandalpublikums, das durch den gemeinsamen Ausdruck von Betroffenheit zusammengehalten wird (Ebbighausen und Neckel 1989: 7).

In modernen Demokratien sind Skandale zumeist eine in ihrem Ablauf institutionalisierte und ritualisierte Konfliktform, in der die jeweiligen Rechte und Pflichten von Herrschaftsausübenden und Herrschaftsunterworfenen ausgehandelt werden (Käsler 1991: 13; Hitzler 1989). Dabei geht es um die Ausübung von Kontrolle politischer Herrschaft. Einem kalkulierten Machtmissbrauch im Nicht-Öffentlichen wird die Möglichkeit des Machtgebrauchs einer mobilisierten Öffentlichkeit entgegengehalten (Ebbighausen 1995: 234). Der Skandal ist damit die Stunde derer, die zur Machtkontrolle aufgerufen sind, also von Parlament und Zivilgesellschaft.

Anhand dieser Definitionsmerkmale lassen sich eine Reihe von vielversprechenden Anschlusspunkten für die Analyse der Dynamik von Öffentlichkeit in Europa herstellen. Die geteilte Empörung über identifizierte Missstände des europäischen Regierens könnte sich als wirksame Schiene zur Mobilisierung einer wie auch immer begrenzten Sphäre von Öffentlichkeit herausstellen, in der Normbrüche und politische Verantwortlichkeiten vor einem Publikum offen skandalisierbar und die verletzten Normen und Legitimationskriterien für europäisches Regieren demonstrativ einklagbar werden. Der Skandal könnte damit die massenmediale Nachfrage nach Informationen aus den europäischen Arenen auch langfristig steigen lassen und zur Nutzbarmachung gesellschaftlichen Drucks auf das europäische Verwaltungssystem beitragen.

Gleichwohl stellen sich auf den ersten Blick die Bedingungen für die Entfaltung politischer Skandale in Europa als denkbar ungünstig dar. Es fehlt den Herrschaftsunterworfenen an ritualisierten Mustern, mit denen eine Skandalisierung aufgegriffen werden könnte, ebenso an wirksamen Kommunikationskanälen und Beobachterpositionen, die eine Diffusion des politischen Skandals gewährleisten könnten. Skandale in der internationalen Politik sind aber keinesfalls unbekannt (della Porta und Meny 1997; Rose-Ackerman 1996) und die moralischen Verfehlungen bestimmter Schlüsselpersonen in Politik, Wirtschaft und Kultur scheinen über die Vermittlung globalisierter Medien genussvolle Unterhaltung für ein Weltpublikum zu bieten (Tomlinson 1997).[7]

Anstelle einer Ursachenforschung in der politischen Kultur oder dem Grad an „civicness" eines Landes empfiehlt es sich, die Bedingungen politischer Korruption auf die unterschiedlich strukturierten Zugangs-, Nutzungs- und Kontrollmöglichkeiten des politischen Systems bzw. einer politischen Öffentlichkeit zurückzuführen. Entsprechend ist die EU bereits als eine neue Opportunitätsstruktur für die Ausbreitung politischer Korruption gekennzeichnet worden (Mény und Rhodes 1997: 111), die in besonderem Maße für einen Missbrauch des öffentlichen Amtes anfällig ist. Ein patriarchalischer, durch nationale Seilschaften zersetzter, dazu permanent überlasteter Verwaltungsapparat, der Verfügungsgewalt über ein hohes Budget besitzt, dessen extensive Tätigkeiten sich aber weitestgehend im Nichtöffentlichen vollziehen, favorisiere Infiltrationen und Manipulation von innen wie von außen (ibid.). Gegen die hier unterstellte erhöhte Anfälligkeit für Korruption sind jedoch nur unzureichende Kontrollen durch Parlament oder Rechnungshof vorgesehen. Anstelle einer strafrechtlichen Verfolgung erfolgt eine interne, weisungsgebundene Überwachung von Betrugsfällen durch die erst 1988 geschaffene Anti-Betrugseinheit UCLAF (Anti Fraud Coordination Unit), die bislang das Misstrauen in die Verwaltungstätigkeiten der Kommission eher erhöhte, als Vertauen aufzubauen.

Öffentlichen Vorwürfen der Korruption und der Misswirtschaft findet sich die Kommission seit ihren Anfängen ausgesetzt. Die Öffentlichkeit scheint zwar nicht bereit, der Kommission zu vertrauen, ihr aber Misswirtschaft und Korruption jederzeit zuzutrauen. In der massenmedialen Berichterstattung reflektiert sich dieses Negativimage in der Form der Glosse, mit der das ausufernde Verwaltungshandeln der Kommission in seinen absurden Zügen überzeichnet und parodiert wird. Der Ironisierung durch die Medien folgt allerdings nur selten eine Skandalisierung, wofür einerseits die Indifferenz des Publikums angesichts der nur sporadisch zu ihm durchdringenden Be-

---

7 Man denke etwa an die Levinski-Affäre.

richte über inadäquates Verwaltungshandeln auf europäischer Ebene, andererseits aber auch die fehlenden Möglichkeiten der Protestartikulation und -amplifikation durch öffentliche Meinungsführer verantwortlich gemacht werden können. Bislang bezog sich die Opportunitätsstruktur lediglich auf Möglichkeiten der Ausbreitung „korrupten Verhaltens", nicht aber auf Möglichkeiten seiner Skandalisierung.

Im vorliegenden Falle bezieht sich der gegen die Kommission erhobene Korruptionsvorwurf sowohl auf Formen der illegalen Vorteilnahme von Amtsinhabern (Vorwürfe des Betruges im engeren Sinne) als auch auf Formen der illegalen Transaktion zwischen einem Amtsinhaber und einem außenstehenden Dritten zur Vorteilnahme beider (Vorwürfe der Käuflichkeit und des Nepotismus). Der Typus des Verwaltungsskandals, für den der hier zu untersuchende Fall Pate stehen kann, kennzeichnet sich ferner dadurch, dass nicht nur das Fehlverhalten eines einzelnen „hohen Tiers" sondern die Misswirtschaft eines ganzen Verwaltungsapparates auf seinen unterschiedlichen Hierarchieebenen angeprangert wird und damit bestehende Strukturen und Ordnungen, die nach allgemeinem Dafürhalten zu einer solchen Dysfunktion geführt haben, in Frage gestellt und reformiert werden können (Pippig 1994; Benz und Seibel 1992). Dennoch ist auch im Verwaltungsskandal mit rituellen Konfliktabläufen, Personalisierungen und individuellen Verantwortungszuschreibungen zu rechnen (Käsler 1991; Ebbighausen und Neckel 1989). Gerade diese Mischform zwischen institutioneller Selbstreinigung und medialer Inszenierung öffnet interessante Perspektiven für unsere Fragestellung nach der Dynamik europäischer Öffentlichkeit, indem der Skandal nicht nur die generellen Legitimations- und Steuerungsprobleme eines durch öffentlichen Druck belasteten Verwaltungsapparates augenscheinlich werden lässt, sondern darüber hinaus auch Wahrnehmungs- und Bewusstseinsstrukturen von Betroffenen zu festigen hilft, um damit die selbstreferentielle Funktionslogik europäisches Regieren durch „öffentliche Meinung" in Form von generalisierten Orientierungen und Wertungen des europäischen Geschehensablaufs zu unterbrechen.

III. Skandalisierer und Skandalisierte: Zu den akklamatorischen Wirkungen des politischen Skandals

Eine grundsätzlich neue Dimension gewann diese Auseinandersetzung durch ein von dem Kommissionsbeamten van Buitenen an die Grünen-Fraktion im Parlament übermitteltes Dossier, auf dessen Grundlage eine systematische Betrugs- und Verschleierungspraxis der Kommission bis in die höchsten Verwaltungsstellen dokumentiert werden konnte. Der durch mediale Berichterstattung auf dem Parlament lastende Erwartungsdruck paarte sich mit steigendem Unmut in den Reihen der Parlamentarier und schuf somit die Bedingungen für eine erfolgreiche Skandalisierung in der Öffentlichkeit. Als *Ankläger* von Korruption in Europa wächst dem Europäischen Parlament über seine hinlänglich beschriebene Rolle als Agenda-Setter (Tsebelis 1994) eine zusätzliche öffentliche Kontrollfunktion zu, die es bislang nur sehr unzulänglich wahrnehmen konnte. Dabei konnte an das klassische Verständnis des Parlamentarismus und seiner Funktion des Aufdeckens der Korruption der Mächtigen (Landfried 1989) angeknüpft werden, um die Position des Parlamentes gegenüber der Kommission und den Regierungen weiterhin auszubauen.

Als Ankläger von Korruption der Mächtigen treten ferner klassischerweise die Medien in Erscheinung, die jedoch bislang ihrem Auftrag als vierte Gewalt in Europa nur selten gerecht werden konnten. Im vorliegenden Falle funktionierten die Medien v.a. als Verstärker für die Stellungnahmen der beteiligten Konfliktparteien. Fernsehen, Rundfunk und Presse wurden zum wichtigsten Sprachrohr für Euro-Parlamentarier, um ihren Forderungen gegen die Kommission öffentliche Rückendeckung zu geben. Die Medien hatten aber auch zur weiteren Aufdeckung des Skandals einen Beitrag geleistet. Zwar war es den Journalisten erst durch den Überläufer van Buitenen gelungen, Information aus dem Inneren des Verwaltungsapparates zu erhalten. Ansätze für einen investigativen Journalismus ließen sich aber bereits im Vorfeld des Misstrauensvotums – z.B. im Zusammenhang mit den gegen das Amt für humanitäre Hilfe Echo gerichteten Betrugsvorwürfen – feststellen, wobei sich Journalisten aus mehreren Ländern durchaus kooperativ an der Aufdeckung der Missstände beteiligt hatten.

Aus der Sicht des Kommissionsbeamten van Buitenen wird das Spiel mit den Medien dabei zur Überlebensstrategie, nachdem es gelungen war, dem Fall durch Selbstskandalisierung eine besonders dramatische Note zu verleihen und damit entscheidend zur Beschleunigung der Geschehnisse beizutragen (van Buitenen 1999: 145ff.). Dem „Kronzeugen europäischer Misswirtschaft" wird auf Grund seines uneigennützigen Verhaltens eine hohe Glaubwürdigkeit zugesprochen. Van Buitenen wird damit zum Fürsprecher eines allgemeinen Interesses oder eines europäischen Gemeinwohls, der die vermeintlich Geschädigten von der besonderen Relevanz des Falles überzeugen sollte.[8] Der kleine und gewissenhafte Buchhalter, der sich heldenhaft gegen die übermächtige Kommission stellte, wurde zum Medienstar, sein „biederes Einfamilienhaus am Rande eines Ackers im Brüsseler Vorort Oveerijse zum Medien-Mekka".[9]

Der *Angeklagte* wird durch die öffentlichen Angriffe zwangsläufig in die Defensive gedrängt, aus der er sich nur befreien kann, indem er seine Verteidigung gleichermaßen öffentlich aufnimmt. Für die Kommission stellte der Eintritt in das Spiel der öffentlichen Kommunikation eine qualitativ neue Erfahrung dar, die sie relativ unvorbereitet traf. Die persönlich angegriffenen Kommissare bis hin zu einzelnen Beamten des Verwaltungsapparats wurden zu öffentlichen Personen, denen plötzlich Leistungen abverlangt waren, die weit über ihre funktional begrenzten Verwaltungstätigkeiten hinausreichten. Gleichzeitig konnten sie diesen von außen an sie herangetragenen Forderungen aber auch schlecht durch Aussitzen oder Ignorieren begegnen, da die zu erwartenden Resonanzeffekte bis tief in den Verwaltungsapparat hineinreichten und damit seine Funktionsfähigkeit und Effizienz als einzige verfügbare Legitimationsquelle europäischen Regierens in Frage stellten. Die Annahme ihrer öffentlichen Rolle wurde damit für die Funktionsträger des Verwaltungssystems zur normativen Falle.[10] Die Kom-

---

8 Seinen Schritt an die Öffentlichkeit begründet der Kommissionsbeamte mit seinem Gewissen als „Mensch und Christ" und damit, dass die Allgemeinheit erfahren müsse, „wie inkompetent und unwillig die Kommissionsverwaltung mit Betrug und Unregelmäßigkeiten" umgehe (Tageszeitung vom 10.12.1998: 5). Siehe auch van Buitenen (1999).
9 Vgl. Die Zeit vom 14.1.99.
10 Die Kommission sei Opfer ihrer eigenen Transparenz geworden, heißt es hierzu bei Jacques Santer (Süddeutsche Zeitung vom 13.1.1999: 2).

mission fand sich mit außersystemischen Forderungen konfrontiert, die institutionell überhaupt nicht vorgesehen waren, und denen sie nach der eigenen Funktionslogik auch gar nicht entsprechen konnte (wie die Forderung nach Rücktritt der Verantwortlichen). Gleichzeitig war sie auf Kommunikation mit ihrer systemischen Umwelt angewiesen, um das reibungslose Funktionieren der Verwaltung wiederherstellen zu können.

Empörung und öffentlicher Erwartungsdruck lasten auf der Kommission, deren Reaktionen (Einsicht oder Uneinsichtigkeit, Geständnis oder Leugnung, stures Weitermachen oder Reform) entscheidend zur Fortentwicklung des Skandals beitragen. Der Skandalisierte kann dabei auf einen im ritualisierten Konfliktverlauf politischer Skandale bewährten Katalog von Defensivstrategien wie etwa Leugnung, Bagatellisierung oder Gegenskandalisierung zurückgreifen.[11] Die Uneinsichtigkeit des Beschuldigten hat jedoch i.d.R. kontraproduktive Effekte: Sie hält den Skandal am Leben und führt zur Eskalation des Konfliktes.[12] Besondere Empörung erregt dabei die Arroganz der Mächtigen gegenüber den gewählten Volksvertretern.[13] Die Taktik des Lavierens und sturen Beharrens auf Machtpositionen mag strategisch gut gewählt sein und die Umgangsformen konkurrierender Institutionen im Netzwerk des europäischen Verwaltungshandelns widerspiegeln. Unter Bedingungen öffentlicher Beobachtung gelten allerdings andere Vermittlungsregeln. Öffentlichkeit und Medien interpretieren solche Winkelzüge als Missachtung des Parlaments- und Volkswillens. Die Uneinsichtigkeit der zur Verantwortung gerufenen Akteure ist Image schädigend und erhöht den allgemeinen Unmut und das Misstrauen in die europäischen Institutionen.

Zur Wiederherstellung seiner Glaubwürdigkeit und Achtung vor dem Wähler oder Steuerzahler wird der Beschuldigte schließlich seinen Willen zur „rückhaltlosen Aufklärung" aller ihm vorgeworfenen Tatbestände bekunden.[14] Das vorgebliche Aufklärungsinteresse des Skandalisierten ist jedoch zweischneidig: es widerspricht seinen Unschuldsbeteuerungen und damit seinem objektiven Interesse zur Verteidigung von Machtpositionen. Dieses Glaubwürdigkeitsdefizit kann durch Anrufung einer morali-

---

11 Zur Inszenierungslogik ritualisierter Konfliktverläufe im Skandal vgl. Käsler et al. (1991) und Hitzler (1989). Gegenskandalisierungen erfolgen im vorliegenden Fall z.B. durch die Unterstellung von „Machtgelüsten" des Parlaments, durch den Vorwurf der „Sensationslust" der Medien oder durch die Infragestellung der moralischen Integrität des Anklägers (Bloßstellung von van Buitenen).
12 Besonders deutlich wurde dies im Falle des vom Amt suspendierten Kommissionsbeamten van Buitenen. In der öffentlichen Darstellung wurde v.a. der Umgang der Kommission mit dem Verräter in ihren eigenen Reihen als skandalös und empörend erlebt, nicht aber der Vertrauensbruch des einzelnen Beamten. Der kleine und wehrlose EU-Beamte gilt dann als „Märtyrer der Eurokratie" (Die Zeit vom 14.1.99), was ihn als Objekt öffentlicher Aufmerksamkeit noch interessanter macht. Eine solche Dramatisierung kann bis zum Krimi stilisiert werden, wenn van Buitenen vor den Rachegelüsten der Kommission und angesichts der Gewehre, Zielfernrohre und Schalldämpfer in den Händen des Sicherheitsdienstes um sein Leben fürchten muss (so dargestellt in verschiedenen Presseberichten).
13 Exemplarisch hierfür war der Auftritt der Kommissarin Cresson vor dem Parlament, die beim Verlesen einer Stellungnahme zu den gegen sie gerichteten Vorwürfe provokativ und unter Missachtung der Gepflogenheiten des Hauses sitzen blieb (Lautz 1999: 448).
14 So z.B. Jacques Santer vor dem Europäischen Parlament. Ausführliche Sitzungsberichte des Europäischen Parlaments, 11.1.99.

schen Autorität als unparteiischer Richter – so geschehen mit der Einberufung einer unabhängigen Expertenkommission zur Prüfung der die Kommission betreffenden Vorwürfe – gemindert werden. Der Richterspruch des „Rates der Weisen" erlaubt dann allerdings keine weiteren Ausflüchte mehr. Der Beschuldigte muss sich dem Urteil dieser moralischen Instanz bedingungslos unterwerfen, ganz egal, wie negativ es für ihn ausfällt.

Hinsichtlich der zu erwartenden Wirkungen dieser Defensivstrategien auf das Publikum lassen sich folgende Hypothesen anschließen. Einerseits vermuten wir, dass die alte Kommission mit ihrem Verhalten wesentlich zur Eskalation des Konfliktes beitrug. Oft wird dann als Skandal nicht mehr das Fehlverhalten einzelner Personen innerhalb der Verwaltung, sondern das Verhalten der gesamten Verwaltung im Umgang mit dem Skandal begriffen. Nicht mehr die einzelnen Korruptionsfälle, sondern das sture Bagatellisieren, Verdecken und Leugnen durch die Kommission oder die Unfähigkeit zur institutionellen Selbstreinigung erregen die Empörung der Öffentlichkeit. Andererseits beobachten wir zahlreiche offensiv geführte Vorstöße, das Skandalpublikum zu teilen und die Empörung abzulenken. Dies geschieht v.a. dadurch, dass Skandale in parteipolitische oder zwischenstaatliche Konflikte überführt werden, die jeweils nur bestimmte Teilpublika zur Zustimmung oder Ablehnung auffordern. Auf Grund der Variabilität dieser Strategien kann kaum mit einer einheitlichen Resonanz des Publikums gerechnet werden. Wir erwarten, dass sich das Skandalpublikum ebenfalls nach ideologischen oder nationalen Bruchlinien aufsplittet.

Die Entwicklung zum Misstrauensvotum zeigte, dass das Parlament selber in tiefgreifende Konflikte verstrickt war, und zu keinem Zeitpunkt eine Mehrheit der Abgeordneten bereit war, die Kommission ihres Amtes zu entheben (Lautz 1999). Das Abstimmungsverhalten zum Misstrauensvotum gegen die Kommission am 14.1.1999 war ganz offensichtlich nicht nur durch tiefsitzende Länderdifferenzen und Interessengegensätze geprägt, sondern auch durch unterschiedliche Erwartungen und Toleranzschwellen darüber, wie demokratische Praxis in Europa zu gestalten bzw. ab wann europäische Politik zu sanktionieren sei. So war die große Mehrheit der deutschen Abgeordneten fraktionsübergreifend bereit, der Kommission eine Lektion zu erteilen, spanische Parlamentarier dagegen stimmten fast geschlossen für eine Entlastung der Kommission.

Nationale Empfindlichkeiten spielten somit im Vorfeld der Entscheidung eine große Rolle. Es kann vermutet werden, dass dieser Konflikt in der Vermittlung des Korruptionsskandals an die Öffentlichkeit weitergereicht wurde. Parlamentarier als Agenda-Setter treten nicht einheitlich auf, sondern setzen unterschiedliche Akzente in den auseinander fallenden nationalen Öffentlichkeiten. Die unterschiedlichen Erwartungshaltungen nationaler Publika bestimmen zugleich das Auftreten der Parlamentarier in Brüssel bis hin zu ihrem Abstimmungsverhalten jenseits parteipolitischen Fraktionszwangs. Auch die beschriebenen Verteidigungsstrategien der Kommission sind teilweise gezielt darauf angesetzt, unterschiedlich gelagerte Resonanzstrukturen nationaler Öffentlichkeiten auszunutzen. Es zeigt sich auch hier eine Nord-Süd Bruchlinie mit den Protagonisten Spanien und Deutschland. Diese Polarisierung zwischen nationalen Öffentlichkeiten soll anschließend anhand der Darstellung der unterschiedlichen Resonanzeffekte in der deutschen und spanischen Presse nachgezeichnet werden.

IV. Das Skandalpublikum: Einheitlichkeit oder Fragmentierung von Resonanzstrukturen?

Wenn es zutrifft, dass sich die schaupolitische Qualität symbolischer Politik an ihrer einheitlichen Wirkung auf die Skandalisierung politischer Sachverhalte misst (Käsler 1989: 318), so muss in einem System vielfach konkurrierender Loyalitäten, wie es durch die EU repräsentiert wird, mit entsprechenden Brüchen gerechnet werden. Die Schwierigkeit für das EP als Ankläger von Korruption in Europa besteht in der Überzeugung eines gesamteuropäischen Publikums von der Verantwortlichkeit des Skandalisierten. Diese Aufgabe fällt leichter, wenn es sich bei der angeprangerten Regelübertretung um die Verletzung eines allgemein anerkannten normativen Standards handelt. Europäische Vergleichsstudien verweisen auf eine steigende Sensibilität mit der Korruption der Mächtigen, ein in der dichten Abfolge von Skandalen schwindendes Vertrauen in die Leistungsfähigkeit und moralische Integrität des politischen Systems und eine zunehmende Bereitschaft, Amtsverletzungen politischer Eliten zu kontrollieren und zu sanktionieren (della Porta und Mény 1997; Mény und Rhodes 1997). Das Ethos öffentlicher Amtsverpflichtung und das implizierte Verbot einer Vermischung öffentlicher mit privaten Interessen, so unsere erste Hypothese, hat sich gleichsam als gültige Kulturnorm durchgesetzt (Ebbighausen 1995: 235), weshalb im Falle des Bekanntwerdens einer Verletzung dieses Ethos mit öffentlicher Empörung zu rechnen ist.

Andererseits zeigt die Erfolgsgeschichte des Korruptionsskandals, dass bestimmte ‚Ärgernisse' in hohem Maße kontextuell gebunden sind. So könnte man sich vorstellen, dass ein Kommissar, der nationale Prioritäten setzt, nach EU-Maßstäben zwar skandalös handelt, sich aus nationaler Perspektive aber durchaus loyal verhält. Die Konfliktlinien verlaufen dabei keinesfalls nur ideologisch, sondern eben auch nationalstaatlich, d.h. nach unterschiedlichen Deutungshorizonten und Politikstilen in den jeweiligen politischen Kulturen. Problematisch wird dies, wenn Teile des Publikums nicht mit Indifferenz auf die Skandalisierungsversuche der anderen reagieren, sondern sich durch die erhobenen Vorwürfe selber angegriffen fühlen und daraus ihrerseits eine Bereitschaft zur Konfliktualisierung ableiten. Die Skandalisierung der einen droht damit zum Skandal für die anderen zu werden. Anstelle einer entschlossenen Reaktion des Publikums wird die Aushandlung des Skandalösen selber Gegenstand konflikthafter Auseinandersetzungen zwischen polarisierten Publika. Die gegenläufige Hypothese besagt deshalb, dass' der Versuch einer europaweiten Skandalisierung durch das Parlament sich in den unterschiedlich gelagerten Resonanzstrukturen nationaler Öffentlichkeiten brechen wird.

Aus der Konfliktführung im Vorfeld des Misstrauensvotums bzw. aus dem Abstimmungsverhalten des Parlaments können wir ableiten, dass solche Divergenzen zwischen Deutschland und Spanien besonders akzentuiert auftreten müssen. Beide Länder präsentieren sich damit als kritische Testfälle, an denen sich die Thesen zur einheitlichen oder fragmentierten Resonanzstruktur des Publikums messen lassen.[15]

---

15 Die im Folgenden in komprimierter Form wiedergegebenen Forschungsergebnisse basieren auf einer inhaltsanalytischen Auswertung der Medienberichterstattung zum Korruptionsskandal der Kommission in den Zeitungen „El País" und „Mundo" (Spanien) bzw. „Süddeutsche Zeitung" und „Tageszeitung" (Deutschland) für den Zeitraum vom 1.12.1998 bis 31.3.1999.

1. Die mediale Rezeption des Korruptionsskandals in Deutschland und Spanien zeugt von einer zumindest ansatzweise erkennbaren Strukturierung transnationaler Resonanz in Europa. In der Tagespresse wurde extensiv über die Vorgänge in Brüssel berichtet. Als Protagonisten traten dabei einerseits die beschuldigten Kommissare, andererseits die anklagenden Parlamentarier in Erscheinung, deren Auftritt vor einem gesamteuropäischen Publikum im Rahmen einer schaupolitischen Darbietung europäischer Politik inszeniert wurde. Diese plötzliche Publizität stellte sowohl für die in Brüssel akkreditierten Journalisten als auch für die Medien und Öffentlichkeit entwöhnten europäischen Funktionsträger eine ungewohnte Herausforderung dar. Brüsseler Politik rückte aus den Spalten der Auslandsberichterstattung in die Schlagzeilen; unvoreingenommene, distanziert und untendenziös wiedergegebene Sachinformationen verwandelten sich in emotions- und spannungsgeladene Stories.

Wohl übereinstimmend werden die berichteten Missstände in der Öffentlichkeit als Symptome für Steuerungs- und Legitimationsprobleme der europäischen Politik wahrgenommen. Der Skandal als Ausdruck einer tiefen Krise der EU zeugt von der mangelnden Akzeptanz und zugleich von der wachsenden Legitimationsempfindlichkeit europäischer Politik. Im vorliegenden Fall scheint der Skandal ohnehin schon tiefsitzendes Misstrauen und Vorurteile gegenüber den Organen der EU zu bestätigen und die Zweifel derjenigen besiegeln zu wollen, die uns ohnehin schon immer vor „denen da oben" gewarnt haben. Damit droht das Vertrauen in die europäische Integration, das immer schon auf sehr wackeligem Boden gestanden hatte, nachhaltig erschüttert zu werden. Gerade die Massierung der aufgedeckten Missstände und die bis zum Ausscheiden von Martin Bangemann reichende, nicht mehr enden wollende Reihe von Negativschlagzeilen aus Brüssel, scheint diesen Vertrauensverlust zu rechtfertigen. Beim Publikum löst sich europäische Politik damit in eine Abfolge von Skandalen auf, die den Gesamteindruck Europas im Wesentlichen mitbestimmen.

2. Des weiteren beobachten wir in Spanien wie in Deutschland die Nutzung des Skandals als Schlüssel zur Öffnung neuer Foren kritischer Debatte und Gegenöffentlichkeiten. Der Skandal markiert die Zeit der öffentlichen Argumente, nicht der Arkanpolitik. Die europäischen Institutionen fanden sich dabei genötigt, ihre Politik vor einem massenmedialen Publikum nachträglich zu rationalisieren und schonungslos offen zu legen, was lange Zeit hinter verdeckten Karten gehalten wurde (Stichwort „Mehr Transparenz" und „Null Toleranz"). Parlament, Kommission und Regierungen traten dabei in einen öffentlichen Dialog, der weit über die im Skandal referierten Einzeltatbestände hinausreichte und an die laufenden Ratsverhandlungen zur institutionellen Neugestaltung der Gemeinschaft Anschluss fand, um damit die Regierungen unter einen öffentlichen Erwartungsdruck von bisher unbekanntem Ausmaß zu stellen.

3. Skandale erleichtern ferner die Abstraktion politischer Zusammenhänge zur Veranschaulichung unterschiedlicher Sachfragen und Teilaspekte zur europäischen Politik vor einem fachfremden und nicht unmittelbar involvierten Publikum. Diese Bündelungseffekte können geradezu als eine Schlüsselfunktion symbolischer Politik betrachtet werden (Edelmann 1976: 5). Der Skandal entwirft ein wie auch immer verzerrtes Gesamtpanorama der Union, nicht eine detailgetreue Fokussierung aus den spezifischen Politikfeldern. Dabei kann es den politischen Akteuren sehr wohl gelingen, spezifische

Anliegen unter das von ihnen projizierte Gesamtbild zu subsumieren und dabei auf Thematiken zu verweisen, die ansonsten kaum einer massenmedialen Vermittlung zugänglich gewesen wären. Ähnlich wie in den beiden anderen von uns untersuchten Fallstudien geschieht eine solche Bündelung von Aufmerksamkeit für unterschiedliche Themen, Sachfragen und Ereignisse unter Verwendung so genannter Verweisungs- und Verdichtungssymbole (Käsler 1989: 318ff.; Edelmann 1976: 5). Der Skandal evoziert Eindrücke, Wertempfindungen oder Erfahrungen beim Publikum; er verweist auf bestehende institutionelle Defizite, auf funktionale Sachzwänge oder normative Grundfragen des Integrationsprozesses, um damit anstehende politische Entscheidungen und Reformen einzuleiten. Zugleich verdichtet er Bedeutung, die sich in bestimmten dauerhaften Wahrnehmungs- und Einstellungsmustern des Publikums niederschlägt und zukünftige Dispositionen und Orientierungen an Europa absteckt. Die durch den Skandal transferierte Symbolik erzielt damit einen Ordnungs- und Integrationseffekt, der als Grundlage für Verständigung und zur Gewährleistung gemeinsamen Handelns in einem transnationalen sozialen Raum herhalten kann.

Unseren Erwartungen entsprechend erweckt die Anprangerung von Korruption in Europa jedoch unterschiedliche Konnotationen beim Publikum, die sich nicht nur nach ideologischen Bruchlinien, sondern v.a. nach nationalen politischen Kulturen und den in ihnen vorstrukturierten Bedeutungsschemata und Traditionen der Konfliktführung ausdifferenzieren lassen. In den deutschen Medien stand eindeutig die moralische Konstitution der Gemeinschaft im Vordergrund. Als allgemein anschlussfähige Themen wurde dabei v.a. auf das Demokratiedefizit und auf die Verfassungsdiskussion verwiesen. In den spanischen Medien dagegen stand die macht- und interessenpolitische Gestaltung der EU im Vordergrund. Der normativen Diskussion um das demokratische Defizit wurde entweder keine Beachtung geschenkt oder sie wurde ihrerseits als interessengeleitete Scheindebatte entlarvt, mit deren Hilfe die nordeuropäischen Mitgliedstaaten dem benachteiligten Süden in den anstehenden Reformdebatten bestimmte Machtpositionen aufdrängen wollten. Verwiesen wurde dabei v.a. auf die in der Agenda 2000 zu verhandelnde Umverteilung der Strukturfonds bzw. Refinanzierung der Gemeinschaft, die ein „vitales Interesse" Spaniens berührten und damit Argwohn und Ängste vor materieller Benachteiligung beim Publikum evozieren konnten.

4. Damit bestätigt sich unsere Vermutung, dass es sich beim Skandalpublikum immer um Teilpublika handeln muss, die sich nicht nur über gesellschaftlich allgemein approbierte Normen und Werte stabilisieren, sondern eben auch in Bezug auf Partialinteressen gegenseitig abgrenzen (Hitzler 1989: 335). Der in der Form eines Angebotes an allgemeinen Interpretationsrahmen und Wahrnehmungsschemata diffundierende Input aus Europa wird in den nationalen Arenen spätestens in der moralischen Bewertung der referierten Tatbestände bzw. in der politischen Folgeeinschätzung wieder in Konflikt aufgelöst. Unterschiedlich vorgenommene Kausalattributionen resultieren dabei in jeweils konkurrierenden Rahmungen, deren Rezeption durch jeweils partielle Publika in einer Fragmentierung, wenn nicht gar Polarisierung und Konfliktualisierung von Öffentlichkeit resultieren.

In den Medien lassen sich drei auf das Publikum projizierte Rahmungen auseinander halten: der Skandal als Ausdruck eines demokratischen Defizits bzw. einer moralischen Krise der Gemeinschaft, der Skandal als Ausdruck ideologischer Konflikte zwischen unterschiedlichen Fraktionen des Parlaments und schließlich der Skandal als Ausdruck nationaler Konflikte und machtpolitischen Auseinandersetzungen zwischen den Mitgliedsländern. Nur die erste Rahmung ist inklusiv und wendet sich unter Verweis auf gemeinsame Normen und Werte explizit an ein transnationales Publikum (die über moralische Empörung zusammengehaltene Wertegemeinschaft). In der zweiten und dritten Rahmung dagegen werden jeweilige Partikularpublika angesprochen: die Anhänger politischer Parteien bzw. die Nation als Ganzes in Abgrenzung nach außen. Damit aber wird der zuvor unternommene Anlauf zur einheitlichen Herstellung von Resonanz wieder in unterschiedliche Parteienpräferenzen und Interessenkonstellationen aufgelöst.

Die in den deutschen Medien präferiert wiedergegebene moralische Rahmung konfrontiert die EU-Verwaltung mit einhellig akzeptierten Wertestandards. Sie reproduziert dabei die offensive Strategie der Parlamentarier und unterstützt ihren Kampf um Aufklärung und Sanktionierung der Kommission. Dagegen stellt die in den spanischen Medien präferiert wiedergegebene ideologische Variante genau diese Kompetenz zur demokratischen Kontrolle bzw. Notwendigkeit einer Sanktionierung in Frage. Aus dem Blickwinkel der parlamentarischen Auseinandersetzung wird der Skandal als eine konservative Verschwörung gegen einzelne sozialistische Kommissare dargestellt. Ideologische Konflikte sind jedoch gleichermaßen untergeordnet und werden in den spanischen Medien ursächlich auf zwischenstaatliche Konflikte bzw. auf Konflikte zwischen dem protektionistischen Norden und dem geprellten Süden zurückgeführt. Beide Varianten reproduzieren dabei die Defensivstrategien der Kommission und werden in den Medien gezielt zur Solidarisierung mit den beschuldigten Kommissaren eingesetzt.

Die Mediatisierung europäischer Politik wirkt demnach nicht etwa harmonisierend, sondern vielmehr verstärkend auf die beobachteten Polarisierungseffekte von Öffentlichkeit. Ein engagierter, moralisierender und fordernder Journalismus in Deutschland kündigt der Kommission das Vertrauen auf, eine weitgehend distanzierte, defensive und exkulpierende Berichterstattung in Spanien erklärt sich dagegen mit den Beschuldigten solidarisch und schürt Misstrauen und Ängste gegenüber den moralischen Anklägern.[16]

Die spanische Rezeption der Korruptionsvorwürfe kann damit als Versuch gewertet werden, den Skandal in einen zwischenstaatlichen Konflikt umzudeuten, in dem es vornehmlich um Macht und Interessen geht, nicht um Moral.[17] Die Komplottthese einer deutschen Verschwörung findet vor dem Hintergrund der Bemühungen der neuen deutschen Regierung um eine Reduktion der Beitragszahlungen eine glaubwürdige Abstützung. Selbst vereidigte EU-Repräsentanten schrecken dabei in Stellungnahmen in den nationalen Medien nicht vor der Verwendung nationaler Symbolik zurück: Eine besonders dramatische Note wird dem Konflikt dabei von Marín verliehen, der – gerade, weil er sich nach eigenen Angaben der deutschen SPD auf Grund ihrer historischen Unterstützung der spanischen Sozialisten im Kampf gegen das Franco-Regime

---

16 Die mit Hilfe der „nordischen Presse" inszenierte „puritanische Kampagne" des Europäischen Parlaments diene ausschließlich als Vorwand zur Förderung deutscher Interessen, heißt es hierzu in El País (23.12.98: 5).

17 Damit wird gleichsam das durch die rituelle Inszenierung des Skandals verdrängte Spannungsverhältnis zwischen Macht und Moral wieder bloßgelegt (Markovits und Silverstein 1989).

noch stark emotional verbunden fühlte – nun den „Verrat" an Spanien als besonders schmerzlich empfinden muss. Wohlgemerkt spielt er damit keinesfalls nur auf die von ihrer Fraktionslinie abweichenden deutschen Europaparlamentarier an, sondern auf die neue Bonner Regierung und ihre neue Prononcierung nationaler Interessen (El País, 17.1.99: 2). Auch die konservative spanische Regierung fährt eine Strategie der nationalen Solidarisierung und hat angesichts der anstehenden Strukturreformen unmissverständlich zu verstehen gegeben, dass ihr an einer geschwächten Kommission nur wenig gelegen sein konnte.

Die Kommission dagegen als „einziger noch verbleibender Verbündeter Spaniens", wird zum Opfer der Machtinteressen eines neuen Deutschlands erklärt, das seinen Platz als Protagonisten auf der Weltbühne beansprucht. Die beim Leser zu weckenden Ressentiments erschöpfen sich allzu häufig in der klischeehaften Wiedergabe des Bildes vom „hässlichen Deutschen", zu dessen plastischer Veranschaulichung die Journalisten auch nicht vor dem Rekurs auf Nazi-Vokabularium zurückschrecken: Die Osterweiterung der EU, die Geldpolitik der Bundesbank (bzw. EZB) und der von Kanzler Schröder angekündigte Abschlag bei den deutschen Beitragszahlungen finden sich in diesem Zusammenhang als eine neue *Lebensraumpolitik* (deutsch im Original) dargestellt.[18] Nach dem niedergeschlagenen Misstrauensvotum gratuliert dann El País dem Europäischen Parlament dafür, dass es dem deutschen *Diktat* (deutsch im Original) noch einmal widerstanden hätte.[19]

5. Die beschriebenen Diskrepanzen haben nun allerdings zur Folge, dass Europa eine zutiefst schizophrene Haltung in der Frage der Machtkontrolle an den Tag legt und scheinen damit die Befürchtung eines strukturell angelegten Demokratiedilemmas in der EU bestätigen zu wollen. In Ermangelung eines gemeinsamen Diskursfeldes oder zivilgesellschaftlichen Erfahrungsraums scheint die Eingrenzung und Entfaltung politischer Skandale in Europa nicht möglich, eine Balance zwischen politischer Macht und Machtkontrolle nicht herstellbar. Sollte jedoch die Unterordnung des politischen Machtgebrauchs aller Einzelnen unter die öffentliche Moral der Gemeinschaft als Ganzes nicht gelingen (Markovits und Silverstein 1989: 158), so muss die Sanktionierung des Skandals immerfort neue Skandale generieren. Solange die Genugtuung der einen zur kollektiven Bestrafung für die anderen wird, bedarf es in der Tat bloß eines kleinen Perspektivenwechsels, um die sanktionierende Macht der Öffentlichkeit ihrerseits als eine Form des illegitimen Machtgebrauchs zu erleben und als solche anzuklagen. An den auf diese Weise fortdauernd genährten Konflikten aber droht eine durch gemeinsame demokratische Praxis zusammenzuhaltende Gemeinschaft auseinander zu brechen.[20]

---

18 So unterstellt in einem Leitartikel in El País, 10.1.99: 2.
19 El País, 16.1.99: 1.
20 Die Ausübung demokratischer Kontrolle birgt freilich immer ein Risiko für den Zusammenhalt der Gruppe. Mehrheitsverhältnisse müssen klar gelagert sein, damit die aufgedeckte Korruption der Mächtigen in einen Prozess der kollektiven Selbstläuterung überführt werden kann.

V. Lernen im Skandal

Ist der Korruptionsskandal damit auf Grund der sich abzeichnenden wechselseitigen Verständigungsbarrieren und scheinbar unversöhnlichen Interessengegensätze zwischen den Nationen Europas Ausdruck für ein strukturell angelegtes Demokratiedefizit in der EU? Oder zeichnet sich vielmehr gerade im Konfliktfall ein gemeinsamer Verständigungshorizont über die moralischen und ethischen Grundlagen des europäischen Integrationsprojekts ab, der sich, wenn auch nicht unmittelbar in einem kollektiven Willen zur Ausübung demokratischer Kontrolle, so zumindest in der Form einer expandierenden demokratischen Praxis niederschlägt, deren integrative Leistungen erst in der evolutionären Perspektive des fortschreitenden Vergemeinschaftungsprozesses gewürdigt werden können? Zur kontextuellen Einordnung des Korruptionsskandals bietet es sich deshalb – wie einleitend angekündigt – an, die Beurteilung der integrativen Dynamik von Öffentlichkeit auf die Abfolge von Lernprozessen rückzubeziehen. Die durch den Skandal ausgelösten öffentlichen Debatten und Konflikte übersetzen sich in Lernprozesse, in die sowohl das politische System als auch die Öffentlichkeit involviert sind.

Lernen des politischen Systems lässt sich als individuelle Anpassung (Sozialisation) bzw. als institutionelle Anpassung (Reform) beschreiben. Bezogen auf unser Fallbeispiel vollzieht sich das Lernen in dem für den Ablauf politischer Skandale charakteristischen Übergang von Geheimpolitik zu symbolischer Politik, d.h. in der Projektion europäischer Politik auf ein Publikum und in der strategischen Antizipation der affirmativen oder delegitimierenden Reaktionen dieses Publikums. Der im Zuge der Aufarbeitung des Skandals einzuleitende Reformprozess ordnet sich durchaus noch der zuvor beschriebenen Logik einer rituellen Skandalisierung unter. Das Veränderungspotential des Skandals besteht demzufolge in der Einleitung eines Prozesses der Selbstreinigung und Läuterung (Hitzler 1989: 334). In seiner rituellen Selbstinszenierung befördert der Skandal das Verkommene der alten Politik ans Tageslicht, um es demonstrativ abzulegen und auf der Distanz zum Alten einen Neuanfang wagen zu können. Die Hoffnung auf eine Nutzung der Chancen für Reform wurde deshalb von allen beteiligten Akteuren immer wieder geäußert. So etwa Santer: „Sometimes criticism can be salutory; we must use this crisis as a catalyst for deep and lasting reform in all the European institutions. I am hopeful that this crisis will help to reestablish the smooth functioning of the institutions."[21]

Dabei sollte es aber nicht mehr der alten Kommission vergönnt sein, die Legitimationsgewinne aus diesem Selbstläuterungsprozess einzufahren. Wahrscheinlich bedarf es der Vorspielung eines radikalen Bruchs, um einen Neuanfang glaubhaft vermitteln zu können. Die Schuld der Institution kann nur durch die Opferung ihrer Repräsentanten reingewaschen werden. Der Weg der Reform muss durch neue Hoffnungsträger beschritten werden.[22] Diese Rolle als Saubermann zu übernehmen und damit die Kommission einer besseren Zukunft entgegenzuführen, war Romano Prodi angetreten.

---

[21] Statement by President Jacques Santer the day after the resignation of the members of the Commission, 16.3.99, DN: IP/99/179.
[22] Vgl. hierzu aktuell zum CDU-Spendenskandal Karl Otto Hondrich in Die Zeit vom 20.1. 2000.

Eine in diesem Zusammenhang erwähnenswerte zukunftsweisende Funktion des Skandals liegt in der Lösung von Präzedenzfällen in den Grauzonen europäischer Politik, für die noch keine verbindliche Festlegung von Verhaltensregeln vorgenommen wurde (Beule und Hondrich 1990). Der politische Skandal zieht Regulierung jenseits des ökonomischen Effizienzdenkens in Form einer Setzung von normativen Standards und einer Grenzziehung zwischen Erlaubtem und Verbotenem nach sich. Hierzu zählt die Erarbeitung von Verhaltenskodizes für Kommissare ebenso wie die erweiterte Rechenschaftspflicht gegenüber Parlament und Öffentlichkeit oder die Einrichtung einer unabhängigen Betrugseinheit (OLAF). Noch von der alten Kommission wurde dabei ein ehrgeiziges Programm für den Aufbau einer „echten europäischen Verwaltungskultur" in Aussicht gestellt (das sog. Santersche Acht-Punkte Programm),[23] in dem Transparenz und Bürgerbeteiligung oberste Priorität eingeräumt werden sollten.

Am Beispiel des Korruptionsskandals der Kommission werden damit die außerinstitutionellen Schranken eines Machtgebrauchs im Arkanbereich erkennbar. Der Skandal setzt Öffentlichkeit als Hebel für Transparenz und Machtkontrolle einer zunehmend selbstreferenziellen Verwaltung wieder ein, allerdings keinesfalls durch unmittelbaren Anschluss an deren spezialisierte Kommunikationslogik, sondern vielmehr durch symbolische Überbrückung und Erweiterung. Endogene Lernprozesse als Anpassungsleistungen des Systems, aber auch als strategische Antizipationen der Reaktionen des Publikums (etwa durch politische Öffentlichkeitsarbeit) stoßen damit an ihre Grenzen. Der selbstreferenzielle Verwaltungsapparat kann sich nicht mehr selber kalkulieren. Er wird gezwungen, eine Außenperspektive einzunehmen, in der er sich mit der prinzipiellen Unberechenbarkeit öffentlicher Resonanz auseinander setzen muss. Der Skandal setzt damit das Gegenstück zu dem Versuch einer Visualisierung europäischer Politik durch die Öffentlichkeitsarbeit der europäischen Institutionen, die ja durch gezielte Veröffentlichung immer auch unerwünschte Inhalte verheimlichen wollen. Was durch die demonstrative Publizität politischer Öffentlichkeitsarbeit oder Kampagnen[24] verborgen bleibt, wird durch den Skandal wieder aufgedeckt. Die unter Beobachtung stehenden selber beobachtenden Institutionen lernen unter diesen Umständen, mit der doppelten Kontingenz öffentlicher Kommunikationsprozesse umzugehen (Luhmann 1992, 1998).

Das Lernen unter Bedingung von Öffentlichkeit ergibt sich als Effekt der prinzipiellen Wahrnehmbarkeit anderer für andere und den daraus erwachsenen kollektiven Handlungsbereitschaften und konsentierenden Bindewirkungen. In einer normativ anspruchsvollen Variante ist dies unter dem Stichwort einer „diskursiven Verständigung" thematisiert worden (Habermas 1990/1992), für die Gerhards (1997: 67ff.) folgende empirische Operationalisierungsmöglichkeiten vorschlägt: a) wechselhafter Respekt der Kommunikationspartner, b) Begründung von Aussagen und c) Rationalitätsniveau des Diskurses. Lernerfolge öffentlicher Kommunikation messen sich dann im Grad des erzielten Konsenses, in der gewachsenen Legitimität der Entscheidungen und in der Intensität kollektiver Gemeinschaftsbildung.

---

23 Vgl. die Rede Santers vor dem Europäischen Parlament, Straßburg, den 11. Januar 1999.
24 Zu diesem Typus einer symbolischen Mobilisierung von oben vgl. Baringhorst (1998), Trenz (1999).

Anders ausgedrückt lassen sich diese Zusammenhänge auf die Frage nach den Möglichkeiten des Erlernens demokratischer Praxis zuspitzen. Diese Fragestellung hat in der sozialwissenschaftlichen Skandalforschung als „verborgene Ironie" politischer Skandale (Markovits und Silverstein 1989: 165) schon immer hohe Aufmerksamkeit genossen. So wie durch die Korruption der Mächtigen die demokratischen Grundsätze hintergangen und missbraucht werden, stellt die kollektive Aufarbeitung des Skandals selber eine Form der demokratischen Machtkontrolle dar und vermag somit das Vertrauen in die Funktionsweise liberaler Demokratien feierlich zu bestätigen. Die Europäische Union lerne, was Demokratie bedeutet, meint dazu Christian Wernicke optimistisch in der Zeit.[25] Auch Außenminister Fischer zeigt sich überzeugt, dass wir der Geburt einer europäischen Zivilgesellschaft beiwohnen, die sich durch demokratische Kultur und grenzüberschreitende öffentliche Meinung auszeichne.[26] Die „kathartische Funktion" des Skandals vermag, wie uns auch schon das Beispiel von *mani pulite* in Italien lehrte, die Bürger in Alarmbereitschaft zu versetzen und damit die Bereitschaft für kritisches Engagement zu erhöhen. Mit anderen Worten: Krisen fördern Öffentlichkeit und Zivilgesellschaft in Europa. Die Bürger erkennen, dass sie sich nicht länger indifferent gegenüber Europa verhalten können und entdecken ein gemeinsames Interesse an Machtkontrolle und demokratischer Politikgestaltung.

Angesichts dieser hoch gesteckten Erwartungen stellen sich unsere Fallstudien als sehr uneinheitlich dar. Symbolisch verkürzte Vermittlungsstrategien europäischer Politik vor einem nationalen Medienpublikum führen ganz offensichtlich nicht (wen würde es auch verwundern) gradlinig zu einer gemeinsamen Meinungs- und Willensbildung in Bezug auf europäische Politikgestaltung. Spanische und deutsche Öffentlichkeit kommunizieren nebeneinander aber nicht gegeneinander und schon gar nicht miteinander. Dabei scheint ausgerechnet die moralisierende Rahmung des Skandals für eine einseitige Blickverzerrung verantwortlich zu sein. Aus einsichtigen Gründen wird die spanische Rezeption der Ereignisse in den deutschen Medien kaum wiedergegeben; nicht nur, weil sie übersehen oder als irrelevant erachtet wird, sondern – so kann vermutet werden – weil sie die eigene Interpretation der Ereignisse fundamental in Frage stellen würde. Der moralische Universalismus in der Politik schließt die Position des degradierten Anderen aus, er kennt oftmals nur die Abgrenzung vom moralisch Verwerflichen, ohne sich zur Auseinandersetzung mit anderen Weltinterpretationen bereit zu finden (Gamson 1995). Im Kontrast hierzu muss im Falle einer Konfliktrahmung der Ereignisse (Spanien) die Position des Anderen zur Abgrenzung der eigenen Position vorausgesetzt werden. In der spanischen Presse wird der vorgebliche deutsche Standpunkt deshalb immer wieder als Projektionsvorlage zur Gegenskandalisierung unterlegt. Die sich damit prinzipiell eröffnende Chance nach einer reflexiven Auflösung der gegensätzlichen Standpunkte kann jedoch im vorliegenden Fall solange nicht eingelöst werden, wie sich die Gegenseite auf Grund ihrer empfundenen moralischen Superiorität der Kommunikation versperrt.

Ein innenpolitischer Diskurs kann sich unter diesen Umständen in Europa nicht entfalten und dies v.a. deshalb, weil eine Austragung des Streits zwischen den nationa-

---

25 Die Zeit vom 18.3.1999.
26 El País, 15.1.99: 3.

len Öffentlichkeiten im europäischen Rahmen nicht vorgesehen ist. Im Vergleich zur Dichte und Deutungskonzentration nationaler Kommunikation geht die Kommunikation in Europa kaum über das Niveau herkömmlicher außenpolitischer Berichterstattung hinaus. Bezeichnend hierfür ist das Einschalten der Regierungen, die von den deutschen und spanischen Medien für eine Wahrung der nationalen Interessen auf der europäischen Bühne verpflichtet werden. Europa schafft Konflikte, ohne Mechanismen zur Streitschlichtung jenseits der Mittel der herkömmlichen Diplomatie vorzusehen.

Diese unterschiedliche Ausrichtung hat nun allerdings zur Folge, dass Europa eine zutiefst schizophrene Haltung in der Frage der Machtkontrolle an den Tag legt, was aus der Perspektive der orthodoxen Demokratietheorie zu allerlei Skepsis Anlass geben muss. In Ermangelung eines gemeinsamen Diskursfeldes oder zivilgesellschaftlichen Erfahrungsraums scheint die Eingrenzung und Entfaltung politischer Skandale in Europa nicht möglich, eine Balance zwischen politischer Macht und Machtkontrolle nicht herstellbar. Sollte jedoch die Unterordnung des politischen Machtgebrauchs aller Einzelnen unter die öffentliche Moral der Gemeinschaft als Ganzes nicht gelingen (Markovits und Silverstein 1989: 158), so muss die Sanktionierung des Skandals immerfort neue Skandale generieren. Solange die Genugtuung der einen zur kollektiven Bestrafung für die anderen wird, bedarf es in der Tat bloß eines kleinen Perspektivenwechsels, um die sanktionierende Macht der Öffentlichkeit ihrerseits als eine Form des illegitimen Machtgebrauchs zu erleben und als solche anzuklagen. An den auf diese Weise fortdauernd genährten Konflikten aber droht die durch eine gemeinsame demokratische Praxis zusammenzuhaltende Gemeinschaft immerfort auseinander zu brechen.[27]

Unsere Ausgangsfrage nach den Entstehungsbedingungen transnationaler Resonanzstrukturen müsste auf Grund dieser Befunde negativ beschieden werden. Im Gegenteil scheint eine symbolische Mobilisierung europäischer Politik die bestehenden nationalen Ressentiments und Polarisierungen noch akzentuierter hervortreten zu lassen und damit die Geschlossenheit und Selbstreferenzialität nationaler Öffentlichkeiten zu festigen. Die appellativen Wirkungen der Medien bleiben auf die jeweiligen nationalen Publika beschränkt. Zustimmung mit der EU hält dabei nur, solange man von europäischer Politik – auch auf Kosten der anderen – profitieren kann. Obwohl in Deutschland prinzipiell Empörung über universale Prinzipien wachgerufen wird, findet sich jeweils nur ein nationales Publikum ein, diese Empörung einzulösen. In Spanien dagegen erfolgt eine Mobilisierung nach bewährt nationalistischen Mustern durch Appelle an die Solidarität aller Spanier, die zur Abwehr von externen Bedrohungen aufgerufen sind.

Andererseits können die Befunde auf der Grundlage eines auf die Spezifizität des europäischen Mehrebenensystems zugeschnittenen Öffentlichkeitsmodells (Eder, Hellmann und Trenz 1998) keineswegs überraschen. In einem dynamischen Mehrebenensystem können die Lernbedingungen öffentlicher Kommunikation nicht länger unmittelbar als reflexive und verständigungsorientierte Leistungen der Medien begriffen werden (Gerhards 1997), sondern müssen prozessual und sektoral aufgelöst werden. Von

---

27 Die Ausübung demokratischer Kontrolle birgt freilich immer ein Risiko für den Zusammenhalt der Gruppe. Mehrheitsverhältnisse müssen klar gelagert sein, damit die aufgedeckte Korruption der Mächtigen in einen Prozess der kollektiven Selbstläuterung überführt werden kann.

einer strikten Korrespondenz zwischen den einzelnen Komponenten von Öffentlichkeit kann dann in der Architektur eines dynamischen Mehrebenensystems nicht länger ausgegangen werden. Auf Grund seiner pluralistischen Ausdifferenzierung erwarten wir stattdessen unterschiedliche Formen der losen Kopplung zwischen den einzelnen Ebenen des netzwerkartig verknüpften Kommunikations- und Handlungsfeldes (Eder und Trenz 2001).[28] Als Minimalbedingungen für Lernprozesse öffentlicher Kommunikation gelten demnach die unter den Bedingungen einer doppelten Kontingenz erfolgende Verselbstständigung der Kommunikation zwischen den Ebenen und die daraus erwachsenen interaktiven Handlungseffekte.

Die vielgeforderte „Einheit der Differenzen" müsste – ohne überhaupt hier auf das weitreichendere Implikationen beinhaltende Problem einer gemeinsamen Meinungs- und Willensbildung näher eingehen zu wollen – zumindest in dem Vorliegen gemeinsamer Themenbezüge und Diskursinhalte in Bezug auf einen kollektiv zu vollziehenden Handlungsauftrag erkennbar sein, die durch unterschiedlich gewählte Darstellungs- und Vermittlungsstrategien zwischen den ausdifferenzierten Sektoren und Ebenen des Systems diffundieren können und dabei den europäischen Raum sozusagen netzwerkartig durchdringen. Sollte es sich dabei wie im vorliegenden Fall herausstellen, dass sich die zugrundegelegten Wahrnehmungs- und Deutungsmuster in Bezug auf den als relevant herausgestellten Kommunikationsgegenstand uneinheitlich darstellen, so muss die Austragung der dabei entstehenden Wert- und Interessenkonflikte in irgendeiner Form vorgesehen werden.

Symbolische Mobilisierung und Gegenmobilisierung würden dabei trotz gegenläufiger Resonanzstrukturen des Publikums durch ein geteiltes Feld der gegenseitigen Beobachtung zusammengehalten, das die unterschiedlichen zugrundegelegten Relevanzgesichtspunkte für die anderen zumindest verständlich und kalkulierbar werden lässt. Öffentlichkeit könnte sich dann in der Gegenüberstellung und in dem gegeneinander Ausspielen der sich in ihr entfaltenden Diskurse und Ordnungsvorstellungen konstituieren. Gerade auf Grund dieser Polarisierung wäre es falsch, von einer Fragmentierung politischer Öffentlichkeiten in Europa zu sprechen. Polarisierte Öffentlichkeiten sind nicht fragmentierte Öffentlichkeiten, die sich einander nichts mehr zu sagen hätten, sondern konstituieren sich im Modus der gegenseitigen Beobachtung eben dadurch, dass sie sich selbst im Konfliktfall über die stets mitgedachte Einheit des Kommunikationszusammenhangs sinnhaft aufeinander beziehen können.

Diese Perspektive auf die sich unter den Bedingungen der doppelten Kontingenz öffentlicher Kommunikation entfaltenden Lernprozesse kann noch einmal erweitert werden, indem man nicht nur die horizontale Diffusion von Kommunikationsinhalten, sondern auch die vertikale Rückbeziehung symbolischer Mobilisierung und ihrer Reso-

---

28 Die Vorstellung einer losen Kopplung besitzt v.a. in der Systemtheorie von Niklas Luhmann einen zentralen Stellenwert zur Erklärung der sich im Zuge öffentlicher Kommunikation entfaltenden Interdependenzen zwischen politischem Entscheidungssystem und einer ständig fluktuierenden öffentlichen Meinung (Luhmann 1998: 101). Wir übernehmen den Begriff in seiner von weitergehenden systemtheoretischen Annahmen (z.B. in Bezug auf die Selbstreferenzialität von öffentlicher Kommunikation) losgelösten Form, d.h. ohne auf eine verständigungsorientierte Perspektive auf Öffentlichkeit als Kommunikations- und Handlungseinheit verzichten zu wollen.

nanzen auf die europäische Verhandlungsebene in Betracht zieht. Nationale Medienöffentlichkeiten bilden sich nicht nur aufeinander (oder gegeneinander) ab, sie projizieren sich v.a. auch auf die europäischen Verhandlungs- und Entscheidungsarenen. Europäische Akteure beobachten in ihnen, wie sie selber beobachtet werden und vermögen damit die aus vergleichender Perspektive u.U. verlorene Komplementarität medialer Kommunikation im europäischen Rahmen durch die Herstellung entsprechender Kopplungen zu stützen.

Die Austragung der in der symbolischen Mobilisierung von Öffentlichkeit zu Tage tretenden Wert- und Interessenkonflikte braucht deshalb nicht den Medien überlassen zu werden, sondern kann wieder in die dafür routinierten europäischen Politikarenen rückverlagert werden. Sie reflektiert sich in den Debatten des Parlaments, in den Ratsverhandlungen zur Agenda 2000 und schließlich in den Auseinandersetzungen zur Neukonstitution und institutionellen Reform der Kommission. Alle diese Debatten haben vom Korruptionsskandal der Kommission in irgendeiner Weise profitiert. In Anschluss an die episodische Massenkommunikation geschieht eine Resektoralisierung von Öffentlichkeit bzw. eine Rückführung vom Problemmodus in den Routinemodus der Politikverarbeitung, in deren Verlauf die unterschiedlichen Inputs verarbeitet und in erneut an die Öffentlichkeit zu stellende Legitimitätsansprüche umgewandelt werden.

Bezeichnend für diesen Zustand der losen Verflechtung ist, dass unterschiedliche Kommunikationsmodi ineinander überführt werden und sich wechselseitig aushelfen können. Verständigung ergibt sich dann aus einer evolutionären Perspektive durch die ständigen Übersetzungsleistungen zwischen den unterschiedlichen Öffentlichkeitsarenen und ihrer kommunikativen Logiken. Durch den Abbruch der symbolischen Schaupolitik wird die Auflösung der verbleibenden Konflikte den Routineoperationen des administrativen Systems anvertraut und in deliberative und interessengeleitete Austauschprozesse im Rahmen von sektoralen Teilöffentlichkeiten umgeleitet. Umgekehrt können der verfehlte Konsens oder die blockierte Verhandlung auf der europäischen Ebene wiederum zur symbolischen Konflikterweiterung Anlass geben und damit erneut einen Problemmodus der Politikverarbeitung aktivieren. Aber auch der erzielte Konsens wird an die allgemeine Öffentlichkeit über Schaupolitik weitergereicht, von dieser bewertet, angenommen oder zurückgewiesen. Resonanzen können sich dabei an unterschiedlichen Stellen brechen, haben Chancen aufgenommen zu werden oder versickern.

Was aber, wenn die Austragung des Konfliktes zwischen diesen divergierenden und konfligierenden Resonanzstrukturen selber nicht mehr vorgesehen ist? Wie soll Verständigung überhaupt noch stattfinden, wenn die demokratischen Maximalforderungen nordeuropäischer Öffentlichkeiten in den Ländern des Südens Existenzängste evozieren? Symbolische Mobilisierung kann nur den allgemeinen Themenbezug herstellen, sie kann latente Resonanzstrukturen des Publikums aktualisieren und emotionale Reaktionen provozieren, sie kann aber weder die ausgelösten Effekte kontrollieren noch kann sie die Arenen für die Austragung der zu erwartenden Lateralkonflikte bereitstellen. Auch diese prinzipielle Unabwägbarkeit öffentlicher Kommunikation muss bei flüchtiger Aufmerksamkeit wechselnder Publika, unterschiedlich zuordenbaren Resonanzstrukturen und der aus ihnen jeweils resultierenden Akteurskonstellationen von allen Beteiligten in Rechnung gestellt werden. Lernen bei doppelter Kontingenz heißt sich auf eben diese Dynamik öffentlicher Kommunikation einzulassen, daraus resultierende Handlungsrestriktionen gegebenenfalls einzukalkulieren und gleichzeitig die sich öffnenden Legitimations- und Handlungsspielräume progressiv auszunutzen.

Sollten sich jedoch die in unserem Fall beobachteten Diskrepanzen über die zugrundezulegenden normativen Standards dauerhaft verfestigen, so sind die Bedingungen für eine Ausübung demokratischer Kontrolle bzw. für eine kollektive Meinungs- und Willensbildung fundamental in Frage gestellt. Zumindest müssten sich neben den beschriebenen Arenen symbolischer Mobilisierung andere verständigungsorientierte Arenen herausbilden können, um eine Vermittlung zwischen solcher Art divergierenden Publika möglich zu machen.

Anzeichen dafür, dass die beobachteten Divergenzen keineswegs auf eine Inkommensurabilität bzw. auf unüberwindliche Verständigungsbarrieren zwischen den nationalen Öffentlichkeiten zurückzuführen waren, können gefunden werden, wenn die Nachskandalphase in den Blick gerät. Der Machtkampf zwischen Kommission und Parlament und darauf folgend zwischen deutscher und spanischer Öffentlichkeit wurde auf eine Art und Weise entschieden, dass sich letztendlich alle Seiten als Sieger fühlen konnten. So wie der Konflikt zwischen Kommission und Parlament keinesfalls in einem Nullsummenspiel resultierte, konnten auch bestehende Ressentiments zwischen den Mitgliedstaaten weitgehend latent gehalten und in den Ratsverhandlungen zur Agenda 2000 gebrochen werden,[29] sodass das prinzipielle Vertrauen (man könnte auch sagen die Indifferenz) in die Funktionsweise der Institutionen keineswegs nachhaltig erschüttert war. Nach der episodischen Mobilisierung konnte die Gestaltung europäischer Politik wieder den Regierungen überlassen werden, die die symbolische über die Medien vermittelte Botschaft bereitwillig entgegennahmen und in entsprechenden Verhandlungspositionen stark machen konnten (man beachte in Deutschland wie in Spanien die regierungskonforme Medienrahmung). Eine Einigung über die einzuleitenden Reformschritte war auf dieser Basis relativ schnell erzielt worden, sogar die zu erwartenden Umverteilungskonflikte blieben aus und konnten mit der passiven Billigung durch die Öffentlichkeiten rechnen.

Nicht Demokratie als zu Grunde zu legendes Prinzip und zu schützender normativer Standard bilden den Streitpunkt, sondern die konkrete Auseinandersetzung um die Ausübung demokratischer Kontrolle bzw. um die Umverteilung von Gemeinschaftsmitteln. Solche Konflikte austragen zu können, spricht eigentlich durchaus für die Demokratiefähigkeit des Gemeinwesens. Von der Konfliktaustragung zur kollektiven Meinungs- und Willensbildung ist es dennoch ein weiter Weg. Der Skandal als symbolische Schaupolitik vermag Debatten in den Medien zu eröffnen, das Problem der Überführung solcher Debatten in kollektive Meinungs- und Willensbildungsprozesse ist damit gerade erst aufgerissen.

---

[29] Intergouvernementalistische Verhandlungstheoretiker würden wahrscheinlich ohnehin die Öffentlichkeitsstrategien führender spanischer Politiker in Hinblick auf die anstehenden Ratsverhandlungen zur Agenda 2000 als Strategien des *scapegoating* und des *credit-claiming* umdeuten, mit dem Ziel, entweder die eigene Verhandlungsposition zu stärken oder andere für zu erwartende unpopuläre Entscheidungen verantwortlich zu machen (Moravscik 1997).

Literatur

Abromeit, Heidrun, und *Thomas Schmidt,* 1998: Grenzprobleme der Demokratie: konzeptionelle Überlegungen. S. 293–320 in: *Beate Kohler-Koch* (Hg.): Regieren in entgrenzten Räumen. Sonderheft 2 der Politischen Vierteljahresschrift. Opladen: Westdeutscher Verlag.

Baringhorst, Sigrid, 1998: Politik als Kampagne. Zur symbolischen Konstruktion von Solidarität in Medienkampagnen. Opladen: Westdeutscher Verlag.

Benz, Arthur, 1998a: Politikverflechtung ohne Politikverflechtungsfalle – Koordination und Strukturdynamik im europäischen Mehrebenensystem, Politische Vierteljahresschrift, 39: 558–589.

Benz, Arthur, 1998b: Postparlamentarische Demokratie? Demokratische Legitimation im kooperativen Staat. S. 201–227 in: *Michael T. Greven* (Hg.): Demokratie – Eine Kultur des Westens? Opladen: Leske + Budrich.

Benz, Arthur, 1998c: Ansatzpunkte für ein europafähiges Demokratiemodell. S. 345–369 in: *Beate Kohler-Koch* (Hg.): Regieren in entgrenzten Räumen. Sonderheft 2 der Politischen Vierteljahresschrift. Opladen: Westdeutscher Verlag.

Benz, Arthur, und *Wolfgang Seibel* (Hg.), 1994: Zischen Kooperation und Korruption. Abweichendes Verhalten in der Verwaltung. Baden-Baden: Nomos.

Beule, Jürgen, und *Karl Otto Hondrich,* 1990: Skandale als Kristallisationspunkte politischen Streits. S. 144–156 in: *Ulrich Sarcinelli* (Hg.): Demokratische Streitkultur. Bonn: Bundeszentrale für politische Bildung.

Bourdieu, Pierre, 1989: Delegation und politischer Fetischismus. S. 36–54 in: *Rolf Ebbighausen* und *Sighard Neckel* (Hg.): Anatomie des politischen Skandals. Frankfurt a.M: Suhrkamp.

Buitenen, Paul van, 1999: Unbestechlich für Europa. Basel/Gießen: Brunnen.

Daele, Wolfgang van den, und *Friedhelm Neidhardt,* 1996: „Regierung durch Diskussion" – über Versuche, mit Argumenten Politik zu machen. S. 9–50 in: *Dies.* (Hg.): Kommunikation und Entscheidung. Politische Funktionen öffentlicher Meinungsbildung und diskursive Verfahren. Wissenschaftszentrum Berlin für Sozialforschung, Jahrbuch. Berlin: Sigma.

Della Porta, Donatella, und *Yves Mény* (Hg.), 1997: Democracy and Corruption in Europe. London: Pinter.

Ebbighausen, Rolf, 1995: Arkanpolitik und ihre Grenzen unter den Bedingungen von bürgerlichem Verfassungsstaat und Parteiendemokratie. S. 231–240 in: *Gerhard Göhler* (Hg.): Macht der Öffentlichkeit – Öffentlichkeit der Macht. Baden-Baden: Nomos.

Ebbighausen, Rolf, und *Sighard Neckel* (Hg.), 1989: Anatomie des politischen Skandals. Frankfurt a.M.: Suhrkamp.

Ebbighausen, Rolf, und *Sighard Neckel,* 1989: Einleitung. S. 7–16 in: *Dies.* (Hg.): Anatomie des politischen Skandals. Frankfurt a.M.: Suhrkamp.

Edelmann, Murray, 1976: Politik als Ritual. Die symbolische Funktion staatlicher Institutionen und politischen Handelns. Frankfurt a.M./New York: Campus.

Eder, Klaus, Kai-Uwe Hellmann, und *Hans-Jörg Trenz,* 1998: Regieren in Europa jenseits öffentlicher Legitimation? Eine Untersuchung zur Rolle von Öffentlichkeit in Europa. S. 321–344 in: *Beate Kohler-Koch* (Hg.): Regieren in entgrenzten Räumen. Sonderheft 2 der Politischen Vierteljahresschrift. Opladen: Westdeutscher Verlag.

Eder, Klaus, und *Hans-Jörg Trenz,* 2001: The Making of a European Public Space: An Inquiry into Relating Supranational Politics and Transnational Spaces of Communication. The Case of Justice and Home Affairs. In: *Beate Kohler-Koch* (Hg.): Linking EU and National Governance. Oxford: Oxford University Press (im Erscheinen).

Eising, Rainer, und *Beate Kohler-Koch* (Hg.), 1999: The Transformation of Governance in the European Union. London: Routledge.

Eriksen, Erik O., 1999: The Question of Deliberative Supranationalism in the EU. Arena Working Papers, WP 99/4.

Foucault, Michel, 1976: Überwachen und Strafen. Frankfurt a.M.: Suhrkamp.

Gamson, William A., 1995: Hiroshima, the Holocaust, and the Politics of Exclusion. 1994 Presidential Address, American Sociological Review 60: 1–20.

Gerhards, Jürgen, 1993: Westeuropäische Integration und die Schwierigkeiten der Entstehung einer europäischen Öffentlichkeit, Zeitschrift für Soziologie 22: 96–110.
Gerhards, Jürgen, 1997: Diskursive versus Liberale Öffentlichkeit. Eine empirische Auseinandersetzung mit Jürgen Habermas, Kölner Zeitschrift für Soziologie und Sozialpsychologie 49: 1–34.
Gerhards, Jürgen, und *Friedhelm Neidhardt*, 1990: Strukturen und Funktionen moderner Öffentlichkeit. Fragestellungen und Ansätze. (WZB papers FS III 90–101). Berlin: WZB.
Grimm, Dieter, 1995: Braucht Europa eine Verfassung? München: Carl Friedrich von Siemens Stiftung.
Haas, Ernst B., 1958: The Uniting of Europe. Stanford, CA: Stanford University Press.
Habermas, Jürgen, 1990 (1962): Strukturwandel der Öffentlichkeit. Untersuchungen zu einer Kategorie der bürgerlichen Gesellschaft. Frankfurt a.M.: Suhrkamp.
Habermas, Jürgen, 1992: Faktizität und Geltung. Beiträge zur Diskurstheorie des Rechts und des demokratischen Rechtsstaats. Frankfurt a.M.: Suhrkamp.
Hellmann, Kai-Uwe, 1997: Integration durch Öffentlichkeit. Zur Selbstbeobactung der modernen Gesellschaft, Berliner Journal für Soziologie 7: 37–59.
Hitzler, Roland, 1989: Skandal ist Ansichtssache. Zur Inszenierungslogik ritueller Spektakel in der Politik. S. 334–354 in: *Rolf Ebbighausen* und *Sighard Neckel* (Hg.): Anatomie des politischen Skandals. Frankfurt a.M.: Suhrkamp.
Kaesler, Dirk, 1989: Der Skandal als „Politisches Theater". Zur schaupolitischen Funktionalität politischer Skandale. S. 307–333 in: *Rolf Ebbighausen* und *Sighard Neckel* (Hg.): Anatomie des politischen Skandals. Frankfurt a.M.: Suhrkamp.
Kaesler, Dirk, 1991: Der politische Skandal. Zur symbolischen Qualität von Politik. Opladen: Westdeutscher Verlag.
Landfried, Christine, 1989: Korruption und politischer Skandal in der Geschichte des Parlamentarismus. S. 130–148 in: *Rolf Ebbighausen* und *Sighard Neckel* (Hg.): Anatomie des politischen Skandals. Frankfurt a.M.: Suhrkamp.
Lautz, Andreas, 1999: Das erste Mißtrauensvotum des Europäischen Parlaments gegen die Europäische Kommission, Zeitschrift für Politikwissenschaft 9: 439–459.
Luhmann, Niklas, 1983: Öffentliche Meinung. S. 9–34 in: *Ders.*: Politische Planung: Opladen: Westdeutscher Verlag.
Luhmann, Niklas, 1992: Die Beobachtung der Beobachter im politischen System. S. 77–86 in: *Jürgen Wilke* (Hg): Öffentliche Meinung: Theorie, Methoden, Befunde. Freiburg: Alber.
Luhmann, Niklas, 1998: Meinungsfreiheit, öffentliche Meinung, Demokratie. S. 99–110 in: *Ernst-Joachim Lampe* (Hg.): Meinungsfreiheit als Menschenrecht. Baden-Baden: Nomos.
Markovits, Andrei S., und *Mark Silverstein*, 1989: Macht und Verfahren. Die Geburt des politischen Skandals aus der Widersprüchlichkeit liberaler Demokratien. S. 151–170 in: *Rolf Ebbighausen* und *Sighard Neckel* (Hg.): Anatomie des politischen Skandals. Frankfurt a.M.: Suhrkamp.
Mény, Yves, und *Martin Rhodes*, 1997: Illicit Governance: Corruption, Scandal and Fraud. S. 95–113 in: *Martin Rhodes, Paul Heywood* und *Vincent Wright* (Hg.): Developments in West European Politics. Houndmills/London: Macmillian Press.
Moravcsik, Andrew, 1997: Warum die Europäische Union die Exekutive stärkt: Innenpolitik und internationale Kooperation. S. 211–270 in: *Klaus-Dieter Wolf* (Hg.): Projekt Europa im Übergang? Baden-Baden: Nomos.
Neckel, Sighard, 1989: Das Stellhölzchen der Macht. Zur Soziologie des politischen Skandals. S. 55–80 in: *Rolf Ebbighausen* und *Sighard Neckel* (Hg.): Anatomie des politischen Skandals. Frankfurt a.M.: Suhrkamp.
Neidhardt, Friedhelm, 1994: Die Rolle des Publikums. Anmerkungen zur Soziologie politischer Öffentlichkeit. S. 315–328 in: *Hans-Ulrich Derlien, Uta Gerhard* und *Fritz W. Scharpf* (Hg.): Systemrationalität und Partialinteresse. Festschrift für Renate Mayntz. Baden-Baden: Nomos.
Neyer, Jürgen, 1999: Legitimes Recht oberhalb des demokratischen Rechtsstaates? Supranationalität als Herausforderung für die Politikwissenschaft, Politische Vierteljahresschrift 40: 390–414.
Peters, Bernhard, 1993: Die Integration moderner Gesellschaften. Frankfurt a.M.: Suhrkamp.

Peters, Bernhard, 1999: Nationale und transnationale Öffentlichkeiten – eine Problemskizze. S. 661–674 in: *Claudia Honegger, Stefan Hradil* und *Franz Traxler* (Hg.): Grenzenlose Gesellschaft? Verhandlungen des 29. Kongresses der Deutschen Gesellschaft für Soziologie (Teil 1). Opladen: Leske + Budrich.
Piepenschneider, Melanie, 1995: Europa der Bürger. S. 134–138 in: *Werner Weidenfeld* und *Wolfgang Wessels* (Hg.): Europa von A-Z. Taschenbuch der europäischen Integration. Bonn: Europa Union Verlag.
Pippig, Gerhard, 1990: Verwaltungsskandale. Zur Korruption in der öffentlichen Verwaltung, Aus Politik und Zeitgeschichte 7: 11–20.
Rose-Ackerman, Susan, 1996: Democracy and „Grand" Corruption, International Social Science Journal 149: 368–372.
Sarcinelli, Ulrich, 1989: Symbolische Politik und politische Kultur. Das Kommunikationsritual als politische Wirklichkeit, Politische Vierteljahresschrift 30: 292–309.
Schmalz-Bruns, Rainer, 1999: Deliberativer Supranationalismus. Demokratisches Regieren jenseits des Nationalstaats, Zeitschrift für internationale Beziehungen 6: 185–244.
Tomlinson, John, 1997: „And Besides, the Wench is Dead". Media Scandals and the Globalization of Communication. S. 65–84 in: *James Lull* und *Stephen Hinerman* (Hg.): Media Scandals. Morality and Desire in the Popular Culture Marketplace. Cambridge: Polity Press.
Trenz, Hans-Jörg, 1999: Anti-Rassismus Kampagnen und Protestmobilisierung in Europa, Forschungsjournal Neue Soziale Bewegungen 12: 78–84.
Trenz, Hans-Jörg, und *Klaus Eder*, 2001: The Democratic Functioning of a European Public Sphere. Beyond the Model of the Nation State. Erscheint in: Governance, Special Issue on Democracy Beyond the Nation State.
Tsebelis, George, 1994: The Power of the European Parliament as a Conditional Agenda Setter, American Political Science Review 88: 128–142.
Zürn, Michael, 1998: Democratic Governance Beyond the Nation State? Arbeitspapier des Instituts für Interkulturelle und Internationale Studien Nr. 12/98. Bremen.

VI.
Migration in Europa

VON INTERNATIONALEN WANDERUNGEN
                    ZU TRANSNATIONALEN MIGRATIONSNETZWERKEN?*

                              Der neue europäische Wanderungsraum

                                         Felicitas Hillmann

Zusammenfassung: Seit den frühen 90er Jahren sind alle EU-Mitgliedstaaten de facto zu Einwanderungsländern geworden. Neben die nordwesteuropäischen traditionellen Zuwanderungsländer wie Großbritannien, Frankreich und die Niederlande, deren Bevölkerungszusammensetzung jeweils auf Grund ihrer ehemaligen Position als Kolonialmacht von einem großen Anteil ethnischer Minderheiten geprägt ist, und die Länder mit einer besonderen Arbeitnehmerrekrutierung bis 1973 (z.B. Deutschland und Österreich) sind die südeuropäischen, vormaligen Auswanderungsländer, getreten. „Migration" als Ereignis und als Thema einigt Europa auf der supranationalen Ebene und zeitigt auf der lokalen Ebene zunehmend Fragmentierung. Der Beitrag umreißt die Konstruktion eines gemeinsamen europäischen Migrationsraumes und fragt nach dem Stellenwert des neuen Typus der transnationalen Migration.

                                        I. Einleitung

In der Dekade der 90er haben sich bis dahin gültige Migrationsmuster und -typen grundlegend verändert; überzeichnet wurden sie auch von den rasanten politischen Transformationsprozessen in den osteuropäischen Staaten. Die Migrationen im Europa[1] der 90er Jahre mit ihren Merkmalen zeitlicher und räumlicher Unübersichtlichkeit, dem scheinbar kruden Nebeneinander von Migrationstypen bei gleichzeitigen sozialen und ökonomischen Polarisierungstendenzen in den Zielländern konturieren einen sich neu formulierenden europäischen Migrationsraum. So wird in der neueren Literatur einerseits die aktive Herausbildung von transnationalen Räumen durch den „neuen" Typus des transnationalen Migranten herausgestellt; andererseits wird auf eine zunehmende Konvergenz des Eingliederungsprozesses der Zuwanderer in den verschiedenen Zielländern hingewiesen und ein Prozess der Universalisierung von Rechtsnormen unter dem Vorzeichen der Globalisierung angenommen – weg von einer strukturellen Ein-

---

* Ich danke Maurizio Bach, Steffen Angenendt und Helmuth Dittrich für ihre konstruktive Kritik an einer früheren Version dieses Beitrages sowie Kathrin Kalkbrenner und Amanda Klekowski für zahlreiche Verbesserungsvorschläge.
1 „Europa" bezeichnet in diesem Beitrag die Länder der geographischen Einheit Europas, „EU-Europa" bezieht sich lediglich auf die Mitgliedstaaten der EU. Die Schweiz wird in diesem Beitrag als Teil des europäischen Migrationssystems interpretiert und daher, so weit möglich und sinnvoll, in die Analyse einbezogen. Im Zentrum des Beitrages steht ferner Migration und nicht die Asyl- und Flüchtlingsproblematik.

gliederung über das Beschäftigungssystem und hin zu einer Integration über den Familiennachzug.

Gleichzeitig weist der jährliche Migrationsbericht der OECD ausdrücklich auf die in den Städten entstandenen und aktuell sich entfaltenden Integrationsprobleme hin. Gerade die Ankunft neuer Immigranten, oftmals in Staaten mit hohen Arbeitslosenzahlen und schwachem Wirtschaftswachstum, hat mittlerweile zu Erscheinungen von Exklusion und Ausgrenzung in verschiedenen europäischen Städten geführt. In diesem Zusammenhang wird Desozialisierung und die Furcht vor der Herausbildung einer neuen *underclass* genannt. Frankreich hat bereits Maßnahmen für benachteiligte städtische Gebiete mit dem Ziel einer ökonomischen, sozialen und kulturellen Stärkung der Integration ins Leben gerufen. Schweden strebt, wie Deutschland auch, eine Dekonzentration der ausländischen Bevölkerung in den stark segregierten Städten des Landes an. Zusätzlich wird die Festlegung der ausländischen Zuwanderer auf bestimmte Arbeitsmarktsegmente betont. Eine gemeinsame europäische Migrationspolitik existiert bislang nur auf bescheidenem Niveau; in der Regel ist sie schlecht geplant und wenig transparent.[2] Doch allein die vielfachen und kontroversen Verhandlungen über das Thema „Migration" haben bereits ihren Teil zur Konstruktion der Idee eines europäischen Raumes an sich beigetragen und tragen weiterhin dazu bei. Beide Entwicklungen, die supranational auf eine Harmonisierung ausgerichtete europäische Integrationspolitik und die lokal polarisierte Zuwanderung, sind Facetten europäischen Migrationsraumes der 90er-Jahre – dies ist die forschungsleitende Hypothese des vorliegenden Beitrages. Es ist möglich, bestimmte Schwerpunkte innerhalb dieses diversifizierten europäischen Migrationssystems zu identifizieren und die sich regional unterschiedlich artikulierenden Dynamiken zu differenzieren. Das augenfällige Nebeneinander der europäischen Migrationen stellt sich dann als weniger verworren und als in Ansätzen hierarchisiert heraus.

Die bisherigen Bemühungen zur Harmonisierung der nationalen Migrationspolitik auf europäischem Niveau werden im folgenden zweiten Abschnitt einleitend skizziert. Anhand der zur Verfügung stehenden Eckdaten über den Stand der Zuwanderung in Europa und dessen Integration in die nationalen Arbeitsmärkte, werden in einem weiteren Schritt das europäische Migrationssystem (Abschnitt III) und, schließlich, seine aktuellen Migrationstypen vorgestellt (Abschnitt IV). Es wird argumentiert, dass sich im europäischen Migrationssystem deutlich drei Subsysteme artikulieren.[3] Der V. Ab-

---

2 Grundlegend für eine umfassende Migrationspolitik wäre die klare Festlegung dessen, wie viele Zuwanderer in welchem Zeitraum und aus welchen ökonomischen, demographischen, humanitären oder sozialen Gründen in welches Gebiet erwünscht sind sowie die Bereitstellung entsprechender Integrationsmaßnahmen.

3 Die länderkomparative Analyse der europäischen internationalen Migrationen ist nur auf der Basis von unpräzisen Daten, die sich aus den verschiedenen statistischen Quellen und Datensammlungen der EU-Länder speisen, möglich. Die Produktion dieser Daten ist auf die jeweiligen administrativen Zwecke und Regierungsziele der einzelnen Länder zugeschnitten und richtet sich nicht nach einheitlichen Kriterien. Die zentralen Statistikämter haben ferner unterschiedliche Einflussmöglichkeiten auf die Produktion der Daten: in manchen Ländern erhalten sie zum Beispiel nicht die von den einzelnen Ministerien gesammelten Daten. Polizeidaten, die dem Innenministerium zugeordnet sind, sind oft nicht zugänglich und wenn, dann sind sie so stark aggregiert, dass eine detaillierte Analyse nicht möglich ist. Zusätzlich ändern sich die Er-

schnitt ist der aktuellen Integration der Migranten in den europäischen Städten gewidmet und untersucht die beobachtbaren lokalen Fragmentierungen auf der Ebene der lokalen Arbeitsmärkte. Im Fazit werden die unterschiedlichen Facetten des europäischen Migrationsraumes zusammengeführt und zukünftige Forschungshorizonte umrissen.

II. Die Konstruktion des europäischen Migrationsraumes

Seit der Gründung der EWG im Jahre 1957 war die migrationspolitische Zusammenarbeit ein herausragendes Thema im europäischen Einigungsprozess. In dieser ersten Phase des europäischen Einigungsprozesses bezogen sich die Regelungen über die Mobilität von Personen entsprechend der Zielsetzung der Schaffung eines gemeinsamen Binnenmarktes noch ausschließlich auf Erwerbstätige. In mehreren Schritten wurde die Freizügigkeit schließlich auch auf Nicht-Erwerbstätige übertragen und wurde durch die EG-Erweiterung für immer mehr Personen relevant. Erst ab Mitte der 70er Jahre begannen die Mitgliedstaaten, ihre migrationsbezogene Zusammenarbeit auch auf die Zuwanderung von Drittstaaten auszurichten; im Jahre 1985 wurden von der Kommission erstmals Leitlinien für eine Wanderungspolitik verabschiedet. Die auf der Basis des Weißbuches verabschiedete Einheitliche Europäische Akte (EEA) diente als Richtlinie für die Vollendung des für Dienstleistungen, Personen und Kapital grenzenlosen Binnenmarktes (vgl. Angenendt 1999: 856f.). Entgegen der Befürchtungen bei der Einführung der Freizügigkeit in Europa blieben die EU-Wanderungen unter dem erwarteten Ausmaß. Sie machen aktuell ungefähr 1,5 Prozent aller Wanderungsbewegungen aus und stellen bis heute im Gegensatz zu den Nicht-EU-Migrationen sowohl im wissenschaftlichen als auch im politischen und öffentlichen Diskurs kein zentrales Thema dar.

Von Anfang an gingen die verschiedenen nationalen politischen Träger davon aus, dass eine Kontrolle der Wanderungsbewegungen in Europa machbar ist. Zentral für den angestrebten Prozess der Abstimmung der verschiedenen europäischen Migrationspolitiken aufeinander war daher insbesondere das Schengener Abkommen, das 1985, nachdem bereits vereinzelt bilaterale Abkommen[4] bestanden, von fünf Staaten (Belgien, Luxemburg, Niederlande, Frankreich und Deutschland) unterzeichnet wurde. Schließlich wurde durch die Errichtung von „Schengenland" eine deutliche Abgrenzung zwischen EU-Wanderungen und Nicht-EU-Wanderungen eingeführt. Es handelt sich um die Ergänzung der EU-Freizügigkeit, wie sie bereits seit Ende der 80er Jahre praktiziert wird insofern, als dass nun immer deutlicher die Außengrenzen der EU gegen Zuwanderung aus Drittstaaten gesichert wurden. Beide Umstrukturierungen, die

---

hebungsmethoden kontinuierlich – und einigen Ländern liegen als einzige verfügbare Datenquelle lediglich die vergangenen Volkszählungen der Jahre 1990/1 vor. Eurostat und UN-ECE (United Nations Commission for Europe) haben Anstrengungen unternommen, um eine Harmonisierung der europäischen Datenlage zu erreichen. (vergl. Salt, Singleton and Hogarth 1994).

4 Deutschland und Frankreich hatten bereits 1984 ein bilaterales Abkommen über den Abbau von Grenzkontrollen und eine Angleichung der Visa-Kontrollen unterzeichnet.

Einführung der Freizügigkeitsregelung und die Errichtung von Schengenland, erfolgten über mehrjährige Übergangsfristen hinweg. So zeigte sich in den Beitrittsverhandlungen mit Griechenland, Spanien und Portugal, dass die EG zur Einführung einer Freizügigkeitsregelung erst nach langen Übergangsfristen, teilweise bis zu 10 Jahren, bereit ist (Just 1986:11f.).

Das erste Schengener Abkommen (Schengen I) verstand sich als *„Motor einer fortschreitenden Integration"* und verwies auf die kurzfristig durchzuführenden Maßnahmen, nämlich die Erleichterung der Grenzkontrollen (Epiney 1995: 24). Als langfristig durchzuführende Maßnahmen wurde der völlige Abbau von Grenzkontrollen bei entsprechenden Ausgleichsmaßnahmen, wie z.B. erweiterte Eingriffsbefugnisse gegenüber den Bürgern, festgehalten. Durch den Maastrichter EU-Vertrag fand die Migrationspolitik Eingang in den institutionellen Rahmen der EU, jedoch blieb sie durch die nur teilweise Anbindung an die erste Säule (für die gemeinschaftliche Entscheidungsverfahren gelten) weiterhin Gegenstand zwischenstaatlicher Kooperationsverfahren. Die Regierungen verpflichteten sich lediglich zur Absprache mit den anderen Ländern: „der EU-Vertrag kann daher in Bezug auf die Migrations- und Asylpolitik als ein Mischmodell zwischen intergouvernementalen und gemeinschaftlichen Regelungen verstanden werden, wobei der Schwerpunkt auf der zwischenstaatlichen Zusammenarbeit liegt" (Angenendt 1999: 858).

Das zweite Schengener Abkommen (Schengen II, 1990) konkretisierte die Vorgaben des ersten Schengener Abkommens mit dem Ziel eines völligen Abbaus der Personenkontrollen an den gemeinsamen Binnengrenzen und deren Verlegung an die Außengrenzen. Geregelt wird nun der Reiseverkehr der Drittausländer (= eine Person, die nicht Staatsangehöriger eines Mitgliedstaates der Europäischen Gemeinschaft ist) und die Verpflichtung der Staaten, nationale Rechtsvorschriften über die Rückschaffung von solchen Personen an den Außengrenzen zu erlassen (siehe Art. 26, Schengen II). Die Beförderungsunternehmen werden verpflichtet, sich der erforderlichen Reisedokumente ihrer Passagiere zu versichern; ihnen wurden damit eigentlich polizeiliche Funktionen übertragen. Geregelt wurde weiterhin der Informationsaustausch und die gegenseitige Unterstützung, sowie das Recht, bei bestimmten Straftaten Verdächtige über die Staatsgrenzen hinweg zu beobachten. Angelegt wurde auch die Errichtung des Schengener Informationssystems (SIS) mit einer zentralen Unterstützungseinheit in Straßburg und verschiedenen nationalen Einheiten, die sich untereinander vernetzen können. Schengen II sieht den weitgehenden Abbau von Kontrollen des Warenverkehrs vor; Vorschriften über den Datenschutzstandard beim Austausch von Informationen komplettieren die Vorgaben. Auch angemessene Sanktionen gegen Schlepper sind Teil des Vertrages. Mit Schengen II tritt durch die Umsetzung dieser Maßnahmen zunächst eine Reduktion von europäischer gemeinsamer Zuwanderungspolitik auf Kontrolle, nicht auf Integration von Migration in die EU, in der Vordergrund.

Die angestrebte stärkere Betonung des Kontrollaspekts passt sich ein in den europäischen Ansatz einer verbesserten Integration der legalen Zuwanderer und der Verhinderung von illegaler Zuwanderung bzw. einer deutlichen Ausgrenzung bereits eingereister Zuwanderer ohne legalen Aufenthaltsstatus.[5] Ende der 90er Jahre wird immer

---

5 Dies geschieht auch vor dem Hintergrund der Umbrüche in Osteuropa und der kriegerischen Auseinandersetzungen im Balkan, die immer wieder neue Flüchtlingsströme generieren.

deutlicher, dass es zwei Kategorien von Migranten in der EU gibt: einmal die Staatsbürger der EU-Mitgliedstaaten, die Freizügigkeit innerhalb der EU genießen und die durch die Abkommen der Union geschützt sind. Zweitens hat sich die Kategorie der Migranten ohne europäischen Pass herausgebildet, so genannte Drittstaatler. Sie genießen keine Freizügigkeit innerhalb des Territoriums der EU und unterliegen den nationalen Visapolitiken. Es scheint gerechtfertigt, hier von einer aktiven Strukturierung der Exklusion zu sprechen, denn innerhalb dieser Gruppe besitzen die Länder des ökonomischen Zentrums gegenüber den Ländern der Peripherie bessere Zugangsrechte zu Europa (Miles und Thränhardt 1995). So sind zum Beispiel die auf den ersten Blick recht weitgehenden Nachteile für das Nicht-EU-Land Schweiz durch eine Reihe von Bestimmungen des Schengener Abkommens wieder relativiert worden (vgl. Epiney 1995: 72).[6] Erst mit dem Amsterdamer Vertrag von 1997 wird die Migrations- und Asylpolitik in die erste Säule des EU-Vertrages eingeführt und somit zu einer europäischen Aufgabe. Es müssen nun einheitliche Regelungen für die Visaerteilung, für die Bestimmung des für das jeweilige Asylverfahren zuständige Land gefunden werden, Aufenthaltsregelungen und Ausweisungsverfahren müssen abgestimmt werden. Die Umsetzungen der Regulierungen sind von Land zu Land verschieden. Die Vergemeinschaftung soll innerhalb von fünf Jahren erfolgen. Bislang sind die meisten Probleme noch nicht gelöst: die Umsetzung der Genfer Konvention, der Schutz und die Integration von Flüchtlingen, die Verteilung der Lasten zwischen den europäischen Partnern, die Entwicklung und Harmonisierung von Integrations- und Anti-Diskriminierungspolitiken.

Die im Amsterdamer Vertrag angelegte starke Betonung von Kontrolle trifft insbesondere die jungen Immigrationsländer des südlichen Europas, die an ihren Küsten täglich neu mit illegaler Zuwanderung und Flucht konfrontiert werden. So waren die südeuropäischen Länder gezwungen, ihre nationalen Ausländergesetze und Zuwanderungsregulationen an die Bedingungen des Schengener Abkommens anzupassen. Sie befanden sich unter starkem Handlungsdruck, den Kontrollanforderungen des Abkommens zu entsprechen. Sehr viel stärker als die restlichen EU-Länder sind sie, auf Grund der schlecht zu sichernden Seegrenzen, das erste Ziel illegaler Zuwanderung. Die übrigen europäischen Unterzeichnerstaaten sind dagegen eher in der Lage, ihre Außengrenzen gezielt zu kontrollieren. Sie verfolgen die Entwicklungen in den Staaten Südeuropas mit besonderem Interesse, da sie oft selbst das Zielland der Zuwanderung sind. Die über die Jahre hinweg entstandenen dichten Migrationsnetzwerke der unterschiedlichen Zuwanderungsgruppen agieren transnational. Daher sind auch alle Vertragspartner an einer gemeinsamen, supranational unterstützten Kontrolle der Außengrenzen interessiert.

Für die potenziellen EU-Beitrittskandidaten Mittelosteuropas ist die Regulierung der Zuwanderung ebenfalls ein grundlegendes Thema der EU-Verhandlungen. Auf europäischem Niveau werden die Pläne der jüngst installierten *High Level Working Group on Asylum and Migration* (HLG) im Bereich der Asylpolitik kritisiert. Zu befürchten

---

6 Großbritannien und Irland sind als einzige EU-Staaten dem Schengener Abkommen nicht beigetreten. Sie können weiterhin Personenkontrollen an ihren Landesgrenzen durchführen und müssen sich nicht an Maßnahmen in Bezug auf Visum, Asyl und Einwanderung beteiligen. Auch Dänemark besitzt einen Sonderstatus.

sei, dass die EU unerwünschte Migrationsbewegungen in die potenziellen EU-Beitrittsländer Osteuropas umleiten könne und diese Länder dann im Zuge der Verhandlungen durch Rücknahmeabkommen unter Druck setze (Migration News Sheet 2000). Die Spekulationen darüber, wie viele potenzielle Migranten aus den mittelosteuropäischen Ländern im Falle einer Grenzöffnung in die westlichen EU-Länder abwandern würden, beherrschte lange die politische Diskussion um die Osterweiterung. Vor allem Deutschland und Österreich haben Angst, dass die Freizügigkeit sich auf Grund des extremen Lohngefälles zwischen West- und Mittelosteuropa auf die heimischen Arbeitsmärkte auswirke. Die Erfahrungen mit der Regulierung von Zuwanderung aus Mittelosteuropa durch Werkvertragsarbeiter in den 90er Jahren haben gezeigt, dass zumindest im Baugewerbe die zeitweise Verdrängung einheimischer Arbeitskräfte und *Lohndumping* die Folge war (Hunger 1998). Dennoch – die politische Forderung nach entsprechend langen Übergangsfristen erinnert an die Verhandlungen über die Ausdehnung der EU-Freizügigkeit auf die südeuropäischen Länder und verdeutlicht, dass in der Konstruktion eines gemeinsamen Europas jeweils die Freizügigkeit von Waren und Kapital schneller hergestellt wurde als die Freizügigkeit von Personenverkehr.

Allein diese reduzierte Variante einer gemeinsamen Zuwanderungspolitik, d.h. ihre Verkürzung auf eine koordinierte Grenzkontrollpolitik, verursachte eine breite politische und öffentliche Diskussion über die Rolle und die Entscheidungshorizonte von Nationalstaaten innerhalb der EU. Die Umsetzung des Schengener Abkommens brachte zwangsläufig eine starke Zunahme von zwischenstaatlichen Diskussionsforen und Vorbereitungsgruppen auf der politischen Ebene mit sich. Foren, die gelegentlich sogar dezidiert informellen Charakters sind und die im Vorfeld von Entscheidungen zwischen den Entscheidungsträgern vermitteln. Eine solche supranationale informelle Diskussionsplattform ist das IGC (Intergovernmental consultations on Asylum, Refugee and Migration Policies in Europe, North America and Australia) in Genf. Es handelt sich dabei um ein von 16 Staaten unterhaltenes Sekretariat, dass 1985 unter der Schirmherrschaft von UNHCR und anderen internationalen Organisationen entstand. Gesucht werden mögliche gemeinsame Ansätze zum Umgang mit Flüchtlingsbewegungen, der Verbesserung von Asylverfahren, der Bekämpfung unerwünschter Einwanderung und Dokumentenmissbrauch. Das Sekretariat hat heute diplomatischen Status und erhält technische Unterstützung von IOM (International Organisation for Migration) und versteht sich als informelles, nicht entscheidungstragendes Forum für den Informationsaustausch und die politische Debatte über migrationsbezogene Themen zwischen den verschiedenen Regierungen. Es bietet, wie zahlreiche NGOs, eine informelle Plattform für den interministeriellen Austausch und agiert so auf einer semi-institutionalisierten Ebene.

Neben diesen politischen Austausch über die Regulierung von Migrationen im Europa der 90er Jahre trat eine intensive Debatte über Migration und Staatsbürgerschaft auf der wissenschaftlichen Ebene. Es entwickelte sich in diesem Zeitraum – ähnlich wie dies in den USA längst üblich ist – eine kontinuierliche Verzahnung von wissenschaftlicher und politikzentrierter Forschung. Mittlerweile befassen sich allein in den Ländern Westeuropas rund 200 verschiedene Einrichtungen und Träger mit der Thematik „Migration und Ethnizität" – der Löwenanteil von ihnen hat ihren Sitz in EU-Staaten. Im Laufe der 90er Jahre veröffentlichten die verschiedenen europäischen Forschungszentren eine nicht zu überblickende Zahl von Publikationen zu diesem Themenbereich; zahlreiche Konferenzen wurden gehalten; ‚Migration' wurde zusätzlich zum Schwerpunktthema des Europäischen Hochschulinstitutes Florenz in den Jahren 1996/1997. Die EU förderte den Forschungsverbund *Ercomer*, der von Utrecht aus eine Vernetzung des Forschungsdiskurses auf europäischer Ebene leisten sollte und Nachwuchswissenschaftlern eine Vertiefung ihrer Forschungsarbeiten erlaubte. Die politikrelevante EU-Forschung spezialisiert und konzentriert sich a) auf die städtische Ebene (*MigCities Network* und *Metropolis Project*), b) die Mittelmeerstaaten und c) Mittelosteuropa. Bereits die Durchführung des EU-Programmes *Cost-A2* fokussierte inhaltlich auf Migrationspotenziale in den Staaten Mittelosteuropas. Es führte anhand dieser Thematik die Wissenschaftler dieser Länder aktiv in die westlich orientierte *scientific community* Europas ein und bot die Möglichkeit, auf europäischer Ebene ein realistisches Bild des bestehenden (und befürchteten) Wanderungspotenzials zu zeichnen. Aber auch die kleineren, oftmals karitativ geprägten Vereine und Verbände, die sich auf der lokalen Ebene mit Zuwanderern befassen und die durch ihre tägliche soziale Arbeit einen wichtigen Beitrag zur Integration der Zuwanderung leisten, treiben den kollektiven europäischen Prozess einer gemeinsamen Diskussion über das, was als das Fremde und was das Eigene gelten soll, voran.

Zusammenfassend lässt sich feststellen, dass das Thema „Migration" stärker noch als in der Dekade zuvor in alle Bereiche des öffentlichen Lebens vorgedrungen ist. In den Schulen und an den Universitäten ist es fester Bestandteil der *Curricula* geworden. ‚Migration' – das scheint inhaltlich ein kleiner gemeinsamer Nenner aller europäischen Staaten zu sein und jeden Europäer zu betreffen. Da es keine Möglichkeit einer objektiven Kosten-Nutzen-Analyse, d.h. eine Reduktion der Migrationen auf eine rein ökonomische Dimension ohne Einbeziehung von sozialen und ethischen, wie auch kulturellen Elementen gibt, werden die Debatten zum Thema, insbesondere die politischen Debatten, stark emotional aufgeladen geführt. Neben die sich in den 90er Jahren veränderten Migrationsmuster tritt eine breite politische, öffentliche und wissenschaftliche Debatte. Sie wirkt an der Konstruktion eines europäischen Migrationsraumes mit.

III. Der europäische Migrationsraum

Internationale Migration vollzog sich seit den 50er Jahren hauptsächlich zwischen den einzelnen europäischen Ländern. Bis Mitte der 60er Jahre überwog in Europa noch die Zahl der Emigranten nach USA, Kanada, nach Israel und in andere außereuropäische Länder. Erst nach 1970 wurde das westliche Europa zu einer Einwanderungsregion (Münz 1997). Heute, Ende der 90er Jahre, zeichnet sich das europäische Migrationssystem durch einige besondere Merkmale aus. Ohne auf die verschiedenen zu Grunde liegenden rechtlichen Regulierungen *en detail* einzugehen, werden sie an dieser Stelle präsentiert. Das Migrationssystem umfasst die rechtlichen Regulierungen über die Aufenthaltsdauer, z.B. in Form von Visapolitiken, Zuwanderungstypen, Arbeitsmarktspositionierung und Einbürgerung. Im Mittelpunkt der Analyse hier steht die Positionierung der Zuwanderer auf dem Arbeitsmarkt.

Länderübergreifend lassen sich im europäischen Migrationssystem in den 90er Jahren folgende Entwicklungen nachzeichnen: erstens eine Reduzierung der legalen Zuwanderung und der Asylsuchenden seit etwa 1993 auf Grund restriktiver und intensivierter Migrationspolitiken;[7] zweitens eine Zunahme der Nachzugsmigration aus Gründen der Familienzusammenführung. Weiterhin nimmt die illegale Zuwanderung im quantitativen Sinne (d.h. absolut) und im qualitativen Sinne (d.h. als ‚Problem' für die Zuwanderungsgesellschaften) zu (s.u.). Diese neuen Migrationen können von den auf ‚Migration' eingestellten Zielländern nur ansatzweise statistisch erfasst werden – entweder weil sie kurzzyklisch oder illegal sind und sich damit traditionellen statistischen Verfahren entziehen.

Als das gemeinsame „neue" an den neuen Migrationen der 90er Jahre wird auf der empirischen Ebene immer wieder hervorgehoben: eine sich verändernde Gewichtung von Ziel und Herkunftsländern der Migranten; veränderte Zuwanderungstypen (s.u.), eine Feminisierung der Migration sowie neue politische Antworten auf sich stetig wandelnde Migrationsstrategien. Auf der analytischen Ebene hingegen zeigt sich bei einer differenzierten historischen Betrachtung, dass die Applikation des Terminus „neu" auf soziale Phänomene willkürlich und somit zumindest diskutabel ist (Koser und Lutz 1998). Bei näherer Betrachtung der Migrationsmuster lassen sich Ende der 90er Jahre drei Subsysteme im europäischen Migrationssystem erkennen.[8] Sie werden hier zunächst, gemäß ihrer geographischen Positionierung im europäischen Raum, in „Nordwest", „Zentrum" und „Süd" klassifiziert. Die unten beschriebenen neuen Migrationstypen treffen in den 90er Jahren auf diesen vorstrukturierten europäischen Migrationsraum und richten ihre Aktivitäten nach diesem aus. Die im Folgenden analysierten Subsysteme werden auf die vorherrschenden Migrationstypen, auf die Dynamik der Zuwanderung und ihre Arbeitsmarktintegration hin überprüft. Idealtypisch sind sie in *Tabelle 1* zusammengefasst. Nach der Vorstellung der einzelnen Subsysteme werden diese in Hinblick auf die gesamteuropäische Entwicklung diskutiert.

1. Drei Subsysteme

Der erste Typus umfasst die nordwesteuropäischen traditionellen Einwanderungsländer Großbritannien, Frankreich und Niederlande. Dies sind Länder, die auf Grund ihrer ehemaligen Position als Kolonialmacht und den hieraus hervorgegangenen und bis heute bestehenden *Minderheiten* auf eine lange Erfahrung im Umgang mit kontrollierter Zuwanderung zurückblicken können. Es sind die einzigen Länder in der EU, in denen die Anzahl der Einwohner, die außerhalb der EU geboren wurden, eine Million übersteigt (Eurostat 1998b).

In allen drei Ländern manifestiert sich seit 1993 eine starke Abnahme der Zuwanderung; in der Migrationspolitik wird der Familienzusammenführung eine prominente Position zugeordnet. Der Anteil der ausländischen Bevölkerung und der so genannten *foreign born* an der Gesamtbevölkerung liegt zwischen 3,4 und 6,3 Prozent mit sinkender Tendenz (Ausnahme: Frankreich). Ebenso liegt der Anteil der ausländischen Bevöl-

---

[7] Zur engen Verflechtung von Migrations- und Asylpolitik (vgl. Santel 1994).
[8] Die skandinavischen Länder bilden ein weiteres Subsystem aus, auf das an dieser Stelle nicht näher eingegangen werden soll, da es wesentlich auf Fluchtmigration beruht.

kerung am Arbeitsmarkt in allen drei Ländern unter 7 Prozent (GB: 3,5 Prozent, F: 6,3 Prozent, NL: 3,1 Prozent), während der Anteil der arbeitslosen Nicht-Einheimischen an der Arbeitslosenbevölkerung extrem hoch ist. Die Arbeitslosenquote der ethnischen Minderheiten in Großbritannien liegt mit 18 Prozentpunkten deutlich über derjenigen der nicht-ethnischen Bevölkerung (diese hat eine Arbeitslosenquote von 10 Prozent). Die Arbeitslosenquote für Nicht-EU-Bürger lag in Frankreich bei 36 Prozent, für die EU-Bürger lag sie unter dem ‚französischen' Wert von 11,6 Prozent. Für junge Leute aus Nicht-EU-Staaten bildet die Arbeitslosigkeit den Normalfall, nicht die Ausnahme: Über 50 Prozent von ihnen (und im Falle der Algerier und anderer Afrikaner noch mehr) sind ohne Arbeit. In Frankreich zeigt sich außerdem eine deutliche Aufspaltung des Arbeitsmarktes in niedrig qualifizierte Migranten, die überwiegend aus EU-Ländern, aber Nicht-EEA-Staaten (European Economic Area) stammen. Dies sind in erster Linie portugiesische Arbeiter in der Landwirtschaft und Arbeiterinnen im Bereich der Reproduktionsarbeit, d.h. als Hausarbeiterinnen. Dagegen ist fast die Hälfte aller ‚deutschen' Zuwanderer als Manager, als *cadre*, tätig. In den Niederlanden[9] stellt sich die Arbeitsmarktposition der zugewanderten Bevölkerung ähnlich ungleich gewichtet dar: die Arbeitslosenquote der einheimischen Bevölkerung sank leicht und lag 1995 bei 5,4 Prozent. Die Arbeitslosenquote der Nicht-Einheimischen Bevölkerung hat sich dagegen bei knapp 20 Prozent eingependelt.

Ein zweites Subsystem wird durch die deutschprachigen Länder Deutschland, Österreich und Schweiz repräsentiert. Hier konzentrierte sich die Zuwanderungs-, genauer: Rekrutierungspolitik insbesondere auf die 60er und frühen 70er Jahre. Sie war auf Rotation von Arbeitskräften ausgerichtet und wurde erst später durch angestrebte Integrationsmaßnahmen bzw. Remigrationsanreize in Richtung Migrationspolitik erweitert. Deutschland hat mit den Anwerbeverträgen für die mittel- und osteuropäischen Länder in den 90er Jahren eine begrenzte Neuauflage seiner ehemaligen Gastarbeiterpolitik eingeführt[10] und gleichzeitig die Programme zur Integration der (Spät-)Aussiedler zurückgeschraubt. Inzwischen hat sich ein stabiler Kern dieser Zuwanderungsbevölkerung in allen drei Ländern bis in die vierte Generation hinein etabliert und die Betitelung dieser Bevölkerungsteile als ‚ethnische Minderheiten' scheint in absehbarer Zukunft angebracht.

Ebenso wie die Zuwanderungsländer nordwestlichen Typus verzeichnen die Staaten im Zentrum zwar insgesamt einen Rückgang der Zuwanderungen, jedoch liegt der Anteil der registrierten ausländischen Bevölkerung in diesen Ländern im europäischen Vergleich hoch: zwischen knapp einem Zehntel und einem Fünftel der Bevölkerung besitzt nicht die Staatsbürgerschaft des Landes, in dem sie lebt. In der Migrationsgeschichte dieser drei Länder spielt jeweils die Zuwanderung aus der Türkei und aus

---

9 Die niederländischen Behörden definieren Einheimische und Nicht-Einheimische auf dem Arbeitsmarkt, indem sie von der Abstammung ausgehen. Als Niederländer gilt, wer niederländischer Abstammung ist, nicht aber, wer von Geburt an die niederländische Staatsangehörigkeit besitzt und von einer Minderheit abstammt.

10 Auf dem Prinzip der Zwangsrotation basierend wurden „Türchen" auf dem bundesrepublikanischen Arbeitsmarkt geöffnet: Werkvertragarbeitnehmer, Gastarbeitnehmer, Saisonarbeiter und Grenzgänger wurden für verschiedene Branchen, allen voran Agrar- und Bauwirtschaft, rekrutiert (vgl. Rudolph 1996). Zu den verschiedenen Phasen der Anwerbung im Baugewerbe vergleiche ausführlich: Hunger (1998).

dem ehemaligen Jugoslawien eine zentrale Rolle. Bezüglich der absoluten Zahlen ist Deutschland in Europa mit Abstand das wichtigste Einwanderungsland; relativ gesehen (d.h. über die 90er Jahre akkumuliert und ins Verhältnis zur einheimischen Bevölkerungszahl gesetzt) sind die Schweiz und Deutschland[11] die führenden Zuwanderungsländer in Europa (vgl. Migrationsbericht 1999). Auch in den Ländern dieses Subsystems liegt die Arbeitslosigkeit der ausländischen Bevölkerung über derjenigen der einheimischen Bevölkerung; in Deutschland liegt sie etwa doppelt so hoch; in der Schweiz ist ein Viertel aller Ausländer von Arbeitslosigkeit betroffen. Österreich, das eine Quotierung der ausländischen Arbeitskräfte eingeführt hat, zeigt mit einer Arbeitslosenquote mit 8,4 Prozent relativ niedrige Werte.

Italien und die ebenfalls an das Mittelmeer angrenzenden EU-Staaten Spanien, Griechenland und Portugal bilden im Süden Europas eine neue Gruppe von Zuwanderungsländern. Alle vier Länder waren bis Mitte der 80er Jahre Emigrationsländer. Bislang ist der Anteil der ausländischen Bevölkerung in allen Ländern dieses Subsystems durchweg niedrig: er oszilliert zwischen einem und zwei Prozent an der Gesamtbevölkerung und liegt damit deutlich unter den Werten des restlichen Europas. Dennoch stellen die neuen Migrationen diese Länder vor besondere Probleme: erstens, weil der Typus des rechtlich illegalen Zuwanderers (s.u.) das Migrationsgeschehen dominiert, und zweitens, weil sich die problematischen Aspekte der Zuwanderung häufig regional konzentrieren und konflikthaft verlaufen. Typisch für diese in Europa neu hinzu gekommenen Immigrationsländer sind gespaltene Migrationsmuster. Denn einerseits tragen die Zuwanderungsformen und die hierauf als Reaktion erfolgenden Migrationspolitiken die Merkmale der internationalen Politiken der späten 90er Jahre,[12] andererseits

---

11 Luxemburg, das extreme Zuwanderungszahlen aus den EU-Staaten aufweist, wird auf Grund seiner besonderen Position an dieser Stelle nicht behandelt.
12 Solche gespaltenen Migrationsmuster lassen sich gut am Beispiel Italien illustrieren. So besteht die von Italien inzwischen favorisierte Politik auf die kaum zu kontrollierende Zuwanderung in einer kontinuierlichen Einbettung von Migrationspolitiken in die Außenpolitiken – und dies entspricht der Linie der ebenfalls von anderen Industriestaaten, z.B. den USA, verfolgten präventiven Migrationspolitiken. Am Beispiel Albanien lässt sich dies wie folgt konkretisieren: Die italienische Politik reagiert auf die Flüchtlingswellen zuerst mit Maßnahmen im eigenen Land: Unterkünfte für Flüchtlinge werden bereitgestellt; verschiedentlich wurden temporäre Aufenthaltsgenehmigungen vergeben. Begleitend beginnen auf der binationalen Ebene kontinuierliche Verhandlungen über die Vergabe von Lebensmitteln für besonders deprivierte Regionen in Albanien bzw. über die Festlegung von Quoten für Wanderarbeitskräfte nach Italien und für die Repatriierung von nach Italien ausgewanderten Albanern und ihre Familienmitglieder. Immer wieder stranden derweil an den Küsten Süditaliens Schlauchboote und Schiffe mit Albanern, oftmals auch beladen mit bereits auf dem Seeweg umgekommenen Passagieren und regelmäßig machen in den italienischen Zeitungen brutal agierende Menschenhändler Schlagzeilen. All diese Ereignisse erhöhen den Handlungsdruck auf die italienische Regierung. Die engere Zusammenarbeit bei der Kontrolle und Vermeidung von organisiertem Verbrechen und Migration ist wiederholt zentrales Thema der bilateralen Gespräche. Im Dezember 1998 verhandelt Livia Turco, Sozialministerin Italiens, wieder mit Albanien – jetzt über Lebensmittel- und Entwicklungshilfe – falls dieses bereit ist, die illegale Auswanderung zu unterbinden. Dieser an internationale Erfahrungen angelehnte politische Umgang Italiens mit der Zuwanderung manifestiert sich auch in anderen migrationsrelevanten Politikbereichen: erstmalig hat Italien – wohl in Anlehnung an das US-amerikanische und kanadische Modell – Quoten innerhalb seiner Legalisierungsgesetzgebung vorgesehen (vgl. Hillmann 2000).

lehnen sich die Integrationsvorstellungen und -bemühungen primär an die in den nordwesteuropäischen Länder gemachten Erfahrungen an. Weiterhin sind die Migrationspolitiken dieser ehemaligen Emigrationsländer durch den zunehmenden Verlust nationaler Souveranität gegenüber supranationalen Institutionen gekennzeichnet. So wurde sowohl auf Griechenland als auch auf Italien von Seiten verschiedener Schengen-Partner (insbesondere von Frankreich und Deutschland) Druck ausgeübt, die externen Grenzkontrollen effektiver zu regeln, bevor eine volle Mitgliedschaft im Schengener Abkommen erreicht werden könne.[13] Auch die Ausländergesetzgebung wird in der Regel maßgeblich von den Schengen-Partnern beeinflusst, und informelle interministerielle Gesprächsrunden auf europäischer Ebene haben für die national verfolgten Migrationspolitiken deutlich an Relevanz gewonnen.[14]

Sowohl Spanien und Portugal als auch Italien und Griechenland haben mehrmals versucht, über die Durchführung von Legalisierungswellen Kontrolle über die sich auf dem Staatsterritorium bereits aufhaltenden illegalen Immigranten zu erlangen und so eine Beruhigung der angespannten sozialen Lage herbeizuführen.[15] Auf Grund ihrer eigenen Emigrationsgeschichte reagierten diese Länder anfänglich zum Teil weniger rigide auf die Zuwanderung, als dies in den anderen europäischen Ländern üblich gewesen wäre. Häufig bestanden schlicht keine gesetzlichen Vorgaben zum Umgang mit Immigranten. Die Kontrolle von Zuwanderung an den Außengrenzen und im Land selbst

---

13 Geplant war eine volle Integration Italiens 1998, eine teilweise Integration erfolgte am 27. Oktober 1997, ab 30. März 1998 sollten erstmals keine regelmäßigen Grenzkontrollen mit den Nachbarstaaten Frankreich und Österreich mehr durchgeführt werden.

14 Im Diskurs über die Zuwanderung nach Italien nimmt die illegale, d.h. die Zuwanderung nach Italien ohne gültigen Aufenthaltsstatus, eine prominente Position ein. Ähnlich wie Spanien (durch die Meerenge von Gibraltar) und Griechenland (durch Zypern) ist Italien durch seinen hohen Anteil an Küsten- bzw. Seegrenzen stark von illegaler Zuwanderung betroffen. Die Zusammenschau der polizeilichen Meldungen über die gescheiterten Versuche der illegalen Zuwanderung ergibt ein dramatisches Bild. Jenseits der jeweils aktuellen Schreckensmeldungen von im Mittelmeer ertrunkenen Albanern, Kurden, Irakern und Nordafrikanern und den Berichten über die gut organisierten Schlepperbanden, zeigt sich eine kontinuierliche Zunahme der illegalen Zuwanderung. Gemäß den Angaben des Polizeichefs von Bari (Apulien) wurden im Januar 1998 insgesamt zweimal so viele illegale Migranten wie im Jahr zuvor an den apulischen Küsten aufgegriffen, d.h. 35.000 Menschen. Das Innenministerium gibt im Dezember 1998 bekannt, dass zwischen Januar und Dezember 1998 47.000 Menschen an den Grenzen zurückgewiesen wurden und 43.000 Ausweisungen ausgestellt wurden (MNS 1/ 1999). Die lokalpolitischen Reaktionen in Italien sind hilflos und disparat: neben der Forderung nach „Arbeitslagern" seitens rechter Politiker, der Idee des Bürgermeisters von Rimini, regionale Pässe für schätzungsweise 80.000 Nicht-EU-Bürger in den Touristengebieten auszustellen (MNS 1997/9) bzw. in der Gemeinde Acqui Terme in Piemonte Kopfgelder von 1 Million Lire für aufgegriffene und repatriierte illegale albanische Migranten auszusetzen (MNS 1997/10), kommt es immer wieder zu zahlreichen aggressiven Übergriffen auf Einwanderer von Seiten der einheimischen Bevölkerung – und umgekehrt. Diese Ereignisse und Reaktionen machen sichtbar, dass in den späten 90er Jahren in Italien nicht von einer Kontrolle bzw. Steuerung über die Zuwanderungssituation gesprochen werden kann, sondern vielmehr von einem Verwalten akuter Problemlagen. Die organisierte Kriminalität in Italien verdient inzwischen – so kolportieren es die italienischen Zeitungen – mehr an Menschenhandel und Immigration als durch Drogenverkauf.

15 Die Legalisierungswellen im Einzelnen: Portugal: 1992/93 und 1996; Spanien: 1985/86, 1991 und 1995; Italien 1987/88, 1990, 1996 und 1998/99; Griechenland 1998.

hatte Priorität vor integrativen Maßnahmen, und so ging die Zuwanderung in die südlichen Länder vielerorts mit einer starken Verunsicherung einher. Räumliche Konzentrationen von Zuwanderern, zum Teil illegal als Saisonarbeiter angeheuert, kumulieren regelmäßig in sozialen Konflikten mit der einheimischen Bevölkerung. Beobachten lässt sich in diesen Ländern auch die in der Bevölkerung rasch akzeptierte Unterscheidung von EU-Migranten und Nicht-EU-Migranten; in Italien hat sich die Wortschöpfung *extracomunitari* bereits fast als Synomym für „Zuwanderer" etabliert. In der Tat ist es diese Gruppe der Zuwanderer, die immer wieder von den Medien, Politikern und Wissenschaftlern thematisiert wird – anders als in den Ländern des Zentrums, in denen Zuwanderer aus Lateinamerika, Afrika und Asien eher die Ausnahme darstellen.

Tabelle 1: Drei Subsysteme im europäischen Migrationssystem

Kriterien	Nordwest (UK-F-NL)	Zentrum (D-Ö-CH)	Süd (E-I-GR-P)
vorherrschende Migrationstypen	Minderheiten	Übergang zu ethnischen Minderheiten	neue Zuwanderer, oft illegaler rechtlicher Status
Dynamik der Zuwanderung	abnehmend	abnehmend, auf aktuell hohem Niveau	zunehmend, auf aktuell niedrigem Niveau
Anteil der ausländischen Bevölkerung an der Gesamtbevölkerung (1996)	3,4 – 6,3 Prozent	8,9 – 19 Prozent	1,3 – 2 Prozent
Anteil EU-Ausländer (1993)	1,2 – 2,3 Prozent	D: 2,1 Prozent Ö: 5,6 Prozent	0,3 – 0,6 Prozent
Anteil Drittstaatler (1993)	2,2 – 3,9 Prozent	D: 5,9 Prozent Ö: 5,6 Prozent	0,5 – 1,3 Prozent
Anteil der Ausländer am Arbeitsmarkt (1996)	3,1 – 6,3 Prozent	9,1 – 17,9 Prozent	1 – 1,8 Prozent
Größte Zuwanderungsgruppen	aus den ehemaligen Kolonialstaaten sowie Türkei	Türkei, ehem. Jugoslawien, Südeuropa, auch EU	sog. Entwicklungsländer, EU-Staaten

Quellen: SOPEMI 1998; Eurostat 1996–2.

Zusammenfassend wird im europäischen Vergleich die Koexistenz verschiedener Subsysteme deutlich. Während die nordwesteuropäischen Länder unter „Migranten" tendenziell ihre Minderheitenbevölkerung fassen, befinden sich die Länder des Zentrums auf dem Weg zu einer Minderheitenbildung. Die Wanderungsdynamik ist in beiden Subsystemen abnehmend. Eine Zunahme der Wanderung verzeichnen dagegen die südeuropäischen Länder – wobei diese Zuwanderer oft durch einen illegalen Aufenthaltsstatus und dementsprechend prekären Aufenthaltsbedingungen gekennzeichnet sind. Der Anteil der ausländischen Bevölkerung liegt in den Ländern des Zentrums weit über dem europäischen Durchschnitt (EUR15) von 4,8 Prozent, in den südeuropäischen Ländern mit unter zwei Prozent weit darunter. Im europäischen Durchschnitt liegt der Anteil der EU-Ausländer 1993 bei 1,5 Prozent, der Anteil der Drittstaatler bei 3,3 Prozent. Die größte Zuwanderungsgruppe in Europa stellen die Türken und die Personen aus den ehemals jugoslawischen Staaten. In dieser vergleichenden Perspektive kommen die nordwesteuropäischen Länder den europäischen Durchschnittswerten am nächsten; die Länder des Zentrums befinden sich, insbesondere bezüglich des Anteils der ausländischen Bevölkerung am Arbeitsmarkt, in einer europaweit herausragenden Situation und die Länder des südlichen Europas sind am stärksten mit neuen Formen der Zuwanderung konfrontiert.

2. Typen der Migration

Die oben beschriebenen Subsysteme sind in den 90er Jahren durch neue Typen von Zuwanderung geprägt. Im Vergleich mit den Migrationen in den Dekaden zuvor zeichnen sie sich durch Kurzfristigkeit, häufig Illegalität und ihren transnationalen Charakter aus. Augenfällig ist weiterhin die Feminisierung der Migrationsbewegungen. Sie ist das Ergebnis der besonders in den 80er Jahren erfolgten und noch erfolgenden Familienzusammenführungen. In den 90er Jahren dominieren, insbesondere in den neuen südeuropäischen Migrationsländern, Frauen in einigen Zuwanderungsgruppen das Wanderungsgeschehen. Sie sind die aktiv Wandernden und holen, sobald sie sich auf dem Arbeits- und Wohnungsmarkt des Ziellandes ausreichend etabliert haben, ihre Familienangehörigen nach. Immer deutlicher wird in den 90er Jahren, dass die Geschlechtszugehörigkeit die Migration strukturiert und dass das in der Migrationsforschung weiterhin vorherrschende Bild des männlichen Wanderers nicht mit der Wanderungsrealität übereinstimmt (Kofman und Sales 1998).[16] Auch die lange gültige Unterscheidung in freiwillige oder erzwungene Migration wird im Laufe der 90er Jahre immer weniger sinnvoll, weil sich die Grenzen zwischen Freiwilligkeit und Unfreiwilligkeit stärker verwischt haben. Zudem lässt sich eine starke Heterogenisierung in der Zusammensetzung der Wanderungsströme nachweisen (Treibel 1999).

Besonders die ersten beiden Facetten der neuen Migrationen, d.h. erhöhte Mobilität und häufigere Illegalität des Aufenthaltsstatus, erfahren in den 90er Jahren in der Migrationsforschung starke Beachtung. Die Forschung reagiert so auf die für Europa vergleichsweise extremen Ausprägungen der Migrationsbewegungen. So wurde im Laufe der 90er Jahre das Schleusen von Ausreisewilligen über Staatsgrenzen oder -küsten hinweg alltägliche Praxis und ist mittlerweile den Zeitungen allenfalls eine Randmeldung wert. Menschenschmuggel nahm zu; hier rückte der Frauenhandel als eine Variante sexualisierter Gewalt in den Mittelpunkt der öffentlichen Diskussion und perpetuiert dort das Stereotyp der Migrantin als Opfer (vgl. Niesner et al. 1997). Das System der „Ehefrauen auf Bestellung" stellt eine neue Form der Mobilität für Frauen aus der Dritten Welt dar (Del Rosario 1994: 199). In dieses Bild extremer Typen von Zu-

---

16 Das immer wieder kritisierte, aber dennoch in der Migrationsforschung weiter vorherrschende Stereotyp des männlichen Wanderers als Normalfall und der Migrantin als Anhängsel, hat in den 90er Jahren an Gültigkeit eingebüßt. Mittlerweile wird anerkannt, dass Migrationsprozessen eine besondere Geschlechtsspezifik innewohnt. Die theoretische und empirische Aufarbeitung dieser Erkenntnis steht aber noch aus (Kofman und Sales 1998).

wanderung passen sich ferner die Berichte über ganz neue Spielarten der Zuwanderung ein: So tauchten in Italien nach dem Besuch im Vatikan ganze Busladungen von vorgeblich pilgernden religiösen Polinnen und Polen unter. Pendelmigranten aus Osteuropa finden sich massenhaft auf den, vornehmlich informellen, Arbeitsmärkten in den angrenzenden Staaten wieder und betreiben von dort einen regen Handel, zeitweise sogar auf eigenen Märkten (Morokvasic 1994: 173).

Die vorherrschende Wanderungsform ist nun Mobilität; teilweise auch Zirkularität, jedoch nicht Migration (die im Allgemeinen eine Aufenthaltsdauer von mindestens einem Jahr impliziert). Der Gastarbeiter ohne vorherige Fachkenntnisse, der von einem großen Unternehmen in seinem Heimatland angeworben und mit einem festen Vertrag für eine bestimmte Tätigkeit in einer einheimischen Fabrik eingestellt wird, ist heute die große Ausnahme. Die in den 70er Jahren festzustellende ‚Unterschichtung' der nordwesteuropäischen Arbeitsmärkte durch die Migranten wirkt bis heute fort und die beschriebene durchgehend hohe Ausländerarbeitslosigkeit in den verschiedenen EU-Staaten verweist auf eine unvollständige arbeitsmarktbezogene Integration dieser Gastarbeiter über die Generationen hinweg. Doch die aktuellen 3-D-Jobs („dirty, dangerous, dreadful") des Europas der 90er Jahre liegen überwiegend im Bereich der informellen Teilarbeitsmärkte und werden häufig von illegalisierten Migranten, so genannten *visa-overstayern*[17] bedient (s.u.). Die Präsenz von illegalen Zuwanderern auf dem Arbeitsmarkt und in den Städten, war in den Jahren vor 1990 noch auf einzelne EU-Staaten beschränkt. Sie wurde in den 90er Jahren in allen EU-Ländern Normalität. Dies hat seinen Grund nur zum Teil im Ausbau und in der Verbesserung der internationalen Transport- und Kommunikationssysteme. Es sind auch die Zuwanderungsrestriktionen, die eine Prekarisierung der neuen Mobilitäten zur Folge hatten. Die Möglichkeiten einer legalen Einreise aus Nicht-EU-Staaten nach Europa sind sehr gering und der Übergang von temporären Arbeitswanderungen zu dauerhafter Niederlassung ist in den meisten europäischen Ländern auf Grund ausländerrechtlicher Bestimmungen nicht möglich. Nur einige wenige Staaten erlauben in bestimmten Fällen eine nachträgliche Legalisierung. Es bleibt oftmals nur der Weg nach EU-Europa über ein (wiederholtes) Touristenvisum, also als Pendler, oder aber der Weg in die Illegalität – denn wer einmal illegal zugereist ist und es geschafft hat, geht dieses Risiko nicht ein zweites Mal ein. Er oder sie bleibt im Lande und versucht es dort.

Doch wenn es Migranten möglich ist, einfach „unterzutauchen", neue Arbeitsmärkte zu „erschließen" oder von Europa aus ihre Familie in den fernen Heimatländern per Boten oder Banküberweisung mit Geld zu versorgen, dann sollte davon ausgegangen werden, dass es zuvor einen qualitativen Sprung in der Selbstorganisation der Wandernden gegeben hat. Es ist dann sehr wahrscheinlich, dass tragfähige Migrationsnetzwerke bestehen, die zwischen der Herkunfts- und der Zielregion vermitteln. Viele der

---

17 Um den stigmatisierenden Charakter der Bezeichnung „illegal" zu vermeiden, haben sich in der Migrationsforschung verschiedene Bezeichnungen parallel eingebürgert. Wer mit gültigen Papieren eingereist ist, aber keine Aufenthaltserlaubnis mehr besitzt, ist ein *Visa-overstayer*; üblich ist auch die Bezeichnung „Illegalisierter" oder „irregulärer Zuwanderer". In den angelsächsischen Ländern hat sich der Begriff des *undocumented migrant* durchgesetzt; die Franzosen sprechen von *sans-papiers*, die Italiener von *„clandestini"* (vgl. zum Begriff der Illegalität auch: Eichenhofer 1999).

nach Europa aus den nicht-europäischen Ländern zureisenden Frauen und Männer gehören diesem neuen Typus des Migranten an. Sie sind zugleich Ausdruck eines in der Entstehung begriffenen europäischen transnationalen Raumes. Hierin wird Mobilität zur Ressource; Pendelwanderung kann eine Möglichkeit werden, einen illegalen Aufenthaltsstatus zu verbergen (Morokvasic und Rudolph 1994). Die Existenz transnationaler Haushalte wurde im Falle Italiens für Philippinas und Peruanerinnen nachgewiesen (Hillmann 1996), ebenso für die Pendelwanderungen von Polen nach Deutschland (Cyrus 1995). Es ist nicht neu, dass Migrationen von länderüberspannenden Netzwerken begleitet werden. Die Entstehung eines spezifischen transnationalen sozialen Raumes in Europa scheint jedoch gerade im Wechselspiel von Globalisierung und neuen Transport- und Kommunikationstechnologien plausibel (Pries 1998).

Die in diesem Raum operierenden Netzwerke sind vorstellbar als die Knotenpunkte vieler temporärer Mobilitäten, die Herkunfts- und Ankunftsregionen miteinander verbinden. Die Migranten sind in beiden verwurzelt und ihre Wanderungen sind nicht einmalig bzw. unidirektional. Diese transnationalen Räume bilden eine eigenständige und stabile Referenzstruktur sozialer Positionen heraus und strukturieren die Alltagswelt und die Biographien der Migranten (Pries 1999). Im Mittelpunkt dieses Konzeptes steht nicht, wie für weite Teile der Migrationsexperten und Migrationspolitiker maßgeblich, der (nicht vorhandene) Aufenthaltsstatus der Migranten, sondern die Analyse der Ausprägungen des Migrationsraumes, z.B. wie sie in Form von länderüberspannenden Organisationen auftritt (Glick-Schiller et al. 1997). Zur Herstellung eines sozial konstituierten transnationalen Raumes gehört die Verbindung des Migrantenstatus mit einer aktivierenden Gruppenidentität (Tarrius 1994). Die Betonung von sozialen Netzwerken, die Herausstreichung kumulativer kausaler Dynamiken im Migrationsprozess, die Funktion von Rimessen, die Entwicklung von Migrationssystemen und das Konzept der ‚imaginierten *communities*' als Repräsentation der transnationalen *community* (Pries 1999b) sind zentrale Denkfiguren des wissenschaftlichen Diskurses über transnationale Migration. Bislang können diese Denkfiguren als heuristische Instrumente zukünftiger Forschung gelten – die empirische Füllung des Konzeptes steht in Europa noch aus.

Dennoch geht dieser Forschungsansatz einen Schritt weiter als die traditionellen Denkfiguren der Migrationsforschung, die in der Regel zwischen Herkunfts- und Zielland unterscheiden und ihre Analyse hierauf begrenzen. Der Transmigrationsansatz geht von anderen Formen der Grenzziehung aus: maßgeblich sind für ihn die durch die transnationale Migration entstehenden neuen sozialen Räume. Diese entsprechen nicht dem geographischen Raum, sondern liegen quasi quer zu Herkunfts- und Ankunftsregionen und nehmen Elemente beider Referenzsysteme auf. Sie werden durch die Transmigranten dauerhaft produziert und sind nicht auf Integration in eines der beiden Referenzsysteme ausgerichtet. Anders als im Falle der Diasporas wird nicht die Differenz zum Ankunftsland bei gleichzeitiger Orientierung an einer imaginierten mehr oder weniger religiös begründeten Gemeinschaft betont; sondern Herkunfts- und Ankunftskontext werden bewusst miteinander verbunden. Spätestens seit Mitte der 90er Jahre lassen sich dort die beschriebenen transnationalen sozialen Räume erkennen. Sie sind jedoch durch eine herkömmliche, auf die Nationalstaatsgrenzen verwiesene Forschung nicht zu erfassen. Viele Migranten haben die Zeichen der (globalisierten)

Zeit erkannt und operieren bereits erfolgreich auf transnationaler Ebene (s.u.). Darüber hinaus gestattet dieser Forschungsansatz eine Abkehr von der inhaltlich reduzierenden Frage nach der Legalität und Illegalität, der Kontrolle von Zuwanderungen – wie sie in den 90er Jahren im Zentrum des politischen, aber auch des wissenschaftlichen Diskurses standen. Hier könnte sich (wenigstens der soziologische) Blick auf neue gesellschaftliche Realitäten öffnen und klären, wie und in welchem Umfang sich ein gemeinsames Europa auch durch die Koexistenz von Migrationsnetzwerken und transnationalen Räumen begründet.

Am Beispiel der europäischen Städte, den wichtigsten Zuwanderungszielen, werden im nächsten Abschnitt unter europäischer Perspektive Gemeinsamkeiten und Unterschiede der Zuwanderung auf der lokalen Ebene untersucht. Wie lässt sich „Transnationalität" hier fassen? Welche Veränderungen ereignen sich bezüglich des Umgangs mit Migration, und auf welche Prozesse lassen sie schließen? Anknüpfend an den zweiten Abschnitt dieses Beitrages stehen die städtischen Arbeitsmärkte im Mittelpunkt der Analyse.

IV. Städte und Migrantenarbeitsmärkte

Die Zuwanderung richtet sich, auch Ende der 90er Jahre, vornehmlich auf die europäischen Städte. Dort leben heute die meisten Migranten und Minderheiten[18] – und in der Regel stammen sie in ihrem Heimatland auch von dort. Durch die Anbindung der Städte an die internationalen Transportsysteme konstituieren sie die Tore für die Migranten, die *ports of entry*, in die industrialisierten Länder (Salt, Singleton und Hogarth 1994). Dort erlangen temporäre Arbeitsmigrationen Beständigkeit und bringen Familiennachzug mit sich; Netzwerke und Migrantenorganisationen etablieren sich am leichtesten und am nachhaltigsten dort.

Der Umgang der europäischen Städte mit ihren Zuwanderern ist von der jeweiligen Position im europäischen Migrationssystem geprägt.[19] Pointiert formuliert haben sich die Städte des südlichen Europas in den 90er Jahren auf eine stark prekarisierte und bedürftige Zuwanderungsproblematik eingestellt. Oftmals waren hierfür unmittelbare Maßnahmen wie zum Beispiel die Versorgung von Flüchtlingen in provisorischen Notunterkünften notwendig. Die Länder des Nordwestens, die teilweise eine aktive Minderheitenpolitik führen, konzentrierten sich auf Integrationsprogramme (Niederlande), die Bekämpfung von Diskriminierung (Großbritannien) oder die Sozialarbeit in

---

18 So liegt der Anteil der ausländischen Bevölkerung an der Gesamtbevölkerung in Deutschland in Frankfurt am Main, in Stuttgart und in München bei etwa 25 Prozent. Alle deutschen Städte mit mehr als 500.000 Einwohnern hatten 1996 einen Zuwandereranteil von mindestens 12 Prozent. In absoluten Zahlen hat Berlin die meisten Zuwanderer.
19 In diesem Zusammenhang bedeutend ist das Modell der ‚global cities'. Es geht von einer in den 80er Jahren weltweiten Restrukturierung des Städtesystems aus. Einigen Städten, hierunter auch London, kommt die Funktion einer ‚global city' zu: sie bündeln und lenken die Waren- und Kapitalströme. Die Mobilität von (irregulären) Arbeitskräften wird als Teil dieser Reorganisationsprozesse aufgefasst (Sassen 1991). Eine Übertragung dieses Konzeptes auf Europa ist schwierig, da dieses auf Grund seiner starken inter- und intraethnischen Differenzen und unterschiedlichen Regulierungshorizonten einen Metropolenvergleich nur bedingt ermöglicht.

den Peripherien der Großstädte (Frankreich). In den Ländern des Zentrums setzte man auf die Fortführung der Integrationsansätze der vergangenen Jahre und sah sich mit einer steten, aber weit überschätzten Zuwanderung aus den Ländern Osteuropas konfrontiert.[20]

In der stadtsoziologischen Literatur der 90er Jahre werden diese Entwicklungen als Verlust der Integrationsfähigkeit der Stadt interpretiert. Sie galt bis dato als wesentliche Trägerin der Integration der zugewanderten Bevölkerung. Ende der 90er Jahre werden die Konfliktlinien entlang von Minderheiten und Migranten in den europäischen Städte immer offensichtlicher und in der wissenschaftlichen Debatte aufgegriffen[21] (Mingione 1999). Mittlerweile reagieren auch die europäischen Städte, gewarnt durch „amerikanische Verhältnisse". Die Kommunen reagieren entweder mit Dispersions- bzw. Desegregationsmaßnahmen oder aber mit kompensatorischer Sozialpolitik oder mit einer Mischung aus beidem (vgl. Musterd et al. 1997). So zeigt sich in den

---

20 Im Falle Deutschlands bestehen keine systematischen Steuerungsprogramme der Kommunen – obwohl diese in der Konkurrenz um Arbeit, Wohnen und Bildung neue Formen ethnischer Benachteiligung und Konflikte zwischen Einheimischen und Zuwanderern intensiv erfuhren. Baringhorst spricht hier von ‚kommunalpolitishcer Unterentwicklung' im internationalen Vergleich (vgl. Baringhorst 1999).
21 Hierbei sind starke Einflüsse der US-amerikanischen Stadtforschung unverkennbar. Für viele Jahre standen dort Assimilationsstudien im Fokus von Migrationsstudien. Der so genannte *melting pot*, Ideal und Ideologie des *mental mapping* der amerikanischen Gesellschaft, bekam erst Sprünge und zerfiel dann in die Metapher der *salad bowl*, die Vorstellung einer ethnopluralistischen Gesellschaft, in der sich die eine ethnische Minderheit an die nächste stückelt (ohne miteinander zu verschmelzen). Während sich die ersten Studien zu Segregation und Assimilierung überwiegend auf Juden und Italiener beziehen, auf die *Little Italies* und die *Koreatowns*, auf den *black belt* der 20er Jahre, so sind diese Bevölkerungsgruppen heute von untergeordnetem Interesse. Ghettoisierung, als eine extreme Form der räumlichen Segregation hingegen, wird weiterhin intensiv debattiert, auch wenn das Feld „total chaotisch" ist (Zukin 1998: 511). Das Ghetto der 90er Jahre ist noch schwärzer und ärmer geworden, Hypersegregation führte zu stabilen Hyperghettos – immerhin ein Drittel aller Afroamerikaner lebte in solchen (Massey und Denton 1993). Segregation ist der Lackmustest der erfolgreichen Assimilation, die Praktiken des *redlining* und *panick-paddling* sind nur auf der Gesetzesebene passé, leben aber im Alltäglichen fort (Wong 1998). Das Ghetto ist nicht länger funktional für die Gesamtgesellschaft, es sammelt die Ausgeschlossenen. Als Teil der postfordistischen Gesellschaft ist es das *outcast*-Ghetto, die das untere Ende der US-amerikanischen Gesellschaft prägt und sie erfüllen keinerlei nutzbringende gesellschaftliche Funktion (Marcuse 1998: 181). Ungleiche ökonomische Entwicklung und hiermit einhergehende soziale Polarisierung sowie Ausgrenzung vom Arbeitsmarkt werden seit Mitte der 90er in der Verbindung mit Zuwanderung gar als dominantes Thema des deutschsprachigen stadtsoziologischen Diskurses der 90er Jahre klassifiziert (Krämer-Badoni 1999). Der Begriff der *underclass* wird zwar aufgegriffen (das dahinter stehende Konzept auch), doch nicht in eine deutsche „Unterklasse" übersetzt. Es wird festgestellt, dass es Kategorien wie Gewinner (z.B. Gentrifizierer und Dinks) und Verlierer (Migranten, Alte, Langzeitarbeitslose) auch bei uns gibt. Die einen bauen in ihren (Stadt)Räumen die „Bühnen der Selbstdarstellung der Lebensstile" auf; die anderen sammeln sich in „sozialen Brennpunkten" (Dangschat 1996: 144). Gemessen wird dies an der der Sozialhilfedichte (HLU-Bezieher im Verhältnis zur Gesamtbevölkerung), der Einkommensentwicklung, erklärt entweder mit Modernisierung oder der „Reichtumsentwicklung in unmittelbarer Nachbarschaft" (Dangschat 1996: 151); Quartiere sind „einer kumulativ sich selbst verstärkenden Spirale der Abwärtsentwicklung" ausgesetzt, sofern es keinerlei politische Intervention gibt, werden sie zu „Gettos ohne Mauern" (Häußermann 1999: 17).

Ländern des Zentrums zu diesem Zeitpunkt die mangelnde Nachhaltigkeit der integrativen Programme der 70er und 80er Jahre, d.h. die etablierten Institutionen und Maßnahmen zur Integration der Zuwanderer haben sich nur teilweise für die Zuwanderer bewährt und die beschriebenen neuen Zuwanderungsformen erweisen sich als persistent (Häußermann und Oswald 1997).

Diese begrenzte Integration von Zuwanderern und Minderheiten in den städtischen Kontext, teilweise sogar ihre Exklusion, spiegelt sich auch in deren Positionierung auf dem Arbeitsmarkt wider. Trotz starker nationaler, regionaler und lokaler Differenzen bestehen ähnliche, zum Teil rassistische und diskriminierende, Entwicklungstendenzen auf den europäischen Arbeitsmärkten (Samers 1998).

Trotz der angespannten Arbeitsmarktsituation mit hohen Arbeitslosenzahlen und geringem Wirtschaftswachstum hält die Zuwanderung in Teilbereiche des Arbeitsmarktes in Europa an. Und obwohl der Bedarf an massenhafter Zuwanderung zur Unterstützung von Teilbereichen des formellen Arbeitsmarktes fast durchgängig der Vergangenheit angehört und grundlegende Veränderungen in der Arbeitsmarktorganisation der europäischen Länder erfolgt sind, besteht offenbar ein kontinuierlicher Bedarf an Zuwanderung. Dieser richtet sich – und dies zeigt sich in fast allen europäischen Städten mit jeweils regionalen Variationen – auf Branchen, die häufig auf Schwarzarbeit rekurrieren. Dies sind allen voran die Textilindustrie und das Nahrungsmittel- und Gaststättengewerbe. In beiden Branchen sind Ethnisierungsprozesse im Zuge der Neugestaltung der internationalen Arbeitsteilung beobachtbar (Hillmann und Rudolph 1997; Raes 2000). Auch Kurierdienste und vor allem das Reinigungsgewerbe beschäftigen in den 90er Jahren regelmäßig illegale Zuwanderer (Anderson 1999). Die Beschäftigung von illegalen Immigranten und Immigrantinnen im Reproduktionsbereich ist in den 90er Jahren in allen europäischen Ländern gängige Praxis und Normalität und nicht, wie in den Jahren zuvor, die Ausnahme. Es sind die niedrig entlohnten, arbeitsintensiven Dienstleistungsbereiche, die sich in den meisten Ländern durch eine hohe Zahl von Migranten und Migrantinnen im informellen Arbeitsmarkt auszeichnen. Nur in Ausnahmefällen, wie zum Beispiel im Falle des deutschen Baugewerbe nach der Wiedervereinigung, sind sie durch die offiziellen Anwerbung und Kanalisierung von Arbeitskräften auf der Grundlage bilateraler Vertragsabkommen legal in das Ankunftsland gekommen; teilweise dort später als *overstayer* geblieben. Die überwiegende Zahl der Migranten in diesen informellen Teilarbeitsmärkten gelangte über die sich im Laufe der Jahre entstandenen ethnischen Netzwerke dorthin.

Gemeinsam ist den europäischen städtischen Arbeitsmärkten auch, dass eine ethnische Strukturierung (wie sie sich durch die oben beschriebene überproportionale Arbeitslosigkeit des ausländischen Bevölkerungsanteiles in den Städten und der Festlegung auf einige Branchen des formellen Arbeitsmarktsegments artikuliert) vorhanden ist. Außerdem haben sich jeweils an den Rändern der formellen und informellen Arbeitsmarktsegmente ethnische Ökonomien entwickelt – sie können für die verschiedenen ethnischen Gruppen als Drehtüren zwischen diesen beiden Teilbereichen des Arbeitsmarktes fungieren und besitzen in den verschiedenen europäischen Staaten eine unterschiedliche Durchlässigkeit.

Das so genannte ethnische Gewerbe ist in den 90er Jahren zu einem integrativen Bestandteil der städtischen Ökonomien geworden und hat mancherorts den massiven

Rückgang des Einzelhandels in den benannten Branchen gebremst. Die Aufnahme einer selbständigen Unternehmertätigkeit bot zudem den eher von Arbeitslosigkeit bedrohten Migranten und Minderheiten eine Existenzgrundlage. Erste Zusammenschlüsse, mit dem Ziel einer europaweiten Vernetzung der unterschiedlichen Gruppen ethnischer Unternehmer, haben sich Ende der 90er Jahre fest etabliert. Prinzipiell kann für die europäischen Städte, bis auf die Ausnahme Großbritanniens, festgestellt werden, dass die Genese der ethnischen Segmentierung nicht auf politische Regulierungen zurückgeht, sondern auf das Fehlen desselben. Die Formierung von ethnischen Gemeinschaften wird in Europa in der Regel nicht wie in den USA als notwendige Phase im Assimilierungsprozess begriffen, in der die räumliche Segregation und die soziale Segmentation als Normalität akzeptiert werden (Fassmann 1997: 157). Ebenso gibt es Hinweise darauf, dass sich vielerorts das ethnische Gewerbe selbst internationalisiert hat. Aus Mailand ist bekannt, dass chinesische Zuwanderer über Migrationsketten und eine globale Handelsvernetzung auf der Ebene der verschiedenen Diasporas organisiert sind und sie so ihre Stellung auf dem lokalen Arbeitsmarkt behauptet haben (Cologna 1998).

V. Fazit und Forschungsausblick

In der beschriebenen Topographie des europäischen Migrationsraumes, wie sie sich Ende der 90er Jahre präsentiert, sind die Weichenstellungen für die Migrationsregulierung im zukünftigen Europa angelegt. Anhand der zur Verfügung stehenden Eckdaten über den Stand der Zuwanderung in Europa und dessen Integration in die nationalen Arbeitsmärkte erfolgte eine Differenzierung des europäischen Migrationssystem in drei Subsysteme. Augenfällig wurde so die Notwendigkeit einer europäischen, gemeinschaftlichen Migrationspolitik. Sie leitet sich unter anderem aus der ungleichen Verteilung der Zuwanderung in Europa ab: die an das Mittelmeer angrenzenden Staaten Südeuropas galten in den 90er Jahren als einfache Einfallstore für einen großen Teil der illegalen Migration in ganz Europa; in den Ländern des Zentrums und des Nordwestens wiederum befinden sich die etablierten Migrationsnetzwerke. Auf der Ebene einer gemeinsamen europäischen Migrationspolitik steht in den 90er Jahren der Aspekt der Kontrolle und Verhinderung von Zuwanderung im Vordergrund – nur wenige Aktivitäten verweisen dagegen auf einen gemeinsamen Begriff von Integration. Die Umsetzung des Schengener Abkommens leitete zugleich eine stärkere Unterscheidung zwischen EU-Wanderern und Nicht-EU-Wanderern ein, wobei der Anteil der Zuwanderung im Europa der 15 im Durchschnitt unter 5 Prozent liegt; nur 1,5 Prozent der Migrationen sind EU-interne Wanderungsbewegungen (und werden im öffentlichen Diskurs kaum thematisiert). Auch wurde das Thema ‚Migration' in den 90er Jahren nicht allein auf der politischen Ebene verhandelt – inhaltlich scheint es mittlerweile als kleinster gemeinsamer Nenner aller europäischen Staaten zu fungieren, und es scheint auf europäischer Ebene den kollektiven Prozess einer Begriffsbildung aktiv voran zu treiben, was das Eigene ist und was das Fremde.

Als länderübergreifender Trend manifestiert sich die Zunahme der Arbeitslosenzahlen in der ausländischen Bevölkerung in fast allen europäischen Staaten. Überdies deuten die zunehmenden Phänomene sozialer Exklusion, insbesondere in den Städten, auf eine Polarisierung zwischen Zuwanderern und Einheimischen auf der lokalen Ebene hin. Auch die Legalisierungswellen in den südeuropäischen Ländern weisen auf solche regionalen und sozialen Fragmentierungen hin.

Zusammenfassend lässt sich festhalten: In der Konstruktion des EU-Europa schaffen die qualitativ „neuen Migrationen" in den 90er Jahren auf der transnationalen Ebene einen gemeinsamen Nenner der politischen, wissenschaftlichen und interinstitutionellen Auseinandersetzung. Auf der lokalen Ebene wirken diese Migrationen in den verschiedenen Subsystemen polarisierend, vor allem in den Städten und ganz besonders in den peripheren Regionen. Überzeichnet werden diese Prozesse der Herausbildung eines europäischen Migrationsraumes durch einen neuen, stärker transnational agierenden Typus von Migranten. Er ist aktiv an der Entstehung eines transnationalen sozialen Raumes in Europa beteiligt und entzieht sich weitgehend den klassischen Instrumentarien der Analyse von Migrationsbewegungen. Damit bleibt dieser Typus der Zuwanderung bislang im Schatten der Migrationsforschung.

Die traditionelle Migrationsforschung ist am Ende des 20. Jahrhunderts mit ihren Fragen nach dem „Woher? Wohin?" und (häufig) ihrer Auswertung von Sozialstruktur- bzw. Migrationsdaten weitgehend auf die nationalen Grenzziehungen zurück geworfen und konzentriert sich in ihrer Forschung bevorzugt auf die einzelnen nationalen Einheiten. Sie nähert sich (noch) nicht den veränderten, fließenden Grenzen des entstehenden europäischen Raums. Einer solchen europäischen Perspektive ist der in diesem Beitrag vorgestellte Denkvorstoß der „transnationalen Migrationsräume" aus mindestens zwei Gründen dienlich. Erstens könnte es ihm gelingen, die Migrationsforschung an bestehende und veränderte Realitäten in den europäischen Ländern anzupassen. Zweitens könnte damit der in den 90er Jahren weitgehend auf den Kontroll- und Legalitätsaspekt verengte Forschungsblick auf neue Forschungsfragen gerichtet werden. Diese weisen über die nationalen Grenzen hinaus und müssten unter Einbeziehung des Wissens um Globalisierung und Internationalisierung formuliert werden. Sie sollten außerdem der Tatsache Rechnung tragen, dass die statistische Erfassung der neuen Migrationsbewegungen nur *ein* Element der soziologischen Analyse sein kann, nicht aber die qualitative Dimension der Konstruktion und Veränderung des europäischen Migrationsraumes zu beleuchten in der Lage ist. Eine tragfähige Migrationssoziologie sollte dazu befähigen, die der Migration inhärenten gesellschaftlichen Mechanismen zu erkennen und deren Anteil am gesellschaftlichen Wandel zu überprüfen. Sie sollte das Augenmerk auf die Erklärung von sozialen Strukturen unter dem Blickwinkel der Migration lenken. Um dies zu erreichen, darf sie den Blick nicht auf die nationalen Grenzen fixieren, sondern sollte darüber hinausweisen. Und sie sollte in der Lage sein, die sich aktuell konstituierenden gesellschaftlichen Grenzverläufe in die richtigen Worte zu fassen und zu analysieren. Denn Migration ist beides: Indikator *und* treibende Kraft gesellschaftlicher Veränderungsprozesse, gerade auch in der europäischen Dimension.

Literatur

Anderson, Philip, 1999: From the Wailing Wall to the ‚Dignified Juggler'. Making a Living as an Undocumented Migrant in the United Kingdom. S. 157–176 in: *Eberhard Eichenhofer* (Hg.): Migration und Illegalität. Osnabrück: Universitäts-Verlag Rasch.
Angenendt, Steffen, 1999: Europa als Einwanderungsgebiet. S. 847–861 in: *Werner Weidenfeld* (Hg.): Europa-Handbuch. Bonn: Bundeszentrale für Politische Bildung.
Angenendt, Steffen, 1999b: Asylum and Migration in the EU Member States: Structures, Challenges and Policies in Comparative Perspective. S. 6–64 in: *Ders.* (Hg.): Asylum and Migration Policies in the European Union. Bonn: Europa Union Verlag.
Baringhorst, Sigrid, 1999: Multikulturalismus und Kommunalpolitik. Über einige nicht intendierte Folgen kommunaler Minderheitenpolitik in Großbritannien, Leviathan 27,3: 287–308.
Cologna, Daniele et al., 1998: Cina a Milano, Associazione Interessi Metropolitane, Milano.
Cruz, Antonio (Hg.), 2000: Parliament Denounces as „Wishful Thinking" the Action Plans Drawn up by the High-level Group on Asylum and Migration. Migration News Sheet. January 2000.
Cyrus, Norbert, 1995: In Deutschland arbeiten und in Polen leben. Was die neuen WanderarbeiterInnen aus Polen bewegt. S. 27–42 in: *Andrzej Buko* (Hg.): Arbeitsschwerpunkt Rassismus und Flüchtlingspolitik: Zwischen Flucht und Arbeit. Neue Migration und Legalisierungsdebatte. Hamburg: Verlag Libertäre Assoziation.
Dangschat, Jens S., 1996: „Es trennt sich die Spreu vom Weizen ...". Die sozialräumliche Polarisierung der Stadt, Die Alte Stadt 2: 141–155.
Del Rosario, Virginia, 1994: Viele Ursachen, komplexe Verhältnisse: „Ehefrauen auf Bestellung" in Europa. S. 188–200 in: *Mirjana Morokvasic* und *Hedwig Rudolph* (Hg.): Wanderungsraum Europa. Berlin: edition sigma.
Eichenhofer, Eberhard 1999: Illegale Einreise, illegaler Aufenthalt und illegale Beschäftigung als Fragen der Migrationsforschung. In: *Ders.* (Hg): Migration und Illegalität. Osnabrück: IMIS-Schriften 7.
Epiney, Astrid, 1995: Der Weg zum zweiten Schengener Abkommen. S. 21–48 in: *Alberto Achermann* et al. (Hg.): Schengen und die Folgen. Bern: Stämpfli.
Epiney, Astrid, 1995: Rechte und Pflichten der Drittausländer. S. 51–78 in: *Alberto Achermann* et al. (Hg.): Schengen und die Folgen. Bern: Stämpfli.
Eurostat, 1996: Bevölkerung und soziale Bedingungen. Reihe: Statistik kurzgefaßt, Heft 2. Luxemburg.
Eurostat, 1998a: Bevölkerung und soziale Bedingungen. Reihe: Statistik kurzgefaßt, Heft 3. Luxemburg.
Eurostat, 1998b: Bevölkerung und soziale Bedingungen. Reihe: Statistik kurzgefaßt, Heft 10. Luxemburg.
Freudenberg Stiftung (Hg.), 2000: Towards Emerging Ethnic Classes in Europe? Weinheim.
Faßmann, Heinz, 1997: Die ethnische Segmentierung des Wiener Arbeitsmarktes. S. 157–169 in: *Hartmut Häußermann* und *Ingrid Oswald* (Hg.): Zuwanderung und Stadtentwicklung. Leviathan Sonderheft 17. Opladen: Westdeutscher Verlag.
Glick-Schiller, Nina, Linda Basch und *Christina Blanc Szanton,* 1997: From Immigrant to Transmigrant: Theorizing Transnational Migration. S. 121–140 in: *Ludger Pries* (Hg.): Transnationale Migration. Soziale Welt, Sonderband 12. Baden-Baden: Nomos Verlag.
Häußermann, Hartmut, 1999: Sozialräumliche Struktur und der Prozeß der Ausgrenzung: Quartierseffekte, Nachrichtenblatt zur Stadt- und Regionalsoziologie 14: 7–18.
Häußermann, Hartmut, und *Ingrid Oswald,* 1997: Zuwanderung und Stadtentwicklung. S. 9–29 in: *Hartmut Häußermann* und *Ingrid Oswald* (Hg.): Zuwanderung und Stadtentwicklung. Leviathan Sonderheft 17. Opladen: Westdeutscher Verlag.
Hillmann, Felicitas, 1996: Jenseits der Kontinente – Migrationsstrategien von Frauen nach Europa. In: Reihe: Stadt, Raum und Gesellschaft. Band 3. Herausgegeben von *Felicitas Hillmann.* Pfaffenweiler: Centaurus-Verlags-Gesellschaft.

Hillmann, Felicitas, und *Hedwig Rudolph*, 1997: Redistributing the Cake? Ethnicisation Processes in the Berlin Food Sector. Discussion Paper FS I 97–101. Berlin: Wissenschaftszentrum für Sozialforschung (WZB).

Hillmann, Felicitas, 2000: Italien- das europäische ‚Ellis Island' der 90er Jahre? S. 183–201 in: *Klaus Schmals* (Hg.): Stadt und Migration. Opladen: Leske + Budrich.

Hunger, Uwe, 1998: Arbeitskräftewanderungen im Baugewerbe der Europäischen Union: Problemanzeigen, Regelungsversuche und Schlußfolgerungen für die zukünftige Beschäftigung von Ausländern in Deutschland. S. 65–105 in: *Dietrich Thränhardt* (Hg.): Einwanderung und Einbürgerung in Deutschland. Jahrbuch Migration 97/98. Münster/London: Lit Verlag 1998.

Just, Wolf-Dieter, 1984: Wanderarbeiter in der EG. Band 1 und 2. Mainz: Verlag Kaiser und Grünewald.

Kofman, Eleonore, und *Rosemary Sales*, 1998: Migrant Women and Exclusion in Europe, The European Journal of Women's Studies 5: 399–417.

Koser, Khalid, und *Helma Lutz* (Hg.), 1998: The new Migration in Europe. Social Contructions and Social Realities. London: Macmillan Press.

Krämer-Badoni, Thomas, 1999: Die Stadtsoziologie Ende der 90er Jahre, Soziologische Revue 22: 413–422.

Kramer, Roger, 1997: Developments in International Migration to the U.S. In: Immigration Policy and Research, Working Paper 32. Washington D.C.: U.S. Department of Labour: Bureau of International Labour Affairs.

Marcuse, Peter, 1998: Ethnische Enklaven und rassische Ghettos in der postfordistischen Stadt. S. 176–193 in: *Wilhelm Heitmeyer* et al. (Hg.): Die Krise der Städte. Frankfurt a.M.: Suhrkamp.

Massey, Douglas, und *Nancy Denton*, 1993: American Apartheid. Harvard: University Press.

Migrationsbericht, 1999: Zu- und Abwanderung nach und aus Deutschland. Mitteilungen der Beauftragten der Bundesregierung für Ausländerfragen. Berlin und Bonn.

Miles, Robert, und *Dietrich Thränhardt*, 1995: Introduction: European Integration, Migration and Processes of Inclusion and Exclusion. S. 1–12 in: *Dietrich Thränhardt* und *Robert Miles* (Hg.): Migration and European Integration. London: Pinter Publishers.

Mingione, Enzo, 1999: Immigrants and the Informal Economy in European Cities, International Journal of Urban and Regional Research 23: 209–211.

Morokvasic, Mirjana, 1994: Pendeln statt auswandern. Das Beispiel der Polen. S. 166–187 in: *Mirjana Morokvasic* und *Hedwig Rudolph* (Hg.): Wanderungsraum Europa. Berlin: edition sigma.

Münz, Rainer, 1997: Woher – wohin? Massenmigrationen im Europa des 20. Jahrhunderts. S. 221–245 in: *Ludger Pries* (Hg.): Transnationale Migration. Sonderband Soziale Welt. Baden-Baden: Nomos Verlag.

Musterd, Sako, et al., 1997: Muster und Wahrnehmung ethnischer Segregation in Europa. S. 293–307 in: *Hartmut Häußermann* und *Ingrid Oswald* (Hg.): Zuwanderung und Stadtentwicklung. Leviathan Sonderheft 17. Opladen: Westdeutscher Verlag.

Nauck, Bernhard, 1999: Migration, Globalisierung und der Sozialstaat, Berliner Journal für Soziologie 9: 479–493.

Niesner, Elvira, 1997: Ein Traum vom besseren Leben. Migrantinnenerfahrungen, soziale Unterstützung und neue Strategien gegen Frauenhandel [überarbeitete Fassung einer im Frankfurter Institut für Frauenforschung e.V. (FIF) in den Jahren 1989 bis 1993 erstellten Untersuchung]. Opladen: Leske + Budrich.

Pries, Ludger, 1998: „Transmigranten" als Typ von Arbeitswanderern in pluri-lokalen Sozialen Räumen. Das Beispiel der Arbeitswanderungen zwischen Puebla/Mexiko und New York, Zeitschrift für sozialwissenschaftliche Forschung und Praxis: Soziale Welt 49: 135–150.

Pries, Ludger, 1999a: Transnationale soziale Räume zwischen Nord und Süd. Ein neuer Forschungsansatz für die Entwicklungssoziologie. S. 39–54 in: *Karin Gabbert* et al. (Hg.): Lateinamerika Analysen und Berichte 23. Migrationen. Bad Honnef: Horlemann Verlag.

Pries, Ludger, 1999b: New Migration in Transnational Spaces. S. 1–35 in: *Ludger Pries* (Hg.): Migration and Transnational Social Spaces. Ethnic Relations Series. Ashgate: Brookfield.

Raes, Stephan, 2000: Regionalisation in a Globalising World: The Emergence of Clothing Sweatshops in the European Union. S. 20–36 in: *Jan Rath* (Hg.): Immigrant Businesses. London: Jan Rath/Macmillan Press Ltd.
Rudolph, Hedwig, 1996: Die Dynamik der Einwanderung im Nicht-Einwanderungsland Deutschland. S. 161–182 in: *Heinz Fassmann* und *Rainer Münz* (Hg.): Migration in Europa. Frankfurt a.M.: Campus Verlag.
Salt, John, Anne Singleton und *Jennifer Hogarth*, 1994: Europe's International Migrants. Data Sources, Patterns and Trends. London: HMSO.
Samers, Michael, 1998: Immigration, ‚Ethnic Minorities' and ‚Social Exclusion' in the European Union: a Critical Perspective, Geoforum 29: 123–144.
Santel, Bernhard, 1994: Loss of Control: The Bild-up of a European Migration and Asylum Regime. S. 75–91 in: *Dietrich Thränhardt* und *Robert Miles* (Hg.): Migration and European Integration. London: Pinter Publishers.
SOPEMI, 1998: Trends in International Migration; Annual Report, OECD, Genf.
Tarrius, Alain, 1994: Zirkulationsterritorien von Migranten und städtische Räume. S. 113–131 in: *Mirjana Morokvasic* und *Hedwig Rudolph* (Hg.): Wanderungsraum Europa. Berlin: edition sigma.
Treibel, Annette, 1999: Migrationen in modernen Gesellschaften. Soziale Folge von Einwanderung, Gastarbeit und Flucht. Weinheim: Juventa Verlag.
Wessels, Wolfgang, 1999: Die Europapolitik in der politikwissenschaftlichen Debatte. S. 25–35 in: Jahrbuch der Europäischen Integration 98/99. Bonn: Europa Union Verlag.
Wong, David W.S., 1998: Measuring Multiethnic Spatial Segregation, Urban Geography 19: 77–87.
Zukin, Sharon, 1998: How ‚bad' is it? Institutions and Intentions in the Study of the American Ghetto, International Journal of Urban and Regional Research 22: 511–520.

GRENZABBAU UND NEUKONSTRUKTION IM EUROPÄISCHEN MIGRATIONSRAUM

Verónica Tomei

Zusammenfassung: Die europäische Migrationspolitik eignet sich besonders gut für die Analyse der Veränderungen, die der europäische Integrationsprozess für den nationalstaatlich geprägten Ordnungsrahmen bewirkt. Internationale Migration ist per definitionem ein transnationaler sozialer Prozess, sodass der staatliche migrationspolitische Steuerungsanspruch zwangsläufig den Aufbau transnationaler Steuerungskompetenz erfordert. Gleichzeitig beruht der Umgang mit Zuwanderern auf Inklusions- und Exklusionsmechanismen, die traditionell nationalstaatlich geprägt sind. Zwischen den Staaten der Europäischen Union ist in den vergangenen Jahren zunehmend die Entstehung eines gemeinsamen Migrationsraumes zu beobachten. Dies geschieht nicht durch supranationale Vorgaben einer Brüsseler Behörde, sondern vornehmlich durch die Ausdehnung nationalstaatlicher Handlungsspielräume, die Zunahme an transnationalen Verwaltungskontakten, die Herausbildung einer migrationsbezogenen Bürokratie europäischen Zuschnitts und durch die permanente Interaktion zwischen nationaler und europäischer Ebene. Dies verändert den Bezugsrahmen nationaler Akteure.

Transnationale soziale Prozesse wie internationale Wanderungsströme erfordern eine institutionelle Anpassung nationalstaatlichen Handelns. Dies ist zwischen den Staaten der Europäischen Union, die sich Mitte der 80er Jahre mit dem Binnenmarktprojekt 1992 dem Abbau der Binnengrenzen verschrieben haben, besonders dringend der Fall. Seit dem Maastrichter Vertrag gehören Fragen des Zugangs von Drittausländern zum EU-Territorium zu den „Angelegenheiten von gemeinsamem Interesse". Im Amsterdamer Vertrag stehen migrationspolitische Maßnahmen unter der Zielvorgabe des schrittweisen Aufbaus „eines Raums der Freiheit, der Sicherheit und des Rechts".

Die Betrachtung der europäischen Migrationspolitik eignet sich somit in zweifacher Hinsicht besonders für die Analyse der Veränderungen, die der europäische Integrationsprozess für den nationalstaatlich geprägten Ordnungsrahmen bewirkt. Zum Einen handelt es sich bei der internationalen Migration wesensgemäß um einen transnationalen sozialen Prozess, der durch Interdependenz entsteht und zu weiterer Verflechtung unterschiedlicher Nationalgesellschaften beiträgt. Damit erfordert der staatliche migrationspolitische Steuerungsanspruch zwangsläufig den Aufbau transnationaler Steuerungskompetenz. Zum Zweiten beruht der Umgang mit Zuwanderern auf Inklusions- und Exklusionsmechanismen, die traditionell nationalstaatlich geprägt sind.

Es lässt sich zwischen den Staaten der Europäischen Union in den vergangenen Jahren zunehmend die Entstehung eines gemeinsamen Migrationsraums beobachten. Dies geschieht nicht durch supranationale Vorgaben einer Brüsseler Behörde, sondern vornehmlich durch die Ausdehnung nationalstaatlicher Handlungsspielräume, die Zunahme an transnationalen Verwaltungskontakten und durch die permanente Interaktion zwischen nationaler und europäischer Ebene.

Im Folgenden wird diese Entwicklung nachgezeichnet und versucht, ihre Dynamik zu identifizieren und ihre Bedeutung einzuordnen. Hervorgehoben werden soll die Veränderung des politischen Bezugssystems der Akteure in einem Bereich, der traditionell dem Kernbereich nationalstaatlicher Souveränität zugerechnet wird.

I. Wanderungsraum EU? Der europäische Integrationsprozess und Migrationsbewegungen

Der Nationalstaat ist mit einem betonten Territorialitätsbezug entstanden. Grenzziehungen dienten als Abgrenzung und Schutz nach außen, zur Konsolidierung nach innen. Die Schaffung von Staatsangehörigkeitsrechten wirkte nach außen zur Klarlegung von eindeutigen Zugehörigkeitsbeziehungen zwischen einzelnen Individuen und ihren jeweiligen Staaten, nach innen hin zur Bildung und Konsolidierung des Staatsvolkes. Gleichzeitig wirkte die staatsangehörigkeitsrechtliche Unterscheidung zwischen Ausländer und Inländer nach innen identitätsstiftend und versinnbildlichte die Schicksals- und Solidargemeinschaft zwischen den Staatsangehörigen des Staatsvolkes (Schulze 1994; Brubaker 1994). Grenzen, die ein Staatsgebiet genau bezeichnen und eine als Staatsvolk in diesem Staatsgebiet verfasste Gemeinschaft waren daher für die Entstehung des modernen Nationalstaates konstitutiv und bilden damit auch nicht zufällig die Grundlage der bis heute dominierenden Staatsrechts- und Völkerrechtslehre des 19. Jahrhunderts.

Auch die Migrationspolitik ist eng mit der Bedeutung und Existenz von Grenzen verknüpft. An den territorialen und mitgliedschaftlichen Grenzen lässt sich festmachen, wo die Zugangskontrolle des Staates einsetzt.

Der europäische Integrationsprozess hingegen ist von seinen Ursprüngen an auf die Überwindung der die Völker Europas trennenden Grenzen angelegt. Eine der vier Grundfreiheiten, die den Vertrag zur Europäischen Wirtschaftsgemeinschaft von 1957 charakterisieren, ist die den Arbeitnehmern eingeräumte Freizügigkeit. In der Vorstellung der europäischen Gründerväter gehörte zum gemeinsamen Markt eben auch der gemeinsame Arbeitsmarkt. Dass dies letztlich auch zur gegenseitigen Mitsprache bei Kernfragen der nationalstaatlichen Souveränität führen musste, beispielsweise hinsichtlich der Grenzkontrollen oder der Asylgewährung für politische Flüchtlinge, war lange Zeit nicht bewusst.

In das politische Bewusstsein rückten die migrationspolitischen Auswirkungen des europäischen Einigungsprozesses erst in der zweiten Hälfte der 1980er Jahre. Hier trafen zwei Entwicklungsstränge zusammen. Zum einen sah sich die Mehrzahl der EU-Staaten[1] migrationspolitisch betrachtet in einer vergleichbaren Situation: Trotz restriktiver Zuwanderungspolitik war Zuwanderung in weiterhin hohem und sogar steigendem Umfang zu verzeichnen (Collinson 1993).[2] Gleichzeitig zeichnete sich zwischen

---

1 Aus Gründen der Einfachheit wird im vorliegenden Beitrag einheitlich von EU-Staaten gesprochen, auch wenn sich einzelne Textpassagen auf die Zeit vor 1993, also die Zeit vor Inkrafttreten des Vertrags zur Gründung der Europäischen Union, beziehen.

2 Die Mehrzahl der EU-Staaten verzeichnete zwischen 1985 und 1992 steigende Nettomigra-

den kontinentaleuropäischen EU-Staaten auf Grund der geographischen Nähe und der wechselseitigen Verflechtungen eine gegenseitige Abhängigkeit auf migrationspolitischem Gebiet ab.

Internationale Migration ist per definitionem ein transnationales soziales Phänomen, bei dem die autonome Gestaltungsmacht des einzelnen Staates zunehmend fraglich erscheint. In einem offenen Europa, das zunehmend auf Kontrollen zwischen seinen Mitgliedstaaten verzichten möchte, wird diese gegenseitige Abhängigkeit in Bezug auf migrationspolitische Entscheidungen besonders augenfällig. Die migrationspolitische Kooperation zwischen den EU-Staaten hat ihren Anfang in den 1980er Jahren als flankierende Maßnahme zum Binnenmarktprojekt 1992 genommen (Tomei 1997: 16f.).

Als Grundbausteine dieser Entwicklung von Grenzabbau und Neukonstruktion im europäischen Migrationsraum sind die Schengener Verträge zu sehen. 1985 schlossen Deutschland, Frankreich und die Benelux-Staaten das *Schengener Abkommen über den schrittweisen Abbau von Grenzkontrollen* ab. Hierin vereinbarten die Vertragsstaaten, bestimmte migrationsbezogene Fragen untereinander abzustimmen. Das *Schengener Durchführungsübereinkommen,* das 1990 von denselben Staaten unterzeichnet wurde, sieht in seinem asylrechtlichen Teil die gemeinsame Verantwortung für einen Asylantrag, der in einem der Mitgliedstaaten gestellt wird, vor. Nach bestimmten, im Vertrag normierten Kriterien wird der Staat ermittelt, der für die Prüfung des Asylantrages zuständig ist. Dadurch, dass im Prinzip eine zweite Antragstellung in einem der anderen Vertragsstaaten nicht zulässig ist, übernimmt der zuständige Vertragsstaat die flüchtlingsrechtliche Verantwortung stellvertretend für die anderen Staaten mit. Die Vertragsstaaten werden somit in Bezug auf die Asylantragstellung als ein *gemeinsamer Asylraum* betrachtet (Tomei 2001).

II. Vertragliche Grundlagen des europäischen Migrationsraums

Die soeben angesprochenen Schengener Verträge von 1985 und 1990, das Dubliner Übereinkommen von 1990, der Maastrichter Vertrag von 1992 und der Amsterdamer Vertrag von 1997 stellen bislang die vertraglichen Fundamente dar, auf denen der europäische Migrationsraum entsteht.

Wie bereits dargestellt, sind die Schengener Verträge im engen Zusammenhang mit dem Binnenmarktprojekt 1992 zu sehen. Der Wegfall von Binnengrenzkontrollen machte die gegenseitige Abstimmung und Angleichung in allen Politikbereichen erforderlich, die eine grenzüberschreitende Relevanz aufweisen, wie dies für Wanderungsbewegungen besonders deutlich der Fall ist.

Die Kernaussagen des Schengener Durchführungsübereinkommens lassen sich folgendermaßen zusammenfassen: Die Binnengrenzen zwischen den Vertragsstaaten dürfen ohne Personenkontrollen überschritten werden, für die Außengrenzkontrolle werden gemeinsame Standards vereinbart, es wird ein gemeinsames Visum eingeführt und im Asylbereich sollen klare Zuständigkeiten festgelegt werden. Das Schengener Ver-

---

tionsraten, dabei aber mit deutlichen Unterschieden in der Ausprägung dieser Steigerung, vgl. hierzu Lederer (1997: Tabelle 2.1.7).

tragswerk hat eine ausdrückliche europapolitische Zielsetzung (Binnenmarkt), die sich u.a. darin ausdrückt, dass EU-Regelungen, die in diesen Bereichen noch vereinbart werden sollten, den Schengen-Regeln vorgehen. Weiterhin werden als Drittausländer nur Bürger aus Nicht-EU-Staaten betrachtet und das Vertragswerk steht den anderen EU-Staaten (und nur diesen) zum Beitritt offen (Tomei 1996). Der Raum, der von den Schengener Prinzipien umfasst wird, hat sich durch den Beitritt weiterer EU-Staaten in den 1990er Jahren erheblich erweitert, lediglich das Vereinigte Königreich und Irland sind bis zum heutigen Tage nicht beigetreten. Ende 1999 wurde das Schengener Durchführungsübereinkommen in den fünf Gründerstaaten, sowie in Portugal, Spanien, Österreich und Italien angewendet.[3]

Während die Schengener Verträge eine zwar EU-bezogene, dennoch aber rein völkerrechtliche Zusammenarbeit im Migrationsbereich begründeten, gliederte der Maastricht-Vertrag migrationsbezogene Kooperation in den institutionellen Rahmen der Europäischen Union ein (Titel VI „Zusammenarbeit in den Bereichen Justiz und Inneres" des Vertrags zur Gründung der Europäischen Union). Er stellte eine erste vertragsrechtliche Grundlage zur migrationsbezogenen Zusammenarbeit aller EU-Staaten dar. Asylpolitik, Außengrenzkontrollen und Einwanderungspolitik wurden als „Angelegenheiten von gemeinsamem Interesse" bezeichnet. Als neue Akteure, wenn auch mit geringen Befugnissen, traten Europäische Kommission und Europäisches Parlament hinzu. Die Möglichkeit, dem Europäischen Gerichtshof Kompetenzen einzuräumen, wurde vorgesehen. Als neue Handlungsinstrumente wurden die gemeinsame Maßnahme und der gemeinsame Standpunkt eingeführt.

Blieben die migrationsbezogenen Kooperationsbereiche auch vorwiegend der intergouvernementalen Zusammenarbeit der 3. Säule der Europäischen Union vorbehalten, so wurden doch im Visabereich ein gemeinsames Visaformat und eine einheitliche Liste visapflichtiger Staaten vorgesehen, über die im gemeinschaftsrechtlichen Verfahren entschieden werden sollte (Art. 100c EGV). Der Visabereich spielt dabei für das Entstehen eines gemeinsamen Migrationsraumes insofern eine besondere Rolle, als hier „der Rest der Welt" einheitlich in unterschiedliche Migrationskategorien eingeteilt wird: Wessen Staatsangehörige bedürfen eines Sichtvermerks zur Einreise, das heißt, bei welchen Ländern wird ein vor der Einreise einsetzender Filter für notwendig erachtet? Ein gemeinsamer Raum konstituiert sich, über dessen Öffnung oder Schließung nach außen gemeinsame Kriterien gefunden werden müssen.

Mit dem Inkrafttreten des Maastrichter Vertrags sind damit neben dem völkerrechtlich begründeten Schengener Asyl- und Visaraum teilweise ein räumlich umfassenderer, unionsrechtlich begründeter Migrationsraum und der erste Ansatz eines gemeinschaftsrechtlich begründeten Visaraums entstanden.

Der Amsterdamer Vertrag, der im Mai 1999 in Kraft getreten ist, hat zwei wesentliche Neuerungen hervorgebracht: Die weitgehende Vergemeinschaftung der migrationspolitischen Bereiche und die Integration des Schengener Acquis in den EU-Besitz-

---

3 Das Schengener Durchführungsübereinkommen unterscheidet deutlich zwischen in Kraft treten und in Kraft setzen. Während für das in Kraft treten die gängigen völkerrechtlichen Vorgaben gelten, bedarf es zur Inkraftsetzung, sprich zur tatsächlichen Anwendung der Vertragsprinzipien, eines politischen Beschlusses des Schengener Exekutivrates, in dem die zuständigen Minister vertreten sind; vgl. hierzu ausführlicher Tomei (1996: 96ff.).

stand (Hailbronner und Thierry 1998). Für die einer EU-Migrationspolitik skeptisch gegenüberstehenden EU-Mitglieder Dänemark, Irland und das Vereinigte Königreich wurden umfangreiche Sonderregelungen eingeführt.

Räumlich betrachtet setzt sich der europäische Migrationsraum zu Anfang des 21. Jahrhunderts damit aus verschiedenen konzentrischen Kreisen zusammen, allerdings mit einigen Ausbuchtungen. Den innersten Kreis bilden die Staaten, in denen das Schengener Abkommen angewendet wird. Danach folgen diejenigen Staaten, die dem Schengener Abkommen beigetreten sind, in dem dieses aber noch keine Anwendung findet.[4] Bei dieser Gruppe von Staaten sind drei Teilnehmer hervorzuheben, die sich nicht so recht in das Bild der konzentrischen Kreise einordnen lassen. So hat sich das Schengen-Mitglied Dänemark der automatischen Vergemeinschaftung der Schengener Kooperation verschlossen. Wenn also für manche Schengen-Regelungen gemeinschaftsrechtliche Regelungen erlassen werden,[5] beruht die migrationspolitische Kooperation zwischen Dänemark und seinen Partnern weiterhin auf völkerrechtlichen Normen.

Der Wanderungsraum EU beruht damit für verschiedene Staaten auf unterschiedlichen Rechtsgrundlagen. Hinzu tritt, dass der Wanderungsraum EU in Bezug auf die Schengen-Kooperation eine Ausbuchtung über die EU hinaus erfährt, dadurch nämlich, dass zwischen der EU und den Schengen-assoziierten Nicht-EU-Staaten Norwegen und Island ein völkerrechtliches Abkommen geschlossen wurde, mit dem die Einheitlichkeit des Migrationsraums, was die Abschaffung der Binnengrenzkontrollen anbelangt, beibehalten wird.

In einem weiteren äußeren Kreis des Migrationsraums befinden sich die EU-Staaten Großbritannien und Irland, die sich vorbehalten haben, fallweise zu entscheiden, ob sie an einer gemeinschaftsrechtlichen Maßnahme im Migrationsbereich teilnehmen. Sie können sich also fallweise auch mehr im inneren Kern befinden. Was sie aber auf alle Fälle von einem der inneren Kreise trennt, ist die Beibehaltung der Personenkontrollen an den Binnengrenzen.[6] Um die EU herum schließlich sind die EU-Beitritts-

---

4 Anfang 2000 ist für Griechenland eine schrittweise Anwendung vereinbart worden, die Anwendung in den skandinavischen Staaten ist für Ende 2000 vorgesehen.

5 Das Protokoll zur Integration des Schengen-Acquis sieht vor, dass die bestehenden Schengen-Regelungen überprüft werden und entweder in gemeinschaftsrechtlicher Form oder in Form eines Instruments der weiter bestehenden 3. Säule neu gefasst werden. Schengen-Regelungen, für die nichts vereinbart wird, gelten als Regelungen im Rahmen der 3. Säule. Vgl. hierzu ausführlicher Hailbronner und Thierry (1998: 599f.). Die Einordnung des Schengen-Acquis in die verschiedenen Rechtsgrundlagen des Amsterdamer Vertrags ist pünktlich zum Mai 1999 abgeschlossen worden (vgl. EU-Bulletin Nr. 4/1999, Nr. 1.5.2).

6 Das Vereinigte Königreich und Irland stellen somit beträchtliche Herausforderungen an die vorliegende Analyse. Wie weiter unten dargestellt wird, konstituiert sich der europäische Migrationsraum, so wie er hier verstanden wird, allmählich auch aus dem Aufbau von transnationalen Kommunikations- und Handlungsräumen, die das Denken und Handeln in übereinstimmenden Konzepten hervorbringen. An dieser Entwicklung nehmen die beiden genannten Staaten statt, die die Notwendigkeit und die Vorteile einer transnationalen Kooperation unabhängig von einem Abbau der Binnengrenzkontrollen erkennen. Die Fälle Vereinigtes Königreich und Irland bringen demzufolge eine zusätzliche Komplexität in die Analyse sich überlappender Migrationsräume, in dem sie eigentlich zwingen, zwischen dem von Bürgern tatsächlich „erfahrbaren" Migrationsraum und dem Handlungs- und Kommunikationsraum der nationalen Bürokratien zu unterscheiden. Auf diese Unterscheidung soll allerdings im vorliegen-

kandidaten zu finden, für die die migrationsbezogene EU-Kooperation dadurch Ausstrahlungswirkung entfaltet, dass sie zum EU-Acquis zählt, auf den sie sich für den Beitrittsfall vorbereiten müssen.

Rechtlich betrachtet lässt sich zwar keine vollständige Vereinheitlichung eines EU-Migrationsraumes beobachten. Allerdings nähern sich die im Laufe der vergangenen fünfzehn Jahre entstandenen unterschiedlichen räumlichen Ansätze aneinander an und finden allmählich einen gemeinsamen Nukleus. Der Raum wird zudem „dichter", indem er immer mehr Einzelfragen betrifft, und „fester", indem demokratische und rechtsstaatliche Elemente (Europäisches Parlament und Europäischer Gerichtshof) als Stützen hinzutreten.

In der Praxis und Konzeption der Zusammenarbeit lassen sich mehr Elemente identifizieren, die es noch eher erlauben, von der graduellen Herausbildung eines gemeinsamen europäischen Migrationsraums zu sprechen. Es handelt sich dabei um die Einrichtung und den Ausbau einer transnationalen Verwaltungskooperation, die Entwicklung gemeinsamer Konzepte und einen zunehmend größer werdenden Akteurskreis.

III. Institutionalisierung der transnationalen Verwaltungskooperation

1. Bedarf an transnationaler Verwaltungskooperation

Der asylrechtliche Teil des Schengener Durchführungsübereinkommens und das Dubliner Übereinkommen legen, wie erwähnt, den Grundsatz fest, dass jeweils ein Mitgliedstaat für einen in einem der Vertragsstaaten gestellten Asylantrag zuständig ist. Diese Idee des gemeinsamen Asylraums bedarf der Operationalisierung. In dieser Operationalisierung liegt eine Eigendynamik begründet, die von zwei Ausgangsentscheidungen der Vertragsstaaten getragen wird: Zum Einen haben sich die Partner auf gemeinsame Kriterien geeinigt, nach denen die Zuständigkeit festgestellt werden soll. Diese gemeinsamen Kriterien müssen einheitlich angewendet werden.

Zum Zweiten bedürfen diese Zuständigkeitsfeststellung und die Durchführung einer eventuell in Frage kommenden Übergabe eines Asylantragstellers an den vertragsgemäß zuständigen Staat der transnationalen Verwaltungskooperation. Das Schengener Durchführungsübereinkommen und später auch das Dubliner Übereinkommen begründen damit erstmalig eine transnationale Verwaltungskooperation im Migrationsbereich. Diese erfordert nicht nur eine Standardisierung bestehender Verfahrensgrundsätze, sondern vielfach auch eine Neuschaffung von Verfahrensgrundsätzen, und dies über nationale Grenzen hinweg (Bartels und Kraft 1996). Im Maastrichter und im Amsterdamer Vertrag wird die transnationale Verwaltungskooperation im Migrationsbereich ausdrücklich erwähnt. So erteilt der Maastrichter Vertrag den Mitgliedstaaten den Auftrag, eine Zusammenarbeit zwischen ihren im Migrationsbereich zuständigen Verwaltungsstellen zu begründen, um ihr Vorgehen in diesem Politikbereich zu koordinieren

---

den Zusammenhang nur hingewiesen werden. Aus Gründen der Komplexitätsreduktion soll sie aber im Folgenden nicht weiter ausgeführt werden.

(Art. K.3 Abs. 1 EUV). Im Amsterdamer Vertrag betrifft die eingegangene Verpflichtung bereits den Erlass gemeinsamer Verwaltungsvorschriften (Art. 66 EGV n.F.).

Die Schengener, Maastrichter und Amsterdamer Verträge bilden somit vertragliche Grundlagen für die Ausdehnung des Handlungsspielraums migrationsspezifischer Verwaltungseinheiten über nationale Grenzen hinweg. Diese transnationale Verwaltungskooperation soll dazu dienen, die im europäischen Entscheidungsprozess entwickelten gemeinsamen Konzepte möglichst einheitlich anzuwenden. Nationale Fachverwaltungen müssen über nationale Grenzen hinweg Hand in Hand arbeiten, um gemeinsam transnational festgelegte Regeln anzuwenden.

2. Aufbau von transnationalen Kommunikationsbeziehungen

Mit dem Schengener Vertrag sind Rechtsmaterien, die traditionell zum Kernbereich nationalstaatlicher Souveränität gezählt werden, transnationalisiert worden. Damit traten erstmals Akteure auf dem diplomatischen Parkett auf, deren Blick zuvor ausschließlich nach innen gerichtet war, nämlich die Innenminister. Die dafür eingerichtete Arbeitsgruppenstruktur bot erstmals Gelegenheit zum Aufbau formeller Kommunikationsbeziehungen zwischen Innenbehörden. Ihre Institutionalisierung vor allem im EU-Rahmen trägt zum Ausbau und zur Verfestigung dieser Kommunikationsbeziehungen bei.

Zu dieser Arbeitsgruppenstruktur gehören zunächst die einem intergouvernementalen Aushandlungsprozess eigenen Vorbereitungsgremien unterschiedlicher Hierarchieebenen. Diese finden sich auch im EU-Rahmen wieder (Tomei 1997: 28). Von besonderem Interesse erscheinen darüber hinaus jedoch Gremien wie CIREA und CIREFI, da hier jeweils die nationalen Praktiker zusammenkommen.

CIREA ist das Informations-, Reflexions- und Austauschzentrum für Asylfragen, das bereits Ende 1992 auf der Londoner Innenministerkonferenz gegründet worden ist. Hier kommen die Praktiker aus den nationalen Asylbehörden zusammen, um sich gegenseitig über die jeweilige Asylpraxis und asylrelevante Herkunftsländer zu informieren. Nahmen zunächst nur die für die Bearbeitung von Asylanträgen zuständigen Sachverständigen an dieser Form des Informationsaustausches teil, so sind seit Mitte 1995 auch die Leiter der jeweils zuständigen nationalen Behörden eingebunden. In den ca. alle sechs Wochen stattfindenden Sitzungen tauschen sich die Beamten über nationale Rechtsänderungen und Reformvorhaben im Asylbereich aus, sie informieren sich gegenseitig über Entwicklungen in der Rechtsprechung, vergleichen Asylbewerberzahlen und besprechen Verfahrensaspekte. Eine zunehmend größer werdende Rolle spielt auch die gemeinsame Einschätzung der Lage in den Herkunftsländern. Hier werden gemeinsame Länderberichte erstellt, die sich auf die jeweiligen Erfahrungen in Bezug auf Motive, Reiserouten und Profile der Antragsteller, sowie eventuell auch gemeinsame Erkundungsreisen stützen (Jordan 1998).

CIREFI ist die entsprechende transnationale Informationsaustauschstruktur im Migrationsbereich. Hier steht die Bekämpfung des internationalen Schlepperwesens im Mittelpunkt. Die nationalen Fachleute sollen sich gegenseitig über Schleuserrouten informieren (Europäisches Parlament 1999: 96f.). Mehr oder weniger institutionalisierte

Kommunikationsbeziehungen sind in weiteren Teilbereichen der Migrationspolitik entstanden. So sollen sich die Konsularbeamten regelmäßig über die Praxis der Visavergabe informieren, Grenzbeamte teilen Erfahrungen im Bereich der gefälschten Dokumente (Rat 1996; 1998a).

Vordringliches Motiv dieses Informationsaustausches und der gemeinsamen Analyse ist eine möglichst weitgehende Annäherung in der Praxis. Darüber hinaus liegt die eigentliche Bedeutung des institutionalisierten Informationsaustauschs allerdings in seiner vertrauensbildenden Funktion. Der regelmäßige Kontakt und die gemeinsam geteilten Erfahrungen stellen die Grundlage zur weiteren Zusammenarbeit dar. Die institutionalisierten Kommunikationsbeziehungen erleichtern zum einen die informellen transnationalen Arbeitskontakte im Alltag. Der regelmäßige Informationsaustausch vermittelt zum anderen nicht nur das Wissen über gemeinsam geteilte Erfahrungen, sondern schafft durch die persönlichen Kontakte auch das Bewusstsein für die Gemeinsamkeit der Situation. Gruppendynamische Prozesse, die transnationale, fachlich bezogene Interessenkongruenzen hervorbringen, sind zu beobachten (Tomei 2000).

Der Aufbau von transnationalen Kommunikationsbeziehungen im Migrationsbereich bedingt das Entstehen einer gemeinsamen Perzeption der Situation, bestehende nationale Konzepte gewinnen transnationale Akzeptanz, oder dort, wo noch keine Konzepte vorliegen, werden gemeinsam transnationale Konzepte entwickelt.[7] Es entsteht ein gemeinsamer, migrationsbezogener Kommunikationsraum.

3. Genese einer migrationspolitischen Bürokratie europäischer Dimension

Die transnationale Verwaltungskooperation im Migrationsbereich, die seit Beginn der 1990er Jahre verstärkt gefördert wird, weist allmählich Elemente auf, die auf die Herausbildung einer migrationspolitischen Bürokratie europäischer Dimension hindeuten (Tomei 2001).

So handeln nationale Fachbehörden in zunehmendem Maße nicht mehr ausschließlich auf Grundlage national festgelegter Verwaltungsvorschriften. Ihr Handeln erfolgt vielmehr auch auf Grundlage von Vorschriften, die in einem intergouvernementalen Gremium vereinbart worden sind. Dies ist beispielsweise für die Zusammenarbeit der Asylbehörden in Bezug auf die Umsetzung der Schengener, nun Dubliner Zuständigkeitskriterien der Fall. Hier liegen einheitliche Formulare, klärende Erläuterungen zu einzelnen Kriterien und detaillierte Vorschriften bezüglich der Beweismittel vor (Bundesministerium des Innern 1993: I.C.). Die Handlungsanleitungen für die betroffenen Verwaltungen werden auch in Handbüchern zusammengefasst. Besonders detailliert sind auch beispielsweise die Gemeinsamen Konsularinstruktionen, die festlegen, nach welchen Prüf- und Ausstellungsregeln ein Schengen-Visum zu erteilen ist. Hier finden sich unter anderem Vorschriften zur Archivierung der Antragsformulare (Hildebrandt und Nanz 1999: 247).

An dieser Stelle ist somit festzuhalten, dass nationale Fachbehörden im Migrations-

---

7 Vgl. allgemein zur Bedeutung gemeinsam geteilter Überzeugung von Kausalitätsbeziehungen: Haas (1992). Auf den Migrationsbereich bezogen hebt Soysal (1993) die harmonisierende Wirkung des institutionalisierten Informationsaustausches hervor.

bereich teilweise auf der Grundlage transnational vereinbarter Verwaltungsvorschriften handeln.[8]

Die transnationale Verwaltunskooperation zeichnet sich zudem durch Schriftlichkeit aus. So gehören die Aktenverwaltung und die Dokumentation zu den Aufgaben der für die Umsetzung des Schengener Durchführungsübereinkommens zuständigen Einheit im Bundesamt für die Anerkennung ausländischer Flüchtlinge (Bartels und Kraft 1996: 67).

Im Rahmen der migrationsbezogenen transnationalen Verwaltungskooperation ist auch das bürokratische Element der Professionalisierung zu finden. Dies zeigt sich einerseits in Besuchsveranstaltungen von nationalen Beamten bei ihren jeweiligen Partnerinstitutionen, bei denen die Teilnehmer einen intensiven Einblick in Politik, Recht, Verwaltungsorganisation und -praxis des Gastlandes erhalten. Diese zunächst eher vereinzelten bilateralen Initiativen sind in Form des 1998 verabschiedeten Ausbildungs- und Austauschprogramms ODYSSEUS ausgeweitet und institutionalisiert worden. Die Finanzmittel des EU-Programms stehen für Fortbildungskurse für Ausbilder, Entscheidungsträger, Führungspersonal und Richter zur Verfügung. Gefördert werden weiterhin befristete Austauschprogramme und die Ausarbeitung von Lehrmaterialien (Rat 1998b).

In der Zusammenschau erlauben es die in der migrationspolitischen transnationalen Verwaltungskooperation festgestellten bürokratischen Elemente *hierarchische Ordnung, Verwaltungsvorschriften, Schriftlichkeit, Professionalisierung,* von der allmählichen Genese einer migrationspolitischen Bürokratie europäischen Zuschnitts zu sprechen. Diese bürokratischen Elemente, die allgemein für staatliche Verwaltungen gelten, finden sich somit für den Migrationsbereich erstmalig in einer über nationale Grenzen hinausreichenden Dimension. Es handelt sich hierbei weder um nationale, noch um supranationale, sondern um transnationale Bürokratie. Diese trägt zur Verfestigung und Verstetigung der transnationalen Kommunikations- und Handlungsbeziehungen bei.

IV. Die nationale Ebene im europäischen Migrationsraum

Im gleichen Zuge, wie sich allmählich ein europäischer migrationsrelevanter Raum herausbildet, finden auf nationaler Ebene Veränderungen statt.

Zum einen lassen sich auf nationaler Ebene institutionelle Anpassungen beobachten. Die nationalen Fachministerien, sowie die zuständigen Fachverwaltungen bilden spezialisierte Einheiten heraus, die für den Bereich der migrationspolitischen Zusammenarbeit verantwortlich zeichnen.[9] Für die hieran beteiligten Beamten gehören die Notwendigkeiten der transnationalen Verwaltungskooperation, die regelmäßigen formellen und informellen Kontakte und auch der Personalaustausch zunehmend zum Arbeitsalltag (Tomei 2001).

Auch im inhaltlichen Bereich sind Anpassungen festzustellen. Dies ist beispielsweise

---

8 Der Amsterdamer Vertrag sieht die Möglichkeit vor, gemeinschaftsrechtliche Verwaltungsvorschriften in Form unmittelbar anwendbarer Verordnungen zu erlassen (s. Art. 66 EGV n.F.).

9 Vgl. als Beispiel die Arbeit des Bundesamtes für die Anerkennung ausländischer Flüchtlinge in diesem Bereich, s. Jordan (1998).

im Asylbereich der Fall. Hier sind von etlichen EU-Staaten in den 90er Jahren eine Reihe von Maßnahmen weitgehend einheitlich ergriffen worden, wie z.B. die Einführung der Konzepte sicherer Dritt- und Herkunftsstaat, offensichtlich unbegründeter Asylantrag, Verfahrensbeschleunigungen, personelle Aufstockung im Verfahrens- und Gerichtsbereich, Einrichtung exterritorialer Zonen an den Flughäfen, Sanktionsbestimmungen für Transportunternehmen, die Personen ohne die erforderlichen Dokumente befördern (Angenendt 1999; IGC 1995, 1997).

Für diese zunehmenden inhaltlichen Übereinstimmungen, die sich auch in anderen migrationspolitischen Teilbereichen finden lassen, sind mehrere Ursachen entscheidend. Zum einen begünstigen gleich gelagerte migrationspolitische Herausforderungen auch gleich gelagerte Lösungsansätze. Für die 90er Jahre lässt sich allerdings darüber hinaus auch eindeutig ein Lern- und Anpassungsprozess feststellen, der in der Entstehung migrationsbezogener transnationaler Kommunikationsbeziehungen begründet ist. Die EU-Staaten, die sozusagen zu den Nachzüglern unter den europäischen Aufnahmeländern zu zählen sind, weil sie erst später von Aus- zu Einwanderungsländern geworden sind, haben im Rahmen ihrer Migrationsgesetzgebung von den Erfahrungen ihrer Partner profitiert (Baldwin-Edwards 1997).

Der sich aus den institutionalisierten Kommunikationsbeziehungen entwickelnde Lern- und Anpassungsprozess betrifft jedoch nicht nur die so genannten Nachzügler, sondern bestimmt angesichts des weiter vorhandenen äußeren Migrationsdrucks die allgemeine Suche nach bestmöglichen Lösungen. Der Prozess verläuft dabei folgendermaßen: Zunächst werden in einem bestimmten migrationspolitischen Teilbereich, in dem sich auf Grund äußeren Druckes ein akuter Handlungsbedarf ergeben hat (beispielsweise die Frage des Umgangs mit minderjährigen Asylbewerbern), mittels Fragebogen und gemeinsamen Seminaren die jeweiligen nationalen Lösungen und Erfahrungen identifiziert. Daraufhin wird versucht, eine gemeinsame und abgestimmte Herangehensweise zu erarbeiten. Ein gemeinsam verabschiedeter Text gibt, auch wenn er ausdrücklich nicht rechtsverbindlich formuliert ist, einen gemeinsamen Handlungskorridor für nationale Maßnahmen vor. Im Folgenden werden die auf nationaler Ebene mit der Umsetzung der vereinbarten Maßnahme gemachten Erfahrungen zusammengetragen und im Hinblick auf eine mögliche Weiterentwicklung und notwendigen Nachbesserungsbedarf evaluiert. Es handelt sich, betrachtet man das entstehende migrationsbezogene Mehrebenensystem als Ganzes, um die Institutionalisierung einer permanenten Interaktion zwischen der nationalen und der europäischen Ebene (Tomei 2001).

Dadurch ändert sich, insgesamt betrachtet, der Handlungs- und Bezugsrahmen nationaler Akteure. Wie dargestellt, sind nationale Fachverwaltungen im Migationsbereich längst über nationale Grenzen hinweg tätig. Der zunehmende Informations- und Erfahrungsaustausch löst das Denken in rein national geprägten Kategorien ab. Nunmehr stehen auch die Erfahrungen und Lösungsansätze der europäischen Partner zur Verfügung und können getestet werden, ebenso wie nationale Antworten im europäischen Wettbewerb verbessert werden können.

Die europäische Ebene gewinnt auch in der nationalen politischen Auseinandersetzung zunehmend als Rechtfertigungs- und Anspruchsebene an Bedeutung. Dies lässt sich zum einen daran ablesen, dass sowohl in Deutschland als auch in Frankreich Verfassungsänderungen im Asylrecht mit europapolitischen Notwendigkeiten begründet wurden (Schwarze 1998; Rey 1997: 66 – 72). Zum anderen hat die europäische Ebene in den 90er Jahren im nationalen migrationspolitischen Diskurs auch zunehmend Bedeutung als neue Anspruchs- und Handlungsebene erhalten. Zum Beispiel bezog sich die 1998 zurückgetretene Ausländerbeauftragte Schmalz-Jacobsen zum Ende ihrer Amtszeit zunehmend auf die europäische Dimension des Ausländerthemas. In ihren Schriften suchte sie darauf hinzuweisen, dass die Integration von Ausländern in allen europäischen Gesellschaften der 90er Jahre zu den großen gesellschaftlichen Herausforderungen gehört. Sie initiierte auch einen Informationsaustausch zwischen den Ausländerbeauftragten der EU-Staaten, der auch eine Beteiligung an der bislang den Regierungen vorbehaltenen Europäisierung bezweckte. Hieran lässt sich ein neuer Trend, der erst in der zweiten Hälfte der 90er Jahre zu beobachten ist, ablesen. Die Europäisierung des Politikbereichs Migration ist nicht mehr das Monopol der Exekutive, sondern der Bezugsraum hat sich für etliche politische und gesellschaftliche Akteure über den nationalen Rahmen hinaus erweitert (Tomei 2001).

Zumindest bis zum Inkrafttreten des Amsterdamer Vertrages im Mai 1999 weist der Migrationsbereich eine Charakteristik auf, die ihn von vielen anderen Bereichen der Europapolitik unterscheidet. Hier überwiegen mehr die netzwerkartigen Strukturen und die im Kommunikations- und Austauschprozess quasi ‚organisch' ablaufenden Annäherungsprozesse, im Gegensatz zu einer hierarchisch ‚von Brüssel' verordneten Harmonisierung. Die Kommission hat auch mit dem Amsterdamer Vertrag das Initiativmonopol nur nach Ablauf einer Übergangsfrist von fünf Jahren eingeräumt bekommen, das Parlament wird vorerst nur angehört (Art. 67 EGV n.F.).

Im souveränitätsbelasteten Migrationsbereich geht ohne den Willen aller Mitgliedstaaten wenig. Allerdings lässt sich vor allem im Vergleich zum nur mässig entwickelten außen- und sicherheitspolitischen Bereich feststellen, dass die hier gemeinsam entwickelten Strukturen und Konzepte auch ohne die Motorfunktion der Kommission bereits recht weit gediehen sind.

Die integrierende Wirkung der Einbindung migrationspolitischer Fragen in den institutionellen Rahmen der EU rührt weniger von konkreten Massnahmen von Kommission und Parlament her, als vielmehr von dem damit verbundenen Anspruch. Die Tatsache, dass migrationsbezogene transnationale Verwaltungs- und Politikstrukturen im EU-Rahmen eingebettet sind, setzt die Standards für demokratische Teilhabe und Transparenz sowie Rechtsstaatlichkeit auf EU-Niveau und erlaubt weniger leicht Ausflüchte in ‚Sachzwänge' heikler, diplomatisch geheimer Verhandlungen. Der EU-Anspruch wirkt noch in einer weiteren Hinsicht integrierend. Die migrationsbezogene Zusammenarbeit erfährt dadurch, dass sie institutionell in den EU-Rahmen eingegliedert ist, eine besondere Dynamik durch die Erweiterung. Die bisher erzielten Kooperationsergebnisse in Migrationsfragen gehören zu dem von den Beitrittskandidaten zu erfüllenden ‚acquis communautaire'. Das bedeutet nicht nur, dass sich der europäische Migrationsraum, wie er hier beschrieben wurde, erweitert. Es bedeutet auch die Tendenz zur Überarbeitung, Festigung und Kodifizierung der in den vergangenen Jahren eingespielten Regelungen und Mechanismen.

Grenzabbau und Neukonstruktion im europäischen Migrationsraum 397

V. Transnationale Institutionenbildung und Neukonstruktion eines gesellschaftlichen und politischen Bezugsrahmens

Die Analyse der migrationspolitischen Kooperation der EU-Staaten seit Mitte der 80er Jahre bringt folgende Erkenntnisse für die Frage nach Grenzabbau und Neukonstruktion politischer Räume in Europa:

Im Migrationsbereich wird deutlich, dass die Abschaffung der Binnengrenzkontrollen nicht automatisch einen neuen Raum entstehen lässt. Wichtig ist die bei den Akteuren einsetzende Erkenntnis, dass ein Mindestmaß an gemeinsamen Normen für das Außenverhältnis unerlässlich für den Abbau der Binnengrenzen ist. Der gemeinsame Raum konstituiert sich daher zunächst durch grundlegende Normen, die transnationale Dimensionen einzelner migrationspolitischer Bereiche betreffen. Also nicht die Regelung des Ausländer- und Asylrechts als Ganzes ist zur anfänglichen Konstituierung eines gemeinsamen Raumes notwendig, sondern Fragen des Zugangs. Im Grenzkontrollbereich betrifft dies den Standard der Grenzkontrollen, im Visabereich die Fragen, welche Drittausländer benötigen zur Einreise ein Visum und wie sollte ein gemeinsames Visum beschaffen sein, im Asylbereich die Frage, von welchem der Partnerstaaten ein Asylbegehren zu behandeln ist. Der neu entstehende Raum wird demnach als erstes von Dritten wahrnehmbar. Er manifestiert sich durch die einheitliche Abgrenzung nach außen.

Diese Grundnormen werden im gemeinsamen Entscheidungsprozess entworfen und gemeinsam umgesetzt. Damit entstehen neben den normativen Grundpfeilern, die den gemeinsamen Raum kennzeichnen, Kommunikations- und Handlungslinien, die den gemeinsamen Raum durchziehen, und zwar nicht nur sternförmig von den einzelnen Hauptstädten Richtung Brüssel, sondern quer zwischen Hauptstädten und allmählich zwischen immer mehr Verwaltungseinheiten. In diesen Kommunikationsbahnen werden gemeinsame Problemdefinitionen und ein gemeinsames Verständnis möglicher Problemlösungsansätze generiert. Somit durchziehen die migrationsspezifischen Kommunikationslinien bald einen gemeinsamen Kommunikationsraum, da im gegenseitigen Informations- und Erfahrungsaustausch sich zumindest ein Substrat an gemeinsamen Konzepten und Vorstellungen herausbildet. Die gemeinsame Definitionsarbeit an Konzepten wie offensichtlich unbegründeter Asylantrag oder sicherer Drittstaat bringt eine gemeinsame Fachsprache hervor, an die sich die nationalen Verwaltungsbeamten auf Grund der täglichen Umsetzung gewöhnen. Diese europäisch geprägte Fachsprache beschränkt sich allerdings nicht nur auf den Verwaltungsbereich, sondern bestimmt auch allmählich den politischen Diskurs.

Im gleichen Zuge, wie die politische Bedeutung dieses neu entstehenden Raumes bewusst wird, mehren sich die Anforderungen an seine demokratische und rechtsstaatliche Verfasstheit. So lässt sich im Laufe des vergangenen Jahrzehnts auch eine Konstitutionalisierung des entstehenden europäischen Migrationsraums beobachten. Waren zu Anfang des Jahrzehnts die Nationalstaaten die alleinigen Akteure, so sind mit dem Maastrichter Vertrag die EU-Kommission und das Europäische Parlament mit beschränkten Rechten hinzugetreten. Die 90er Jahre waren in diesem Bereich von der Forderung des Europäischen Parlaments nach mehr Mitspracherechten sowie von der Debatte um eine Rechtsprechungskompetenz des Europäischen Gerichtshofes geprägt.

Mit dem Amsterdamer Vertrag ist der Weg zu einer gemeinschaftsrechtlichen Beteiligung dieser beiden Institutionen beschritten worden (Art. 67 EGV n.F.).

Diese Entwicklung ist Folge der institutionellen Wahl, die die EU-Staaten zur Bewältigung der transnationalen Herausforderung Migration getroffen haben. Indem sich die EU-Staaten für eine migrationspolitische Zusammenarbeit innerhalb des institutionellen Rahmens der Euopäischen Union entschieden haben, haben sie eine Strategie gewählt, die die Herausbildung eines neuen transnationalen migrationspolitischen Raumes innerhalb bereits bestehender transnationaler Strukturen zur Folge hat. Diese bestehenden Strukturen sind allerdings bereits demokratischen und rechtsstaatlichen Prinzipien verpflichtet, Verpflichtungen, die zwangsläufig dann auch für den Migrationsbereich erfüllt werden müssen. Der demokratische und rechtsstaatliche Anspruch an „Regieren jenseits des Staates" scheint bei aller Kritik an der Demokratiefähigkeit der Europäischen Union in diesem Rahmen doch eher einlösbarer, weil vernehmlicher und legitimierter gefordert, als in anderen transnationalen Gremien, in denen Migrationsfragen intergouvernemental verhandelt werden (Tomei 2001).

Über die Aspekte der vertraglichen, kommunikativen, interaktiven und demokratischen Konstituierung des europäischen Migrationsraums hinaus, bleibt die Frage nach seiner ideellen Grundlage offen. Wenn Migrationspolitik untrennbar mit nationaler Identität verbunden ist, wie lässt sich dann über nationale Grenzen hinweg eine gemeinsame ideelle Basis finden? Die Diskussion darüber, wer zu „uns" und wer zu „den anderen" gehört, hat noch nicht transnational stattgefunden. Sie wird nicht nur durch die starke nationale Prägung der einzelnen Identitäten erschwert, sondern auch dadurch, dass sich die Grenze zwischen in- und out-group durch die Erweiterungen der EU für die Herausbildung kollektiver Gemeinsamkeiten in sehr kurzer Zeit verschiebt.

Literatur

Angenendt, Steffen (Hg.), 1999: Asylum and Migration Policies in the European Union. Bonn: Europa Union Verlag.

Baldwin-Edwards, Martin, 1997: The Emerging European Immigration Regime: Some Reflections on Implications for Southern Europe, Journal of Common Market Studies 35: 497 – 519.

Bartels, Romy, und *Andreas Kraft,* 1996: Die asylrechtliche Dimension des Schengener Abkommens. S. 63–79 in: *Friedrich Heckmann* und *Verónica Tomei* (Hg.): Freizügigkeit in Europa. Migrations- und europapolitische Aspekte des Schengen-Vertrags. Bonn: Europa Union Verlag.

Brubaker, Rogers, 1994: Staats-Bürger. Deutschland und Frankreich im historischen Vergleich. Hamburg: Junius.

Bundesministerium des Innern (Hg.), 1993: Textsammlung zur Europäischen Asylpraxis (SN/2836/93).

Collinson, Sarah, 1993: Beyond Borders: West European Migration Policy Towards the 21st Century. London: Royal Institute of International Affairs.

Europäisches Parlament (Generaldirektion Forschung), 1999: Free Movement of Persons in the European Union: Specific Issues (PE 167.028). Autor: *Elpida Papahatzi.*

Haas, Peter M., 1992: Introduction: Epistemic Communities and International Policy Coordination, International Organization 46: 1–35.

Hailbronner, Kay, und *Claus Thierry,* 1998: Amsterdam – Vergemeinschaftung der Sachbereiche Freier Personenverkehr, Asylrecht und Einwanderung sowie Überführung des Schengen-Besitzstandes auf EU-Ebene. S. 583–615 in: Europarecht, 33. Jg.

Hildebrandt, Achim, und *Klaus-Peter Nanz,* 1999: Visumpraxis. Voraussetzungen, Zuständigkeiten und Verfahren der Visumerteilung in den Staaten des Schengener Abkommens. Starnberg: Schulz.

IGC, 1995: Secretariate of the Inter-Governmental Consultations on Asylum, Refugee and Migration Policies in Europe, North America and Australia: Summary Description of Asylum Procedures in States in Europe, North America and Australia, Stand: Oktober 1995, Genf.

IGC, 1997: Secretariate of the Inter-Governmental Consultations on Asylum, Refugee and Migration Policies in Europe, North America and Australia: Report on Asylum Procedures. Overview of Policies and Practices in IGC Participating States, Stand: September 1997, Genf.

Jordan, Hartmut, 1998: Die Arbeit des Bundesamtes für die Anerkennung ausländischer Flüchtlinge im internationalen Bereich. S. 195–217 in: Asylpraxis, Schriftenreihe des Bundesamtes für die Anerkennung ausländischer Flüchtlinge, Band 4. Nürnberg.

Lederer, Harald W., 1997: Migration und Integration in Zahlen. Ein Handbuch, herausgegeben von der Beauftragten der Bundesregierung für Ausländerfragen. Bonn: Beauftragte der Bundesregierung für Ausländerfragen.

Rat, 1996: Empfehlung des Rates vom 4. März 1996 betreffend die Zusammenarbeit der konsularischen Vertretungen vor Ort in Fragen der Visumerteilung, ABl. EG Nr. C 080, v. 18.3.1996, S. 1.

Rat, 1998a: Presseerklärung Nr. 13673/98 (Presse 427).

Rat, 1998b: Gemeinsame Maßnahme vom 19. März 1998 – vom Rat aufgrund von Artikel K. des Vertrags über die Europäische Union angenommen – betreffend die Festlegung eines Ausbildungs-, Austausch- und Kooperationsprogramms in den Bereichen Asyl, Einwanderung und Überschreitung der Außengrenzen – „ODYSSEUS", ABl. EG Nr. L 099, 31.3.1998, S. 2ff.

Rey, Annette, 1997: Einwanderung in Frankreich 1981 bis 1995. Opladen: Leske + Budrich.

Schulze, Hagen, 1994: Staat und Nation in der europäischen Geschichte. München: Beck.

Schwarze, Susan, 1998: Das Arenen-Verhandlungsmodell zur Analyse von Entscheidungsprozessen: Die deutsche Asylpolitik im europäischen Kontext. S. 275–306 in: *Stefanie Pfahl* et al. (Hg.): Institutionelle Herausforderungen im neuen Europa. Legitimität, Wirkung und Anpassung. Opladen: Westdeutscher Verlag.

Soysal, Yasemin N., 1993: Immigration and the Emerging European Polity. S. 171–186 in: *Svein S. Andersen* und *Kjell A. Eliassen* (Hg.): Making Policy in Europe. The Europeification of National Policy-Making. London: Sage.

Tomei, Verónica, 1996: Migrationspolitische und europapolitische Perspektiven des Schengener Abkommens. S. 91–100 in: *Friedrich Heckmann* und *Verónica Tomei* (Hg.): Freizügigkeit in Europa. Migrations- und europapolitische Aspekte des Schengen-Vertrages. Bonn: Europa Union Verlag.

Tomei, Verónica, 1997: Europäische Migrationspolitik zwischen Kooperationszwang und Souveränitätsansprüchen. Bonn: Europa Union Verlag.

Tomei, Verónica, 2001: Europäisierung nationaler Migrationspolitik. Eine Studie zur Veränderung von Regieren in Europa. Stuttgart: Lucius & Lucius.

VII.
Gesellschaftstheoretische Perspektiven

GESELLSCHAFTLICHE EFFEKTE BEI DER GLOBALISIERUNG VON HANDLUNGSHORIZONTEN IN EUROPA

Arndt Sorge

Zusammenfassung: Der Gesellschaftsbegriff wird unter der Einwirkung von ‚Globalisierung' diskutiert. Die Grundlegung des Gesellschaftsbegriffs erfolgt nach G.H. Mead, gibt also den Handelnden angemessenen Raum und vermeidet Determinismus. Die ‚Gesellschaft' wird als gesellschaftlicher Raum mit Stufung in verschiedenen Formen vorgestellt. Inkongruente Stufung wird als Merkmal der gesellschaftlichen Entwicklung eingeführt, das bislang als Triebkraft der Modernisierung verkannt wurde. Stufung ist auch bedeutsam für aktuelle Diskussionen. Hierbei kann die wirtschaftswissenschaftliche und organisationstheoretische Literatur mit der Gesellschaftstheorie so verbunden werden, dass ‚Provinzialisierung' der Identität, Institutionen und Kultur einer Gesellschaft durchgängig mit der Ausweitung von Handlungshorizonten bei Globalisierung einhergehen. Vergleichsergebnisse zeigen, wie die Dialektik von Globalisierung und Provinzialisierung funktioniert, und wie sozial-institutionelle Muster mit Unternehmensstrategien bei der Anfachung der Dialektik interagieren. Hierin spielen ‚gesellschaftliche Effekte' eine wichtige Rolle. Dies gilt nicht obwohl, sondern gerade weil der gesellschaftliche Raum klarer gestuft wird.

I. Einführung und Überblick

Bei der Behandlung des Themas ‚Globalisierung' werden Verbindungen zwischen der Globalisierung von Wirtschaftsbeziehungen, Reise, Sozialkontakten und sozialer Mobilität einerseits, und der Entwicklung wirtschaftlicher, sozialer und gesellschaftlicher Institutionen andererseits angesprochen. Ein Missverständnis in vielen Debatten scheint mir, dass Vergesellschaftung sich sozusagen im Gleichschritt über verschiedene Lebensbereiche entwickele und somit der Horizont von Institutionen mit dem Horizont von Handelnden gleichlaufen müsse. Im Rückblick wird die Vergesellschaftungsform des Nationalstaates als eine Entwicklungsstufe gedeutet, die die Kongruenz von Handlungshorizont, gesellschaftlichen Grenzen und gleichartigen Institutionen annähernd erreicht habe, wonach dann eine weitläufigere Vergesellschaftung in ähnlicher Weise Grenzen parallel ausweiten und auf höhere Aggregationsstufen anheben werde oder müsse.

Demgegenüber möchte ich ausführen: Die tendenzielle Universalisierung von Handlungshorizonten und Institutionen und die Ausweitung von Grenzen der Vergesellschaftung waren nie einseitig gleichläufig, sondern im gleichen Maße gegenläufig. Die Entwicklung von Handlungshorizonten und die von gesellschaftlichen Institutionen und deren Grenzen haben sich über weite Strecken voneinander differenziert, ebenso wie sich Gesellschaften durch gleichzeitige oder aufeinander folgende Universalisierungs- und Partikularisierungsschritte in verschiedene Stufen oder Niveaus differenziert haben. Dabei geht es nicht um soziale Differenzierung nach Lebensbereichen oder

Schichten, sondern um Bildung nicht ausschließlicher, sondern ineinander verschachtelter gesellschaftlicher Einheiten.

In einer Übersicht und Kritik verschiedener Deutungen und Befunde wird dieser Einstieg von Robertson und Khondker (1998: 28) treffend zusammengefasst: „What is involved in globalization is a complex process involving the interpenetration of sameness und difference – or, in somewhat different terms, the interpenetration of universalism and particularism ... In sociology we have grown used to thinking in terms of a temporal, diachronic transition from particularism to universalism. But we now need to bring spatial, synchronic considerations firmly into our thinking and consider fully the spaciality of particularisms and differences."

Das Argument möchte ich in der Zusammenführung von soziologischer Gesellschaftstheorie, Arbeits- und Organisationssoziologie und wirtschaftswissenschaftlicher Betrachtung entwickeln. Eine wesentliche Orientierung bietet die Theorie paradoxer Modernisierung von van de Loo und van Reijen (1990). Hiernach ereignet sich gesellschaftliche Entwicklung langfristig immer durch gegenseitige Steigerung von Gegensätzen bekannter Grundmuster wie funktionale Spezifizität und Diffusheit, Universalität und Partikularität, Gleichheit und Ungleichheit. Nicht die Verschiebung vom einen Pol zum anderen beschreibt also die Entwicklung angemessen. Auf die Entwicklung eines gesellschaftlichen Horizonts angewandt, läuft dieses Argument auf das von Robertson und Khondker vorgebrachte Prinzip hinaus.

Der zweite Teil analysiert die Probleme bei der Verbindung der Globalisierung von Wirtschaftsbeziehungen und gesellschaftlichen Institutionen. Im Mittelpunkt steht dabei der Begriff des gesellschaftlichen Raumes im Gegensatz zum Handlungshorizont. Ein gesellschaftlicher Raum lässt sich nach Stufen und Lebensbereichen oder funktionalen Horizonten differenzieren. Es werden dann verschiedene Konstruktionen des gesellschaftlichen Raumes definiert und diskutiert. Dabei werden insbesondere verschiedene Formen der Stufung von Gesellschaften behandelt. Stufung von Gesellschaften macht also die dialektische Verbindung von Universalisierung und Partikularisierung möglich. Dabei greife ich entscheidend auf Vorstellungen von Streeck (1999) und Diskussionen mit diesem Autor zurück, allerdings mit dem Ziel der Weiterentwicklung und Relativierung.

Im dritten Teil wird die Brücke zur organisationssoziologischen oder betriebs- und volkswirtschaftlichen Literatur geschlagen. Dabei geht es um den Zusammenhang zwischen der Konstruktion des gesellschaftlichen Raumes, den geschäftlichen Strategien von Unternehmen und der Einordnung von Volkswirtschaften und Unternehmen in die internationale Arbeitsteilung. Dieser Teil stützt sich erheblich auf die vergleichende Forschung über Organisation, Management und Arbeitsbeziehungen. Dabei tritt nicht nur Arbeitsteilung im wirtschaftlichen Sinne zwischen Unternehmen, Sektoren und Volkswirtschaften auf, sondern auch zwischen gesellschaftlichen Einheiten auf jeweiligen Stufen. Gesellschaften können also gesellschaftliche Funktionen teilen, ohne ihren Gesellschaftscharakter zu verlieren.

Der vierte Teil erörtert gesellschaftliche Effekte bei Globalisierung im Falle eines inkongruent gestuften gesellschaftlichen Raumes. Was dies bedeutet, wird später erläutert. Hier soll nur erwähnt werden, dass diese spezielle Konstruktion wesentlich bedeutsamer ist als in der Literatur zugegeben, weshalb sie in den Vordergrund gerückt wird. Auch ist sie zur näheren Analyse aktueller praktischer Politikprobleme unentbehrlich. Sie enthebt der Verhaftung an Spekulationen über Verfall oder Weiterentwicklung des Nationalstaates.[1]

II. Globalisierung von Wirtschaftsbeziehungen und gesellschaftliche Institutionen

Mit dem Begriff ‚Vergesellschaftung' drücken wir sowohl im täglichen Sprachgebrauch wie in der Fachtheorie aus, dass alle Aspekte menschlichen Lebens miteinander systematisch verflochten sind, und zwar innerhalb eines abgrenzbaren Horizonts und in einer Weise, die dann für eine abgenzbare Gesellschaft, als Kreis von Menschen, besonders ist. Mit dem Begriff ‚Globalisierung' wird, in ähnlich deutlicher Form wie mit ‚Universalisierung', thematisiert, dass sich Grenzen von Gesellschaften und den in ihnen geltenden Institutionen ausweiten. Diese Ausweitung wird in eine Beziehung gebracht zur Ausweitung des wirtschaftlichen Handlungshorizontes, und zwar bis zur äußersten Grenze.

Der Grundgedanke solcher Betrachtungen wurde bereits 1910 von Gustav Schmoller ausgeführt, indem er wirtschafts- und sozialhistorisch den Fortschritt von der begrenzten Haus- und Dorfwirtschaft zur Weltwirtschaft darstellte. Dabei hat er das Rätsel der Globalisierung, das uns heute noch beschäftigt, auf den Punkt gebracht: „Die Summe der heute einander berührenden, in gegenseitige Abhängigkeit voneinander gekommenen Volkswirtschaften nennen wir die Weltwirtschaft ... Niemals werden tausende von Einzelwirtschaften, die verschiedenen Staaten angehören, als eine Volkswirtschaft vorgestellt und zusammengefasst. Nur wo Menschen derselben Rasse und derselben Sprache, verbunden durch einheitliche Gefühle und Ideen, Sitten und Rechtsregeln, zugleich einheitliche nationale Wirtschaftsinstitutionen haben und durch ein einheitliches Verkehrssystem und einen lebendigen Tauschverkehr verknüpft sind, sprechen wir von einer Volkswirtschaft" (Schmoller 1966: 222f.).

Schmoller könnte bereits von einer Weltwirtschaft sprechen, denn zu seiner Zeit gab es bereits eine ‚globale' internationale Wirtschaftsordnung. Sie war sicher nicht schlechthin mehr durch Marktbeschränkungen partikularisiert, auch wenn weniger Länder in ihr aufgingen, und nationale Währungen der wichtigsten Welthandelsländer waren Goldwährungen und gegeneinander konvertibel. Interessanterweise setzt Schmoller trotzdem eine kategorische Grenze zwischen nationalen Volkswirtschaften oder Gesellschaften und Weltwirtschaft, so als ob die parallele Weiterentwicklung von Wirtschaftskreisen und Grenzen der Vergesellschaftung nun abbreche. Wenn aber die genannte geschichtliche Tendenz über ganze Epochen gültig sein soll, warum bricht sie dann plötzlich ab?

Andere würden sagen, dass sie in der Tat eben nicht abbricht. Andererseits hatte Schmoller sicher gute Gründe für seine Aussage, die nicht in nationalistischem Wunschdenken begründet lagen. Ein erster Schritt zur Auflösung des Knotens liegt

---

1 Eine ausführlichere Fassung des Aufsatzes ist ein working paper (Sorge 1999b); es entstand im Max-Planck-Institut für Gesellschaftsforschung (Köln), dessen Direktoren ich für die Gelegenheit zur Erarbeitung zu Dank verpflichtet bin, und ebenso den Wissenschaftlern des Instituts für die kritische Diskussion.

darin, dass Weltwirtschaft in erster Annäherung eine Ausweitung des Handlungshorizontes von Wirtschaftenden und Regierenden bedeutet. Ausweitung des Horizontes von Handeln bedeutet Erhöhung der Sichtweite und der Reichweite. Diese Ausweitung setzt zwar überstaatliche rudimentäre Institutionen voraus, zu Zeiten Schmollers speziell den Goldstandard und Handelsverträge, aber keine Gleichheit von Institutionen in allen Lebensbereichen und damit keine Vergesellschaftung rundum. Der Horizont von Gesellschaften ist also typisch enger eingegrenzt als der des Handelns und zumal der des Handels. Auch heute ist zu konstatieren, dass eine noch größere Fülle von überstaatlichen Einrichtungen besteht, dass aber die Innenwelt der Gesellschaften nach wie vor so verschieden ist, dass von einer Weltgesellschaft nicht die Rede sein kann.

Auf der anderen Seite sind aber zum Beispiel europäische Gesellschaften auf dauerhaft gemeinte Weise miteinander verschworen, um einmal die wörtliche Bedeutung von Föderation = Eidgenossenschaft ins Bewusstsein zu heben (König 1967), sie sind zu dauerhafter Angleichung zumindest eines Teils ihres Innenlebens fortgeschritten, und sie berufen sich zunehmend auf ein gemeinsames Wertesystem. Mit dem Eintritt in europäische Gemeinschaften wird also nicht allein ein opportunistischer und kalkulativer Vertragsschluss vollzogen, sondern ein Einschwören auf diese Gemeinschaft. Somit hätte Gesellschaftsbildung eigentlich in der soziologischen Theorie neu thematisiert werden müssen.

Seit einiger Zeit tut diese aber genau das Gegenteil. Angesichts verschwimmender Gesellschaftsgrenzen hat sie sich mehr und mehr von einem makrosoziologischen Fundament zurückgezogen auf eine ‚Soziologie ohne Gesellschaft‘, um einen bekannten Autor zu zitieren, der ausgeprägter methodologisch-individualistischer Neigungen oder Sympathien für ‚rational choice‘ von Individuen sicher unverdächtig ist (Touraine 1981). Demgegeüber beharrt der Ansatz des ‚gesellschaftlichen Effekts‘ auf der fortwährenden Bedeutung der Wechselbeziehungen innerhalb des gesellschaftlichen Bezugs- und Funtionsrahmens für die Erklärung von sozialen, wirtschaftlichen und politischen Verhältnissen. Damit ist nicht nur der Bezugsrahmen innerhalb erweiterter Horizonte gemeint, sondern auch innerhalb der bereits bestehenden.

In diesem Ansatz, der im *Laboratoire d'économie et de sociologie du travail* (LEST) in Aix-en-Provence entstand (Maurice et al. 1977, 1982), habe ich selber einen Platz gefunden. Der Ansatz sieht Gesellschaften als Begründer, Betreiber und Ergebnis von engen wechselseitigen Abhängigkeiten zwischen Phänomenen innerhalb aller gesellschaftlicher Lebensbereiche. Solche Lebensbereiche sind gewissermaßen Luhmannsche Sinnsysteme. Ihre Grenzen innerhalb des gesellschaftlichen Systems sind durch Funktion oder Handlungssinn bestimmt. Es sind Sinngrenzen, aber keine institutionellen Grenzen. Lebensbereiche sind zum Beispiel Arbeitsteilung und Arbeitsorganisation, Sozialisation, Schichtung, sektorale Strukturierung oder Technik – die Reihung ist nicht ein für allemal und komplett gemeint, sondern ergänzungsfähig und -bedürftig.

Enge und in einer gesellschaftlichen Einheit abgegrenzte Interdependenz aller wesentlicher Lebensbereiche läuft auf die Auffassung heraus, nach der die ‚Verfassung‘ von Gesellschaften sich durch ‚Selbstgenügsamkeit‘ auszeichnet (Esser 1993: 324–326). Diese Selbstgenügsamkeit ist keine wirtschaftliche Autarkie, und ebenso keine politische Souvernänität. Vielmehr bietet eine Gesellschaft lediglich eine für sie eigene Ordnung verschiedener Lebensbereiche, je für sich aber auch in der Interdependenz dieser untereinander. Die meisten europäischen Gesellschaften sind heute weder autark, was sie auch zu Schmollers Zeiten nicht mehr waren, noch souverän, aber keineswegs weniger soziologisch selbstgenügsam und eigensinnig. Am eigensinnigsten sind soziologisch eher die weniger autarken kleinen Gesellschaften, ob sie sich nun für souverän halten (wie die Schweiz oder Norwegen) oder nicht (wie die Niederlande). Die Eigensinnigkeit beruht auf im Ganzen ‚stimmiger' und dadurch auch im Wandel immer spezifischer Ordnung oder ‚Verfassung' (Esser). Änderungen in den eng miteinander gekoppelten Lebensbereichen ereignen sich immer interdependent. Funktionale Interdependenz und sinnhafte Stimmigkeit des Innenlebens legen nicht allein personale und territoriale Grenzen fest, sondern auch gesellschaftliche Handlungshorizonte. Diese unterscheiden sich von weiteren Handlungshorizonten dadurch, dass Sachverhalte für Menschen ‚rundum' und durch alle Lebensbereiche hindurch einsichtig sind, und Orientierung im Bezug auf das Ganze auffindbar ist.

Anders umrissen sind die Handlungshorizonte von Einzelnen oder gruppierten Akteuren. Sind diese mit Sachverhalten oder Menschen aus anderen Gesellschaften konfrontiert, dann thematisieren und erfahren sie diese losgelöst vom gesellschaftlichen Kontext. Funktionale Interdependenz mit und Sinnverweise zu Sachverhalten in allen anderen Lebensbereichen durchschauen sie nicht. Wenn ein schwedischer Hersteller zum Beispiel einen Zweigbetrieb in Malaysia einrichtet, dann verstehen Leitende das Verhalten und die Umstände malaysischer Arbeitskräfte nur als isolierte Sachverhalte. Ihr Handlungshorizont ist zwar sehr weit aufgespannt, aber das Blickfeld ist eng. Inwiefern Lohnstrukturen in Malaysia in einer engen Wechselbeziehung stehen mit Schichtung, ethnischer Ordnung, Arbeitsmarktverhältnissen und beruflichen Laufbahnen, Familienstrukturen und vielen anderen Dingen, das entgeht ihnen. Die Tatsache der Interdependenz an sich ist ihnen aus der heimatlichen Gesellschaft schon vertraut, aber nicht die spezielle Form, die sie in Malaysia annimmt.

Insofern können Handelnde ihren Horizont weit über die eigene Ursprungsgesellschaft hinaus ausdehnen, ohne dass der gesellschaftliche Horizont sich verschiebt. Bei begrenzter Kapazität der Sinnfindung läßt sich fast ein ‚Gesetz' formulieren: Ausweitung des Handlungshorizontes auf entfernte und mehr Gesellschaften begrenzt die Breite des Blickfeldes; die immer fortwährende Notwendigkeit eines gesellschaftlichen (alle Lebensbereiche umfassenden) Bezuges erhöht dann selbst die Chance, dass Handelnde auf eingelebte gesellschaftliche Horizonte, als einer Art verbleibender Halt, zurückfallen. Gerade in multinationalen Unternehmen zeigt sich dies im Kontakt zwischen Angehörigen verschiedener Gesellschaften. Daneben gibt es aber auch kompetente Intermediäre, also hinreichend in verschiedene Gesellschaften sozialisierte Menschen. Diese besorgen die Funktionsfähigkeit von Unternehmensverbänden über Gesellschaftsgrenzen hinaus, und damit auch die einer weitreichender Differenzierung von Handlungshorizont und gesellschaftlichem Horizont.

Der durch sinnhafte und funktionale Interdependenz umschlossene gesellschaftliche Raum kann zunächst als relativ homogen vorgestellt werden. Er wird gemäß dem Meadschen Prinzip der Reziprozität zwischen menschlichem ‚Selbst' und ‚sozialer Struktur' im umfassenden Sinn (Mead 1997) aufgespannt. Gesellschaftliche Ordnung wird durch Handelnde mit mehr oder weniger großer Sicherheit gekannt oder zumindest als glatt erschließbar unterstellt. Sie wird also durch Handelnde fortwährend konstituiert und modifiziert. Dieses Prinzip kehrt bei Giddens (1996) wieder, ebenso wie in der Figurationstheorie von Elias (1977). Selbst lokalisierbare Widersprüche betrachten Handelnde als integrale Teile eines stimmigen Ganzen. Ein Südniederländer interpretiert das bescheidene Interieur eines Groninger Restaurants nicht als Zumutung des Gastgebers, sondern als in der kalvinistischen Kargheit des Nordens ‚normale' Gastfreundschaft; die gesellschaftliche Norm des Komforts ist eine solche, nicht weil sie überall gleich ist, sondern weil ihre regionale Variation regelhaft ist.

Etwas anderes als die innere Aufteilung des gesellschaftlichen Raumes ‚in der Breite' nach Lebensbereichen ist die Aufteilung in institutionelle Subsysteme wie Wirtschaft, Politik, Erziehung oder anderen. Institutionelle Subsysteme sind in sozialen Verbänden oder Einrichtungen kristallisiert. Sie haben Mitgliedschaftsgrenzen, spezielle Befugnisse und mehr oder weniger große Handlungsautonomie. Das ‚Erziehungswesen' ist ein institutionelles Subsystem; demgegenüber ist ‚Sozialisation' ein Lebensbereich mit anderen (Sinn-)Grenzen, der sich quer über institutionalisierte Verbände wie Schulen, Universitäten, Betriebe, Familien usw. erstreckt. Die Aufteilung von Subsystemen bei Parsons nach dem AGIL-Schema war zeitweise einflussreich. Parsonssche Teilsysteme waren zu relativer Autonomie befähigt, und in funktionalistischer Betrachtung wurde die Autonomisierung und institutionelle Scheidung von Teilbereichen auch als notwendige Voraussetzung und Folge von gesellschaftlicher Entwicklung gesehen. Diese bestand also darin, dass immer spezifischere Lebensbereiche in differenzierten Institutionensystemen kristallisierten, also auch autonomer wurden.

Der LEST-Ansatz vom gesellschaftlichen Effekt betonte jedoch die fortwährende Diskrepanz zwischen institutionalisierten Teilsystemen und sinnbezogenen Lebensbereichen: ‚Sozialisation' wurde als immer anders begrenzt betrachtet gegenüber ‚Erziehungswesen', und gesellschaftliche Entwicklung wurde nie als auf zunehmende Kristallisierung von Lebensbereichen in jeweils eigenen Institutionen gerichtet gesehen. Interdependenzen über Sinngrenzen hinweg traten eben nicht als locker, sondern eng hervor, was Autonomisierung ausschließt. Entsprechend wurden diese Lebensbereiche angegeben, in Anlehnung an klassische soziologische Konzepte (Arbeitsteilung und Sozialisation), mit pragmatischer Ausweitung auf weitere wie Arbeitsbeziehung, Technik oder sektorale Strukturierung. Dies geht darauf zurück, dass eben jedwede Änderung der Arbeitsteilung in einer Gesellschaft nicht anders als mit Konsequenzen für Sozialisation verbunden vorstellbar ist und so auch empirisch auffiel. Dies konnte durchaus mit Autonomisierung von Teilsystemen wie ‚der' Wirtschaft, ‚der' Politik oder ‚dem' Erziehungssystem einhergehen.

Nach Handlungssinn und Funktion umrissene Lebensbereiche gehen eben nie in institutionell kristallisierten Teilsystemen auf, sondern über sie hinweg. Insofern ist die relative Autonomie von institutionalisierten Teilsystemen der Gesellschaft durchaus mit enger Kopplung von dem Handlungssinn und ihrer Funktion nach bestimmten Lebensbereichen vereinbar. Somit wurde fassbar, dass Gesellschaften ihre Umschlossenheit und Eigenart bewahren, gestützt auf enge Koppelung von Lebensbereichen, wiewohl Teilsysteme differenziert und autonom werden. Am Beispiel: Institutionen der Interessenvertretung in der Wirtschaft können zunehmend differenziert werden und Autonomie gewinnen; sie können durchaus auch nach Vorbildern von außerhalb der Gesellschaft gestaltet werden. Aber auf der anderen Seite hat jede Formgebung des Lebensbereiches ‚Partizipation' unmittelbar Folgen für die anderer Lebensbereiche (Organisation, Sozialisation usw.). Beides geht auf Grund der Unterscheidung von Teilsystemen und Lebensbereichen zusammen, ebenso wie fortwährende gesellschaftliche Identität mit Erhöhung des Grades autonomen Handelns in kristallisierten Institutionen zusammengeht.

Bei anderen Autoren folgen Aufteilungen von gesellschaftlichen Bereichen grob Parsons und enthalten isofern auch institutionell kristallisierte und autonomisierte Teilsysteme. Sie sind allerdings heute zumeist viel weniger systematisch entwickelt als bei Parsons. Mit Blick auf Globalisierung und gesellschaftliche Entwicklung gebrauchen sowohl der ehemalige Funktionalist Smelser (1994) wie der eklektische Postmodernist Waters (1995) die Reihung von Wirtschaft, politischem System und Kultur. Reduzierte Systematik ist damit *state-of-the-art* geworden. Konsequent ist hingegen die neo-funktionalistische Betrachtung durch Münch (1980), die sich eng an Parsons anlehnt. In der Weiterentwicklung von Parsons sieht Münch Teilsysteme immer als gegenseitig interpenetrierend. Institutionell differenzierte Teilsysteme durchdringen einander dadurch, dass sie alle anderen differenzierten Teilsysteme immer auch als eigene Teilsysteme enthalten. In der Konsequenz ist ihre Autonomie beschränkt und relativiert. Durch Interpenetration wird der Doppelcharakter von gesellschaftlichen Gliederungen, als einerseits weitläufige Sinnsysteme und andererseits institutionell kristallisierte soziale Verbände, unterstrichen. Auf diese Weise nähert sich das neofunktionalistische Gesellschaftsverständnis einer mehr phänomenologischen Auffassung an. Von hierher wird auch die Unterscheidung von Teilsystemen und Lebensbereichen oder Sinnsystemen nach Art des LEST bekräftigt.

Gesellschaftliche Effekte entstehen durch zwei grundlegende Arten von Wechselbeziehungen. Einerseits konstituieren Handelnde und die Ausgestaltung von Lebensbereichen einander gegenseitig. Dies ist der von Giddens her bekannte strukturationstheoretische Ansatz. Andererseits besteht eine ‚lateral' konstitutive Wechselbeziehung zwischen Lebensbereichen: Organisationsgestaltung impliziert jeweils verwandte Sozialisation, sektorale Strukturierung, Arbeitsbeziehungen usw. Eine analytisch komplette Gesellschaft, die also auch soziologisch selbstgenügsam ist, wird durch typische Muster der Wechselbeziehungen zwischen Teilräumen und zwischen Handelnden und gesellschaftlichem Raum inszeniert und erhalten. Konkrete institutionelle Ergebnisse der Wechselbeziehungen sind orientierte Handelnde und ausgestaltete gesellschaftliche Räume. Solche Ergebnisse erklären sich aber nicht deterministisch. Identitäten ergeben sich bei Handelnden durch sinnfälligen Bezug auf gestaltete Lebensbereiche, wie auch umgekehrt. Die Identität einer Gesellschaft wird im Handeln der Einzelnen durch den von ihnen unterstellten oder neu konstruierten Sinnbezug erhalten und verändert.

Sowohl individuelle wie soziale und gesellschaftliche Formgebungen und Identitäten sind also paradox und dialektisch. Individuum und Gesellschaft, Identität und Veränderung, als Pole eines spannungsvollen Kontinuums, ergeben sich erst unter Rückbeziehung auf das jeweils Andere, Gegenübergestellte (Maurice 2000; Sorge 2000). Der gesellschaftliche Effekt entsteht nicht in erster Linie durch Beharrungskraft einmal geschaffener und miteinander zusammenhängender, institutionell konkreter Sachverhalte. Diese können sich durchaus radikal ändern. Sie tun dies aber zumeist nur im Gegenzug zu institutioneller Beharrung in anderer Hinsicht. Die Entwicklung gesellschaftlicher Identität und Kontinuität ist also im Letzten immer paradox und damit institutionell schwach konturiert. Ihre Festigkeit liegt nicht in institutioneller Schärfe und Beharrung, sondern in der engen Kopplung der Lebensbereiche untereinander.

Dies kann kurz an einem Beispiel verdeutlicht werden. Die Spezifizität der deutschen Gesellschaft beruht nicht auf genauen Anteilen von Jugendlichen, die duale Berufsbildung durchlaufen, wiewohl immer wieder diese Anteile im internationalen Vergleich auffallen. Anteile verschieben sich, und Formen der Berufsbildung wandeln sich. In typisch paradoxer Weise fällt immerhin stets auf, dass die regelhafte Durchmischung (parallel oder in Abschnitten aufeinander folgend) in immer neuen Formen reproduziert wird. Diese Reproduktion erklärt sich unter anderem aus der engen Wechselbeziehung mit den Lebensbereichen Organisation und Arbeitsmarkt/Berufsbiographie: Hierarchisch relativ ‚platte' und weniger differenzierte Arbeitsorganisation, mit vielfältigen Übergängen statt Brüchen, sowie berufliche Mobilität zwischen Betrieben und innerhalb der betrieblichen Statusordnung bedingen sich wechselseitig mit der erwähnten Ausgestaltung des Lebensbereiches Sozialisation.

Gesellschaften beziehen in paradoxer Form Identität aus kulturell und institutionell besonderen Gestaltungsmustern. Horizont und Grenze sind also in erster Linie nach dem Geltungsbereich von stimmigen Artefaktengebilden umrissen. Sie können damit zum einen an Arten von Menschen und sozialen Kategorien festgemacht werden, zum anderen an Gebieten. Unter dem Eindruck der Ausweitung des Horizonts durch Bildung europäischer Nationalstaaten neigen wir dazu, Vergesellschaftung auf höherem Aggregationsniveau an Gebiete gebunden zu sehen, und die Beseitigung von Vergesellschaftungsmustern auf niedrigerem Niveau als deren unvermeidbare Voraussetzung und Konsequenz. Das letztere erscheint aber bei längerfristiger Betrachtung als Spezialfall, und die Gebietsbindung scheint eher als neuerer europäischer Sonderfall. Die Vergesellschaftung im römischen Reich (mit eigener Sprache, Herrschaftssystem, Wirtschaftssystem, Recht und heilsversprechender Gottheit) überlagerte niedriger aggregierte Gesellschaften vorwiegend ethnischer Abgrenzung mit jeweils spezifischer Rechtsordnung, Herrschaft, lokaler Wirtschaft und Gottheit. Ethnisch gestufte Vergesellschaftung, also mehrere Ebenen der Gesellschaftsbildung, wobei die unteren Ebenen eher an personale als an territoriale Kategorien angelehnt sind, ist auch heute außerhalb Europas eher die Regel. Und Stufen der Vergesellschaftung sind dermaßen allgemein verbreitet in Gegenwart und Vergangenheit, dass einstufige Vergesellschaftung als seltener Sonderfall aufscheint. Er gilt offenbar nur für archaische Stammesgesellschaften, jedoch nicht für heutige, ‚eingestufte' ethnische Gesellschaftstypen, und ebenso für idealtypische Nationalstaaten, aber nicht für die in Europa heraufkommende gestufte Vergesellschaftung.

Gestufte Gesellschaftsbildung, ob sie sich im römischen Reich ereignete, in der mittelalterlichen Feudalgesellschaft, in afrikanischen oder asiatischen Gruppengesellschaften oder anderswo, weist nun eine Paradoxie auf, die oft vernachlässigt wird. Hierbei beseitigt Vergesellschaftung auf höherem Aggregationsniveau nicht die Eigenart der Gesellschaftsformationen auf niedrigerem Niveau. Sie kann sie erhalten und selbst befördern. Die Eigenart der gesellschaftlichen Identität von Kroaten und Serben, Hutus und Tutsis, Hessen und Schwaben oder Engländern und Walisern ergibt sich eben nicht allein oder vorwiegend durch reine Fortschreibung oder Wiederbelebung von alters her gegebener Identitäten. Vielmehr ist die provinziellere Gesellschaftseigenart erst durch die Einschiebung in eine höher aggregierte und universalistischere Gesellschaft entstanden. Anstatt oder neben einer evolutionären Entwicklung von Partikularismus zu Universalität scheint es eine gegenseitige Steigerung von Universalisierungs- und Partikularisierungstendenzen zu geben.

Vergesellschaftung ist langfristig offenbar kein alleiniger Konkurrenzkampf zwischen strittigen Aggregationsniveaus und einander ausschließenden Gemeinschaften. Es gibt eine Differenzierung des gesellschaftlichen Raumes in der Art, dass gesellschaftliche Einheiten nicht nur koexistieren, sondern geradezu die Eigenart der jeweils anderen Gesellschaftsformation verstärken. Gesellschaften können sich also nach Gesellschaften differenzieren oder zu Gesellschaften höher aggregieren, sodass sie ihre eigene Identität bestärken. Gestufte gesellschaftliche Differenzierung nach diesem Muster ist etwas völlig anderes als ‚soziale' Differenzierung. Während die letztere zu nicht ‚gesellschaftsfähigen' Unterteilungen führt, weil sie nicht soziologisch selbstgenügsam ist, ist gesellschaftliche Differenzierung nicht nur möglich, sondern historisch der Normalfall der Evolution. Die normative und ideologische Faszination durch den Nationalstaat als idealtypisch einstufige und ausschließliche Gesellschaftsformation hat diese Einsicht verdeckt.

Allerdings können gestufte Gesellschaftsordnungen sehr unterschiedlich konstruiert sein. Die Vermutung kann angestellt werden, dass sich gesellschaftliche Entwicklung zu höherer Aggregation hin als gegenseitige Steigerung von Universalisierung und Partikularisierung von gestuften Formationen ansprechen lässt. Bei dieser Entwicklung teilen sich gesellschaftliche Formationen den gesamten gesellschaftlichen Raum unterschiedlich auf. Was nun nach Definition Gesellschaften nicht aufteilen können, ohne ihre ‚Gesellschaftsfähigkeit' zu verlieren, das ist die Vollständigkeit hinsichtlich aller Lebensbereiche. Gesellschaften ohne eigene, sinnfällig und faktisch funktional miteinander verknüpfte Sozialisationsmuster, Organisationsprozesse, Laufbahnen usw. sind keine Gesellschaften. Jedoch können Gesellschaften durchaus institutionell differenzierte Teilsysteme mehr oder weniger abgeben an andere, an denen sie teilhaben. In dem Maße, in welchem dieses geschieht, entsteht gewissermaßen eine gesellschaftliche Funktionsteilung, die nicht zu verwechseln ist mit Arbeitsteilung in einer Gesellschaft oder mit Arbeitsteilung über Gesellschaften hinweg.

Gesellschaftliche Funktionsteilung über Ebenen hinweg ist gering oder kongruent zu nennen, wenn mehr oder weniger alle Ordnungsfunktionen zu etwa gleichen Teilen, wenn auch mit unterschiedlichem Vorrang, in allen Gesellschaftsformationen institutionell vorhanden sind. Annähernd galt dies wohl für die Ordnung des römischen Reiches. Auf allen Aggregationsebenen fand man eigene Gottheiten, Rechtsvorstellungen und Rechtsausübung, Wirtschaftsinstitutionen, Sprachen, politische Herrschaft und wirtschaftliche Tauschmittel. Inkongruent ist die Stufung der Gesellschaftsordnung aber, wenn institutionalisierte Funktionsbereiche bestimmten Formationen vorenthalten sind. Monopolisierungsansprüche von Gesellschaftsstufen sind immer mit inkongruenter Verteilung von institutionalisierten Funktionen verbunden.

Aus dem Prinzip inkongruenter Stufung folgt, dass relative funktionale Spezifizität von Gesellschaftsformationen bei Stufung durchaus nicht widersinnig ist. Selbst wenn der Ansatzpunkt für institutionelle Souveränität auf einer Stufe und in einer Formation höchst eng bemessen ist, so kann doch die empfundene und funktional ablaufende Eigenheit hoch sein. Das Paradebeispiel hierfür in Europa ist Luxemburg. Nicht einmal vor der Einführung des Euro hatte es eine eigene Währung, noch eine eigene Sprache oder andere souverän gestaltete Ordnungsformen. Jedoch erscheint die luxemburgische Gesellschaft gerade durch die besondere Eklektik ihrer Ordnung hinreichend identisch mit sich selbst und gegenüber anderen verschieden; sie wurde dies umso mehr, als die Nutzung ihr verbleibender Ordnungsmittel in der Wirtschafts- und Finanzpolitik auch die wirtschaftliche Differenzierung gegenüber den Nachbarländern beförderte.

Nach dem Prinzip der gegenseitigen Steigerung von universalisierenden und partikularisierenden Kräften ist eine derartige Entwicklung regelhaft zu erwarten. Sie tritt besonders bei inkongruenter Stufung von Gesellschaftsformationen auf, also gerade dann, wenn die institutionelle Konzentration bestimmter Teilsysteme oder deren Unterteile auf Ebenen und Formationen heraufkommt. Zwar legt dies entsprechend dem nationalistischen Vorurteil oft den Gedanken nahe, dass nun der Rest der Teilsysteme mehr oder weniger mitwandern müsse. Faktisch geschieht aber genauso häufig das Gegenteil. Es gibt zur Zeit in Europa keine souveräne oder annähernd einstufige Gesellschaft mehr, und die Frage ist, in welchem Maße es sie in der Vergangenheit gegeben hat.

Insofern kann das Ausgangsproblem (in Anlehnung an Schmoller) im ersten Schritt folgendermaßen angegangen werden: Einesteils folgt das Fortbestehen nationaler oder selbst enger umgrenzter Ordnungen bei weltwirtschaftlicher Verflechtung aus der Differenzierung von Handlungshorizont und gesellschaftlichem Horizont. Hierin hat Schmoller recht. Zum anderen aber ereignet sich die Ausweitung von Horizonten der Vergesellschaftung nicht einfach durch parallele Ausweitung in allen institutionalisierten Teilsystemen. Vielmehr tritt mit der Ausweitung auch eine gegengerichtete Provinzialisierung oder Partikularisierung ein. Dadurch entstehen gestufte Gesellschaften mit sowohl engeren als auch weiteren Horizonten. Dieser Effekt wird sowohl von Schmoller, aber auch verschiedenen aktuellen Betrachtern der ‚Globalisierung' vernachlässigt.

III. Zwischengesellschaftliche Funktionsteilung und internationale Arbeitsteilung

Nach herkömmlicher soziologischer Auffassung erhöht Arbeitsteilung in der Gesellschaft, wenn die Arbeitsteilung nicht Arbeitszerlegung und Anomie nach sich zieht, den Zusammenhalt durch organische Solidarität. Sie erhöht also die Chance, dass eine Ausweitung des gesellschaftlichen Aggregationsniveaus erfolgreich stattfindet, und sie ist Voraussetzung für eine nicht rein mechanische Ausweitung von Vergesellschaftungskreisen. Internationale beziehungsweise zwischengesellschaftliche Arbeitsteilung dagegen bedroht nicht an sich die Identität einer Gesellschaftsformation, da wirtschaftliche Autarkie ja nicht konstitutiv ist für gesellschaftliche Identität. Jedoch umschließt internationale Arbeitsteilung auch Sozialkontakte und soziale Normierung des Verkehrs zwischen Mitgliedern verschiedener Gesellschaften, sowie möglicherweise hohe zwischengesellschaftliche Mobilität. Dadurch können gesellschaftliche Identitäten zumindest zerfließen.

Zwischengesellschaftliche Funktionsteilung wurde hingegen bisher gar nicht als analytisch bedeutsamer Fall herausgestellt. Bringt man sie nun aber mit internationaler Arbeitsteilung in Berührung, so entstehen ganz andere Perspektiven. Internationale Arbeitsteilung bedeutet die tendenzielle Spezialisierung einer Gesellschaft auf näher umgrenzte wirtschaftliche Aktivitäten. Sie erhöht die funktionale Interdependenz von Gesellschaften, oder auch einseitige Abhängigkeiten, je nach der Austauschbarkeit von Konkurrenten oder den Zugangsmöglichkeiten zu Märkten für Anbieter von Leistungen. Von daher lässt sich vertreten, dass von einer bestimmten Schwelle der zwischengesellschaftlichen Verflechtung und der Konzentration der Verflechtung auf wenige Gesellschaften ab die internationale Arbeitsteilung durchaus vergesellschaftend wirkt. Sie bildet sich dann im Gefolge oder als Voraussetzung stabiler, befriedeter und kalkulierbarer Austauschbeziehungen. Wirtschaftlicher Tausch, sozialer Austausch und politische Beherrschung der Bedingungen oder Ziele kommen dann tendenziell zusammen. Dies ist auch der Hintergrund von langwährenden Vergesellschaftungen mit weitem Horizont wie dem römischen oder anderen Kolonial- oder Überschichtungsreichen.

Vergesellschaftung mit einem weiten Horizont ebenso wie internationale Arbeitsteilung haben nun aber Konsequenzen für den Aktivitätenvorrat der verflochtenen Gesellschaften. *Ceteris paribus* vermindern sie die innergesellschaftliche Arbeitsteilung oder sie verschieben die Gewichtung dieser zugunsten der internationalen Arbeitsteilung. Dadurch werden externe Austauschverhältnisse weniger beherrsch- und berechenbar und weniger in ein gesellschaftlich stimmiges Verhältnis eingeordnet. Weiterhin treten tendenziell eher gesellschaftliche Ordnungen als Konkurrenten in der internationalen Wirtschaftsordnung auf. Sie konkurrieren um Ansiedelung von Unternehmen und Beschäftigung. In dieser Konkurrenz gibt es nicht nur Gewinner und Verlierer, sondern nach Sektoren, Produkt-Marktkombinationen oder Geschäftsstrategien differenzierte Ergebnisse. Internationale Arbeitsteilung als Ergebnis von ‚Standortkonkurrenz' bedeutet also wirtschaftlich tendenziell homogenere Gesellschaften. Die Ordnungen kämpfen miteinander um wirtschaftliche Nischen in einem wesentlich nicht-gesellschaftlichen Gefüge (weltweit) oder in höher aggregierten Formationen wie der EU, mit inkongruent gestuftem Gesellschaftsgefüge. Gesellschaftliche Institutionen stellen dann komparative Vor- oder Nachteile im internationalen Handel dar (Soskice 1997). Vermittels der Rückkoppelung mit spezifischer Wirtschaftsentwicklung bekräftigen sie somit gesellschaftliche Eigenart (Zysman 1996).

Damit ist die Notwendigkeit offenbar, gesellschaftliche Entwicklung nicht als einen langfristig monotonen Gleichlauf der parallelen Ausweitung wirtschaftlicher Ordnung, sozialer und kultureller Inklusivität und politischer Integration anzugehen. Diese *Parallelität* ist gewissermaßen ‚Schmoller Nr. 1' mit der These von der fortwährenden Ausweitung wirtschaftlicher, sozialer und politischer Horizonte der Vergesellschaftung. Diese Parallelitätsdoktrin lag unter anderem auch dem Ansatz zu Grunde, europäische Einigung ausgehend von der Zollunion und der Schaffung eines Binnenmarktes zu überführen in eine daran notwendigerweise zu koppelnde soziale und politische Integration mit Harmonisierung weiterer Ordnungen.

Im Gegensatz hierzu ist aber beobachtbare Vergesellschaftung erheblich durch ein gegensätzliches Motiv gekennzeichnet, das als *Paradoxie* angesprochen werden kann. Demnach entwickelt sich die Intensität gesellschaftlichen Zusammenhalts durch ein Auseinanderklaffen in der relativen Reichweite wirtschaftlicher, sozialer oder politischer

Horizonte, oder sogar von Teilhorizonten in diesen jeweiligen größeren Bereichen. In inkongruent gestuften Gesellschaften wird also die Identität einer gesellschaftlichen Einheit dadurch bestärkt, dass sie nur bestimmte Teile der Wirtschaftsordnung mit einem größeren Gefüge teilt und andere Teile ganz für sich hat. Gerade die Einfügung in das umfassendere, gestufte Gefüge bietet also den Ansatz zur Markierung einer deutlicheren Identität und markanterer und dauerhafterer komparativer Vorteile oder Nachteile. Dies ist sozusagen ‚Schmoller Nr. 2', also die Konstatierung einer unaufhebbaren Kluft zwischen geordnetem und insofern durchaus ansatzweise vergesellschaftetem Welthandel und sozial, kulturell und politisch integrierten Nationalstaaten. Aber bei genauerem Hinsehen ist diese paradoxe Vergesellschaftung eben auch in viel mehr verfeinerter Form zu erkennen, wenn etwa die EU das Wettbewerbsrecht regelt und auch direkt praktiziert, während die Wettbewerbsvoraussetzungen von Unternehmen national und regional ganz unterschiedlich konstituiert werden.

Bei Internationalisierung der Wirtschaftsbeziehungen bildet sich das Interesse an gesellschaftlichem Zusammenhalt um, zumal auf den ‚unteren' Formationen innerhalb eines gestuften Gefüges. Die Befriedung und Regulierung innergesellschaftlicher Beziehungen tritt zurück, und herauf kommt die Ausgestaltung und Erhaltung vergleichsweiser Vorteile über Gesellschaftsgrenzen hinaus. Diese Vorteile können vielfältiger Art sein. Aber selbst die ‚einfachsten' preislichen Vorteile in der Erbringung von Leistungen hängen mehr oder weniger mit gesellschaftlichen Institutionen zusammen. Diese erstellen kollektive Güter ohne individuelle Kosten für Nutzer und sorgen dafür, dass bestimmte Leistungen kostengünstiger oder ertragreicher zur Verfügung stehen. Je intensiver eine Gesellschaft in internationale Arbeitsteilung eingefügt ist, zumal wenn die Gesellschaft selber Teil eines inkongruent gestuften Gesellschaftsgefüges ist, umso eher nutzt sie die ihr verbleibenden Gestaltungsparameter zur auf bestimmte Verwertungsnischen gezielten Entwicklung ihrer Institutionen.

Dabei bilden sich gesellschaftliche Institutionen, gerade auf unteren Aggregationsebenen, von allgemeingültigen zu zweckorientierten um. Eine einstufige Gesellschaft mit hoher interner Arbeitsteilung und geringer Außenhandelsverflechtung steht vor dem Problem, Institutionen auszubilden, die in einer Vielzahl von Verwendungen brauchbar sind, also für sehr verschiedene Landwirte, Handwerker, Industrielle und andere gleichermaßen geltendes und unkontroverses Handels- und Arbeitsrecht zum Beispiel. Relativ autarke, aber sozial differenzierte Gesellschaften stehen also vor allem vor dem Problem, fundamentale soziale Konflikte in der Auseinandersetzung über gesellschaftsweite Normierung zu bewältigen.

In ein differenziert gestuftes Gefüge oder erhebliche internationale Arbeitsteilung eingelassene Gesellschaften werden hingegen eher dazu tendieren, die Eigenart ihrer Institutionen mit der Eigenart ihrer externen Verwertungsbedingungen und internen Spezialisierung abzugleichen. Wenn dies im Ansatz geleistet ist, dann erscheint die interne soziale Integration über differenzierte Bereiche hinweg nicht als problematisch oder konfliktgeladen. Stattdessen werden Verteilungs- und Normierungskonflikte eher auf einer höheren Stufe der Vergesellschaftung entstehen, also auf europäischer. Gesellschaftliche Solidarität auf der darunter gelagerten Stufe ist dagegen unproblematischer.

Inkongruent gestufte Gesellschaftsgefüge bilden gerade auf den unteren Ebenen durch Spezialisierung relativ interessenhomogene Gesellschaften, die durch vorrangige außenwirtschaftliche Erwerbschancen und Zwecke diszipliniert werden. Sie suchen bestimmte Märkte, Teilmärkte und Erwerbsstrategien auf, und zwar durch interaktiven Abgleich mit dem ihnen spezifischen Institutionenapparat. Internationale Wirtschaftsbeziehungen und größere Märkte bewirken keineswegs eine Tendenz zur Vereinheitlichung von Marktformen und Strategien. Vielmehr entstehen in ihrem Gefolge neue Nischen mit jeweils eigenen Verwertungsstrategien und Marktformen. Empirisch ist dies bereits detailliert ausgeführt (z.B. durch Porter 1990). Das oft gebrauchte Wort ‚Wettbewerb' gegenüber anderen Koordinationsformen ist zunehmend unangemessen, weil es eine Vielzahl verschiedener Wettbewerbsformen gibt, die mit jeweiligen Strategien verbunden sind und vor dem Hintergrund sehr verschiedener Ausstattung mit Sach- und Humankapital sowie Beziehungen zu regulierenden und unterstützenden Instanzen entstehen (van Witteloostuijn 1996).

Die Sozialökologie von Organisationsformen, Strategien und Marktformen wird also zusehends artenreicher. Wenn solche Formen nun institutionell veranlagt und unterstützt sind, dann ist ihre Anbindung an Gesellschaftsstrukturen zu erwarten. Gesellschaften stellen also innerhalb der internationalen Arbeitsteilung zunehmend wichtige institutionelle Nischen dar, die durch die in ihnen vorhandene und fortwährend reproduzierte Ausstattung gewisse Strategien der Verwertung und Organisationstypen anziehen, andere dagegen abstoßen. Und umgekehrt hält internationale Arbeitsteilung auf Grund dieses Effektes gesellschaftliche Verschiedenheit in Stand oder vergrößert sie sogar.

Verschiedentlich wird der Kampf um den Erwerb von wirtschaftlichen Nischen (Produkten, Märkten, mit jeweiligen Wettbewerbsformen und Strategien) als Regimekonkurrenz angesprochen (so Streeck 1998). In der Tat geht es darum, dass Gesellschaften mit den ihnen eigenen Institutionen miteinander um die Besetzung wirtschaftlicher Nischen konkurrieren. Es geht also nicht mehr allein um die Konkurrenz von Unternehmen miteinander, wo immer sie herkommen, sondern von gesellschaftlichen Institutionen. Dies darf aber nicht einseitig so gedeutet werden, als gewinne schlechthin ‚der' Wettbewerb die Oberhand über politische Gestaltung und gesellschaftliche Normierung. ‚Den' Wettbewerb gibt es nur in sehr verschiedenartigen Unterformen, von denen die vorherrschenden weder ‚rein' noch ‚perfekt' sind. Gerade Formen des ‚monopolistischen' (E.H. Chamberlain) oder des ‚unvollständigen' (J. Robinson) Wettbewerbs sowie Oligopole sind mit spezifischen Faktoren der Erzeugung verbunden, die wiederum kulturelle und institutionelle Hintergründe besitzen. Nicht reiner und nicht vollständiger Wettbewerb tendiert also dazu, je nach dem Maße seiner Intensivierung Institutionen zu befestigen und zu spezifizieren (Sorge 1991). Nationale Institutionen, die Lebensbereiche wie Organisation, Sozialisation, Arbeitsbeziehungen und weitere strukturieren, beinhalten sichere Affinitäten zu Wirtschaftsweisen – und damit sowohl Unternehmensstrategien wie Marktformen (siehe auch Whitley 1994, hinsichtlich europäischer Länder).

Einerseits ist natürlich jede Ausweitung eines gesellschaftlichen Horizonts mit einem bestimmten Ausmaß an Parallelität verbunden. Eine einheitliche Wirtschaftsordnung auf höherer Stufe der Vergesellschaftung ist nicht an eine völlige Andersartigkeit politischer oder sozialer Teilsysteme der Einheiten auf unteren Stufen gekoppelt vorstellbar. Diese wäre sozusagen eine Europäische Gemeinschaft von Gesellschaften, die politisch und sozial von der Militärdiktatur bis zur Basisdemokratie nach Schweizer Muster reichte. Selbst die Europäische Wirtschaftsgemeinschaft der früheren Jahre setzte die umfassendere Europaunion (als Wertegemeinschaft der Demokratie und der Rechtsstaatlichkeit) voraus und ließ neue Mitglieder nur dann zutreten, wenn sie sich auch politisch durch die Europaunion qualifizierten (wie in den Fällen Spaniens, Portugals und nachkommunistischer Staaten).

Andererseits unterschätzen wir aber bei weitem die Bedeutung paralleler Vergesellschaftung für die Entwicklung von Eigenart und Identität. Diese wurzeln viel mehr in der paradoxen Vergesellschaftung, die sich durch gleichzeitige und interdependente Ausweitung wie Provinzialisierung von Horizonten in gestuften Gefügen ereignet. Die Niederlande demonstrieren dies recht deutlich. Mit der Ausweitung der wirtschaftlichen Handlungshorizonte auf Kontinental- und Welthandel und der Entwicklung einer besonders produktiven Landwirtschaft wurde die Gesellschaft immer offener und kosmopolitischer. Die Machtzunahme auf Grund dieser Modernisierung und Universalisierung erlaubte dann politische Souveränität durch Loslösung vom Heiligen Römischen Reich Deutscher Nation 1645. Bis dorthin war die gesellschaftliche Identität einerseits regional weiter differenziert, weiterhin ‚niederdeutsch' im Sinne einer kulturellen und sozialen Gesamtheit verschiedener verwandter Dialektsprachen ungefähr nördlich der Benrather Sprachlinie, andererseits in einem umfassenderen Sinne zentraleuropäisch innerhalb des Reiches. Nach 1645 entwickelten sich relativ einheitliche, zunehmend spezifische ‚nationale' Kulturen und Institutionen. Spätestens von dort ab wurde ein vormaliger Teil von ‚Nederduitsland', wie es damals genannt wurde, zu ‚Nederland' (Romein und Romein 1949: Kap. 9–11).

Die zunehmende Einfügung einer der damals ‚modernsten' Wirtschafts- und Gesellschaftsordnungen in eine kontinentale und Weltwirtschaft war also ursächlich für die Provinzialisierung des gesellschaftlichen Umrisses. Sie bedingten einander wechselseitig, trotz anhaltend hoher Mobilität von Deutschland und anderen Ländern in die Niederlande. Diese Entwicklung ist bis heute ungebrochen, und sie bestimmt auch die Richtung für die Zukunft. Eine völlig unkontroverse europäisch-föderative Orientierung in den Niederlanden wird mit selbstverständlichem und deshalb nicht tönendem Nationalismus verbunden. Sie haben sich eben gemäß der Logik paradoxer Vergesellschaftung im inkongruent gestuften gesellschaftlichen Raume miteinander entwickelt. Ein niederländisches Mitglied des Europaparlaments merkte an, die Niederländer seien ‚das nationalistischste Volk in Europa' in dem Sinne, dass es wie kaum ein anderes von der Güte der heimischen Ordnung der Dinge überzeugt ist (Vara 1999). Es geht also um eine Variante des Nationalbewusstseins, die intensiver ausgeprägt ist, trotz – nicht entgegen – Nähe und Verwandtschaft zu Nachbarn in einem übergreifenden Gesellschaftsgefüge. Dies geschieht, wenn eine Gesellschaft durch Einschiebung in eine inkongruent gestufte Gesellschaftsordnung Eigenheiten sowie das Bewusstsein von deren Existenz und Wert in der Absetzung von benachbarten Nationen (Belgien und Deutschland) umso deutlicher entwickelt.

Die Interdependenz von gesellschaftlicher Eigenheit und binnen- und außenwirtschaftlicher Spezialisierung darf nicht zu einer einseitigen Deutung der Art verändert werden, als gäben gesellschaftliche Institutionen den Rahmen an, innerhalb dessen sich wirtschaftliche Verwertungschancen und Strategien erst entwickeln könnten, ebenso wenig wie der entgegengesetzte Determinismus von Institutionen durch Wirtschaftsstrategien haltbar ist. Vielmehr ist bereits die Konstituierung und Abgrenzung der staatlichen Gesellschaften, die wir heute als solche ansprechen, ohne Außenwirtschaftsinteressen von herrschenden oder nach Herrschaft strebenden Eliten gar nicht zu erklären. Die Loslösungen Belgiens von den Niederlanden (1830–39), Norwegens von Schweden (1905) und Österreichs aus dem Deutschen Bunde (etwa 1833–1866) hatten wesentlich wirtschaftspolitische Motive: Industrielle Schutzzollpolitik und Industrieförderung Belgiens gegenüber Handelsinteressen in Holland, fischereipolitische Freihandelsinteressen in Norwegen gegen Industrieentwicklung in Schweden sowie Handelsverbund im österreichisch-ungarischen Reiche gegen deutsche Zollunion.

Damit soll bedeutet werden, dass Einpassung in internationale Arbeitsteilung auf spezifischen Wegen bereits für die Art der uns bekannten Nationbildungen konstitutiv war. Insofern sind die Gesellschaften, welche die Klassiker der Soziologie bei der analytischen Fassung des Gesellschaftsbegriffs vor Augen haben mussten, empirisch gar nicht anders als sich provinzialisierende Teile innerhalb eines gestuften Raumes von Gesellschaft ansprechbar. Sie waren deshalb bereits auf dem Wege paradoxer Vergesellschaftung, der von ‚Schmoller Nr. 2' angedeutet wurde. Selbst die ersten und markantesten großen europäischen Nationalstaaten bezogen ihre Souveränität nicht vorranging aus der förmlichen Unabhängigkeit, sondern aus kolonialer Herrschaft und Versorgung mit Ressourcen. Am Beispiel Frankreichs zeigt sich dies sehr deutlich: Einer der Anführer der Militärrevolte (General Salan) gegen die Unabhängigkeit Algeriens berief sich unter anderem entscheidend darauf, ohne eigene Rohölversorgung durch Algerien höre das Land auf, eine souveräne Nation zu sein und patriotische Pflicht gebiete deswegen den Aufstand. Einmal von der politischen Programmatik abgesehen, wurde damit zumindest der Begriff einer nationalen Gesellschaft ehrlich als das herausgestellt, was er ist. Er ist verfehlt, insofern er Stufung der Gesellschaft unterschlägt. Und die Stufung war entweder mehr europäisch oder kolonialistisch und zum Teil beides zugleich, wie bei Formen der Vergesellschaftung im Osten Europas.

National umschlossene Gesellschaften mit gleichläufigen und gleich abgegrenzten Territorien, Bevölkerungen, Kulturen und Institutionenapparaten innerhalb geschlossener und souveräner Herrschaftsysteme gab es gar nicht, weder in Europa noch anderswo. Was für die Vergangenheit als gegeben betrachtet wird, die idealtypische Gesellschaftsform der ‚ko-extensiven Wirtschafts-, Werte- und Zwangsgemeinschaft des Nationalstaates' (Streeck 1998: 21), ist als dauerhafter und häufiger Realtypus nicht aufzufinden. Für Deutschland wäre er allenfalls annähernd in der Zeit nach dem Versailler Vertrag und vor der gewaltsamen Einverleibung Tschechiens als ‚Reichsprotektorat' zu finden. Selbst Frankreich, das als Paradebeispiel des europäischen Nationalstaates angesehen wird, war in seinem europäischen Territorium erst relativ dauerhaft (abgesehen von Elsass und Lothringen) nach der Mitte des 19. Jahrhunderts konsolidiert (mit dem Rückerwerb von Savoyen und der Eingliederung von Nizza). Dabei setzte es kurz danach dazu an, drei *départements* an der Küste Algeriens als Teil des Mutterlandes zu führen, sodass bereits noch bei der souveränitätsbeschränkenden Gründung der Europäischen Wirtschaftsgemeinschaft nach dem herrschenden Staatsverständnis die Verfassung der Republik auch in den *départements* Constantine, Alger und Oran galt. Nach dem Verständnis des letzten Militärgouverneurs galt sie sogar ‚von Dünkirchen bis Tamanrasset' (an der Südspitze der Sahara).

Wenn also Nationenbildung bereits mit Spezialisierung innerhalb internationaler Arbeitsteilung und mit Stufung der Vergesellschaftung zu tun hat, dann ist zu erwarten, dass weitere Akzentuierung von Stufen auch mit einer Divergenz der Institutionen in speziellen Teilgebieten oder Lebensbereichen einhergeht. Dies wäre das entscheidende Argument für divergente Entwicklung. Allerdings ist auch zu erwähnen, dass dieser eine Konvergenz gegenübersteht, die aus der Entwicklung von gesellschaftlichen Institutionen und kulturellen Grundannahmen auf jeweils höheren Stufen hervorgeht. Dies ist dann die andere Seite der Medaille paradoxer Vergesellschaftung.

Daneben besteht noch ein weiterer Mechanismus. Mit der Ausweitung von Handlungshorizonten ergibt sich die Tendenz, dass kulturelle Artefakte verschiedenster Arten über die Grenzen der Gesellschaft hinaus verbreitet werden, in welcher sie entstanden sind. Sie entstehen also auf Grund einer speziellen ‚Einbettung' durch Ursachen und Voraussetzungen, die durchaus einer besonderen Gesellschaft eigen sind. Auf diese Art entstehen Artefakte wie Sprachen und ihre Bestandteile (Grammatik, Begriffe, Benennungen, Assoziationen usw.), rechtliche Kodifizierungen, Sachtechnik und technische Handlungsroutinen, -systematiken oder -logiken, Formen der Organisation und Leitung von Arbeit, Unternehmensformen und -verbünde, Marktformen, Qualifikationsprofile, Laufbahnen und Berufe, Sozialisations-, Bildungs- und Ausbildungsweisen und viele andere mehr. Artefakte der Wirtschaftspraxis wie Strategien, Organisationsformen und technische Ausrichtung werden in der Literatur als *business recipes* (Spender 1989) angesprochen, und ihr institutioneller Einschlag geht aus der Pfadabhängigkeit und Spezifik für abgrenzbare Wirtschaftsbereiche hervor (Nelson und Winter 1982). Sie sind alle zusammen somit kultursoziologisch als Artefakte anzusprechen, also als mehr oder weniger künstliche und für gesellschaftliche wie auch wirtschaftliche Kontexte einigermaßen spezifische Hervorbringungen.

Die Verbreitung dieser Artefakte überschreitet nun regelmäßig und typisch den Horizont einer Gesellschaft. Sie werden also regelhaft dekontextualisiert und somit universalisiert. Beim Eintauchen in andere Gesellschaften ist dann aber eine gegenläufige Bewegung festzustellen. Studien der Organisations-, Technik- oder Kultursoziologie weisen immer wieder darauf hin, dass dekontextualisierte Artefakte in dem Maße rekontextualisiert werden, in welchem ihr Diffusionsprozess andauert und die Diffusion häufig und breit ist. Dieser Mechanismus enthält Konvergenz und Divergenz in gleichem Maße. Natürlich ist immer auch festzustellen, dass bestimmte Handlungsformen und -sinne bei der Diffusion in geringem Maße rekontextualisiert werden. Es gibt in den USA in Inseln europäisch anmutende regionale Netze von Maschinenbauunternehmen, neuerdings mit Anschluss an öffentlich geregelte, aber firmeninterne Berufsausbildung (in Wisconsin), und gleichermaßen sind selbst im korporatistischen Österreich liberalistisch-eigenwillig operierende Betriebe nach amerikanischem Muster zu finden. Aber selbst diese Inseln zeigen Anpassungen ans Umfeld, und diese Anpassung ist umso fühlbarer, je größer die Insel oder der Archipel ist.

Beispiele hierfür sind die internationale Verbreitung von Gruppenarbeit in industrieller Fertigung, oder die Verbreitung von ‚japanischen' Formen der Organisation und der Arbeitsbeziehungen in ausländischen Tochterunternehmen japanischer multinationaler Unternehmen. Befunde hierzu werden zum Beispiel vorgebracht und diskutiert durch Mueller sowie Smith und Elger in einem neueren Sammelband (Maurice und Sorge 2000). Es zeigt sich, dass sich selbstverständlich gesellschaftliche Institutionen und Praktiken verändern. Jedoch werden dekontextualisiert angebotene oder auferlegte Praktiken entweder nicht in genau der Form eingeführt, in der sie zu Stande kamen oder angeboten wurden, sie werden mit unterschiedlicher Häufigkeit in neuen Anwendungskontexten entwickelt, und bei ihrer Verbreitung erfahren sie entweder der Form oder der Funktion beziehungsweise dem Sinne nach sichtliche Veränderungen. Handelnde sehen Artefakte als gestaltbar, und sie nutzen die Gestaltungschancen offen oder unter der Hand für Anpassungen und Weiterentwicklungen. Diese Anpassungen und Weiterentwicklungen rekurrieren pragmatisch auf bereits vorfindbaren Handlungssinn vor Ort. Dieser umschließt bestehende habitualisierte, ideologisierte, formalisierte oder wertmäßige Bezüge. Er wird zum Teil erst durch Erfahrungslernen bei der Anwendung erschlossen, zum Teil in der Vorwegnahme absehbarer Effekte durch reflektierende Akteure planmäßig herausgestellt. Somit übernehmen übernommene dekontextualisierte Artefakte in neuer Anwendung andere Funktionen, oder sie erfüllen ähnliche Funktionen mit modifizierten Mitteln, oder es stellt sich eine Mischung von beiden heraus. Genauso argumentiert auch Pot (1998) auf Grund einer vergleichenden Studie niederländischer und US-amerikanischer multinationaler Unternehmen mit Niederlassungen in den Niederlanden und den USA.

Im Ergebnis ist also soziale und gesellschaftliche Veränderung immer eine paradoxe, weil nicht-identische Reproduktion bestehenden Handlungssinns und gegebener Institutionen (Maurice 2000). Im kleinteiligen Bereich individueller Vollzüge knüpfen Handelnde immer, selbst in der Modifizierung eigener Praktiken und Sinnbezüge, an bestimmten vorfindbaren Gegebenheiten an. Keine handelnde Person oder Instanz ist zur völligen Umprägung aller Formen und Sinnbezüge in der Lage. Es geht dabei nicht in erster Linie um das Ausmaß von Immanenz oder Transzendenz. Erhebliche Transzendierung setzt vielmehr erhebliche Immanenz voraus. Was nun hierin nicht-identisch reproduziert wird, besteht nicht allein aus individuellen Werten, Bezügen, Orientierungen und Erfahrungen. Diese haben immer einen Nachhall oder Voraussetzungen, welche quer durch eng miteinander verkoppelte Lebensbereiche der Gesellschaft führen.

IV. Gesellschaftliche Effekte im inkongruent gestuften Raum

Ein verbreitetes Missveständnis ist, gesellschaftliche Effekte seien markanter in solchen Gesellschaften aufzufinden, die kongruent begrenzt sind, deren Teilsysteme also koextensiv sind. Die Konzentration bestimmter Kompetenzen von oder in Teilsystemen auf Stufen erscheint als Schwächung gesellschaftlicher Effekte auf denjenigen Stufen, auf welchen die Institutionen von Teilsystemen nicht verankert und harmonisiert sind. Demgemäß wären gesellschaftliche Effekte in Italien etwa dadurch reduziert, dass die Berufsbildung Sache der Provinzen ist; oder in Großbritannien wären sie durch das Bestehen eines schottischen Rechts- und Bildungswesens reduziert; oder in der Europäischen Union durch Zentralisierung bestimmter Kompetenzen und Harmonisierung von Ordnungen. In jedem dieser Fälle geht es um typisch inkongruente Stufung einer komplexen Gesellschaftsformation.

Das hier entwickelte Gegenargument ist, dass Gesellschaften, wenn sie solche sind, auf jeder Stufe einer komplexen Formation immer komplett hinsichtlich der allgegenwärtigen und eng miteinander verkoppelten Lebensbereiche sind. Diese sind auf jeder Stufe gegeben und nicht wie institutionalisierte Teilsysteme von einer Stufe der Regulierung auf eine andere anhebbar oder absenkbar. Dieses abstrakte Argument wäre nun empirisch zu untermauern. Sein Fluchtpunkt ist wiederum die Demonstration paradoxer Vergesellschaftung in der Art, dass übergeordnete Harmonisierung institutionalisierter Teilsysteme auf der jeweils unteren Stufe gesellschaftliche Effekte in Stand hält. Dadurch bleibt das institutionelle Erscheinungsbild der Gesellschaft sicher nicht dasselbe, sondern es wandelt sich. Es wandelt sich aber durch im Prinzip gleich bleibende Wechselwirkungen des Handelns über Teilräume hinweg.

Anfang der siebziger Jahre des 20. Jahrhunderts war Großbritannien ein Land außerhalb der EG, mit Resten günstiger Absatzgebiete in ehemaligen Kolonien und Commonwealth-Ländern, erheblichen Produktivitäts-, Qualitäts- und Lieferverlässlichkeitsproblemen, hoher Streikhäufigkeit, erheblichen Spannungen und Problemen durch nach Berufen und Gewerkschaftsmitgliedschaft segmentierte Interessenvertretung und Tarifverhandlung, unsystematische und defizitäre Berufsbildung sowie generalistisch-kaufmännischem Management, welches Technik (Produktion und Entwicklung) in der traditionellen Industrie vernachlässigte. ‚Wertfrei' betrachtet, fielen britische Industriewerke als nach funktionalen Bereichen und Berufen viel stärker zergliederte Ansammlungen locker verbundener Gruppierungen auf; die Autonomie fachlicher Teile und Gruppierungen war hoch, die hierarchische Leitungslinie nummerisch schwach und generalistisch angelegt, Laufbahnen waren nach betrieblichen Bereichen segmentiert und ausführende Arbeiten in der Serienproduktion und Fließfertigung kompetenzarm und hinsichtlich der Dispositionschancen widersprüchlich, mit gewerkschaftlichen Autonomieansprüchen und planerischen Ansprüchen der Leitung zugleich konfrontiert (Maurice u.a. 1980; Sorge und Warner 1986).

Dreißig Jahre später ist heute das Bild der britischen Industrie und der Wirtschaft ein in gewisser Hinsicht ganz anderes. Es gibt keine Automobilindustrie in heimischem Besitz mehr, erhebliche Teile der Industrie sind im Konkurrenzkampf nach dem Beitritt zur EG zu Grunde gegangen, dafür haben Dienstleistung und hochwertige technische Forschung und Entwicklung als Sektoren erheblich zugenommen. Der Gewerkschaftseinfluss in Betrieben ist entweder stärker kanalisiert, durch Überwindung der vormaligen Zersplitterung (*joint table bargaining, single union bargaining*) oder Herausdrängen von Gewerkschaften. Die Gewerkschaftszersplitterung ist in erheblichem Maße überwunden; dies gilt sowohl für die Geschlossenheit der Interessenvertretung im Betrieb als auch für die Anzahl der landesweit bestehenden Gewerkschaften. Berufsbildung ist zumindest stärker systematisiert, mit einer Stufung nach Qualifikationsstufen (ungefähr Facharbeiter oder -angestellter, Techniker/Fachwirt, Ingenieur/Betriebswirt, akademisch und professionell vollqualifizierter Ingenieur, Kaufmann usw.).

Mit dem Beitritt zur EG verlor das Land einerseits Beschäftigung in der zu Grunde gehenden traditionellen Industrie, andererseits aber auch neue Absatzchancen und Beschäftigung nach ganz erheblichen Strukturveränderungen. Wegen über Jahre niedri-

Globalisierung von Handlungshorizonten in Europa

gem Pfundkurs und billigen Arbeitskräften wurde es zum bevorzugten Ansiedlungsplatz japanischer Hersteller und anderer ausländischer multinationaler Unternehmen, die auf diesem Wege innerhalb der EG und dann der größeren EU einheimisch produzieren konnten. Mit der Ansiedlung dieser Betriebe wurden verstärkt deren Produktionskonzepte eingeführt, welche einen bis dahin schwächeren Strom der Reform, ausgehend von amerikanischen Niederlassungen und in einheimischen *greenfield sites* abseits der alten Werke und Industriegebiete, verstärkte. Insofern haben Smith und Elger (2000) Recht mit ihrer Bilanz, dass strukturelle, soziale und politische Veränderung das Erscheinungsbild und auch die konkreten institutionalisierten Praktiken der Gesellschaft ganz erheblich veränderten.

Großbritannien hat einerseits vor allem die Art seiner Einbindung in globale Horizonte verändert. Der wirtschaftliche Handlungshorizont ist nach Kontinentaleuropa hin erweitert, also ein Gebiet, mit dem es sich bis dahin keineswegs gesellschaftlich verbunden fühlte. Faktisch ist es aber zum Teil einer unauflöslichen Föderation in Europa geworden, die die wirtschaftliche Ordnungssouveränität der Mitglieder erheblich einschränkt und diese Einschränkungen auf den politischen und sozialen Bereich erweitert. Diese Vergesellschaftung auf übernationaler Ebene ist weithin an die Stelle der vormaligen kolonialen und postkolonialen getreten, selbst wenn kulturelle und außenpolitische Gemeinschaft mit ehemaligen Kolonien nie völlig verschwunden ist, selbst nicht nach grundlegender Umdefinition und Differenzierung der Staatsbürgerschaft in einheimische und auf Commonwealth-Gebiet erworbener. An die Stelle trat jedoch ein Recht von EU-Bürgern auf Ansiedelung und Arbeitsaufnahme. Damit wäre in erster Linie eine Verschiebung der supranationalen Vergesellschaftung zu konstatieren, die allerdings nur in nationalistisch-kolonialer Perspektive als weniger national betrachtet werden kann. Rückwanderer aus dem vormaligen Rhodesien mit europäischer Abstammung wurden als Teil der Nation betrachtet, ebenso wie Einwanderer indischer Abstammung mit britischer Staatsangehörigkeit aus Ostafrika. Diese waren eben in einer vormalig internationalen, aber national beherrschten Ordnung zu Bürgern, wenn auch nicht Einheimischen, geworden. Insgesamt hat sich durch die staatsrechtliche Veränderung kaum eine quantitative Verschiebung innerhalb der bereits bestehenden, inkongruent gestuften Gesellschaftsarchitektur ergeben.

Eine vorwiegend qualitative Verschiebung ergab sich auch in wirtschaftlicher Hinsicht. Zum einen wurden wirtschaftliche Handlungshorizonte in ihrer Globalität verschoben, wobei Asien und darin ehemals nicht kolonial beherrschte Gesellschaften bedeutender wurden. Dies wird unter anderem in dem Gewicht von einheimischen Niederlassungen von Unternehmen aus nicht kolonialisierten Gebieten deutlich. Die Verschiebung von Kompetenzen der Wirtschaftsordnung und der Arbeits- und Ansiedelungsmarkt auf EU-Ebene bedeuten sodann ebenfalls eine Verschiebung der inkongruenten Gesellschaftsstufung. Diese hat die Struktur der heimischen Wirtschaft erheblich verändert. Grob kann dies durchaus als Internationalisierung angesehen werden. Bezeichnend ist aber, dass die Internationalisierung, sowohl von Handlungshorizonten als auch durch Einziehen einer der nationalen Kompetenz entzogenen Ebene der Vergesellschaftung, auf Grund und mit der Folge für Effekte vonstatten ging, die nicht anders denn als britisch-gesellschaftlich zu sehen sind.

Erstens beruhte die Anziehungskraft des Landes für ausländische multinationale

Unternehmen auf der Konfrontation binnengesellschaftlicher Ordnung mit neuer internationaler Konkurrenz. Das gesellschaftlich veranlagte Syndrom aus britischer Organisation, Laufbahnmustern, Management und Arbeitsbeziehungen erwies sich bei neuer Internationalisierung als defizitär. Das Lohnniveau war wegen der Beschäftigungseinbrüche nach Strukturkrisen besonders niedrig, und an industrielle Arbeit gewöhnte und hierfür zumindest rudimentär qualifizierte Arbeitskräfte waren reichlich verfügbar. Zweitens boten aber die institutionalisierte Dezentralisierung der Arbeitsbeziehungen und der verwurzelte Unternehmensindividualsimus, völlig abseits kontinentaler Tradition überbetrieblicher Verhandlung, Konzertierung und Regulierung, ausländischen Konzernen besonders gute Möglichkeiten, Systeme der Organisation, der Arbeitsbeziehungen im Betrieb und der Leitung neuartig und nach eigenem Gutdünken einzurichten.

In der Einführung und der Diffusion institutionell graduell neuer Muster der Organisation, Qualifizierung und Arbeitsbeziehungen zeigt sich aber, dass der genannte Effekt der Rekontextualisierung zunächst dekontextualisierter Rezepte eintrat. Die Neuordnung der Berufsbildung legte zwar eine neue Systematik auf, ließ jedoch innerhalb erheblicher Bandbreiten Spielräume der Gestaltung von Berufsprofilen, Qualifizierung und Prüfung für individuelle Unternehmen (Vocational Training 1994). Auch gibt es keinen Anhaltspunkt dafür, dass der Produktivitätsrückstand einheimischer Produzenten entscheidend wettgemacht wurde. Die neuerliche Höherbewertung des Pfundes machte deutlich, dass diese eher auf weniger differenzierten Großserienmärkten agieren, preisempfindlich sind und Schwierigkeiten der Produktivitätssteigerung haben.

Die Organisation der Arbeitsbeziehungen hat sich durch Integration des Rahmens von Verhandlung und Beratung im Betrieb und durch Gewerkschaftskonzentration nun keineswegs kontinentaleuropäischen Mustern angenähert. Der Integration und Konzentration steht eine völlig neuartige Konkurrenz konzentrierter Gewerkschaften um das Vertretungsmonopol im Unternehmen gegenüber. Während es vor 30 Jahren noch unerhört erschien, in die legitime Domäne einer anderen Gewerkschaft einzudringen, konkurrieren nun Gewerkschaften miteinander bei Unternehmen um Vertretungsrechte. Die Konzentration hat also keineswegs das Industrieprinzip zur Geltung gebracht, noch irgendein anderes außer dem der offenen Konkurrenz.

Die britische Wirtschaft hat sich mit der Internationalisierung stärker spezialisiert, und zwar auf sowohl technisch hochwertige Bereiche als auch Bereiche der Großserienfertigung, und andererseits auf heimische wie internationale Dienstleistung, bei der letzteren vor allem Finanzdienstleistung. Damit ist eine auffallende Segmentierung der Wirtschaft in preisempfindliche und technisch hochwertige Bereiche mit jeweils sehr unterschiedlichen Produktionskonzepten erhalten geblieben. Diese wurde bereits durch Clark (1987) als charakteristisch hervorgehoben. Diese Inhomogenität ist aber nicht der Aussagekraft von gesellschaftlichen Effekten abträglich. Varianz beschreibt eine Gesamtheit genau so wie der Mittelwert. Dezentrale Lohnverhandlung, Lohnunterschiede nach Firmen und Unternehmensindividualismus sind Voraussetzung für die Entwicklung und Erhaltung divergenter Typen, und insofern ist die Vielfalt bestimmter Typen gesellschaftlich verwurzelt.

Die Wirtschaft ist eher kapitalistisch ‚reiner' geworden und hat traditionale Schutzvorrichtungen gegen Wettbewerb über Bord geworfen. Sie ist nicht trotz, sondern wegen der Erhaltung der Typenvielfalt, bei aller sektoraler Spezialisierung, dorthin fortgeschritten. Dieser Wandel knüpft aber an bereits gegebenen Dispositionen an, insbesondere an der Kurzfristigkeit der Gewinnorientierung, der Bedeutung des Aktienmarktes für Finanzierung von Unternehmen, der hohen Wettbewerbsintensität des Marktes für Anteile und Unternehmenskontrolle und der geringen Neigung, Unternehmensstrategien mit verwandten Anbietern zu konzertieren. Insofern sind bereits gegebene Elemente der britischen Gesellschaft (Individualismus, Kommerzialität, Freiheit von korporatistischen Bindungen) noch stärker hervorgetreten. Nunmehr konkurrieren selbst konzentrierte Gewerkschaften miteinander, während vormals Arbeitsbeziehungen als Reich der Solidarität angesehen wurden.

In diesen Befunden zeigt sich die erwähnte nicht-identische Reproduktion bereits angelegter Dispositionen und Strukturen. Sie besorgt die Endogenisierung dekontextualisierter Rezepturen und insofern institutionelle Kontinuität. Weiterhin ist deutlich, dass die Einrichtung der Wirtschaft auf einen neuen internationalen Horizont des Handelns auch eine funktionale Konzentration gesellschaftlicher Strukturen auf neue Erwerbschancen nach sich zieht. Dabei stehen Strukturen und Handlungen in genau dem Verhältnis der strukturationstheoretischen gegenseitigen Bedingung, welches Giddens (1984: 319–327) gerade am Beispiel der Reproduktion der Londoner City inmitten des gesellschaftlichen Wandels anschaulich vor Augen geführt hat. Durch die ‚Entsorgung' traditionaler Schutzvorkehrungen wie auch durch strategische Spezialisierung bei Erhaltung struktureller Segmentierung ist die britische Gesellschaft, wenn man so will, noch ‚britischer' geworden.

Man könnte auch sagen, dass sie nordamerikanischer (Hollingsworth 1997) geworden ist und sich damit in eine Kontinuität der Vergesellschaftung stellt, die 1776 nur staatsrechtlich abgebrochen wurde. Außerordentlich langfristige Kontinuitäten der Vergesellschaftung auf einer anderen Ebene als der des nationalen Staates zeigen sich im Übrigen auch bei Betrachtung von Gemeinsamkeiten heutiger Systeme des Managements in Westeuropa: Auffällig drängt sich als übergeordneter Gesichtspunkt der Unterscheidung nationaler Managementsysteme auf, an welcher Seite der Grenzen des ehemaligen römischen Reiches ein Land liegt und welchen Beherrschungs- und Verwaltungspraktiken es dadurch unterworfen war (Hickson 1993).

Entscheidend für den Nachweis eines gesellschaftlichen Effekts ist aber nicht die Tatsache der Kontinuität in erster Linie. Vielmehr ist dies so zu sehen, dass der binnengesellschaftliche Wandel gar nicht anders zu fassen ist als durch interdependente Handlungsweisen über nach Handlungssinn und Funktion differenzierte Lebensbereiche hinweg. Verschiebungen hinsichtlich sektoraler Struktur, Arbeitsorganisation, Qualifizierung, Arbeitsbeziehungen, Laufbahnen, Finanzierung und anderen Bezügen erklären sich nur unter Verweis aufeinander. Sie sind im Ablauf miteinander verkettet, entweder der Absicht oder sich praktisch einstellenden Handlungsfolgen nach. Die Verkettung ist keineswegs deterministisch, sondern – wie gezeigt – durchaus offen. Das Interdependenzgeflecht einer Gesellschaft legt Handelnden aber immer auch die funktionalen Sinnbezüge auf, die sie als Organisierende, Sozialisierende, Umstrukturierende, Finanzierende usw. momentan nicht manifest im Auge haben.

Wie am Beispiel zu sehen, treten bei Internationalisierung Bezüge innerhalb der Horizonte des Handelns, die nicht auch gesellschaftlich sind, zunächst in spezifischer und dekontextualisierter Form hervor. Es geht dann um spezielle Kostenrelationen, Erwerbschancen, Konkurrenzbeziehungen, staatliche Regeln oder Ähnliches. Auch bei inkongruenter Vergesellschaftung ist die Verschiebung eines institutionalisierten Teilsystems auf eine höhere Ebene der Zuständigkeit zunächst ein spezifischer Ansatzpunkt des Handelns, wie etwa die Zollunion und die Vereinheitlichung bestimmter wirtschaftlicher Regulierung durch Eintritt von Großbritannien in die EG. Insofern ‚denken Handelnde global' oder ‚im Rahmen der EU'. Global oder auf höherer Aggregationsebene der Gesellschaft liegt dann nur der Ansatzpunkt. Die Entwicklung von praktischen Handlungskonzepten und Handlungen fällt sichtlich auf einen niedriger gelagerten Handlungshorizont zurück. Insofern hat Hofstede (1997) mit dem programmatischen Titel seines Buches „Lokales Denken, globales Handeln" völlig Recht: Das Handeln ist zwar global angesetzt, aber nach mitgedachten Voraussetzungen, Folgen und Möglichkeiten gesellschaftlich ‚lokal ausgedacht'. Damit korrigiert er das verbreitete Klischee ‚Global Denken – Lokal Handeln' in sein Gegenteil. In der Konsequenz ist gesellschaftliche Spezifizität auf einer Ebene immer auch nicht allein gegenläufig, sondern innerhalb paradoxer Vergesellschaftung auch gleichläufig mit der Ausweitung von Horizonten des Handelns, ob diese gesellschaftlich sind oder nicht.

Wenn Effekte bei inkongruenter Stufung der Gesellschaft auf der unteren Stufe markant sein können, dann wirft dies die Frage auf, wie denn diese Effekte auf höherer Ebene beschaffen sind. Wenn die EU als gesellschaftliche Formation anzusehen ist, inwiefern zeigen sich diese Effekte angesichts der Tatsache, dass für Angehörige der einzelnen Nationalstaaten Handlungsvoraussetzungen, -verständnisse und -folgen in anderen Gesellschaften durchaus undurchsichtig sein werden? Gerade wenn Vergesellschaftung durch Inkongruenz auf höheren Ebenen einseitig nur bestimmte institutionalisierte Teilsysteme aufweist, wie muss man sich dann die eng gekoppelte Interdependenz über Lebensbereiche auf höherer Ebene vorstellen? Wird konkret der britische Möbelhersteller mit den Voraussetzungen und Folgen seines Handelns quer durch Lebensbereiche auf europäischer Ebene überhaupt rechnen können und mit ihnen konfrontiert werden?

Bei dynamischem Gesellschaftsbegriff (im Sinne von Vergesellschaftung) wird dies durchaus so sein. Unternehmen in Europa, insbesondere multinationale Unternehmen, gehen Verhältnisse in anderen Ländern nicht unter einseitigem und speziellem Bezug an. Die Information über Verhältnisse in anderen Ländern wird reichhaltiger und weniger einseitig durch technische, preisliche, nachfragemäßige oder andere wirtschaftliche Information dominiert. Multinationale Unternehmen betrachten bei Ansiedelungsentscheidungen national verschiedene Organisationsformen, Qualifizierungsbezüge, Arbeitsmarktchancen und Laufbahnen, Arbeitsbeziehungen usw. Diese treten zwar als unterschiedlich hervor, aber als erkennbar, berechenbar und mitgestaltbar. Annähernd wird Ähnliches für nicht multinationale Unternehmen gelten.

Damit tritt ihnen die Strukturierung gesellschaftlicher Lebensbereiche anderswo in der EU nun nicht als gleichförmig entgegen, sondern wiederum als sinnfällig nach Nationen oder Regionen unterschieden. Dadurch können durchaus gesellschaftliche Effekte auf europäischer Ebene trotz fortbestehender und selbst markanter werdender Unterschiede zwischen Gesellschaften entstehen. Selbst wenn die EU nie daran denkt, Berufsbildung oder Arbeitsbeziehungen zu harmonisieren, wofür es gute Gründe gibt, dann können Anbieter unterschiedlich geordnete Sachverhalte in anderen Ländern doch in Rechnung stellen und hierauf reagieren. In gewisser Form geschieht das. Es besteht ein ununterbrochener Dialog über Art, Vor- und Nachteile jeweils ausländischer institutionalisierter Praxis, in welchem Praktiken nun nicht mehr isoliert, sondern als Teil eines jeweiligen gesellschaftlichen Ganzen angegangen werden, und Gesellschaften lernen institutionell aus dieser Auseinandersetzung (Sorge 1995). Sie hat damit Folgen vor Ort, wie auch auf die Art der Unterschiede im größeren gesellschaftlichen Ganzen.

Harmonisierung von Institutionen ist also nicht notwendige Voraussetzung für das Vorliegen gesellschaftlicher Effekte auf höherer Ebene. Es kann ebenso gut Divergenz auftreten. Wenn deutsche Möbelhersteller mit zunehmender Preiskonkurrenz und niedrigeren Löhnen bei geringerer Produktdifferenzierung und weniger Berufsausbildung im Ausland rechnen, und wenn sie hierauf mit entgegengesetzter Strategie reagieren, dann vertiefen sie institutionelle Unterschiede zwischen nationalen Gesellschaften, wiewohl ihr Handeln auch international gesellschaftlichen Effekten quer durch Teilräume unterliegt. Auch durch Staatsgrenzen gebrochene und divergente Effekte können gesellschaftlich sein. In dynamischer interaktionistischer Sicht werden Gesellschaften auf diese Weise schrittweise konstituiert, eben auch dann, wenn sie nicht eindeutig unterstellt werden können. Und in dem Maße, in welchem sie auftreten, tragen sie zur institutionellen Differenzierung von Gesellschaften auf der jeweils unteren Ebene bei, als Gegenpart zur immer auch erwarteten Harmonisierung von Institutionen auf der jeweils höheren.

V. Schlussfolgerungen

Die Qualität und Sicherheit der Diskussion über Voraussetzungen und Folgen der Internationalisierung oder Globalisierung hat erheblich unter der Last der Erbschaft von idealistischen Nationalstaatsvorstellungen im Verein mit einem unitarischen Gesellschaftsbegriff in der Soziologie gelitten. Verdrängt man jedoch die Stufung des gesellschaftlichen Raumes nicht, dann kann die Problematik der Globalisierung auch angemessener besprochen und erforscht werden. Es steht dann nicht immer die Frage im Vordergrund, wie es komme, zu erklären sei und welche Probleme es nach sich ziehe, dass relevante Ebenen der Institutionalisierung und Harmonisierung von Praktiken und Orientierungen divergierten. Wenn einmal erfasst ist, dass dies der historische Normalfall ist, dann lässt sich der Tatbestand unvoreingenommener behandeln.

Bei erster Betrachtung zeigt sich sodann, dass gesellschaftliche Identität und Kohärenz eben auch vermittels, und nicht allein entgegen, der überproportionalen Ausweitung von Handlungshorizonten und der Stufung des gesellschaftlichen Raumes aufgebaut wird. Kleine Nationalstaaten in Europa haben diese Erfahrung eher gemacht, und sie haben gesellschaftliche Identität genau gleichläufig mit der Einbindung in weitläufige Handlungshorizonte und Vergesellschaftung entwickelt. Hieraus gilt es, in den größeren Gesellschaften zu lernen, in welchen die Restbestände der Nationalstaatsideologien wahrscheinlich noch liebevoller gepflegt werden oder geistige Verwirrung erzeugen.

Damit soll keineswegs geleugnet werden, dass nach Ebenen differenzierte politische Herrschaft und damit die Verwischung des Ortes der Souveränität Probleme der Koordination, der Legitimität und der Effektivität von Herrschaft mit sich bringt. Andererseits muss dem auch immer das Ausmaß der Probleme gegenübergestellt werden, welche eine Gesellschaftsordnung mit sich bringt, in der nicht nur Herrschaft, Wirtschaftsordnung und kulturelle Institutionen gleiche Reichweiten haben, sondern auch noch deckungsgleich mit dem Horizont des Handelns sind. In solch einer Situation sind zentrale Instanzen offenbar mit der Vielzahl von Ansprüchen überlastet, die sie eben nicht anderweitig verweisen können. Auf jeden Fall empfiehlt sich aber die Diskussion politischer Themen in einem gesellschaftspolitischen Rahmen. Dabei bedeutet Gesellschaftspolitik nun keineswegs den überambitionierten Gestaltungsdrang einer Epoche, in welcher die rationale Lösbarkeit oder Lösung vielfältiger Verteilungsprobleme unterstellt wurde. Vielmehr geht es darum, voneinander differenzierte Ebenen und institutionelle Kristallisationspunkte der Vergesellschaftung realistisch in Rechnung zu stellen. Wird dies getan, dann erreicht eine Gesellschaft ein erstrebtes Ausmaß an Geschlossenheit, Identität und Handlungsfähigkeit (Visser und Hemerijck 1997).

Literatur

Clark, Peter A., 1987: Anglo-American Innovation. Berlin: Walter de Gruyter.
Elias, Norbert, 1977: Über den Prozess der Zivilisation. 2 Bände. Frankfurt a.M.: Suhrkamp.
Esser, Hartmut, 1993: Soziologie. Allgemeine Grundlagen. Frankfurt a.M.: Campus.
Giddens, Anthony, 1986: The Constitution of Society. Berkeley/Los Angeles: University of California Press.
Hickson, David J., 1993: Many More Ways than One. S. 249–262 in: *Ders.* (Hg.): Management in Western Europe. Society, Culture and Organization in Twelve Nations. Berlin: Walter de Gruyter.
Hofstede, Geert, 1997: Lokales Denken, globales Handeln. Kulturen, Zusammenarbeit und Management. München: Beck/dtv.
Hollingsworth, J. Rogers, 1997: The Institutional Embeddedness of American Capitalism. S. 133–147 in: *Colin Crouch* und *Wolfgang Streeck* (Hg.): Political Economy of Modern Capitalism. Mapping Convergence and Divergence. London: Sage.
König, René, 1967: Herrschaft. S. 119–129 in: *Ders.* (Hg.): Fischer-Lexikon Soziologie. Frankfurt a.M.: Fischer.
Loo, Hans van der, und *Willem van Reijen*, 1990: Paradoxen van modernisering. Een sociaalwetenschappelijke benadering. Muiderberg: Coutinho (deutsch: Modernisierung. Projekt und Paradox. München: dtv, 1992).
Maurice, Marc, 1999: The Paradoxes of Societal Analysis. A Review of the Past and Prospects for the Future. Kapitel 2 in: *Marc Maurice* und *Arndt Sorge* (Hg.): Embedded Organizations. Societal Analysis of Actors, Organizations and Socio-economic Context. Amsterdam/Philadelphia: Benjamins.
Maurice, Marc, Françoise Sellier und *Jean Jacques Silvestre*, 1977: La production de la hiérarchie dans l'entreprise. Recherche d'un effet sociétal. Forschungsbericht. Aix-en-Provence: Laboratoire d'économie et de sociologie du travail.
Maurice, Marc, Françoise Sellier und *Jean Jacques Silvestre*, 1982: Politique d'éducation et organisation industrielle en France et en Allemagne. Essai d'analyse sociétale. Paris: Presses Universitaires de France.
Maurice, Marc, und *Arndt Sorge* (Hg.), 2000: Embedded Organizations. Societal Analysis of Actors, Organizations and Socio-economic Context. Amsterdam/Philadelphia: Benjamins.

Maurice, Marc, Arndt Sorge und *M. Warner,* 1980: Societal Differences in Organizing Manufacturing Units. A Comparison of France, West Germany and Great Britain, Organization Studies 1: 59–86.
Mead, George H., 1997: The Self as Social Structure. S. 214–219 in: *Jeffrey C. Alexander, Raymond Boudon* und *M. Cherkaoui* (Hg.): The Classical Tradition in Sociology. The American Tradition. Bd. 1. London: Sage.
Münch, Richard, 1980: Talcott Parsons und die Theorie sozialen Handelns II: Die Kontinuität der Entwicklung, Soziale Welt 31: 3–47.
Nelson, Richard R., und *Sidney G. Winter,* 1982: An Evolutionary Theory of Economic Change. Cambridge, MA: Belknap Press of Harvard University.
Porter, Michael E., 1990: The Competitive Advantage of Nations. London: Macmillan.
Pot, Frank, 1998: Continuity and Change of Human Resource Management. A Comparative Analysis of the Impact of Global Change and Cultural Continuity on the Management of Labour Between the Netherlands and the United States. Tinbergen Institute Research Series No. 188. Rotterdam: Tinbergen Institute.
Robertson, Richard, und *Harold H. Khondker,* 1998: Discourses of Globalization. Preliminary Considerations, International Sociology 13: 25–40.
Romein, Jan, und *Annie Romein,* 1949: De lage landen bij de zee, 3. Auflage. Utrecht: W. de Haan.
Schmoller, Gustav von, 1962: Das Wirtschaften und die Volkswirtschaft. S. 217–225 in: *Günter Schmölders* (Hg.): Geschichte der Volkswirtschaftslehre. Reinbek: Rowohlt.
Smelser, Neil J., 1994: Sociology. Cambridge, MA und Oxford: Blackwell.
Smith, C., und *T. Elger,* 1999: The Societal Effects of School and Transnational Transfer: The Case of Japanese Investment in Britain. Kapitel 13 in: *Marc Maurice* und *Arndt Sorge* (Hg.): Embedded Organizations. Societal Analysis of Actors, Organizations und Socio-economic Context. Amsterdam/Philadelphia: Benjamins.
Sorge, Arndt, 1991: Strategic Fit and the Societal Effect: Interpreting Cross-national Comparisons of Technology, Organization and Human Resources, Organization Studies 12: 161–190.
Sorge, Arndt, 1995: Die Reformierung technischer Bildung in Großbritannien. Zum Innenleben anwendungsorientierter Forschung. S. 17–38 in: *Dieter Bögenhold* et al. (Hg.): Soziale Welt und soziologische Praxis. Soziologie als Beruf und Programm. Festschrift für Heinz Hartmann zum 65. Geburtstag. Göttingen: Otto Schwartz.
Sorge, Arndt, 1999a: The Diabolical Dialectics of Societal Analysis. Kapitel 3 in: *Marc Maurice* und *Arndt Sorge* (Hg.): Embedded Organizations. Societal Analysis of Actors, Organizations and Socio-economic Context. Amsterdam/Philadelphia: Benjamins.
Sorge, Arndt, 1999b: Organizing Societal Space in Globalization. Bringing Society Back In. Köln: Max Planck Institut für Gesellschaftsforschung working paper.
http://www.mpi-fg-koeln.mpg.de/publikation/working_papers/wp99-10 /index.html
Sorge, Arndt, und *M. Warner,* 1986: Comparative Factory Organisation. An Anglo-German Comparison of Management and Manpower in Manufacturing. Aldershot: Gower.
Soskice, David, 1997: Divergent Production Regimes: Coordinated and Uncoordinated Market Economies in the 1980s and 1990s. S. 101–134 in: *Herbert Kitschelt, P. Lange, Gary Marks* und *John Stephens* (Hg.): Continuity and Change in Contemporary Capitalism. Cambridge: Cambridge University Press.
Spender, J.C., 1989: Industry Recipes. Oxford: Blackwell.
Streeck, Wolfgang, 1998: Einleitung: Internationale Wirtschaft, nationale Demokratie? S. 11–58 in: *Wolfgang Streeck* (Hg.): Internationale Wirtschaft, nationale Demokratie. Frankfurt a.M.: Campus.
Streeck, Wolfgang, 1992: Social Institutions and Economic Performance. Studies of Industrial Relations in Advanced Capitalist Economies. London/Newbury Park/New Delhi: Sage.
Touraine, Alain, 1981: Une sociologie sans société, Revue française de sociologie 22: 3–13.
VARA, 1999: Buitenhof. TV programme broadcast on Dutch TV3, June 6, 1999.
Vocational Training, 1994: Vocational Training – European Journal, No. 1: National vocational qualifications in the United Kingdom. Thessaloniki: CEDEFOP.

Visser, Jelle, und *Antoon Hemerijck,* 1997: Job Growth, Welfare Reform and Corporatism in the Netherlands. Amsterdam: Amsterdam University Press.
Waters, Malcolm, 1995: Globalization. London und New York: Blackwell.
Whitley, Richard (Hg.), 1994: European Business Systems. Firms and Markets in their National Contexts. London: Sage.
Witteloostuijn, Arjen van, 1996: Contexts und Environments. S. 752–761 in: *M. Warner* (Hg.): International Encyclopedia of Business und Management. Bd. 1. London: Routledge.
Zysman, John, 1996: The Myth of Global Economy: Enduring National Foundations an Emerging Regional Realities, New Political Economy 1: 157–184.

ZUR KONGRUENZ SOZIALER GRENZEN

Das Spannungsfeld von Territorien, Bevölkerungen und Kulturen in Europa*

Mathias Bös

Zusammenfassung: Ausgehend von dem Begriff der Grenze, wie er sich im Bild der Linie und der Membran ausdrückt, wird die Multiplexität europäischer Grenzstrukturen von Territorien, Bevölkerungen und Kulturen als zentrales Strukturmoment der europäischen Weltregion analysiert. Von der Europäischen Union bis zum European Songcontest, in ganz Europa kennzeichnen Grenzexpansionen, Grenzpassagen und Grenzstabilisierungen die Veränderungen nach dem Zweiten Weltkrieg. Mit der Kategorie der Grenze können diese komplexen Prozesse innerhalb Europas einerseits klarer reformuliert werden, und zum anderen kann angedeutet werden, wie gerade diese Perspektive die Vergesellschaftungsprozesse in Europa in den Blick rückt.

I. Grenzen in Europa

Die Geschichte Europas ist eine Geschichte der Grenzen. Eine Geschichte von Begrenzungen, Grenzerweiterungen und Grenzpassagen zwischen Völkern, Staaten, Kulturen, Wirtschaften. Kriege und kriegerische Auseinandersetzungen prägten historisch diese Grenzprozesse bis in die Mitte des 20. Jahrhunderts. Diese veränderten sich nach dem Zweiten Weltkrieg: Zuerst bestimmte der Kalte Krieg europäische Frontstellungen, dann führte der Zusammenbruch der Sowjetunion zu zahlreichen Redefinitionen der Grenzen Europas (vgl. etwa Tilly 1990a; Davies 1998).

Ein Blick auf die bekannten europäischen Institutionengefüge wie NATO, Europarat, OSZE und am prominentesten natürlich die Europäische Union zeigt, dass der bestimmende Prozess nach dem Zweiten Weltkrieg die Grenzerweiterung ist. Der fortlaufende Trend europäischer Grenzerweiterungen führte zur Inkorporation neuer Territorien und Völker. Die verschiedenen Territorien, auf die sich europäische Grenzstrukturen beziehen, sind zwar stark überlappend, aber selten wirklich deckungsgleich. Europa zeichnet sich durch seine Multiplexität und Inkongruenz von Grenzziehungen aus: Von der NATO bis zum European Songcontest, von den Wanderungen zwischen Maghreb und Frankreich bis zur Einwanderung aus Osteuropa nach Deutschland, immer ist die EU ein Referenzpunkt, aber nie deckungsgleich mit den Strukturen. Diese Inkongruenz, die sich aus der Perspektive der EU als permanente Grenzpassage äußert, hat ganz unterschiedliche Folgen: Hoch symbolische Veranstaltungen wie NATO und European Songcontest zeigen immer wieder, dass Europa mehr ist als die Europäischen

---

* Für zahlreiche produktive Anmerkungen zu einer früheren Fassung des Manuskripts danke ich Uta Gerhardt, Antje Wiener und Maurizio Bach.

Union, während Menschenwanderungen die Grenzen der EU stabilisieren, da sie deren Vorhandensein ständig vor Augen führen.

Blickt man auf die große und immer noch ansteigende Literaturproduktion zum Thema Europa, so ist eine Konzentration auf die Gebiete Markt und Politik nicht zu übersehen. Damit trifft das inzwischen schon vor fast 15 Jahren gesprochene Diktum von Hartmut Kaelble wohl immer noch zu: „Die enormen wissenschaftlichen Anstrengungen ... konzentrieren sich auf zwei Schwerpunkte: auf die Entstehung und Entwicklung der europäischen politischen Institutionen und auf die Integration im gemeinsamen Markt. Es ist primär eine Geschichte der politischen und wirtschaftlichen Integration, eine Geschichte gleichsam der Staatskarossen und Handelsstatistiken, eine Geschichte ohne Gesellschaft" (1987: 9). Dieser eingeschränkte Blick setzt sich auch fort, wenn man die Literatur zum Thema unter dem Aspekt „Grenzen" sichtet: Politische Grenzen, rechtliche Grenzen, wirtschaftliche Grenzen und militärische Grenzen stehen im Vordergrund, doch die Liste gesellschaftlicher Grenzstrukturen ist länger. Sie beginnt mit den verschiedenen *territorialen Grenzen*. Darüber hinaus gibt es verschiedene *Bevölkerungsgrenzen*, wie Wanderungsgrenzen und Grenzen sozialer Netzwerke. *Kulturelle Grenzen* sind eine weitere wichtige Kategorie, etwa als Sprachgrenzen oder mediale Grenzen.

Diese Grenzen Europas sind weder kongruent noch eindeutig, obwohl dies Veröffentlichungen über die Europäische Union oft implizit annehmen. Damit macht die Europaforschung zum Teil denselben Fehler wie Sozialwissenschaftler und Sozialwissenschaftlerinnen, die über den Nationalstaat reden. Im klassischen Modell des Nationalstaates werden diese Grenzstrukturen mit Herrschafts- und Wirtschaftsgrenzen gleichgesetzt (vgl. Tilly 1984; Bös 1998). Der Nationalstaat wird als kongruentes Muster von territorialen Grenzen, Bevölkerungsgrenzen, Kulturgrenzen, Wirtschaftsgrenzen und politischen Grenzen gesehen. Diese Annahme wird, wenn sie überhaupt je zutreffend war, schon für den Nationalstaat zunehmend problematisch, für Europa ist diese Annahme völlig unangebracht.

Ausgehend von einer Explikation des Begriffs der Grenze ist es die These dieses Aufsatzes, dass die Multiplexität europäischer Grenzstrukturen in Territorien, Bevölkerungen und Kulturen zentrales Strukturmoment der europäischen Weltregion ist. Grenzexpansionen, Grenzpassagen und Grenzstabilisierungen sind dabei die zentralen Prozesse auf dem Weg zur Entwicklung einer europäischen Gesellschaft. Mit der Plausibilisierung dieser These werden zwei Ziele verfolgt, zum einen soll gezeigt werden, wie mit der Kategorie der Grenze komplexe Prozesse innerhalb Europas klarer reformuliert werden können und zum anderen soll angedeutet werden, wie gerade diese Perspektive die Vergesellschaftungsprozesse in Europa in den Blick rückt.

Im Folgenden werde ich zuerst versuchen, den Begriff der Grenze, am Beispiel der Linie als mathematischem Grenzmodell und der Membran als biologischem Grenzmodell, soziologisch zu klären. Danach werde ich auf verschiedene Territorialitäten des europäischen Raumes eingehen, um anschließend die Grenzsysteme der europäischen Bevölkerungsstruktur am Beispiel von Wanderungsbewegungen zu diskutieren. Kulturelle Grenzen werden dann anhand von sprachlichen Grenzen beschrieben. Am Schluss soll die Anwendbarkeit des Grenzbegriffes diskutiert werden, um dann mit ein paar

Anmerkungen zum Problem einer entstehenden europäischen Gesellschaft im Lichte der Analyse von Grenzen zu enden.

II. Zur Soziologie der Grenze

Der Begriff der Grenze wird zwar in vielen soziologischen Zusammenhängen verwendet, aber selten genau expliziert. Im Folgenden soll nun kurz auf einige Eigenschaften von Grenzen hingewiesen werden, die den theoretischen Rahmen für die daran anschließenden Überlegungen zu Europa bilden. Einer der wenigen Klassiker der Soziologie, der den Begriff der Grenze direkt aufnimmt, ist Simmel (1983: 467): „Die Grenze ist nicht eine räumliche Tatsache mit soziologischen Wirkungen, sondern eine soziologische Tatsache, die sich räumlich formt." Für Simmel sind also territoriale Grenzen der Ausdruck sozialer Grenzen.

1. Linie und Membran als Grenzmodelle

Das Modell der Grenze ist für Simmel (1983: 460–526) die *Grenze als Linie im Raum*. In seinem Kapitel in der „Soziologie" über den „Raum und die räumlichen Ordnungen der Gesellschaft" betont er zunächst die statischen Aspekte der Grenze, um sie dann in seinen Exkursen über die soziale Begrenzung und über den Fremden zu dynamisieren. Wichtigstes Beispiel für die Relevanz von Grenzen ist für Simmel die Grenze des Nationalstaates: „So ist eine Gesellschaft dadurch, dass ihr Existenzraum von scharf bewussten Grenzen eingefasst ist, als eine auch innerlich zusammengehörige charakterisiert, und umgekehrt: die wechselwirkende Einheit, die funktionelle Beziehung jedes Elementes zu jedem gewinnt ihren räumlichen Ausdruck in der einrahmenden Grenze. Es gibt vielleicht nichts, was die Kraft insbesondere des staatlichen Zusammenhaltens so stark erweist, als dass diese soziologische Zentripetalität, diese schließlich doch nur seelische Kohärenz von Persönlichkeiten zu einem wie sinnlich empfundenen Bilde einer fest umschließenden Grenzlinie aufwächst" (Simmel 1983: 465).

Doch bevor wir auf nationalstaatliche Grenzen zurückkommen, muss gefragt werden: Was sind die allgemeinen Eigenschaften einer Grenze? Wie schon bei Simmel angedeutet, lassen sich viele Aspekte einer Grenze aus einfachen geometrischen Überlegungen ableiten (vgl. zum folgenden Bös 1997: 53). Sinnbild der Grenze ist die Linie, die Linie in einer Ebene, die diese Ebene teilt. Jeder Punkt der Ebene ist eindeutig der einen Seite oder der anderen Seite oder der Grenzlinie selbst zuzuordnen. Soll diese Grenze auch tatsächlich begrenzen, so ist die Linie in der Ebene endlos, d.h. wohl nor-

---

1 Die Kategorie der Grenze hat gegenüber der Kategorie des Raumes den Vorteil, dass sie, obgleich auch abstrakt, erheblich mehr Anknüpfungspunkte zur Analyse sozialer Prozesse bietet, sie kann somit hilfreich sein, die verschiedenen Sinnbezüge des Raumbegriffs analysierbar zu machen. Im Bezug auf den Raum ist zu unterscheiden, welche Anteile der Raumwirkung auf tatsächliche räumliche Unterschiede, und welche Anteile auf Sinnzuweisungen sozialer Akteure beruhen. In Bezug auf tatsächliche räumliche Unterschiede ist der ökologische Raumbezug alles Gesellschaftlichen gemeint, der wieder klarer in den Blick genommen werden muss (vgl.

malerweise eine geschlossene Form, im einfachsten Fall ein Kreis. Alle Punkte der Ebene gehören entweder in diesen Kreis oder liegen außerhalb dieses Kreises, bzw. sie sind Bestandteil der Kreislinie. Diese Denkfigur wird bei der territorialen oder geographischen Grenze angewendet,[1] die zuerst auch nur in der Ebene – in einer Karte – existiert und erst im zweiten Schritt in den Raum tritt, den die Karte repräsentiert. Auch hier wird die Grundstruktur wiederholt: Jeder Punkt des Geländes gehört entweder zum Territorium innerhalb der Grenze oder zum Territorium außerhalb der Grenze oder er gehört zur Grenze selbst, die in Form des Niemandslandes selbst auch ein großes Gebiet abdecken kann.

Die Metapher der Grenze ist auf viele soziale Sachverhalte anwendbar. So kann behauptet werden, eine Gruppe habe eine Grenze. Jeder Einzelne ist wie der Punkt einer Ebene, entweder er gehört in die Gruppe oder befindet sich außerhalb der Gruppe. Auch wenn diese Operation zumindest prinzipiell immer möglich scheint, so werden damit zwei Eigenschaften ausgeblendet: Eine Grenze muss verkörpert werden oder ins Werk gesetzt werden, und eine Grenze kann nur etwas trennen, was grundsätzlich auch verbunden ist. Schon im Bild der geteilten Ebene ist es allen Punkten gemeinsam, auf dieser Ebene zu liegen, die erst im zweiten Schritt durch eine Linie geteilt wird. Die ursprüngliche Gemeinsamkeit aller Punkte wird nun unterteilt in Grenzpunkte, Punkte der einen und Punkte der anderen Seite. D.h. eine Grenze definiert eigentlich vier Eigenschaften von Elementen, die alle vorhanden sein müssen, um die Konstruktion einer Grenze zu ermöglichen. Eine Eigenschaft bezieht sich auf das Gemeinsame aller Elemente, eine andere Eigenschaft definiert das innerhalb der Grenze Befindliche, eine weitere das außerhalb der Grenze Befindliche und eine Vierte definiert die Trennung zwischen Innen und Außen. Will man also die Metapher der Grenze ernst nehmen, so gilt es immer, vier Eigenschaften nachzuspüren, den Kriterien der Kommunalität, der Eingrenzung, der Ausgrenzung und der Separation.

Doch Simmel bleibt an diesem Punkt nicht stehen und führt zwei weitere Aspekte ein, die für unsere Überlegungen wichtig sind. Im Exkurs über soziale Begrenzungen verweist er auf die Grenzen sozialer Kreise, die sich vielschichtig überlappen und schneiden. Gerade ihre Multiplexität, also ihre unterschiedlichen Bezüge auf unterschiedliche soziale Kreise, und ihre Inkongruenz sind die Merkmale sozialer Grenzen. Einen weiteren Aspekt führt Simmel mit dem Exkurs über den Fremden ein, als dem, der heute eine Grenze passiert und morgen innerhalb der Grenze bleibt. Gerade in seinen Beobachtungen der Moderne treten die Grenzüberschneidung und die Grenzpassage für Simmel in den Vordergrund.

Diese Dynamisierungen, die sich bei Simmel bereits andeuten, führen uns zum zweiten Grenzmodell, das anhand biologischer Vorgänge kurz expliziert werden kann: *die Grenze als Membran*. Eine zweite Theorierichtung, die den Begriff der Grenze prominent thematisiert und die meisten ihrer Eigenschaften aus biologischen Beobachtun-

---

Stichweh 1998: 348). Darüber hinaus ist Raum aber auch ein „Medium der Wahrnehmung", das in der Moderne seine Sinnbezüge verändert. Der Raum ist dabei genauso ein Wahrnehmungsapriori wie die Zeit, beide sind notwendig, um aus der Wahrnehmung den Begriff zu formen. Die Rede von der Entzeitlichung oder Enträumlichung sozialer Prozesse mag zwar für manchen faszinierend klingen, ist aber aus schlichten erkenntnistheoretischen Erwägungen heraus ein Ding der Unmöglichkeit.

gen ableitet, ist die Systemtheorie. Erst die Grenze macht eine Struktur zum System. Diese Grenze trennt die Struktur von anderen ab, stellt aber auch gleichzeitig ihre Verbindung zur Umwelt dar. „Dieser an sich alte und unumstrittene Begriff der Grenze ist Voraussetzung für neuere Entwicklungen in der Systemtheorie, die die Unterscheidung von geschlossenen und offenen Systemen nicht mehr als Typengegensatz auffassen, sondern als Steigerungsverhältnis. Mit Hilfe von Grenzen können Systeme sich zugleich schließen und öffnen, indem sie interne Interdependenzen von System/Umwelt-Interdependenzen trennen und beide aufeinander beziehen. Grenzen sind insofern eine evolutionäre Errungenschaft par excellence; alle höhere Systementwicklung und vor allem die Entwicklung von Systemen mit intern-geschlossener Selbstreferenz setzt Grenzen voraus" (Luhmann 1985: 52–53). Diese doppelte Leistung wird durch Sinn zur Verfügung gestellt, der sowohl Grenzen zieht, aber auch immer über die Grenze hinaus weist (vgl. Luhmann 1985: 93; zur ausführlichen Diskussion von Sinn- und Kommunikationsgrenzen vgl. Klapp 1978).

Der systemtheoretische Grenzbegriff ist an der Idee der Membran modelliert. Eine Grundleistung jeder Zelle ist die Zellmembran (Elementarmembran). Die Membran selbst ist dabei keine feste Struktur, sondern eine strukturierte Ansammlung von Molekülschichten, die sich sowohl in neue Membranen teilen, als auch andere inkorporieren kann. Die Membran selbst ist ein Prozess, der durch seine Durchlässigkeitseigenschaften gekennzeichnet ist. Erst die selektive Permeabilität macht sie zur Membran: wäre sie völlig undurchlässig, wäre Leben genauso wenig möglich, wie bei ihrer Auflösung in völlige Durchlässigkeit. Die Eigenschaften der Separation und der Kommunalität drücken sich also in den Prozessen der Membranerhaltung und Permeabilität aus. Separation und Kommunalität sind als Eigenschaften immer vorhanden, sie variieren aber in ihrem Grad der Dynamik, das heißt, in der Prozesshaftigkeit der Grenzerhaltung und der Grenzpassage.[2] Biologische Grenzen können darüber hinaus auch expandieren und sich teilen. Extremer Grenzfall der Permeabilität ist die Inkorporation einer anderen Zelle. In komplexeren biologischen Systemen schichten sich dann mehrere Grenzen umeinander, von der Zellgrenze zur Organgrenze, bis zur Haut als Grenze des Körpers. Diese Strukturen entstehen durch körperinterne Zellteilungen. Biologisch sind Grenzstrukturen also ineinander geschachtelte Prozesse der Grenzerhaltung und Permeabilität.

2. Formen der Grenzerhaltung und Grenzpassage

Wie verhalten sich nun aber *unterschiedliche „Arten" von Grenzen*? Einerseits gibt es räumlich fixierte Grenzen, wie etwa die Grenze eines Dorfes, andererseits gibt es Grenzen, die sich weniger durch ihre räumliche Fixiertheit[3] als durch die Relation der ein-

---

2 Zu der Unterscheidung von grenzpassierenden (boundary-transcending) und grenzerhaltenden (boundary-maintaining) Prozessen vergleiche auch die im Anschluss an Parsons und Hirschmann entwickelten Überlegungen von Stein Rokkan (1999: 101–104).
3 Der Anklang an Simmels Begriff der Fixierung in Bezug auf Raum ist beabsichtigt. Allerdings ist hier die Fixierung im Raum eine Eigenschaft der „Begrenzung", weil Grenzen als Ausgangspunkt der Betrachtung gewählt wurden. Damit gewinnt man den Vorteil, Eigenschaften des

gegrenzten Teile ausdrückt, etwa die Grenzen einer Familie. Darüber, welche Grenzstrukturen gattungsgeschichtlich primär waren, lässt sich wohl nur spekulieren (de Swaan 1995a). So steht zu vermuten, dass für Jäger und Sammler die Grenze der Verwandtschaftsstruktur primäres Inklusionskriterium war. Mit der Sesshaftwerdung trat neben die verwandtschaftlichen Grenzstrukturen als Inklusionsprinzip auch die Flächenausdehnung der Siedlung, die erheblich stärker fixierte Nachbarschaft, das Territorium, als zweites Inklusionskriterium hinzu. Mag der historische Ablauf nun diese oder eine andere Sequenz gehabt haben, wichtig ist zu sehen, dass schon diese zwei basalen Grenzstrukturen der Verwandtschaft und des Siedlungsraumes weder exklusiv noch notwendigerweise kongruent sein müssen. Innerhalb einer spezifischen räumlichen Grenze können komplexe verwandtschaftliche Grenzen bestehen, genauso wie verwandtschaftliche Grenzen räumliche Grenzen enthalten und übergreifen können. Das impliziert auch immer nicht eindeutige Loyalitätsverpflichtungen, die sich in unterschiedlicher Stärke auf unterschiedliche Grenzstrukturen beziehen können. Das schließt natürlich nicht aus, dass spezifische Formen, wie etwa der Nationalstaat, suggerieren, dass verschiedene Grenzstrukturen kongruent bzw. direkt aufeinander bezogen seien.

Die Beispiele Verwandtschaft und Territorium zeigen, dass Grenzen sowohl Grenzen relationaler Strukturen als auch Grenzen kategorialer Einteilungen sein können. Durch Relationen entstandene Grenzen zeichnen sich durch ein Gefälle der Relationsdichte an der Grenze aus, so sind in einem Industriebetrieb normalerweise die produktions- und betriebsbezogenen Interaktionen innerhalb des Betriebs erheblich höher als jene mit der Umwelt. Kategoriale Grenzen entstehen durch Kategorisierung von Einheiten bzw. Personen nach Merkmalen: Ein Franzose ist Franzose, auch wenn er in Madrid lebt und hauptsächlich mit Spaniern interagiert. Relational wie kategorial gebildete Grenzen sind beide gekennzeichnet durch die jeweils implizierten Separationen und Kommunalitäten, wie durch die Prozesse der Grenzerhaltung und der Grenzpassage. Daneben wird aber auch deutlich, dass, gleichzeitig angewendet, unterschiedliche Grenzreferenzen (damit ist der sinnhafte Bezugspunkt der Grenzdefinition, etwa familial, betrieblich oder nationalstaatlich gemeint) zu in ihrer Komplexität relativ rasch ansteigenden Grenzstrukturen führen.

Dies verweist auf einen weiteren wichtigen Aspekt von Grenzen: kategoriale oder relationale Grenzen sind immer über Sinn konstituiert. Im einfachsten Falle können Grenzen einfach als Symptom eines sozialen Prozesses betrachtet werden, wenn etwa verwandtschaftliche Austauschstrukturen dazu führen, dass bestimmte Verwandte Leistungen erhalten und andere nicht. So ergibt sich aus tradierten Austauschprozessen innerhalb der Verwandtschaft, wer ein Weihnachtsgeschenk bekommt und wer nicht; für den Betrachter entsteht dann ein umgrenztes Geschenknetzwerk, das für die Teilnehmerinnen vor allem durch die Tatsache bestimmt ist, von wem man im letzten Jahr

---

Raumes, vor allen Dingen dessen „Ausschließlichkeit", nicht in den Vordergrund stellen zu müssen, weil diese Eigenschaft zwar wichtig für die Wahrnehmung von sozialen Gebilden, aber eher irreführend für deren Analyse ist, da damit die wichtigen Aspekte der Überschneidung und Multiplexität sozialer Grenzen ausgeblendet werden. Darüber hinaus sind viele andere Aspekte des Raumes, etwa die Bewegung im Raum oder die „Wanderung" vergleichsweise einfach als Grenzübertritt zu konzeptionalisieren. Auch Simmel hat an einigen Stellen auf diese Aspekte des Begriffs der Grenze hingewiesen, etwa in seinem Aufsatz über Brücke und Tür, die in verschiedener Weise verbinden und trennen (vgl. Gawoll 1995).

ein Geschenk bekam oder nicht. Grenzen als Differenzstruktur erhalten im nächsten Schritt jedoch schnell Signalwert: Der bayrische Dialekt des Tankwarts an der Autobahntankstelle signalisiert das Überschreiten einer Dialektgrenze, mit all seinen Implikationen. Verfestigt sich dieser Signalwert zu komplexen Sinngehalten, so bekommt die Grenze Symbolwert. Schon Weber (1985: 235–238) weist am Beispiel ethnischer Gruppen auf die Relevanz gruppenspezifischer „Massenkulturgüter" wie etwa der Sprache hin und verknüpft diese mit einer aus diesen Grenzstrukturen ableitbaren Massenehre (parallel der ständischen Ehre), die insbesondere im Wechselspiel mit politischen Prozessen an Bedeutung gewinnt. Dabei wird der grenzerhaltende Mechanismus selbst zum Symbol des Kollektivs: Französisch und vor allem dessen perfekte Beherrschung versinnbildlicht die Essenz des „Französisch-Seins".[4] Gerade auf Ebene des Nationalstaats verschränken sich dann kategoriale und relationale Grenzstrukturen. Die kategoriale Unterstellung, dass Deutsche deutsch sprechen, erhält ihre Relevanz auch durch die Unterstellung, dass die deutsche Sprache relational, also im Austausch mit Deutschen erlernt wurde. Sprache wird damit zum Symbol für einen Sozialisationsprozess, der Vertrauensvorschüsse plausibilisiert (vgl. Bös 1995).

So wie sich Arten von Grenzen charakterisieren lassen, so können auch *unterschiedliche Arten der Grenzpassage* differenziert werden. Grob kann hier zwischen Informationen, Waren und Personen unterschieden werden. Diese Unterscheidung ist weitgehend parallel mit den drei grenzüberschreitenden Prozessen (ökonomisch, kulturell und militärisch/administrativ), die Stein Rokkan (1999: 103) analysiert.[5] Rokkan sieht völlig zutreffend, dass alle Arten der Grenzpassage unterschiedliche Dynamiken aufweisen und auch unterschiedlichen politischen Steuerungsprozessen unterworfen sind. Darüber hinaus können unterschiedliche Arten der Grenzpassage auch bis zu einem gewissen Grad unabhängig voneinander variieren. Die Grenze zwischen Ost- und Westdeutschland zum Beispiel war für Waren, zumindest von Ost nach West, durchlässig, was von beiden Seiten politisch gewollt war. Für Personen war die Grenze sehr undurchlässig, was vor allem durch Ostdeutschland geregelt wurde, und für Informationen war die Grenze sehr durchlässig, obwohl Ostdeutschland versuchte, dies zu unterbinden.[6]

Als aktuelle Perspektive, die Grenzstrukturen in der Soziologie thematisiert, sei hier noch die Globalisierungsforschung genannt. Der gesamte Diskurs zur Globalisierung – mit den „catchwords" Partikularisierung, Fragmentierung, Hybridisierung und Exklusion – ist auch ein Diskurs über *Grenzen und Grenzpassagen* (vgl. Brenner 1999). Geht man über die etwas holzschnittartige Ursprungsdefinition von Globalisierung als

---

4 In diesen Argumentationsstrang fügt sich dann auch die klassische Konzeptionalisierung von ethnischen Gruppen als symbolische Grenzstruktur von Barth (1996) ein. Genau diese extrem flexible Grenzstrukturierung macht es auch möglich, Ethnizität als gesellschaftliche Binnenstrukturierung zu bestimmen, die auch zur Integration von Gesellschaften dienen kann, vergleiche hierzu am Beispiel der amerikanischen Gesellschaft den Begriff der symbolischen Ethnizität von Gans (1999).

5 Dass Personen unter die Kategorie „militärisch/administrativ" fallen, basiert auf der Entscheidung Rokkans, demographische Prozesse nur als Hintergrund für die Analyse von politischen Prozessen zu verwenden.

6 Die Eigenschaften verschiedener Formen der Grenzpassage werden in der Soziologie und Ethnologie meist unter dem Stichwort der Diffusion diskutiert, vgl. hierzu etwa Smith (1976), Bös (1997: 26–41).

der zunehmenden Verdichtung von Austauschprozessen bei gleichzeitiger verstärkter Wahrnehmung dieser Prozesse hinaus (paradigmatisch Robertson 1992), so ist Globalisierung vor allem eine „Flussstruktur", also Ströme zwischen, unter und über beliebig gewählten, tatsächlichen oder imaginierten Grenzen von Kollektiven wie Weltregionen, Nationalstaaten, Regionen oder Gemeinden. Man erinnere sich nur an die viel zitierten „scapes" von Arjun Appaduria (1990): ethnoscapes, technoscapes, financescapes, mediascapes und ideoscapes. Globalisierung ist hier eine Landschaft von Röhren und Leitungen, über die Einheiten miteinander interagieren. All diese Prozesse und Trends haben so viele Widersprüche, Ungleichzeitigkeiten und Unvorhersagbarkeiten, dass nicht viel Mut dazu gehört davon auszugehen, dass „irgendwie" Integrations- und Differenzerfahrungen auch weiterhin in einem wechselseitigen Steigerungsverhältnis stehen. Damit ist allerdings für die jeweilige Region, wie etwa hier Europa, noch nicht viel gesagt. Und so bleibt nur das übrig, was inzwischen zum Glück auch in der „Globalisierungsforschung" zunimmt, jeweils spezifische Fallbeispiele genau zu analysieren und sich allzu wolkiger Generalisierungen zu enthalten.

Grenzen sind also Prozesse, die Elemente teilen und Gemeinsamkeiten festlegen. Soziologisch ist dabei relevant, welche Prozesse der Grenzerhaltung und Grenzpassagen rekonstruierbar sind. In der Soziologie wurden Grenzen meist in Relation zu kongruent gedachten Grenzstrukturen nationalstaatlich verfasster Gesellschaften gesehen, die ein Innen bzw. Außen definieren. Darüber hinaus gibt es aber auch Andeutungen über die Probleme der Multiplexität von Grenzen, Arten von Grenzstrukturen und vor allem über die Struktur von Grenzpassagen. Aspekte, die uns jetzt im Hinblick auf Europa beschäftigen werden.

III. Die Grenzen der europäischen Gesellschaft

Grenzerweiterungen, Grenzpassagen und Grenzüberschneidungen sind die entscheidenden Trends in Europa nach dem Zweiten Weltkrieg. Im Folgenden wird nun die Kategorie der Grenze auf einige beispielhafte Aspekte von Territorium, Bevölkerung und Kultur in Europa angewendet. Die verschiedenen Territorien Europas sind dabei ein Beispiel für Grenzexpansionen. Im Kontext von Bevölkerungsstrukturen wird das Beispiel der Wanderungen als Grenzpassage herausgegriffen, und als kulturelle Grenzen werden Stabilisierungen und Überschneidungen der Sprachgrenzen analysiert.

1. Grenzexpansionen: Europäische Territorien und Bevölkerungen

Prototyp der mathematischen Grenze als Linie im Raum ist die Grenze des Nationalstaates, auf deren wichtige Funktionen schon Simmel hingewiesen hat. Damit stellt sich die Frage nach den territorialen Grenzen Europas. Wie schon oben bemerkt, sind die territorialen Grenzen der EU nicht die einzigen territorialen Grenzen Europas. Die Frage „Wie groß ist Europa?" ist sicherlich nicht nur so alt wie die Europaforschung, sondern so alt wie Europa selbst. An dieser Stelle sollen nicht die vielen historischen Konzepte Europas – von dem Europa als dem Land der Christenheit bis zum Europa,

Tabelle 1: Territorium und Bevölkerung der Europäischen Union

Erweiterungsschritt		Territorium in 1000 km^2	Bevölkerung in 1000
1952	Belgien, Deutschland, Frankreich, Italien, Luxemburg, Niederlande	1.164	152.692
1973	plus Dänemark, Irland, Großbritannien	1.528	254.952
1981	plus Griechenland	1.661	270.749
1986	plus Spanien, Portugal	2.258	321.625
1991	plus Ostdeutschland	2.362	342.510
1995	plus Österreich, Finnland, Schweden	3.236	370.961

Quelle: teilweise eigene Berechnung, Statistische Jahrbücher (1953: 15*, 1974: 16*, 1982: 626, 1987: 650), Statistische Jahrbücher des Auslands (1991: 20,33, 1996: 22), auf Tausend gerundet.

zu dem je nach Machtkonstellation Russland oder die Türkei gehören oder nicht gehören – wiedergegeben werden (vgl. zu einem Überblick Davies 1998: 7–16).

Schon der einfache Blick in die Entwicklung der EU nach dem Zweiten Weltkrieg zeigt, was für eine *dynamische territoriale Grenzstruktur (West-)Europa* besitzt. Vergleicht man Territorium und Bevölkerung seit dem Beginn der Montanunion 1952 (bzw. der Europäischen Wirtschaftsgemeinschaft 1958) bis zur letzten Erweiterung der Europäischen Union 1995, so hat sich das Territorium fast verdreifacht und die Bevölkerung hat sich verdoppelt (vgl. *Tabelle 1*). Eine territoriale Expansion, die in ihrem Ausmaß wohl nur vergleichbar mit der Westexpansion (und Südexpansion) der USA im 19. Jahrhundert ist, wobei die Grenzerweiterungen der EU bei weitem friedlicher abliefen.

Insgesamt verfügt die USA heute etwa über gut zwei Drittel der Bevölkerungszahl der EU (USA 1995: 263 Mio.; EU 1995: 372 Mio.), aber über eine fast dreimal so große Landfläche (USA: 9,8 Mio. km²; EU: 3,2 Mio. km²). Der Vergleich europäischer Territorien mit den USA oder dem noch größeren Kanada ist insofern problematisch, als die nicht besiedelbaren Gebiete des nordamerikanischen Kontinents erheblich größer sind als die Europas. Damit werden auch die dramatischen Unterschiede in der Bevölkerungsdichte relativiert, die sich stark reduzieren, wenn nur die besiedelbaren Landflächen Nordamerikas berücksichtigt werden (vgl. Bahr et al. 2001). Sowohl die Bevölkerungsexpansion als auch die Territorialexpansion werden übrigens nicht in den statistischen Veröffentlichungen der EU reflektiert. Hier wird einfach die Zusammensetzung der heutigen EU in die Vergangenheit projiziert: Bei der Bevölkerungsentwicklung wird dann z.B. so getan, als gehörte Finnland schon 1960 zur EU, was zu dieser Zeit sicher eine eher abenteuerliche Idee war (vgl. Eurostat 1995). Damit macht die Europäische Union das Gleiche wie viele Nationalstaaten, eine historische Kontinuität zu suggerieren, die so nie bestand.[7]

---

7 Von Organisationen veröffentlichte Statistiken können einerseits immer gelesen werden als Daten über konkrete Vorgänge, sind aber auch andererseits Ausdruck einer Selbstbeschreibungskultur, die Hinweise auf als relevant gesehene Prozesse und Vergleichspunkte gibt, vgl. hierzu de Swaan (1995b: 118). Inwieweit diese „rückwirkende Integration" der EU Ausdruck bewusster strategischer Entscheidungen ist, bleibt zu prüfen.

Noch viel schwieriger wird es anzugeben, wo sich die Grenzen Europas befinden, wenn nur einige der wichtigen Institutionengefüge betrachtet werden. Die Anzahl (vgl. hierzu und im Folgenden *Tabelle 2*) der Länder, die Europa heute umfassen kann, schwankt zwischen den elf Ländern der Euro-Zone und den 46 europäischen Staaten der OSZE (ohne USA, Kanada und die Staaten Zentralasiens), deren Ausdehnung größer ist als das Territorium der USA und auf dem eine Bevölkerung lebt, die etwa dreimal so groß wie die der Vereinigten Staaten ist. Die OSZE bewegt sich dabei in derselben Größenordnung wie die European Broadcasting Union (EBU),[8] des Dachverbandes des European Songcontest, und der Europarat. Territorium und Bevölkerung reduzieren sich auf weniger als die Hälfte bei der nächsten Organisation, der NATO. Der – vergleichsweise geringe – Unterschied zwischen Bevölkerung und Territorium der EU und dem europäischen Teil der NATO ist vor allem auf die Türkei zurückzuführen. Ein stabiler Status für Länder der NATO-Peripherie wurde mit der Partnerschaft für den Frieden geschaffen (mit Ausnahme der „NATO-Neumitglieder" Polen, Tschechische Republik und Ungarn). Europäische Einheiten, die kleiner als die EU sind, sind die Euro-Zone und die Länder des Schengener Abkommens. Keine dieser Strukturen ist aber kleiner als das ursprüngliche „Kerneuropa" der Montanunion von 1952 bzw. der Römischen Verträge von 1958: Belgien, Deutschland, Frankreich, Italien, Luxemburg und die Niederlande.

Während sicherheitsorientierte Institutionen die Tendenz haben, ihre Grenzen in den europäischen Osten zu erweitern, nimmt der European Songcontest, der eher Kulturräume reflektiert, auch Länder Nordafrikas und der Levante mit auf. Wenn man z.B. bedenkt, dass der europäische Kirchenvater Augustinus in Nordafrika lebte und arbeitete, ist das eine durchaus auch historisch zu begründende Idee. Wichtiger ist jedoch, dass es sich hier um Länder der europäischen Peripherie handelt, die eben nicht nur kulturelle Exporte aus Kerneuropa aufnehmen, sondern inzwischen selbst auch Menschen, Produkte, Lieder, Speisen, Kleidung und Sprachen nach Kerneuropa bringen. Kulturelle Institutionen generieren ebenso Loyalitätsprobleme wie andere Institutionen. Man höre sich nur einen Iren an, der über die Ungerechtigkeit klagt, dass Deutschland der Türkei und die Türkei Deutschland bei der Bewertung im European Songcontest zwölf Punkte gibt, aber die „guten Europäer" aus Irland vergessen werden.[9]

Wählt man die EU als Mittelpunkt, so ergibt sich ein System mehr oder minder konzentrischer Grenzstrukturen, die jeweils nach ihren primären Aufgaben gesteuerte „Peripherien" integrieren und damit äußere zu inneren Grenzen Europas machen. Die EBU legt dabei mit dem European Songcontest als kulturelle Veranstaltung den weitesten Kreis um die Europäische Union, währen die OSZE, der Europarat und die

---

[8] Die EBU ist eigentlich ein Dachverband von Fernseh- und Rundfunkanstalten verschiedener Länder. An der zentralen Veranstaltung des European Songcontest nehmen 25 Interpreten aus 25 Ländern teil, die durch einen Vorausscheidungsmechanismus gehen müssen. Für die Medienlandschaft Europas ist die EBU vor allen Dingen wichtig, weil sie Angebots- und Nachfragestrukturen auf dem Medienmarkt bündelt, hierzu und zur genauen Mitgliedschaftsstruktur vgl. Zeller (1999).

[9] So die persönliche Äußerung eines irischen Kollegen gegenüber dem deutschen Autor in den USA.

Tabelle 2: Mitgliedschaft, Territorium und Bevölkerung verschiedener europäischer Institutionen

	Euro-Zone	Schengener Abkommen	EU	NATO	Europarat	Songcontest (EBU)	OSZE
europäische Mitglieder[1]	11	15	15 (13)[2]	17 (20)[3]	41[6]	42	46
Mitglieder insgesamt			19[4] (26)[5]			50[7]	54[8]
1. Belgien	M	M	M	M	M	M	M
2. Deutschland	M	M	M	M	M	M	M
3. Finnland	M	M	M	P	M	M	M
4. Frankreich	M	M	M	M	M	M	M
5. Irland	M		M	P	M	M	M
6. Italien	M	M	M	M	M	M	M
7. Luxemburg	M	M	M	M	M	M	M
8. Niederlande	M	M	M	M	M	M	M
9. Österreich	M	M	M	P	M	M	M
10. Portugal	M	M	M	M	M	M	M
11. Spanien	M	M	M	M	M	M	M
12. Dänemark		M	M	M	M	M	M
13. Griechenland		M	M	M	M	M	M
14. Schweden		M	M	P	M	M	M
15. Großbritannien			M	M	M	M	M
16. Island		M		M	M	M	M
17. Norwegen		M		M	M	M	M
18. Polen			A	M	M	M	M
19. Tschechische Republik			A	M	M	M	M
20. Türkei			A	M	M	M	M
21. Ungarn			A	M	M	M	M
22. Bulgarien			A	P	M	M	M
23. Estland			A	P	M	M	M
24. Lettland			A	P	M	M	M
25. Litauen			A	P	M	M	M
26. Malta			A		M	M	M
27. Rumänien			A	P	M	M	M
28. Schweiz			A	P	M	M	M
29. Slowakei			A	P	M	M	M
30. Zypern			A		M	M	M
31. Albanien				P	M	M	M
32. Georgien				P	M		M
33. Makedonien[9]				P	M	M	M
34. Moldawien				P	M	M	M
35. Russland				P	M	M	M
36. Slowenien				P	M	M	M
37. Ukraine				P	M	M	M
38. Kroatien					M	M	M
39. San Marino					M	M	M
40. Andorra					M		M
41. Liechtenstein					M		M
42. Bosnien						M	M
43. Monaco						M	M
44. Vatikan Staat						M	M
45. Weißrussland				P			M
46. Armenien				P			M
47. Jugoslawische Föderation							Ruht
Fläche[10] in km²	2 366 548	3 255 455	3 233 315	3 889 273	9 661 955	9 850 354	9 950 482
Bevölkerung[10] in 1000	289 025	314 578	372 075	471 348	742 829	752 183	761 438

1 Angaben zu Mitgliedschaften Stand 1.1.2000; 2 A – Assoziierte der EU oder Länder mit besonderen Verträgen; 3 P – europäische Länder der Partnerschaft für den Frieden (PdF); 4 Weitere Länder der NATO: USA und Kanada; 5 Weitere Länder der PdF: Aserbaidschan, Israel, Kasachstan, Kirgisien, Tadschikistan, Turkmenistan und Usbekistan; 6 Die Mitglieder des Europarates haben teilweise unterschiedliche Verträge unterzeichnet bzw. ratifiziert; 7 Weitere Länder der EBU: Ägypten, Algerien, Israel, Jordanien, Libanon, Libyen, Marokko und Tunesien; 8 Weitere Länder der OSZE: USA, Kanada, Aserbaidschan, Kasachstan, Kirgisien, Tadschikistan, Turkmenistan und Usbekistan; 9 The Former Yugoslavian Republic of Macedonia; 10 Die Bevölkerungszahlen und Flächenzahlen sind von Mitte der 90er. In die Berechnung gingen nur europäische Vollmitglieder (M) ein. Russland geht nur mit seiner geschätzten europäischen Fläche und Bevölkerung ein.

Quellen: Eigene Kalkulation und eigene Zusammenstellung; Europäische Union (2000a/b), NATO (2000), Council of Europe (2000), OSCE (2000), EBU (2000), Davies (1998: 1332-3, 1335), Woyke (1998: 269, 284) und Fischer Weltalmanach (1998: 31-50).

NATO stark schrumpfende konzentrische Kreise um die EU legen. Dies soll natürlich nicht heißen, dass aus anderen Blickwinkeln Europa nicht selbst wieder zur Peripherie wird: Geht man von der Türkei als mächtigem Zentrum aus, so ergeben sich völlig andere Zentrums-Peripherie-Bilder. Und die immer wieder aufflammende Diskussion zwischen Europa und Nordamerika ist weitgehend wohl auch dadurch zu erklären, dass es für Washington nicht einsehbar ist, in einer spezifischen Peripherie, nämlich Europa, zu viele Ressourcen zu konzentrieren, während Europäer sich nicht damit abfinden können, für die USA eben eher peripher zu sein. Wie immer man aber auch die Perspektive verschiebt, immer ist Europa ein riesiges und expandierendes Territorium mit einer Bevölkerungskonzentration, die mit den anderen industrialisierten Regionen des Globus vergleichbar ist bzw. sie übersteigt.

2. Grenzpassagen: Europäische Wanderungsbewegungen

Grenzen, die auch übertreten werden, sind von außerordentlicher sozialer Relevanz. Gerade die massenhafte Übertretung macht Grenzen besonders wichtig. Es ist somit gerade die Offenheit der europäischen Grenze, die diese in das Bewusstsein rückt. Trotz der viel beschworenen Rede von der „Festung Europa" sind europäische Migrationsraten hoch: Zählt man Flüchtlinge, Asylsuchende, legale und illegale Migranten zusammen, so erreichen die Zahlen Nachkriegshöchststände. Wenn wir also schon die Grenzmetapher der Mauer verwenden, so müssen wir sehen, dass es sich um „postmoderne" Mauern handelt, unfixiert und durchlässig in einem Maße, dass Millionen von Menschen an ihnen vorbei oder durch sie hindurch diffundieren (vgl. Bahr et al. 2001; Münz 1997).

Die internationalen Wanderungen Europas sind vor allem *Wanderungen innerhalb Europas*. Einwanderung aus den Regionen West- und Südostasiens sowie Afrika spielt eine geringe Rolle. Die Länder Ostasiens und Lateinamerikas haben als Herkunftsländer praktisch keine Bedeutung (vgl. Münz 1997: 224). *Tabelle 3* zeigt die Wanderungssalden[10] der europäischen Wanderungen.

Die kontinuierlich höchsten positiven Einwanderungssalden hat Westeuropa. Die Einwanderung nach Westeuropa sinkt leicht mit der Verfestigung des Eisernen Vorhangs, nimmt aber nach 1989 wieder zu. Wenn man bedenkt, dass die Wanderungssalden pro Jahrzehnt für die USA seit den 60er Jahren relativ konstant bei etwa 3 Millionen liegen, so ist in drei von fünf Nachkriegsdekaden die Einwanderung nach Westeuropa höher als in das Einwanderungsland USA (vgl. Bös 1997). Die andere Einwanderungsregion Europas, allerdings mit Raten, die etwa um den Faktor zehn niedriger liegen als für Westeuropa, ist Skandinavien. Eine starke Veränderung hat Südeuropa mitgemacht: Nach dem Krieg noch Auswanderungsregion, wurde es seit den 70er Jahren zu einer Einwanderungsregion. Hauptauswanderungsregionen in Europa waren

---

10 Der Wanderungssaldo ist definiert als die Differenz zwischen Ein- und Auswanderung standardisiert auf 1000 Einwohner. Negative Zahlen verweisen auf höhere Auswanderung, positive Zahlen auf erhöhte Einwanderung. Natürlich ist diese demographische Maßzahl mit vielen Messproblemen behaftet, vergleiche hierzu Bahr et al. (2001).

Tabelle 3: Migrationssalden in den Hauptregionen Europas 1950–1995 (in Mio.)

	1950– 1959	1960– 1969	1970– 1979	1980– 1989	1990– 1995	1950– 1995
Mittel- u. Osteuropa	−4,0	−1,9	−1,1	−2,3	−2,3	−11,6
UdSSR/GUS	0,1	0,1	−0,4	−0,4	−2,0	− 2,6
Skandinavien	−0,1	0,1	0,2	0,2	0,3	0,8
Südeuropa	−2,9	−3,1	0,6	1,6	1,1	− 2,7
Westeuropa	4,3	5,1	2,5	2,5	5,0	19,4
Europa insgesamt	*−2,7*	*0,3*	*1,9*	*1,6*	*2,1*	*3,2*

Mittel- und Osteuropa: die (früheren) sozialistischen Länder (einschließlich Albanien und das frühere Jugoslawien), ab 1991 ohne Ostdeutschland; UdSSR/GUS (einschließlich Estland, Lettland, Litauen); Skandinavien: Dänemark, Finnland, Norwegen, Schweden; Südeuropa: Griechenland, Italien, Portugal, Spanien; Westeuropa: restliche Länder Europas, ab 1991 das wiedervereinte Deutschland als Teil Westeuropas.

Quelle: Münz (1997: 224).

und sind Mittel- und Osteuropa. Das Gebiet der ehemaligen Sowjetunion wird erst in den letzten Jahrzehnten des 20. Jahrhunderts zur Auswanderungsregion.

Dieses dynamische Bild von hohen Wanderungssalden ändert sich leicht, wenn man die *Wanderung von und nach Gesamteuropa* in den Blick nimmt. Betrachtet man den gesamten Nachkriegszeitraum, so ist der Einwanderungseffekt für Gesamteuropa vergleichsweise gering, mit einem Plus von etwa 3,2 Mio. Personen zwischen 1950 und 1995 (Münz 1997: 224). In der Nachkriegszeit setzt Europa seine Tradition als Auswanderungs- und Durchwanderungsregion fort und wird erst langsam zu einem Subkontinent, in dem Einwanderung überwiegt. Vor allem die Implementation von Gastarbeitersystemen mit Nordafrika und der Türkei führt zu stabilen Flussstrukturen, die auch mit dem „Einwanderungsstop" zu Beginn der 70er Jahre nicht zerstört werden (vgl. Kritz et al. 1992: 3–4). Die zwei Prozesse der Grenzerhaltung und der Implementation von Einwanderungsströmen gehören dabei in Europa zusammen. So ist es kein Widerspruch, wenn z.B. die spanische Regierung einerseits 12 Mio. DM (1 Mrd. Peseten) für die Modernisierung des Grenzschutzes im Jahr 2000 ausweist, andererseits aber gleichzeitig ein Gastarbeiterabkommen mit Marokko abschließt (Migration und Bevölkerung, Dez. 1999). Gerade zwischen Nordafrika und der Türkei einerseits und einigen Ländern Westeuropas andererseits stellen sich relativ stabile Migrationsströme ein (Bös 1997). Grund hierfür sind nicht nur bessere Reisemöglichkeiten, sondern auch der erheblich verbesserte Informationsaustausch zwischen Ziel- und Ursprungsland, durch den es leichter wird, soziale Kontakte aufrecht zu erhalten.

Diese Grenzüberschreitungen haben auch „außerhalb" der EU Folgen: Einige europäische Rechtssysteme tendieren dazu, in der Doppelstaatlichkeit ein Problem zu sehen. Die Türkei reagierte darauf, indem einerseits leicht Entlassungsurkunden aus der türkischen Staatsangehörigkeit für die Einbürgerung z.B. in Deutschland ausgestellt werden, andererseits wird für türkischstämmige Menschen ein besonderes Zertifikat ausgestellt, das diesen nicht nur einen besonderen Rechtsstatus zuschreibt, sondern auch die Wiedereinbürgerung vereinfacht. Die Peripherie reagiert also auf das europäische Konstrukt der Staatsangehörigkeit mit jeweils kompatiblen Regelungen, die es dem Einzelnen ermöglichen, diese Regelungen zu unterlaufen, um somit die Gesamtstruktur zu stützen (vgl. Soysal 1999). Auch rechtliche Strukturen stabilisieren somit „transnational communities" (Georges 1990; Tilly 1990b): Netzwerke, die mit ihren Grenzstrukturen quer zu bestimmten Grenzen Europas liegen und damit zur Institutionalisierung von Grenzpassagen beitragen (vgl. Faist 1998).

Wenn wir den Anteil der ausländischen Wohnbevölkerung in der EU analysieren, verändert sich das Bild: „Trotz der Tatsache, daß Europa heute überwiegend aus Ländern mit positivem Wanderungssaldo besteht, ist es noch längst kein Kontinent von Immigranten. Die wachsende Zahl von Ausländern in den 19 Staaten Westeuropas ist das Ergebnis einer zunehmenden Internationalisierung westlicher Industrien, Arbeitsmärkte und Gesellschaften. Dennoch sind derzeit in dieser Region nur 20 von 383 Millionen hier lebenden Menschen nicht Staatsangehörige ihres jeweiligen Aufenthaltslandes. In der westlichen Hälfte Europas machen ausländische Staatsangehörige somit rund 5 % und alle im Ausland geborenen Personen zusammen weniger als 10 % der Gesamtbevölkerung aus" (Münz 1997: 224). Wichtiger für die Wahrnehmung in den jeweiligen Regionen ist vermutlich jedoch weniger die absolute Höhe des Anteils der ausländischen Wohnbevölkerung als die Wachstumsraten dieser Gruppen, die in Westeuropa von 1,3 Prozent (1950) auf 5,1 Prozent (1994/95; Münz 1997: 223) angestiegen ist. Dies bedeutet eine knappe Vervierfachung der Population, die allerdings durch sehr unterschiedliche Wachstumsraten in den jeweiligen Ländern bestimmt ist.

Europa war, zumindest seit der Bevölkerungsexplosion zu Beginn des 19. Jahrhunderts, immer eine Aus- und Durchwanderungsregion. „Bis Mitte der 60er Jahre war die Zahl nach Übersee emigrierender Europäer höher als die Zahl der neuen Immigranten aus der Türkei, Asien, Afrika, der Karibik und der übrigen Welt. Es überwog die Emigration in die USA, nach Kanada, Israel und in andere Zielländer außerhalb Europas. Zwischen 1950 und 1959 verlor Europa dadurch netto 2,7 Millionen Einwohner ... Erst nach 1970 wurde Europa als ganzes zu einem Einwanderungskontinent" (Münz 1997: 224). Die so einsetzende demographische Dynamik der Zuwanderung aus der Peripherie in die Zentren, die ihre eigene Reproduktion meist nicht sicherstellen können, kann als „historische Normalisierung" gesehen werden. Welthistorisch war Europa insofern eine Ausnahme, als sein Aufstieg zum Kultur- und Machtzentrum mit einer Bevölkerungsexplosion verbunden war, die zur überwiegenden Auswanderung führte (vgl. McNeil 1986).

Auch wenn es sich nicht um permanente Auswanderung handelt, kann Reisen für die Selbstwahrnehmung wichtig sein: Europäer wird man vor allem an den Grenzen anderer Staaten. Diejenigen, die gewohnt sind, über europäische Flughäfen zu rauschen und nur hin und wieder en passant mit einem burgunderfarbenen Reisepass zu winken,[11] werden oft sehr ungehalten, wenn sie mit einem US-American Immigration Officer konfrontiert werden, der einfach nur seinen Job macht. Natürlich funktioniert das auch andersherum, wenn sich z.B. kanadische Staatsangehörige nun in die lange Schlange der Menschen aus dem außereuropäischen Ausland stellen müssen, obwohl

---

11 Das Winken mit dem burgunderfarbenen Pass ist übrigens nicht nur bildlich gemeint: Die „Bangemann wave", also das Schwenken des europäischen Passes vor dem Grenzbeamten war eine Zeitlang implementierte Praxis, und hatte explizit das Ziel, gesamteuropäische Zugehörigkeit zu festigen, vgl. Wiener (1995).

sie doch gewöhnt waren, in der Tradition des Commonwealth bevorzugt behandelt zu werden. Wanderungen jeder Art machen also Grenzen erfahrbar, damit ist es die Grenzpassage, die eine Grenze in das öffentliche Bewusstsein hebt. Das hohe Bewusstsein der europäischen Bevölkerung hinsichtlich der Grenzen Europas ist wohl nur durch die immense, vor allem innereuropäische, Mobilität zu erklären.

3. Grenzerhaltung und Grenzüberschneidung: Europäische Sprachen

Für die letzten Aspekte von Grenzprozessen, der Grenzerhaltung und der Grenzüberschneidung, sollen die Sprachen Europas als Beispiel diskutiert werden. In Europa herrscht eine große *Sprachenvielfalt*. Wählt man das Gebiet etwa deckungsgleich mit dem OSZE-Europa und schließt die zahlreichen kleinen Sprachgruppen des Kaukasus sowie Sprachen aus, die von weniger als 30.000 Sprechern gesprochen werden, so gibt es etwa 70 verschiedene Sprachen in Europa (vgl. Haarmann 1993). Die höchste Sprecherzahl hat Russisch mit ca. 135 Millionen Menschen im europäischen Teil Russlands. Deutsch wird von etwa 90 Millionen als Muttersprache gesprochen. Die Zahlen der Französisch-, Englisch- und Italienisch-Sprechenden liegen bei 55 bis 58 Millionen, gefolgt von Polnisch und Ukrainisch. Zu den kleinsten Sprachgruppen gehören etwa Sorbisch (ca. 60.000) oder Lappisch (ca. 40.000), vgl. *Tabelle 4*. Insgesamt haben vierzehn Sprachen in Europa mehr als 10 Millionen Sprecher. Betrachtet man diese Sprachenvielfalt, so gehört es wohl für jede Europäerin und für jeden Europäer zu den Grunderfahrungen, auf Menschen anderer Sprachgruppen zu treffen.

Die meisten europäischen Staaten haben eine *Nationalsprache*, die von der überwiegenden Mehrzahl der Bevölkerung als Muttersprache gesprochen wird (vgl. z.B. Rokkan 1999: 170–190), mit Ausnahme von Ländern wie Belgien oder der Schweiz. In Irland wird die Nationalsprache des Irischen nur von einem geringen Teil der Bevölkerung als Muttersprache erworben. Allgemein gilt jedoch, dass die Nationalstaaten Europas jeweils eine Sprache als offizielle Amtssprache anerkennen und diese Sprache dann auch stützen und fördern.[12] Folgende Aspekte sind kennzeichnend für Nationalsprachen (vgl. de Swaan 1988 und 1993: 246): 1. Sie sind die Sprachen der Gesetze und Vorschriften und damit auch die Sprache der Interaktion zwischen Verwaltung und Bürger. 2. Besonders wichtig für den Spracherhalt ist, dass diese Sprachen auch die Sprachen des Schulsystems sind, was heranwachsende Bürger zwingt, diese Sprache gründlich zu erlernen. 3. Die Nationalsprache ist auch Wirtschaftssprache, in der im Berufsleben kommuniziert wird. 4. Diese Sprache ist die Sprache der nationalen Öffentlichkeit, der Zeitungen und des Fernsehens. 5. Last not least gibt es für diese Sprachen meist nationale Akademien, die versuchen, sie zu standardisieren, und vor allem gibt es eine große Anzahl von Wissenschaftlern und Wissenschaftlerinnen, die sich jeweils aus ihrem fachlichen Blickwinkel mit dieser Sprache beschäftigen und damit zu deren Erhalt und Ausbau beitragen. All dies gilt auch für die Staaten innerhalb der EU, es ist damit nicht zu vermuten, dass die Nationalstaaten an Stärke verlieren wer-

---

12 Aber in nur wenigen eher kleinen Ländern Europas wird nur ausschließlich eine Muttersprache gesprochen, vgl. Harmann (1993: 95–100).

Tabelle 4: Gesamtübersicht der Sprecherzahlen in Europa*

Größenordnung/ Sprachen	Sprecherzahlen in Europa in 1000	Sprachen	Sprecherzahlen in Europa in 1000
über 100 Mio.		zwischen 1 und 0,1 Mio.	
Russisch	135.769	Baschkirisch	920
zwischen 100 und 10 Mio.		Bretonisch	850
Deutsch	91.473	Wotjakisch	724
Französisch	58.120	Baskisch	680
Englisch	56.390	Tscheremissisch	651
Italienisch	55.437	Alpenromanisch	601
Ukrainisch	43.235	Ossetisch	572
Polnisch	38.231	Kymrisch	503
Spanisch	28.616	Friesisch	460
Rumänisch	23.741	Mordwinisch	419
Niederländisch	20.230	Maltesisch	340
Serbokroatisch	14.604	Syrjänisch	340
Ungarisch	12.425	Letzeburgisch	290
Portugiesisch	10.100	Krimtatarisch	277
Griechisch	10.075	Jiddisch	265
zwischen 10 und 1 Mio.		Isländisch	255
Tschechisch	9.839	Korsisch	240
Weißrussisch	9.699	Gagausisch	223
Bulgarisch	8.831	Aromunisch	222
Schwedisch	8.197	Kalmükisch	173
Katalanisch	7.306	Permjakisch	117
Türkisch	6.923	unter 0,1 Mio.	
Aserbaidschanisch	6.571	Schottisch-Gälisch	79
Tatarisch	5.673	Karelisch	72
Slowakisch	5.115	Sorbisch	60
Albanisch	5.054	Färingisch	48
Dänisch	4.990	Lappisch	45
Finnisch	4.896		
Armenisch	4.615		
Norwegisch	4.150		
Georgisch	3.955		
Romani	3.246		
Litauisch	3.040		
Occitanisch	2.700		
Galicisch	2.350		
Slowenisch	1.859		
Tschuwaschisch	1.796		
Makedonisch	1.472		
Lettisch	1.446		
Sardisch	1.400		
Irisch	1.050		
Estnisch	1.046		

* Diese Zahlen beziehen sich auf den Beginn der 90er und stammen aus Haarmann 1993: 53–55. Die Angaben sind auf 1000 gerundet. Sprachen mit weniger als 30.000 ausgewiesenen Sprechern und die kleineren Sprachen des Kaukasus wurden nicht aufgenommen.

den. „The dynamics of the present European constellation of languages are not in the abandonment of the state languages for the sake of one European medium, or in their fusion into a single amalgam, but in the acquisition of additional, foreign languages. The question is which languages will come to gain most as a result of this process" (de Swaan 1993: 244).

Sieht man von den aktuellen Bemühungen Deutschlands und Österreichs ab, Deutsch eine prominentere Rolle in der Europäischen Union zu geben, so gibt es wenig öffentliche Diskussionen darum, welches die offiziell verwendeten *Sprachen der Europäischen Union* sind. Dies ist darauf zurückzuführen, dass auf Grund der hohen, auch rechtlichen, Relevanz von europäischen Entscheidungen wichtige Verträge und Erlasse in alle offiziellen Sprachen der EU übersetzt werden müssen. Dieser Übersetzungsaufwand nahm mit der Expansion der EU zu: von vier, sechs und neun zu heute elf offiziellen Sprachen der EU. In der Reihenfolge der Anzahl der Muttersprachler sind dies: Deutsch, Französisch, Englisch, Italienisch, Spanisch, Niederländisch, Portugiesisch, Griechisch, Schwedisch, Dänisch und Finnisch.

Blickt man hinter die offizielle Fassade, ändert sich das Bild: Bei größeren Treffen politischer oder akademischer Art auf EU-Ebene wird die Sprachenwahl öfter thematisiert und obwohl oft Mehrsprachigkeit bei den Beteiligten vorhanden ist, werden Simultanübersetzungen einiger Sprachen gemacht, um damit deren Anerkennung zu demonstrieren. Im Alltag europäischer Beamter und Politiker verschwindet dann die Sprachenvielfalt der EU gänzlich. Hier wird in Arbeitsgruppen normalerweise Französisch oder Englisch gesprochen (vgl. hierzu und für den folgenden Abschnitt de Swaan 1993: 244–251). Die Geschichte der Europäischen Union war auch immer die Geschichte eines stillen Kampfes um die Dominanz bestimmter Sprachgruppen. Französisch hatte dabei eine exzellente Ausgangsposition, es war nicht nur die offizielle Sprache der Montanunion, sondern auch die drei Städte mit europäischen Zentralinstitutionen waren in Brüssel, Straßburg und Luxemburg beheimatet, zwar alles Städte an der Grenze des französischen Sprachraums, aber doch dominant französischsprachig. Doch das Bild änderte sich, zum einen durch den Beitritt Englands, aber vor allem auch durch die Expansion der EU. Mit dem Beitritt Englands gab es zum ersten Mal einen substantiellen Anteil von englischen Muttersprachlern in der EU. Noch wichtiger war jedoch das Verhalten der anderen Sprachgruppen: Seit 1973 ist Englisch die meist gesprochene Sprache, rechnet man Muttersprache und erste Fremdsprache zusammen. Besonders wichtig ist hier das Verhalten der Deutschen als größte Sprachgruppe in der EU: Deutsche waren nach dem Zweiten Weltkrieg immer bereit, in internationalen Kontexten auf eine andere Sprache auszuweichen, diese andere Sprache war zumeist Englisch. De facto war dieses Verhalten ein Optieren für Englisch; zusammen mit den anderen Sprachgruppen, die – vielleicht mit Ausnahme der Spanier – auch zu Englisch tendierten, schaffte dies eine Drift zum Englischen als europäische Austauschsprache. Natürlich räumten die Franzosen nicht kampflos das Feld, im Rahmen der Frankophonie-Bewegung versuchten und versuchen sie weltweit, das Französische zu stützen. Dies wird aber durch die Zunahme von Englisch als erste Fremdsprache in Frankreich selbst konterkariert. Durch diese Zunahme an englisch sprechenden Franzosen wird Englisch stabilisiert, da es für andere nicht mehr notwendig ist, Französisch zu lernen, um mit Franzosen zu kommunizieren. Diese Zunahme der Englischkompetenz erhöht die Kommunikationsmöglichkeiten für den einzelnen französischen Muttersprachler erheblich, schwächt aber als Aggregateffekt die Position des Französischen. Andererseits stabilisiert die Zurückhaltung der Engländer im Erwerb von Zweitsprachen die Position des Englischen.

Inwieweit Deutsch an Stärke gewinnen wird, ist schwer vorauszusagen. Das Hinzukommen von Ostdeutschland und der Beitritt Österreichs hat das Gewicht des Deutschen zwar erhöht, aber an der privilegierten Situation des Englischen als Zweitsprache kaum etwas verändert. Mit dem möglichen Beitritt osteuropäischer Länder ändert sich das Bild nur wenig. Traditionell war hier Deutsch eine wichtige Zweitsprache, die allerdings vom Russischen ersetzt wurde. Seit dem Zerfall der Sowjetunion ist aber die Attraktivität des Russischen als Zweitsprache wieder gesunken. Einerseits gibt es jetzt starke Anreize, Englisch als Zweitsprache zu erwerben, auf Grund des Englischen als weltweite Austauschsprache und des Prestiges der USA, andererseits ist für diese Länder Deutschland das wirtschaftliche Gravitationszentrum und somit Deutsch auch ein wichtiges Kommunikationsmittel. Alles in allem ist also nicht zu erwarten, dass sich an dem Trend zum Englischen etwas ändern wird. Eine Sprache zu lernen hängt vor allem davon ab, ob erwartet wird, dass auch andere diese Sprache lernen bzw. sprechen; nicht zuletzt durch ihre mediale Omnipräsenz ist hier für die meisten Europäer Englisch die Sprache der Wahl.[13]

Man kann deshalb heute davon sprechen, dass sich in der Europäischen Union ein Zwei-Ebenen-System etabliert hat, in dem sich Englisch als lingua franca im Austausch zwischen verschiedenen Sprachen etabliert hat, während andererseits die jeweiligen Nationalsprachen stabil sind und innerhalb der jeweiligen Nationalstaaten auch stabil bleiben werden. So schrieb schon Norman Denison 1980: „With regard to the role of English in Western Europe, a stage has now been reached, for a growing proportion of the population, in which a diglossia situation is rapidly approaching or already exists" (nach de Swaan 1993: 245). Diese Zweisprachigkeit ist aber keine, wie sie in traditionell zweisprachigen Gebieten besteht. Sie wird nicht schon in der frühen Kindheit erworben, sondern sie wird über das Bildungssystem hergestellt, indem Englisch als erste Fremdsprache erlernt wird.

Die Sprachentwicklung innerhalb der EU zeigt also zweierlei: Zum einen ist sie eine Geschichte der Grenzstabilisierung von Nationalsprachen, zum anderen entsteht parallel dazu eine Austauschsprache, die Sprachgrenzen überlappt (Haarmann 1995). Die Grenzstruktur hat dabei die Form einer Blüte, bei der die einzelnen Sprachen wie getrennte Blütenblätter um eine zentrale Austauschsprache herum gruppiert sind. Die Schnittmenge der Sprecher der Sprachen untereinander ist dabei relativ gering, die Schnittmenge aller Sprecher hinsichtlich der Austauschsprache sehr hoch.

---

13 Dass es für jeden Einzelnen rational ist, Englisch zu lernen, lässt sich auch über das gemessene Kommunikationspotential (Q-Value) von Sprachen bestimmen. Seit Mitte der Achtziger hat Englisch in Europa hier die höchsten Werte; siehe ausführlich hierzu de Swaan (1993: 246ff.).

IV. Europäische Grenzstrukturen und europäische Gesellschaft

Europa besteht aus einem verschränkten Muster von Grenzstrukturen. Die Kongruenz von Territorien, demographischen Strukturen und kulturellen Mustern mit politischen Grenzen ist dabei eher der Ausnahmefall. Betrachtet man Grenzstrukturen in Europa, so sind drei Prozesse besonders auffallend:

1. *Grenzexpansion:* Territorial hat vor allem die Europäische Union eine starke Expansion nach dem Zweiten Weltkrieg durchlaufen. Parallel hierzu bildeten sich „verschiedene Europas", die, teilweise in konzentrischen Kreisen um die Europäische Union herum, die Peripherie strukturieren und teilweise auch überlappende Strukturen bilden.

2. *Grenzpassagen:* Europa ist eine Wanderungsregion, insbesondere innerhalb der Teile Europas gibt es mannigfache Grenzpassagen, die tendenziell auf Westeuropa und seit kurzem auch auf Südeuropa zulaufen. Geringer im Ausmaß sind die Außenwanderungen des europäischen Subkontinents, in Bezug auf die EU haben sich besonders mit Nordafrika und der Türkei sehr stabile Migrationssysteme gebildet.

3. *Grenzerhaltung und Grenzüberschneidung:* Hinsichtlich der Sprachenmuster in Europa sind weiterhin die Nationalsprachen sehr stabil. Es bildet sich aber vor allem in Westeuropa das Englische als Austauschsprache aus, das die verschiedenen, relativ getrennten, meist nationalen Sprachräume effektiv verbindet. Die Komplexität europäischer Grenzstrukturen in Territorium, Bevölkerung und Kultur ist zentrales Strukturmoment der europäischen Weltregion. Grenzexpansionen, Grenzpassagen und Grenzüberschneidungen sind dabei die zentralen Prozesse auf dem Weg zur Entwicklung einer europäischen Gesellschaft.

Im Folgenden wird nun auf einige Aspekte der verschiedenen Grenzbegriffe eingegangen, um dann mit einer Diskussion der Frage nach einer entstehenden europäischen Gesellschaft im Lichte der Analyse von Grenzen zu enden.

1. Zum heuristischen Wert unterschiedlicher Grenzkonzepte

Alle oben für Europa diskutierten Grenzstrukturen haben auch *kategorialen Charakter*. Der Einschluss in ein Territorium, in eine Bevölkerungs- oder Sprachgruppe umfasst potenziell die Chance von Interaktionen, setzt dies aber nicht notwendig voraus. Territoriale Grenzen sind insofern kategorial, da die Anwesenheit auf einem bestimmten Gebiet über die so definierte Form der „Mitgliedschaft" entscheidet. Die Anwesenheit auf irgendeinem Territorium ist allen gemein: Die Kommunalität territorialer Grenzen entsteht dadurch, dass alles auf irgendeinem Territorium stattfinden muss, also der Nichtaufenthalt auf einem Territorium notwendig den Aufenthalt auf einem anderen impliziert. Solche ganz abstrakten Überlegungen drücken sich zum Beispiel in dem Bleiberecht, also in dem Menschenrecht aus, auf dem Territorium des Staates zu verweilen, dessen Staatsangehörigkeit man besitzt. Aus der Notwendigkeit, irgend einen Aufenthaltsort zu haben, folgt auch das Recht, diesen nicht entzogen zu bekommen. Die Eingrenzung geschieht über eine ortsgebundene Attribuierung. In dem Moment, in dem sich z.B. eine Person auf dem Staatsgebiet befindet, muss sie nach rechtsstaatlichen Prinzipien behandelt werden. Die Exklusion ist die einfache Negation: Nicht-Anwesende müssen nicht den Rechtsprinzipien des Staates unterworfen werden. Exklusion bzw. Inklusion sind Folge der Grenzleistung der Separation. Separation wird durch die Projektion einer Grenzstruktur, meist institutioneller Art, in den Raum ermöglicht. Die Grenzen des Rechtsstaats sind zumindest prinzipiell die Grenzen des Staatsgebietes.

Territoriale Grenzen des Nationalstaates werden heute meist als Ausschlussmechanismus wahrgenommen. Sie waren jedoch im Prozess der Nationalstaatenbildung auch auf das Höchste inklusiv. Immer mehr Menschen wurden innerhalb des Nationalstaates von Staatsangehörigen zu Staatsbürgern, bekamen also Wahlrecht, soziale Rechte und vieles mehr (klassisch hierzu Marshall 1992). Gerade die neuen territorialen Grenzen Europas haben auch diesen inklusiven Charakter. Territoriale Grenzen umschließen oft viele andere Grenzstrukturen und Austauschprozesse. Diese werden leicht mit der umgreifenden Raumstruktur verknüpft. So wird z.B. eine deutsche Familie auch immer zur europäischen Familie, dies auch, wenn noch gar keine direkten Beziehungen zwischen der Familie und spezifischen europäischen Institutionen hergestellt worden sind. In Folge sind diese Kategorisierungen dem Anknüpfen von Austauschbeziehungen förderlich, sodass der für die Nationalstaatenbildung so wichtige Umdeutungsprozess, dass alles, was innerhalb einer längeren Zeitdauer z.B. auf deutschem Territorium stattfindet, das Attribut deutsch erhält, auch in Europa stattfindet. Es ist gerade dieser Mechanismus fast automatischer symbolischer Aufladung von Grenzen, die dann auch der Suggestion einer Kongruenz von Grenzen förderlich ist und eine Implementierung tatsächlicher Kongruenz auch verstärkt.

Grenzen von Wanderungsmustern sind vorwiegend *relationale Grenzen,* allerdings in doppelter Hinsicht: Jede Wanderung relationiert Wandernde und nicht Wandernde in Herkunfts- und Zielland. Das Weggehen von einem Ort reduziert die möglichen Relationen zu Personen im Herkunftsland, das gerade erst Angekommen-Sein im Zielort führt dazu, dass noch nicht viele Austauschbeziehungen mit den Menschen dort verwirklicht sind. So entsteht auch Kommunalität in doppelter Hinsicht: Wanderungen implizieren, dass man selbst je nach Perspektive auch hätte wandern oder hätte bleiben können, und dass Beziehungen, die man selbst aufgebaut hat, auch durch den Wanderer aufgebaut oder abgebrochen werden können. Eingrenzung und Ausgrenzung im Wanderungsprozess sind hinsichtlich ihres relationalen Charakters im einfachsten Falle Symptom vorhandener oder nicht-vorhandener Austauschbeziehungen. Die Separation geschieht gleichsam im Handlungsablauf.

Wanderungsgrenzen, wie auch territoriale Grenzen, lassen die Verknüpfung zwischen Raum und Grenze immer wieder zu Tage treten. Es ist hier nicht der Ort, die Irrungen und Wirrungen etwa der Migrationssoziologie hinsichtlich des Raumes zu wiederholen. Die Rede von der „tendenziellen Entkopplung von Flächenraum und sozialem Raum" (Pries 1997: 29) zum Beispiel macht nur Sinn, wenn man den kongruenten, flächenräumlichen Grenzdefinitionen des Nationalstaats einen besonderen Status zubilligt. Ansonsten ist es wohl kaum zu übersehen, dass europäische Konzerne, Migranten oder gar Internetsurfer sich auch immer auf soziale Räume territorial rückbeziehen: sei es als Europakarte mit den logistischen Materialströmen, als Postkarten aus dem Zielland oder als Zimmer, in dem der Computer steht. Eine „Enträumlichung" ist wohl eher Produkt der neu gewonnenen Perspektive, die ihre nationalstaatliche Fixierung endlich aufgibt. Des Weiteren zeigt die Analyse von Grenzstrukturen in Europa, wie sich soziale und politische Grenzen gerade nach dem Zweiten Weltkrieg vermehrt territorial formen. Territoriale Grenzen werden massenhaft passiert und sind somit ein Teil der Trias der räumlichen Bezüge, die jede Wanderung hat: Herkunft, Passage und Ziel. Grenzpassagen mögen sich beschleunigen, vergrößern, multiplizieren, verschieben oder überschneiden, eine Entkopplung sozialer und territorialer Räume scheint mir hier aber kaum feststellbar. Die Analyse zeigt nur, dass von einem Primat nationalstaatlicher Räumlichkeit nicht mehr die Rede sein kann, wenn dieses je bestanden hat (zu diesem Punkt z.B. Brenner 1999: 68–69).

Viel genanntes Beispiel für *symbolische Grenzen* sind Sprachgrenzen. Auch die Grenze des Massenkulturguts Sprache generiert eine Form der Kommunalität: jeder hat eine Sprache. Das Bewusstsein der Wichtigkeit der eigenen Sprache führt jedoch dazu, dass diese Gemeinsamkeit auch trennend wirkt, da offensichtlich ist, wie anders die jeweils andere Sprache ist. Eingrenzung bzw. Ausgrenzung verlaufen parallel relational und kategorial: Jemand, der Spanisch spricht, lässt sich von jenem unterscheiden, der es nicht tut, andererseits ist die Sprache auch ein wichtiges Austauschmedium einer zumindest potenziellen Austauschbeziehung. Wie bei allen symbolischen Grenzstrukturen muss die Separation durch Sprache auf drei Ebenen gesehen werden: 1. Auch eine Sprachgrenze ist im einfachsten Falle einfach nur ein Symptom der über Sprache laufenden Austauschbeziehungen. 2. Die Erfahrung, dass Austauschbeziehungen in der nicht eigenen Sprache stattfinden, hat darüber hinaus erheblichen Signalwert, es wird deutlich, dass extreme Schwierigkeiten in den Austauschbeziehungen auftreten können, da kaum noch verbale Kommunikation zur Verfügung steht. Die Gefahr des „Nicht-Verstehens" und des „Nicht-Verstanden-Werdens" nimmt sprunghaft zu. 3. Symbolisch steht Sprache jedoch für vieles andere: die eigene bzw. fremde Kultur, die eigene bzw. andere Herkunft, das eigene bzw. andere Kollektiv.

Ein wichtiger Aspekt gerade symbolisch aufgeladener Grenzen ist die *Kontinuitätssuggestion*. Zum einen in die Zukunft: Eine Familie erhält viel ihrer Handlungsfähigkeit, indem sie Trennung als mögliche Option ausblendet. Nichts anderes passiert auch mit europäischen Institutionen: Solidaritätszumutungen sind leichter durchsetzbar, wenn betont wird, dass sie kürzer andauern als die Zeit des Zusammenseins. Damit wird nicht zuletzt auch das Argument der Reziprozität zeitlich plausibilisiert: „Wenn es dir mal so geht, bekommst du auch Hilfe." Mindestens genauso wichtig wie die Verlängerung in die Zukunft ist die Projektion in die Vergangenheit, da nur bereits erfolgreich erfüllte Erwartungen Vertrauen für die Erfüllung eben solcher Erwartungen in der Zukunft schaffen. Wichtig ist dabei nicht die tatsächlich erfolgreiche Austauschbeziehung, sondern die Unterstellung, dass sie immer schon hätte erfolgreich sein können und damit auch sein wird. Auf individueller Ebene geschieht dies durch die Unterstellung eines Sozialisationsprozesses, wer z.B. als Deutscher aufgewachsen ist, wird sich auch als Deutscher verhalten, wer fehlerfrei die französische Sprache spricht, muss sich so lange unter Franzosen aufgehalten haben, dass er sich wie ein Franzose verhalten wird. Derselbe Mechanismus ist bei der Rekonstruktion nationaler Vergangenheit am Werk. Besonders in der anschwellenden Literatur zum Nationalstaat ist ein ritualisiertes Erstaunen, dass Nationalstaaten ja gar nicht „wirklich" so alt sind wie sie selbst tun, weit verbreitet. Diese zeitliche Kontinuitätssuggestion im Rückblick ist aber Voraussetzung, um Vertrauen für die Zukunft zu schaffen.[14]

Die *Kongruenzsuggestion* ist, neben der Kontinuitätssuggestion, ein zweiter, wichtiger Aspekt symbolischer Grenzen. Gerade Großkollektive suggerieren, dass Grenzen sozialer Kreise gleichsam eine Binnenstruktur dieser Kollektive sind, also zumindest die Außengrenzen als kongruent angesehen werden. Dies ist zum einen mit dem oben diskutierten expansiven Charakter von Territorialgrenzen zu begründen, zum anderen mit der Vorstellung, dass z.B. Personen sich immer eindeutig Kollektiven zuordnen ließen. Hinsichtlich symbolisch aufgeladener Grenzen neigen Grenzkonzeptionalisierungen dazu, Grenzen als relationale Grenzen zu sehen. Modell ist hier die Familie, die ihre Grenzen durch spezifische, meist face-to-face-Kommunikation festlegt. Diese starke Relationalität ist aber bei größeren Kollektiven nicht mehr durchhaltbar. Schon beim Clan fließen tatsächliche Beziehungen und vorgestellte Gemeinsamkeiten kaum trennbar ineinander, ethnische Gruppen und Nationalstaaten zeichnen sich dann dadurch aus, dass keine Verwandtschaftsbeziehungen mehr bestehen bzw. bestehen müssen und Kommunikation oder Austausch nur mehr als potenziell möglich gesehen wird (Calhoun 1997). Funktionales Äquivalent relationaler Mitgliedschaft in kleinen Gruppen ist im Nationalstaat die Staatsangehörigkeit, die den Einzelnen zum Nationalstaat relationiert. Sie ist zu unterscheiden von der Staatsbürgerschaft, die sich auf das Muster von Mitgliedschaften in verschiedenen gesellschaftlichen Bereichen bezieht. Diese Bereiche, wie Märkte oder Milieus, ja sogar Rechtsstrukturen und wohlfahrtstaatliche Systeme, müssen nicht deckungsgleich mit dem Nationalstaat sein. So ist beispielsweise die Grenzstruktur der Staatsangehörigkeit nur eine unter vielen Grenzstrukturen, die mit dem allgemeinen Begriff der Staatsbürgerschaft belegt werden. Die von Simmel innerhalb der nationalstaatlich verfassten Gesellschaft konzeptionalisierte Überschneidung sozialer Kreise tritt gleichsam über die Grenzen des Nationalstaates hinaus. Nicht zuletzt der Wandernde, der heute kommt und morgen bleibt, bleibt auch Teil sozialer Kreise, die außerhalb der Stadt, des Landes, ja oft sogar des Kontinents liegen. Die Kongruenzsuggestion der symbolisch hochgeladenen Grenzen des Nationalstaates lassen beide Kategorien in politischen und leider auch in wissenschaftlichen Diskursen oft als deckungsgleich erscheinen, was zu einem großen Teil die begriffliche Verwirrung in diesem Forschungsfeld erklärt (vgl. hierzu Bös 2000). Die Idee Simmels, dass die „scharf bewussten Grenzen" einer Gesellschaft Ausdruck der funktionalen Beziehungen der Teile der Gesellschaft sind, trifft nur zu einem Teil zu. Ebenso schneiden scharf bewusste soziale Grenzen, wie die des Nationalstats, auch funktionelle Beziehungen und generieren so eine Einheit, die sich nicht nur aus der Beziehung der Teile ableiten lässt.

---

14 Dies gilt übrigens auch für die „new nations" wie etwa die USA. Tatsächlich verlängern die Gründungsmythen der USA als gelobtes Land der Rechtgläubigen ihre eigene Geschichte als Volk in die Vergangenheit. Die Dominanz dieser Mythen schwächt sich erst ab, nachdem die USA selbst „alt genug" wurde, um sich als historisch-kontinuierliche Form zu sehen (vgl. Smith 1997).

2. Die entstehende europäische Gesellschaft im Spannungsfeld europäischer Grenzstrukturen

Über Europa und eine im Werden begriffene *europäische Gesellschaft* zu reden, heißt über ein komplexes, sich permanent wandelndes Set von Grenzstrukturen zu sprechen, wie etwa Staaten, Regionen, Familien, Klassen, Märkte, Sprachen, soziale Netzwerke oder Wanderungen. Trotzdem sind europäische Gesellschaften nationalstaatlich verfasste Gesellschaften. Es ist diese politische Form, die sprachliche und kulturelle Verdiskontinuierlichung protegiert und ethnische Grenzen zu Außengrenzen der Gesellschaft macht. Viele andere wichtige Prozesse tragen aber zur Entstehung einer europäischen Gesellschaft bei. Es seien nur das Entstehen einer gemeinsamen Rechtsstruktur und -kultur oder die unablässige Standardisierung des Warenaustausches durch Brüssel genannt (Bach 1999). Auch die europäische Währungsunion stellt eine Homogenisierung des generalisierten Kommunikationsmediums Geld innerhalb einer Teilmenge europäischer Nationen dar. Nationalstaatlich verfasste Gesellschaften in Europa einigt noch vieles mehr, sei es die Tendenz zur Kleinfamilie oder die geringe Akzeptanz sozialer Ungleichheit (vgl. verschiedene Beiträge in Hradil und Immerfall 1997). All diese Gemeinsamkeiten bestehen oder entstehen im Miteinander unterschiedlicher territorialer Einheiten. Gerade die durch viele Grenzstrukturen generierte Unschärfe Europas ist wohl ein wichtiges Moment, das so vielen unterschiedlichen Bevölkerungs-, Sprach- und Kulturgruppen zumindest die Identifikation mit Europa erlaubt. Die komplexen Grenzstrukturen Europas zirkeln gerade nicht ein geschlossenes europäisches Territorium ab: NATO, EBU, OSZE sind eher Beispiele, wie sich spezifische Inklusionsmuster entlang des Ziels der Organisation strukturieren. Europa öffnet sich, indem multiplexe und inkongruente Grenzstrukturen entstehen und sich schließen.

Diese selektive Sinnreferenz, gepaart mit struktureller Inkongruenz, lässt sich auch an anderen Austauschstrukturen feststellen. Eines der zentralen Argumente gegen eine integrierte europäische Gesellschaft ist das Fehlen einer *europäischen Öffentlichkeit*, die von allen europäischen Bürgern und Bürgerinnen geteilt wird. Wenn wir jedoch einmal die fast romantisch anmutende Idee über den nur vermeintlich homogenen öffentlichen Raum in Nationalstaaten beiseite lassen, erscheint dieses Problem weit weniger drastisch. Öffentliche Kommunikation in nationalstaatlich verfassten Gesellschaften lässt sich wohl am besten durch den Begriff „Aufregungsgemeinschaften" charakterisieren. Aufregungsschübe zeigen sich in den selektiven Thematisierungen etwa des Sexualverhaltens von Präsidenten, der Gelderverteilung durch Kanzler oder von Kriegen in anderen Ländern. Öffentliche Kommunikation ist immer dominiert durch eine extrem beschränkte Anzahl von Themen, die eigentlich nur gemeinsam haben, dass sich größere Teile der Kommunikationsteilnehmer, allerdings in immer unterschiedlicher Zusammensetzung, in irgendeiner Weise aufregen. Genau hinsichtlich dieser selektiven und heterogenen gesteigerten Aufregungspotentiale ist die EU ein besonders markanter Fall: So treibt die vermeintlich nationale Aufregung der Briten über die Weigerung der Franzosen, britisches Rindfleisch zu importieren, Diskurse gemeinsamer europäischer Gleichbehandlung, ja sogar gemeinsamer Rechtsstandards in die britische veröffentlichte Meinung. Sich teilweise überlappende unterschiedliche Öffentlichkeiten der EU lassen sich noch besser bei verschiedenen Berufs- und Personengruppen aufzeigen. Zum

Beispiel im Finanzwesen kann durchaus von einer europaweiten (bzw. weltweiten) englischsprachigen Öffentlichkeit gesprochen werden. Auch hier zeigt das Beispiel des Englischen und dessen Weg zur Austauschsprache, dass Europa auf dem Weg zu einem integrierten Zwei-Ebenen-System ist. Aus Sicht der politischen Soziologie bedeutet dies, dass die input-orientierten Legitimitätsdefizite der EU (vgl. Scharpf 1999) über diese Prozesse zumindest teilweise ausgeglichen werden können. Insbesondere Aufregungsgemeinschaften produzieren Vertrauen in geteilte Normen und Wertvorstellungen. Damit wird die Basis für Gemeinsamkeitsunterstellungen geschaffen, die wiederum die für jede Politik so wichtige Wahrscheinlichkeit der Durchsetzung von Solidaritätszumutungen erhöhen.

Ein weiteres Beispiel für die integrative Wirkung multiplexer Grenzstrukturen in Europa ist die viel beschworene Zunahme von *nationalen, regionalen und lokalen „Identitäten"* in Europa (zusammenfassend z.B. Viehof und Rien 1999: 16ff.). Diese mag zwar teilweise auch auf institutionellen Möglichkeitsstrukturen beruhen, die diesen Ebenen neue Relevanz bescheren, sie ist aber vor allem die Folge der europäischen Integration. Wirtschaftliche, aber auch politische Integration ermöglichen erst das Gewahrwerden der vielen „feinen Unterschiede" im Kulturraum Europa. Tatsächlich ist gerade die neue Akzeptanz regionaler Unterschiede eine der großen Leistungen Europas: In der Inkorporation von kulturell differenten Nationalstaaten werden kulturell-ethnische Grenzen zu Binnenmustern, die deutlich an Konfliktpotential verlieren: eine der amerikanischen Gesellschaft ähnliche Struktur. Das Problem ist weniger eines der „absoluten kulturellen Differenz" zwischen Gruppen, sondern vielmehr der Definition dessen, was durch soziale Typisierung als Teil einer gemeinsamen Einheit „Gesellschaft" gesehen wird (für die USA vgl. hierzu Portes et al. 1990). Mit der symbolischen Aufladung der Grenzen Europas steigt die Kongruenzsuggestion, die ethnische Identitätsmuster in ein vorgestelltes europäisches Kollektiv einfügt. Der Punkt ist nicht, dass nicht jeder sofort allerhand Stereotypen über den Unterschied zwischen Bayern und Preußen abrufen kann, sondern vielmehr, dass beiden unterstellt wird, Deutsche zu sein: So wie eben Franzosen und Deutsche heute auch Europäer sind.

Ein wichtiger Konfliktlösungsmechanismus in Europa ist also die Inkorporation in ein vielschichtiges Muster von europäischen Grenzen. Indem so Konflikte zu Binnenkonflikten werden und in das *Netz sich überschneidender Grenzstrukturen* eingebaut werden, erhöht sich auch die Chance, diese Konflikte klein zu arbeiten. Die Inkongruenz europäischer Grenzstrukturen ist also auf das Höchste funktional. Die hier beschriebenen Eigenschaften europäischer Grenzstrukturen sind ein wichtiger Aspekt auf dem Weg zur europäischen Gesellschaft. Was diesen gesellschaftlichen Aspekt ausmacht, beschreibt Talcott Parsons mit dem Begriff der societal community. „[The] societal community is a complex network of interpenetrating collectivities and collective loyalties, a system of units characterised by both functional differentiation and segmentation" (Parsons, 1969: 42). Der Grenzeinschluss in die verschiedenen europäischen Grenzmuster setzt normative Erwartungen an alle Mitglieder frei (man denke nur an die europäische Diskussion über die Koalitionsregierung in Österreich zwischen FPÖ und ÖVP). Diese normativen Erwartungen sind weder kohärent noch widerspruchsfrei, aber sie sind die Basis für die Ausbildung von Solidaritäten (vgl. hierzu Gerhardt et al. 1999). Das Zusammenspiel demokratischer, nationalstaatlich verfasster Gesellschaften führte Europa nach dem Zweiten Weltkrieg, in der Umstellung von kriegerischer Konfrontation zu vertragsmäßiger Kooperation, auf den Weg zur Herausbildung einer societal community, also einem komplexen Gefüge sich überlappender sozialer Grenzstrukturen, in dem sich gesellschaftliche und gemeinschaftliche Elemente verschränken und verstärken.

Literatur

Appadurai, Arjun, 1990: Disjuncture and Difference in the Global Cultural Economy. In: *Mike Featherstone* (Hg.): Global Culture: Nationalism, Globalization and Modernity. London: Sage.
Aron, Raymond, 1974: Is Multinational Citizenship Possible?, Social Research 41: 638–656.
Bach, Maurizio, 1999: Die Bürokratisierung Europas. Frankfurt a.M.: Campus.
Bahr, Howard, Mathias Bös, Gary Caldwell und *Laura Alipranti,* 2001: Immigration and Social Inequality. In: *Heinz-Herbert Noll und Yannik Lemel* (Hg.): New Structures of Inequality. Montréal/Kingston: McGill-Queen's (im Erscheinen).
Barth, Fredrik, 1996 (1969): Ethnic Groups and Boundaries. S. 294–324 in: *Werner Sollors* (Hg.): Theories of Ethnicity: A Classical Reader. London: Macmillan Press.
Bös, Mathias, 1995: Weltweite Migration und die Schließungstendenzen westlicher Industriegesellschaft. S. 395–412 in: *Lars Clausen* (Hg.): Gesellschaften im Umbruch. Frankfurt a.M.: Campus.
Bös, Mathias, 1997: Migration als Problem offener Gesellschaften. Opladen: Leske und Budrich.
Bös, Mathias, 1998: Zur Evolution nationalstaatlich verfaßter Gesellschaften. S. 239–260 in: *Gerhard Preyer* (Hg.): Strukturelle Evolution und Weltsystem. Frankfurt a.M.: Suhrkamp.
Bös, Mathias, 2000: Zur rechtlichen Konstruktion von Mitgliedschaft: Staatsangehörigkeit in Deutschland und den USA. In: *Klaus Holz* (Hg.): Staat und Citizenship. Opladen: Westdeutscher Verlag.
Brenner, Neil, 1999: Beyond State-centrism? Space, Territoriality, and Geographical Scale in Globalization Studies, Theory and Society 28: 39–78.
Calhoun, Craig, 1997: Nationalism. Minneapolis: University of Minnesota Press.
Council of Europe, 2000: Ratification of Treaties for Each Member State. http://www.coe.fr/eng/legaltxt/eratpays.htm (6.5.2000).
Davies, Norman, 1998 (1996): Europe – a History. New York: Harper Collins.
EBU, 2000: EBU Active Members. http://ebu.ch/cgi-bin/decouxc/allmembers.sql (6.5.2000).
Eisenstadt, Shmuel N., 1992: The Constitution of Collective Identity. S. 485–491 in: *Bernhard Schäfers* (Hg.): Lebensverhältnisse und soziale Konflikte im neuen Europa. Frankfurt a.M.: Campus.
Europäische Union, 2000a: Der Schengen-Besitzstand und seine Einbeziehung in den Rahmen der Europäischen Union. http://europa.eu.int/scadplus/leg/de/lvb/l33020.htm (6.5.2000).
Europäische Union, 2000b: Wirtschafts- und Währungsunion – Übergang zur dritten Stufe. http://europa.eu.int/scadplus/leg/de/lvb/l25037.htm (6.5.2000).
Eurostat, 1995: Europa in Zahlen. Luxemburg: Amt für amtliche Veröffentlichungen der europäischen Gemeinschaften.
Faist, Thomas, 1998: Transnational Social Spaces out of International Migration: Evolution, Significance and Future Prospects, Archive européen sociologique, XXXIX/2: 213–247.
Baratta, Mario von, und *Jan Ulrich Clauss* (Hg.), 1995: Fischer-Almanach der internationalen Organisationen. Frankfurt a.M.: Fischer Taschenbuch.
Gans, Herbert, 1999 (1979): Symbolic Ethnicity: The Future of Ethnic Groups and Cultures in America. S. 167–202 in: *Ders.:* Making Sense of America. Lanham: Rowman & Littlefield.
Gawoll, Hans-Jürgen, 1995: Georg Simmel und das Denken des Raumes, Simmel Newsletter 5/2: 112–120.
Georges, Elisabeth, 1990: The Making of a Transnational Community: Migration, Development and Cultural Change in the Dominicain Republic. New York: Columbia University Press.

Gerhardt, Uta, und *Bernard Barber,* 1999: Introductory Essay: The Parsons Agenda. S. 9–50 in: Dies. (Hg.): Agenda for Sociology. Baden-Baden: Nomos.
Haarmann, Harald, 1993: Die Sprachenwelt Europas – Geschichte und Zukunft der Sprachnationen zwischen Ural und Atlantik. Frankfurt a.M.: Campus.
Haarmann, Harald, 1995: Europeanness, European Identity and the Role of Language. Giving Profile to an Anthropological Infrastructure, Sociolinguistica 1995: 1–55.
Hradil, Stefan, und *Stefan Immerfall,* 1997: Die westeuropäischen Gesellschaften im Vergleich. Opladen: Leske + Budrich.
Kaelble, Hartmut, 1987: Auf dem Weg zur Europäischen Gesellschaft. München: Beck.
Klapp, Orrin E., 1978: Opening and Closing – Strategies of Information Adaptation in Society. Cambridge: Cambridge University Press.
Kritz, Mary M., Lin Lean Lim und *Hania Zlotnik* (Hg.), 1992: International Migration Systems. Oxford: Clarendon Press.
Luhmann, Niklas, 1985 (1984): Soziale Systeme. Frankfurt a.M.: Suhrkamp.
Luhmann, Niklas, 1997: Die Gesellschaft der Gesellschaft, Band I + II. Frankfurt a.M.: Suhrkamp.
Marshall, Thomas H., 1992: Staatsbürgerrecht und soziale Klasse. S. 33–94 in: Ders. (hrsg. von Elmar Rieger): Bürgerrechte und soziale Klasse. Frankfurt a.M.: Campus.
McNeill, William H., 1986: Polyethnicity and National Unity in World History. Toronto: University of Toronto Press.
Migration und Bevölkerung, verschiedene Ausgaben. Humboldt-Universität Berlin: Bevölkerungswissenschaften (vgl. die online-Ausgabe: www.demographie.de/newsletter).
Münz, Rainer, 1997: Neue Migration im transnationalen Raum. S. 221–244 in: *Ludger Pries* (Hg.): Transnationale Migration, Sonderband 12 der Sozialen Welt. Baden-Baden: Nomos.
NATO, 2000: NATO Member Countries and Euro-Atlantic Partnership Council Member Countries. http://ww.nato.int/structur/countries.htm; http://ww.nato.int/pfp/partners (6.5.2000).
OSCE, 2000: OSCE Participating States.
http://www.osce.org/general/participating_states/partstat.htm (6.5.2000)
Parsons, Talcott, 1969: Politics and Social Structure: New York: Free Press.
Pinder, John, 1998 (1991): The Building of the Eropean Union. New York: Oxford University Press.
Portes, Alexjandro, und *Ruben G. Rumbaut,* 1990: Immigrant America. Berkeley: University of California Press.
Pries, Ludger, 1997: Neue Migration im transnationalen Raum. S. 15–44 in: *Ders.* (Hg.): Transnationale Migration, Sonderband 12 der Sozialen Welt. Baden-Baden: Nomos.
Robertson, Roland, 1992: Globalization – Social Theory and Global Culture. London: Sage.
Rokkan, Stein, 1999: State Formation, Nation-Building, and Mass Politics in Europe (Hg. *Peter Flora, Stein Kuhnle* und *Derek Urwin*). New York: Oxford University Press.
Scharpf, Fritz E., 1999: Regieren in Europa. Frankfurt a.M.: Campus.
Simmel, Georg, 1983 (1908): Soziologie – Untersuchungen über die Formen der Vergesellschaftung. Berlin: Duncker & Humblot.
Smelser, Neil J., 1994: Sociology. Cambridge, MA: Blackwell Publishers.
Smith, Athony D., 1976: Social Change: Social Theory and Historical Processes. London/New York: Longman.
Smith, Rogers, 1997: Civic Ideals: Conflicting Visions of Citizenship in U.S. History. New Haven: Princeton University Press.
Soysal, Levent, 1999: Old Ethnicities in the New Europe: The Future of European Union Enlargement. Vortrag am Georgia Institute of Technology.
Statistisches Jahrbuch des Auslands, verschiedene Jahrgänge. Wiesbaden: Statistisches Bundesamt.
Statistisches Jahrbuch, verschiedene Jahrgänge. Wiesbaden: Statistisches Bundesamt.
Stichweh, Rudolf, 1998: Raum, Region und Stadt in der Systemtheorie, Soziale Systeme 4: 341–358.
Swaan, Abram de, 1988: In Care of the State. Health Care, Education and Welfare in Europe and the USA in the Modern Era. New York: Oxford University Press. (Dt.: Der sorgende Staat. Frankfurt a.M.: Campus 1993.)

Swaan, Abram de, 1993: The Evolving European Language System: A Theory of Communication Potential and Language Competition, International Political Science Review 14/3: 241–255.

Swaan, Abram de, 1995a: Widening Circles of Identification: Emotional Concerns in Sociogenetic Perspective, Theory, Culture & Society 12: 25–39.

Swaan, Abram de, 1995b: Die soziologische Untersuchung der transnationalen Gesellschaft. Journal für Sozialforschung 35, 2: 107–120.

Tilly, Charles, 1984: Big Structures, Large Processes, Huge Comparisons. New York: Sage Foundation.

Tilly, Charles, 1990a: Coercion, Capital, and European States, AD 990–1990. Oxford: Basil Blackwell.

Tilly, Charles, 1990b: Transplanted Networks. S. 79–95 in: *Virginia Yans-McLaughlin* (Hg.): Immigration Reconsidered. History, Sociology, and Politics. New York: Oxford University Press.

Toynbee, Arnold, 1976: Mankind and Mother Earth. London: Oxford University Press.

Viehoff, Reinhold, und *Rien T. Segers* (Hg.) 1999: Kultur, Identität, Europa. Über die Schwierigkeiten und Möglichkeiten einer Konstruktion. Frankfurt a.M.: Suhrkamp.

Weber, Max, 1985 (1922): Wirtschaft und Gesellschaft. Tübingen: Mohr.

Wiener, Antje, 1995: Building Institutions: the Developing Practice of European Citizenship. Ph.D.-Thesis. Ottawa: Carleton University.

Wiener, Antje, 2000: Forging Flexibility – The British ‚No' to Schengen. Oslo: ARENA Working Paper.

Woyke, Wichard, 1998: Europäische Union – Erfolgreiche Krisengemeinschaft. München, Wien: Oldenbourg.

Zeller, Rüdiger, 1999: Die EBU – Internationale Rundfunkkooperation im Wandel. Baden-Baden: Nomos.

ZU VIEL GEMEINSCHAFT IN DER GESELLSCHAFT?

Europa in der Zwangsjacke entdifferenzierender kommunitaristischer Integration

Hans Geser

Zusammenfassung: Die EU ist darauf angelegt, den Europäischen Integrationsprozess als einen Prozess der Vergemeinschaftung zu vollziehen, der auf askriptiver unkündbarer Mitgliedschaft, Wertekonsens, diffusen Interdependenzbeziehungen, Zielunspezifität und irreversibel anwachsenden Normbeständen („acquis communautaire") beruht. Damit tendiert sie zur Verfestigung relativ archaischer sozialer Strukturen, die sich vom moderneren Nationalstaat z.B. durch einen Mangel an Gewaltenteilung, Formalität und Öffentlichkeit und gegenüber klassischen internationalen Beziehungen durch ein Fehlen strikter rechtlicher Interventionsschranken und spezifischer und reversibler Vertragsbeziehungen absetzen. Deshalb wird die EU – falls sie am kommunitaristischen Modell festhält – auf längere Sicht nicht in der Lage sein, der Komplexität und Dynamik der Europäischen Gesellschaft (die selber Teil einer von ihr historisch konstituierten Weltgesellschaft ist) Rechnung zu tragen – ebenso wenig wie den demokratischen Mitwirkungsrechten der Bürger (und Parlamenten), die mit zunehmendem Abbau nationaler Souveränitätsrechte immer mehr erodieren.

I. Einleitung

Großräumige Makrostrukturen zeigen im Vergleich zu kleineren, lokalen Sozialsystemen oft ein niedrigeres Niveau evolutionärer Komplexität. So ist politische Demokratie in kleinräumigen Stadtrepubliken heimisch geworden, als in den großen Flächenstaaten noch patrimoniale und feudale Herrschaftssysteme dominierten, und das internationale Staatensystem zeigt heute noch Analogien zu äußerst primitiven menschlichen Gesellschaften, in denen die Durchsetzungsmacht des jeweils Stärkeren nur an sehr brüchigen, durch keine Zentralgewalt garantierten Normsystemen gewisse Grenzen findet (vgl. z.B. Holsti 1988: 199).

Ein Grund dafür mag darin liegen, dass sozio-kulturelle Evolutionsvorgänge auf Makroniveaus dadurch behindert werden, dass Lernvorgänge äußerst zeitraubend und aufwändig sind: Weil fehlerhafte Entwicklungen nur mit Verzögerung erkannt werden und zu ihrer Behebung meist keine Strukturen intentionalen Kollektivhandelns zur Verfügung stehen. Umgekehrt ausgedrückt: Effiziente trial-and-error-Prozesse sind am besten in dezentralen Strukturen möglich, wo zahlreiche Subeinheiten autonom genug sind, um unabhängig voneinander verschiedene Entwicklungswege zu beschreiten und vielfältige Fehler zu machen, die wegen ihrer eher geringen Kosten, Reichweite und Auswirkungen relativ leicht korrigierbar sind.

Im Folgenden soll argumentiert werden, dass auch die supranationalen Strukturen der Europäischen Union gegenüber den Strukturen der sie konstituierenden Nationalstaaten evolutionäre Entwicklungsrückstände aufweisen, die im Zuge des Integrationsprozesses voraussichtlich eher verfestigt als beseitigt werden. Auch wenn die westeuropäische Staatenwelt heute ihren archaisch-normlosen Zustand überwunden hat, der sie in der ersten Hälfte des 20. Jahrhunderts zweimal an den Rand des Abgrunds führte, so repräsentiert sie als „Gemeinschaft" heute dennoch einen Typus vormoderner Makrostrukturbildung, der mit dem fortgeschritteneren Gesellschaftscharakter ihrer Mitgliedsnationen vor allem im politischen Bereich in einem problematischen Kontrastverhältnis steht.

II. Die EU als „Gemeinschaft"

Mit dem Terminus „Europäische Gemeinschaft" (der bis zur Inkraftsetzung der Maastrichter Verträge 1993 Gültigkeit hatte) haben die Gründergenerationen der EU an eine Begrifflichkeit angeknüpft, die seit dem 19. Jahrhundert unsere Vorstellungen von *sozialer Integration und Harmonie* (meist in retrospektiv-historischer Perspektive) zum Ausdruck bringen (vgl. Bates und Bacon 1972; Nisbet 1966: 47ff.).

Idealtypisch bezeichnet das Konzept „Gemeinschaft" – ungeachtet aller übrigen definitorischen Divergenzen – soziale Kollektive, deren Mitglieder sich auf unabsehbare Dauer durch gemeinsame Wertvorstellungen und Normen sowie diffuse Solidaritäts- und Kooperationsbindungen aneinander gebunden fühlen und sich darauf eingestellt haben, einander bei unterschiedlichsten Gelegenheiten zu begegnen und Verschiedenstes miteinander zu tun (vgl. z.B. Tönnies 1979). Für „typisch gemeinschaftlich" hält man es auch, wenn die Gruppenmitglieder im Falle äußerer Bedrohungen dichter zusammenrücken (vgl. z.B. Coser 1956: 87ff.), und wenn sie sich bei der Zulassung neuer Mitglieder überaus restriktiv auf jene Kandidaten beschränken, welche die konsensualen Werte und Verhaltensnormen uneingeschränkt akzeptieren.

Diese Idee der Gemeinschaftlichkeit steht in einem systematischen Spannungsverhältnis zum – ebenfalls im 19. Jahrhundert in der heute geläufigen Bedeutung ausgebildeten – Begriff der „Gesellschaft", der umgekehrt die *differenzierenden, ja desorganisierenden* Kräfte moderner sozialer Ordnungen betont.

Seine konsequenteste Ausformulierung findet dieses Konzept
1. in den systemtheoretischen Modellen einer *„funktional differenzierten Gesellschaft"*, die sich im Gegensatz zu hochkulturellen Gesellschaften nicht mehr im Staat als Ganzes repräsentieren kann, weil sie in einer Vielzahl autonomisierter institutioneller Ordnungen (Wirtschaft, Wissenschaft, Politik, Sozialhilfe, Militär, Bildung u.a.) zerfällt, die ihre eigenen, untereinander inkommensurabel gewordenen Wertvorstellungen und Realitätsmodelle aufrecht erhalten und sich auf eine je eigene äußere Umwelt beziehen (vgl. z.B. Luhmann 1975: passim; Luhmann 1986: 202ff.)
2. im Konzept des *demokratischen Rechtsstaates*, der seine Legitimation und Stabilität gerade nicht im Konsens vorfindet, sondern aus der *Trennung* politischer Gewalten, aus dem *kontroversen Diskurs im Medium der Öffentlichkeit* und aus dem *institutionalisierten Dauerkonflikt zwischen Regierung und Opposition* bezieht.

Im Gegensatz zu den starken, irreversiblen und diffusen Bindekräften in der Gemeinschaft dominieren in der „Gesellschaft" die lockeren Bindungen zwischen autonomen

Akteuren, die untereinander nur temporär gültige und auf spezifische Zwecke ausgerichtete vertragliche Abmachungen treffen und sich je nach Bedarf in offenen Netzwerken mit immer wieder neuen Partnern verknüpfen.

Zu den Charakteristika moderner Gesellschaften gehört, dass allerorten immer wieder versucht wird, innerhalb dieses als überkomplex und risikoreich erfahrenen makrosozialen Feldes *Inseln der Gemeinschaftlichkeit zu errichten,* die ihren Mitgliedern ein höheres Niveau an Überschaubarkeit und solidarischer Zugehörigkeit bieten.

So besteht seit dem Aufkommen der „Human Relations"-Bewegung in den 30er-Jahren die explizite Tendenz, die Arbeitswelt mit mikrosozialen gruppen- und mesosozialen Betriebsgemeinschaften zu durchdringen; und auf makrosozialer Ebene zeugen vielerlei faschistische, kommunitaristische, ethnizistische und religiös-integralistische Bewegungen überall auf der Welt vom sehr viel weniger harmlosen Bestreben, die Sprengkräfte gesellschaftlicher Differenzierung durch eine umfassende Oktroyation konsensualer Werte, Normen und Zielsetzungen zu domestizieren.

Im Folgenden wird argumentiert, dass auch die EU ein im Grundsatz kommunitaristisches Integrationsprogramm für Europa impliziert, dessen Zukunftschancen deshalb sehr zweifelhaft erscheinen, weil es mit der besonders ausgeprägten „Gesellschaftlichkeit" dieses Kontinents in einem unaufhebbaren Spannungsverhältnis steht.

So ist unbestreitbar, dass die EU ihren Mitgliedstaaten ein relativ rigides und alternativenloses, primär an Integration anstatt Differenzierung ausgerichtetes Ordnungsmodell oktroyiert:
1. Die Zulassung zur Mitgliedschaft erfolgt auf Grund zugeschriebener und unveränderlicher Kriterien; sie beschränkt sich auf Länder, die auf Grund ihrer objektiven geopolitischen Lage einerseits und ihrer Einbettung in eine gemeinsame Kultur und Geschichte andererseits als „europäisch" bezeichnet werden müssen.
2. Der Beitritt gilt als irreversibel und unkündbar, als ob die Mitgliedsländer ihre Zugehörigkeit zu einer längst vorgesehenen, definitiven gemeinsamen „Heimat" besiegeln sollen. Dementsprechend sind in den Verträgen keinerlei formelle Bedingungen und Verfahren für den Fall festgelegt, dass ein Staat über seinen Mitgliedschaftsstatus grundsätzlich neu verhandeln oder gar ganz aus der Gemeinschaft austreten möchte.
3. Von allen Mitgliedstaaten wird verlangt, dass sie sich zu dem unspezifizierten Generalzweck der „Europäischen Einigung" bekennen und auf der Grundlage dieser diffus-umfassenden Motivation bereit sind, nicht nur den bestehenden „acquis communautaire" anzuerkennen, sondern auch zukünftige inhaltlich beliebige Festlegungen und Aktivitäten der „Gemeinschaft" solidarisch mitzutragen (March und Olsen 1998: 27). „... the current stage of European integration points towards the formation of a synchronous corpus consociatum – a ‚community of communities' as opposed to a ‚community of individuals' – in which each member state, like Gulliver in the land of the Lilliputians, to use Taylor's visual metaphor, is tied with a myriad of interactive ties to other states as well as non-state actors – the result being the creation of a complex ‚cobweb' of favourable conditions for joint action" (Chryssochoou 1994).
4. Die EU teilt mit anderen typischen Gemeinschaften die Eigenschaft, dass sie – im Unterschied etwa zu sozialen Bewegungen und Zweckorganisationen – keine präzise

ausformulierten Zielsetzungen verfolgt, die bei den Mitgliedern Anlass für eine instrumentale Mitgliedschaftsmotivation bilden könnten (Hoffmann 1994). Vielmehr wird das Ziel der Europäischen Einigung als Selbstzweck angestrebt, der durch utilitäre Nebenzwecke (z.B. allgemeine Vorteile liberalisierter Märkte oder transnationaler Freizügigkeit) zusätzlich gerechtfertigt werden kann, prinzipiell aber unabhängig von derartigen Folgewirkungen besteht.
Dieser idealistische Charakter hat sich seit der Zeit der Montanunion und der römischen EWG-Verträge noch verstärkt und in den Maastrichter Verträgen einen prägnanten Ausdruck gefunden: „Brussels, for all the flaws of the institutional setup, is one of the last refuges of idealism on the continent" (Hoffmann 1994).
So kann man von Helmut Kohl eher als von Konrad Adenauer behaupten, er habe die politische Integration Europas als Hauptzweck verfolgt und in ökonomischen Integrationsschritten (insbesondere auch in der Währungsunion) nur Mittel gesehen, um diese politische Unifikation zu katalysieren (Ash 1998). Je mehr die treibenden Integrationseliten idealistische Motive (anstatt rein sachfunktionale Argumente) in den Vordergrund stellen, desto stärker isolieren sie sich aber gegenüber den Bevölkerungen ihrer Nationen, denen eine derart wertrationale (bzw. emotionale) Identifikation mit der EU weitgehend fehlt (Niedermayer und Sinnott 1995; Niblett 1997).

5. Schließlich zeigt die EU charakteristische Neigungen, im Zuge der Intensivierung interner Gemeinschaftlichkeit ihre Außengrenzen zu akzentuieren, indem sie beispielsweise die Immigration aus Nichtmitgliedschaftsländern immer schärfer reguliert: „It is as if, having gradually become used to seeing in the citizens of other EU nations persons who, while different from true nationals, are nevertheless not aliens, the inhabitants of each of the EU countries had decided to treat those from outside the magic circle with extra suspicion and severity" (Hoffmann 1994).

III. Die Kollision des Gemeinschaftsmodells mit vier Kräftefeldern sozietaler Differenzierung und Entwicklung

1. Die mangelnde Kompatibilität mit funktionaler Differenzierung

In der von Spencer über Durkheim begründeten und von Parsons, Smelser und Luhmann fortgeführten Theorietradition profiliert sich die moderne Gesellschaft als jene umfassendste Sozialordnung, in der das funktionale Differenzierungsprinzip gegenüber segmentären und schichtmäßigen Gliederungsprinzipien in zunehmendem Maße den Vorrang erhält. Dies bedeutet, dass sich der sozietale Systemzusammenhalt auf oberster Ebene nicht mehr *konzentrisch* durch die Integrationskraft konsensualer Werte und Kognitionen sowie durch eine das gesellschaftliche Ganze repräsentierende Staatsordnung konstituiert, sondern *azentrisch* durch Komplementärbeziehungen zwischen verselbständigten institutionellen Ordnungen (Politik, Wirtschaft, Militär, Religion, Bildung, Wissenschaft u.a.), von denen jede ihre eigenen Kommunikationsmedien, Werte, Strukturtypen und Prozessabläufe ausbildet und entsprechend ihren spezifischen Umweltperspektiven und -sensibilitäten ihre je eigenen Außenbeziehungen kultiviert.

Diese interinstitutionelle Dimension sozietaler Differenzierung ist im Raum West- und Mitteleuropas besonders weit vorangeschritten, weil hier dank der Segregation politischer und religiöser Herrschaftszentren sowie der ausgeprägten Differenzierung zwischen politisch-militärischen, kulturellen und ökonomischen Eliten bereits seit dem Mittelalter Bedingungen vorherrschten, welche für die Entstehung dieses modernen Gesellschaftstypus günstig waren.

Dies zeigte sich beispielsweise darin, dass weder die Entfaltung der globalen kapitalistischen Wirtschaftsbeziehungen noch die weltweiten Diffusionsprozesse europäischer Kultur wesentlich an parallele Prozesse großräumiger politisch-militärischer Einigung gebunden waren.

Die Vorteile funktionaler Ausdifferenzierung bestehen darin, dass in jedem sozialen Aktivitätsbereich die jeweils optimal passenden Organisationsformen und Verfahrensweisen ausgebildet und die für sie typischen Ungewissheiten toleriert werden können. So kann man die Preise von Waren, Wertschriften oder Geldwährungen risikoloser den Mechanismen des Marktes anvertrauen, wenn sicher ist, dass unvorhersehbare Kursschwankungen sich nicht automatisch in politische Systemkrisen übertragen; und umgekehrt kann die Besetzung höchster politischer Führungsämter angstfreier den Kontingenzen plebiszitärer Wahlverfahren überlassen werden, wenn die ökonomischen Aktivitäten ungeachtet der Wahlergebnisse ihren Fortgang nehmen können.

Umgekehrt bedeutet dies, dass makrosozietale Integrationsprozesse nur noch in bereichsspezifischer Weise möglich sind und dementsprechend in verschiedenen institutionellen Sphären eine bezüglich Intensität, Ausdehnung und Zeitdauer höchst unterschiedliche Ausprägung erfahren. Nichts garantiert mehr, dass wachsende wirtschaftliche Verflechtungen zwischen Staaten auch deren Integration auf kultureller Ebene oder im sicherheitspolitischen Bereich begünstigen, oder dass auf der Basis einer militärischen Allianz umfassendere internationale Solidaritätsbeziehungen erwachsen.

Auf dieser Basis ist seit der Mitte des 19. Jahrhunderts ein außerordentlich differenziertes System internationaler Organisationen und internationalen Regimes entstanden, die ihre Integrationsansprüche von vornherein funktionsspezifisch begrenzen, gerade dadurch aber in der Lage sind, die innerhalb ihres Aktivitätsfelds gegebenen Integrationschancen optimal auszuschöpfen (vgl. z.B. Keohane 1984: 91).

In diesem Sinne kann beispielsweise die EFTA als eine mit der Prämisse hoher Funktionsdifferenzierung harmonierende zwischenstaatliche Vereinigung betrachtet werden, weil sie die Wirtschaft realistischerweise als einen stark autonomisierten Teilbereich der Gesellschaft mit eigenständigen Integrationsanforderungen behandelt und ihre Mitglieder in reversible und spezifische Vertragsverpflichtungen einbindet, die keinen bleibenden Verzicht auf Souveränitätsrechte implizieren.

Demgegenüber beruht die Europäische Gemeinschaft nach Ansicht Ralf Dahrendorfs (1991) im doppelten Sinne auf einem „funktionalistischen Irrtum" indem sie a) in ihren impliziten gesellschaftstheoretischen Prämissen einen hohen Verknüpfungsgrad zwischen allen funktionalen Sphären und Subsystemen unterstellt; b) in ihren expliziten Integrationsbemühungen darauf ausgeht, derartige Koppelungen zukünftig eher noch zu erhöhen als zu reduzieren.

Konstitutiv für die EG war von Anfang an die verbindliche Willensdeklaration aller Teilnehmerstaaten, ihre Integrationsbeziehungen von rein ökonomischen Transaktionen und infrastrukturellen Koordinationen (in Verkehr, Telekommunikation u.a.) im Zeitablauf auf eine potenziell unbegrenzte Vielfalt anderer Sachaspekte (z.B. Bildung, Wissenschaft, Politik, militärische Sicherheit u.a.) zu erweitern (Präambel zum EWG-Vertrag).

Leitbild dafür ist bis heute die in der frühen Nachkriegszeit populären „spill over"-Thesen, nach der jeder Integrationsschritt in anderen Funktionsbereichen unbeabsichtigte integrative Folgewirkungen zeitigt: mit dem Ergebnis, dass ein sich selbst erhaltender (oder gar beschleunigender) Integrationsprozess in Gang kommt, der nicht mehr abgebremst werden kann (vgl. Haas 1958; 1968; Dahrendorf 1991; Olivi 1993; Cavazza 1994; Bach 1999) („Integration by stealth").

In besonders drastischer Weise ist die Währungsunion darauf angelegt, durch vielfältigste „spill-over-Wirkungen" den politischen Einigungsprozess zu beschleunigen: bis hin zur wagemutigen „dialektischen" Vorstellung, dass „asymmetrische Schocks" ein Aufbrechen bisheriger Markthemmnisse bewirken und die gemeinsame Furcht vor einem drohenden Zusammenbruch des EURO (ähnlich wie früher die gemeinsame Angst vor der nuklearen Bedrohung durch die UdSSR) im diffusen Sinne einheitsstiftend wirken könne (Ash 1998).

Der *erste* grundlegende Fehler dieses funktionalistischen Integrationsparadigmas besteht darin, dass es von einer gemeinschaftlich konstituierten Makrostruktur ausgeht, in der alles mit allem in Verbindung steht, anstatt von einer funktional differenzierten Gesellschaft, in der verschiedene Sachsphären und institutionelle Ordnungen voneinander relativ segregiert sind und deshalb einer je eigenen Integrationslogik folgen. Es impliziert beispielsweise, dass ein rein auf horizontalen Austauschbeziehungen und Wechselwirkungen basierender Integrationsprozess möglich ist, sodass völlig auf jene Einigungseffekte verzichtet werden kann, die auf kriegerischer Gewaltanwendung und/oder auf hegemonialer Machtausübung beruhen.

Im Sinne dieser – von ihren eigenen Urhebern bereits Ende der 60er Jahre entschieden kritisierten – These hat die EG es beispielsweise versäumt, parallel zu ihren wirtschaftlichen Integrationsbemühungen auch ein sicherheitspolitisches Integrationskonzept zu verfolgen, weil die optimistische Hoffnung vorherrschend war, dass dichtere ökonomische Austauschbeziehungen gleichläufige Integrationswirkungen in der Sicherheits- oder Außenpolitik nach sich ziehen – und damit von selbst eine hinreichende Grundlage für dauerhaften inneren Frieden erzeugen würden (vgl. z.B. Haas 1976; Zellentin 1992). Bis heute dominiert ein sozialromantisches Vertrauen in die pazifierende und ordnungsstiftende Kraft gewalt- und machtfreier Interaktionsbeziehungen, das mit den grausamen Lehren der Geschichte (wie auch mit den Erfahrungen der jüngsten Balkankriege) in erstaunlichem Umfang kontrastiert (Willis 1996: 159f.; Gordon 1997).

Zweitens hat die mangelnde Anerkennung funktionaler Differenzierungen zur Folge, dass die Möglichkeit verbaut wird, den höchst unterschiedlichen Integrationsmöglichkeiten und Integrationserfordernissen verschiedener Bereiche Rechnung zu tragen.

Durchwegs wird unterstellt, dass Kooperationen und Regulierungen in den verschiedensten Bereichen (Wirtschaft, Politik, Umwelt, Asylpolitik, Forschung, Sozialpolitik u.a.) am besten territorial deckungsgleich im Rahmen der „Gemeinschaft" ausgearbeitet werden sollen, anstatt die Reichweite transnationaler Integration den jeweiligen spezifischen Zweckbedürfnissen anzupassen.

So vermag die EU nicht anzuerkennen, dass es sinnvoll (oder gar absolut erforderlich) ist, in einzelnen Funktionsbereichen möglichst rasch integrative Mechanismen von paneuropäischer Reichweite aufzubauen (z.B. in der Sicherheits- und Umweltpolitik), ohne von den Mitgliedstaaten die Erfüllung irgendwelcher anspruchsvoller „Konvergenzkriterien" und die Akzeptierung des gesamten „acquis communautaire" zu fordern. Beispielsweise wären im Wissenschaftsbereich dringend transatlantische Abkommen erforderlich, um europäischen Studenten und Forschern den freien Zugang zu amerikanischen Hochschulen zu gewähren; und die enge Abstimmung mit der Ukraine im Bereich atomarer Sicherheit dürfte nicht davon abhängen, ob dieses Land irgendwelche „Beitrittskriterien" erfüllt.

Mit ihrem Drang zur letztlich grenzenlosen Ausbreitung in immer neue Themenfelder und Jurisdiktionsbereiche ist die EU auch außerstande, sich in das bereits bestehende Netzwerk funktional spezifischer transnationaler Regimes und Organisationen einzuordnen, das sich in Europa innerhalb der letzten hundert Jahre herausgebildet hat. Immer mehr werden hochdifferenzierte Regeltraditionen und Kooperationsbeziehungen in den Sog diffuser Vergemeinschaftung einbezogen. So hat die EU beispielsweise mit dem Vertrag von Amsterdam im Bereich der Menschen- und Grundrechte neue Zuständigkeiten usurpiert, die sich mit den Kompetenzen des Europarats, der hier schon jahrzehntelange Aufbauarbeit geleistet hat, sehr stark überschneiden.[1]

2. Der fehlende Respekt vor segmentär-territorialen und ethnisch-kulturellen Differenzierungen

Die einzigartige Dynamik und Innovativität Europas wäre nicht verständlich ohne Berücksichtigung der Tatsache, dass sich das erwähnte überdurchschnittliche Maß an funktionaler Differenzierung mit einer ausgeprägten segmentären Feindifferenzierung (in Sprachgruppen, Ethnien und politische Territorialeinheiten) verbindet.

Auch bezüglich dieser zweiten Dimension sozietaler Differenzierung hat Europa eine historische Pionierrolle gespielt, indem es seit dem 16. Jahrhundert den voll säkularisierten Nationalstaat ausgebildet hat, der völlig selbstbezogen das Ziel seiner eigenen Souveränitäts- und Machterhaltung verfolgt und sich mit andern Staaten dementsprechend in einem „anomischen", häufig auch konfliktträchtigen, Verhältnis befindet (Story 1993b: 5).

Ähnlich wie im antiken Griechenland hat dieser politische Polyzentrismus den einzelnen Staaten ermöglicht, bei ihrem Weg in die Modernisierung ungehindert voneinander ihre je eigenen Entwicklungswege zu beschreiten. So hat jedes europäische Land eigene Möglichkeiten entwickelt, um die mit der Industrialisierung einhergehenden Wandlungen auf technisch-organisatorischer, ökonomischer und politischer Ebene mit den Gegebenheiten seiner kulturellen Traditionen und Institutionen, seinen geographi-

---

[1] „Die Angst des Europarates vor Kompetenzverlust. Neue Aufgaben für die EU durch den Vertrag von Amsterdam", Neue Zürcher Zeitung 22. April 1998: 2.

schen Besonderheiten und den Bedingungen einer geopolitischen Umwelt in Beziehung zu setzen.

Erfolgreiche politische Integrationsprozesse haben im Europa der Neuzeit nur auf dem Niveau kulturell – insbesondere linguistisch – homogener Völker stattgefunden. So sind die europäischen Nationen alle auf uralten, zumindest ins Frühmittelalter zurückreichenden Ethnien gegründet, die dank der Gemeinsamkeit ihrer Geschichte, Sprache, Religion und politischer Kultur überdurchschnittliche Kapazitäten zum kollektiven Handeln besitzen (Delanty 1998).

Transethnische Integrationsversuche sind nur zeitweise in dem Maße geglückt, wie es den höchsten politischen Eliten gelungen ist, sich aus der vertikalen Einbindung in ihre partikulären Völker zu befreien, um Raum für übergreifende horizontale Solidarisierungen zu schaffen. Dies geschah im Mittelalter durch eine Feudalelite, die auf Grund ihrer Machtstellung keine Rücksichten auf die partikuläre Kultur autochthoner Bevölkerungen zu nehmen brauchte, und in der Neuzeit beispielsweise durch Napoleon, der die universalistischen Werte der französischen Revolution instrumentalisiert hat, um die Legitimationskräfte nationaler Volkskulturen temporär zu neutralisieren.

Generell haben die Chancen für übergreifende Integration in dem Maße abgenommen, als die Eliten im Zuge politischer Demokratisierung immer mehr gezwungen wurden, gegenüber ihren autochthonen Bevölkerungen responsiv zu sein und sich als Beschützer (oder gar als aggressive Verbreiter) der entsprechenden Volkskulturen ihre politische Legitimation zu sichern. Damit erklärt sich die Proliferation von Nationalstaaten seit der Renaissance und der Reformationszeit, die auf religiöser Ebene im Aufkommen territorial begrenzter Landeskirchen und im Überwechseln vom universalen Latein zur partikulären Landes- und Regionalsprache eine bezeichnende Parallele fand.

Die ständig wachsende Artikulations- und Organisationsfähigkeit aller (auch sehr minoritärer) Ethnien hat dazu geführt, dass multiethnische politische Integration heute immer weniger gelingt. Empirisch lässt sich dies überzeugend nachweisen in der Regularität, dass sich multinational konstituierte Imperien und Staatenverbünde (z.B. Jugoslawien und die UdSSR) alle aufgelöst haben, und dass in allen Weltgegenden zahlreiche Sezessionsbestrebungen, kaum aber Vereinigungsprojekte zu beobachten sind. Auch die multiethnisch konstituierten Nationen Europas, die seit dem 17. Jahrhundert aus machtpolitischen Gründen entstanden sind, sehen sich heute immer mehr mit Desintegrationskräften konfrontiert. So ist es viel wahrscheinlicher, dass wir im Westeuropa des Jahres 2020 ein unabhängiges Flandern, Schottland, Katalonien oder Korsika vorfinden werden – als eine multiethnische europäische Zentralnation, der es gelingen würde, die Loyalität früherer Franzosen, Deutscher und Engländer auf sich zu versammeln.

Die Europäische Gemeinschaft hat sich von Anfang an als eine zum Zwecke der Schwächung, ja letztlichen Beseitigung des autonomen Nationalstaates geschaffene Vereinigung verstanden, weil sie in ihm einseitig einen Risikofaktor für den Frieden in Europa und ein Hindernis für die Realisierung übergreifender ökonomischer Liberalisierungen und anderer transnationaler Verflechtungen sieht. So zeigt sich sowohl in der beängstigend anwachsenden Kompetenzfülle der supranationalen Organe als auch in der „teleologischen" (d.h. immer auf die Verstärkung der Gemeinschaftsrechte abzielenden) Rechtsauslegung des EUGH, dass nationalstaatliche Prärogative primär als dem

Integrationsprozess entgegenstehende Hemmnisse wahrgenommen werden (vgl. Thürer 1991; Schindler 1992 u.a.).

Bei dieser diffusen Ausweitung supranationaler Jurisdiktionen gibt es für die Mitgliedsländer keine gesicherten „nationalen Domänen", die mit Gewissheit von der supranationalen Jurisdiktion ausgenommen sind (vgl. Thürer 1991: 128; Schindler 1992: 205): auch nicht die sensiblen, in föderalistischen Staaten häufig den einzelnen Bundesländern überlassenen Bereiche der Bildungs- und Kulturpolitik, die in den Maastrichter Unionsverträgen ins Visier zukünftiger „Gemeinschaftspolitik" genommen werden. Dementsprechend werden die Mitgliedstaaten zunehmend daran gehindert, beim Auftreten neuartiger Probleme in Eigenverantwortung ihre je eigenen Wege zu beschreiten und beispielsweise eine auf ihre inneren und äußeren Gegebenheiten optimal abgestimmte Wirtschaftspolitik zu betreiben.

Dieser Integrismus nährt sich noch immer auf der in den 50er und 60er Jahren vorherrschenden Vorstellung, dass die sozio-ökonomischen Modernisierungsprozesse immanent für eine immer weiter gehende Konvergenz aller Staaten sorgen würden, sodass ethnisch-nationale Besonderheiten als überlebte historische Relikte betrachtet werden und kein Eigenrecht beanspruchen dürften (vgl. z.B. Kerr 1960).

Heute tendiert man viel eher zur Ansicht, dass auch wirtschaftliche und technische Entwicklungen (von politischen und sozio-kulturellen Transformationsprozessen ganz zu schweigen) durch partikuläre historisch-kulturelle Gegebenheiten erheblich mitkonstituiert werden, ja dass Modernisierungsprozesse nationalen Kulturen neue Möglichkeiten bieten, sich in ihrer jeweiligen Partikularität divergent zu profilieren.[2]

Als besonders verfehlt hat sich die Ende der 80er Jahre hoffnungsvoll propagierte Prognose erwiesen, dass der einheitliche Wirtschaftsraum der Gemeinschaft einen flächengleichen „Kommunikationsraum" induzieren würde, und dass durch das Satellitenfernsehen und andere moderne Technologien hinreichende Bedingungen dafür geschaffen seien, um über alle Sprachgruppen, Nationen und Ethnien hinweg eine einheitsstiftende „europäische Gemeinschaftskultur" zu diffundieren.[3] Hierbei wurde vernachlässigt, dass einerseits auch (ja gerade) im Europa des Fernsehzeitalters nach wie vor *linguistisch definierte Kulturräume* dominieren, und dass andererseits ein (z.B. von Sendern wie CNN und MTV mitkonstituierter) *globaler Kulturraum* entsteht, der sich ebenso wenig an irgendwelche „Gemeinschaftsgrenzen" bindet (vgl. Kleinsteuber und Rossmann 1992).

Hinter dem ungebremsten Homogenisierungsstreben der EU steht unausgesprochen die Prämisse, dass es in Zukunft keine Problemlagen mehr geben wird, die einen dezentralen Modus der Problemlösung (z.B. nationale Alleingänge nach dem „trial-and-error-Prinzip") nützlich oder gar notwendig machen, sondern dass es allein darum gehe, bereits hinreichend elaborierte und bewährte Problemlösungen auf das Gesamtterritorium der Union zu expandieren.

---

2 So hat beispielsweise die Wiederbelebung kleinbetrieblicher Strukturen im wirtschaftlichen Produktionsprozess zur Folge, dass sich auch die regionalen Kultureinflüsse auf Unternehmensstrukturen, Führungsstile und zwischenbetriebliche Kooperationsformen erneut akzentuieren (vgl. z.B. Piore und Sabel 1984).

3 Vgl. „Die audiovisuellen Medien im großräumigen Europäischen Markt" hrsg. vom Amt für amtliche Veröffentlichungen der Europäischen Gemeinschaft, Luxemburg 1988: 56.

Eine derartig innovationsfeindliche Einstellung ist wahrscheinlich für die postsozialistischen Staaten Osteuropas besonders inadäquat, die momentan einen ökonomischen und gesamtgesellschaftlichen Transformationsprozess in Gang setzen müssen, für den keine erprobten, erfolgssicheren Rezepte und „Königswege" zur Verfügung stehen.

Paradoxerweise könnte die wichtigste historische Wirkung der EU durchaus darin bestehen, dass sie für ein derart dezentralisiertes, in vielerlei Regionalstaaten zersplittertes Europa Geburtshelferdienste leistet.

Tatsächlich bietet die EU ein günstiges Umfeld für autonomistische Bewegungen aller Art: indem sie solch subnationalen Akteuren a) die Chance gibt, ohne Umweg über ihren Nationalstaat Subventionen zu erhalten und auf europäische Politikprozesse Einfluss zu nehmen; b) den Austritt aus ihrer angestammten Nation erleichtert, weil sie nachher immer noch in ein dichtes Netzwerk europaweiter Beziehungen eingebettet bleiben (Marks 1996); c) durch Propagierung des „Subsidiaritätsprinzips" die Nationalstaaten dazu nötigt, ihrem internen Teilsystem (Länder, Provinzen u.a.) mehr Autonomierechte zu gewähren (Peterson 1994).

3. Wachsende Adaptationsdefizite und Abgrenzungsprobleme im komplexen europäischen und globalen Umfeld

Neben den endogenen Entwicklungen, die der Zentripetalität Auftrieb geben, sind exogene Bedrohungen zu berücksichtigen, die in der stark erhöhten Komplexität und Volatilität der Umwelt (seit 1989) ihre Ursache haben (Gordon 1997).

Wie alle Gemeinschaften war auch die EU in ihrer Entstehung an die Existenz einer stark vereinfachten und stabilen äußeren Umweltsituation gebunden, die besonders günstige Voraussetzungen für die Herausbildung konsensualer Werthaltungen, Zielsetzungen und kollektiver Aktionsprogramme unter den konstituierenden „core members" bot. Im vorliegenden Falle war dies die Situation Europas (bzw. der ganzen westlichen Hemisphäre) in den ersten Jahrzehnten nach dem zweiten Weltkrieg, die auf Grund der Doppelhegemonie der beiden Supermächte sowohl geopolitisch und ökonomisch als auch kulturell-ideologisch durch eine äußerst übersichtliche, simplifizierte Konstellation gekennzeichnet war (vgl. Story 1993b):

1. Die UdSSR hat eine Situation gemeinsamer externer Bedrohung geschaffen und damit als „negativer Integrator" gewirkt (Ash 1998; Gordon 1997).
2. Die USA haben dadurch innerhalb der transatlantischen Allianz eine unangefochtene sicherheitspolitische Führungsrolle erhalten. Dadurch haben sie einerseits die Funktion eines „positiven Integrators" übernommen (Ash 1998) und andererseits die Machtungleichgewichte zwischen europäischen Staaten neutralisiert (Niblett 1997).
3. Durch den „eisernen Vorhang" hat der für die Integration in Frage kommende westeuropäische Raum sehr scharf gezogene, exogen vorgegebene Grenzen erhalten, sodass innerhalb der Gemeinschaft keine umstrittenen Fragen der Grenzziehung aufgetreten sind (Ash 1998; Niblett 1997).
4. Durch diese Ausklammerung der Oststaaten ist ein Westraum übrig geblieben, der – indem er praktisch mit dem Reich Karls des Großen koinzidierte – durch ein re-

lativ hohes Niveau historisch-kultureller Kommunalität gekennzeichnet war, und in der sich die von Südengland über das Rheinland nach Norditalien ziehende hochkarätige Industriezone („goldene Banane") eine natürliche ökonomische Kernregion gebildet hat (Statz 1989:13; Gordon 1997; Ash 1998).

5. Indem sich die sicherheitspolitisch-militärischen Integrationsaspekte in der NATO verdichtet haben, hat die Europäische Gemeinschaft die Chance erhalten, dissensträchtige außenpolitische Fragen auszuklammern und den Integrationsprozess auf relativ „einfache" (vor allem wirtschaftliche) Aspekte zu fokussieren (Brenner 1993; Waever 1995; Hoffmann 1994). Darin exemplifiziert sich die in verschiedensten historischen Epochen konstatierbare Regularität, dass die an der Peripherie einer Hegemonialordnung gelegenen Staaten sehr viel besser als die den militärischen Schutzschild bereitstellende Zentralmacht in der Lage sind, rein ökonomischen Zielsetzungen den Vorrang zu geben (vgl. Keohane 1984).

Nach dem Zerfall der hegemonialen Nachkriegsstrukturen – die in der Auflösung der Sowjetunion nur ihren konsequenten Abschlusspunkt erreichte – ist nun eine sehr viel komplexere, unübersichtlichere und unvoraussehbarere geopolitische Situation entstanden.

In ihrem Bemühen, bei der Gestaltung des neuen Europas die Führungsverantwortung zu übernehmen, hat die EU durchaus zügig mit dem im Dezember 1991 in Maastricht vereinbarten Unionsvertrag reagiert, der den Grundstein für eine gemeinsame Außen- und Sicherheitspolitik gelegt und die Perspektive einer europäischen Verteidigungspolitik rechtlich verankert hat. Ebenso wurde ein neues Konzept für die Außenbeziehungen entworfen mit dem Ziel, die Staaten Osteuropas und der früheren Sowjetunion durch Assoziationsverträge an die EU heranzuführen.

Leider haben diese neuen Grundlegungen aber nicht ausgereicht, um den introvertierten, primär auf Vertiefung wirtschaftlicher Integration fixierten Kurs der EU wesentlich zu verändern. Vor allem wurde nicht begriffen, wie sehr die neue Ära vom Wiederauftreten regionaler Territorialkonflikte und Kriegsgefahren begleitet sein würde, die für die Geschichte Europas schon immer kennzeichnend waren (Gordon 1997; Katzenstein 1996). Dementsprechend hat man es versäumt, der basalen sicherheitspolitischen Integration den gebührenden Vorrang einzuräumen und lieber die sozialromantische politökonomische Vorstellung weiter kultiviert, dass allein wirtschaftliche Faktoren zur Friedenserhaltung (bzw. zur Eindämmung von Konflikten) ausreichen würden (Ash 1998).

Die obstinate Weigerung der EU, sich angesichts der Umwälzungen in Osteuropa auch nur im geringsten von ihren eigenen Plänen der „Vertiefung" abbringen zu lassen, führt dazu, dass sich innerhalb Europas neue, abgrundtiefe Klüfte öffnen (Lemke 1998), und dass keine paneuropäische Friedensordnung entsteht, die nur auf einer loseren und funktional begrenzteren, dafür aber extensiv auf alle Länder ausgeweitete Sicherheitsorganisation basieren könnte (Kupchan 1996).

Die neuen Kriege auf dem Balkan haben gezeigt, dass die EU innereuropäischen Konflikten hilflos gegenübersteht, sodass Europa heute genauso wie im Zweiten Weltkrieg außerstande ist, mit eigenen Mitteln interne Kriege zu verhindern oder manifeste Konflikte autoritativ zu beenden. Vielmehr ist hier eine paternalistische Abhängigkeit von den USA erhalten geblieben, die aber seit dem Ende des Kalten Krieges (der eine amerikanische Dauerpräsenz in Europa unerlässlich machte) auf immer brüchigerer Basis steht (Sjursen 1998). Sogar im Nordirland-Konflikt wird ein amerikanischer Vermittler (Ex-Senator Mitchell) in Anspruch genommen!

So muss die zu den Glaubensgrundsätzen der EU gehörende Überzeugung, dass Europa auf einem gemeinschaftlichen Konsens anstatt auf hegemoniale Gewalt gegründete Friedensordnung bestehen würde, als ein sozialromantisches Missverständnis zurückgewiesen werden. Vielmehr ist die Wärme harmonischer Gemeinschaftlichkeit nur dadurch möglich, dass Europa auf *interne* sicherheitspolitische Eigenverantwortung verzichtet und sich den Vereinigten Staaten als *externer Hegemonialmacht* subordiniert.

Angesichts der neuen Vielfalt und Variabilität internationaler Problemlagen und der geringen Aussicht auf neue hegemoniale Ordnungen (vgl. Geser 1993) muss in Zukunft wieder vermehrt mit einem „Primat der Außenpolitik" gerechnet werden, das zur Folge hat, dass sich die Einzelnationen wieder verstärkt als autonome Handlungssubjekte mit je eigenen Problemlagen und Zielperspektiven profilieren.

So sieht sich insbesondere Deutschland in Zukunft mit einem außerordentlich breiten Spektrum verschiedener außenpolitischer Handlungsoptionen konfrontiert, weil es infolge seiner geopolitischen Mittellage ein besonders kompliziertes, nach Westen und Osten gleichermaßen offenes Umfeld besitzt, und weil es auf Grund seiner Größe und ökonomischen Potenz vielerlei Möglichkeiten besitzt, Initiativen zu ergreifen und Führungsverantwortung wahrzunehmen (Cavazza 1994).

Im Zuge der geplanten Osterweiterung wird diese Komplexität nochmals dramatisch anwachsen, weil Staaten wie Polen, Bulgarien oder Litauen auf Grund ihrer geopolitischen Lage ihre je eigenen außen- und sicherheitspolitischen Interessen artikulieren werden, die sich von denjenigen westeuropäischer Länder erheblich unterscheiden (Gordon 1997).

So wird es immer schwieriger werden, auf Gemeinschaftsebene jene hohen Grade an gemeinsamer Identität, Zieldefinition und Rollenorientierung auszubilden, die nach Hill und Wallace (1996) und Aggestam (1999) für eine konsistente Außenpolitik die unerlässliche Voraussetzung bilden: „What could not be achieved when they were all together in the "Western" cauldron of the Cold War – because their dispositions toward their own pasts, toward the United States, and toward the Soviet Union diverged – is even harder to accomplish now that the lid is off, and the cauldron abandoned" (Hoffmann 1994).

Das Wegfallen der für die Genese der EG so wichtigen *exogenen* Integrationskräfte bedeutet vor allem, dass der Bestand der EG nun fast ausschließlich von *endogenen* Motiven des Zusammenhalts abhängig geworden ist. Mehr als jemals hängt also der Glaube an die Wünschbarkeit eines „geeinigten Europas" davon ab, dass die Mitgliedstaaten z.B. in der Realisierung des Binnenmarktes sehr weit reichende Vorteile erkennen, die selbst einen schmerzhaften Verzicht auf nationale Souveränitätsrechte rechtfertigen können. Schließlich bedeutet das Verschwinden des „eisernen Vorhangs" auch, dass es von nun an der EG als verantwortliche Eigenentscheidung zugerechnet wird, wie sie ihre Außengrenzen (sowie die Zutrittsbedingungen für postsozialistische Neumitglieder) definiert. Dadurch werden sowohl die internen Mechanismen konsensualer Entscheidungsfindung als auch die externen Legitimationsprobleme der EG auf eine neue, schwere Belastungsprobe gestellt.

Für die Länder Ost- und Südeuropas bedeutet die Existenz der EU, dass der Eintritt in europäische Kooperationsbeziehungen zu einer schicksalsentscheidenden Alles- oder Nichts-Entscheidung verdichtet wird, weil es nicht möglich ist, je nach den nationalen Bedürfnissen und Möglichkeiten spezifisch und graduell an bestimmten Interaktionsfeldern zu partizipieren. Da nur der Vollbeitritt in Frage kommt, muss die EU logischerweise relativ anspruchsvolle – infolge ihrer Diffusität aber nicht klar explizierbare – Bedingungen setzen, die sich nicht nur auf die wirtschaftspolitische Lage, sondern auch auf geopolitische und kulturelle Aspekte beziehen. Wie das Beispiel Estlands zeigt, genügen Gutwilligkeit und ökonomische Anstrengungen nicht, wenn ein Land auf Grund seiner geographischen Lage „den falschen Nachbarn" hat und sich mit diesem gar noch in territorialen Grenzstreitigkeiten befindet.[4]

Zur Schwierigkeit, in einem nach Osten hin höchst unscharf begrenzten Kontinent verbindliche Grenzen zu ziehen, tritt das Problem, sich innerhalb der gesamten westlichen Sphäre als Kollektiv mit „spezifisch europäischen" Werten und Kulturtraditionen zu profilieren. Insofern sich die EU als „Kulturgemeinschaft" oder „Wertegemeinschaft" artikuliert, rekurriert sie auf Grundlagen, die nicht für den europäischen Kontinent spezifisch sind, sondern

a) einerseits aus außereuropäischen Wurzeln (z.B. aus dem vororientalisch-jüdischen Umkreis) stammen (Sked 1990),
b) sich – als Folge expansiver europäischer Aktivitäten – in der ganzen westlichen Hemisphäre, ja in der Welt insgesamt, ausgebreitet haben.

Dies gilt für „Modernität" ebenso wie für das Christentum, für die geistigen Errungenschaften der Aufklärung ebenso wie für die im 19. Jahrhundert konzipierten Konstrukte der Nation, des demokratischen Rechtsstaats und der liberalisierten Ökonomie (Wintle 1996; Waever 1995). Eine auf Wertekonsens basierte Staatengemeinschaft ließe sich deshalb höchstens im umfassenderen Rahmen einer „Atlantischen Union" (Kupchan 1996) verwirklichen, die befähigt wäre, im Hinblick auf einen bevorstehenden „Clash of Civilizations" (Huntington) die Interessen der westlichen Hemisphäre zu artikulieren.

Wo immer beispielsweise versucht wird, „europäisch" geprägte ethische Normen und Rechtsgrundsätze zu formulieren (wie z.B. in der „Pariser Charta"), handelt es sich um Normen mit universalem Geltungsanspruch, mit denen sich Europa stärker in die – von ihm selbst entscheidend mitgeprägte – „Weltzivilisation" integriert, anstatt sich – durch Kultivierung einer partikulären „Gemeinschaft" – von ihr zu *differenzieren*.

Beispielsweise gibt es auf der Basis europäisch-christlicher Werthaltungen keine Rechtfertigung dafür, EU-Länder im Rahmen von humanitären Hilfeleistungen oder Immigrationspolitiken besonders zu privilegieren. Und gemäß den in Europa entstandenen Normen universalistischer Wissenschaft erscheint es widersinnig, eine rein binneneuropäisch fokussierte Forschungskommunikation zu kultivieren. Auch mit der liberalistischen Wirtschaftsideologie sind unvermeidlich Wirkungen der Selbstauflösung verbunden; denn die Argumente, die zur Rechtfertigung des freien europäischen Binnenmarktes benutzt werden, fordern unvermeidlich dazu auf, denselben Prinzipien in

---

4 Estland als Testfall für die Erweiterung der Europäischen Union. Forderung nach einem transparenten Aufnahmeverfahren (Neue Zürcher Zeitung, 17. Januar 1997, S. 5).

noch umfassenderen, weltweiten Wirtschaftsräumen (z.B. innerhalb des WTO) zur Geltung zu verschaffen.

Die Suche nach einer genuin „europäischen" Sonderidentität zwingt dann dazu, sich gegenüber nichteuropäischen Westländern (insbesondere den USA) auf forcierte Weise abzugrenzen, obwohl man mit ihnen derart viele grundlegende Traditionen und Wertorientierungen teilt: ein Unterfangen, das in der EU grundsätzlich nicht konsensfähig ist, weil insbesondere die Positionen Frankreichs und Englands hier meist konträr auseinander gehen.

Auf allen Ebenen entstehen heute kulturelle Gemeinsamkeiten zwischen Europäern verschiedener Nationen nicht in erster Linie durch horizontalen Austausch, sondern dadurch, dass sie gemeinsame außereuropäische Kulturmuster rezipieren, indem sie z.B. Englisch als gemeinsame Lingua Franca verwenden, amerikanische Standardsoftware benutzen, ihre täglichen Informationen vom „CNN" beziehen oder sich mit anderen westlichen Ländern zur Verteidigung westlicher Werte zusammenfinden.

Wenn beispielsweise der Kosovo Krieg sekundär zu einem Element innereuropäischer „Sinnstiftung" geworden ist, das stärker als etwa der „Euro" die europäische Identität definiert (Nass 1999), so bleibt dennoch evident, dass sich die europäischen Staaten hier nicht aus eigener Kraft und endogener Konsensbildung, sondern als genötigte Allianzpartner der USA zu einem *transatlantischen Gemeinschaftserlebnis* zusammengefunden haben.

Überall erweist es sich, dass Europa innerhalb seines eigenen Reservoirs kultureller Traditionen keine Basis findet, um sich als „Gemeinschaft" mit eigener partikulärer Identität gegenüber der übrigen Weltgesellschaft zu profilieren, sodass eine kulturelle Einigung Europas gerade nicht zu einer Vergemeinschaftung führen kann, sondern zum Durchbruch jener Prinzipien, durch die sich Europa nolens volens stärker in die Weltgesellschaft einfügt, an deren historischer Konstituierung es einen derart großen Anteil hatte.

Generell findet jede binneneuropäische Integration auch heute noch ihre Grenze daran, dass jedes Land eine durch seine spezifischen außereuropäischen Engagements geprägte nationale Identität besitzt und auf Grund dieser historischen Gegebenheiten auch heute noch seine je eigenen transkontinentalen Beziehungsnetzwerke und Solidaritätsverpflichtungen kultiviert (Story 1993a: 7).

Die Integrationsperspektive der Europäischen Gemeinschaft ist ahistorisch in dem Sinne, dass sie voraussetzt, dass alle Staaten (z.B. auch England) ungeachtet ihrer früheren außereuropäischen Rolle sich von jetzt an primär als europäische Staaten definieren (und den binneneuropäischen Beziehungen entsprechend den Vorrang geben) würden. In ähnlicher Missachtung langfristiger historischer Gegebenheiten wird ein Deutschland vorausgesetzt, das – was zur Zeit des eisernen Vorhangs allerdings unproblematisch war – seine traditionellen außenpolitischen Interessen in Osteuropa hintanstellt und sich ausschließlich nach Westen orientiert.

Geradezu aus einer „fin d'histoire"-Stimmung scheint die Vorstellung geboren, dass der EU die Rolle zukomme, auf den quecksilbrigen und zerklüfteten Kontinent nun endlich eine definitive institutionelle Gestalt zu oktroyieren und seine Länder in ein sich kontinuierlich verdichtendes Netzwerk konsensualer Normen („acquis communautaire") einzubinden. In diesem Lichte wird die ganze künftige Entwicklung Europas in völlig undialektischer Weise auf einen kontinuierlichen Weiterausbau bereits bestehender Integrationsstrukturen reduziert, in dessen Verlauf all jene bruchartigen Ereignisse und unvorhergesehenen Entwicklungen, die die Geschichte dieses seltsamen Kontinents bisher vorangetrieben haben, nur noch als möglichst zu vermeidende Risiken, Störungen und Verzögerungen wahrgenommen werden können.[5]

4. Entdifferenzierungen des politisch-administrativen Systems und Defizite öffentlicher politischer Partizipation

a) Der hohe Konsensbedarf als Ursache für Informalisierung und als Hindernis für Demokratie. Generell pflegt sich jede Form transnationaler Politik in einem oligarchischen Entscheidungsfeld zu vollziehen, weil die Harmonisierung nationaler Interessen nur gelingt, wenn die nationalen Repräsentanten nicht an imperative Mandate gebunden sind, sondern einen hohen autonomen Verhandlungsspielraum haben (vgl. Kaiser 1971; Scharpf 1996). Dementsprechend ist jede Erweiterung transnationaler Interaktionen und Regulierungen mit einer Verminderung binnennationaler Demokratie verbunden, weil immer mehr Sachgebiete und Entscheidungsprozesse den vertikalen Koppelungen an Öffentlichkeit und Parlament, die der demokratische Rechtsstaat vorschreibt, entzogen werden.

Im Falle der EU sind diese Erosionseffekte besonders schwer wiegend, weil sie sich eben als „Staatengemeinschaft" versteht, die den Anspruch hat, auf einem *sich ständig ausweitenden Spektrum von Sachfragen* möglichst *einmütige, von allen Teilnehmern getragene* Entscheidungen zu generieren.

Wie jede Gemeinschaft ist auch die EU bestrebt, ihre Integration möglichst weitgehend auf Konsens abzustützen und dissensuale Meinungen als Bedrohungen (oder zumindest als Minderungen ihres Kohäsionsanspruchs) zu empfinden. Dementsprechend hat sie Mühe, Entscheidungen irgendwelcher Art auf Mehrheitsabstimmungen zu basieren, weil solche Verfahren die gemeinschaftsbedrohende Eigenschaft haben, dissentierende Minderheiten zu erzeugen und ihnen ungebührlich hohe Sichtbarkeit zu verleihen (vgl. z.B. Gordon 1997; Scharpf 1996).

So besteht ein enger, nicht durch organisatorische Reformmaßnahmen eliminierbarer, Kausalzusammenhang zwischen dem *hohen Konsensbedarf der Entscheidungsverfahren* und dem vielbeklagten *inneren Defizit an Demokratie.* Denn einmütige Beschlüsse lassen sich nur erzielen, wenn sich die Entscheidungsfindung im engen Rahmen verhandlungsfähiger Gremien (z.B. Ministerkonferenzen) vollzieht. Außerdem müssen diese Räte möglichst abgeschirmt von der Öffentlichkeit tagen, damit interner Dissens nicht sichtbar wird und einzelne Entscheidungen nicht individuell zurechenbar werden (Christiansen 1996; Areilza 1995). Sitzungen hinter geschlossenen Türen verhelfen dazu, dass die Repräsentanten der Mitgliedsländer Manövrierspielräume erhalten, die für die Lösung von Konflikten genutzt werden können. Vor allem können diese Repräsentanten punktuell gegen die Interessen ihres eigenen Staates handeln, weil sie nicht be-

---

[5] Entsprechend pflegt die – in historischer Sicht höchst berechtigte – Frage „Was kommt nach der EU?" – unter Anhängern der Europäischen Integration verständnisloses Kopfschütteln zu erregen.

fürchten müssen, im Parlament und der Öffentlichkeit ihres Landes dafür rechenschaftsschuldig zu werden.

So manifestiert sich der gemeinschaftliche Charakter der EU nicht zuletzt darin, dass Entscheidungsprozesse weitgehend durch höchst informelle, implizite, jederzeit modifizierbare „club rules" anstatt durch formelle, transparente Verfahrensnormen gesteuert werden (Areilza 1995), sowie durch jene noch geheimnisvolleren „copinages technocratiques", die sich im kontinuierlichen Umgang zwischen Brüsseler Beamten und Exponenten nationaler Verwaltungen auszubilden pflegen.

Diese extrem hohe Informalität der Entscheidungsprozeduren wirkt als Schleier, der die Gemeinschaft vor unbequemen Rechtfertigungsproblemen schützt. Vor allem hat sie zur Folge, dass Fragen nach der Kompetenzverteilung zwischen nationaler und supranationaler Ebene sich nie in jener Schärfe stellen, die sie bei schriftlicher Explizität und autoritativer Formalisierung unweigerlich annehmen würden. „There is no general framework for bargaining, no legal structuring of consultations in a neo-corporatist fashion, with the significant exception of the delegation of important regulatory functions to national and European institutes of technical standardization. Instead of a coherent and hierarchical system of interest intermediation at the EC level, social inputs come to a large extent from direct representation and specialized representation, in a competitive lobbying environment" (Areilza 1995).

Ebenso werden die Machtunterschiede zwischen größeren und kleineren Mitgliedsländern sehr viel stärker verwischt als beispielsweise im Europäischen Parlament, wo sie in der objektiv-quantitativen Gestalt von Sitzmandaten unbarmherzig sichtbar werden. So können sich selbst kleinste Länder in der Hoffnung wiegen, hin und wieder im undurchsichtigen Gestrüpp der Gremien, Konsultationsgelegenheiten und Partizipationschancen einen weit über ihr bevölkerungsmäßiges Gewicht hinausgehenden Einfluss geltend zu machen.

Schließlich bleibt auch in systematischer Weise undeutlich, in welchem Umfang bei Entscheidungen politische (d.h. auf den Interessen der Mitgliedsländer beruhende) oder rein technisch-funktionale (auf Expertenmeinungen basierende) Erwägungen den Vorrang haben. Dieses unnormierte Nebeneinander beider Dimensionen kristallisiert sich sehr deutlich in der Rolle der Kommissare, die immer gleichzeitig als Direktoren eines bestimmten Vollzugsbereichs und als Repräsentanten ihres Herkunftsstaates agieren. Auch diese Bivalenz erweist sich als eine Quelle der Flexibilität: indem es im Falle umstrittener Sachentscheide möglich bleibt, die „politischen Kräfteverhältnisse" als Legitimationsgrund geltend zu machen und umgekehrt bei offensichtlich politisch umstrittenen Fragen auf Expertenmeinungen oder „Sachzwänge" zu rekurrieren (vgl. Areilza 1995; Egeberg und Trondal 1997; Hooghe 1998).

Im Schutz solcher undeutlichen Informalitäten ist es der EU bisher gelungen, gefährliche Legitimationskrisen zu vermeiden, indem sie opponierenden (oder auch nur reformeifrigen) Gruppierungen zu wenig präzise Ansatzpunkte für Unzufriedenheiten (und entsprechende Änderungsforderungen) bietet.

Als „deliberative" Demokratie (wo Entscheidungen in permanenter Diskussion ausgehandelt werden) wäre die EU besonders stark auf eine gesamteuropäische politische Öffentlichkeit angewiesen, die in der Lage wäre, diese Diskussionsprozesse auf eine breitere Legitimationsbasis zu stellen. Genau diese transnationale Öffentlichkeit ist aber nicht existent (Gerhards 1993). Dies ist ein Hauptgrund dafür, warum sich die inneren Prozesse der EU in einem an absolutistische Regimes erinnernden „Arkanbereich" vollziehen (Erikson und Fossum 1999), und warum alle Schritte zur weiteren Integration immer elitengesteuert von oben her oktroyiert werden müssen, anstatt dass sie aus den europäischen Völkern herauswachsen würden (Hoffmann 1994).

Jeder Schritt zur Verbreitung und stärkeren Öffentlichkeit der Entscheidungsfindung (z.B. durch Aufwertung des Europäischen Parlaments) würde dazu nötigen, die Kohäsion der Union auf jene konsensunabhängigere Basis zu stellen, wie sie innerhalb der Nationalstaaten schon längst vorherrschend geworden ist. Die EU müsste dann zum Beispiel damit leben, dass in ihr verschiedene Parteiungen mit höchst unterschiedlichen konzeptuellen Auffassungen über die weitere europäische Integrationsstrategie koexistieren (und konkurrieren). Solche Konsensverluste werden tendenziell aber nur negativ als Bedrohungen der Kohäsion wahrgenommen (Chryssochoou 1994) und nicht positiv als Chance, den weiteren Fortgang des Einigungsprozesses einem diskursiven Raisonnement anheim zu stellen.

Nach wie vor wird krampfhaft versucht, den europäischen Einigungsprozess als einen alternativlosen Vorgang zu propagieren, als ob er (in ähnlichem Sinne, wie marxistisch-leninistische Regimes ihre Politik verteidigt haben) eine objektive historische Notwendigkeit darstellen würde (vgl. Malcolm 1995). Als Begründungsbasis wird ähnlich wie im Falle von Firmenfusionen die „Globalisierung" in Anspruch genommen, von der in ideologisierter Weise behauptet wird, dass sie in tendenziell allen Bereichen supranationale Kooperationen nötig mache, während „nationale Alleingänge" zunehmend undenkbar würden (Ash 1998).

b) Die EU als oligarchisches „Kartell nationaler Exekutiven". Die EU kann als eine „consociational confederation of governments" (Chryssochoou 1994) betrachtet werden, in der (analog zu allen anderen „consociational systems") gilt, dass die exekutiven Eliten im Interesse harmonischer Kooperationsverhältnisse intensive *horizontale Interaktions- und Einflussbeziehungen* kultivieren. Dadurch gewinnen sie Merkmale einer verselbständigten Oligarchie, deren Mitglieder im *vertikalen Verhältnis* (zu Bürgern, Parlamenten, nationalen Verbänden u.a.) nicht mehr responsiv sein können und deshalb nicht mehr primär die politischen Werte und Forderungen ihrer jeweiligen Bevölkerungen artikulieren (vgl. z.B. Taylor 1990; Stavridis 1993).

Durch ihre horizontale Assoziierung gelingt es den nationalen Exekutiven, gegenüber den übrigen rechtsstaatlichen Autoritäten ihres eigenen Nationalstaates unabhängiger zu werden, weil sie den Forderungen heimischer Akteure immer die Entscheidungs- und Handlungszwänge der Staatengemeinschaft (und juristisch die Vorrangigkeit des suprastaatlichen gegenüber dem binnenstaatlichen Recht) gegenüberstellen können (vgl. z.B. Areilza 1995; Moravcsik 1994; Eriksen und Fossum 1999). Auf der freien Spielwiese transnationaler Interaktionen usurpieren die Exekutiven – zusammen mit den Richtern des EUGH – ungehindert legislative Macht, sodass die EU im strikt staatsrechtlichen Sinne weit hinter den demokratischen Rechtsstaat zurückfällt, der sich seit seiner Genese im 18. Jahrhundert durch die Trennung der drei Gewalten konstituiert hat.

Dies zeigt sich besonders deutlich im Falle der Maastrichter Kriterien für den Beitritt zur EWU, die die wohl fundamentalste Kompetenz der nationalen Parlamente beschnitten haben, als Gesetzgeber autonom über das Staatsbudget (und damit auch über die Höhe öffentlicher Verschuldung) zu entscheiden.

Die ausgedehnte Literatur über Konkordanzdemokratie und „consociational democracy" hat zum Schluss geführt, dass derartige, auf hoher horizontaler Eliteintegration beruhende Herrschaftssysteme nur bei relativ wenig komplexen politischen Verhältnissen stabil sein können. Vor allem ist erforderlich,
1. dass das föderierte System völlig stabile Segmentierungen (z.B. nach ausschließlich territorialen Kriterien) aufweist; weil es nur dann gelingt, die konsozialen Gremien nach invarianten Repräsentationsregeln zu konstituieren;
2. dass in den Binnenkontexten der Subsysteme ein geringer Grad an Politisierung herrscht; weil deren Repräsentanten andernfalls sehr intensive vertikale Beziehungen (zu Bürgergruppen, Parteien, Parlamentsfraktionen, Verbänden u.a.) pflegen müssen, die mit ihren horizontalen Konkordanzbindungen in ein Spannungsverhältnis treten (vgl. z.B. Geser 1991).

Dementsprechend werden auch die Konkordanzstrukturen der EU in dem Maße unter Belastungen gesetzt, als
1. parteiideologische „cleavages" an Bedeutung gewinnen, aus denen zusätzliche, im bestehenden Gremiensystem nicht mehr absorbierbare Repräsentationsansprüche entstehen;
2. innerhalb der Mitgliedsländer neue politische Bewegungsaktivitäten oder Parteipolarisierungen Platz greifen, die zu erhöhten demokratischen Partizipationsforderungen führen.

c) Intransparente „Politikverflechtungen" als Folgeproblem expandierender supranationaler Aktivitäten. Die fortgesetzte Ausdehnung der Unionsaktivitäten auf neue Jurisdiktionsfelder sowie das wachsende Volumen der verwalteten Finanzmittel hat zur Folge, dass sich immer drängendere Legitimationsprobleme stellen. Da aber keine routinisierten Verfahren zur Legitimationsbeschaffung (wie z.B. parlamentarische Abstimmungen oder Volksplebiszite) zur Verfügung stehen, gibt es nur den Weg, immer mehr verschiedene Akteure und Gruppierungen in irgendeiner Form in den Konsultations- und Entscheidungsfindungsprozess einzubeziehen (Streeck und Schmitter 1991; Christiansen 1996).

Genau dieser Weg aber scheint mehr neue Probleme zu schaffen als bestehende zu lösen. Denn einerseits werden die kollektiven Handlungskapazitäten der EU reduziert, weil die Entscheidungsprozesse infolge der breiteren Teilnahme schwerfälliger, zeitraubender und ineffizienter werden; und anderseits werden die Demokratiedefizite eher noch verstärkt, insofern die zentralen Vorgänge der Machtausübung informeller, intransparenter und unregelhafter werden, sodass sie sich sowohl der öffentlichen Beobachtbarkeit auch der geplanten demokratischen Steuerung immer mehr entziehen (Christiansen 1996; Boyce 1993; Sand 1997).

Mit anderen Worten: Weil das Brüsseler Machtzentrum nicht in ein formelles System demokratischer Institutionen (insbesondere legislativer Art) eingebettet ist, steht es beliebigen exogenen Pressionsversuchen informeller Art relativ ungeschützt gegenüber. Anstelle des Beamten, der sich strikt den im demokratischen Entscheidungsfeld festgelegten Regeln und Weisungen verfügt, dominiert ähnlich wie in den „prismatischen Gesellschaften" unterentwickelter Länder (Fred Riggs 1964) der „bürokratische Unternehmer", der in informellen, nach außen hin intransparenten Interaktionskontexten seine (immer teilweise auch politischen) Standpunkte durchzusetzen sucht: „Anstelle einer geregelten, nach den traditionellen Prinzipien der Aktenmäßigkeit und Hierarchie vollzogenen Amtskommunikation, wie es der Idealtypus rationaler Bürokratie erwarten lässt, kommen also im joint decision process auf europäischer Ebene in erster Linie dezentrale, informelle, personale und damit demokratischer Kontrolle weitgehend enthobene Verfahren zur Anwendung. Die Binnenstrukturen der EG-Administration fordern und prämieren stärker politikunternehmerische Initiativen im Hinblick auf die Entwicklung von Regulierungsprojekten und politischen Programmen als bürokratische Amtsroutinen alten Stils" (Bach 1999: 31/32).

Der Bürokratisierung politischer Prozesse entspricht also andererseits eine diffuse Infiltration des Politischen in die Sphäre der Bürokratie, indem das intransparente Gewebe von Einflussbeziehungen nicht nur in der Phase der Entscheidungsfindung, sondern auch in den späteren Stadien konkreter Umsetzung dominiert (Areilza 1995; Bach 1999: 32; Sand 1997). So führt die mit dem supranationalen Integrationsprozess einhergehende „vertikale Politikverflechtung" zu einer „für die beteiligten Regierungen und Verwaltungen wohltätigen Diffusion der politischen Verantwortung" (Scharpf 1985), die den Entfaltungsspielraum für demokratische Kontrolle wesentlich restringiert (vgl. auch Delbrück 1987: 386–403; Wessels 1992: 52).

Als Folge solch vertikaler Verflechtungen wird auch die formelle Machtverteilung zwischen den Mitgliedsnationen auf unüberblickbare Weise informell modifiziert: Durch eine Vielzahl intermediärer Akteure, die je nach ihrer binnennationalen Ausprägung eine ganz unterschiedliche Handlungsfähigkeit entfalten (Sand 1997). So wächst z.B. das faktische Gewicht Deutschlands in der EU dadurch an, dass sich die einzelnen Bundesländer sehr viel wirksamer als beispielsweise die Regionen Griechenlands oder Spaniens (oder gar die Präfekturen Frankreichs) auf europäischer Ebene repräsentieren (vgl. z.B. Christiansen 1996; Marks 1996).

Vom Standpunkt der Mitgliedsnationen aus konstituiert die Europäische Gemeinschaft eine Umwelt, die mit ihren informellen und intransparenten Strukturen auch die innere Politik immer mehr durchdringt – und damit die hochdifferenzierten Strukturen des demokratischen Rechtsstaats in Frage stellt, die auf Prinzipien strikter Gewaltentrennung, expliziter Formalität, klarer hierarchischer Zuständigkeit und öffentlicher Kontrolle beruhen. So entsteht zwischen über- und infranationaler Ebene ein dichtes Netz vertikaler Politikverflechtung, innerhalb dessen verschiedenste subnationale Akteure (z.B. Verbände) in die Lage versetzt werden, ohne Umweg über ihre nationale Regierung direkt auf supranationale Belange Einfluss zu nehmen (Areilza 1995). Die Nationen erfahren dadurch eine induzierte Fragmentierung, die den klassischen Doktrinen „unteilbarer Souveränität" widerspricht (Weiler 1991: 190; Areilza 1995).

Gleichzeitig wird auch das Demokratiedefizit der EU ins Binnensystem der Mitgliedsländer induziert, indem die Spitzen dieser intermediären nationalen Akteure von Brüssel „kooptiert" werden und dank dieser Einbindung „nach oben" einen von ihrer Mitgliederbasis unabhängigen Machtstatus zugewiesen erhalten (sodass sie weniger Grund sehen, sich gegenüber dieser Basis responsiv zu verhalten).

Auch binnenational wird die Zurechnung von Verantwortlichkeit (und damit die demokratische Kontrolle der politischen Instanzen) zunehmend schwieriger, weil immer mehr innenpolitische Verhältnisse aus einem unübersichtlichen Zusammenwirken nationaler und supranationaler Einflüsse entstehen (Kittel 1997: 50f.). Dies wiederum könnte längerfristig eine Abnahme des Interesses an nationalen Parteien und Wahlen bewirken – was wiederum dazu beitragen würde, die Legitimationsbasis des gesamten mehrschichtigen Institutionengefüges zu unterminieren (Niblett 1997).

d) Der Nationalstaat als evolutionär fortgeschritteneres politisches System. Wenn es überhaupt einen Maßstab gibt, an dem sich die „Qualität" politischer Systeme messen und miteinander vergleichen lässt, so ist es das Ausmaß, in dem es ihnen gelingt, zwei einander spannungsvoll widerstreitende Leistungen auf hohem Niveau miteinander zu verknüpfen:
1. Die Fähigkeit, in verschiedensten Sachbereichen speditiv kollektive Entscheidungen zu treffen und in effektiver und gesetzesgeleiteter Weise kollektive Aktionen durchzuführen.
2. Die Fähigkeit, derartige Entscheidungen und Handlungen auf eine möglichst umfassende Partizipation der Bürger und gesellschaftliche Gruppierungen abzustützen, sodass sie breit legitimiert sind und den Bedürfnissen und Forderungen verschiedener gesellschaftlicher Kräfte optimal Rechnung tragen.

Die immense evolutionäre Bedeutung des Nationalstaates besteht darin, dass es ihm besser als allen vorher entstandenen politischen Gemeinwesen gelungen ist, diese zwei Zielsetzungen miteinander zu verbinden. Nur im Rahmen des Nationalstaates ist es bisher gelungen, jene höheren Komplexitätsniveaus politischer Organisation auszubilden, die wir mit Begriffen des „demokratischen Rechtsstaats" und des „sozialen Wohlfahrtsstaats" bezeichnen: politische Ordnungen, die in historisch beispiellosem Umfang in der Lage sind, ein sich ständig ausweitendes Spektrum kollektiver Ordnungs- und Wohlfahrtsziele zu realisieren.

Mit der Demontage souveräner Nationalstaatlichkeit setzt sich Europa in *paradoxe Distanz zu einer selbst erzeugten evolutionären Errungenschaft, die als Modell politischer Organisation weltweit eine ständig zunehmende Verbreitung findet* (vgl. z.B. Holsti 1988: 48ff.) – *und sie droht die einzige politische Institution zu demontieren,* die dem modernen Bürger bisher eine reale Chance eingeräumt hat, seine politischen Grundrechte zu verwirklichen (vgl. Bayer 1997: 23f.).

Wenn der Nationalstaat als Ursache aller Übel des 20. Jahrhunderts verteufelt wird, so kommt darin nur zum Ausdruck, dass seine immense Fähigkeit zum wirksamen Kollektivhandeln selbstverständlich auch mit der gesteigerten Fähigkeit einhergeht, diese Potenziale beispielsweise zur Verfolgung kriegerischer Ziele oder für Genozide einzusetzen.

Im Vergleich zum Nationalstaat haben wir nun in der Europäischen Union ein politisches System vor uns, das hinsichtlich beider Leistungsdimensionen als niedriger rangiert, weil es eine geringe Kapazität zu kollektivem Entscheiden und Handeln mit dem sattsam bekannten „Demokratiedefizit" verbindet. Mit etwas Zynismus ließe sich auch sagen, dass eine allfällige Behebung dieses Demokratiedefizits von den Einwohnern der EU gar nicht als besonders wichtig empfunden würde, weil sie nach wie vor nicht das Gefühl hätten, dass sich die Einflussnahme auf ein Gebilde, das als Ganzes derart wenig handlungsfähig ist (und dementsprechend auch keine strategischen Ziele verfolgt), überhaupt lohnt.

So muss der europäische Einigungsprozess vom Standpunkt politischer Systemkapazität aus betrachtet als ein Negativsummenspiel betrachtet werden, denn wenn die Integration einerseits zwar durchaus dazu beiträgt, die Handlungsfähigkeit der Teilnehmerstaaten (z.B. in der Wirtschafts- und Währungspolitik) abzuschwächen, leistet sie andererseits kaum einen Beitrag dazu, dass sich diese Kapazität zum kollektiven Handeln auf der supranationalen Ebene verstärkt (Areilza 1995).

IV. Schlussfolgerungen

Nachdem alle multinationalen politischen Integrationsversuche (vom Reich Karls V über die napoleonische Herrschaft, die Donaumonarchie und das Osmanische Reich bis zu Jugoslawien und der UdSSR) gescheitert sind, bildet die EU noch das einzige supranationale Einigungsprojekt auf der Erde, das noch nicht ad acta gelegt worden ist (Malcolm 1995). In einer Zeit, die durch die Proliferation von neuen Kleinstaaten und durch eine Vielfalt subnationaler Sezessionsbewegungen auf allen Kontinenten (inkl. Europa selbst) gekennzeichnet ist, müssen seine Zukunftschancen eher negativ beurteilt werden – selbst wenn man einräumt, dass es im Vergleich zu den zeitgebundenen Hegemonien und maroden Kolonialreichen der Vergangenheit auf einer etwas stabileren, konsensfähigeren Grundlage ruht.

Zweifellos sind die idealistischen Zielsetzungen als historisches Novum (positiv) zu würdigen, die dem Integrationsprojekt der EU bisher ihren Impetus und ihre Legitimationskraft verliehen haben. Abgesehen vom Basisziel, 1500 Jahre europäische Kriegsgeschichte definitiv zu beenden, gehören dazu die prosaischeren Bestrebungen, grenzüberschreitende Problemlagen kooperativ zu lösen, in internationalen Organisationen mit einer Stimme zu sprechen, die Handlungsspielräume von Bürgern und juristischen Personen zu erweitern und aus den Effizienzvorteilen eines großen Verkehrs- und Wirtschaftsraumes Nutzen zu ziehen.

Unabhängig davon muss aber die Frage erlaubt sein, inwiefern a) diese genannten Ziele erreichbar sind und b) mit Folgeproblemen gerechnet werden muss, wenn sich die Annäherung der europäischen Staaten nicht auf der Grundlage verfassungsmäßiger Rechtsstaatlichkeit und auch nicht mittels konventioneller zwischenstaatlicher Verträge, sondern im Medium generalisiert-irreversibler „Vergemeinschaftung" vollzieht.

Tatsächlich führen sehr verschiedenartige Argumentationen zum selben Schluss, dass die Europäische Gemeinschaft der europäischen Gesellschaft ein zu eng geschnürtes Integrationskorsett verpasst, das der außergewöhnlichen sozio-kulturellen Differenziertheit und geschichtlichen Dynamik (wie auch der aktuellen Entwicklungstendenzen und Zukunftsperspektiven) dieses einzigartigen Halbinselkontinents in keiner Weise entspricht.

Seltsamerweise hat sich das seit dem Ende des 15. Jahrhunderts wahrhaft global agierende, jetzt aber von fehlgeschlagenen Weltkolonisierungsaktionen ermüdete und nach den Zerstörungen der Weltkriege über sich selbst verängstigte Europa ausgerechnet in einem Zeitalter der (so genannten) „Globalisierung" auf eine introvertiert-regionalistische (und weitgehend auf ökonomische Belange fokussierende) „Nischenstrategie" zurückgezogen, einseitig dominiert vom Bestreben, den als destruktiv erfahrenen Potenzialen der Nationalstaatlichkeit enge Zügel anzulegen und insbesondere den größten kontinentaleuropäischen Risikofaktor (Deutschland) irreversibel in dichte supranationale Regimes einzubinden.

Es ist sehr fraglich, ob diese rückwärts gewandte Legitimationsgrundlage bei den jüngeren Alterskohorten noch Anklang findet, die sich nicht an den Weltkrieg erinnern und es als selbstverständlich betrachten, dass auch souveräne, nicht durch forcierte Vergemeinschaftung restringierte europäische Nationen friedlich zusammenleben und sich dort, wo es notwendig oder nützlich ist, pragmatisch zu spezifischen Aufgabenlösungen zusammenfinden können. Auch wenn es zutreffen sollte, dass Problemlagen grenzüberschreitender oder sogar transkontinentaler Natur im Vergleich zu früher zugenommen haben (was vielleicht gar nicht generell gilt), so ist nicht klar, warum diese nicht im konventionellen Sinn durch funktionsspezifische internationale Verträge und Organisationen bewältigt werden können (Malcolm 1995).

Wer die Zukunft transnationaler Integration im Ausbau zwischenstaatlicher Kooperationen sucht, vernachlässigt überdies die evidente Regularität, dass der Staat innerhalb der vergangenen Jahrzehnte erhebliche Steuerungskapazitäten verloren hat und im kommen Jahrtausend im Verhältnis zur Wirtschaft (aber auch zu anderen institutionellen Ordnungen) voraussichtlich eine eher bescheidene Rolle einnehmen wird. Besonders aussichtslos erscheinen in diesem Lichte alle Bestrebungen der Staaten, ihre anachronistischen Merkmale territorialer Exklusivität und monokratischer Herrschaft auf die supranationale Ebene zu übertragen und sich irreversibel verdichtende Normstrukturen auszubilden, die mit dem künftigen Bedarf nach flexiblen, schlanken und nach allen Seiten hin umweltoffenen Organisationsformen in einem immer schärferen Kontrastverhältnis stehen.

Erheblich zukunftstauglicher erscheinen in diesem Lichte netzwerkartige transnationale Kooperationssysteme, die informell und polyzentrisch bleiben und sich je nach Problembedarf immer wieder neu und anders konstituieren. Möglicherweise muss Europa hier ausnahmsweise noch von den asiatischen Völkern (insbesondere den Chinesen) lernen, die seit langem mit großem Erfolg einen derart „subinstitutionellen" Regionalismus betreiben (vgl. Katzenstein 1996).

Ähnlich wie in der Computerwelt dürfte sich auch innerhalb Europas eine „Clientserver-Architektur" durchsetzen, die allen Akteuren Europas ermöglicht, je nach Bedarf in spezifischer, selbstgewählter Weise auf gemeinsame Ressourcen zuzugreifen oder kooperative Netzwerke zu bilden – und sich fallweise auch durchaus zu einem transnationalen Kollektivakteur zu formieren, der Europas Interessen gegenüber anderen Kontinenten und Kulturen wirkungsvoll vertritt. Die Institutionen der EU selbst werden in diesem weiteren Rahmen wohl kaum als supranationale Herrschaftsordnungen überleben, sondern allenfalls als wahrhaft „subsidiäre – Dienstleistungsagenturen, die für die Mitgliedsländer (und deren Gliedregionen) je nach Bedarf Hilfestellungen leisten.

Literatur

Aggestam, L., 1999: Role Conceptions and the Politics of Identity in Foreign Policy. ARENA Working Papers: http://www.sv.uio.no/arena/publications/wp99_8.htm.

Amt für amtliche Veröffentlichungen der Europäischen Gemeinschaft (Hg.): Die audiovisuellen Medien im großräumigen Europäischen Markt. Luxemburg 1988.

Areilza, José de, 1995: Sovereignty or Management? The Dual Character of the EC's Supranationalism – Revisited. Jean Monnet Working Papers. Cambridge, MA.: Harvard Law School.

Ash, Timothy Garton, 1998: Europe's Endangered Liberal Order, Foreign Affairs 77(2): 51–66.

Bach, Maurizio, 1999: Die Bürokratisierung Europas. Verwaltungseliten, Experten und politische Legitimation in Europa. Frankfurt a.M.: Campus Verlag.

Bates, F. L., und *L. Bacon*, 1972: The Community as a Social System, Social Forces: 371–379.

Bayer, József, 1997: Europäische Identität und Nationalismus. Wege zu einem andern Europa. Herausgegeben vom Beirat für gesellschafts-, wirtschafts- und umweltpolitische Alternativen. Köln: PapyRossa Verlag.

Boyce, Brigitte, 1993: The Democratic Deficit in the European Community, Parliamentary Affairs 46(4): 458–478.

Brenner, Michael J., 1993: EC: Confidence Lost, Foreign Policy 91: 24–44.

Christiansen, Thomas, 1996: Second Thoughts on Europe's „third level": The European Union's Committee of the Regions, Publius 26: 93–117.

Chryssochoou, Dimitris N., 1994: Democracy and Symbiosis in the European Union: Towards a Confederal Consociation?, West European Politics 17: 1–14.

Coser, Lewis A., 1956: The Functions of Social Conflict. London: Routledge & Kegan Paul.

Dahrendorf, Ralf, 1991: Von der Europhorie zur Euro-Depression. Gespräch mit R.D., TAGES ANZEIGER, 2.4.1991: 2.

Delanty, G., 1998: Social Theory and European Transformation: Is there a European Society? Sociological Research Online 3: http://www.socresonline.org.uk/socresonline/3/1/1.html.

Delbrück, Jost, 1987: Internationale und nationale Verwaltung. Inhaltliche und institutionelle Aspekte. In: *Kurt Jeserich, Hans G.A. Pohl* und *Georg-Christoph Unruh* (Hg.): Deutsche Verwaltungsgeschichte Bd. V. Stuttgart: Deutsche Verlags-Anstalt.

Egeberg, Morten, und *Jarle Trondal*, 1997: An Organization Theory Perspective on Multilevel Governance in the EU: The Case of the EEA as a Form of Affiliation. ARENA Working Papers. The Research Council of Norway. http://www.sv.uio.no/arena/publications/wp97_21.htm.

Eriksen, Erik Oddvar, und *John Erik Fossum*, 1999: The European Union und Post-National Integration. ARENA Working Papers. The Research Council of Norway. http://www.sv.uio.no/arena/publications/wp99_9.htm.

Gerhards, Jürgen, 1993: Westeuropäische Union und die Schwierigkeiten der Entstehung einer europäischen Öffentlichkeit, Zeitschrift für Soziologie 22: 96–110.

Geser, Hans, 1991: Kleine Sozialsysteme – ein soziologisches Erklärungsmodell der Konkordanzdemokratie? Politischer Wundel in konkordanzdemokratischen Systemen. H. Michalsky. Vaduz: Verlag der Liechtensteinischen Akademischen Gesellschaft.

Geser, Hans, 1993: Die „neue Weltordnung" im Spannungsfeld zwischen Kleinstaatlichkeit und internationalen Organisationen. Zürich: seismo Verlag.

Gordon, Philip H., 1997: Europe's Uncommon Foreign Policy, International Security 22: 74–101.

Haas, Ernst B., 1958: The Uniting of Europe. London: Stevens & Sons.

Haas, Ernst B., 1958: Regional Integration. S. 522–528 in: International Encyclopedia of the Social Sciences. Chicago.

Haas, Ernst B., 1976: Turbulent Fields und the Theory of Regional Integration, International Organization: 173–212.

Hill, Christopher, und *W. Wallace*, 1996: Introduction: Actors und Actions. The Actors in Europe's Foreign Policy. In: *Christopher Hill* (Hg.): The Actors in Europe's Foreign Policy. London: Routledge.

Hoffmann, S., 1994: The European Union: One Body, Many Voices, Current Sociology: 34–45.

Holsti, Kalevi Jaakko, 1988: International Politics. A Framework for Analysis. Englewood Cliffs, N.J.: Prentice-Hall (5th edition).
Hooghe, Liesbeth, 1998: Consociationalists or Weberians? Top Commission Officials on Nationality. ARENA Working Papers. The Research Council of Norway
http://www.sv.uio.no/arena/publications/wp98_20.htm.
Kaiser, Karl, 1972: Transnational Relations as a Threat to the Democratic Process. Transnational Relations und World Politics. S. 356–370 in: *R. O. Keohane* und *J. S. Nye* (Hg.): Transnational Relations and World Politics. Cambridge MA: Harvard University Press.
Katzenstein, Peter J., 1996: Regionalism in Comparative Perspective. ARENA Working Papers. The Research Council of Norway. http://www.sv.uio.no/arena/publications/wp96_1.htm.
Keohane, Robert O., 1984: After Hegemony. Cooperation und Discord in the World of Political Economy. Princeton: Princeton University Press.
Kerr, Clark, 1960: Industrialism and Industrial Man. Cambridge, MA: Harvard University Press.
Kittel, Bernhard, 1997: Der Nationalstaat zwischen Sozial- und Systemintegration: Anmerkungen zur „Nationalisierung" der Europäischen Union. S. 34–59 in: Wege zu einem anderen Europa. Herausgegeben vom Beirat für gesellschafts-, wirtschafts- und umweltpolitische Perspektiven. Köln: PapyRossa Verlag.
Kleinsteuber, Hans J., und *Torsten Rossmann,* 1992: Kommunikationsraum Europa? Die Medienpolitik der EG und die Europäische Integration. S. 292–317 in: *Michael Kreile* (Hg.): Die Integration Europas. Sonderheft 23 der Politischen Vierteljahresschrift. Opladen: Westdeutscher Verlag.
Kupchan, Charles A., 1996: Reviving the West, Foreign Affairs 75: 92–105.
Lemke, Christiane, 1998: Citizenship und European Integration, World Affairs 160: 212–218.
Luhmann, Niklas, 1986: Ökologische Kommunikation. Opladen: Westdeutscher Verlag.
Luhmann, Niklas, 1975: Soziologische Aufklärung II. Opladen: Westdeutscher Verlag.
Malcolm, Noel, 1995: The Case Against „Europe", Foreign Affairs 74(2): 52–69.
March, James G., und *Johan P. Olsen,* 1998: The Institutional Dynamics of International Political Orders. ARENA working paper no. 5: The Research Council of Norway, International Organization 52 (4).
Marks, Gary, 1996: Social Movements and the Changing Structure of Political Opportunity in the European Union, West European Politics 19: 249–279.
Moravcsik, A., 1994: Why the European Community Strenghtens the State: Domestic Politics und International Cooperation. Paper presented at the Annual Meeting of the American Political Science Association. New York.
Nass, Matthias, 1999: Die Schocktherapie, Die Zeit.
Niblett, Robin, 1997: The European Disunion: Competing Visions of Integration, The Washington Quarterly 20: 91–109.
Niedermayer, Oskar, und *Richard Sinnott,* 1995: Democratic Legitimacy and the European Parliament. S. 277–308 in: *Dies.* (Hg.): Public Opinion und Internationalized Governance. Oxford: Oxford University Press.
Nisbet, Robert A., 1966: The Sociological Tradition. New York: Basic Books Inc. Publishers.
Olivi, Bino, 1993: L'Europa difficile. Storia politica della Comuniti Europea. Bologna: Il Mulino.
Peterson, John, 1994: Subsidiarity: A Definition to Suit any Vision?, Parliamentary Affairs 47: 116–133.
Piore, Michael J., und *Charles F. Sabel,* 1984: Das Ende der Massenproduktion. Berlin: Wagenbach.
Riggs, Fred, 1964: Administration in Developing Countries: The Theory of Prismatic Society. Boston: Houghton Mifflin.
Sund, Inge Johanne, 1997: The Changing Preconditions of Law und Politics. Multilevel Governance and Mutually Interdependent, Reflexive and Competing Institutions in the EU and the EEA. ARENA Working Papers, The Research Council of Norway.
http://www.sv.uio.no/arena/publications/wp97_29.htm.
Scharpf, Fritz W., 1996: Demokratie in der transnationalen Politik. MPIfG Working Paper 96/3, November 1996. Max-Planck-Institut für Gesellschaftsforschung, Köln.
http://www.mpi-fg-koeln.mpg.de/publikation/working_papers/wp96-3/index.html.

Scharpf, Fritz, W., 1985: Die Politikverflechtungs-Falle. Europäische Integration und deutscher Föderalismus im Vergleich, Politische Vierteljahresschrift 26, 4: 323–356.

Schindler, Dietrich, 1992: Schweizerischer und Europäischer Föderalismus. Schweizerisches Zentralblatt für Staats- und Verwaltungsrecht 93: 193–223.

Sjursen, Helene, 1998: Enlargement and the Common Foreign and Security Policy: Transforming the EU's External Policy? ARENA Working Papers. The Research Council of Norway. http://www.sv.uio.no/arena/publications/wp98_18.htm.

Sked, Alan, 1990: The Myths of European Unity, The National Interest 22: 67–73.

Statz, Albert, 1992: Die Entwicklung der westeuropäischen Integration – ein Problemaufriss. S. 13–38 in: *Frank Deppe, Jörg Huffschmid* und *Klaus-Peter Weiner* (Hg.): Projekt Europa. Köln: Pahl-Rugenstein.

Stavridis, Stelios, 1993: Democracy in Europe. West and East. In: Conference Proceedings „People's Rights and European Structures. Centre UNESCO de Catalunya: Manresa.

Story, Jonathan, 1993a: Europe in the Global State and Market System. S. 3–61 in: *Jonathan Story* (Hg.): The New Europe. Politics, Government and Economy since 1945. Oxford: Blackwell.

Story, Jonathan, 1993b: Europe between Nostalgia and Utopia. S. 475–492 in: *Jonathan Story* (Hg.): The New Europe. Politics, Government and Economy since 1945. Oxford: Blackwell.

Streeck, Wolfgang, und *Philippe Schmitter,* 1991: From National Corporatism to Transnational Pluralism: Organized Interests in the Single European Market, Politics und Society 19: 133–164.

Taylor, Paul, 1990: Consociationalism and Federalism as Approaches to International Integration. S. 176ff. in: *Paul Taylor* und *A. J. R. Groom* (Hg.): Frameworks for International Co-operation. London: Pinter.

Thürer, Daniel, 1991: Der Verfassungsstaat ist Glied der europäischen Gemeinschaft. S. 99–136 in: Veröffentlichungen der Vereinigung der Deutschen Staatsrechtslehrer 50. Berlin/New York: de Gruyter.

Tönnies, Alfred, 1979: Gemeinschaft und Gesellschaft (Neudruck der 8. Auflage von 1935). Darmstadt: Wissenschaftliche Buchgesellschaft.

Waever, Ole, 1995: Identity, Integration and Security: Solving the Sovereignty Puzzle in E.U. Studies, Journal of International Affairs 48 2: 389–431.

Weiler, J., 1991: Problems of Legitimacy in Post-1992 Europe, Außenwirtschaft 46.

Wessels, Wolfgang, 1992: Staat und (westeuropäische) Integration. Die Fusionsthese. S. 36–61 in: *Michael Kreile* (Hg.): Die Integration Europas. Sonderheft 23 der Politischen Vierteljahrsschrift. Opladen: Westdeutscher Verlag.

Willis, David, 1996: When East Goes West: The Political Economy of European Re-integration in the Post-Cold War Era. S. 146–176 in: *Michael Wintle* (Hg.): Culture and Identity in Europe. Perceptions of Divergence and Unity in Past and Present. Avesbury: Aldershot.

Wintle, Michael, 1996: Europe's Image: Visual Representations of Europe from the Earliest Times to the Twentieth Century. Culture and Identity in Europe. S. 52–95 in: *Michael Wintle* (Hg.): Culture and Identity in Europe. Perceptions of Divergence and Unity in Past and Present. Avesbury: Aldershot.

Zellentin, Gerda, 1992: Der Funktionalismus – eine Strategie gesamteuropäischer Integration? S. 62–80 in: *Michael Kreile* (Hg.): Die Integration Europas. Sonderheft 23 der Politischen Vierteljahresschrift. Opladen: Westdeutscher Verlag.

FRAGESTELLUNGEN EINER SOZIOLOGIE DER EUROPÄISCHEN INTEGRATION

Stefan Immerfall

Zusammenfassung: Die Nachfrage nach Wissen über europäische Integrations- und Desintegrationsprozesse wächst. Im Vergleich zu ihren Nachbardisziplinen hat die Soziologie davon unzureichend profitiert. Es scheint, als tue sich die Soziologie schwer, einen eigenständigen Zugang zur Analyse der europäischen Integration zu entwickeln und zu begründen. Das gilt für den soziologischen Integrationsbegriff, für die Vorgehensweise und für die aktuellen Schwerpunkte der Forschung. Die einschlägige Forschung untersucht vor allem Entwicklungen innerhalb der westeuropäischen Gesellschaften und vergleicht diese erst in einem zweiten Schritt miteinander. Damit liefert sie zwar wertvolles Basismaterial zum Verständnis der europäischen Gegenwartsgesellschaften. Andererseits kann diese Abfolge das Verhältnis von Konvergenz und Divergenz der europäischen Gesellschaften im Zusammenspiel mit der neuen Bezugsebene Europa nicht klären. Deshalb wird als Kern der soziologischen Europaforschung vorgeschlagen, Ursachen und Folgen der gesellschaftlichen Integration Europas einschließlich ihrer Wechselwirkung für die politische Union zu analysieren. Ein solches Konzept hätte Vorteile hinsichtlich normativer Kriterien und gestattete, spezifische Hypothesen für Gegenwart und Zukunft der Europäischen Union zu formulieren. Dies wird für die derzeit wichtigsten soziologische Konzeptualisierungen der Europäischen Integration – soziokulturelle, funktionale, institutionelle Ansätze – verdeutlicht.

Die Internationalisierung und Globalisierung sozialer Zusammenhänge lässt auch die Sozialforschung nicht unberührt. Die Nachfrage nach vergleichenden Untersuchungen wächst, ebenso die Kritik an nationalstaatlich beschränkter Forschung. Das gilt nicht zuletzt für den europäischen Raum. „Europa" wird zu einem bevorzugten Bezugspunkt der Sozialwissenschaft, weil die Zeiten vorbei sind, in denen wir die Entwicklung der deutschen Gesellschaft ohne einen Blick auf die Europäische Union begreifen konnten. Die westeuropäischen Staaten rücken einerseits enger zusammen, andererseits drängen die ost- und mitteleuropäischen Staaten, endlich als „europäisch" anerkannt und vom „reichen Europa" entsprechend behandelt zu werden. Zusammen mit den vielfach ähnlichen Problemlagen hat dies ein Bewusstsein, wenn schon nicht für die Zusammengehörigkeit, so doch für die wechselseitige Abhängigkeit der europäischen Völker voneinander verstärkt.

Offensichtlich wächst die Nachfrage von Firmen und Behörden, von Regierungen und Bürgern nach „europäischen" Informationen. Ein deutliches Zeichen für einen tatsächlichen oder zumindest vermuteten Bedarf sind zahlreiche neue Voll- und Aufbaustudiengänge, die sich – wie berechtigt auch immer – mit dem Prädikat „europäisch" schmücken und laufend neu eingerichtet werden. So gibt es „Europäische Sprachen, Wirtschafts- und Kulturraumstudien" in Passau, „Europäische Studien" in Trier, Osnabrück und Aachen, „Euro-Management" (Saarbrücken), „europäisches Marketing" (Mainz), „Europäische Medienwissenschaften" (Kassel) und sogar „Europäische Sportwissenschaft" lässt sich studieren (Sporthochschule Köln). Zunehmend wird deutlich, dass es mit dem Abbau wirtschaftlicher, politischer und rechtlicher Barrieren nicht getan ist. Ein gedeihlicher Umgang über Kulturgrenzen hinweg bedarf neben dem politischen Willen zur Verständigung und der ökonomischen Einsicht in den Nutzen wachsender Wirtschaftsverflechtung auch der interkulturellen Kompetenz. Die Bedeutung solcher Faktoren wird gerade auch von und für die Wirtschaft erkannt (vgl. Deresky 1994).

Neben der Nachfrage nach möglichst verwertbarem „europäischen" Wissen, neben dem Bedürfnis nach Aufklärung über die geschichtlichen Wurzeln Europas und neben dem wiedererwachten Europagedanken weit über die EU hinaus, kommt die wissenschaftliche Motivation hinzu, europäische Integrations- und Desintegrationsprozesse auf allen Ebenen – nicht nur der wirtschaftlichen – besser zu verstehen. Dies alles sind Fragen, in denen sich die Soziologie einige Kompetenz zumutet und dementsprechend sollte die Soziologie der europäischen Integration florieren.

Allein, dem ist nicht so. So finden sich im wichtigen und ausgesprochen produktiven DFG-Schwerpunktprogramm „Regieren in der Europäischen Union", das von Beate Kohler-Koch geleitet wird (Kohler-Koch 1998; Kohler-Koch und Eising 1999), unter den aktuellen Projektnehmern neben den Politikwissenschaftlern auch Staats- und Wirtschaftsrechtler, Volkswirte und Sozialpsychologen. Aber ein Soziologe, eine Soziologin ist nicht darunter, obgleich sich unter den Rahmenantragstellern M. Rainer Lepsius und Fritz W. Scharpf befanden, die doch zumindest in Teilen ihres Werkes der Soziologie vereinnahmt werden dürfen. Nun mag dies allfälligen Zufälligkeiten geschuldet sein. Dennoch ist der Eindruck nicht von der Hand zu weisen, dass sich die Soziologie bei Fragen der europäischen Integration unter Wert verkauft.[1]

Die folgenden Überlegungen gelten der Frage, warum dies so ist. Es wird die These entwickelt, dass sich die Soziologie schwer tut, einen eigenständigen, eben spezifisch soziologischen Zugang zur Analyse der europäischen Integration zu entwickeln und zu begründen. Das gilt für den Integrationsbegriff (Abschnitt I), für die Vorgehensweise (Abschnitt II) und für die aktuellen Schwerpunkte der Forschung (Abschnitt III). Deshalb wird ein soziologischer Integrationsbegriff vorgeschlagen (Abschnitt IV) und mit Bezug auf aktuelle Integrationstheorien erläutert (Abschnitt V).[2]

I. Integrationsbegriff

Die Soziologie wandte sich der Europäischen Gemeinschaft/Union spät zu. Ironischerweise kam die europäische Einigung erstmals in einer Plenarveranstaltung auf dem Deutschen Soziologentag 1990 zur Sprache (Zapf 1991: Plenum 3), der unmittelbar nach der deutschen Vereinigung stattfand. Während sich die Soziologie – im Vergleich vor allem zur Wirtschaftswissenschaft – zugute halten kann, früh auch auf die Proble-

---

1 Diese Einschätzung wird jetzt auch in der Übersicht von Bach (2000) bestätigt. Ein anderes Beispiel: auch unter den derzeit etwa 50 Mitarbeitern des Bonner Zentrums für Europäische Integrationsforschung (ZEI) scheint die Soziologie nicht vertreten zu sein.
2 Für ihre Kommentare zu einer früheren Fassung danke ich Maurizio Bach und Patrick Ziltener.

me der deutschen Integration hingewiesen zu haben,[3] gilt das für den europäischen Integrationsprozess nicht. Welche Gründe lassen sich für diesen doch erstaunlichen Sachverhalt soziologischer Nachzüglerei anführen?

Zunächst einmal schien man die Europäische Gemeinschaft leichten Herzens der Wirtschafts- bzw. Politikwissenschaft „überlassen" zu können, zumindest solange es sich „nur" um einen Wirtschaftsraum handelte, der durch einige politische Institutionen zusammengehalten wurde. Dieser ersten Begründung ist nicht erst seit dem Maastrichter Vertragswerk die Grundlage entzogen. Immerhin begann die deutsche Soziologie auf diese veränderte Ausgangslage allmählich zu reagieren. Der Soziologentag in Düsseldorf 1992 versprach wichtige Impulse zu setzen, wurde aber von der Notwendigkeit überschattet, das Großexperiment Deutsche Vereinigung angemessen wissenschaftlich zu begleiten (Schäfers 1993).

Doch nicht nur in zeitlicher, auch in konzeptueller Hinsicht, namentlich in der Klarheit ihrer Integrationsbegriffe, besitzen Politik- und Wirtschaftswissenschaft einen Vorsprung. Bei den Wirtschaftswissenschaftlern ist dies eindeutig: Sie unterscheiden zwischen vier Stufen ökonomischer Integration: der Freihandelszone, der Zollunion, dem gemeinsamen Markt und der Wirtschafts- und Währungsunion (s. Robson 1987; El-Agraa 1994). Zur Würdigung letzterer bieten sie die Theorie des optimalen Währungsgebietes an (Krugman und Obstfeld 1994: Kapitel 21). Nach dieser Theorie lohnt sich für eine bestimmte Währung der Beitritt zu einem gemeinsamen Währungsgebiet, wenn ihre Volkswirtschaft mit derjenigen der potenziellen Partner hoch integriert ist. Dann wird sie von der zusätzlichen Stabilität des größeren Marktes profitieren, zumindest wenn die Beitrittsentscheidung vom Markt als unumstößlich akzeptiert wird. Umgekehrt sind die Nachteile umso kleiner, je verwobener die beitrittswillige Volkswirtschaft mit dem Beitrittsgebiet bereits ist. Marktintegration führt zur Konvergenz von Finanzregimen und letztlich auch der Faktoreinsatzkosten. Standortentscheidungen werden immer weniger auf der Grundlage nationaler und zunehmend auf der Basis regionaler Erwägungen getroffen (Clegg 1995).

Auch unter den Politikwissenschaftlern ist zunächst klar, was Integration meint: die Übertragung nationalstaatlicher Kompetenzen auf eine – wie auch immer geartete, ausgestattete und an die Souveränitätsgeber rückgekoppelte – Regierungsorganisation. Demnach ist die EU in erster Linie ein politisches Projekt, das in den Auseinandersetzungen darüber geformt wird, wo welche Entscheidungen rechtmäßig wie getroffen werden. Allerdings besteht Einigkeit nur darüber, dass die Europäische Union kein Staat ist, aber Züge eines solchen aufweist. Dies führt zu Alternativinterpretationen – und -erklärungen, deren bekannteste (und elaborierteste) Neofunktionalismus und Intergouvernementalismus sind (Wolf 1999). Auch gibt es keine, wie in der Wirtschaftswissenschaft vergleichsweise allgemein akzeptierten Kriterien, nach denen die Leistungsfähigkeit dieses neuen politischen Gebildes beurteilt werden könnte (Lane 1997; s.a. Falkner 2000: 288–295).

Noch klärungs- und erklärungsbedürftiger ist der Integrationsbegriff in der Soziologie. Soziale Integration bezieht sich auf die Art und Weise, in der Individuen mitein-

---

3 Vgl. die frühen Warnungen des damaligen Vorsitzenden der DGS, Wolfgang Zapf (s. Zapf 1994).

ander und mit der Gesellschaft verbunden sind. So gesehen stellt zwar „Integration" ein grundlegendes Konzept der Soziologie dar (Münch 1998: 27–67; Friedrichs und Jagodzinski 1999). Doch wurde es vornehmlich auf der konzeptuellen Ebene benutzt, um das dem sozialen Wandel unterworfene Vermittlungsverhältnis von Individuum und Gesellschaft und damit letztlich die Frage sozialer Ordnung zu thematisieren (dazu Peters 1993). Selbst die fruchtbare Unterscheidung von Lockwood (1979) zwischen Sozial- und Systemintegration wäre hier anzuführen. Empirisch spezifizierte Hypothesenzusammenhänge in konkreten Gesellschaften sind hingegen selten. Aus den wenigen Versuchen, die hierzu gemacht wurden (Landecker 1951; MacRae 1985: 250–289) können wir immerhin lernen, dass es um Kohärenz und Konsistenz von kulturellen Standards und Verhaltensmustern und um Austauschprozesse geht. Doch ihre Anwendung ist weitgehend innergesellschaftlich ausgelegt und daher für die Integration mehrerer Gesellschaften nur begrenzt brauchbar.[4]

II. Vorgehensweise

Auch aus historischen Gründen (vgl. Wagner u.a. 1991) ist der soziologische Instrumentenkasten gut bestückt, wenn es um nationale Einzelgesellschaften geht. Das gilt mutatis mutandis auch für die Beziehungsgeflechte in der globalen Gesellschaft, die als das umfassende Kommunikationssystem gedeutet wird. Der regionale Zusammenschluss Europas weist aber eine eigentümliche Zwischenstellung auf: er ist jenseits der Nationalstaaten und diesseits der Weltgesellschaft angesiedelt. Daraus ergeben sich schwer wiegende Folgen für jene Vorgehensweise, die sich für die soziologische Analyse der europäischen Integration zunächst anbietet: den sozialwissenschaftlichen Vergleich.

Sozialwissenschaftliche Vergleiche untersuchen das Auftreten eines bestimmten Sachverhaltes in mehreren, räumlichen oder zeitlich abgegrenzten, häufig auch rechtlich und politisch unterschiedlichen Einheiten. Über die Variation der Randbedingungen (Kontexte) soll herausgefunden werden, ob und wie die Sachverhalte (Untersuchungseinheiten) mit diesen Randbedingungen zusammenhängen. Deshalb werden bei dieser Methode stets zwei Klassen von Variablen erhoben: eine, welche die unterschiedlichen Umstände kennzeichnet, in denen die interessierenden Sachverhalte auftreten, eine zweite, die das Phänomen selbst charakterisiert. Wegen dieser Kontrollmöglichkeit wird der Vergleich auch manchmal als sozialwissenschaftliches Pendant zum naturwissenschaftlichen Experiment gesehen. Freilich ist das Experiment, wie dem Ahnvater des sozialwissenschaftlichen Vergleichs, John Stuart Mill, schon bewusst war, hinsichtlich Genauigkeit, Wiederholbarkeit und Sicherheit des Schlusses weit überlegen. Der Vergleich, selbst wenn alle Voraussetzungen für die Differenzmethode gegeben wären, stellt niemals eine streng experimentelle Anordnung dar (Mill 1885/3: 79). Jene Wissenschaften, so Mill (1885/3: 82) weiter, befinden sich folglich im Nachteil, in denen der künstliche Versuch unmöglich oder nur „unter einer Ungunst der Verhältnisse zur Anwendung kommt".

Die ceteris-paribus-Fiktion der Unabhängigkeit der gesellschaftlichen Bedingungen,

---

4 Wichtige Ausnahmen stellen hier die Arbeiten von Deutsch (1957, 1966) dar.

mit der im Gesellschaftsvergleich meist gearbeitet wird, wurde denn auch mit guten Gründen seit jeher in Frage gestellt (Tenbruck 1972, 1989). Im Hinblick auf Europa verbietet sich dieser Kunstgriff aber von vornherein. Denn hier haben wir es mit einer die einzelnen Staaten übergreifenden Entscheidungsebene zu tun, welche zwar aus den Staaten hervorgegangen ist und aus ihnen ihre Legitimität schöpft, doch zugleich auch ihre Entwicklung und Struktur entscheidend prägt. Die neue Bezugsebene Europa weist nicht nur eine eigenständige politische Form auf, sondern ihr Vorhandensein verändert auch die nationalen Strukturen (Lepsius 1991: 309; Laffan 1998; Schäfers 1999: 4). Dieses Problem stellt sich nicht – oder zumindest weniger scharf – für die Wirtschaftswissenschaft, weil sie die EU, ihre Entscheidungen und Institutionen letztlich aus einer Summe ökonomisch rational handelnder Akteure deduziert, und weniger scharf auch für die Politikwissenschaft, insofern sie entweder die europäische *polity* als gegeben nimmt (und dann die Politikgestaltung untersucht) oder aber von nationalstaatlichen Akteuren ausgeht (und dann Institutionenentstehung analysiert).

III. Schwerpunkte

Was ist nun ihre eigentümliche Fragestellung, mit der die Soziologie die europäische Integration untersucht? Ein Blick auf die einschlägigen Veröffentlichungen lässt zwei Schwerpunkte erkennen. Zunächst galt es – und gilt es weiterhin – die notwendigen deskriptiven Grundlagen zu schaffen, eine ungemein wichtige und angesichts der damit verbundenen Messprobleme – diachrone Analysen, unterschiedliche Erhebungskontexte, disparate Datenqualität, Äquivalenzprobleme usw. – ungemein schwierige Aufgabe. Dennoch verfügen wir hier mittlerweile in mehreren Bereichen über solides, empirisches Wissen (vgl. u.a. Kaelble 1987; Glatzer 1993; Schäfers 1993; Haller und Richter 1994; Immerfall 1995; Bailey 1998; Therborn 1995; Hradil und Immerfall 1997; Boje, Steenbergen und Walby 1999).

Ein zweiter großer Schwerpunkt bezieht sich auf die Entwicklung der europäischen Gesellschaften, vor allem auf die Frage von Konvergenz und Divergenz. So hat Hartmut Kaelble (1987) beispielgebend untersucht, ob es im 19. und 20. Jahrhundert neben der Vielfalt unveränderter oder neuer regionaler und nationaler Unterschiede nicht doch auch längerfristige Tendenzen zu einer europäischen Gesellschaft, also zu mehr Gemeinsamkeiten, zu mehr Annäherungen, zu mehr Verflechtungen zwischen den nationalen europäischen Gesellschaften gab und gibt. Er bejaht dies und benennt als Elemente der Konvergenz vor allem sozioökonomische Prozesse: die Durchindustrialisierung Europas seit der Nachkriegszeit, die Herausbildung der Massenkonsumgesellschaft und die Verflechtung und den Austausch zwischen den einzelnen Gesellschaften.

Indes – die angeblich entstehende europäische Gesellschaft weist weiterhin ihre regional und national eigentümlichen Färbungen auf. Das gilt etwa für den Bereich der immer wichtiger werdenden Dienstleistungen. Zwar wächst in allen europäischen Gesellschaften der Dienstleistungssektor, doch ob es zu einer „europäischen Wissenschaftsgesellschaft" kommt (Heidenreich 1999) ist fraglich. In Deutschland sind die produktionsnahen Dienstleistungen besonders gut entwickelt, in Großbritannien hingegen die Finanzdienstleistungen. Ebenfalls kaum angenähert haben sich die Arbeitsbeziehungen und die intra-industriellen Beziehungen (Lane und Bachmann 1998).

Auch in der Bevölkerungsentwicklung, über deren Verlauf wir unter anderem durch die Studien von François Höpflinger (1987, 1997) oder Louis Roussel (1992) informiert sind, zeigen sich Parallelen. Der Trend zu mehr Ein-Personen-Haushalten und zur Klein- bzw. Kleinstfamilie mit wenig Kindern ist allgemein. In nahezu allen Ländern ist die Zahl von Ehescheidungen, Ein-Eltern-Familien und Fortsetzungsfamilien angestiegen. Sexualität und Ehe haben sich entkoppelt und häufig werden Bindungen nicht mehr legalisiert. Ebenso erfuhren viele europäische Länder analoge Verschiebungen der Familiengründung, und eine zunehmende Erwerbstätigkeit von Frauen bzw. Müttern ist ebenfalls ein europaweites Phänomen. Umgekehrt ist auch die Tatsache, dass unbezahlte Haus- und Familienarbeiten weiterhin zum überwiegenden Teil von Frauen übernommen werden müssen, ein gesamteuropäisches Problem.

Doch auch hier gilt, Konvergenz in den Prozessen ja, in den Mustern und Strukturen nicht unbedingt (vgl. z.B. Kuijsten 1996; Hareven 1999; Esping-Andersen 1999). Ob etwa, wie in Schweden, die Ehe auch formal weit gehend abgewertet und die Geburt von Kindern nicht länger als Anlass zur Eheschließung angesehen wird, ist noch nicht entschieden. Würde Europa Schweden folgen, dann hätte die Ehe nicht nur ihren hohen institutionellen und symbolischen Stellenwert eingebüßt, sondern auch als Werte- und als Rechtsgemeinschaft ausgedient. Überdies tun sich neue Unterschiede innerhalb der Nationalgesellschaften auf, zwischen Regionen und zwischen Bevölkerungsgruppen mit unterschiedlichen Lebensmustern (Burkart und Kohli 1992; Kaufmann und Strohmeier 1993).

Als Letztes soll der Bereich der Bildung herangezogen werden. Auch hier lassen sich zunächst aus der makrosoziologischen Vogelperspektive ähnliche Entwicklungen feststellen. Die Bildungsexpansion hat alle Länder erfasst, und vor allem Mädchen konnten von ihr profitieren (Müller, Steinmann und Schneider 1997). Weniger eindeutig ist indes der Abbau der sozialen Unterschiede der Bildungschancen und Bildungsbeteiligung (Blossfeld und Shavit 1993; Müller und Haun 1994; Rodax 1995; Brauns 1999). Und eher noch zugenommen hat die institutionelle Vielfalt des westeuropäischen Bildungssystems (Müller 1999).

IV. Zwischenbilanz

Diese kurze Übersicht zum Stand der soziologischen Analyse bestätigt, dass die einschlägige Forschung vor allem Entwicklungen innerhalb der westeuropäischen Gesellschaften untersucht und erst in einem zweiten Schritt diese miteinander vergleicht. Damit handeln sich die soziologischen Analysen der Europäischen Integration genau die Probleme ein, die im zweiten Abschnitt skizziert wurden; die hinlänglich bekannten und bewährten Vorgehensweisen des sozialwissenschaftlichen Gesellschaftsvergleichs sind für die Analyse der europäischen Integration nur begrenzt brauchbar. Ihre Anwendung führt etwa zu dem ungeklärten Verhältnis von Konvergenz und Divergenz der europäischen Gesellschaften. Je nach gewähltem Zeitabschnitt und dem Institutionalisierungsgrad des behandelten Wirklichkeitsausschnitts wird dann einmal Divergenz, das andere mal Konvergenz festgestellt.

Unter diesen Umständen liegt es nahe, nach einem methodisch und inhaltlich angemessenen Integrationsbegriff zu fragen. Inhaltlich soll er an die oben knapp skizzierte klassische Diskussion um Integration anschlussfähig sein, also an Prozesse der Verflechtung, gegenseitiger Abhängigkeit, Gemeinschaftsbildung und Solidarität, wobei der Zusammenhang zwischen Verflechtung und Zusammengehörigkeit (und Zusammengehörigkeitsgefühl) offen bleibt. Methodisch soll der Integrationsbegriff ohne die ceterisparibus-Fiktion auskommen, die Entwicklungen in den Einzelgesellschaften ließen sich unabhängig voneinander analysieren. Europäische Integration, soziologisch verstanden, muss sich auf die Integration von Gesellschaften beziehen. Dabei erschöpft sich Integration nicht in „Ähnlichkeit" oder „Interdependenz".[5] Vorgeschlagen wird, gesellschaftliche Integration als Differenz zweier Wahrscheinlichkeiten zu verstehen, der Wahrscheinlichkeit, mit der zwei beliebige Elemente der fraglichen Gesellschaften untereinander Austauschbeziehungen eingehen, abzüglich derjenigen, mit der sie dies mit Elementen anderer Gesellschaften tun. „Element" ist sehr weit zu verstehen; es umfasst Personen, Firmen, Behörden, Organisationen etc. Unter „Austauschbeziehungen" sind interpersonale Kommunikationen, ökonomische Transaktionen oder medial vermittelte Bezüge zu verstehen.

Kern der soziologischen Europaforschung wäre nach diesem Vorschlag, Ursachen und Folgen der gesellschaftlichen Integration Europas einschließlich ihrer Wechselwirkung für die politische Union zu analysieren. Welche Vorteile hätte ein solches Konzept?

Zunächst einmal ließen sich normative Kriterien ableiten. Wachsende Integration rechtfertigt mehr politische Vergemeinschaftung. Analog zum Effizienzprinzip der Äquivalenz in der Finanzwissenschaft, demzufolge öffentliche Aufgaben von derjenigen Gebietskörperschaft wahrgenommen werden sollen, bei der Nutznießer und Beitragszahler möglichst überstimmen, oder der Theorie des optimalen Währungsraumes, könnte man für die Schaffung demokratischer Zentralgewalten ein „Modell des optimalen Präferenzraums" formulieren (Immerfall 1998: 186): Die räumlichen wie auch die substanziellen Grenzen der politischen Integration sollten den Grenzen der sozialen Integration entsprechen. Neue Institutionen wären legitim, wenn ihre Geltung sich auf Räume mit weit' gehend homogenen Präferenzen und kompatiblen Gesellschaftsstrukturen bezöge.

Wichtiger aber noch: mit diesem Integrationsbegriff lassen sich spezifische Hypothesen für Gegenwart und Zukunft der Europäischen Union verbinden. Folgende Erklärungszusammenhänge sind denkbar (*Abbildung 1*): Entweder stellt gesellschaftliche Integration eine unabhängige oder eine abhängige Variable dar, d.h. mit wachsender gesellschaftlicher Integration nimmt auch die europäische Integration (EI) zu. Oder aber es hängt umgekehrt die gesellschaftliche Integration in erster Linie von den Entscheidungen zur wirtschaftlichen, politischen und kulturellen Zusammenarbeit ab.[6] Im

---

[5] Prägnanter wäre es, statt von gesellschaftlicher von sozialer Integration zu sprechen. Das brächte aber die Gefahr von Verwechslungen mit der sog. sozialen Dimension des Binnenmarktes mit sich.
[6] Wechselwirkungen werden hier der Einfachheit halber ausgeblendet.

ersten Fall bietet sich des Weiteren an, zwischen endogenen und exogenen, „innereuropäischen" bzw. „außereuropäischen" Gründen für wachsende Integration zu unterscheiden. Integration könnte mit besonderen europäischen Faktoren zu tun haben, der gemeinsamen Geschichte etwa, oder geteilten kulturellen Wurzeln. Oder aber gesellschaftliche Integration in Europa findet nur zufällig hier statt und beruht auf Faktoren, die anderswo ihren Ursprung haben oder universal sind. Hier wäre etwa an Prozesse der Amerikanisierung oder der Globalisierung, aber auch (früher) an die Blockkonfrontation zu denken.

Welcher der möglichen Einflusspfade größere Plausibilität für sich beanspruchen kann, muss zunächst offen bleiben. Diese Offenheit ist ein Vorteil; sie ermöglicht, dass unterschiedliche Ansätze mit dem Konzept der gesellschaftlichen Integration arbeiten können. *Abbildung 1* repräsentiert einen Möglichkeitsraum, der durch konkurrierende Theorieansätze zu füllen und letztlich in überprüfbare Wirklichkeitsaussagen zu überführen ist. Entsprechende Argumente lassen sich den bislang vorliegenden Konzeptualisierungen der europäischen Integration entnehmen. Wenn wir die für das Makropuzzle der europäischen Integration angebotenen Erklärungen und Erklärungsvermutungen nach dem in *Abbildung 1* vorgeschlagenem Schema einteilen, lässt sich folgende Übersicht erstellen (*Abbildung 2*). Dabei wird grobschlächtig nach soziokulturellen, funktionalen und institutionellen Ansätzen schematisiert.

Abbildung 1: Mögliche Zusammenhänge zwischen gesellschaftlicher und europäischer Integration (EI)

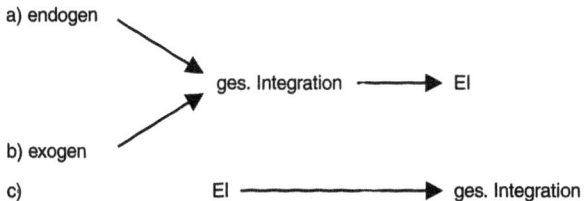

Abbildung 2: Soziologische Konzeptualisierungen der Europäischen Integration

	Integrationsmechanismus	Motor	Theorienfamilie	Prognose für EU
a)	Soziokulturell	diffuse Solidarität	Systemische Handlungstheorie	Abhängig von Identitätsentwicklung
b)	Funktional	Industrialisierungslogik	Modernisierungstheorie	Linear positiv
c)	Institutionell	Wettbewerbsdruck	Regimetheorie	Konflikte zwischen und innerhalb Triade

Der „endogenen" Zusammenhangsvermutung entsprechen soziokulturelle Ansätze. Sie beziehen sich auf – möglicherweise durch den europäischen Kulturraum vorgeprägte – Wertemuster. Hier kommt das Kulturerbe aus der indogermanischen Vorzeit in den Sinn, die römische Kulturüberlagerung oder das Christentum und die Diffusion großer europäischer Ideen. Ferner lassen sich sozialgeschichtliche Eigentümlichkeiten und Gemeinsamkeiten Europas benennen. Als Beispiele führt Hartmut Kaelble (1997) die Familie Europas, seine sozialen Milieus, die eher gebremste und geplante Stadtentwicklung an. Edgar Morin (1988) begreift, wie schon Max Weber vor ihm, Urbanität und Polyvalenz als verbindendes Element in der unitas multiplex Europas an. Einen bis heute übergreifenden Kernbestand stellt sicher auch der Wohlfahrtsstaat dar (Flora 1986; Flora und Noll 1998; Huber und Stephens 1998; Esping-Andersen 1996; Herrmann 1999). Obgleich der Sozialstaat heute überall in der Kritik steht, kommt die Sozialstaatskritik selbst doch diesseits und jenseits des Atlantik in eigentümlich unterschiedlichem Gewand daher (Immerfall 1999: 184).

Doch über solchen europäischen Gemeinsamkeiten und Besonderheiten sollte nicht übersehen werden, dass sich politische, wirtschaftliche und kulturelle Entwicklungen stets zu abgrenzbaren Räumen verdichtet haben. Diese historischen Grenzziehungen haben sich immer wieder prägend für spätere Entwicklungen erwiesen. Deshalb lässt sich die Makro-Region Europa nur als eine „Region von Regionen" (Haller 1988) begreifen. Insofern stellen die wachsenden Unterschiede zwischen Regionen, Lebensbedingungen und Lebensweisen, die gegenwärtig gerade innerhalb der zu ihren Hochzeiten vergleichsweise homogenen Nationalstaaten zu beobachten sind und die konvergierende Verhaltensmuster weniger wahrscheinlich machen, durchaus eine Rückkehr zur historischen Normalität dar. Insgesamt scheinen Versuche, eine europäische Geistesverwandtschaft für die Gegenwart aus kulturgeographischen Gemeinsamkeiten abzuleiten, entweder nicht sehr aussagekräftig oder aber in politischer Absicht gemacht.

Ein Blick auf Einstellungen und Werte der Unionsbürger zeigt, dass in der Tat Skepsis angebracht ist. Zwar deuten zahlreiche Untersuchungen darauf hin, dass Europa als subjektiv erfahrene, sozial konstruierte Größe tatsächlich existiert (Immerfall 1995: 33–40). Und nach den aktuellen Ergebnissen der Einstellungs- und Meinungsforschung herrscht bei den Bürgern gegenüber der EG/EU durchaus eine im Großen und Ganzen positive Grundstimmung vor. Allerdings steht die abstrakte und unverbindliche Idee „Europa" wesentlich höher im Kurs als die real existierende EU (Anderson und Kaltenthaler 1996; Immerfall und Sobisch 1997; Goncalves und Fonseca 1998). Multivariate Analysen der Umfragedaten zeigen, dass die nationale Zugehörigkeit für die Haltung zur EU bedeutsamer ist als die üblichen soziologischen Verdächtigen, nämlich Alter, Geschlecht, Schichtzugehörigkeit und selbst Bildung oder die politische Einstellung der Befragten. Sie wiegen im Durchschnitt weniger schwer als das Land, aus dem die Befragten kommen. Hinter der durch die Variable „nationale Zugehörigkeit" erklärten Varianz scheinen sich in der Hauptsache zwei Faktoren zu verbergen (Immerfall 2000):

Zum einen spiegelt sie die Tatsache, dass die Haltung der Befragten zur EG/EU hauptsächlich von utilitaristischen Motiven gelenkt ist. Nur wenn die Bürger der Überzeugung sind, die europäische Einigung bringe ihnen oder ihrer Volkswirtschaft überwiegend und aufs Ganze gesehen materielle Vorteile (oder zumindest keine Nachteile), befürworten sie nachdrücklich die Mitgliedschaft ihres Landes in der Gemeinschaft bzw. Union. Eine zweite Einflussgröße scheint plausibel, ist allerdings in standardisierten Massenumfragen nur begrenzt nachweisbar. Dabei handelt es sich um so etwas wie ein „Sediment historischer Erfahrungen", das sich in typischen Haltungen der Nationen verfestigt hat und das auch eine Interpretationshilfe für die Deutung aktueller Konflikte abgibt. Während beispielsweise für Dänemark – setzt man die EU-Beiträge und den volkswirtschaftlichen Wohlstand des Landes ins Verhältnis – die EU ein außerordentlich gutes „Geschäft" ist, ist die „Nettozustimmung" vergleichsweise mager. Etwa jeder fünfte Däne – eine ansehnliche Minderheit also – gibt an, die Mitgliedschaft seines Landes in der EU sei eine „schlechte Sache". Diese EU-kritische Haltung dürfte mit der langfristig eher westlich und nördlich denn zum Kontinent hin ausgerichteten Orientierung des Landes und seiner Furcht, an Eigenständigkeit einzubüßen, zusammenhängen (vgl. Inkeles 1991; Hedetoft 1994).

Vieles spricht somit dafür, dass trotz der immer engeren, wirtschaftlichen und politischen Bindungen der EU-Mitgliedsstaaten ihre nationalen Kulturen und öffentlichen Meinungen bis auf weiteres stark verschieden bleiben werden (Wilterdink 1993; Gerhards 1993; Delanty 1996). Das gilt auch für die Diskurse der Intellektuellen, welche sich doch besondere Neugier und Offenheit zugute halten und die doch überwiegend nationalen Bahnen folgen (Münch 1993). Und das gilt für die Soziologie, in der der transatlantische Austausch häufig reibungsloser funktioniert als der innereuropäische (Nedelman und Sztompka 1993).

Möglicherweise kommt es auf Fragen der europäischen Identität gar nicht an. Vielleicht treiben Wirkkräfte die gesellschaftliche Integration voran, die mit Europas spezieller Geschichtlichkeit nichts zu tun haben. Dies behauptet das auf der Weberschen Zweckrationalität und der Spencerschen Industrialisierungslogik beruhende Modell der funktionalen Integration industrieller Gesellschaften. Demnach sind moderne westliche Gesellschaften durch Eigentumsnormen, Marktbeziehungen und das Institut der vertraglichen Kontrakte gekennzeichnet. Zwischen den Gesellschaften nimmt die Kommunikation zu, weil Transport- und Transaktionskosten sinken. Im Umgang miteinander brauchen sie Regelhaftigkeit und Verlässlichkeit.

Die Integration zu größeren Einheiten entspricht nach diesen Überlegungen der notwendigen Entwicklung fortgeschrittener Industriegesellschaften. Modernisierung und gesellschaftliche Integration sind zwei Seiten der gleichen Medaille (Wallace 1994: 53). Ganz in der Tradition Claude Henri de Saint-Simons und seiner Vision des „unpolitischen" Fortschritts erscheint die europäische Einigung in dieser Sichtweise letztlich als ein unmittelbar funktionales Erfordernis der wirtschaftlichen und zivilisatorischen Entwicklung. Stanley Hoffman (1995: 218) hat die Essenz dieses Ansatzes treffend zusammengefasst: Er baut auf die Technologie als den Treibstoff und auf die Logik des Marktes als den Motor der Integration.

Diese Überlegungen gelten grundsätzlich für alle fortgeschrittenen Gesellschaften. Die europäische Integration weist aber wegen der sozialen Ähnlichkeiten zwischen den Gesellschaften eine besonders günstige Basis auf. Überdies findet sie in der Brüsseler Bürokratie ihren neutralen Sachverwalter, dem sich die nationalstaatlichen Interessen unterordnen. Denn in jeder nationalen Gesellschaft formieren sich Interessengruppen, die diese Vergemeinschaftung fordern (Sandholtz und Stone Sweet 1999).

Wie freilich das Schicksal – nicht nur – der Tschechoslowakei belegt (Musil 1993), ist Integration nicht nur eine Frage eines funktionierenden Marktes, von organisatorischer Effizienz und wachsender Interdependenz, sondern – den Brückenschlag zum sozio-kulturellen Ansatz herstellend – auch eine Frage menschlicher Zielsetzungen, Werte und Einstellungen. Als Kronzeugen, der auf die sozio-kulturelle Dimension sozialer Integration frühzeitig hingewiesen habe, führt Jiri Musil (1994: 13) Talcott Parsons an. Nun ließe sich Parsons wohl genauso dem Modell der funktionalen Integration zuordnen, doch zweifellos nehmen in seinem Gesamtwerk Probleme der sozio-kulturellen Steuerung und Abstimmung einen prominenten Platz ein. Musil verweist auf Parsons Artikel über Durkheim, in dem er die Tatsache hervorhebt, dass Interdependenz nicht notwendigerweise eine integrative ist, wenn sie nicht von akzeptierten Werten – „diffuse Solidarität" genannt – begleitet wird, die Interdependenz fördern (Parsons 1967: 3–34). Richard Münch (1993, 1998) hat in mehreren Anläufen versucht, Parsons Ansatz speziell für den europäischen Integrationsprozess nutzbar zu machen. Demnach hängt es von drei Prozessen ab, ob es der größeren europäischen Einheit gelingt, eine gemeinsame Identität zu entwickeln: der nachdrücklichen Abgrenzung nach außen, der inneren Homogenisierung und dem Ausgleich regionaler Ungleichgewichte.

Als letzte logische Möglichkeit ist die umgekehrte Abhängigkeit von gesellschaftlicher und europäischer Integration zu diskutieren. Gesellschaftliche Integration folgt den von Eliten getroffen Entscheidungen. Hier lassen sich historische Parallelen zur Staatsbildung ziehen: Nationen folgten Staaten, nach der Landnahme kam die Vereinheitlichung des Territoriums, auf die Ausscheidungskämpfe der Königsmechanismus.[7] Diesen Aspekt heben soziologische Regimeansätze und Theorien der Institutionenbildung hervor, welche die Konflikte um die neue europäische Herrschaftsordnung und ihre strukturprägenden Konsequenzen untersucht.

Unter einem Regime oder einer Verfassung versteht man in diesem Zusammenhang die fundamentalen Charakteristika einer sozialen Ordnung. Die EU lässt sich genauer als ein politsch-ökonomisches Regime verstehen, als ein Bündel sozialer Einrichtungen zur Verhaltens- und Konfliktregulierung, Konsensbildung und Kompromissfindung (Krasner 1983: 2; Bornschier 1998: 131). Wie aber kommen Regime, oder allgemeiner: Institutionen überhaupt zustande? Vor ihrer Existenz türmen sich Kooperations- und Kollektivgutprobleme, Entscheidungslücken und Verflechtungsfallen auf (Olson 1968; Streeck 1992; Scharpf 1994).

Die Soziologie bietet als „Ingredienzien" erfolgreicher[8] Institutionenbildung namentlich Interessen, kulturelle Rahmungen und politische Unternehmer an. Soziologische Theorien der Institutionenbildung unterscheiden sich von ökonomischen und von politischen Ansätzen vor allem durch den Stellenwert, der kulturellen Praktiken eingeräumt wird. Für die ökonomische Handlungstheorie stellt eine Episode einer Institutionenbildung ein Verhandlungsspiel dar, bei dem rationale Akteure über neue, gegenüber dem altem Arrangement optimalere Regeln verhandeln (Douven und Engwerda 1995). Auf die Integration angewandt heißt das, dass gewisse ökonomische Funktionen und Instrumente vergemeinschaftet werden, um die Allokationseffizienz zu steigern.

---

7 Letzteres bezieht sich auf Norbert Elias, der die Integration lose verbundener Territorien des 11. und 12. Jahrhunderts zu größeren Einheiten und die Mechanismen, diese größeren Einheiten zusammenzuhalten, untersucht hatte (Elias 1976, 1983). Dabei betonte er, auch gegen Parsons, dass der langfristige Integrationsprozess mit der Nation nicht enden wird (Elias 1972: 277, 284). Ob die EU ein Moment des Zivilisationsprozesses darstellt, sei dahin gestellt.

8 „Erfolgreich" ist, wie uns die Institutikonenökonomik und der europäische Agrarhaushalt gelehrt haben, dabei nicht gleich bedeutend mit „effizient".

Ein Ziel, das von den beteiligten Staaten geteilt wird (Robson 1987: Kap. 5). Analog hat die neorealistische Integrationstheorie die Einheitliche Europäische Akte (EEA) als Ergebnis der Verhandlung nutzenmaximierender Staaten interpretiert (Moravcsik 1998).

Gegenüber den Interessenkalkülen der Eliten heben soziologische Theorien der Institutionenbildung zusätzliche kulturelle Rahmenbedingungen hervor (March und Olsen 1989; Fligstein 1996). Institutionen formen Interessen und bieten Verfahrensweisen ihrer Durchsetzung an (Lepsius 1990: 7–17). Somit beeinflussen sie nicht nur die Strategien, sondern auch die Präferenzen der Akteure und ihr Kooperationsverhalten. Rationale Verhandlungslösungen bzw. das Scheitern von Verhandlungen sind in dieser Sichtweise nur ein mögliches Ergebnis. Es könnte sich auch ein ganz neuer kultureller Rahmen ergeben, ein neues institutionelles Projekt, das die beteiligten Interessen umdefiniert und zukünftige Verhandlungen auf eine neue Basis stellt.

Letzteres scheint auf das Binnenmarktprojekt bzw. die EEA – einen besonders gut untersuchten Fall (Ziltener 1999; Bornschier 2000) – zuzutreffen. Wie kam es dazu, da doch Institutionen generell träge sind? Neue Institutionen entstehen, alte verändern sich nur in Zeiten einer Krise. In einer solchen befand sich die EG Anfang der 80er Jahre zweifellos; die Bezeichnung „Eurosklerosis" war weit verbreitet. Doch nicht jede Krise bringt institutionelle Antworten hervor. Dazu bedarf es institutioneller Unternehmer, welche die Krise „beim Schopf packen" und aus dem Verhandlungsdilemma herausführen (Powell und DiMaggio 1991). Im Fall der EEA hat die Kommission als eine Art „soziale Eliten-Bewegung" fungiert (Fligstein und Mara-Drita 1996: 3, 12). Das Binnenmarktprojekt fasste geschickt zahlreiche, im Grunde seit langem bekannte, doch weit gehend erfolglos ventilierte Direktivvorschläge zu einem Paket zusammen. Dieses Paket wurde als eine Lösung für mehrere Probleme gleichzeitig präsentiert und angesehen. Den einen galt es als Impuls für die darniederliegende europäische Wirtschaft, anderen als Ausweg aus der politischen Stagnation der EG. Neoliberalen Regierungen erschien es als folgerichtige Fortsetzung ihrer Regierungspolitik, während sozial- und christdemokratische Regierungen die Vorschläge als Etappe hin zur sozialen Harmonisierung Europas auffassen konnten. Für Delors selbst war der einheitliche Markt nur der erste Schritt auf dem Weg zu einer zukünftigen Währungs- und Sozialunion (Bornschier und Ziltener 1996). Zudem schien die EEA nichts zu kosten und in die nationalen Kompetenzen der Mitgliedsstaaten nur peripher einzugreifen; Fligstein und Mara-Drita (1996: 20–25) zeigen, dass die große Mehrheit der Direktiven der Vereinfachung des Handels gewidmet ist.

Als zusätzlicher Geburtshelfer für das Binnenmarktprojekt stand der informelle runde Tisch europäischer Wirtschaftsführer bereit (Bonschier 1994). Volker Bornschier sieht darin eine Bestätigung für seine Interpretation der Integrationsdynamik der 80er Jahre. Bornschier baut den Regimeansatz in seine umfassende, zyklische Erklärung der Abfolge verschiedener Gesellschaftsmodelle ein (Bornschier 1998). Wettbewerb zwischen Staaten findet nicht nur in einem politisch-militärischen Sinne statt; Staaten konkurrieren auch als Anbieter sozialer Ordnungen miteinander. Jene Gesellschaftsmodelle „steigen auf", die eine günstige Kombination von interner Legitimität und äußerem Zwang aufweisen, d.h. „Protektion" zu günstigen Preisen anbieten können. Die EU und ihre Erneuerung in den 80er Jahren wäre demnach eine Antwort europäischer, wirtschaftlicher und politischer Eliten, den Niedergang des europäischen, sozioökonomischen Modells abzuwenden (Bornschier 1994; 2000: 254–263).

Die europäische Herrschafts- und Institutionenbildung lässt sich auch als Differenzierungsprozess begreifen. Diese Sichtweise macht deutlich, dass mit der europäischen Integration in der Tat ein neuer kultureller Rahmen verbunden ist, mit einschneidenden Folgen für die Interessen und Handlungen der beteiligten Akteure. Dabei geht es – im Unterschied zur politikwissenschaftlichen Diskussion – weniger um die Übertragung nationalstaatlicher Regierungsgewalt auf einen neuen Souverän, sondern um die Schaffung eines neuartigen, vergleichsweise offenen politischen Systems. M. Rainer Lepsius (1990, 1991, 1997) und im Anschluss daran Maurizio Bach (1999) haben insbesondere die in den neuen europäischen Institutionen verwirklichten Leitideen und die ihnen entsprechenden, handlungspraktischen Rationalitätskriterien sowie die damit verbundenen Konflikte herausgearbeitet.[9]

Die Leitidee, an der sich das neue Organisationsgefüge orientiert, ist in erster Linie der funktionsfähige Binnenmarkt. Seine segensreiche Wirkung wird immer wieder zur Rechtfertigung des ganzen Projekts herangezogen. Dieses Kriterium erfordert und gestattet immer neue Eingriffe, die über Rechtsakte, Richtlinien zumeist, vollzogen werden. Gemeinschaftsrecht kommt daher zunächst unverfänglich im nationalen Gewand daher. Denn Funktionseliten und bürokratische Netzwerke fungieren als Verbindungsglieder der transnationalen Integrationen. Verwaltungsverfahren stellen aber auf Dauer keine zureichenden Grundlagen legitimer Herrschaft dar, sodass sich einmal mehr die Frage nach der Vermittlung heterogener Rationalitätskriterien stellt (Lepsius 1977). Demokratiedefizit und „Exekutivlastigkeit europäischer Entscheidungsprozesse" (Börzel 2000) sind beredter Ausdruck des Integrationsdilemmas.

V. Szenarien

Die hier natürlich nur grob skizzierten Ansätze liefern nicht nur unterschiedliche Erklärungen für die Integration der europäischen Gesellschaften, sondern sie werfen auch unterschiedliche Szenarien für die weitere Entwicklung auf (*Abbildung 2*, letzte Spalte). Das Modell der funktionalen Integration könnte zunächst als allzu vereinfacht und in gewissem Sinn auch als zu deterministisch erscheinen. Doch die trotz umfänglicher Kritik und teilweisen Rückschlägen offenbar langfristig unaufhaltsam wachsende Kompetenzappropriation und ungebrochene Anziehungskraft der Gemeinschaft für ihre Nachbarn ist schon überraschend und bestätigt grundsätzliche Annahmen des Modells. Man blicke nur auf die einschlägigen Prognosen zur Währungsunion zurück (vgl. Lesounre 1996).

Die Integrationsdynamik schafft sich ihre Profiteure. Allerdings ist kein linearer

---

9 Es mag zunächst überraschen, Lepsius' Theorie der institutionellen Differenzierung der stark elitenbezogenen Regimetheorie zugeordnet zu sehen. Tatsächlich aber sind sowohl die in Institutionen verkörperten Deutungsmuster durch Eliten entscheidend vermittelt als auch die Konkurrenz um alternative Institutionalisierungen. Es bietet sich daher an, Theorien, die den Wertbezug von Institutionen betonen, zusammen mit solchen zu betrachten, die ihre Entstehung analysieren.

Trend zur Vergemeinschaftung mit der Kommission als Zentrum festzustellen. Die Maastrichter Säulenkonstruktion kennt unabhängige (EZB), koordinierte (GASP) und vermischte Bereiche (Gemeinsame Innen- und Rechtspolitik). Es scheint, als gingen derzeit die wichtigen Initiativen eher vom Europäischen und vom Ministerrat als von der Kommission aus. Das gegenwärtige Übergewicht der nationalstaatlichen Akteure könnte allerdings nur eine zyklische Gegenreaktion innerhalb des weiterhin ungebrochenen Entwicklungstrends hin zur Staatlichkeit auf supranationaler Ebene darstellen (Eichener 2000: 340). Doch nicht nur Form und Verlauf, auch die Substanz des Integrationsprozesses kann vom Modell der funktionalen Integration nicht hinreichend erklärt werden. Britanniens beharrliche Verweigerung zahlreicher Maßnahmen der Vergemeinschaftung – von sozialpolitischen Initiativen bis zur Zinsbesteuerung – schien zunächst den Idiosynkrasien einer Margaret Thatcher zu entstammen. Mit Blick auf die in vielen Bereichen vom kontinental-europäischen „Wirtschaftsmodell" abweichende Sonderstellung Großbritanniens konnte aber schon vor dem Regierungswechsel gemutmaßt werden, dass Labour eine Änderung mehr im Ton denn in der Sache vollziehen wird.

Auf solche Folgeprobleme mangelnder Kompatibilität von Institutionen und Werten weisen soziokulturelle Überlegungen hin. Hinsichtlich von Werten und Wahrnehmungsweisen, Symbolen und Perzeptionen scheint es einen europäisch gemeinsamen Erfahrungsraum allenfalls in Ansätzen zu geben. Europa im Bewusstsein seiner Bürger erweist sich national und regional als höchst heterogen. Wie bereits angesprochen, leitet sich die in Massenumfragen nachweisbare Zustimmung zur EU weniger aus genuin europäischen Motiven her, sondern vielfach aus nationalen, möglicherweise kontrastierenden und sogar konfliktgeladenen Erwägungen. Selbst hohe Zustimmungsraten zur EU sind dann nicht mit ihrer Legitimität gleichzusetzen (Immerfall 2000). Je nach nationalem Kontext kann anderes und auch gegensätzliches gemeint sein. Deshalb sollten Gemeinschaftsprojekte auf absehbare Zeit daran gebunden sein, dass ihre Wert- und Ordnungsvorstellungen mit möglichst vielen nationalen Kulturen „vermittlungsfähig" (Lepsius 1997: 954) bleiben. Dies könnte paradoxerweise dadurch erleichtert werden, dass die ehedem vergleichsweise homogenen europäischen Nationalstaaten in sich vielgestaltiger, ungleichmäßiger und pluraler werden (Hradil und Immerfall 1997: 11–25; Hradil 1999). An die Stelle überwiegend zwischenstaatlicher Zentrums-Peripherie-Konflikte könnten verstärkt solche treten, die quer zu den Nationalstaaten stehen, und dies ermöglichte ganz neue Aushandlungskonstellationen (vgl. Vobruba 1999).

Doch ist die Einstellung der Bürger zu Europa überhaupt wichtig? Man könnte auch argumentieren, dass das europäische Projekt eine Sache der Eliten sei, von dem Bürger wenig verstehen und mit dem sie nicht behelligt werden sollten. Dieses Argument ist nicht nur demokratietheoretisch, sondern auch inhaltlich fragwürdig. Gerade die elitentheoretisch aufgeklärte Regimetheorie macht deutlich, dass, im Gegensatz zu den Staatsbildungsprozessen der frühen Neuzeit, der europäische Integrationsprozess von vornherein unter den Bedingungen der Massendemokratie und potenzieller Massenmobilisierung verläuft. Die europäischen Eliten kommen daher nicht umhin, die Haltungen der Bevölkerungen in ihr Kalkül mit einzubeziehen. Zustimmung lässt sich am besten mobilisieren, wenn eine gemeinsame Herausforderung oder ein äußerer Gegner vorhanden ist. Deswegen erwartet die Regimetheorie, dass – bei aller Konkurrenz der im europäischen Integrationsprozess beteiligten Akteure untereinander – der „Euro-Nationalismus" (Bornschier 2000: 274) wachsen wird. Die EU stellt eine sowohl in politischer als auch in sozial-ökonomischer Hinsicht eigentümliche Herrschaftsordnung dar, die sich gegenüber den anderen großen Spielern in der Weltökonomie behaupten muss.

Diese kurze Diskussion der drei Ansätze zur Analyse der gesellschaftlichen Integration Europas sollte zweierlei verdeutlichen: Zum einen lassen sich aus ihnen gegensätzliche Prognosen über die nähere Zukunft der EU ableiten. An diesen Prognosen sollen sie dann auch gemessen werden. Diese Prognosen sind, vor allem was den Zeitkorridor betrifft, zwar noch sehr unpräzise. Es mag auch sein, dass sich konkrete Ereignisse, Beschlüsse des Ministerrates etwa, prinzipiell wegen ungeplanter Nebenwirkungen, vielfacher Verflechtungszusammenhänge und wechselnder Koalitionen prinzipiell nicht vorhersagen lassen (Hooghe und Marks 1999). Dennoch sind selbst unscharfe Prognosen post hoc-Erklärungen vorzuziehen.[10]

Zum Zweiten lassen sich die unterschiedlichen Hypothesenzusammenhänge der skizzierten Ansätze auf den hier vorgeschlagenen Kern der soziologischen Europaforschung beziehen, der Erforschung der Ursachen und Folgen der gesellschaftlichen Integration Europas einschließlich ihrer Wechselwirkung für die politische Union. Daraus ergeben sich für jeden Ansatz eine Reihe spezifisch soziologischer Fragen, die zusammen genommen so etwas wie ein soziologisches Forschungsprogramm erkennen lassen. Einige seien angeführt:

Nach der systemischen Handlungstheorie erfordert die politische Union Europas ein Bewusstsein ihrer Bürger als Unionsbürger. Doch wie muss diese europäische Identität beschaffen sein, welche Art von emotionaler Bindung und politischer Zustimmung braucht Europa? Haben wir es bereits jetzt mit einer „Inkongruenz zwischen Systemintegration und Sozialintegration" (Gerhards und Rössel 1999: 342) zu tun? Oder sollte sich die Zustimmung der Bürger zur Europäischen Union an anderen Kriterien messen als die Bindung der Bürger an ihre Nationalstaaten, genauso wie die EU nicht einfach eine Fortschreibung des Nationalstaats ist? Aber wie ließen sich diese Kriterien messen und bestimmen?

Nach modernisierungstheoretischem Verständnis lässt sich der europäische Einigungsprozess als „deep integration" (Wallace 1999: 291) begreifen, als Koinzidenz von funktionaler, territorialer und gefühlsmäßiger Integration. Dieser Dreiklang ergibt sich aus dem hohen und wachsendem Niveau wechselseitiger Transaktionen. Karl Deutsch (1966) hat aber darauf hingewiesen, dass soziale Mobilisierung schneller erfolgt als Assimilierung bzw. das Entstehen positiver politischer Loyalitäten, die über die eigene Gruppe hinausreicht. Wächst dann nicht mit vermehrter wechselseitiger Abhängigkeit der europäischen Gesellschaften voneinander und mit den Ressourcen, über deren Verteilung in „Brüssel" entschieden wird, die Gefahr nationaler Egoismen?

Jürgen Gerhards (Gerhards und Rössel 1999) hat jüngst empirisch gezeigt, dass es sich beim Wachstum grenzübercheitender Prozesse, zumindest in den Bereichen Wirt-

---

10 Nach Volker Eicheners (2000: 11) Einschätzung ist die wissenschaftliche Diskussion den realen Ereignissen gefolgt, „allerdings, dies muß man zugestehen, nicht vorausschauend, sondern mit einer notorischen Zeitverzögerung von einigen Jahren".

schaft und Kunst, in erster Linie um Prozesse der Europäisierung handelt. Spiegeln sich darin Ansätze einer ausdifferenzierten europäischen Herrschaftsordnung? Hiergegen argumentiert Marie-Laure Djelic (1998), derzufolge die Transnationalisierungsprozesse der Logik eines Modells folgen, das durch eine Hand voll mächtiger, im Wesentlichen amerikanischer Akteure bewusst implementiert wurde. Da ein Drittel des Welthandels innerhalb transnationaler Unternehmen stattfindet und dieser wiederum überwiegend von den USA aus gesteuert wird, verwundert es nicht, dass US-Regierungen unbehinderte Kapital- und Handelsverflechtungen befürworten. Für die Regimetheorie stellt sich damit die Frage, ob und warum sich transnationale, vor allem ökonomische Eliten „ihrem" Regime verpflichtet sehen? Welche, über ökonomische Kriterien hinausgehende, Leitideen können sich dann im EU-Herrschaftsverband verwirklichen? Wo haben diese Leitideen ihren Ursprung, wie verändern sie sich (Nedelmann 1999)?

VI. Schluss

Die Soziologie der europäischen Integration analysiert die EU als eine historisch veränderliche Einrichtung, die sich als Ergebnis einer Vielzahl von Konflikten innerhalb und zwischen ihren Mitgliedsstaaten und in Konkurrenz mit anderen, wirtschaftlichen und politischen Einheiten entwickelt. Ihr geht es im Besonderen um die soziale Unterfütterung des europäischen Integrationsprozesses. Zum Zusammenhang von sozialen Strukturannäherungen in den europäischen Gesellschaften und der Institutionalisierung der europäischen Einigung bietet die Soziologie derzeit drei unterschiedliche Modelle an, die hier als systemische Handlungstheorie, Regimetheorie und Modernisierungstheorie bezeichnet werden. Beim derzeitigen Erkenntnisstand ist es nicht ratsam, eines der Modelle a priori auszuschließen. Vielmehr sollte die Erklärungskraft ihrer (teilweise) gegensätzlichen Hypothesen bei Untersuchung der Ursachen und Folgen der gesellschaftlichen Integration Europas erprobt werden. Damit rückt die soziologische Integrationsforschung Fragen in den Vordergrund, die von der Politik- und Wirtschaftswissenschaft wenig beachtet werden: nach den sozialen Voraussetzungen der politischen Integration, dem „Machen" Europas als wertgebundene Institution, den weitreichenden Konsequenzen der gewählten Institutionalisierung und den Trägergruppen der Integration.

Drei der offen gebliebenen Fragen seien abschließend angesprochen, zusammen mit einigen Vorschlägen, in welcher Richtung nach Lösungswegen gesucht werden könnte.

Wiederholt konnten gleichlaufende soziale Entwicklung und Konvergenz beobachtet werden, ohne dass eigenständige nationale Muster verschwunden sind. Also, Konvergenz im Trendverlauf, keine klare Konvergenz in den Strukturen. Es stellt sich die Frage, was davon spezifisch europäisch ist. Werden sich europäische Eigentümlichkeiten, in denen Europa sich historisch von den ebenfalls entwickelten Gesellschaften in Übersee und Asien unterscheidet, zu einer abgrenzbaren, gesellschaftlichen und herrschaftlichen Ordnung verfestigen (Immerfall 1996; Leicht und Bornschier 1999)? Handelt es sich hingegen bei den konvergenten Entwicklungen letztlich um nichts anderes als um Amerikanisierung (Djelic 1988; Matzner 2000)? Oder aber lassen sich die verschiedenen nationalen Konfigurationen in eine übergreifende und allgemeine Dimension gesellschaftlicher Modernisierung einfügen (Inkeles 1998)?

Ich vermute, der europäische Gesellschaftsvergleich könnte hier durchaus verstärkt Anschluss an die Diskussion um Globalisierung suchen. Sicher ist der Begriff überstrapaziert und unscharf, doch kann sinnvollerweise zwischen „Globalisierung" als Prozess, als Theorie und als Mythos unterschieden werden. Mit Bezug auf die erste Dimension hat die empirisch ausgerichtete Globalisierungsforschung der Vorstellung widersprochen, dass wachsende wirtschaftliche Verflechtung zu einer Homogenisierung von Gütern und Präferenzen führt (Immerfall 1999). Dies lässt für Europa erwarten, dass kulturelle Eigenständigkeit von Nationen und Gruppen nicht einer geteilten Identität entgegensteht. Überdies hat diese Art der Globalisierungsforschung zu Recht die Rolle transnationaler Eliten und kultureller Prägungen betont, die auch in der Analyse der europäischen Integration noch sehr viel stärker beachtet werden müsste (Hedetoft 1997; Sklair 1997; Hartmann 1999).

Der zweite Punkt betrifft das Wechselspiel zwischen der gesellschaftlichen und der politischen Integration. Wann ein Mehr an sozialer Konvergenz zu verstärkter politischer Integration führt, erscheint modelltheoretisch noch weithin ungeklärt, auch wenn Hartmut Kaelble (1991) für die deutsch-französische Aussöhnung plausible Überlegungen in diese Richtung hin anstellt. Entgegen dem modernisierungstheoretischen Optimismus begünstigen ähnliche Gesellschaftsstrukturen und Lebensweisen verschiedener Gruppen nicht unter allen Bedingungen zugleich kollektive Identitäten, die miteinander verträglich sind (Haller 1992). Warnende und mahnende Beispiele, dass gesellschaftlich integrierte, scheinbar befriedete Gemeinwesen zerfallen können, gibt es auch im Europa der Gegenwart. Ich denke dabei weniger an Jugoslawien, das kein Gegenbeispiel für die These eines positiven Zusammenhangs zwischen sozialer und politischen Integration darstellt (Sekulic, Massey und Hodson 1994), als vielmehr an die Tschechoslowakei (Musil 1997).

Hier könnte man an die historisch vergleichende Modernisierungstheorie, speziell die Konflikt- und Persistenztheorie von Stein Rokkan[11] erneut anknüpfen. Sie gestattet erste Aussagen über die Chance, Konflikte einzuzäunen und mittels Institutionen einzuhegen. Dabei kommt es auf institutionelle Innovationen an, wie sie Rokkan für die schrittweise Ausdehnung des Wahlrechts oder die Entstehung von Verhandlungsdemokratien untersucht hat. Rokkan betont aber auch zentrale Schnittstellen, an denen sich historische Entwicklungen für lange Zeit entscheiden. Eine solche stellt zweifellos die Osterweiterung der EU dar.

Schließlich ein letzter Punkt: Makrodaten und großflächig erhobene Einstellungsdaten reichen nicht aus, wenn wir verstehen wollen, was da in Europa für ein seltsames Gebilde entsteht. So können standardisierte Bevölkerungsumfragen nur einen Teilbereich dessen erfassen, was unter „Identität" verstanden werden kann. Zwischen „Einstellungen" – positiven oder negativen Bewertungen von Objekten und „Identität" be-

---

11 Siehe v.a. Rokkan (1981), Rokkan et al. (1987), zusammenfassend und mit weiteren Literaturhinweisen Immerfall (1992: 37–62). Es ist zu hoffen, dass die deutsche Rokkan-Rezeption durch die jetzt erschienene, von Peter Flora (2000) besorgte und eingeleitete, deutsche Ausgabe der wichtigsten Aufsätze einen neuen Impuls erhält.

stehen nur mittelbare Zusammenhänge. „Identität" beinhaltet eine Antwort auf die Fragen: Wer bin ich? Zu welchen Gruppen zähle ich? Wovon grenze ich mich ab?

Hier gilt es, in mehreren Richtungen tiefer zu bohren. Meinungsbildungsprozesse und Entscheidungsabläufe von Elitegruppen, aber auch Perzeptionen unterschiedlicher Bevölkerungsgruppen müssen transparent gemacht werden. Dazu bedarf es neuer oder zumindest selten gebrauchter Erhebungsmethoden, etwa der Fokus-Gruppendiskussion, um die kulturellen Rahmungen zu analysieren, vermittels derer Europa in den jeweiligen Ländern gesehen wird. Notwendig ist ferner die verstärkte Forschungskooperation in Europa, denn noch immer verlaufen die Forschungskontakte viel dichter über den Atlantik hinweg als zu unseren europäischen Nachbarn. Und es bedarf schließlich vermehrter Kommunikation zwischen den Vertretern der hier skizzierten Ansätze. Nach meiner Beobachtung bewegen sie sich überwiegend in sich nicht überkreuzenden Diskussionskreisen, zum Teil auch in Arenen der Nachbardisziplinen – und hier insbesondere der Politikwissenschaft. Damit wird ein Stück soziologischer Profilbildung verschenkt. Vielleicht markiert der vorliegende Sammelband eine weitere Neubelebung.

Literatur

Allmendinger, Jutta, und *Thomas Hinz,* 1997: Mobilität und Lebensverlauf. Deutschland, Großbritannien und Schweden im Vergleich. S. 247–285 in: *Stefan Hradil* und *Stefan Immerfall* (Hg.): Die westeuropäischen Gesellschaften im Vergleich. Opladen: Leske + Budrich.

Anderson, Christopher J., und *Karl C. Kaltenthaler,* 1996: The Dynamics of Public Opinion Toward European Integration, 1973–1993, European Journal of International Relations 2: 175–199.

Bach, Maurizio, 1999: Die Bürokratisierung Europas. Verwaltungseliten, Experten und politische Legitimation in Europa. Frankfurt a.M.: Campus.

Bach, Maurizio, 2000: Soziologie der europäischen Integration. Eine Übersicht über theoretische Ansätze. Erscheint in: *Wilfried Loth* (Hg.): Stand und Entwicklung theoretischer Konzepte zum europäischen Integrationsprozess.

Bailey, Joe (Hg.), 1998: Social Europe. (2. Aufl.) Harlow/Essex: Longman.

Blossfeld, Hans-Peter, und *Yossi Shavit,* 1993: Dauerhafte Ungleichheiten. Zur Veränderung des Einflusses der sozialen Herkunft auf die Bildungschancen in dreizehn industrialisierten Ländern, Zeitschrift für Pädagogik 39: 25–52.

Boje, Thomas P., Bart van Steenbergen und *Sylvia Walby* (Hg.), 1999: European Societies. Fusion or Fission? London/New York: Routledge.

Bornschier, Volker, 1994: The Rise of the European Community: Grasping Toward Hegemony? Or Therapy Against National Declince?, International Journal of Sociology 24: 62–96.

Bornschier, Volker, 1998: Westliche Gesellschaft – Aufbau und Wandel. Zürich: Seismo.

Bornschier, Volker (Hg.), 2000: Statebuilding in Europe. The Revitalization of West European Integration. Cambridge: Cambridge University Press (im Erscheinen).

Bornschier, Volker, und *Patrick Ziltener,* 1996: The Revitalization of Western Europe and the Politics of the „Social Dimension". Paper presented at the 1996 Communitarian Summit, Université de Genève.

Börzel, Tanja A., 2000: Europäisierung und innerstaatlicher Wandel. Zentralisierung und Entparlamentarisierung?, Politische Vierteljahresschrift 41: 225–250.

Brauns, Hildegard, 1999: Soziale Herkunft und Bildungserfolg in Frankreich, Zeitschrift für Soziologie 28: 197–218.

Burkart, Günter, und *Martin Kohli,* 1992: Liebe, Ehe, Elternschaft. Die Zukunft der Familie. München: Piper.

Clegg, James, 1995: The Effects of Market Integration in Perspective. S. 189–206 in: *F. Burton, M. Yamin* und *S. Young* (Hg.), The Changing European Environment. London: Macmillan.

Delanty, Gerard, 1996: The Frontier and Identities of Exclusion in European History, History and European Ideas 22: 93–103.
Deresky, Helen K., 1994: International Management. Managing Across Borders and Cultures. New York: Harper Collins.
Deutsch, Karl W., 1957: Poltical Community and the North Atlantic Area. Princeton, NJ: Princeton University Press.
Deutsch, Karl W., 1966 (1953): Nationalism and Social Communication. An Inquiry into the Foundation of Nationality. Cambridge, Mass.: M.I.T. Press.
Djelic, Marie-Laure, 1998: Exporting the American Model. The Post-War Transformation of European Business. Oxford: Oxford University Press.
Douven, R. C., und *J. C. Engwerda,* 1995: Is there Room for Convergence in the E.C.? European Journal of Political Economy 11: 113–130.
Eichener, Volker, 2000: Das Entscheidungsystem der Europäischen Union. Institutionelle Analyse und demokratietheoretische Bewertung. Opladen: Leske + Budrich.
El-Agraa, Ali M. (Hg.), 1994: The Economics of the European Community. (4.Aufl.) Hemel Hempstead: Philip Allan.
Elias, Norbert, 1972: Processes of State Formation and Nation Building. S. 274–284 in: Transactions of the Seventh World Congress of Sociology, Varna 1970, Vol. III. Sofia.
Elias, Norbert, 1976: Über den Prozess der Zivilisation. Soziogenetische und psychogenetische Untersuchungen. 2 Bde. Frankfurt a.M.: Suhrkamp (zuerst 1939/erw. 1969).
Elias, Norbert, 1983: Die höfische Gesellschaft. Untersuchungen zur Soziologie des Königtums und der höfischen Aristokratie. Frankfurt a.M.: Suhrkamp (zuerst 1969).
Esping-Andersen, Gøsta (Hg.), 1996: Welfare States in Transition. National Adaptations in Global Economies. Thousands Oaks, CA: Pine Forge Press.
Esping-Andersen, Gøsta, 1999: Social Foundations of Postindustrial Economies. Oxford: Oxford University Press.
Falkner, Gerda, 2000: EG-Sozialpolitik nach Verflechtungsfalle und Entscheidungslücke: Bewertungsmaßstäbe und Entwicklungstrends, Politische Vierteljahresschrift 41: 279–301.
Fligstein, Neil, 1996: Markets as Politics: A Political-cultural Approach to Market Institutions, American Sociological Review 61: 656–673.
Fligstein, Neil, und *Iona Mara-Drita,* 1996: How to Make a Market: Reflections on the Attempt to Create a Single Market in the European Union, American Journal of Sociology 102: 1–33.
Flora, Peter, 1986: Wachstum zu Grenzen – Stabilisierung durch Wandel. Zur historischen Lage der entwickelten Wohlfahrtsstaaten Westeuropas. S. 25–39 in: *Max Kaase* (Hg.): Politische Wissenschaft und politische Ordnung. Opladen: Westdeutscher Verlag.
Flora, Peter, und *Heinz-Herbert Noll* (Hg.), 1998: Sozialberichterstattung und Sozialstaatsbeobachtung. Frankfurt a.M./New York: Campus.
Friedrichs, Jürgen, und *Wolfgang Jagodzinski,* 1999: Theorien sozialer Integration. S. 9–43 in: *Jürgen Friedrichs* und *Wolfgang Jagodzinski* (Hg.): Soziale Integration. Sonderheft 39 der Kölner Zeitschrift für Soziologie und Sozialpsychologie. Opladen/Wiesbaden: Westdeutscher Verlag.
Gerhards, Jürgen, 1993: Westeuropäische Integration und die Schwierigkeiten der Entstehung einer europäischen Öffentlichkeit, Zeitschrift für Soziologie 22: 96–110.
Gerhards, Jürgen, und *Jörg Rössel,* 1999: Zur Transnationalisierung der deutschen Gesellschaft. Entwicklungen, Ursachen und mögliche Folgen für die europäische Union. Zeitschrift für Soziologie 28, 5: 325–344.
Glatzer, Wolfgang (Hg.), 1993: Einstellungen und Lebensbedingungen in Europa. Frankfurt a.M./ New York: Campus.
Goncalves, Veiga, und *Linda Rosa Fonseca,* 1998: A Touchstone of Dissent: Euroscepticism in Contemporary Western European Party Systems, European Journal of Political Research 33: 363–388.
Haller, Max, 1988: Grenzen und Variationen gesellschaftlicher Entwicklung in Europa – eine Herausforderung und Aufgabe für die vergleichende Soziologie, Österreichische Zeitschrift für Soziologie 13: 5–19.

Haller, Max, 1992: Zur Rolle von Ethnizität und nationaler Selbstbestimmung im Prozeß der Einigung Europas. S. 25–53 in: *H. Atz* und *O. Buson* (Hg.), Interethnische Beziehungen: Leben in einer mehrsprachigen Gesellschaft. Bozen: Landesinstitut für Statistik.

Haller, Max, und *Rudolph Richter* (Hg.), 1994: Toward a European Nation? Political Trends in Europe – East and West, Center and Periphery. Armonk, NY: M.E. Sharp.

Hareven, Tamara K., 1999: Families, History and Social Change. Life Course and Cross-Cultural Perspectives. Boulder: Westview Press.

Hartmann, Michael, 1999: Auf dem Weg zur transnationalen Bourgeoisie? Die Internationalisierung der Wirtschaft und die Internationalität der Spitzenmanager Deutschlands, Frankreichs, Großbritanniens un der USA, Leviathan 27: 113–141.

Hedetoft, Ulf, 1994: National Identities and European Integration ‚form below': Bringing People Back In, Revue d'intégration européenne 18: 1–28.

Hedetoft, Ulf, 1997: The Interplay Between Mass and Elite Attitudes to European Integration in Denmark. CORE Working Paper 2/1997. Copenhagen: University of Copenhagen.

Heidenreich, Martin, 1999: Gibt es einen europäischen Weg in die Wissensgesellschaft? S. 293–323 in: *Gert Schmidt* und *Rainer Trinczek:* Globalisierung. Soziale Welt, Sonderband 13. Göttingen: Schwartz.

Herrmann, Peter (Hg.), 1999: Challenges for a Global Welfare System. New York: Nova Science Publishers.

Hoffmann, Stanley, 1995: The European Sisyphus. Essays on Europe, 1964–1994. Boulder, CO: Westview.

Hooghe, Liesbet, und *Gary Marks*, 1999: Birth of a Polity: The Struggle over European Integration. S. 70–97 in: *Herbert Kitschelt* et al. (Hg.): The Politics and Political Economy of Contemporary Capitalism. Cambridge: Cambridge University Press.

Höpflinger, François, 1987: Wandel der Familienbildung in Westeuropa. Frankfurt a.M./New York: Campus.

Höpflinger, François, 1997: Bevölkerungssoziologie. Eine Einführung in bevölkerungssoziologische Ansätze und demographische Prozesse. Weinheim: Juventa.

Hradil, Stefan, 1999: Die Sozialstruktur(en) der Europäischen Union. S. 309–320 in: *Wolfgang Glatzer* und *Ilona Ostner* (Hg.): Deutschland im Wandel. Sozialstrukturelle Analysen. Leverkusen: Leske + Budrich.

Hradil, Stefan, und *Stefan Immerfall* (Hg.), 1997: Die westeuropäischen Gesellschaften im Vergleich. Opladen: Leske + Budrich.

Huber, Evelyne, und *John D. Stephens*, 1998: Internationalization and the Social Democratic Model: Crisis and Future Prospects, Comparative Political Studies 31: 353–397.

Immerfall, Stefan, 1991: Der Vergleich als Methode der empirischen Sozialforschung. Anmerkungen zu Status und Strategien vergleichender Vorgehensweisen. SWS-Rundschau 31: 551–568.

Immerfall, Stefan, 1992: Territorium und Wahlverhalten. Zur Modellierung geopolitischer und geoökonomischer Prozesse. Leverkusen: Leske + Budrich.

Immerfall, Stefan, 1995: Einführung in den Europäischen Gesellschaftsvergleich. Ansätze – Problemstellungen – Befunde. (2., überarb. Aufl.) Passau: Rothe.

Immerfall, Stefan, 1996: Sozialer Wandel und soziale Angleichung: Das europäische Modell im globalen Wettbewerb. S. 324–334 in: *Lars Clausen* (Hg.): Gesellschaften im Umbruch. Verhandlungen des 27. Kongresses der Deutschen Gesellschaft für Soziologie. Frankfurt a.M./New York: Campus.

Immerfall, Stefan, 1997: Soziale Integration in den westeuropäischen Gesellschaften: Werte, Mitgliedschaften, Netzwerke. S. 139–173 in: *Stefan Hradil* und *Stefan Immerfall* (Hg.): Die westeuropäischen Gesellschaften im Vergleich. Opladen: Leske + Budrich.

Immerfall, Stefan, 1998: Die Europäische Union – eine Gemeinschaft welcher Werte? S. 161–191 in: *Gerd Grözinger* und *Stephan Panther* (Hg.): Konstitutionelle Politische Ökonomie. Sind unsere gesellschaftlichen Regelsysteme in Form und guter Verfassung. Marburg: Metropolis Verlag.

Immerfall, Stefan, 1999: Globalisierung und Wertewandel – die geborenen Feinde des Wohlfahrtsstaats? S. 179–190 in: *Siegfried Lamnek* und *Jens Luedtke* (Hg.): Der Sozialstaat zwischen „Markt" und „Hedonismus". Opladen: Leske + Budrich.
Immerfall, Stefan, 2000: Europäische Integration und europäische Identität. S. 6–12 in: *Thomas Henschel* und *Stephan Schleissing* (Hg.): Europa am Wendepunkt. München: Centrum für angewandte Politikforschung.
Immerfall, Stefan (Hg.), 1999: Territoriality in the Globalizing Society: One Place or None? Heidelberg: Springer.
Immerfall, Stefan, und *Andreas Sobisch,* 1997: Europäische Integration und Europäische Identität. Die Europäische Union im Bewußtsein ihrer Bürger, Aus Politik und Zeitgeschichte B 10/97: 25–37.
Inkeles, Alex, 1991: National Character Revisited, Tocqueville Review 12: 83–117.
Inkeles, Alex, 1998: One World Emerging? Convergence and Divergence in Industrial Societies. Boulder/Oxford: Westview Press.
Kaelble, Hartmut, 1987: Auf dem Weg zu einer europäischen Gesellschaft. München: C.H. Beck.
Kaelble, Hartmut, 1991: Nachbarn am Rhein. Entfremdung und Annäherung der französischen und deutschen Gesellschaft seit 1880. München: C.H. Beck.
Kaelble, Hartmut, 1997: Europäische Vielfalt und der Weg zu einer europäischen Gesellschaft. S. 27–68 in: *Stefan Hradil* und *Stefan Immerfall* (Hg.): Die westeuropäischen Gesellschaften im Vergleich. Leverkusen: Leske + Budrich.
Kapteyn, Paul, 1996: The Stateless Market. The European Dilemma of Integration and Civilization. London: Routledge.
Kaufmann, Franz-Xaver, und *Klaus-Peter Strohmeier,* 1993: Familiale Lebensformen, Lebenslagen und Familienalltag im europäischen Vergleich. Untersuchung im Auftrag des Bundesministeriums für Familie und Senioren.
Kohler-Koch, Beate (Hg.), 1998: Regieren in entgrenzten Räumen, PVS-Sonderheft 29. Opladen: Westdeutscher Verlag.
Kohler-Koch, Beate, und *Rainer Eising* (Hg.), 1999: The Transformation of Governance in the European Union. London: Routledge.
Krasner, Stephen D. (Hg.), 1983: International Regimes. Ithaca: Cornell University Press.
Kriesi, Hanspeter, Ruud Koopmans, Jan Willem Duyvendak und *Marco Giugni,* 1992: New Social Movements and Political Opportunities in Western Europe, European Journal of Political Research 22: 219–244.
Krugman, Paul R., und *Maurice Obstfeld,* 1994: International Economics. Theory & Policy. (4. Auflage) Whitaker.
Kuijsten, Anton C., 1996: Changing Family Patterns in Europe: A Case of Divergence?, European Journal of Population 12: 115–143.
Laffan, Brigid, 1998: The European Union: a Distinctive Model of Internationalisation, Journal of European Public Policy 5: 235–253.
Landecker, Werner S., 1951: Types of Integration and their Measurement, American Journal of Sociology 56: 332–340.
Lane, Christel, und *Reinhard Bachmann* (Hg.), 1998: Trust Within and Between Organizations. Conceptual Issues and Empirical Applications. Oxford: Oxford University Press.
Lane, Jan-Erik, 1997: Review Article: Governance in the European Union, West European Politics 20: 200–208.
Leicht, Michael, und *Volker Bornschier,* 1999: Social Capital as a Factor of European Social Integration and Competitiveness – Evidence from Cross-National Research. Paper presented at the 4th European Sociological Congress Amsterdam, August 16–21, 1999.
Lepsius, M. Rainer, 1991: Die Europäische Gemeinschaft: Rationalitätskriterien der Regimebildung. S. 309–317 in: *Wolfgang Zapf* (Hg.): Die Modernisierung moderner Gesellschaften. Frankfurt a.M./New York: Campus.
Lepsius, M. Rainer, 1990: Interesse, Ideen, Institutionen. Opladen: Westdeutscher Verlag.
Lepsius, M. Rainer, 1997: Bildet sich eine kulturelle Identität in der Europäischen Union?, Blätter für deutsche und internationale Politik, 8/97: 948–955.

Lepsius, M. Rainer, 1977: Modernisierungspolitik als Institutionenbildung: Kriterien instituioneller Differenzierung. S. 17–36 in: *Wolfgang Zapf* (Hg.): Probleme der Modernisierungspolitik. Meisenheim a. Gl.: Athenäum.
Lesounre, Jacques, 1996: Scénarios pur l'Union europeénne, Futuribles 212 (Sept.): 5–13.
Lockwood, David, 1979 (1964): Soziale Integration und Systemintegration. S. 124–127 in: *Wolfgang Zapf* (Hg.): Theorien des sozialen Wandels. Königstein/Ts.: Hain 1979.
MacRae, Duncan, 1985: Policy Indicators: Links Between Social Science and Public Debate. Chapel Hill, NC: University of North Carolina Press
March, Janes G., und *Johan P. Olsen,* 1989: Rediscovering Institutions. The Organizational Basis of Politics. New York: Free Press.
Matzner, Egon, 2000: Monopolare Weltordnung. Zur Sozioökonomie der US-Dominanz. Marburg: Metropolis.
Mill, John Stuart, 1885: System der deduktiven und induktiven Logik. (Autorisierte Übers. unter der Redaktion von *Theodor Gomperz,* 2. dt. Aufl.) Gesammelte Werke, Bände 2–4, Nachdruck der Ausgabe Leipzig [1968], Aalen: Scientia Verlag.
Moravcsik, Andrew, 1998: The Choice for Europe: Social Purpose and State Power from Messina to Maastricht. Ithaca: Cornell University Press.
Morin, Edgar, 1988: Europa denken. Frankfurt a.M.: Campus.
Müller, Walter und *Dietmar Haun,* 1994: Bildungsungleichheit im sozialen Wandel, Kölner Zeitschrift für Soziologie und Sozialpsychologie 46: 1–42.
Müller, Walter, 1999: Wandel in der Bildungslandschaft Europas. S: 337–355 in: *Wolfgang Glatzer* und *Ilona Ostner* (Hg.): Deutschland im Wandel. Sozialstrukturelle Analysen. Opladen: Leske + Budrich.
Müller, Walter, Susanne Steinmann und *Reinhart Schneider,* 1997: Bildung in Europa. S. 177–245 in: *Stefan Hradil* und *Stefan Immerfall* (Hg.): Die westeuropäischen Gesellschaften im Vergleich. Opladen: Leske + Budrich.
Münch, Richard, 1993: Das Projekt Europa. Zwischen Nationalstaat, regionaler Autonomie und Weltgesellschaft. Frankfurt a.M.: Suhrkamp.
Münch, Richard, 1998: Globale Dynamik, lokale Lebenswelten. Der schwierige Weg in die Weltgesellschaft. Frankfurt a.M.: Suhrkamp.
Musil, Jiri (Hg.), 1997: The End of Czechoslovakia. Budapest: Central European University Press.
Musil, Jiri, 1994: Europe between Integration and Disintegration. Czech Sociological Review 2: 5–19.
Nedelmann, Birgitta, und *Piotr Sztompka* (Hg.), 1993: Sociology in Europe. In Search of Identity. Berlin: de Gruyter.
Nedelmann, Birgitta, 1999: Prozesse der Instituionalisierung und Deinstituionalisierung in der Politik. S. 217–220 in: *Hermann Schwengel* (Hg.), Grenzenlose Gesellschaft. Band II/2. Pfaffenweiler: Centaurus.
Noll, Hans-Herbert, 1993: Lebensbedingungen und Wohlfahrtsdisparitäten in der Europäischen Gemeinschaft. S. 73–98 in: *Wolfgang Glatzer* (Hg.): Einstellungen und Lebensbedingungen in Europa. Frankfurt a.M./New York: Campus.
Olson, Mancur, 1968: Die Logik des kollektiven Handelns. Tübingen: J.C.B. Mohr (amerik. zuerst 1965).
Parsons, Talcott, 1967: Sociological Theory and Modern Society. New York: Free Press.
Pérez-Diaz, Victor, 1998: The Public Sphere and a European Civil Society. S. 211–238 in: *Jeffrey C. Alexander* (Hg.): Real Civil Societies. Dilemmas of Institutionalization. London: Sage.
Peters, Bernhard, 1993: Die Integration moderner Gesellschaften. Frankfurt a.M.: Suhrkamp.
Powell, Walter W., und *Paul DiMaggio* (Hg.), 1991: The New Institutionalism in Organizational Analysis. Chicago: University of Chicago Press.
Robson, Peter, 1987: The Economics of International Integration. (3. Auflage) London: Allen and Unwin.
Rodax, Klaus, 1995: Soziale Ungleichheit und Mobilität durch Bildung in der Bundesrepublik Deutschland, Österreichische Zeitschrift für Soziologie 20: 3–27.

Rokkan, Stein, et al., 1987: Centre-Periphery Structures in Europe. Frankfurt a.M./New York/Campus.
Rokkan, Stein, 1981: Territories, Nations, Parties: Toward a Geoeconomic-geopolitical Model for the Explanation of Variations within Western Europe. S. 70–95 in: *Richard L. Merrit* und *Bruce M. Russet* (Hg.): From Development to Global Community. London: Allen & Unwin.
Rokkan, Stein, 2000: Staat, Nation und Demokratie in Europa. Die Theorie Stein Rokkans aus seinen gesammelten Werken rekonstriert und eingeleitet von *Peter Flora.* Frankfurt a.M.: Suhrkamp.
Roussel, Louis, 1992: La famille en Europe occidentale: Divergences and convergences, Population 1: 133–152.
Schäfers, Bernhard (Hg.), 1993: Lebensverhältnisse und soziale Konflikte im neuen Europa. Verhandlungen des 26. Deutschen Soziologentages in Düsseldorf 1992. Frankfurt a.M./New York: Campus.
Schäfers, Bernhard, 1999: Komparative und nicht-komparative Ansätze zur Analyse der Europäisierung der Sozialstrukturen. Wissenschaftszentrum Berlin für Sozialforschung (WZB), Arbeitspapier FS III 99–407.
Scharpf, Fritz W., 1994: Mehrebenenpolitik im vollendeten Binnenmarkt, Staatswissenschaft und Staatspraxis 5: 475–501.
Sekulic, Dusko, Barth Massey und *Randy Hodson,* 1994: Who were the Yugoslavs? Failed Sources of a Common Identity in the former Yugoslavia, American Sociological Review 59: 83–97.
Sklair, Leslie, 1997: Social Movements for Global Capitalism: the Transnational Capitalist Class in Action, Review of International Political Economy 4: 514–538.
Streeck, Wolfgang, 1992: National Diversity, Regime Competition and Institutional Deadlock: Problems in Forming a European Industrial Relations System, Journal of Public Policy 12: 301–330.
Tenbruck, Friedrich H., 1972: Die Soziologie vor der Geschichte. S. 29–58 in: *Peter C. Ludz* (Hg.): Soziologie und Sozialgeschichte. Sonderheft 16 der Kölner Zeitschrift für Soziologie und Sozialpsychologie. Opladen: Westdeutscher Verlag.
Tenbruck, Friedrich H., 1989: Gesellschaftsgeschichte oder Weltgeschichte?, Kölner Zeitschrift für Soziologie und Sozialpsychologie 41: 417–439.
Therborn, Göran, 1995: European Modernity and Beyond. The Trajectory of European Societies, 1945–2000. London: Sage.
Vobruba, Georg, 1999: Währungsunion, Sozialpolitik und das Problem einer umverteilungsfesten europäischen Identität, Leviathan 27: 78–94.
Wagner, Peter, et al., 1991: Social Sciencs and the Modern State: National Experiences and Theoretical Crossroads. Cambridge: Cambridge University Press.
Wallace, Helen, 1999: Whose Europe is it anyway? The 1998 Stein Rokkan Lecture, European Journal of Political Research 35: 287–306.
Wallace, William, 1994: Regional Integration: The West European Experience. Washington: The Brooking Institution.
Wilterdink, Nico, 1993: The European Ideal, Archives Europeennes de Sociologie 34: 119–136.
Wolf, Dieter, 1999: Die nicht enden wollende Geschichte der klassischen europapolitischen Integrationstheorien: Nach der Fusion die Amalgamierung? Bremen, Zentrum für Rechtspolitik: unveröffentl. Manuskript.
Zapf, Wolfgang (Hg.), 1991: Die Modernisierung moderner Gesellschaften. Verhandlungen des 25. Deutschen Soziologentages in Frankfurt a.M. 1990. Frankfurt a.M./New York: Campus.
Zapf, Wolfgang, 1994: Modernisierung, Wohlfahrtsentwicklung und Transformation. Gesammelte Aufsätze. Berlin: Sigma.
Ziltener, Patrick, 1999: Strukturwandel der europäischen Integration. Die Europäische Union und die Veränderung von Staatlichkeit. Münster: Westfälisches Dampfboot.

Die Autorinnen und Autoren

Bach, Maurizio, 1953, Dr. rer. soc., Prof. Dr., Lehrstuhl für Soziologie, Universität Passau. Forschungsgebiete: Allgemeine Soziologie, politische Soziologie und Institutionenanalyse, Klassiker der Soziologie. Veröffentlichungen u.a.: Die charismatischen Führerdiktaturen. Drittes Reich und italienischer Faschismus im Vergleich ihrer Herrschaftsstrukturen, Baden-Baden 1990; Eine leise Revolution durch Verwaltungsverfahren: Bürokratische Integrationsprozesse in der Europäischen Gemeinschaft, Zeitschrift für Soziologie, 21, 1992; Technocratic Regime Building. Bureaucratic Integration in the European Community, International Journal of Sociology, 24, 1994; Die Bürokratisierung Europas. Verwaltungseliten, Experten und politische Legitimation in Europa, Frankfurt a.M. 1999; Soziologie der europäischen Integration. Eine Übersicht über theoretische Ansätze, in: W. Loth und W. Wessels (Hg.): Stand und Entwicklung theoretischer Konzepte zum europäischen Integrationsprozeß, Opladen 2000.

Bornschier, Volker, 1944, Dr. phil., Professor für Soziologie an der Universität Zürich. Forschungsschwerpunkte: Weltgesellschaft, sozialer Wandel, Wirtschaftssoziologie, sozialer Konflikt, soziale Ungleichheit. Neuere Veröffentlichungen: State-building in Europe – The Revitalization of Western European Integration, Cambridge 2000; The Future of Global Conflict, London 1999 (mit Ch. Chase-Dunn); Western Society in Transition, New Brunswick (USA) und London 1996 (auch deutsche und chinesische Ausgaben, beide 1998).

Bös, Mathias, 1962, Dr., wissenschaftlicher Assistent am Lehrstuhl für Soziologie II des Instituts für Soziologie der Ruprecht-Karls-Universität, Heidelberg. Forschungsgebiete: Vergleichender sozialstruktureller und kultureller Wandel in Europa und Nordamerika, Theorien sozialen Wandels und Migrationssoziologie. Veröffentlichungen: Migration als Problem offener Gesellschaften. Globalisierung und sozialer Wandel in Westeuropa und Nordamerika, Opladen 1997; Zur Evolution nationalstaatlich verfasster Gesellschaften, in: G. Preyer (Hg.): Strukturelle Evolution und das Weltsystem, Frankfurt a.M. 1998; Zur rechtlichen Konstruktion von Mitgliedschaft: Staatsangehörigkeit in den USA und Deutschland nach dem II. Weltkrieg, in: K. Holz (Hg.): Staatsbürgerschaft, Opladen 2000; Immigration and Social Inequality, in: H.-H. Noll und Y. Lemel (Hg.): New Structures of Inequality, 2000 (mit H. Bahr et al.).

Bräuninger, Thomas, 1969, Dr. phil., Fritz-Thyssen-Stipendiat und wissenschaftlicher Mitarbeiter an der Professur für internationale vergleichende Politik der Universität Konstanz. Forschungsgebiete: Internationale Institutionenbildung, vergleichende Politikforschung, Entscheidungstheorie. Neuere Veröffentlichungen: Finnland auf dem Weg zum Mehrheitssystem?, Politische Vierteljahresschrift 40, 1999 (mit Thomas König); Making Rules for Governing Global Commons, Journal of Conflict Resolution 44, 2000 (mit Thomas König); Internationale Institutionenpolitik, Frankfurt a.M./New York 2000.

Eder, Klaus, 1946, Dr. rer. soc., Professor für Vergleichende Strukturanalyse am Institut für Sozialwissenschaften der Humboldt-Universität zu Berlin. Forschungsgebiete: Soziologische Theorie (Schwerpunkte in historisch-vergleichender Kultursoziologie und Strukturanalyse); Politische Soziologie (soziale Bewegungen, Demokratieforschung). Neuere Veröffentlichungen: The New Politics of Class. Social Movements and Cultural Dynamics in Advanced Societies, London 1993; The Social Construction of Nature, London 1995; (mit K.-U. Hellmann und H-J. Trenz); Kulturelle Identitäten zwischen Utopie und Tradition. Soziale Bewegungen als Ort gesellschaftlicher Lernprozesse, Frankfurt a.M. 2000 (Hg. mit C. Crouch und D. Tambini); Citizenship, Markets, and the State. Oxford: Oxford University Press 2001 (Hg. mit B. Giesen); European Citizenship Between National Legacies and Postnational Projects, Oxford 2001 (Hg. mit M. Kousis); Environmental Politics in Southern Europe. Actors, Institutions and Discourses in a Europeanizing Society, The Hague 2001.

Faist, Thomas, 1959, PhD, Privatdozent an der Universität Bremen. Forschungsgebiete: Internationale Migration, Ethnizität, transnationale Beziehungen, europäische Sozialpolitik. Neuere Veröffentlichungen: Social Citizenship for Whom?, Aldershot 1995; Migration, Immobility and Development, Oxford 1997 (mit T. Hammar et al.); Ausland im Inland, Baden-Baden 1999 (mit K. Sieveking et al.); The Volume and Dynamics of International Migration and Transnational Social Spaces, Oxford 2000; Transstaatliche Räume, Bielefeld 2000.

Gerhards, Jürgen, 1955, Professor für Kultursoziologie und Allgemeine Soziologie an der Universität Leipzig. Forschungsgebiete: Kultursoziologie und politische Soziologie. Buchveröffentlichungen: Soziologie der Emotionen, München 1988; Intime Kommunikation, Baden Baden 1992 (mit B. Schmidt); Neue Konfliktlinien in der Mobilisierung öffentlicher Meinung, Opladen 1993; Soziologie der Kunst (Hg.), Opladen 1997; Zwischen Palaver und Diskurs, Opladen 1998 (mit F. Neidhardt und D. Rucht); Eigenwilligkeit und Rationalität sozialer Prozesse, Opladen 1999 (Hg. mit R. Hitzler); Interessen und Ideen im Konflikt um das Wahlrecht, Leipzig 1999 (mit J. Rössel); Die Vermessung kultureller Unterschiede: USA und Deutschland im Vergleich (Hg.), Opladen 2000; Collective Actors and the Public Sphere: Abortion Discourse in the U.S. and Germany, Cambridge 2000 (mit M. Marx Ferree, W. A. Gamson und D. Rucht).

Geser, Hans, 1947, Prof. Dr. phil., Lehrstuhlinhaber für Soziologie an der Universität Zürich. Forschungsgebiete: Allgemeine und politische Soziologie, globaler Strukturwandel, internationale Beziehungen, Arbeit und Beruf, Soziologie der Gemeinde. Zahlreiche Veröffentlichungen im Bereich der Kleinstaats-, Gemeinde-, Parteien-, Organisations-, Religions- und Mediensoziologie. Aufbau des sozialwissenschaftlichen Informationssystems „Sociology in Switzerland" im WWW. Veröffentlichungen: Bevölkerungsgrösse und Staatsorganisation, Bern 1981; Strukturformen und Funktionsleistungen sozialer Systeme, Opladen 1983; Die Schweizer Lokalparteien, Zürich 1994; Online-Publikation: Auf dem Weg zur Cyberdemocracy? 1996.

Hillmann, Felicitas, 1964, Dr. rer. nat., WSI – Wirtschafts- und Sozialwissenschaftliches Institut in der Hans-Böckler-Stiftung, Düsseldorf. Forschungsgebiete: Migration, städtische Arbeitsmärkte, Geschlecht. Veröffentlichungen: Jenseits der Kontinente. Migration von Frauen nach Europa, Opladen 1996; S(Z)eitenwechsel – westliche Fach- und Führungskräfte in Polen, in: Soziale Welt, Sonderheft Transnationale Migration, Göttingen 1997 (mit H. Rudolph); Ethnisierung oder Internationalisierung? Schnittpunkte von Migrationssystem und Arbeitsmarkt in Berlin, in: Prokla, 2000; Integration von Frauen ausländischer Herkunft in informelle und formelle Arbeitsverhältnisse. Materialien zum 6. Familienbericht, in: Materialien zum 6. Familienbericht, Opladen 2000.

Immerfall, Stefan, 1958, Dr., Professor für Soziologie an der Pädagogischen Hochschule Schwäbisch Gmünd. Forschungsgebiete: Modernisierungsforschung, politische Soziologie, vergleichende politische Ökonomie. Veröffentlichungen u.a.: Einführung in den europäischen Gesellschaftsvergleich, Passau 1996 (2. Aufl.); The New Politics of the Right: Neo-Populist Parties and Movements in Established Democracies, New York 1998 (Hg. mit Hans-Georg Betz); Deutschland in der Bewährungsprobe. Stärken und Schwächen des deutschen Standortprofils im weltweiten Strukturwandel, Opladen 1998 (mit Peter Franz); Territoriality in the Globalizing Society, Berlin 1998 (Hg.); Parteien, Kulturen, Konflikte: Beiträge zur multikulturellen Gegenwartsgesellschaft, Opladen 2000 (Hg.); Artikel „Gesellschaftsmodelle", in: Handbuch der Gesellschaft Deutschlands, hg. v. B. Schäfers und W. Zapf (2. Aufl. 2001).

Kantner, Cathleen, 1969, Dipl.-Soz., wissenschaftliche Mitarbeiterin am Institut für Sozialwissenschaften der Humboldt-Universität zu Berlin. Forschungsgebiete: Öffentlichkeit und politische Kommunikation; Theorien institutionellen Wandels; Rechtssoziologie. Veröffentlichungen: Blockierte Potentiale. Meinungsbildungsprozesse in der DDR der achtziger Jahre, in: G.-J. Glaeßner

(Hg.): Germany After Unification, Amsterdam 1996; Deweys pragmatistischer Begriff der Öffentlichkeit und seine Renaissance in aktuellen Debatten, in: Berliner Debatte Initial 8/6, 1997 (Hg. mit M. Geppert); Innovation im „stahlharten Gehäuse", Berliner Debatte Initial 10/3, 1999.

König, Thomas, 1961, Dr. phil., Professor für Internationale Politik am Fachbereich Verwaltungswissenschaft der Universität Konstanz. Forschungsgebiete: Internationale Politikökonomie, europäische Integration, vergleichende Politikwissenschaft. Neuere Publikationen im Bereich Europäische Integration: The Efficiency of Legislative Decision Making in the European Union, American Journal of Political Science 2000/44 (mit Heiner Schulz); Ratifying Maastricht. Parliamentary Votes on International Treaties and Theoretical Solution Concepts, European Union Politics, 1/2000 (mit Simon Hug); Europa auf dem Weg zum Mehrheitssystem, Opladen 1997.

Lepsius, M. Rainer, 1928, Prof. Dr. Dr. h.c., Professor em. für Soziologie, Universität Heidelberg. Forschungsgebiete: Allgemeine, historische, politische Soziologie. Neuere Veröffentlichungen: Demokratie in Deutschland. Soziologisch-historische Konstellationsanalysen, Göttingen 1993; Der Plan als Befehl und Fiktion, Opladen 1995 (mit T. Pirker, H.-H. Hertle und R. Weinert); Mitherausgeber der Max-Weber-Gesamtausgabe; Institutionenanalyse und Institutionenpolitik, in: B. Nedelmann (Hg.): Politische Institutionen im Wandel, Sonderheft 35 der KZfSS, Opladen 1995; Soziologie als angewandte Aufklärung, in: C. Fleck (Hg.): Wege zur Soziologie nach 1945. Autobiographische Notizen, Opladen 1996; Die Diagnosefähigkeit der Soziologie. Sonderheft 38 der KZfSS, Opladen 1998 (Hg. mit J. Friedrichs und K. U. Mayer); Die Europäische Union. Ökonomisch-politische Integration und kulturelle Pluralität, in: R. Viehoff und R.T. Segers (Hg.): Kultur, Identität, Europa, Frankfurt a.M. 1999; Die Europäische Union als rechtlich konstituierte Verhaltensstrukturierung, in: H. Dreier (Hg.): Rechtssoziologie am Ende des 20. Jahrhunderts, Tübingen 2000.

Münch, Richard, 1945, Prof. Dr., Lehrstuhl für Soziologie II, Otto-Friedrich-Universität Bamberg. Forschungsschwerpunkte: Soziologische Theorie, historisch-vergleichende Soziologie, politische Soziologie. Neuere Veröffentlicheungen zum Thema u.a.: Das Projekt Europa, Frankfurt a.M. 1993; Globale Dynamik, lokale Lebenswelten, Frankfurt a.M. 1998; The Ethics of Modernity, Lanham MD 2001; Offene Räume, Frankfurt a.M. 2001; Nation and Citizenship in the Global Age, Basingstoke 2001.

Puntscher Riekmann, Sonja, 1954, Dr. phil., zur Zeit Gastprofessorin für vergleichende Analyse politischer Systeme an der Sozialwissenschaftlichen Fakultät der Humboldt Universität zu Berlin, Leiterin der Forschungsstelle für institutionellen Wandel und europäische Integration der Österreichischen Akademie der Wissenschaften. Forschungsgebiete: Europäische Integration und europäische Staaten im Vergleich, Demokratie- und Verfassungstheorien. Neuere Veröffentlichungen: Power Sharing und Demokratie. Handlungsspielräume nationaler Politik in der erweiterten EU, in: A. Pelinka et al. (Hg.): Die Zukunft der österreichischen Demokratie, Wien 2000; Der Riss im Vorhang. Über die Notwendigkeit einer neuen Legitimationsgrundlage für die EU, in: R. Hierzinger und J. Pollak (Hg.): Europäische Leitbilder, Baden-Baden 2000.

Sorge, Arndt, 1945, Dr. sc.pol., Prof. für Organisation in der Fakultät Management und Organisation der Universität Groningen/Niederlande. Forschungsgebiete: Internationaler Vergleich von Organisation, Qualifikation, Arbeitsbeziehungen, Technikentwicklung und -anwendung. Veröffentlichungen u.a.: Informationstechnik und Arbeit im sozialen Prozeß, Frankfurt a.M. 1985; Comparative Factory Organization, Aldershot 1986 (mit M. Warner); Herausgeber des Teils ‚Organisation' der International Encyclopedia of Business and Management, London 1996.

Tomei, Veronica, 1968, Dr. phil., Wirtschafts- und Sozialausschuß der Europäischen Gemeinschaft, Brüssel. Forschungsgebiete: Migrationspolitik, europäische Integration. Veröffentlichungen: Europäische Migrationspolitik zwischen Kooperationszwang und Souveränitätsansprüchen, Bonn

1997; Europäisierung nationaler Migrationspolitik. Eine Studie zur Veränderung von Regieren in Europa, Stuttgart (im Druck).

Traxler, Franz, 1951, Dr. soc. oec., o. Professor für Wirtschaftssoziologie an der Universität Wien. Forschungsgebiete: Arbeitsbeziehungen und Interessenverbände im internationalen Vergleich. Neuere Buchveröffentlichungen: Organized Industrial Relations in Europe, Aldershot 1995 (mit C. Crouch); The Role of Employer Associations and Labour Unions in the EMU, Aldershot 1999 (mit G. Huemer und M. Mesch); National Labor Relations in Internationalized Markets, Oxford University Press, i.E. (mit S. Blaschke und B. Kittel).

Trenz, Hans-Jörg, 1966, Dr. rer. pol., Wissenschaftlicher Mitarbeiter am Institut für Sozialwissenschaften der Humboldt-Universität zu Berlin. Forschungsgebiete: Politische Soziologie, Öffentlichkeitsforschung, Europaforschung, Migrationssoziologie. Neuere Veröffentlichungen: Anti-Rassismus Kampagnen und Protestmobilisierung in Europa, in: Forschungsjournal Neue Soziale Bewegungen 12, 1999; Regieren in Europa jenseits öffentlicher Legitimation? Eine Untersuchung zur Rolle von Öffentlichkeit in Europa, in: Politische Vierteljahresschrift, Sonderheft 29, Opladen 1998 (mit K. Eder und K.-U. Hellmann).

Weinert, Rainer, 1950, apl.-Professor am Institut für Soziologie der FU Berlin/wissenschaftlicher Mitarbeiter am Institut für Soziologie der Universität Heidelberg. Forschungsgebiete: Politische Soziologie; Industrie- und Betriebssoziologie; Wirtschaftssoziologie; Institutionenanalyse. Veröffentlichungen: Der Plan als Befehl und Fiktion (mit Theo Pirker, M. Rainer Lepsius und H.-H. Hertle), Opladen 1995; Betriebsräte in Ostdeutschland (mit Jürgen Kädtler und Gisela Kottwitz), Opladen 1996; Ideologie, Autonomie und institutionelle Aura. Zur politischen Soziologie von Zentralbanken, in: Kölner Zeitschrift für Soziologie und Sozialpsychologie 51, 1999; Divellierung und Personalisierung oder: Wer bestimmte die Politik in der DDR?, in: Berliner Journal für Soziologie, 1999.

Windolf, Paul, 1946, Professor für Soziologie an der Universität Trier. Forschungsgebiete: Unternehmensverflechtung, vergleichende Strukturanalyse von Wirtschaftssystemen. Veröffentlichungen: Warum blüht der Osten nicht?, Berlin 1999 (mit U. Brinkmann, D. Kulke); Expansion and Structural Change, Boulder 1997; Institutionen, Interessen, Netzwerke, in: Politische Vierteljahresschrift 42, 2001 (mit M. Nollert).

Wobbe, Theresa, 1952, Dr. phil., Professorin für Soziologie an der Universität Erfurt. Forschungsgebiete: Politische Soziologie, Geschlechtersoziologie, allgemeine Soziologie. Studium der Literatur, Geschichte und Philosophie. Veröffentlichungen: Wahlverwandtschaften. Die Soziologie und die Frauen auf dem Weg zur Wissenschaft, Frankfurt a.M./New York 1997 (Hg.); Frauen in der Soziologie, München 1998 (mit C. Honegger); Weltgesellschaft, Bielefeld 2000; Soziologie der Staatsbürgerschaft: Vom Gehorsam zur Loyalität, in: Staatswissenschaften und Staatspraxis 8. 2000.

Ziltener, Patrick, 1967, Dr., Max-Planck-Institut für Gesellschaftsforschung, Köln, und Institut für Soziologie der Universität Zürich. Forschungsgebiete: Wirtschafts- und politische Soziologie, europäische Integration, Globalisierung, Weltsystemtheorie, Ansätze der politischen Ökonomie. Veröffentlichungen: Strukturwandel der europäischen Integration. Die Europäische Union und die Veränderung von Staatlichkeit, Münster 1999; mehrere Beiträge zu: State- building in Europe. The Revitalization of Western European Integration, hg. von V. Bornschier, Cambridge 2000.

English Summaries

Bach, Maurizio: **The Europeanization of National Society? Problems and Perspectives of the Sociology of European Integration, pp. 11–35.**

The introductory chapter of this special issue on "The Europeanization of National Societies" discusses desiterata, analytical problems and perspectives of a sociological approach to European integration. An analytical frame of reference is drafted which focuses mainly on two prominent macro-sociological approaches: sociological institutionalism and "territorial" approaches to the analysis of political and social change. The decisive question of the future of the nation state as a model of political and social integration is discussed under a double perspective: On the one hand with regard to the interaction between the process of institutional differentiation at the supranational level and more comprehensive developments of social change in Europe; on the other hand the focus is upon the re-structuring of social and political territorries as far as induced by European integration. Finally, the thematical organization of the volume is presented.

Keywords: Europeanization, European integration, nation state, institutionalization, social differentiation, supranational organization

Windolf, Paul: **Who is the Arbitrator in the European Union? The Conflict Between the German Constitutional Court and the European Court of Justice, pp. 39–67.**

This article analyzes the role of the European Court of Justice (ECJ) in the process of European integration. Two competing hypotheses are presented: Intergovermentalists argue that the ECJ has to take into account the interests of the nation state; supranationalists maintain that the ECJ was a driving force in the process of European integration. The conflict between the German Constitutional Court and the ECJ illustrates these competing hypotheses in a sequence of judgments. While the German Constitutional Court defended the supremacy of the national constitution (Maastricht ruling), the ECJ followed a more flexible policy: It defended the supremacy of the European law, but took into account the (economic) interests of the nation states and occasionally adjusted its ruling to the criticism of the national constitutional courts (Germany, Denmark). In a second part, the article analyzes the juridification of the monetary policy in the EU and the influence the ECJ can exercise on this policy in the future.

Keywords: European integration, European Court of Justice, German Constitutional Court, juridification, supranationalism

Rainer Weinert: **Voluntarism, Oligarchization, and Institutional Dis-embedding. Institutionbuilding and Institutional Politics of the European Centralbank (ECB), pp. 68–92.**

The European Economic and Monetary Union (EMU), the ECB and the introduction of the Euro all represent a qualitative leap forward towards the European integration. On the basis of recent research in the field of "designing institutions" (Offe, Goodin) the establishing of the ECB is analyzed along the dimensions of evolution, contingency, and intention. The organizational structure of the ECB suggests that future lines of development will lead to a highly centralized "Eurofed". The impact for the EU is discussed as voluntarism, oligarchization, and institutional dis-embedding. It is argued that the aspect of unbounded monetary politics on the European level is decisive. The arena within which national central banks operate is a triangle composed of monetary policy (central banks), government economic policy (finance ministries) and wages and salary policy (collective bargaining systems). As there is lack of supra-state institutions in the economic and wages and salary sectors, we are dealing here with a process of disembedded monetary politics. This institutional dis-embedding of the ECB outside the established EU institutional system will lead to an asymmetric structure in favor of monetary politics. The result will be an independent, highly automated supra-state central bank for the European trading bloc that is quite without historical precedent. This asymmetric structure will lead to a politization of the further European integration.

Keywords: economic institutions, national central banking system, monetary policy, collective bargaining, embeddedness

Franz Traxler: **The Bargaining System under European Monetary Union: From National to Supranational Institutions?**, pp. 93–111.

Under the European Monetary Union (EMU) wage bargaining will have to bear the main burden of compensating for economic imbalances among the member states. At the same time, supranational monetary authority will co-exist with a bargaining system still determined by national institutions. Against this background, this paper addresses three questions. First, it examines whether the distinct national bargaining institutions differ in their responsiveness to EMU requirements. Since such differences are indeed significant, economic inequality is likely to increase in the Euro area. The second question concerns the relationship between the national and supranational dimensions of wage bargaining. Since even high national responsiveness may result in suboptimal outcomes in supranational terms, a need for cross-border coordination emerges. Finally, the paper discusses whether and how this demand for supranational bargaining institutions may be met. Conventional reasoning assumes that a coherent system of Euro-corporatism would be needed that, however, cannot be set up. In contrast to this, the paper argues that softer, network-style institutions have been emerging that may suffice for effective coordination under certain circumstances.

Keywords: monetary policy, collective bargaining, wage bargaining, economic inequality, supranational cooperation, network-style institutions

Thomas König and *Thomas Bräuninger:* **The European Union at Crossroads. A Comparative Analysis of Enlargement**, pp. 112–129.

The forthcoming enlargement of the European Union by Middle and Eastern European countries has raised many fears on gridlock and redistribution among the fifteen member states. Compared to previous accession of Austria, Finland and Sweden in 1995, the enlargement by Middle and Eastern European countries is a major driving force for reforming the Union's institutional framework. This article investigates reasons for different expectations on enlargement. For the purpose of analysis, we apply the core concept to compare possible changes in European agricultural and employment politics. A bigger core would indicate higher gridlock danger, while a shift of its location would modify the redistribution risk. The analysis shows that previous accession of Austria, Finland and Sweden did not result in negative core changes for both sides – member states and accession countries. By contrast, forthcoming enlargement will significantly change agricultural and employment politics, especially regarding the input dimension of the Union's budgetary politics.

Keywords: European Union, institutional reform, politics, enlargement, spatial analysis

Sonja Puntscher Riekmann: **The Masters and their Instrument. Institutional Conflicts and Problems of Legitimacy in the European Union, pp. 130–151.**

Until quite recently European integration was postulated as an open-ended process. In the past the discussion about its finalité was largely avoided. Generally, actors tended to believe that the new unity would evolve from co-operation in single policy areas and for that matter they had created an instrument of power similar to the one utilized in the centralization processes of the Ancien Régime: the so-called "commissarial management". Over the decades a new legal order, the single market and finally the Economic and Monetary Union were brought about by this instrument, thus engendering a new form of European stateness. Hence, the current emergence of the debates about the Union's finalité is all but astounding. However, with them conflicts are arising which are rooted in the original institutional design constructed around the commissarial management. It appears to be the goal of national executives to subordinate this instrument to their own exclusive power again after it had successfully served their integration projects in the past decades. This article first aims at describing the history and the functions of this special instrument of power. Secondly, it wants to show its limits and, finally, to criticize the strategies of national executives to reaffirm their power as an attempt to re-nationalize European politics in the name of democracy.

Keywords: European integration, integration theory, state building, democracy

Patrick Ziltener: **Regional Integration in the World-System. The Relevance of Exogenous Factors for European Integration, pp. 155–177.**

In the analysis of non-European regional integration processes exogenous factors have always been taken into consideration. European integration, in contrast, has almost exclusively been explained by endogenous integration mechanisms and internal context factors. The article argues that for two important periods of European integration exogenous factors have been decisive: The political influence of the post-war hegemonic power, the USA, on its initiation on the basis of a "transatlantic elite pact", and world market competition among transnational companies on its relaunch in the early 1980s. It concludes that integration theory and research has to be complemented by a macro perspective, i.e. world-systems theory.

Keywords: European integration, hegemony, world market competition, integration theory, world-systems theory

Volker Bornschier: **Membership in the European Union – an Economic Advantage and a Source of Faster Economic Convergence? Exploratory Comparisons Including 33 Countries from 1980 to 1998, pp. 178–204.**

Does the European Union with its supranationally regulated policy fields provide an economic advantage for its members, an additional source of growth that cannot be explained by the national provision of productive factors? And does the Union in comparative perspective accelerate economic convergence among its members, i.e. the catching-up of less developed countries through higher growth? In order to give first answers to these questions we employ the classical method of cross-national comparisons as benchmarks. This is done in a sample of 33 sovereign states (mostly OECD) covering the period from 1980 to 1998. With regard to the Union we consider those supranationally regulated policy areas which are likely to affect the parameters of national economic growth: policies of market creation (intensification and enlargement), science and technology policies as well as regional, structural and cohesion policies. We find that the EU effectively politicized those policy areas which prove to beneficially affect economic growth in cross-country comparison. The direct positive growth contribution of membership (weighted by length) in the EU that we reveal is, however, reduced during the 1986–1993 period: the far reaching economic liberalization of the Internal Market Programme seems to have invited restructuring and mergers since per saldo we observe comparatively less capital formation in the member states. Furthermore, we find no evidence for a technology gap of EU members vis-a-vis the United States. This holds for the 1985–1997 period and for three technology indicators controlled for average productivity. Finally, we find that the EU actually helped their less developed members to close the development gap faster than would have been expected taking non-member countries as benchmark.

Keywords: cross-national comparisons, economic growth, liberalization markets, technology gap, economic convergence

Richard Münch: **The Process of Europeanization: Structural Change of Social Integration, pp. 205–225.**

What kind of structural change in social integration occurs in the process of Europeanization? Europeanization is understood as a change in solidarity, which pushes national solidarities to the background and makes transnational solidarities come to the fore. This process is advanced by modernization élites forming transnational networks. The positive side of this development is a further reaching integration, its negative side is the dissolution of the national welfare association. The new structure of solidarity relationships signifies a new boost to the formation of organic solidarity and the weakening of mechanic solidarity. In this process, anomic phenomena, social conflicts and nationalist counter-movements may spread. The loss of the nation-state's representative democracy can be neither compensated for by the latter's transmission to the European level nor by a stronger tie between European decision-making processes and national parliaments. The process of Europeanization forms part of the all-encompassing, future-oriented process of globalization. A strong social integration of Europe in accordance with the principles of the European welfare states would mean an obstacle to a more comprehensive social integration of the world society.

Keywords: structural change, social integration, transnational solidarity, organic solidarity, globalization, world society

Thomas Faist: **The Development of Citizenship in the European Union: Nested Citizenship, pp. 229–250.**

The social dimension of membership offers a strategic entry point for analyzing the development of citizenship in the European Union (EU). The first part of this contribution discusses the functions of social citizenship in this emerging supranational and multi-level governance network. Secondly, the analysis deals with two prominent and stylized paradigms that have sought to make sense of the multi-level quality of social citizenship in the EU: residual and postnational concepts of membership and citizenship in liberal democracies. Although each of these approaches captures selected elements of social citizenship, they are unable to deal in a satisfactory way with rights on duties on multiple governance levels. Therefore, the discussion moves to an alternative concept, namely nested citizenship. This means that regional, national and supranational forms of citizenship function in complementary ways, while the associated norms, rules and institutions are under constant revision and further development. Thirdly, the analysis shows that the concept of nested citizenship can help to overcome the fruitless dichotomy of Euro-optimism and Euro-pessimism concerning social policy and social citizenship. Instead, this discussion suggests a conception of European social citizenship as a 'projet' (Sartre), evolving towards a common past, present and future understanding of democratic principles and substantial rights.

Keywords: social citizenship, democracy, governance, social policy, supranational institutions

Theresa Wobbe: **The Co-existence of National and Supranational Citizenship: Emerging Concepts of Political Incorporation, pp. 251–274.**

The co-existence of national and European citizenship contains perspectives with regard to changing forms of political incorporation. As an emerging phenomenon, the co-existence of different citizenship institutions challenges debates about the sociological macro category of society, with special respect to the relation between nation-state, polity, and society. First, the classical modern approach of national citizenship as the association of law, identity, and territory is recapitulated. Secondly, it is shown in which respect the new components of the EU-citizenship are different from the national membership model, and in which broader context the formation of Union-citizenship has to be located. Thirdly, a framework is offered which conceptualizes the change of political incorporation within an institutionalist perspective of world society. In this contribution it is argued that both national and supra-national citizenship contain models of political incorporation reflecting trans-national conditions.

Keywords: citizenship, inclusion, exclusion, political incorporation, world society

Jürgen Gerhards: **"Europeanization" of the Economy, and the Political System – with the Public Sphere Lagging Behind, pp. 277–305.**

The article analyzes the process of transnationalization of the economy, the political system and the public sphere of the German society for the time period 1955 to 1995. The empirical results show that there is a slight development in direction of a Europeanization of the economy, which is accompanied by a parallel development of the political system. Only the public sphere is lagging behind: More and more binding decisions are no longer made by the nation-state but by the European Union, whereas the mass media are still rooted in the border of the nation-state, the media agenda is still dominated by national issues and not by European issues. What follows is a lack of publicity; citizens are insufficiently informed about the policy process and the decisions made by the EU. After having described these developments empirically, some reasons for a missing European public sphere are discussed.

Keywords: globalization, Europe, public sphere, publicity, mass media, economic integration

Klaus Eder and *Cathleen Kantner:* **Transnational Structures of Resonance. A Critique of the Debate on a "Deficient European Public Sphere", pp. 306–331.**

In the debates on the "deficit" attributed to the European public sphere a consensus has emerged which argues that Europeans would "talk at cross purposes" with respect to European issues. Against this mainstream we hold that existing case studies do not prove that claim. Following a discourse-theoretical and pragmatist notion we operationalize the public sphere as political communication about the same issues under similar aspects of relevance. In three case studies we try to illustrate the claim that such political communication on European issues is in fact taking place in the European media. We see the reason for this in the ongoing economic and political integration of Europe which has created a common space of interaction and therefore the need for political communication. From this level of analysis the institutional level has to be distinguished which addresses the question of the public sphere as a watchdog of policy making and politics. This function can be fulfilled only when public deliberation is coupled with political decision-making. The deficit of the European public sphere does not consist in a lack of political communication, but in the lack of institutionalized links between public communication and institutional procedures of decision-making in the European Union.

Keywords: European integration, political communication, public sphere, policy making, deliberation

Hans-Jörg Trenz: **Corruption and Political Scandal in the EU: Towards the Establishment of a European Political Public Space?**, pp. 332–359.

The problem of political mediation between the EU institutions and its citizens has until now been primarily viewed in the context of processes of public communication, which become increasingly sectoralized along the lines of a developing multi-level governance system. In doing so, further questions concerning possible forms of integrating different sectoral publics under the logics of general mass media communication in and about Europe have remained undiscussed, or been disregarded as impossible to achieve. The deficit thesis, which claims the inexistence of a European public space, is critically tested on the basis of a case study on the European Commission's corruption scandal in 1999. It is argued that in Europe, instead of an encompassing mass medial public space, other forms of political (in this case, symbolic) mediation take the fore. By occupying the national space through the mass media, these new forms of symbolic mediation achieve the popularization and reconflictualization of issues within a European public to come. In this way, at critical political intersections within political processes, a connection between the sectoral expert publics and the general public can be attained.

Keywords: public communication, governance system, mass media, corruption scandal, symbolic mediation

Felicitas Hillmann: **From International Migration to Transnational Networks? The New European Migration Space**, pp. 363–385.

This article examines the emerging topography of the European migratory space in the 1990s. It identifies three different subsystems within the present European migration system (North-West-European; Central European and Southern European) on the basis of available migration data. These subsystems shape and determine future supranational European integration. It is further argued that the construction of the European migratory space is predominantly based on the idea of control and limited to the realization of the Schengen agreement, while integration is discussed on the discursive level in various fora and is not yet part of policy-making. A common and coordinated supranational migration policy is not yet in sight. Nevertheless, "migration" seems to bring Europe together because all EU countries have to deal with the topic and various organizations and academic working groups feature the theme. New types of migration and new forms of transnational migration can be observed in most countries. Here the new migrations exacerbate fragmentation on the local level, especially on the urban labor markets. The changing ethnic division of labor in the European cities and the ethnic economy, increasingly organized on a transnational level, are an integral part of the new migration topography. The two dynamic processes are interconnected: On the supranational level, the discourse and the construction of the European migration space has a unifying influx on the making of "Europe", while on the local level fragmentation and polarization take place. For further sociological research a stronger focus on more qualitative and transnational patterns of migration is suggested.

Keywords: migration, labor markets, Europe, transnational networks, cities, gender

Veronica Tomei: **Dismantling of Borders and Reconstruction in the European Migration Space**, pp. 386–399.

European migration policy is especially well suited to analyze changes to national settings induced by the European integration process. International migration is by its very definition a transnational social phenomenon, so that national-states who want to control migration movements are forced to create transnational control capacity, while dealing with immigrants is shaped by national mechanisms of inclusion and exclusion. In the last years a common migration space is emerging between the members of the European Union. This is not due to orders coming from a

Brussels bureaucracy, but to the enlargement of national scopes of action, to increasing contacts between national administrations, to the emergence of a migration-related bureaucracy of European dimension and to the permanent interaction between the national and the European level. This changes the terms of reference of national actors.

Keywords: migration policy, Schengen Treaty, Maastricht Treaty, Amsterdam Treaty, bureaucracy, European cooperation, communication space, transnational relations

Arndt Sorge: **Societal Effects within Globalization of Action Horizons in Europe**, pp. 403–428.

The notion of 'society' is debated under the impact of 'globalization'. A theoretical grounding of society is provided following G.H. Mead, which bears sufficient regard to actors and avoids determinism. Society is conceptualized as 'societal space', open to layering in different forms. Incongruent layering is then put forward as a feature of societal evolution which has hitherto been neglected as an engine of modernization. This form of layering is also suggested to be important for current debates. Following this concept, the business and organizational literature can be linked with social theory in a way which shows how 'provincialization' of identity, institutions and culture is pervasively linked with the extension of horizons of action under globalization. Comparative findings are adduced to show how the dialectics of globalization and provincialization work, and how socio-institutional patterns interact with the evolution of enterprise strategies in order to fuel this dialectic. In such an evolution, society has an important part to play. It is precisely the layering of societal space which makes societal effects a necessary concept.

Keywords: globalization, societal effects, comparative organization, comparative management, societal evolution

Mathias Bös: **The Borders of the European Society. The Tensions between Territories, Populations and Cultures in Europe**, pp. 429–455.

Starting with the notion of border, epitomized in the picture of the line and the membrane, the multiplexity of European border-structures is analyzed as an essential structural feature of the European subcontinent in respect to territories, populations and cultures. From the European Union to the European Songcontest, the expansion, passage and stabilization of borders always characterizes Europe after World War II. The category of border enables us to reformulate these complex processes within Europe more clearly and it can be shown how especially this approach illuminates our thinking on an emerging European society.

Keywords: national frontiers, border, population, culture, European society

Hans Geser: **Too much "Gemeinschaft" in Modern Society? Europe in the Straightjacket of Communitarian Integration**, pp. 456–480.

The EU is pursuing a communitarian model of European integration which is based on an ascriptive, irrevocable membership status, value consensus, functionally diffuse inter-relationships, unspecified goals and an irreversibly growing "acquis communautaire". Consequently, the European Union tends to solidify a rather anachronistic social structure. In contrast to the (more modern) nation states, its political system is characterized by deficits in the separation of powers, in formality of procedures and in public control. In contrast to classical international relations, it is at variance with modernity and because the absence of functionally specific and reversible contractual relationships by its refusal to bind interference to strict legal restrictions. As long as the EU clings to its communitarian model, it will be at variance with the high complexity and dynamics of European society (itself embedded in a world society created by Europe itself). The Union will not be able to be responsive to the participation needs of European citizens (and their legislative bodies), because these basic political rights are eroding to the degree that the autonomy of nation states is reduced.

Keywords: European integration, Gemeinschaft, communitarian model, acquis communautaire, autonomy, nation state

Stefan Immerfall: **Towards a Sociology of European Integration, pp. 481–503.**

Europe, and knowledge about Europe, is in high demand. Although sociology is able to offer important insights into the social building structures and the dynamics of European integration, it still takes a lesser part in this endeavor than do its neighbor disciplines such as political science and economics. One reason is that sociology is insecure of its particular approach to the topic of European integration. This is both true for its method of investigation and its main focus of research. Current research usually starts with exploring trends in individual European societies. Cross-national comparison comes in as second step. While this method generates important factual information, it fails to take the wide-ranging reality of Europe with regard to social convergence and divergence into account. The paper therefore suggests beginning with the causes and consequences of Europe's societal integration and its relationship with political integration. Advantages of such an approach include normative criteria for evaluating political decisions. It allows juxtaposing conflicting projections about the future of Europe, which then may be tested empirically. This is demonstrated with regard to three important sociological theories of European integration, i.e. the socio-cultural, the functional, and the institutional approach.

Keywords: Sociology of European integration, European Union, European societies, integration and disintegration, comparative method

ZUM THEMA

Politikwissenschaft

Roland Czada, Hellmut Wollmann (Hrsg.)
Von der Bonner zur Berliner Republik
10 Jahre Deutsche Einheit
2000. 738 S. Leviathan-Sonderheft, Bd. 19/99. Br. DM 98,00
ISBN 3-531-13440-X

Die deutsche Vereinigung und europäische Integration prägten die Neunzigerjahre ebenso wie der nach 1989 entfesselte globale Kapitalismus. Probleme der Vereinigungspolitik, die neue außenpolitische Lage, der deutsche Alltag, die Gesellschaftsstruktur, das Parteiensystem, Staat und Verwaltung sowie Reformversuche in mehreren Politikfeldern sind Gegenstand der in dem Buch versammelten Analysen und Ausblicke.

Oskar Niedermayer, Bettina Westle (Hrsg.)
Demokratie und Partizipation
Festschrift für Max Kaase
2000. 450 S. Br. DM 98,00
ISBN 3-531-13432-9

Die in dieser Festschrift zum 65. Geburtstag von Max Kaase versammelten Beiträge greifen die wichtigsten Themenbereiche auf, mit denen sich Max Kaase im Laufe seines wissenschaftlichen Wirkens beschäftigt hat: Neben Fragen der politischen Partizipation werden verschiedene Aspekte politischer Orientierungen und Verhaltensweisen sowie der politischen Kommunikation behandelt und Grundprobleme der demokratischen Regierungsweise analysiert.

Gerhard Lehmbruch (Hrsg.)
Parteienwettbewerb im Bundesstaat
Regelsysteme und Spannungslagen im politischen System der Bundesrepublik Deutschland
3., akt. und erw. Aufl. 2000. 214 S. Br. DM 49,80
ISBN 3-531-43126-9

Da weder eine tiefer greifende Veränderung der historisch gewachsenen Strukturen des deutschen Föderalismus mit ihren komplex verflochtenen Interessenlagen noch ein Ende der bipolaren Konkurrenzdemokratie zu erwarten ist, kann die Funktionsfähigkeit der Institutionen nur mit kleinen Schritten zur Entkopplung von Parteienwettbewerb und Föderalismus verbessert werden. Dazu würde nicht zuletzt die Wiederbesinnung auf die institutionalisierten Verfahrensregeln gehören, die infolge der fortschreitenden Informalisierung der Regierungspraxis in der Ära Kohl in den Hintergrund getreten waren.

Bestellung per Fax: 0611. 78 78-400

Ja, ich interessiere mich und bestelle:

Expl. Czada/Wollmann (Hrsg.)
Von der Bonner zur Berliner Republik
DM 98,00 ISBN 3-531-13440-X

Expl. Niedermayer/Westle (Hrsg.)
Demokratie und Partizipation
DM 98,00 ISBN 3-531-13432-9

Expl. Lehmbruch (Hrsg.)
Parteienwettbewerb im Bundesstaat
DM 49,80 ISBN 3-531-43126-9

Erhältlich im Buchhandel oder beim Verlag.
Änderungen vorbehalten. Stand: Dezember 2000.

www.westdeutschervlg.de

Meine Anschrift:

Vorname/Name

Firma   Abteilung, Funktion

Straße   PLZ, Ort

Datum   Unterschrift   321 01 007

Abraham-Lincoln-Str. 46
65189 Wiesbaden
Tel. 06 11. 78 78 - 285
Fax. 06 11. 78 78 - 400

Westdeutscher Verlag

GPSR Compliance

The European Union's (EU) General Product Safety Regulation (GPSR) is a set of rules that requires consumer products to be safe and our obligations to ensure this.

If you have any concerns about our products, you can contact us on

ProductSafety@springernature.com

In case Publisher is established outside the EU, the EU authorized representative is:

Springer Nature Customer Service Center GmbH
Europaplatz 3
69115 Heidelberg, Germany